Menschenrechte

Ihr internationaler Schutz

Menschenrechtspakte der Vereinten Nationen,
Europäische Menschenrechtskonvention,
Europäische Sozialcharta, EU-Grundrechtecharta,
Amerikanische Menschenrechtskonvention,
Afrikanische Menschenrechtskonvention,
Arabische Charta der Menschenrechte,
Übereinkommen gegen Frauen- und Rassendiskriminierung,
über Minderheitenschutz, gegen Folter und Todesstrafe,
über die Rechte des Kindes und von Menschen mit Behinderung,
gegen das Verschwindenlassen, über Sklaverei und Zwangsarbeit,
die Rechtsstellung der Flüchtlinge und Staatenlosen,
zu Biomedizin und Genomforschung,
Statuten des Internationalen Strafgerichtshofs, des Hohen Kommissars für
Menschenrechte und des Menschenrechtsrats,
Verfahrensordnungen.
Textausgabe mit ausführlichem Sachverzeichnis und einer Einführung

herausgegeben von
Professor Dr. Bruno Simma, Richter am Iran-United States
Claims Tribunal, ehem. Richter am Internationalen Gerichtshof, und
Professor Dr. Ulrich Fastenrath,
Forschungsstelle für Völkerrechts- und Staatstheorie
an der TU Dresden

7., neubearbeitete Auflage
Stand 1. Juli 2018

www. dtv.de

www. beck.de

Sonderausgabe
dtv Verlagsgesellschaft mbH & Co. KG,
Tumblingerstraße 21, 80337 München
© 2018. Redaktionelle Verantwortung: Verlag C. H. Beck oHG
Gesamtherstellung: Druckerei C. H. Beck, Nördlingen
(Adresse der Druckerei: Wilhelmstraße 9, 80801 München)
Umschlagtypographie auf der Grundlage
der Gestaltung von Celestino Piatti
ISBN 978-3-423–05531-4 (dtv)
ISBN 978-3-406–72979-9 (C. H. Beck)

9 783406 729799

Inhaltsverzeichnis

Inhaltsverzeichnis

Inhaltsverzeichnis

II. Menschenrechtsschutz in Europa

Europarat

Inhaltsverzeichnis

Inhaltsverzeichnis

Abkürzungsverzeichnis

Abkürzungsverzeichnis

Übersicht über die Verträge und Beschlüsse zu den Menschenrechten

(chronologisch nach Sachgebieten geordnet)

Bei Verträgen und Beschlüssen, die in dieser Sammlung abgedruckt sind, ist lediglich die laufende Nummer angegeben, im Übrigen bei Verträgen die internationale und – soweit vorhanden – deutschsprachige Quelle; die sonstigen Dokumente lassen sich meist über die jeweilige Dokumentennummer, notfalls ergänzt um die jeweilige Organisation oder das beschließende Organ, mit den gängigen Suchmaschinen leicht im Internet auffinden; auf Quellenangaben wird deshalb in der Regel verzichtet. Häufig sind auch deutsche Übersetzungen der Dokumente im Netz verfügbar, so etwa durch den deutschen Übersetzungsdienst bei den Vereinten Nationen (http://www.un.org/depts/german/neue_dok/fs_neuedok.html), beim Europarat oder bei der Internationalen Arbeitsorganisation.

Gliederungsübersicht

I. Übergreifende Regelungen

1. Charta der Vereinten Nationen (**Nr. 1**) einschließlich Verfahrensregeln des Menschenrechtsrats (**Nr. 7** und **8**)

Übersicht

Übersicht

III. Minderheitenschutz

Übersicht

IV. Diskriminierungsverbot und besonderer Schutz für Angehörige vulnerabler Personengruppen

Übersicht

Übersicht

Übersicht

Übersicht

VI. Sklaverei, Zwangsarbeit und Menschenhandel

Übersicht

Übersicht

Übersicht

Übersicht

VIII. Gesundheit und Soziales

ergänzt um die Erklärung von Parma über Umwelt und Gesundheit vom 11.3.2010 (WHO Doc. EUR/55934/5.1 Rev.2)

12. Grundsätze für medizinische Versuche an Menschen (Empfehlung (90) 3 des Ministerkomitees des Europarats vom 6.2.1990, CM/Rec(90)3)

13. Grundsätze der Vereinten Nationen für ältere Menschen (Res. 46/91 der UN-Generalversammlung vom 16.12.1991, A/RES/46/91)

14. Grundsätze für den Schutz von psychisch Kranken und die Verbesserung der psychiatrischen Versorgung (Res. 46/119 der UN-Generalversammlung vom 17.12.1991, A/RES/46/119)

15. Proklamation über das Altern (Res. 47/5 der UN-Generalversammlung vom 16.10.1992, A/RES/47/5)

16. Aktionsprogramm der Weltkonferenz über Bevölkerungswachstum und Entwicklung in Kairo vom 13.9.1994 (A/CONF. 171/13 Rev. 1)

17. Abschlusserklärung und Aktionsprogramm der Weltkonferenz über soziale Entwicklung in Kopenhagen vom 12.3.1995 (A/CONF. 166/9)

18. Erklärung von Rom über die Sicherung der Welternährung und Aktionsplan der Welternährungskonferenz vom 17.1.1996 (http://www.fao.org/docrep/003/w3613e/w3613e00.htm)

19. Erklärungen und Agenda von Istanbul, Abschlussdokument der Konferenz der Vereinten Nationen über das Wohn- und Siedlungswesen (Habitat II) vom 7.8.1996 (A/CONF. 165/14)

20. Leitlinien bezüglich HIV/AIDS und Menschenrechten der UN-Menschenrechtskommission vom 20.1.1997 (E/CN.4/1997/37, Annex I)

21. Empfehlung 1355 (1998) der Parlamentarischen Versammlung des Europarats über den Kampf gegen soziale Ausgrenzung und die Stärkung sozialen Zusammenhalts in Europa vom 28.1.1998 (PACE Rec. 1355(1998))

22. Abschlussdokument der Nachfolgekonferenz zur Weltkonferenz über soziale Entwicklung in Genf vom 1.7.2000 (Anhang zu Res. S-24/2 der UN-Generalversammlung, A/RES/S-24/2)

23. Verpflichtungserklärung der UN-Generalversammlung zu HIV/AIDS vom 16.6.2001 (A/RES/S-26/2)

24. Allgemeine Erklärung über kulturelle Diversität (verabschiedet von der 31. Generalkonferenz der UNESCO am 2.11.2001 (UNESCO declaration 2001)

25. Doha-Erklärung der WTO-Ministerkonferenz zum TRIPS und öffentlichem Gesundheitswesen vom 14.11.2001 (WT/MIN(01)/DEC/W/2) mit Ausnahmegenehmigung der WTO bezüglich der Umsetzung von Paragraph 6 der Doha-Erklärung über das TRIPS-Übereinkommen und die öffentliche Gesundheit vom 30.8.2003 (IP/C/W/405)

26. Politische Erklärung und internationales Aktionsprogramm der Zweiten Weltversammlung über das Altern in Madrid vom 11.4.2002 (A/CONF. 197/9)

27. Empfehlungen (2004) 10 vom 22.9.2004 und (2009) 3 vom 20.5.2009 des Ministerkomitees des Europarats über die Überwachung des Schutzes der Menschenrechte und der Menschenwürde von Personen mit psychischer Erkrankung (CM/Rec(2004)10; CM/Rec(2009)3)

Übersicht

IX. Biomedizin, Gentests und Genforschung

X. Heirat und Familie

Übersicht

XI. Presse-, Informations- und Internetfreiheit

Übersicht

XII. Datenschutz

XIII. Polizei, Justiz und Freiheitsentzug

Übersicht

Übersicht

XIV. Recht auf Wehrdienstverweigerung

Übersicht

Übersicht

Übersicht

XVI. Humanitäres Völkerrecht

Übersicht

Einführung

In der ersten Hälfte des 20. Jahrhunderts hätte man in den Registern der völkerrechtlichen Lehr- und Handbücher vergeblich nach dem Stichwort „Menschenrechte" gesucht. Für die Gewährleistung der Grund- und Freiheitsrechte wurden ausschließlich die innerstaatlichen Rechtsordnungen und deren Organe als zuständig angesehen, während das Völkerrecht sich auf die Regelung der zwischenstaatlichen Angelegenheiten beschränkte. In diesen Beziehungen waren die Interessen Einzelner grundsätzlich den Interessen des staatlichen Kollektivs – und damit der „hohen Politik" – untergeordnet, als Rechtsträger i. e. S. traten Einzelmenschen auf völkerrechtlicher Ebene gar nicht in Erscheinung. So verpflichteten sich zwar die Staaten in zahllosen Handels-, Freundschafts- und Niederlassungsverträgen, die Angehörigen der Vertragspartner gleich oder gar besser als ihre eigenen Bürger zu behandeln, aber wenn derartige fremdenrechtliche Verträge nicht eingehalten wurden, so galt nicht der betroffene Ausländer, sondern sein Heimatstaat in der Person eines seiner Angehörigen als verletzt. Der Heimatstaat entschied, ob und wie er diplomatischen Schutz gewähren oder Wiedergutmachungsansprüche stellen wollte: die menschliche Person war durch ihren Staat völlig mediatisiert. Staatenlose blieben nach diesem System völkerrechtlich rechtlos und ungeschützt. In ähnlicher Weise diente das Kriegsvölkerrecht zwar dem humanitären Zweck der Beschränkung der Kriegshandlungen und des Schutzes der Kriegsopfer, aber auch diese Zurückhaltung schuldeten die Konfliktparteien lediglich ihrem staatlichen Gegner und relativierten sie aus Gründen militärischer Notwendigkeiten oder zur Vergeltung weitgehend.

Die damit beschriebene Staatsunterworfenheit der Menschen liegt zwar auch noch dem gegenwärtigen Völkerrecht zugrunde, sie ist gleichsam immer noch die Regel. Diese Regel wird aber inzwischen von zahlreichen Ausnahmen durchbrochen, die den traditionell zwischenstaatlichen Charakter des Völkerrechts verändert haben. An die Seite des traditionellen Völkerrechts der bloßen Koexistenz ist das Völkerrecht der Zusammenarbeit getreten, weil ihre zunehmende Interdependenz es den Staaten heute unmöglich macht, ihre Staatszwecke in splendid isolation zu erfüllen. Ein Großteil dieses neuen Zweigs des Völkerrechts dient den Bedürfnissen einzelner Menschen oder Menschengruppen viel unmittelbarer als die klassischen Völkerrechtsregeln, auch wenn seine juristische Konstruktion dem überlieferten Schema der ausschließlichen Zwischenstaatlichkeit der Rechte und Pflichten folgt.

Einen gleichsam qualitativen Sprung in seiner Entwicklung hinweg vom bloßen Zwischenmächterecht hat das Völkerrecht aber durch die Internationalisierung des Schutzes der Menschenrechte vollbracht. Denn mit der Vereinbarung solcher Normen verpflichten sich die Staaten völkerrechtlich, auch, ja vor allem, ihren eigenen Angehörigen bestimmte Rechtspositionen zu garantieren. Nicht nur der Ausländer genießt völkerrechtlich Schutz gegenüber der Staatsgewalt, sondern jeder Mensch, ungeachtet seiner Staatsangehörigkeit. Ein Teil der in Verfolg dieses Gedankens geschlossenen menschenrechtlichen Verträge verwirklicht sein Ziel noch juristisch traditionell durch Begründung

Einführung

ausschließlich staatlicher Rechte und Pflichten; auf andere (sog. self-executing) Vertragsbestimmungen kann sich der Einzelne vor innerstaatlichen Gerichten selbst unmittelbar berufen; die dritte und höchstentwickelte Kategorie schließlich räumt dem durch staatliche Eingriffe in seinen Menschenrechten Betroffenen die Möglichkeit ein, vor völkerrechtlichen Instanzen (auch) gegen seinen Heimatstaat vorzugehen (dazu unten).

Die Geschichte dieses internationalen Menschenrechtsschutzes ist gerade einmal 70 Jahre alt. Sie beginnt mit dem Schock, den die althergebrachte Meinung, das Wohlergehen der Menschen sei im Ermessen ihres Heimat- oder Aufenthaltsstaates am besten aufgehoben, durch die beispiellosen Gräueltaten erfuhr, die sich die Staatsmacht eines der zivilisatorisch fortgeschrittensten Länder zuschulden kommen ließ. Unter dem Eindruck dieser Menschenrechtsverletzungen bekräftigte die Charta der Vereinten Nationen 1945 den Glauben ihrer Mitglieder an die Grundrechte des Menschen und setzte sich das Ziel, durch internationale Zusammenarbeit „die Achtung vor den Menschenrechten und Grundfreiheiten für alle ohne Unterschied der Rasse, des Geschlechts, der Sprache oder der Religion zu fördern und zu festigen" (Art. 1 Ziff. 3). Die Artikel 55 und 56 der Charta bekräftigen und konkretisieren dieses Ziel. Damit fällt die Achtung der Menschenrechte nicht mehr in die ausschließliche Zuständigkeit der Mitgliedstaaten; sie ist vielmehr eine Angelegenheit, die grundsätzlich international überwacht und diskutiert werden kann. Zur weiteren Verfolgung der humanitären Aufgaben der Vereinten Nationen wurde eine Menschenrechtskommission eingesetzt und mit der Ausarbeitung entsprechender Texte betraut. Am 10. Dezember 1948 nahm die UN-Generalversammlung (ohne Gegenstimme, aber bei Stimmenthaltung der kommunistischen Staaten, Saudi-Arabiens und Südafrikas) die „Allgemeine Erklärung der Menschenrechte" an, die den Inhalt der einzelnen Menschenrechtsgarantien bestimmte, ohne selbst völkerrechtlich verbindlich zu sein. Seither haben sich aber zahlreiche Beschlüsse der UNO, andere amtliche Erklärungen und Staatsverfassungen auf diese Deklaration berufen, so dass sie heute zumindest in ihrem „harten Kern" der Freiheitsrechte wie auch wirtschaftlicher und sozialer Rechte der Menschen gegenüber der Staatsgewalt als Bestandteil des allgemeinen Völkerrechts angesehen werden kann.

In den folgenden Jahrzehnten haben die Vereinten Nationen und einige ihrer Sonderorganisationen (vor allem ILO und UNESCO) das Programm der Allgemeinen Erklärung durch eine stattliche Anzahl völkerrechtlicher Verträge ausgeführt. Davon entspricht das Internationale Übereinkommen zur Beseitigung jeder Form von Rassendiskriminierung vom 7. März 1966 einem besonderen Anliegen der durch die Dekolonisierung zur Unabhängigkeit gelangten Mehrheit der UN-Mitgliedstaaten. Als größter Erfolg der Bemühungen der Weltorganisation um internationale Menschenrechtsgarantien darf jedoch das Zustandekommen der zwei umfassendsten Konventionen, der Internationalen Pakte vom 19. Dezember 1966 über bürgerliche und politische Rechte einerseits und über wirtschaftliche, soziale und kulturelle Rechte andererseits, gewertet werden, die seit Anfang 1976 und inzwischen für rund 170 Staaten in Kraft stehen. Damit ist ein Großteil der von der Allgemeinen Erklärung formulierten Menschenrechte in völkerrechtliche Vertragspflichten umgegossen worden. Die meisten dieser Abkommen sehen selbst oder in angeschlossenen Instrumenten neben ihren materiellrechtlichen Verbürgungen auch internationale Sicherungsverfahren vor, die von der periodischen Berichterstattung bis zur Möglichkeit der Individualbeschwerde reichen.

Dennoch besteht für den Kenner der UN-Menschenrechtsszene noch kein Anlass, mit dem Erreichten zufrieden zu sein. Die Politisierung der Menschenrechte mit Verletzungsvorwürfen gegen immer dieselben Staaten und dem Fernhalten eigener Verstöße von einer Debatte durch Tagesordnungsbeschlüsse mit Hilfe befreundeter Nationen in der Menschenrechtskommission ist mit deren Ablösung durch den Menschenrechtsrat und dem Ende des ideologischen Ost-West-Gegensatzes nicht überwunden. Es gibt weiter viele Hemmnisse, die sich dem internationalen Schutz der Menschenrechte und dem Ausbau der Schutzsysteme entgegenstellen. Symptomatisch ist, dass sich die UN-Generalversammlung veranlasst sah, zum fünfzigsten Jahrestag der Allgemeinen Erklärung der Menschenrechte eine Erklärung zum Schutz von Menschenrechtsaktivisten zu verabschieden. Menschenrechte sind ihrer Natur nach eine Bedrohung der Machtansprüche der Regierenden, und so bleibt das Motto „Wasch mir den Pelz, aber mach mich nicht nass" auch weiterhin ausgeprägt. Ein Blick hinter die wohltönenden Vertragsartikel und Deklarationen zeigt, dass einem effektiven Schutz der Menschenrechte auf UN-Ebene durch die politischen, sozialen und wirtschaftlichen Gegensätze zwischen den Mitgliedstaaten immer noch enge Grenzen gezogen sind. Zwischen der Scylla bloßer Lippenbekenntnisse und der Charybdis propagandistischen Missbrauchs fristet er eine prekäre Existenz, von Politisierung und zweierlei Maß in seiner Anwendung stetig bedroht. Die vertraglichen Sicherungsverfahren sind zu schwach ausgebildet, um Menschenrechtsverletzer, die sich kooperationsunwillig zeigen, zur Räson bringen zu können. Deshalb wird der Menschenrechtsschutz durch auf Universalität angelegte Verträge und Prozeduren noch lange auf Verstärkung und Ergänzung in zweierlei Richtung angewiesen bleiben: einmal darauf, dass die demokratischen Rechtsstaaten ihr Interesse an der Respektierung der Menschenrechte überall in der Welt glaubhaft machen und notfalls auch durch zweckdienliche diplomatisch-völkerrechtliche Initiativen verfechten. Das Einbringen von Gesichtspunkten wie demokratische Institutionen und Respektierung der Menschenrechte in den entwicklungspolitischen Diskurs, sei es auf bilateraler Ebene, sei es durch internationale Organisationen einschließlich der UN-Finanzorganisationen, aber vor allem die Europäische Union, setzt hier ein bedeutsames Zeichen.

Zum zweiten aber ist der Menschenrechtsschutz auf Verstärkung im regionalen Rahmen angewiesen. Im engeren Kreise von Staaten mit homogeneren Traditionen und Anschauungen ist ein eindeutiger und großzügigerer Schutz gegen das Versagen der Staatsgewalt eher möglich als im UN-Rahmen, wo der Begriff der Menschenrechte und noch stärker die genauere Inhaltsbestimmung und gegenseitige Gewichtung einzelner Rechte – heute vor allem zwischen Nord und Süd – aus kulturellen Gründen streitig bleiben wird. Demgemäß findet sich das mit Abstand effektivste internationale System zum Schutz der Menschenrechte in der Europäischen Menschenrechtskonvention vom 4. November 1950, der gegenwärtig 47 Staaten angehören. Dieses System bildete etwa vierzig Jahre lang den vornehmsten menschenrechtlichen Ausweis der demokratischen Rechtsstaaten Westeuropas. Kein Wunder also, dass der Beitritt zur Europäischen Menschenrechtskonvention den neuen Demokratien Mittel- und Osteuropas als ein entscheidender Schritt hin zur Rechtsstaatlichkeit erschien und sie die Mitgliedschaft unverzüglich anstrebten. Die Einhaltung dieser Konvention – zu Gunsten von über 800 Millionen Menschen – bleibt nicht dem guten Willen ihrer Parteien und der Völkerrechtsfreundlichkeit innerstaatlicher Gerichte und Verwaltungsbehörden über-

Einführung

lassen, sondern kann auf Initiative der einzelnen Rechtsuchenden selbst von einer überstaatlichen Instanz geprüft und notfalls durchgesetzt werden. Durch Tausende von zum Teil wegweisenden Entscheidungen des Europäischen Gerichtshofs für Menschenrechte in Straßburg (dem bis 1998 die Europäische Menschenrechtskommission vorgeschaltet war) konkretisiert, ist die Europäische Menschenrechtskonvention zum Kern eines neuen, diesmal demokratischen, „droit public de l'Europe" geworden, das auch gegenüber der Eingriffsmacht der Europäischen Union nutzbar gemacht worden ist. In der amerikanischen Hemisphäre hat die ambitiös angelegte American Convention on Human Rights von 1969, die Mitte 1978 in Kraft getreten ist, durch die fortschrittliche Praxis ihrer Organe wachsende Bedeutung erlangt, die allerdings durch das Fernbleiben der USA immer noch leidet. Auf dem afrikanischen Kontinent entfaltet sich die Wirkung der Banjul-Charta aus verschiedenen Gründen nur zögernd. Weit zurück liegen die arabischen Staaten, die sich erst 1994 auf einen nie in Kraft getretenen Vertragstext einigen konnten, der erst in einer revidierten Fassung aus dem Jahr 2004 Geltung erlangte, allerdings bei weitem nicht für alle Staaten dieses Raums.

Neben dem Vertragsrecht spielt beim Menschenrechtsschutz auch das „soft law" eine bedeutende Rolle. Darunter werden insbesondere Empfehlungen seitens der Organe internationaler Organisationen wie etwa Resolutionen der Generalversammlung der Vereinten Nationen oder des Ministerkomitees des Europarats verstanden. Solche Empfehlungen bilden zum Teil Vorläufer für spätere Vertragswerke. In ihnen tun die Staaten aber auch ihre Rechtsauffassungen kund; zusammen mit der Bereitschaft, der eigenen Empfehlung tatsächlich zu folgen, kann daraus Völkergewohnheitsrecht erwachsen. Weiterhin können durch soft law einzelne Bestimmungen und Begriffe aus völkerrechtlichen Verträgen konkretisiert werden; die Staatenwelt schärft auf diese Weise sozusagen die Menschenrechte. Ein Musterbeispiel dafür ist die Allgemeine Erklärung der Menschenrechte. Sie erfüllt den Begriff der Menschenrechte in der Charta der Vereinten Nationen durch einen Kanon einzelner Rechte mit Leben, ist Ausgangspunkt für den gewohnheitsrechtlichen Schutz von Menschenrechten und war Vorbild für die beiden Internationalen Pakte. Nicht alle soft law-Instrumente weisen eine solche Erfolgsgeschichte auf, prägen aber dennoch mehr oder weniger unser Menschenrechtsverständnis.

Der Ausbau des internationalen Menschenrechtsschutzes durch Verträge und soft law ist noch nicht zu Ende gekommen. Es geht inzwischen aber weniger darum, neue Rechte zu gewährleisten. Vielmehr rückt nach der Definition der Rechte und der mit ihnen verbundenen Beachtensverpflichtung der Staaten nunmehr die Schutz- und Erfüllungsdimension der Menschenrechte in den Vordergrund. Um Rechte wahrnehmen zu können, müssen oft erst die Voraussetzungen geschaffen werden (für ein Recht auf Bildung braucht man Schulen, für ein Recht auf Gesundheit Krankenhäuser und für den Rechtsschutz Gerichte, Gehbehinderte benötigen einen barrierefreien Zutritt usw.); und der Staat muss Rechte vor Beeinträchtigungen durch Zivilpersonen schützen, etwa vor Diskriminierungen aller Art. Das gibt dem staatlichen Recht eine neue Richtung: dessen Ziel ist nicht die Ordnung des Gemeinwesens als solche, sondern die Sicherung der Menschenrechte durch eine diesen entsprechende Ordnung.

Die vorliegende Sammlung enthält die wichtigsten Verträge und Beschlüsse zum internationalen Menschenrechtsschutz — mit vier Ausnahmen sämtlich in deutscher Sprache (was zu einem guten Teil dem Deutschen Übersetzungsdienst bei den Vereinten Nationen zu verdanken ist). Bei der Auswahl dieser Dokumente haben wir uns nicht allein von akademischen Gesichtspunkten, sondern auch von den Bedürfnissen der Rechtspraxis leiten lassen und aus diesem Grund auch Verfahrensordnungen (und die Adressen der jeweiligen Beschwerdestellen) aufgenommen. Dadurch wollen wir zugleich den engen Zusammenhang zwischen der Gewährung materieller Rechte und den Möglichkeiten von deren formaler Durchsetzung verdeutlichen: Rechte ohne Rechtsschutz sind stets in Gefahr leerzulaufen. Um die Nachteile der in einem Taschenbuch notwendigen Auswahl zu mildern, aber auch um dem Benutzer einen Gesamteindruck vom internationalen Menschenrechtsschutz zu vermitteln, geben wir eingangs eine nach Sachgebieten geordnete Übersicht über die Verträge und Beschlüsse zu den Menschenrechten mit einem Quellennachweis.

Da sich die Zahl der Vertragsstaaten in aller Regel rasch ändert, haben wir mit wenigen Ausnahmen darauf verzichtet, diese anzugeben. Ebenso war es nicht möglich, die von den Staaten erklärten Vorbehalte aufzuführen. Hierzu müssen wir auf den Fundstellennachweis B zum Bundesgesetzblatt Teil II sowie auf das UN-Dokument „Status of Multilateral Treaties Deposited with the Secretary General" verweisen, die jährlich auf den neuesten Stand gebracht werden. Aktuelle Informationen über den jeweiligen Stand der Verträge sind über die folgenden Internet-Adressen verfügbar:

- http://www.un.org (Vereinte Nationen);
- http://treaties.un.org (Vertragssammlung UNTS);
- http://coe.int/en/web/conventions (Europarat);
- http://www.oas.org (Organisation Amerikanischer Staaten);
- http://au.int (Afrikanische Union).

Bruno Simma
Ulrich Fastenrath

I. Universelle Verträge und Beschlüsse

1. Charta der Vereinten Nationen[1)]

Vom 26. Juni 1945

(BGBl. 1973 II S. 431, 505, 1980 II S. 1252)

– Auszug –

(Übersetzung)

WIR, DIE VÖLKER DER VEREINTEN NATIONEN –
FEST ENTSCHLOSSEN,

künftige Geschlechter vor der Geißel des Krieges zu bewahren, die zweimal zu unseren Lebzeiten unsagbares Leid über die Menschheit gebracht hat,

unseren Glauben an die Grundrechte des Menschen, an Würde und Wert der menschlichen Persönlichkeit, an die Gleichberechtigung von Mann und Frau sowie von allen Nationen, ob groß oder klein, erneut zu bekräftigen, Bedingungen zu schaffen, unter denen Gerechtigkeit und die Achtung vor den Verpflichtungen aus Verträgen und anderen Quellen des Völkerrechts gewahrt werden können,

den sozialen Fortschritt und einen besseren Lebensstandard in größerer Freiheit zu fördern,

UND FÜR DIESE ZWECKE

Duldsamkeit zu üben und als gute Nachbarn in Frieden miteinander zu leben,

unsere Kräfte zu vereinen, um den Weltfrieden und die internationale Sicherheit zu wahren,

Grundsätze anzunehmen und Verfahren einzuführen, die gewährleisten, daß Waffengewalt nur noch im gemeinsamen Interesse angewendet wird, und internationale Einrichtungen in Anspruch zu nehmen, um den wirtschaftlichen und sozialen Fortschritt aller Völker zu fördern –

HABEN BESCHLOSSEN, IN UNSEREM BEMÜHEN UM DIE ERREICHUNG DIESER ZIELE ZUSAMMENZUWIRKEN.

Dementsprechend haben unsere Regierungen durch ihre in der Stadt San Franzisko versammelten Vertreter, deren Vollmachten vorgelegt und in guter und gehöriger Form befunden wurden, diese Charta der Vereinten Nationen angenommen und errichten hiermit eine internationale Organisation, die den Namen „Vereinte Nationen" führen soll.

Kapitel I. Ziele und Grundsätze

Art. 1 [Ziele der Vereinten Nationen] Die Vereinten Nationen setzen sich folgende Ziele:

[1)] Internationale Quelle: United Nations Conference on International Organization Documents, Bd. XV (1945), S. 335; UNTS Bd. 557, S. 143; Bd. 638, S. 308; Bd. 892, S. 119.

1. den Weltfrieden und die internationale Sicherheit zu wahren und zu diesem Zweck wirksame Kollektivmaßnahmen zu treffen, um Bedrohungen des Friedens zu verhüten und zu beseitigen, Angriffshandlungen und andere Friedensbrüche zu unterdrücken und internationale Streitigkeiten oder Situationen, die zu einem Friedensbruch führen könnten, durch friedliche Mittel nach den Grundsätzen der Gerechtigkeit und des Völkerrechts zu bereinigen oder beizulegen;
2. freundschaftliche, auf der Achtung vor dem Grundsatz der Gleichberechtigung und Selbstbestimmung der Völker beruhende Beziehungen zwischen den Nationen zu entwickeln und andere geeignete Maßnahmen zur Festigung des Weltfriedens zu treffen;
3. eine internationale Zusammenarbeit herbeizuführen, um internationale Probleme wirtschaftlicher, sozialer, kultureller und humanitärer Art zu lösen und die Achtung vor den Menschenrechten und Grundfreiheiten für alle ohne Unterschied der Rasse, des Geschlechts, der Sprache oder der Religion zu fördern und zu festigen;
4. ein Mittelpunkt zu sein, in dem die Bemühungen der Nationen zur Verwirklichung dieser gemeinsamen Ziele aufeinander abgestimmt werden.

Kapitel IV. Die Generalversammlung

Aufgaben und Befugnisse

Art. 13 [Internationale Zusammenarbeit und Völkerrecht] (1) Die Generalversammlung veranlaßt Untersuchungen und gibt Empfehlungen ab,
a) um die internationale Zusammenarbeit auf politischem Gebiet zu fördern und die fortschreitende Entwicklung des Völkerrechts sowie seine Kodifizierung zu begünstigen;
b) um die internationale Zusammenarbeit auf den Gebieten der Wirtschaft, des Sozialwesens, der Kultur, der Erziehung und der Gesundheit zu fördern und zur Verwirklichung der Menschenrechte und Grundfreiheiten für alle ohne Unterschied der Rasse, des Geschlechts, der Sprache oder der Religion beizutragen.

(2) Die weiteren Verantwortlichkeiten, Aufgaben und Befugnisse der Generalversammlung in bezug auf die in Absatz 1 Buchstabe b genannten Angelegenheiten sind in den Kapiteln IX und X dargelegt.

Kapitel IX. Internationale Zusammenarbeit auf wirtschaftlichem und sozialem Gebiet

Art. 55 [Wirtschaftliche und soziale Ziele] Um jenen Zustand der Stabilität und Wohlfahrt herbeizuführen, der erforderlich ist, damit zwischen den Nationen friedliche und freundschaftliche, auf der Achtung vor dem Grundsatz der Gleichberechtigung und Selbstbestimmung der Völker beruhende Beziehungen herrschen, fördern die Vereinten Nationen
a) die Verbesserung des Lebensstandards, die Vollbeschäftigung und die Voraussetzungen für wirtschaftlichen und sozialen Fortschritt und Aufstieg;

b) die Lösung internationaler Probleme wirtschaftlicher, sozialer, gesundheitlicher und verwandter Art sowie die internationale Zusammenarbeit auf den Gebieten der Kultur und der Erziehung;

c) die allgemeine Achtung und Verwirklichung der Menschenrechte und Grundfreiheiten für alle ohne Unterschied der Rasse, des Geschlechts, der Sprache oder der Religion.

Art. 56 [Zusammenarbeit der Mitglieder] Alle Mitgliedstaaten verpflichten sich, gemeinsam und jeder für sich mit der Organisation zusammenzuarbeiten, um die in Artikel 55 dargelegten Ziele zu erreichen.

Art. 60 [Verantwortung der Generalversammlung] Für die Wahrnehmung der in diesem Kapitel genannten Aufgaben der Organisation sind die Generalversammlung und unter ihrer Autorität der Wirtschafts- und Sozialrat verantwortlich; dieser besitzt zu diesem Zweck die ihm in Kapitel X zugewiesenen Befugnisse.

Kapitel X. Der Wirtschafts- und Sozialrat

Aufgaben und Befugnisse

Art. 62 [Zuständigkeit für Empfehlungen, Übereinkommen, Konferenzen] (1) Der Wirtschafts- und Sozialrat kann über internationale Angelegenheiten auf den Gebieten der Wirtschaft, des Sozialwesens, der Kultur, der Erziehung, der Gesundheit und auf verwandten Gebieten Untersuchungen durchführen oder bewirken sowie Berichte abfassen oder veranlassen; er kann zu jeder derartigen Angelegenheit an die Generalversammlung, die Mitglieder der Vereinten Nationen und die in Betracht kommenden Sonderorganisationen Empfehlungen richten.

(2) Er kann Empfehlungen abgeben, um die Achtung und Verwirklichung der Menschenrechte und Grundfreiheiten für alle zu fördern.

(3) Er kann über Angelegenheiten, für die er zuständig ist, Übereinkommen entwerfen und der Generalversammlung vorlegen.

(4) Er kann nach den von den Vereinten Nationen festgesetzten Regeln internationale Konferenzen über Angelegenheiten einberufen, für die er zuständig ist.

Verfahren

Art. 68 [Einsetzung von Kommissionen] Der Wirtschafts- und Sozialrat setzt Kommissionen für wirtschaftliche und soziale Fragen und für die Förderung der Menschenrechte sowie alle sonstigen zur Wahrnehmung seiner Aufgaben erforderlichen Kommissionen ein.

Kapitel XI. Erklärung über Hoheitsgebiete ohne Selbstregierung

Art. 73 [Förderung des Wohls der Einwohner] Mitglieder der Vereinten Nationen, welche die Verantwortung für die Verwaltung von Hoheitsgebieten haben oder übernehmen, deren Völker noch nicht die volle Selbstregierung erreicht haben, bekennen sich zu dem Grundsatz, daß die Interessen der Einwohner dieser Hoheitsgebiete Vorrang haben; sie übernehmen als heiligen Auftrag die Verpflichtung, im Rahmen des durch diese Charta errichteten Systems des Weltfriedens und der internationalen Sicherheit das Wohl dieser Einwohner aufs äußerste zu fördern; zu diesem Zweck verpflichten sie sich,

a) den politischen, wirtschaftlichen, sozialen und erzieherischen Fortschritt, die gerechte Behandlung und den Schutz dieser Völker gegen Mißbräuche unter gebührender Achtung vor ihrer Kultur zu gewährleisten;

b) die Selbstregierung zu entwickeln, die politischen Bestrebungen dieser Völker gebührend zu berücksichtigen und sie bei der fortschreitenden Entwicklung ihrer freien politischen Einrichtungen zu unterstützen, und zwar je nach den besonderen Verhältnissen jedes Hoheitsgebiets, seiner Bevölkerung und deren jeweiliger Entwicklungsstufe;

c) den Weltfrieden und die internationale Sicherheit zu festigen;

d) Aufbau- und Entwicklungsmaßnahmen zu fördern, die Forschungstätigkeit zu unterstützen sowie miteinander und gegebenenfalls mit internationalen Fachorganisationen zusammenzuarbeiten, um die in diesem Artikel dargelegten sozialen, wirtschaftlichen und wissenschaftlichen Ziele zu verwirklichen;

e) dem Generalsekretär mit der durch die Rücksichtnahme auf Sicherheit und Verfassung gebotenen Einschränkung zu seiner Unterrichtung regelmäßig statistische und sonstige Informationen technischer Art über das Wirtschafts-, Sozial- und Erziehungswesen in den nicht unter die Kapitel XII und XIII fallenden Hoheitsgebieten zu übermitteln, für die sie verantwortlich sind.

2. Allgemeine Erklärung der Menschenrechte[1]

Resolution 217 (III) der Generalversammlung der Vereinten Nationen

Vom 10. Dezember 1948

(Übersetzung)[2]

Präambel

Da die Anerkennung der angeborenen Würde und der gleichen und unveräußerlichen Rechte aller Mitglieder der Gemeinschaft der Menschen die Grundlage von Freiheit, Gerechtigkeit und Frieden in der Welt bildet,

da die Nichtanerkennung und Verachtung der Menschenrechte zu Akten der Barbarei geführt haben, die das Gewissen der Menschheit mit Empörung erfüllen, und *da* verkündet worden ist, daß einer Welt, in der die Menschen Rede- und Glaubensfreiheit und Freiheit von Furcht und Not genießen, das höchste Streben des Menschen gilt,

da es notwendig ist, die Menschenrechte durch die Herrschaft des Rechtes zu schützen, damit der Mensch nicht gezwungen wird, als letztes Mittel zum Aufstand gegen Tyrannei und Unterdrückung zu greifen,

da es notwendig ist, die Entwicklung freundschaftlicher Beziehungen zwischen den Nationen zu fördern,

da die Völker der Vereinten Nationen in der Charta ihren Glauben an die grundlegenden Menschenrechte, an die Würde und den Wert der menschlichen Person und an die Gleichberechtigung von Mann und Frau erneut bekräftigt und beschlossen haben, den sozialen Fortschritt und bessere Lebensbedingungen in größerer Freiheit zu fördern,

da die Mitgliedstaaten sich verpflichtet haben, in Zusammenarbeit mit den Vereinten Nationen auf die allgemeine Achtung und Einhaltung der Menschenrechte und Grundfreiheiten hinzuwirken,

da ein gemeinsames Verständnis dieser Rechte und Freiheiten von größter Wichtigkeit für die volle Erfüllung dieser Verpflichtung ist,

verkündet die Generalversammlung

diese Allgemeine Erklärung der Menschenrechte als das von allen Völkern und Nationen zu erreichende gemeinsame Ideal, damit jeder einzelne und alle Organe der Gesellschaft sich diese Erklärung stets gegenwärtig halten und sich bemühen, durch Unterricht und Erziehung die Achtung vor diesen Rechten und Freiheiten zu fördern und durch fortschreitende nationale und internationale Maßnahmen ihre allgemeine und tatsächliche Anerkennung und Einhaltung durch die Bevölkerung der Mitgliedstaaten selbst wie auch durch die Bevölkerung der ihrer Hoheitsgewalt unterstehenden Gebiete zu gewährleisten.

---

[1] Internationale Quelle : A/RES/217(III).
[2] Übersetzung des Deutschen Übersetzungsdienstes bei den Vereinten Nationen (Neufassung 2007; aus Sartorius II Nr. 15).

Art. 1 [Freiheit; Gleichheit; Brüderlichkeit] Alle Menschen sind frei und gleich an Würde und Rechten geboren. Sie sind mit Vernunft und Gewissen begabt und sollen einander im Geiste der Brüderlichkeit begegnen.

Art. 2 [Diskriminierungsverbot] Jeder hat Anspruch auf alle in dieser Erklärung verkündeten Rechte und Freiheiten, ohne irgendeinen Unterschied, etwa nach Rasse, Hautfarbe, Geschlecht, Sprache, Religion, politischer oder sonstiger Anschauung, nationaler oder sozialer Herkunft, Vermögen, Geburt oder sonstigem Stand.

Des weiteren darf kein Unterschied gemacht werden auf Grund der politischen, rechtlichen oder internationalen Stellung des Landes oder Gebietes, dem eine Person angehört, gleichgültig ob dieses unabhängig ist, unter Treuhandschaft steht, keine Selbstregierung besitzt oder sonst in seiner Souveränität eingeschränkt ist.

Art. 3 [Recht auf Leben und Freiheit] Jeder hat das Recht auf Leben, Freiheit und Sicherheit der Person.

Art. 4 [Verbot der Sklaverei] Niemand darf in Sklaverei oder Leibeigenschaft gehalten werden; Sklaverei und Sklavenhandel in allen ihren Formen sind verboten.

Art. 5 [Folterverbot] Niemand darf der Folter oder grausamer, unmenschlicher oder erniedrigender Behandlung oder Strafe unterworfen werden.

Art. 6 [Anerkennung als Rechtsperson] Jeder hat das Recht, überall als rechtsfähig anerkannt zu werden.

Art. 7 [Gleichheit vor dem Gesetz] Alle Menschen sind vor dem Gesetz gleich und haben ohne Unterschied Anspruch auf gleichen Schutz durch das Gesetz. Alle haben Anspruch auf gleichen Schutz gegen jede Diskriminierung, die gegen diese Erklärung verstößt, und gegen jede Aufhetzung zu einer derartigen Diskriminierung.

Art. 8 [Anspruch auf Rechtsschutz] Jeder hat Anspruch auf einen wirksamen Rechtsbehelf bei den zuständigen innerstaatlichen Gerichten gegen Handlungen, durch die seine ihm nach der Verfassung oder nach dem Gesetz zustehenden Grundrechte verletzt werden.

Art. 9 [Schutz vor willkürlicher Haft und Ausweisung] Niemand darf willkürlich festgenommen, in Haft gehalten oder des Landes verwiesen werden.

Art. 10 [Anspruch auf rechtliches Gehör] Jeder hat bei der Feststellung seiner Rechte und Pflichten sowie bei einer gegen ihn erhobenen strafrechtlichen Beschuldigung in voller Gleichheit Anspruch auf ein gerechtes und öffentliches Verfahren vor einem unabhängigen und unparteiischen Gericht.

Art. 11 [Unschuldsvermutung; nulla poena sine lege]
1. Jeder, der einer strafbaren Handlung beschuldigt wird, hat das Recht, als unschuldig zu gelten, solange seine Schuld nicht in einem öffentlichen Ver-

fahren, in dem er alle für seine Verteidigung notwendigen Garantien gehabt hat, gemäß dem Gesetz nachgewiesen ist.

2. Niemand darf wegen einer Handlung oder Unterlassung verurteilt werden, die zur Zeit ihrer Begehung nach innerstaatlichem oder internationalem Recht nicht strafbar war. Ebenso darf keine schwerere Strafe als die zum Zeitpunkt der Begehung der strafbaren Handlung angedrohte Strafe verhängt werden.

Art. 12 [Schutz der Privatsphäre] Niemand darf willkürlichen Eingriffen in sein Privatleben, seine Familie, seine Wohnung und seinen Schriftverkehr oder Beeinträchtigungen seiner Ehre und seines Rufes ausgesetzt werden. Jeder hat Anspruch auf rechtlichen Schutz gegen solche Eingriffe oder Beeinträchtigungen.

Art. 13 [Freizügigkeit]

1. Jeder hat das Recht, sich innerhalb eines Staates frei zu bewegen und seinen Aufenthaltsort frei zu wählen.

2. Jeder hat das Recht, jedes Land, einschließlich seines eigenen, zu verlassen und in sein Land zurückzukehren.

Art. 14 [Asylrecht]

1. Jeder hat das Recht, in anderen Ländern vor Verfolgung Asyl zu suchen und zu genießen.

2. Dieses Recht kann nicht in Anspruch genommen werden im Falle einer Strafverfolgung, die tatsächlich auf Grund von Verbrechen nichtpolitischer Art oder auf Grund von Handlungen erfolgt, die gegen die Ziele und Grundsätze der Vereinten Nationen verstoßen.

Art. 15 [Recht auf Staatsangehörigkeit]

1. Jeder hat das Recht auf eine Staatsangehörigkeit.

2. Niemandem darf seine Staatsangehörigkeit willkürlich entzogen noch das Recht versagt werden, seine Staatsangehörigkeit zu wechseln.

Art. 16 [Eheschließungsfreiheit; Schutz der Familie]

1. Heiratsfähige Männer und Frauen haben ohne jede Beschränkung auf Grund der Rasse, der Staatsangehörigkeit oder der Religion das Recht, zu heiraten und eine Familie zu gründen. Sie haben bei der Eheschließung, während der Ehe und bei deren Auflösung gleiche Rechte.

2. Eine Ehe darf nur bei freier und uneingeschränkter Willenseinigung der künftigen Ehegatten geschlossen werden.

3. Die Familie ist die natürliche Grundeinheit der Gesellschaft und hat Anspruch auf Schutz durch Gesellschaft und Staat.

Art. 17 [Recht auf Eigentum]

1. Jeder hat das Recht, sowohl allein als auch in Gemeinschaft mit anderen Eigentum innezuhaben.

2. Niemand darf willkürlich seines Eigentums beraubt werden.

Art. 18 [Gewissens- und Religionsfreiheit] Jeder hat das Recht auf Gedanken-, Gewissens- und Religionsfreiheit; dieses Recht schließt die Freiheit ein, seine Religion oder seine Weltanschauung zu wechseln, sowie die Freiheit, seine Religion oder seine Weltanschauung allein oder in Gemeinschaft mit anderen, öffentlich oder privat durch Lehre, Ausübung, Gottesdienst und Kulthandlungen zu bekennen.

Art. 19 [Meinungs- und Informationsfreiheit] Jeder hat das Recht auf Meinungsfreiheit und freie Meinungsäußerung; dieses Recht schließt die Freiheit ein, Meinungen ungehindert anzuhängen sowie über Medien jeder Art und ohne Rücksicht auf Grenzen Informationen und Gedankengut zu suchen, zu empfangen und zu verbreiten.

Art. 20 [Versammlungs- und Vereinigungsfreiheit]

1. Alle Menschen haben das Recht, sich friedlich zu versammeln und zu Vereinigungen zusammenzuschließen.
2. Niemand darf gezwungen werden, einer Vereinigung anzugehören.

Art. 21 [Allgemeines, gleiches Wahlrecht; politische Teilhabe]

1. Jeder hat das Recht, an der Gestaltung der öffentlichen Angelegenheiten seines Landes unmittelbar oder durch frei gewählte Vertreter mitzuwirken.
2. Jeder hat das Recht auf gleichen Zugang zu öffentlichen Ämtern in seinem Lande.
3. Der Wille des Volkes bildet die Grundlage für die Autorität der öffentlichen Gewalt; dieser Wille muß durch regelmäßige, unverfälschte, allgemeine und gleiche Wahlen mit geheimer Stimmabgabe oder einem gleichwertigen freien Wahlverfahren zum Ausdruck kommen.

Art. 22 [Soziale Sicherheit] Jeder hat als Mitglied der Gesellschaft das Recht auf soziale Sicherheit und Anspruch darauf, durch innerstaatliche Maßnahmen und internationale Zusammenarbeit sowie unter Berücksichtigung der Organisation und der Mittel jedes Staates in den Genuß der wirtschaftlichen, sozialen und kulturellen Rechte zu gelangen, die für seine Würde und die freie Entwicklung seiner Persönlichkeit unentbehrlich sind.

Art. 23 [Recht auf Arbeit; freie Berufswahl; Lohngleichheit; Koalitionsfreiheit]

1. Jeder hat das Recht auf Arbeit, auf freie Berufswahl, auf gerechte und befriedigende Arbeitsbedingungen sowie auf Schutz vor Arbeitslosigkeit.
2. Jeder, ohne Unterschied, hat das Recht auf gleichen Lohn für gleiche Arbeit.
3. Jeder, der arbeitet, hat das Recht auf gerechte und befriedigende Entlohnung, die ihm und seiner Familie eine der menschlichen Würde entsprechende Existenz sichert, gegebenenfalls ergänzt durch andere soziale Schutzmaßnahmen.
4. Jeder hat das Recht, zum Schutze seiner Interessen Gewerkschaften zu bilden und solchen beizutreten.

Art. 24 [Erholung und Freizeit] Jeder hat das Recht auf Erholung und Freizeit und insbesondere auf eine vernünftige Begrenzung der Arbeitszeit und regelmäßigen bezahlten Urlaub.

Art. 25 [Lebensstandard; besondere Fürsorge und Unterstützung]

1. Jeder hat das Recht auf einen Lebensstandard, der seine und seiner Familie Gesundheit und Wohl gewährleistet, einschließlich Nahrung, Kleidung, Wohnung, ärztliche Versorgung und notwendige soziale Leistungen, sowie das Recht auf Sicherheit im Falle von Arbeitslosigkeit, Krankheit, Invalidität oder Verwitwung, im Alter sowie bei anderweitigem Verlust seiner Unterhaltsmittel durch unverschuldete Umstände.

2. Mütter und Kinder haben Anspruch auf besondere Fürsorge und Unterstützung. Alle Kinder, eheliche wie außereheliche, genießen den gleichen sozialen Schutz.

Art. 26 [Recht auf Bildung; Elternrecht]

1. Jeder hat das Recht auf Bildung. Die Bildung ist unentgeltlich, zum mindesten der Grundschulunterricht und die grundlegende Bildung. Der Grundschulunterricht ist obligatorisch. Fach- und Berufsschulunterricht müssen allgemein verfügbar gemacht werden, und der Hochschulunterricht muß allen gleichermaßen entsprechend ihren Fähigkeiten offenstehen.

2. Die Bildung muß auf die volle Entfaltung der menschlichen Persönlichkeit und auf die Stärkung der Achtung vor den Menschenrechten und Grundfreiheiten gerichtet sein. Sie muß zu Verständnis, Toleranz und Freundschaft zwischen allen Nationen und allen rassischen oder religiösen Gruppen beitragen und der Tätigkeit der Vereinten Nationen für die Wahrung des Friedens förderlich sein.

3. Die Eltern haben ein vorrangiges Recht, die Art der Bildung zu wählen, die ihren Kindern zuteil werden soll.

Art. 27 [Teilhabe an Kultur und Wissenschaft; Urheberschutz]

1. Jeder hat das Recht, am kulturellen Leben der Gemeinschaft frei teilzunehmen, sich an den Künsten zu erfreuen und am wissenschaftlichen Fortschritt und dessen Errungenschaften teilzuhaben.

2. Jeder hat das Recht auf Schutz der geistigen und materiellen Interessen, die ihm als Urheber von Werken der Wissenschaft, Literatur oder Kunst erwachsen.

Art. 28 [Soziale und internationale Ordnung]

Jeder hat Anspruch auf eine soziale und internationale Ordnung, in der die in dieser Erklärung verkündeten Rechte und Freiheiten voll verwirklicht werden können.

Art. 29 [Pflichten des Einzelnen; Schranken der Rechte und Freiheiten]

1. Jeder hat Pflichten gegenüber der Gemeinschaft, in der allein die freie und volle Entfaltung seiner Persönlichkeit möglich ist.

2. Jeder ist bei der Ausübung seiner Rechte und Freiheiten nur den Beschränkungen unterworfen, die das Gesetz ausschließlich zu dem Zweck

vorsieht, die Anerkennung und Achtung der Rechte und Freiheiten anderer zu sichern und den gerechten Anforderungen der Moral, der öffentlichen Ordnung und des allgemeinen Wohles in einer demokratischen Gesellschaft zu genügen.

3. Diese Rechte und Freiheiten dürfen in keinem Fall im Widerspruch zu den Zielen und Grundsätzen der Vereinten Nationen ausgeübt werden.

Art. 30 [Verbot bestandsgefährdender Auslegung] Keine Bestimmung dieser Erklärung darf dahin ausgelegt werden, daß sie für einen Staat, eine Gruppe oder eine Person irgendein Recht begründet, eine Tätigkeit auszuüben oder eine Handlung zu begehen, welche die Beseitigung der in dieser Erklärung verkündeten Rechte und Freiheiten zum Ziel hat.

3. Erklärung über das Recht auf Entwicklung[1] · [2]

Resolution 41/128 der Generalversammlung der Vereinten Nationen

Vom 4. Dezember 1986

(Übersetzung)

Die Generalversammlung,

eingedenk der Ziele und Grundsätze der Charta der Vereinten Nationen bezüglich der Herbeiführung einer internationalen Zusammenarbeit zur Lösung internationaler Probleme wirtschaftlicher, sozialer, kultureller oder humanitärer Art und zur Förderung und Festigung der Achtung der Menschenrechte und Grundfreiheiten für alle ohne Unterschied der Rasse, des Geschlechts, der Sprache oder der Religion,

davon ausgehend, dass Entwicklung ein umfassender wirtschaftlicher, sozialer, kultureller und politischer Prozess ist, der die ständige Steigerung des Wohls der gesamten Bevölkerung und aller Einzelpersonen auf der Grundlage ihrer aktiven, freien und sinnvollen Teilhabe am Entwicklungsprozess und an der gerechten Verteilung der daraus erwachsenden Vorteile zum Ziel hat,

in Anbetracht dessen, dass nach der Allgemeinen Erklärung der Menschenrechte jeder Mensch Anspruch auf eine soziale und internationale Ordnung hat, in welcher die in der Erklärung niedergelegten Rechte und Freiheiten voll verwirklicht werden können,

unter Hinweis auf den Internationalen Pakt über wirtschaftliche, soziale und kulturelle Rechte und den Internationalen Pakt über bürgerliche und politische Rechte,

ferner unter Hinweis auf die entsprechenden Übereinkünfte, Konventionen, Resolutionen, Empfehlungen und sonstigen Instrumente der Vereinten Nationen und ihrer Sonderorganisationen zur ganzheitlichen Entwicklung des Menschen sowie zu Fortschritt und Entwicklung aller Völker im wirtschaftlichen und sozialen Bereich, einschließlich der Instrumente zur Entkolonialisierung, zur Verhütung von Diskriminierung, zur Achtung und Wahrung der Menschenrechte und Grundfreiheiten, zur Wahrung des Weltfriedens und der internationalen Sicherheit sowie zur weiteren Förderung der freundschaftlichen Beziehungen und der Zusammenarbeit zwischen Staaten im Sinne der Charta,

unter Hinweis auf das Recht der Völker auf Selbstbestimmung, kraft dessen sie das Recht haben, frei über ihren politischen Status zu entscheiden und in Freiheit ihre wirtschaftliche, soziale und kulturelle Entwicklung zu gestalten,

weiterhin unter Hinweis auf das Recht der Völker, vorbehaltlich der einschlägigen Bestimmungen der beiden Internationalen Menschenrechtspakte die volle und uneingeschränkte Souveränität über alle ihre natürlichen Reichtümer und Ressourcen auszuüben,

---

[1] Internationale Quelle: A/RES/41/128.
[2] Deutsche Übersetzung aus: Vereinte Nationen, Resolutionen und Beschlüsse der 41. Tagung der Generalversammlung, S. 212.

11

eingedenk der Verpflichtung der Staaten nach der Charta, sich für die allgemeine Achtung und Wahrung der Menschenrechte und Grundfreiheiten für alle ohne jeden Unterschied wie den der Rasse, der Hautfarbe, des Geschlechts, der Sprache, der Religion, der politischen oder sonstigen Anschauung, der nationalen oder sozialen Herkunft, des Vermögens, der Geburt oder des sonstigen Status einzusetzen,

in der Auffassung, dass es zur Schaffung von Bedingungen beitragen würde, welche die Entwicklung großer Teile der Menschheit begünstigen, wenn die massiven und flagranten Verletzungen der Menschenrechte von Völkern und Einzelpersonen beseitigt würden, die von Situationen betroffen sind, wie sie durch Kolonialismus, Neokolonialismus, Apartheid, alle Formen des Rassismus und der rassischen Diskriminierung, Fremdherrschaft und ausländische Besetzung, Aggression und die Bedrohung der nationalen Souveränität, nationalen Einheit und territorialen Integrität sowie Kriegsdrohungen verursacht werden,

besorgt über das Bestehen schwerwiegender Hindernisse für die Entwicklung sowie für die volle Entfaltung von Menschen und Völkern, unter anderem auf Grund der Vorenthaltung von bürgerlichen, politischen, wirtschaftlichen, sozialen und kulturellen Rechten, sowie in der Auffassung, dass alle Menschenrechte und Grundfreiheiten unteilbar und interdependent sind, dass der Realisierung, der Förderung und dem Schutz der bürgerlichen, politischen, wirtschaftlichen, sozialen und kulturellen Rechte im Hinblick auf die Förderung der Entwicklung gleiche Aufmerksamkeit und dringliche Beachtung geschenkt werden sollte und dass somit die Förderung und Achtung bzw. die Wahrnehmung bestimmter Menschenrechte und Grundfreiheiten nicht als Rechtfertigung für die Vorenthaltung anderer Menschenrechte und Grundfreiheiten dienen kann,

in der Auffassung, dass der Weltfrieden und die internationale Sicherheit wesentliche Elemente einer Verwirklichung des Rechts auf Entwicklung sind,

erneut erklärend, dass zwischen Abrüstung und Entwicklung ein enger Zusammenhang besteht, dass Fortschritte im Abrüstungsbereich in erheblichem Maße zu Fortschritten im Entwicklungsbereich beitragen würden und dass die durch Abrüstungsmaßnahmen freiwerdenden Ressourcen für die wirtschaftliche und soziale Entwicklung und das Wohl aller Völker, insbesondere der der Entwicklungsländer, eingesetzt werden sollten,

davon ausgehend, dass der Mensch zentrales Subjekt des Entwicklungsprozesses ist und dass jede Entwicklungspolitik ihn daher zum Hauptträger und -nutznießer der Entwicklung machen sollte,

im Hinblick darauf, dass es Hauptverantwortung der jeweiligen Staaten ist, Bedingungen zu schaffen, die der Entwicklung von Völkern und Einzelpersonen förderlich sind,

sich dessen bewusst, dass auf internationaler Ebene unternommene Bemühungen um die Förderung und den Schutz der Menschenrechte mit Bemühungen um die Errichtung einer neuen internationalen Wirtschaftsordnung einhergehen sollten,

in Bekräftigung dessen, dass das Recht auf Entwicklung ein unveräußerliches Menschenrecht ist und dass Gleichheit der Entwicklungschancen ein Vorrecht der Nationen wie auch der Einzelpersonen ist, aus denen die Nationen sich zusammensetzen,

verkündet die folgende Erklärung über das Recht auf Entwicklung:

Art. 1 [Recht auf Entwicklung; Selbstbestimmungsrecht] (1) Das Recht auf Entwicklung ist ein unveräußerliches Menschenrecht, kraft dessen alle Menschen und Völker Anspruch darauf haben, an einer wirtschaftlichen, sozialen, kulturellen und politischen Entwicklung, in der alle Menschenrechte und Grundfreiheiten voll verwirklicht werden können, teilzuhaben, dazu beizutragen und daraus Nutzen zu ziehen.

(2) Das Menschenrecht auf Entwicklung bedingt auch die volle Verwirklichung des Rechts der Völker auf Selbstbestimmung, wozu vorbehaltlich der entsprechenden Bestimmungen der beiden Internationalen Menschenrechtspakte auch die Ausübung ihres unveräußerlichen Rechts auf uneingeschränkte Souveränität über alle ihre natürlichen Reichtümer und Ressourcen gehört.

Art. 2 [Mensch als Subjekt des Rechts auf Entwicklung; Recht auf nationale Entwicklungspolitik] (1) Der Mensch ist zentrales Subjekt der Entwicklung und sollte aktiver Träger und Nutznießer des Rechts auf Entwicklung sein.

(2) Alle Menschen tragen einzeln und gemeinschaftlich Verantwortung für die Entwicklung, wobei der Notwendigkeit der uneingeschränkten Achtung ihrer Menschenrechte und Grundfreiheiten sowie ihre Pflichten gegenüber der Gemeinschaft zu berücksichtigen sind, die allein die freie und volle Entfaltung des Menschen gewährleisten kann, und sie sollten daher eine der Entwicklung gemäße politische, soziale und wirtschaftliche Ordnung fördern und schützen.

(3) Die Staaten haben das Recht und die Pflicht, geeignete nationale Entwicklungspolitiken aufzustellen, die die stetige Steigerung des Wohls der gesamten Bevölkerung und aller Einzelpersonen auf der Grundlage ihrer aktiven, freien und sinnvollen Teilhabe an der Entwicklung und an einer gerechten Verteilung der daraus erwachsenden Vorteile zum Ziel haben.

Art. 3 [Verpflichtung der Staaten; freundschaftliche Beziehungen; internationale Wirtschaftsordnungen] (1) Die Staaten tragen die Hauptverantwortung für die Schaffung nationaler und internationaler Bedingungen, die der Verwirklichung des Rechts auf Entwicklung förderlich sind.

(2) Die Verwirklichung des Rechts auf Entwicklung erfordert die uneingeschränkte Achtung der Grundsätze des Völkerrechts betreffend die freundschaftlichen Beziehungen und die Zusammenarbeit zwischen Staaten im Sinne der Charta der Vereinten Nationen.

(3) Die Staaten haben die Pflicht, miteinander zusammenzuarbeiten, um Entwicklung herbeizuführen und Entwicklungshindernisse zu beseitigen. Die Staaten sollten ihre Rechte so wahrnehmen und ihren Pflichten so nachkommen, dass hierdurch eine neue internationale Wirtschaftsordnung auf der Grundlage der souveränen Gleichheit, der Interdependenz, der gemeinsamen Interessen und der Zusammenarbeit zwischen allen Staaten sowie die Wahrung und Verwirklichung der Menschenrechte gefördert werden.

Art. 4 [Entwicklungspolitik; Entwicklungsländer] (1) Die Staaten haben die Pflicht, einzeln und gemeinschaftlich Maßnahmen zur Aufstellung internationaler Entwicklungspolitiken zu ergreifen, die darauf gerichtet sind, die volle Verwirklichung des Rechts auf Entwicklung zu erleichtern.

(2) Zur Förderung einer rascheren Entwicklung der Entwicklungsländer sind konsequente Maßnahmen erforderlich. Ergänzend zu den Anstrengungen der Entwicklungsländer ist eine wirksame internationale Zusammenarbeit unerlässlich, damit diese Länder die geeigneten Mittel und Einrichtungen erhalten, um ihre umfassende Entwicklung weiter vorantreiben zu können.

Art. 5 [Verpflichtung zu staatlichen Maßnahmen gegen schwere Menschenrechtsverletzungen] Die Staaten ergreifen energische Maßnahmen, um die massiven und flagranten Verletzungen der Menschenrechte von Völkern und Menschen zu beseitigen, die von Situationen betroffen sind, wie sie durch Apartheid, alle Formen des Rassismus und der rassischen Diskriminierung, Kolonialismus, Fremdherrschaft und ausländische Besetzung, Aggression, fremde Einmischung und Bedrohungen der nationalen Souveränität, nationalen Einheit und territorialen Integrität, Kriegsdrohungen sowie die Weigerung, das Grundrecht der Völker auf Selbstbestimmung anzuerkennen, verursacht werden.

Art. 6 [Unteilbarkeit und Interdependenz der Menschenrechte]
(1) Alle Staaten sollten mit dein Ziel zusammenarbeiten, die universale Achtung und Wahrung aller Menschenrechte und Grundfreiheiten für alle ohne jeden Unterschied der Rasse, des Geschlechts, der Sprache oder der Religion zu fördern, zu unterstützen und zu festigen.

(2) Alle Menschenrechte und Grundfreiheiten sind unteilbar und interdependent; der Realisierung, der Förderung und dem Schutz der bürgerlichen, politischen, wirtschaftlichen, sozialen und kulturellen Rechte sollte gleiche Aufmerksamkeit und dringliche Beachtung geschenkt werden.

(3) Die Staaten sollten Maßnahmen zur Beseitigung von Entwicklungshindernissen ergreifen, die sich aus der Nichtbeachtung bürgerlicher und politischer sowie wirtschaftlicher, sozialer und kultureller Rechte ergeben.

Art. 7 [Weltfrieden und Abrüstung] Alle Staaten sollten sich für die Schaffung, Wahrung und Festigung des Weltfriedens und der internationalen Sicherheit einsetzen und zu diesem Zweck alles in ihren Kräften Stehende tun, um eine allgemeine und vollständige Abrüstung unter wirksamer internationaler Kontrolle herbeizuführen und um sicherzustellen, dass die durch effektive Abrüstungsmaßnahmen freigesetzten Ressourcen für eine umfassende Entwicklung, insbesondere der Entwicklungsländer, verwendet werden.

Art. 8 [Chancengleichheit; Rolle der Frau; Partizipation der Bevölkerung] (1) Die Staaten sollten auf nationaler Ebene alles Erforderliche zur Verwirklichung des Rechts auf Entwicklung tun und gewährleisten u. a. die Chancengleichheit für alle beim Zugang zu Grundressourcen, Erziehung, Gesundheitsdiensten, Nahrung, Unterkunft, Arbeit und einer gerechten Einkommensverteilung. Durch wirksame Maßnahmen sollte sichergestellt werden, dass Frauen im Entwicklungsprozess eine aktive Rolle spielen. Es sollten geeignete wirtschaftliche und soziale Reformen mit dem Ziel vorgenommen werden, alle sozialen Ungerechtigkeiten auszumerzen.

(2) Die Staaten sollten die Mitwirkung der Bevölkerung an allen Bereichen als eine wichtige Voraussetzung für die Entwicklung und die volle Verwirklichung aller Menschenrechte fördern.

Art. 9 [Auslegung der Erklärung] (1) Alle in dieser Erklärung niedergelegten Aspekte des Rechts auf Entwicklung sind unteilbar und interdependent und sollten jeweils im Gesamtzusammenhang gesehen werden.

(2) Keine Bestimmung dieser Erklärung ist dahin gehend auszulegen, dass sie im Widerspruch zu den Zielen und Grundsätzen der Vereinten Nationen stehe bzw. dass sich daraus das Recht eines Staates, einer Gruppe oder einer Person ableiten lasse, eine Tätigkeit auszuüben oder eine Handlung vorzunehmen, die auf die Verletzung der in der Allgemeinen Erklärung der Menschenrechte und in den Internationalen Menschenrechtspakten festgelegten Rechte abzielt.

Art. 10 [Maßnahmen zur Verwirklichung des Rechts] Durch geeignete Maßnahmen sollte für die volle Ausübung und den fortschreitenden Ausbau des Rechts auf Entwicklung gesorgt werden, so auch durch die Formulierung, Verabschiedung und Implementierung politischer, gesetzgeberischer und sonstiger Maßnahmen auf nationaler und internationaler Ebene.

4. Rio-Erklärung über Umwelt und Entwicklung[1] · [2]

Resolution 1 der Konferenz der Vereinten Nationen über Umwelt und Entwicklung
(3. bis 14. Juni 1992)

Vom 14. Juni 1992

(Übersetzung)

Die Konferenz der Vereinten Nationen über Umwelt und Entwicklung,
zum Abschluss ihrer Tagung vom 3. bis 14. Juni 1992 in Rio de Janeiro,
in Bekräftigung der am 16. Juni 1972 in Stockholm verabschiedeten Erklärung der Konferenz der Vereinten Nationen über die Umwelt des Menschen sowie in dem Bemühen, darauf aufzubauen,

mit dem Ziel, durch die Schaffung von neuen Ebenen der Zusammenarbeit zwischen den Staaten, wichtigen Teilen der Gesellschaft und den Menschen eine neue und gerechte weltweite Partnerschaft aufzubauen, bemüht um internationale Übereinkünfte, die die Interessen aller achten und die Unversehrtheit des globalen Umwelt- und Entwicklungssystems schützen,

anerkennend, dass die Erde, unsere Heimat, ein Ganzes darstellt, dessen Teile miteinander in Wechselbeziehung stehen,

erklärt folgendes:

Grundsatz 1. Die Menschen stehen im Mittelpunkt der Bemühungen um eine nachhaltige Entwicklung. Sie haben das Recht auf ein gesundes und produktives Leben im Einklang mit der Natur.

Grundsatz 2. Die Staaten haben im Einklang mit der Charta der Vereinten Nationen und den Grundsätzen des Völkerrechts das souveräne Recht, ihre eigenen Ressourcen entsprechend ihrer eigenen Umwelt- und Entwicklungspolitik auszubeuten, und haben die Verantwortung, dafür Sorge zu tragen, dass Tätigkeiten unter ihrer Hoheitsgewalt oder Kontrolle der Umwelt anderer Staaten oder Gebiete jenseits der Grenzen des Bereichs nationaler Hoheitsbefugnisse keinen Schaden zufügen.

Grundsatz 3. Das Recht auf Entwicklung muss so verwirklicht werden, dass den Entwicklungs- und Umweltbedürfnissen der heutigen und der kommenden Generationen in gerechter Weise entsprochen wird.

Grundsatz 4. Damit eine nachhaltige Entwicklung zustande kommt, muss der Umweltschutz Bestandteil des Entwicklungsprozesses sein und darf nicht von diesem getrennt betrachtet werden.

Grundsatz 5. Alle Staaten und alle Menschen müssen bei der grundlegenden Aufgabe, als unverzichtbare Voraussetzung für die nachhaltige Entwicklung die

---

[1] Internationale Quelle: UN Doc. A/CONF.151/26/Rev.1 (Vol. I), S. 3.
[2] Deutsche Übersetzung vom Deutschen Übersetzungsdienst bei den Vereinten Nationen, New York, in der überarbeiteten Fassung von 2003.

Armut zu beseitigen, zusammenarbeiten, um Ungleichheiten im Lebensstandard zu verringern und den Bedürfnissen der Mehrheit der Menschen in der Welt besser gerecht zu werden.

Grundsatz 6. Erhöhter Vorrang gebührt der besonderen Situation und den besonderen Bedürfnissen der Entwicklungsländer, vor allem der am wenigsten entwickelten Länder und der Länder, die im Hinblick auf die Umwelt am meisten gefährdet sind. Internationale Maßnahmen im Bereich Umwelt und Entwicklung sollten außerdem auf die Interessen und Bedürfnisse aller Länder gerichtet sein.

Grundsatz 7. Die Staaten werden in einem Geist der weltweiten Partnerschaft zusammenarbeiten, um die Gesundheit und die Unversehrtheit des Ökosystems der Erde zu erhalten, zu schützen und wiederherzustellen. Angesichts der unterschiedlichen Beiträge zur globalen Umweltverschlechterung tragen die Staaten gemeinsame, wenngleich unterschiedliche Verantwortlichkeiten. Die entwickelten Staaten erkennen die Verantwortung an, die sie in Anbetracht des Drucks, den ihre Gesellschaften auf die globale Umwelt ausüben, sowie in Anbetracht der ihnen zur Verfügung stehenden Technologien und Finanzmittel bei dem weltweiten Streben nach nachhaltiger Entwicklung tragen.

Grundsatz 8. Um nachhaltige Entwicklung und eine höhere Lebensqualität für alle Menschen herbeizuführen, sollten die Staaten nicht nachhaltige Produktionsweisen und Konsumgewohnheiten abbauen und beseitigen und eine geeignete Bevölkerungspolitik fördern.

Grundsatz 9. Die Staaten sollten zusammenarbeiten, um den Ausbau der eigenen Kapazitäten für eine nachhaltige Entwicklung zu stärken, indem sie das wissenschaftliche Verständnis durch den Austausch wissenschaftlicher und technologischer Kenntnisse vertiefen und die Entwicklung, Anpassung, Verbreitung und Weitergabe von Technologien fördern.

Grundsatz 10. Umweltfragen sind am besten auf entsprechender Ebene unter Beteiligung aller betroffenen Bürger zu behandeln. Auf nationaler Ebene erhält jeder Einzelne angemessenen Zugang zu den im Besitz öffentlicher Stellen befindlichen Informationen über die Umwelt, einschließlich Informationen über Gefahrstoffe und gefährliche Tätigkeiten in ihren Gemeinden, sowie die Gelegenheit zur Teilhabe an Entscheidungsprozessen. Die Staaten erleichtern und fördern die öffentliche Bewusstseinsbildung und die Beteiligung der Öffentlichkeit, indem sie Informationen in großem Umfang verfügbar machen. Wirksamer Zugang zu Gerichts- und Verwaltungsverfahren, so auch zu Abhilfe und Wiedergutmachung, wird gewährt.

Grundsatz 11. Die Staaten werden wirksame Umweltgesetze verabschieden. Umweltnormen sowie Bewirtschaftungsziele und -prioritäten sollten dem Umwelt- und Entwicklungskontext entsprechen, für den sie gelten. Normen, die in einigen Ländern Anwendung finden, können in anderen Ländern, insbesondere in Entwicklungsländern, unangemessen sein und zu nicht vertretbaren wirtschaftlichen und sozialen Kosten führen.

Grundsatz 12. Die Staaten sollten gemeinsam daran arbeiten, ein stützendes und offenes Weltwirtschaftssystem zu fördern, das in allen Ländern zu Wirtschaftswachstum und nachhaltiger Entwicklung führt und es gestattet, besser gegen die Probleme der Umweltverschlechterung vorzugehen. Umweltbezogene handelspolitische Maßnahmen sollten weder ein Mittel willkürlicher oder ungerechtfertigter Diskriminierung noch eine verdeckte Beschränkung des internationalen Handels darstellen. Einseitige Maßnahmen zur Bewältigung von Umweltproblemen außerhalb des Hoheitsbereichs des Einfuhrlandes sollten vermieden werden. Maßnahmen zur Bewältigung grenzüberschreitender oder weltweiter Umweltprobleme sollten soweit möglich auf internationalem Konsens beruhen.

Grundsatz 13. Die Staaten werden innerstaatliche Rechtsvorschriften betreffend die Haftung für Umweltverschmutzungen und andere Umweltschäden und betreffend die Entschädigung der Opfer schaffen. Außerdem werden die Staaten zügig und entschlossener zusammenarbeiten, um das Völkerrecht im Bereich der Haftung und Entschädigung für nachteilige Auswirkungen von Umweltschäden, die durch Tätigkeiten unter ihrer Hoheitsgewalt oder Kontrolle in Gebieten außerhalb ihrer Hoheitsbefugnisse verursacht werden, weiterzuentwickeln.

Grundsatz 14. Die Staaten sollten tatkräftig zusammenarbeiten, um die Verlegung und den Transfer in andere Länder von Tätigkeiten und Stoffen, die zu einer starken Beeinträchtigung der Umwelt führen oder sich für die Gesundheit des Menschen als schädlich erweisen, zu erschweren oder zu verhindern.

Grundsatz 15. Zum Schutz der Umwelt wenden die Staaten im Rahmen ihrer Möglichkeiten allgemein den Vorsorgegrundsatz an. Drohen schwerwiegende oder bleibende Schäden, so darf ein Mangel an vollständiger wissenschaftlicher Gewissheit kein Grund dafür sein, kostenwirksame Maßnahmen zur Vermeidung von Umweltverschlechterungen aufzuschieben.

Grundsatz 16. Die nationalen Behörden sollten bestrebt sein, die Internalisierung von Umweltkosten und den Einsatz wirtschaftlicher Instrumente zu fördern, wobei sie unter gebührender Berücksichtigung des öffentlichen Interesses und unter Vermeidung von Verzerrungen im Welthandel und bei den internationalen Investitionen den Ansatz verfolgen sollten, dass grundsätzlich der Verursacher die Kosten der Verschmutzung zu tragen hat.

Grundsatz 17. Als nationales Instrument sind bei Vorhaben, die geeignet sind, erhebliche nachteilige Auswirkungen auf die Umwelt zu haben und der Entscheidung durch eine zuständige nationale Behörde bedürfen, Umweltverträglichkeitsprüfungen durchzuführen.

Grundsatz 18. Die Staaten haben andere Staaten sofort über Naturkatastrophen oder andere Notfälle zu unterrichten, die geeignet sind, zu plötzlichen schädlichen Auswirkungen auf deren Umwelt zu führen. Die Völkergemeinschaft macht alle Anstrengungen, um den so betroffenen Staaten zu helfen.

Grundsatz 19. Die Staaten haben möglicherweise betroffene Staaten über Tätigkeiten, die schwerwiegende nachteilige grenzüberschreitende Auswirkungen auf die Umwelt haben können, im Voraus und rechtzeitig zu unterrichten, ihnen sachdienliche Informationen zur Verfügung zu stellen und sie frühzeitig und in redlicher Absicht zu konsultieren.

Grundsatz 20. Frauen kommt bei der Bewirtschaftung der Umwelt und der Entwicklung eine grundlegende Rolle zu. Ihre volle Einbeziehung ist daher eine wesentliche Voraussetzung für die Herbeiführung nachhaltiger Entwicklung.

Grundsatz 21. Die Kreativität, die Ideale und der Mut der Jugend der Welt sollten mobilisiert werden, um eine weltweite Partnerschaft zu schaffen und so eine nachhaltige Entwicklung herbeizuführen und eine bessere Zukunft für alle zu sichern.

Grundsatz 22. Indigenen Bevölkerungsgruppen und ihren Gemeinschaften sowie anderen ortsansässigen Gemeinschaften kommt wegen ihres Wissens und ihrer überlieferten Bräuche eine grundlegende Rolle bei der Bewirtschaftung der Umwelt und der Entwicklung zu. Die Staaten sollten die Identität, die Kultur und die Interessen dieser Gruppen und Gemeinschaften anerkennen und gebührend unterstützen und ihre wirksame Teilhabe an der Herbeiführung einer nachhaltigen Entwicklung ermöglichen.

Grundsatz 23. Die Umwelt und die natürlichen Ressourcen der Völker, die in Unterdrückung, unter Fremdherrschaft und unter Besatzung leben, sind zu schützen.

Grundsatz 24. Kriegshandlungen haben ihrer Natur nach zerstörerische Auswirkungen auf die nachhaltige Entwicklung. Aus diesem Grund haben die Staaten die völkerrechtlichen Bestimmungen über den Schutz der Umwelt in Zeiten bewaffneter Auseinandersetzungen zu achten und soweit erforderlich zusammen weiterzuentwickeln.

Grundsatz 25. Frieden, Entwicklung und Umweltschutz bedingen einander und sind unteilbar.

Grundsatz 26. Die Staaten werden alle ihre Streitigkeiten im Umweltbereich friedlich und mit geeigneten Mitteln im Einklang mit der Charta der Vereinten Nationen beilegen.

Grundsatz 27. Die Staaten und Völker müssen in gutem Glauben und im Geist der Partnerschaft bei der Erfüllung der in dieser Erklärung enthaltenen Grundsätze sowie bei der Weiterentwicklung des Völkerrechts auf dem Gebiet der nachhaltigen Entwicklung zusammenarbeiten.

5. Erklärung über das Recht und die Verpflichtung von Einzelpersonen, Gruppen und Organen der Gesellschaft, die allgemein anerkannten Menschenrechte und Grundfreiheiten zu fördern und zu schützen[1] · [2]

Resolution 53/144 der Generalversammlung der Vereinten Nationen

Vom 9. Dezember 1998

(Übersetzung)

Die Generalversammlung

bekräftigt, wie wichtig die Einhaltung der Ziele und Grundsätze der Charta der Vereinten Nation für die Förderung und den Schutz aller Menschenrechte und Grundfreiheiten für alle Menschen in allen Ländern der Erde ist,

sowie in Bekräftigung der Bedeutung der Allgemeinen Erklärung der Menschenrechte und der Internationalen Menschenrechtspakte als Grundbestandteile der internationalen Anstrengungen zur Förderung der allgemeinen Achtung und Einhaltung der Menschenrechte und Grundfreiheiten sowie der Bedeutung der anderen im Rahmen des Systems der Vereinten Nationen wie auch auf regionaler Ebene verabschiedeten Menschenrechtsübereinkünfte,

betonend, dass alle Mitglieder der internationalen Gemeinschaft gemeinsam und jedes für sich ihre feierliche Verpflichtung zu erfüllen haben, die Achtung vor den Menschenrechten und Grundfreiheiten für alle ohne jeden Unterschied, etwa nach Rasse, Hautfarbe, Geschlecht, Sprache, Religion, politischer oder sonstiger Anschauung, nationaler oder sozialer Herkunft, Vermögen, Geburt oder sonstigem Stand, zu fördern und zu festigen, und bekräftigt, dass es besonders wichtig ist, zur Erfüllung dieser Verpflichtung im Einklang mit der Charta eine internationale Zusammenarbeit herbeizuführen,

anerkennend, welche wichtige Rolle der internationalen Zusammenarbeit zukommt und welchen wertvollen Beitrag Einzelpersonen, Gruppen und Vereinigungen leisten, wenn es darum geht, alle Verletzungen der Menschenrechte und Grundfreiheiten von Völkern und Einzelpersonen wirksam zu beseitigen, namentlich im Zusammenhang mit massenhaften, flagranten oder systematischen Verletzungen dieser Rechte und Freiheiten, wie beispielsweise infolge der Apartheid, aller Formen der Rassendiskriminierung, des Kolonialismus, der Fremdherrschaft oder Besetzung, der Aggression oder der Bedrohung der nationalen Souveränität, der nationalen Einheit oder der territorialen Unversehrtheit sowie auf Grund der Weigerung, das Recht der Völker auf Selbstbestimmung und das Recht eines jeden Volkes auf die Ausübung der vollen Souveränität über seine Reichtümer und seine natürlichen Ressourcen anzuerkennen,

in Anerkennung des Zusammenhangs zwischen dem Weltfrieden und der internationalen Sicherheit und dem Genuss der Menschenrechte und Grund-

---

[1] Internationale Quelle: A/RES/53/144.
[2] Deutsche Übersetzung aus: Vereinte Nationen, Resolutionen und Beschlüsse der 54. Tagung der Generalversammlung, Bd. I, S. 295.

freiheiten sowie eingedenk dessen, dass deren Nichteinhaltung nicht damit entschuldigt werden kann, dass nicht Weltfrieden und internationale Sicherheit herrschen,

wiederholend, dass alle Menschenrechte und Grundfreiheiten allgemeingültig und unteilbar sind, einander bedingen und miteinander verknüpft sind und auf faire und ausgewogene Weise gefördert und verwirklicht werden sollen, unbeschadet der Verwirklichung der einzelnen Rechte und Freiheiten,

betonend, dass die Hauptverantwortung und die Pflicht zur Förderung und zum Schutz der Menschenrechte und Grundfreiheiten beim jeweiligen Staat liegt,

in Anerkennung des Rechts und der Verpflichtung von Einzelpersonen, Gruppen und Vereinigungen, die Achtung und die Kenntnis der Menschenrechte und Grundfreiheiten auf nationaler wie auch auf internationaler Ebene zu fördern,

erklärt:

Art. 1. Jeder Mensch hat das Recht, einzeln wie auch in Gemeinschaft mit anderen, den Schutz und die Verwirklichung der Menschenrechte und Grundfreiheiten auf nationaler wie auch auf internationaler Ebene zu fördern und darauf hinzuwirken.

Art. 2. (1) Jeder Staat trägt die Hauptverantwortung dafür und hat die Pflicht, alle Menschenrechte und Grundfreiheiten zu schützen, zu fördern und zu verwirklichen, indem er unter anderem alle erforderlichen Maßnahmen ergreift, um die sozialen, wirtschaftlichen, politischen und sonstigen Bedingungen sowie die rechtlichen Garantien zu schaffen, die erforderlich sind, um sicherzustellen, dass alle seiner Hoheitsgewalt unterstehenden Personen einzeln wie auch in Gesellschaft mit anderen alle diese Rechte und Grundfreiheiten in der Praxis genießen können.

(2) Jeder Staat ergreift alle erforderlichen gesetzgeberischen, administrativen und sonstigen Maßnahmen, um sicherzustellen, dass die in dieser Erklärung genannten Rechte und Freiheiten wirksam garantiert sind.

Art. 3. Die innerstaatlichen Rechtsvorschriften, die mit der Charta der Vereinten Nationen und den sonstigen internationalen Verpflichtungen des jeweiligen Staates auf dem Gebiet der Menschenrechte und Grundfreiheiten im Einklang stehen, bilden den rechtlichen Rahmen für die Verwirklichung und den Genuss der Menschenrechte und Grundfreiheiten, innerhalb dessen alle in dieser Erklärung genannten Tätigkeiten zur Förderung, zum Schutz und zur effektiven Verwirklichung dieser Rechte und Freiheiten durchzuführen sind.

Art. 4. Keine Bestimmung dieser Erklärung darf dahin ausgelegt werden, dass sie die Ziele und Grundsätze der Charta der Vereinten Nationen beeinträchtigt oder ihnen widerspricht oder dass sie die Bestimmungen der Allgemeinen Erklärung der Menschenrechte, der Internationalen Menschenrechtspakte und der sonstigen auf diesem Gebiet anwendbaren internationalen Übereinkünfte und Verpflichtungen einschränkt oder außer Kraft setzt.

Art. 5. Zum Zweck der Förderung und des Schutzes der Menschenrechte und Grundfreiheiten hat jeder Mensch das Recht, einzeln wie auch in Gemeinschaft mit anderen, auf nationaler wie auch auf internationaler Ebene,

a) sich friedlich zu treffen oder zu versammeln;
b) nichtstaatliche Organisationen, Vereinigungen oder Gruppen zu bilden, ihnen beizutreten und in ihnen mitzuwirken;
c) mit nichtstaatlichen oder zwischenstaatlichen Organisationen in Verbindung zu treten.

Art. 6. Jeder Mensch hat das Recht, einzeln wie auch in Gemeinschaft mit anderen,
a) Informationen über alle Menschenrechte und Grundfreiheiten zu kennen, zu suchen, zu beschaffen, zu empfangen und zu besitzen, namentlich auch Zugang zu Informationen darüber zu haben, wie diese Rechte und Freiheiten im innerstaatlichen Gesetzgebungs-, Justiz- oder Verwaltungssystem verwirklicht werden;
b) wie in den internationalen Rechtsakten auf dem Gebiet der Menschenrechte und den sonstigen anwendbaren internationalen Übereinkünften vorgesehen, Auffassungen, Informationen und Wissen über alle Menschenrechte und Grundfreiheiten frei zu veröffentlichen, anderen mitzuteilen oder zu verbreiten;
c) die Einhaltung aller Menschenrechte und Grundfreiheiten im Gesetz und in der Praxis zu studieren, zu erörtern, sich eine Meinung darüber zu bilden und diese zu vertreten und mit diesen und anderen geeigneten Mitteln die Aufmerksamkeit der Öffentlichkeit auf diese Angelegenheiten zu lenken.

Art. 7. Jeder Mensch hat das Recht, einzeln wie auch in Gemeinschaft mit anderen, neue Ideen und Grundsätze auf dem Gebiet der Menschenrechte zu erarbeiten und zu erörtern und für ihre Annahme einzutreten.

Art. 8. (1) Jeder Mensch hat das Recht, einzeln wie auch in Gemeinschaft mit anderen, wirksam ohne Diskriminierung an der Regierung seines Landes und an der Gestaltung der öffentlichen Angelegenheiten mitzuwirken.

(2) Dies umfasst unter anderem das Recht, einzeln wie auch in Gemeinschaft mit anderen an Regierungsorganen und -stellen und an mit öffentlichen Angelegenheiten befassten Organisationen Kritik zu üben und ihnen Vorschläge zur Verbesserung ihrer Tätigkeit zu unterbreiten und auf jeden Aspekt ihrer Arbeit aufmerksam zu machen, der die Förderung, den Schutz und die Verwirklichung der Menschenrechte und Grundfreiheiten beeinträchtigen oder behindern könnte.

Art. 9. (1) Bei der Ausübung der Menschenrechte und Grundfreiheiten, einschließlich der Förderung und des Schutzes der Menschenrechte nach dieser Erklärung hat jeder Mensch, einzeln wie auch in Gemeinschaft mit anderen, Anspruch auf einen wirksamen Rechtsbehelf und auf Schutz im Falle der Verletzung dieser Rechte.

(2) Zu diesem Zweck hat jeder, dessen Rechte oder Freiheiten mutmaßlich verletzt wurden, das Recht, entweder persönlich oder durch einen rechtlich bevollmächtigten Vertreter, bei einem Gericht oder einer anderen durch Gesetz geschaffenen Stelle, die unabhängig, unparteiisch und zuständig ist, Beschwerde einzulegen und diese in öffentlicher Verhandlung rasch prüfen zu lassen und von dem Gericht oder der sonstigen Stelle eine rechtmäßige Ent-

scheidung zu erhalten, die ihm Wiedergutmachung verschafft, einschließlich einer etwaigen Entschädigung, falls die Rechte oder Freiheiten der betreffenden Person verletzt wurden, sowie die Durchsetzung der Entscheidung und der zugesprochenen Entschädigung zu erwirken, all das ohne ungebührliche Verzögerung.

(3) Zu demselben Zweck hat jeder Mensch das Recht, einzeln wie auch in Gemeinschaft mit anderen, unter anderem

a) durch Petitionen oder andere geeignete Mittel bei den zuständigen innerstaatlichen Gerichten, Verwaltungsbehörden oder Gesetzgebungsorganen oder jeder anderen in der Rechtsordnung des Staates vorgesehenen zuständigen Stelle Beschwerde gegen die Politik und die Handlungen einzelner Amtsträger und Regierungsorgane im Hinblick auf Verletzungen der Menschenrechte und Grundfreiheiten einzulegen, wobei über die Beschwerde ohne ungebührliche Verzögerung zu entscheiden ist;

b) öffentlichen Verhandlungen, Verfahren und Prozessen beizuwohnen, um sich eine Meinung über ihre Übereinstimmung mit dem innerstaatlichen Recht und den dem Staat obliegenden oder von ihm eingegangenen anwendbaren internationalen Verpflichtungen zu bilden;

c) fachlich qualifizierten Rechtsbeistand oder sonstige einschlägige Beratung und Unterstützung zur Verteidigung der Menschenrechte und Grundfreiheiten anzubieten und zu gewähren.

(4) Zu demselben Zweck und im Einklang mit den anwendbaren internationalen Rechtsakten und Verfahren hat jeder Mensch, einzeln wie auch in Gemeinschaft mit anderen, das Recht auf ungehinderten Zugang zu und Verkehr mit internationalen Organen, die über eine allgemeine oder besondere Zuständigkeit verfügen, Mitteilungen zu Angelegenheiten der Menschenrechte und Grundfreiheiten entgegenzunehmen und zu prüfen.

(5) Der Staat führt eine rasche und unparteiische Untersuchung durch oder stellt sicher, dass eine Untersuchung stattfindet, wenn hinreichender Grund zu der Annahme besteht, dass in einem seiner Hoheitsgewalt unterstehenden Gebiet eine Verletzung der Menschenrechte und Grundfreiheiten stattgefunden hat.

Art. 10. Niemand darf, sei es durch aktives Handeln oder durch Untätigbleiben, wenn Handeln geboten wäre, an der Verletzung der Menschenrechte und Grundfreiheiten mitwirken, und niemand darf einer Strafe oder für ihn nachteiligen Maßnahmen unterworfen werden, wenn er sich weigert, dies zu tun.

Art. 11. Jeder Mensch hat das Recht, einzeln wie auch in Gemeinschaft mit anderen, seine Arbeit oder seinen Beruf rechtmäßig auszuüben. Jeder, der auf Grund seines Berufes die Menschenwürde, die Menschenrechte und die Grundfreiheiten anderer beeinträchtigen könnte, soll diese Rechte und Freiheiten achten und die einschlägigen nationalen und internationalen berufs- und standesrechtlichen Verhaltensvorschriften und sein Berufsethos befolgen.

Art. 12. (1) Jeder Mensch hat das Recht, einzeln wie auch in Gemeinschaft mit anderen, an friedlichen Aktivitäten gegen Verletzungen der Menschenrechte und Grundfreiheiten teilzunehmen.

(2) Die Staaten ergreifen alle notwendigen Maßnahmen, um sicherzustellen, dass die zuständigen Behörden jeden, einzeln wie auch in Gemeinschaft mit anderen, vor jeder Gewalt, Bedrohung, Vergeltung, tatsächlichen oder rechtlichen Diskriminierung, jedem Druck sowie vor jeglichen anderen Willkürhandlungen schützen, die eine Folge seiner rechtmäßigen Ausübung der in dieser Erklärung genannten Rechte sind.

(3) In diesem Zusammenhang hat jeder, einzeln wie auch in Gemeinschaft mit anderen, Anspruch auf wirksamen Schutz nach dein innerstaatlichen Recht, wenn er gegen Staaten zuzuschreibende Tätigkeiten und Handlungen, einschließlich Unterlassungen, die Verletzungen der Menschenrechte und Grundfreiheiten zur Folge haben, sowie gegen von Gruppen oder Einzelpersonen begangene Gewalthandlungen, die den Genuss der Menschenrechte und Grundfreiheiten beeinträchtigen, mit friedlichen Mitteln vorgeht oder sich ihnen widersetzt.

Art. 13. Jeder Mensch hat das Recht, einzeln wie auch in Gemeinschaft mit anderen, Mittel zu erbitten, entgegenzunehmen und einzusetzen, die dem ausdrücklichen Zweck der Förderung und des Schutzes der Menschenrechte und Grundfreiheiten mit friedlichen Mitteln, im Einklang mit Artikel 3, dienen.

Art. 14. (1) Dem Staat obliegt die Verantwortung, gesetzgeberische, justitielle, administrative oder andere geeignete Maßnahmen zu ergreifen, um bei allen seiner Herrschaftsgewalt unterstehenden Personen das Verständnis ihrer bürgerlichen, politischen, wirtschaftlichen, sozialen und kulturellen Rechte zu fördern.

(2) Dazu gehören unter anderem die folgenden Maßnahmen:
a) die Veröffentlichung und die breite Verfügbarkeit der innerstaatlichen Gesetze und sonstigen Vorschriften sowie der anwendbaren grundlegenden internationalen Rechtsakte auf dem Gebiet der Menschenrechte,
b) der volle und gleichberechtigte Zugang zu den internationalen Dokumenten auf dem Gebiet der Menschenrechte, einschließlich der regelmäßigen Berichte des Staates an die mit den internationalen Menschenrechtsverträgen, deren Vertragspartei er ist, geschaffenen Organe sowie der Kurzprotokolle der Beratungen und der offiziellen Berichte dieser Organe.

(3) Der Staat gewährleistet und unterstützt gegebenenfalls die Schaffung und den Ausbau weiterer unabhängiger nationaler Institutionen zur Förderung und zum Schutz der Menschenrechte und Grundfreiheiten im gesamten seiner Hoheitsgewalt unterstehenden Gebiet, wie Ombudspersonen, Menschenrechtskommissionen oder jede andere Form einer nationalen Institution.

Art. 15. Dem Staat obliegt die Verantwortung, den Unterricht über die Menschenrechte und Grundfreiheiten auf allen Bildungsebenen zu fördern und zu erleichtern sowie sicherzustellen, dass alle für die Ausbildung von Rechtsanwälten, Polizeibeamten, Personal der Streitkräfte und Angehörigen des öffentlichen Dienstes verantwortlichen Stellen geeignete Unterrichtselemente über die Menschenrechte in ihre Ausbildungsprogramme aufnehmen.

Art. 16. Einzelpersonen, nichtstaatliche Organisationen und die zuständigen Institutionen haben einen wichtigen Beitrag zu leisten, wenn es darum geht, die Öffentlichkeit für Fragen im Zusammenhang mit allen Menschenrechten und Grundfreiheiten zu sensibilisieren, beispielsweise durch die Ergreifung von Bildungs-, Ausbildungs- und Forschungsmaßnahmen auf diesen Gebieten, um unter anderem das Verständnis, die Toleranz, den Frieden und die freundschaftlichen Beziehungen zwischen den Nationen und zwischen allen Rassen und Religionsgruppen weiter zu stärken, eingedenk der unterschiedlichen Beschaffenheit der Gesellschaften und Gemeinschaften, in denen sie ihre Maßnahmen durchführen.

Art. 17. Bei der Ausübung der in dieser Erklärung genannten Rechte und Freiheiten unterliegt jeder, ob allein oder in Gemeinschaft mit anderen handelnd, nur den mit den anwendbaren internationalen Verpflichtungen im Einklang stehenden und gesetzlich festgelegten Beschränkungen, die das Gesetz ausschließlich zu dem Zweck vorsieht, die Anerkennung und Achtung der Rechte und Freiheiten anderer zu sichern und den gerechten Anforderungen der Moral, der öffentlichen Ordnung und des allgemeinen Wohles in einer demokratischen Gesellschaft zu genügen.

Art. 18. (1) Jeder Mensch hat Verpflichtungen gegenüber und innerhalb der Gemeinschaft, in der allein die freie und volle Entfaltung seiner Persönlichkeit möglich ist.

(2) Einzelpersonen, Gruppen, Institutionen und nichtstaatliche Organisationen spielen eine wichtige Rolle und tragen eine Verantwortung beim Schutz der Demokratie, bei der Förderung der Menschenrechte und Grundfreiheiten und bei der Unterstützung der Förderung und des Fortschritts demokratischer Gesellschaften, Institutionen und Prozesse.

(3) Einzelpersonen, Gruppen. Institutionen und nichtstaatliche Organisationen spielen außerdem eine wichtige Rolle und haben eine Verantwortung dafür, gegebenenfalls zur Förderung des Rechts eines jeden Menschen auf eine soziale und internationale Ordnung beizutragen, in der die in der Allgemeinen Erklärung der Menschenrechte und in den Menschenrechtsübereinkünften verkündeten Rechte und Freiheiten voll verwirklicht werden können.

Art. 19. Keine Bestimmung dieser Erklärung darf dahin ausgelegt werden, dass sie für eine Einzelperson, eine Gruppe oder ein Organ der Gesellschaft oder für einen Staat das Recht begründet, eine Tätigkeit auszuüben oder eine Handlung zu begehen, welche die Beseitigung der in dieser Erklärung genannten Rechte und Freiheiten zum Ziel hat.

Art. 20. Keine Bestimmung dieser Erklärung darf so ausgelegt werden, dass sie Staaten erlaubt, Tätigkeiten von Einzelpersonen, Gruppen, Institutionen oder nichtstaatlichen Organisationen zu unterstützen und zu fördern, die im Widerspruch zu den Bestimmungen der Charta der Vereinten Nationen stehen.

6. Hoher Kommissar für die Förderung und den Schutz aller Menschenrechte[1) · 2)]

Resolution 48/141 der Generalversammlung der Vereinten Nationen

Vom 20. Dezember 1993

(Übersetzung)

Die Generalversammlung,

in Bekräftigung ihrer Verpflichtung auf die Ziele und Grundsätze der Charta der Vereinten Nationen,

betonend, daß es gemäß der Charta Aufgabe aller Staaten ist, die Achtung vor allen Menschenrechten und Grundfreiheiten für alle ohne irgendeinen Unterschied, etwa nach Rasse, Geschlecht, Sprache oder Religion, zu fördern und zu festigen,

sowie unter Hervorhebung der Notwendigkeit, die Allgemeine Erklärung der Menschenrechte einzuhalten und die Rechtsakte auf dem Gebiet der Menschenrechte, insbesondere den Internationalen Pakt über bürgerliche und politische Rechte, den Internationalen Pakt über wirtschaftliche, soziale und kulturelle Rechte sowie die Erklärung über das Recht auf Entwicklung vollinhaltlich anzuwenden,

erneut erklärend, daß das Recht auf Entwicklung ein allgemeingültiges und unveräußerliches Recht ist, das einen grundlegenden Bestandteil der Rechte des Menschen bildet,

die Auffassung vertretend, daß die Förderung und der Schutz aller Menschenrechte ein vorrangiges Anliegen der internationalen Gemeinschaft ist,

unter Hinweis darauf, daß eines der in der Charta verankerten Ziele der Vereinten Nationen darin besteht, eine internationale Zusammenarbeit herbeizuführen, um die Achtung vor den Menschenrechten zu fördern und zu festigen,

in Bekräftigung der nach Artikel 56 der Charta eingegangenen Verpflichtung, gemeinsam und einzeln in Zusammenarbeit mit den Vereinten Nationen zu handeln, um die in Artikel 55 dargelegten Ziele zu erreichen,

betonend, daß die Förderung und der Schutz aller Menschenrechte von den Grundsätzen der Unparteilichkeit, Objektivität und Nichtselektivität geleitet sein muß, im Geiste eines konstruktiven internationalen Dialogs und der konstruktiven internationalen Zusammenarbeit,

sich bewußt, daß alle Menschenrechte allgemeingültig, unteilbar, einander bedingend und miteinander verknüpft sind und daß ihnen insofern gleiche Wichtigkeit zukommt,

---

[1)] Internationale Quelle: A/RES48/141.
[2)] Deutsche Übersetzung aus: Vereinte Nationen, Resolutionen und Beschlüsse der 48. Tagung der Generalversammlung, Bd. 1, S. 290.

in Bekräftigung ihrer Verpflichtung auf die Erklärung und das Aktionsprogramm von Wien, die von der vom 14. bis 25. Juni 1993 in Wien abgehaltenen Weltkonferenz über Menschenrechte verabschiedet wurden,

überzeugt, daß die Weltkonferenz über Menschenrechte einen wichtigen Beitrag zur Sache der Menschenrechte geleistet hat und daß ihre Empfehlungen durch wirksame Maßnahmen aller Staaten, der zuständigen Organe der Vereinten Nationen und der Sonderorganisationen in Zusammenarbeit mit den nichtstaatlichen Organisationen umgesetzt werden sollten,

in Anerkennung dessen, daß es für die Förderung und den Schutz aller Menschenrechte wichtig ist, die Bereitstellung von Beratungsdiensten und technischer Hilfe durch das Zentrum für Menschenrechte im Sekretariat und andere zuständige Programme und Organe des Systems der Vereinten Nationen zu verstärken,

entschlossen, die vorhandenen Einrichtungen zur Förderung und zum Schutz aller Menschenrechte und Grundfreiheiten unter Vermeidung unnötiger Doppelarbeit anzupassen, zu stärken und zu straffen,

anerkennend, daß die Aktivitäten der Vereinten Nationen auf dem Gebiet der Menschenrechte rationalisiert und intensiviert werden müssen, um das Instrumentarium der Vereinten Nationen auf diesem Gebiet zu stärken und die Ziele der allgemeinen Achtung vor den internationalen Menschenrechtsnormen und deren Einhaltung zu fördern,

erneut erklärend, daß die Generalversammlung, der Wirtschafts- und Sozialrat und die Menschenrechtskommission die Organe sind, die für die Festlegung der Richtlinien und die Beschlußfassung auf dem Gebiet der Förderung und des Schutzes aller Menschenrechte verantwortlich sind,

sowie in Bekräftigung der Notwendigkeit, das Instrumentarium der Vereinten Nationen auf dem Gebiet der Menschenrechte laufend an die gegenwärtigen und künftigen Bedürfnisse bei der Förderung und dem Schutz der Menschenrechte anzupassen, sowie der Notwendigkeit, seine Koordinierung, Leistungsfähigkeit und Wirksamkeit im Sinne der Erklärung und des Aktionsprogramms von Wien sowie im Hinblick auf eine ausgewogene und bestandfähige Entwicklung für alle Menschen zu verbessern,

nach Behandlung der Empfehlung in Abschnitt II Ziffer 18 der Erklärung und des Aktionsprogramms von Wien,

1. beschließt, den Dienstposten eines Hohen Kommissars der Vereinten Nationen für Menschenrechte zu schaffen;

2. beschließt, daß der Hohe Kommissar

a) eine Person von hohem sittlichen Ansehen sein muß, die sich durch persönliche Integrität und Sachverstand, namentlich auf dem Gebiet der Menschenrechte, auszeichnet und die durch ihr Vertrautsein mit unterschiedlichen Kulturen und ihre Aufgeschlossenheit für diese die Voraussetzungen erfüllt, die für die unparteiische, objektive, nichtselektive und effektive Wahrnehmung der Aufgaben des Hohen Kommissars erforderlich sind;

b) vom Generalsekretär der Vereinten Nationen ernannt und von der Generalversammlung bestätigt wird, unter angemessener Berücksichtigung eines turnusmäßigen Wechsels auf geographischer Grundlage, und für eine auf vier Jahre befristete Amtszeit ernannt wird, mit der Möglichkeit einer einmaligen Verlängerung um weitere vier Jahre;

c) den Rang eines Untergeneralsekretärs hat;

3. beschließt außerdem, daß der Hohe Kommissar
a) sein Amt im Rahmen der Charta der Vereinten Nationen, der Allgemeinen Erklärung der Menschenrechte, der anderen internationalen Rechtsakte auf dem Gebiet der Menschenrechte sowie des Völkerrechts wahrzunehmen hat und daß er innerhalb dieses Rahmens insbesondere auch die Pflicht hat, die Souveränität, territoriale Unversehrtheit und innerstaatliche Zuständigkeit der Staaten zu achten und die universale Achtung vor allen Menschenrechten und deren Einhaltung zu fördern, in der Erkenntnis, daß die Förderung und der Schutz aller Menschenrechte im Rahmen der Ziele und Grundsätze der Charta ein legitimes Anliegen der internationalen Gemeinschaft ist;
b) sich von der Erkenntnis leiten lassen muß, daß alle Menschenrechte − gleichviel, ob es sich um bürgerliche, kulturelle, politische, soziale oder wirtschaftliche Rechte handelt − allgemeingültig, unteilbar, einander bedingend und miteinander verknüpft sind und daß, obschon die Bedeutung nationaler und regionaler Besonderheiten und unterschiedlicher historischer, kultureller und religiöser Vorbedingungen zu berücksichtigen ist, die Staaten gleichwohl die Pflicht haben, unabhängig von ihrem jeweiligen politischen, wirtschaftlichen und kulturellen System alle Menschenrechte und Grundfreiheiten zu fördern und zu schützen;
c) anerkennen muß, welche Wichtigkeit der Förderung einer ausgewogenen und bestandfähigen Entwicklung für alle Menschen und der Gewährleistung der Verwirklichung des Rechts auf Entwicklung zukommt, das in der Erklärung über das Recht auf Entwicklung niedergelegt ist;

4. beschließt ferner, daß der Hohe Kommissar unter der Richtliniengebung und Weisungsbefugnis des Generalsekretärs der hauptverantwortliche Amtsträger der Vereinten Nationen für die Menschenrechtsaktivitäten der Vereinten Nationen sein wird und daß im Rahmen der Gesamtzuständigkeit, der Befugnisse und der Beschlüsse der Generalversammlung, des Wirtschafts- und Sozialrats und der Menschenrechtskommission der Hohe Kommissar die folgenden Aufgaben hat:
a) die effektive Ausübung aller bürgerlichen, kulturellen, politischen, sozialen und wirtschaftlichen Rechte durch alle zu fördern und zu schützen;
b) die ihm von den zuständigen Organen des Systems der Vereinten Nationen auf dem Gebiet der Menschenrechte übertragenen Aufgaben wahrzunehmen und ihnen Empfehlungen mit dem Ziel zu unterbreiten, die Förderung und den Schutz aller Menschenrechte zu verbessern;
c) die Verwirklichung des Rechts auf Entwicklung zu fördern und zu schützen und die von den entsprechenden Organen des Systems der Vereinten Nationen zu diesem Zweck gewährte Unterstützung zu verbessern;
d) über das Zentrum für Menschenrechte im Sekretariat und andere geeignete Institutionen auf Antrag der Staaten und gegebenenfalls regionaler Menschenrechtsorganisationen Beratende Dienste sowie technische und finanzielle Hilfe bereitzustellen, mit dem Ziel, die Maßnahmen und Programme auf dem Gebiet der Menschenrechte zu unterstützen;
e) die einschlägigen Bildungs- und Aufklärungsprogramme der Vereinten Nationen auf dem Gebiet der Menschenrechte zu koordinieren;
f) aktiv tätig zu werden, um die bestehenden Hindernisse für die volle Verwirklichung aller Menschenrechte zu beseitigen und sich den diesbezüglichen Herausforderungen zu stellen sowie die Fortdauer von Menschen-

rechtsverletzungen in der ganzen Welt zu verhindern, wie dies in der Erklärung und im Aktionsprogramm von Wien zum Ausdruck kommt;

g) im Zuge der Durchführung seines Mandats einen Dialog mit allen Regierungen aufzunehmen, mit dem Ziel, die Achtung vor allen Menschenrechten sicherzustellen;

h) die internationale Zusammenarbeit im Dienste der Förderung und des Schutzes aller Menschenrechte zu verstärken;

i) die im gesamten System der Vereinten Nationen entfalteten Aktivitäten zur Förderung und zum Schutz der Menschenrechte zu koordinieren;

j) das Instrumentarium der Vereinten Nationen auf dem Gebiet der Menschenrechte zu rationalisieren, anzupassen, zu stärken und zu straffen, mit dem Ziel, seine Leistungsfähigkeit und Effektivität zu verbessern;

k) die Gesamtaufsicht über das Zentrum für Menschenrechte zu führen;

5. ersucht den Hohen Kommissar, der Menschenrechtskommission und, über den Wirtschafts- und Sozialrat, der Generalversammlung jährlich über seine Aktivitäten in Übereinstimmung mit seinem Mandat Bericht zu erstatten;

6. beschließt, daß das Amt des Hohen Kommissars der Vereinten Nationen für Menschenrechte in Genf angesiedelt wird, mit einem Verbindungsbüro in New York;

7. ersucht den Generalsekretär, im Rahmen des jetzigen und der künftigen ordentlichen Haushalte der Vereinten Nationen die erforderlichen Mitarbeiter und Ressourcen bereitzustellen, um dem Hohen Kommissar die Erfüllung seines Mandats zu ermöglichen, ohne daß dadurch Ressourcen aus den Entwicklungsprogrammen und -aktivitäten der Vereinten Nationen abgezogen werden;

8. ersucht den Generalsekretär außerdem, der Generalversammlung auf ihrer neunundvierzigsten Tagung über die Durchführung dieser Resolution Bericht zu erstatten.

7. Menschenrechtsrat[1] · [2] · [3]

Resolution 60/251 der Generalversammlung der Vereinten Nationen

Vom 15. März 2006

(Übersetzung)

Die Generalversammlung,

in Bekräftigung der in der Charta der Vereinten Nationen verankerten Ziele und Grundsätze, die unter anderem darin bestehen, freundschaftliche, auf der Achtung vor dem Grundsatz der Gleichberechtigung und Selbstbestimmung der Völker beruhende Beziehungen zwischen den Nationen zu entwickeln und eine internationale Zusammenarbeit herbeizuführen, um internationale Probleme wirtschaftlicher, sozialer, kultureller oder humanitärer Art zu lösen und die Achtung vor den Menschenrechten und Grundfreiheiten für alle zu fördern und zu festigen,

sowie in Bekräftigung der Allgemeinen Erklärung der Menschenrechte sowie der Erklärung und des Aktionsprogamms von Wien und unter Hinweis auf den Internationalen Pakt über bürgerliche und politische Rechte, den Internationalen Pakt über wirtschaftliche, soziale und kulturelle Rechte und die anderen Menschenrechtsübereinkünfte,

bekräftigend, dass alle Menschenrechte allgemein gültig, unteilbar und miteinander verknüpft sind und einander bedingen und gegenseitig verstärken und dass alle Menschenrechte in fairer und gleicher Weise, gleichberechtigt und gleichgewichtig behandelt werden müssen,

sowie bekräftigend, dass zwar die Bedeutung nationaler und regionaler Besonderheiten und unterschiedlicher historischer, kultureller und religiöser Voraussetzungen im Auge zu behalten ist, dass aber alle Staaten die Pflicht haben, ungeachtet ihres jeweiligen politischen, wirtschaftlichen und kulturellen Systems, alle Menschenrechte und Grundfreiheiten zu fördern und zu schützen,

betonend, dass es im Einklang mit der Charta Aufgabe aller Staaten ist, die Menschenrechte und Grundfreiheiten für alle ohne irgendeinen Unterschied, etwa nach Rasse, Hautfarbe, Geschlecht, Sprache oder Religion, politischer oder sonstiger Anschauung, nationaler oder sozialer Herkunft, Vermögen, Geburt oder sonstigem Stand, zu achten,

anerkennend, dass Frieden und Sicherheit, Entwicklung und die Menschenrechte die Säulen des Systems der Vereinten Nationen und die Grundlagen der kollektiven Sicherheit und des Allgemeinwohls sind und dass Entwicklung, Frieden und Sicherheit sowie die Menschenrechte miteinander verflochten sind und einander gegenseitig verstärken,

---

[1] Internationale Quelle: A/RES/60/251.

[2] Die Resolution wird ergänzt durch die Res. 65/281 der UN-Generalversammlung, mit der das Mandat und die Tätigkeit des Menschenrechtsrats einer Überprüfung unterzogen wurden, ohne das Mandat selbst zu ändern.

[3] Deutsche Übersetzung aus: Vereinte Nationen, Resolutionen und Beschlüsse der 60. Tagung der Generalversammlung, Bd. III, S. 3.

erklärend, dass alle Staaten weitere internationale Anstrengungen zur Förderung des Dialogs und zur Vertiefung des Verständnisses zwischen den Zivilisationen, Kulturen und Religionen unternehmen müssen, und betonend, dass den Staaten, den Regionalorganisationen, nichtstaatlichen Organisationen, religiösen Organisationen und den Medien eine wichtige Rolle bei der Förderung der Toleranz sowie der Achtung und der Freiheit der Religion und der Weltanschauung zukommt,

in Anerkennung der von der Menschenrechtskommission geleisteten Arbeit sowie der Notwendigkeit, das von ihr Erreichte zu bewahren, darauf aufzubauen und ihre Schwächen zu beseitigen,

anerkennend, wie wichtig es ist, die Universalität, Objektivität und Nichtselektivität der Behandlung von Menschenrechtsfragen sicherzustellen und dem Messen mit zweierlei Maß und der Politisierung ein Ende zu setzen,

sowie anerkennend, dass die Förderung und der Schutz der Menschenrechte auf den Grundsätzen der Zusammenarbeit und eines echten Dialogs beruhen und darauf gerichtet sein sollen, die Mitgliedstaaten verstärkt in die Lage zu versetzen, ihren Menschenrechtsverpflichtungen zum Wohle aller Menschen nachzukommen,

in der Erkenntnis, dass den nichtstaatlichen Organisationen auf nationaler, regionaler und internationaler Ebene eine wichtige Rolle bei der Förderung und dem Schutz der Menschenrechte zukommt,

in Bekräftigung der Entschlossenheit, das Instrumentarium der Vereinten Nationen auf dem Gebiet der Menschenrechte zu stärken, um die effektive Ausübung aller Menschenrechte, der bürgerlichen, politischen, wirtschaftlichen, sozialen und kulturellen Rechte, einschließlich des Rechts auf Entwicklung, durch alle Menschen zu gewährleisten, und zu diesem Zweck einen Menschenrechtsrat einzurichten,

1. *beschließt,* als Ersatz für die Menschenrechtskommission den Menschenrechtsrat als ein Nebenorgan der Generalversammlung mit Sitz in Genf einzurichten; die Versammlung wird den Status des Rates binnen fünf Jahren überprüfen;

2. *beschließt außerdem,* dass der Rat für die Förderung der allgemeinen Achtung des Schutzes aller Menschenrechte und Grundfreiheiten für alle, ohne irgendeinen Unterschied und auf faire und gleiche Weise, verantwortlich sein wird;

3. *beschließt ferner,* dass sich der Rat mit Situationen von Verletzungen der Menschenrechte, namentlich groben und systematischen Verletzungen, befassen und diesbezügliche Empfehlungen abgeben sowie außerdem die wirksame Koordinierung und die durchgängige Integration von Menschenrechtsfragen in allen Bereichen des Systems der Vereinten Nationen fördern soll;

4. *beschließt,* dass die Tätigkeit des Rates von den Grundsätzen der Universalität, der Unparteilichkeit, der Objektivität und der Nichtselektivität, eines konstruktiven internationalen Dialogs und der konstruktiven internationalen Zusammenarbeit geleitet sein soll, mit dem Ziel, die Förderung und den Schutz aller Menschenrechte, der bürgerlichen, politischen, wirtschaftlichen, sozialen und kulturellen Rechte, einschließlich des Rechts auf Entwicklung, zu verstärken;

5. *beschließt außerdem,* dass der Rat unter anderem den Auftrag haben wird,
a) die Menschenrechtsbildung und -erziehung sowie die Bereitstellung von Beratenden Diensten, technischer Hilfe und Kapazitätsaufbau in Absprache

mit den betreffenden Mitgliedstaaten und mit deren Zustimmung zu fördern;

b) als Forum für den Dialog über thematische Fragen zu allen Menschenrechten zu dienen;

c) der Generalversammlung Empfehlungen zur Weiterentwicklung des Völkerrechts auf dem Gebiet der Menschenrechte vorzulegen;

d) die volle Einhaltung der von den Staaten eingegangenen Menschenrechtsverpflichtungen und die Weiterverfolgung der auf den Konferenzen und Gipfeltreffen der Vereinten Nationen festgelegten Ziele und Verpflichtungen in Bezug auf die Förderung und den Schutz der Menschenrechte zu fördern;

e) in einer Weise, die die Erfassung aller Staaten und ihre gleiche Behandlung gewährleistet, eine auf objektiven und zuverlässigen Angaben beruhende universelle, regelmäßige Überprüfung der Erfüllung der jedem Staat obliegenden und von ihm eingegangenen Verpflichtungen auf dem Gebiet der Menschenrechte durchzuführen; diese Überprüfung wird im Wege eines kooperativen, auf einem interaktiven Dialog beruhenden Mechanismus mit voller Beteiligung des betreffenden Landes und unter Berücksichtigung seines Bedarfs an Kapazitätsaufbau erfolgen; dieser Mechanismus wird die Tätigkeit der Vertragsorgane ergänzen und keine Doppelarbeit leisten; der Rat wird innerhalb eines Jahres nach der Abhaltung seiner ersten Tagung die Modalitäten und den erforderlichen Zeitrahmen für die universelle regelmäßige Überprüfung festlegen;

f) mittels Dialog und Zusammenarbeit zur Verhütung von Menschenrechtsverletzungen beizutragen und in Menschenrechts-Notlagen rasch zu reagieren;

g) die Rolle und die Verantwortlichkeiten der Menschenrechtskommission in Bezug auf die von der Generalversammlung in ihrer Resolution 48/141[1)] vom 20. Dezember 1993 festgelegten Aufgaben des Amtes des Hohen Kommissars der Vereinten Nationen für Menschenrechte zu übernehmen;

h) auf dem Gebiet der Menschenrechte eng mit den Regierungen, den Regionalorganisationen, den nationalen Menschenrechtsinstitutionen und der Zivilgesellschaft zusammenzuarbeiten;

i) Empfehlungen zur Förderung und zum Schutz der Menschenrechte abzugeben;

j) der Generalversammlung einen Jahresbericht vorzulegen;

6. *beschließt ferner,* dass der Rat alle Mandate, Mechanismen, Aufgaben und Verantwortlichkeiten der Menschenrechtskommission übernehmen, sie überprüfen und erforderlichenfalls verbessern und straffen wird, mit dem Ziel, ein System der besonderen Verfahren, der sachverständigen Beratung und ein Beschwerdeverfahren aufrechtzuerhalten; der Rat wird diese Überprüfung innerhalb eines Jahres nach der Abhaltung seiner ersten Tagung abschließen;

7. *beschließt,* dass sich der Rat aus siebenundvierzig Mitgliedstaaten zusammensetzt, die unmittelbar und einzeln in geheimer Abstimmung von der Mehrheit der Mitglieder der Generalversammlung gewählt werden; die Zusammensetzung beruht auf dem Grundsatz der ausgewogenen geografischen Verteilung, wobei sich die Sitze wie folgt auf die Regionalgruppen verteilen: dreizehn für die Gruppe der afrikanischen Staaten, dreizehn für die Gruppe der asiatischen

---

[1)] Abgedruckt unter Nr. **6.**

Staaten, sechs für die Gruppe der osteuropäischen Staaten, acht für die Gruppe der lateinamerikanischen und karibischen Staaten und sieben für die Gruppe der westeuropäischen und anderen Staaten; die Ratsmitglieder werden für eine Amtszeit von drei Jahren gewählt und können nach zwei aufeinander folgenden Amtszeiten nicht unmittelbar wiedergewählt werden;

8. *beschließt außerdem,* dass die Mitgliedschaft im Rat allen Mitgliedstaaten der Vereinten Nationen offen steht; bei der Wahl der Mitglieder des Rates werden die Mitgliedstaaten den Beitrag der Kandidaten zur Förderung und zum Schutz der Menschenrechte und die zu diesem Zweck von ihnen eingegangenen freiwilligen Zusagen und Verpflichtungen berücksichtigen; die Generalversammlung kann die Mitgliedschaftsrechte eines Mitglieds des Rates, das schwere und systematische Menschenrechtsverletzungen begeht, mit einer Zweidrittelmehrheit der anwesenden und abstimmenden Mitglieder aussetzen;

9. *beschließt ferner,* dass die in den Rat gewählten Mitglieder den höchsten Ansprüchen auf dem Gebiet der Förderung und des Schutzes der Menschenrechte gerecht werden müssen, dass sie mit dem Rat uneingeschränkt zusammenarbeiten werden und dass sie während ihrer Mitgliedschaft dem Verfahren der universellen regelmäßigen Überprüfung unterzogen werden;

10. *beschließt,* dass der Rat während des gesamten Jahres regelmäßig zusammentritt und in jedem Jahr mindestens drei Tagungen, darunter eine Haupttagung, mit einer Gesamtdauer von mindestens zehn Wochen abhalten wird und bei Bedarf Sondertagungen abhalten kann, sofern ein Mitglied des Rates mit Unterstützung eines Drittels der Ratsmitglieder dies beantragt;

11. *beschließt außerdem,* dass der Rat die Bestimmungen der Geschäftsordnung für die Ausschüsse der Generalversammlung anwenden wird, soweit diese anwendbar sind, es sei denn, die Versammlung oder der Rat beschließt später etwas anderes, und beschließt außerdem, dass Beobachter, darunter Staaten, die nicht Ratsmitglied sind, die Sonderorganisationen, sonstige zwischenstaatliche Organisationen und nationale Menschenrechtsinstitutionen sowie nichtstaatliche Organisationen, auf der Grundlage der von der Menschenrechtskommission befolgten Regelungen, namentlich der Resolution 1996/31 des Wirtschafts- und Sozialrats vom 25. Juli 1996, und Verfahrensweisen an der Arbeit des Rates mitwirken und von diesem konsultiert werden können, wobei zu gewährleisten ist, dass sie einen möglichst wirksamen Beitrag leisten können;

12. *beschließt ferner,* dass die Arbeitsmethoden des Rates transparent, fair und unparteilich sein und einen echten Dialog ermöglichen sollen, dass sie ergebnisorientiert sein und anschließende Erörterungen über die Weiterverfolgung und Umsetzung von Empfehlungen sowie ein sachbezogenes Zusammenwirken mit den besonderen Verfahren und Mechanismen ermöglichen sollen;

13. *empfiehlt* dem Wirtschafts- und Sozialrat, die Menschenrechtskommission zu ersuchen, ihre Tätigkeit auf ihrer zweiundsechzigsten Tagung abzuschließen, und ihr Mandat mit Wirkung vom 16. Juni 2006 zu beenden;

14. *beschließt,* die neuen Mitglieder des Rates zu wählen, deren Mandate gestaffelt sein werden; diese Entscheidung wird für die erste Wahl durch das Los getroffen, wobei die ausgewogene geografische Verteilung zu berücksichtigen ist;

15. *beschließt außerdem,* dass die Wahl der ersten Mitglieder des Rates am 9. Mai 2006 stattfindet und dass der Rat am 19. Juni 2006 zu seiner ersten Sitzung zusammentreten wird;

16. *beschließt ferner,* dass der Rat seine Tätigkeit und seine Funktionsweise fünf Jahre nach seiner Einrichtung überprüfen und der Generalversammlung Bericht erstatten wird.

8. Menschenrechtsrat der Vereinten Nationen: Errichtung der Institutionen[1) · 2) · 3)]

Resolution des 5/1 des Menschenrechtsrats der Vereinten Nationen

Vom 18. Juni 2007

(Auszug)[4)]

(Übersetzung)

I. Mechanismus der Allgemeinen regelmäßigen Überprüfung

A. Grundlage der Überprüfung

1. Als Grundlage der Überprüfung dienen:
a) die Charta der Vereinten Nationen;
b) die Allgemeine Erklärung der Menschenrechte;
c) die Menschenrechtsübereinkünfte, deren Vertragspartei ein Staat ist;
d) die freiwilligen Versprechen und Zusagen der Staaten, namentlich diejenigen, die sie anlässlich ihrer Bewerbung für die Wahl in den Menschenrechtsrat (im Folgenden „der Rat") abgegeben haben.

2. In Anbetracht der Komplementarität und der Wechselbeziehung zwischen dem völkerrechtlichen Menschenrechtsschutz und dem humanitären Völkerrecht wird bei der Überprüfung außerdem das anwendbare humanitäre Völkerrecht berücksichtigt.

B. Grundsätze und Ziele

1. Grundsätze

3. Die allgemeine regelmäßige Überprüfung soll

[1)] Internationale Quelle: Anlage zu Resolution 5/1 des Menschenrechtsrats, A/HRC/RES/5/1.

[2)] Die Generalversammlung der Vereinten Nationen hat die Verabschiedung der Res. 5/1 zur Errichtung der Institutionen des Menschenrechtsrats mit Resolution 62/219 vom 22.12. 2007 gebilligt. Die Res. 5/1 wird ergänzt durch die Res. 5/2 vom 18.6.2007 (Verhaltenskodex für Mandatsträger der Sonderverfahren, A/HRC/RES/5/2) und den Beschluss 6/102 des Menschenrechtsrats vom 27.9.2007 (A/HRC/DEC/6/102). Der Menschenrechtsrat hat 2011 seine Tätigkeit und Funktionsweise überprüft und das Ergebnis mit Res. 16/21 vom 25.3. 2011 (A/HRC/RES/16/21) festgehalten und der UN-Generalversammlung vorgelegt, die es mit Res. 65/281 vom 10.6.2011 gebilligt hat (A/RES/65/281). Die Res. 5/1 des Menschenrechtsrats ist dadurch nicht geändert worden, Schwerpunkte wurden aber anders gesetzt.

[3)] Deutsche Übersetzung vom Deutschen Übersetzungsdienst der Vereinten Nationen, New York.

[4)] Der Abschnitt V. (Tagesordnung und Rahmen für das Arbeitsprogramm) und die Anhänge (I: Mandate, die verlängert werden, bis der Menschenrechtsrat sie gemäß seinem Jahresarbeitsprogramm behandeln kann; II: Mandatsträger und Amtsdauer) sind hier nicht abgedruckt.

a) die Universalität, die Interdependenz, die Unteilbarkeit und den wechselseitigen Zusammenhang aller Menschenrechte fördern;
b) ein kooperativer Mechanismus auf der Grundlage objektiver und verlässlicher Informationen und eines interaktiven Dialogs sein;
c) die Erfassung und Gleichbehandlung aller Staaten gewährleisten;
d) ein zwischenstaatlicher, von den Mitgliedern der Vereinten Nationen gesteuerter und maßnahmenorientierter Prozess sein;
e) das überprüfte Land voll einbeziehen;
f) andere Menschenrechtsmechanismen unter Vermeidung von Doppelarbeit ergänzen und somit einen zusätzlichen Nutzen bringen;
g) in objektiver, transparenter, nicht selektiver, konstruktiver, nicht konfrontativer und nicht politisierter Weise durchgeführt werden;
h) keine übermäßige Belastung für den betroffenen Staat oder für die Tagesordnung des Rates darstellen;
i) nicht übermäßig lange dauern; sie soll wirklichkeitsnah sein und nicht unverhältnismäßig viel Zeit und menschliche und finanzielle Ressourcen in Anspruch nehmen;
j) die Fähigkeit des Rates zur Reaktion auf dringende Menschenrechtssituationen nicht vermindern;
k) auf umfassende Weise die Geschlechterperspektive integrieren;
l) unbeschadet der Verpflichtungen in den als Grundlage der Überprüfung genannten Elementen dem Entwicklungsstand und den besonderen Gegebenheiten der Länder Rechnung tragen;
m) gemäß Resolution 60/251 der Generalversammlung vom 15. März 2006 und Resolution 1996/31 des Wirtschafts- und Sozialrat vom 25. Juli 1996 sowie allen künftigen diesbezüglichen Beschlüssen des Rates die Mitwirkung aller maßgeblichen Interessenvertreter einschließlich nichtstaatlicher Organisationen und nationaler Menschenrechtsinstitutionen gewährleisten.

2. Ziele

4. Die Ziele der Überprüfung sind
a) die Verbesserung der Menschenrechtslage vor Ort;
b) die Erfüllung der Verpflichtungen und Zusagen des Staates auf dem Gebiet der Menschenrechte und die Bewertung der positiven Entwicklungen und der Herausforderungen, denen sich der Staat gegenübersieht;
c) die Verbesserung der Kapazitäten des Staates und die Verstärkung der technischen Hilfe in Absprache mit dem betroffenen Staat und mit seiner Zustimmung;
d) der Informationsaustausch über bewährte Verfahren zwischen den Staaten und sonstigen Interessenvertretern;
e) die Unterstützung der Zusammenarbeit bei der Förderung und dem Schutz der Menschenrechte;
f) die Ermutigung zur vollen Zusammenarbeit und zum uneingeschränkten Zusammenwirken mit dem Rat, den anderen Menschenrechtsorganen und dem Amt des Hohen Kommissars der Vereinten Nationen für Menschenrechte.

C. Zeiträume und Reihenfolge der Überprüfung

5. Die Überprüfung beginnt nach der Annahme des Mechanismus der allgemeinen regelmäßigen Überprüfung durch den Rat.

6. Die Reihenfolge der Überprüfung soll die Grundsätze der Universalität und der Gleichbehandlung widerspiegeln.

7. Die Reihenfolge der Überprüfung soll so bald wie möglich festgelegt werden, um den Staaten eine angemessene Vorbereitung zu ermöglichen.

8. Alle Mitgliedstaaten des Rates werden während ihrer Mitgliedschaft überprüft.

9. Die ersten in den Rat gewählten Mitglieder, insbesondere diejenigen, die für ein oder zwei Jahre gewählt werden, sollen zuerst überprüft werden.

10. Eine Mischung aus Mitgliedstaaten und Beobachterstaaten des Rates soll überprüft werden.

11. Bei der Auswahl der zu überprüfenden Länder soll auf eine ausgewogene geografische Verteilung geachtet werden.

12. Der erste Mitgliedstaat und der erste Beobachterstaat, die zu überprüfen sind, werden aus jeder Regionalgruppe in einer Weise, die die volle Achtung der ausgewogenen geografischen Verteilung gewährleistet, durch das Los bestimmt. Danach gilt die alphabetische Reihenfolge, beginnend mit den auf diese Weise bestimmten Ländern, sofern sich nicht andere Länder freiwillig einer Überprüfung unterziehen.

13. Zwischen den Überprüfungen soll ein angemessener Zeitabstand liegen, der der Fähigkeit der Staaten zur Vorbereitung und der Fähigkeit der anderen Interessenvertreter zur Reaktion auf die sich aus der Überprüfung ergebenden Anforderungen Rechnung trägt.

14. Der erste Überprüfungszyklus erstreckt sich über einen Zeitraum von vier Jahren. Das bedeutet, dass in jedem Jahr 48 Staaten auf drei Tagungen der Arbeitsgruppe von jeweils zweiwöchiger Dauer überprüft werden.[1]

D. Verfahren und Modalitäten der Überprüfung

1. Dokumentation

15. Die Überprüfung stützt sich auf die folgenden Dokumente:

a) Informationen, die der betroffene Staat zusammenstellt und die auf der Grundlage allgemeiner Leitlinien, die der Rat auf seiner sechsten Tagung (der ersten Tagung des zweiten Zyklus) beschließt, in Form eines Staatenberichts vorgelegt werden können, sowie alle anderen von dem Staat für sachdienlich erachteten Informationen, die mündlich oder schriftlich präsentiert werden können, wobei die schriftliche Zusammenfassung der Informationen nicht mehr als 20 Seiten umfassen darf, damit die Gleichbehandlung aller Staaten gewährleistet und der Mechanismus nicht überlastet wird. Den Staaten wird nahegelegt, die Informationen im Rahmen eines

---

[1] Für den zweiten und die folgenden Überprüfungszyklen wurde der Zeitraum durch Res. 16/21 des Menschrechtsrats vom 25.3.2011 (A/HRC/RES/16/21) auf viereinhalb Jahre ausgedehnt, womit die Zahl der zu prüfenden Staaten auf 42 sinkt.

breiten Konsultationsprozesses auf nationaler Ebene mit allen maßgeblichen Interessenvertretern zu erstellen;

b) zusätzlich eine vom Amt des Hohen Kommissars für Menschenrechte erarbeitete, nicht mehr als zehn Seiten umfassende Zusammenstellung der Informationen aus den Berichten der Vertragsorgane und der Sonderverfahren einschließlich der Bemerkungen und Stellungnahmen des betroffenen Staates, und aus anderen einschlägigen offiziellen Dokumenten der Vereinten Nationen;

c) zusätzliche, glaubwürdige und verlässliche Informationen, die von anderen maßgeblichen Interessenvertretern für die allgemeine regelmäßige Überprüfung zur Verfügung gestellt werden und die der Rat bei der Überprüfung ebenfalls berücksichtigen soll. Das Amt des Hohen Kommissars für Menschenrechte wird eine Zusammenfassung dieser Informationen erstellen, die nicht mehr als zehn Seiten umfasst.

16. Die vom Amt des Hohen Kommissars für Menschenrechte erstellten Dokumente sollen in ihrer Gliederung den vom Rat verabschiedeten allgemeinen Leitlinien für die Erstellung von Informationen durch den betroffenen Staat folgen.

17. Sowohl die schriftlichen Ausführungen des Staates als auch die vom Amt des Hohen Kommissars für Menschenrechte erstellten Zusammenfassungen müssen sechs Wochen vor der Überprüfung durch die Arbeitsgruppe fertiggestellt sein, damit die Dokumente gemäß Resolution 53/208 der Generalversammlung vom 14. Januar 1999 gleichzeitig in den sechs Amtssprachen der Vereinten Nationen verteilt werden können.

2. Modalitäten

18. Für die Überprüfung gelten die folgenden Modalitäten:

a) Die Überprüfung wird in einer Arbeitsgruppe unter dem Vorsitz des Präsidenten des Rates vorgenommen, der die 47 Mitgliedstaaten des Rates angehören. Jeder Mitgliedstaat entscheidet über die Zusammensetzung seiner Delegation;

b) die Beobachterstaaten können an der Überprüfung, einschließlich des interaktiven Dialogs, teilnehmen;

c) andere maßgebliche Interessenvertreter können bei der Überprüfung in der Arbeitsgruppe zugegen sein;

d) um die Überprüfung einschließlich der Erstellung des Berichts der Arbeitsgruppe zu erleichtern, wird eine Gruppe von drei Berichterstattern (Troika) gebildet, die aus dem Kreis der Mitglieder des Rates und aus verschiedenen Regionalgruppen durch das Los bestimmt werden. Das Amt des Hohen Kommissars für Menschenrechte wird den Berichterstattern die erforderliche Hilfestellung leisten und seinen Sachverstand zur Verfügung stellen.

19. Das betroffene Land kann beantragen, dass einer der Berichterstatter aus seiner Regionalgruppe kommt, und darf außerdem einmal den Antrag auf Ersetzung des Berichterstatters durch einen anderen stellen.

20. Ein Berichterstatter kann beantragen, von der Mitwirkung an einem bestimmten Überprüfungsverfahren freigestellt zu werden.

21. Der interaktive Dialog zwischen dem überprüften Land und dem Rat findet in der Arbeitsgruppe statt. Die Berichterstatter können Fragen oder

Themen zusammenstellen, die dem überprüften Staat übermittelt werden, um ihm die Vorbereitung zu erleichtern und einen konzentrierten interaktiven Dialog zu ermöglichen, bei dem Fairness und Transparenz gewährleistet sind.

22. Die Dauer der Überprüfung in der Arbeitsgruppe beträgt für jedes Land drei Stunden. Bis zu eine zusätzliche Stunde wird für die Behandlung des Ergebnisses durch das Plenum des Rates vorgesehen.

23. Für die Annahme des Berichts jedes überprüften Landes in der Arbeitsgruppe wird eine halbe Stunde vorgesehen.

24. Die Überprüfung eines jeden Staates und die Annahme des dazugehörigen Berichts in der Arbeitsgruppe sollen in einem angemessenen Zeitabstand stattfinden.

25. Das endgültige Ergebnis wird vom Plenum des Rates verabschiedet.

E. Ergebnis der Überprüfung

1. Art der Präsentation des Ergebnisses

26. Das Ergebnis der Überprüfung wird in Form eines Berichts festgehalten, der aus einer Zusammenfassung der Beratungen, den Schlussfolgerungen und/oder Empfehlungen und den freiwilligen Zusagen des betroffenen Staates besteht.

2. Inhalt des Ergebnisses

27. Die allgemeine regelmäßige Überprüfung ist ein kooperativer Mechanismus. Ihr Ergebnis kann unter anderem Folgendes beinhalten:
a) eine in objektiver und transparenter Weise vorgenommene Bewertung der Menschenrechtslage in dem überprüften Land, einschließlich der positiven Entwicklungen und der Herausforderungen, denen sich das Land gegenübersieht;
b) die Übernahme bewährter Verfahren;
c) Nachdruck auf einer stärkeren Zusammenarbeit zur Förderung und zum Schutz der Menschenrechte;
d) die Gewährung von technischer Hilfe und von Unterstützung beim Kapazitätsaufbau in Absprache mit dem betroffenen Land und mit dessen Zustimmung[1];
e) die freiwilligen Zusagen und Versprechen des überprüften Landes.

3. Annahme des Ergebnisses

28. Das überprüfte Land soll an der Ergebnisfindung in vollem Umfang beteiligt werden.

29. Vor der Annahme des Ergebnisses durch das Plenum des Rates soll dem betroffenen Staat die Möglichkeit geboten werden, Antworten auf Fragen oder Themen zu geben, die während des interaktiven Dialogs nicht ausreichend behandelt wurden.

---

[1] Offizielle Fußnote: Der Rat soll beschließen, ob bestehende Finanzierungsmechanismen in Anspruch genommen werden oder ein neuer Mechanismus geschaffen wird.

30. Der betroffene Staat und die Mitgliedstaaten des Rates sowie die Beobachterstaaten erhalten Gelegenheit, ihre Auffassungen zum Ergebnis der Überprüfung zum Ausdruck zu bringen, bevor das Plenum darüber einen Beschluss fasst.

31. Andere maßgebliche Interessenvertreter erhalten Gelegenheit zur Abgabe allgemeiner Stellungnahmen, bevor das Ergebnis durch das Plenum angenommen wird.

32. Die Empfehlungen, die der betroffene Staat akzeptiert, werden entsprechend gekennzeichnet. Die anderen Empfehlungen werden zusammen mit den diesbezüglichen Stellungnahmen des betroffenen Staates vermerkt. Beide Arten von Empfehlungen werden in den vom Rat zu verabschiedenden Ergebnisbericht aufgenommen.

F. Folgemaßnahmen zu der Überprüfung

33. Das Ergebnis der allgemeinen regelmäßigen Überprüfung als eines kooperativen Mechanismus soll in erster Linie von dem betroffenen Staat und gegebenenfalls von anderen maßgeblichen Interessenvertretern umgesetzt werden.

34. Die darauffolgende Überprüfung soll sich unter anderem auf die Umsetzung des vorhergehenden Ergebnisses konzentrieren.

35. Die allgemeine regelmäßige Überprüfung soll ein ständiger Punkt der Tagesordnung des Rates sein.

36. Die internationale Gemeinschaft wird bei der Umsetzung der Empfehlungen und Schlussfolgerungen in Bezug auf Kapazitätsaufbau und technische Hilfe in Absprache mit dem betroffenen Land und mit dessen Zustimmung behilflich sein.

37. Bei der Behandlung des Ergebnisses der allgemeinen regelmäßigen Überprüfung wird der Rat beschließen, ob und wann bestimmte Folgemaßnahmen erforderlich sind.

38. Nachdem der Rat alle Möglichkeiten ausgeschöpft hat, um einen Staat zur Zusammenarbeit mit dem Mechanismus der allgemeinen regelmäßigen Überprüfung zu bewegen, wird er in Fällen beharrlicher Verweigerung der Zusammenarbeit in geeigneter Weise vorgehen.

II. Sonderverfahren

A. Auswahl und Ernennung der Mandatsträger

39. Die folgenden allgemeinen Kriterien werden bei der Benennung, Auswahl und Ernennung von Mandatsträgern von ausschlaggebender Bedeutung sein:
a) Sachverstand,
b) Erfahrung auf dem Gebiet des Mandats,
c) Unabhängigkeit,
d) Unparteilichkeit,
e) persönliche Integrität und
f) Objektivität.

40. Der ausgewogenen Vertretung der Geschlechter und der ausgewogenen geografischen Vertretung sowie einer angemessenen Vertretung unterschiedlicher Rechtssysteme soll gebührend Rechnung getragen werden.

41. Der Rat nimmt auf seiner sechsten Tagung (der ersten Tagung des zweiten Zyklus) die fachlichen und objektiven Anforderungen an die Kandidaten an, die als Mandatsträger in Betracht kommen, um sicherzustellen, dass es sich um hochqualifizierte Personen handelt, die über nachweisliche fachliche Eignung, einschlägigen Sachverstand und umfangreiche Berufserfahrung auf dem Gebiet der Menschenrechte verfügen.

42. Die folgenden Stellen können Kandidaten für die Wahrnehmung von Mandaten im Rahmen der Sonderverfahren benennen: a) Regierungen, b) Regionalgruppen, die im Rahmen des Menschenrechtssystems der Vereinten Nationen tätig sind, c) internationale Organisationen oder ihre Ämter (zum Beispiel das Amt des Hohen Kommissars für Menschenrechte), d) nichtstaatliche Organisationen, e) andere Menschenrechtsorgane, f) Einzelpersonen.

43. Das Amt des Hohen Kommissars für Menschenrechte erstellt umgehend eine öffentliche Liste der in Betracht kommenden Kandidaten in einem einheitlichen Format, die Angaben zur Person, zu den jeweiligen Fachgebieten und zur Berufserfahrung enthält, führt diese Liste und aktualisiert sie regelmäßig. Das Freiwerden von Mandaten ist öffentlich bekanntzugeben.

44. Der Grundsatz der Vermeidung der Ämterhäufung auf dem Gebiet der Menschrechte ist zu achten.

45. Die Amtszeit eines Mandatsträgers in einer bestimmten Funktion beträgt unabhängig davon, ob es sich um ein thematisches oder ein Ländermandat handelt, höchstens sechs Jahre (bei thematischen Mandaten zwei dreijährige Amtszeiten).

46. Staatliche Amtsträger in Entscheidungspositionen oder Inhaber von Entscheidungspositionen in anderen Organisationen oder Einrichtungen, bei denen ein Interessenkonflikt im Hinblick auf die mit dem Mandat verbundenen Verantwortlichkeiten entstehen könnte, sind von der Kandidatur ausgeschlossen. Die Mandatsträger sind in persönlicher Eigenschaft tätig.

47. Es wird eine Beratungsgruppe eingesetzt, die dem Präsidenten spätestens einen Monat vor Beginn der Tagung, auf der der Rat die Auswahl der Mandatsträger behandelt, eine Liste der Kandidaten vorschlägt, die für die jeweiligen Mandate am besten qualifiziert sind und die allgemeinen Kriterien und besonderen Anforderungen erfüllen.

48. Die Beratungsgruppe berücksichtigt außerdem gebührend einen ihr zur Kenntnis gebrachten Ausschluss benannter Kandidaten von der öffentlichen Kandidatenliste.

49. Zu Beginn der jährlichen Tagungsperiode des Rates werden die Regionalgruppen gebeten, ein Mitglied der Beratungsgruppe zu ernennen, das in persönlicher Eigenschaft tätig sein wird. Die Gruppe wird durch das Amt des Hohen Kommissars für Menschenrechte unterstützt.

50. Die Beratungsgruppe prüft die auf der öffentlichen Liste stehenden Kandidaten; unter außergewöhnlichen Umständen und wenn ein bestimmtes Amt dies rechtfertigt, kann die Gruppe jedoch zusätzlich benannte Kandidaten mit gleichen oder passenderen Qualifikationen für das Amt in Betracht ziehen.

Die Empfehlungen an den Präsidenten sind öffentlich und werden begründet.

51. Die Beratungsgruppe soll bei der Festlegung der für jedes Mandat erforderlichen Fachkenntnisse, Erfahrungen, Fähigkeiten und der sonstigen wichtigen Anforderungen nach Bedarf die Auffassungen der Interessenvertreter, einschließlich der derzeitigen oder scheidenden Mandatsträger, berücksichtigen.

52. Auf der Grundlage der Empfehlungen der Beratungsgruppe und im Anschluss an umfassende Konsultationen, insbesondere über die regionalen Koordinatoren, benennt der Präsident des Rates für jedes zu besetzende Mandat einen geeigneten Kandidaten. Der Präsident legt den Mitgliedstaaten und den Beobachtern spätestens zwei Wochen vor Beginn der Tagung, auf der der Rat die Ernennungen behandelt, eine Liste der Kandidaten vor.

53. Falls erforderlich, führt der Präsident weitere Konsultationen, um sicherzustellen, dass die vorgeschlagenen Kandidaten unterstützt werden. Das Ernennungsverfahren für die Mandatsträger in Sonderverfahren wird mit der darauffolgenden Billigung durch den Rat abgeschlossen. Die Mandatsträger sind vor dem Ende der Tagung zu ernennen.

B. Überprüfung, Rationalisierung und Verbesserung der Mandate

54. Die Überprüfung, Rationalisierung und Verbesserung der Mandate sowie die Schaffung neuer Mandate folgen den Grundsätzen der Universalität, der Unparteilichkeit, der Objektivität und der Nichtselektivität, eines konstruktiven internationalen Dialogs und der konstruktiven internationalen Zusammenarbeit und dienen dem Ziel, die Förderung und den Schutz aller Menschenrechte, der bürgerlichen, politischen, wirtschaftlichen, sozialen und kulturellen Rechte einschließlich des Rechts auf Entwicklung, zu verstärken.

55. Die Überprüfung, Rationalisierung und Verbesserung eines jeden Mandats erfolgen im Rahmen der Aushandlung der einschlägigen Resolutionen. Eine Bewertung des Mandats kann in einem gesonderten Teil des interaktiven Dialogs zwischen dem Rat und den Mandatsträgern der Sonderverfahren stattfinden.

56. Die Überprüfung, Rationalisierung und Verbesserung der Mandate sollen sich auf die Relevanz, den Umfang und den Inhalt der Mandate konzentrieren und im Rahmen der international anerkannten Menschenrechtsnormen, des Systems der Sonderverfahren und der Resolution 60/251 der Generalversammlung erfolgen.

57. Jeder Beschluss, Mandate zu straffen, zusammenzulegen oder möglicherweise zu beenden, soll stets mit Blick auf die Notwendigkeit gefasst werden, den Genuss und den Schutz der Menschenrechte zu verbessern.

58. Der Rat soll sich ständig um Verbesserungen bemühen, indem
a) die Mandate stets klare Aussichten auf einen erhöhten Schutz und eine stärkere Förderung der Menschenrechte eröffnen sowie innerhalb des Menschenrechtssystems kohärent sind;
b) allen Menschenrechten gleiche Aufmerksamkeit gewidmet wird. Die Ausgewogenheit der thematischen Mandate soll die anerkannte Gleichwertig-

keit der bürgerlichen, politischen, wirtschaftlichen, sozialen und kulturellen Rechte einschließlich des Rechts auf Entwicklung umfassend widerspiegeln;

c) alles getan wird, um unnötige Doppelarbeit zu vermeiden;

d) bislang unberücksichtigte Themenbereiche benannt und aufgegriffen werden, auch durch andere Mittel als die Schaffung von Mandaten für Sonderverfahren, etwa indem ein bestehendes Mandat erweitert wird, die Aufmerksamkeit der Mandatsträger auf eine themenübergreifende Frage gelenkt wird oder die zuständigen Mandatsträger um gemeinsames Handeln ersucht werden;

e) Überlegungen zur Zusammenlegung von Mandaten den Inhalt und die Hauptfunktionen eines jeden Mandats sowie die Arbeitsbelastung der einzelnen Mandatsträger berücksichtigen;

f) bei der Schaffung oder Überprüfung von Mandaten Anstrengungen unternommen werden, um festzustellen, ob der Mechanismus die für einen verstärkten Schutz der Menschenrechte wirksamste Struktur (Sachverständiger, Berichterstatter oder Arbeitsgruppe) besitzt;

g) neue Mandate so klar und so präzise wie möglich gefasst werden, um Unklarheiten zu vermeiden.

59. Es sollte angestrebt werden, einheitliche Bezeichnungen für die Mandatsträger und die Mandate sowie ein einheitliches Auswahl- und Ernennungsverfahren zu haben, damit das gesamte System verständlicher wird.

60. Die Dauer der thematischen Mandate beträgt drei Jahre. Die Dauer der Ländermandate beträgt ein Jahr.

61. Die in Anhang I enthaltenen Mandate werden gegebenenfalls bis zu dem Datum verlängert, an dem sie vom Rat gemäß dem Arbeitsprogramm behandelt werden.

62. Die derzeitigen Mandatsträger können ihr Amt weiter ausüben, sofern die Höchstdauer von sechs Jahren nicht überschritten wird (Anhang II)[1]. Ausnahmsweise kann der Amtszeit der Mandatsträger, die ihr Amt seit mehr als sechs Jahren ausüben, verlängert werden, bis das entsprechende Mandat vom Rat behandelt wird und das Auswahl- und Ernennungsverfahren abgeschlossen ist.

63. Beschlüsse zur Schaffung, Überprüfung oder Beendigung von Ländermandaten sollen außerdem den Grundsätzen der Zusammenarbeit und eines echten Dialogs Rechnung tragen mit dem Ziel, die Fähigkeit der Mitgliedstaaten zur Erfüllung ihrer Verpflichtungen auf dem Gebiet der Menschenrechte zu stärken.

64. Bei Situationen von Menschenrechtsverletzungen oder mangelnder Zusammenarbeit, die die Aufmerksamkeit des Rates erfordern, sollen die Grundsätze der Objektivität, der Nichtselektivität und der Vermeidung des Messens mit zweierlei Maß und der Politisierung Anwendung finden.

III. Beratender Ausschuss des Menschenrechtsrats

65. Der Beratende Ausschuss des Menschenrechtsrats (im Folgenden „der Beratende Ausschuss"), dem 18 in persönlicher Eigenschaft tätige Sachver-

---

[1] Hier nicht abgedruckt.

ständige angehören, fungiert als Reflexionsgruppe des Rates und arbeitet unter seiner Leitung. Die Einrichtung dieses Nebenorgans und seine Arbeitsweise unterliegen den nachstehenden Leitlinien.

A. Benennung

66. Alle Mitgliedstaaten der Vereinten Nationen können Kandidaten aus ihrer eigenen Region vorschlagen oder unterstützen. Bei der Auswahl ihrer Kandidaten sollen die Staaten ihre nationalen Menschenrechtsinstitutionen und Organisationen der Zivilgesellschaft konsultieren und diesbezüglich die Namen derjenigen angeben, die ihre Kandidaten unterstützen.

67. Ziel ist es, zu gewährleisten, dass dem Rat der bestmögliche Sachverstand zur Verfügung gestellt wird. Zu diesem Zweck legt der Rat auf seiner sechsten Tagung (der ersten Tagung des zweiten Zyklus) die fachlichen und objektiven Voraussetzungen für die Benennung von Kandidaten fest und beschließt sie. Zu den Voraussetzungen sollen unter anderem zählen:
a) anerkannte Sachkenntnis und Erfahrung auf dem Gebiet der Menschenrechte;
b) hohes sittliches Ansehen;
c) Unabhängigkeit und Unparteilichkeit.

68. Staatliche Amtsträger in Entscheidungspositionen oder Inhaber von Entscheidungspositionen in anderen Organisationen oder Einrichtungen, bei denen ein Interessenkonflikt im Hinblick auf die mit dem Mandat verbundenen Verantwortlichkeiten entstehen könnte, sind von der Kandidatur ausgeschlossen. Die gewählten Mitglieder des Ausschusses sind in persönlicher Eigenschaft tätig.

69. Der Grundsatz der Vermeidung der Ämterhäufung auf dem Gebiet der Menschenrechte ist zu achten.

B. Wahl

70. Der Rat wählt die Mitglieder des Beratenden Ausschusses in geheimer Wahl aus der Liste der Kandidaten, die entsprechend den vereinbarten Voraussetzungen benannt worden sind.

71. Die Liste der Kandidaten wird zwei Monate vor dem Wahltermin geschlossen. Das Sekretariat stellt der Liste der Kandidaten und die einschlägigen Informationen den Mitgliedstaaten und der Öffentlichkeit spätestens einen Monat vor ihrer Wahl zur Verfügung.

72. Der ausgewogenen Vertretung der Geschlechter und der angemessenen Vertretung verschiedener Kulturkreise und Rechtssysteme soll gebührend Rechnung getragen werden.

73. Die geografische Verteilung ist wie folgt:
Afrikanische Staaten: 5
Asiatische Staaten: 5
Osteuropäische Staaten: 2
Lateinamerikanische und karibische Staaten: 3
Westeuropäische und andere Staaten: 3

74. Die Mitglieder des Beratenden Ausschusses üben ihr Amt für die Dauer von drei Jahren aus. Sie können einmal wiedergewählt werden. Während der

ersten Mandatsperiode beträgt die Amtszeit eines Drittels der Sachverständigen ein Jahr und die eines weiteren Drittels zwei Jahre. Die Staffelung der Amtszeiten wird durch das Los festgelegt.

C. Aufgaben

75. Aufgabe des Beratenden Ausschusses ist es, dem Rat in der von diesem erbetenen Art und Form Sachverstand mit dem Schwerpunkt auf Studien und forschungsgestützter Beratung zur Verfügung zu stellen. Dieser Sachverstand wird nur auf Ersuchen des Rates, in Befolgung seiner Resolutionen und unter seiner Anleitung bereitgestellt.

76. Der Beratende Ausschuss soll anwendungsorientiert arbeiten und sein Beratungsspektrum auf die Themenbereiche begrenzen, die zum Mandat des Rates gehören, nämlich die Förderung und der Schutz aller Menschenrechte.

77. Der Beratende Ausschuss verabschiedet keine Resolutionen oder Beschlüsse. Er kann im Rahmen seines vom Rat festgelegten Tätigkeitsbereichs zur Behandlung und Billigung durch den Rat Vorschläge für die weitere Verbesserung der Effizienz seiner Verfahren sowie weitere Forschungsvorschläge im Rahmen des vom Rat festgelegten Tätigkeitsbereichs unterbreiten.

78. Der Rat erlässt spezifische Leitlinien für den Beratenden Ausschuss, wenn er diesen um einen Sachbeitrag bittet, und überprüft alle oder einen Teil dieser Leitlinien, wenn er dies in Zukunft für notwendig erachtet.

D. Arbeitsmethoden

79. Der Beratende Ausschuss hält in jedem Jahr höchstens zwei Tagungen mit einer Höchstdauer von zehn Arbeitstagen ab. Zusätzliche Tagungen können mit vorheriger Zustimmung des Rates auf Ad-hoc-Basis angesetzt werden.

80. Der Rat kann den Beratenden Ausschuss auffordern, bestimmte Aufgaben, die kollektiv wahrgenommen werden könnten, durch eine kleinere Gruppe oder eine Einzelperson auszuführen. Der Beratende Ausschuss wird dem Rat über diese Tätigkeiten Bericht erstatten.

81. Die Mitglieder des Beratenden Ausschusses werden ermutigt, sich zwischen den Tagungen einzeln oder in Gruppen auszutauschen. Der Beratende Ausschuss darf jedoch nicht Nebenorgane einsetzen, sofern nicht der Rat ihn dazu ermächtigt.

82. Der Beratende Ausschuss ist nachdrücklich aufgefordert, bei der Durchführung seines Mandats gemäß den Modalitäten des Rates mit den Staaten, nationalen Menschenrechtsinstitutionen, nichtstaatlichen Organisationen und anderen Einrichtungen der Zivilgesellschaft zusammenzuwirken.

83. Die Mitgliedstaaten und Beobachter einschließlich der Staaten, die nicht Mitglied des Rates sind, die Sonderorganisationen, sonstigen zwischenstaatlichen Organisationen und nationalen Menschenrechtsinstitutionen sowie nichtstaatlichen Organisationen sind berechtigt, auf der Grundlage der von der Menschenrechtskommission und dem Rat befolgten Regelungen, namentlich der Resolution 1996/31 des Wirtschafts- und Sozialrats, und Verfahrensweisen an der Arbeit des Beratenden Ausschusses mitzuwirken, wobei zu gewährleisten ist, dass sie einen möglichst wirksamen Beitrag leisten.

84. Der Rat beschließt auf seiner sechsten Tagung (der ersten Tagung des zweiten Zyklus), welche Mechanismen am besten geeignet sind, um die Tätigkeit der Arbeitsgruppen für indigene Bevölkerungsgruppen, über moderne Formen der Sklaverei und für Minderheiten und die des Sozialforums fortzuführen.

IV. Beschwerdeverfahren

A. Ziel und Geltungsbereich

85. Es wird ein Beschwerdeverfahren eingerichtet, um durchgängige Muster von schweren und zuverlässig bestätigten Verletzungen sämtlicher Menschenrechte und Grundfreiheiten unabhängig davon zu behandeln, in welchem Teil der Welt und unter welchen Umständen sie sich ereignen.

86. Die Resolution 1503 (XLVIII) des Wirtschafts- und Sozialrats vom 27. Mai 1970, geändert durch Resolution 2000/3 vom 19. Juni 2000, diente als Ausgangsgrundlage, unter Aufnahme notwendiger Verbesserungen, um sicherzustellen, dass das Beschwerdeverfahren unparteiisch, objektiv, effizient und opferorientiert ist und zeitnah durchgeführt wird. Der vertrauliche Charakter des Verfahrens wird im Hinblick auf eine bessere Zusammenarbeit mit dem betroffenen Staat erhalten bleiben.

B. Zulässigkeitskriterien für Mitteilungen

87. Eine Mitteilung über eine Verletzung von Menschenrechten und Grundfreiheiten ist im Rahmen dieses Verfahrens zulässig, wenn

a) sie nicht offensichtlich politisch motiviert ist und ihr Gegenstand mit der Charta der Vereinten Nationen, der Allgemeinen Erklärung der Menschenrechte und den anderen anwendbaren Übereinkünften auf dem Gebiet der Menschenrechte vereinbar ist;

b) sie eine sachliche Beschreibung der behaupteten Verletzungen gibt unter Angabe der Rechte, deren Verletzung geltend gemacht wird;

c) sie nicht ausfällig formuliert ist. Eine solche Mitteilung kann jedoch geprüft werden, wenn sie nach Streichung der ausfälligen Formulierungen die anderen Zulässigkeitskriterien erfüllt;

d) sie von einer Person oder einer Personengruppe eingereicht wird, die behauptet, Opfer von Verletzungen der Menschenrechte und Grundfreiheiten zu sein, oder von einer Person oder einer Personengruppe einschließlich nichtstaatlicher Organisationen, die in gutem Glauben im Einklang mit den Grundsätzen der Menschenrechte handelt, die keine politisch motivierten Standpunkte im Widerspruch zur Charta der Vereinten Nationen einnimmt und die behauptet, unmittelbare und verlässliche Kenntnis der betreffenden Verletzungen zu haben. Mitteilungen, die zuverlässig bestätigt sind, sind jedoch nicht allein deswegen unzulässig, weil die Kenntnis der jeweiligen Verfasser aus zweiter Hand stammt, sofern ihnen klare Beweise beigefügt sind;

e) sie nicht ausschließlich auf von Massenmedien verbreiteten Meldungen beruht;

f) sie sich nicht auf einen Fall bezieht, der ein durchgängiges Muster von schweren und zuverlässig bestätigten Menschenrechtsverletzungen erkennen lässt, mit dem sich bereits ein Sonderverfahren, ein Vertragsorgan, ein anderes Beschwerdeverfahren der Vereinten Nationen oder ein vergleichbares regionales Beschwerdeverfahren auf dem Gebiet der Menschenrechte befasst;

g) die innerstaatlichen Rechtsbehelfe erschöpft sind, sofern es nicht den Anschein hat, dass sie unwirksam wären oder ihre Anwendung unangemessen lange dauern würde.

88. Nationale Menschenrechtsinstitutionen, die nach den „Grundsätzen betreffend die Stellung nationaler Institutionen (Pariser Grundsätze)" eingerichtet wurden und tätig sind, insbesondere solche mit quasi-gerichtlicher Zuständigkeit, können als wirksame Instrumente angesehen werden, um bei einzelnen Menschenrechtsverletzungen Abhilfe zu schaffen.

C. Arbeitsgruppen

89. Zwei gesonderte Arbeitsgruppen werden eingesetzt mit dem Auftrag, die Mitteilungen zu prüfen und dem Rat durchgängige Muster von schweren und zuverlässig bestätigten Verletzungen der Menschenrechte und Grundfreiheiten zur Kenntnis zu bringen.

90. Beide Arbeitsgruppen arbeiten nach Möglichkeit im Konsens. Kommt ein Konsens nicht zustande, werden Beschlüsse mit einfacher Mehrheit der Stimmen gefasst. Die Arbeitsgruppen können sich eine Geschäftsordnung geben.

1. Arbeitsgruppe für Mitteilungen: Zusammensetzung, Mandat und Befugnisse

91. Der Beratende Ausschuss des Menschenrechtsrats benennt unter gebührender Berücksichtigung der ausgewogenen Vertretung der Geschlechter fünf seiner Mitglieder, eines aus jeder Regionalgruppe, die die Arbeitsgruppe für Mitteilungen bilden.

92. Ist ein freier Sitz zu besetzen, benennt der Beratende Ausschuss einen unabhängigen und hochqualifizierten Sachverständigen aus dem Kreis der Mitglieder derselben Regionalgruppe.

93. Im Hinblick auf den für die Prüfung und Bewertung der eingegangenen Mitteilungen notwendigen unabhängigen Sachverstand und um Kontinuität zu gewährleisten, werden die unabhängigen und hochqualifizierten Sachverständigen der Arbeitsgruppe für Mitteilungen auf drei Jahre ernannt. Ihr Mandat kann nur einmal verlängert werden.

94. Der Vorsitzende der Arbeitsgruppe für Mitteilungen ist gehalten, in Zusammenarbeit mit dem Sekretariat eine erste Prüfung der eingegangenen Mitteilungen auf der Grundlage der Zulässigkeitskriterien vorzunehmen, bevor sie an die betroffenen Staaten weitergeleitet werden. Offensichtlich unbegründete oder anonyme Mitteilungen werden vom Vorsitzenden ausgesondert und daher nicht an den betroffenen Staat weitergeleitet. Zwecks Rechenschaftslegung und Transparenz übermittelt der Vorsitzende der Arbeitsgruppe für Mitteilungen allen ihren Mitgliedern eine Liste aller nach der ersten Prüfung zurückgewiesenen Mitteilungen. Diese Liste soll die Gründe für alle Beschlüs-

se enthalten, mit denen eine Mitteilung zurückgewiesen wurde. Alle anderen Mitteilungen, die nicht ausgesondert wurden, werden an den betroffenen Staat weitergeleitet, um seine Auffassungen zu den behaupteten Verletzungen einzuholen.

95. Die Mitglieder der Arbeitsgruppe für Mitteilungen entscheiden über die Zulässigkeit einer Mitteilung und prüfen die Begründetheit der Behauptungen von Rechtsverletzungen auch im Hinblick darauf, ob die Mitteilung für sich genommen oder zusammen mit anderen Mitteilungen ein durchgängiges Muster von schweren und zuverlässig bestätigten Verletzungen der Menschenrechte und Grundfreiheiten erkennen lässt. Die Arbeitsgruppe für Mitteilungen erstellt für die Arbeitsgruppe für Situationen eine Akte mit allen zulässigen Mitteilungen sowie den diesbezüglichen Empfehlungen. Hält die Arbeitsgruppe für Mitteilungen eine weitergehende Prüfung oder zusätzliche Informationen für erforderlich, kann sie mit einem Fall bis zu ihrer nächsten Tagung befasst bleiben und von dem betroffenen Staat die entsprechenden Informationen anfordern. Die Arbeitsgruppe für Mitteilungen kann beschließen, einen Fall abzuweisen. Alle Beschlüsse der Arbeitsgruppe für Mitteilungen sind unter strenger Anwendung der Zulässigkeitskriterien zu fassen und ordnungsgemäß zu begründen.

2. Arbeitsgruppe für Situationen: Zusammensetzung, Mandat und Befugnisse

96. Jede Regionalgruppe benennt unter gebührender Berücksichtigung der ausgewogenen Vertretung der Geschlechter einen Vertreter eines Mitgliedstaats des Rates für die Arbeitsgruppe für Situationen. Die Mitglieder werden für ein Jahr ernannt. Ihr Mandat kann einmal verlängert werden, wenn der betroffene Staat ein Mitglied des Rates ist.

97. Die Mitglieder der Arbeitsgruppe für Situationen sind in persönlicher Eigenschaft tätig. Ist ein freier Sitz zu besetzen, benennt die jeweilige Regionalgruppe, auf die der Sitz entfällt, einen Vertreter aus dem Kreis der Mitgliedstaaten dieser Regionalgruppe.

98. Die Arbeitsgruppe für Situationen ist gehalten, dem Rat auf der Grundlage der von der Arbeitsgruppe für Mitteilungen bereitgestellten Informationen und Empfehlungen einen Bericht über durchgängige Muster von schweren und zuverlässig bestätigten Verletzungen der Menschenrechte und Grundfreiheiten vorzulegen und ihm Empfehlungen über die zu ergreifenden Maßnahmen zu geben, in der Regel in Form eines Resolutions- oder Beschlussentwurfs zu den ihm unterbreiteten Situationen. Hält die Arbeitsgruppe für Situationen eine weitergehende Prüfung oder zusätzliche Informationen für erforderlich, können ihre Mitglieder mit einem Fall bis zu ihrer nächsten Tagung befasst bleiben. Die Arbeitsgruppe für Situationen kann ebenfalls beschließen, einen Fall abzuweisen.

99. Alle Beschlüsse der Arbeitsgruppe für Situationen sind ordnungsgemäß zu begründen und haben Aufschluss darüber zu geben, warum die Prüfung einer Situation eingestellt wurde oder Maßnahmen in Bezug auf die Situation empfohlen wurden. Beschlüsse, die Prüfung einer Situation einzustellen, sollen im Konsens oder, wenn das nicht möglich ist, mit einfacher Stimmenmehrheit gefasst werden.

D. Arbeitsmodalitäten und Vertraulichkeit

100. Da das Beschwerdeverfahren unter anderem opferorientiert und so vertraulich wie zeitnah durchzuführen ist, treten die beiden Arbeitsgruppen mindestens zweimal im Jahr zu Tagungen mit einer Dauer von jeweils fünf Arbeitstagen zusammen, um die eingegangenen Mitteilungen, einschließlich der Antworten der Staaten, und die Situationen, mit denen der Rat im Rahmen des Beschwerdeverfahrens bereits befasst ist, umgehend zu prüfen.

101. Der betroffene Staat ist zur Mitarbeit im Beschwerdeverfahren verpflichtet und hat sich nach besten Kräften zu bemühen, auf alle Anfragen der Arbeitsgruppen oder des Rates sachbezogene Antworten in einer der Amtssprachen der Vereinten Nationen zu geben. Der betroffene Staat hat sich außerdem nach Kräften zu bemühen, ihm gestellte Fragen spätestens nach drei Monaten zu beantworten. Falls erforderlich, kann diese Frist auf Antrag des betroffenen Staates verlängert werden.

102. Das Sekretariat ist gehalten, die vertraulichen Akten spätestens zwei Wochen im Voraus allen Mitgliedern des Rates zur Verfügung zu stellen, damit diese genügend Zeit zur Prüfung der Akten haben.

103. Der Rat prüft durchgängige Muster von schweren und zuverlässig bestätigten Verletzungen der Menschenrechte und Grundfreiheiten, die ihm die Arbeitsgruppe für Situationen zur Kenntnis bringt, so oft wie nötig, mindestens jedoch einmal im Jahr.

104. Die an den Rat überwiesenen Berichte der Arbeitsgruppe für Situationen werden vertraulich geprüft, sofern der Rat nichts anderes beschließt. Empfiehlt die Arbeitsgruppe für Situationen dem Rat, insbesondere im Fall eines offensichtlichen und eindeutigen Mangels an Kooperation, eine Situation in öffentlicher Sitzung zu prüfen, so prüft der Rat diese Empfehlung mit Vorrang auf seiner nächsten Tagung.

105. Um zu gewährleisten, dass das Beschwerdeverfahren opferorientiert und effizient ist und zeitnah durchgeführt wird, darf die Zeitspanne zwischen der Übermittlung der Beschwerde an den betroffenen Staat und der Prüfung durch den Rat grundsätzlich 24 Monate nicht überschreiten.

E. Einbeziehung des Beschwerdeführers und des betroffenen Staates

106. Während des Beschwerdeverfahrens wird sichergestellt, dass sowohl der Urheber der Mitteilung als auch der betroffene Staat über die folgenden wichtigen Verfahrensabschnitte unterrichtet werden:
a) wenn eine Mitteilung von der Arbeitsgruppe für Mitteilungen für unzulässig erklärt wird oder wenn sie von der Arbeitsgruppe für Situationen zur Prüfung aufgegriffen wird oder wenn eine der Arbeitsgruppen oder der Rat beschließt, mit der Mitteilung befasst zu bleiben;
b) wenn das Endergebnis vorliegt.

107. Darüber hinaus wird der Beschwerdeführer unterrichtet, wenn seine Mitteilung im Rahmen des Beschwerdeverfahrens registriert wird.

108. Ersucht der Beschwerdeführer um die vertrauliche Behandlung seiner Identität, wird diese dem betroffenen Staat nicht bekanntgegeben.

F. Maßnahmen

109. Entsprechend der bisherigen Praxis soll in Bezug auf eine bestimmte Situation eine der folgenden Entscheidungen getroffen werden:

a) Einstellung der Prüfung einer Situation, wenn eine weitere Prüfung oder andere Maßnahme nicht gerechtfertigt ist;

b) weitere Prüfung der Situation mit dem an den betroffenen Staat gerichteten Ersuchen, innerhalb eines angemessenen Zeitraums weitere Informationen bereitzustellen;

c) weitere Prüfung der Situation unter Ernennung eines unabhängigen und hochqualifizierten Sachverständigen zur Überwachung der Situation und Berichterstattung an den Rat;

d) Einstellung der Prüfung im Rahmen des vertraulichen Beschwerdeverfahrens, um die Sache anschließend öffentlich zu prüfen;

e) Empfehlung an das Amt des Hohen Kommissars für Menschenrechte, dem betroffenen Staat technische Zusammenarbeit, Hilfe zum Kapazitätsaufbau oder Beratende Dienste zur Verfügung zu stellen.

V. Tagesordnung und Rahmen für das Arbeitsprogramm

(Hier nicht abgedruckt.)

VI. Arbeitsmethoden

110. Die Arbeitsmethoden sollen nach Resolution 60/251 der Generalversammlung transparent, unparteiisch, ausgewogen, fair und pragmatisch sein und zu Klarheit, Berechenbarkeit und umfassender Einbindung führen. Sie können im Lauf der Zeit auch aktualisiert und angepasst werden.

A. Institutionelle Regelungen

1. Unterrichtungen über vorgesehene Resolutionen oder Beschlüsse

111. Unterrichtungen über vorgesehene Resolutionen oder Beschlüsse haben ausschließlich informativen Charakter und dienen dazu, die Delegationen von Resolutionen und/oder Beschlüssen in Kenntnis zu setzen, die vorgelegt werden oder deren Vorlegung beabsichtigt ist. Diese Unterrichtungen werden von den interessierten Delegationen organisiert.

2. Offene Informationssitzungen des Präsidenten über Resolutionen, Beschlüsse und sonstige damit zusammenhängende Fragen

112. Die offenen Informationssitzungen des Präsidenten über Resolutionen, Beschlüsse und sonstige damit zusammenhängende Fragen dienen der Unterrichtung über den Stand der Verhandlungen über Resolutions- und/oder Beschlussentwürfe, damit sich die Delegationen einen allgemeinen Überblick über den Stand dieser Entwürfe verschaffen können. Die Konsultationen die-

nen lediglich Informationszwecken neben den auf dem Extranet verfügbaren Informationen und werden transparent und unter Einbindung aller Seiten geführt. Sie dienen nicht als Verhandlungsforum.

3. Von den Haupteinbringern einberufene informelle Konsultationen über Vorschläge

113. Informelle Konsultationen sind das wichtigste Instrument zur Aushandlung von Resolutions- und/oder Beschlussentwürfen; ihre Einberufung ist Aufgabe des Einbringers (der Einbringer). Zu jedem Resolutions- und/oder Beschlussentwurf soll mindestens eine informelle offene Konsultation abgehalten werden, bevor er vom Rat im Hinblick auf eine Beschlussfassung geprüft wird. Soweit es möglich ist, sollen die Konsultationen frühzeitig, transparent und unter Einbindung aller Seiten geplant werden und den Zwängen Rechnung tragen, denen die Delegationen, insbesondere kleinere, unterliegen.

4. Rolle des Präsidiums

114. Das Präsidium befasst sich mit Verfahrens- und Organisationsfragen. Es informiert regelmäßig in einem zeitnahen zusammenfassenden Bericht über den Inhalt seiner Sitzungen.

5. Andere mögliche Arbeitsformen: Podiumsgespräche, Seminare und Runde Tische

115. Über die Nutzung dieser anderen Arbeitsformen einschließlich der Themen und Modalitäten entscheidet der Rat von Fall zu Fall. Sie können als Instrumente des Rates zur Verbesserung des Dialogs und des gegenseitigen Verständnisses in bestimmten Fragen dienen. Sie sollen im Rahmen der Tagesordnung und des Jahresarbeitsprogramms des Rates genutzt werden und seinen zwischenstaatlichen Charakter stärken und/oder ergänzen. Sie dürfen nicht verwendet werden, um bestehende Menschenrechtsmechanismen und eingeführte Arbeitsmethoden zu ersetzen oder abzulösen.

6. Tagungsteil auf hoher Ebene

116. Der Tagungsteil auf hoher Ebene wird einmal jährlich während der Haupttagung des Rates abgehalten. Ihm folgt ein allgemeiner Tagungsteil, auf dem die Delegationen, die an dem Tagungsteil auf hoher Ebene nicht teilgenommen haben, allgemeine Erklärungen abgeben können.

B. Arbeitskultur

117. Notwendige Elemente sind:
a) die frühzeitige Bekanntgabe der Vorschläge;
b) die frühzeitige Vorlage der Resolutions- und Beschlussentwürfe, vorzugsweise bis zum Ende der vorletzten Woche einer Tagung;
c) die frühzeitige Verteilung aller Berichte, insbesondere der Berichte der Sonderverfahren, zur rechtzeitigen Übermittlung an die Delegationen, in allen Amtssprachen der Vereinten Nationen und spätestens 15 Tage vor ihrer Prüfung durch den Rat;

d) die Verantwortung der Einbringer einer landesbezogenen Resolution, möglichst breite Unterstützung (vorzugsweise 15 Mitglieder) für ihre Initiativen sicherzustellen, bevor ein Beschluss gefasst wird;
e) das maßvolle Einbringen von Resolutionen, um ihre Zahl in Grenzen zu halten, unbeschadet des Rechts der Staaten, darüber zu entscheiden, mit welcher Regelmäßigkeit sie Vorschlagsentwürfe vorlegen, durch
  (i) die möglichst weitgehende Vermeidung unnötiger Überschneidungen mit Initiativen der Generalversammlung/des Dritten Ausschusses;
  (ii) die Bündelung von Tagesordnungspunkten;
  (iii) die Staffelung der Einbringung von Beschlüssen und/oder Resolutionen und der Prüfung von Maßnahmen in Bezug auf Tagesordnungspunkte/Fragen.

C. Andere Ergebnisse als Resolutionen und Beschlüsse

118. Dazu können Empfehlungen, Schlussfolgerungen, Zusammenfassungen von Erörterungen und Erklärungen des Präsidenten gehören. Da solche Ergebnisse andere rechtliche Auswirkungen haben, sollen sie Resolutionen und Beschlüsse ergänzen und nicht ersetzen.

D. Sondertagungen des Rates

119. Die nachstehenden Bestimmungen ergänzen den durch Resolution 60/251 der Generalversammlung[1] und die Geschäftsordnung[2] des Menschenrechtsrats vorgegebenen allgemeinen Rahmen.

120. Für Sondertagungen gelten die Regeln der Geschäftsordnung des Rates, die auf die ordentlichen Tagungen des Rates anzuwenden sind.

121. Entsprechend dem Erfordernis in Ziffer 10 der Resolution 60/251 der Generalversammlung wird der Antrag auf Abhaltung einer Sondertagung dem Präsidenten und dem Sekretariat des Rates vorgelegt. Der Antrag nennt den zur Behandlung vorgeschlagenen Punkt und enthält alle anderen sachdienlichen Informationen, die die Einbringer beifügen möchten.

122. Die Sondertagung wird so bald wie möglich nach Übermittlung des förmlichen Antrags, grundsätzlich jedoch nicht früher als zwei Arbeitstage und nicht später als fünf Arbeitstage nach dem offiziellen Eingang des Antrags einberufen. Die Dauer der Sondertagung darf drei Tage (sechs Arbeitssitzungen) nicht überschreiten, sofern der Rat nichts anderes beschließt.

123. Das Sekretariat des Rates übermittelt den Antrag auf Abhaltung einer Sondertagung und alle von den Einbringern beigefügten Zusatzinformationen sowie das Datum für die Abhaltung der Sondertagung umgehend allen Mitgliedstaaten der Vereinten Nationen und stellt diese Informationen auf dem zweckmäßigsten und schnellsten Kommunikationsweg den Sonderorganisationen, anderen zwischenstaatlichen Organisationen und nationalen Menschenrechtsinstitutionen sowie nichtstaatlichen Organisationen mit Konsultativstatus zur Verfügung. Die Dokumentation der Sondertagung, insbesondere die Resolutions- und Beschlussentwürfe, soll allen Staaten in allen Amtssprachen der

---

[1] Abgedruckt unter Nr. 7.
[2] Siehe unten Abschnitt VII dieser Resolution.

Vereinten Nationen zeitnah und auf ausgewogene und transparente Weise zugänglich gemacht werden.

124. Der Präsident des Rates soll vor der Sondertagung offene Konsultationen zu Informationszwecken über die Durchführung und Organisation der Tagung abhalten. In dieser Hinsicht kann das Sekretariat auch ersucht werden, zusätzliche Informationen bereitzustellen, namentlich über die Arbeitsmethoden früherer Sondertagungen.

125. Die Mitglieder des Rates, die betroffenen Staaten, Beobachterstaaten, Sonderorganisationen, sonstige zwischenstaatliche Organisationen und nationale Menschenrechtsinstitutionen sowie nichtstaatliche Organisationen mit Konsultativstatus können zu der Sondertagung im Einklang mit der Geschäftsordnung des Rates beitragen.

126. Wenn die die Sondertagung beantragenden oder andere Staaten beabsichtigen, auf der Sondertagung Resolutions- oder Beschlussentwürfe einzubringen, soll deren Wortlaut nach den einschlägigen Regeln der Geschäftsordnung des Rates zur Verfügung gestellt werden. Den Einbringern wird jedoch dringend nahegelegt, den Wortlaut so früh wie möglich vorzulegen.

127. Die Einbringer eines Resolutions- oder Beschlussentwurfs sollen offene Konsultationen über den Wortlaut des Entwurfs abhalten mit dem Ziel, eine möglichst breite Beteiligung an seiner Prüfung zu erreichen und, wenn möglich, einen Konsens herbeizuführen.

128. Eine Sondertagung soll eine partizipative Aussprache ermöglichen, ergebnisorientiert und darauf ausgerichtet sein, praktische Ergebnisse zu erzielen, deren Umsetzung überwacht werden kann und worüber auf der folgenden ordentlichen Tagung des Rates im Hinblick auf mögliche Folgebeschlüsse Bericht erstattet werden kann.

VII. Geschäftsordnung

Tagungen

Regel 1 Geschäftsordnung. Der Menschenrechtsrat wendet die für die Tätigkeit der Hauptausschüsse der Generalversammlung geltenden Regeln der Geschäftsordnung der Generalversammlung an, soweit diese anwendbar sind, es sei denn, die Versammlung oder der Rat beschließt später etwas anderes.

Ordentliche Tagungen

Regel 2 Zahl der Tagungen. Der Menschenrechtsrat tritt während des Jahres regelmäßig zusammen und hält in jeder jährlichen Tagungsperiode mindestens drei Tagungen, darunter eine Haupttagung, mit einer Gesamtdauer von mindestens zehn Wochen ab.

Regel 3 Aufnahme der Mitgliedschaft. Die neu gewählten Mitgliedstaaten des Menschenrechtsrats nehmen ihre Mitgliedschaft ab dem ersten Tag der jährlichen Tagungsperiode wahr und lösen die Mitgliedstaaten ab, deren Mandat abgelaufen ist.

Regel 4 Tagungsort. Der Menschenrechtsrat hat seinen Sitz in Genf.

Sondertagungen

Regel 5 Einberufung von Sondertagungen. Für die Sondertagungen des Menschenrechtsrats gelten dieselben Regeln wie für seine ordentlichen Tagungen.

Regel 6. Der Menschenrechtsrat hält bei Bedarf Sondertagungen ab, wenn ein Mitglied des Rates mit Unterstützung eines Drittels der Ratsmitglieder dies beantragt.

Mitwirkung und Konsultation der Beobachter des Rates

Regel 7. a) Der Rat wendet die für die Tätigkeit der Ausschüsse der Generalversammlung geltenden Regeln der Geschäftsordnung der Generalversammlung an, soweit diese anwendbar sind, es sei denn, die Versammlung oder der Rat beschließt später etwas anderes, und Beobachter einschließlich der Staaten, die nicht Mitglied des Rates sind, Sonderorganisationen, sonstige zwischenstaatliche Organisationen und nationale Menschenrechtsinstitutionen sowie nichtstaatliche Organisationen können auf der Grundlage der von der Menschenrechtskommission befolgten Regelungen, namentlich der Resolution 1996/31 des Wirtschafts- und Sozialrats vom 25. Juli 1996, und Verfahrensweisen an der Arbeit des Rates mitwirken und von diesem konsultiert werden, wobei zu gewährleisten ist, dass sie einen möglichst wirksamen Beitrag leisten.

b) Die Mitwirkung nationaler Menschenrechtsinstitutionen erfolgt auf der Grundlage der von der Menschenrechtskommission vereinbarten Regelungen und Verfahrensweisen, namentlich der Resolution 2005/74 vom 20. April 2005, wobei zu gewährleisten ist, dass sie einen möglichst wirksamen Beitrag leisten.

Arbeitsplan und Tagesordnung für Ordentliche Tagungen

Regel 8 Organisationssitzungen. a) Zu Beginn jeder jährlichen Tagungsperiode hält der Rat eine Organisationssitzung zur Wahl seines Präsidiums und zur Behandlung und Annahme der Tagesordnung, des Arbeitsprogramms und der Termine der ordentlichen Tagungen für die Tagungsperiode ab, nach Möglichkeit mit Angabe eines Zieldatums für den Abschluss seiner Arbeiten, der ungefähren Zeitpunkte der Behandlung der Tagesordnungspunkte und der Zahl der jedem Punkt zu widmenden Sitzungen.

b) Der Präsident des Rates beruft außerdem zwei Wochen vor Beginn jeder Tagung und, falls erforderlich, während der Ratstagungen Organisationssitzungen ein, um die Tagung betreffende Organisations- und Verfahrensfragen zu erörtern.

Präsident und Vizepräsidenten

Regel 9 Wahlen. a) Zu Beginn jeder jährlichen Tagungsperiode wählt der Rat auf seiner Organisationssitzung aus dem Kreis der Vertreter seiner Mitglieder einen Präsidenten und vier Vizepräsidenten. Der Präsident und die Vizepräsidenten bilden das Präsidium. Einer der Vizepräsidenten ist Berichterstatter.

b) Bei der Wahl des Präsidenten des Rates ist auf eine ausgewogene geografische Rotation des Amtes zwischen den nachstehenden Regionalgruppen zu achten: afrikanische Staaten, asiatische Staaten, osteuropäische Staaten, lateinamerikanische und karibische Staaten sowie westeuropäische und andere Staaten. Die vier Vizepräsidenten des Rates werden auf der Grundlage der ausgewogenen geografischen Verteilung aus den Regionalgruppen gewählt, denen der Präsident nicht angehört. Die Auswahl des Berichterstatters erfolgt auf der Grundlage der geografischen Rotation.

Regel 10 Präsidium. Das Präsidium befasst sich mit Verfahrens- und Organisationsfragen.

Regel 11 Amtszeit. Der Präsident und die Vizepräsidenten üben, vorbehaltlich der Regel 13, ihr Amt für die Dauer eines Jahres aus. Sie können nicht unmittelbar in das gleiche Amt wiedergewählt werden.

Regel 12 Abwesenheit von Amtsträgern. Kann der Präsident während einer Sitzung oder eines Teils derselben nicht anwesend sein, so bestimmt er einen der Vizepräsidenten zu seinem Stellvertreter. Ein als Präsident amtierender Vizepräsident hat dieselben Befugnisse und Pflichten wie der Präsident. Scheidet der Präsident nach Regel 13 aus dem Amt, so bestimmen die verbleibenden Mitglieder des Präsidiums einen der Vizepräsidenten zu seinem Stellvertreter für die Zeit bis zur Wahl eines neuen Präsidenten.

Regel 13 Ersetzung des Präsidenten oder eines Vizepräsidenten. Ist der Präsident oder ein Vizepräsident nicht mehr in der Lage, seine Aufgaben wahrzunehmen, oder scheidet er als Vertreter eines Mitglieds des Rates aus oder scheidet das Mitglied der Vereinten Nationen, dessen Vertreter er ist, als Mitglied des Rates aus, so scheidet er aus dem Amt, und für die restliche Amtszeit wird ein neuer Präsident oder Vizepräsident gewählt.

Sekretariat

Regel 14 Pflichten des Sekretariats. Das Amt des Hohen Kommissars der Vereinten Nationen für Menschenrechte fungiert als Sekretariat für den Rat. In dieser Hinsicht erhält, übersetzt, druckt und verteilt es die Dokumente, Berichte und Resolutionen des Rates, seiner Ausschüsse und seiner Organe in allen Amtssprachen der Vereinten Nationen, besorgt die Dolmetschung der Reden, die in den Sitzungen gehalten werden, erstellt, druckt und verteilt die Protokolle der Tagungen, sorgt für die Aufbewahrung und ordnungsgemäße Erhaltung der Dokumente im Archiv des Rates, verteilt alle Dokumente des Rates an die Mitglieder des Rates und die Beobachter und verrichtet ganz allgemein alle sonstigen Unterstützungsaufgaben, die der Rat ihm aufträgt.

Protokolle und Bericht

Regel 15 Bericht an die Generalversammlung. Der Rat legt der Generalversammlung einen Jahresbericht vor.

Öffentliche und nichtöffentliche Sitzungen des Menschenrechtsrats

Regel 16 Allgemeine Grundsätze. Die Sitzungen des Rates sind öffentlich, sofern der Rat nicht wegen außergewöhnlicher Umstände die Abhaltung einer nichtöffentlichen Sitzung beschließt.

Regel 17 Nichtöffentliche Sitzungen. Alle in einer nichtöffentlichen Sitzung des Rates gefassten Beschlüsse werden in einer seiner nächsten öffentlichen Sitzungen bekanntgegeben.

Führung der Geschäfte

Regel 18 Arbeitsgruppen und andere Regelungen. Der Rat kann Arbeitsgruppen einsetzen und andere Regelungen treffen. Über die Mitwirkung an diesen Organen entscheiden die Mitglieder nach Maßgabe der Regel 7. Für diese Organe gelten die Regeln der Geschäftsordnung des Rates, soweit anwendbar, es sei denn, der Rat beschließt etwas anderes.

Regel 19 Verhandlungs- und Beschlussfähigkeit. Der Präsident kann eine Sitzung und die Aussprache eröffnen, wenn mindestens ein Drittel der Mitglieder des Rates anwesend ist. Für die Beschlussfähigkeit ist die Anwesenheit der Mehrheit der Mitglieder erforderlich.

Regel 20 Erforderliche Mehrheit. Beschlüsse des Rates bedürfen, vorbehaltlich der Regel 19, der einfachen Mehrheit der anwesenden und abstimmenden Mitglieder.

9. Internationaler Pakt über bürgerliche und politische Rechte[1]

Vom 19. Dezember 1966

(BGBl. 1973 II S. 1534)

(Übersetzung)

Präambel

DIE VERTRAGSSTAATEN DIESES PAKTES,

IN DER ERWÄGUNG, daß nach den in der Charta der Vereinten Nationen verkündeten Grundsätzen die Anerkennung der allen Mitgliedern der menschlichen Gesellschaft innewohnenden Würde und der Gleichheit und Unveräußerlichkeit ihrer Rechte die Grundlage von Freiheit, Gerechtigkeit und Frieden in der Welt bildet,

IN DER ERKENNTNIS, daß sich diese Rechte aus der dem Menschen innewohnenden Würde herleiten,

IN DER ERKENNTNIS, daß nach der Allgemeinen Erklärung der Menschenrechte das Ideal vom freien Menschen, der bürgerliche und politische Freiheit genießt und frei von Furcht und Not lebt, nur verwirklicht werden kann, wenn Verhältnisse geschaffen werden, in denen jeder seine bürgerlichen und politischen Rechte ebenso wie seine wirtschaftlichen, sozialen und kulturellen Rechte genießen kann,

IN DER ERWÄGUNG, daß die Charta der Vereinten Nationen die Staaten verpflichtet, die allgemeine und wirksame Achtung der Rechte und Freiheit des Menschen zu fördern,

IM HINBLICK DARAUF, daß der einzelne gegenüber seinen Mitmenschen und der Gemeinschaft, der er angehört, Pflichten hat und gehalten ist, für die Förderung und Achtung der in diesem Pakt anerkannten Rechte einzutreten,

VEREINBAREN folgende Artikel:

Teil I

Art. 1 [Selbstbestimmungsrecht der Völker[2]] (1) Alle Völker haben das Recht auf Selbstbestimmung. Kraft dieses Rechts entscheiden sie frei über ihren politischen Status und gestalten in Freiheit ihre wirtschaftliche, soziale und kulturelle Entwicklung.

---

[1] Internationale Quelle: UNTS Bd. 999, S. 171.
[2] Siehe hierzu die Allgemeine Bemerkung Nr. 12 des Menschenrechtsausschusses vom 12.4.1984 (CCPR General Comment No. 12).

(2) Alle Völker können für ihre eigenen Zwecke frei über ihre natürlichen Reichtümer und Mittel verfügen, unbeschadet aller Verpflichtungen, die aus der internationalen wirtschaftlichen Zusammenarbeit auf der Grundlage des gegenseitigen Wohles sowie aus dem Völkerrecht erwachsen. In keinem Falle darf ein Volk seiner eigenen Existenzmittel beraubt werden.

(3) Die Vertragsstaaten, einschließlich der Staaten, die für die Verwaltung von Gebieten ohne Selbstregierung und von Treuhandgebieten verantwortlich sind, haben entsprechend den Bestimmungen der Charta der Vereinten Nationen die Verwirklichung des Rechts auf Selbstbestimmung zu fördern und dieses Recht zu achten.

Teil II

Art. 2 [Pflichten der Vertragsstaaten[1]] (1) Jeder Vertragsstaat verpflichtet sich, die in diesem Pakt anerkannten Rechte zu achten und sie allen in seinem Gebiet befindlichen und seiner Herrschaftsgewalt unterstehenden Personen ohne Unterschied wie insbesondere der Rasse, der Hautfarbe, des Geschlechts, der Sprache, der Religion, der politischen oder sonstigen Anschauung, der nationalen oder sozialen Herkunft, des Vermögens, der Geburt oder des sonstigen Status zu gewährleisten.[2]

(2) Jeder Vertragsstaat verpflichtet sich, im Einklang mit seinem verfassungsmäßigen Verfahren und mit den Bestimmungen dieses Paktes die erforderlichen Schritte zu unternehmen, um die gesetzgeberischen oder sonstigen Vorkehrungen zu treffen, die notwendig sind, um den in diesem Pakt anerkannten Rechten Wirksamkeit zu verleihen, soweit solche Vorkehrungen nicht bereits getroffen worden sind.

(3) Jeder Vertragsstaat verpflichtet sich,
a) dafür Sorge zu tragen, daß jeder, der in seinen in diesem Pakt anerkannten Rechten oder Freiheiten verletzt worden ist, das Recht hat, eine wirksame Beschwerde einzulegen, selbst wenn die Verletzung von Personen begangen worden ist, die in amtlicher Eigenschaft gehandelt haben;
b) dafür Sorge zu tragen, daß jeder, der eine solche Beschwerde erhebt, sein Recht durch das zuständige Gerichts-, Verwaltungs- oder Gesetzgebungsorgan oder durch eine andere, nach den Rechtsvorschriften des Staates zuständige Stelle feststellen lassen kann, und den gerichtlichen Rechtsschutz auszubauen;
c) dafür Sorge zu tragen, daß die zuständigen Stellen Beschwerden, denen stattgegeben wurde, Geltung verschaffen.

Art. 3 [Gleichberechtigung von Mann und Frau[3]] Die Vertragsstaaten verpflichten sich, die Gleichberechtigung von Mann und Frau bei der Aus-

---

[1] Zur Natur der Verpflichtungen siehe die Allgemeine Bemerkung Nr. 31 des Menschenrechtsausschusses vom 26.5.2004 (CCPR/C/21/Rev.1/Add.13).
[2] Zur Gleichbehandlung aller Personen siehe Allgemeine Bemerkung Nr. 18 des Menschenrechtsausschusses vom 10.11.1989 (CCPR General Comment No. 18), zur rechtlichen Position von Ausländern Allgemeine Bemerkung Nr. 15 vom 30.9.1986 (CCPR General Comment No. 15).
[3] Siehe hierzu die Allgemeine Bemerkung Nr. 28 des Menschenrechtsausschusses vom 29.3.2000 (CCPR/C/21/Rev.1/Add.10).

übung aller in diesem Pakt festgelegten bürgerlichen und politischen Rechte sicherzustellen.

Art. 4 [Abweichen im Notstandsfall[1]] (1) Im Falle eines öffentlichen Notstands, der das Leben der Nation bedroht und der amtlich verkündet ist, können die Vertragsstaaten Maßnahmen ergreifen, die ihre Verpflichtungen aus diesem Pakt in dem Umfang, den die Lage unbedingt erfordert, außer Kraft setzen, vorausgesetzt, daß diese Maßnahmen ihren sonstigen völkerrechtlichen Verpflichtungen nicht zuwiderlaufen und keine Diskriminierung allein wegen der Rasse, der Hautfarbe, des Geschlechts, der Sprache, der Religion oder der sozialen Herkunft enthalten.

(2) Auf Grund der vorstehenden Bestimmung dürfen die Artikel 6, 7, 8 (Absätze 1 und 2), 11, 15, 16 und 18 nicht außer Kraft gesetzt werden.

(3) Jeder Vertragsstaat, der das Recht, Verpflichtungen außer Kraft zu setzen, ausübt, hat den übrigen Vertragsstaaten durch Vermittlung des Generalsekretärs der Vereinten Nationen unverzüglich mitzuteilen, welche Bestimmungen er außer Kraft gesetzt hat und welche Gründe ihn dazu veranlaßt haben. Auf demselben Wege ist durch eine weitere Mitteilung der Zeitpunkt anzugeben, in dem eine solche Maßnahme endet.

Art. 5 [Wahrung anerkannter Menschenrechte] (1) Keine Bestimmung dieses Paktes darf dahin ausgelegt werden, daß sie für einen Staat, eine Gruppe oder eine Person das Recht begründet, eine Tätigkeit auszuüben oder eine Handlung zu begehen, die auf die Abschaffung der in diesem Pakt anerkannten Rechte und Freiheiten oder auf weitergehende Beschränkungen dieser Rechte und Freiheiten, als in dem Pakt vorgesehen, hinzielt.

(2) Die in einem Vertragsstaat durch Gesetze, Übereinkommen, Verordnungen oder durch Gewohnheitsrecht anerkannten oder bestehenden grundlegenden Menschenrechte dürfen nicht unter dem Vorwand beschränkt oder außer Kraft gesetzt werden, daß dieser Pakt derartige Rechte nicht oder nur in einem geringeren Ausmaße anerkenne.

Teil III

Art. 6 [Recht auf Leben[2]; Beschränkungen und Verbot der Todesstrafe] (1) Jeder Mensch hat ein angeborenes Recht auf Leben. Dieses Recht ist gesetzlich zu schützen. <u>Niemand</u> darf willkürlich seines Lebens beraubt werden.

(2) In Staaten, in denen die Todesstrafe nicht abgeschafft worden ist, darf ein Todesurteil nur für schwerste Verbrechen auf Grund von Gesetzen verhängt werden, die zur Zeit der Begehung der Tat in Kraft waren und die den Bestimmungen dieses Paktes und der Konvention über die Verhütung und Bestrafung des Völkermordes nicht widersprechen. Diese Strafe darf nur auf

---

[1] Siehe hierzu die Allgemeine Bemerkung Nr. 29 des Menschenrechtsausschusses vom 31.8.2001 (CCPR/C/21/Rev.1/Add.11).
[2] Siehe hierzu Allgemeine Bemerkungen Nr. 6 und 14 des Menschenrechtsausschusses vom 30.4.1982 bzw. 1.1.1985 (CCPR General Comment No. 6 bzw. 14).

Grund eines von einem zuständigen Gericht erlassenen rechtskräftigen Urteils vollstreckt werden.

(3) Erfüllt die Tötung den Tatbestand des Völkermordes, so ermächtigt dieser Artikel die Vertragsstaaten nicht, sich in irgendeiner Weise einer Verpflichtung zu entziehen, die sie nach den Bestimmungen der Konvention über die Verhütung und Bestrafung des Völkermordes übernommen haben.

(4) Jeder zum Tode Verurteilte hat das Recht, um Begnadigung oder Umwandlung der Strafe zu bitten. Amnestie, Begnadigung oder Umwandlung der Todesstrafe kann in allen Fällen gewährt werden.

(5) Die Todesstrafe darf für strafbare Handlungen, die von Jugendlichen unter 18 Jahren begangen worden sind, nicht verhängt und an schwangeren Frauen nicht vollstreckt werden.

(6) Keine Bestimmung dieses Artikels darf herangezogen werden, um die Abschaffung der Todesstrafe durch einen Vertragsstaat zu verzögern oder zu verhindern.

Art. 7 [Folterverbot[1])] Niemand darf der Folter oder grausamer, unmenschlicher oder erniedrigender Behandlung oder Strafe unterworfen werden. Insbesondere darf niemand ohne seine freiwillige Zustimmung medizinischen oder wissenschaftlichen Versuchen unterworfen werden.

Art. 8 [Verbot der Sklaverei und Zwangsarbeit] (1) Niemand darf in Sklaverei gehalten werden; Sklaverei und Sklavenhandel in allen ihren Formen sind verboten.

(2) Niemand darf in Leibeigenschaft gehalten werden.

(3) a) Niemand darf gezwungen werden, Zwangs- oder Pflichtarbeit zu verrichten;

b) Buchstabe a ist nicht so auszulegen, daß er in Staaten, in denen bestimmte Straftaten mit einem mit Zwangsarbeit verbundenen Freiheitsentzug geahndet werden können, die Leistung von Zwangsarbeit auf Grund einer Verurteilung durch ein zuständiges Gericht ausschließt;

c) als „Zwangs- oder Pflichtarbeit" im Sinne dieses Absatzes gilt nicht

　i) jede nicht unter Buchstabe b genannte Arbeit oder Dienstleistung, die normalerweise von einer Person verlangt wird, der auf Grund einer rechtmäßigen Gerichtsentscheidung die Freiheit entzogen oder die aus einem solchen Freiheitsentzug bedingt entlassen worden ist;

　ii) jede Dienstleistung militärischer Art sowie in Staaten, in denen die Wehrdienstverweigerung aus Gewissensgründen anerkannt wird, jede für Wehrdienstverweigerer gesetzlich vorgeschriebene nationale Dienstleistung;

　iii) jede Dienstleistung im Falle von Notständen oder Katastrophen, die das Leben oder das Wohl der Gemeinschaft bedrohen;

　iv) jede Arbeit oder Dienstleistung, die zu den normalen Bürgerpflichten gehört.

---

[1]) Siehe hierzu die Allgemeine Bemerkung Nr. 20 des Menschenrechtsausschusses vom 30.9.1992 (CCPR General Comment No. 20).

Art. 9 [Recht auf Freiheit und Sicherheit der Person[1]] (1) Jedermann hat ein Recht auf persönliche Freiheit und Sicherheit. Niemand darf willkürlich festgenommen oder in Haft gehalten werden. Niemand darf seine Freiheit entzogen werden, es sei denn aus gesetzlich bestimmten Gründen und unter Beachtung des im Gesetz vorgeschriebenen Verfahrens.

(2) Jeder Festgenommene ist bei seiner Festnahme über die Gründe der Festnahme zu unterrichten und die gegen ihn erhobenen Beschuldigungen sind ihm unverzüglich mitzuteilen.

(3) Jeder, der unter dem Vorwurf einer strafbaren Handlung festgenommen worden ist oder in Haft gehalten wird, muß unverzüglich einem Richter oder einer anderen gesetzlich zur Ausübung richterlicher Funktionen ermächtigten Amtsperson vorgeführt werden und hat Anspruch auf ein Gerichtsverfahren innerhalb angemessener Frist oder auf Entlassung aus der Haft. Es darf nicht die allgemeine Regel sein, daß Personen, die eine gerichtliche Aburteilung erwarten, in Haft gehalten werden, doch kann die Freilassung davon abhängig gemacht werden, daß für das Erscheinen zur Hauptverhandlung oder zu jeder anderen Verfahrenshandlung und gegebenenfalls zur Vollstreckung des Urteils Sicherheit geleistet wird.

(4) Jeder, dem seine Freiheit durch Festnahme oder Haft entzogen ist, hat das Recht, ein Verfahren vor einem Gericht zu beantragen, damit dieses unverzüglich über die Rechtmäßigkeit der Freiheitsentziehung entscheiden und seine Entlassung anordnen kann, falls die Freiheitsentziehung nicht rechtmäßig ist.

(5) Jeder, der unrechtmäßig festgenommen oder in Haft gehalten worden ist, hat einen Anspruch auf Entschädigung.

Art. 10 [Menschenwürdige Freiheitsentziehung[2]] (1) Jeder, dem seine Freiheit entzogen ist, muß menschlich und mit Achtung vor der dem Menschen innewohnenden Würde behandelt werden.

(2) a) Beschuldigte sind, abgesehen von außergewöhnlichen Umständen, von Verurteilten getrennt unterzubringen und so zu behandeln, wie es ihrer Stellung als Nichtverurteilte entspricht;
b) jugendliche Beschuldigte sind von Erwachsenen zu trennen, und es hat so schnell wie möglich ein Urteil zu ergehen.

(3) Der Strafvollzug schließt eine Behandlung der Gefangenen ein, die vornehmlich auf ihre Besserung und gesellschaftliche Wiedereingliederung hinzielt. Jugendliche Straffällige sind von Erwachsenen zu trennen und ihrem Alter und ihrer Rechtsstellung entsprechend zu behandeln.

Art. 11 [Verbot der Inhaftierung bei Nichterfüllung vertraglicher Verpflichtungen] Niemand darf nur deswegen in Haft genommen werden, weil er nicht in der Lage ist, eine vertragliche Verpflichtung zu erfüllen.

---

[1] Siehe hierzu die Allgemeine Bemerkung Nr. 35 des Menschenrechtsausschusses vom 15.12. 2014 (CCPR/C/GC/35).
[2] Siehe hierzu die Allgemeine Bemerkung Nr. 21 des Menschenrechtsausschusses vom 13.3.1993 (CCPR General Comment No. 21).

Art. 12 [Freizügigkeit; Ein- und Ausreisefreiheit[1]] (1) Jedermann, der sich rechtmäßig im Hoheitsgebiet eines Staates aufhält, hat das Recht, sich dort frei zu bewegen und seinen Wohnsitz frei zu wählen.

(2) Jedermann steht es frei, jedes Land einschließlich seines eigenen zu verlassen.

(3) Die oben erwähnten Rechte dürfen nur eingeschränkt werden, wenn dies gesetzlich vorgesehen und zum Schutz der nationalen Sicherheit, der öffentlichen Ordnung (ordre public), der Volksgesundheit, der öffentlichen Sittlichkeit oder der Rechte und Freiheiten anderer notwendig ist und die Einschränkungen mit den übrigen in diesem Pakt anerkannten Rechten vereinbar sind.

(4) Niemand darf willkürlich das Recht entzogen werden, in sein eigenes Land einzureisen.

Art. 13 [Beschränkung der Ausweisung] Ein Ausländer, der sich rechtmäßig im Hoheitsgebiet eines Vertragsstaates aufhält, kann aus diesem nur auf Grund einer rechtmäßig ergangenen Entscheidung ausgewiesen werden, und es ist ihm, sofern nicht zwingende Gründe der nationalen Sicherheit entgegenstehen, Gelegenheit zu geben, die gegen seine Ausweisung sprechenden Gründe vorzubringen und diese Entscheidung durch die zuständige Behörde oder durch eine oder mehrere von dieser Behörde besonders bestimmte Personen nachprüfen und sich dabei vertreten zu lassen.

Art. 14 [Recht auf ein faires Verfahren[2]] (1) Alle Menschen sind vor Gericht gleich. Jedermann hat Anspruch darauf, daß über eine gegen ihn erhobene strafrechtliche Anklage oder seine zivilrechtlichen Ansprüche und Verpflichtungen durch ein zuständiges, unabhängiges, unparteiisches und auf Gesetz beruhendes Gericht in billiger Weise und öffentlich verhandelt wird. Aus Gründen der Sittlichkeit, der öffentlichen Ordnung (ordre public) oder der nationalen Sicherheit in einer demokratischen Gesellschaft oder wenn es im Interesse des Privatlebens der Parteien erforderlich ist oder – soweit dies nach Auffassung des Gerichts unbedingt erforderlich ist – unter besonderen Umständen, in denen die Öffentlichkeit des Verfahrens die Interessen der Gerechtigkeit beeinträchtigen würde, können Presse und Öffentlichkeit während der ganzen oder eines Teils der Verhandlung ausgeschlossen werden; jedes Urteil in einer Straf- oder Zivilsache ist jedoch öffentlich zu verkünden, sofern nicht die Interessen Jugendlicher dem entgegenstehen oder das Verfahren Ehestreitigkeiten oder der Vormundschaft über Kinder betrifft.

(2) Jeder wegen einer strafbaren Handlung Angeklagte hat Anspruch darauf, bis zu dem im gesetzlichen Verfahren erbrachten Nachweis seiner Schuld als unschuldig zu gelten.

(3) Jeder wegen einer strafbaren Handlung Angeklagte hat in gleicher Weise im Verfahren Anspruch auf folgende Mindestgarantien:

a) Er ist unverzüglich und im einzelnen in einer ihm verständlichen Sprache über Art und Grund der gegen ihn erhobenen Anklage zu unterrichten;

---

[1] Siehe hierzu die Allgemeine Bemerkung Nr. 27 des Menschenrechtsausschusses vom 1.11.1999 (CCPR/C/21/Rev.1/Add.9).
[2] Siehe hierzu die Allgemeine Bemerkung Nr. 32 des Menschenrechtsausschusses vom 23.8.2007 (CCPR/C/GC/32).

b) er muß hinreichend Zeit und Gelegenheit zur Vorbereitung seiner Verteidigung und zum Verkehr mit einem Verteidiger seiner Wahl haben;

c) es muß ohne unangemessene Verzögerung ein Urteil gegen ihn ergehen;

d) er hat das Recht, bei der Verhandlung anwesend zu sein und sich selbst zu verteidigen oder durch einen Verteidiger seiner Wahl verteidigen zu lassen; falls er keinen Verteidiger hat, ist er über das Recht, einen Verteidiger in Anspruch zu nehmen, zu unterrichten; fehlen ihm die Mittel zur Bezahlung eines Verteidigers, so ist ihm ein Verteidiger unentgeltlich zu bestellen, wenn dies im Interesse der Rechtspflege erforderlich ist;

e) er darf Fragen an die Belastungszeugen stellen oder stellen lassen und das Erscheinen und die Vernehmung der Entlastungszeugen unter den für die Belastungszeugen geltenden Bedingungen erwirken;

f) er kann die unentgeltliche Beiziehung eines Dolmetschers verlangen, wenn er die Verhandlungssprache des Gerichts nicht versteht oder spricht;

g) er darf nicht gezwungen werden, gegen sich selbst als Zeuge auszusagen oder sich schuldig zu bekennen.

(4) Gegen Jugendliche ist das Verfahren in einer Weise zu führen, die ihrem Alter entspricht und ihre Wiedereingliederung in die Gesellschaft fördert.

(5) Jeder, der wegen einer strafbaren Handlung verurteilt worden ist, hat das Recht, das Urteil entsprechend dem Gesetz durch ein höheres Gericht nachprüfen zu lassen.

(6) Ist jemand wegen einer strafbaren Handlung rechtskräftig verurteilt und ist das Urteil später aufgehoben oder der Verurteilte begnadigt worden, weil eine neue oder eine neu bekannt gewordene Tatsache schlüssig beweist, daß ein Fehlurteil vorlag, so ist derjenige, der auf Grund eines solchen Urteils eine Strafe verbüßt hat, entsprechend dem Gesetz zu entschädigen, sofern nicht nachgewiesen wird, daß das nicht rechtzeitige Bekanntwerden der betreffenden Tatsache ganz oder teilweise ihm zuzuschreiben ist.

(7) Niemand darf wegen einer strafbaren Handlung, wegen der er bereits nach dem Gesetz und dem Strafverfahrensrecht des jeweiligen Landes rechtskräftig verurteilt oder freigesprochen worden ist, erneut verfolgt oder bestraft werden.

Art. 15 [Keine Strafe ohne Gesetz] (1) Niemand darf wegen einer Handlung oder Unterlassung verurteilt werden, die zur Zeit ihrer Begehung nach inländischem oder nach internationalem Recht nicht strafbar war. Ebenso darf keine schwerere Strafe als die im Zeitpunkt der Begehung der strafbaren Handlung angedrohte Strafe verhängt werden. Wird nach Begehung einer strafbaren Handlung durch Gesetz eine mildere Strafe eingeführt, so ist das mildere Gesetz anzuwenden.

(2) Dieser Artikel schließt die Verurteilung oder Bestrafung einer Person wegen einer Handlung oder Unterlassung nicht aus, die im Zeitpunkt ihrer Begehung nach den von der Völkergemeinschaft anerkannten allgemeinen Rechtsgrundsätzen strafbar war.

Art. 16 [Anerkennung der Rechtsfähigkeit] Jedermann hat das Recht, überall als rechtsfähig anerkannt zu werden.

Art. 17 [Recht auf Achtung des Privat- und Familienlebens[1)]]

(1) Niemand darf willkürlichen oder rechtswidrigen Eingriffen in sein Privatleben, seine Familie, seine Wohnung und seinen Schriftverkehr oder rechtswidrigen Beeinträchtigungen seiner Ehre und seines Rufes ausgesetzt werden.

(2) Jedermann hat Anspruch auf rechtlichen Schutz gegen solche Eingriffe oder Beeinträchtigungen.

Art. 18 [Gedanken-, Gewissens-, und Religionsfreiheit[2)]] (1) Jedermann hat das Recht auf Gedanken-, Gewissens- und Religionsfreiheit. Dieses Recht umfaßt die Freiheit, eine Religion oder eine Weltanschauung eigener Wahl zu haben oder anzunehmen, und die Freiheit, seine Religion oder Weltanschauung allein oder in Gemeinschaft mit anderen, öffentlich oder privat durch Gottesdienst, Beachtung religiöser Bräuche, Ausübung und Unterricht zu bekunden.

(2) Niemand darf einem Zwang ausgesetzt werden, der seine Freiheit, eine Religion oder eine Weltanschauung seiner Wahl zu haben oder anzunehmen, beeinträchtigen würde.

(3) Die Freiheit, seine Religion oder Weltanschauung zu bekunden, darf nur den gesetzlich vorgesehenen Einschränkungen unterworfen werden, die zum Schutz der öffentlichen Sicherheit, Ordnung, Gesundheit, Sittlichkeit oder der Grundrechte und -freiheiten anderer erforderlich sind.

(4) Die Vertragsstaaten verpflichten sich, die Freiheit der Eltern und gegebenenfalls des Vormunds oder Pflegers zu achten, die religiöse und sittliche Erziehung ihrer Kinder in Übereinstimmung mit ihren eigenen Überzeugungen sicherzustellen.

Art. 19 [Informations- und Meinungsfreiheit[3)]] (1) Jedermann hat das Recht auf unbehinderte Meinungsfreiheit.

(2) Jedermann hat das Recht auf freie Meinungsäußerung; dieses Recht schließt die Freiheit ein, ohne Rücksicht auf Staatsgrenzen Informationen und Gedankengut jeder Art in Wort, Schrift oder Druck, durch Kunstwerke oder andere Mittel eigener Wahl sich zu beschaffen, zu empfangen und weiterzugeben.

(3) Die Ausübung der in Absatz 2 vorgesehenen Rechte ist mit besonderen Pflichten und einer besonderen Verantwortung verbunden. Sie kann daher bestimmten, gesetzlich vorgesehenen Einschränkungen unterworfen werden, die erforderlich sind
a) für die Achtung der Rechte oder des Rufs anderer;
b) für den Schutz der nationalen oder der öffentlichen Sicherheit, der öffentlichen Ordnung (ordre public), der Volksgesundheit oder der öffentlichen Sittlichkeit.

[1)] Siehe hierzu die Allgemeine Bemerkung Nr. 16 des Menschenrechtsausschusses vom 28.9.1988 (CCPR General Comment No. 16).
[2)] Siehe hierzu die Allgemeine Bemerkung Nr. 22 des Menschenrechtsausschusses vom 27.9.1993 (CCPR/C/21/Rev.1/Add.4).
[3)] Siehe hierzu die Allgemeine Bemerkung Nr. 34 des Menschenrechtsausschusses vom 12.9.2011 (CCPR/C/GC/34).

Art. 20 [Verbot der Kriegspropaganda und Volksverhetzung[1]]
(1) Jede Kriegspropaganda wird durch Gesetze verboten.

(2) Jedes Eintreten für nationalen, rassischen oder religiösen Haß, durch das zu Diskriminierung, Feindseligkeit oder Gewalt aufgestachelt wird, wird durch Gesetz verboten.

Art. 21 [Versammlungsfreiheit] Das Recht, sich friedlich zu versammeln, wird anerkannt. Die Ausübung dieses Rechts darf keinen anderen als den gesetzlich vorgesehenen Einschränkungen unterworfen werden, die in einer demokratischen Gesellschaft im Interesse der nationalen oder der öffentlichen Sicherheit, der öffentlichen Ordnung (ordre public), zum Schutze der Volksgesundheit, der öffentlichen Sittlichkeit oder zum Schutze der Rechte und Freiheiten anderer notwendig sind.

Art. 22 [Vereinigungs- und Gewerkschaftsfreiheit] (1) Jedermann hat das Recht, sich frei mit anderen zusammenzuschließen sowie zum Schutz seiner Interessen Gewerkschaften zu bilden und ihnen beizutreten.

(2) Die Ausübung dieses Rechts darf keinen anderen als den gesetzlich vorgesehenen Einschränkungen unterworfen werden, die in einer demokratischen Gesellschaft im Interesse der nationalen oder der öffentlichen Sicherheit, der öffentlichen Ordnung (ordre public), zum Schutz der Volksgesundheit, der öffentlichen Sittlichkeit oder zum Schutz der Rechte und Freiheiten anderer notwendig sind. Dieser Artikel steht gesetzlichen Einschränkungen der Ausübung dieses Rechts für Angehörige der Streitkräfte oder der Polizei nicht entgegen.

. (3) Keine Bestimmung dieses Artikels ermächtigt die Vertragsstaaten des Übereinkommens der Internationalen Arbeitsorganisation von 1948 über die Vereinigungsfreiheit und den Schutz des Vereinigungsrechts, gesetzgeberische Maßnahmen zu treffen oder Gesetze so anzuwenden, daß die Garantien des oben genannten Übereinkommens beeinträchtigt werden.

Art. 23 [Schutz der Ehe und Familie[2]] (1) Die Familie ist die natürliche Kernzelle der Gesellschaft und hat Anspruch auf Schutz durch Gesellschaft und Staat.

(2) Das Recht von Mann und Frau, im heiratsfähigen Alter eine Ehe einzugehen und eine Familie zu gründen, wird anerkannt.

(3) Eine Ehe darf nur im freien und vollen Einverständnis der künftigen Ehegatten geschlossen werden.

(4) Die Vertragsstaaten werden durch geeignete Maßnahmen sicherstellen, daß die Ehegatten gleiche Rechte und Pflichten bei der Eheschließung, während der Ehe und bei Auflösung der Ehe haben. Für den nötigen Schutz der Kinder im Falle einer Auflösung der Ehe ist Sorge zu tragen.

---

[1] Siehe hierzu die Allgemeine Bemerkung Nr. 11 des Menschenrechtsausschusses vom 29.7.1983 (CCPR General Comment No. 11).
[2] Siehe hierzu die Allgemeine Bemerkung Nr. 17 des Menschenrechtsausschusses vom 27.7.1990 (CCPR General Comment No. 17).

Art. 24 [Schutz, Registrierung und Staatsangehörigkeit von Kindern[1)] (1) Jedes Kind hat ohne Diskriminierung hinsichtlich der Rasse, der Hautfarbe, des Geschlechts, der Sprache, der Religion, der nationalen oder sozialen Herkunft, des Vermögens oder der Geburt das Recht auf diejenigen Schutzmaßnahmen durch seine Familie, die Gesellschaft und den Staat, die seine Rechtsstellung als Minderjähriger erfordert.

(2) Jedes Kind muß unverzüglich nach seiner Geburt in ein Register eingetragen werden und einen Namen erhalten.

(3) Jedes Kind hat das Recht, eine Staatsangehörigkeit zu erwerben.

Art. 25 [Staatsbürgerliche Rechte[2)] Jeder Staatsbürger hat das Recht und die Möglichkeit, ohne Unterschied nach den in Artikel 2 genannten Merkmalen und ohne unangemessene Einschränkungen
a) an der Gestaltung der öffentlichen Angelegenheiten unmittelbar oder durch frei gewählte Vertreter teilzunehmen;
b) bei echten, wiederkehrenden, allgemeinen, gleichen und geheimen Wahlen, bei denen die freie Äußerung des Wählerwillens gewährleistet ist, zu wählen und gewählt zu werden;
c) unter allgemeinen Gesichtspunkten der Gleichheit zu öffentlichen Ämtern seines Landes Zugang zu haben.

Art. 26 [Gleichheit vor dem Gesetz[3)] Alle Menschen sind vor dem Gesetz gleich und haben ohne Diskriminierung Anspruch auf gleichen Schutz durch das Gesetz. In dieser Hinsicht hat das Gesetz jede Diskriminierung zu verbieten und allen Menschen gegen jede Diskriminierung, wie insbesondere wegen der Rasse, der Hautfarbe, des Geschlechts, der Sprache, der Religion, der politischen oder sonstigen Anschauung, der nationalen oder sozialen Herkunft, des Vermögens, der Geburt oder des sonstigen Status, gleichen und wirksamen Schutz zu gewährleisten.

Art. 27 [Minderheitenschutz[4)] In Staaten mit ethnischen, religiösen oder sprachlichen Minderheiten darf Angehörigen solcher Minderheiten nicht das Recht vorenthalten werden, gemeinsam mit anderen Angehörigen ihrer Gruppe ihr eigenes kulturelles Leben zu pflegen, ihre eigene Religion zu bekennen und auszuüben oder sich ihrer eigenen Sprache zu bedienen.

Teil IV

Art. 28 [Menschenrechtsausschuß] (1) Es wird ein Ausschuß für Menschenrechte (im folgenden als „Ausschuß" bezeichnet) errichtet. Er besteht

---

[1)] Siehe hierzu die Allgemeine Bemerkung Nr. 17 des Menschenrechtsausschusses vom 29.9.1989 (CCPR General Comment No. 17).
[2)] Siehe hierzu die Allgemeine Bemerkung Nr. 25 des Menschenrechtsausschusses vom 27.8.1996 (CCPR/C/21/Rev.1/Add.7).
[3)] Zur Gleichbehandlung durch das Gesetz siehe Allgemeine Bemerkung Nr. 18 des Menschenrechtsausschusses vom 10.11.1989 (CCPR General Comment No. 18).
[4)] Siehe hierzu die Allgemeine Bemerkung Nr. 23 des Menschenrechtsausschusses vom 26.4.1994 (CCPR/C/21/Rev.1/Add.5).

aus achtzehn Mitgliedern und nimmt die nachstehend festgelegten Aufgaben wahr.

(2) Der Ausschuß setzt sich aus Staatsangehörigen der Vertragsstaaten zusammen, die Persönlichkeiten von hohem sittlichen Ansehen und anerkannter Sachkenntnis auf dem Gebiet der Menschenrechte sind, wobei die Zweckmäßigkeit der Beteiligung von Personen mit juristischer Erfahrung zu berücksichtigen ist.

(3) Die Mitglieder des Ausschusses werden in ihrer persönlichen Eigenschaft gewählt und sind in dieser Eigenschaft tätig.

Art. 29 [Wahlvorschläge und Wahl der Mitglieder] (1) Die Mitglieder des Ausschusses werden in geheimer Wahl aus einer Liste von Personen gewählt, die die in Artikel 28 vorgeschriebenen Anforderungen erfüllen und von den Vertragsstaaten dafür vorgeschlagen worden sind.

(2) Jeder Vertragsstaat darf höchstens zwei Personen vorschlagen. Diese müssen Staatsangehörige des sie vorschlagenden Staates sein.

(3) Eine Person kann wieder vorgeschlagen werden.

Art. 30 [Wahlverfahren] (1) Die erste Wahl findet spätestens sechs Monate nach Inkrafttreten dieses Paktes statt.

(2) Spätestens vier Monate vor jeder Wahl zum Ausschuß – außer bei einer Wahl zur Besetzung eines gemäß Artikel 34 für frei geworden erklärten Sitzes – fordert der Generalsekretär der Vereinten Nationen die Vertragsstaaten schriftlich auf, ihre Kandidaten für den Ausschuß innerhalb von drei Monaten vorzuschlagen.

(3) Der Generalsekretär der Vereinten Nationen fertigt eine alphabetische Liste aller auf diese Weise vorgeschlagenen Personen unter Angabe der Vertragsstaaten, die sie vorgeschlagen haben, an und übermittelt sie den Vertragsstaaten spätestens einen Monat vor jeder Wahl.

(4) Die Wahl der Ausschußmitglieder findet in einer vom Generalsekretär der Vereinten Nationen am Sitz dieser Organisation einberufenen Versammlung der Vertragsstaaten statt. In dieser Versammlung, die beschlußfähig ist, wenn zwei Drittel der Vertragsstaaten vertreten sind, gelten diejenigen Kandidaten als in den Ausschuß gewählt, die die höchste Stimmenzahl und die absolute Stimmenmehrheit der anwesenden und abstimmenden Vertreter der Vertragsstaaten auf sich vereinigen.

Art. 31 [Geografische Verteilung] (1) Dem Ausschuß darf nicht mehr als ein Angehöriger desselben Staates angehören.

(2) Bei den Wahlen zum Ausschuß ist auf eine gerechte geographische Verteilung der Sitze auf die Vertretung der verschiedenen Zivilisationsformen sowie der hauptsächlichen Rechtssysteme zu achten.

Art. 32 [Amtszeit der Mitglieder] (1) Die Ausschußmitglieder werden für vier Jahre gewählt. Auf erneuten Vorschlag können sie wiedergewählt werden. Die Amtszeit von neun der bei der ersten Wahl gewählten Mitglieder läuft jedoch nach zwei Jahren ab; unmittelbar nach der ersten Wahl werden die Namen dieser neun Mitglieder vom Vorsitzenden der in Artikel 30 Absatz 4 genannten Versammlung durch das Los bestimmt.

(2) Für Wahlen nach Ablauf einer Amtszeit gelten die vorstehenden Artikel dieses Teils des Paktes.

Art. 33 [Ausscheiden aus dem Ausschuss] (1) Nimmt ein Ausschußmitglied nach einstimmiger Feststellung der anderen Mitglieder seine Aufgabe aus einem anderen Grund als wegen vorübergehender Abwesenheit nicht mehr wahr, so teilt der Vorsitzende des Ausschusses dies dem Generalsekretär der Vereinten Nationen mit, der daraufhin den Sitz des betreffenden Mitglieds für frei geworden erklärt.

(2) Der Vorsitzende teilt den Tod oder Rücktritt eines Ausschußmitglieds unverzüglich dem Generalsekretär der Vereinten Nationen mit, der den Sitz vom Tag des Todes oder vom Wirksamwerden des Rücktritts an für frei geworden erklärt.

Art. 34 [Wiederbesetzung frei gewordener Sitze] (1) Wird ein Sitz nach Artikel 33 für frei geworden erklärt und läuft die Amtszeit des zu ersetzenden Mitglieds nicht innerhalb von sechs Monaten nach dieser Erklärung ab, so teilt der Generalsekretär der Vereinten Nationen dies allen Vertragsstaaten mit, die innerhalb von zwei Monaten nach Maßgabe des Artikels 29 Kandidaten zur Besetzung des frei gewordenen Sitzes vorschlagen können.

(2) Der Generalsekretär der Vereinten Nationen fertigt eine alphabetische Liste der auf diese Weise vorgeschlagenen Personen an und übermittelt sie den Vertragsstaaten. Sodann findet die Wahl zur Besetzung des frei gewordenen Sitzes entsprechend den einschlägigen Bestimmungen dieses Teils des Paktes statt.

(3) Die Amtszeit eines Ausschußmitglieds, das auf einen nach Artikel 33 für frei geworden erklärten Sitz gewählt worden ist, dauert bis zum Ende der Amtszeit des Mitglieds, dessen Sitz im Ausschuß nach Maßgabe des genannten Artikels frei geworden ist.

Art. 35 [Bezüge der Ausschussmitglieder] Die Ausschußmitglieder erhalten mit Zustimmung der Generalversammlung der Vereinten Nationen aus Mitteln der Vereinten Nationen Bezüge, wobei die Einzelheiten von der Generalversammlung unter Berücksichtigung der Bedeutung der Aufgaben des Ausschusses festgesetzt werden.

Art. 36 [Aufgaben des Generalsekretärs] Der Generalsekretär der Vereinten Nationen stellt dem Ausschuß das Personal und die Einrichtungen zur Verfügung, die dieser zur wirksamen Durchführung der ihm nach diesem Pakt obliegenden Aufgaben benötigt.

Art. 37 [Sitzungen des Ausschusses] (1) Der Generalsekretär der Vereinten Nationen beruft die erste Sitzung des Ausschusses am Sitz der Vereinten Nationen ein.

(2) Nach seiner ersten Sitzung tritt der Ausschuß zu den in seiner Geschäftsordnung vorgesehenen Zeiten zusammen.

(3) Die Sitzungen des Ausschusses finden in der Regel am Sitz der Vereinten Nationen oder beim Büro der Vereinten Nationen in Genf statt.

Art. 38 [Unparteiische Amtsausübung] Jedes Ausschußmitglied hat vor Aufnahme seiner Amtstätigkeit in öffentlicher Sitzung des Ausschusses feierlich zu erklären, daß es sein Amt unparteiisch und gewissenhaft ausüben werde.

Art. 39 [Vorstand; Geschäftsordnung] (1) Der Ausschuß wählt seinen Vorstand für zwei Jahre. Eine Wiederwahl der Mitglieder des Vorstands ist zulässig.

(2) Der Ausschuß gibt sich eine Geschäftsordnung,[1] die unter anderem folgende Bestimmungen enthalten muß:
a) Der Ausschuß ist bei Anwesenheit von zwölf Mitgliedern beschlußfähig;
b) der Ausschuß faßt seine Beschlüsse mit der Mehrheit der anwesenden Mitglieder.

Art. 40 [Staatenberichte[2]] (1) Die Vertragsstaaten verpflichten sich, über die Maßnahmen, die sie zur Verwirklichung der in diesem Pakt anerkannten Rechte getroffen haben, und über die dabei erzielten Fortschritte Berichte vorzulegen, und zwar
a) innerhalb eines Jahres nach Inkrafttreten dieses Paktes für den betreffenden Vertragsstaat,
b) danach jeweils auf Anforderung des Ausschusses[3].

(2) Alle Berichte sind dem Generalsekretär der Vereinten Nationen zu übermitteln, der sie dem Ausschuß zur Prüfung zuleitet. In den Berichten ist auf etwa bestehende Umstände und Schwierigkeiten hinzuweisen, die die Durchführung dieses Paktes behindern.

(3) Der Generalsekretär der Vereinten Nationen kann nach Beratung mit dem Ausschuß den Sonderorganisationen Abschriften der in ihren Zuständigkeitsbereich fallenden Teile der Berichte zuleiten.

(4) Der Ausschuß prüft die von den Vertragsstaaten eingereichten Berichte. Er übersendet den Vertragsstaaten seine eigenen Berichte sowie ihm geeignet erscheinende allgemeine Bemerkungen. Der Ausschuß kann diese Bemerkungen zusammen mit Abschriften der von den Vertragsstaaten empfangenen Berichte auch dem Wirtschafts- und Sozialrat zuleiten.

(5) Die Vertragsstaaten können dem Ausschuß Stellungnahmen zu den nach Absatz 4 abgegebenen Bemerkungen übermitteln.

Art. 41 [Staatenbeschwerde[4]] (1) Ein Vertragsstaat kann auf Grund dieses Artikels jederzeit erklären, daß er die Zuständigkeit des Ausschusses zur Entgegennahme und Prüfung von Mitteilungen anerkennt, in denen ein Vertragsstaat geltend macht, ein anderer Vertragsstaat komme seinen Verpflichtungen

---

[1] Abgedruckt unter Nr. **12.**
[2] Siehe hierzu die Allgemeine Bemerkung Nr. 30 des Menschenrechtsausschusses vom 18.9.2002 (CCPR/C/21/Rev.2/Add.12).
[3] Vom Menschenrechtsausschuss wurden Richtlinien über Form und Inhalt der vorzulegenden Staatenberichte verabschiedet, Doc. CCPR/C/66/GUI/Rev. 2 vom 26.2.2001; daneben gibt es seit 2009 ein neues fakultatives Berichtsverfahren (LOIPR) (CCPR/C/99/4); zu beachten sind weiterhin die Harmonisierten Richtlinien für Staatenberichte aufgrund menschenrechtlicher Verträge (enthalten im Doc. HRI/GEN/2/Rev.4 vom 21.5.2007).
[4] Siehe hierzu die Allgemeine Bemerkung Nr. 24 des Menschenrechtsausschusses vom 11.11. 1994 (CCPR/C/21/Rev.1/Add.6).

aus diesem Pakt nicht nach.[1] Mitteilungen auf Grund dieses Artikels können nur entgegengenommen und geprüft werden, wenn sie von einem Vertragsstaat eingereicht werden, der für sich selbst die Zuständigkeit des Ausschusses durch eine Erklärung anerkannt hat. Der Ausschuß darf keine Mitteilung entgegennehmen, die einen Vertragsstaat betrifft, der keine derartige Erklärung abgegeben hat. Auf Mitteilungen, die auf Grund dieses Artikels eingehen, ist folgendes Verfahren anzuwenden:

a) Ist ein Vertragsstaat der Auffassung, daß ein anderer Vertragsstaat die Bestimmungen dieses Paktes nicht durchführt, so kann er den anderen Staat durch eine schriftliche Mitteilung darauf hinweisen. Innerhalb von drei Monaten nach Zugang der Mitteilung hat der Empfangsstaat dem Staat, der die Mitteilung übersandt hat, in bezug auf die Sache eine schriftliche Erklärung oder sonstige Stellungnahme zukommen zu lassen, die, soweit es möglich und angebracht ist, einen Hinweis auf die in der Sache durchgeführten, anhängigen oder zur Verfügung stehenden innerstaatlichen Verfahren und Rechtsbehelfe enthalten soll.

b) Wird die Sache nicht innerhalb von sechs Monaten nach Eingang der einleitenden Mitteilung bei dem Empfangsstaat zur Zufriedenheit der beiden beteiligten Vertragsstaaten geregelt, so hat jeder der beiden Staaten das Recht, die Sache dem Ausschuß zu unterbreiten, indem er diesem und dem anderen Staat eine entsprechende Mitteilung macht.

c) Der Ausschuß befaßt sich mit einer ihm unterbreiteten Sache erst dann, wenn er sich Gewißheit verschafft hat, daß alle in der Sache zur Verfügung stehenden innerstaatlichen Rechtsbehelfe in Übereinstimmung mit den allgemein anerkannten Grundsätzen des Völkerrechts eingelegt und erschöpft worden sind. Dies gilt nicht, wenn das Verfahren bei der Anwendung der Rechtsbehelfe unangemessen lange gedauert hat.

d) Der Ausschuß berät über Mitteilungen auf Grund dieses Artikels in nichtöffentlicher Sitzung.

e) Sofern die Voraussetzungen des Buchstaben c erfüllt sind, stellt der Ausschuß den beteiligten Vertragsstaaten seine guten Dienste zur Verfügung, um eine gütliche Regelung der Sache auf der Grundlage der Achtung der in diesem Pakt anerkannten Menschenrechte und Grundfreiheiten herbeizuführen.

f) Der Ausschuß kann in jeder ihm unterbreiteten Sache die unter Buchstabe b genannten beteiligten Vertragsstaaten auffordern, alle erheblichen Angaben beizubringen.

g) Die unter Buchstabe b genannten beteiligten Vertragsstaaten haben das Recht, sich vertreten zu lassen sowie mündlich und/oder schriftlich Stellung zu nehmen, wenn die Sache vom Ausschuß verhandelt wird.

h) Der Ausschuß legt innerhalb von zwölf Monaten nach Eingang der unter Buchstabe b vorgesehenen Mitteilung einen Bericht vor:

   i) Wenn eine Regelung im Sinne von Buchstabe e zustandegekommen ist, beschränkt der Ausschuß seinen Bericht auf eine kurze Darstellung des Sachverhalts und der erzielten Regelung;

   ii) wenn eine Regelung im Sinne von Buchstabe e nicht zustandegekommen ist, beschränkt der Ausschuß seinen Bericht auf eine kurze Darstellung des Sachverhalts; die schriftlichen Stellungnahmen und das Proto-

---

[1] Derartige Erklärungen sind u. a. von Deutschland, Liechtenstein, Österreich und der Schweiz abgegeben worden.

koll über die mündlichen Stellungnahmen der beteiligten Vertragsparteien sind dem Bericht beizufügen.
In jedem Falle wird der Bericht den beteiligten Vertragsstaaten übermittelt.

(2) Die Bestimmungen dieses Artikels treten in Kraft, wenn zehn Vertragsstaaten Erklärungen nach Absatz 1 abgegeben haben. Diese Erklärungen werden von den Vertragsstaaten beim Generalsekretär der Vereinten Nationen hinterlegt, der den anderen Vertragsstaaten Abschriften davon übermittelt. Eine Erklärung kann jederzeit durch eine an den Generalsekretär gerichtete Notifikation zurückgenommen werden. Eine solche Zurücknahme berührt nicht die Prüfung einer Sache, die Gegenstand einer auf Grund dieses Artikels bereits vorgenommenen Mitteilung ist; nach Eingang der Notifikation über die Zurücknahme der Erklärung beim Generalsekretär wird keine weitere Mitteilung eines Vertragsstaates entgegengenommen, es sei denn, daß der betroffene Vertragsstaat eine neue Erklärung abgegeben hat.

Art. 42 [ad hoc-Vergleichskommission] (1) a) Wird eine nach Artikel 41 dem Ausschuß unterbreitete Sache nicht zur Zufriedenheit der beteiligten Vertragsstaaten geregelt, so kann der Ausschuß mit vorheriger Zustimmung der beteiligten Vertragsstaaten eine ad hoc-Vergleichskommission (im folgenden als „Kommission" bezeichnet) einsetzen. Die Kommission stellt den beteiligten Vertragsstaaten ihre guten Dienste zur Verfügung, um auf der Grundlage der Achtung dieses Paktes eine gütliche Regelung der Sache herbeizuführen.
b) Die Kommission besteht aus fünf mit Einverständnis der beteiligten Vertragsstaaten ernannten Personen. Können sich die beteiligten Vertragsstaaten nicht innerhalb von drei Monaten über die vollständige oder teilweise Zusammensetzung der Kommission einigen, so wählt der Ausschuß aus seiner Mitte die Kommissionsmitglieder, über die keine Einigung erzielt worden ist, in geheimer Abstimmung mit einer Mehrheit von zwei Dritteln seiner Mitglieder.

(2) Die Mitglieder der Kommission sind in ihrer persönlichen Eigenschaft tätig. Sie dürfen nicht Staatsangehörige der beteiligten Vertragsstaaten, eines Nichtvertragsstaates oder eines Vertragsstaates sein, der eine Erklärung gemäß Artikel 41 nicht abgegeben hat.

(3) Die Kommission wählt ihren Vorsitzenden und gibt sich eine Geschäftsordnung.

(4) Die Sitzungen der Kommission finden in der Regel am Sitz der Vereinten Nationen oder beim Büro der Vereinten Nationen in Genf statt. Sie können jedoch auch an jedem anderen geeigneten Ort stattfinden, den die Kommission im Benehmen mit dem Generalsekretär der Vereinten Nationen und den beteiligten Vertragsstaaten bestimmt.

(5) Das in Artikel 36 vorgesehene Sekretariat steht auch den auf Grund dieses Artikels eingesetzten Kommissionen zur Verfügung.

(6) Die dem Ausschuß zugegangenen und von ihm zusammengestellten Angaben sind der Kommission zugänglich zu machen, und die Kommission kann die beteiligten Vertragsstaaten um weitere erhebliche Angaben ersuchen.

(7) Die Kommission legt, sobald sie die Sache vollständig geprüft hat, keinesfalls jedoch später als zwölf Monate, nachdem sie damit befaßt worden ist,

dem Vorsitzenden des Ausschusses einen Bericht zur Übermittlung an die beteiligten Vertragsstaaten vor:

a) Wenn die Kommission die Prüfung der Sache nicht innerhalb von zwölf Monaten abschließen kann, beschränkt sie ihren Bericht auf eine kurze Darstellung des Standes ihrer Prüfung;

b) wenn die Sache auf der Grundlage der Achtung der in diesem Pakt anerkannten Menschenrechte gütlich geregelt worden ist, beschränkt die Kommission ihren Bericht auf eine kurze Darstellung des Sachverhalts und der erzielten Regelung;

c) wenn eine Regelung im Sinne von Buchstabe b nicht erzielt worden ist, nimmt die Kommission in ihren Bericht ihre Feststellungen zu allen für den Streit zwischen den beteiligten Vertragsstaaten erheblichen Sachfragen sowie ihre Ansichten über Möglichkeiten einer gütlichen Regelung auf. Der Bericht enthält auch die schriftlichen Stellungnahmen der beteiligten Vertragsstaaten und ein Protokoll über ihre mündlichen Stellungnahmen;

d) wenn der Bericht der Kommission gemäß Buchstabe c vorgelegt wird, teilen die beteiligten Vertragsstaaten dem Vorsitzenden des Ausschusses innerhalb von drei Monaten nach Erhalt des Berichts mit, ob sie mit dem Inhalt des Kommissionsberichts einverstanden sind.

(8) Die Bestimmungen dieses Artikels lassen die in Artikel 41 vorgesehenen Aufgaben des Ausschusses unberührt.

(9) Die beteiligten Vertragsstaaten tragen gleichermaßen alle Ausgaben der Kommissionsmitglieder auf der Grundlage von Voranschlägen, die der Generalsekretär der Vereinten Nationen erstellt.

(10) Der Generalsekretär der Vereinten Nationen ist befugt, erforderlichenfalls für die Ausgaben der Kommissionsmitglieder aufzukommen, bevor die beteiligten Vertragsstaaten sie nach Absatz 9 erstattet haben.

Art. 43 [Privilegien der Ausschussmitglieder] Die Mitglieder des Ausschusses und der ad-hoc-Vergleichskommissionen, die nach Artikel 42 bestimmt werden können, haben Anspruch auf die Erleichterungen, Vorrechte und Befreiungen, die in den einschlägigen Abschnitten des Übereinkommens über die Vorrechte und Befreiungen der Vereinten Nationen für die im Auftrag der Vereinten Nationen tätigen Sachverständigen vorgesehen sind.

Art. 44 [Verhältnis zu anderen menschenrechtlichen Schutzverfahren] Die Bestimmungen über die Durchführung dieses Paktes sind unbeschadet der Verfahren anzuwenden, die auf dem Gebiet der Menschenrechte durch oder auf Grund der Satzungen und Übereinkommen der Vereinten Nationen und der Sonderorganisationen vorgeschrieben sind und hindern die Vertragsstaaten nicht, in Übereinstimmung mit den zwischen ihnen in Kraft befindlichen allgemeinen oder besonderen internationalen Übereinkünften andere Verfahren zur Beilegung von Streitigkeiten anzuwenden.

Art. 45 [Jahresbericht] Der Ausschuß legt der Generalversammlung der Vereinten Nationen auf dem Wege über den Wirtschafts- und Sozialrat einen Jahresbericht über seine Tätigkeit vor.

Teil V

Art. 46 [Verhältnis zur Charta der Vereinten Nationen] Keine Bestimmung dieses Paktes ist so auszulegen, daß sie die Bestimmungen der Charta der Vereinten Nationen und der Satzungen der Sonderorganisationen beschränkt, in denen die jeweiligen Aufgaben der verschiedenen Organe der Vereinten Nationen und der Sonderorganisationen hinsichtlich der in diesem Pakt behandelten Fragen geregelt sind.

Art. 47 [Wahrung anerkannter Menschenrechte] Keine Bestimmung dieses Paktes ist so auszulegen, daß sie das allen Völkern innewohnende Recht auf den Genuß und die volle und freie Nutzung ihrer natürlichen Reichtümer und Mittel beeinträchtigt.

Teil VI

Art. 48 [Unterzeichnung, Ratifikation, Beitritt, Notifikationen]
(1) Dieser Pakt liegt für alle Mitgliedstaaten der Vereinten Nationen, für alle Mitglieder einer ihrer Sonderorganisationen, für alle Vertragsstaaten der Satzung des Internationalen Gerichtshofs und für jeden anderen Staat, den die Generalversammlung der Vereinten Nationen einlädt, Vertragspartei dieses Paktes zu werden, zur Unterzeichnung auf.

(2) Dieser Pakt bedarf der Ratifikation. Die Ratifikationsurkunden sind beim Generalsekretär der Vereinten Nationen zu hinterlegen.[1]

(3) Dieser Pakt liegt für jeden in Absatz 1 bezeichneten Staat zum Beitritt auf.

(4) Der Beitritt erfolgt durch Hinterlegung einer Beitrittsurkunde beim Generalsekretär der Vereinten Nationen.

(5) Der Generalsekretär der Vereinten Nationen unterrichtet alle Staaten, die diesen Pakt unterzeichnet haben oder ihm beigetreten sind, von der Hinterlegung jeder Ratifikations- oder Beitrittsurkunde.

Art. 49 [Inkrafttreten] (1) Dieser Pakt tritt drei Monate nach Hinterlegung der fünfunddreißigsten Ratifikations- und Beitrittsurkunde beim Generalsekretär der Vereinten Nationen in Kraft.

(2) Für jeden Staat, der nach Hinterlegung der fünfunddreißigsten Ratifikations- oder Beitrittsurkunde diesen Pakt ratifiziert oder ihm beitritt, tritt er drei Monate nach Hinterlegung seiner eigenen Ratifikations- oder Beitrittsurkunde in Kraft.

Art. 50 [Geltung in Bundesstaaten] Die Bestimmungen dieses Paktes gelten ohne Einschränkung oder Ausnahme für alle Teile eines Bundesstaates.

---

[1] Zur Erklärung von Vorbehalten bei der Ratifizierung siehe die Allgemeine Bemerkung Nr. 24 des Menschenrechtsausschusses vom 11.11.1994 (CCPR/C/21/Rev.1/Add.6), zur Fortgeltung der Rechte aus dem Pakt in Fällen der Staatennachfolge sowie zum fehlenden Kündigungsrecht siehe Allgemeine Bemerkung Nr. 26 vom 8.12.1997 (CCPR/C/Rev.1/Add.8/Rev.1).

Art. 51 [Vertragsänderung] (1) Jeder Vertragsstaat kann eine Änderung des Paktes vorschlagen und ihren Wortlaut beim Generalsekretär der Vereinten Nationen einreichen. Der Generalsekretär übermittelt sodann alle Änderungsvorschläge den Vertragsstaaten mit der Aufforderung, ihm mitzuteilen, ob sie eine Konferenz der Vertragsstaaten zur Beratung und Abstimmung über die Vorschläge befürworten. Befürwortet wenigstens ein Drittel der Vertragsstaaten eine solche Konferenz, so beruft der Generalsekretär die Konferenz unter der Schirmherrschaft der Vereinten Nationen ein. Jede Änderung, die von der Mehrheit der auf der Konferenz anwesenden und abstimmenden Vertragsstaaten angenommen wird, ist der Generalversammlung der Vereinten Nationen zur Billigung vorzulegen.

(2) Die Änderungen treten in Kraft, wenn sie von der Generalversammlung der Vereinten Nationen gebilligt und von einer Zweidrittelmehrheit der Vertragsstaaten nach Maßgabe der in ihrer Verfassung vorgesehenen Verfahren angenommen worden sind.

(3) Treten die Änderungen in Kraft, so sind sie für die Vertragsstaaten, die sie angenommen haben, verbindlich, während für die anderen Vertragsstaaten weiterhin die Bestimmungen dieses Paktes und alle früher von ihnen angenommenen Änderungen gelten.

Art. 52 [Notifikationen] Unabhängig von den Notifikationen nach Artikel 48 Absatz 5 unterrichtet der Generalsekretär der Vereinten Nationen alle in Absatz 1 jenes Artikels bezeichneten Staaten
a) von den Unterzeichnungen, Ratifikationen und Beitritten nach Artikel 48;
b) vom Zeitpunkt des Inkrafttretens dieses Paktes nach Artikel 49 und vom Zeitpunkt des Inkrafttretens von Änderungen nach Artikel 51.

Art. 53 [Verbindlicher Wortlaut; Hinterlegung] (1) Dieser Pakt, dessen chinesischer, englischer, französischer, russischer und spanischer Wortlaut gleichermaßen verbindlich ist, wird im Archiv der Vereinten Nationen hinterlegt.

(2) Der Generalsekretär der Vereinten Nationen übermittelt allen in Artikel 48 bezeichneten Staaten beglaubigte Abschriften dieses Paktes.

10. Fakultativprotokoll zu dem Internationalen Pakt über bürgerliche und politische Rechte[1] · [2]

Vom 19. Dezember 1966
(BGBl. 1992 II S. 1247)

(Übersetzung)

Die Vertragsstaaten dieses Protokolls,
in der Erwägung, daß es zur weiteren Verwirklichung der Ziele des Paktes über bürgerliche und politische Rechte (im folgenden als „Pakt" bezeichnet) und zur Durchführung seiner Bestimmungen angebracht wäre, den nach Teil IV des Paktes errichteten Ausschuß für Menschenrechte (im folgenden als „Ausschuß" bezeichnet) zu ermächtigen, nach Maßgabe dieses Protokolls Mitteilungen von Einzelpersonen, die behaupten, Opfer einer Verletzung eines in dem Pakt niedergelegten Rechts zu sein, entgegenzunehmen und zu prüfen,
haben folgendes vereinbart:

Art. 1 [Individualbeschwerde] Jeder Vertragsstaat des Paktes, der Vertragspartei dieses Protokolls wird, erkennt die Zuständigkeit des Ausschusses für die Entgegennahme und Prüfung von Mitteilungen seiner Herrschaftsgewalt unterstehender Einzelpersonen an, die behaupten, Opfer einer Verletzung eines in dem Pakt niedergelegten Rechts durch diesen Vertragsstaat zu sein. Der Ausschuß nimmt keine Mitteilung entgegen, die einen Vertragsstaat des Paktes betrifft, der nicht Vertragspartei dieses Protokolls ist.

Art. 2 [Aktivlegitimation; Subsidiarität] Vorbehaltlich des Artikels 1 können Einzelpersonen, die behaupten, in einem ihrer im Pakt niedergelegten Rechte verletzt zu sein, und die alle zur Verfügung stehenden innerstaatlichen Rechtsbehelfe erschöpft haben, dem Ausschuß eine schriftliche Mitteilung zur Prüfung einreichen.[3]

Art. 3 [Zulässigkeit] Der Ausschuß erklärt jede nach diesem Protokoll eingereichte Mitteilung für unzulässig, die anonym ist oder die er für einen Mißbrauch des Rechts auf Einreichung solcher Mitteilungen oder für unvereinbar mit den Bestimmungen des Paktes hält.

Art. 4 [Mitteilung an betroffenen Staat] (1) Vorbehaltlich des Artikels 3 bringt der Ausschuß jede ihm nach diesem Protokoll eingereichte Mitteilung dem Vertragsstaat dieses Protokolls zur Kenntnis, dem vorgeworfen wird, eine Bestimmung des Paktes verletzt zu haben.

---

[1] Internationale Quelle: UNTS Bd. 999, S. 302.
[2] Zur Auslegung des Fakultativprotokolls siehe Allgemeine Bemerkung Nr. 33 des Menschenrechtsausschusses vom 25.6.2009 (CCPR/C/GC/33).
[3] Die Mitteilungen sind zu richten an, brieflich: Petitions and Inquiries Section, Office of the High Commissioner for Human Rights, United Nations Office at Geneva,CH-1211 Genève 10; Email: petitions@ohchr.org.

(2) Der betroffene Staat hat dem Ausschuß innerhalb von sechs Monaten schriftliche Erläuterungen oder Stellungnahmen zur Klärung der Sache zu übermitteln und die gegebenenfalls von ihm getroffenen Abhilfemaßnahmen mitzuteilen.

Art. 5 [Prüfungsverfahren] (1) Der Ausschuß prüft die ihm nach diesem Protokoll zugegangenen Mitteilungen unter Berücksichtigung aller ihm von der Einzelperson und dem betroffenen Vertragsstaat unterbreiteten schriftlichen Angaben.

(2) Der Ausschuß prüft die Mitteilung einer Einzelperson nur, wenn er sich vergewissert hat,
a) daß dieselbe Sache nicht bereits in einem anderen internationalen Untersuchungs- oder Streitregelungsverfahren geprüft wird;
b) daß die Einzelperson alle zur Verfügung stehenden innerstaatlichen Rechtsbehelfe erschöpft hat. Dies gilt jedoch nicht, wenn das Verfahren bei der Anwendung der Rechtsbehelfe unangemessen lange gedauert hat.

(3) Der Ausschuß berät über Mitteilungen auf Grund dieses Protokolls in nichtöffentlicher Sitzung.

(4) Der Ausschuß teilt seine Auffassungen dem betroffenen Vertragsstaat und der Einzelperson mit.

Art. 6 [Jahresbericht] Der Ausschuß nimmt in seinen Jahresbericht nach Artikel 45 des Paktes eine Übersicht über seine Tätigkeit auf Grund dieses Protokolls auf.

Art. 7 [Verhältnis zu Res. GA 1514 XV] Bis zur Verwirklichung der Ziele der Entschließung 1514 (XV) der Generalversammlung der Vereinten Nationen vom 14. Dezember 1960 betreffend die Erklärung über die Gewährung der Unabhängigkeit an Kolonialgebiete und Kolonialvölker wird das diesen Völkern durch die Charta der Vereinten Nationen und andere internationale Übereinkommen und Vereinbarungen im Rahmen der Vereinten Nationen und ihrer Sonderorganisationen gewährte Petitionsrecht durch dieses Protokoll in keiner Weise eingeschränkt.

*Vom Abdruck der Art. 8 bis 14 wird abgesehen. Sie regeln entsprechend den Art. 48 bis 53 des Internationalen Pakts über bürgerliche und politische Rechte (**Nr. 9**) die Unterzeichnung und Ratifikation des bzw. den Beitritt zum Protokoll (Art. 8), dessen Inkrafttreten (Art. 9), das Änderungsverfahren (Art. 11), Notifikationen des Depositars (Art. 13) sowie die Hinterlegung der Urschrift des Protokolls in chinesischer, englischer, französischer, russischer und spanischer Sprache (Art 14); Art. 10 enthält die Bundesstaatsklausel. Anders als der Pakt ist dieses Protokoll kündbar (Art. 12).*

11. Zweites Fakultativprotokoll zu dem Internationalen Pakt über bürgerliche und politische Rechte zur Abschaffung der Todesstrafe[1)]

Vom 15. Dezember 1989

(BGBl. 1992 II S. 391)

(Übersetzung)

Die Vertragsstaaten dieses Protokolls –

im Vertrauen darauf, daß die Abschaffung der Todesstrafe zur Förderung der Menschenwürde und zur fortschreitenden Entwicklung der Menschenrechte beiträgt,

unter Hinweis auf Artikel 3 der am 10. Dezember 1948 angenommenen Allgemeinen Erklärung der Menschenrechte und auf Artikel 6 des am 16. Dezember 1966 angenommenen Internationalen Paktes über bürgerliche und politische Rechte,

in Anbetracht dessen, daß Artikel 6 des Internationalen Paktes über bürgerliche und politische Rechte auf die Abschaffung der Todesstrafe in einer Weise Bezug nimmt, die eindeutig zu verstehen gibt, daß die Abschaffung wünschenswert ist,

überzeugt, daß alle Maßnahmen zur Abschaffung der Todesstrafe im Hinblick auf die Wahrung des Rechtes auf Leben einen Fortschritt bedeuten,

in dem Wunsch, hiermit eine internationale Verpflichtung zur Abschaffung der Todesstrafe einzugehen –

haben folgendes vereinbart:

Art. 1 [Hinrichtungsverbot, Abschaffung der Todesstrafe] (1) Niemand, der der Hoheitsgewalt eines Vertragsstaats dieses Fakultativprotokolls untersteht, darf hingerichtet werden.

(2) Jeder Vertragsstaat ergreift alle erforderlichen Maßnahmen, um die Todesstrafe in seinem Hoheitsbereich abzuschaffen.

Art. 2 [Vorbehalte] (1) Vorbehalte zu diesem Protokoll sind nicht zulässig, ausgenommen ein im Zeitpunkt der Ratifikation oder des Beitritts angebrachter Vorbehalt, der die Anwendung der Todesstrafe in Kriegszeiten aufgrund einer Verurteilung wegen eines in Kriegszeiten begangenen besonders schweren Verbrechens militärischer Art vorsieht.

(2) Ein Vertragsstaat, der einen solchen Vorbehalt anbringt, wird dem Generalsekretär der Vereinten Nationen im Zeitpunkt der Ratifikation oder des Beitritts die in Kriegszeiten anzuwendenden einschlägigen Bestimmungen seiner innerstaatlichen Rechtsvorschriften mitteilen.

(3) Ein Vertragsstaat, der einen solchen Vorbehalt angebracht hat, wird dem Generalsekretär der Vereinten Nationen Beginn und Ende eines für sein Hoheitsgebiet geltenden Kriegszustands notifizieren.

[1)] Internationale Quelle: UNTS Bd. 1642, S. 414.

Art. 3 [Berichte] Die Vertragsstaaten dieses Protokolls nehmen in die Berichte, die sie nach Artikel 40 des Paktes dem Ausschuß für Menschenrechte vorlegen, Angaben über die von ihnen zur Verwirklichung dieses Protokolls getroffenen Maßnahmen auf.

Art. 4 [Staatenbeschwerde] Für die Vertragsstaaten des Paktes, die eine Erklärung nach Artikel 41 abgegeben haben, erstreckt sich die Zuständigkeit des Ausschusses für Menschenrechte zur Entgegennahme und Prüfung von Mitteilungen, in denen ein Vertragsstaat geltend macht, ein anderer Vertragsstaat komme seinen Verpflichtungen nicht nach, auf dieses Protokoll, sofern nicht der betreffende Vertragsstaat im Zeitpunkt der Ratifikation oder des Beitritts eine gegenteilige Erklärung abgegeben hat.

Art. 5 [Individualbeschwerde] Für die Vertragsstaaten des am 19. Dezember 1966 angenommenen (Ersten) Fakultativprotokolls zu dem Internationalen Pakt über bürgerliche und politische Rechte erstreckt sich die Zuständigkeit des Ausschusses für Menschenrechte zur Entgegennahme und Prüfung von Mitteilungen ihrer Hoheitsgewalt unterstehender Personen auf dieses Protokoll, sofern nicht der betreffende Vertragsstaat im Zeitpunkt der Ratifikation oder des Beitritts eine gegenteilige Erklärung abgegeben hat.

Art. 6 [Verhältnis zum Pakt] (1) Die Bestimmungen dieses Protokolls werden als Zusatzbestimmungen zu dem Pakt angewendet.

(2) Unbeschadet der Möglichkeit eines Vorbehalts nach Artikel 2 dieses Protokolls darf das in Artikel 1 Absatz 1 des Protokolls gewährleistete Recht nicht nach Artikel 4 des Paktes außer Kraft gesetzt werden.

*Vom Abdruck der Art. 7 bis 11 wird abgesehen. Sie regeln entsprechend den Art. 48 bis 53 des Internationalen Paktes über bürgerliche und politische Rechte (**Nr. 9**) die Unterzeichnung und Ratifikation des bzw. den Beitritt zum Protokoll (Art. 7), das Inkrafttreten (Art. 8), die Notifikationen durch den Depositar (Art. 10) und die Hinterlegung der Urschrift des Protokolls in arabischer, chinesischer, englischer, französischer, russischer und spanischer Sprache (Art. 11); Art. 10 enthält die Bundesstaatsklausel.*

12. Verfahrensordnung des Menschenrechtsausschusses[1] · [2]

Fassung vom November 2011

(Übersetzung)

Teil I. Allgemeine Vorschriften

I. Tagungen

Art. 1 [Zusammensetzung des Ausschusses] Der Menschenrechtsausschuss (im Folgenden „Ausschuss") tritt zusammen, soweit dies für die zufrieden stellende Erfüllung der ihm nach dem Internationalen Pakt über bürgerliche und politische Rechte (im Folgenden „Pakt") obliegenden Aufgaben erforderlich ist.

Art. 2 [Ordentliche Tagungen] (1) Der Ausschuss hält in der Regel alljährlich drei ordentliche Tagungen ab.

(2) Der Zeitpunkt für die ordentlichen Tagungen wird vom Ausschuss im Benehmen mit dem Generalsekretär der Vereinten Nationen (im Folgenden „Generalsekretär") unter Berücksichtigung des von der Generalversammlung gebilligten Konferenzkalenders festgesetzt.

Art. 3 [Sondertagungen] (1) Sondertagungen werden auf Beschluss des Ausschusses einberufen. Außerhalb der Tagungen des Ausschusses kann der Vorsitzende Sondertagungen im Benehmen mit den anderen Vorstandsmitgliedern des Ausschusses einberufen. Der Ausschussvorsitzende beruft außerdem Sondertagungen ein
a) auf Antrag einer Mehrheit der Ausschussmitglieder;
b) auf Antrag eines Vertragsstaates des Paktes.

(2) Sondertagungen werden zum nächstmöglichen Termin einberufen, den der Vorsitzende im Benehmen mit dem Generalsekretär und den anderen Vorstandsmitgliedern des Ausschusses unter Berücksichtigung des von der Generalversammlung gebilligten Konferenzkalenders festsetzt.

Art. 4 [Bekanntgabe des Tagungsbeginns] Der Generalsekretär gibt den Ausschussmitgliedern den Termin und den Ort der ersten Sitzung jeder Tagung bekannt. Bei ordentlichen Tagungen erfolgt die Bekanntgabe mindestens sechs Wochen, bei Sondertagungen mindestens 18 Tage im Voraus.

---

[1] Internationale Quelle: UN Doc. CCPR/C/3/Rev. 10.
[2] Deutsche Übersetzung der Verfahrensordnung in der Fassung vom September 2005 durch den Deutschen Übersetzungsdienst der Vereinten Nationen, New York.; die zwischenzeitlich geänderten Art. 68, 70 und 96 in eigener Übersetzung durch die Herausgeber.

Art. 5 [Tagungsort] Die Tagungen des Ausschusses finden in der Regel am Sitz der Vereinten Nationen oder im Büro der Vereinten Nationen in Genf statt. Der Ausschuss kann im Benehmen mit dem Generalsekretär einen anderen Tagungsort bestimmen.

II. Tagesordnung

Art. 6 [Vorläufige Tagesordnung der ordentlichen Tagungen] Die vorläufige Tagesordnung jeder ordentlichen Tagung wird vom Generalsekretär im Benehmen mit dem Ausschussvorsitzenden gemäß den einschlägigen Bestimmungen des Paktes und des Fakultativprotokolls zum Internationalen Pakt über bürgerliche und politische Rechte (im Folgenden „Protokoll") aufgestellt und enthält
a) jeden Gegenstand, dessen Aufnahme in die Tagesordnung der Ausschuss auf einer früheren Tagung beschlossen hat;
b) jeden vom Vorsitzenden des Ausschusses vorgeschlagenen Gegenstand;
c) jeden von einem Vertragsstaat des Paktes vorgeschlagenen Gegenstand;
d) jeden von einem Mitglied des Ausschusses vorgeschlagenen Gegenstand;
e) jeden vom Generalsekretär vorgeschlagenen Gegenstand, der sich auf die ihm nach dem Pakt, dem Protokoll oder dieser Verfahrensordnung übertragenen Aufgaben bezieht.

Art. 7 [Vorläufige Tagesordnung der Sondertagungen] Die vorläufige Tagesordnung einer Sondertagung des Ausschusses enthält nur die zur Behandlung auf der Sondertagung vorgeschlagenen Gegenstände.

Art. 8 [Annahme der Tagesordnung] Der erste Gegenstand auf der vorläufigen Tagesordnung jeder Tagung ist die Annahme der Tagesordnung, sofern nicht nach Artikel 17 die Mitglieder des Vorstands zu wählen sind.

Art. 9 [Änderung der Tagesordnung] Während einer Tagung kann der Ausschuss die Tagesordnung ändern und, soweit erforderlich, Gegenstände zurückstellen oder absetzen; nur dringliche und wichtige Gegenstände können zusätzlich in die Tagesordnung aufgenommen werden.

Art. 10 [Übermittlung der vorläufigen Tagesordnung und der wesentlichen Unterlagen] Der Generalsekretär übermittelt den Mitgliedern des Ausschusses die vorläufige Tagesordnung und die wesentlichen Unterlagen zu jedem Gegenstand auf der Tagesordnung und sorgt dafür, dass die Unterlagen den Mitgliedern spätestens sechs Wochen vor Beginn der Tagung übermittelt werden.

III. Mitglieder des Ausschusses

Art. 11 [Mitglieder] Der Ausschuss setzt sich aus den gemäß Artikel 28 bis 34 des Paktes gewählten 18 Personen zusammen.

Art. 12 [Beginn der Amtszeit] Die Amtszeit der bei der ersten Wahl gewählten Mitglieder des Ausschusses beginnt am 1. Januar 1977. Die Amtszeit der bei nachfolgenden Wahlen gewählten Ausschussmitglieder beginnt am Tag nach dem Ablauf der Amtszeit der Ausschussmitglieder, die sie ersetzen.

Art. 13 [Ausscheiden aus dem Ausschuss] (1) Nimmt ein Ausschussmitglied nach einstimmiger Feststellung der anderen Mitglieder seine Aufgaben aus einem anderen Grund als wegen vorübergehender Abwesenheit nicht mehr wahr, so teilt der Vorsitzende des Ausschusses dies dem Generalsekretär mit, der daraufhin den Sitz dieses Mitglieds für frei geworden erklärt.

(2) Der Vorsitzende teilt den Tod oder Rücktritt eines Ausschussmitglieds unverzüglich dem Generalsekretär mit, der den Sitz vom Tag des Todes oder vom Wirksamwerden des Rücktritts an für frei geworden erklärt. Der Rücktritt eines Ausschussmitglieds ist von diesem dem Vorsitzenden oder dem Generalsekretär unmittelbar schriftlich mitzuteilen; erst nach Eingang dieser Mitteilung werden Maßnahmen ergriffen, um den Sitz für frei geworden zu erklären.

Art. 14 [Wiederbesetzung frei gewordener Sitze] Wird ein Sitz nach Artikel 13 für frei geworden erklärt, so wird nach Artikel 34 des Paktes verfahren.

Art. 15 [Amtszeit nachrückender Mitglieder] Die Amtszeit eines Ausschussmitglieds, das auf einen nach Artikel 33 des Paktes für frei geworden erklärten Sitz gewählt worden ist, dauert bis zum Ende der Amtszeit des Mitglieds, dessen Sitz im Ausschuss nach Maßgabe des genannten Artikels frei geworden ist.

Art. 16 [Feierliche Erklärung] Vor Aufnahme seiner Amtstätigkeit hat jedes Ausschussmitglied in öffentlicher Sitzung des Ausschusses das folgende Gelöbnis abzulegen:

„Ich gelobe, dass ich meine Pflichten als Mitglied des Menschenrechtsausschusses unparteiisch und gewissenhaft ausüben werde."

IV. Vorstand

Art. 17 [Wahlen] Der Ausschuss wählt unter seinen Mitgliedern einen Vorsitzenden, drei Stellvertretende Vorsitzende und einen Berichterstatter.

Art. 18 [Amtszeit] Der Vorstand wird vom Ausschuss für zwei Jahre gewählt. Eine Wiederwahl der Mitglieder des Vorstands ist zulässig. Das Amt ist jedoch an die Mitgliedschaft im Ausschuss gebunden.

Art. 19 [Stellung des Vorsitzenden gegenüber dem Ausschuss] Der Vorsitzende übt die ihm durch den Pakt, diese Verfahrensordnung und die Entscheidungen des Ausschusses übertragenen Aufgaben aus. Bei der Wahrnehmung dieser Aufgaben untersteht der Vorsitzende dem Ausschuss.

Art. 20 [Amtierender Vorsitzender] Kann während einer Tagung der Vorsitzende an einer Sitzung oder einem Teil derselben nicht teilnehmen, so bestimmt er einen der Stellvertretenden Vorsitzenden zu seinem Vertreter.

Art. 21 [Rechte und Pflichten des Amtierenden Vorsitzenden] Ein als Vorsitzender amtierender Stellvertretender Vorsitzender hat dieselben Rechte und Pflichten wie der Vorsitzende.

Art. 22 [Ersetzung eines Vorstandsmitglieds] Scheidet ein Vorstandsmitglied aus dem Ausschuss aus oder erklärt es sich außerstande, dem Ausschuss weiterhin anzugehören, oder ist es aus irgendeinem Grund nicht mehr in der Lage, sein Amt als Vorstandsmitglied auszuüben, wird für die verbleibende Amtszeit ein neues Vorstandsmitglied gewählt.

V. Sekretariat

Art. 23 [Aufgaben des Generalsekretärs] (1) Das Sekretariat für den Ausschuss und die von diesem eingesetzten Nebenorgane (im Folgenden „Sekretariat") wird vom Generalsekretär gestellt.

(2) Der Generalsekretär stellt dem Ausschuss das Personal und die Einrichtungen zur Verfügung, die dieser zur wirksamen Durchführung der ihm nach dem Pakt obliegenden Aufgaben benötigt.

Art. 24 [Erklärungen] Der Generalsekretär oder sein Stellvertreter nimmt an allen Ausschusssitzungen teil. Der Generalsekretär oder sein Stellvertreter kann vorbehaltlich des Artikels 38 auf den Sitzungen des Ausschusses oder seiner Nebenorgane mündliche oder schriftliche Erklärungen abgeben.

Art. 25 [Tagungsdienst] Der Generalsekretär ist für alle Vorkehrungen verantwortlich, die für die Sitzungen des Ausschusses und seiner Nebenorgane erforderlich sind.

Art. 26 [Informationen der Mitglieder] Der Generalsekretär ist dafür verantwortlich, dass die Ausschussmitglieder unverzüglich über alle Fragen unterrichtet werden, die dem Ausschuss zur Behandlung vorgelegt werden könnten.

Art. 27 [Ausgabewirksame Vorlagen] Bevor ein Vorschlag, der Ausgaben zur Folge hat, vom Ausschuss oder von einem seiner Nebenorgane genehmigt wird, veranschlagt der Generalsekretär die Kosten, die sich aus der Durchführung des Vorschlags ergeben werden, und unterbreitet den Mitgliedern des Ausschusses oder des Nebenorgans diesen Voranschlag so bald wie möglich. Bei der Prüfung des Vorschlags durch den Ausschuss oder das Nebenorgan hat der Vorsitzende die Mitglieder auf diesen Kostenvoranschlag hinzuweisen und zur Beratung darüber aufzufordern.

VI. Sprachen

Art. 28 [Amts- und Arbeitssprachen] Die Amtssprachen des Ausschusses sind Arabisch, Chinesisch, Englisch, Französisch, Russisch und Spanisch; die Arbeitssprachen sind Arabisch, Englisch, Französisch, Russisch und Spanisch.

Art. 29 [Dolmetschung aus einer Arbeitssprache bzw. einer Amtssprache] Das Sekretariat der Vereinten Nationen sorgt für die Dolmetschung. Reden, die in einer der Arbeitssprachen gehalten werden, sind in die anderen Arbeitssprachen zu dolmetschen. Reden, die in einer Amtssprache gehalten werden, sind in die Arbeitssprachen zu dolmetschen.

Art. 30 [Dolmetschung aus anderen Sprachen] Ein Redner, der eine Rede in einer Sprache hält, die nicht Amtssprache ist, hat in der Regel für die Dolmetschung in eine der Arbeitssprachen zu sorgen. Die Dolmetschung in die anderen Arbeitssprachen durch die Dolmetscher des Sekretariats kann von der Dolmetschung in die erste Arbeitssprache ausgehen.

Art. 31 [Protokollsprachen] Kurzprotokolle der Ausschusssitzungen werden in den Arbeitssprachen erstellt.

Art. 32 [Sprachen für förmliche Entscheidungen und offizielle Dokumente] Alle förmlichen Entscheidungen des Ausschusses werden in den Amtssprachen bereitgestellt. Alle anderen offiziellen Dokumente des Ausschusses werden in den Arbeitssprachen herausgegeben; sofern der Ausschuss dies beschließt, kann jedes offizielle Dokument in allen Amtssprachen herausgegeben werden.

VII. Öffentliche und nichtöffentliche Sitzungen

Art. 33 [Öffentliche und nichtöffentliche Sitzungen] Die Sitzungen des Ausschusses und seiner Nebenorgane sind öffentlich, sofern der Ausschuss nichts anderes beschließt oder sich nicht aus den einschlägigen Bestimmungen des Paktes oder des Protokolls ergibt, dass die Sitzung unter Ausschluss der Öffentlichkeit stattzufinden hat. Abschließende Bemerkungen nach Artikel 40 des Paktes werden in nichtöffentlichen Sitzungen verabschiedet.

Art. 34 [Kommuniqués über nichtöffentliche Sitzungen] Am Schluss jeder nichtöffentlichen Sitzung kann der Ausschuss oder sein Nebenorgan durch den Generalsekretär ein Kommuniqué veröffentlichen lassen.

VIII. Sitzungsprotokolle

Art. 35 [Berichtigung der vorläufigen Kurzprotokolle] Das Sekretariat erstellt Kurzprotokolle der öffentlichen und nichtöffentlichen Sitzungen des Ausschusses und seiner Nebenorgane. Sie werden in vorläufiger Form so bald wie möglich an die Ausschussmitglieder sowie an alle anderen Teilnehmer der Sitzung verteilt. Alle Teilnehmer können binnen drei Arbeitstagen nach Empfang des vorläufigen Sitzungsprotokolls dem Sekretariat Berichtigungen vorlegen. Bei Meinungsverschiedenheiten über solche Berichtigungen entscheidet der Vorsitzende des Ausschusses oder des Nebenorgans, auf das sich das Protokoll bezieht; bestehen weiter Meinungsverschiedenheiten, so entscheidet der Ausschuss oder das Nebenorgan.

Art. 36 [Verteilung des Kurzprotokolls] (1) Die Kurzprotokolle der öffentlichen Sitzungen des Ausschusses sind in ihrer endgültigen Fassung allgemein zugänglich, sofern der Ausschuss wegen außergewöhnlicher Umstände nichts anderes beschließt.

(2) Die Kurzprotokolle der nichtöffentlichen Sitzungen werden an die Ausschussmitglieder und die anderen Sitzungsteilnehmer verteilt. Sie können auf Beschluss des Ausschusses anderen Personen zu dem Zeitpunkt und unter den Bedingungen zur Verfügung gestellt werden, die der Ausschuss festlegt.

IX. Führung des Verfahrens

Art. 37 [Beschlussfähigkeit] Der Ausschuss ist beschlussfähig, wenn zwölf Ausschussmitglieder anwesend sind.

Art. 38 [Aufgabe des Vorsitzenden] Der Vorsitzende eröffnet und schließt alle Ausschusssitzungen, leitet die Beratungen, sorgt für die Beachtung dieser Verfahrensordnung, erteilt das Wort, stellt die Fragen zur Abstimmung und verkündet die Entscheidungen. Der Vorsitzende leitet im Rahmen dieser Verfahrensordnung die Verhandlungen des Ausschusses und wahrt die Ordnung während der Sitzungen. Während der Beratung eines Gegenstands kann er dem Ausschuss vorschlagen, die Redezeit und die Anzahl der Reden der einzelnen Redner zu beschränken sowie die Rednerliste zu schließen. Er entscheidet bei Anträgen zur Geschäftsordnung und kann die Vertagung oder den Schluss der Aussprache beziehungsweise die Vertagung oder Unterbrechung einer Sitzung vorschlagen. Die Aussprache beschränkt sich auf die dem Ausschuss vorgelegte Frage, und der Vorsitzende kann Redner, die vom Verhandlungsgegenstand abschweifen, zur Sache verweisen.

Art. 39 [Anträge zur Geschäftsordnung] Während der Beratung einer Sache kann ein Mitglied jederzeit einen Antrag zur Geschäftsordnung stellen; der Vorsitzende entscheidet über den Antrag sofort nach Maßgabe dieser Verfahrensordnung. Jeder Einspruch gegen die Entscheidung des Vorsitzenden wird sofort zur Abstimmung gestellt; falls nicht die Mehrheit der anwesenden Mitglieder die Entscheidung des Vorsitzenden aufhebt, bleibt sie bestehen. Ein Mitglied, das das Wort zur Geschäftsordnung ergreift, darf über den zur Beratung stehenden Gegenstand nicht zur Sache sprechen.

Art. 40 [Vertagung der Aussprache] Während der Beratung einer Sache kann ein Mitglied die Vertagung der Aussprache über den zur Beratung stehenden Gegenstand beantragen. Außer dem Antragsteller kann ein Mitglied für und ein Mitglied gegen den Antrag sprechen; danach wird er sofort zur Abstimmung gestellt.

Art. 41 [Beschränkung der Redezeit] Der Ausschuss kann die Redezeit eines jeden Redners zu einer Frage beschränken. Überschreitet bei beschränkter Rededauer ein Redner seine Redezeit, so ruft ihn der Vorsitzende unverzüglich zur Ordnung.

Art. 42 [Schluss der Aussprache] Ist die Aussprache über einen Gegenstand abgeschlossen, da die Rednerliste erschöpft ist, so erklärt der Vorsitzende die Aussprache für geschlossen. Dies hat dieselbe Wirkung, als würde die Aussprache mit Zustimmung des Ausschusses geschlossen.

Art. 43 [Antrag auf Beendigung der Aussprache] Ein Mitglied kann jederzeit den Schluss der Aussprache über den zur Beratung stehenden Gegenstand beantragen, auch wenn ein anderes Mitglied oder ein anderer Vertreter sich bereits zu Wort gemeldet hat. Zu dem Antrag auf Schluss der Aussprache wird nur zwei dem Antrag widersprechenden Rednern das Wort erteilt; danach wird der Antrag sofort zur Abstimmung gestellt.

Art. 44 [Unterbrechung und Vertagung der Sitzung] Während der Beratung einer Sache kann ein Mitglied die Unterbrechung oder die Vertagung der Sitzung beantragen. Eine Beratung solcher Anträge ist nicht zulässig; sie werden sofort zur Abstimmung gestellt.

Art. 45 [Reihenfolge der Anträge] Vorbehaltlich des Artikels 39 dieser Verfahrensordnung haben die folgenden Anträge, in der nachstehenden Reihenfolge, Vorrang vor allen anderen bereits eingebrachten Vorschlägen oder Anträgen:
a) Anträge auf Unterbrechung der Sitzung;
b) Anträge auf Vertagung der Sitzung;
c) Anträge auf Vertagung der Aussprache über den zur Beratung stehenden Gegenstand;
d) Anträge auf Schluss der Aussprache über den zur Beratung stehenden Gegenstand.

Art. 46 [Stellung der Anträge] Sofern der Ausschuss nichts anderes beschließt, sind Vorschläge sowie wesentliche Änderungsanträge oder Sachanträge der Mitglieder schriftlich beim Sekretariat einzureichen und werden, sofern ein Mitglied dies verlangt, erst auf der nächsten Sitzung am darauf folgenden Tag beraten.

Art. 47 [Entscheidung über die Zuständigkeit] Vorbehaltlich des Artikels 45 dieser Verfahrensordnung wird ein Antrag eines Mitglieds auf eine Entscheidung über die Zuständigkeit des Ausschusses für die Annahme eines ihm unterbreiteten Vorschlags sofort zur Abstimmung gestellt, bevor über den Vorschlag selbst abgestimmt wird.

Art. 48 [Rücknahme von Anträgen] Ein Antragsteller kann seinen Antrag jederzeit zurückziehen, bevor die Abstimmung darüber begonnen hat, sofern der Antrag nicht geändert worden ist. Ein anderes Mitglied kann den zurückgezogenen Antrag erneut einbringen.

Art. 49 [Nochmalige Beratung von Vorschlägen] Ist ein Vorschlag angenommen oder abgelehnt worden, so kann er während derselben Tagung nicht erneut behandelt werden, es sei denn, dass der Ausschuss dies beschließt. Zu einem Antrag auf erneute Behandlung wird nur zwei für und zwei gegen den Antrag sprechenden Rednern das Wort erteilt; danach wird er sofort zur Abstimmung gestellt.

X. Abstimmung

Art. 50 [Stimmrecht] Jedes Ausschussmitglied hat eine Stimme.

Art. 51 [Annahme von Beschlüssen][1] Sofern der Pakt oder diese Verfahrensordnung nichts anderes bestimmt, bedürfen Entscheidungen des Ausschusses der Mehrheit der anwesenden Mitglieder.

---

[1] Der Ausschuss beschloss auf seiner ersten Tagung, dass in einer Fußnote zu Artikel 51 der vorläufigen Verfahrensordnung auf Folgendes hingewiesen werden sollte:

Art. 52 [Abstimmungsverfahren] Vorbehaltlich des Artikels 58 dieser Verfahrensordnung stimmt der Ausschuss in der Regel durch Handzeichen ab; jedes Mitglied kann jedoch eine namentliche Abstimmung verlangen. Diese findet in der alphabetischen Reihenfolge der Namen der Ausschussmitglieder statt, beginnend mit dem Namen, den der Vorsitzende durch das Los ermittelt.

Art. 53 [Namentliche Abstimmung] Die Stimmabgabe jedes Mitglieds, das an einer namentlichen Abstimmung teilnimmt, wird im Sitzungsprotokoll festgehalten.

Art. 54 [Verlauf der Abstimmung und Erklärung zur Stimmabgabe] Nachdem die Abstimmung begonnen wurde, darf sie nicht unterbrochen werden, es sei denn durch einen Antrag zur Geschäftsordnung im Zusammenhang mit dem Abstimmungsvorgang. Der Vorsitzende kann den Mitgliedern gestatten, vor Beginn oder nach Schluss der Abstimmung kurze Erklärungen abzugeben, die ausschließlich der Erläuterung ihrer Stimmabgabe dienen.

Art. 55 [Teilung von Vorschlägen] Über Teile eines Vorschlags wird getrennt abgestimmt, wenn ein Mitglied verlangt, dass der Vorschlag geteilt wird. Diejenigen Teile des Vorschlags, die gebilligt worden sind, werden danach als Ganzes zur Abstimmung gestellt; sind alle zum Beschlussteil gehörenden Teile eines Vorschlags abgelehnt worden, so gilt der gesamte Vorschlag als abgelehnt.

Art. 56 [Abstimmungsreihenfolge bei Änderungsanträgen] (1) Wird die Änderung eines Vorschlags beantragt, so wird zuerst über den Änderungsantrag abgestimmt. Werden zwei oder mehr Änderungsanträge zu einem Vorschlag eingebracht, so stimmt der Ausschuss zuerst über den Änderungsantrag ab, der inhaltlich am weitesten von dem ursprünglichen Vorschlag abweicht, darauf über den sodann am weitesten abweichenden Änderungsantrag, und so fort, bis alle Änderungsanträge zur Abstimmung gestellt worden sind. Werden ein oder mehrere Änderungsanträge angenommen, so wird anschließend über den geänderten Vorschlag abgestimmt.

(2) Ein Antrag gilt als Änderungsantrag zu einem Vorschlag, wenn er lediglich die Ergänzung, Streichung oder Änderung eines Teiles davon vorsieht.

Art. 57 [Abstimmungsreihenfolge bei Anträgen] (1) Beziehen sich zwei oder mehr Vorschläge auf dieselbe Frage, so stimmt der Ausschuss, sofern er nichts anderes beschließt, in der Reihenfolge über die Vorschläge ab, in der sie eingebracht wurden.

(2) Der Ausschuss kann nach jeder Abstimmung über einen Vorschlag beschließen, ob er über den nächsten Vorschlag abstimmen will.

---

1. Die Ausschussmitglieder äußerten allgemein die Auffassung, dass die Arbeitsmethode es in der Regel gestatten sollte, dass versucht wird, Entscheidungen im Konsens herbeizuführen, bevor eine Abstimmung abgehalten wird, vorausgesetzt, dass der Pakt und die Verfahrensordnung eingehalten werden und dass ein solcher Versuch nicht zu einer unangemessenen Verzögerung der Ausschussarbeit führt.
2. Eingedenk des Absatzes 1 kann der Vorsitzende auf jeder Sitzung den Vorschlag zur Abstimmung stellen beziehungsweise hat er dies zu tun, wenn ein Mitglied dies verlangt.

(3) Anträge, über solche Vorschläge nicht zur Sache zu entscheiden, gelten jedoch als Vorfragen und werden vor diesen Vorschlägen zur Abstimmung gestellt.

Art. 58 [Wahlverfahren] Wahlen sind geheim, sofern der Ausschuss nichts anderes beschließt, wenn nur ein Bewerber zur Wahl steht.

Art. 59 [Verfahren bei Besetzung eines einzigen Wahlamtes] (1) Ist nur eine Person oder nur ein Mitglied zu wählen und erhält kein Bewerber im ersten Wahlgang die erforderliche Mehrheit, so findet ein zweiter Wahlgang statt, bei dem nur die beiden Bewerber in die engere Wahl kommen, welche die höchsten Stimmenzahlen erhalten haben.

(2) Ist der zweite Wahlgang ergebnislos und ist eine Mehrheit der Stimmen der anwesenden Mitglieder erforderlich, so findet ein dritter Wahlgang statt, bei dem Stimmen für jeden Bewerber abgegeben werden dürfen, soweit dieser wählbar ist. Bleibt der dritte Wahlgang ergebnislos, so findet ein weiterer Wahlgang statt, bei dem nur die beiden Bewerber in die engere Wahl kommen, die im dritten Wahlgang die höchsten Stimmenzahlen erhalten haben, und so fort, mit abwechselnd unbeschränkten und beschränkten Wahlgängen, bis eine Person oder ein Mitglied gewählt ist.

(3) Ist der zweite Wahlgang ergebnislos und ist eine Zweidrittelmehrheit erforderlich, so finden weitere Wahlgänge statt, bis ein Bewerber die erforderliche Zweidrittelmehrheit erhält. Bei den nächsten drei Wahlgängen dürfen Stimmen für jeden Bewerber abgegeben werden, soweit dieser wählbar ist. Bleiben drei dieser unbeschränkten Wahlgänge ergebnislos, so kommen bei den nächsten drei Wahlgängen nur die beiden Bewerber in die engere Wahl, die in dem dritten unbeschränkten Wahlgang die höchsten Stimmenzahlen erhalten haben; die drei darauf folgenden Wahlgänge sind unbeschränkt, und so fort, bis eine Person oder ein Mitglied gewählt ist.

Art. 60 [Verfahren bei Besetzung von zwei oder mehreren Wahlämtern] Sind gleichzeitig und unter gleichen Bedingungen zwei oder mehr Wahlämter zu besetzen, so sind diejenigen Bewerber gewählt, die im ersten Wahlgang die erforderliche Mehrheit erhalten. Ist die Zahl der Bewerber, welche die Mehrheit erhalten, niedriger als die Zahl der zu wählenden Personen oder Mitglieder, so finden zusätzliche Wahlgänge statt, um die verbleibenden Wahlämter zu besetzen; hierbei kommen von denjenigen Bewerbern, die im vorangegangenen Wahlgang die höchsten Stimmenzahlen erhielten, höchstens doppelt so viele in die engere Wahl, als noch Wahlämter zu besetzen sind; nach dem dritten ergebnislosen Wahlgang dürfen Stimmen jedoch für jeden Bewerber abgegeben werden, soweit dieser wählbar ist. Bleiben drei dieser unbeschränkten Wahlgänge ergebnislos, so kommen bei den nächsten drei Wahlgängen von denjenigen Bewerbern, die im dritten unbeschränkten Wahlgang die höchsten Stimmenzahlen erhielten, höchstens doppelt so viele in die engere Wahl, als noch Wahlämter zu besetzen sind; die drei darauf folgenden Wahlgänge sind unbeschränkt, und so fort, bis alle Wahlämter besetzt sind.

Art. 61 [Stimmengleichheit] Ergibt sich Stimmengleichheit bei einer Abstimmung, die kein Wahlgang ist, so gilt der Vorschlag als abgelehnt.

XI. Nebenorgane

Art. 62 [Einsetzen von Nebenorganen] (1) Der Ausschuss kann unter Berücksichtigung der Bestimmungen des Paktes und des Protokolls alle Unterausschüsse und anderen Ad-hoc-Nebenorgane einsetzen, die er zur Wahrnehmung seiner Aufgaben für erforderlich hält, und ihre Zusammensetzung und ihre Befugnisse festlegen.

(2) Vorbehaltlich der Bestimmungen des Paktes und des Protokolls und sofern der Ausschuss nichts anderes beschließt, wählt jedes Nebenorgan seine Amtsträger selbst und kann sich seine eigene Verfahrensordnung geben. Andernfalls gilt die vorliegende Verfahrensordnung entsprechend.

· XII. Jahresbericht des Ausschusses

Art. 63 [Jahresbericht] Nach Artikel 45 des Paktes legt der Ausschuss der Generalversammlung der Vereinten Nationen über den Wirtschafts- und Sozialrat einen Jahresbericht über seine Tätigkeit vor, der auch eine Zusammenfassung seiner Tätigkeit auf Grund des Protokolls enthält, wie in dessen Artikel 6 vorgesehen.

XIII. Verteilung der Berichte und der anderen offiziellen Dokumente des Ausschusses

Art. 64 [Verteilung offizieller Dokumente] (1) Unbeschadet des Artikels 36 dieser Verfahrensordnung und vorbehaltlich der nachstehenden Absätze 2 und 3 sind die Berichte, die förmlichen Entscheidungen und alle anderen offiziellen Dokumente des Ausschusses und seiner Nebenorgane zur allgemeinen Verteilung bestimmte Dokumente, sofern der Ausschuss nichts anderes beschließt.

(2) Das Sekretariat verteilt alle Berichte, förmlichen Entscheidungen und anderen offiziellen Dokumente des Ausschusses und seiner Nebenorgane, die sich auf die Artikel 41 und 42 des Paktes und das Protokoll beziehen, an alle Ausschussmitglieder, an die betreffenden Vertragsstaaten und, sofern der Ausschuss dies beschließt, an die Mitglieder der Nebenorgane und andere interessierte Personen.

(3) Die von den Vertragsstaaten nach Artikel 40 des Paktes vorgelegten Berichte und zusätzlichen Informationen sind zur allgemeinen Verteilung bestimmte Dokumente. Das Gleiche gilt für die anderen von einem Vertragsstaat zur Verfügung gestellten Informationen, sofern der betreffende Vertragsstaat nichts anderes beantragt.

XIV. Änderungen

Art. 65 [Änderungen der Verfahrensordnung] Diese Verfahrensordnung kann unbeschadet der einschlägigen Bestimmungen des Paktes und des Protokolls durch Beschluss des Ausschusses geändert werden.

Teil II. Bestimmungen im Zusammenhang mit den Aufgaben des Ausschusses

XV. Berichte der Vertragsstaaten nach Artikel 40 des Paktes

Art. 66 [Vorlage von Staatenberichten] (1) Die Vertragsstaaten des Paktes legen über die Maßnahmen, die sie zur Verwirklichung der in dem Pakt anerkannten Rechte getroffen haben, und über die dabei erzielten Fortschritte Berichte vor. In den Berichten ist auf etwa bestehende Umstände und Schwierigkeiten hinzuweisen, die die Durchführung des Paktes behindern.

(2) Die Vorlage eines Berichts nach Artikel 40 Absatz 1 Buchstabe b des Paktes kann entsprechend dem vom Ausschuss festgelegten Turnus oder zu jedem anderen Zeitpunkt angefordert werden, der dem Ausschuss angezeigt erscheint. Liegt eine außergewöhnliche Situation vor, und tagt der Ausschuss nicht, so kann der Vorsitzende, der im Benehmen mit den Ausschussmitgliedern tätig wird, einen Bericht anfordern.

(3) Wenn der Ausschuss von den Vertragsstaaten Berichte nach Artikel 40 Absatz 1 Buchstabe b des Paktes anfordert, setzt er die Frist fest, innerhalb der diese Berichte vorzulegen sind.

(4) Der Ausschuss kann den Vertragsstaaten über den Generalsekretär seine Wünsche in Bezug auf Form und Inhalt der nach Artikel 40 des Paktes vorzulegenden Berichte bekannt geben.

Art. 67 [Übermittlung der Berichte an Sonderorganisationen]
(1) Der Generalsekretär kann nach Beratung mit dem Ausschuss den Sonderorganisationen Abschriften der in ihren Zuständigkeitsbereich fallenden Teile der Berichte von Mitgliedstaaten dieser Organisationen zuleiten.

(2) Der Ausschuss kann die Sonderorganisationen, denen der Generalsekretär Teile der Berichte zugeleitet hat, bitten, innerhalb einer von ihm festgesetzten Frist zu diesen Stellung zu nehmen.

Art. 68 [Anwesenheit von Staatenvertretern bei Prüfung des Berichts]
(1) Der Ausschuss gibt den Vertragsstaaten über den Generalsekretär den Beginn, die Dauer und den Ort der Tagung bekannt, auf der ihre Berichte geprüft werden. Vertreter der Vertragsstaaten können an den Sitzungen des Ausschusses teilnehmen, auf denen ihre Berichte geprüft werden. Der Ausschuss kann außerdem einem Vertragsstaat, von dem er beschlossen hat, weitere Auskünfte einzuholen, mitteilen, dass dieser seinen Vertreter ermächtigen kann, bei einer bestimmten Sitzung zugegen zu sein. Der Vertreter soll in der Lage sein, Fragen des Ausschusses zu beantworten und zu den von dem betreffenden Vertragsstaat bereits vorgelegten Berichten Erklärungen abzugeben; er kann außerdem zusätzliche Auskünfte des Vertragsstaates vorlegen.

(2) Hat ein Vertragsstaat einen Bericht vorgelegt, aber keinen Vertreter zu der Tagung entsandt, von der ihm bekannt gegeben wurde, dass auf dieser sein Bericht geprüft werden soll, so kann der Ausschuss nach seinem Ermessen dem Vertragsstaat über den Generalsekretär bekanntgeben, dass er beabsichtigt, den Bericht auf der ursprünglich festgelegten oder einer bestimmten nachfolgenden Tagung zu prüfen und seine Abschließenden Bemerkungen nach Ar-

tikel 71 Absatz 3 dieser Verfahrensordnung vorzulegen. Diese Abschließenden Bemerkungen bestimmen den Termin, zu dem ein neuer periodischer Bericht nach Artikel 66 dieser Verfahrensordnung vorzulegen ist.

Art. 69 [Ausbleiben von Berichten] (1) Auf jeder Tagung unterrichtet der Generalsekretär den Ausschuss über alle Fälle, in denen nach den Artikeln 66 und 71 dieser Verfahrensordnung angeforderte Berichte oder zusätzliche Auskünfte nicht vorgelegt wurden. In solchen Fällen kann der Ausschuss dem betreffenden Vertragsstaat über den Generalsekretär eine Mahnung zur Vorlage des Berichts oder der zusätzlichen Auskünfte übermitteln.

(2) Legt der Vertragsstaat, nachdem die Mahnung nach Absatz 1 an ihn ergangen ist, den Bericht oder die zusätzlichen Auskünfte, die nach den Artikeln 66 und 71 dieser Verfahrensordnung angefordert wurden, nicht vor, so hält der Ausschuss dies in dem Jahresbericht fest, den er der Generalversammlung der Vereinten Nationen über den Wirtschafts- und Sozialrat vorlegt.

Art. 70 [Maßnahmen bei Ausbleiben von Berichten] (1) In Fällen, in denen der Ausschuss nach Artikel 69 Absatz 1 dieser Verfahrensordnung unterrichtet wurde, dass ein Staat entgegen Artikel 66 Absatz 3 seinen Bericht nach Artikel 40 Absatz 1 Buchstabe a oder b des Paktes nicht vorgelegt hat, und dem Vertragsstaat entsprechende Mahnungen übersandt hat, kann der Ausschuss nach seinem Ermessen den Vertragsstaat über den Generalsekretär von seiner Absicht unterrichten, zu einem in der Unterrichtung genannten Zeitpunkt oder auf einer dort genannten Tagung in öffentlicher Sitzung die von dem Vertragsstaat getroffenen Maßnahmen zur Verwirklichung der in dem Pakt anerkannten Rechte zu prüfen und danach Abschließende Bemerkungen anzunehmen.

(2) Wird der Ausschuss nach Absatz 1 tätig, so übermittelt er dem Vertragsstaat ausreichend vor dem festgelegten Zeitpunkt oder der festgelegten Tagung einen Katalog der hauptsächlich zu prüfenden Angelegenheiten.

(3) Die Abschließenden Bemerkungen werden dem Vertragsstaat gemäß Artikel 71 Absatz 3 dieser Verfahrensordnung übermittelt und öffentlich bekanntgemacht. Der Vertragsstaat muss innerhalb von zwei Jahren nach der Annahme der Abschließenden Bemerkungen seinen nächsten Bericht vorlegen.

Art. 71 [Anforderung zusätzlicher Auskünfte; Abschließende Bemerkungen] (1) Bei der Prüfung eines von einem Vertragsstaat nach Artikel 40 des Paktes vorgelegten Berichts hat sich der Ausschuss zuerst zu vergewissern, dass der Bericht alle nach Artikel 66 dieser Verfahrensordnung erforderlichen Angaben enthält.

(2) Enthält ein Bericht eines Vertragsstaates des Paktes nach Auffassung des Ausschusses nicht genügend Informationen, so kann der Ausschuss den Staat ersuchen, die erforderlichen zusätzlichen Auskünfte beizubringen, und den Termin angeben, bis zu dem diese vorzulegen sind.

(3) Auf der Grundlage seiner Prüfung der von einem Vertragsstaat vorgelegten Berichte oder Informationen kann der Ausschuss die ihm geeignet erscheinenden Abschließenden Bemerkungen abgeben und sie unter Angabe des Termins, bis zu dem der nächste Bericht nach Artikel 40 vorzulegen ist, dem Vertragsstaat übermitteln.

(4) Ein Ausschussmitglied darf an der Prüfung von Staatenberichten oder an der Erörterung und Annahme Abschließender Bemerkungen nicht teilnehmen, wenn diese den Vertragsstaat betreffen, für den es in den Ausschuss gewählt wurde.

(5) Der Ausschuss kann den Vertragsstaat bitten, bestimmte Aspekte seiner Abschließenden Bemerkungen mit Vorrang zu behandeln.

Art. 72 [Prüfung von Staatenberichten] Hat der Ausschuss nach Artikel 70 Absatz 5 dieser Verfahrensordnung bestimmte Aspekte seiner Abschließenden Bemerkungen zum Bericht eines Vertragsstaates als vorrangig benannt, legt er ein Verfahren fest, um die Antworten des Vertragsstaates zu diesen Aspekten zu prüfen und zu entscheiden, welche entsprechenden Maßnahmen angebracht sind, insbesondere die Frist für die Vorlage des nächsten periodischen Berichts.

Art. 73 [Übermittlung allgemeiner Bemerkungen] Der Ausschuss übermittelt die Allgemeinen Bemerkungen, die er nach Artikel 40 Absatz 4 des Paktes abgegeben hat, über den Generalsekretär den Vertragsstaaten.

XVI. Verfahren zur Behandlung der nach Artikel 41 des Paktes eingegangenen Mitteilungen

Art. 74 [Einleitung des Verfahrens] (1) Mitteilungen nach Artikel 41 des Paktes können dem Ausschuss von jedem der beteiligten Vertragsstaaten durch Benachrichtigung nach Artikel 41 Absatz 1 Buchstabe b unterbreitet werden.

(2) Folgende Angaben müssen in der in Absatz 1 genannten Benachrichtigung enthalten oder ihr beigefügt sein:
a) die Schritte, die nach Artikel 41 Absatz 1 Buchstaben a und b des Paktes zur Regelung der Sache ergriffen wurden, einschließlich des Wortlauts der einleitenden Mitteilung und etwaiger späterer schriftlicher Erklärungen oder Stellungnahmen der beteiligten Vertragsstaaten, die sich auf die Sache beziehen;
b) die Schritte, die zur Erschöpfung der innerstaatlichen Rechtsbehelfe unternommen wurden;
c) jedes andere internationale Untersuchungs- und Streitregelungsverfahren, das die beteiligten Vertragsstaaten in Anspruch genommen haben.

Art. 75 [Verzeichnis der Mitteilungen] Der Generalsekretär führt ein ständiges Register aller beim Ausschuss nach Artikel 41 des Paktes eingegangenen Mitteilungen.

Art. 76 [Benachrichtigung der Ausschussmitglieder] Der Generalsekretär unterrichtet die Ausschussmitglieder unverzüglich von jeder Benachrichtigung nach Artikel 74 dieser Verfahrensordnung und übermittelt ihnen so bald wie möglich Abschriften der Benachrichtigung sowie sachdienliche Informationen.

Art. 77 [Nichtöffentlichkeit der Sitzung; Sitzungsbericht] (1) Der Ausschuss prüft Mitteilungen nach Artikel 41 des Paktes in nichtöffentlicher Sitzung.

(2) Der Ausschuss kann nach Beratung mit den beteiligten Vertragsstaaten über den Generalsekretär für die Medien und die allgemeine Öffentlichkeit Kommuniqués über die Tätigkeit des Ausschusses während seiner nichtöffentlichen Sitzungen herausgeben.

Art. 78 [Zulässigkeit der Mitteilungen] Der Ausschuss prüft Mitteilungen nur, wenn
a) beide beteiligten Vertragsstaaten Erklärungen nach Artikel 41 Absatz 1 des Paktes abgegeben haben, die auf die Mitteilung Anwendung finden;
b) die in Artikel 41 Absatz 1 Buchstabe b des Paktes vorgeschriebene Frist abgelaufen ist;
c) der Ausschuss sich Gewissheit verschafft hat, dass alle in der Sache zur Verfügung stehenden innerstaatlichen Rechtsbehelfe in Übereinstimmung mit den allgemein anerkannten Grundsätzen des Völkerrechts eingelegt und erschöpft worden sind oder dass das Verfahren bei der Anwendung der Rechtsbehelfe unangemessen lange gedauert hat.

Art. 79 [Gütliche Regelung] Vorbehaltlich der Bestimmungen des Artikels 78 dieser Verfahrensordnung stellt der Ausschuss den beteiligten Vertragsstaaten seine Guten Dienste zur Verfügung, um eine gütliche Regelung der Sache auf der Grundlage der Achtung der in dem Pakt anerkannten Menschenrechte und Grundfreiheiten herbeizuführen.

Art. 80 [Zusätzliche Auskünfte und Stellungnahmen] Der Ausschuss kann die beteiligten Vertragsstaaten oder einen von ihnen über den Generalsekretär auffordern, mündlich oder schriftlich zusätzliche Auskünfte oder Stellungnahmen beizubringen. Der Ausschuss setzt eine Frist für die Vorlage der schriftlichen Auskünfte oder Stellungnahmen.

Art. 81 [Durchführung der Verhandlung] (1) Die beteiligten Vertragsstaaten haben das Recht, sich vertreten zu lassen sowie mündlich und/oder schriftlich Stellung zu nehmen, wenn die Sache vom Ausschuss verhandelt wird.

(2) Der Ausschuss gibt den beteiligten Vertragsstaaten über den Generalsekretär so bald wie möglich den Beginn, die Dauer und den Ort der Tagung bekannt, auf der die Sache geprüft wird.

(3) Der Ausschuss beschließt das Verfahren für mündliche und/oder schriftliche Stellungnahmen nach Beratung mit den beteiligten Vertragsstaaten.

Art. 82 [Bericht] (1) Der Ausschuss verabschiedet innerhalb von zwölf Monaten nach Eingang der in Artikel 74 dieser Verfahrensordnung vorgesehenen Benachrichtigung einen Bericht nach Maßgabe des Artikels 41 Absatz 1 Buchstabe h des Paktes.

(2) Die Bestimmungen des Artikels 81 Absatz 1 dieser Verfahrensordnung finden auf die Beratungen des Ausschusses über die Verabschiedung des Berichts keine Anwendung.

(3) Der Bericht des Ausschusses wird den beteiligten Vertragsstaaten über den Generalsekretär übermittelt.

Art. 83 [**Überweisung an Vergleichskommission**] Wird eine nach Artikel 41 des Paktes dem Ausschuss unterbreitete Sache nicht zur Zufriedenheit der beteiligten Vertragsstaaten geregelt, so kann der Ausschuss mit deren vorheriger Zustimmung das in Artikel 42 des Paktes vorgesehene Verfahren zur Anwendung bringen.

XVII. Verfahren zur Prüfung von Mitteilungen nach dem Fakultativprotokoll

A. Übermittlung von Mitteilungen an den Ausschuss

Art. 84 [**Übermittlung der Mitteilungen**] (1) Der Generalsekretär bringt dem Ausschuss gemäß dieser Verfahrensordnung Mitteilungen zur Kenntnis, die zur Prüfung durch den Ausschuss nach Artikel 1 des Fakultativprotokolls eingereicht wurden oder bei denen es den Anschein hat, dass sie zu diesem Zweck eingereicht wurden.

(2) Soweit erforderlich, kann der Generalsekretär den Urheber einer Mitteilung [im Folgenden „Beschwerdeführer"; Anm. d. Übs.] um Klarstellung ersuchen, ob er wünscht, dass die Mitteilung dem Ausschuss zur Prüfung nach dem Protokoll unterbreitet wird. Bestehen weiterhin Zweifel hinsichtlich des Wunsches des Beschwerdeführers, so wird der Ausschuss mit der Mitteilung befasst.

(3) Mitteilungen, die einen Staat betreffen, der nicht Vertragspartei des Fakultativprotokolls ist, werden vom Ausschuss nicht entgegengenommen und nicht in eine Liste nach Artikel 85 aufgenommen.

Art. 85 [**Vorlage von Sammellisten**] (1) Der Generalsekretär erstellt Listen der beim Ausschuss nach Artikel 84 dieser Verfahrensordnung eingereichten Mitteilungen samt einer kurzen Zusammenfassung ihres Inhalts und übermittelt den Ausschussmitgliedern diese Listen in regelmäßigen Abständen. Der Generalsekretär führt außerdem ein ständiges Register aller derartigen Mitteilungen.

(2) Der volle Wortlaut jeder dem Ausschuss zur Kenntnis gebrachten Mitteilung wird jedem Ausschussmitglied auf dessen Ersuchen zur Verfügung gestellt.

Art. 86 [**Inhalt von Mitteilungen**] (1) Der Generalsekretär kann von dem Beschwerdeführer Klärungen hinsichtlich der Frage der Anwendbarkeit des Fakultativprotokolls auf seine Mitteilung anfordern, insbesondere Angaben über

a) Namen, Anschrift, Alter und Beruf des Beschwerdeführers sowie den Nachweis seiner Identität;
b) den Namen des Vertragsstaates, gegen den sich die Mitteilung richtet;
c) den Gegenstand der Mitteilung;
d) die Bestimmung oder Bestimmungen des Paktes, deren Verletzung behauptet wird;
e) den Sachverhalt;
f) die vom Beschwerdeführer unternommenen Schritte, um die innerstaatlichen Rechtsbehelfe zu erschöpfen;

g) inwieweit dieselbe Sache nicht bereits in einem anderen internationalen Untersuchungs- oder Streitregelungsverfahren geprüft wird.

(2) Fordert der Generalsekretär Klärungen oder Auskünfte an, so setzt er dem Beschwerdeführer eine angemessene Frist, um ungebührliche Verzögerungen des Verfahrens nach dem Protokoll zu vermeiden.

(3) Der Ausschuss kann einen Fragebogen billigen, mit dem der Beschwerdeführer zur Erteilung der genannten Auskünfte aufgefordert wird.

(4) Die Anforderung von Klärungen nach Absatz 1 schließt die Aufnahme der Mitteilung in die Liste nach Artikel 85 Absatz 1 dieser Verfahrensordnung nicht aus.

Art. 87 [Zusammenfassen des Inhalts] Der Generalsekretär erstellt für jede in das Register aufgenommene Mitteilung so bald wie möglich eine Zusammenfassung der eingegangenen sachdienlichen Informationen und leitet diese den Ausschussmitgliedern zu.

B. Allgemeine Bestimmungen für die Prüfung von Mitteilungen durch den Ausschuss oder seine Nebenorgane

Art. 88 [Sitzungen] Sitzungen des Ausschusses oder seiner Nebenorgane, auf denen Mitteilungen nach dem Protokoll geprüft werden, sind nicht öffentlich. Sitzungen, auf denen der Ausschuss allgemeine Fragen behandelt, wie die Verfahren zur Anwendung des Fakultativprotokolls, können öffentlich sein, sofern der Ausschuss dies beschließt.

Art. 89 [Sitzungsbericht] Der Ausschuss kann über den Generalsekretär für die Medien und die allgemeine Öffentlichkeit Kommuniqués über die Tätigkeit des Ausschusses während seiner nichtöffentlichen Sitzungen herausgeben.

Art. 90 [Ausschluss eines Mitglieds von der Prüfung einer Mitteilung] (1) Ein Ausschussmitglied kann an der Prüfung einer Mitteilung durch den Ausschuss nicht teilnehmen,
a) wenn der Vertragsstaat, für den es in den Ausschuss gewählt wurde, eine an der Sache beteiligte Partei ist;
b) wenn es ein persönliches Interesse an der Sache hat oder
c) wenn es in irgendeiner Eigenschaft an einer Entscheidung über die Sache, die Gegenstand der Mitteilung ist, mitgewirkt hat.

(2) Der Ausschuss entscheidet in jeder Frage, die sich nach Absatz 1 ergibt.

Art. 91 [Verzicht eines Mitglieds] Ist ein Mitglied aus irgendeinem Grund der Auffassung, dass es an der Prüfung einer Mitteilung nicht oder nicht mehr teilnehmen sollte, so unterrichtet es davon den Vorsitzenden.

Art. 92 [Vorläufige Maßnahmen] Bevor der Ausschuss dem betroffenen Vertragsstaat seine Auffassungen zu der Mitteilung übermittelt, kann er dem Staat mitteilen, ob seiner Ansicht nach vorläufige Maßnahmen wünschenswert sind, um nicht wiedergutzumachenden Schaden für das Opfer der behaupteten Verletzung zu verhindern. Der Ausschuss setzt dabei den betroffenen Vertragsstaat davon in Kenntnis, dass die Äußerung seiner Auffassungen zu vorläufigen Maßnahmen keine Entscheidung in der Hauptsache der Mitteilung bedeutet.

C. Verfahren zur Prüfung der Zulässigkeit

Art. 93 [Entscheidung über Zulässigkeit] (1) Der Ausschuss entscheidet so bald wie möglich gemäß den nachstehenden Artikeln über die Zulässigkeit der Mitteilung nach dem Protokoll.

(2) Eine nach Artikel 95 Absatz 1 dieser Verfahrensordnung eingesetzte Arbeitsgruppe kann eine Mitteilung ebenfalls für zulässig erklären, wenn sie aus fünf Mitgliedern besteht und einstimmig entscheidet.

(3) Eine nach Artikel 95 Absatz 1 dieser Verfahrensordnung eingesetzte Arbeitsgruppe kann entscheiden, eine Mitteilung für unzulässig zu erklären, wenn sie aus mindestens fünf Mitgliedern besteht und einstimmig entscheidet. Die Entscheidung wird an das Plenum des Ausschusses weitergeleitet, das sie ohne förmliche Erörterung bestätigen kann. Ersucht ein Ausschussmitglied um eine Erörterung im Plenum, prüft das Plenum die Mitteilung und trifft eine Entscheidung.

Art. 94 [Reihenfolge der Behandlung von Mitteilungen; Verbindung von Mitteilungen] (1) Die Mitteilungen werden in der Reihenfolge ihres Eingangs beim Sekretariat behandelt, sofern der Ausschuss oder eine nach Artikel 95 Absatz 1 dieser Verfahrensordnung eingesetzte Arbeitsgruppe nichts anderes beschließt.

(2) Mehrere Mitteilungen können zusammen behandelt werden, wenn der Ausschuss oder eine nach Artikel 95 Absatz 1 dieser Verfahrensordnung eingesetzte Arbeitsgruppe dies für angezeigt hält.

Art. 95 [Vorbereitung der Entscheidung über die Zulässigkeit]
(1) Der Ausschuss kann eine oder mehrere Arbeitsgruppen einsetzen, die dem Ausschuss Empfehlungen zu der Frage unterbreiten, ob die in den Artikeln 1, 2, 3 und 5 Absatz 2 des Fakultativprotokolls festgelegten Zulässigkeitsvoraussetzungen erfüllt sind.

(2) Die Verfahrensordnung des Ausschusses findet soweit wie möglich auf die Sitzungen der Arbeitsgruppe Anwendung.

(3) Der Ausschuss kann aus dem Kreis seiner Mitglieder Sonderberichterstatter benennen, die ihn bei der Behandlung von Mitteilungen unterstützen.

Art. 96 [Zulässigkeitsvoraussetzungen für Mitteilungen] Um zu einer Entscheidung über die Zulässigkeit einer Mitteilung zu gelangen, hat sich der Ausschuss oder die nach Artikel 89 Absatz 1 eingesetzte Arbeitsgruppe zu vergewissern,
a) dass die Mitteilung nicht anonym ist und dass sie von einer Einzelperson oder Einzelpersonen stammt, die der Herrschaftsgewalt eines Vertragsstaates des Protokolls unterstehen;
b) dass diese Person in einer hinreichend belegten Weise behauptet, Opfer einer Verletzung eines in dem Pakt niedergelegten Rechts durch diesen Vertragsstaat zu sein. In der Regel sollte die Mitteilung von der betreffenden Person selbst oder von ihrem Vertreter eingereicht werden; eine im Namen des angeblichen Opfers eingereichte Mitteilung kann jedoch ange-

nommen werden, wenn es den Anschein hat, dass die betreffende Person nicht in der Lage ist, die Mitteilung selbst einzureichen;

c) dass die Mitteilung keinen Missbrauch des Rechts auf Einreichung solcher Mitteilungen darstellt. Grundsätzlich ist die verzögerte Einreichung einer Mitteilung nicht rechtsmissbräuchlich und rechtfertigt keine Unzulässigkeitsentscheidung wegen Säumnis. Jedoch kann eine Mitteilung rechtsmissbräuchlich sein, wenn sie mehr als fünf Jahre nach der Erschöpfung des innerstaatlichen Rechtswegs durch den Beschwerdeführer oder gegebenenfalls mehr als drei Jahre nach Abschluss eines anderen internationalen Untersuchungs- oder Schlichtungsverfahrens eingereicht wird, sofern die Verzögerung nicht unter Berücksichtigung aller Umstände der Mitteilung gerechtfertigt ist;

d) dass die Mitteilung nicht mit den Bestimmungen des Paktes unvereinbar ist;

e) dass dieselbe Sache nicht bereits in einem anderen internationalen Untersuchungs- oder Streitregelungsverfahren geprüft wird;

f) dass die betreffende Person alle zur Verfügung stehenden innerstaatlichen Rechtsbehelfe erschöpft hat.

Art. 97 [Zusätzliche Auskünfte; Klarstellungen und Bemerkungen]

(1) So bald wie möglich nach Eingang der Mitteilung fordert der Ausschuss, eine nach Artikel 95 Absatz 1 dieser Verfahrensordnung eingesetzte Arbeitsgruppe oder ein nach Artikel 95 Absatz 3 benannter Sonderberichterstatter den betroffenen Vertragsstaat auf, eine schriftliche Antwort auf die Mitteilung zu geben.

(2) Der betroffene Vertragsstaat hat dem Ausschuss innerhalb von sechs Monaten schriftliche Erklärungen oder Stellungnahmen vorzulegen, die sich sowohl auf die Zulässigkeit der Mitteilung als auch ihre Begründetheit sowie auf die Abhilfemaßnahmen beziehen, die von ihm in der Sache gegebenenfalls getroffen wurden, sofern nicht der Ausschuss, die Arbeitsgruppe oder der Sonderberichterstatter auf Grund der außergewöhnlichen Natur des Falls entschieden hat, eine schriftliche Antwort anzufordern, die sich nur auf die Frage der Zulässigkeit bezieht. Ein Vertragsstaat, der aufgefordert wurde, eine schriftliche Antwort vorzulegen, die sich nur auf die Frage der Zulässigkeit bezieht, wird dadurch nicht daran gehindert, innerhalb von sechs Monaten nach dieser Aufforderung eine schriftliche Antwort vorzulegen, die sich sowohl auf die Zulässigkeit der Mitteilung als auch auf ihre Begründetheit bezieht.

(3) Ein Vertragsstaat, dem eine Aufforderung zu einer schriftlichen Antwort nach Absatz 1 sowohl zur Zulässigkeit als auch zur Begründetheit der Mitteilung zugegangen ist, kann innerhalb von zwei Monaten den schriftlichen Antrag stellen, dass die Mitteilung als unzulässig zurückgewiesen wird, wobei die Gründe für die geltend gemachte Unzulässigkeit anzugeben sind. Die Einreichung eines solchen Antrags verlängert nicht die dem Vertragsstaat eingeräumte Frist von sechs Monaten zur Vorlage seiner schriftlichen Antwort auf die Mitteilung, es sei denn, der Ausschuss, eine nach Artikel 95 Absatz 1 dieser Verfahrensordnung eingesetzte Arbeitsgruppe oder ein nach Artikel 95 Absatz 3 benannter Sonderberichterstatter beschließt, die Frist für die Vorlage der Antwort auf Grund der besonderen Umstände des Falls zu verlängern, bis der Ausschuss über die Frage der Zulässigkeit entschieden hat.

(4) Der Ausschuss, eine nach Artikel 95 Absatz 1 dieser Verfahrensordnung eingesetzte Arbeitsgruppe oder ein nach Artikel 95 Absatz 3 benannter Sonderberichterstatter kann den Vertragsstaat oder den Beschwerdeführer auffordern, innerhalb einer bestimmten Frist zusätzliche schriftliche Auskünfte oder Stellungnahmen vorzulegen, die für die Frage der Zulässigkeit oder der Begründetheit der Mitteilung erheblich sind.

(5) Eine an einen Vertragsstaat gerichtete Aufforderung nach Absatz 1 hat die Erklärung zu enthalten, dass ein solches Ersuchen nicht bedeutet, dass eine Entscheidung über die Frage der Zulässigkeit getroffen worden ist.

(6) Innerhalb der festgesetzten Fristen kann jeder Partei Gelegenheit gegeben werden, zu den nach diesem Artikel vorgebrachten Äußerungen der anderen Partei Stellung zu nehmen.

Art. 98 [Unzulässigkeit von Mitteilungen] (1) Entscheidet der Ausschuss, dass eine Mitteilung nach dem Fakultativprotokoll unzulässig ist, so gibt er dem Beschwerdeführer und, falls die Mitteilung dem betroffenen Vertragsstaat übermittelt wurde, dem Vertragsstaat seine Entscheidung über den Generalsekretär so bald wie möglich bekannt.

(2) Hat der Ausschuss eine Mitteilung nach Artikel 5 Absatz 2 des Fakultativprotokolls für unzulässig erklärt, so kann diese Entscheidung zu einem späteren Zeitpunkt vom Ausschuss überprüft werden, wenn die betroffene Einzelperson oder ein in ihrem Namen Handelnder einen schriftlichen Antrag einreicht, in dem dargelegt wird, dass die Gründe für die Unzulässigkeit nach Artikel 5 Absatz 2 nicht mehr bestehen.

D. Verfahren zur Prüfung der Begründetheit der Mitteilung

Art. 99 [Art und Weise der Befassung mit zugelassenen Mitteilungen] (1) In denjenigen Fällen, in denen die Frage der Zulässigkeit vor Eingang der Antwort des Vertragsstaates zur Begründetheit entschieden wird und der Ausschuss oder eine nach Artikel 95 Absatz 1 dieser Verfahrensordnung eingesetzte Arbeitsgruppe entscheidet, dass die Mitteilung zulässig ist, werden diese Entscheidung und alle anderen sachdienlichen Informationen über den Generalsekretär dem betroffenen Vertragsstaat übermittelt. Der Beschwerdeführer wird über den Generalsekretär ebenfalls über die Entscheidung unterrichtet.

(2) Der betroffene Vertragsstaat hat dem Ausschuss innerhalb von sechs Monaten schriftliche Erklärungen oder Stellungnahmen zur Klärung der zur Prüfung stehenden Sache zu übermitteln und die gegebenenfalls von ihm getroffenen Abhilfemaßnahmen mitzuteilen.

(3) Alle von einem Vertragsstaat gemäß diesem Artikel übermittelten Erklärungen oder Stellungnahmen werden über den Generalsekretär dem Beschwerdeführer zugeleitet, der innerhalb einer festgesetzten Frist weitere schriftliche Auskünfte oder Stellungnahmen vorlegen kann.

(4) Bei der Prüfung der Begründetheit kann der Ausschuss seine Entscheidung, dass die Mitteilung zulässig ist, im Lichte der von dem Vertragsstaat gemäß diesem Artikel vorgelegten Erklärungen oder Stellungnahmen überprüfen.

Art. 100 [Stellungnahme des Ausschusses] (1) In denjenigen Fällen, in denen die Parteien Auskünfte sowohl zur Frage der Zulässigkeit als auch zur Begründetheit vorgelegt haben oder in denen bereits über die Zulässigkeit entschieden wurde und die Parteien Angaben zur Begründetheit vorgelegt haben, prüft der Ausschuss die Mitteilung im Lichte sämtlicher schriftlicher Angaben, die ihm von der Einzelperson und dem betroffenen Vertragsstaat zur Verfügung gestellt wurden, und arbeitet seine Auffassungen dazu aus. Davor kann der Ausschuss die Mitteilung einer nach Artikel 95 Absatz 1 dieser Verfahrensordnung eingesetzten Arbeitsgruppe oder einem nach Artikel 95 Absatz 3 benannten Sonderberichterstatter zuweisen, damit diese dem Ausschuss Empfehlungen unterbreiten.

(2) Der Ausschuss entscheidet über die Begründetheit der Mitteilung erst, nachdem er das Vorliegen aller in dem Fakultativprotokoll genannten Zulässigkeitsgründe geprüft hat.

(3) Die Auffassungen des Ausschusses werden der Einzelperson und dem betroffenen Vertragsstaat mitgeteilt.

Art. 101 [Kontrolle der Umsetzung] (1) Der Ausschuss benennt einen Sonderberichterstatter zur Kontrolle der Umsetzung der nach Artikel 5 Absatz 4 des Fakultativprotokolls verabschiedeten Auffassungen, um festzustellen, welche Maßnahmen die Vertragsstaaten ergriffen haben, um den Auffassungen des Ausschusses Folge zu leisten.

(2) Der Sonderberichterstatter kann diejenigen Kontakte aufnehmen und diejenigen Maßnahmen ergreifen, die im Hinblick auf die ordnungsgemäße Wahrnehmung seines Kontrollauftrags angemessen sind. Der Sonderberichterstatter gibt Empfehlungen zu weiteren erforderlichen Maßnahmen seitens des Ausschusses.

(3) Der Sonderberichterstatter erstattet dem Ausschuss über seine Kontrolltätigkeiten regelmäßig Bericht.

(4) Der Ausschuss nimmt in seinen Jahresbericht Informationen über die Kontrolltätigkeiten auf.

E. Artikel betreffend die Vertraulichkeit

Art. 102 [Vertraulichkeit der Beratungen und Dokumente] (1) Der Ausschuss und seine nach Artikel 95 Absatz 1 dieser Verfahrensordnung eingesetzte Arbeitsgruppe prüfen Mitteilungen auf Grund des Fakultativprotokolls in nichtöffentlicher Sitzung. Die mündlichen Beratungen und die Kurzprotokolle bleiben vertraulich.

(2) Alle Arbeitsdokumente, die das Sekretariat für den Ausschuss, die nach Artikel 95 Absatz 1 eingesetzte Arbeitsgruppe oder den nach Artikel 95 Absatz 3 benannten Sonderberichterstatter herausgibt, einschließlich der vor der Registrierung erstellten Zusammenfassungen von Mitteilungen, der Liste der Zusammenfassungen von Mitteilungen und aller Entwürfe, die für den Ausschuss, seine nach Artikel 95 Absatz 1 eingesetzte Arbeitsgruppe oder den nach Artikel 95 Absatz 3 benannten Sonderberichterstatter erstellt werden, bleiben vertraulich, sofern der Ausschuss nichts anderes beschließt.

(3) Absatz 1 berührt nicht das Recht des Beschwerdeführers oder des betroffenen Vertragsstaates, mit dem Verfahren zusammenhängende Stellungnah-

men oder Angaben der Öffentlichkeit zugänglich zu machen. Jedoch kann der Ausschuss, die nach Artikel 95 Absatz 1 eingesetzte Arbeitsgruppe oder der nach Artikel 95 Absatz 3 benannte Sonderberichterstatter, wenn dies angezeigt erscheint, den Beschwerdeführer oder den betroffenen Vertragsstaat ersuchen, diese Stellungnahmen oder Angaben ganz oder teilweise vertraulich zu behandeln.

(4) Wurde nach Absatz 3 ein Beschluss über die Vertraulichkeit getroffen, so kann der Ausschuss, die nach Artikel 95 Absatz 1 eingesetzte Arbeitsgruppe oder der nach Artikel 95 Absatz 3 benannte Sonderberichterstatter beschließen, dass die Stellungnahmen und anderen Angaben, wie die Identität des Beschwerdeführers, ganz oder teilweise vertraulich bleiben können, nachdem der Ausschuss über die Unzulässigkeit, die Begründetheit oder die Einstellung des Verfahrens entschieden hat.

(5) Vorbehaltlich des Absatzes 4 werden die Entscheidungen des Ausschusses über die Unzulässigkeit, die Begründetheit und die Einstellung des Verfahrens veröffentlicht. Auf Grund des Artikels 92 dieser Verfahrensordnung getroffene Entscheidungen des Ausschusses oder des nach Artikel 95 Absatz 3 benannten Sonderberichterstatters werden veröffentlicht. Vorabfassungen von Entscheidungen des Ausschusses werden nicht herausgegeben.

(6) Das Sekretariat ist für die Verteilung der endgültigen Entscheidungen des Ausschusses verantwortlich. Es ist nicht verantwortlich für die Vervielfältigung und die Verteilung der mit den Mitteilungen zusammenhängenden Stellungnahmen.

Art. 103 [Öffentlichkeit von Dokumenten und Entscheidungen der Umsetzungskontrolle] Die Auskünfte, die von den Parteien im Zusammenhang mit der Kontrolle der Umsetzung der Auffassungen des Ausschusses bereitgestellt werden, sind nicht vertraulich, sofern der Ausschuss nichts anderes beschließt. Die Entscheidungen des Ausschusses im Zusammenhang mit den Kontrolltätigkeiten sind ebenfalls nicht vertraulich, sofern der Ausschuss nichts anderes beschließt.

F. Persönliche Meinungen

Art. 104 [Persönliche Meinung] Jedes Ausschussmitglied, das an einer Entscheidung mitgewirkt hat, kann verlangen, dass den Auffassungen oder der Entscheidung des Ausschusses seine persönliche Meinung beigefügt wird.

13. Internationaler Pakt über wirtschaftliche, soziale und kulturelle Rechte[1]

Vom 19. Dezember 1966

(BGBl. 1973 II S. 1570)

(Übersetzung)

DIE VERTRAGSSTAATEN DIESES PAKTES –

IN DER ERWÄGUNG, daß nach den in der Charta der Vereinten Nationen verkündeten Grundsätzen die Anerkennung der allen Mitgliedern der menschlichen Gesellschaft innewohnenden Würde und der Gleichheit und Unveräußerlichkeit ihrer Rechte die Grundlage von Freiheit, Gerechtigkeit und Frieden in der Welt bildet,

IN DER ERKENNTNIS, daß sich diese Rechte aus der dem Menschen innewohnenden Würde herleiten,

IN DER ERKENNTNIS, daß nach der Allgemeinen Erklärung der Menschenrechte das Ideal vom freien Menschen, der frei von Furcht und Not lebt, nur verwirklicht werden kann, wenn Verhältnisse geschaffen werden, in denen jeder seine wirtschaftlichen, sozialen und kulturellen Rechte ebenso wie seine bürgerlichen und politischen Rechte genießen kann,

IN DER ERWÄGUNG, daß die Charta der Vereinten Nationen die Staaten verpflichtet, die allgemeine und wirksame Achtung der Rechte und Freiheiten des Menschen zu fördern,

IM HINBLICK DARAUF, daß der einzelne gegenüber seinen Mitmenschen und der Gemeinschaft, der er angehört, Pflichten hat und gehalten ist, für die Förderung und Achtung der in diesem Pakt anerkannten Rechte einzutreten –

VEREINBAREN folgende Artikel:

Teil I

Art. 1 [Selbstbestimmungsrecht der Völker] (1) Alle Völker haben das Recht auf Selbstbestimmung. Kraft dieses Rechts entscheiden sie frei über ihren politischen Status und gestalten in Freiheit ihre wirtschaftliche, soziale und kulturelle Entwicklung.

(2) Alle Völker können für ihre eigenen Zwecke frei über ihre natürlichen Reichtümer und Mittel verfügen, unbeschadet aller Verpflichtungen, die aus der internationalen wirtschaftlichen Zusammenarbeit auf der Grundlage des gegenseitigen Wohles sowie aus dem Völkerrecht erwachsen. In keinem Fall darf ein Volk seiner eigenen Existenzmittel beraubt werden.

(3) Die Vertragsstaaten, einschließlich der Staaten, die für die Verwaltung von Gebieten ohne Selbstregierung und von Treuhandgebieten verantwortlich

---

[1] Internationale Quelle: UNTS Bd. 993, S. 3.

sind, haben entsprechend der Charta der Vereinten Nationen die Verwirklichung des Rechts auf Selbstbestimmung zu fördern und dieses Recht zu achten.

Teil II

Art. 2 [Pflichten der Vertragsstaaten[1]); Diskriminierungsfreiheit]
(1) Jeder Vertragsstaat verpflichtet sich, einzeln und durch internationale Hilfe und Zusammenarbeit, insbesondere wirtschaftlicher und technischer Art, unter Ausschöpfung aller seiner Möglichkeiten Maßnahmen zu treffen, um nach und nach mit allen geeigneten Mitteln, vor allem durch gesetzgeberische Maßnahmen, die volle Verwirklichung der in diesem Pakt anerkannten Rechte zu erreichen.[2])

(2) Die Vertragsstaaten verpflichten sich, zu gewährleisten, daß die in diesem Pakt verkündeten Rechte ohne Diskriminierung hinsichtlich der Rasse, der Hautfarbe, des Geschlechts, der Sprache, der Religion, der politischen oder sonstigen Anschauung, der nationalen oder sozialen Herkunft, des Vermögens, der Geburt oder des sonstigen Status ausgeübt werden.[3])

(3) Entwicklungsländer können unter gebührender Berücksichtigung der Menschenrechte und der Erfordernisse ihrer Volkswirtschaft entscheiden, inwieweit sie Personen, die nicht ihre Staatsangehörigkeit besitzen, die in diesem Pakt anerkannten wirtschaftlichen Rechte gewährleisten wollen.

Art. 3 [Gleichberechtigung der Geschlechter[4])] Die Vertragsstaaten verpflichten sich, die Gleichberechtigung von Mann und Frau bei der Ausübung aller in diesem Pakt festgelegten wirtschaftlichen, sozialen und kulturellen Rechte sicherzustellen.

Art. 4 [Beschränkungen] Die Vertragsstaaten erkennen an, daß ein Staat die Ausübung der vom ihm gemäß diesem Pakt gewährleisteten Rechte nur solchen Einschränkungen unterwerfen darf, die gesetzlich vorgesehen und mit der Natur dieser Rechte vereinbar sind und deren ausschließlicher Zweck es ist, das allgemeine Wohl in einer demokratischen Gesellschaft zu fördern.

Art. 5 [Wahrung anerkannter Menschenrechte] (1) Keine Bestimmung dieses Paktes darf dahin ausgelegt werden, daß sie für einen Staat, eine Gruppe oder eine Person das Recht begründet, eine Tätigkeit auszuüben oder eine Handlung zu begehen, die auf die Abschaffung der in diesem Pakt anerkann-

---

[1]) Zur Art der Staatenverpflichtungen siehe Allgemeine Bemerkung Nr. 3 (1990) des Ausschusses über wirtschaftliche, soziale und kulturelle Rechte (abgedruckt in Doc. E/1991/23), zur innerstaatlichen Anwendung des Pakts siehe die Allgemeine Bemerkung Nr. 9 (1998) (E/C.12/1998/24).
[2]) Siehe hierzu die Allgemeine Bemerkung Nr. 24 (2017) des Ausschusses für wirtschaftliche, soziale und kulturelle Rechte über staatliche Verpflichtungen aus dem Pakt im Zusammenhang mit der Tätigkeit von Wirtschaftsunternehmen (E/C.12/GC/24).
[3]) Zum Diskriminierungsverbot siehe die Allgemeine Bemerkung Nr. 20 (2009) des Ausschusses über wirtschaftliche, soziale und kulturelle Rechte (E/C.12/GC/20).
[4]) Siehe hierzu die Allgemeine Bemerkung Nr. 16 (2005) des Ausschusses über wirtschaftliche, soziale und kulturelle Rechte (E/C.12/2005/4).

ten Rechte und Freiheiten oder auf weitergehende Beschränkungen dieser Rechte und Freiheiten, als in dem Pakt vorgesehen, hinzielt.

(2) Die in einem Land durch Gesetze, Übereinkommen, Verordnungen oder durch Gewohnheitsrecht anerkannten oder bestehenden grundlegenden Menschenrechte dürfen nicht unter dem Vorwand beschränkt oder außer Kraft gesetzt werden, daß dieser Pakt derartige Rechte nicht oder nur in einem geringen Ausmaße anerkenne.

Teil III

Art. 6 [Recht auf Arbeit[1)]] (1) Die Vertragsstaaten erkennen das Recht auf Arbeit an, welches das Recht jedes einzelnen auf die Möglichkeit, seinen Lebensunterhalt durch frei gewählte oder angenommene Arbeit zu verdienen, umfaßt, und unternehmen geeignete Schritte zum Schutz dieses Rechts.

(2) Die von einem Vertragsstaat zur vollen Verwirklichung dieses Rechts zu unternehmenden Schritte umfassen fachliche und berufliche Beratung und Ausbildungsprogramme sowie die Festlegung von Grundsätzen und Verfahren zur Erzielung einer stetigen wirtschaftlichen, sozialen und kulturellen Entwicklung und einer produktiven Vollbeschäftigung unter Bedingungen, welche die politischen und wirtschaftlichen Grundfreiheiten des einzelnen schützen.

Art. 7 [Recht auf gerechte, gesunde und sichere Arbeitsbedingungen sowie angemessenen Lohn] Die Vertragsstaaten erkennen das Recht eines jeden auf gerechte und günstige Arbeitsbedingungen[2)] an, durch die insbesondere gewährleistet wird

a) ein Arbeitsentgelt, das allen Arbeitnehmern mindestens sichert
   i) angemessenen Lohn und gleiches Entgelt für gleichwertige Arbeit ohne Unterschied; insbesondere wird gewährleistet, daß Frauen keine ungünstigeren Arbeitsbedingungen als Männer haben und daß sie für gleiche Arbeit gleiches Entgelt erhalten,
   ii) einen angemessenen Lebensunterhalt für sie und ihre Familien in Übereinstimmung mit diesem Pakt;

b) sichere und gesunde Arbeitsbedingungen;

c) gleiche Möglichkeiten für jedermann, in seiner beruflichen Tätigkeit entsprechend aufzusteigen, wobei keine anderen Gesichtspunkte als Beschäftigungsdauer und Befähigung ausschlaggebend sein dürfen;

d) Arbeitspausen, Freizeit, eine angemessene Begrenzung der Arbeitszeit, regelmäßiger bezahlter Urlaub sowie Vergütung gesetzlicher Feiertage.

Art. 8 [Gewerkschaftsfreiheit, Streikrecht] (1) Die Vertragsstaaten verpflichten sich, folgende Rechte zu gewährleisten:

a) das Recht eines jeden, zur Förderung und zum Schutz seiner wirtschaftlichen und sozialen Interessen Gewerkschaften zu bilden oder einer Gewerk-

---

[1)] Siehe hierzu die Allgemeine Bemerkung Nr. 18 (2006) des Ausschusses über wirtschaftliche, soziale und kulturelle Rechte (E/C.12/GC/18).
[2)] Siehe hierzu die Allgemeine Bemerkung Nr. 23 (2016) des Ausschusses über wirtschaftliche, soziale und kulturelle Rechte (E/C.12/GC/23).

schaft eigener Wahl allein nach Maßgabe ihrer Vorschriften beizutreten. Die Ausübung dieses Rechts darf nur solchen Einschränkungen unterworfen werden, die gesetzlich vorgesehen und in einer demokratischen Gesellschaft im Interesse der nationalen Sicherheit oder der öffentlichen Ordnung oder zum Schutz der Rechte und Freiheiten anderer erforderlich sind;

b) das Recht der Gewerkschaften, nationale Vereinigungen oder Verbände zu gründen, sowie deren Recht, internationale Gewerkschaftsorganisationen zu bilden oder solchen beizutreten;

c) das Recht der Gewerkschaften, sich frei zu betätigen, wobei nur solche Einschränkungen zulässig sind, die gesetzlich vorgesehen und in einer demokratischen Gesellschaft im Interesse der nationalen Sicherheit oder der öffentlichen Ordnung oder zum Schutz der Rechte und Freiheiten anderer erforderlich sind;

d) das Streikrecht, soweit es in Übereinstimmung mit der innerstaatlichen Rechtsordnung ausgeübt wird.

(2) Dieser Artikel schließt nicht aus, daß die Ausübung dieser Rechte durch Angehörige der Streitkräfte, der Polizei oder der öffentlichen Verwaltung rechtlichen Einschränkungen unterworfen wird.

(3) Keine Bestimmung dieses Artikels ermächtigt die Vertragsstaaten des Übereinkommens der Internationalen Arbeitsorganisation von 1948 über die Vereinigungsfreiheit und den Schutz des Vereinigungsrechts, gesetzgeberische Maßnahmen zu treffen oder Gesetze so anzuwenden, daß die Garantien des oben genannten Übereinkommens beeinträchtigt werden.

Art. 9 [Recht auf Soziale Sicherheit[1]] Die Vertragsstaaten erkennen das Recht eines jeden auf Soziale Sicherheit an; diese schließt die Sozialversicherung ein.

Art. 10 [Schutz von Kindern, Müttern und der Familie] Die Vertragsstaaten erkennen an,

1. daß die Familie als die natürliche Kernzelle der Gesellschaft größtmöglichen Schutz und Beistand genießen soll, insbesondere im Hinblick auf ihre Gründung und solange sie für die Betreuung und Erziehung unterhaltsberechtigter Kinder verantwortlich ist. Eine Ehe darf nur im freien Einverständnis der künftigen Ehegatten geschlossen werden;

2. daß Mütter während einer angemessenen Zeit vor und nach der Niederkunft besonderen Schutz genießen sollen. Während dieser Zeit sollen berufstätige Mütter bezahlten Urlaub oder Urlaub mit angemessenen Leistungen aus der Sozialen Sicherheit erhalten;

3. daß Sondermaßnahmen zum Schutz und Beistand für alle Kinder und Jugendlichen ohne Diskriminierung aufgrund der Abstammung oder aus sonstigen Gründen getroffen werden sollen. Kinder und Jugendliche sollen vor wirtschaftlicher und sozialer Ausbeutung geschützt werden. Ihre Beschäftigung mit Arbeiten, die ihrer Moral oder Gesundheit schaden, ihr Leben gefährden oder voraussichtlich ihre normale Entwicklung behindern, soll gesetzlich strafbar sein. Die Staaten sollen ferner Altersgrenzen festset-

---

[1] Siehe hierzu die Allgemeine Bemerkung Nr. 19 (2008) des Ausschusses über wirtschaftliche, soziale und kulturelle Rechte (E/C.12/GC/19).

zen, unterhalb derer die entgeltliche Beschäftigung von Kindern gesetzlich
verboten und strafbar ist.

Art. 11 [Recht auf angemessenen Lebensstandard und Nahrung[1)]]

(1) Die Vertragsstaaten erkennen das Recht eines jeden auf einen angemessenen Lebensstandard für sich und seine Familie an, einschließlich ausreichender Ernährung, Bekleidung und Unterbringung[2)], sowie auf eine stetige Verbesserung der Lebensbedingungen. Die Vertragsstaaten unternehmen geeignete Schritte, um die Verwirklichung dieses Rechts zu gewährleisten, und erkennen zu diesem Zweck die entscheidende Bedeutung einer internationalen, auf freier Zustimmung beruhenden Zusammenarbeit an.

(2) In Anerkennung des grundlegenden Rechts eines jeden, vor Hunger geschützt zu sein, werden die Vertragsstaaten einzeln und im Wege internationaler Zusammenarbeit die erforderlichen Maßnahmen, einschließlich besonderer Programme, durchführen

a) zur Verbesserung der Methoden der Erzeugung, Haltbarmachung und Verteilung von Nahrungsmitteln durch volle Nutzung der technischen und wissenschaftlichen Erkenntnisse, durch Verbreitung der ernährungswissenschaftlichen Grundsätze sowie durch die Entwicklung oder Reform landwirtschaftlicher Systeme mit dem Ziel einer möglichst wirksamen Erschließung und Nutzung der natürlichen Hilfsquellen;

b) zur Sicherung einer dem Bedarf entsprechenden gerechten Verteilung der Nahrungsmittelvorräte der Welt unter Berücksichtigung der Probleme der Nahrungsmittel einführenden und ausführenden Länder.

Art. 12 [Recht auf Gesundheit[3)]]

(1) Die Vertragsstaaten erkennen das Recht eines jeden auf das für ihn erreichbare Höchstmaß an körperlicher und geistiger Gesundheit an.

(2) Die von den Vertragsstaaten zu unternehmenden Schritte zur vollen Verwirklichung dieses Rechts umfassen die erforderlichen Maßnahmen

a) zur Senkung der Zahl der Totgeburten und der Kindersterblichkeit sowie zur gesunden Entwicklung des Kindes;

b) zur Verbesserung aller Aspekte der Umwelt- und der Arbeitshygiene;

c) zur Vorbeugung, Behandlung und Bekämpfung epidemischer, endemischer, Berufs- und sonstiger Krankheiten;

d) zur Schaffung der Voraussetzungen, die für jedermann im Krankheitsfall den Genuß medizinischer Einrichtungen und ärztlicher Betreuung sicherstellen.

[1)] Siehe hierzu die Allgemeinen Bemerkungen Nr. 12 (1999) und 15 (2003) des Ausschusses über wirtschaftliche, soziale und kulturelle Rechte über das Recht auf Nahrung (E/C.12/1999/5) bzw. das Recht auf Wasser (E/C.12/2002/11).
[2)] Siehe hierzu die Allgemeine Bemerkung Nr. 4 (1992) des Ausschusses über wirtschaftliche, soziale und kulturelle Rechte (abgedruckt in Doc. E/1992/23), speziell zur Zwangsräumung siehe Allgemeine Bemerkung Nr. 7 (1997) (abgedruckt in Doc. E/1998/22, Annex IV).
[3)] Siehe hierzu die Allgemeine Bemerkung Nr. 14 (2000) des Ausschusses über wirtschaftliche, soziale und kulturelle Rechte (E/C.12/2000/4), speziell zur Sexual- und Fortpflanzungsgesundheit die Allgemeine Bemerkung Nr. 22 (2016) (E/C.12/GC/22), weiterhin die Allgemeine Bemerkung Nr. 15 (2003) über das Recht auf Wasser (E/C.12/2002/11).

Art. 13 [Recht auf Bildung[1)]] (1) Die Vertragsstaaten erkennen das Recht eines jeden auf Bildung an. Sie stimmen überein, daß die Bildung auf die volle Entfaltung der menschlichen Persönlichkeit und des Bewußtseins ihrer Würde gerichtet sein und die Achtung vor den Menschenrechten und Grundfreiheiten stärken muß. Sie stimmen ferner überein, daß die Bildung es jedermann ermöglichen muß, eine nützliche Rolle in einer freien Gesellschaft zu spielen, daß sie Verständnis, Toleranz und Freundschaft unter allen Völkern und allen rassischen, ethnischen und religiösen Gruppen fördern sowie die Tätigkeit der Vereinten Nationen zur Erhaltung des Friedens unterstützen muß.

(2) Die Vertragsstaaten erkennen an, daß im Hinblick auf die volle Verwirklichung dieses Rechts
a) der Grundschulunterricht für jedermann Pflicht und allen unentgeltlich zugänglich sein muß;
b) die verschiedenen Formen des höheren Schulwesens einschließlich des höheren Fach- und Berufsschulwesens auf jede geeignete Weise, insbesondere durch allmähliche Einführung der Unentgeltlichkeit, allgemein verfügbar und jedermann zugänglich gemacht werden müssen;
c) der Hochschulunterricht auf jede geeignete Weise, insbesondere durch allmähliche Einführung der Unentgeltlichkeit, jedermann gleichermaßen entsprechend seinen Fähigkeiten zugänglich gemacht werden muß;
d) eine grundlegende Bildung für Personen, die eine Grundschule nicht besucht oder nicht beendet haben, so weit wie möglich zu fördern oder zu vertiefen ist;
e) die Entwicklung eines Schulsystems auf allen Stufen aktiv voranzutreiben, ein angemessenes Stipendiensystem einzurichten und die wirtschaftliche Lage der Lehrerschaft fortlaufend zu verbessern ist.

(3) Die Vertragsstaaten verpflichten sich, die Freiheit der Eltern und gegebenenfalls des Vormunds oder Pflegers zu achten, für ihre Kinder andere als öffentliche Schulen zu wählen, die den vom Staat gegebenenfalls festgesetzten oder gebilligten bildungspolitischen Mindestnormen entsprechen, sowie die religiöse und sittliche Erziehung ihrer Kinder in Übereinstimmung mit ihren eigenen Überzeugungen sicherzustellen.

(4) Keine Bestimmung dieses Artikels darf dahin ausgelegt werden, daß sie die Freiheit natürlicher oder juristischer Personen beeinträchtigt, Bildungseinrichtungen zu schaffen und zu leiten, sofern die in Absatz 1 niedergelegten Grundsätze beachtet werden und die in solchen Einrichtungen vermittelte Bildung den vom Staat gegebenenfalls festgesetzten Mindestnormen entspricht.

Art. 14 [Grundschulpflicht, Unentgeltlichkeit][2)] Jeder Vertragsstaat, der zu dem Zeitpunkt, da er Vertragspartei wird, im Mutterland oder in sonstigen seiner Hoheitsgewalt unterstehenden Gebieten noch nicht die Grundschulpflicht auf der Grundlage der Unentgeltlichkeit einführen konnte, verpflichtet sich, binnen zwei Jahren einen ausführlichen Aktionsplan auszuarbeiten und anzunehmen, der die schrittweise Verwirklichung des Grundsatzes der unent-

---

[1)] Siehe hierzu die Allgemeine Bemerkung Nr. 13 (1999) des Ausschusses über wirtschaftliche, soziale und kulturelle Rechte (E/C.12/1999/10).
[2)] Siehe hierzu die Allgemeine Bemerkung Nr. 11 (1999) des Ausschusses über wirtschaftliche, soziale und kulturelle Rechte (E/C.12/1999/4).

geltlichen allgemeinen Schulpflicht innerhalb einer angemessenen, in dem Plan festzulegenden Zahl von Jahren vorsieht.

Art. 15 [Recht auf kulturelle Teilhabe, Wissenschaftsfreiheit] (1) Die Vertragsstaaten erkennen das Recht eines jeden an,
a) am kulturellen Leben teilzunehmen;[1]
b) an den Errungenschaften des wissenschaftlichen Fortschritts und seiner Anwendung teilzuhaben;
c) den Schutz der geistigen und materiellen Interessen zu genießen, die ihm als Urheber von Werken der Wissenschaft, Literatur oder Kunst erwachsen.[2]

(2) Die von den Vertragsstaaten zu unternehmenden Schritte zur vollen Verwirklichung dieses Rechts umfassen die zur Erhaltung, Entwicklung und Verbreitung von Wissenschaft und Kultur erforderlichen Maßnahmen.

(3) Die Vertragsstaaten verpflichten sich, die zu wissenschaftlicher Forschung und schöpferischer Tätigkeit unerläßliche Freiheit zu achten.

(4) Die Vertragsstaaten erkennen die Vorteile an, die sich aus der Förderung und Entwicklung internationaler Kontakte und Zusammenarbeit auf wissenschaftlichem und kulturellem Gebiet ergeben.

Teil IV

Art. 16 [Staatenberichte[3]] (1) Die Vertragsstaaten verpflichten sich, nach Maßgabe dieses Teiles Berichte über die von ihnen getroffenen Maßnahmen und über die Fortschritte vorzulegen, die hinsichtlich der Beachtung der in dem Pakt anerkannten Rechte erzielt wurden.

(2) a) Alle Berichte werden dem Generalsekretär der Vereinten Nationen vorgelegt, der sie abschriftlich dem Wirtschafts- und Sozialrat übermittelt, damit dieser sie nach Maßgabe dieses Paktes prüft.[4]
b) Sind Vertragsstaaten gleichzeitig Mitglieder von Sonderorganisationen, so übermittelt der Generalsekretär der Vereinten Nationen ihre Berichte oder einschlägige Teile solcher Berichte abschriftlich auch den Sonderorganisationen, soweit diese Berichte oder Teile sich auf Angelegenheiten beziehen, die nach den Satzungen dieser Organisationen in deren Aufgabenbereich fallen.

Art. 17 [Inhalt der Berichte] (1) Die Vertragsstaaten legen ihre Berichte abschnittsweise nach Maßgabe eines Programms vor, das vom Wirtschafts- und Sozialrat binnen eines Jahres nach Inkrafttreten dieses Paktes nach Konsultation der Vertragsstaaten und der betroffenen Sonderorganisationen aufzustellen ist.

---

[1] Siehe hierzu die Allgemeine Bemerkung Nr. 21 (2009) des Ausschusses über wirtschaftliche, soziale und kulturelle Rechte (E/C.12/GC/21).
[2] Siehe hierzu die Allgemeine Bemerkung Nr. 17 (2006) des Ausschusses über wirtschaftliche, soziale und kulturelle Rechte (E/C.12/GC/17).
[3] Siehe zur Erstellung der Berichte den revidierten Leitfaden (2008) des Ausschusses für wirtschaftliche und kulturelle Recht zur Erstellung der Berichte (E/C.12/2008/3, S. 129).
[4] Der Wirtschafts- und Sozialrat hat hierzu den Ausschuss für wirtschaftliche, soziale und kulturelle Rechte eingesetzt, der dabei nach seiner Vorläufigen Verfahrensordnung verfährt **(Nr. 15a).**

(2) Die Berichte können Hinweise auf Umstände und Schwierigkeiten enthalten, die das Ausmaß der Erfüllung der Verpflichtungen aus diesem Pakt beeinflussen.

(3) Hat ein Vertragsstaat den Vereinten Nationen oder einer Sonderorganisation bereits sachdienliche Angaben gemacht, so brauchen diese nicht wiederholt zu werden, vielmehr genügt eine genaue Bezugnahme auf diese Angaben.

Art. 18 [Vereinbarungen mit Sonderorganisationen] Im Rahmen des ihm durch die Charta der Vereinten Nationen auf dem Gebiet der Menschenrechte und Grundfreiheiten zugewiesenen Aufgabenbereichs kann der Wirtschafts- und Sozialrat mit den Sonderorganisationen Vereinbarungen bezüglich ihrer Berichterstattung über die Fortschritte treffen, die bei der Beachtung der in ihren Tätigkeitsbereich fallenden Bestimmungen dieses Paktes erzielt wurden. Diese Berichte können Einzelheiten der von ihren zuständigen Organen angenommenen Beschlüsse und Empfehlungen über Maßnahmen zur Erfüllung dieser Bestimmungen enthalten.

Art. 19 [Übermittlung an den Menschenrechtsrat] Der Wirtschafts- und Sozialrat kann die von Staaten nach den Artikeln 16 und 17 und die von Sonderorganisationen nach Artikel 18 vorgelegten Berichte über Menschenrechte[1] der Menschenrechtskommission zur Prüfung und allgemeinen Empfehlung oder gegebenenfalls zur Kenntnisnahme übermitteln.

Art. 20 [Stellungnahmen von Staaten und Sonderorganisationen] Die Vertragsstaaten und die betroffenen Sonderorganisationen können dem Wirtschafts- und Sozialrat Bemerkungen zu jeder allgemeinen Empfehlung nach Artikel 19 oder zu jeder Bezugnahme auf eine solche Empfehlung vorlegen, die in einem Bericht der Menschenrechtskommission oder einem darin erwähnten Schriftstück enthalten ist.

Art. 21 [Berichte an Generalversammlung] Der Wirtschafts- und Sozialrat kann der Generalversammlung von Zeit zu Zeit Berichte mit Empfehlungen allgemeiner Art und einer Zusammenfassung der Angaben vorlegen, die er von den Vertragsstaaten und den Sonderorganisationen über Maßnahmen und Fortschritte hinsichtlich der allgemeinen Beachtung der in diesem Pakt anerkannten Rechte erhalten hat.

Art. 22 [Mitteilungen an sonstige Organe der Vereinten Nationen und Sonderorganisationen] Der Wirtschafts- und Sozialrat kann anderen Organen der Vereinten Nationen, ihren Unterorganen und denjenigen Sonderorganisationen, die sich mit technischer Hilfe befassen, alles aus den in diesem Teil erwähnten Berichten mitteilen, was diesen Stellen helfen kann, in ihrem jeweiligen Zuständigkeitsbereich über die Zweckmäßigkeit internationaler Maßnahmen zur wirksamen schrittweisen Durchführung dieses Paktes zu entscheiden.[2]

---

[1] Die Aufgaben der Menschenrechtskommission sind gemäß Res. 60/251 der UN-Generalversammlung (**Nr. 7**) vom Menschenrechtsrat übernommen worden.
[2] Siehe hierzu die Allgemeine Bemerkung Nr. 2 (1990) des Ausschusses über wirtschaftliche, soziale und kulturelle Rechte (abgedruckt in Doc. E/1990/23).

Art. 23 [Internationale Maßnahmen] Die Vertragsstaaten stimmen überein, daß internationale Maßnahmen zur Verwirklichung der in diesem Pakt anerkannten Rechte u. a. folgendes einschließen: den Abschluß von Übereinkommen, die Annahme von Empfehlungen, die Gewährung technischer Hilfe sowie die Abhaltung von regionalen und Fachtagungen zu Konsultations- und Studienzwecken in Verbindung mit den betroffenen Regierungen.

Art. 24 [Verhältnis zur Charta der Vereinten Nationen] Keine Bestimmung dieses Paktes ist so auszulegen, daß sie die Bestimmungen der Charta der Vereinten Nationen und der Satzungen der Sonderorganisationen beschränkt, in denen die jeweiligen Aufgaben der verschiedenen Organe der Vereinten Nationen und der Sonderorganisationen hinsichtlich der in diesem Pakt behandelten Fragen geregelt sind.

Art. 25 [Nutzung von Naturreichtümern] Keine Bestimmung dieses Paktes ist so auszulegen, daß sie das allen Völkern innewohnende Recht auf den Genuß und die volle und freie Nutzung ihrer natürlichen Reichtümer und Mittel beeinträchtigt.

Teil V

Art. 26 [Unterzeichnung, Ratifikation, Beitritt, Notifikation] (1) Dieser Pakt liegt für alle Mitgliedstaaten der Vereinten Nationen, für alle Mitglieder einer ihrer Sonderorganisationen, für alle Vertragsstaaten der Satzung des Internationalen Gerichtshofs und für jeden anderen Staat, den die Generalversammlung der Vereinten Nationen einlädt, Vertragspartei dieses Paktes zu werden, zur Unterzeichnung auf.

(2) Dieser Pakt bedarf der Ratifikation. Die Ratifikationsurkunden sind beim Generalsekretär der Vereinten Nationen zu hinterlegen.

(3) Dieser Pakt liegt für jeden in Absatz 1 bezeichneten Staat zum Beitritt auf.

(4) Der Beitritt erfolgt durch Hinterlegung einer Beitrittsurkunde beim Generalsekretär der Vereinten Nationen.

(5) Der Generalsekretär der Vereinten Nationen unterrichtet alle Staaten, die diesen Pakt unterzeichnet haben oder ihm beigetreten sind, von der Hinterlegung jeder Ratifikations- oder Beitrittsurkunde.

Art. 27 [Inkrafttreten] (1) Dieser Pakt tritt drei Monate nach Hinterlegung der fünfunddreißigsten Ratifikations- oder Beitrittsurkunde beim Generalsekretär der Vereinten Nationen in Kraft.

(2) Für jeden Staat, der nach Hinterlegung der fünfunddreißigsten Ratifikations- oder Beitrittsurkunde diesen Pakt ratifiziert oder ihm beitritt, tritt er drei Monate nach Hinterlegung seiner eigenen Ratifikations- oder Beitrittsurkunde in Kraft.

Art. 28 [Geltung in Bundesstaaten] Die Bestimmungen dieses Paktes gelten ohne Einschränkung oder Ausnahme für alle Teile eines Bundesstaates.

Art. 29 [Vertragsänderung] (1) Jeder Vertragsstaat kann eine Änderung des Paktes vorschlagen und ihren Wortlaut beim Generalsekretär der Vereinten Nationen einreichen. Der Generalsekretär übermittelt sodann alle Änderungsvorschläge den Vertragsstaaten mit der Aufforderung, ihm mitzuteilen, ob sie eine Konferenz der Vertragsstaaten zur Beratung und Abstimmung über die Vorschläge befürworten. Befürwortet wenigstens ein Drittel der Vertragsstaaten eine solche Konferenz, so beruft der Generalsekretär die Konferenz unter der Schirmherrschaft der Vereinten Nationen ein. Jede Änderung, die von der Mehrheit der auf der Konferenz anwesenden und abstimmenden Vertragsstaaten angenommen wird, ist der Generalversammlung der Vereinten Nationen zur Genehmigung vorzulegen.

(2) Die Änderungen treten in Kraft, wenn sie von der Generalversammlung der Vereinten Nationen genehmigt und von einer Zweidrittelmehrheit der Vertragsstaaten nach Maßgabe der in ihrer Verfassung vorgesehenen Verfahren angenommen worden sind.

(3) Treten die Änderungen in Kraft, so sind sie für die Vertragsstaaten, die sie angenommen haben, verbindlich, während für die anderen Vertragsstaaten weiterhin die Bestimmungen dieses Paktes und alle früher von ihnen angenommenen Änderungen gelten.

Art. 30 [Notifikationen] Unabhängig von den Notifikationen nach Artikel 26 Absatz 5 unterrichtet der Generalsekretär der Vereinten Nationen alle in Absatz 1 jenes Artikels bezeichneten Staaten
a) von den Unterzeichnungen, Ratifikationen und Beitritten nach Artikel 26;
b) vom Zeitpunkt des Inkrafttretens dieses Paktes nach Artikel 27 und vom Zeitpunkt des Inkrafttretens von Änderungen nach Artikel 29.

Art. 31 [Verbindlicher Wortlaut; Hinterlegung] (1) Dieser Pakt, dessen chinesischer, englischer, französischer, russischer und spanischer Wortlaut gleichermaßen verbindlich ist, wird im Archiv der Vereinten Nationen hinterlegt.

(2) Der Generalsekretär der Vereinten Nationen übermittelt allen in Artikel 26 bezeichneten Staaten beglaubigte Abschriften dieses Paktes.

14. Fakultativprotokoll zum Internationalen Pakt über wirtschaftliche, soziale und kulturelle Rechte[1] · [2]

Vom 10.12.2008

(Übersetzung)

Präambel

Die Vertragsstaaten dieses Protokolls,

in der Erwägung, dass nach den in der Charta der Vereinten Nationen verkündeten Grundsätzen die Anerkennung der allen Mitgliedern der menschlichen Gesellschaft innewohnenden Würde und der Gleichheit und Unveräußerlichkeit ihrer Rechte die Grundlage von Freiheit, Gerechtigkeit und Frieden in der Welt bildet,

feststellend, dass in der Allgemeinen Erklärung der Menschenrechte verkündet wird, dass alle Menschen frei und gleich an Würde und Rechten geboren sind und dass jeder ohne irgendeinen Unterschied, etwa nach Rasse, Hautfarbe, Geschlecht, Sprache, Religion, politischer oder sonstiger Anschauung, nationaler oder sozialer Herkunft, Vermögen, Geburt oder sonstigem Stand, Anspruch auf alle darin verkündeten Rechte und Freiheiten hat,

daran erinnernd, dass die Allgemeine Erklärung der Menschenrechte und die internationalen Menschenrechtspakte anerkennen, dass das Ideal vom freien Menschen, der frei von Furcht und Not lebt, nur verwirklicht werden kann, wenn Verhältnisse geschaffen werden, in denen jeder seine bürgerlichen, kulturellen, politischen, sozialen und wirtschaftlichen Rechte genießen kann,

erneut erklärend, dass alle Menschenrechte und Grundfreiheiten allgemein gültig und unteilbar sind, einander bedingen und miteinander verknüpft sind,

daran erinnernd, dass sich jeder Vertragsstaat des Internationalen Paktes über wirtschaftliche, soziale und kulturelle Rechte (im Folgenden als „Pakt" bezeichnet) verpflichtet, einzeln und durch internationale Hilfe und Zusammenarbeit, insbesondere wirtschaftlicher und technischer Art, unter Ausschöpfung aller seiner Möglichkeiten Maßnahmen zu treffen, um nach und nach mit allen geeigneten Mitteln, vor allem durch gesetzgeberische Maßnahmen, die volle Verwirklichung der in dem Pakt anerkannten Rechte zu erreichen,

in der Erwägung, dass es zur weiteren Verwirklichung der Ziele des Paktes und zur Durchführung seiner Bestimmungen angebracht wäre, den Ausschuss für wirtschaftliche, soziale und kulturelle Rechte (im Folgenden als „Ausschuss" bezeichnet) zu ermächtigen, die in diesem Protokoll vorgesehenen Aufgaben wahrzunehmen,

haben Folgendes vereinbart:

Art. 1 Zuständigkeit des Ausschusses für die Entgegennahme und Prüfung von Mitteilungen. (1) Jeder Vertragsstaat des Paktes, der Vertrags-

---

[1] Internationale Quelle: A/RES/63/117. Deutsche Übersetzung des Deutschen Übersetzungsdienstes der Vereinten Nationen, New York.
[2] Das Protokoll ist in Kraft, nicht jedoch für Deutschland, Liechtenstein, Österreich oder die Schweiz.

partei dieses Protokolls wird, erkennt die Zuständigkeit des Ausschusses für die Entgegennahme und Prüfung der in diesem Protokoll vorgesehenen Mitteilungen an.[1]

(2) Der Ausschuss nimmt keine Mitteilung entgegen, die einen Vertragsstaat des Paktes betrifft, der nicht Vertragspartei dieses Protokolls ist.

Art. 2 Mitteilungen. Mitteilungen können von oder im Namen von der Hoheitsgewalt eines Vertragsstaats unterstehenden Einzelpersonen oder Personengruppen eingereicht werden, die behaupten, Opfer einer Verletzung eines der im Pakt niedergelegten wirtschaftlichen, sozialen und kulturellen Rechte durch diesen Vertragsstaat zu sein. Wird eine Mitteilung im Namen von Einzelpersonen oder Personengruppen eingereicht, so hat dies mit ihrer Zustimmung zu geschehen, es sei denn, der Urheber der Mitteilung kann rechtfertigen, ohne eine solche Zustimmung in ihrem Namen zu handeln.

Art. 3 Zulässigkeit. (1) Der Ausschuss prüft eine Mitteilung nur, wenn er sich vergewissert hat, dass alle zur Verfügung stehenden innerstaatlichen Rechtsbehelfe erschöpft worden sind. Dies gilt nicht, wenn das Verfahren bei der Anwendung der Rechtsbehelfe unangemessen lange gedauert hat.

(2) Der Ausschuss erklärt eine Mitteilung für unzulässig,
a) wenn sie nicht innerhalb eines Jahres nach der Erschöpfung der innerstaatlichen Rechtsbehelfe eingereicht wird, es sei denn, der Urheber der Mitteilung kann nachweisen, dass eine Einreichung innerhalb dieser Frist nicht möglich war;
b) wenn die der Mitteilung zugrunde liegenden Tatsachen vor dem Inkrafttreten dieses Protokolls für den betreffenden Vertragsstaat eingetreten sind, es sei denn, dass sie auch nach diesem Zeitpunkt weiterbestehen;
c) wenn dieselbe Sache bereits vom Ausschuss untersucht worden ist oder in einem anderen internationalen Untersuchungs- oder Streitregelungsverfahren geprüft worden ist oder geprüft wird;
d) wenn sie mit den Bestimmungen des Paktes unvereinbar ist;
e) wenn sie offensichtlich unbegründet ist, nicht hinreichend begründet wird oder ausschließlich auf von Massenmedien verbreiteten Meldungen beruht;
f) wenn sie einen Missbrauch des Rechts auf Einreichung einer Mitteilung darstellt oder
g) wenn sie anonym ist oder nicht schriftlich eingereicht wird.

Art. 4 Mitteilungen, die keine klare Benachteiligung erkennen lassen. Der Ausschuss kann die Prüfung einer Mitteilung erforderlichenfalls ablehnen, wenn sie nicht erkennen lässt, dass der Urheber eine klare Benachteiligung erlitten hat, es sei denn, der Ausschuss ist der Auffassung, dass die Mitteilung eine ernste Frage von allgemeiner Bedeutung aufwirft.

Art. 5 Vorläufige Maßnahmen. (1) Der Ausschuss kann jederzeit nach Eingang einer Mitteilung und bevor eine Entscheidung in der Sache selbst getroffen worden ist, dem betreffenden Vertragsstaat ein Gesuch zur sofortigen

---

[1] Zur näheren Ausgestaltung des Verfahrens siehe Vorläufige Verfahrensordnung des Ausschusses für wirtschaftliche, soziale und kulturelle Rechte für die Prüfung von Mitteilungen gemäß diesem Protokoll (**Nr. 15b).**

Prüfung übermitteln, in dem er aufgefordert wird, die vorläufigen Maßnahmen zu treffen, die unter außergewöhnlichen Umständen gegebenenfalls erforderlich sind, um einen möglichen nicht wieder gutzumachenden Schaden für das oder die Opfer der behaupteten Verletzung abzuwenden.

(2) Übt der Ausschuss sein Ermessen nach Absatz 1 aus, so bedeutet das keine Entscheidung über die Zulässigkeit der Mitteilung oder in der Sache selbst.

Art. 6 Übermittlung der Mitteilung. (1) Sofern nicht der Ausschuss eine Mitteilung für unzulässig erachtet, ohne sich dabei an den betreffenden Vertragsstaat zu wenden, bringt der Ausschuss jede ihm nach diesem Protokoll zugegangene Mitteilung dem Vertragsstaat vertraulich zur Kenntnis.

(2) Der betreffende Vertragsstaat übermittelt dem Ausschuss innerhalb von sechs Monaten schriftliche Erklärungen oder Darlegungen zur Klärung der Sache und der gegebenenfalls von ihm getroffenen Abhilfemaßnahmen.

Art. 7 Gütliche Einigung. (1) Der Ausschuss stellt den beteiligten Parteien seine Guten Dienste zur Verfügung, um eine gütliche Einigung in der Sache auf der Grundlage der Einhaltung der im Pakt niedergelegten Verpflichtungen herbeizuführen.

(2) Beim Zustandekommen einer gütlichen Einigung wird die Prüfung der Mitteilung nach diesem Protokoll eingestellt.

Art. 8 Prüfung der Mitteilungen. (1) Der Ausschuss prüft die ihm nach Artikel 2 zugegangenen Mitteilungen unter Berücksichtigung aller ihm unterbreiteten Unterlagen, wobei diese Unterlagen den betreffenden Parteien zuzuleiten sind.

(2) Der Ausschuss berät über Mitteilungen auf Grund dieses Protokolls in nichtöffentlicher Sitzung.

(3) Bei der Prüfung einer Mitteilung nach diesem Protokoll kann der Ausschuss gegebenenfalls einschlägige Unterlagen anderer Organe, Sonderorganisationen, Fonds, Programme und Mechanismen der Vereinten Nationen und anderer internationaler Organisationen, einschließlich regionaler Menschenrechtssysteme, sowie Stellungnahmen oder Bemerkungen des betreffenden Vertragsstaats heranziehen.

(4) Bei der Prüfung von Mitteilungen nach diesem Protokoll untersucht der Ausschuss die Angemessenheit der von dem Vertragsstaat im Einklang mit Teil II des Paktes getroffenen Maßnahmen. Dabei berücksichtigt der Ausschuss, dass der Vertragsstaat eine Reihe möglicher politischer Maßnahmen zur Verwirklichung der im Pakt niedergelegten Rechte treffen kann.

Art. 9 Kontrolle der Umsetzung der Auffassungen des Ausschusses.
(1) Nach Prüfung einer Mitteilung übermittelt der Ausschuss den betreffenden Parteien seine Auffassungen zusammen mit etwaigen Empfehlungen.

(2) Der Vertragsstaat zieht die Auffassungen des Ausschusses zusammen mit etwaigen Empfehlungen gebührend in Erwägung und unterbreitet dem Ausschuss innerhalb von sechs Monaten eine schriftliche Antwort, einschließlich Angaben über alle unter Berücksichtigung der Auffassungen und Empfehlungen des Ausschusses getroffenen Maßnahmen.

(3) Der Ausschuss kann den Vertragsstaat auffordern, weitere Angaben über alle Maßnahmen, die der Vertragsstaat als Reaktion auf die Auffassungen oder etwaigen Empfehlungen des Ausschusses getroffen hat, vorzulegen, einschließlich, soweit dies vom Ausschuss als geeignet erachtet wird, in den folgenden Berichten des Vertragsstaats nach den Artikeln 16 und 17 des Paktes.

Art. 10 Mitteilungen von Staaten. (1) Ein Vertragsstaat dieses Protokolls kann auf Grund dieses Artikels jederzeit erklären, dass er die Zuständigkeit des Ausschusses zur Entgegennahme und Prüfung von Mitteilungen anerkennt, in denen ein Vertragsstaat geltend macht, ein anderer Vertragsstaat komme seinen Verpflichtungen aus dem Pakt nicht nach.[1] Mitteilungen auf Grund dieses Artikels können nur entgegengenommen und geprüft werden, wenn sie von einem Vertragsstaat eingereicht werden, der für sich selbst die Zuständigkeit des Ausschusses durch eine Erklärung anerkannt hat. Der Ausschuss darf keine Mitteilung entgegennehmen, die einen Vertragsstaat betrifft, der keine derartige Erklärung abgegeben hat. Auf Mitteilungen, die auf Grund dieses Artikels eingehen, ist folgendes Verfahren anzuwenden:

a) Ist ein Vertragsstaat dieses Protokolls der Auffassung, dass ein anderer Vertragsstaat seine Verpflichtungen aus dem Pakt nicht erfüllt, so kann er den anderen Staat durch eine schriftliche Mitteilung darauf hinweisen. Der Vertragsstaat kann außerdem den Ausschuss über die Sache unterrichten. Innerhalb von drei Monaten nach Zugang der Mitteilung hat der Empfangsstaat dem Staat, der die Mitteilung übersandt hat, in Bezug auf die Sache eine schriftliche Erklärung oder sonstige Stellungnahme zukommen zu lassen, die, soweit es möglich und angebracht ist, einen Hinweis auf die in der Sache durchgeführten, anhängigen oder zur Verfügung stehenden innerstaatlichen Verfahren und Rechtsbehelfe enthalten soll;

b) wird die Sache nicht innerhalb von sechs Monaten nach Eingang der einleitenden Mitteilung bei dem Empfangsstaat zur Zufriedenheit der beiden beteiligten Vertragsstaaten geregelt, so hat jeder der beiden Staaten das Recht, die Sache dem Ausschuss zu unterbreiten, indem er diesem und dem anderen Staat eine entsprechende Mitteilung macht;

c) der Ausschuss befasst sich mit einer ihm unterbreiteten Sache erst dann, wenn er sich vergewissert hat, dass alle in der Sache zur Verfügung stehenden innerstaatlichen Rechtsbehelfe eingelegt und erschöpft worden sind. Dies gilt nicht, wenn das Verfahren bei der Anwendung der Rechtsbehelfe unangemessen lange gedauert hat;

d) sofern die Voraussetzungen des Buchstaben c erfüllt sind, stellt der Ausschuss den beteiligten Vertragsstaaten seine Guten Dienste zur Verfügung, um eine gütliche Regelung der Sache auf der Grundlage der Einhaltung der im Pakt niedergelegten Verpflichtungen herbeizuführen;

e) der Ausschuss berät über Mitteilungen auf Grund dieses Artikels in nichtöffentlicher Sitzung;

f) der Ausschuss kann in jeder ihm nach Buchstabe b unterbreiteten Sache die unter Buchstabe b genannten beteiligten Vertragsstaaten auffordern, alle erheblichen Angaben beizubringen;

---

[1] Zur näheren Ausgestaltung des Verfahrens siehe Vorläufige Verfahrensordnung des Ausschusses für wirtschaftliche, soziale und kulturelle Rechte für die Prüfung von Mitteilungen gemäß diesem Protokoll **(Nr. 15b).**

g) die unter Buchstabe b genannten beteiligten Vertragsstaaten haben das Recht, sich vertreten zu lassen sowie mündlich und/oder schriftlich Stellung zu nehmen, wenn die Sache vom Ausschuss verhandelt wird;

h) der Ausschuss legt mit aller gebotenen Eile nach Eingang der unter Buchstabe b vorgesehenen Mitteilung einen Bericht vor wie folgt:

   i) wenn eine Regelung im Sinne von Buchstabe d zustande gekommen ist, beschränkt der Ausschuss seinen Bericht auf eine kurze Darstellung des Sachverhalts und der erzielten Regelung;

   ii) wenn eine Regelung im Sinne von Buchstabe d nicht zustande gekommen ist, legt der Ausschuss in seinem Bericht den einschlägigen Sachverhalt in der Sache zwischen den beteiligten Vertragsstaaten dar. Der Bericht enthält auch die schriftlichen Stellungnahmen der beteiligten Vertragsstaaten und ein Protokoll über ihre mündlichen Stellungnahmen. Der Ausschuss kann außerdem nur den beteiligten Vertragsstaaten alle Auffassungen übermitteln, die er in der Sache zwischen ihnen für erheblich hält.

In jedem Falle wird der Bericht den beteiligten Vertragsstaaten übermittelt.

(2) Eine Erklärung auf Grund von Absatz 1 wird von den Vertragsstaaten beim Generalsekretär der Vereinten Nationen hinterlegt, der den anderen Vertragsstaaten Abschriften davon übermittelt. Eine Erklärung kann jederzeit durch eine an den Generalsekretär gerichtete Notifikation zurückgenommen werden. Eine solche Zurücknahme berührt nicht die Prüfung einer Sache, die Gegenstand einer auf Grund dieses Artikels bereits vorgenommenen Mitteilung ist; nach Eingang der Notifikation über die Zurücknahme der Erklärung beim Generalsekretär wird keine weitere Mitteilung eines Vertragsstaates entgegengenommen, es sei denn, dass der betroffene Vertragsstaat eine neue Erklärung abgegeben hat.

Art. 11 Untersuchungsverfahren. (1) Ein Vertragsstaat dieses Protokolls kann jederzeit erklären, dass er die in diesem Artikel vorgesehene Zuständigkeit des Ausschusses anerkennt.[1]

(2) Erhält der Ausschuss zuverlässige Angaben, die auf schwerwiegende oder systematische Verletzungen eines der im Pakt niedergelegten wirtschaftlichen, sozialen und kulturellen Rechte durch einen Vertragsstaat hinweisen, so fordert der Ausschuss diesen Vertragsstaat auf, bei der Prüfung dieser Angaben mitzuwirken und zu diesen Angaben Stellung zu nehmen.

(3) Der Ausschuss kann unter Berücksichtigung der von dem betreffenden Vertragsstaat abgegebenen Stellungnahmen sowie aller sonstigen ihm zur Verfügung stehenden zuverlässigen Angaben eines oder mehrere seiner Mitglieder beauftragen, eine Untersuchung durchzuführen und ihm sofort zu berichten. Sofern geboten, kann die Untersuchung mit Zustimmung des Vertragsstaats einen Besuch in seinem Hoheitsgebiet einschließen.

(4) Eine solche Untersuchung ist vertraulich durchzuführen; die Mitwirkung des Vertragsstaats ist auf allen Verfahrensstufen anzustreben.

---

[1] Zur näheren Ausgestaltung des Verfahrens siehe Vorläufige Verfahrensordnung des Ausschusses für wirtschaftliche, soziale und kulturelle Rechte für die Prüfung von Mitteilungen gemäß diesem Protokoll **(Nr. 15b)**.

(5) Nachdem der Ausschuss die Ergebnisse einer solchen Untersuchung geprüft hat, übermittelt er sie zusammen mit etwaigen Bemerkungen und Empfehlungen dem betreffenden Vertragsstaat.

(6) Der Vertragsstaat unterbreitet innerhalb von sechs Monaten nach Eingang der vom Ausschuss übermittelten Ergebnisse, Bemerkungen und Empfehlungen dem Ausschuss seine Stellungnahmen.

(7) Nachdem das mit einer Untersuchung gemäß Absatz 2 zusammenhängende Verfahren abgeschlossen ist, kann der Ausschuss nach Konsultation des betreffenden Vertragsstaats beschließen, eine Zusammenfassung der Ergebnisse des Verfahrens in seinen nach Artikel 15 dieses Protokolls erstellten Jahresbericht aufzunehmen.

(8) Jeder Vertragsstaat, der eine Erklärung nach Absatz 1 abgegeben hat, kann diese Erklärung jederzeit durch eine an den Generalsekretär gerichtete Notifikation zurücknehmen.

Art. 12 Weiterverfolgung des Untersuchungsverfahrens. (1) Der Ausschuss kann den betreffenden Vertragsstaat auffordern, in seinen Bericht nach den Artikeln 16 und 17 des Paktes Einzelheiten über Maßnahmen aufzunehmen, die als Reaktion auf eine nach Artikel 11 dieses Protokolls durchgeführte Untersuchung getroffen wurden.

(2) Sofern erforderlich, kann der Ausschuss nach Ablauf des in Artikel 11 Absatz 6 genannten Zeitraums von sechs Monaten den betreffenden Vertragsstaat auffordern, ihn über die als Reaktion auf eine solche Untersuchung getroffenen Maßnahmen zu unterrichten.

Art. 13 Schutzmaßnahmen. Ein Vertragsstaat trifft alle geeigneten Maßnahmen, um sicherzustellen, dass seiner Hoheitsgewalt unterstehende Personen keiner Misshandlung oder Einschüchterung ausgesetzt werden, weil sie sich auf Grund dieses Protokolls an den Ausschuss gewandt haben.

Art. 14 Internationale Hilfe und Zusammenarbeit. (1) Der Ausschuss übermittelt, wenn er dies für angebracht hält, mit Zustimmung des betreffenden Vertragsstaats den Sonderorganisationen, Fonds und Programmen der Vereinten Nationen und anderen zuständigen Stellen seine Auffassungen oder Empfehlungen zu Mitteilungen und Untersuchungen, die einen Hinweis auf ein Bedürfnis an fachlicher Beratung oder Unterstützung enthalten, zusammen mit etwaigen Stellungnahmen und Vorschlägen des Vertragsstaats zu den Auffassungen oder Empfehlungen.

(2) Der Ausschuss kann diesen Stellen außerdem mit Zustimmung des betreffenden Vertragsstaats alles aus den nach diesem Protokoll geprüften Mitteilungen zur Kenntnis bringen, was ihnen helfen kann, in ihrem jeweiligen Zuständigkeitsbereich über die Zweckmäßigkeit internationaler Maßnahmen zu entscheiden, die den Vertragsstaaten dabei behilflich sein können, Fortschritte bei der Umsetzung der im Pakt anerkannten Rechte zu erzielen.

(3) In Übereinstimmung mit den einschlägigen Verfahren der Generalversammlung wird ein nach der Finanzordnung und den Finanzvorschriften der Vereinten Nationen zu verwaltender Treuhandfonds eingerichtet, um Vertragsstaaten mit deren Zustimmung fachliche und technische Unterstützung zur besseren Umsetzung der im Pakt enthaltenen Rechte zu gewähren und so

zum Aufbau nationaler Kapazitäten im Bereich der wirtschaftlichen, sozialen und kulturellen Rechte im Rahmen dieses Protokolls beizutragen.

(4) Dieser Artikel berührt nicht die Pflicht jedes Vertragsstaats, seine Verpflichtungen aus diesem Übereinkommen zu erfüllen.

Art. 15 Jahresbericht. Der Ausschuss nimmt in seinen Jahresbericht eine Zusammenfassung seiner Tätigkeit nach diesem Protokoll auf.

Art. 16 Verbreitung und Informationen. Jeder Vertragsstaat verpflichtet sich, den Pakt und dieses Protokoll weithin bekannt zu machen und zu verbreiten und den Zugang zu Angaben über die Auffassungen und Empfehlungen des Ausschusses, insbesondere in diesen Vertragsstaat betreffenden Sachen, zu erleichtern, und dies in für Menschen mit Behinderungen zugänglichen Formaten zu tun.

Vom Abdruck der Art. 17 bis 22 wird abgesehen. Sie regeln entsprechend den Art. 26 bis 31 des Internationalen Pakts über wirtschaftliche, soziale und kulturelle Rechte **(Nr. 13)** *Unterzeichnung, Ratifikation bzw. Beitritt zum Protokoll (Art. 17), dessen Inkrafttreten (Art. 18), Änderungen (Art. 19), die Notifikationen des Depositars (Art. 21) sowie die Hinterlegung der Urschrift des Protokolls in arabischer, chinesischer, englischer, französischer, russischer und spanischer Sprache (Art. 22). Die dem Art. 29 Abs. 3 des Pakts entsprechende Regelung fehlt im Protokoll; anders als der Pakt ist das Protokoll kündbar (Art. 20).*

15a. Verfahrensordnung des Ausschusses für wirtschaftliche, soziale und kulturelle Rechte[1] · [2]

Vom 1. September 1993

(Auszug)

Vorbemerkung der Herausgeber: Diese Verfahrensordnung betrifft allein das Staatenberichtsverfahren nach Art. 16ff. des Internationalen Pakts über wirtschaftliche, soziale und kulturelle Rechte (Nr. 13). Die Verfahren nach dem Protokoll zu diesem Pakt (Nr. 14) sind in einer eigenen Verfahrensordnung geregelt (Nr. 15b).

(Übersetzung)

Erster Teil: Allgemeine Bestimmungen

Der Erste Teil mit den Abschnitten I. Tagungen (Art. 1 bis 3), II. Tagesordnung (Art. 4 bis 8), III. Mitglieder des Ausschusses (Art. 9 bis 13), IV. Vorstand (Art. 14 bis 19), V. Sekretariat (Art. 20 bis 23), VI. Sprachen (Art. 24 bis 27), VII. Öffentliche und nichtöffentliche Sitzungen (Art. 28, 29), VIII. Sitzungsprotokolle (Art. 30), IX. Verteilung von Berichten und anderen offiziellen Dokumenten des Ausschusses (Art. 31), X. Verfahren (Art. 32 bis 44), XI. Abstimmungen (Art. 45 bis 52), XII. Wahlen (Art. 53 bis 55), XIII. Nebenorgane (Art. 56) und XIV. Berichte des Ausschusses (Art. 57) ist an die Verfahrensordnung des Menschenrechtsausschusses (Nr. 12) angelehnt, so dass hier auf den Abdruck verzichtet werden kann. Inhaltliche Abweichungen gibt es bei folgenden Regelungen (die Angaben der Artikel beziehen sich auf die Verfahrensordnung des Ausschusses für wirtschaftliche soziale und kulturelle Rechte):

1. Der Ausschuss tagt einmal im Jahr für drei Wochen, abhängig von der Anzahl der zu behandelnden Berichte (Art. 1); 2. Sondertagungen werden nicht ausdrücklich erwähnt; 3. das Besetzungsverfahren für verwaiste Sitze ist abweichend geregelt (Art. 12); 4. Chinesisch ist keine Amtssprache und Arabisch ist keine Arbeitssprache (Art. 24); 5. es fehlt an einer Bestimmung über die Übersetzung einer offiziellen Sprache in eine Arbeitssprache (Art. 25); 6. Kurzprotokolle sollen nur in Englisch, Französisch und Spanisch erstellt werden (Art. 26); 7. der Ausschuss soll sich bei Entscheidungen zunächst um Einstimmigkeit bemühen (Art. 46); 8. dem Jahresbericht wird eine Liste mit den Vertragsparteien des Übereinkommens und dem Stand der Staatenberichte beigefügt (Art. 57). Im Übrigen ist die Reihenfolge der Artikel mitunter umgestellt, in wenigen Fällen sind sie auch anders gegliedert. Daraus ergeben sich Abweichungen in der Nummerierung der einzelnen Artikel.

---

[1] Vorläufige Verfahrensordnung von 1989 mit Änderungen von 1990 und 1993; internationale Quelle: E/C.12/1990/4/Rev. 1.
[2] Deutsche Übersetzung vom Deutschen Übersetzungsdienst bei den Vereinten Nationen, New York.

Zweiter Teil: Bestimmungen im Zusammenhang mit den Aufgaben des Ausschusses

XV. Berichte der Vertragsstaaten nach den Artikeln 16 und 17 des Paktes

Art. 58 Vorlage von Berichten. (1) Im Einklang mit Artikel 16 des Paktes legen die Vertragsstaaten dem Rat zur Prüfung durch den Ausschuss Berichte über die von ihnen getroffenen Maßnahmen und über die Fortschritte, die hinsichtlich der Beachtung der in dem Pakt anerkannten Rechte erzielt wurden, vor.

(2) Im Einklang mit Artikel 17 des Paktes und mit Ratsresolution 1988/4 legen die Vertragsstaaten ihre Erstberichte innerhalb von zwei Jahren nach dem Inkrafttreten des Paktes für den betreffenden Vertragsstaat und danach regelmäßige Berichte in fünfjährigen Abständen vor.

Art. 59 Fälle, in denen keine Berichte vorgelegt wurden. (1) Auf jeder Tagung unterrichtet der Generalsekretär den Ausschuss über alle Fälle, in denen die Berichte nach Artikel 58 dieser Verfahrensordnung nicht vorgelegt wurden. In solchen Fällen kann der Ausschuss dem Rat empfehlen, dem betreffenden Vertragsstaat über den Generalsekretär eine Mahnung zur Vorlage dieser Berichte zu übermitteln.

(2) Legt der Vertragsstaat, nachdem die Mahnung nach Absatz 1 an ihn ergangen ist, den nach Artikel 58 dieser Verfahrensordnung erforderlichen Bericht nicht vor, so hält der Ausschuss dies in dem Jahresbericht fest, den er dem Rat vorlegt.

Art. 60 Form und Inhalt der Berichte. (1) Nach Genehmigung durch den Rat kann der Ausschuss den Vertragsstaaten über den Generalsekretär seine Wünsche in Bezug auf Form und Inhalt der Berichte bekannt geben, die nach Artikel 16 des Paktes und gemäß dem mit Ratsresolution 1988/4 festgelegten Programm vorzulegen sind.

(2) Die allgemeinen Richtlinien für die Berichte der Vertragsstaaten können vom Ausschuss erforderlichenfalls geprüft werden, mit dem Ziel, Verbesserungsvorschläge zu machen.

Art. 61 Prüfung der Berichte. (1) Der Ausschuss prüft die Berichte, die von den Vertragsstaaten des Paktes gemäß dem mit Ratsresolution 1988/4 festgelegten Programm vorgelegt werden.

(2) In der Regel prüft der Ausschuss die von den Vertragsstaaten nach Artikel 16 des Paktes vorgelegten Berichte in der Reihenfolge ihres Eingangs beim Generalsekretär.

(3) Die zur Prüfung durch den Ausschuss vorgesehenen Berichte der Vertragsstaaten werden den Mitgliedern des Ausschusses mindestens sechs Wochen vor Eröffnung der Tagung des Ausschusses zur Verfügung gestellt. Alle Berichte von Vertragsstaaten, die weniger als 12 Wochen vor Eröffnung der Tagung beim Generalsekretär zur Bearbeitung eingehen, werden dem Ausschuss auf seiner Tagung im folgenden Jahr zur Verfügung gestellt.

Art. 62 Teilnahme der Vertragsstaaten an der Prüfung von Berichten. (1) Vertreter der berichterstattenden Staaten sind berechtigt, bei den Sitzungen des Ausschusses, auf denen ihre Berichte geprüft werden, zugegen zu sein. Diese Vertreter sollen in der Lage sein, Erklärungen zu den von ihren Staaten vorgelegten Berichten abzugeben und Fragen von Mitgliedern des Ausschusses zu beantworten.

(2) Der Generalsekretär unterrichtet die Vertragsstaaten so früh wie möglich über den Beginn und die Dauer der Tagung des Ausschusses, auf der die Prüfung ihrer jeweiligen Berichte vorgesehen ist. Die Vertreter der betreffenden Vertragsstaaten erhalten eine besondere Einladung zur Teilnahme an den in Absatz 1 genannten Sitzungen.

(3) Hat ein Vertragsstaat dem Termin für die Prüfung seines Berichts durch den Ausschuss zugestimmt, führt der Ausschuss die Prüfung dieses Berichts zum vorgesehenen Zeitpunkt durch, auch wenn kein Vertreter des Vertragsstaats anwesend ist.

Art. 63 Anforderung zusätzlicher Auskünfte. (1) Bei der Behandlung eines von einem Vertragsstaat nach Artikel 16 des Paktes vorgelegten Berichts hat sich der Ausschuss zuerst zu vergewissern, dass der Bericht alle nach den bestehenden Richtlinien erforderlichen Angaben enthält.

(2) Enthält ein Bericht eines Vertragsstaates des Paktes nach Auffassung des Ausschusses nicht ausreichende Angaben, so kann der Ausschuss den betreffenden Staat auffordern, die erforderlichen zusätzlichen Auskünfte beizubringen, und dabei die Art und Weise und den Termin für ihre Vorlage angeben.

Art. 64 Vorschläge und Empfehlungen. Der Ausschuss gibt auf der Grundlage seiner Prüfung der von den Vertragsstaaten und von den Sonderorganisationen vorgelegten Berichte Vorschläge und Empfehlungen allgemeiner Art ab, um dem Rat insbesondere bei der Erfüllung seiner Aufgaben nach den Artikeln 21 und 22 des Paktes behilflich zu sein. Der Ausschuss kann außerdem zur Prüfung durch den Rat Vorschläge in Bezug auf die Artikel 19 und 23 des Paktes machen.

Art. 65 Allgemeine Bemerkungen. Der Ausschuss kann allgemeine Bemerkungen auf der Grundlage der verschiedenen Artikel und Bestimmungen des Paktes ausarbeiten, mit dem Ziel, den Vertragsstaaten bei der Erfüllung ihrer Berichtspflichten behilflich zu sein.

XVI. Berichte der Sonderorganisationen nach Artikel 18 des Paktes

Art. 66 Vorlage von Berichten. Im Einklang mit Artikel 18 des Paktes und den in seinem Rahmen vom Rat getroffenen Vereinbarungen werden die Sonderorganisationen aufgefordert, Berichte über die Fortschritte vorzulegen, die bei der Beachtung der in ihren Tätigkeitsbereich fallenden Bestimmungen des Paktes erzielt wurden. Diese Berichte können Einzelheiten der von ihren zuständigen Organen angenommenen Beschlüsse und Empfehlungen über Maßnahmen zur Erfüllung dieser Bestimmungen enthalten.

Art. 67 Prüfung der Berichte. Der Ausschuss hat die Aufgabe, die Berichte der Sonderorganisationen zu prüfen, die dem Rat nach Artikel 18 des Paktes und gemäß dem kraft Ratsresolution 1988 (LX) festgelegten Programm vorgelegt werden.

Art. 68 Teilnahme von Sonderorganisationen. Die betreffenden Sonderorganisationen werden gebeten, Vertreter zur Teilnahme an den Sitzungen des Ausschusses zu benennen. Diese Vertreter können während der Erörterung des Berichts eines jeden Vertragsstaats des Paktes durch den Ausschuss Erklärungen zu Angelegenheiten abgeben, die in den Tätigkeitsbereich ihrer jeweiligen Organisation fallen. Den Vertretern der Vertragsstaaten, die dem Ausschuss Berichte vorgelegt haben, steht es frei, zu den von den Sonderorganisationen abgegebenen Erklärungen Stellung zu nehmen oder sie zu berücksichtigen.

XVII. Andere Informationsquellen

Art. 69 Vorlage von Informationen, Dokumenten und schriftlichen Erklärungen. (1) Nichtstaatliche Organisationen mit Konsultativstatus beim Rat können dem Ausschuss schriftliche Erklärungen vorlegen, die zur vollständigen und universalen Anerkennung und Verwirklichung der in dem Pakt enthaltenen Rechte beitragen könnten.

(2) Zusätzlich zur Vorlage schriftlicher Informationen wird zu Beginn jeder Tagung der vor den Ausschusstagungen zusammentretenden Arbeitsgruppe des Ausschusses den nichtstaatlichen Organisationen Gelegenheit gegeben, den Mitgliedern der Arbeitsgruppe sachdienliche mündliche Informationen vorzutragen.

(3) Der Ausschuss reserviert ferner einen Teil des ersten Nachmittags jeder seiner Tagungen für die Entgegennahme von mündlichen Informationen nichtstaatlicher Organisationen. Diese Informationen sollen
a) sich konkret auf die Bestimmungen des Paktes über wirtschaftliche, soziale und kulturelle Rechte beziehen;
b) für die von dem Ausschuss behandelten Angelegenheiten unmittelbar relevant sein;
c) verlässlich und
d) nicht diffamierend sein.
Die betreffende Sitzung ist öffentlich und es werden Dolmetscherdienste für sie bereitgestellt, jedoch werden keine Kurzprotokolle erstellt.

(4) Der Ausschuss kann dem Rat empfehlen, die betreffenden Organe der Vereinten Nationen und die regionalen zwischenstaatlichen Organisationen zu bitten, ihm gegebenenfalls Informationen, Dokumente und schriftliche Erklärungen vorzulegen, die für seine Tätigkeit auf Grund des Paktes von Bedeutung sind.

Dritter Teil: Auslegung und Änderungen

XVIII. Auslegung und Änderungen

Art. 70 Unterstrichene Überschriften. Bei der Auslegung dieser Verfahrensordnung bleiben die unterstrichenen Überschriften[1], die nur als Hinweis gedacht sind, unberücksichtigt.

Art. 71 Änderungen. Diese Verfahrensordnung kann vorbehaltlich der Genehmigung des Rates durch einen Beschluss des Ausschusses geändert werden.

Art. 72 Genehmigung und Änderung durch den Rat. Diese Verfahrensordnung unterliegt der Genehmigung durch den Rat und bleibt in Kraft, solange sie nicht durch Beschlüsse des Rates ersetzt oder geändert wird.

---

[1] Die im Original unterstrichenen Überschriften der einzelnen Artikel sind in dieser Ausgabe im Fettdruck wiedergegeben.

15b. Vorläufige Verfahrensordnung gemäß dem Protokoll zum Internationalen Pakt für wirtschaftliche, soziale und kulturelle Rechte[1) · 2)]

Vom November 2012

(Auszug)

Vorbemerkung der Herausgeber: Diese Verfahrensordnung ergänzt die Tätigkeit des Ausschusses für wirtschaftliche, soziale und kulturelle Rechte um weitere, durch das Fakultativprotokoll (Nr. 14) eröffnete Verfahrensarten: Individualbeschwerde, Untersuchung, Staatenbeschwerde. Sie beschränkt sich daher auf Regelungen für diese Verfahren, während die institutionellen Bestimmungen für den Ausschuss in der grundlegenden, unter Nr. 15a abgedruckten Verfahrensordnung enthalten sind.

(Übersetzung)

Verfahren zur Prüfung von individuellen Mitteilungen, die gemäß dem Fakultativprotokoll eingegangen sind

Das Individualbeschwerdeverfahren ist in den Art. 1 bis 20 im Wesentlichen so wie in den Art. 84ff. der Verfahrensordnung für den Menschenrechtsausschuss (dazu Nr. 12) geregelt; eine bedeutsame Abweichung besteht jedoch darin, dass der Ausschuss die Identität des Beschwerdeführers nicht offenlegen muss (Art. 10). Weitere Abweichungen sind in den Art. 2, 4, 7, 8 Abs. 3, 9 und 13 des Fakultativprotokolls angelegt:

Art. 4 Beschwerdeführer. Mitteilungen können von oder im Namen von der Hoheitsgewalt eines Vertragsstaats unterstehenden Einzelpersonen oder Personengruppen eingereicht werden, die behaupten, Opfer einer Verletzung eines der im Pakt niedergelegten wirtschaftlichen, sozialen und kulturellen Rechte durch diesen Vertragsstaat zu sein. Wird die Mitteilung im Namen von Einzelpersonen oder Personengruppen eingereicht, so hat dies mit ihrer Zustimmung zu geschehen, es sei denn, der/die Urheber der Mitteilung kann/können es rechtfertigen, ohne eine solche Zustimmung in ihrem Namen zu handeln.

Art. 14 Prüfung der Mitteilungen in der Sache. (1) Der Ausschuss kann als solcher oder durch eine Arbeitsgruppe oder einen Berichterstatter jederzeit nach Eingang einer Mitteilung und vor Abschluss der Prüfung in der Sache gegebenenfalls einschlägige Unterlagen anderer Organe, Sonderorganisationen, Fonds, Programme und Mechanismen der Vereinten Nationen sowie anderer internationaler Organisationen einschließlich regionaler Menschenrechtssysteme heranziehen, die bei der Prüfung der Mitteilung hilfreich sein können,

---

[1)] Internationale Quelle: E/C.12/49/3.
[2)] Eigene Übersetzung des Herausgebers Prof. Dr. *Fastenrath*.

sofern jede Seite Gelegenheit bekommt, zu den Unterlagen und Informationen von dritter Seite innerhalb einer bestimmten Frist Stellung zu nehmen.

(2) Der Ausschuss arbeitet seine Auffassungen zu der Mitteilung unter Berücksichtigung aller ihm nach Artikel 8 Absatz 1 des Fakultativprotokolls zugänglich gemachten Auskünfte aus unter der Voraussetzung, dass diese Auskünfte den betreffenden Parteien ordnungsgemäß zugeleitet worden sind.

(3) Durch die Berücksichtigung von Auskünften, die nach Absatz 1 von Dritten unterbreitet werden, werden diese nicht zu Beteiligten am Verfahren.

(4) Der Ausschuss kann jede Mitteilung einer Arbeitsgruppe zuweisen, damit diese dem Ausschuss Entscheidungsvorschläge unterbreitet.

(5) Der Ausschuss entscheidet über die Begründetheit der Mitteilung erst, nachdem er das Vorliegen aller in Artikel 2 und 3 des Fakultativprotokolls genannten Zulässigkeitsgründe geprüft hat.

(6) Der Generalsekretär übermittelt dem/den Beschwerdeführer/n und dem betroffenen Staat die Auffassungen des Ausschusses zusammen mit etwaigen Empfehlungen.

Art. 15 Gütliche Einigung. (1) Auf Antrag einer der Parteien stellt der Ausschuss jederzeit nach Eingang der Mitteilung und vor der Entscheidung in der Sache seine Guten Dienste zur Verfügung, um auf der Grundlage der Einhaltung der im Pakt niedergelegten Verpflichtungen eine gütliche Einigung in der Angelegenheit herbeizuführen, die ihm als angeblicher Verstoß gegen den Pakt nach dem Fakultativprotokoll zur Prüfung unterbreitet wurde.

(2) Das Verfahren der gütlichen Einigung wird nur mit Zustimmung beider Parteien durchgeführt.

(3) Der Ausschuss kann eines oder mehrere seiner Mitglieder mit der Aufgabe betrauen, die Verhandlungen zwischen den Parteien zu erleichtern.

(4) Das Verfahren der gütlichen Einigung ist vertraulich und berührt nicht das Vorbringen der Parteien vor dem Ausschuss. Keine schriftliche oder mündliche Äußerung und kein Angebot oder Zugeständnis, die in dem Bestreben gemacht worden sind, eine gütliche Einigung zu erreichen, darf im Individualbeschwerdeverfahren vor dem Ausschuss gegen die andere Partei verwendet werden.

(5) Der Ausschuss kann seine Bemühungen im Verfahren der gütlichen Einigung einstellen, wenn er zu dem Ergebnis kommt, dass sich die Sache nicht für eine Lösung eignet, eine Partei mit dem Verfahren nicht einverstanden ist, sich für den Abbruch des Verfahrens entscheidet oder nicht den notwendigen Willen aufbringt, eine gütliche Einigung auf der Grundlage der Einhaltung der Verpflichtungen aus dem Pakt zu erreichen.

(6) Haben beide Parteien ausdrücklich einer gütlichen Einigung zugestimmt, trifft der Ausschuss eine Entscheidung unter Angabe des Sachverhalts und der erzielten Lösung. Die Entscheidung wird den betreffenden Parteien übermittelt und im Jahresbericht des Ausschusses veröffentlicht. Bevor der Ausschuss diese Entscheidung trifft, vergewissert er sich, ob das oder die Opfer des mutmaßlichen Verstoßes gegen den Pakt der gütlichen Einigung zugestimmt haben. In jedem Fall muss die gütliche Einigung auf der Grundlage der Einhaltung der im Pakt niedergelegten Verpflichtungen erfolgen.

(7) Wenn keine gütliche Einigung erreicht wird, setzt der Ausschuss die Prüfung der Mitteilung nach den Bestimmungen dieser Verfahrensordnung fort.

Art. 17 Einstellung des Verfahrens. Der Ausschuss kann die Prüfung einer Mitteilung einstellen, insbesondere wenn der Anlass für die Einreichung der Mitteilung gemäß dem Fakultativprotokoll nicht mehr besteht.

Art. 18 Kontrolle der Umsetzung der Auffassungen des Ausschusses und der gütlichen Einigung. (1) Innerhalb von sechs Monaten nach der Übermittlung der Auffassungen des Ausschusses zu einer Mitteilung oder der Entscheidung über die Beendigung der Prüfung einer Mitteilung aufgrund einer gütlichen Einigung unterbreitet der betroffene Vertragsstaat dem Ausschuss eine schriftliche Antwort mit Angaben über etwaige, unter Berücksichtigung der Auffassungen und Empfehlungen des Ausschusses getroffenen Maßnahmen.

(2) Nach Ablauf der in Absatz 1 genannten Frist von sechs Monaten kann der Ausschuss den betreffenden Vertragsstaat auffordern, weitere Angaben über alle zur Umsetzung der Auffassungen und Empfehlungen oder der gütlichen Einigung getroffenen Maßnahmen zu machen.

(3) Der Ausschuss leitet die vom Vertragsstaat übermittelten Angaben über den Generalsekretär dem/n Beschwerdeführer/n zu.

(4) Der Ausschuss kann den Vertragsstaat auffordern, Angaben über alle Maßnahmen zur Umsetzung seiner Auffassungen, Empfehlungen oder der Entscheidungen über den Abschluss der Prüfung nach einer gütlichen Einigung in die künftigen Berichte gemäß den Artikeln 16 und 17 des Pakts aufzunehmen.

(5) Zur Kontrolle der Umsetzung seiner gemäß Artikel 9 des Fakultativprotokolls verabschiedeten Auffassungen benennt der Ausschuss einen Berichterstatter oder eine Arbeitsgruppe, um festzustellen, welche Maßnahmen die Vertragsstaaten ergriffen haben, um den Auffassungen, Empfehlungen und Entscheidungen über den Abschluss der Prüfung nach einer gütlichen Einigung Folge zu leisten.

(6) Der Berichterstatter oder die Arbeitsgruppe können die Kontakte aufnehmen und die Maßnahmen ergreifen, die im Hinblick auf die ordnungsgemäße Wahrnehmung der ihm/ihr übertragenen Aufgaben angemessen sind, und dem Ausschuss weitere Maßnahmen empfehlen, die gegebenenfalls erforderlich sind.

(7) Zusätzlich zu den schriftlichen Eingaben und Treffen mit den ordnungsgemäß bestellten Vertretern der Vertragspartei können sich der Berichterstatter oder die Arbeitsgruppe um Auskünfte vom/n den Beschwerdeführer/n und dem/n Opfer/n oder aus anderen sachdienlichen Quellen bemühen.

(8) Der Berichterstatter oder die Arbeitsgruppe berichten dem Ausschuss auf jeder Tagung über ihre Kontrolltätigkeiten.

(9) Der Ausschuss nimmt Informationen über die Kontrolltätigkeiten in den Jahresbericht gemäß Artikel 21 des Übereinkommens und Artikel 15 des Fakultativprotokolls auf.

Art. 19 Vertraulichkeit der Mitteilungen. (1) Der Ausschuss, die Arbeitsgruppe oder der Berichterstatter prüfen die nach dem Fakultativprotokoll eingereichten Mitteilungen in nichtöffentlicher Sitzung.

(2) Alle Arbeitsdokumente, die der Generalsekretär für den Ausschuss, die Arbeitsgruppe oder den Berichterstatter erstellt, sind vertraulich, sofern der Ausschuss nicht anders beschließt.

(3) Der Generalsekretär, der Ausschuss, die Arbeitsgruppe oder der Berichterstatter machen eine Mitteilung oder mit ihr im Zusammenhang stehende Unterlagen nicht der Öffentlichkeit zugänglich, bevor die Entscheidung des Ausschusses über die Zulässigkeit der Mitteilung veröffentlicht wird. Artikel 8 Absatz 3 des Fakultativprotokolls bleibt unberührt.

(4) Der Ausschuss kann von Amts wegen oder auf Antrag des/r Beschwerdeführer/s oder des/r angeblichen Opfer/s beschließen, dass die Namen des/r Beschwerdeführer/s oder der Personen, die behaupten, Opfer einer Verletzung der im Pakt niedergelegten Rechte zu sein, in der Entscheidung über die Zulässigkeit, in den Auffassungen des Ausschusses oder der Entscheidung, mit der die Prüfung einer Mitteilung nach einer gütlichen Einigung abgeschlossen wird, nicht genannt werden.

(5) Der Ausschuss, eine Arbeitsgruppe oder ein Berichterstatter können den Beschwerdeführer oder den betroffenen Vertragsstaat auffordern, mit dem Verfahren zusammenhängende Stellungnahmen und Angaben ganz oder teilweise vertraulich zu behandeln.

(6) Vorbehaltlich der Absätze 4 und 5 berührt dieser Artikel nicht das Recht des oder der Beschwerdeführer oder des betroffenen Vertragsstaats, mit dem Verfahren zusammenhängende Stellungnahmen oder Angaben der Öffentlichkeit zugänglich zu machen.

(7) Vorbehaltlich der Absätze 4 und 5 werden die endgültigen Entscheidungen des Ausschusses über die Unzulässigkeit einer Mitteilung und die Auffassungen des Ausschusses veröffentlicht.

(8) Der Generalsekretär ist für die Verteilung der endgültigen Entscheidungen des Ausschusses an den oder die Beschwerdeführer und den betroffenen Vertragsstaat verantwortlich.

(9) Sofern der Ausschuss nicht anders beschließt, sind die Angaben, die von den Parteien für die Kontrolle der Umsetzung der Auffassungen des Ausschusses nach Artikel 9 des Fakultativprotokolls und einer gütlichen Einigung nach Artikel 7 des Fakultativprotokolls bereitgestellt werden, nicht vertraulich.

(10) Der Ausschuss nimmt eine Zusammenfassung der geprüften Mitteilungen und gegebenenfalls eine Zusammenfassung der Erklärungen und Stellungnahmen der betroffenen Staaten sowie seiner eigenen Vorschläge und Empfehlungen in seinen Jahresbericht auf.

Art. 20 Schutzmaßnahmen. Erhält der Ausschuss glaubwürdige Informationen darüber, dass ein Vertragsstaat seinen Verpflichtungen aus Artikel 13 des Fakultativprotokolls zur Ergreifung aller geeigneten Maßnahmen nicht nachkommt, um die seiner Hoheitsgewalt unterstehenden Personen vor jeder Form der Misshandlung oder Einschüchterung zu bewahren, kann er sich bei dem betreffenden Vertragsstaat um schriftliche Erläuterungen und Stellungnahmen zur Klärung der Angelegenheit und zur Bezeichnung der zur Erfüllung der Verpflichtungen aus Artikel 13 ergriffenen Maßnahmen bemühen. Danach kann der Ausschuss den Vertragsstaat auffordern, umgehend alle zweckdienlichen Maßnahmen zur Beendigung der gemeldeten Verstöße zu ergreifen.

Ablauf des Untersuchungsverfahrens nach dem Fakultativprotokoll

Art. 21 bis 35 über das Untersuchungsverfahren nach Art. 11 des Fakultativprotokolls entsprechen mit kleineren Umstellungen den Art. 76 bis 91 der Verfahrensordnung des Ausschusses für die Beseitigung der Diskriminierung der Frau (Nr. 41). Von einer Wiedergabe der Bestimmungen wird deshalb abgesehen.

Ablauf des Staatenbeschwerdeverfahrens nach dem Fakultativprotokoll

Art. 36 bis 46 über das Staatenbeschwerdeverfahren nach Art. 10 des Fakultativprotokolls sind inhaltlich identisch mit den Art. 74 bis 83 der Verfahrensordnung des Menschenrechtsausschusses (Nr. 12), lediglich die Einsetzung einer Vergleichskommission durch den Ausschuss steht allein in dessen Ermessen und ist an keine Bedingungen geknüpft (Art. 43 Abs. 2). Von einer Wiedergabe der Bestimmungen wird deshalb abgesehen.

Pressemitteilungen über die Tätigkeit des Ausschusses nach dem Fakultativprotokoll

Art. 47. Der Ausschuss kann für die Medien und die allgemeine Öffentlichkeit Pressemitteilungen über seine Tätigkeit aufgrund des Fakultativprotokolls herausgeben.

16. Konvention über die Verhütung und Bestrafung des Völkermordes[1]

Vom 9. Dezember 1948

(BGBl. 1954 II S. 730)

(Übersetzung)

Nach Erwägung der Erklärung, die von der Generalversammlung der Vereinten Nationen in ihrer Resolution 96 (I) vom 11. Dezember 1946 abgegeben wurde, daß Völkermord ein Verbrechen gemäß internationalem Recht ist, das dem Geist und den Zielen der Vereinten Nationen zuwiderläuft und von der zivilisierten Welt verurteilt wird,

In Anerkennung der Tatsache, daß der Völkermord der Menschheit in allen Zeiten der Geschichte große Verluste zugefügt hat, und

In der Überzeugung, daß zur Befreiung der Menschheit von einer solch verabscheuungswürdigen Geißel internationale Zusammenarbeit erforderlich ist,

sind die Vertragschließenden Parteien hiermit wie folgt übereingekommen:

Art. I [Verbrechen] Die Vertragschließenden Parteien bestätigen, daß Völkermord, ob im Frieden oder im Krieg begangen, ein Verbrechen gemäß internationalem Recht ist, zu dessen Verhütung und Bestrafung sie sich verpflichten.

Art. II [Begriff] In dieser Konvention bedeutet Völkermord eine der folgenden Handlungen, die in der Absicht begangen wird, eine nationale, ethnische, rassische oder religiöse Gruppe als solche ganz oder teilweise zu zerstören:
(a) Tötung von Mitgliedern der Gruppe;
(b) Verursachung von schwerem körperlichem oder seelischem Schaden an Mitgliedern der Gruppe;
(c) vorsätzliche Auferlegung von Lebensbedingungen für die Gruppe, die geeignet sind, ihre körperliche Zerstörung ganz oder teilweise herbeizuführen;
(d) Verhängung von Maßnahmen, die auf die Geburtenverhinderung innerhalb der Gruppe gerichtet sind;
(e) gewaltsame Überführung von Kindern der Gruppe in eine andere Gruppe.

Art. III [Strafbare Handlungen] Die folgenden Handlungen sind zu bestrafen:
(a) Völkermord,
(b) Verschwörung zur Begehung von Völkermord,

---

[1] Internationale Quelle: UNTS Bd. 78, S. 277.

(c) unmittelbare und öffentliche Anreizung zur Begehung von Völkermord,
(d) Versuch, Völkermord zu begehen,
(e) Teilnahme am Völkermord.

Art. IV [Strafbare Personen] Personen, die Völkermord oder eine der sonstigen in Artikel III aufgeführten Handlungen begehen, sind zu bestrafen, gleichviel ob sie regierende Personen, öffentliche Beamte oder private Einzelpersonen sind.

Art. V [Verpflichtung zu gesetzgeberischen Maßnahmen] Die Vertragschließenden Parteien verpflichten sich, in Übereinstimmung mit ihren jeweiligen Verfassungen die notwendigen gesetzgeberischen Maßnahmen zu ergreifen, um die Anwendung der Bestimmungen dieser Konvention sicherzustellen und insbesondere wirksame Strafen für Personen vorzusehen, die sich des Völkermordes oder einer der sonstigen in Artikel III aufgeführten Handlungen schuldig machen.

Art. VI [Gerichtliche Zuständigkeit] Personen, denen Völkermord oder eine der sonstigen in Artikel III aufgeführten Handlungen zur Last gelegt wird, werden vor ein zuständiges Gericht des Staates, in dessen Gebiet die Handlung begangen worden ist, oder vor das internationale Strafgericht gestellt, das für die Vertragschließenden Parteien, die seine Gerichtsbarkeit anerkannt haben, zuständig ist.

Art. VII [Auslieferung] Völkermord und die sonstigen in Artikel III aufgeführten Handlungen gelten für Auslieferungszwecke nicht als politische Straftaten.
Die Vertragschließenden Parteien verpflichten sich, in derartigen Fällen die Auslieferung gemäß ihren geltenden Gesetzen und Verträgen zu bewilligen.

Art. VIII [Organe der Vereinten Nationen] Eine Vertragschließende Partei kann die zuständigen Organe der Vereinten Nationen damit befassen, gemäß der Charta der Vereinten Nationen die Maßnahmen zu ergreifen, die sie für die Verhütung und Bekämpfung von Völkermordhandlungen oder einer der sonstigen in Artikel III aufgeführten Handlungen für geeignet erachten.

Art. IX [Zuständigkeit des Internationalen Gerichtshofs] Streitfälle zwischen den Vertragschließenden Parteien hinsichtlich der Auslegung, Anwendung oder Durchführung dieser Konvention einschließlich derjenigen, die sich auf die Verantwortlichkeit eines Staates für Völkermord oder eine der sonstigen in Artikel III aufgeführten Handlungen beziehen, werden auf Antrag einer der an dem Streitfall beteiligten Parteien dem Internationalen Gerichtshof unterbreitet.

Art. X [Verbindlicher Wortlaut; Datierung] Diese Konvention, deren chinesischer, englischer, französischer, russischer und spanischer Text gleicherweise maßgebend ist, trägt das Datum des 9. Dezember 1948.

Art. XI [Unterzeichnung; Ratifikation, Beitritt] Diese Konvention steht bis zum 31. Dezember 1949 jedem Mitglied der Vereinten Nationen und jedem Nicht-Mitgliedstaat, an den die Generalversammlung eine Aufforderung zur Unterzeichnung gerichtet hat, zur Unterzeichnung offen.

Diese Konvention bedarf der Ratifizierung; die Ratifikationsurkunden sind bei dem Generalsekretär der Vereinten Nationen zu hinterlegen.

Nach dem 1. Januar 1950 kann jedes Mitglied der Vereinten Nationen und jeder Nicht-Mitgliedstaat, der eine Aufforderung gemäß Absatz 1 erhalten hat, der Konvention beitreten.

Die Beitrittsurkunden sind bei dem Generalsekretär der Vereinten Nationen zu hinterlegen.

Art. XII [Räumlicher Geltungsbereich] Eine Vertragschließende Partei kann jederzeit durch Mitteilung an den Generalsekretär der Vereinten Nationen die Anwendung dieser Konvention auf alle oder eines der Gebiete erstrecken, für deren auswärtige Angelegenheiten diese Vertragschließende Partei verantwortlich ist.

Art. XIII [Inkrafttreten] An dem Tag, an dem die ersten zwanzig Ratifikations- oder Beitrittsurkunden hinterlegt sind, erstellt der Generalsekretär ein Protokoll und übermittelt jedem Mitglied der Vereinten Nationen und jedem der in Artikel XI in Betracht gezogenen Nicht-Mitgliedstaaten eine Abschrift desselben.

Diese Konvention tritt am neunzigsten Tage nach dem Zeitpunkt der Hinterlegung der zwanzigsten Ratifikations- oder Beitrittsurkunde in Kraft.

Eine Ratifikation oder ein Beitritt, der nach dem letzteren Zeitpunkt erfolgt, wird am neunzigsten Tage nach der Hinterlegung der Ratifikations- oder Beitrittsurkunde wirksam.

Art. XIV [Zeitlicher Geltungsbereich] Diese Konvention bleibt für die Dauer von zehn Jahren vom Zeitpunkt ihres Inkrafttretens an in Kraft.

Danach bleibt sie für die Dauer von jeweils weiteren fünf Jahren für diejenigen Vertragschließenden Parteien in Kraft, die sie nicht mindestens sechs Monate vor Ablauf der laufenden Frist gekündigt haben.

Die Kündigung erfolgt durch schriftliche Mitteilung an den Generalsekretär der Vereinten Nationen.

Art. XV [Mindestanzahl von Vertragsstaaten] Wenn als Ergebnis von Kündigungen die Zahl der Parteien der vorliegenden Konvention auf weniger als sechzehn sinkt, tritt die Konvention mit dem Zeitpunkt außer Kraft, in dem die letzte dieser Kündigungen rechtswirksam wird.

Art. XVI [Vertragsrevision] Ein Antrag auf Revision dieser Konvention kann jederzeit von einer Vertragschließenden Partei durch eine schriftliche Mitteilung an den Generalsekretär gestellt werden.

Die Generalversammlung entscheidet über die Schritte, die gegebenenfalls auf einen solchen Antrag hin zu unternehmen sind.

Art. XVII [Aufgaben des Depositars] Der Generalsekretär der Vereinten Nationen macht allen Mitgliedern der Vereinten Nationen und den in Artikel XI in Betracht gezogenen Nicht-Mitgliedstaaten über die folgenden Angelegenheiten Mitteilung:

(a) Unterzeichnungen, Ratifikationen und Beitritte, die gemäß Artikel XI eingegangen sind;
(b) Mitteilungen, die gemäß Artikel XII eingegangen sind;
(c) den Zeitpunkt, zu dem diese Konvention gemäß Artikel XIII in Kraft tritt;
(d) Kündigungen, die gemäß Artikel XIV eingegangen sind;
(e) Außerkrafttreten der Konvention gemäß Artikel XV;
(f) Mitteilungen, die gemäß Artikel XVI eingegangen sind.

Art. XVIII [Hinterlegung] Das Original der vorliegenden Konvention wird in den Archiven der Vereinten Nationen hinterlegt.

Eine beglaubigte Abschrift der Konvention wird jedem Mitglied der Vereinten Nationen und jedem der in Artikel XI in Betracht gezogenen Nicht-Mitgliedstaaten übermittelt.

Art. XIX [Registrierung] Diese Konvention wird am Tage ihres Inkrafttretens von dem Generalsekretär der Vereinten Nationen registriert.

17. Übereinkommen über die Nichtanwendbarkeit gesetzlicher Verjährungsfristen auf Kriegsverbrechen und Verbrechen gegen die Menschlichkeit[1] · [2]

Vom 26. November 1968

(Übersetzung)

DIE VERTRAGSSTAATEN DES VORLIEGENDEN ÜBEREINKOMMENS –

IN ERINNERUNG an die Entschließungen der Generalversammlung der Vereinten Nationen 3 (I) vom 13. Februar 1946 und 170 (II) vom 31. Oktober 1947 über Auslieferung und Bestrafung von Kriegsverbrechern, an die Entschließung 95 (I) vom 11. Dezember 1946 betreffend die Bekräftigung der Grundsätze des Völkerrechts, die durch das Statut des Internationalen Militärgerichtshofs Nürnberg anerkannt worden sind, und an das Urteil des Gerichtshofs und an die Entschließung 2184 (XXI) vom 12. Dezember 1966 und 2202 (XXI) vom 16. Dezember 1966, welche die Verletzung der wirtschaftlichen und politischen Rechte der eingeborenen Bevölkerung auf der einen Seite und andererseits die Politik der Apartheid ausdrücklich als Verbrechen gegen die Menschlichkeit verurteilt haben,

IN ERINNERUNG an die Entschließungen des Wirtschafts- und Sozialrats 1074 D (XXXIX) vom 28. Juli 1965 und 1158 (XLI) vom 5. August 1966 über die Bestrafung von Kriegsverbrechern und von Personen, welche Verbrechen gegen die Menschlichkeit begangen haben,

MIT DER FESTSTELLUNG, daß keine der feierlichen Erklärungen, kein Instrument und kein Übereinkommen über die Verfolgung und Bestrafung von Kriegsverbrechen und Verbrechen gegen die Menschlichkeit eine Verjährungsfrist vorsieht,

IN DER ERWÄGUNG, daß Kriegsverbrechen und Verbrechen gegen die Menschlichkeit zu den schwersten Verbrechen des Völkerrechts gehören,

IN DER ÜBERZEUGUNG, daß die wirksame Bestrafung von Kriegsverbrechen und Verbrechen gegen die Menschlichkeit ein wichtiges Element zur Verhütung solcher Verbrechen, des Schutzes der Menschenrechte und Grundfreiheiten, zur Befestigung des Vertrauens und zur Förderung der Zusammenarbeit zwischen den Völkern und des Weltfriedens und der internationalen Sicherheit bildet,

UNTER HERVORHEBUNG des Umstandes, daß die Anwendung von Verjährungsfristen des innerstaatlichen Rechts für gewöhnliche Verbrechen auf Kriegsverbrechen und Verbrechen gegen die Menschlichkeit Gegenstand ernster Sorge der Weltöffentlichkeit ist, da sie die Verfolgung und Bestrafung von Personen verhindert, die für solche Verbrechen verantwortlich sind,

---

[1] Internationale Quelle: UNTS Bd. 754, S. 73.
[2] Deutsche Übersetzung aus: Vereinte Nationen 1969, S. 28 (abgedruckt mit freundlicher Genehmigung des Verlages).

IN DER ERKENNTNIS, daß es notwendig und an der Zeit ist, im Völkerrecht durch dieses Übereinkommen den Grundsatz zu bestätigen und seine weltweite Anwendung zu gewährleisten, daß es keine Verjährungsfrist für Kriegsverbrechen und Verbrechen gegen die Menschlichkeit gibt,

SIND WIE FOLGT ÜBEREINGEKOMMEN:

Art. I. Keine gesetzliche Verjährung findet auf die folgenden Verbrechen Anwendung, ungeachtet des Zeitpunktes ihrer Begehung:
a) Kriegsverbrechen, wie sie im Statut des Internationalen Militärgerichtshofs von Nürnberg vom 8. August 1945 bestimmt und durch die Entschließungen der Generalversammlung der Vereinten Nationen 3 (I) vom 13. Februar 1946 und 95 (I) vom 11. Dezember 1946 bestätigt worden sind, insbesondere die in den Genfer Konventionen zum Schutze der Kriegsopfer vom 12. August 1949 aufgezählten ‚schweren Abkommensverletzungen‘;
b) Verbrechen gegen die Menschlichkeit, gleich ob im Kriege oder in Friedenszeiten begangen, wie sie im Statut des Internationalen Militärgerichtshofs Nürnberg vom 8. August 1945 bestimmt und durch die Entschließungen der Generalversammlung der Vereinten Nationen 3 (I) vom 13. Februar 1946 und 95 (I) vom 11. Dezember 1946 bestätigt worden sind, Vertreibung durch bewaffneten Angriff oder Besetzung sowie unmenschliche Handlungen als Folge der Politik der Apartheid, ferner das Verbrechen des Völkermordes wie bestimmt im Übereinkommen zur Verhütung und Bestrafung des Verbrechens des Völkermordes von 1948, selbst wenn solche Handlungen keine Verletzungen des innerstaatlichen Rechts des Landes, in dem sie begangen worden sind, darstellen.

Art. II. Wenn irgendeines der in Artikel I bezeichneten Verbrechen begangen wird, finden die Bestimmungen dieses Übereinkommens Anwendung auf Vertreter der Staatsgewalt und private Einzelpersonen, die als Täter oder Gehilfen an der Begehung eines solchen Verbrechens teilnehmen, oder andere unmittelbar zur Begehung anstiften oder mit ihnen zur Begehung zusammenwirken, ungeachtet des Grades der Tatausführung, sowie auf Vertreter der Staatsgewalt, welche die Begehung solcher Verbrechen dulden.

Art. III. Die Vertragsparteien des vorliegenden Übereinkommens werden alle erforderlichen innerstaatlichen gesetzlichen oder sonstigen Vorkehrungen treffen, damit in Übereinstimmung mit dem Völkerrecht die Auslieferung von Personen, auf die sich Artikel II dieses Übereinkommens bezieht, ermöglicht wird.

Art. IV. Die Vertragsparteien des vorliegenden Übereinkommens werden in Übereinstimmung mit ihren jeweiligen verfassungsmäßigen Verfahren die notwendigen gesetzgeberischen oder sonstigen Vorkehrungen treffen, um zu gewährleisten, daß gesetzliche oder sonstige Verjährung auf die Verfolgung und Bestrafung der in den vorstehenden Artikeln I und II bezeichneten Verbrechen keine Anwendung findet, und daß eine solche Verjährung, wo immer sie besteht, abgeschafft wird.

Art. V. Dieses Übereinkommen steht den Mitgliedstaaten der Vereinten Nationen, den Mitgliedern einer ihrer Sonderorganisationen oder der Internationalen Atomenergieorganisation, den Teilnehmern am Statut des Internationalen Gerichtshofs sowie jedem anderen Staat, der von der Generalversammlung der Vereinten Nationen dazu aufgefordert wird, Vertragspartei zu werden, zur Unterzeichnung bis zum 31. Dezember 1969 offen.

Art. VI. Dieses Übereinkommen bedarf der Ratifizierung. Die Ratifikationsurkunden werden beim Generalsekretär der Vereinten Nationen hinterlegt.

Art. VII. Dieses Übereinkommen steht jedem der in Artikel V genannten Staaten zum Beitritt offen. Die Beitrittsurkunden werden beim Generalsekretär der Vereinten Nationen hinterlegt.

Art. VIII. (1) Dieses Übereinkommen tritt am neunzigsten Tage nach dem Tage der Hinterlegung der zehnten Ratifikations- oder Beitrittsurkunde beim Generalsekretär der Vereinten Nationen in Kraft.

(2) Für jeden Staat, der dieses Übereinkommen nach der Hinterlegung der zehnten Ratifikations- oder Beitrittsurkunde ratifiziert oder ihr beitritt, tritt das Übereinkommen am neunzigsten Tage nach dem Tage der Hinterlegung seiner eigenen Ratifikations- oder Beitrittsurkunde in Kraft.

Art. IX. (1) Nach dem Ablauf eines Zeitraumes von zehn Jahren seit dem Tage des Inkrafttretens dieses Übereinkommens kann jede Vertragspartei jederzeit eine Revision des Übereinkommens durch schriftliche Mitteilung an den Generalsekretär der Vereinten Nationen verlangen.

(2) Die Generalversammlung der Vereinten Nationen wird darüber entscheiden, ob und welche Schritte mit Rücksicht auf ein derartiges Ersuchen zu unternehmen sind.

Art. X. (1) Dieses Übereinkommen wird beim Generalsekretär der Vereinten Nationen hinterlegt.

(2) Der Generalsekretär der Vereinten Nationen notifiziert allen Staaten, auf welche Artikel V Bezug nimmt, beglaubigte Abschriften dieses Übereinkommens.

(3) Der Generalsekretär der Vereinten Nationen wird allen Staaten, auf welche Artikel V Bezug nimmt, folgendes mitteilen:
a) die Unterzeichnungen des Übereinkommens und die Hinterlegung von Ratifikations- oder Beitrittsurkunden gemäß den Artikeln V, VI und VII;
b) den Tag des Inkrafttretens dieses Übereinkommens gemäß Artikel VIII;
c) Mitteilungen gemäß Artikel IX.

Art. XI. Dieses Übereinkommen, dessen chinesischer, englischer, französischer, russischer und spanischer Wortlaut gleichermaßen verbindlich ist, trägt das Datum vom 26. November 1968.

18. Römisches Statut des Internationalen Strafgerichtshofs[1] · [2]

Vom 17. Juli 1998

durch Resolutionen RC/Res.5 und RC/Res.6 vom 10./11. Juni 2010 geänderte Fassung
(BGBl. 2000 II S. 1394, 2013 II S. 143, 146)

(Übersetzung)

Präambel

Die Vertragsstaaten dieses Statuts –

im Bewusstsein, dass alle Völker durch gemeinsame Bande verbunden sind und ihre Kulturen ein gemeinsames Erbe bilden, und besorgt darüber, dass dieses zerbrechliche Mosaik jederzeit zerstört werden kann,

eingedenk dessen, dass in diesem Jahrhundert Millionen von Kindern, Frauen und Männern Opfer unvorstellbarer Gräueltaten geworden sind, die das Gewissen der Menschheit zutiefst erschüttern,

in der Erkenntnis, dass solche schweren Verbrechen den Frieden, die Sicherheit und das Wohl der Welt bedrohen,

bekräftigend, dass die schwersten Verbrechen, welche die internationale Gemeinschaft als Ganzes berühren, nicht unbestraft bleiben dürfen und dass ihre wirksame Verfolgung durch Maßnahmen auf einzelstaatlicher Ebene und durch verstärkte internationale Zusammenarbeit gewährleistet werden muss,

entschlossen, der Straflosigkeit der Täter ein Ende zu setzen und so zur Verhütung solcher Verbrechen beizutragen,

daran erinnernd, dass es die Pflicht eines jeden Staates ist, seine Strafgerichtsbarkeit über die für internationale Verbrechen Verantwortlichen auszuüben,

in Bekräftigung der Ziele und Grundsätze der Charta der Vereinten Nationen und insbesondere des Grundsatzes, dass alle Staaten jede gegen die territoriale Unversehrtheit oder die politische Unabhängigkeit eines Staates gerichtete oder sonst mit den Zielen der Vereinten Nationen unvereinbare Androhung oder Anwendung von Gewalt zu unterlassen haben,

in diesem Zusammenhang nachdrücklich darauf hinweisend, dass dieses Statut nicht so auszulegen ist, als ermächtige es einen Vertragsstaat, in einen bewaffneten Konflikt oder in die inneren Angelegenheiten eines Staates einzugreifen,

---

[1] Internationale Quelle: UNTS 2187, S. 3.

[2] Das Statut ist durch die Resolutionen RC/Res.5 vom 10.6.2010 und RC/Res.6 vom 11.6.2010 der Vertragsstaatenkonferenz um den Art. 8 Abs. 2 Buchst. e (xiii bis xv) bzw. die Art. 8bis, 15bis und 15ter ergänzt worden. Die geänderte Fassung ist in Kraft, die betreffenden Bestimmungen sind aber nur für diejenigen Vertragsstaaten verbindlich, die die Änderungen ratifiziert haben, darunter Deutschland, Liechtenstein, Österreich und die Schweiz. Weitere Ergänzungen des Art. 8 sind von der Vertragsstaatenkonferenz am 14.12.2017 beschlossen worden (ICC-ASP/16/Res.4); diese Änderungen sind noch nicht in Kraft. Ebenso wenig ist die von der Vertragsstaatenkonferenz am 26.11.2015 beschlossene Streichung von Art. 124 des Statuts (ICC-ASP/14/Res.2) in Kraft.

im festen Willen, zu diesem Zweck und um der heutigen und der künftigen Generationen willen einen mit dem System der Vereinten Nationen in Beziehung stehenden unabhängigen ständigen internationalen Strafgerichtshof zu errichten, der Gerichtsbarkeit über die schwersten Verbrechen hat, welche die internationale Gemeinschaft als Ganzes berühren,

nachdrücklich darauf hinweisend, dass der aufgrund dieses Statuts errichtete Internationale Strafgerichtshof die innerstaatliche Strafgerichtsbarkeit ergänzt,

entschlossen, die Achtung und die Durchsetzung der internationalen Rechtspflege dauerhaft zu gewährleisten –

sind wie folgt übereingekommen:

Teil 1. Errichtung des Gerichtshofs

Art. 1 Der Gerichtshof. Hiermit wird der Internationale Strafgerichtshof („Gerichtshof") errichtet. Der Gerichtshof ist eine ständige Einrichtung und ist befugt, seine Gerichtsbarkeit über Personen wegen der in diesem Statut genannten schwersten Verbrechen von internationalem Belang auszuüben; er ergänzt die innerstaatliche Strafgerichtsbarkeit. Die Zuständigkeit und die Arbeitsweise des Gerichtshofs werden durch dieses Statut geregelt.

Art. 2 Verhältnis des Gerichtshofs zu den Vereinten Nationen. Der Gerichtshof wird durch ein Abkommen, das von der Versammlung der Vertragsstaaten dieses Statuts zu genehmigen und danach vom Präsidenten des Gerichtshofs in dessen Namen zu schließen ist, mit den Vereinten Nationen in Beziehung gebracht.

Art. 3 Sitz des Gerichtshofs. (1) Sitz des Gerichtshofs ist Den Haag in den Niederlanden („Gaststaat").

(2) Der Gerichtshof schließt mit dem Gaststaat ein Sitzabkommen, das von der Versammlung der Vertragsstaaten zu genehmigen und danach vom Präsidenten des Gerichtshofs in dessen Namen zu schließen ist.

(3) Der Gerichtshof kann, wie in diesem Statut vorgesehen, an einem anderen Ort tagen, wenn er dies für wünschenswert hält.

Art. 4 Rechtsstellung und Befugnisse des Gerichtshofs. (1) Der Gerichtshof besitzt Völkerrechtspersönlichkeit. Er besitzt außerdem die Rechts- und Geschäftsfähigkeit, die zur Wahrnehmung seiner Aufgaben und zur Verwirklichung seiner Ziele erforderlich ist.

(2) Der Gerichtshof kann seine Aufgaben und Befugnisse, wie in diesem Statut vorgesehen, im Hoheitsgebiet eines jeden Vertragsstaats und nach Maßgabe einer besonderen Übereinkunft im Hoheitsgebiet eines jeden anderen Staates wahrnehmen.

Teil 2. Gerichtsbarkeit, Zulässigkeit und anwendbares Recht

Art. 5 Der Gerichtsbarkeit des Gerichtshofs unterliegende Verbrechen. Die Gerichtsbarkeit des Gerichtshofs ist auf die schwersten Verbrechen

beschränkt, welche die internationale Gemeinschaft als Ganzes berühren. Die Gerichtsbarkeit des Gerichtshofs erstreckt sich in Übereinstimmung mit diesem Statut auf folgende Verbrechen:
a) das Verbrechen des Völkermords;
b) Verbrechen gegen die Menschlichkeit;
c) Kriegsverbrechen;
d) das Verbrechen der Aggression.

Art. 6 Völkermord. Im Sinne dieses Statuts bedeutet „Völkermord" jede der folgenden Handlungen, die in der Absicht begangen wird, eine nationale, ethnische, rassische oder religiöse Gruppe als solche ganz oder teilweise zu zerstören:
a) Tötung von Mitgliedern der Gruppe;
b) Verursachung von schwerem körperlichem oder seelischem Schaden an Mitgliedern der Gruppe;
c) vorsätzliche Auferlegung von Lebensbedingungen für die Gruppe, die geeignet sind, ihre körperliche Zerstörung ganz oder teilweise herbeizuführen;
d) Verhängung von Maßnahmen, die auf die Geburtenverhinderung innerhalb der Gruppe gerichtet sind;
e) gewaltsame Überführung von Kindern der Gruppe in eine andere Gruppe.

Art. 7 Verbrechen gegen die Menschlichkeit. (1) Im Sinne dieses Statuts bedeutet „Verbrechen gegen die Menschlichkeit" jede der folgenden Handlungen, die im Rahmen eines ausgedehnten oder systematischen Angriffs gegen die Zivilbevölkerung und in Kenntnis des Angriffs begangen wird:
a) vorsätzliche Tötung;
b) Ausrottung;
c) Versklavung;
d) Vertreibung oder zwangsweise Überführung der Bevölkerung;
e) Freiheitsentzug oder sonstige schwerwiegende Beraubung der körperlichen Freiheit unter Verstoß gegen die Grundregeln des Völkerrechts;
f) Folter;
g) Vergewaltigung, sexuelle Sklaverei, Nötigung zur Prostitution, erzwungene Schwangerschaft, Zwangssterilisation oder jede andere Form sexueller Gewalt von vergleichbarer Schwere;
h) Verfolgung einer identifizierbaren Gruppe oder Gemeinschaft aus politischen, rassischen, nationalen, ethnischen, kulturellen oder religiösen Gründen, Gründen des Geschlechts im Sinne des Absatzes 3 oder aus anderen nach dem Völkerrecht universell als unzulässig anerkannten Gründen im Zusammenhang mit einer in diesem Absatz genannten Handlung oder einem der Gerichtsbarkeit des Gerichtshofs unterliegenden Verbrechen;
i) zwangsweises Verschwindenlassen von Personen;
j) das Verbrechen der Apartheid;
k) andere unmenschliche Handlungen ähnlicher Art, mit denen vorsätzlich große Leiden oder eine schwere Beeinträchtigung der körperlichen Unversehrtheit oder der geistigen oder körperlichen Gesundheit verursacht werden.

(2) Im Sinne des Absatzes 1
a) bedeutet „Angriff gegen die Zivilbevölkerung" eine Verhaltensweise, die mit der mehrfachen Begehung der in Absatz 1 genannten Handlungen ge-

gen eine Zivilbevölkerung verbunden ist, in Ausführung oder zur Unterstützung der Politik eines Staates oder einer Organisation, die einen solchen Angriff zum Ziel hat;

b) umfasst „Ausrottung" die vorsätzliche Auferlegung von Lebensbedingungen – unter anderem das Vorenthalten des Zugangs zu Nahrungsmitteln und Medikamenten –, die geeignet sind, die Vernichtung eines Teiles der Bevölkerung herbeizuführen;

c) bedeutet „Versklavung" die Ausübung aller oder einzelner mit einem Eigentumsrecht an einer Person verbundenen Befugnisse und umfasst die Ausübung dieser Befugnisse im Rahmen des Handels mit Menschen, insbesondere mit Frauen und Kindern;

d) bedeutet „Vertreibung oder zwangsweise Überführung der Bevölkerung" die erzwungene, völkerrechtlich unzulässige Verbringung der betroffenen Personen durch Ausweisung oder andere Zwangsmaßnahmen aus dem Gebiet, in dem sie sich rechtmäßig aufhalten;

e) bedeutet „Folter", dass einer im Gewahrsam oder unter der Kontrolle des Beschuldigten befindlichen Person vorsätzlich große körperliche oder seelische Schmerzen oder Leiden zugefügt werden; Folter umfasst jedoch nicht Schmerzen oder Leiden, die sich lediglich aus gesetzlich zulässigen Sanktionen ergeben, dazu gehören oder damit verbunden sind;

f) bedeutet „erzwungene Schwangerschaft" die rechtswidrige Gefangenhaltung einer zwangsweise geschwängerten Frau in der Absicht, die ethnische Zusammensetzung einer Bevölkerung zu beeinflussen oder andere schwere Verstöße gegen das Völkerrecht zu begehen. Diese Begriffsbestimmung ist nicht so auszulegen, als berühre sie innerstaatliche Gesetze in Bezug auf Schwangerschaft;

g) bedeutet „Verfolgung" den völkerrechtswidrigen, vorsätzlichen und schwerwiegenden Entzug von Grundrechten wegen der Identität einer Gruppe oder Gemeinschaft;

h) bedeutet „Verbrechen der Apartheid" unmenschliche Handlungen ähnlicher Art wie die in Absatz 1 genannten, die von einer rassischen Gruppe im Zusammenhang mit einem institutionalisierten Regime der systematischen Unterdrückung und Beherrschung einer oder mehrerer anderer rassischer Gruppen in der Absicht begangen werden, dieses Regime aufrechtzuerhalten;

i) bedeutet „zwangsweises Verschwindenlassen von Personen" die Festnahme, den Entzug der Freiheit oder die Entführung von Personen durch einen Staat oder eine politische Organisation oder mit Ermächtigung, Unterstützung oder Duldung des Staates oder der Organisation, gefolgt von der Weigerung, diese Freiheitsberaubung anzuerkennen oder Auskunft über das Schicksal oder den Verbleib dieser Personen zu erteilen, in der Absicht, sie für längere Zeit dem Schutz des Gesetzes zu entziehen.

(3) Im Sinne dieses Statuts bezieht sich der Ausdruck „Geschlecht" auf beide Geschlechter, das männliche und das weibliche, im gesellschaftlichen Zusammenhang. Er hat keine andere als die vorgenannte Bedeutung.

Art. 8 Kriegsverbrechen. (1) Der Gerichtshof hat Gerichtsbarkeit in Bezug auf Kriegsverbrechen, insbesondere wenn diese als Teil eines Planes oder einer Politik oder als Teil der Begehung solcher Verbrechen in großem Umfang verübt werden.

(2) Im Sinne dieses Statuts bedeutet „Kriegsverbrechen"

a) schwere Verletzungen der Genfer Abkommen vom 12. August 1949, nämlich jeder der folgenden Handlungen gegen die nach dem jeweiligen Genfer Abkommen geschützten Personen oder Güter:

   i) vorsätzliche Tötung;

   ii) Folter oder unmenschliche Behandlung einschließlich biologischer Versuche;

   iii) vorsätzliche Verursachung großer Leiden oder schwere Beeinträchtigung der körperlichen Unversehrtheit oder der Gesundheit;

   iv) Zerstörung und Aneignung von Eigentum in großem Ausmaß, die durch militärische Erfordernisse nicht gerechtfertigt sind und rechtswidrig und willkürlich vorgenommen werden;

   v) Nötigung eines Kriegsgefangenen oder einer anderen geschützten Person zur Dienstleistung in den Streitkräften einer feindlichen Macht;

   vi) vorsätzlicher Entzug des Rechts eines Kriegsgefangenen oder einer anderen geschützten Person auf ein unparteiisches ordentliches Gerichtsverfahren;

   vii) rechtswidrige Vertreibung oder Überführung oder rechtswidrige Gefangenhaltung;

   viii) Geiselnahme;

b) andere schwere Verstöße gegen die innerhalb des feststehenden Rahmens des Völkerrechts im internationalen bewaffneten Konflikt anwendbaren Gesetze und Gebräuche, nämlich jede der folgenden Handlungen:

   i) vorsätzliche Angriffe auf die Zivilbevölkerung als solche oder auf einzelne Zivilpersonen, die an den Feindseligkeiten nicht unmittelbar teilnehmen;

   ii) vorsätzliche Angriffe auf zivile Objekte, das heißt auf Objekte, die nicht militärische Ziele sind;

   iii) vorsätzliche Angriffe auf Personen, Einrichtungen, Material, Einheiten oder Fahrzeuge, die an einer humanitären Hilfsmission oder friedenserhaltenden Mission in Übereinstimmung mit der Charta der Vereinten Nationen beteiligt sind, solange sie Anspruch auf den Schutz haben, der Zivilpersonen oder zivilen Objekten nach dem internationalen Recht des bewaffneten Konflikts gewährt wird;

   iv) vorsätzliches Führen eines Angriffs in der Kenntnis, dass dieser auch Verluste an Menschenleben, die Verwundung von Zivilpersonen, die Beschädigung ziviler Objekte oder weit reichende, langfristige und schwere Schäden an der natürlichen Umwelt verursachen wird, die eindeutig in keinem Verhältnis zu dem insgesamt erwarteten konkreten und unmittelbaren militärischen Vorteil stehen;

   v) der Angriff auf unverteidigte Städte, Dörfer, Wohnstätten oder Gebäude, die nicht militärische Ziele sind, oder deren Beschießung, gleichviel mit welchen Mitteln;

   vi) die Tötung oder Verwundung eines die Waffen streckenden wehrlosen Kombattanten, der sich auf Gnade oder Ungnade ergeben hat;

   vii) der Missbrauch der Parlamentärflagge, der Flagge oder der militärischen Abzeichen oder der Uniform des Feindes oder der Vereinten Nationen sowie der Schutzzeichen der Genfer Abkommen, wodurch Tod oder schwere Verletzungen verursacht werden;

viii) die unmittelbare oder mittelbare Überführung durch die Besatzungsmacht eines Teiles ihrer eigenen Zivilbevölkerung in das von ihr besetzte Gebiet oder die Vertreibung oder Überführung der Gesamtheit oder eines Teiles der Bevölkerung des besetzten Gebiets innerhalb desselben oder aus diesem Gebiet;

ix) vorsätzliche Angriffe auf Gebäude, die dem Gottesdienst, der Erziehung, der Kunst, der Wissenschaft oder der Wohltätigkeit gewidmet sind, auf geschichtliche Denkmäler, Krankenhäuser und Sammelplätze für Kranke und Verwundete, sofern es nicht militärische Ziele sind;

x) die körperliche Verstümmelung von Personen, die sich in der Gewalt einer gegnerischen Partei befinden, oder die Vornahme medizinischer oder wissenschaftlicher Versuche jeder Art an diesen Personen, die nicht durch deren ärztliche, zahnärztliche oder Krankenhausbehandlung gerechtfertigt sind oder in ihrem Interesse durchgeführt werden und die zu ihrem Tod führen oder ihre Gesundheit ernsthaft gefährden;

xi) die meuchlerische Tötung oder Verwundung von Angehörigen des feindlichen Volkes oder Heeres;

xii) die Erklärung, dass kein Pardon gegeben wird;

xiii) die Zerstörung oder Beschlagnahme feindlichen Eigentums, sofern diese nicht durch die Erfordernisse des Krieges zwingend geboten ist;

xiv) die Erklärung, dass Rechte und Forderungen von Angehörigen der Gegenpartei aufgehoben, zeitweilig ausgesetzt oder vor Gericht nicht einklagbar sind;

xv) der Zwang gegen Angehörige der Gegenpartei, an den Kriegshandlungen gegen ihr eigenes Land teilzunehmen, selbst wenn sie bereits vor Ausbruch des Krieges im Dienst des Kriegführenden standen;

xvi) die Plünderung einer Stadt oder Ansiedlung, selbst wenn sie im Sturm genommen wurde;

xvii) die Verwendung von Gift oder vergifteten Waffen;

xviii) die Verwendung erstickender, giftiger oder gleichartiger Gase sowie aller ähnlichen Flüssigkeiten, Stoffe oder Vorrichtungen;

xix) die Verwendung von Geschossen, die sich im Körper des Menschen leicht ausdehnen oder flachdrücken, beispielsweise Geschosse mit einem harten Mantel, der den Kern nicht ganz umschließt oder mit Einschnitten versehen ist;

xx) die Verwendung von Waffen, Geschossen, Stoffen und Methoden der Kriegführung, die geeignet sind, überflüssige Verletzungen oder unnötige Leiden zu verursachen, oder die unter Verstoß gegen das internationale Recht des bewaffneten Konflikts ihrer Natur nach unterschiedslos wirken, vorausgesetzt, dass diese Waffen, Geschosse, Stoffe und Methoden der Kriegführung Gegenstand eines umfassenden Verbots und aufgrund einer Änderung entsprechend den einschlägigen Bestimmungen in den Artikeln 121 und 123 in einer Anlage dieses Statuts enthalten sind;

xxi) die Beeinträchtigung der persönlichen Würde, insbesondere eine entwürdigende und erniedrigende Behandlung;

xxii) Vergewaltigung, sexuelle Sklaverei, Nötigung zur Prostitution, erzwungene Schwangerschaft im Sinne des Artikels 7 Absatz 2 Buchstabe f, Zwangssterilisation oder jede andere Form sexueller Gewalt, die ebenfalls eine schwere Verletzung der Genfer Abkommen darstellt;

xxiii) die Benutzung der Anwesenheit einer Zivilperson oder einer anderen geschützten Person, um Kampfhandlungen von gewissen Punkten, Gebieten oder Streitkräften fernzuhalten;

xxiv) vorsätzliche Angriffe auf Gebäude, Material, Sanitätseinheiten, Sanitätstransportmittel und Personal, die in Übereinstimmung mit dem Völkerrecht mit den Schutzzeichen der Genfer Abkommen versehen sind;

xxv) das vorsätzliche Aushungern von Zivilpersonen als Methode der Kriegführung durch das Vorenthalten der für sie lebensnotwendigen Gegenstände, einschließlich der vorsätzlichen Behinderung von Hilfslieferungen, wie sie nach den Genfer Abkommen vorgesehen sind;

xxvi) die Zwangsverpflichtung oder Eingliederung von Kindern unter fünfzehn Jahren in die nationalen Streitkräfte oder ihre Verwendung zur aktiven Teilnahme an Feindseligkeiten;

c) im Falle eines bewaffneten Konflikts, der keinen internationalen Charakter hat, schwere Verstöße gegen den gemeinsamen Artikel 3 der vier Genfer Abkommen vom 12. August 1949, nämlich die Verübung jeder der folgenden Handlungen gegen Personen, die nicht unmittelbar an den Feindseligkeiten teilnehmen, einschließlich der Angehörigen der Streitkräfte, welche die Waffen gestreckt haben, und der Personen, die durch Krankheit. Verwundung, Gefangennahme oder eine andere Ursache außer Gefecht befindlich sind:

i) Angriffe auf Leib und Leben, insbesondere vorsätzliche Tötung jeder Art, Verstümmelung, grausame Behandlung und Folter;

ii) die Beeinträchtigung der persönlichen Würde, insbesondere entwürdigende und erniedrigende Behandlung;

iii) Geiselnahme;

iv) Verurteilungen und Hinrichtungen ohne vorhergehendes Urteil eines ordentlich bestellten Gerichts, das die allgemein als unerlässlich anerkannten Rechtsgarantien bietet;

d) Absatz 2 Buchstabe c findet Anwendung auf bewaffnete Konflikte, die keinen internationalen Charakter haben, und somit nicht auf Fälle innerer Unruhen und Spannungen wie Tumulte, vereinzelt auftretende Gewalttaten oder andere ähnliche Handlungen;

e) andere schwere Verstöße gegen die innerhalb des feststehenden Rahmens des Völkerrechts anwendbaren Gesetze und Gebräuche im bewaffneten Konflikt, der keinen internationalen Charakter hat, nämlich jede der folgenden Handlungen:

i) vorsätzliche Angriffe auf die Zivilbevölkerung als solche oder auf einzelne Zivilpersonen, die an den Feindseligkeiten nicht unmittelbar teilnehmen;

ii) vorsätzliche Angriffe auf Gebäude, Material, Sanitätseinheiten, Sanitätstransportmittel und Personal, die in Übereinstimmung mit dem Völkerrecht mit den Schutzzeichen der Genfer Abkommen versehen sind;

iii) vorsätzliche Angriffe auf Personal, Einrichtungen, Material, Einheiten oder Fahrzeuge, die an einer humanitäten Hilfsmission oder friedenserhaltenden Mission in Übereinstimmung mit der Charta der Vereinten Nationen beteiligt sind, solange sie Anspruch auf den Schutz haben, der Zivilpersonen oder zivilen Objekten nach dem internationalen Recht des bewaffneten Konflikts gewährt wird;

iv) vorsätzliche Angriffe auf Gebäude, die dem Gottesdienst, der Erziehung, der Kunst, der Wissenschaft oder der Wohltätigkeit gewidmet sind, auf geschichtliche Denkmäler, Krankenhäuser und Sammelplätze für Kranke und Verwundete, sofern es nicht militärische Ziele sind;

v) die Plünderung einer Stadt oder Ansiedlung, selbst wenn sie im Sturm genommen wurde;

vi) Vergewaltigung, sexuelle Sklaverei, Nötigung zur Prostitution, erzwungene Schwangerschaft im Sinne des Artikels 7 Absatz 2 Buchstabe f, Zwangssterilisation und jede andere Form sexueller Gewalt, die ebenfalls einen schweren Verstoß gegen den gemeinsamen Artikel 3 der vier Genfer Abkommen darstellt;

vii) die Zwangsverpflichtung oder Eingliederung von Kindern unter fünfzehn Jahren in Streitkräfte oder bewaffnete Gruppen oder ihre Verwendung zur aktiven Teilnahme an Feindseligkeiten;

viii) die Anordnung der Verlegung der Zivilbevölkerung aus Gründen im Zusammenhang mit dem Konflikt, sofern dies nicht im Hinblick auf die Sicherheit der betreffenden Zivilpersonen oder aus zwingenden militärischen Gründen geboten ist;

ix) die meuchlerische Tötung oder Verwundung eines gegnerischen Kombattanten;

x) die Erklärung, dass kein Pardon gegeben wird;

xi) die körperliche Verstümmelung von Personen, die sich in der Gewalt einer anderen Konfliktpartei befinden, oder die Vornahme medizinischer oder wissenschaftlicher Versuche jeder Art an diesen Personen, die nicht durch deren ärztliche, zahnärztliche oder Krankenhausbehandlung gerechtfertigt sind oder in ihrem Interesse durchgeführt werden und die zu ihrem Tod führen oder ihre Gesundheit ernsthaft gefährden;

xii) die Zerstörung oder Beschlagnahme gegnerischen Eigentums, sofern diese nicht durch die Erfordernisse des Konflikts zwingend geboten ist;

xiii)[1] die Verwendung von Gift oder vergifteten Waffen;

xiv) die Verwendung erstickender, giftiger oder gleichartiger Gase sowie aller ähnlichen Flüssigkeiten, Stoffe oder Vorrichtungen;

xv) die Verwendung von Geschossen, die sich im Körper des Menschen leicht ausdehnen oder flachdrücken, beispielsweise Geschosse mit einem harten Mantel, der den Kern nicht ganz umschließt oder mit Einschnitten versehen ist;

f) Absatz 2 Buchstabe e findet Anwendung auf bewaffnete Konflikte, die keinen internationalen Charakter haben, und somit nicht auf Fälle innerer Unruhen und Spannungen wie Tumulte, vereinzelt auftretende Gewalttaten oder andere ähnliche Handlungen. Er findet Anwendung auf bewaffnete Konflikte, die im Hoheitsgebiet eines Staates stattfinden, wenn zwischen den staatlichen Behörden und organisierten bewaffneten Gruppen oder

---

[1] Die Nummern xiii bis xv sind durch Resolution RC/Res.5 der Vertragsstaatenkonferenz eingefügt worden, aber gemäß Art. 121 Abs. 5 des Statuts nur für die Vertragsstaaten verbindlich, die diese Änderung ratifiziert haben (derzeit 36, darunter Deutschland, Liechtenstein, Österreich und die Schweiz).

zwischen solchen Gruppen ein lang anhaltender bewaffneter Konflikt besteht.

(3) Absatz 2 Buchstaben c und e berührt nicht die Verantwortung einer Regierung, die öffentliche Ordnung im Staat aufrechtzuerhalten oder wiederherzustellen oder die Einheit und territoriale Unversehrtheit des Staates mit allen rechtmäßigen Mitteln zu verteidigen.

Art. 8bis Verbrechen der Aggression[1]. (1) Im Sinne dieses Statuts bedeutet „Verbrechen der Aggression" die Planung, Vorbereitung, Einleitung oder Ausführung einer Angriffshandlung, die ihrer Art, ihrer Schwere und ihrem Umfang nach eine offenkundige Verletzung der Charta der Vereinten Nationen darstellt, durch eine Person, die tatsächlich in der Lage ist, das politische oder militärische Handeln eines Staates zu kontrollieren oder zu lenken.

(2) Im Sinne des Absatzes 1 bedeutet „Angriffshandlung" die gegen die Souveränität, die territoriale Unversehrtheit oder die politische Unabhängigkeit eines Staates gerichtete oder sonst mit der Charta der Vereinten Nationen unvereinbare Anwendung von Waffengewalt durch einen anderen Staat. Unabhängig von dem Vorliegen einer Kriegserklärung gilt in Übereinstimmung mit der Resolution 3314 (XXIX) der Generalversammlung der Vereinten Nationen vom 14. Dezember 1974 jede der folgenden Handlungen als Angriffshandlung:
a) die Invasion des Hoheitsgebiets eines Staates oder der Angriff auf dieses durch die Streitkräfte eines anderen Staates oder jede, wenn auch vorübergehende, militärische Besetzung, die sich aus einer solchen Invasion oder einem solchen Angriff ergibt, oder jede gewaltsame Annexion des Hoheitsgebiets eines anderen Staates oder eines Teiles desselben;
b) die Bombardierung oder Beschießung des Hoheitsgebiets eines Staates durch die Streitkräfte eines anderen Staates oder der Einsatz von Waffen jeder Art durch einen Staat gegen das Hoheitsgebiet eines anderen Staates;
c) die Blockade der Häfen oder Küsten eines Staates durch die Streitkräfte eines anderen Staates;
d) ein Angriff der Streitkräfte eines Staates auf die Land-, See- oder Luftstreitkräfte oder die See- und Luftflotte eines anderen Staates;
e) der Einsatz von Streitkräften eines Staates, die sich mit der Zustimmung eines anderen Staates in dessen Hoheitsgebiet befinden, unter Verstoß gegen die in der entsprechenden Einwilligung oder Vereinbarung vorgesehenen Bedingungen oder jede Verlängerung ihrer Anwesenheit in diesem Hoheitsgebiet über den Ablauf der Geltungsdauer der Einwilligung oder Vereinbarung hinaus;
f) das Handeln eines Staates, wodurch er erlaubt, dass sein Hoheitsgebiet, das er einem anderen Staat zur Verfügung gestellt hat, von diesem anderen Staat dazu benutzt wird, eine Angriffshandlung gegen einen dritten Staat zu begehen;
g) das Entsenden bewaffneter Banden, Gruppen, irregulärer Kräfte oder Söldner durch einen Staat oder in seinem Namen, die mit Waffengewalt gegen

---

[1] Der Tatbestand des Aggressionsverbrechens ist durch Resolution RC/Res. 6 der nach Art. 123 einberufenen Überprüfungskonferenz 2010 eingefügt worden, tritt aber gemäß Art. 121 Abs. 5 nur für die Vertragsstaaten in Kraft, die diese Änderung ratifiziert haben (derzeit 35, darunter Deutschland, Liechtenstein, Österreich und die Schweiz). Zusätzliche Bedingungen für die Ausübung der Gerichtsbarkeit des Internationalen Strafgerichtshofs sind in den ebenfalls durch Resolution RC/Res. 6 eingefügten Art. 15bis und 15ter enthalten.

einen anderen Staat Handlungen von solcher Schwere ausführen, dass sie den oben aufgeführten Handlungen gleichkommen, oder seine wesentliche Beteiligung daran.

Art. 9 „Verbrechenselemente". [1] (1) Die „Verbrechenselemente" helfen dem Gerichtshof bei der Auslegung und Anwendung der Artikel 6, 7, 8 und 8bis. Sie werden von den Mitgliedern der Versammlung der Vertragsstaaten mit Zweidrittelmehrheit angenommen.

(2) Änderungen der „Verbrechenselemente" können vorgeschlagen werden von
a) jedem Vertragsstaat;
b) den Richtern mit absoluter Mehrheit;
c) dem Ankläger.
Diese Änderungen werden von den Mitgliedern der Versammlung der Vertragsstaaten mit Zweidrittelmehrheit angenommen.

(3) Die „Verbrechenselemente" und ihre Änderungen müssen mit dem Statut vereinbar sein.

Art. 10. Dieser Teil ist nicht so auszulegen, als beschränke oder berühre er bestehende oder sich entwickelnde Regeln des Völkerrechts für andere Zwecke als diejenigen dieses Statuts.

Art. 11 Gerichtsbarkeit ratione temporis. (1) Die Gerichtsbarkeit des Gerichtshofs erstreckt sich nur auf Verbrechen, die nach Inkrafttreten dieses Statuts begangen werden.

(2) Wird ein Staat nach Inkrafttreten dieses Statuts dessen Vertragspartei, so kann der Gerichtshof seine Gerichtsbarkeit nur in Bezug auf Verbrechen ausüben, die nach Inkrafttreten des Statuts für diesen Staat begangen wurden, es sei denn, der Staat hat eine Erklärung nach Artikel 12 Absatz 3 abgegeben.

Art. 12 Voraussetzungen für die Ausübung der Gerichtsbarkeit.
(1) Ein Staat, der Vertragspartei dieses Statuts wird, erkennt damit die Gerichtsbarkeit des Gerichtshofs für die in Artikel 5 bezeichneten Verbrechen an.

(2) Im Fall des Artikels 13 Buchstabe a oder c kann der Gerichtshof seine Gerichtsbarkeit ausüben, wenn einer oder mehrere der folgenden Staaten Vertragspartei dieses Statuts sind oder in Übereinstimmung mit Absatz 3 die Gerichtsbarkeit des Gerichtshofs anerkannt haben:
a) der Staat, in dessen Hoheitsgebiet das fragliche Verhalten stattgefunden hat, oder, sofern das Verbrechen an Bord eines Schiffes oder Luftfahrzeugs begangen wurde, der Staat, in dem dieses registriert ist;
b) der Staat, dessen Staatsangehörigkeit die des Verbrechens beschuldigte Person besitzt.

(3) Ist nach Absatz 2 die Anerkennung der Gerichtsbarkeit durch einen Staat erforderlich, der nicht Vertragspartei dieses Statuts ist, so kann dieser Staat durch Hinterlegung einer Erklärung beim Kanzler die Ausübung der Gerichtsbarkeit durch den Gerichtshof in Bezug auf das fragliche Ver-

---

[1] Die Verbrechenselemente sind von der 1. Vertragsstaatenversammlung angenommen worden und werden laufend ergänzt, in englischer Sprache abrufbar unter: https://asp.icc-cpi.int/iccdocs/asp_docs/Publications/Compendium/ElementsOfCrime-ENG.pdf.

brechen anerkennen. Der anerkennende Staat arbeitet mit dem Gerichtshof ohne Verzögerung oder Ausnahme in Übereinstimmung mit Teil 9 zusammen.

Art. 13 Ausübung der Gerichtsbarkeit. Der Gerichtshof kann in Übereinstimmung mit diesem Statut seine Gerichtsbarkeit über ein in Artikel 5 bezeichnetes Verbrechen ausüben, wenn

a) eine Situation, in der es den Anschein hat, dass eines oder mehrere dieser Verbrechen begangen wurden, von einem Vertragsstaat nach Artikel 14 dem Ankläger unterbreitet wird,

b) eine Situation, in der es den Anschein hat, dass eines oder mehrere dieser Verbrechen begangen wurden, vom Sicherheitsrat, der nach Kapitel VII der Charta der Vereinten Nationen tätig wird, dem Ankläger unterbreitet wird, oder

c) der Ankläger nach Artikel 15 Ermittlungen in Bezug auf eines dieser Verbrechen eingeleitet hat.

Art. 14 Unterbreitung einer Situation durch einen Vertragsstaat.
(1) Ein Vertragsstaat kann eine Situation, in der es den Anschein hat, dass ein oder mehrere der Gerichtsbarkeit des Gerichtshofs unterliegende Verbrechen begangen wurden, dem Ankläger unterbreiten und diesen ersuchen, die Situation zu untersuchen, um festzustellen, ob eine oder mehrere bestimmte Personen angeklagt werden sollen, diese Verbrechen begangen zu haben.

(2) Soweit möglich, sind in der Unterbreitung die maßgeblichen Umstände anzugeben und diejenigen Unterlagen zur Begründung beizufügen, über die der unterbreitende Staat verfügt.

Art. 15 Ankläger. (1) Der Ankläger kann auf der Grundlage von Informationen über der Gerichtsbarkeit des Gerichtshofs unterliegende Verbrechen aus eigener Initiative Ermittlungen einleiten.

(2) Der Ankläger prüft die Stichhaltigkeit der erhaltenen Informationen. Zu diesem Zweck kann er von Staaten, Organen der Vereinten Nationen, zwischenstaatlichen oder nichtstaatlichen Organisationen oder anderen von ihm als geeignet erachteten zuverlässigen Stellen zusätzliche Auskünfte einholen und am Sitz des Gerichtshofs schriftliche oder mündliche Zeugenaussagen entgegennehmen.

(3) Gelangt der Ankläger zu dem Schluss, dass eine hinreichende Grundlage für die Aufnahme von Ermittlungen besteht, so legt er der Vorverfahrenskammer einen Antrag auf Genehmigung von Ermittlungen zusammen mit den gesammelten Unterlagen zu seiner Begründung vor. Opfer können in Übereinstimmung mit der Verfahrens- und Beweisordnung Eingaben an die Vorverfahrenskammer machen.

(4) Ist die Vorverfahrenskammer nach Prüfung des Antrags und der Unterlagen zu seiner Begründung der Auffassung, dass eine hinreichende Grundlage für die Aufnahme von Ermittlungen besteht und dass die Sache unter die Gerichtsbarkeit des Gerichtshofs zu fallen scheint, so erteilt sie die Genehmigung zur Einleitung der Ermittlungen, unbeschadet späterer Entscheidungen des Gerichtshofs betreffend die Gerichtsbarkeit für eine Sache und ihre Zulässigkeit.

(5) Verweigert die Vorverfahrenskammer die Genehmigung zur Aufnahme von Ermittlungen, so schließt dies einen auf neue Tatsachen oder Beweismittel gestützten späteren Antrag des Anklägers in Bezug auf dieselbe Situation nicht aus.

(6) Gelangt der Ankläger nach der in den Absätzen 1 und 2 genannten Vorprüfung zu dem Schluss, dass die zur Verfügung gestellten Informationen keine hinreichende Grundlage für Ermittlungen darstellen, so teilt er dies den Informanten mit. Dies schließt nicht aus, dass der Ankläger im Licht neuer Tatsachen oder Beweismittel weitere Informationen prüft, die ihm in Bezug auf dieselbe Situation zur Verfügung gestellt werden.

Art. 15ᵇⁱˢ Ausübung der Gerichtsbarkeit über das Verbrechen der Aggression (Unterbreitung durch einen Staat oder aus eigener Initiative). (1) Der Gerichtshof kann vorbehaltlich dieses Artikels seine Gerichtsbarkeit über das Verbrechen der Aggression in Übereinstimmung mit Artikel 13 Buchstaben a und c ausüben.

(2) Der Gerichtshof kann seine Gerichtsbarkeit nur über Verbrechen der Aggression ausüben, die ein Jahr nach Ratifikation oder Annahme der Änderungen durch dreißig Vertragsstaaten begangen werden.[1]

(3) Der Gerichtshof übt seine Gerichtsbarkeit über das Verbrechen der Aggression in Übereinstimmung mit diesem Artikel vorbehaltlich eines Beschlusses aus, der nach dem 1. Januar 2017 mit derselben Mehrheit von Vertragsstaaten zu fassen ist, wie sie für die Annahme einer Änderung des Statuts erforderlich ist.[2]

(4) Der Gerichtshof kann in Übereinstimmung mit Artikel 12 seine Gerichtsbarkeit über ein Verbrechen der Aggression ausüben, das sich aus einer Angriffshandlung eines Vertragsstaats ergibt, es sei denn, dieser Vertragsstaat hat zuvor durch Hinterlegung einer Erklärung beim Kanzler bekanntgegeben, dass er diese Gerichtsbarkeit nicht anerkennt. Die Rücknahme dieser Erklärung kann jederzeit erfolgen und wird von dem Vertragsstaat innerhalb von drei Jahren geprüft.

(5) Hinsichtlich eines Staates, der nicht Vertragspartei dieses Statuts ist, übt der Gerichtshof seine Gerichtsbarkeit über das Verbrechen der Aggression nicht aus, wenn das Verbrechen von Staatsangehörigen des betreffenden Staates oder in dessen Hoheitsgebiet begangen wurde.

(6) Gelangt der Ankläger zu dem Schluss, dass eine hinreichende Grundlage für die Aufnahme von Ermittlungen in Bezug auf ein Verbrechen der Aggression besteht, vergewissert er sich zunächst, ob der Sicherheitsrat festgestellt hat, dass der betreffende Staat eine Angriffshandlung begangen hat. Der Ankläger benachrichtigt den Generalsekretär der Vereinten Nationen über die beim Gerichtshof anhängige Situation unter Einschluss sachdienlicher Informationen und Unterlagen.

---

[1] Derzeit haben 35 Staaten den Aggressionstatbestand und die damit zusammenhängenden Änderungen des Statuts ratifiziert oder angenommen (darunter Deutschland, Liechtenstein, Österreich und die Schweiz).

[2] Den Beschluss zur Aktivierung der Gerichtsbarkeit über das Verbrechen der Aggression haben die Vertragsstaaten am 14.12.2017 mit Wirkung ab 17.7.2018 gefasst (ICC-ASP/16/Res. 5).

(7) Hat der Sicherheitsrat eine entsprechende Feststellung getroffen, so kann der Ankläger die Ermittlungen in Bezug auf ein Verbrechen der Aggression aufnehmen.

(8) Wird innerhalb von sechs Monaten nach dem Zeitpunkt der Benachrichtigung keine entsprechende Feststellung getroffen, so kann der Ankläger die Ermittlungen in Bezug auf ein Verbrechen der Aggression aufnehmen, sofern die Vorverfahrensabteilung nach dem in Artikel 15 vorgesehenen Verfahren die Genehmigung zur Einleitung der Ermittlungen in Bezug auf ein Verbrechen der Aggression erteilt und der Sicherheitsrat nicht einen anderweitigen Beschluss nach Artikel 16 gefasst hat.

(9) Die Feststellung einer Angriffshandlung durch ein Organ außerhalb des Gerichtshofs berührt nicht die eigenen Erkenntnisse des Gerichtshofs nach diesem Statut.

(10) Dieser Artikel lässt die Bestimmungen über die Ausübung der Gerichtsbarkeit über die anderen in Artikel 5 bezeichneten Verbrechen unberührt.

Art. 15ter Ausübung der Gerichtsbarkeit über das Verbrechen der Aggression (Unterbreitung durch den Sicherheitsrat). (1) Der Gerichtshof kann vorbehaltlich dieses Artikels seine Gerichtsbarkeit über das Verbrechen der Aggression in Übereinstimmung mit Artikel 13 Buchstabe b ausüben.

(2) Der Gerichtshof kann seine Gerichtsbarkeit nur über Verbrechen der Aggression ausüben, die ein Jahr nach Ratifikation oder Annahme der Änderungen durch dreißig Vertragsstaaten begangen werden.[1]

(3) Der Gerichtshof übt seine Gerichtsbarkeit über das Verbrechen der Aggression in Übereinstimmung mit diesem Artikel vorbehaltlich eines Beschlusses aus, der nach dem 1. Januar 2017 mit derselben Mehrheit von Vertragsstaaten zu fassen ist, wie sie für die Annahme einer Änderung des Statuts erforderlich ist.[2]

(4) Die Feststellung einer Angriffshandlung durch ein Organ außerhalb des Gerichtshofs berührt nicht die eigenen Erkenntnisse des Gerichtshofs nach diesem Statut.

(5) Dieser Artikel lässt die Bestimmungen über die Ausübung der Gerichtsbarkeit über die anderen in Artikel 5 bezeichneten Verbrechen unberührt.

Art. 16 Aufschub der Ermittlungen oder der Strafverfolgung. Richtet der Sicherheitsrat in einer nach Kapitel VII der Charta der Vereinten Nationen angenommenen Resolution ein entsprechendes Ersuchen an den Gerichtshof, so dürfen für einen Zeitraum von 12 Monaten keine Ermittlungen und keine Strafverfolgung aufgrund dieses Statuts eingeleitet oder fortgeführt werden; das Ersuchen kann vom Sicherheitsrat unter denselben Bedingungen erneuert werden.

---

[1] Derzeit haben 35 Staaten den Aggressionstatbestand und die damit zusammenhängenden Änderungen des Statuts ratifiziert oder angenommen (darunter Deutschland, Liechtenstein, Österreich und die Schweiz).

[2] Den Beschluss zur Aktivierung der Gerichtsbarkeit über das Verbrechen der Aggression haben die Vertragsstaaten am 14.12.2017 mit Wirkung ab 17.7.2018 gefasst (ICC-ASP/16/Res. 5).

Art. 17 Fragen der Zulässigkeit. (1) Im Hinblick auf Absatz 10 der Präambel und Artikel 1 entscheidet der Gerichtshof, dass eine Sache nicht zulässig ist, wenn

a) in der Sache von einem Staat, der Gerichtsbarkeit darüber hat, Ermittlungen oder eine Strafverfolgung durchgeführt werden, es sei denn, der Staat ist nicht willens oder nicht in der Lage, die Ermittlungen oder die Strafverfolgung ernsthaft durchzuführen;

b) in der Sache von einem Staat, der Gerichtsbarkeit darüber hat, Ermittlungen durchgeführt worden sind, und der Staat entschieden hat, die betreffende Person nicht strafrechtlich zu verfolgen, es sei denn, die Entscheidung war das Ergebnis des mangelnden Willens oder des Unvermögens des Staates, eine Strafverfolgung ernsthaft durchzuführen;

c) die betreffende Person wegen des Verhaltens, das Gegenstand des Tatvorwurfs ist, bereits gerichtlich belangt worden ist und die Sache nach Artikel 20 Absatz 3 nicht beim Gerichtshof anhängig gemacht werden kann;

d) die Sache nicht schwerwiegend genug ist, um weitere Maßnahmen des Gerichtshofs zu rechtfertigen.

(2) Zur Feststellung des mangelnden Willens in einem bestimmten Fall prüft der Gerichtshof unter Berücksichtigung der völkerrechtlich anerkannten Grundsätze eines ordnungsgemäßen Verfahrens, ob gegebenenfalls eine oder mehrere der folgenden Voraussetzungen vorliegen;

a) Das Verfahren wurde oder wird geführt oder die staatliche Entscheidung wurde getroffen, um die betreffende Person vor strafrechtlicher Verantwortlichkeit für die in Artikel 5 bezeichneten, der Gerichtsbarkeit des Gerichtshofs unterliegenden Verbrechen zu schützen;

b) in dem Verfahren gab es eine nicht gerechtfertigte Verzögerung, die unter den gegebenen Umständen mit der Absicht unvereinbar ist, die betreffende Person vor Gericht zu stellen;

c) das Verfahren war oder ist nicht unabhängig oder unparteiisch und wurde oder wird in einer Weise geführt, die unter den gegebenen Umständen mit der Absicht unvereinbar ist, die betreffende Person vor Gericht zu stellen.

(3) Zur Feststellung des Unvermögens in einem bestimmten Fall prüft der Gerichtshof, ob der Staat wegen des völligen oder weitgehenden Zusammenbruchs oder der mangelnden Verfügbarkeit seines innerstaatlichen Justizsystems nicht in der Lage ist, des Beschuldigten habhaft zu werden oder die erforderlichen Beweismittel und Zeugenaussagen zu erlangen, oder aus anderen Gründen nicht in der Lage ist, ein Verfahren durchzuführen.

Art. 18 Vorläufige Entscheidungen betreffend die Zulässigkeit.
(1) Wurde eine Situation nach Artikel 13 Buchstabe a dem Gerichtshof unterbreitet und hat der Ankläger festgestellt, dass eine hinreichende Grundlage für die Einleitung von Ermittlungen bestünde, oder leitet der Ankläger Ermittlungen nach Artikel 13 Buchstabe c und Artikel 15 ein, so benachrichtigt der Ankläger förmlich alle Vertragsstaaten und diejenigen Staaten, die unter Berücksichtigung der zur Verfügung stehenden Informationen im Regelfall die Gerichtsbarkeit über die betreffenden Verbrechen ausüben würden. Der Ankläger kann diese Staaten vertraulich benachrichtigen und, sofern er dies für notwendig hält, um Personen zu schützen, die Vernichtung von Beweismitteln oder die Flucht von Personen zu verhindern, den Umfang der den Staaten zur Verfügung gestellten Informationen begrenzen.

(2) Binnen eines Monats nach Eingang dieser förmlichen Benachrichtigung kann ein Staat den Gerichtshof davon in Kenntnis setzen, dass er gegen seine Staatsangehörigen oder andere Personen unter seiner Hoheitsgewalt in Bezug auf Straftaten ermittelt oder ermittelt hat, die möglicherweise den Tatbestand der in Artikel 5 bezeichneten Verbrechen erfüllen und die mit den Informationen in Zusammenhang stehen, welche in der an die Staaten gerichteten Benachrichtigung enthalten sind. Auf Ersuchen des betreffenden Staates stellt der Ankläger die Ermittlungen gegen diese Personen zugunsten der Ermittlungen des Staates zurück, es sei denn, die Vorverfahrenskammer beschließt auf Antrag des Anklägers, diesen zu den Ermittlungen zu ermächtigen.

(3) Die Zurückstellung der Ermittlungen durch den Ankläger zugunsten der Ermittlungen eines Staates kann vom Ankläger sechs Monate nach dem Zeitpunkt der Zurückstellung oder jederzeit überprüft werden, wenn sich aufgrund des mangelnden Willens oder des Unvermögens des betreffenden Staates zur ernsthaften Durchführung von Ermittlungen die Sachlage wesentlich geändert hat.

(4) Der betreffende Staat oder der Ankläger kann nach Artikel 82 gegen eine Entscheidung der Vorverfahrenskammer bei der Berufungskammer Beschwerde einlegen. Die Beschwerde kann beschleunigt behandelt werden.

(5) Hat der Ankläger nach Absatz 2 Ermittlungen zurückgestellt, so kann er den betreffenden Staat ersuchen, ihn regelmäßig über den Fortgang seiner Ermittlungen und jede anschließende Strafverfolgung zu unterrichten. Die Vertragsstaaten kommen einem solchen Ersuchen ohne unangemessene Verzögerung nach.

(6) Bis zu einer Entscheidung der Vorverfahrenskammer oder jederzeit, nachdem der Ankläger nach diesem Artikel Ermittlungen zurückgestellt hat, kann er ausnahmsweise die Vorverfahrenskammer um die Ermächtigung zu notwendigen Ermittlungsmaßnahmen zum Zweck der Sicherung von Beweismitteln ersuchen, wenn eine einmalige Gelegenheit zur Beschaffung wichtiger Beweismittel oder eine erhebliche Gefahr besteht, dass diese Beweismittel später nicht verfügbar sein werden.

(7) Ein Staat, der eine Entscheidung der Vorverfahrenskammer nach diesem Artikel angefochten hat, kann die Zulässigkeit einer Sache nach Artikel 19 aufgrund zusätzlicher wesentlicher Tatsachen oder einer wesentlichen Änderung der Sachlage anfechten.

Art. 19 Anfechtung der Gerichtsbarkeit des Gerichtshofs oder der Zulässigkeit einer Sache. (1) Der Gerichtshof vergewissert sich, dass er in jeder bei ihm anhängig gemachten Sache Gerichtsbarkeit hat. Der Gerichtshof kann aus eigener Initiative über die Zulässigkeit einer Sache nach Artikel 17 entscheiden.

(2) Sowohl die Zulässigkeit einer Sache aus den in Artikel 17 genannten Gründen als auch die Gerichtsbarkeit des Gerichtshofs können angefochten werden von
a) einem Angeklagten oder einer Person, gegen die ein Haftbefehl oder eine Ladung nach Artikel 58 ergangen ist,
b) einem Staat, der Gerichtsbarkeit über eine Sache hat, weil er in der Sache Ermittlungen oder eine Strafverfolgung durchführt oder durchgeführt hat, oder

c) einem Staat, der nach Artikel 12 die Gerichtsbarkeit anerkannt haben muss.

(3) Der Ankläger kann über eine Frage der Gerichtsbarkeit oder der Zulässigkeit eine Entscheidung des Gerichtshofs erwirken. In Verfahren über die Gerichtsbarkeit oder die Zulässigkeit können beim Gerichtshof auch diejenigen, welche ihm die Situation nach Artikel 13 unterbreitet haben, sowie die Opfer Stellungnahmen abgeben.

(4) Die Zulässigkeit einer Sache oder die Gerichtsbarkeit des Gerichtshofs kann von jeder in Absatz 2 bezeichneten Person oder jedem dort bezeichneten Staat nur einmal angefochten werden. Die Anfechtung erfolgt vor oder bei Eröffnung des Hauptverfahrens. Unter außergewöhnlichen Umständen kann der Gerichtshof gestatten, eine Anfechtung mehr als einmal oder erst nach Eröffnung des Hauptverfahrens vorzubringen. Anfechtungen der Zulässigkeit einer Sache, die bei oder, sofern der Gerichtshof dies gestattet, nach Eröffnung des Hauptverfahrens vorgebracht werden, können nur auf Artikel 17 Absatz 1 Buchstabe c gestützt werden.

(5) Ein in Absatz 2 Buchstaben b und c bezeichneter Staat bringt eine Anfechtung bei frühestmöglicher Gelegenheit vor.

(6) Vor Bestätigung der Anklage werden Anfechtungen der Zulässigkeit einer Sache oder Anfechtungen der Gerichtsbarkeit des Gerichtshofs an die Vorverfahrenskammer verwiesen. Nach Bestätigung der Anklage werden sie an die Hauptverfahrenskammer verwiesen. Gegen Entscheidungen über die Gerichtsbarkeit oder die Zulässigkeit kann nach Artikel 82 bei der Berufungskammer Beschwerde eingelegt werden.

(7) Bringt ein in Absatz 2 Buchstabe b oder c bezeichneter Staat eine Anfechtung vor, so setzt der Ankläger die Ermittlungen so lange aus, bis der Gerichtshof eine Entscheidung nach Artikel 17 getroffen hat.

(8) Bis zu einer Entscheidung des Gerichtshofs kann der Ankläger diesen um die Ermächtigung ersuchen,

a) notwendige Ermittlungsmaßnahmen der in Artikel 18 Absatz 6 bezeichneten Art zu ergreifen,

b) schriftliche oder mündliche Zeugenaussagen einzuholen oder die Erhebung und Prüfung von Beweismitteln abzuschießen, mit der vor Erklärung der Anfechtung begonnen worden war, und

c) in Zusammenarbeit mit den in Betracht kommenden Staaten die Flucht von Personen zu verhindern, für die er bereits einen Haftbefehl nach Artikel 58 beantragt hat.

(9) Das Vorbringen einer Anfechtung beeinträchtigt nicht die Gültigkeit einer zuvor vom Ankläger vorgenommenen Handlung oder einer Anordnung oder eines Befehls des Gerichtshofs.

(10) Hat der Gerichtshof entschieden, dass eine Sache nach Artikel 17 unzulässig ist, so kann der Ankläger eine Überprüfung der Entscheidung beantragen, wenn seiner vollen Überzeugung nach infolge neuer Tatsachen die Grundlage entfällt, derentwegen die Sache zuvor nach Artikel 17 für unzulässig befunden worden war.

(11) Stellt der Ankläger unter Berücksichtigung der in Artikel 17 genannten Angelegenheiten Ermittlungen zurück, so kann er den betreffenden Staat ersuchen, ihm Informationen über das Verfahren zur Verfügung zu stellen.

Auf Ersuchen des betreffenden Staates sind diese Informationen vertraulich. Beschließt der Ankläger danach die Fortführung der Ermittlungen, so benachrichtigt er den Staat, zu dessen Gunsten das Verfahren zurückgestellt wurde.

Art. 20 Ne bis in idem. (1) Sofern in diesem Statut nichts anderes bestimmt ist, darf niemand wegen eines Verhaltens vor den Gerichtshof gestellt werden, das den Tatbestand der Verbrechen erfüllt, derentwegen er bereits vom Gerichtshof verurteilt oder freigesprochen wurde.

(2) Niemand darf wegen eines in Artikel 5 bezeichneten Verbrechens, dessentwegen er vom Gerichtshof bereits verurteilt oder freigesprochen wurde, vor ein anderes Gericht gestellt werden.

(3) Niemand, der wegen eines auch nach Artikel 6, 7, 8 oder 8bis verbotenen Verhaltens vor ein anderes Gericht gestellt wurde, darf vom Gerichtshof für dasselbe Verhalten belangt werden, es sei denn, das Verfahren vor dem anderen Gericht
a) diente dem Zweck, ihn vor strafrechtlicher Verantwortlichkeit für der Gerichtsbarkeit des Gerichtshofs unterliegende Verbrechen zu schützen oder
b) war in sonstiger Hinsicht nicht unabhängig oder unparteiisch entsprechend den völkerrechtlich anerkannten Grundsätzen eines ordnungsgemäßen Verfahrens und wurde in einer Weise geführt, die unter den gegebenen Umständen mit der Absicht, die betreffende Person vor Gericht zu stellen, unvereinbar war.

Art. 21 Anwendbares Recht. (1) Der Gerichtshof wendet Folgendes an:
a) an erster Stelle dieses Statut, die „Verbrechenselemente" sowie seine Verfahrens- und Beweisordnung;
b) an zweiter Stelle, soweit angebracht, anwendbare Verträge sowie die Grundsätze und Regeln des Völkerrechts, einschließlich der anerkannten Grundsätze des internationalen Rechts des bewaffneten Konflikts;
c) soweit solche fehlen, allgemeine Rechtsgrundsätze, die der Gerichtshof aus einzelstaatlichen Rechtsvorschriften der Rechtssysteme der Welt, einschließlich, soweit angebracht, der innerstaatlichen Rechtsvorschriften der Staaten, die im Regelfall Gerichtsbarkeit über das Verbrechen ausüben würden, abgeleitet hat, sofern diese Grundsätze nicht mit diesem Statut, dem Völkerrecht und den international anerkannten Regeln und Normen unvereinbar sind.

(2) Der Gerichtshof kann Rechtsgrundsätze und Rechtsnormen entsprechend seiner Auslegung in früheren Entscheidungen anwenden.

(3) Die Anwendung und Auslegung des Rechts nach diesem Artikel muss mit den international anerkannten Menschenrechten vereinbar sein und darf keine benachteiligende Unterscheidung etwa aufgrund des Geschlechts im Sinne des Artikels 7 Absatz 3, des Alters, der Rasse, der Hautfarbe, der Sprache, der Religion oder Weltanschauung, der politischen oder sonstigen Anschauung, der nationalen, ethnischen oder sozialen Herkunft, des Vermögens, der Geburt oder des sonstigen Status machen.

Teil 3. Allgemeine Grundsätze des Strafrechts

Art. 22 Nullum crimen sine lege. (1) Eine Person ist nur dann nach diesem Statut strafrechtlich verantwortlich, wenn das fragliche Verhalten zur Zeit der Tat den Tatbestand eines der Gerichtsbarkeit des Gerichtshofs unterliegenden Verbrechens erfüllt.

(2) Die Begriffsbestimmung eines Verbrechens ist eng auszulegen und darf nicht durch Analogie erweitert werden. Im Zweifelsfall ist die Begriffsbestimmung zugunsten der Person auszulegen, gegen die sich die Ermittlungen, die Strafverfolgung oder das Urteil richten.

(3) Dieser Artikel bedeutet nicht, dass ein Verhalten nicht unabhängig von diesem Statut als nach dem Völkerrecht strafbar beurteilt werden kann.

Art. 23 Nulla poena sine lege. Eine vom Gerichtshof für schuldig erklärte Person darf nur nach Maßgabe dieses Statuts bestraft werden.

Art. 24 Rückwirkungsverbot ratione personae. (1) Niemand ist nach diesem Statut für ein Verhalten strafrechtlich verantwortlich, das vor Inkrafttreten des Statuts stattgefunden hat.

(2) Ändert sich das auf einen bestimmten Fall anwendbare Recht vor dem Ergehen des rechtskräftigen Urteils, so ist das für die Person, gegen die sich die Ermittlungen, die Strafverfolgung oder das Urteil richten, mildere Recht anzuwenden.

Art. 25 Individuelle strafrechtliche Verantwortlichkeit. (1) Der Gerichtshof hat aufgrund dieses Statuts Gerichtsbarkeit über natürliche Personen.

(2) Wer ein der Gerichtsbarkeit des Gerichtshofs unterliegendes Verbrechen begeht, ist dafür in Übereinstimmung mit diesem Statut individuell verantwortlich und strafbar.

(3) In Übereinstimmung mit diesem Statut ist für ein der Gerichtsbarkeit des Gerichtshofs unterliegendes Verbrechen strafrechtlich verantwortlich und strafbar, wer

a) ein solches Verbrechen selbst, gemeinschaftlich mit einem anderen oder durch einen anderen begeht, gleichviel ob der andere strafrechtlich verantwortlich ist;

b) die Begehung eines solchen Verbrechens, das tatsächlich vollendet oder versucht wird, anordnet, dazu auffordert oder dazu anstiftet;

c) zur Erleichterung eines solchen Verbrechens Beihilfe oder sonstige Unterstützung bei seiner Begehung oder versuchten Begehung leistet, einschließlich der Bereitstellung der Mittel für die Begehung;

d) auf sonstige Weise zur Begehung oder versuchten Begehung eines solchen Verbrechens durch eine mit einem gemeinsamen Ziel handelnde Gruppe von Personen beiträgt. Ein derartiger Beitrag muss vorsätzlich sein und entweder

  i) mit dem Ziel geleistet werden, die kriminelle Tätigkeit oder die strafbare Absicht der Gruppe zu fördern, soweit sich diese auf die Begehung eines der Gerichtsbarkeit des Gerichtshofs unterliegenden Verbrechens beziehen, oder

ii) in Kenntnis des Vorsatzes der Gruppe, das Verbrechen zu begehen, geleistet werden;

e) in Bezug auf das Verbrechen des Völkermords andere unmittelbar und öffentlich zur Begehung von Völkermord aufstachelt;

f) versucht, ein solches Verbrechen zu begehen, indem er eine Handlung vornimmt, die einen wesentlichen Schritt zum Beginn seiner Ausführung darstellt, wobei es jedoch aufgrund von Umständen, die vom Willen des Täters unabhängig sind, nicht zur Tatausführung kommt. Wer jedoch die weitere Ausführung des Verbrechens aufgibt oder dessen Vollendung auf andere Weise verhindert, ist aufgrund dieses Statuts für den Versuch des Verbrechens nicht strafbar, wenn er das strafbare Ziel vollständig und freiwillig aufgegeben hat.

(3bis) In Bezug auf das Verbrechen der Aggression findet dieser Artikel nur auf Personen Anwendung, die tatsächlich in der Lage sind, das politische oder militärische Handeln eines Staates zu kontrollieren oder zu lenken.

(4) Die Bestimmungen dieses Statuts betreffend die individuelle strafrechtliche Verantwortlichkeit berühren nicht die Verantwortung der Staaten nach dem Völkerrecht.

Art. 26 Ausschluss der Gerichtsbarkeit über Personen unter achtzehn Jahren. Der Gerichtshof hat keine Gerichtsbarkeit über eine Person, die zum Zeitpunkt der angeblichen Begehung eines Verbrechens noch nicht achtzehn Jahre alt war.

Art. 27 Unerheblichkeit der amtlichen Eigenschaft. (1) Dieses Statut gilt gleichermaßen für alle Personen, ohne jeden Unterschied nach amtlicher Eigenschaft. Insbesondere enthebt die amtliche Eigenschaft als Staats- oder Regierungschef, als Mitglied einer Regierung oder eines Parlaments, als gewählter Vertreter oder als Amtsträger einer Regierung eine Person nicht der strafrechtlichen Verantwortlichkeit nach diesem Statut und stellt für sich genommen keinen Strafmilderungsgrund dar.

(2) Immunitäten oder besondere Verfahrensregeln, die nach innerstaatlichem Recht oder nach dem Völkerrecht mit der amtlichen Eigenschaft einer Person verbunden sind, hindern den Gerichtshof nicht an der Ausübung seiner Gerichtsbarkeit über eine solche Person.

Art. 28 Verantwortlichkeit militärischer Befehlshaber und anderer Vorgesetzter. Neben anderen Gründen für die strafrechtliche Verantwortlichkeit aufgrund dieses Statuts für der Gerichtsbarkeit des Gerichtshofs unterliegende Verbrechen gilt Folgendes:

a) Ein militärischer Befehlshaber oder eine tatsächlich als militärischer Befehlshaber handelnde Person ist strafrechtlich verantwortlich für die Gerichtsbarkeit des Gerichtshof unterliegende Verbrechen, die von Truppen unter seiner oder ihrer tatsächlichen Befehls- beziehungsweise Führungsgewalt und Kontrolle als Folge seines oder ihres Versäumnisses begangen wurden, eine ordnungsgemäße Kontrolle über diese Truppen auszuüben, wenn

i) der betreffende militärische Befehlshaber oder die betreffende Person wusste oder aufgrund der zu der Zeit gegebenen Umstände hätte wissen müssen, dass die Truppen diese Verbrechen begingen oder zu begehen im Begriff waren, und

ii) der betreffende militärische Befehlshaber oder die betreffende Person nicht alle in seiner oder ihrer Macht stehenden erforderlichen und angemessenen Maßnahmen ergriff, um ihre Begehung zu verhindern oder zu unterbinden oder die Angelegenheit den zuständigen Behörden zur Unterstützung und Strafverfolgung vorzulegen.

b) In Bezug auf unter Buchstabe a nicht beschriebene Vorgesetzten- und Untergebenenverhältnisse ist ein Vorgesetzter strafrechtlich verantwortlich für der Gerichtsbarkeit des Gerichtshofs unterliegende Verbrechen, die von Untergebenen unter seiner tatsächlichen Führungsgewalt und Kontrolle als Folge seines Versäumnisses begangen wurden, eine ordnungsgemäße Kontrolle über diese Untergebenen auszuüben, wenn

i) der Vorgesetzte entweder wusste, dass die Untergebenen solche Verbrechen begingen oder zu begehen im Begriff waren, oder eindeutig darauf hinweisende Informationen bewusst außer Acht ließ;

ii) die Verbrechen Tätigkeiten betrafen, die unter die tatsächliche Verantwortung und Kontrolle des Vorgesetzen fielen, und

iii) der Vorgesetzte nicht alle in seiner Macht stehenden erforderlichen und angemessenen Maßnahmen ergriff, um ihre Begehung zu verhindern oder zu unterbinden oder die Angelegenheit den zuständigen Behörden zur Untersuchung und Strafverfolgung vorzulegen.

Art. 29 Nichtanwendbarkeit von Verjährungsvorschriften. Die der Gerichtsbarkeit des Gerichtshofs unterliegenden Verbrechen verjähren nicht.

Art. 30 Subjektive Tatbestandsmerkmale. (1) Sofern nichts anderes bestimmt ist, ist eine Person für ein der Gerichtsbarkeit des Gerichtshofs unterliegendes Verbrechen nur dann strafrechtlich verantwortlich und strafbar, wenn die objektiven Tatbestandsmerkmale vorsätzlich und wissentlich verwirklicht werden.

(2) „Vorsatz" im Sinne dieses Artikels liegt vor, wenn die betreffende Person
a) im Hinblick auf ein Verhalten dieses Verhalten setzen will;
b) im Hinblick auf die Folgen diese Folgen herbeiführen will oder ihr bewusst ist, dass diese im gewöhnlichen Verlauf der Ereignisse eintreten werden.

(3) „Wissen" im Sinne dieses Artikels bedeutet das Bewusstsein, dass ein Umstand vorliegt oder dass im gewöhnlichen Verlauf der Ereignisse eine Folge eintreten wird. „Wissentlich" und „wissen" sind entsprechend auszulegen.

Art. 31 Gründe für den Ausschluss der strafrechtlichen Verantwortlichkeit. (1) Neben anderen in diesem Statut vorgesehenen Gründen für den Ausschluss der strafrechtlichen Verantwortlichkeit ist strafrechtlich nicht verantwortlich, wer zur Zeit des fraglichen Verhaltens
a) wegen einer seelischen Krankheit oder Störung unfähig ist, die Rechtswidrigkeit oder Art seines Verhaltens zu erkennen oder dieses so zu steuern, dass es den gesetzlichen Anforderungen entspricht;
b) wegen eines Rauschzustands unfähig ist, die Rechtswidrigkeit oder Art seines Verhaltens zu erkennen oder dieses so zu steuern, dass es den gesetzlichen Anforderungen entspricht, sofern er sich nicht freiwillig und unter solchen Umständen berauscht hat, unter denen er wusste oder in Kauf

nahm, dass er sich infolge des Rausches wahrscheinlich so verhält, dass der Tatbestand eines der Gerichtsbarkeit des Gerichtshofs unterliegenden Verbrechens erfüllt wird;

c) in angemessener Weise handelt, um sich oder einen anderen oder, im Fall von Kriegsverbrechen, für sich oder einen anderen lebensnotwendiges oder für die Ausführung eines militärischen Einsatzes unverzichtbares Eigentum, vor einer unmittelbar drohenden und rechtswidrigen Anwendung von Gewalt in einer Weise zu verteidigen, die in einem angemessenen Verhältnis zum Umfang der ihm, dem anderen oder dem geschützten Eigentum drohenden Gefahr steht. Die Teilnahme an einem von Truppen durchgeführten Verteidigungseinsatz stellt für sich genommen keinen Grund für den Ausschluss der strafrechtlichen Verantwortlichkeit nach diesem Buchstaben dar;

d) wegen einer ihm selbst oder einem anderen unmittelbar drohenden Gefahr für das Leben oder einer dauernden oder unmittelbar drohenden Gefahr schweren körperlichen Schadens zu einem Verhalten genötigt ist, das angeblich den Tatbestand eines der Gerichtsbarkeit des Gerichtshofs unterliegenden Verbrechens erfüllt, und in notwendiger und angemessener Weise handelt, um diese Gefahr abzuwenden, sofern er nicht größeren Schaden zuzufügen beabsichtigt als den, den er abzuwenden trachtet. Eine solche Gefahr kann entweder

i) von anderen Personen ausgehen oder

ii) durch andere Umstände bedingt sein, die von ihm nicht zu vertreten sind.

(2) Der Gerichtshof entscheidet über die Anwendbarkeit der in diesem Statut vorgesehenen Gründe für den Ausschluss der strafrechtlichen Verantwortlichkeit auf die anhängige Sache.

(3) Bei der Verhandlung kann der Gerichtshof einen anderen als die in Absatz 1 genannten Gründe für den Ausschluss der strafrechtlichen Verantwortlichkeit in Betracht ziehen, sofern dieser aus dem anwendbaren Recht nach Artikel 21 abgeleitet ist. Das entsprechende Verfahren ist in der Verfahrens- und Beweisordnung festzulegen.

Art. 32 Tat- oder Rechtsirrtum. (1) Ein Tatirrtum ist nur dann ein Grund für den Ausschluss der strafrechtlichen Verantwortlichkeit, wenn er die für den Verbrechenstatbestand erforderlichen subjektiven Tatbestandsmerkmale aufhebt.

(2) Ein Rechtsirrtum im Hinblick auf die Frage, ob ein bestimmtes Verhalten den Tatbestand eines der Gerichtsbarkeit des Gerichtshofs unterliegenden Verbrechens erfüllt, ist kein Grund für den Ausschluss der strafrechtlichen Verantwortlichkeit. Ein Rechtsirrtum kann jedoch ein Grund für den Ausschluss der strafrechtlichen Verantwortlichkeit sein, wenn er die für den Verbrechenstatbestand erforderlichen subjektiven Tatbestandsmerkmale aufhebt oder wenn die in Artikel 33 genannten Umstände vorliegen.

Art. 33 Anordnungen Vorgesetzter und gesetzliche Vorschriften.

(1) Die Tatsache, dass ein der Gerichtsbarkeit des Gerichtshofs unterliegendes Verbrechen auf Anordnung einer Regierung oder eines militärischen oder zivilen Vorgesetzten begangen wurde, enthebt den Täter nicht der strafrechtlichen Verantwortlichkeit, es sei denn

a) der Täter war gesetzlich verpflichtet, den Anordnungen der betreffenden Regierung oder des betreffenden Vorgesetzten Folge zu leisten,
b) der Täter wusste nicht, dass die Anordnung rechtswidrig ist, und
c) die Anordnung war nicht offensichtlich rechtswidrig.

(2) Anordnungen zur Begehung von Völkermord oder von Verbrechen gegen die Menschlichkeit sind im Sinne dieses Artikels offensichtlich rechtswidrig.

Teil 4. Zusammensetzung und Verwaltung des Gerichtshofs

Art. 34 Organe des Gerichtshofs. Der Gerichtshof setzt sich aus folgenden Organen zusammen:
a) dem Präsidium;
b) einer Berufungsabteilung, einer Hauptverfahrensabteilung und einer Vorverfahrensabteilung;
c) der Anklagebehörde;
d) der Kanzlei.

Art. 35 Richteramt. (1) Alle Richter werden als hauptamtliche Mitglieder des Gerichtshofs gewählt und stehen als solche mit Beginn ihrer Amtszeit zur Ausübung ihres Amtes zur Verfügung.

(2) Die Richter, die das Präsidium bilden, üben ihr Amt hauptamtlich aus, sobald sie gewählt worden sind.

(3) Das Präsidium kann von Zeit zu Zeit auf der Grundlage des Arbeitsanfalls des Gerichtshofs und nach Rücksprache mit seinen Mitgliedern entscheiden, inwieweit die übrigen Richter ihr Amt hauptamtlich auszuüben haben. Eine solche Regelung erfolgt unbeschadet des Artikels 40.

(4) Die finanziellen Regelungen für Richter, die ihr Amt nicht hauptamtlich auszuüben brauchen, werden nach Artikel 49 getroffen.

Art. 36 Befähigung, Benennung und Wahl der Richter. (1) Vorbehaltlich des Absatzes 2 hat der Gerichtshof achtzehn Richter.

(2) a) Das Präsidium kann im Namen des Gerichtshofs unter Angabe der Gründe, aus denen es dies als notwendig und angemessen erachtet, eine Erhöhung der in Absatz 1 genannten Anzahl der Richter vorschlagen. Der Kanzler leitet einen solchen Vorschlag umgehend allen Vertragsstaaten zu.

b) Jeder derartige Vorschlag wird sodann auf einer nach Artikel 112 einberufenen Sitzung der Versammlung der Vertragsstaaten erörtert. Der Vorschlag gilt als angenommen, wenn er auf der Sitzung von zwei Dritteln der Mitglieder der Versammlung der Vertragsstaaten genehmigt wird; er tritt zu dem von der Versammlung der Vertragsstaaten beschlossenen Zeitpunkt in Kraft.

c) i) Ist ein Vorschlag auf Erhöhung der Anzahl der Richter nach Buchstabe b angenommen worden, so findet die Wahl der zusätzlichen Richter nach den Absätzen 3 bis 8 sowie nach Artikel 37 Absatz 2 auf der darauffolgenden Sitzung der Versammlung der Vertragsstaaten statt.

ii) Ist ein Vorschlag auf Erhöhung der Anzahl der Richter nach den Buchstaben b und c Ziffer i angenommen worden und wirksam geworden, so steht es dem Präsidium jederzeit danach frei, wenn der Arbeitsanfall des Gerichtshofs dies rechtfertigt, eine Verringerung der Anzahl der Richter vorzuschlagen; diese darf jedoch die in Absatz 1 festgelegte Anzahl nicht unterschreiten. Der Vorschlag wird nach dem unter den Buchstaben a und b festgelegten Verfahren behandelt. Wird der Vorschlag angenommen, so wird die Anzahl der Richter mit dem Auslaufen der Amtszeiten der amtierenden Richter so lange schrittweise verringert, bis die notwendige Anzahl erreicht ist.

(3) a) Die Richter werden unter Personen von hohem sittlichem Ansehen ausgewählt, die sich durch Unparteilichkeit und Ehrenhaftigkeit auszeichnen und die in ihrem Staat die für die höchsten richterlichen Ämter erforderlichen Voraussetzungen erfüllen.

b) Jeder Kandidat für die Wahl zum Gerichtshof muss

i) über nachweisliche Fachkenntnisse auf dem Gebiet des Straf- und des Strafverfahrensrechts sowie über die notwendige einschlägige Erfahrung als Richter, Ankläger, Anwalt oder in ähnlicher Eigenschaft bei Strafverfahren oder

ii) über nachweisliche Fachkenntnisse in einschlägigen Bereichen des Völkerrechts, wie etwa des humanitären Völkerrechts und der Menschenrechte, sowie über weitreichende Erfahrung in einem Rechtsberuf, der für die richterliche Arbeit des Gerichtshofs von Bedeutung ist, verfügen.

c) Jeder Kandidat für die Wahl zum Gerichtshof muss über ausgezeichnete Kenntnisse mindestens einer der Arbeitssprachen des Gerichtshofs verfügen und diese fließend sprechen.

(4) a) Jeder Vertragsstaat dieses Statuts kann Kandidaten für die Wahl zum Gerichtshof benennen, und zwar entweder

i) nach dem Verfahren für die Benennung von Kandidaten für die höchsten richterlichen Ämter des jeweiligen Staates oder

ii) nach dem Verfahren, das im Statut des internationalen Gerichtshofs für die Benennung von Kandidaten für jenen Gerichtshof vorgesehen ist.

Den Benennungen ist eine hinreichend ausführliche Erklärung beizufügen, aus der hervorgeht, inwiefern der Kandidat die Anforderungen in Absatz 3 erfüllt.

b) Jeder Vertragsstaat kann für jede Wahl einen Kandidaten aufstellen, der zwar nicht unbedingt Staatsangehöriger dieses Vertragsstaats, in jedem Fall jedoch Staatsangehöriger eines Vertragsstaats sein muss.

c) Die Versammlung der Vertragsstaaten kann beschließen, gegebenenfalls einen Beratenden Ausschuss für Benennungen einzusetzen. In diesem Fall bestimmt die Versammlung der Vertragsstaaten die Zusammensetzung und das Mandat des Ausschusses.

(5) Für die Zwecke der Wahl werden zwei Kandidatenlisten aufgestellt:
Liste A enthält die Namen der Kandidaten mit den in Absatz 3 Buchstabe b Ziffer i genannten Voraussetzungen, und
Liste B enthält die Namen der Kandidaten mit den in Absatz 3 Buchstabe b Ziffer ii genannten Voraussetzungen.
Kandidaten, die über hinreichende Voraussetzungen für beide Listen verfügen, können wählen, auf welche Liste sie gesetzt werden möchten. Bei der ersten Wahl zum Gerichtshof werden mindestens neun Richter aus der Liste A und mindestens fünf Richter aus der Liste B gewählt. Darauffolgende Wahlen sind so zu gestalten, dass das zahlenmäßige Verhältnis der Richter im Gerichts-

hof, welche die Voraussetzungen für die jeweilige Liste erfüllen, gewahrt bleibt.

(6) a) Die Richter werden in geheimer Abstimmung auf einer zu diesem Zweck nach Artikel 112 einberufenen Sitzung der Versammlung der Vertragsstaaten gewählt. Vorbehaltlich des Absatzes 7 werden die achtzehn Kandidaten zum Gerichtshof gewählt, welche die höchste Stimmenzahl und die Zweidrittelmehrheit der anwesenden und abstimmenden Vertragsstaaten auf sich vereinen.

b) Wird im ersten Wahlgang nicht die ausreichende Anzahl der Richter gewählt, so finden so lange weitere Wahlgänge nach dem Verfahren unter Buchstabe a statt, bis die verbleibenden Sitze besetzt sind.

(7) Nicht mehr als ein Richter darf Staatsangehöriger desselben Staates sein. Wer im Hinblick auf die Mitgliedschaft beim Gerichtshof als Staatsangehöriger mehr als eines Staates angesehen werden kann, gilt als Staatsangehöriger des Staates, in dem er gewöhnlich seine bürgerlichen und politischen Rechte ausübt.

(8) a) Bei der Auswahl der Richter berücksichtigen die Vertragsstaaten die Notwendigkeit, in der Mitgliedschaft des Gerichtshofs Folgendes zu gewährleisten:

i) die Vertretung der hauptsächlichen Rechtssysteme der Welt,

ii) eine gerechte geografische Verteilung und

iii) eine ausgewogene Vertretung weiblicher und männlicher Richter.

b) Die Vertragsstaaten berücksichtigen außerdem die Notwendigkeit, Richter mit juristischen Fachkenntnissen auf bestimmten Gebieten einzubeziehen, insbesondere, jedoch nicht ausschließlich auf dem Gebiet der Gewalt gegen Frauen oder Kinder.

(9) a) Vorbehaltlich des Buchstabens b werden die Richter für die Dauer von neun Jahren gewählt; vorbehaltlich des Buchstabens c und des Artikels 37 Absatz 2 ist eine Wiederwahl nicht zulässig.

b) Bei der ersten Wahl wird durch das Los die Amtszeit eines Drittels der gewählten Richter auf drei Jahre und eines weiteren Drittels auf sechs Jahre festgelegt; die Amtszeit der übrigen Richter beträgt neun Jahre.

c) Ein Richter, dessen Amtszeit nach Buchstabe b auf drei Jahre festgelegt wurde, kann für eine volle Amtszeit wiedergewählt werden.

(10) Ungeachtet des Absatzes 9 bleibt ein Richter, der nach Artikel 39 einer Hauptverfahrens- oder einer Berufungskammer zugeteilt wurde, so lange im Amt, bis alle Haupt- oder Rechtsmittelverfahren abgeschlossen sind, deren Verhandlung vor dieser Kammer bereits begonnen hat.

Art. 37 Frei gewordene Sitze. (1) Wird ein Sitz frei, so findet zur Besetzung des frei gewordenen Sitzes eine Wahl nach Artikel 36 statt.

(2) Ein Richter, der auf einen frei gewordenen Sitz gewählt wird, übt sein Amt für die restliche Laufzeit seines Vorgängers aus; beträgt diese drei Jahre oder weniger, so ist seine Wiederwahl für eine volle Amtszeit nach Artikel 36 zulässig.

Art. 38 Präsidium. (1) Der Präsident sowie der Erste und der Zweite Vizepräsident werden von den Richtern mit absoluter Mehrheit gewählt. Sie üben ihr Amt für die Dauer von drei Jahren beziehungsweise bis zum Ende ihrer jeweiligen Amtszeit als Richter aus, sofern dieser Zeitpunkt früher liegt. Ihre einmalige Wiederwahl ist zulässig.

(2) Der Erste Vizepräsident tritt an die Stelle des Präsidenten, wenn dieser verhindert ist oder ausgeschlossen wurde. Der Zweite Vizepräsident tritt an die Stelle des Präsidenten, wenn sowohl der Präsident als auch der Erste Vizepräsident verhindert sind oder ausgeschlossen wurden.

(3) Der Präsident sowie der Erste und der Zweite Vizepräsident bilden das Präsidium, dem Folgendes obliegt:
a) die ordnungsgemäße Verwaltung des Gerichtshofs mit Ausnahme der Anklagebehörde und
b) die sonstigen ihm auf Grund dieses Statuts übertragenen Aufgaben.

(4) Bei der Wahrnehmung seiner Verantwortung nach Absatz 3 Buchstabe a handelt das Präsidium in Abstimmung mit dem Ankläger und sucht dessen Zustimmung in allen Angelegenheiten von gemeinsamem Belang.

Art. 39 Kammern. (1) Nach der Wahl der Richter bildet der Gerichtshof so bald wie möglich die in Artikel 34 Buchstabe b genannten Abteilungen. Die Berufungsabteilung setzt sich aus dem Präsidenten und vier weiteren Richtern, die Hauptverfahrensabteilung aus mindestens sechs Richtern und die Vorverfahrensabteilung aus mindestens sechs Richtern zusammen. Die Zuteilung der Richter zu den Abteilungen richtet sich nach der Art der von jeder Abteilung wahrzunehmenden Aufgaben sowie nach der Befähigung und der Erfahrung der in den Gerichtshof gewählten Richter, so dass in jeder Abteilung eine angemessene Mischung von Fachwissen auf dem Gebiet des Straf- und des Strafverfahrensrechts sowie des Völkerrechts vorhanden ist. Die Hauptverfahrensabteilung und die Vorverfahrensabteilung sollen überwiegend aus Richtern mit Erfahrung auf dem Gebiet der Verhandlung von Strafsachen bestehen.

(2) a) Die richterlichen Aufgaben des Gerichtshofs werden in jeder Abteilung von Kammern wahrgenommen.
  b) i) Die Berufungskammer setzt sich aus allen Richtern der Berufungsabteilung zusammen;
   ii) die Aufgaben der Hauptverfahrenskammer werden von drei Richtern der Hauptverfahrensabteilung wahrgenommen;
   iii) die Aufgaben der Vorverfahrenskammer werden entweder von drei Richtern der Vorverfahrensabteilung oder in Übereinstimmung mit diesem Statut sowie mit der Verfahrens- und Beweisordnung von einem einzelnen Richter dieser Abteilung wahrgenommen.
c) Dieser Absatz schließt die gleichzeitige Bildung von mehr als einer Hauptverfahrenskammer oder Vorverfahrenskammer nicht aus, wenn die wirksame Erledigung der beim Gerichtshof anfallenden Arbeit dies verlangt.

(3) a) Die der Hauptverfahrensabteilung und der Vorverfahrensabteilung zugeteilten Richter üben ihr Amt in diesen Abteilungen für die Dauer von drei Jahren aus und danach so lange, bis jede Sache abgeschlossen ist, deren Verhandlung in der betreffenden Abteilung bereits begonnen hat.
b) Die der Berufungsabteilung zugeteilten Richter üben ihr Amt in dieser Abteilung für die gesamte Dauer ihrer Amtszeit aus.

(4) Die der Berufungsabteilung zugeteilten Richter üben ihr Amt ausschließlich in dieser Abteilung aus. Dieser Artikel schließt jedoch die zeitwei-

lige Zuteilung von Richtern der Hauptverfahrensabteilung zur Vorverfahrensabteilung oder umgekehrt nicht aus, wenn das Präsidium dies im Interesse der wirksamen Erledigung der beim Gerichtshof anfallenden Arbeit für erforderlich hält; allerdings darf ein Richter, der am Vorverfahren in einer Sache mitgewirkt hat, unter keinen Umständen der Hauptverfahrenskammer angehören, die in dieser Sache verhandelt.

Art. 40 Unabhängigkeit der Richter. (1) Die Richter sind bei der Erfüllung ihrer Aufgaben unabhängig.

(2) Die Richter dürfen keine Tätigkeit ausüben, die sich auf ihre richterlichen Aufgaben auswirken oder das Vertrauen in ihre Unabhängigkeit beeinträchtigen könnte.

(3) Die Richter, die ihr Amt hauptamtlich am Sitz des Gerichtshofs auszuüben haben, dürfen sich keiner anderen Beschäftigung beruflicher Art widmen.

(4) Alle Fragen betreffend die Anwendung der Absätze 2 und 3 werden von den Richtern mit absoluter Mehrheit entschieden. Betrifft eine solche Frage einen einzelnen Richter, so nimmt dieser an der Entscheidung nicht teil.

Art. 41 Freistellung und Ausschluss von Richtern. (1) Das Präsidium kann einen Richter auf dessen Ersuchen in Übereinstimmung mit der Verfahrens- und Beweisordnung von der Wahrnehmung einer Aufgabe nach diesem Statut freistellen.

(2) a) Ein Richter nimmt an einer Sache nicht teil, wenn aus irgendeinem Grund berechtigte Zweifel an seiner Unparteilichkeit geltend gemacht werden können. Ein Richter wird unter anderem dann von einer Sache in Übereinstimmung mit diesem Absatz ausgeschlossen, wenn er zuvor in irgendeiner Eigenschaft an dieser beim Gerichtshof anhängigen Sache oder einer damit zusammenhängenden Strafsache auf einzelstaatlicher Ebene beteiligt war, welche die Person betraf, gegen die sich die Ermittlungen oder die Strafverfolgung richten. Ein Richter kann auch aus anderen in der Verfahrens- und Beweisordnung vorgesehenen Gründen ausgeschlossen werden.

b) Der Ankläger oder die Person, gegen die sich die Ermittlungen oder die Strafverfolgung richten, können nach diesem Absatz den Ausschluss eines Richters beantragen.

c) Jede Frage betreffend den Ausschluss eines Richters wird von den Richtern mit absoluter Mehrheit entschieden. Der Richter, dessen Ausschluss beantragt wird, hat Anspruch darauf, zu der Angelegenheit Stellung zu nehmen, nimmt jedoch an der Entscheidung nicht teil.

Art. 42 Anklagebehörde. (1) Die Anklagebehörde handelt unabhängig als selbstständiges Organ des Gerichtshofs. Ihr obliegt es, Unterbreitungen und inhaltlich erhärtete Informationen über der Gerichtsbarkeit des Gerichtshofs unterliegende Verbrechen entgegenzunehmen und zu prüfen sowie die Ermittlungen durchzuführen und vor dem Gerichtshof die Anklage zu vertreten. Ein Mitglied der Anklagebehörde darf Weisungen von einer Stelle außerhalb des Gerichtshofs weder einholen noch befolgen.

(2) Der Ankläger ist Leiter der Anklagebehörde. Er besitzt die volle Dienstaufsicht über Führung und Verwaltung der Behörde einschließlich ihres Per-

sonals, ihrer Einrichtungen und sonstigen Mittel. Dem Ankläger stehen ein oder mehrere Stellvertretende Ankläger zur Seite, die zur Ausführung aller Handlungen befugt sind, welche nach diesem Statut dem Ankläger obliegen. Der Ankläger und die Stellvertretenden Ankläger müssen unterschiedliche Staatsangehörigkeit besitzen. Sie üben ihr Amt hauptamtlich aus.

(3) Der Ankläger und die Stellvertretenden Ankläger müssen ein hohes sittliches Ansehen genießen sowie ein Höchstmaß an Sachverstand und umfangreiche praktische Erfahrung in der Strafverfolgung oder der Verhandlung von Strafsachen besitzen. Sie müssen über ausgezeichnete Kenntnisse mindestens einer der Arbeitssprachen des Gerichtshofs verfügen und diese fließend sprechen.

(4) Der Ankläger wird in geheimer Abstimmung von der absoluten Mehrheit der Mitglieder der Versammlung der Vertragsstaaten gewählt. Die Stellvertretenden Ankläger werden in derselben Weise aus einer vom Ankläger vorgelegten Kandidatenliste gewählt. Der Ankläger benennt drei Kandidaten für jede zu besetzende Stelle eines Stellvertretenden Anklägers. Sofern nicht zum Zeitpunkt ihrer Wahl eine kürzere Amtszeit beschlossen wird, werden der Ankläger und die Stellvertretenden Ankläger für die Dauer von neun Jahren gewählt; ihre Wiederwahl ist nicht zulässig.

(5) Weder der Ankläger noch die Stellvertretenden Ankläger dürfen eine Tätigkeit ausüben, die sich auf ihre Aufgaben bei der Strafverfolgung auswirken oder das Vertrauen in ihre Unabhängigkeit beeinträchtigen könnte. Sie dürfen sich keiner anderen Beschäftigung beruflicher Art widmen.

(6) Das Präsidium kann den Ankläger oder einen Stellvertretenden Ankläger auf dessen Ersuchen von einem Tätigwerden in einer bestimmten Sache freistellen.

(7) Der Ankläger oder ein Stellvertretender Ankläger nimmt an einer Angelegenheit nicht teil, wenn aus irgendeinem Grund berechtigte Zweifel an seiner Unparteilichkeit geltend gemacht werden könnten. Er wird unter anderem dann von einer Sache in Übereinstimmung mit diesem Absatz ausgeschlossen, wenn er zuvor in irgendeiner Eigenschaft an dieser beim Gerichtshof anhängigen Sache oder einer damit zusammenhängenden Strafsache auf einzelstaatlicher Ebene beteiligt war, welche die Person betraf, gegen die sich die Ermittlungen oder die Strafverfolgung richten.

(8) Jede Frage betreffend den Ausschluss des Anklägers oder eines Stellvertretenden Anklägers wird von der Berufungskammer entschieden.

a) Die Person, gegen die sich die Ermittlungen oder die Strafverfolgung richten, kann jederzeit den Ausschluss des Anklägers oder eines Stellvertretenden Anklägers aus den in diesem Artikel festgelegten Gründen beantragen.

b) Der Ankläger beziehungsweise der Stellvertretende Ankläger hat Anspruch darauf, zu der Angelegenheit Stellung zu nehmen.

(9) Der Ankläger ernennt Berater mit juristischen Fachkenntnissen auf bestimmten Gebieten, insbesondere, jedoch nicht ausschließlich, auf dem Gebiet der sexuellen und geschlechtsspezifischen Gewalt sowie der Gewalt gegen Kinder.

Art. 43 Kanzlei. (1) Der Kanzlei obliegen die nicht mit der Rechtsprechung zusammenhängenden Aspekte der Verwaltung und der Betreuung des Gerichtshofs, unbeschadet der Aufgaben und Befugnisse des Anklägers nach Artikel 42.

(2) Der Kanzler ist Leiter der Kanzlei und höchster Verwaltungsbeamter des Gerichtshofs. Er nimmt seine Aufgaben unter der Aufsicht des Präsidenten des Gerichtshofs wahr.

(3) Der Kanzler und der Stellvertretende Kanzler müssen ein hohes sittliches Ansehen genießen sowie ein Höchstmaß an Sachverstand und ausgezeichnete Kenntnisse mindestens einer der Arbeitssprachen des Gerichtshofs besitzen und diese fließend sprechen.

(4) Die Richter wählen den Kanzler in geheimer Abstimmung mit absoluter Mehrheit unter Berücksichtigung etwaiger Empfehlungen der Versammlung der Vertragsstaaten. Bei Bedarf wählen die Richter auf Empfehlung des Kanzlers in derselben Weise einen Stellvertretenden Kanzler.

(5) Der Kanzler wird für die Dauer von fünf Jahren gewählt; seine einmalige Wiederwahl ist zulässig; er übt sein Amt hauptamtlich aus. Der Stellvertretende Kanzler wird für die Dauer von fünf Jahren oder für eine von den Richtern mit absoluter Mehrheit beschlossene kürzere Zeit gewählt; er kann auch mit der Maßgabe gewählt werden, dass er sein Amt nach Bedarf ausübt.

(6) Der Kanzler richtet innerhalb der Kanzlei eine Abteilung für Opfer und Zeugen ein. Diese Abteilung stellt nach Rücksprache mit der Anklagebehörde Schutzmaßnahmen, Sicherheitsvorkehrungen, Beratung und andere angemessene Hilfe für Zeugen, für die vor dem Gerichtshof erscheinenden Opfer und andere durch die Aussagen dieser Zeugen gefährdete Personen zur Verfügung. Die Abteilung umfasst auch Personal mit Fachkenntnissen über Traumata, einschließlich der Traumata im Zusammenhang mit sexuellen Gewaltverbrechen.

Art. 44 Personal. (1) Der Ankläger und der Kanzler ernennen für ihre jeweilige Behörde das notwendige fachlich befähigte Personal. Im Fall des Anklägers schließt dies die Ernennung von Ermittlern ein.

(2) Bei der Einstellung des Personals stellen der Ankläger und der Kanzler ein Höchstmaß an Leistungsfähigkeit, fachlichem Können und Ehrenhaftigkeit sicher und berücksichtigen sinngemäß die in Artikel 36 Absatz 8 enthaltenen Kriterien.

(3) Der Kanzler schlägt mit Zustimmung des Präsidiums und des Anklägers ein Personalstatut vor, das die Bedingungen für die Ernennung, Besoldung und Entlassung des Personals des Gerichtshofs enthält. Das Personalstatut wird von der Versammlung der Vertragsstaaten genehmigt.

(4) In Ausnahmefällen kann der Gerichtshof die Fachkenntnisse von Personal heranziehen, das ihm von Vertragsstaaten, von zwischenstaatlichen oder nichtstaatlichen Organisationen unentgeltlich zur Verfügung gestellt wird, um ein Organ des Gerichtshofs bei seiner Arbeit zu unterstützen. Der Ankläger kann ein solches Angebot im Namen der Anklagebehörde annehmen. Dieses Personal wird in Übereinstimmung mit Richtlinien beschäftigt, die von der Versammlung der Vertragsstaaten aufzustellen sind.

Art. 45 Feierliches Versprechen. Bevor die Richter, der Ankläger, die Stellvertretenden Ankläger, der Kanzler und der Stellvertretende Kanzler ihr Amt nach diesem Statut antreten, geben sie in öffentlicher Sitzung das feierliche Versprechen ab, ihre Aufgaben unparteiisch und gewissenhaft wahrzunehmen.

Art. 46 Amtsenthebung. (1) Ein Richter, der Ankläger, ein Stellvertretender Ankläger, der Kanzler oder der Stellvertretende Kanzler wird durch einen entsprechenden Beschluss nach Absatz 2 seines Amtes enthoben, wenn er
a) wie in der Verfahrens- und Beweisordnung festgelegt, nachweislich eine schwere Verfehlung oder eine schwere Verletzung seiner Amtspflichten nach diesem Statut begangen hat oder
b) zur Wahrnehmung der ihm nach diesem Statut obliegenden Aufgaben unfähig ist.

(2) Die Amtsenthebung eines Richters, des Anklägers oder eines Stellvertretenden Anklägers nach Absatz 1 wird von der Versammlung der Vertragsstaaten in geheimer Abstimmung beschlossen
a) im Fall eines Richters mit Zweidrittelmehrheit der Vertragsstaaten auf Grund einer von den übrigen Richtern mit Zweidrittelmehrheit beschlossenen Empfehlung;
b) im Fall des Anklägers mit der absoluten Mehrheit der Vertragsstaaten;
c) im Fall eines Stellvertretenden Anklägers mit der absoluten Mehrheit der Vertragsstaaten auf Empfehlung des Anklägers.

(3) Die Amtsenthebung des Kanzlers oder des Stellvertretenden Kanzlers wird von den Richtern mit absoluter Mehrheit beschlossen.

(4) Ein Richter, Ankläger, Stellvertretender Ankläger, Kanzler oder Stellvertretender Kanzler, dessen Verhalten oder Fähigkeit zur Wahrnehmung der ihm nach diesem Statut obliegenden dienstlichen Aufgaben nach diesem Artikel in Frage gestellt wird, erhält uneingeschränkt Gelegenheit, in Übereinstimmung mit der Verfahrens- und Beweisordnung Beweismittel vorzulegen und entgegenzunehmen und Stellungnahmen abzugeben. An der Erörterung der Angelegenheit darf er im Übrigen nicht teilnehmen.

Art. 47 Disziplinarmaßnahmen. Gegen einen Richter, Ankläger, Stellvertretenden Ankläger, Kanzler oder Stellvertretenden Kanzler, der eine weniger schwere Verfehlung als die in Artikel 46 Absatz 1 genannte begangen hat, werden in Übereinstimmung mit der Verfahrens- und Beweisordnung Disziplinarmaßnahmen ergriffen.

Art. 48 Vorrechte und Immunitäten. (1) Der Gerichtshof genießt im Hoheitsgebiet jedes Vertragsstaats die für die Erfüllung seiner Ziele notwendigen Vorrechte und Immunitäten.

(2) Die Richter, der Ankläger, die Stellvertretenden Ankläger und der Kanzler genießen bei der Wahrnehmung der Geschäfte des Gerichtshofs oder in Bezug auf diese die gleichen Vorrechte und Immunitäten wie Chefs diplomatischer Missionen; nach Ablauf ihrer Amtszeit wird ihnen weiterhin Immunität von der Gerichtsbarkeit in Bezug auf ihre in amtlicher Eigenschaft vorgenommenen Handlungen, einschließlich ihrer mündlichen oder schriftlichen Äußerungen, gewährt.

(3) Der Stellvertretende Kanzler, das Personal der Anklagebehörde und das Personal der Kanzlei genießen in Übereinstimmung mit dem Übereinkommen über die Vorrechte und Immunitäten des Gerichtshofs die zur Erfüllung ihrer Aufgaben notwendigen Vorrechte, Immunitäten und Erleichterungen.

(4) Beratern, Sachverständigen, Zeugen und allen anderen Personen, deren Anwesenheit im Sitz des Gerichtshofs erforderlich ist, wird in Übereinstim-

mung mit dem Übereinkommen über die Vorrechte und Immunitäten des Gerichtshof die Stellung eingeräumt, die für die ordnungsgemäße Arbeit des Gerichtshof erforderlich ist.

(5) Die Vorrechte und Immunitäten
a) eines Richters oder des Anklägers können mit absoluter Mehrheit aufgehoben werden;
b) des Kanzlers können vom Präsidium aufgehoben werden;
c) der Stellvertretenden Ankläger und des Personals der Anklagebehörde können vom Ankläger aufgehoben werden;
d) des Stellvertretenden Kanzlers und des Personals der Kanzlei können vom Kanzler aufgehoben werden.

Art. 49 Gehälter, Zulagen und Aufwandsentschädigung. Die Richter, der Ankläger, die Stellvertretenden Ankläger, der Kanzler und der Stellvertretende Kanzler erhalten die von der Versammlung der Vertragsstaaten beschlossenen Gehälter, Zulagen und Aufwandsentschädigungen. Diese Gehälter und Zulagen werden während ihrer Amtszeit nicht herabgesetzt.

Art. 50 Amts- und Arbeitssprachen. (1) Die Amtssprachen des Gerichtshofs sind Arabisch, Chinesisch, Englisch, Französisch, Russisch und Spanisch. Die Urteile des Gerichtshofs sowie sonstige Entscheidungen zur Regelung grundlegender Fragen, die beim Gerichtshof anhängig sind, werden in den Amtssprachen veröffentlicht. Das Präsidium entscheidet in Übereinstimmung mit den durch die Verfahrens- und Beweisordnung festgelegten Kriterien, welche Entscheidungen als Entscheidungen zur Regelung grundlegender Fragen im Sinne dieses Absatzes angesehen werden können.

(2) Die Arbeitssprachen des Gerichtshofs sind Englisch und Französisch. Die Verfahrens- und Beweisordnung bestimmt die Fälle, in denen andere Amtssprachen als Arbeitssprachen benutzt werden können.

(3) Auf Ersuchen einer Partei eines Verfahrens oder eines zur Teilnahme an einem Verfahren zugelassenen Staates gestattet der Gerichtshof die Benutzung einer anderen als der englischen oder französischen Sprache, sofern er dies als ausreichend gerechtfertigt erachtet.

Art. 51 Verfahrens- und Beweisordnung.[1] (1) Die Verfahrens- und Beweisordnung tritt nach ihrer Annahme durch zwei Drittel der Mitglieder der Versammlung der Vertragsstaaten in Kraft.

(2) Änderungen der Verfahrens- und Beweisordnung können
a) von jedem Vertragsstaat,
b) von den Richtern mit absoluter Mehrheit oder
c) vom Ankläger
vorgeschlagen werden. Die Änderungen treten nach ihrer Annahme durch zwei Drittel der Mitglieder der Versammlung der Vertragsstaaten in Kraft.

(3) Nach Annahme der Verfahrens- und Beweisordnung können die Richter in dringenden Fällen, wenn eine bestimmte beim Gerichtshof anhängige

---

[1] Die Verfahrens- und Beweisregeln sind von der 1. Vertragsstaatenversammlung angenommen worden und werden laufend ergänzt; in englischer Sprache abrufbar unter: https://asp.icc-cpi.int/iccdocs/asp_docs/Publications/Compendium/RulesOfProcedureEvidence-ENG.pdf.

Situation durch die Verfahrens- und Beweisordnung nicht erfasst ist, mit Zweidrittelmehrheit vorläufige Regeln aufstellen, die bis zu ihrer Annahme, Änderung oder Ablehnung auf der nächsten ordentlichen oder außerordentlichen Tagung der Versammlung der Vertragsstaaten Anwendung finden.

(4) Die Verfahrens- und Beweisordnung, ihre Änderungen und jede vorläufige Regel müssen mit diesem Statut vereinbar sein. Änderungen der Verfahrens- und Beweisordnung sowie vorläufige Regeln werden nicht rückwirkend zum Nachteil der Person angewandt, gegen die sich die Ermittlungen, die Strafverfolgung oder das Urteil richten.

(5) Im Fall eines Widerspruchs zwischen dem Statut und der Verfahrens- und Beweisordnung hat das Statut Vorrang.

Art. 52 Geschäftsordnung des Gerichtshofs. (1) Die Richter nehmen in Übereinstimmung mit diesem Statut sowie der Verfahrens- und Beweisordnung die für den normalen Geschäftsgang notwendige Geschäftsordnung des Gerichtshofs mit absoluter Mehrheit an.

(2) Der Ankläger und der Kanzler sind bei der Ausarbeitung der Geschäftsordnung und aller Änderungen zu konsultieren.

(3) Sofern die Richter nichts anderes beschließen, treten die Geschäftsordnung und alle Änderungen mit ihrer jeweiligen Annahme in Kraft. Unmittelbar nach ihrer Annahme werden sie den Vertragsstaaten zur Stellungnahme zugeleitet. Liegen binnen sechs Monaten keine Einwände seitens der Mehrheit der Vertragsstaaten vor, so bleiben sie in Kraft.

Teil 5. Ermittlungen und Strafverfolgung

Art. 53 Einleitung von Ermittlungen. (1) Nach Auswertung der ihm zur Verfügung gestellten Informationen leitet der Ankläger Ermittlungen ein, sofern er nicht feststellt, dass es für die Verfahrenseinleitung nach diesem Statut keine hinreichende Grundlage gibt. Bei seiner Entscheidung über die Einleitung von Ermittlungen prüft der Ankläger,
a) ob die ihm vorliegenden Informationen hinreichende Verdachtsgründe dafür bieten, dass ein der Gerichtsbarkeit des Gerichtshofs unterliegendes Verbrechen begangen wurde oder wird,
b) ob die Sache nach Artikel 17 zulässig ist oder wäre und
c) ob unter Berücksichtigung der Schwere des Verbrechens und der Interessen der Opfer dennoch wesentliche Gründe für die Annahme vorliegen, dass die Durchführung von Ermittlungen nicht im Interesse der Gerechtigkeit läge.
Stellt der Ankläger fest, dass es für die Verfahrenseinleitung keine hinreichende Grundlage gibt, und beruht diese Feststellung ausschließlich auf Buchstabe c, so unterrichtet er die Vorverfahrenskammer.

(2) Gelangt der Ankläger nach den Ermittlungen zu dem Schluss, dass es für eine Strafverfolgung keine hinreichende Grundlage gibt, weil
a) keine hinreichende rechtliche oder sachliche Grundlage für die Beantragung eines Haftbefehls oder einer Ladung nach Artikel 58 besteht,
b) die Sache nach Artikel 17 unzulässig ist oder
c) eine Strafverfolgung unter Berücksichtigung aller Umstände, einschließlich der Schwere des Verbrechens, der Interessen der Opfer, des Alters oder der

Gebrechlichkeit des angeblichen Täters sowie seiner Rolle bei dem angeblichen Verbrechen, nicht im Interesse der Gerechtigkeit liegt,

so unterrichtet der Ankläger die Vorverfahrenskammer und den nach Artikel 14 unterbreitenden Staat oder den Sicherheitsrat im Fall des Artikels 13 Buchstabe b von seiner Schlussfolgerung und den Gründen dafür.

(3) a) Auf Ersuchen des nach Artikel 14 unterbreitenden Staates oder des Sicherheitsrats im Fall des Artikels 13 Buchstabe b kann die Vorverfahrenskammer eine Entscheidung des Anklägers nach Absatz 1 oder 2, nicht weiter vorzugehen, nachprüfen und den Ankläger ersuchen, sie zu überprüfen.

b) Darüber hinaus kann die Vorverfahrenskammer aus eigener Initiative eine Entscheidung des Anklägers, nicht weiter vorzugehen, nachprüfen, wenn diese ausschließlich auf Absatz 1 Buchstabe c oder Absatz 2 Buchstabe c beruht. In diesem Fall wird die Entscheidung des Anklägers nur dann wirksam, wenn sie von der Vorverfahrenskammer bestätigt wird.

(4) Der Ankläger kann eine Entscheidung über die Einleitung der Ermittlungen oder der Strafverfolgung auf der Grundlage neuer Tatsachen oder Informationen jederzeit überprüfen.

Art. 54 Pflichten und Befugnisse des Anklägers bei Ermittlungen.

(1) Der Ankläger

a) dehnt die Ermittlungen zum Zweck der Wahrheitsfindung auf alle Tatsachen und Beweismittel aus, die für die Beurteilung, ob eine strafrechtliche Verantwortlichkeit aufgrund dieses Statuts besteht, erheblich sind, und erforscht dabei gleichermaßen die belastenden wie die entlastenden Umstände,

b) ergreift geeignete Maßnahmen, um die wirksame Ermittlung und Strafverfolgung von der Gerichtsbarkeit des Gerichtshofs unterliegenden Verbrechen zu gewährleisten, wobei er die Interessen und persönlichen Lebensumstände der Opfer und Zeugen, namentlich Alter, Geschlecht im Sinne des Artikels 7 Absatz 3 und Gesundheitszustand, achtet und die Art des Verbrechens berücksichtigt, insbesondere soweit es mit sexueller Gewalt, geschlechtsspezifischer Gewalt oder Gewalt gegen Kinder verbunden ist, und

c) achtet uneingeschränkt die sich aus diesem Statut ergebenden Rechte der Personen.

(2) Der Ankläger kann Ermittlungen im Hoheitsgebiet eines Staates durchführen

a) in Übereinstimmung mit Teil 9 oder

b) aufgrund einer Ermächtigung der Vorverfahrenskammer nach Artikel 57 Absatz 3 Buchstabe d.

(3) Der Ankläger kann

a) Beweismittel sammeln und prüfen,

b) die Anwesenheit von Personen, gegen die ermittelt wird, von Opfern und von Zeugen verlangen und diese vernehmen,

c) einen Staat oder eine zwischenstaatliche Organisation oder Stelle entsprechend ihrer jeweiligen Zuständigkeit beziehungsweise ihrem Mandat um Zusammenarbeit ersuchen,

d) alle diesem Statut nicht entgegenstehenden Abmachungen und Übereinkünfte eingehen, die notwendig sind, um einem Staat, einer zwischenstaatlichen Organisation oder einer Person die Zusammenarbeit zu erleichtern,

e) einwilligen, in keiner Phase des Verfahrens Dokumente oder Informationen offenzulegen, die er unter der Bedingung der Vertraulichkeit und ausschließlich zum Zweck der Erlangung neuer Beweismittel erhält, sofern nicht der Informant sein Einverständnis erklärt, und

f) die notwendigen Maßnahmen zur Gewährleistung der Vertraulichkeit von Informationen, des Schutzes einer Person oder der Beweissicherung treffen oder verlangen, dass sie getroffen werden.

Art. 55 Rechte der Personen während der Ermittlungen. (1) Bei Ermittlungen aufgrund dieses Statuts

a) darf eine Person nicht gezwungen werden, sich selbst zu belasten oder sich schuldig zu bekennen;

b) darf eine Person nicht Zwang, Nötigung oder Drohung, Folter oder einer anderen Form grausamer, unmenschlicher oder erniedrigender Behandlung oder Strafe unterworfen werden;

c) werden einer Person, deren Vernehmung in einer Sprache erfolgt, die sie nicht vollständig versteht und spricht, unentgeltlich ein sachkundiger Dolmetscher und die Übersetzungen zur Verfügung gestellt, die erforderlich sind, um dem Gebot der Fairness Genüge zu tun, und

d) darf eine Person nicht willkürlich festgenommen oder in Haft gehalten werden und darf einer Person die Freiheit nur aus Gründen und in Übereinstimmung mit Verfahren entzogen werden, die in diesem Statut vorgesehen sind.

(2) Bestehen Verdachtsgründe, dass eine Person ein der Gerichtsbarkeit des Gerichtshofs unterliegendes Verbrechen begangen hat, und steht ihre Vernehmung entweder durch den Ankläger oder durch einzelstaatliche Behörden entsprechend einem Ersuchen nach Teil 9 unmittelbar bevor, so hat sie außerdem folgende Rechte, über die sie vor der Vernehmung zu belehren ist:

a) das Recht, vor der Vernehmung darüber belehrt zu werden, dass Verdachtsgründe bestehen, wonach sie ein der Gerichtsbarkeit des Gerichtshofs unterliegendes Verbrechen begangen hat;

b) das Recht, zu schweigen, ohne dass dieses Schweigen bei der Feststellung von Schuld oder Unschuld in Betracht gezogen wird;

c) das Recht, sich durch einen Verteidiger ihrer Wahl verteidigen zu lassen oder, falls sie keinen Verteidiger hat, auf Bestellung eines Verteidigers, wenn dies im Interesse der Rechtspflege erforderlich ist; fehlen ihr die Mittel zur Bezahlung eines Verteidigers, so ist ihr in einem solchen Fall ein Verteidiger unentgeltlich zu bestellen, und

d) das Recht, in Anwesenheit eines Rechtsbeistands vernommen zu werden, sofern sie nicht freiwillig auf ihr Recht auf Rechtsbeistand verzichtet hat.

Art. 56 Rolle der Vorverfahrenskammer bei einer einmaligen Gelegenheit zu Ermittlungsmaßnahmen. (1) a) Ist der Ankläger der Auffassung, dass Ermittlungen eine einmalige Gelegenheit darstellen, mündliche oder schriftliche Zeugenaussagen zu erhalten oder Beweismittel zu prüfen, zu sammeln oder auf ihre Beweiskraft zu untersuchen, die für die Zwecke einer Verhandlung später möglicherweise nicht mehr verfügbar sein werden, so unterrichtet er die Vorverfahrenskammer dahingehend.

b) In diesem Fall kann die Vorverfahrenskammer auf Antrag des Anklägers die notwendigen Maßnahmen ergreifen, um die Wirksamkeit und Ordnungsmäßigkeit des Verfahrens zu gewährleisten und insbesondere die Rechte der Verteidigung zu wahren.

c) Sofern die Vorverfahrenskammer nichts anderes anordnet, stellt der Ankläger der festgenommenen oder der nach Ladung im Zusammenhang mit den unter Buchstabe a genannten Ermittlungen erschienenen Person die sachdienlichen Informationen zur Verfügung, damit sie in der Angelegenheit gehört werden kann.

(2) Die in Absatz 1 Buchstabe b genannten Maßnahmen können Folgendes umfassen:

a) die Abgabe von Empfehlungen oder Anordnungen betreffend die anzuwendenden Verfahren;

b) die Anordnung, ein Verfahrensprotokoll zu führen;

c) die Bestellung eines Sachverständigen zur Unterstützung;

d) die Ermächtigung des Rechtsbeistands einer festgenommenen oder einer nach Ladung vor dem Gerichtshof erschienenen Person zur Teilnahme, oder, falls eine Festnahme noch nicht erfolgt ist, die Person noch nicht erschienen ist oder kein Rechtsbeistand benannt wurde, die Bestellung eines anderen Rechtsbeistands, der die Interessen der Verteidigung wahrnimmt und vertritt;

e) die Benennung eines ihrer Mitglieder oder erforderlichenfalls eines anderen verfügbaren Richters der Vorverfahrensabteilung oder der Hauptverfahrensabteilung, der hinsichtlich der Sammlung und Sicherung von Beweismitteln und der Vernehmung von Personen als Beobachter tätig wird und Empfehlungen abgibt oder Anordnungen erlässt;

f) das Ergreifen etwaiger anderer zur Sammlung oder Sicherung von Beweismitteln erforderlicher Maßnahmen.

(3) a) Hat der Ankläger keine Maßnahmen nach diesem Artikel beantragt, ist die Vorverfahrenskammer jedoch der Auffassung, dass es solcher Maßnahmen bedarf, um Beweismittel zu sichern, die sie für die Verteidigung im Hauptverfahren als wesentlich erachtet, so konsultiert sie den Ankläger bezüglich der Frage, ob er diese Maßnahmen aus gutem Grund nicht beantragt hat. Gelangt die Vorverfahrenskammer aufgrund der Konsultation zu dem Schluss, dass die Nichtbeantragung dieser Maßnahmen durch den Ankläger nicht gerechtfertigt ist, so kann die Vorverfahrenskammer diese Maßnahmen aus eigner Initiative ergreifen.

b) Der Ankläger kann gegen die Entscheidung der Vorverfahrenskammer, nach diesem Absatz aus eigener Initiative tätig zu werden, Beschwerde einlegen. Über die Beschwerde wird beschleunigt verhandelt.

(4) Die Zulässigkeit der nach diesem Artikel für das Hauptverfahren gesicherten oder gesammelten Beweismittel oder des darüber aufgenommenen Protokolls richtet sich im Hauptverfahren nach Artikel 69; die Beweiswürdigung erfolgt durch die Hauptverfahrenskammer.

Art. 57 Aufgaben und Befugnisse der Vorverfahrenskammer. (1) Sofern in diesem Statut nichts anderes bestimmt ist, nimmt die Vorverfahrenskammer ihre Aufgaben in Übereinstimmung mit diesem Artikel wahr.

(2) a) Von der Vorverfahrenskammer erlassene Anordnungen oder Entscheidungen nach den Artikeln 15, 18, 19, 54 Absatz 2, 61 Absatz 7 und 72 bedürfen der Zustimmung der Mehrheit ihrer Richter.

b) In allen anderen Fällen kann ein einzelner Richter der Vorverfahrenskammer die in diesem Statut vorgesehenen Aufgaben wahrnehmen, sofern in der Verfahrens- und Beweisordnung oder durch Stimmenmehrheit der Vorverfahrenskammer nichts anderes bestimmt wird.

(3) Neben ihren anderen Aufgaben aufgrund dieses Statuts kann die Vorverfahrenskammer

a) auf Antrag des Anklägers die für die Zwecke der Ermittlungen erforderlichen Anordnungen und Befehle erlassen;

b) auf Antrag einer festgenommenen oder einer aufgrund einer Ladung nach Artikel 58 erschienenen Person die notwendigen Anordnungen erlassen, einschließlich der in Artikel 56 beschriebenen Maßnahmen, und sich um die notwendige Zusammenarbeit nach Teil 9 bemühen, um ihr bei der Vorbereitung ihrer Verteidigung behilflich zu sein;

c) erforderlichenfalls für den Schutz von Opfern und Zeugen und die Wahrung ihre Privatsphäre, die Sicherung von Beweismitteln, den Schutz der festgenommenen oder aufgrund einer Ladung erschienenen Personen sowie den Schutz von Informationen, welche die nationale Sicherheit betreffen, Sorge tragen;

d) den Ankläger ermächtigen, bestimmte Ermittlungsmaßnahmen im Hoheitsgebiet eines Vertragsstaats vorzunehmen, ohne sich der Zusammenarbeit dieses Staates nach Teil 9 versichert zu haben, wenn die Vorverfahrenskammer, nach Möglichkeit unter Berücksichtigung der Auffassungen des betreffenden Staates, in dieser Sache entschieden hat, dass der Staat eindeutig nicht in der Lage ist, ein Ersuchen um Zusammenarbeit nach Teil 9 zu erledigen, weil keine zuständige Behörde beziehungsweise kein zuständiger Teil seines Justizsystems für die Erledigung eines solchen Ersuchens zur Verfügung steht;

e) die Staaten nach Artikel 93 Absatz 1 Buchstabe k um ihre Zusammenarbeit im Hinblick auf vorsorgliche Maßnahmen für die Zwecke der Einziehung ersuchen, insbesondere zum letztendlichen Nutzen der Opfer, wenn nach Artikel 58 ein Haftbefehl oder eine Ladung ergangen ist und unter gebührender Berücksichtigung der Beweiskraft der Beweismittel und der Rechte der betroffenen Parteien, wie in diesem Statut und der Verfahrens- und Beweisordnung vorgesehen.

Art. 58 Erlass eines Haftbefehls oder einer Ladung durch die Vorverfahrenskammer. (1) Jederzeit nach Einleitung der Ermittlungen erlässt die Vorverfahrenskammer auf Antrag des Anklägers einen Haftbefehl gegen eine Person, wenn sie nach Prüfung des Antrags und der Beweismittel oder anderer vom Ankläger beigebrachter Informationen zu der Überzeugung gelangt ist,

a) dass begründeter Verdacht besteht, dass die Person ein der Gerichtsbarkeit des Gerichtshofs unterliegendes Verbrechen begangen hat, und

b) dass die Festnahme der Person notwendig erscheint,

   i) um sicherzustellen, dass sie zur Verhandlung erscheint,

   ii) um sicherzustellen, dass sie die Ermittlungen oder das Gerichtsverfahren nicht behindert oder gefährdet, oder

   iii) um sie gegebenenfalls an der weiteren Begehung dieses Verbrechens oder eines damit im Zusammenhang stehenden, der Gerichtsbarkeit des Gerichtshofs unterliegenden Verbrechens zu hindern, das sich aus den gleichen Umständen ergibt.

(2) Der Antrag des Anklägers enthält

a) den Namen der Person und alle anderen sachdienlichen Angaben zu ihrer Identifizierung,

b) eine konkrete Bezugnahme auf die der Gerichtsbarkeit des Gerichtshofs unterliegenden Verbrechen, welche die Person begangen haben soll,

c) eine knappe Darstellung des Sachverhalts, der angeblich die Tatbestandsmerkmale dieser Verbrechen erfüllt,

d) eine Zusammenfassung der Beweismittel sowie aller anderen Informationen, die den Verdacht begründen, dass die Person diese Verbrechen begangen hat, und

e) den Grund, aus dem der Ankläger die Festnahme der Person für notwendig hält.

(3) Der Haftbefehl enthält

a) den Namen der Person und alle anderen sachdienlichen Angaben zu ihrer Identifizierung,

b) eine konkrete Bezugnahme auf die der Gerichtsbarkeit des Gerichtshofs unterliegenden Verbrechen, derentwegen die Festnahme der Person beantragt wird, und

c) eine knappe Darstellung des Sachverhalts, der angeblich die Tatbestandsmerkmale dieser Verbrechen erfüllt.

(4) Der Haftbefehl bleibt bis zu einer anderslautenden Anordnung des Gerichtshofs in Kraft.

(5) Auf der Grundlage des Haftbefehls kann der Gerichtshof um die vorläufige Festnahme oder die Festnahme und Überstellung der Person nach Teil 9 ersuchen.

(6) Der Ankläger kann bei der Vorverfahrenskammer die Änderung des Haftbefehls durch Änderung der darin aufgeführten Verbrechen oder Aufnahme zusätzlicher Verbrechen beantragen. Die Vorverfahrenskammer ändert den Haftbefehl entsprechend, wenn ihrer Überzeugung nach begründeter Verdacht besteht, dass die Person diese anderen oder zusätzlichen Verbrechen begangen hat.

(7) Anstelle eines Haftbefehls kann der Ankläger beantragen, dass die Vorverfahrenskammer die Person lädt. Besteht nach Überzeugung der Vorverfahrenskammer begründeter Verdacht, dass die Person das ihr zur Last gelegte Verbrechen begangen hat und dass eine Ladung ausreicht, um ihr Erscheinen vor dem Gerichtshof sicherzustellen, so erlässt sie die Ladung, mit der freiheitsbeschränkende Bedingungen (außer Freiheitsentzug) verknüpft sein können, wenn das einzelstaatliche Recht dies vorsieht. Die Ladung enthält

a) den Namen der Person und alle anderen sachdienlichen Angaben zu ihrer Identifizierung,

b) den Termin, an dem die Person zu erscheinen hat,

c) eine konkrete Bezugnahme auf die der Gerichtsbarkeit des Gerichtshofs unterliegenden Verbrechen, welche die Person begangen haben soll, und

d) eine knappe Darstellung des Sachverhalts, der angeblich die Tatbestandsmerkmale des Verbrechens erfüllt.

Die Ladung ist der Person zuzustellen.

Art. 59 Festnahmeverfahren im Gewahrsamsstaat. (1) Ein Vertragsstaat, dem ein Ersuchen um vorläufige Festnahme oder um Festnahme und Überstellung zugegangen ist, ergreift sofort Maßnahmen zur Festnahme der fraglichen Person in Übereinstimmung mit seinen Rechtsvorschriften und mit Teil 9.

(2) Die festgenommene Person wird umgehend der zuständigen Justizbehörde im Gewahrsamsstaat vorgeführt, die in Übereinstimmung mit dem Recht dieses Staates feststellt, dass
a) sich der Haftbefehl auf sie bezieht,
b) sie entsprechend einem ordnungsgemäßen Verfahren festgenommen wurde und
c) ihre Rechte geachtet wurden.

(3) Die festgenommene Person hat das Recht, bei der zuständigen Behörde im Gewahrsamsstaat die vorläufige Haftentlassung bis zur Überstellung zu beantragen.

(4) Bei der Entscheidung über einen solchen Antrag prüft die zuständige Behörde im Gewahrsamsstaat, ob in Anbetracht der Schwere der angeblichen Verbrechen dringende und außergewöhnliche Umstände vorliegen, die eine vorläufige Haftentlassung rechtfertigen, und ob durch die notwendigen Sicherheitsvorkehrungen gewährleistet ist, dass der Gewahrsamsstaat seine Pflicht zur Überstellung der Person an den Gerichtshof erfüllen kann. Der zuständigen Behörde des Gewahrsamsstaats steht es nicht frei, zu prüfen, ob der Haftbefehl nach Artikel 58 Absatz 1 Buchstaben a und b ordnungsgemäß erlassen wurde.

(5) Die Vorverfahrenskammer wird von jedem Antrag auf vorläufige Haftentlassung in Kenntnis gesetzt und erteilt der zuständigen Behörde im Gewahrsamsstaat Empfehlungen. Diese zieht die Empfehlungen, einschließlich etwaiger Empfehlungen betreffend Maßnahmen zur Verhütung der Flucht, vollständig in Betracht, bevor sie ihre Entscheidung fällt.

(6) Wird der Person vorläufige Haftentlassung gewährt, so kann die Vorverfahrenskammer hierzu regelmäßige Berichte verlangen.

(7) Sobald eine Anordnung auf Überstellung der Person getroffen wurde, ist diese vom Gewahrsamsstaat so bald wie möglich an den Gerichtshof zu überstellen.

Art. 60 Einleitende Verfahrensschritte vor dem Gerichtshof. (1) Nach Überstellung einer Person an den Gerichtshof oder ihrem freiwilligen oder aufgrund einer Ladung erfolgten Erscheinen vor dem Gerichtshof überzeugt sich die Vorverfahrenskammer davon, dass die Person über die ihr zur Last gelegten Verbrechen sowie über ihre Rechte aufgrund dieses Statuts belehrt worden ist, einschließlich des Rechts, ihre vorläufige Haftentlassung bis zum Hauptverfahren zu beantragen.

(2) Eine Person, gegen die ein Haftbefehl ergangen ist, kann ihre vorläufige Haftentlassung bis zum Hauptverfahren beantragen. Liegen nach Überzeugung der Vorverfahrenskammer die in Artikel 58 Absatz 1 genannten Voraussetzungen vor, so bleibt die Person weiterhin in Haft. Andernfalls wird sie mit oder ohne Auflagen auf freien Fuß gesetzt.

(3) Die Vorverfahrenskammer überprüft regelmäßig ihre Entscheidung über die Haftentlassung der Person oder die Aufrechterhaltung der Haft; sie kann dies jederzeit auf Antrag des Anklägers oder der Person tun. Nach dieser Überprüfung kann sie ihre Entscheidung über die Aufrechterhaltung der Haft,

die Haftentlassung oder Auflagen für die Haftentlassung ändern, wenn sie überzeugt ist, dass veränderte Umstände dies erfordern.

(4) Die Vorverfahrenskammer stellt sicher, dass eine Person nicht wegen unentschuldbarer Verzögerungen seitens des Anklägers unangemessen lange in Untersuchungshaft gehalten wird. Tritt eine solche Verzögerung ein, so erwägt der Gerichtshof die Haftentlassung der Person mit oder ohne Auflagen.

(5) Bei Bedarf kann die Vorverfahrenskammer einen Haftbefehl erlassen, um die Anwesenheit einer auf freien Fuß gesetzten Person sicherzustellen.

Art. 61 Bestätigung der Anklage vor dem Hauptverfahren. (1) Vorbehaltlich des Absatzes 2 hält die Vorverfahrenskammer innerhalb einer angemessenen Frist nach Überstellung der Person oder ihrem freiwilligen Erscheinen vor dem Gerichtshof eine mündliche Verhandlung ab, um die Anklagepunkte zu bestätigen, die der Ankläger zum Gegenstand des Hauptverfahrens zu machen beabsichtigt. Die mündliche Verhandlung findet in Anwesenheit des Anklägers und des Angeschuldigten sowie seines Rechtsbeistands statt.

(2) Die Vorverfahrenskammer kann auf Ersuchen des Anklägers oder aus eigener Initiative in Abwesenheit des Angeschuldigten eine mündliche Verhandlung abhalten, um die Anklagepunkte zu bestätigen, die der Ankläger zum Gegenstand des Hauptverfahrens zu machen beabsichtigt, wenn der Angeschuldigte

a) auf sein Anwesenheitsrecht verzichtet hat oder

b) flüchtig oder unauffindbar ist und alle angemessenen Maßnahmen ergriffen worden sind, um sein Erscheinen vor dem Gerichtshof sicherzustellen und ihn über die Anklagepunkte sowie über die bevorstehende Verhandlung betreffend deren Bestätigung zu unterrichten.

In diesem Fall wird der Angeschuldigte durch einen Rechtsbeistand vertreten, wenn die Vorverfahrenskammer entscheidet, dass dies im Interesse der Rechtspflege liegt.

(3) Innerhalb einer angemessenen Frist vor der mündlichen Verhandlung

a) erhält der Angeschuldigte eine Abschrift des Schriftstücks, aus dem die Anklagepunkte hervorgehen, die der Ankläger zum Gegenstand des Hauptverfahrens zu machen beabsichtigt, und

b) wird der Angeschuldigte von den Beweismitteln in Kenntnis gesetzt, auf die sich der Ankläger bei der mündlichen Verhandlung zu stützen beabsichtigt.

Die Vorverfahrenskammer kann die Offenlegung von Informationen für die Zwecke der Verhandlung anordnen.

(4) Vor der mündlichen Verhandlung kann der Ankläger die Ermittlungen fortsetzen, und er kann Anklagepunkte ändern oder zurücknehmen. Der Angeschuldigte wird unter Wahrung einer angemessenen Frist vor der mündlichen Verhandlung von der Änderung oder Rücknahme von Anklagepunkten in Kenntnis gesetzt. Werden Anklagepunkte zurückgenommen, so teilt der Ankläger der Vorverfahrenskammer die Gründe dafür mit.

(5) Bei der mündlichen Verhandlung belegt der Ankläger jeden Anklagepunkt durch ausreichende Beweise, um den dringenden Verdacht zu begründen, dass der Angeschuldigte das ihm zur Last gelegte Verbrechen begangen hat. Der Ankläger kann sich auf schriftliche oder summarische Beweise stützen

und ist nicht gehalten, die Zeugen aufzurufen, deren Aussage bei dem Verfahren erwartet wird.

(6) Bei der Verhandlung kann der Angeschuldigte
a) Einwendungen gegen die Anklagepunkte vorbringen,
b) die vom Ankläger beigebrachten Beweismittel anfechten und
c) Beweismittel beibringen.

(7) Die Vorverfahrenskammer stellt auf der Grundlage der mündlichen Verhandlung fest, ob ausreichende Beweise für den dringenden Verdacht vorliegen, dass der Angeschuldigte jedes der ihm zur Last gelegten Verbrechen begangen hat. Auf der Grundlage ihrer Feststellungen
a) bestätigt die Vorverfahrenskammer diejenigen Anklagepunkte, bezüglich deren sie entschieden hat, dass ausreichende Beweise vorliegen, und weist den Angeschuldigten einer Hauptverfahrenskammer zu, die das Hauptverfahren hinsichtlich der bestätigten Anklagepunkte durchführt;
b) lehnt die Vorverfahrenskammer die Bestätigung derjenigen Anklagepunkte ab, bezüglich deren sie entschieden hat, dass keine ausreichende Beweise vorliegen;
c) vertagt die Vorverfahrenskammer die mündliche Verhandlung und ersucht den Ankläger zu erwägen,
   i) zu einem bestimmten Anklagepunkt weitere Beweismittel beizubringen oder weitere Ermittlungen durchzuführen oder
   ii) einen Anklagepunkt zu ändern, weil die beigebrachten Beweismittel den Nachweis für die Begehung eines anderen der Gerichtsbarkeit des Gerichtshofs unterliegenden Verbrechens zu erbringen scheinen.

(8) Lehnt die Vorverfahrenskammer die Bestätigung eines Anklagepunkts ab, so schließt dies nicht aus, dass der Ankläger später dessen Bestätigung aufgrund zusätzlicher Beweismittel beantragt.

(9) Nach Bestätigung der Anklagepunkte und vor Beginn der Hauptverhandlung kann der Ankläger mit Genehmigung der Vorverfahrenskammer und nach Benachrichtigung des Angeklagten die Anklagepunkte ändern. Beabsichtigt der Ankläger, weitere Anklagepunkte hinzuzufügen oder bestehende Anklagepunkte durch schwerer wiegende zu ersetzen, so muss zu deren Bestätigung eine mündliche Verhandlung nach diesem Artikel stattfinden. Nach Beginn der Hauptverhandlung kann der Ankläger mit Genehmigung der Hauptverfahrenskammer die Anklagepunkte zurücknehmen.

(10) Jeder zuvor ergangene Befehl tritt bezüglich aller Anklagepunkte außer Kraft, die von der Vorverfahrenskammer nicht bestätigt oder vom Ankläger zurückgenommen worden sind.

(11) Nach Bestätigung der Anklagepunkte in Übereinstimmung mit diesem Artikel setzt das Präsidium eine Hauptverfahrenskammer ein, die vorbehaltlich des Absatzes 9 und des Artikels 64 Absatz 4 für die Durchführung des anschließenden Verfahrens zuständig ist und jede Aufgabe der Vorverfahrenskammer wahrnehmen kann, die in diesem Verfahren von Belang ist und zur Anwendung kommen kann.

Teil 6. Hauptverfahren

Art. 62 Ort des Hauptverfahrens. Sofern nichts anderes beschlossen wird, findet das Hauptverfahren am Sitz des Gerichtshofs statt.

Art. 63 Verhandlung in Anwesenheit des Angeklagten. (1) Der Angeklagte hat während der Verhandlung anwesend zu sein.

(2) Stört der vor dem Gerichtshof anwesende Angeklagte wiederholt den Verlauf der Verhandlung, so kann die Hauptverfahrenskammer ihn entfernen lassen und sorgt dann dafür, dass er von außerhalb des Gerichtssaals die Verhandlung verfolgen und seinem Rechtsbeistand Weisungen erteilen kann, bei Bedarf mit Hilfe von Kommunikationstechnologie. Diese Maßnahmen werden nur in Ausnahmefällen, nachdem sich andere vertretbare Alternativen als unzulänglich erwiesen haben, und nur für die unbedingt notwendige Dauer getroffen.

Art. 64 Aufgaben und Befugnisse der Hauptverfahrenskammer.
(1) Die in diesem Artikel genannten Aufgaben und Befugnisse der Hauptverfahrenskammer werden in Übereinstimmung mit diesem Statut sowie der Verfahrens- und Beweisordnung wahrgenommen.

(2) Die Hauptverfahrenskammer stellt sicher, dass das Hauptverfahren fair uns zügig verläuft und unter voller Beachtung der Rechte des Angeklagten und gebührender Berücksichtigung des Schutzes der Opfer und Zeugen geführt wird.

(3) Die Hauptverfahrenskammer, der in Übereinstimmung mit diesem Statut eine Sache für das Hauptverfahren zugewiesen worden ist,
a) berät sich mit den Parteien und beschließt die Verfahren, die erforderlich sind, um eine faire und zügige Durchführung des Hauptverfahrens zu gewährleisten,
b) bestimmt die im Hauptverfahren zu verwendende Sprache oder zu verwendenden Sprachen und
c) sorgt vorbehaltlich anderer einschlägiger Bestimmungen dieses Statuts rechtzeitig vor Beginn der Verhandlung für die Offenlegung zuvor nicht offengelegter Schriftstücke oder Informationen, damit eine hinreichende Vorbereitung auf die Verhandlung möglich ist.

(4) Soweit dies für ihre wirksame und faire Arbeitsweise erforderlich ist, kann die Hauptverfahrenskammer Vorfragen an die Vorverfahrenskammer oder, im Bedarfsfall, an einen anderen verfügbaren Richter in der Vorverfahrensabteilung verweisen.

(5) Nach Benachrichtigung der Parteien kann die Hauptverfahrenskammer gegebenenfalls verfügen, dass Verhandlungen über Anklagen, die gegen mehrere Angeklagte erhoben worden sind, verbunden oder getrennt werden.

(6) In Wahrnehmung ihrer Aufgaben vor oder während der Hauptverhandlung kann die Hauptverfahrenskammer, soweit erforderlich,
a) alle in Artikel 61 Absatz 11 genannten Aufgaben der Vorverfahrenskammer wahrnehmen;
b) die Anwesenheit und Aussage von Zeugen und die Beibringung von Schriftstücken und anderen Beweismitteln verlangen, soweit notwendig mit Hilfe der Staaten, wie in diesem Statut vorgesehen;
c) für den Schutz vertraulicher Informationen sorgen;
d) die Beibringung von Beweismitteln zusätzlich zu den von den Parteien bereits vor dem Hauptverfahren gesammelten oder während des Hauptverfahrens vorgelegten Beweismitteln anordnen;
e) für den Schutz des Angeklagten, der Zeugen und der Opfer sorgen;
f) alle sonstigen Angelegenheiten entscheiden, die von Belang sind.

(7) Die Verhandlung ist öffentlich. Die Hauptverfahrenskammer kann jedoch feststellen, dass aufgrund besonderer Umstände bestimmte Teile der Verhandlung für die in Artikel 68 genannten Zwecke oder zum Schutz vertraulicher oder schutzwürdiger Informationen, die im Zuge der Beweiserhebung vorgelegt werden, unter Ausschluss der Öffentlichkeit stattfinden müssen.

(8) a) Zu Beginn der Verhandlung lässt die Hauptverfahrenskammer dem Angeklagten die zuvor von der Vorverfahrenskammer bestätigte Anklage vorlesen. Die Hauptverfahrenskammer überzeugt sich davon, dass der Angeklagte die Art der gegen ihn erhobenen Anklage versteht. Sie gibt ihm Gelegenheit, ein Geständnis in Übereinstimmung mit Artikel 65 abzulegen oder sich für nicht schuldig zu erklären.

b) In der Verhandlung kann der vorsitzende Richter prozessleitende Verfügungen erlassen, insbesondere auch, um die faire und unparteiische Führung des Verfahrens sicherzustellen. Vorbehaltlich etwaiger Verfügungen des vorsitzenden Richters können die Parteien in Übereinstimmung mit diesem Statut Beweismittel vorlegen.

(9) Die Hauptverfahrenskammer ist unter anderem befugt, auf Antrag einer Partei oder aus eigener Initiative
a) über die Zulässigkeit beziehungsweise Erheblichkeit von Beweismitteln zu entscheiden und
b) alle erforderlichen Maßnahmen zur Aufrechterhaltung der Ordnung während der Verhandlung zu treffen.

(10) Die Hauptverfahrenskammer stellt sicher, dass ein vollständiges Verhandlungsprotokoll, welches das Verfahren korrekt wiedergibt, erstellt und vom Kanzler geführt und aufbewahrt wird.

Art. 65 Verfahren nach einem Geständnis. (1) Legt der Angeklagte ein Geständnis nach Artikel 64 Absatz 8 Buchstabe a ab, so stellt die Hauptverfahrenskammer fest, ob
a) der Angeklagte die Art und die Folgen des Geständnisses versteht,
b) das Geständnis vom Angeklagten nach hinreichender Beratung mit seinem Verteidiger freiwillig abgelegt wird und
c) das Geständnis durch die Tatsachen untermauert wird, die hervorgehen aus
  i) den vom Ankläger erhobenen Anklagepunkten, die der Angeklagte zugibt,
  ii) allen vom Ankläger vorgelegten Unterlagen, welche die Anklage erhärten und die der Angeklagte anerkennt, und
  iii) allen sonstigen Beweismitteln, beispielsweise Zeugenaussagen, die vom Ankläger oder vom Angeklagten beigebracht werden.

(2) Ist die Hauptverfahrenskammer davon überzeugt, dass die in Absatz 1 genannten Umstände erwiesen sind, so erachtet sie den gesamten Tatbestand des Verbrechens, auf das sich das Geständnis bezieht, als durch das Geständnis und etwaige zusätzlich beigebrachte Beweismittel erwiesen; sie kann den Angeklagten wegen dieses Verbrechens verurteilen.

(3) Ist die Hauptverfahrenskammer nicht davon überzeugt, dass die in Absatz 1 genannten Umstände erwiesen sind, so erachtet sie das Geständnis als nicht abgelegt; in diesem Fall ordnet sie die Fortsetzung des Hauptverfahrens nach dem in diesem Statut vorgesehenen gewöhnlichen Verfahren an; sie kann die Sache an eine andere Hauptverfahrenskammer verweisen.

(4) Ist die Hauptverfahrenskammer der Auffassung, dass im Interesse der Gerechtigkeit, insbesondere im Interesse der Opfer, eine vollständigere Tatsachendarstellung erforderlich ist, so kann die Hauptverfahrenskammer

a) den Ankläger ersuchen, zusätzliche Beweismittel, einschließlich Zeugenaussagen, beizubringen oder

b) die Fortsetzung des Hauptverfahrens nach dem in diesem Statut vorgesehenen gewöhnlichen Verfahren anordnen; in diesem Fall erachtet sie das Geständnis als nicht abgelegt; sie kann die Sache an eine andere Hauptverfahrenskammer verweisen.

(5) Erörterungen zwischen dem Ankläger und der Verteidigung in Bezug auf eine Änderung der Anklagepunkte, das Geständnis oder die zu verhängende Strafe sind für den Gerichtshof nicht bindend.

Art. 66 Unschuldsvermutung. (1) Jeder gilt als unschuldig, solange seine Schuld nicht in Übereinstimmung mit dem anwendbaren Recht vor dem Gerichtshof nachgewiesen ist.

(2) Die Beweislast für die Schuld des Angeklagten liegt beim Ankläger.

(3) Für eine Verurteilung des Angeklagten muss der Gerichtshof von der Schuld des Angeklagten so überzeugt sein, dass kein vernünftiger Zweifel besteht.

Art. 67 Rechte des Angeklagten. (1) Der Angeklagte hat Anspruch darauf, dass über die gegen ihn erhobene Anklage öffentlich nach Maßgabe dieses Statuts und in billiger Weise unparteiisch verhandelt wird; außerdem hat er in gleicher Weise Anspruch auf folgende Mindestgarantien:

a) Er ist unverzüglich und im Einzelnen in einer Sprache, die er vollständig versteht und spricht, über Art, Grund und Inhalt der gegen ihn erhobenen Anklage zu unterrichten,

b) er muss hinreichend Zeit und Gelegenheit zur Vorbereitung seiner Verteidigung und zum freien und vertraulichen Verkehr mit einem Verteidiger seiner Wahl haben,

c) es muss ohne unangemessene Verzögerung ein Urteil gegen ihn ergehen,

d) vorbehaltlich des Artikels 63 Absatz 2 muss er bei der Verhandlung anwesend sein und sich selbst verteidigen dürfen oder durch einen Verteidiger seiner Wahl verteidigen lassen; falls er keinen Verteidiger hat, ist er über das Recht, einen Verteidiger in Anspruch zu nehmen, zu unterrichten; ihm ist vom Gerichtshof ein Verteidiger beizuordnen, wenn dies im Interesse der Rechtspflege erforderlich ist, und zwar unentgeltlich, wenn ihm die Mittel zur Bezahlung eines Verteidigers fehlen,

e) er darf Fragen an die Belastungszeugen stellen oder stellen lassen und das Erscheinen und die Vernehmung der Entlastungszeugen unter den für die Belastungszeugen geltenden Bedingungen erwirken. Er darf auch Gründe, welche die Strafbarkeit ausschließen, geltend machen und sonstige aufgrund dieses Statuts zulässige Beweismittel beibringen,

f) er kann die unentgeltliche Beiziehung eines sachkundigen Dolmetschers und die Übersetzungen verlangen, die erforderlich sind, um dem Gebot der Fairness Genüge zu tun, wenn Teile des Verfahrens oder dem Gerichtshof vorgelegte Schriftstücke nicht in einer Sprache gehalten sind, die der Angeklagte vollständig versteht und spricht,

g) er darf nicht gezwungen werden, gegen sich selbst als Zeuge auszusagen oder sich schuldig zu bekennen, und er darf schweigen, ohne dass sein Schweigen bei der Feststellung von Schuld oder Unschuld in Betracht gezogen wird,

h) er kann eine unbeeidigte mündliche oder schriftliche Erklärung zu seiner Verteidigung abgeben, und

i) es darf ihm weder eine Umkehr der Beweislast noch eine Widerlegungspflicht auferlegt werden.

(2) Neben anderen in diesem Statut vorgesehenen Offenlegungen legt der Ankläger, so bald wie möglich, der Verteidigung die in seinem Besitz oder seiner Verfügungsgewalt befindlichen Beweismittel offen, die seiner Überzeugung nach die Unschuld des Angeklagten beweisen oder zu beweisen geeignet sind, dessen Schuld mildern oder die Glaubwürdigkeit der vom Ankläger beigebrachten Beweismittel beeinträchtigen können. Bei Zweifeln hinsichtlich der Anwendung dieses Absatzes entscheidet der Gerichtshof.

Art. 68 Schutz der Opfer und Zeugen und ihre Teilnahme am Verfahren. (1) Der Gerichtshof trifft geeignete Maßnahmen zum Schutz der Sicherheit, des körperlichen und seelischen Wohles, der Würde und der Privatsphäre der Opfer und Zeugen. Dabei zieht der Gerichtshof alle maßgeblichen Umstände in Betracht, namentlich Alter, Geschlecht im Sinne des Artikels 7 Absatz 3 und Gesundheitszustand sowie die Art des Verbrechens, insbesondere, jedoch nicht ausschließlich, soweit es mit sexueller oder geschlechtsspezifischer Gewalt oder Gewalt gegen Kinder zusammenhängt. Der Ankläger trifft diese Maßnahmen insbesondere während der Ermittlungen und der Strafverfolgung solcher Verbrechen. Diese Maßnahmen dürfen die Rechte des Angeklagten sowie die Fairness und Unparteilichkeit des Verfahrens nicht beeinträchtigen oder damit unvereinbar sein.

(2) Als Ausnahme vom Grundsatz der öffentlichen Verhandlung nach Artikel 67 können die Kammern des Gerichtshofs zum Schutz der Opfer und Zeugen oder des Angeklagten einen Teil des Verfahrens unter Ausschluss der Öffentlichkeit führen oder die Vorlage von Beweisen mittels elektronischer oder sonstiger besonderer Mittel gestatten. Diese Maßnahmen werden insbesondere im Fall eines Opfers sexueller Gewalt oder eines Kindes getroffen, das Opfer oder Zeuge ist, es sei denn, der Gerichtshof ordnet unter Berücksichtigung aller Umstände, insbesondere der Auffassungen der Opfer oder Zeugen, etwas anderes an.

(3) Sind die persönlichen Interessen der Opfer betroffen, so gestattet der Gerichtshof, dass ihre Auffassungen und Anliegen in von ihm für geeignet befundenen Verfahrensabschnitten in einer Weise vorgetragen und behandelt werden, welche die Rechte des Angeklagten sowie die Fairness und Unparteilichkeit des Verfahrens nicht beeinträchtigt oder damit unvereinbar ist. Diese Auffassungen und Anliegen können in Übereinstimmung mit der Verfahrens- und Beweisordnung von den gesetzlichen Vertretern der Opfer vorgetragen werden, wenn der Gerichtshof dies für angebracht hält.

(4) Die Abteilung für Opfer und Zeugen kann den Ankläger und den Gerichtshof im Hinblick auf angemessene Schutzmaßnahmen, Sicherheitsvorkehrungen, Beratung und Hilfe nach Artikel 43 Absatz 6 beraten.

(5) Kann die Offenlegung von Beweismitteln oder Informationen aufgrund dieses Statuts zu einer ernsten Gefährdung der Sicherheit eines Zeugen oder

seiner Familie führen, so kann der Ankläger diese für die Zwecke jedes vor Eröffnung des Hauptverfahrens geführten Verfahrens zurückhalten und statt dessen eine Zusammenfassung vorlegen. Diese Maßnahmen müssen in einer Weise angewendet werden, welche die Rechte des Angeklagten sowie die Fairness und Unparteilichkeit des Verfahrens nicht beeinträchtigt oder damit unvereinbar ist.

(6) Ein Staat kann darum ersuchen, dass die notwendigen Maßnahmen zum Schutz seiner Bediensteten oder Vertreter sowie vertraulicher oder schutzwürdiger Informationen getroffen werden.

Art. 69 Beweismittel. (1) Vor seiner Aussage verpflichtet sich jeder Zeuge in Übereinstimmung mit der Verfahrens- und Beweisordnung, in seinem Zeugnis die Wahrheit zu sagen.

(2) Ein Zeuge muss für sein Zeugnis in der Verhandlung persönlich erscheinen, vorbehaltlich der in Artikel 68 oder in der Verfahrens- und Beweisordnung vorgesehenen Maßnahmen. Der Gerichtshof kann auch nach Maßgabe dieses Statuts und in Übereinstimmung mit der Verfahrens- und Beweisordnung das mit Hilfe der Video- oder Audiotechnik direktübertragene (mündliche) oder aufgezeichnete Zeugnis eines Zeugen sowie die Vorlage von Schriftstücken oder schriftlichen Wortprotokollen gestatten. Diese Maßnahmen dürfen die Rechte des Angeklagten nicht beeinträchtigen oder mit ihnen unvereinbar sein.

(3) Die Parteien können in Übereinstimmung mit Artikel 64 die Beweismittel beibringen, die für die Sache erheblich sind. Der Gerichtshof ist befugt, die Beibringung sämtlicher Beweismittel zu verlangen, die er für die Wahrheitsfindung für erforderlich hält.

(4) Der Gerichtshof kann in Übereinstimmung mit der Verfahrens- und Beweisordnung über die Erheblichkeit oder Zulässigkeit jedes Beweismittels entscheiden, wobei er unter anderem die Beweiskraft des Beweismittels und alle Nachteile in Betracht zieht, die sich für ein faires Verfahren oder für eine faire Bewertung des Zeugnisses eines Zeugen möglicherweise daraus ergeben.

(5) Der Gerichtshof achtet und wahrt die in der Verfahrens- und Beweisordnung vorgesehenen Rechte in Bezug auf Vertraulichkeit.

(6) Der Gerichtshof verlangt nicht den Nachweis allgemein bekannter Tatsachen, kann sie jedoch als offenkundig anerkennen.

(7) Beweismittel, die durch Verletzung dieses Statuts oder international anerkannter Menschenrechte erlangt wurden, sind nicht zulässig, wenn
a) die Verletzung erhebliche Zweifel an ihrer Glaubwürdigkeit entstehen lässt oder
b) ihre Zulassung im grundsätzlichen Widerspruch zur Ordnungsmäßigkeit des Verfahrens stehen und dieser schweren Schaden zufügen würde.

(8) Bei der Entscheidung über die Erheblichkeit oder Zulässigkeit der von einem Staat gesammelten Beweismittel entscheidet der Gerichtshof nicht über die Anwendung der Rechtsvorschriften dieses Staates.

Art. 70 Straftaten gegen die Rechtspflege. (1) Der Gerichtshof hat Gerichtsbarkeit über folgende Straftaten gegen seine Rechtspflege, wenn diese vorsätzlich verübt werden:

a) Falschaussage, wenn nach Artikel 69 Absatz 1 die Verpflichtung bestand, die Wahrheit zu sagen;
b) Vorlage von Beweismitteln, von denen die Partei weiß, dass sie falsch, geoder verfälscht sind;
c) Beeinflussung eines Zeugen durch Vorteilsgewährung, Behinderung oder Störung des Erscheinens oder des Zeugnisses eines Zeugen, Vergeltungsmaßnahmen gegen einen Zeugen wegen seines Zeugnisses, Vernichtung oder Fälschung von Beweismitteln oder Störung der Beweisaufnahme;
d) Behinderung oder Einschüchterung eines Bediensteten des Gerichtshofs oder Beeinflussung desselben durch Vorteilsgewährung mit dem Ziel, ihn zu zwingen oder zu veranlassen, seine Pflichten gar nicht oder nicht ordnungsgemäß wahrzunehmen;
e) Vergeltungsmaßnahmen gegen einen Bediensteten des Gerichtshofs wegen von ihm oder einem anderen Bediensteten wahrgenommener Pflichten;
f) Forderung oder Annahme einer Bestechung durch einen Bediensteten des Gerichtshofs im Zusammenhang mit seinen Dienstpflichten.

(2) Der Gerichtshof übt seine Gerichtsbarkeit über Straftaten nach diesem Artikel entsprechend den in der Verfahrens- und Beweisordnung vorgesehenen Grundsätzen und Verfahren aus. Die Bedingungen, unter denen dem Gerichtshof internationale Zusammenarbeit im Hinblick auf seine Verfahren nach diesem Artikel gewährt wird, richten sich nach dem innerstaatlichen Recht des ersuchten Staates.

(3) Im Fall einer Verurteilung kann der Gerichtshof eine Freiheitsstrafe von höchstens fünf Jahren oder eine Geldstrafe in Übereinstimmung mit der Verfahrens- und Beweisordnung oder beides verhängen.

(4) a) Jeder Vertragsstaat dehnt seine Strafgesetze, durch die Straftaten gegen seine eigenen Ermittlungs- oder Gerichtsverfahren unter Strafe gestellt werden, auf die in diesem Artikel genannten Straftaten gegen die Rechtspflege aus, die in seinem Hoheitsgebiet oder von einem seiner Staatsangehörigen begangen werden.

b) Auf Ersuchen des Gerichtshofs, wenn er dies für angebracht hält, unterbreitet der Vertragsstaat die Sache seinen zuständigen Behörden zwecks Strafverfolgung. Diese Behörden behandeln diese Sachen mit Sorgfalt und stellen ausreichende Mittel zu deren wirksamer Abwicklung bereit.

Art. 71 Strafmaßnahmen wegen ordnungswidrigen Verhaltens vor Gericht. (1) Der Gerichtshof. kann vor ihm anwesende Personen, die sich ordnungswidrig verhalten, etwa durch Störung seines Verfahrens oder vorsätzliche Weigerung, seine Anordnungen zu befolgen, durch Ordnungsmittel wie vorübergehende oder dauernde Entfernung aus dem Gerichtssaal, Geldstrafe oder andere ähnliche in der Verfahrens- und Beweisordnung vorgesehene Maßnahmen, nicht jedoch durch Freiheitsstrafe, bestrafen.

(2) Die in Absatz 1 enthaltenen Maßnahmen werden nach den in der Verfahrens- und Beweisordnung vorgesehenen Verfahren verhängt.

Art. 72 Schutz von Informationen betreffend die nationale Sicherheit. (1) Dieser Artikel findet in jedem Fall Anwendung, in dem die Offenlegung von Informationen oder Schriftstücken eines Staates nach dessen Auffassung seine nationalen Sicherheitsinteressen beeinträchtigen würde. Dazu gehören die Fälle, die in den Geltungsbereich des Artikels 56 Absätze 2 und 3, des Artikels 61 Absatz 3, des Artikels 64 Absatz 3, des Artikels 67 Absatz 2, des Artikels 68 Absatz 6, des Artikels 87 Absatz 6 und des Artikels 93 fallen, sowie die Fälle, die in einem sonstigen Verfahrensabschnitt auftreten, in dem sich die Frage einer solchen Offenlegung stellen kann.

(2) Dieser Artikel findet auch Anwendung, wenn eine Person, die zur Beibringung von Informationen oder Beweismitteln aufgefordert wurde, diese verweigert oder die Angelegenheit aus dem Grunde an den Staat verwiesen hat, dass eine Offenlegung die nationalen Sicherheitsinteressen dieses Staates beeinträchtigen würde, und der betreffende Staat bestätigt, dass eine Offenlegung seiner Auffassung nach seine nationalen Sicherheitsinteressen beeinträchtigen würde.

(3) Dieser Artikel lässt die Erfordernisse der Vertraulichkeit nach Artikel 54 Absatz 3 Buchstaben e und f und die Anwendung des Artikels 73 unberührt.

(4) Erfährt ein Staat, dass Informationen oder Unterlagen dieses Staates in irgendeinem Abschnitt des Verfahrens offen gelegt werden oder wahrscheinlich offen gelegt werden sollen, und ist er der Auffassung, dass die Offenlegung seine nationalen Sicherheitsinteressen beeinträchtigen würde, so hat er das Recht, dem Verfahren beizutreten, um eine Regelung dieser Frage in Übereinstimmung mit diesem Artikel herbeizuführen.

(5) Würde die Offenlegung von Informationen nach Auffassung eines Staates dessen nationale Sicherheitsinteressen beeinträchtigen, so unternimmt dieser Staat alle angemessenen Schritte, um gemeinsam mit dem Ankläger, der Verteidigung oder der Vorverfahrenskammer beziehungsweise der Hauptverfahrenskammer zu versuchen, die Angelegenheit auf dem Weg der Zusammenarbeit zu regeln. Dabei kann es sich insbesondere um folgende Schritte handeln:
a) Änderung oder Klarstellung des Ersuchens,
b) eine Entscheidung des Gerichtshofs über die Erheblichkeit der verlangten Informationen oder Beweismittel oder eine Entscheidung, ob die Beweismittel, obzwar erheblich, nicht von einer anderen Stelle als dem ersuchten Staat erlangt werden könnten oder wurden,
c) Erlangung der Informationen oder Beweismittel von einer anderen Stelle oder in anderer Form oder
d) Einigung über die Bedingungen, unter denen die verlangte Hilfe gewährt werden könnte, so unter anderem durch die Beibringung von Zusammenfassungen oder redigierten Textfassungen, Beschränkung der Offenlegung, Verfahren unter Ausschluss der Öffentlichkeit oder der Gegenpartei oder sonstige aufgrund des Statuts und der Verfahrens- und Beweisordnung zulässige Schutzmaßnahmen.

(6) Wurden alle angemessenen Schritte unternommen, um die Angelegenheit auf dem Weg der Zusammenarbeit zu regeln, und gibt es nach Auffassung des Staates keine Möglichkeiten oder Voraussetzungen für die Bereitstellung oder Offenlegung der Informationen oder Unterlagen, ohne dass seine nationalen Sicherheitsinteressen beeinträchtigt werden, so teilt er dem Ankläger oder dem Gerichtshof die konkreten Gründe für seine Entscheidung mit, sofern nicht die konkrete Darlegung der Gründe selbst zwangsläufig zu einer Beeinträchtigung der nationalen Sicherheitsinteressen dieses Staates führen würde.

(7) Danach kann der Gerichtshof, sofern er entscheidet, dass die Beweismittel erheblich und für den Nachweis der Schuld oder Unschuld des Angeklagten erforderlich sind, folgende Maßnahmen ergreifen:

a) Wird die Offenlegung der Informationen oder der Unterlage aufgrund eines Ersuchens um Zusammenarbeit nach Teil 9 oder unter den in Absatz 2 beschriebenen Umständen verlangt und hat der Staat den in Artikel 93 Absatz 4 genannten Ablehnungsgrund geltend gemacht, so kann der Gerichtshof,

 i) bevor er zu einem in Absatz 7 Buchstabe a Ziffer ii genannten Schluss gelangt, um weitere Konsultationen zur Prüfung der Darlegungen des Staates zu ersuchen, wozu gegebenenfalls auch Verhandlungen unter Ausschluss der Öffentlichkeit und der Gegenpartei gehören können,

 ii) wenn er zu dem Schluss gelangt, dass der ersuchte Staat durch Geltendmachung des Ablehnungsgrunds nach Artikel 93 Absatz 4 unter den gegebenen Umständen nicht in Übereinstimmung mit seinen Verpflichtungen aus dem Statut handelt, die Angelegenheit unter Angabe der Gründe für seinen Schluss in Übereinstimmung mit Artikel 87 Absatz 7 verweisen, und

 iii) im Verfahren gegen den Angeklagten hinsichtlich des Erwiesenseins oder Nichterwiesenseins einer Tatsache die Schlüsse ziehen, die unter den Umständen angebracht erscheinen, oder

b) unter allen anderen Umständen

 i) die Offenlegung anordnen, oder

 ii) soweit er die Offenlegung nicht anordnet, im Verfahren gegen den Angeklagten hinsichtlich des Erwiesenseins oder Nichterwiesenseins einer Tatsache die Schlüsse ziehen, die unter den Umständen angebracht erscheinen.

Art. 73 Informationen oder Unterlagen von Dritten. Wird ein Vertragsstaat vom Gerichtshof ersucht, Unterlagen oder Informationen zur Verfügung zu stellen, die sich in seinem Gewahrsam, in seinem Besitz oder unter seiner Verfügungsgewalt befinden und die ihm von einem Staat, einer zwischenstaatlichen oder internationalen Organisation unter dem Vorbehalt der Vertraulichkeit offen gelegt worden sind, so ersucht er den Urheber um seine Zustimmung zu deren Offenlegung. Ist der Urheber ein Vertragsstaat, so gibt er entweder die Zustimmung zur Offenlegung der Informationen oder Unterlagen oder verpflichtet sich, vorbehaltlich des Artikels 72 die Frage der Offenlegung mit dem Gerichtshof zu regeln. Ist der Urheber kein Vertragsstaat und verweigert er die Zustimmung zur Offenlegung, so teilt der ersuchte Staat dem Gerichtshof mit, dass er wegen einer gegenüber dem Urheber zuvor eingegangenen Verpflichtung zur Geheimhaltung nicht in der Lage ist, die Unterlagen oder Informationen zur Verfügung zu stellen.

Art. 74 Anforderungen an das Urteil. (1) Alle Richter der Hauptverfahrenskammer sind in jeder Phase der Verhandlung und während der gesamten Dauer ihrer Beratungen anwesend. Das Präsidium kann fallweise, soweit verfügbar, einen oder mehrere Ersatzrichter bestimmen, die der Verhandlung in jeder Phase beiwohnen und an die Stelle eines Mitglieds der Hauptverfahrenskammer treten, wenn dieses nicht in der Lage ist, weiter anwesend zu sein.

(2) Das Urteil der Hauptverfahrenskammer gründet sich auf ihre Beweiswürdigung und das gesamte Verfahren. Das Urteil darf nicht über die in der Anklage dargestellten Tatsachen und Umstände und etwaige Änderungen der Anklage hinausgehen. Der Gerichtshof darf seinem Urteil lediglich die Be-

weismittel zugrunde legen, die während der Verhandlung beigebracht und vor ihm erörtert wurden.

(3) Die Richter bemühen sich, ihr Urteil einstimmig zu fällen; gelingt dies nicht, so ergeht das Urteil durch die Mehrheit der Richter.

(4) Die Beratungen der Hauptverfahrenskammer bleiben geheim.

(5) Das Urteil ergeht schriftlich und enthält eine vollständige und begründete Darstellung der Ergebnisse der Beweiswürdigung und der Schlussfolgerungen der Hauptverfahrenskammer. Die Hauptverfahrenskammer erlässt ein einheitliches Urteil. Besteht keine Einstimmigkeit, so enthält das Urteil der Hauptverfahrenskammer die Auffassungen der Mehrheit und die der Minderheit. Das Urteil oder eine Zusammenfassung des Urteils wird in öffentlicher Sitzung verkündet.

Art. 75 Wiedergutmachung für die Opfer. (1) Der Gerichtshof stellt Grundsätze für die Wiedergutmachung auf, die an oder in Bezug auf die Opfer zu leisten ist, einschließlich Rückerstattung, Entschädigung und Rehabilitierung. Auf dieser Grundlage kann der Gerichtshof in seiner Entscheidung entweder auf Antrag oder unter außergewöhnlichen Umständen aus eigener Initiative den Umfang und das Ausmaß des Schadens, Verlustes oder Nachteils feststellen, der den Opfern oder in Bezug auf die Opfer entstanden ist, wobei er die Grundsätze nennt, aufgrund deren er tätig wird.

(2) Der Gerichtshof kann eine Anordnung unmittelbar gegen den Verurteilten erlassen, in der er die den Opfern oder in Bezug auf die Opfer zu leistende angemessene Wiedergutmachung, wie Rückerstattung, Entschädigung und Rehabilitierung, im Einzelnen festlegt.

Gegebenenfalls kann der Gerichtshof anordnen, dass die zuerkannte Wiedergutmachung über den in Artikel 79 vorgesehenen Treuhandfonds erfolgt.

(3) Vor Erlass einer Anordnung nach diesem Artikel kann der Gerichtshof zu Eingaben seitens oder zugunsten des Verurteilten, der Opfer, anderer interessierter Personen oder interessierter Staaten auffordern, die er berücksichtigt.

(4) In Wahrnehmung seiner Befugnis nach diesem Artikel kann der Gerichtshof, nachdem eine Person wegen eines der Gerichtsbarkeit des Gerichtshofs unterliegenden Verbrechens verurteilt worden ist, entscheiden, ob es notwendig ist, Maßnahmen nach Artikel 93 Absatz 1 treffen zu lassen, um eine von ihm nach dem vorliegenden Artikel erlassene Anordnung in Kraft zu setzen.

(5) Ein Vertragsstaat setzt eine nach diesem Artikel ergangene Entscheidung in Kraft, als fände Artikel 109 auf diesen Artikel Anwendung.

(6) Dieser Artikel ist nicht so auszulegen, als beeinträchtige er die Rechte der Opfer nach einzelstaatlichem Recht oder nach dem Völkerrecht.

Art. 76 Strafspruch. (1) Im Fall einer Verurteilung prüft die Hauptverfahrenskammer die zu verhängende angemessene Strafe und berücksichtigt dabei die während der Verhandlung beigebrachten Beweismittel und die Anträge, die für den Strafspruch von Bedeutung sind.

(2) Sofern nicht Artikel 65 Anwendung findet und vor Abschluss der Verhandlung kann die Hauptverfahrenskammer aus eigener Initiative beziehungsweise muss sie auf Antrag des Anklägers oder des Angeklagten in Übereinstimmung mit der Verfahrens- und Beweisordnung eine weitere mündliche

Verhandlung abhalten, um zusätzliche Beweismittel oder Anträge entgegenzunehmen, die für den Strafspruch von Bedeutung sind.

(3) Findet Absatz 2 Anwendung, so werden Eingaben nach Artikel 75 bei der in Absatz 2 genannten weiteren mündlichen Verhandlung und erforderlichenfalls bei jeder zusätzlichen mündlichen Verhandlung entgegengenommen.

(4) Die Strafe wird in öffentlicher Sitzung und soweit möglich in Anwesenheit des Angeklagten verkündet.

Teil 7. Strafen

Art. 77 Anwendbare Strafen. (1) Vorbehaltlich des Artikels 110 kann der Gerichtshof über eine Person, die wegen eines in Artikel 5 dieses Statuts genannten Verbrechens verurteilt worden ist, eine der folgenden Strafen verhängen:
a) eine zeitlich begrenzte Freiheitsstrafe bis zu einer Höchstdauer von 30 Jahren;
b) eine lebenslange Freiheitsstrafe, wenn dies durch die außergewöhnliche Schwere des Verbrechens und die persönlichen Verhältnisse des Verurteilten gerechtfertigt ist.

(2) Neben der Freiheitsstrafe kann der Gerichtshof folgendes anordnen:
a) eine Geldstrafe nach den in der Verfahrens- und Beweisordnung enthaltenen Kriterien;
b) die Einziehung des Erlöses, des Eigentums und der Vermögensgegenstände, die unmittelbar oder mittelbar aus diesem Verbrechen stammen, unbeschadet der Rechte gutgläubiger Dritter.

Art. 78 Festsetzung der Strafe. (1) Bei der Festsetzung der Strafe berücksichtigt der Gerichtshof in Übereinstimmung mit der Verfahrens- und Beweisordnung Faktoren wie die Schwere des Verbrechens und die persönlichen Verhältnisse des Verurteilten.

(2) Bei der Verhängung einer Freiheitsstrafe rechnet der Gerichtshof die aufgrund seiner Anordnung zuvor in Haft verbrachte Zeit an. Der Gerichtshof kann alle sonst im Zusammenhang mit dem Verhalten, das dem Verbrechen zugrunde liegt, in Haft verbrachten Zeiten anrechnen.

(3) Ist eine Person mehr als eines Verbrechens für schuldig befunden worden, so verhängt der Gerichtshof eine Strafe für jedes Verbrechen und eine Gesamtstrafe unter Angabe der Gesamtlänge der Freiheitsstrafe. Diese darf nicht kürzer sein als die höchste verhängte Einzelstrafe; sie darf 30 Jahre Freiheitsentzug oder eine lebenslange Freiheitsstrafe entsprechend Artikel 77 Absatz 1 Buchstabe b nicht überschreiten.

Art. 79 Treuhandfonds. (1) Auf Beschluss der Versammlung der Vertragsstaaten wird zugunsten der Opfer von Verbrechen, die der Gerichtsbarkeit des Gerichtshofs unterliegen, und der Angehörigen der Opfer ein Treuhandfonds errichtet.

(2) Der Gerichtshof kann anordnen, dass durch Geldstrafen oder Einziehung erlangte Gelder und sonstiges Eigentum auf Anordnung des Gerichtshofs an den Treuhandfonds überwiesen werden.

(3) Der Treuhandfonds wird nach Kriterien verwaltet, die von der Versammlung der Vertragsstaaten festzulegen sind.

Art. 80 Unberührtheit der einzelstaatlichen Anwendung von Strafen und einzelstaatlichen Rechtsvorschriften. Dieser Teil lässt die Anwendung der in den einzelstaatlichen Rechtsvorschriften vorgesehenen Strafen durch die Staaten ebenso unberührt wie die Rechtsvorschriften von Staaten, welche die in diesem Teil vorgesehenen Strafen nicht kennen.

Teil 8. Berufung und Wiederaufnahme

Art. 81 Berufung gegen Frei- oder Schuldspruch oder gegen den Strafspruch. (1) Gegen ein Urteil nach Artikel 74 kann in Übereinstimmung mit der Verfahrens- und Beweisordnung wie folgt Berufung eingelegt werden:
a) Der Ankläger kann aus einem der folgenden Gründe Berufung einlegen:
   i) Verfahrensfehler,
   ii) fehlerhafte Tatsachenfeststellung oder
   iii) fehlerhafte Rechtsanwendung.
b) Der Verurteilte oder zu seinen Gunsten der Ankläger kann aus einem der folgenden Gründe Berufung einlegen:
   i) Verfahrensfehler,
   ii) fehlerhafte Tatsachenfeststellung,
   iii) jeder andere Grund, der die Fairness oder Verlässlichkeit des Verfahrens oder des Urteils beeinträchtigt.

(2) a) Gegen den Strafspruch kann der Ankläger oder der Verurteilte in Übereinstimmung mit der Verfahrens- und Beweisordnung wegen der Unverhältnismäßigkeit zwischen Verbrechen und Strafmaß Berufung einlegen.
b) Gelangt der Gerichtshof aus Anlass einer Berufung gegen den Strafspruch zu der Auffassung, dass Gründe für eine vollständige oder teilweise Aufhebung des Schuldspruchs vorliegen, so kann er den Ankläger und den Verurteilten auffordern, Gründe nach Absatz 1 Buchstabe a oder b vorzubringen; er kann in Übereinstimmung mit Artikel 83 eine Entscheidung über den Schuldspruch fällen.
c) Das gleiche Verfahren findet Anwendung, wenn der Gerichtshof aus Anlass einer allein gegen den Schuldspruch gerichteten Berufung zu der Auffassung gelangt, dass Gründe für die Herabsetzung des Strafmaßes nach Absatz 2 Buchstabe a vorliegen.

(3) a) Soweit die Hauptverfahrenskammer nichts anderes anordnet, bleibt ein Verurteilter während des Berufungsverfahrens in Haft.
b) Überschreitet die Haftzeit eines Verurteilten die verhängte Freiheitsstrafe, so wird er freigelassen; hat indessen der Ankläger ebenfalls Berufung eingelegt, so kann die Haftentlassung nach Maßgabe der unter Buchstabe c genannten Bedingungen erfolgen.
c) Im Fall eines Freispruchs wird der Angeklagte vorbehaltlich der folgenden Bestimmungen sofort freigelassen:
   i) unter außergewöhnlichen Umständen und mit Rücksicht unter anderem auf die konkrete Fluchtgefahr, die Schwere der zur Last gelegten Straftat und die Wahrscheinlichkeit eines erfolgreichen Ausgangs der Beru-

fung kann die Hauptverfahrenskammer auf Antrag des Anklägers den Freigesprochenen während des Berufungsverfahrens weiterhin in Haft halten;

ii) gegen eine Entscheidung der Hauptverfahrenskammer nach Buchstabe c Ziffer i kann in Übereinstimmung mit der Verfahrens- und Beweisordnung Beschwerde eingelegt werden.

(4) Vorbehaltlich des Absatzes 3 Buchstabe a und b wird die Vollstreckung des Urteils beziehungsweise der Strafe während der zulässigen Berufungsfrist und für die Dauer des Berufungsverfahrens ausgesetzt.

Art. 82 Beschwerde gegen sonstige Entscheidungen. (1) Jede der Parteien kann in Übereinstimmung mit der Verfahrens- und Beweisordnung gegen jede der nachstehenden Entscheidungen Beschwerde einlegen:

a) eine Entscheidung betreffend die Gerichtsbarkeit oder Zulässigkeit;

b) eine Entscheidung, mit der die Haftentlassung der Person, gegen die sich die Ermittlungen oder die Strafverfolgung richten, gewährt beziehungsweise abgelehnt wird;

c) eine Entscheidung der Vorverfahrenskammer, nach Artikel 56 Absatz 3 aus eigener Initiative tätig zu werden;

d) eine Entscheidung betreffend eine Frage, welche die faire und zügige Durchführung des Verfahrens oder das Ergebnis des Hauptverfahrens maßgeblich beeinflussen würde und deren sofortige Regelung durch die Berufungskammer das Verfahren nach Auffassung der Vorverfahrenskammer oder der Hauptverfahrenskammer wesentlich voranbringen kann.

(2) Gegen eine Entscheidung der Vorverfahrenskammer nach Artikel 57 Absatz 3 Buchstabe d kann der betroffene Staat beziehungsweise der Ankläger mit Zustimmung der Vorverfahrenskammer Beschwerde einlegen. Über die Beschwerde wird beschleunigt verhandelt.

(3) Eine Beschwerde hat an sich keine aufschiebende Wirkung, wenn die Berufungskammer dies auf entsprechenden Antrag in Übereinstimmung mit der Verfahrens- und Beweisordnung anordnet.

(4) Der gesetzliche Vertreter der Opfer, der Verurteilte oder ein gutgläubiger Eigentümer von Vermögensgegenständen, auf die sich eine Anordnung nach Artikel 75 nachteilig auswirkt, kann entsprechend der Verfahrens- und Beweisordnung gegen die Anordnung zur Leistung von Wiedergutmachung Beschwerde einlegen.

Art. 83 Berufungsverfahren. (1) Für die Zwecke eines Verfahrens nach Artikel 81 und diesem Artikel verfügt die Berufungskammer über alle Befugnisse der Hauptverfahrenskammer.

(2) Befindet die Berufungskammer, dass es dem Verfahren, gegen das Berufung eingelegt wurde, in einer Weise an Fairness mangelte, dass die Verlässlichkeit des Urteils oder des Strafspruchs beeinträchtigt wurde, oder dass das Urteil oder der Strafspruch, gegen die Berufung eingelegt wurde, durch fehlerhafte Tatsachenfeststellung, fehlerhafte Rechtsanwendung oder Verfahrensfehler wesentlich beeinträchtigt wurde, so kann sie

a) das Urteil oder den Strafspruch aufheben oder abändern oder

b) eine neue Verhandlung vor einer anderen Hauptverfahrenskammer anordnen.

Zu diesem Zweck kann die Berufungskammer eine Tatsachenfrage an die ursprüngliche Hauptverfahrenskammer zur Entscheidung und entsprechenden Berichterstattung zurückverweisen, oder sie kann selbst Beweis erheben, um die Frage zu entscheiden. Wenn nur der Verurteilte oder zu seinen Gunsten der Ankläger Berufung gegen das Urteil oder den Strafspruch eingelegt hat, kann das Urteil oder der Strafspruch nicht zum Nachteil des Verurteilten abgeändert werden.

(3) Stellt die Berufungskammer bei einer Berufung gegen den Strafspruch fest, dass das Strafmaß in keinem Verhältnis zum Verbrechen steht, so kann sie das Strafmaß in Übereinstimmung mit Teil 7 abändern.

(4) Das Urteil der Berufungskammer ergeht mit der Stimmenmehrheit der Richter; es wird in öffentlicher Sitzung verkündet. Das Urteil enthält eine Urteilsbegründung. Besteht keine Einstimmigkeit, so enthält das Urteil die Auffassung der Mehrheit und die der Minderheit, doch können die Richter auch persönliche oder abweichende Meinungen zu Rechtsfragen abgeben.

(5) Die Berufungskammer kann ihr Urteil in Abwesenheit des Freigesprochenen oder des Verurteilten verkünden.

Art. 84 Wiederaufnahme des Verfahrens hinsichtlich des Schuldspruchs oder des Strafspruchs. (1) Der Verurteilte oder nach seinem Tod sein Ehepartner, seine Kinder, Eltern oder eine zum Zeitpunkt des Todes des Verurteilten lebende Person, die vom Verurteilten ausdrücklich schriftliche Anweisungen erhalten hat, einen solchen Antrag zu stellen, oder zugunsten des Verurteilten der Ankläger können bei der Berufungskammer einen Antrag auf Wiederaufnahme des Verfahrens hinsichtlich des rechtskräftigen Schuldspruchs oder Strafspruchs stellen mit der Begründung, dass
a) neue Beweismittel bekannt geworden sind, die
   i) zum Zeitpunkt der Verhandlung nicht vorlagen, ohne dass dies ganz oder teilweise der antragstellenden Partei zuzuschreiben war, und
   ii) so wichtig ist, dass sie wahrscheinlich zu einem anderen Urteil geführt hätten, wenn sie während der Verhandlung entsprechend gewürdigt worden wären;
b) erst jetzt entdeckt wurde, dass entscheidende Beweismittel, die bei der Verhandlung berücksichtigt wurden und auf denen der Schuldspruch beruht, falsch sind, ge- oder verfälscht wurden;
c) ein oder mehrere an dem Schuldspruch oder der Bestätigung der Anklage beteiligte Richter in dieser Sache eine so schwere Verfehlung oder Amtspflichtverletzung begangen haben, dass ihre Amtsenthebung nach Artikel 46 gerechtfertigt ist.

(2) Die Berufungskammer verwirft den Wiederaufnahmeantrag, wenn sie ihn für unbegründet hält. Erachtet sie den Antrag als begründet, so kann sie je nach Sachlage
a) die ursprüngliche Hauptverfahrenskammer wieder einberufen;
b) eine neue Hauptverfahrenskammer bilden oder
c) selbst die Zuständigkeit für die Angelegenheit behalten,
mit dem Ziel, nach Anhörung der Parteien in einer der Verfahrens- und Beweisordnung entsprechenden Weise zu entscheiden, ob das Urteil revidiert werden soll.

Art. 85 Entschädigung an Festgenommene oder Verurteilte. (1) Jeder, der unrechtmäßig festgenommen oder in Haft gehalten worden ist, hat einen Anspruch auf Entschädigung.

(2) Ist jemand wegen einer strafbaren Handlung rechtskräftig verurteilt und ist das Urteil später aufgehoben worden, weil eine neue oder neu bekannt gewordene Tatsache schlüssig beweist, dass ein Fehlurteil vorlag, so ist derjenige, der aufgrund eines solchen Urteils eine Strafe verbüßt hat, nach rechtlichen Vorschriften zu entschädigen, sofern nicht nachgewiesen wird, dass das nicht rechtzeitige Bekanntwerden der betreffenden Tatsache ganz oder teilweise ihm zuzuschreiben ist.

(3) Unter außergewöhnlichen Umständen kann der Gerichtshof, wenn er schlüssige Tatsachen feststellt, aus denen hervorgeht, dass es zu einem schwerwiegenden und offenkundigen Fehlurteil gekommen ist, nach eigenem Ermessen in Übereinstimmung mit den in der Verfahrens- und Beweisordnung vorgesehenen Kriterien einer Person Entschädigung zuerkennen, die nach einem rechtskräftigen Freispruch oder einer aus diesem Grund erfolgten Verfahrenseinstellung aus der Haft entlassen worden ist.

Teil 9. Internationale Zusammenarbeit und Rechtshilfe

Art. 86 Allgemeine Verpflichtung zur Zusammenarbeit. Die Vertragsstaaten arbeiten nach Maßgabe dieses Statuts bei den Ermittlungen von der Gerichtsbarkeit des Gerichtshofs unterliegenden Verbrechen und bei deren strafrechtlicher Verfolgung uneingeschränkt mit dem Gerichtshof zusammen.

Art. 87 Ersuchen um Zusammenarbeit: Allgemeine Bestimmungen.[1] (1) a) Der Gerichtshof ist befugt, die Vertragsstaaten um Zusammenarbeit zu ersuchen. Diese Ersuchen werden auf diplomatischem oder jedem sonstigen geeigneten Weg übermittelt, den die Vertragsstaaten bei der Ratifikation, Annahme oder Genehmigung des Statuts oder dem Beitritt dazu festlegen.

Spätere Änderungen der Festlegung werden von jedem Vertragsstaat in Übereinstimmung mit der Verfahrens- und Beweisordnung vorgenommen.

b) Gegebenenfalls können unbeschadet des Buchstabens a die Ersuchen auch über die Internationale Kriminalpolizeiliche Organisation oder eine geeignete Regionalorganisation übermittelt werden.

(2) Ersuchen um Zusammenarbeit und alle zu ihrer Begründung beigefügten Unterlagen werden in einer Amtssprache des ersuchten Staates oder einer

---

[1] Erklärung Deutschlands zu Art. 87 (BGBl. 2003 II S. 297).

„Die Bundesrepublik Deutschland erklärt nach Artikel 87 Absatz 1 des Römischen Statuts, dass Ersuchen des Gerichtshofs auch unmittelbar an das Bundesministerium der Justiz oder eine vom Bundesministerium der Justiz im Einzelfall bestimmte Stelle übermittelt werden können. Ersuchen an den Gerichtshof können unmittelbar durch das Bundesministerium der Justiz oder, mit der Zustimmung des Ministeriums, an eine andere zuständige Stelle übermittelt werden.

Die Bundesrepublik Deutschland erklärt ferner nach Artikel 87 Absatz 2 des Römischen Status, dass an Deutschland gerichtete Ersuchen um Zusammenarbeit und alle zu ihrer Begründung beigefügten Unterlagen von einer Übersetzung ins Deutsche begleitet sein müssen."

der Arbeitssprachen des Gerichtshofs abgefasst, oder sie werden von einer Übersetzung in eine dieser Sprachen begleitet, entsprechend der Wahl, die der Staat bei der Ratifikation, Annahme oder Genehmigung des Statuts oder dem Beitritt dazu getroffen hat.

Spätere Änderungen dieser Wahl werden in Übereinstimmung mit der Verfahrens- und Beweisordnung vorgenommen.

(3) Der ersuchte Staat behandelt ein Ersuchen um Zusammenarbeit und alle zu seiner Begründung beigefügten Unterlagen vertraulich, soweit eine Offenlegung nicht für die Erledigung des Ersuchens erforderlich ist.

(4) In Bezug auf die nach diesem Teil gestellten Rechtshilfeersuchen kann der Gerichtshof alle notwendigen Maßnahmen treffen, einschließlich Maßnahmen zum Schutz von Informationen, um die Sicherheit oder das körperliche oder seelische Wohl der Opfer, möglicher Zeugen und deren Angehöriger zu gewährleisten. Der Gerichtshof kann darum ersuchen, dass alle nach diesem Teil zur Verfügung gestellten Informationen in einer Weise bereitgestellt und gehandhabt werden, welche die Sicherheit und das körperliche oder seelische Wohl der Opfer, möglicher Zeugen und deren Angehöriger schützt.

(5) a) Der Gerichtshof kann jeden Staat, der nicht Vertragspartei dieses Statuts ist, ersuchen, aufgrund einer Ad-hoc-Vereinbarung, einer Übereinkunft mit diesem Staat oder auf jeder anderen geeigneten Grundlage Unterstützung nach diesem Teil zu leisten.

b) Leistet ein Staat, der nicht Vertragspartei dieses Statuts ist und der eine Ad-hoc-Vereinbarung oder eine Übereinkunft mit dem Gerichtshof getroffen hat, einem aufgrund der Vereinbarung oder einer Übereinkunft gestellten Ersuchen um Zusammenarbeit nicht Folge, so kann der Gerichtshof die Versammlung der Vertragsstaaten oder, wenn der Sicherheitsrat die Angelegenheit dem Gerichtshof unterbreitet hat, den Sicherheitsrat davon unterrichten.

(6) Der Gerichtshof kann jede zwischenstaatliche Organisation ersuchen, Informationen oder Unterlagen beizubringen. Der Gerichtshof kann auch um andere Formen der Zusammenarbeit und Unterstützung bitten, die mit dieser Organisation vereinbart werden und mit ihrer Zuständigkeit oder ihrem Auftrag vereinbar sind.

(7) Leistet ein Vertragsstaat entgegen diesem Statut einem Ersuchen des Gerichtshofs um Zusammenarbeit nicht Folge und hindert er dadurch den Gerichtshof an der Wahrnehmung seiner Aufgaben und Befugnisse aufgrund dieses Statuts, so kann der Gerichtshof eine entsprechende Feststellung treffen und die Angelegenheit der Versammlung der Vertragsstaaten oder, wenn der Sicherheitsrat die Angelegenheit dem Gerichtshof unterbreitet hat, dem Sicherheitsrat übergeben.

Art. 88 Nach innerstaatlichem Recht zur Verfügung stehende Verfahren. Die Vertragsstaaten sorgen dafür, dass in ihrem innerstaatlichen Recht für alle in diesem Teil vorgesehenen Formen der Zusammenarbeit Verfahren zur Verfügung stehen.

Art. 89 Überstellung von Personen an den Gerichtshof. (1) Der Gerichtshof kann jedem Staat, in dessen Hoheitsgebiet sich eine Person vermutlich befindet, ein Ersuchen um Festnahme und Überstellung dieser Person samt den in Artikel 91 genannten zu seiner Begründung beigefügten Unterlagen übermitteln und diesen Staat um Zusammenarbeit bei der Festnahme und Überstellung der Person ersuchen. Die Vertragsstaaten leisten Ersuchen um Festnahme und Überstellung in Übereinstimmung mit diesem Teil und den in ihrem innerstaatlichen Recht vorgesehenen Verfahren Folge.

(2) Ficht die Person, um deren Überstellung ersucht wurde, vor einem innerstaatlichen Gericht auf der Grundlage des in Artikel 20 festgelegten Grundsatzes ne bis in idem die Überstellung an, so konsultiert der ersuchte Staat sofort den Gerichtshof, um festzustellen, ob eine entsprechende Entscheidung über die Zulässigkeit ergangen ist. Ist die Sache zulässig, so fährt der ersuchte Staat mit der Erledigung des Ersuchens fort. Steht eine Zulässigkeitsentscheidung noch aus, so kann der ersuchte Staat die Erledigung des Ersuchens um Überstellung so lange aufschieben, bis der Gerichtshof eine Entscheidung über die Zulässigkeit fällt.

(3) a) Ein Vertragsstaat genehmigt in Übereinstimmung mit seinem innerstaatlichen Verfahrensrecht die Beförderung einer von einem anderen Staat an den Gerichtshof überstellten Person durch sein Hoheitsgebiet, soweit nicht die Durchbeförderung durch diesen Staat die Überstellung verhindern oder verzögern würde.

b) Ein Durchbeförderungsersuchen des Gerichtshofs wird in Übereinstimmung mit Artikel 87 übermittelt. Das Durchbeförderungsersuchen enthält
i) eine Beschreibung der zu befördernden Person,
ii) eine kurze Darlegung des Sachverhalts und dessen rechtliche Würdigung und
iii) den Haftbefehl und das Überstellungsersuchen.

c) Während der Durchbeförderung ist die beförderte Person in Haft zu halten.

d) Eine Genehmigung ist nicht erforderlich, wenn die Person auf dem Luftweg befördert wird und eine Zwischenlandung im Hoheitsgebiet des Durchbeförderungsstaats nicht vorgesehen ist.

e) Kommt es zu einer unvorhergesehenen Zwischenlandung im Hoheitsgebiet des Durchbeförderungsstaats, so kann dieser Staat den Gerichtshof um ein Durchbeförderungsersuchen nach Buchstabe b ersuchen. Der Durchbeförderungsstaat hält die beförderte Person so lange in Haft, bis das Durchbeförderungsersuchen eingetroffen und die Durchbeförderung erfolgt ist; die Haft im Sinne dieses Buchstabens darf 96 Stunden von der unvorhergesehenen Zwischenlandung an nicht überschreiten, es sei denn, das Ersuchen geht innerhalb dieser Frist ein.

(4) Wird im ersuchten Staat gegen die gesuchte Person gerichtlich vorgegangen oder verbüßt sie dort eine Strafe wegen eines anderen Verbrechens als desjenigen, dessentwegen die Überstellung an den Gerichtshof verlangt wird, so konsultiert der ersuchte Staat den Gerichtshof, nachdem er beschlossen hat, dem Ersuchen stattzugeben.

Art. 90 Konkurrierende Ersuchen. (1) Ein Vertragsstaat, der ein Ersuchen des Gerichtshofs um Überstellung einer Person nach Artikel 89 und außerdem von einem anderen Staat ein Ersuchen um Auslieferung derselben Person wegen desselben Verhaltens erhält, das die Grundlage für das Verbrechen bildet, dessentwegen der Gerichtshof um die Überstellung der Person ersucht, teilt dies dem Gerichtshof und dem ersuchenden Staat mit.

(2) Ist der ersuchende Staat ein Vertragsstaat, so räumt der ersuchte Staat dem Ersuchen des Gerichtshofs Vorrang ein, wenn
a) der Gerichtshof nach Artikel 18 oder 19 entschieden hat, dass die Sache, derentwegen die Überstellung verlangt wird, zulässig ist, und bei seiner Entscheidung die Ermittlungen oder die Strafverfolgung des ersuchenden Staates in Bezug auf dessen Auslieferungsersuchen berücksichtigt hat, oder
b) der Gerichtshof die unter Buchstabe a beschriebene Entscheidung aufgrund der Mitteilung des ersuchten Staates nach Absatz 1 trifft.

(3) Wurde keine Entscheidung nach Absatz 2 Buchstabe a getroffen, so kann der ersuchte Staat nach eigenem Ermessen bis zur Entscheidung des Gerichtshofs nach Absatz 2 Buchstabe b das Auslieferungsersuchen des ersuchenden Staates weiterbehandeln, liefert die Person jedoch nicht aus, bis der Gerichtshof entschieden hat, dass die Sache unzulässig ist. Die Entscheidung des Gerichtshofs wird beschleunigt gefällt.

(4) Handelt es sich beim ersuchenden Staat um einen Staat, der nicht Vertragspartei dieses Statuts ist, so räumt der ersuchte Staat, sofern er nicht völkerrechtlich verpflichtet ist, die Person an den ersuchenden Staat auszuliefern, dem Überstellungsersuchen des Gerichtshofs Vorrang ein, wenn der Gerichtshof entschieden hat, dass die Sache zulässig ist.

(5) Hat der Gerichtshof nicht entschieden, dass eine Sache nach Absatz 4 zulässig ist, so kann der ersuchte Staat nach eigenem Ermessen das Auslieferungsersuchen des ersuchenden Staates weiterbehandeln.

(6) Findet Absatz 4 Anwendung, ist der ersuchte Staat jedoch völkerrechtlich verpflichtet, die Person an den ersuchenden Staat, der nicht Vertragspartei dieses Statuts ist, auszuliefern, so entscheidet der ersuchte Staat, ob er die Person an den Gerichtshof überstellt oder an den ersuchenden Staat ausliefert. Bei seiner Entscheidung berücksichtigt der ersuchte Staat alle maßgeblichen Umstände, insbesondere, jedoch nicht ausschließlich,
a) das jeweilige Datum der Ersuchen,
b) die Interessen des ersuchenden Staates, darunter gegebenenfalls die Frage, ob das Verbrechen in seinem Hoheitsgebiet begangen wurde, und die Staatsangehörigkeit der Opfer und der gesuchten Person und
c) die Möglichkeit einer späteren Überstellung der Person zwischen dem Gerichtshof und dem ersuchenden Staat.

(7) Erhält ein Vertragsstaat vom Gerichtshof ein Ersuchen um Überstellung einer Person und außerdem von einem Staat ein Ersuchen um Auslieferung derselben Person wegen eines anderen Verhaltens als desjenigen, das den Tatbestand des Verbrechens erfüllt, dessentwegen der Gerichtshof die Überstellung der Person verlangt,
a) so räumt der ersuchte Staat, soweit er nicht völkerrechtlich verpflichtet ist, die Person an den ersuchenden Staat auszuliefern, dem Ersuchen des Gerichtshofs Vorrang ein;
b) so entscheidet der ersuchte Staat, sofern er völkerrechtlich verpflichtet ist, die Person an den ersuchenden Staat auszuliefern, ob er die Person an den Gerichtshof überstellt oder an den ersuchenden Staat ausliefert. Bei seiner Entscheidung berücksichtigt der ersuchte Staat alle maßgeblichen Umstände, insbesondere, jedoch nicht ausschließlich, die in Absatz 6 genannten Umstände; besondere Berücksichtigung finden dabei jedoch das Wesen und die Schwere des fraglichen Verhaltens im jeweiligen Fall.

(8) Hat der Gerichtshof aufgrund einer Mitteilung nach diesem Artikel entschieden, dass eine Sache unzulässig ist, und wird später die Auslieferung an den ersuchenden Staat abgelehnt, so teilt der ersuchte Staat dem Gerichtshof diese Entscheidung mit.

Art. 91 Inhalt des Festnahme- und Überstellungsersuchens. (1) Ein Festnahme- und Überstellungsersuchen erfolgt schriftlich. In dringenden Fällen kann ein Ersuchen über jedes Medium erfolgen, das in der Lage ist, eine schriftliche Aufzeichnung zu hinterlassen; allerdings muss das Ersuchen auf dem in Artikel 87 Absatz 1 Buchstabe a vorgesehenen Weg bestätigt werden.

(2) Ein Ersuchen um Festnahme und Überstellung einer Person, gegen die von der Vorverfahrenskammer ein Haftbefehl nach Artikel 58 erlassen wurde, enthält beziehungsweise wird begleitet durch

a) eine Beschreibung der gesuchten Person, die ausreicht, um sie zu identifizieren, sowie Angaben über den Ort, an dem sie sich vermutlich aufhält,

b) eine Abschrift des Haftbefehls und

c) die Unterlagen, Erklärungen oder Informationen, die erforderlich sind, um den Vorschriften für das Überstellungsverfahren im ersuchten Staat Genüge zu tun; diese Vorschriften sollen jedoch keine größere Belastung als die auf Auslieferungsersuchen aufgrund von Verträgen oder Vereinbarungen zwischen dem ersuchten Staat und anderen Staaten anwendbaren Vorschriften darstellen; sie sollen vielmehr unter Berücksichtigung des besonderen Charakters des Gerichtshofs möglichst eine geringere Belastung darstellen.

(3) Ein Ersuchen um Festnahme und Überstellung eines bereits Verurteilten enthält beziehungsweise wird begleitet durch

a) eine Abschrift jedes Haftbefehls gegen diese Person,

b) eine Abschrift des Schuldspruchs,

c) Informationen, aus denen hervorgeht, dass es sich bei der gesuchten Person um diejenige handelt, die im Schuldspruch genannt ist, und

d) wenn ein Schuldspruch gegen die gesuchte Person ergangen ist, eine Abschrift des Strafspruchs, und im Fall einer Freiheitsstrafe eine Erklärung über die bereits verbüßte und die noch zu verbüßende Freiheitsstrafe.

(4) Auf Ersuchen des Gerichtshofs konsultiert ein Vertragsstaat den Gerichtshof entweder allgemein oder in Bezug auf eine bestimmte Angelegenheit hinsichtlich aller Vorschriften seines innerstaatlichen Rechts, die nach Absatz 2 Buchstabe c Anwendung finden können. Dabei setzt der Vertragsstaat den Gerichtshof von den besonderen Vorschriften seines innerstaatlichen Rechts in Kenntnis.

Art. 92 Vorläufige Festnahme. (1) In dringenden Fällen kann der Gerichtshof bis zur Vorlage des Überstellungsersuchens und der in Artikel 91 genannten Unterlagen um vorläufige Festnahme der gesuchten Person ersuchen.

(2) Das Ersuchen um vorläufige Festnahme kann über jedes Medium erfolgen, das in der Lage ist, eine schriftliche Aufzeichnung zu hinterlassen; es enthält

a) eine Beschreibung der gesuchten Person, die ausreicht, um sie zu identifizieren, sowie Angaben über den Ort, an dem sie sich vermutlich aufhält,

b) eine knappe Darstellung der Verbrechen, derentwegen die Festnahme der gesuchten Person verlangt wird, sowie der Tatsachen, die angeblich den

Tatbestand dieser Verbrechen erfüllen, einschließlich, soweit möglich, des Datums und des Ortes der Verbrechensbegehung,

c) eine Erklärung über das Vorliegen eines Haftbefehls oder eines Schuldspruchs gegen die gesuchte Person und

d) eine Erklärung, dass ein Überstellungsersuchen nachgereicht werden wird.

(3) Eine vorläufig festgenommene Person kann aus der Haft entlassen werden, wenn der ersuchte Staat das Überstellungsersuchen und die in Artikel 91 genannten Unterlagen nicht innerhalb der in der Verfahrens- und Beweisordnung vorgesehenen Fristen erhalten hat. Die Person kann jedoch vor Ablauf dieser Frist der Überstellung zustimmen, wenn das Recht des ersuchten Staates dies zulässt. In diesem Fall nimmt der ersuchte Staat ihre Überstellung an den Gerichtshof so bald wie möglich vor.

(4) Die Tatsache, dass die gesuchte Person nach Absatz 3 aus der Haft entlassen wurde, schließt ihre spätere Festnahme und Überstellung nicht aus, wenn das Überstellungsersuchen und die beigefügten Unterlagen zu einem späteren Zeitpunkt übermittelt werden.

Art. 93 Andere Formen der Zusammenarbeit. (1) Die Vertragsstaaten entsprechen in Übereinstimmung mit diesem Teil und nach den im innerstaatlichen Recht vorgesehenen Verfahren den Ersuchen des Gerichtshofs um die nachstehenden Formen der Rechtshilfe im Zusammenhang mit Ermittlungen oder Strafverfolgungen:

a) Identifizierung und Feststellung des Verbleibs von Personen oder Lokalisierung von Gegenständen,

b) Beweisaufnahme, einschließlich beeideter Zeugenaussagen, und Beibringung von Beweismitteln, einschließlich Sachverständigengutachten und Berichten, die der Gerichtshof benötigt,

c) Vernehmung von Personen, gegen die ermittelt wird oder die strafrechtlich verfolgt werden,

d) Zustellung von Unterlagen, einschließlich gerichtlicher Schriftstücke,

e) Erleichterung des freiwilligen Erscheinens von Personen als Zeugen oder Sachverständige vor dem Gerichtshof,

f) zeitweilige Übergabe von Personen nach Absatz 7,

g) Untersuchung von Orten oder Stätten, einschließlich Exhumierung und Untersuchung von Grabstätten,

h) Durchführung von Durchsuchungen und Beschlagnahmen,

i) Beibringung von Akten und Unterlagen, einschließlich amtlicher Akten und Unterlagen,

j) Schutz von Opfern und Zeugen und Sicherstellung von Beweismitteln,

k) Identifizierung, Aufspüren und Einfrieren oder Beschlagnahme von Erlösen, Eigentum und Vermögensgegenständen sowie Tatwerkzeugen zum Zweck der späteren Einziehung, unbeschadet der Rechte gutgläubiger Dritter, und

l) jede andere Form der Rechtshilfe, die nach dem Recht des ersuchten Staates nicht verboten ist, mit dem Ziel, die Ermittlungen in Bezug auf Verbrechen, die der Gerichtsbarkeit des Gerichtshofs unterliegen, und deren strafrechtliche Verfolgung zu erleichtern.

(2) Der Gerichtshof ist befugt, einem vor dem Gerichtshof erscheinenden Zeugen oder Sachverständigen die Zusicherung zu geben, dass er wegen einer Handlung oder Unterlassung, die vor seiner Abreise aus dem ersuchten Staat

erfolgte, vom Gerichtshof nicht strafrechtlich verfolgt, in Haft genommen oder einer sonstigen Einschränkung seiner persönlichen Freiheit unterworfen wird.

(3) Ist die Durchführung einer in einem Ersuchen nach Absatz 1 genannten besonderen Rechtshilfemaßnahme im ersuchten Staat aufgrund eines bestehenden, allgemein gültigen wesentlichen Rechtsgrundsatzes verboten, so konsultiert der ersuchte Staat umgehend den Gerichtshof, um zu versuchen, die Angelegenheit zu regeln. Dabei sollte geprüft werden, ob die Rechtshilfe auf andere Weise oder unter bestimmten Bedingungen geleistet werden kann. Kann die Angelegenheit auch nach den Konsultationen nicht geregelt werden, so ändert der Gerichtshof das Ersuchen soweit erforderlich ab.

(4) Ein Vertragsstaat kann ein Rechtshilfeersuchen nur dann nach Artikel 72 ganz oder teilweise ablehnen, wenn das Ersuchen die Beibringung von Unterlagen oder die Offenlegung von Beweismitteln betrifft, die seine nationale Sicherheit betreffen.

(5) Vor Ablehnung eines Rechtshilfeersuchens nach Absatz 1 Buchstabe l prüft der ersuchte Staat, ob die Rechtshilfe unter bestimmten Bedingungen oder zu einem späteren Zeitpunkt oder auf andere Art und Weise geleistet werden kann; nimmt der Gerichtshof oder der Ankläger jedoch die Rechtshilfe unter diesen Bedingungen an, so muss sich der Gerichtshof oder der Ankläger an diese Bedingungen halten.

(6) Wird ein Rechtshilfeersuchen abgelehnt, so setzt der ersuchte Vertragsstaat den Gerichtshof oder den Ankläger umgehend von den Gründen für die Ablehnung in Kenntnis.

(7) a) Der Gerichtshof kann um zeitweilige Übergabe eines Häftlings zum Zweck der Identifizierung, der Vernehmung oder einer sonstigen Form der Rechtshilfe ersuchen. Der Häftling kann unter den folgenden Bedingungen übergeben werden:

i) er gibt aus freien Stücken in Kenntnis sämtlicher Umstände seine Zustimmung zur Übergabe, und

ii) der ersuchte Staat stimmt der Übergabe unter den zwischen ihm und dem Gerichtshof vereinbarten Bedingungen zu.

b) Die übergebene Person bleibt in Haft. Sind die Zwecke der Übergabe erfüllt, so sorgt der Gerichtshof für ihre unverzügliche Rücküberstellung an den ersuchten Staat.

(8) a) Der Gerichtshof stellt die Vertraulichkeit der Unterlagen und Informationen sicher, soweit die in dem Ersuchen beschriebenen Ermittlungen und Verfahren nichts anderes erfordern.

b) Der ersuchte Staat kann dem Ankläger, soweit notwendig, Unterlagen oder Informationen vertraulich übermitteln. Diese können vom Ankläger sodann nur zum Zweck der Erlangung neuer Beweismittel benutzt werden.

c) Der ersuchte Staat kann von sich aus oder auf Ersuchen des Anklägers später der Offenlegung dieser Unterlagen oder Informationen zustimmen. Sie können sodann nach den Teilen 5 und 6 und in Übereinstimmung mit der Verfahrens- und Beweisordnung als Beweismittel verwendet werden.

(9) a) i) Erhält ein Vertragsstaat vom Gerichtshof und im Rahmen einer völkerrechtlichen Verpflichtung von einem anderen Staat konkurrierende Ersuchen zu einem anderen Zweck als zur Überstellung oder Auslieferung, so bemüht sich der Vertragsstaat nach Rücksprache mit dem Ge-

richtshof und dem anderen Staat, beiden Ersuchen nachzukommen, indem er, soweit erforderlich, das eine oder das andere Ersuchen zurückstellt oder Bedingungen damit verknüpft.

ii) Andernfalls werden konkurrierende Ersuchen nach den in Artikel 90 festgelegten Grundsätzen geregelt.

b) Betrifft das Ersuchen des Gerichtshofs jedoch Informationen, Eigentum oder Personen, die aufgrund einer internationalen Übereinkunft der Verfügungsgewalt eines Drittstaats oder einer internationalen Organisation unterliegen, so setzt der ersuchte Staat den Gerichtshof davon in Kenntnis; der Gerichtshof richtet sein Ersuchen dann an den Drittstaat oder die internationale Organisation.

(10) a) Der Gerichtshof kann auf entsprechendes Ersuchen mit einem Vertragsstaat zusammenarbeiten und ihm Rechtshilfe leisten, wenn dieser Staat Ermittlungen oder ein Verfahren durchführt wegen eines Verhaltens, das den Tatbestand eines der Gerichtsbarkeit des Gerichtshofs unterliegenden Verbrechens oder eines schweren Verbrechens nach dem innerstaatlichen Recht des ersuchenden Staates erfüllt.

b) i) Die nach Buchstabe a geleistete Rechtshilfe umfasst unter anderem
  a. die Übermittlung von Erklärungen, Unterlagen oder sonstigen Beweismitteln, die im Lauf der Ermittlungen oder des Verfahrens erlangt worden sind, welche der Gerichtshof durchgeführt hat, und
  b. die Vernehmung einer auf Anordnung des Gerichtshofs inhaftierten Person;

ii) im Fall der Rechtshilfe nach Ziffer i Unterabsatz a gilt folgendes:
  a. Wurden die Unterlagen oder sonstige Beweismittel mit Hilfe eines Staates erlangt, so bedarf die Übermittlung seiner Zustimmung;
  b. wurden die Erklärungen, Unterlagen oder sonstigen Beweismittel durch einen Zeugen oder Sachverständigen beigebracht, so erfolgt die Übermittlung vorbehaltlich des Artikels 68.

c) Der Gerichtshof kann unter den in diesem Absatz genannten Bedingungen einem von einem Staat, der nicht Vertragspartei dieses Statuts ist, gestellten Rechtshilfeersuchen nach diesem Absatz stattgeben.

Art. 94 Aufschub der Erledigung eines Ersuchens wegen laufender Ermittlungen oder laufender Strafverfolgung.

(1) Würde die sofortige Erledigung eines Ersuchens die laufenden Ermittlungen oder die laufende Strafverfolgung in einer anderen Sache als derjenigen beeinträchtigen, auf die sich das Ersuchen bezieht, so kann der ersuchte Staat die Erledigung des Ersuchens um eine mit dem Gerichtshof vereinbarte Zeitspanne aufschieben. Der Aufschub darf jedoch nicht länger dauern, als notwenig ist, um die entsprechenden Ermittlungen oder die Strafverfolgung im ersuchten Staat zum Abschluss zu bringen. Vor der Entscheidung über den Aufschub soll der ersuchte Staat prüfen, ob die erbetene Rechtshilfe unter bestimmten Bedingungen sofort geleistet werden kann.

(2) Wird nach Absatz 1 ein Aufschub beschlossen, so kann der Ankläger dennoch nach Artikel 93 Absatz 1 Buchstabe j um Maßnahmen zur Beweissicherung ersuchen.

Art. 95 Aufschub der Erledigung eines Ersuchens wegen Anfechtung der Zulässigkeit.

Prüft der Gerichtshof eine Anfechtung der Zulässigkeit

nach Artikel 18 oder 19, so kann der ersuchte Staat die Erledigung eines Ersuchens nach diesem Teil bis zu einer Entscheidung durch den Gerichtshof aufschieben, sofern der Gerichtshof nicht ausdrücklich angeordnet hat, dass der Ankläger die Beweisaufnahme nach Artikel 18 oder 19 fortsetzen kann.

Art. 96 Inhalt eines Ersuchens um andere Formen der Rechtshilfe nach Artikel 93. (1) Ein Ersuchen um die in Artikel 93 genannten anderen Formen der Rechtshilfe erfolgt schriftlich. In dringenden Fällen kann ein Ersuchen über jedes Medium erfolgen, das in der Lage ist, eine schriftliche Aufzeichnung zu hinterlassen; allerdings muss das Ersuchen auf dem in Artikel 87 Absatz 1 Buchstabe a vorgesehenen Weg bestätigt werden.

(2) Das Ersuchen enthält beziehungsweise wird begleitet durch, soweit anwendbar,

a) eine knappe Darstellung des Zweckes des Ersuchens und der erbetenen Rechtshilfe, einschließlich der Rechtsgrundlage und der Gründe für das Ersuchen,

b) möglichst ausführliche Informationen über den Aufenthaltsort oder die Identifizierung von Personen oder die Orte, die gefunden oder identifiziert werden müssen, damit die erbetene Rechtshilfe geleistet werden kann,

c) eine knappe Darstellung des wesentlichen Sachverhalts, der dem Ersuchen zugrunde liegt,

d) die Gründe für alle einzuhaltenden Verfahren oder Bedingungen und deren Einzelheiten,

e) alle Informationen, die nach dem Recht des ersuchten Staates erforderlich sind, damit dem Ersuchen entsprochen werden kann, und

f) alle sonstigen Informationen, die von Bedeutung sind, damit die erbetene Rechtshilfe geleistet werden kann.

(3) Auf Ersuchen des Gerichtshofs konsultiert ein Vertragsstaat den Gerichtshof entweder allgemein oder in Bezug auf eine bestimmte Angelegenheit hinsichtlich aller Vorschriften seines innerstaatlichen Rechts, die nach Absatz 2 Buchstabe e Anwendung finden können. Dabei setzt der Vertragsstaat den Gerichtshof von den besonderen Vorschriften seines innerstaatlichen Rechts in Kenntnis.

(4) Dieser Artikel findet gegebenenfalls auch auf ein an den Gerichtshof gerichtetes Rechtshilfeersuchen Anwendung.

Art. 97 Konsultationen. Erhält ein Vertragsstaat ein Ersuchen aufgrund dieses Teiles, in dessen Zusammenhang er Probleme feststellt, welche die Erledigung des Ersuchens be- oder verhindern können, so konsultiert der Vertragsstaat unverzüglich den Gerichtshof, um die Angelegenheit zu regeln. Bei diesen Problemen kann es sich unter anderem um folgendes handeln:

a) unzureichende Informationen für die Erledigung des Ersuchens,

b) im Fall eines Überstellungsersuchens der Umstand, dass die gesuchte Person trotz aller Anstrengungen nicht ausfindig gemacht werden kann oder dass die Ermittlungen ergeben haben, dass die im ersuchten Staat befindliche Person eindeutig nicht die im Haftbefehl genannte Person ist, oder

c) der Umstand, dass die Erledigung des Ersuchens in seiner derzeitigen Form vom ersuchten Staat verlangen würde, eine gegenüber einem anderen Staat bereits bestehende vertragliche Verpflichtung zu verletzen.

Art. 98 Zusammenarbeit im Hinblick auf den Verzicht auf Immunität und die Zustimmung zur Überstellung. (1) Der Gerichtshof darf kein Überstellungs- oder Rechtshilfeersuchen stellen, das vom ersuchten Staat verlangen würde, in Bezug auf die Staatenimmunität oder die diplomatische Immunität einer Person oder des Eigentums eines Drittstaats entgegen seinen völkerrechtlichen Verpflichtungen zu handeln, sofern der Gerichtshof nicht zuvor die Zusammenarbeit des Drittstaats im Hinblick auf den Verzicht auf Immunität erreichen kann.

(2) Der Gerichtshof darf kein Überstellungsersuchen stellen, das vom ersuchten Staat verlangen würde, entgegen seinen Verpflichtungen aus völkerrechtlichen Übereinkünften zu handeln, denen zufolge die Überstellung eines Angehörigen des Entsendestaats an den Gerichtshof der Zustimmung dieses Staates bedarf, sofern der Gerichtshof nicht zuvor die Zusammenarbeit des Entsendestaats im Hinblick auf die Zustimmung zur Überstellung erreichen kann.

Art. 99 Erledigung von Ersuchen nach den Artikeln 93 und 96.
(1) Rechtshilfeersuchen werden nach dem im Recht des ersuchten Staates vorgesehenen Verfahren und, soweit durch dieses Recht nicht verboten, in der in dem Ersuchen angegebenen Weise erledigt; in diesem Sinne hält der ersuchte Staat insbesondere jedes beschriebene Verfahren ein oder gestattet den im Ersuchen genannten Personen, bei der Erledigung anwesend und behilflich zu sein.

(2) Im Fall eines dringenden Ersuchens werden die beigebrachten Unterlagen oder Beweismittel auf Ersuchen des Gerichtshofs beschleunigt versandt.

(3) Antworten des ersuchten Staates werden in ihrer Originalsprache und -form übermittelt.

(4) Unbeschadet anderer Artikel dieses Teiles kann der Ankläger, sofern dies für die erfolgreiche Erledigung eines Ersuchens notwendig ist, das ohne Zwangsmaßnahmen erledigt werden kann – so insbesondere auch die Befragung einer Person oder die Beweiserhebung von ihr auf freiwilliger Grundlage, einschließlich solcher Vorgehensweise in Abwesenheit der Behörden des ersuchten Vertragsstaats, falls dies für die Erledigung des Ersuchens entscheidend ist, und die nicht mit der Vornahme von Veränderungen verbundene Untersuchung einer öffentlichen Stätte oder eines sonstigen öffentlichen Ortes – dieses Ersuchen wie folgt unmittelbar im Hoheitsgebiet eines Staates erledigen:
a) Wenn der ersuchte Vertragsstaat der Staat ist, in dessen Hoheitsgebiet das Verbrechen begangen worden sein soll, und nach Artikel 18 oder 19 eine Entscheidung ergangen ist, dass die Sache zulässig ist, kann der Ankläger das Ersuchen nach sämtlichen möglichen Konsultationen mit dem ersuchten Vertragsstaat unmittelbar erledigen;
b) in anderen Fällen kann der Ankläger das Ersuchen nach Konsultationen mit dem ersuchten Vertragsstaat und unter allen sinnvollen Bedingungen oder Anliegen dieses Vertragsstaats erledigen. Stellt der ersuchte Vertragsstaat Probleme bei der Erledigung eines Ersuchens nach diesem Buchstaben fest, so konsultiert er unverzüglich den Gerichtshof, um die Angelegenheit zu regeln.

(5) Die Bestimmungen, aufgrund deren es einer vom Gerichtshof angehörten oder vernommenen Person nach Artikel 72 gestattet ist, Einschränkungen

geltend zu machen, um die Offenlegung vertraulicher Informationen im Zusammenhang mit der nationalen Sicherheit zu verhindern, finden auch auf die Erledigung von Rechtshilfeersuchen nach diesem Artikel Anwendung.

Art. 100 Kosten. (1) Die gewöhnlichen Kosten der Erledigung von Ersuchen im Hoheitsgebiet des ersuchten Staates gehen zu dessen Lasten, mit Ausnahme folgender Kosten, die zu Lasten des Gerichtshofs gehen:

a) Kosten im Zusammenhang mit den Reisen und der Sicherheit von Zeugen und Sachverständigen oder der Übergabe von Häftlingen nach Artikel 93,

b) Übersetzungs-, Dolmetsch- und Transkriptionskosten,

c) Reisekosten und Tagegelder für die Richter, den Ankläger, die Stellvertretenden Ankläger, den Kanzler, den Stellvertretenden Kanzler und das Personal der Organe des Gerichtshofs,

d) Kosten etwaiger vom Gerichtshof angeforderter Sachverständigengutachten oder -berichte,

e) Kosten im Zusammenhang mit der Beförderung einer Person, die vom Gewahrsamsstaat an den Gerichtshof überstellt wird, und

f) nach Konsultationen alle außergewöhnlichen Kosten, die sich aus der Erledigung eines Ersuchens ergeben können.

(2) Absatz 1 gilt entsprechend auch für Ersuchen, die von Vertragsstaaten an den Gerichtshof gerichtet werden. In diesem Fall trägt der Gerichtshof die gewöhnlichen Kosten der Erledigung.

Art. 101 Grundsatz der Spezialität. (1) Eine Person, die aufgrund dieses Statuts an den Gerichtshof überstellt wird, darf nicht wegen eines anderen vor der Überstellung begangenen Verhaltens strafrechtlich verfolgt, bestraft oder in Haft genommen werden, als desjenigen Verhaltens oder derjenigen Verhaltensweise, welche die Grundlage der Verbrechen bildet, derentwegen sie überstellt wird.

(2) Der Gerichtshof kann den Staat, der die Person an den Gerichtshof überstellt hat, darum ersuchen, ihn von den Anforderungen des Absatzes 1 zu befreien; der Gerichtshof bringt bei Bedarf zusätzliche Informationen nach Artikel 91 bei. Die Vertragsstaaten sind befugt und sollen sich bemühen, dem Gerichtshof diese Befreiung zu gewähren.

Art. 102 Begriffsbestimmungen. Im Sinne dieses Statuts

a) bedeutet „Überstellung" die Verbringung einer Person durch einen Staat an den Gerichtshof aufgrund dieses Statuts;

b) bedeutet „Auslieferung" die in einem Vertrag, einem Übereinkommen oder dem innerstaatlichen Recht vorgesehene Verbringung einer Person durch einen Staat in einen anderen Staat.

Teil 10. Vollstreckung

Art. 103 Rolle der Staaten bei der Vollstreckung von Freiheitsstrafen. (1) a) Eine Freiheitsstrafe wird in einem Staat verbüßt, der vom Gerichtshof anhand einer Liste von Staaten bestimmt wird, die dem Gerichtshof ihre Bereitschaft bekundet haben, Verurteilte zu übernehmen.

b) Zu dem Zeitpunkt, zu dem ein Staat seine Bereitschaft zur Übernahme von Verurteilten bekundet, kann er mit Zustimmung des Gerichtshofs und in Übereinstimmung mit diesem Teil Bedingungen an die Übernahme knüpfen.

c) Ein Staat, der im Einzelfall bestimmt wird, setzt den Gerichtshof umgehend davon in Kenntnis, ob er die vom Gerichtshof vorgenommene Bestimmung anerkennt.

(2) a) Der Vollstreckungsstaat teilt dem Gerichtshof alle Umstände mit, namentlich die Anwendung von nach Absatz 1 vereinbarten Bedingungen, die sich wesentlich auf die Bedingungen oder die Länge der Freiheitsstrafe auswirken könnten. Solche bekannten oder vorhersehbaren Umstände sind dem Gerichtshof mindestens 45 Tage im voraus mitzuteilen. Während dieser Frist ergreift der Vollstreckungsstaat keine Maßnahmen, die zu seinen Verpflichtungen nach Artikel 110 im Widerspruch stehen könnten.

b) Kann sich der Gerichtshof mit den unter Buchstabe a genannten Umständen nicht einverstanden erklären, so teilt er dies dem Vollstreckungsstaat mit und verfährt in Übereinstimmung mit Artikel 104 Absatz 1.

(3) In Ausübung seines Ermessens bei der Bestimmung eines Vollstreckungsstaats nach Absatz 1 berücksichtigt der Gerichtshof

a) den Grundsatz, dass die Vertragsstaaten sich in Übereinstimmung mit den in der Verfahrens- und Beweisordnung vorgesehenen Grundsätzen der ausgewogenen Verteilung die Verantwortung für die Strafvollstreckung teilen sollen,

b) die Anwendung allgemein anerkannter Normen völkerrechtlicher Verträge betreffend die Behandlung von Strafgefangenen,

c) die Auffassung des Verurteilten,

d) die Staatsangehörigkeit des Verurteilten und

e) sonstige Faktoren im Zusammenhang mit den Umständen des Verbrechens, dem Verurteilten oder der wirksamen Strafvollstreckung, die für die Bestimmung des Vollstreckungsstaats in Betracht kommen.

(4) Wird nach Absatz 1 kein Staat bestimmt, so wird die Freiheitsstrafe in einer Vollzugsanstalt verbüßt, die der Gaststaat entsprechend den Bedingungen des in Artikel 3 Absatz 2 genannten Sitzabkommens zur Verfügung gestellt hat. In diesem Fall werden die Kosten der Strafvollstreckung vom Gerichtshof getragen.

Art. 104 Wechsel der Bestimmung des Vollstreckungsstaats. (1) Der Gerichtshof kann jederzeit beschließen, einen Verurteilten in eine Vollzugsanstalt eines anderen Staates zu verlegen.

(2) Ein Verurteilter kann jederzeit beim Gerichtshof eine Verlegung aus dem Vollstreckungsstaat beantragen.

Art. 105 Vollstreckung der Strafe. (1) Vorbehaltlich der von einem Staat in Übereinstimmung mit Artikel 103 Absatz 1 Buchstabe b erklärten Bedingungen ist die verhängte Freiheitsstrafe für die Vertragsstaaten bindend und darf von ihnen nicht geändert werden.

(2) Der Gerichtshof allein hat das Recht, über einen Berufungs- und Wiederaufnahmevertrag zu entscheiden. Der Vollstreckungsstaat hindert einen Verurteilten nicht daran, einen solchen Antrag zu stellen.

Art. 106 Aufsicht über die Strafvollstreckung und Haftbedingungen.
(1) Die Vollstreckung einer Freiheitsstrafe unterliegt der Aufsicht des Gerichtshofs; sie steht im Einklang mit den allgemein anerkannten Normen völkerrechtlicher Verträge betreffend die Behandlung von Strafgefangenen.

(2) Die Haftbedingungen werden durch das Recht des Vollstreckungsstaats geregelt; sie stehen im Einklang mit den allgemein anerkannten Normen völkerrechtlicher Verträge betreffend die Behandlung von Strafgefangenen; sie dürfen keinesfalls günstiger oder ungünstiger sein als diejenigen für Strafgefangene, die im Vollstreckungsstaat wegen ähnlicher Straftaten verurteilt wurden.

(3) Der Verkehr zwischen einem Verurteilten und dem Gerichtshof ist ungehindert und vertraulich.

Art. 107 Verbringung einer Person nach verbüßter Strafe. (1) Eine Person, die nicht Staatsangehörige des Vollstreckungsstaats ist, kann nach verbüßter Strafe, sofern der Vollstreckungsstaat der Person nicht den Verbleib in seinem Hoheitsgebiet gestattet, in Übereinstimmung mit dem Recht des Vollstreckungsstaats in einen Staat verbracht werden, der zu ihrer Aufnahme verpflichtet ist, oder in einen anderen Staat, der in ihre Aufnahme einwilligt, wobei die Wünsche der in diesen Staat zu verbringenden Person mitberücksichtigt werden.

(2) Werden die aus der Verbringung der Person in einen anderen Staat nach Absatz 1 entstehenden Kosten nicht von einem Staat getragen, so trägt sie der Gerichtshof.

(3) Vorbehaltlich des Artikels 108 kann der Vollstreckungsstaat in Übereinstimmung mit seinem innerstaatlichen Recht die Person auch an einen Staat ausliefern oder auf andere Weise überstellen, der um ihre Auslieferung oder Überstellung zum Zweck eines Strafverfahrens oder der Strafvollstreckung ersucht hat.

Art. 108 Einschränkung der Strafverfolgung oder Bestrafung wegen anderer Straftaten. (1) Ein Verurteilter im Gewahrsam des Vollstreckungsstaats darf für Handlungen, die er vor seiner Verbringung in den Vollstreckungsstaat vorgenommen hat, nicht strafrechtlich verfolgt, bestraft oder an einen Drittstaat ausgeliefert werden, es sei denn, der Gerichtshof hat diese Maßnahme auf Ersuchen des Vollstreckungsstaats genehmigt.

(2) Der Gerichtshof entscheidet die Angelegenheit nach Anhörung des Verurteilten.

(3) Absatz 1 findet keine Anwendung, wenn der Verurteilte freiwillig länger als 30 Tage im Hoheitsgebiet des Vollstreckungsstaats bleibt, nachdem er die gesamte vom Gerichtshof verhängte Strafe verbüßt hat, oder wenn er in das Hoheitsgebiet dieses Staates zurückkehrt, nachdem er es verlassen hatte.

Art. 109 Vollstreckung von Geldstrafen und Einziehungsanordnungen. (1) Die Vertragsstaaten vollstrecken Geldstrafen oder eine Einziehung, die der Gerichtshof nach Teil 7 angeordnet hat, unbeschadet der Rechte gutgläubiger Dritter und in Übereinstimmung mit dem Verfahren ihres innerstaatlichen Rechts.

(2) Ist ein Vertragsstaat nicht in der Lage, eine angeordnete Einziehung zu vollstrecken, so trifft er Maßnahmen zur Eintreibung des Gegenwerts der Er-

löse, des Eigentums oder der Vermögensgegenstände, deren Einziehung der Gerichtshof angeordnet hatte, unbeschadet der Rechte gutgläubiger Dritter.

(3) Eigentum oder die Erlöse aus dem Verkauf von Grundeigentum oder gegebenenfalls dem Verkauf anderen Eigentums, die ein Vertragsstaat durch die Vollstreckung eines Urteils des Gerichtshofs erlangt, werden auf den Gerichtshof übertragen.

Art. 110 Überprüfung einer Herabsetzung des Strafmaßes durch den Gerichtshof. (1) Der Vollstreckungsstaat entlässt den Verurteilten nicht vor Ablauf der vom Gerichtshof verhängten Strafe aus dem Strafvollzug.

(2) Der Gerichtshof allein hat das Recht, über eine Herabsetzung des Strafmaßes zu entscheiden; er trifft seine Entscheidung in der Angelegenheit nach Anhörung des Verurteilten.

(3) Hat der Verurteilte zwei Drittel seiner Strafe oder bei lebenslanger Freiheitsstrafe 25 Jahre verbüßt, so überprüft der Gerichtshof die Strafe, um zu entscheiden, ob sie herabgesetzt werden soll. Diese Überprüfung findet nicht vor dem genannten Zeitpunkt statt.

(4) Bei seiner Überprüfung nach Absatz 3 kann der Gerichtshof das Strafmaß herabsetzen, wenn er feststellt, dass einer oder mehrere der nachstehenden Faktoren gegeben sind:

a) die frühzeitige und fortgesetzte Bereitschaft des Verurteilten, mit dem Gerichtshof bei seinen Ermittlungen und Strafverfolgungen zusammenzuarbeiten,

b) die freiwillige Hilfe des Verurteilten bei der Durchsetzung von Entscheidungen und Anordnung des Gerichtshofs in anderen Sachen, insbesondere die Hilfe bei der Lokalisierung von Vermögensgegenständen, hinsichtlich deren eine Geldstrafe, eine Einziehung oder eine Wiedergutmachung angeordnet wurde und die zugunsten der Opfer verwendet werden können, oder

c) sonstige in der Verfahrens- und Beweisordnung vorgesehene Faktoren, die eine deutliche und beachtliche Änderung der Verhältnisse erkennen lassen, die ausreicht, um eine Herabsetzung des Strafmaßes zu rechtfertigen.

(5) Stellt der Gerichtshof bei seiner ersten Überprüfung nach Absatz 3 fest, dass eine Herabsetzung des Strafmaßes nicht angebracht ist, so überprüft er die Frage einer Herabsetzung des Strafmaßes danach in den Zeitabständen und nach den Kriterien, die in der Verfahrens- und Beweisordnung vorgesehen sind.

Art. 111 Flucht. Entweicht ein Verurteilter aus der Haft und flieht er aus dem Vollstreckungsstaat, so kann dieser Staat nach Rücksprache mit dem Gerichtshof den Staat, in dem sich der Flüchtige aufhält, aufgrund bestehender zweiseitiger oder mehrseitiger Übereinkünfte um dessen Überstellung ersuchen oder den Gerichtshof ersuchen, die Überstellung des Flüchtigen in Übereinstimmung mit Teil 9 zu erwirken. Der Gerichtshof kann verfügen, dass der Flüchtige in den Staat, in dem er die Strafe verbüßte, oder in einen anderen vom Gerichtshof bestimmten Staat verbracht wird.

Teil 11. Versammlung der Vertragsstaaten

Art. 112 Versammlung der Vertragsstaaten. (1) Hiermit wird die Versammlung der Vertragsstaaten dieses Statuts gebildet. Jeder Vertragsstaat hat einen Vertreter in der Versammlung, der von Stellvertretern und Beratern begleitet sein kann. Andere Staaten, die dieses Statut oder die Schlussakte unterzeichnet haben, können als Beobachter an der Versammlung teilnehmen.

(2) Die Versammlung
a) erörtert Empfehlungen der Vorbereitungskommission und nimmt sie gegebenenfalls an;
b) hat die Aufsicht über das Präsidium, den Ankläger und den Kanzler betreffend die Verwaltung des Gerichtshofs;
c) erörtert die Berichte und Tätigkeiten des nach Absatz 3 geschaffenen Büros und trifft diesbezüglich die entsprechenden Maßnahmen;
d) erörtert und beschließt den Haushalt des Gerichtshofs;
e) beschließt, ob in Übereinstimmung mit Artikel 36 die Anzahl der Richter zu ändern ist;
f) erörtert nach Artikel 87 Absätze 5 und 7 jede Frage in Bezug auf fehlende Zusammenarbeit;
g) nimmt alle anderen Aufgaben wahr, die mit diesem Statut oder der Verfahrens- und Beweisordnung vereinbar sind.

(3) a) Die Versammlung hat ein Büro, das aus einem Präsidenten, zwei Vizepräsidenten und achtzehn von der Versammlung für eine dreijährige Amtszeit gewählten Mitgliedern besteht.

b) Das Büro hat repräsentativen Charakter, insbesondere unter Berücksichtigung einer ausgewogenen geografischen Verteilung und einer angemessenen Vertretung der hauptsächlichen Rechtssysteme der Welt.

c) Das Büro tritt so oft wie nötig, mindestens jedoch einmal im Jahr zusammen. Es hilft der Versammlung bei der Wahrnehmung ihrer Aufgaben.

(4) Die Versammlung kann Nebenorgane einsetzen, soweit dies erforderlich ist, einschließlich einer unabhängigen Aufsichtsinstanz für die Inspektion, Bewertung und Überprüfung des Gerichtshofs, mit dem Ziel, seine Leistungsfähigkeit und Wirtschaftlichkeit zu erhöhen.

(5) Der Präsident des Gerichtshofs, der Ankläger und der Kanzler oder ihre Stellvertreter können nach Bedarf an den Sitzungen der Versammlung und des Büros teilnehmen.

(6) Die Versammlung tritt einmal im Jahr am Sitz des Gerichtshofs oder am Sitz der Vereinten Nationen zusammen; wenn die Umstände es erfordern, hält sie außerordentliche Tagungen ab. Soweit dieses Statut nichts anderes bestimmt, beruft das Büro die außerordentlichen Tagungen entweder von sich aus oder auf Ersuchen eines Drittels der Vertragsstaaten ein.

(7) Jeder Vertragsstaat hat eine Stimme. Es werden alle Anstrengungen unternommen, um Entscheidungen in der Versammlung und im Büro durch Konsens zu treffen. Wenn kein Konsens erzielt werden kann und das Statut nichts anderes bestimmt,
a) müssen Beschlüsse über Sachfragen von der Zweidrittelmehrheit der Anwesenden und Abstimmenden angenommen werden, wobei die Versammlung

beschlussfähig ist, wenn die absolute Mehrheit der Vertragsstaaten vertreten ist;

b) werden Beschlüsse über Verfahrensfragen von der einfachen Mehrheit der anwesenden und abstimmenden Vertragsstaaten gefasst.

(8) Ein Vertragsstaat, der mit der Zahlung seiner finanziellen Beiträge zur Deckung der Kosten des Gerichtshofs im Rückstand ist, hat in der Versammlung und im Büro kein Stimmrecht, wenn die Höhe seiner Rückstände den Betrag seiner Beiträge für die vorangegangenen zwei vollen Jahre erreicht oder übersteigt. Die Versammlung kann ihm jedoch die Ausübung des Stimmrechts in der Versammlung und im Büro gestatten, wenn nach ihrer Überzeugung der Zahlungsverzug auf Umstände zurückzuführen ist, die der Vertragsstaat nicht zu vertreten hat.

(9) Die Versammlung gibt sich eine Geschäftsordnung.

(10) Die Amts- und Arbeitssprachen der Versammlung sind diejenigen der Generalversammlung der Vereinten Nationen.

Teil 12. Finanzierung

Art. 113 Finanzvorschriften. Soweit nicht ausdrücklich etwas anderes vorgesehen ist, werden alle finanziellen Angelegenheiten im Zusammenhang mit dem Gerichtshof und den Sitzungen der Versammlung der Vertragsstaaten, einschließlich ihres Büros und ihrer Nebenorgane, durch dieses Statut sowie durch die von der Versammlung der Vertragsstaaten angenommenen Finanzvorschriften und Finanzordnung geregelt.

Art. 114 Kostenregelung. Die Kosten des Gerichtshofs und der Versammlung der Vertragsstaaten einschließlich ihres Büros und ihrer Nebenorgane werden aus den finanziellen Mitteln des Gerichtshofs bestritten.

Art. 115 Finanzielle Mittel des Gerichtshofs und der Versammlung der Vertragsstaaten. Die Kosten des Gerichtshofs und der Versammlung der Vertragsstaaten einschließlich ihres Büros und ihrer Nebenorgane, die in dem von der Versammlung der Vertragsstaaten beschlossenen Haushalt vorgesehen sind, werden aus folgenden Quellen bestritten:

a) den berechneten Beiträgen der Vertragsstaaten;

b) den von den Vereinten Nationen vorbehaltlich der Zustimmung der Generalversammlung bereitgestellten finanziellen Mitteln, insbesondere im Zusammenhang mit den Kosten, die infolge von durch den Sicherheitsrat unterbreiteten Situationen entstanden sind.

Art. 116 Freiwillige Beiträge. Unbeschadet des Artikels 115 kann der Gerichtshof von Regierungen, internationalen Organisationen, Einzelpersonen, Unternehmen und anderen Rechtsträgern in Übereinstimmung mit den von der Versammlung der Vertragsstaaten angenommenen diesbezüglichen Kriterien freiwillige Beiträge als zusätzliche finanzielle Mittel entgegennehmen und verwenden.

Art. 117 Beitragsberechnung. Die Beiträge der Vertragsstaaten werden nach einem vereinbarten Beitragsschlüssel berechnet, dem der von den Vereinten Nationen für ihren ordentlichen Haushalt beschlossene Beitragsschlüssel zu Grunde liegt und der in Übereinstimmung mit den Grundsätzen angepasst wird, auf denen dieser Beitragsschlüssel beruht.

Art. 118 Jährliche Rechnungsprüfung. Die Unterlagen, Bücher und Konten des Gerichtshofs, einschließlich seiner Jahresabschlüsse, werden alljährlich von einem unabhängigen Rechnungsprüfer geprüft.

Teil 13. Schlussbestimmungen

Art. 119 Beilegung von Streitigkeiten. (1) Streitigkeiten über die richterlichen Aufgaben des Gerichtshofs werden durch eine Entscheidung des Gerichtshofs beigelegt.

(2) Jede andere Streitigkeit zwischen zwei oder mehr Vertragsstaaten über die Auslegung oder Anwendung dieses Statuts, die nicht binnen drei Monaten nach ihrem Beginn durch Verhandlung beigelegt wird, wird der Versammlung der Vertragsstaaten vorgelegt. Die Versammlung selbst kann die Streitigkeit beizulegen versuchen oder weitere Mittel der Streitbeilegung empfehlen, einschließlich der Vorlage an den Internationalen Gerichtshof in Übereinstimmung mit diesem Statut.

Art. 120 Vorbehalte. Vorbehalte zu diesem Statut sind nicht zulässig.

Art. 121 Änderungen. (1) Nach Ablauf von sieben Jahren nach Inkrafttreten dieses Statuts kann jeder Vertragsstaat Änderungen des Statuts vorschlagen. Der Wortlaut jedes Änderungsvorschlags wird dem Generalsekretär der Vereinten Nationen unterbreitet, der ihn umgehend an alle Vertragsstaaten weiterleitet.

(2) Frühestens drei Monate nach dem Zeitpunkt der Notifikation beschließt die nächste Versammlung der Vertragsstaaten auf ihrer nächsten Sitzung mit der Mehrheit der Anwesenden und Abstimmenden, ob der Vorschlag behandelt werden soll. Die Versammlung kann sich mit dem Vorschlag unmittelbar befassen oder eine Überprüfungskonferenz einberufen, wenn die Angelegenheit dies rechtfertigt.

(3) Die Annahme einer Änderung, über die auf einer Sitzung der Versammlung der Vertragsstaaten oder auf einer Überprüfungskonferenz kein Konsens erzielt werden kann, bedarf der Zweidrittelmehrheit der Vertragsstaaten.

(4) Soweit in Absatz 5 nichts anderes vorgesehen ist, tritt eine Änderung für alle Vertragsstaaten ein Jahr nach dem Zeitpunkt in Kraft, zu dem sieben Achtel der Vertragsstaaten ihre Ratifikations- oder Annahmeurkunden beim Generalsekretär der Vereinten Nationen hinterlegt haben.

(5) Eine Änderung der Artikel 5, 6, 7 und 8 dieses Statuts tritt für die Vertragsstaaten, welche die Änderung angenommen haben, ein Jahr nach Hinterlegung ihrer Ratifikations- oder Annahmeurkunde in Kraft. Hinsichtlich eines Vertragsstaats, der die Änderung nicht angenommen hat, übt der Gerichtshof seine Gerichtsbarkeit über ein von der Änderung erfasstes Verbrechen nicht aus, wenn das Verbrechen von Staatsangehörigen des betreffenden Vertragsstaats oder in dessen Hoheitsgebiet begangen wurde.

(6) Ist eine Änderung in Übereinstimmung mit Absatz 4 von sieben Achteln der Vertragsstaaten angenommen worden, so kann ein Vertragsstaat, der die Änderung nicht angenommen hat, ungeachtet des Artikels 127 Absatz 1, jedoch vorbehaltlich des Artikels 127 Absatz 2 durch Kündigung spätestens ein Jahr nach Inkrafttreten der Änderung mit sofortiger Wirkung von dem Statut zurücktreten.

(7) Der Generalsekretär der Vereinten Nationen leitet eine auf einer Sitzung der Versammlung der Vertragsstaaten oder einer Überprüfungskonferenz angenommene Änderung an alle Vertragsstaaten weiter.

Art. 122 Änderungen der institutionellen Bestimmungen. (1) Änderungen der Bestimmungen des Statuts, die ausschließlich institutioneller Art sind, nämlich Artikel 35, Artikel 36 Absätze 8 und 9, Artikel 37, Artikel 38, Artikel 39 Absätze 1 (Sätze 1 und 2), 2 und 4, Artikel 42 Absätze 4 bis 9, Artikel 43 Absätze 2 und 3 und die Artikel 44, 46, 47 und 49 können ungeachtet des Artikels 121 Absatz 1 jederzeit von einem Vertragsstaat vorgeschlagen werden. Der Wortlaut eines Änderungsvorschlags wird dem Generalsekretär der Vereinten Nationen oder einer von der Versammlung der Vertragsstaaten bestimmten anderen Person unterbreitet; diese oder der Generalsekretär leitet sie umgehend an alle Vertragsstaaten und die anderen Teilnehmer der Versammlung weiter.

(2) Änderungen auf Grund dieses Artikels, über die kein Konsens erzielt werden kann, werden von der Versammlung der Vertragsstaaten oder von einer Überprüfungskonferenz mit Zweidrittelmehrheit der Vertragsstaaten angenommen. Die Änderungen treten für alle Vertragsstaaten sechs Monate nach ihrer Annahme durch die Versammlung oder durch die Konferenz in Kraft.

Art. 123 Überprüfung des Statuts. (1) Sieben Jahre nach Inkrafttreten dieses Statuts beruft der Generalsekretär der Vereinten Nationen eine Überprüfungskonferenz zur Prüfung etwaiger Änderungen des Statuts ein. Eine solche Überprüfung kann insbesondere, jedoch nicht ausschließlich, die in Artikel 5 enthaltene Liste der Verbrechen umfassen. Die Konferenz steht allen Teilnehmern der Versammlung der Vertragsstaaten zu denselben Bedingungen offen.

(2) Jederzeit danach beruft der Generalsekretär der Vereinten Nationen auf Ersuchen eines Vertragsstaats und für den in Absatz 1 genannten Zweck nach Genehmigung der Mehrheit der Vertragsstaaten eine Überprüfungskonferenz ein.

(3) Artikel 121 Absätze 3 bis 7 findet auf die Annahme und das Inkrafttreten jeder auf einer Überprüfungskonferenz behandelten Änderung des Statuts Anwendung.

Art. 124 Übergangsbestimmung. Ungeachtet des Artikels 12 Absätze 1 und 2 kann ein Staat, wenn er Vertragspartei dieses Statuts wird, erklären, dass er für einen Zeitraum von sieben Jahren, nachdem das Statut für ihn in Kraft getreten ist, die Gerichtsbarkeit des Gerichtshofs für die Kategorie der in Artikel 8 bezeichneten Verbrechen nicht anerkennt, wenn angeblich ein Verbrechen von seinen Staatsangehörigen oder in seinem Hoheitsgebiet begangen worden ist. Eine Erklärung nach diesem Artikel kann jederzeit zurückgenommen werden. Dieser Artikel wird auf der in Übereinstimmung mit Artikel 123 Absatz 1 einberufenen Überprüfungskonferenz überprüft.

Art. 125 Unterzeichnung, Ratifikation, Annahme, Genehmigung oder Beitritt. (1) Dieses Statut liegt am 17. Juli 1998 für alle Staaten am Sitz der Ernährungs- und Landwirtschaftsorganisation der Vereinten Nationen in Rom zur Unterzeichnung auf. Danach liegt es bis zum 17. Oktober 1998 im Ministerium für auswärtige Angelegenheiten Italiens in Rom zur Unterzeichnung auf. Nach diesem Zeitpunkt liegt es bis zum 31. Dezember 2000 am Sitz der Vereinten Nationen in New York zur Unterzeichnung auf.

(2) Dieses Statut bedarf der Ratifikation, Annahme oder Genehmigung durch die Unterzeichnerstaaten. Die Ratifikations-, Annahme- oder Genehmigungsurkunden werden beim Generalsekretär der Vereinten Nationen hinterlegt.

(3) Dieses Statut steht allen Staaten zum Beitritt offen. Die Beitrittsurkunden werden beim Generalsekretär der Vereinten Nationen hinterlegt.

Art. 126 Inkrafttreten. (1) Dieses Statut tritt am ersten Tag des Monats in Kraft, der auf den sechzigsten Tag nach Hinterlegung der sechzigsten Ratifikations-, Annahme-, Genehmigungs- oder Beitrittsurkunde beim Generalsekretär der Vereinten Nationen folgt.

(2) Für jeden Staat, der das Statut nach Hinterlegung der sechzigsten Ratifikations-, Annahme-, Genehmigungs- oder Beitrittsurkunde ratifiziert, annimmt, genehmigt oder ihm beitritt, tritt es am ersten Tag des Monats in Kraft, der auf den sechzigsten Tag nach Hinterlegung seiner Ratifikations-, Annahme-, Genehmigungs- oder Beitrittsurkunde folgt.

Art. 127 Rücktritt. (1) Ein Vertragsstaat kann durch eine an den Generalsekretär der Vereinten Nationen gerichtete schriftliche Notifikation von diesem Statut zurücktreten. Der Rücktritt wird ein Jahr nach Eingang der Notifikation wirksam, sofern in der Notifikation nicht ein späterer Zeitpunkt angegeben ist.

(2) Der Rücktritt entbindet einen Staat nicht von den Verpflichtungen, einschließlich etwaiger finanzieller Verpflichtungen, die ihm als Vertragspartei dieses Statuts erwachsen sind. Sein Rücktritt berührt nicht eine etwaige Zusammenarbeit mit dem Gerichtshof im Zusammenhang mit strafrechtlichen Ermittlungen und Verfahren, bei denen der zurücktretende Staat zur Zusammenarbeit verpflichtet war und die begonnen wurden, bevor der Rücktritt wirksam wurde; er berührt auch nicht die weitere Behandlung einer Angelegenheit, mit welcher der Gerichtshof bereits befasst war, bevor der Rücktritt wirksam wurde.

Art. 128 Verbindliche Wortlaute. Die Urschrift dieses Statuts, dessen arabischer, chinesischer, englischer, französischer, russischer und spanischer Wortlaut gleichermaßen verbindlich ist, wird beim Generalsekretär der Vereinten Nationen hinterlegt; dieser leitet allen Staaten beglaubigte Abschriften zu.

Zu Urkund dessen haben die von ihren Regierungen hierzu gehörig befugten Unterzeichneten dieses Statut unterschrieben.

Geschehen zu Rom am 17. Juli 1998.

19. Internationales Übereinkommen zum Schutz aller Personen vor dem Verschwindenlassen[1)]

Vom 20. Dezember 2006

(BGBl. 2009 II S. 933)

(Übersetzung)

Präambel

Die Vertragsstaaten dieses Übereinkommens –

in der Erwägung, dass die Charta der Vereinten Nationen die Staaten verpflichtet, die allgemeine Achtung und Verwirklichung der Menschenrechte und Grundfreiheiten zu fördern,

im Hinblick auf die Allgemeine Erklärung der Menschenrechte,

eingedenk des Internationalen Paktes über wirtschaftliche, soziale und kulturelle Rechte, des Internationalen Paktes über bürgerliche und politische Rechte und der anderen einschlägigen internationalen Übereinkünfte auf dem Gebiet der Menschenrechte, des humanitären Völkerrechts und des internationalen Strafrechts,

eingedenk ferner der von der Generalversammlung der Vereinten Nationen in ihrer Resolution 47/133 vom 18. Dezember 1992 angenommenen Erklärung über den Schutz aller Personen vor dem Verschwindenlassen,

in Anbetracht der außerordentlichen Schwere des Verschwindenlassens, das ein Verbrechen und unter bestimmten im Völkerrecht festgelegten Umständen ein Verbrechen gegen die Menschlichkeit darstellt,

entschlossen, Fälle von Verschwindenlassen zu verhüten und die Straflosigkeit des Verbrechens des Verschwindenlassens zu bekämpfen,

in Anbetracht des Rechtes jeder Person, nicht dem Verschwindenlassen unterworfen zu werden, und des Rechtes der Opfer auf Gerechtigkeit und Wiedergutmachung,

in Bekräftigung des Rechtes jedes Opfers, die Wahrheit über die Umstände eines Verschwindenlassens und das Schicksal der verschwundenen Person zu erfahren, sowie des Rechtes auf die Freiheit, zu diesem Zweck Informationen einzuholen, zu erhalten und zu verbreiten –

sind wie folgt übereingekommen:

Teil I

Art. 1. (1) Niemand darf dem Verschwindenlassen unterworfen werden.

(2) Außergewöhnliche Umstände gleich welcher Art, sei es Krieg oder Kriegsgefahr, innenpolitische Instabilität oder ein sonstiger öffentlicher Notstand, dürfen nicht als Rechtfertigung für das Verschwindenlassen geltend gemacht werden.

[1)] Internationale Quelle: UNTS Bd. 2716, S. 3.

Art. 2. Im Sinne dieses Übereinkommens bedeutet „Verschwindenlassen" die Festnahme, den Entzug der Freiheit, die Entführung oder jede andere Form der Freiheitsberaubung durch Bedienstete des Staates oder durch Personen oder Personengruppen, die mit Ermächtigung, Unterstützung oder Duldung des Staates handeln, gefolgt von der Weigerung, diese Freiheitsberaubung anzuerkennen, oder der Verschleierung des Schicksals oder des Verbleibs der verschwundenen Person, wodurch sie dem Schutz des Gesetzes entzogen wird.

Art. 3. Jeder Vertragsstaat trifft geeignete Maßnahmen, um wegen Handlungen im Sinne des Artikels 2, die von Personen oder Personengruppen ohne Ermächtigung, Unterstützung oder Duldung des Staates begangen werden, zu ermitteln und die Verantwortlichen vor Gericht zu stellen.

Art. 4. Jeder Vertragsstaat trifft die erforderlichen Maßnahmen, um sicherzustellen, dass das Verschwindenlassen nach seinem Strafrecht eine Straftat darstellt.

Art. 5. Die ausgedehnte oder systematische Praxis des Verschwindenlassens stellt ein Verbrechen gegen die Menschlichkeit im Sinne des anwendbaren Völkerrechts dar und zieht die nach diesem Recht vorgesehenen Konsequenzen nach sich.

Art. 6. (1) Jeder Vertragsstaat trifft die erforderlichen Maßnahmen, um zumindest folgende Personen strafrechtlich verantwortlich zu machen:
a) jede Person, die ein Verschwindenlassen begeht, anordnet, dazu auffordert, dazu anstiftet, es zu begehen versucht, Mittäter oder Gehilfe an einem Verschwindenlassen ist oder an ihm teilnimmt;
b) einen Vorgesetzten, der
    i) wusste, dass Untergebene unter seiner tatsächlichen Führungsgewalt und Kontrolle ein Verbrechen des Verschwindenlassens begingen oder zu begehen im Begriff waren, oder eindeutig darauf hinweisende Informationen bewusst außer Acht ließ;
    ii) die tatsächliche Verantwortung und Kontrolle über Tätigkeiten ausübte, die mit dem Verbrechen des Verschwindenlassens zusammenhingen, und
    iii) nicht alle in seiner Macht stehenden erforderlichen und angemessenen Maßnahmen ergriff, um die Begehung eines Verschwindenlassens zu verhindern oder zu unterbinden oder die Angelegenheit den zuständigen Behörden zur Ermittlung und Strafverfolgung vorzulegen.
c) Buchstabe b lässt die strengeren Normen in Bezug auf die Verantwortlichkeit, die nach dem einschlägigen Völkerrecht für einen militärischen Befehlshaber oder eine tatsächlich als militärischer Befehlshaber handelnde Person gelten, unberührt.

(2) Eine von einem Träger ziviler, militärischer oder anderer öffentlicher Gewalt erteilte Anordnung oder Anweisung darf nicht als Rechtfertigung für eine Straftat des Verschwindenlassens geltend gemacht werden.

Art. 7. (1) Jeder Vertragsstaat bedroht die Straftat des Verschwindenlassens mit angemessenen Strafen, welche die außerordentliche Schwere der Straftat berücksichtigen.

(2) Jeder Vertragsstaat kann

a) mildernde Umstände vorsehen, insbesondere für Personen, die zwar an der Begehung eines Verschwindenlassens mitgewirkt haben, aber wirksam dazu beitragen, die verschwundene Person lebend aufzufinden, oder es ermöglichen, Fälle von Verschwindenlassen aufzuklären oder die Täter eines Verschwindenlassens zu identifizieren;

b) unbeschadet anderer strafrechtlicher Verfahren erschwerende Umstände vorsehen, insbesondere im Fall des Todes der verschwundenen Person oder des Verschwindenlassens von schwangeren Frauen, Minderjährigen, Personen mit Behinderungen oder anderen besonders verletzlichen Personen.

Art. 8. Unbeschadet des Artikels 5

(1) trifft jeder Vertragsstaat, in dem für das Verschwindenlassen Verjährungsvorschriften gelten, die erforderlichen Maßnahmen, um sicherzustellen, dass die Verjährungsfrist bei der Strafverfolgung

a) von langer Dauer ist und im Verhältnis zur außerordentlichen Schwere dieser Straftat steht;

b) mit dem Zeitpunkt der Beendigung der Straftat des Verschwindenlassens beginnt, wobei zu berücksichtigen ist, dass die Straftat von Dauer ist.

(2) Jeder Vertragsstaat gewährleistet das Recht der Opfer von Verschwindenlassen auf einen wirksamen Rechtsbehelf vor Ablauf der Verjährungsfrist.

Art. 9. (1) Jeder Vertragsstaat trifft die erforderlichen Maßnahmen, um seine Zuständigkeit zur Ausübung der Gerichtsbarkeit über die Straftat des Verschwindenlassens in folgenden Fällen zu begründen:

a) wenn die Straftat in einem der Hoheitsgewalt des betreffenden Staates unterstehenden Gebiet oder an Bord eines in diesem Staat eingetragenen Schiffes oder Luftfahrzeugs begangen wird;

b) wenn der Verdächtige Angehöriger des betreffenden Staates ist;

c) wenn die verschwundene Person Angehörige des betreffenden Staates ist und der Vertragsstaat es für angebracht hält.

(2) Ebenso trifft jeder Vertragsstaat die erforderlichen Maßnahmen, um seine Zuständigkeit zur Ausübung der Gerichtsbarkeit über die Straftat des Verschwindenlassens dann zu begründen, wenn der Verdächtige sich in einem der Hoheitsgewalt des betreffenden Staates unterstehenden Gebiet befindet und dieser ihn nicht im Einklang mit seinen internationalen Verpflichtungen an einen anderen Staat ausliefert oder übergibt oder an ein internationales Strafgericht überstellt, dessen Gerichtsbarkeit er anerkannt hat.

(3) Dieses Übereinkommen schließt eine weiter gehende Strafgerichtsbarkeit, die nach innerstaatlichem Recht ausgeübt wird, nicht aus.

Art. 10. (1) Hält ein Vertragsstaat, in dessen Hoheitsgebiet sich ein einer Straftat des Verschwindenlassens Verdächtiger befindet, es nach Prüfung der ihm vorliegenden Informationen in Anbetracht der Umstände für gerechtfertigt, so nimmt er ihn in Haft oder trifft alle anderen erforderlichen rechtlichen Maßnahmen, um seine Anwesenheit sicherzustellen. Die Haft und die anderen rechtlichen Maßnahmen müssen mit dem Recht dieses Vertragsstaats im Einklang stehen; sie dürfen nur so lange aufrechterhalten werden, wie es erforderlich ist, um die Anwesenheit des Verdächtigen während eines Straf-,

Übergabe- beziehungsweise Überstellungs- oder Auslieferungsverfahrens sicherzustellen.

(2) Der Vertragsstaat, der die in Absatz 1 bezeichneten Maßnahmen getroffen hat, führt unverzüglich eine vorläufige Untersuchung oder Ermittlungen zur Feststellung des Sachverhalts durch. Er zeigt den in Artikel 9 Absatz 1 bezeichneten Vertragsstaaten die aufgrund des Absatzes 1 getroffenen Maßnahmen an, einschließlich der Haft sowie der sie rechtfertigenden Umstände, und unterrichtet sie über das Ergebnis seiner vorläufigen Untersuchung oder seiner Ermittlungen und teilt ihnen mit, ob er seine Gerichtsbarkeit auszuüben beabsichtigt.

(3) Eine aufgrund des Absatzes 1 in Haft befindliche Person kann unverzüglich mit dem nächsten zuständigen Vertreter des Staates, dessen Staatsangehörigkeit sie besitzt, oder, wenn sie staatenlos ist, mit dem Vertreter des Staates, in dem sie sich gewöhnlich aufhält, verkehren.

Art. 11. (1) Der Vertragsstaat, der die Hoheitsgewalt über das Gebiet ausübt, in dem der einer Straftat des Verschwindenlassens Verdächtige aufgefunden wird, unterbreitet den Fall, wenn er den Betreffenden nicht im Einklang mit seinen internationalen Verpflichtungen an einen anderen Staat ausliefert oder übergibt oder an ein internationales Strafgericht überstellt, dessen Gerichtsbarkeit er anerkannt hat, seinen zuständigen Behörden zum Zweck der Strafverfolgung.

(2) Diese Behörden treffen ihre Entscheidung in der gleichen Weise wie im Fall jeder anderen Straftat schwerer Art nach dem Recht dieses Vertragsstaats. In den in Artikel 9 Absatz 2 bezeichneten Fällen dürfen für die Strafverfolgung und Verurteilung keine weniger strengen Maßstäbe bei der Beweisführung angelegt werden als in den in Artikel 9 Absatz 1 bezeichneten Fällen.

(3) Jeder Person, gegen die ein Verfahren wegen einer Straftat des Verschwindenlassens durchgeführt wird, ist während des gesamten Verfahrens eine gerechte Behandlung zu gewährleisten. Jeder Person, die wegen einer Straftat des Verschwindenlassens vor Gericht gestellt wird, ist ein gerechtes Verfahren vor einem zuständigen, unabhängigen und unparteiischen auf Gesetz beruhenden Gericht zu gewährleisten.

Art. 12. (1) Jeder Vertragsstaat stellt sicher, dass jeder, der behauptet, eine Person sei Opfer eines Verschwindenlassens geworden, das Recht hat, die Sache bei den zuständigen Behörden vorzubringen; diese unterziehen den Vorwurf einer umgehenden und unparteiischen Prüfung und führen gegebenenfalls unverzüglich eine umfassende und unparteiische Untersuchung durch. Gegebenenfalls werden geeignete Vorkehrungen getroffen, um sicherzustellen, dass der Beschwerdeführer, die Zeugen, die Verwandten der verschwundenen Person und ihr Rechtsbeistand sowie die an der Untersuchung Beteiligten vor jeder Misshandlung oder Einschüchterung wegen ihrer Beschwerde oder ihrer Aussagen geschützt sind.

(2) Bestehen hinreichende Gründe für die Annahme, dass eine Person Opfer eines Verschwindenlassens geworden ist, so führen die in Absatz 1 bezeichneten Behörden eine Untersuchung durch, auch wenn keine förmliche Anzeige erstattet worden ist.

(3) Jeder Vertragsstaat stellt sicher, dass die in Absatz 1 bezeichneten Behörden

a) über die notwendigen Befugnisse und Mittel verfügen, um die Untersuchung wirksam durchzuführen, einschließlich des Zugangs zu den für ihre Untersuchung einschlägigen Unterlagen und Informationen;

b) falls erforderlich mit vorheriger Genehmigung eines Gerichts, das umgehend entscheidet, Zugang zu jedem Ort der Freiheitsentziehung oder zu jedem anderen Ort haben, sofern es hinreichende Gründe für die Annahme gibt, dass sich die verschwundene Person dort befindet.

(4) Jeder Vertragsstaat trifft die erforderlichen Maßnahmen, um alle Handlungen zu verhindern und zu ahnden, welche die Durchführung der Untersuchung behindern. Er stellt insbesondere sicher, dass die einer Straftat des Verschwindenlassens Verdächtigen nicht in der Lage sind, den Verlauf der Untersuchung durch die Ausübung von Druck oder durch Einschüchterungs- oder Vergeltungsmaßnahmen gegenüber dem Beschwerdeführer, den Zeugen, den Verwandten der verschwundenen Person, ihrem Rechtsbeistand oder den an der Untersuchung Beteiligten zu beeinflussen.

Art. 13. (1) Für die Zwecke der Auslieferung zwischen Vertragsstaaten wird die Straftat des Verschwindenlassens nicht als politische Straftat, als eine mit einer politischen Straftat zusammenhängende oder als eine auf politischen Beweggründen beruhende Straftat angesehen. Folglich darf ein Ersuchen um Auslieferung, das auf einer solchen Straftat beruht, nicht allein aus diesen Gründen abgelehnt werden.

(2) Die Straftat des Verschwindenlassens gilt als in jeden zwischen Vertragsstaaten vor Inkrafttreten dieses Übereinkommens geschlossenen Auslieferungsvertrag einbezogene, der Auslieferung unterliegende Straftat.

(3) Die Vertragsstaaten verpflichten sich, die Straftat des Verschwindenlassens als eine der Auslieferung unterliegende Straftat in jeden künftig zwischen ihnen zu schließenden Auslieferungsvertrag aufzunehmen.

(4) Erhält ein Vertragsstaat, der die Auslieferung vom Bestehen eines Vertrags abhängig macht, ein Auslieferungsersuchen von einem anderen Vertragsstaat, mit dem er keinen Auslieferungsvertrag hat, so kann er dieses Übereinkommen als die erforderliche Rechtsgrundlage für die Auslieferung in Bezug auf die Straftat des Verschwindenlassens ansehen.

(5) Vertragsstaaten, welche die Auslieferung nicht vom Bestehen eines Vertrags abhängig machen, erkennen unter sich die Straftat des Verschwindenlassens als eine der Auslieferung unterliegende Straftat an.

(6) Die Auslieferung unterliegt in jedem Fall den im Recht des ersuchten Vertragsstaats oder in den geltenden Auslieferungsverträgen vorgesehenen Bedingungen, insbesondere auch den Bedingungen betreffend die für die Auslieferung erforderliche Mindesthöhe der angedrohten Strafe und die Gründe, aus denen der ersuchte Vertragsstaat die Auslieferung ablehnen oder bestimmten Bedingungen unterwerfen kann.

(7) Dieses Übereinkommen ist nicht so auszulegen, als verpflichte es den ersuchten Vertragsstaat zur Auslieferung, wenn er stichhaltige Gründe für die Annahme hat, dass das Ersuchen gestellt worden ist, um eine Person wegen ihres Geschlechts, ihrer Rasse, ihrer Religion, ihrer Staatsangehörigkeit, ihrer ethnischen Herkunft, ihrer politischen Anschauungen oder ihrer Zugehörig-

keit zu einer bestimmten sozialen Gruppe zu verfolgen oder zu bestrafen, oder dass dieser Person aus einem dieser Gründe Schaden zugefügt werden könnte, wenn dem Ersuchen stattgegeben würde.

Art. 14. (1) Die Vertragsstaaten gewähren einander im größtmöglichen Umfang Rechtshilfe im Zusammenhang mit Strafverfahren in Bezug auf die Straftat des Verschwindenlassens, einschließlich der Überlassung aller ihnen zur Verfügung stehenden und für das Verfahren erforderlichen Beweismittel.

(2) Diese Rechtshilfe unterliegt den im innerstaatlichen Recht des ersuchten Vertragsstaats oder in den geltenden Rechtshilfeverträgen vorgesehenen Bedingungen, insbesondere auch den Bedingungen betreffend die Gründe, aus denen der ersuchte Vertragsstaat die Gewährung von Rechtshilfe ablehnen oder sie bestimmten Bedingungen unterwerfen kann.

Art. 15. Die Vertragsstaaten arbeiten zusammen und gewähren einander im größtmöglichen Umfang Hilfe zur Unterstützung der Opfer des Verschwindenlassens und bei der Suche nach verschwundenen Personen, der Ermittlung ihres Aufenthaltsorts und ihrer Freilassung sowie im Fall ihres Todes bei der Exhumierung, Identifizierung und Überführung ihrer sterblichen Überreste.

Art. 16. (1) Ein Vertragsstaat darf eine Person nicht in einen anderen Staat ausweisen, abschieben, an diesen übergeben oder ausliefern, wenn stichhaltige Gründe für die Annahme bestehen, dass sie dort Gefahr liefe, Opfer eines Verschwindenlassens zu werden.

(2) Bei der Feststellung, ob solche Gründe vorliegen, berücksichtigen die zuständigen Behörden alle maßgeblichen Erwägungen, gegebenenfalls einschließlich des Umstands, dass in dem betreffenden Staat eine ständige Praxis grober, offenkundiger oder massenhafter Verletzungen der Menschenrechte oder schwerer Verletzungen des humanitären Völkerrechts herrscht.

Art. 17. (1) Niemand darf geheim in Haft gehalten werden.

(2) Unbeschadet anderer internationaler Verpflichtungen des Vertragsstaats in Bezug auf die Freiheitsentziehung wird jeder Vertragsstaat in seinem Recht
a) die Bedingungen festlegen, unter denen eine Freiheitsentziehung angeordnet werden kann;
b) die Behörden bezeichnen, die befugt sind, eine Freiheitsentziehung anzuordnen;
c) gewährleisten, dass jede Person, der die Freiheit entzogen ist, ausschließlich an offiziell anerkannten und überwachten Orten der Freiheitsentziehung untergebracht wird;
d) gewährleisten, dass jeder Person, der die Freiheit entzogen ist, gestattet wird, mit ihrer Familie, ihrem Rechtsbeistand oder jeder anderen Person ihrer Wahl vorbehaltlich allein der gesetzlich vorgesehenen Bedingungen zu verkehren und von diesen besucht zu werden, oder, sofern es sich um eine Ausländerin oder einen Ausländer handelt, im Einklang mit dem anwendbaren Völkerrecht mit ihren Konsularbehörden zu verkehren;
e) allen zuständigen und gesetzlich befugten Behörden und Einrichtungen Zugang zu den Orten der Freiheitsentziehung gewährleisten, falls erforderlich mit vorheriger Genehmigung eines Gerichts;

f) jeder Person, der die Freiheit entzogen ist, oder im Fall eines mutmaßlichen Verschwindenlassens – da die Person, der die Freiheit entzogen ist, das unter diesem Buchstaben bezeichnete Recht nicht selbst ausüben kann – allen Personen mit einem berechtigten Interesse, wie etwa den Verwandten der Person, der die Freiheit entzogen ist, oder ihren Vertretern oder ihrem Rechtsbeistand, unter allen Umständen das Recht gewährleisten, ein Verfahren vor Gericht einzuleiten, damit das Gericht unverzüglich über die Rechtmäßigkeit der Freiheitsentziehung entscheidet und die Freilassung der Person anordnet, wenn die Freiheitsentziehung nicht rechtmäßig ist.

(3) Jeder Vertragsstaat stellt sicher, dass ein oder mehrere amtliche Register und/oder amtliche Akten über die Personen, denen die Freiheit entzogen ist, geführt und auf dem neuesten Stand gehalten werden, die auf Ersuchen umgehend allen Gerichten oder anderen zuständigen Behörden oder Einrichtungen zur Verfügung gestellt werden, die dazu nach dem Recht des betreffenden Vertragsstaats oder den einschlägigen internationalen Übereinkommen, deren Vertragsstaat der betreffende Staat ist, befugt sind. Zu den darin enthaltenen Informationen gehören zumindest

a) die Identität der Person, der die Freiheit entzogen ist;
b) der Tag, die Uhrzeit und der Ort, an dem der Person die Freiheit entzogen wurde, und die Behörde, die der Person die Freiheit entzogen hat;
c) die Behörde, welche die Freiheitsentziehung angeordnet hat, und die Gründe für die Freiheitsentziehung;
d) die Behörde, die für die Überwachung der Freiheitsentziehung zuständig ist;
e) der Ort der Freiheitsentziehung, der Tag und die Uhrzeit der Aufnahme an diesem Ort und die für diesen Ort zuständige Behörde;
f) Angaben zum Gesundheitszustand der Person, der die Freiheit entzogen ist;
g) im Fall des Todes während der Freiheitsentziehung die Umstände und die Ursache des Todes und der Verbleib der sterblichen Überreste;
h) der Tag und die Uhrzeit der Freilassung oder Verlegung an einen anderen Ort der Freiheitsentziehung, der Bestimmungsort und die für die Verlegung zuständige Behörde.

Art. 18. (1) Vorbehaltlich der Artikel 19 und 20 gewährleistet jeder Vertragsstaat allen Personen, die ein berechtigtes Interesse an diesen Informationen haben, wie etwa den Verwandten der Person, der die Freiheit entzogen ist, ihren Vertretern oder ihrem Rechtsbeistand, zumindest den Zugang zu folgenden Informationen:

a) die Behörde, welche die Freiheitsentziehung angeordnet hat;
b) der Tag, die Uhrzeit und der Ort, an dem der Person die Freiheit entzogen wurde, sowie der Tag und die Uhrzeit der Aufnahme am Ort der Freiheitsentziehung sowie dessen Lage;
c) die Behörde, die für die Überwachung der Freiheitsentziehung zuständig ist;
d) der Verbleib der Person, der die Freiheit entzogen ist, einschließlich des Bestimmungsorts und der für die Verlegung zuständigen Behörde, falls die Person an einen anderen Ort der Freiheitsentziehung verlegt wird;
e) der Tag, die Uhrzeit und der Ort der Freilassung;
f) Angaben zum Gesundheitszustand der Person, der die Freiheit entzogen ist;

g) im Fall des Todes während der Freiheitsentziehung die Umstände und die Ursache des Todes und der Verbleib der sterblichen Überreste.

(2) Falls erforderlich sind geeignete Maßnahmen zu treffen, um sicherzustellen, dass die in Absatz 1 bezeichneten Personen sowie die an der Untersuchung Beteiligten vor jeder Misshandlung, Einschüchterung oder Sanktion wegen der Bemühungen um Informationen über eine Person, der die Freiheit entzogen ist, geschützt sind.

Art. 19. (1) Die im Rahmen der Suche nach einer verschwundenen Person gesammelten und/oder übermittelten personenbezogenen Informationen einschließlich medizinischer oder genetischer Daten dürfen nur für die Zwecke der Suche nach der verschwundenen Person verwendet oder zur Verfügung gestellt werden. Dies lässt die Verwendung dieser Informationen in Strafverfahren wegen einer Straftat des Verschwindenlassens und die Ausübung des Rechts auf Entschädigung unberührt.

(2) Die Sammlung, Verarbeitung, Verwendung und Speicherung von personenbezogenen Informationen einschließlich medizinischer oder genetischer Daten dürfen die Menschenrechte, die Grundfreiheiten und die Menschenwürde nicht verletzen oder dazu führen, dass sie verletzt werden.

Art. 20. (1) Nur wenn eine Person unter dem Schutz des Gesetzes steht und die Freiheitsentziehung der Kontrolle durch ein Gericht unterliegt, darf das in Artikel 18 bezeichnete Informationsrecht in Übereinstimmung mit dem anwendbaren Völkerrecht und den Zielen dieses Übereinkommens ausnahmsweise eingeschränkt werden, soweit dies unbedingt erforderlich und gesetzlich vorgesehen ist und sofern die Informationsübermittlung die Privatsphäre oder die Sicherheit der Person beeinträchtigen oder eine laufende strafrechtliche Untersuchung behindern würde oder andere gesetzlich vorgesehene gleichwertige Gründe dem entgegenstehen. Diese Einschränkungen des in Artikel 18 bezeichneten Informationsrechts sind nicht zulässig, wenn sie ein Verhalten im Sinne des Artikels 2 oder eine Verletzung des Artikels 17 Absatz 1 darstellen.

(2) Unbeschadet der Prüfung, ob einer Person die Freiheit rechtmäßig entzogen worden ist, gewährleisten die Vertragsstaaten den in Artikel 18 Absatz 1 bezeichneten Personen das Recht auf einen umgehenden und wirksamen gerichtlichen Rechtsbehelf, um unverzüglich die in Artikel 18 Absatz 1 bezeichneten Informationen zu erhalten. Dieses Recht auf einen Rechtsbehelf darf unter keinen Umständen ausgesetzt oder eingeschränkt werden.

Art. 21. Jeder Vertragsstaat trifft die erforderlichen Maßnahmen, um sicherzustellen, dass Personen, denen die Freiheit entzogen ist, entsprechend einem Verfahren freigelassen werden, das es erlaubt, verlässlich nachzuprüfen, ob sie tatsächlich freigelassen worden sind. Jeder Vertragsstaat trifft ferner die erforderlichen Maßnahmen, um die körperliche Unversehrtheit dieser Personen und ihre Fähigkeit, ihre Rechte uneingeschränkt auszuüben, zum Zeitpunkt der Freilassung zu gewährleisten, unbeschadet der Pflichten, die diesen Personen nach innerstaatlichem Recht obliegen.

Art. 22. Unbeschadet des Artikels 6 trifft jeder Vertragsstaat die erforderlichen Maßnahmen, um das folgende Verhalten zu verhindern und zu ahnden:

a) die Behinderung oder Verschleppung der Rechtsbehelfe nach Artikel 17 Absatz 2 Buchstabe f und Artikel 20 Absatz 2;
b) das Versäumnis, der Pflicht nachzukommen, alle Freiheitsentziehungen in ein Register einzutragen, sowie die Eintragung von Informationen, deren Unrichtigkeit dem für das amtliche Register zuständigen Bediensteten bekannt war oder hätte bekannt sein müssen;
c) die Weigerung, Auskünfte über eine Freiheitsentziehung zu erteilen, oder das Erteilen unrichtiger Auskünfte, obwohl die gesetzlichen Voraussetzungen für das Erteilen dieser Auskünfte erfüllt sind.

Art. 23. (1) Jeder Vertragsstaat stellt sicher, dass die Ausbildung des mit dem Gesetzesvollzug betrauten zivilen und militärischen Personals, des medizinischen Personals, der Angehörigen des öffentlichen Dienstes und anderer Personen, die mit dem Gewahrsam oder der Behandlung einer Person, der die Freiheit entzogen ist, befasst werden können, den erforderlichen Unterricht und die erforderliche Aufklärung über die einschlägigen Bestimmungen dieses Übereinkommens umfasst, um

a) die Beteiligung dieser Bediensteten an Fällen von Verschwindenlassen zu verhüten;
b) die Bedeutung der Verhütung und der Ermittlungen in Bezug auf das Verschwindenlassen zu unterstreichen;
c) sicherzustellen, dass die Dringlichkeit der Aufklärung der Fälle von Verschwindenlassen anerkannt wird.

(2) Jeder Vertragsstaat stellt sicher, dass Anordnungen oder Anweisungen, durch die ein Verschwindenlassen vorgeschrieben oder genehmigt oder dazu ermutigt wird, verboten werden. Jeder Vertragsstaat gewährleistet, dass eine Person, die sich weigert, einer solchen Anordnung Folge zu leisten, nicht bestraft wird.

(3) Jeder Vertragsstaat trifft die erforderlichen Maßnahmen, um sicherzustellen, dass die in Absatz 1 bezeichneten Personen, die Gründe für die Annahme haben, dass ein Verschwindenlassen stattgefunden hat oder geplant ist, dies ihren Vorgesetzten und, falls erforderlich, den geeigneten Behörden oder Stellen mit entsprechenden Kontroll- oder Entscheidungsbefugnissen mitteilen.

Art. 24. (1) Im Sinne dieses Übereinkommens bezeichnet „Opfer" die verschwundene Person sowie jede natürliche Person, die als unmittelbare Folge eines Verschwindenlassens geschädigt worden ist.

(2) Jedes Opfer hat das Recht, die Wahrheit über die Umstände des Verschwindenlassens, den Verlauf und die Ergebnisse der Untersuchung und das Schicksal der verschwundenen Person zu erfahren. Jeder Vertragsstaat trifft die zu diesem Zweck geeigneten Maßnahmen.

(3) Jeder Vertragsstaat trifft alle geeigneten Maßnahmen im Hinblick auf die Suche nach verschwundenen Personen, die Ermittlung ihres Aufenthaltsorts und ihre Freilassung sowie im Fall des Todes im Hinblick auf die Ermittlung, Achtung und Überführung ihrer sterblichen Überreste.

(4) Jeder Vertragsstaat gewährleistet den Opfern des Verschwindenlassens in seiner Rechtsordnung das Recht auf Wiedergutmachung und auf umgehende, gerechte und angemessene Entschädigung.

(5) Das Recht auf Wiedergutmachung nach Absatz 4 umfasst den Ersatz des materiellen und immateriellen Schadens sowie gegebenenfalls andere Arten der Wiedergutmachung wie
a) die Restitution;
b) die Rehabilitation;
c) die Genugtuung einschließlich der Wiederherstellung der Würde und des Ansehens;
d) die Garantie der Nichtwiederholung.

(6) Unbeschadet der Verpflichtung, die Untersuchung bis zur Aufklärung des Schicksals der verschwundenen Person fortzuführen, trifft jeder Vertragsstaat die geeigneten Maßnahmen in Bezug auf die Rechtsstellung verschwundener Personen, deren Schicksal noch nicht aufgeklärt worden ist, und die ihrer Verwandten, unter anderem hinsichtlich der sozialen Sicherung, finanzieller Angelegenheiten, des Familienrechts und der Eigentumsrechte.

(7) Jeder Vertragsstaat gewährleistet das Recht auf Bildung von Organisationen oder Vereinen, deren Ziel es ist, dazu beizutragen, die Umstände der Fälle von Verschwindenlassen und das Schicksal der verschwundenen Personen aufzuklären sowie Opfer des Verschwindenlassens zu unterstützen, und auf freie Beteiligung an ihnen.

Art. 25. (1) Jeder Vertragsstaat trifft die erforderlichen Maßnahmen, um folgende Handlungen zu verhindern und nach seinem Strafrecht zu bestrafen:
a) die unrechtmäßige Entziehung von Kindern, die Opfer eines Verschwindenlassens sind, oder von Kindern, deren Vater, Mutter oder gesetzlicher Vertreter Opfer eines Verschwindenlassens ist, oder von Kindern, die während der Gefangenschaft ihrer Mutter im Rahmen eines Verschwindenlassens geboren sind;
b) die Fälschung, das Verbergen oder die Vernichtung von Dokumenten, welche die wahre Identität der unter Buchstabe a bezeichneten Kinder bescheinigen.

(2) Jeder Vertragsstaat trifft die erforderlichen Maßnahmen, um die in Absatz 1 Buchstabe a bezeichneten Kinder zu suchen und zu identifizieren und sie in Übereinstimmung mit den gesetzlich vorgesehenen Verfahren und den anwendbaren internationalen Übereinkünften in ihre Herkunftsfamilien zurückzuführen.

(3) Die Vertragsstaaten gewähren einander Hilfe bei der Suche, Identifizierung und Ermittlung des Aufenthaltsorts der in Absatz 1 Buchstabe a bezeichneten Kinder.

(4) Angesichts des Erfordernisses, das Wohl der in Absatz 1 Buchstabe a bezeichneten Kinder und ihr Recht, ihre Identität, einschließlich ihrer Staatsangehörigkeit, ihres gesetzlich anerkannten Namens und ihrer gesetzlich anerkannten Familienbeziehungen, zu behalten oder wiederherzustellen, zu schützen, sehen die Vertragsstaaten, die ein System der Adoption oder eine andere Form der Unterbringung von Kindern anerkennen, gesetzliche Verfahren vor, um das Adoptions- oder Unterbringungsverfahren zu überprüfen und gegebenenfalls jede Adoption oder Unterbringung von Kindern, die auf einem Verschwindenlassen beruht, aufzuheben.

(5) In allen Fällen, und insbesondere in Bezug auf alle Angelegenheiten, die im Zusammenhang mit diesem Artikel stehen, ist das Wohl des Kindes vor-

rangig zu berücksichtigen, und ein Kind, das fähig ist, sich eine eigene Meinung zu bilden, hat das Recht, diese Meinung frei zu äußern, die entsprechend seinem Alter und seiner Reife gebührend zu berücksichtigen ist.

Teil II

Art. 26. (1) Es wird ein Ausschuss über das Verschwindenlassen (im Folgenden als „Ausschuss" bezeichnet) errichtet, um die in diesem Übereinkommen festgelegten Aufgaben wahrzunehmen. Der Ausschuss besteht aus zehn unabhängigen und unparteiischen Sachverständigen von hohem sittlichen Ansehen und anerkannter Sachkenntnis auf dem Gebiet der Menschenrechte, die in ihrer persönlichen Eigenschaft tätig sind. Die Mitglieder des Ausschusses werden von den Vertragsstaaten auf der Grundlage einer gerechten geographischen Verteilung gewählt. Die Zweckmäßigkeit der Beteiligung von Personen mit einschlägiger juristischer Erfahrung an der Arbeit des Ausschusses und eine ausgewogene Vertretung der Geschlechter sind zu berücksichtigen.

(2) Die Mitglieder des Ausschusses werden in geheimer Wahl aus einer Liste von Personen gewählt, die von den Vertragsstaaten während der alle zwei Jahre zu diesem Zweck vom Generalsekretär der Vereinten Nationen einberufenen Versammlungen der Vertragsstaaten aus den Reihen ihrer Staatsangehörigen vorgeschlagen worden sind. In diesen Versammlungen, die beschlussfähig sind, wenn zwei Drittel der Vertragsstaaten vertreten sind, gelten diejenigen Personen als in den Ausschuss gewählt, welche die höchste Stimmenzahl und die absolute Stimmenmehrheit der anwesenden und abstimmenden Vertreter der Vertragsstaaten auf sich vereinigen.

(3) Die erste Wahl findet spätestens sechs Monate nach Inkrafttreten dieses Übereinkommens statt. Vier Monate vor jeder Wahl fordert der Generalsekretär der Vereinten Nationen die Vertragsstaaten schriftlich auf, innerhalb von drei Monaten Kandidatinnen oder Kandidaten vorzuschlagen. Der Generalsekretär fertigt eine alphabetische Liste aller auf diese Weise vorgeschlagenen Personen unter Angabe der Vertragsstaaten an, die sie vorgeschlagen haben, und übermittelt diese Liste allen Vertragsstaaten.

(4) Die Ausschussmitglieder werden für vier Jahre gewählt. Sie können einmal wiedergewählt werden. Die Amtszeit von fünf der bei der ersten Wahl gewählten Mitglieder läuft jedoch nach zwei Jahren ab; unmittelbar nach der ersten Wahl werden die Namen dieser fünf Mitglieder vom Vorsitzenden der in Absatz 2 genannten Versammlung durch das Los bestimmt.

(5) Stirbt ein Ausschussmitglied, tritt es zurück oder kann es aus irgendeinem anderen Grund seine Aufgaben im Ausschuss nicht mehr wahrnehmen, so ernennt der Vertragsstaat, der es vorgeschlagen hat, in Übereinstimmung mit den in Absatz 1 bezeichneten Kriterien eine andere Kandidatin oder einen anderen Kandidaten seiner Staatsangehörigkeit, die beziehungsweise der dem Ausschuss während der restlichen Amtszeit vorbehaltlich der Zustimmung der Mehrheit der Vertragsstaaten angehört. Diese Zustimmung gilt als erteilt, sofern sich nicht mindestens die Hälfte der Vertragsstaaten binnen sechs Wochen, nachdem sie vom Generalsekretär der Vereinten Nationen von der vorgeschlagenen Ernennung unterrichtet wurde, dagegen ausspricht.

(6) Der Ausschuss gibt sich eine Geschäftsordnung.[1]

(7) Der Generalsekretär der Vereinten Nationen stellt dem Ausschuss die Mittel, das Personal und die Einrichtungen zur Verfügung, die dieser zur wirksamen Durchführung der ihm obliegenden Aufgaben benötigt. Der Generalsekretär der Vereinten Nationen beruft die erste Sitzung des Ausschusses ein.

(8) Die Mitglieder des Ausschusses haben Anspruch auf die Erleichterungen, Vorrechte und Immunitäten, die in den einschlägigen Abschnitten des Übereinkommens über die Vorrechte und Immunitäten der Vereinten Nationen für die im Auftrag der Organisation der Vereinten Nationen tätigen Sachverständigen vorgesehen sind.

(9) Jeder Vertragsstaat verpflichtet sich, mit dem Ausschuss zusammenzuarbeiten und seine Mitglieder bei der Erfüllung ihres Mandats zu unterstützen, soweit er die Aufgaben des Ausschusses angenommen hat.

Art. 27. Eine Konferenz der Vertragsstaaten wird frühestens vier Jahre und spätestens sechs Jahre nach Inkrafttreten dieses Übereinkommens zu dem Zweck abgehalten, die Wirkungsweise des Ausschusses zu überprüfen und in Übereinstimmung mit dem in Artikel 44 Absatz 2 beschriebenen Verfahren zu entscheiden, ob es zweckdienlich ist, die Überprüfung dieses Übereinkommens in Übereinstimmung mit den in den Artikeln 28 bis 36 bezeichneten Aufgaben einer anderen Stelle zu übertragen, ohne dabei irgendeine Möglichkeit auszuschließen.

Art. 28. (1) Im Rahmen der dem Ausschuss nach diesem Übereinkommen übertragenen Befugnisse arbeitet dieser mit allen geeigneten Organen, Dienststellen, Sonderorganisationen und Fonds der Vereinten Nationen, den durch internationale Übereinkünfte errichteten Vertragsorganen, den Sonderverfahren der Vereinten Nationen, den einschlägigen regionalen zwischenstaatlichen Organisationen oder Einrichtungen sowie mit allen einschlägigen staatlichen Einrichtungen, Ämtern oder Dienststellen zusammen, die sich für den Schutz aller Personen vor dem Verschwindenlassen einsetzen.

(2) Bei der Wahrnehmung seines Mandats berät sich der Ausschuss mit anderen Vertragsorganen, die durch einschlägige internationale Menschenrechtsübereinkünfte errichtet worden sind, insbesondere mit dem durch den Internationalen Pakt über bürgerliche und politische Rechte errichteten Ausschuss für Menschenrechte, um die Einheitlichkeit ihrer jeweiligen Stellungnahmen und Empfehlungen zu gewährleisten.

Art. 29. (1) Jeder Vertragsstaat legt dem Ausschuss über den Generalsekretär der Vereinten Nationen innerhalb von zwei Jahren nach Inkrafttreten dieses Übereinkommens für den betreffenden Vertragsstaat einen Bericht über die Maßnahmen vor, die er zur Erfüllung seiner Verpflichtungen aus dem Übereinkommen getroffen hat.

(2) Der Generalsekretär der Vereinten Nationen stellt diesen Bericht allen Vertragsstaaten zur Verfügung.

---

[1] Siehe Nr. **20**.

(3) Der Ausschuss prüft jeden Bericht; er kann die ihm geeignet erscheinenden Bemerkungen, Stellungnahmen oder Empfehlungen dazu abgeben. Diese Bemerkungen, Stellungnahmen oder Empfehlungen werden dem betreffenden Vertragsstaat zugeleitet, der von sich aus oder auf Ersuchen des Ausschusses auf sie antworten kann.

(4) Der Ausschuss kann die Vertragsstaaten zudem um zusätzliche Angaben über die Durchführung dieses Übereinkommens ersuchen.

Art. 30. (1) Ein Antrag auf Suche und Auffindung einer verschwundenen Person kann beim Ausschuss in dringenden Fällen von den Verwandten einer verschwundenen Person, ihren gesetzlichen Vertretern, ihrem Rechtsbeistand oder jeder anderen von ihnen beauftragten Person sowie von jedem, der ein berechtigtes Interesse daran hat, eingereicht werden.[1]

(2) Ist der Ausschuss der Auffassung, dass ein nach Absatz 1 gestellter Antrag auf sofortige Maßnahmen
a) nicht offensichtlich unbegründet ist;
b) keinen Missbrauch des Rechts auf Einreichung eines solchen Antrags darstellt;
c) vorab den zuständigen Organen des betreffenden Vertragsstaats, wie den zu Ermittlungen befugten Behörden, ordnungsgemäß vorgelegt worden ist, sofern diese Möglichkeit besteht;
d) nicht unvereinbar mit den Bestimmungen dieses Übereinkommens ist und
e) dieselbe Sache nicht bereits in einem anderen internationalen Untersuchungs- oder Streitregelungsverfahren der gleichen Art geprüft wird,
so ersucht er den betreffenden Vertragsstaat um Angaben über die Situation der gesuchten Person innerhalb einer vom Ausschuss festgesetzten Frist.

(3) Unter Berücksichtigung der ihm vom betreffenden Vertragsstaat nach Absatz 2 mitgeteilten Angaben kann der Ausschuss dem Vertragsstaat Empfehlungen übermitteln, einschließlich eines Ersuchens, in dem dieser aufgefordert wird, alle erforderlichen Maßnahmen zu treffen, einschließlich vorläufiger Maßnahmen, um im Einklang mit diesem Übereinkommen den Aufenthaltsort der Person ausfindig zu machen, sie zu schützen und den Ausschuss innerhalb einer bestimmten Frist über die Maßnahmen zu unterrichten, wobei die Dringlichkeit der Situation zu berücksichtigen ist. Der Ausschuss unterrichtet die Person, die den Antrag auf sofortige Maßnahmen gestellt hat, über seine Empfehlungen und die Angaben, die ihm vom Vertragsstaat mitgeteilt wurden, sobald diese verfügbar sind.

(4) Der Ausschuss setzt seine Bemühungen, mit dem betreffenden Vertragsstaat zusammenzuarbeiten, so lange fort, wie das Schicksal der gesuchten Person nicht aufgeklärt ist. Er hält die den Antrag stellende Person auf dem Laufenden.

Art. 31. (1) Ein Vertragsstaat kann bei der Ratifizierung dieses Übereinkommens oder zu jedem späteren Zeitpunkt erklären, dass er die Zuständigkeit des Ausschusses zur Entgegennahme und Prüfung von Mitteilungen einzelner Personen oder im Namen einzelner Personen anerkennt, die der

---

[1] Die Anträge sind zu richten an: (brieflich) Petitions and Inquiries Section, Office of the High Commissioner for Human Rights, United Nations Office at Geneva, CH-1211 Genève 10; (E-Mail) petitions@ohchr.org.

Hoheitsgewalt des betreffenden Staates unterstehen und die geltend machen, Opfer einer Verletzung dieses Übereinkommens durch einen Vertragsstaat zu sein.[1] Der Ausschuss nimmt keine Mitteilung entgegen, die einen Vertragsstaat betrifft, der keine derartige Erklärung abgegeben hat.

(2) Der Ausschuss erklärt jede Mitteilung für unzulässig, wenn
a) sie anonym ist;
b) sie einen Missbrauch des Rechts auf Einreichung solcher Mitteilungen darstellt oder mit den Bestimmungen dieses Übereinkommens unvereinbar ist;
c) dieselbe Sache bereits in einem anderen internationalen Untersuchungs- oder Streitregelungsverfahren der gleichen Art geprüft wird oder
d) nicht alle wirksamen zur Verfügung stehenden innerstaatlichen Rechtsbehelfe erschöpft sind. Dies gilt nicht, wenn die Anwendung der Rechtsbehelfe unangemessen lange dauert.

(3) Ist der Ausschuss der Auffassung, dass die Mitteilung die in Absatz 2 bezeichneten Voraussetzungen erfüllt, so übermittelt er die Mitteilung dem betreffenden Vertragsstaat mit der Bitte, innerhalb der von ihm festgesetzten Frist seine Stellungnahmen und Bemerkungen vorzulegen.

(4) Der Ausschuss kann jederzeit nach Eingang einer Mitteilung und bevor eine Entscheidung in der Sache selbst getroffen worden ist, dem betreffenden Vertragsstaat ein Gesuch zur sofortigen Prüfung übermitteln, in dem er aufgefordert wird, die vorläufigen Maßnahmen zu treffen, die gegebenenfalls erforderlich sind, um einen möglichen, nicht wiedergutzumachenden Schaden für die Opfer der behaupteten Verletzung abzuwenden. Übt der Ausschuss sein Ermessen aus, so bedeutet das keine Entscheidung über die Zulässigkeit oder in der Sache selbst.

(5) Der Ausschuss berät über Mitteilungen aufgrund dieses Artikels in nicht öffentlicher Sitzung. Er unterrichtet den Verfasser der Mitteilung über die Antworten des betreffenden Vertragsstaats. Sobald der Ausschuss beschließt, das Verfahren zu beenden, teilt er dem Vertragsstaat und dem Verfasser der Mitteilung seine Auffassungen mit.

Art. 32. Ein Vertragsstaat dieses Übereinkommens kann jederzeit erklären, dass er die Zuständigkeit des Ausschusses zur Entgegennahme und Prüfung von Mitteilungen anerkennt, in denen ein Vertragsstaat geltend macht, ein anderer Vertragsstaat komme seinen Verpflichtungen aus dem Übereinkommen nicht nach.[2] Der Ausschuss nimmt keine Mitteilungen entgegen, die einen Vertragsstaat betreffen, der keine derartige Erklärung abgegeben hat, und auch keine Mitteilungen von einem Vertragsstaat, der keine derartige Erklärung abgegeben hat.

Art. 33. (1) Erhält der Ausschuss zuverlässige Informationen, die darauf hinweisen, dass ein Vertragsstaat die Bestimmungen dieses Übereinkommens in schwerwiegender Weise verletzt, so kann er nach Konsultation des betreffen-

---

[1] Eine entsprechende Erklärung haben u. a. Deutschland, Österreich und die Schweiz abgegeben. Die Mitteilungen sind zu richten an: (brieflich) Petitions and Inquiries Section, Office of the High Commissioner for Human Rights, United Nations Office at Geneva, CH-1211 Genève 10; (E-Mail) petitions@ohchr.org.
[2] Eine entsprechende Erklärung haben u. a. Deutschland, Österreich und die Schweiz abgegeben.

den Vertragsstaats eines oder mehrere seiner Mitglieder auffordern, einen Besuch durchzuführen und ihm unverzüglich zu berichten.

(2) Der Ausschuss setzt den betreffenden Vertragsstaat schriftlich von seiner Absicht, einen Besuch durchzuführen, in Kenntnis und gibt die Zusammensetzung und den Zweck des Besuchs an. Der Vertragsstaat antwortet dem Ausschuss innerhalb einer angemessenen Frist.

(3) Auf begründeten Antrag des Vertragsstaats kann der Ausschuss beschließen, seinen Besuch zu verschieben oder abzusagen.

(4) Stimmt der Vertragsstaat dem Besuch zu, so arbeiten der Ausschuss und der betreffende Vertragsstaat zusammen, um die Modalitäten des Besuchs festzulegen, und der Vertragsstaat stellt dem Ausschuss alles zur erfolgreichen Durchführung des Besuchs Erforderliche zur Verfügung.

(5) Nach dem Besuch übermittelt der Ausschuss dem betreffenden Vertragsstaat seine Stellungnahmen und Empfehlungen.

Art. 34. Erhält der Ausschuss Informationen, die nach seiner Meinung wohlbegründete Hinweise darauf enthalten, dass es in dem Gebiet, über das ein Vertragsstaat die Hoheitsgewalt ausübt, eine ausgedehnte oder systematische Praxis des Verschwindenlassens gibt, so kann er, nachdem er von dem betreffenden Vertragsstaat alle einschlägigen Informationen eingeholt hat, der Generalversammlung der Vereinten Nationen über den Generalsekretär der Vereinten Nationen die Angelegenheit als dringlich zur Kenntnis bringen.

Art. 35. (1) Der Ausschuss ist nur zuständig für Fälle von Verschwindenlassen, die nach Inkrafttreten dieses Übereinkommens begonnen haben.

(2) Wird ein Staat nach Inkrafttreten dieses Übereinkommens dessen Vertragspartei, so betreffen seine Verpflichtungen gegenüber dem Ausschuss nur Fälle von Verschwindenlassen, die nach Inkrafttreten des Übereinkommens für den betreffenden Staat begonnen haben.

Art. 36. (1) Der Ausschuss legt den Vertragsstaaten und der Generalversammlung der Vereinten Nationen einen Jahresbericht über seine Tätigkeit aufgrund dieses Übereinkommens vor.

(2) Bevor eine Stellungnahme über einen Vertragsstaat im Jahresbericht veröffentlicht wird, ist dieser Vertragsstaat vorab darüber zu unterrichten und ihm eine angemessene Frist einzuräumen, in der er darauf reagieren kann. Der Vertragsstaat kann die Veröffentlichung seiner Bemerkungen oder Stellungnahmen in dem Bericht beantragen.

Teil III

Art. 37. Dieses Übereinkommen lässt zum Schutz von Personen vor dem Verschwindenlassen besser geeignete Bestimmungen unberührt, die enthalten sind
a) in den Rechtsvorschriften eines Vertragsstaats oder
b) im für diesen Staat geltenden Völkerrecht.

Art. 38. (1) Dieses Übereinkommen liegt für alle Mitgliedstaaten der Vereinten Nationen zur Unterzeichnung auf.

(2) Dieses Übereinkommen bedarf der Ratifikation durch alle Mitgliedstaaten der Vereinten Nationen. Die Ratifikationsurkunden werden beim Generalsekretär der Vereinten Nationen hinterlegt.

(3) Dieses Übereinkommen steht allen Mitgliedstaaten der Vereinten Nationen zum Beitritt offen. Der Beitritt erfolgt durch Hinterlegung der Beitrittsurkunde beim Generalsekretär der Vereinten Nationen.

Art. 39. (1) Dieses Übereinkommen tritt am dreißigsten Tag nach Hinterlegung der zwanzigsten Ratifikations- oder Beitrittsurkunde beim Generalsekretär der Vereinten Nationen in Kraft.

(2) Für jeden Staat, der nach Hinterlegung der zwanzigsten Ratifikations- oder Beitrittsurkunde dieses Übereinkommen ratifiziert oder ihm beitritt, tritt es am dreißigsten Tag nach Hinterlegung der Ratifikations- oder Beitrittsurkunde dieses Staates in Kraft.

Art. 40. Der Generalsekretär der Vereinten Nationen notifiziert allen Mitgliedstaaten der Vereinten Nationen und allen Staaten, die dieses Übereinkommen unterzeichnet haben oder ihm beigetreten sind,
a) die eingegangenen Unterzeichnungen, Ratifikationen und Beitritte nach Artikel 38;
b) den Zeitpunkt des Inkrafttretens dieses Übereinkommens nach Artikel 39.

Art. 41. Die Bestimmungen dieses Übereinkommens gelten ohne Einschränkung oder Ausnahme für alle Teile eines Bundesstaats.

Art. 42. (1) Jede Streitigkeit zwischen zwei oder mehr Vertragsstaaten über die Auslegung oder Anwendung dieses Übereinkommens, die nicht durch Verhandlungen oder die in diesem Übereinkommen ausdrücklich vorgesehenen Verfahren beigelegt werden kann, ist auf Verlangen eines dieser Staaten einem Schiedsverfahren zu unterwerfen. Können sich die Parteien binnen sechs Monaten nach dem Zeitpunkt, zu dem das Schiedsverfahren verlangt worden ist, über seine Ausgestaltung nicht einigen, so kann jede dieser Parteien die Streitigkeit dem Internationalen Gerichtshof unterbreiten, indem sie einen seinem Statut entsprechenden Antrag stellt.

(2) Ein Staat kann bei der Unterzeichnung oder der Ratifikation dieses Übereinkommens oder dem Beitritt zu diesem erklären, dass er sich durch Absatz 1 nicht als gebunden betrachtet. Die anderen Vertragsstaaten sind gegenüber einem Vertragsstaat, der einen solchen Vorbehalt gemacht hat, durch Absatz 1 nicht gebunden.

(3) Jeder Vertragsstaat, der eine Erklärung nach Absatz 2 abgegeben hat, kann diese Erklärung jederzeit durch eine an den Generalsekretär der Vereinten Nationen gerichtete Notifikation zurücknehmen.

Art. 43. Dieses Übereinkommen lässt die Bestimmungen des humanitären Völkerrechts einschließlich der Verpflichtungen der Hohen Vertragsparteien aus den vier Genfer Abkommen vom 12. August 1949 und ihren zwei Zusatzprotokollen vom 8. Juni 1977 sowie die Möglichkeit jedes Vertragsstaats, dem Internationalen Komitee vom Roten Kreuz in Situationen, die nicht vom humanitären Völkerrecht erfasst werden, den Besuch an Orten der Freiheitsentziehung zu gestatten, unberührt.

Art. 44. (1) Jeder Vertragsstaat dieses Übereinkommens kann eine Änderung vorschlagen und sie beim Generalsekretär der Vereinten Nationen einreichen. Der Generalsekretär übermittelt sodann den Änderungsvorschlag den Vertragsstaaten dieses Übereinkommens mit der Aufforderung, ihm mitzuteilen, ob sie eine Konferenz der Vertragsstaaten zur Beratung und Abstimmung über den Vorschlag befürworten. Befürwortet innerhalb von vier Monaten nach dem Datum der Übermittlung wenigstens ein Drittel der Vertragsstaaten eine solche Konferenz, so beruft der Generalsekretär die Konferenz unter der Schirmherrschaft der Vereinten Nationen ein.

(2) Jede Änderung, die mit Zweidrittelmehrheit der auf der Konferenz anwesenden und abstimmenden Vertragsstaaten beschlossen wird, wird vom Generalsekretär der Vereinten Nationen allen Vertragsstaaten zur Annahme vorgelegt.

(3) Eine nach Absatz 2 beschlossene Änderung tritt in Kraft, wenn zwei Drittel der Vertragsstaaten dieses Übereinkommens sie nach Maßgabe der in ihrer Verfassung vorgesehenen Verfahren angenommen haben.

(4) Treten die Änderungen in Kraft, so sind sie für die Vertragsstaaten, die sie angenommen haben, verbindlich, während für die anderen Vertragsstaaten weiterhin die Bestimmungen dieses Übereinkommens und alle früher von ihnen angenommenen Änderungen gelten.

Art. 45. (1) Dieses Übereinkommen, dessen arabischer, chinesischer, englischer, französischer, russischer und spanischer Wortlaut gleichermaßen verbindlich ist, wird beim Generalsekretär der Vereinten Nationen hinterlegt.

(2) Der Generalsekretär der Vereinten Nationen übermittelt allen in Artikel 38 bezeichneten Staaten beglaubigte Abschriften dieses Übereinkommens.

20. Verfahrensordnung des Ausschusses gegen das Verschwindenlassen[1] · [2]

Vom März 2012

(Auszug)

(Übersetzung)

Erster Teil: Allgemeine Vorschriften

*Der Erste Teil mit den Abschnitten I. Tagungen (Art. 1 bis 5), II. Tagesordnung (Art. 6 bis 9), III. Ausschussmitglieder (Art. 10 bis 14), IV. Vorstand (Art. 15 bis 19), V. Sekretariat (Art. 20 bis 22), VI. Sprachen (Art. 23 bis 25), VII. Sitzungsprotokolle (Art. 26), VIII. Verfahren (Art. 27 bis 29), IX. Abstimmungen (Art. 30 bis 37), X. Wahlen (Art. 38 bis 40), XI. Nebenorgane (Art. 41), XII. Jahresbericht (Art. 42) und XIII. Verteilung von Berichten und Dokumenten (Art. 43) stimmt inhaltlich im Wesentlichen mit der Verfahrensordnung des Menschenrechtsausschusses (**Nr. 12**) überein, so dass hier auf den Abdruck verzichtet werden kann. Inhaltliche Abweichungen gibt es bei folgenden Regelungen (die Angaben der Artikel beziehen sich auf die Verfahrensordnung des Ausschusses gegen das Verschwindenlassen):*

*1. Die ordentlichen Tagungen finden nur einmal im Jahr mit Genehmigung der Generalversammlung und nach Abstimmung mit dem Generalsekretär statt (Art. 2); 2. der Ausschuss besteht nur aus zehn Mitgliedern, die unabhängig und unparteiisch sein müssen (Art. 10); 3. die Abberufung von amtsunfähigen Mitgliedern und die Wiederbesetzung verwaister Sitze ist abweichend geregelt (Art. 13 f.); 4. bei der Wahl der Vorstandsmitglieder ist auf eine gleichmäßige geografische Verteilung und ein ausgewogenes Verhältnis von Männern und Frauen zu achten (Art. 15); 5. der Vorsitzende ist befugt, zwischen den Tagungen im Namen des Ausschusses Maßnahmen zu ergreifen, um die Einhaltung des Übereinkommens zu fördern (Art. 17); 6. soweit möglich gehört auch Chinesisch zu den Arbeitssprachen (Art. 23); 7. alle Dokumente sind in allen offiziellen Sprachen bereitzustellen (Art. 25); 8. das Quorum beträgt sechs Mitglieder (Art. 28); 9. bei der Beschlussfassung ist Konsens anzustreben (Art. 31); 10. das Wahlverfahren ist abweichend geregelt (Art. 38 bis 40); 11. der Jahresbericht wird neben der Generalversammlung auch den Vertragsstaaten übermittelt (Art. 42). Im Übrigen ist die Reihenfolge der Artikel mitunter umgestellt, in wenigen Fällen sind sie auch anders gegliedert. Daraus ergeben sich zum Teil Abweichungen in der Nummerierung der einzelnen Artikel. Der Erste Teil der Verfahrensordnung ist zudem ergänzt um die Abschnitte XIV. Zusammenarbeit und Teilhabe und XV. Informationen und Dokumente, die mit ihren Art. 44 bis 46 die Beteiligung Externer an den Beratungen des Ausschusses entsprechend dem Art. 63 der Verfahrensordnung des Ausschusses gegen Folter (**Nr. 28a**) regeln, jedoch mit der Maßgabe, dass die genannten Stellen um – in der Regel zu veröffentlichende – Informationen und Dokumente zu ersuchen sind.*

---

[1] Internationale Quelle: UN Doc. CED/C/1.
[2] Eigene Übersetzung.

Zweiter Teil: Bestimmungen im Zusammenhang mit den Aufgaben des Ausschusses

XVI. Interessenkonflikte

Art. 47 regelt die obligatorische Nichtbeteiligung und Abwesenheit von Ausschussmitgliedern im Fall von Interessenkonflikten entsprechend Art. 73 der Verfahrensordnung des Ausschusses gegen Folter **(Nr. 28a)**.

XVII. Berichte der Vertragsstaaten nach Art. 29 des Übereinkommens

Das in den Art. 48 bis 54 geregelte Staatenberichtsverfahren entspricht weitgehend dem des Menschenrechtsausschusses (Nr. **12**, *Art. 66 bis 72), mit der Maßgabe, dass nach Art. 29 des Übereinkommens* **(Nr. 19)** *lediglich ein Bericht innerhalb von zwei Jahren nach Inkrafttreten des Übereinkommens für einen Vertragsstaat fällig ist; weitere Berichte sind nur auf Anforderung durch den Ausschuss zu erstatten (Art. 49). Unterlässt es ein Vertragsstaat, den Bericht vorzulegen, stützt sich der Ausschuss bei seiner Prüfung auf „alternative Berichte" und Informationen, die er über den Generalsekretär von anderen Menschenrechtsinstitutionen, Nichtregierungsorganisationen, Vereinigungen von Opferfamilien, anderen Organisationen der Zivilgesellschaft und einzelnen Experten erhält (Art. 52). Die Abschließenden Bemerkungen werden neben dem Jahresbericht auch auf der Internetseite des Hohen Kommissars für Menschenrechte der Vereinten Nationen veröffentlicht (Art. 53). Weiterhin ist eine Nachprüfung entsprechend Art. 72 der Verfahrensordnung des Ausschusses gegen Folter* **(Nr. 28a)** *vorgesehen, zusätzlich kann der Ausschuss bestimmte Informationen von dem Vertragsstaat nachfordern (Art. 54).*

XVIII. Tage allgemeiner Aussprache

Art. 55 Tage allgemeiner Aussprache über das Übereinkommen.
(1) Um das Verständnis für den Inhalt und die Auswirkungen des Übereinkommens zu vertiefen, kann der Ausschuss eine oder mehrere Sitzungen seiner ordentlichen Tagungen der allgemeinen Aussprache über einen oder mehrere Artikel des Übereinkommens oder ein damit zusammenhängendes Thema widmen.

(2) Der Ausschuss kann über den Generalsekretär Vertreter von Staaten, der Menschenrechtsmechanismen, Sonderverfahren, Organe und besonderen Einrichtungen der Vereinten Nationen, der nationalen Menschenrechtsinstitutionen und der Nichtregierungsorganisationen wie auch einzelne Experten und Opfer einladen, sich an der Aussprache zu beteiligen.

XIX. Allgemeine Bemerkungen

Art. 56 Allgemeine Bemerkungen zur Konvention. (1) Der Ausschuss kann Allgemeine Bemerkungen zu den Bestimmungen des Übereinkommens im Hinblick darauf ausarbeiten und beschließen, deren Anwendung zu fördern und die Vertragsstaaten bei der Erfüllung ihrer Verpflichtungen zu unterstützen.

(2) Soweit dies zweckmäßig ist, kann der Ausschuss vor der endgültigen Festlegung des Textes die Entwürfe für Allgemeine Bemerkungen den Menschenrechtsmechanismen, Sonderverfahren, Organen und besonderen Einrichtungen der Vereinten Nationen, den nationalen Menschenrechtsinstitutionen, Nichtregierungsorganisationen wie auch einzelnen Experten zur Stellungnahme übermitteln.

(3) Der Ausschuss nimmt die Allgemeinen Bemerkungen in seinen Jahresbericht auf.

XX. Sofortmaßnahmen nach Artikel 30 des Übereinkommens

Art. 57 Berichterstatter für Sofortmaßnahmen. Zur Unterstützung bei der Ausübung seines Mandats nach Artikel 30 des Übereinkommens, insbesondere um sich beim Antragsteller für eine Sofortmaßnahme um Klärungen zu bemühen, um vom Vertragsstaat Auskünfte über die Situation der gesuchten Person anzufordern und erforderlichenfalls Sofort- oder Schutzmaßnahmen zu ergreifen sowie um dem Ausschuss Vorschläge zu unterbreiten, kann der Ausschuss eines oder mehrere seiner Mitglieder zu(m) Berichterstatter(n) bestimmen.

Art. 58 Übermittlung von Anträgen an den Ausschuss. (1) Der Generalsekretär bringt dem Ausschuss gemäß dieser Verfahrensordnung Anträge auf Sofortmaßnahmen zur Kenntnis, die nach Artikel 30 des Übereinkommens zur Prüfung durch den Ausschuss eingereicht wurden oder bei denen es den Anschein hat, dass sie zu diesem Zweck eingereicht wurden.

(2) Der Ausschuss kann den oder die Antragsteller um Klarstellung ersuchen, ob der Antrag zwecks Prüfung nach Artikel 30 des Übereinkommens eingereicht wurde.

(3) Der Ausschuss vergewissert sich bei einem ihm als dringliche Angelegenheit unterbreiteten Antrag, eine verschwundene Person zu suchen und zu finden, ob ein Fall des Verschwindenlassens hinreichend belegt und eindeutig bezeichnet ist.

Art. 59 Verzeichnis und Liste der Anträge. (1) Der Generalsekretär führt ein Register aller zur Prüfung durch den Ausschuss nach Artikel 30 eingereichten Anträge.

(2) Der Generalsekretär erstellt eine Liste der beim Ausschuss registrierten Anträge auf Sofortmaßnahmen samt einer kurzen Zusammenfassung ihres Inhalts. Der volle Wortlaut jedes derartigen Antrags kann jedem Ausschussmitglied auf dessen Ersuchen in der Sprache der Antragstellung zur Verfügung gestellt werden.

(3) Der Generalsekretär unterhält eine Datenbank mit allen sachdienlichen Informationen bezüglich eines jeden Antrags, der zur Prüfung durch den Ausschuss eingereicht wurde.

Art. 60 Anforderung von Klarstellungen oder zusätzlichen Auskünften. Der Generalsekretär kann vom Antragsteller notwendige Klarstellungen namentlich bezüglich der Identität der verschwundenen Person, des Zeitpunkts und der Umstände des Verschwindens, der Glaubwürdigkeit der Quelle und des Einverständnisses oder des berechtigten Interesses zur Einreichung des Antrags anfordern.

Art. 61 Antragsteller. Ein Antrag auf Suche und Auffindung einer verschwundenen Person kann beim Ausschuss von Verwandten der verschwundenen Person, ihren gesetzlichen Vertretern, ihrem Rechtsbeistand oder jeder von ihr beauftragten Person sowie von jedem, der ein berechtigtes Interesse daran hat, eingereicht werden.

Art. 62 Verfahrensgang betreffend eingereichter Anträge. (1) Sobald wie möglich nach Eingang eines Antrags auf Sofortmaßnahmen und sofern der gemäß Artikel 30 Absatz 1 des Übereinkommens eingereichte Antrag auf Sofortmaßnahmen nach Auffassung des Ausschusses
a) nicht offensichtlich unbegründet ist;
b) keinen Missbrauch des Rechts auf Einreichung solcher Anträge darstellt;
c) vorab den zuständigen Stellen des betreffenden Vertragsstaats, wie den zu Ermittlungen befugten Behörden, ordnungsgemäß vorgelegt worden ist, sofern diese Möglichkeit besteht;
d) nicht unvereinbar mit den Bestimmungen des Übereinkommens ist;
e) dieselbe Sache nicht bereits in einem anderen internationalen Untersuchungs- oder Streitregelungsverfahren gleicher Art geprüft wird,
ersucht der Ausschuss den betreffenden Vertragsstaat um Ermittlungen zur Aufklärung des Schicksals und des Aufenthaltsorts der verschwundenen Person und um Angaben über die Situation der gesuchten Person binnen einer vom Ausschuss festgesetzten Frist.

(2) In Beantwortung eines solchen Ersuchens hat der Vertragsstaat dem Ausschuss alle schriftlichen Erklärungen, Stellungnahmen und Dokumente vorzulegen, die helfen können, das Schicksal und den Aufenthaltsort der verschwundenen Person aufzuklären, wie auch Angaben zu den vom Vertragsstaat durchgeführten Ermittlungen zu machen.

(3) Der Ausschuss setzt seine Bemühungen der Zusammenarbeit mit dem betreffenden Vertragsstaat so lange fort, wie das Schicksal der gesuchten Person ungeklärt ist, etwa indem der Vertragsstaat ersucht wird, genauere Angaben zur Verfügung zu stellen oder weitere bestimmte Maßnahmen bei der Suche nach der verschwundenen Person zu ergreifen.

Art. 63 Übermittlung von Empfehlungen. (1) Unter Berücksichtigung der ihm vom betreffenden Vertragsstaat gemäß Artikel 30 Absatz 2 des Übereinkommens mitgeteilten Angaben kann der Ausschuss dem Vertragsstaat Empfehlungen übermitteln einschließlich eines Ersuchens um Ergreifung aller notwendigen, einschließlich vorläufiger Maßnahmen durch den Vertragsstaat, um im Einklang mit dem Übereinkommen den Aufenthaltsort der verschwundenen Person ausfindig zu machen, sie zu schützen und den Ausschuss innerhalb einer bestimmten Frist über die getroffenen Maßnahmen zu unterrichten, wobei die Dringlichkeit der Situation zu berücksichtigen ist. Sofern der Vertragsstaat dem Ersuchen des Ausschusses nach Artikel 30 Absatz 2 des Übereinkommens nicht nachkommt, kann der Ausschuss weitere Empfehlungen abgeben oder Ersuchen an den Vertragsstaat richten.

(2) Der Ausschuss übermittelt jeden Fall von Einschüchterung, Verfolgung und Vergeltungsmaßnahmen gegenüber Verwandten der verschwundenen Person, Zeugen des Verschwindenlassens und ihrer Familien, Mitgliedern der Verbände von Opferfamilien und anderen Nichtregierungsorganisationen, Menschenrechtsverteidigern und mit dem Verschwindenlassen befassten Personen den zuständigen staatlichen Stellen mit dem Ersuchen, Maßnahmen zum Schutz aller betroffenen Personen zu ergreifen.

Art. 64 Benachrichtigung des Antragstellers für eine Sofortmaßnahme. Der Ausschuss unterrichtet die Person, die den Antrag auf sofortige Maßnahmen gestellt hat, über die an den betreffenden Vertragsstaat gerichteten Empfehlungen und die Stellungnahmen hierzu sowie über alle vom Vertragsstaat übermittelten Auskünfte, sobald diese verfügbar sind.

XXI. Verfahren zur Prüfung von gemäß Artikel 31 eingegangenen Mitteilungen

*Das in Art. 65 bis 80 geregelte Individualbeschwerdeverfahren entspricht im Wesentlichem dem des Ausschusses für wirtschaftliche, soziale und kulturelle Rechte nach der Verfahrensordnung gemäß dem Fakultativprotoll (**Nr. 15b**, Art. 1 bis 20), die Frist zur Stellungnahme des betreffenden Vertragsstaates ist in Art. 73 jedoch auf vier Monate verkürzt und Schutzmaßnahmen zugunsten von Beschwerdeführern sind nicht vorgesehen.*

XXII. Verfahren der Staatenbeschwerde nach Artikel 32 des Übereinkommens

Das in Art. 81 bis 87 geregelte Verfahren gleicht weitgehend dem entsprechenden Verfahren des Menschenrechtsausschusses (Nr. 12, Art. 74 bis 83) mit folgenden Abweichungen: 1. die Anforderungen an den Inhalt der Staatenbeschwerde sind abweichend geregelt (Art. 81); 2. es fehlen Bestimmungen über die Durchführung des Verfahrens (Anwesenheit der beteiligten Staaten, Öffentlichkeit, Sitzungsberichte); 3. die Zulässigkeit der Beschwerde ist lediglich von der Unterwerfung der beteiligten Staaten unter das Staatenbeschwerdeverfahren nach Art. 32 des Übereinkommens abhängig (Art. 84); 4. der Abschlussbericht über die einzelnen Verfahren ist fakultativ und ist in seinem Inhalt unterschiedlich, je nachdem ob eine gütliche Einigung erzielt wurde oder nicht (Art. 87).

XXIII. Besuche nach Artikel 33 des Übereinkommens

Die Art. 88 bis 99 regeln das Untersuchungsverfahren ähnlich wie das entsprechende Verfahren des Ausschusses zur Beseitigung der Diskriminierung der Frau (Nr. 41, Art. 77 bis 91), jedoch mit einigen im Übereinkommen angelegten Abweichungen:

1. das Verfahren ist für die Vertragsstaaten obligatorisch, einer zusätzlichen Unterwerfungserklärung bedarf es nicht; 2. zur Auslösung des Verfahrens genügen schwerwiegende Verletzungen des Übereinkommens (Art. 91 und 92); 3. Regelungen über die Vertraulichkeit und Nichtöffentlichkeit der Sitzungen fehlen; 4. Besuche setzen nicht die Zustimmung des bestreffenden Staates voraus, der auch nicht in die Festlegung der Bedingungen für Anhörungen und der Garantien für die angehörten Personen einbezogen wird; es soll lediglich die Zustimmung des Staaten gesucht werden (Art. 93 bis 95); 5. der Ausschuss setzt eine Frist für die Stellungnahme des Staates zu den Untersuchungsergebnissen (Art. 97).

XXIV. Mechanismus gemäß Artikel 34 des Übereinkommens zur Behandlung von Fällen weitverbreiteten oder systematischen Verschwindenlassens

Art. 100 Übermittlung von Informationen an den Ausschuss. (1) Im Einklang mit dieser Verfahrensordnung bringt der Generalsekretär gemäß Artikel 34 des Übereinkommens dem Ausschuss bei ihm eingegangene Informationen zur Kenntnis, die wohlbegründete Hinweise darauf enthalten oder zu enthalten scheinen, dass es in Gebiet, über das ein Vertragsstaat die Hoheitsgewalt ausübt, eine ausgedehnte oder systematische Praxis des Verschwindenlassens gibt.

(2) Der Ausschuss ersucht den betreffenden Vertragsstaat um alle einschlägigen Informationen zur Sachlage, um sich vordringlich Vorfällen des Verschwindenlassens zuzuwenden, die nach seiner Auffassung eine ausgedehnte und systematische Praxis auf dem Gebiet unter der Hoheitsgewalt eines Vertragsstaats darstellen.

Art. 101 Verzeichnis der Informationen. Der Generalsekretär führt ein ständiges Register über Informationen, die dem Ausschuss gemäß Art. 100 dieser Verfahrensordnung zur Kenntnis gebracht wurden, und er stellt die Informationen jedem Ausschussmitglied auf dessen Ersuchen in der Originalsprache zur Verfügung.

Art. 102 Zusammenfassung der Information. Soweit erforderlich erstellt der Generalsekretär eine kurze Zusammenfassung der gemäß Artikel 100 dieser Verfahrensordnung eingereichten Informationen und gibt sie an die Ausschussmitglieder weiter.

Art. 103 Übermittlung der Information an die Generalversammlung. (1) Unter Berücksichtigung etwaiger Stellungnahmen des betreffenden Vertragsstaats kann der Ausschuss in Beratungen eintreten und andere notwendige Maßnahmen ergreifen, um eine Entscheidung darüber zu treffen, ob die Sache dringlich über den Generalsekretär der Generalversammlung zur Kenntnis gebracht werden soll.

(2) Über den Generalsekretär teilt der Ausschuss dem betreffenden Vertragsstaat schriftlich mit, dass die Sache der Generalversammlung zur Kenntnis gebracht wurde, damit sich diese der Angelegenheit annimmt.

Abschnitt XXV (Pressemitteilungen) und der Dritte Teil (Interpretationsbestimmungen) regeln in Art. 104 die Herausgabe von Pressemitteilungen bzw. Art. 105 die Annahme der Verfahrensordnung sowie etwaiger Änderungen entsprechend Art. 97 bzw. 99 der Verfahrensordnung des Ausschusses gegen Rassendiskriminierung (Nr. 38).

21. Übereinkommen betreffend die Sklaverei[1)]

Vom 25. September 1926

in der Fassung des Änderungsprotokolls vom 7. Dezember 1953

(BGBl. 1972 II S. 1473)

(Übersetzung)

Albanien, Deutschland, Österreich, Belgien, das Britische Reich, Kanada, der Commonwealth von Australien, die Südafrikanische Union, das Dominium von Neu-Seeland und Indien, Bulgarien, China, Kolumbien, Kuba, Dänemark, Spanien, Estland, Abessinien, Finnland, Frankreich, Griechenland, Italien, Lettland, Liberia, Litauen, Norwegen, Panama, die Niederlande, Persien, Polen, Portugal, Rumänien, das Königreich der Serben, Kroaten und Slowenen, Schweden, die Tschechoslowakei und Uruguay,

in der Erwägung, daß die Unterzeichner der Generalakte der Brüsseler Konferenz von 1889 bis 90 gleicherweise erklärt haben, von der festen Absicht beseelt zu sein, dem Sklavenhandel in Afrika ein Ende zu bereiten;

in der Erwägung, daß die Unterzeichner des Übereinkommens von St. Germain-en-Laye vom Jahre 1919, betreffend die Änderung der Berliner Generalakte von 1885 und der Generalakte der Brüsseler Erklärung von 1890, der Absicht Ausdruck verliehen haben, die vollständige Unterdrückung der Sklaverei in allen ihren Formen und des Sklavenhandels zu Lande und zur See zu verwirklichen;

in Berücksichtigung des Berichtes der vom Völkerbundsrate am 12. Juni 1924 ernannten zeitweiligen Sklavereikommission;

von dem Wunsche geleitet, die dank der Brüsseler Akte geleistete Arbeit zu vervollständigen und zu entwickeln, und ein Mittel zu finden, um den von den Unterzeichnern des Übereinkommens von St. Germain-en-Laye hinsichtlich des Sklavenhandels und der Sklaverei ausgesprochenen Absichten in der ganzen Welt zur Verwirklichung zu verhelfen, und in der Erkenntnis der Notwendigkeit, zu diesem Zwecke eingehendere Abmachungen zu treffen als die in jenem Übereinkommen enthaltenen;

in der Erwägung schließlich, daß es notwendig ist, zu verhindern, daß die Zwangsarbeit der Sklaverei ähnliche Zustände herbeiführe;

haben beschlossen, ein Übereinkommen abzuschließen und zu diesem Zwecke zu Bevollmächtigten bestellt: ...

die nach Vorweisung ihrer Vollmachten folgende Bestimmungen vereinbart haben:

Art. 1. Für die Zwecke des vorliegenden Übereinkommens besteht Einverständnis über folgende Begriffsbestimmungen:

1. Sklaverei ist der Zustand oder die Stellung einer Person, an der die mit dem Eigentumsrechte verbundenen Befugnisse oder einzelne davon ausgeübt werden.

[1)] Internationale Quelle: UNTS Bd. 212, S. 17.

2. Sklavenhandel umfaßt jeden Akt der Festnahme, des Erwerbes und der Abtretung einer Person, in der Absicht, sie in den Zustand der Sklaverei zu versetzen; jede Handlung zum Erwerb eines Sklaven, in der Absicht, ihn zu verkaufen oder zu vertauschen; jede Handlung zur Abtretung eines zum Verkauf oder Tausch erworbenen Sklaven durch Verkauf oder Tausch und überhaupt jede Handlung des Handels mit Sklaven oder der Beförderung von Sklaven.

Art. 2. Soweit die Hohen Vertragschließenden Teile die erforderlichen Maßnahmen nicht bereits getroffen haben, verpflichten sie sich, jeder für die seiner Staatshoheit, seiner Gerichtsbarkeit, seinem Schutze, seiner Oberherrlichkeit oder seiner Vormundschaft unterstellten Gebiete:
a) den Sklavenhandel zu verhindern und zu unterdrücken;
b) in zunehmendem Maße und sobald als möglich auf die vollständige Abschaffung der Sklaverei in allen ihren Formen hinzuarbeiten.

Art. 3. Die Hohen Vertragschließenden Teile verpflichten sich, alle zweckmäßigen Maßnahmen zu treffen, um die Ein- und Ausschiffung und die Beförderung von Sklaven in ihren Hoheitsgewässern sowie überhaupt auf allen Schiffen, die ihre Flagge führen, zu verhindern und zu unterdrücken.

Die Hohen Vertragschließenden Teile verpflichten sich, sobald als möglich über ein allgemeines Übereinkommen über den Sklavenhandel zu verhandeln, das ihnen Rechte verleiht und Pflichten auferlegt, die – vorbehaltlich der erforderlichen Abänderungen – gleicher Art sind wie die in dem Übereinkommen vom 17. Juni 1925, betreffend den internationalen Waffenhandel (Artikel 12, 20, 21, 22, 23, 24 und Paragraphen 3, 4 und 5 des Abschnittes II des Anhanges II), vorgesehenen. Es besteht Einverständnis darüber, daß dieses allgemeine Übereinkommen die Schiffe (selbst solche geringen Tonnengehaltes) keines der Hohen Vertragschließenden Teile anders stellen wird als die Schiffe der anderen Hohen Vertragschließenden Teile.

Ebenso besteht Einverständnis darüber, daß die Hohen Vertragschließenden Teile vor oder nach dem Inkrafttreten dieses allgemeinen Übereinkommens vollkommen frei sind, jedoch ohne von den im vorstehenden Absatz festgelegten Grundsätzen abzuweichen, unter sich Sondervereinbarungen zu treffen, die ihnen nach der Besonderheit ihrer Lage geeignet erscheinen, das vollständige Verschwinden des Sklavenhandels sobald als möglich herbeizuführen.

Art. 4. Die Hohen Vertragschließenden Teile werden einander bei der Abschaffung der Sklaverei und des Sklavenhandels unterstützen.

Art. 5. Die Hohen Vertragschließenden Teile erkennen an, daß die Anwendung der Zwangsarbeit oder der Arbeitspflicht ernste Folgen haben kann, und verpflichten sich, jeder für die seiner Staatshoheit, seiner Gerichtsbarkeit, seinem Schutze, seiner Oberherrlichkeit oder seiner Vormundschaft unterstellten Gebiete, durch zweckmäßige Maßnahmen zu verhüten, daß die Zwangsarbeit oder Arbeitspflicht der Sklaverei ähnliche Verhältnisse herbeiführt.

Es besteht Einverständnis darüber:
1. daß vorbehaltlich der nachstehend in Ziffer 2 enthaltenen Übergangsbestimmungen Zwangsarbeit oder Arbeitspflicht nur zu öffentlichen Zwecken verlangt werden kann,

2. daß die Hohen Vertragschließenden Teile in Gebieten, wo Zwangsarbeit oder Arbeitspflicht zu anderen als zu öffentlichen Zwecken noch besteht, sich bemühen werden, dieser Übung in zunehmendem Maße und so rasch als möglich ein Ende zu machen, und daß diese Zwangsarbeit oder Arbeitspflicht, solange sie noch besteht, nur ausnahmsweise gegen eine angemessene Entschädigung und unter der Bedingung Anwendung finden wird, daß kein Wechsel des gewöhnlichen Wohnsitzes verlangt werden darf,

3. daß in jedem Falle die Zentralbehörden des betreffenden Gebietes die Verantwortung für die Anwendung der Zwangsarbeit oder der Arbeitspflicht tragen sollen.

Art. 6. Die Hohen Vertragschließenden Teile, deren Gesetzgebung zur Zeit nicht genügen sollte, um Übertretungen von Gesetzen und Vorschriften zu unterdrücken, die in der Absicht erlassen wurden, dem vorliegenden Übereinkommen Wirkung zu verleihen, verpflichten sich, die erforderlichen Maßnahmen zu ergreifen, damit solche Übertretungen mit schweren Strafen belegt werden.

Art. 7. Die Hohen Vertragschließenden Teile verpflichten sich, einander und dem Generalsekretär der Vereinten Nationen die Gesetze und Vorschriften mitzuteilen, die sie zur Durchführung der Bestimmungen des vorliegenden Übereinkommens erlassen werden.

Art. 8. Die Hohen Vertragschließenden Teile vereinbaren, alle Streitigkeiten, die über die Auslegung oder Anwendung dieses Übereinkommens zwischen ihnen entstehen könnten und die durch unmittelbare Verhandlungen nicht beigelegt werden können, dem Internationalen Gerichtshof zur Entscheidung vorzulegen. Sind die Staaten, zwischen denen ein Streitfall entsteht, oder einer von ihnen nicht Vertragspartner der Satzung des Internationalen Gerichtshofs, so ist der Streitfall, je nach dem Wunsch der Parteien und nach den Verfassungsvorschriften eines jeden von ihnen, entweder dem Internationalen Gerichtshof oder einem Schiedsgerichtshofe, der nach dem Übereinkommen vom 18. Oktober 1907 zur friedlichen Beilegung internationaler Streitigkeiten zusammengesetzt ist, oder einem beliebigen anderen Schiedsgerichtshof zu unterbreiten.

Art. 9. Jeder der Hohen Vertragschließenden Teile kann bei der Unterzeichnung, bei der Ratifizierung oder bei seinem Beitritt erklären, daß seine Annahme des vorliegenden Übereinkommens die Gesamtheit oder einzelne seiner Staatshoheit, seiner Gerichtsbarkeit, seinem Schutze, seiner Oberherrlichkeit oder seiner Vormundschaft unterstellte Gebiete zur Anwendung aller oder einzelner Bestimmungen des Übereinkommens nicht binde; er kann in der Folge namens eines jeden solchen Gebietes ganz oder teilweise besonders beitreten.

Art. 10. Sollte einer der Hohen Vertragschließenden Teile das vorliegende Übereinkommen zu kündigen wünschen, so ist die Kündigung schriftlich dem Generalsekretär der Vereinten Nationen zu notifizieren. Dieser stellt allen übrigen Hohen Vertragschließenden Teilen sofort eine beglaubigte Abschrift dieser Notifizierung zu und setzt sie von dem Tage ihres Eingangs in Kenntnis.

Die Kündigung wird nur für den Staat wirksam, der sie notifiziert hat, und zwar nach Ablauf eines Jahres nach Eingang der Notifizierung beim Generalsekretär der Vereinten Nationen.

Die Kündigung kann auch für jedes Gebiet, das der Staatshoheit, der Gerichtsbarkeit, dem Schutze, der Oberherrlichkeit oder der Vormundschaft des betreffenden Staates unterstellt ist, besonders erfolgen.

Art. 11. Das vorliegende Übereinkommen, das das heutige Datum trägt und dessen französischer und englischer Wortlaut gleich maßgebend sind, wird für die Staaten, die Mitglieder des Völkerbundes sind, bis zum 1. April 1927 zur Unterzeichnung offen bleiben.

Dieses Übereinkommen liegt für alle Staaten einschließlich der Nichtmitgliedstaaten der Vereinten Nationen, denen der Generalsekretär der Vereinten Nationen eine beglaubigte Abschrift des Übereinkommens übermittelt hat, zum Beitritt auf.

Der Beitritt erfolgt durch Hinterlegung einer förmlichen Urkunde beim Generalsekretär der Vereinten Nationen; dieser teilt allen Vertragsstaaten des Übereinkommens und allen anderen in diesem Artikel bezeichneten Staaten die Hinterlegung sowie den Zeitpunkt mit, zu dem die Beitrittsurkunde hinterlegt wurde.

Art. 12. Das vorliegende Übereinkommen wird ratifiziert, und die Ratifikationsurkunden werden im Büro des Generalsekretärs der Vereinten Nationen hinterlegt werden, der die Hohen Vertragschließenden Teile davon in Kenntnis setzt.

Das Übereinkommen wird für jeden Staat mit dem Tage der Hinterlegung seiner Ratifikation oder seiner Beitrittserklärung rechtswirksam werden.

22. Zusatzübereinkommen über die Abschaffung der Sklaverei, des Sklavenhandels und sklavereiähnlicher Einrichtungen und Praktiken[1)]

Vom 7. September 1956

(BGBl. 1958 II S. 205)

(Übersetzung)

Präambel

DIE VERTRAGSSTAATEN DIESES ÜBEREINKOMMENS

IN DER ERWÄGUNG, daß die Freiheit das angeborene Recht jedes Menschen ist,

EINGEDENK der Tatsache, daß die Völker der Vereinten Nationen in der Satzung ihren Glauben an die Würde und den Wert der menschlichen Person erneut bekräftigt haben,

IN DER ERWÄGUNG, daß in der von der Vollversammlung der Vereinten Nationen als das von allen Völkern und Nationen zu erreichende gemeinsame Ideal verkündeten Allgemeinen Erklärung der Menschenrechte festgestellt wird, daß niemand in Sklaverei oder Knechtschaft gehalten werden darf, und daß Sklaverei und Sklavenhandel in jeder Form verboten werden sollen,

IN ANERKENNUNG der Tatsache, daß seit dem Abschluß des am 25. September 1926 in Genf unterzeichneten Übereinkommens betreffend die Sklaverei, durch welches die Abschaffung der Sklaverei und des Sklavenhandels sichergestellt werden sollte, weitere Fortschritte zur Erreichung dieses Ziels gemacht worden sind,

IN ANBETRACHT des Übereinkommens über Zwangs- oder Pflichtarbeit von 1930 und weiterer, von der Internationalen Arbeitsorganisation in bezug auf Zwangs- oder Pflichtarbeit unternommener Schritte,

jedoch IN DEM BEWUSSTSEIN, daß Sklaverei, Sklavenhandel und sklavereiähnliche Einrichtungen und Praktiken noch nicht in allen Teilen der Welt beseitigt sind,

HABEN DAHER BESCHLOSSEN, das Übereinkommen von 1926, das in Kraft bleibt, nunmehr durch den Abschluß eines Zusatzübereinkommens zu ergänzen mit dem Ziel, sowohl die nationalen als auch die internationalen Bemühungen um die Abschaffung der Sklaverei, des Sklavenhandels und sklavereiähnlicher Einrichtungen und Praktiken zu verstärken, und

SIND WIE FOLGT ÜBEREINGEKOMMEN:

[1)] Internationale Quelle: UNTS Bd. 266, S. 40.

Teil I. Sklavereiähnliche Einrichtungen und Praktiken

Art. 1. Jeder Vertragsstaat dieses Übereinkommens trifft alle durchführbaren und notwendigen gesetzgeberischen und sonstigen Maßnahmen, um schrittweise und so bald wie möglich die vollständige Abschaffung der folgenden Einrichtungen und Praktiken oder den Verzicht darauf herbeizuführen, soweit sie noch bestehen und ohne Rücksicht darauf, ob sie unter die in Artikel 1 des am 25. September 1926 in Genf unterzeichneten Übereinkommens betreffend die Sklaverei enthaltene Begriffsbestimmung fallen:

a) Schuldknechtschaft, d. h. eine Rechtsstellung oder eine Lage, die dadurch entsteht, daß ein Schuldner als Sicherheit für eine Schuld seine persönlichen Dienstleistungen oder diejenigen einer seiner Kontrolle unterstehenden Person verpfändet, wenn der in angemessener Weise festgesetzte Wert dieser Dienstleistung nicht zur Tilgung der Schuld dient, oder wenn diese Dienstleistungen nicht sowohl nach ihrer Dauer wie auch nach ihrer Art begrenzt und bestimmt sind;

b) Leibeigenschaft, d. h. die Lage oder Rechtsstellung eines Pächters, der durch Gesetz, Gewohnheitsrecht oder Vereinbarung verpflichtet ist, auf einem einer anderen Person gehörenden Grundstück zu leben und zu arbeiten und dieser Person bestimmte entgeltliche oder unentgeltliche Dienste zu leisten, ohne seine Rechtsstellung selbständig ändern zu können;

c) Einrichtungen oder Praktiken, durch die

   (i) eine Frau, ohne ein Weigerungsrecht zu besitzen, gegen eine an ihre Eltern, ihren Vormund, ihre Familie oder eine andere Person oder Gruppe gegebene Geld- oder Naturalleistung zur Ehe versprochen oder verheiratet wird,

   (ii) der Ehemann einer Frau, seine Familie oder seine Sippe berechtigt ist, sie gegen Entgelt oder in anderer Weise an eine andere Person abzutreten,

   (iii) eine Frau beim Tode ihres Ehemanns zwangsläufig an eine andere Person vererbt wird;

d) Einrichtungen oder Praktiken, durch die ein Kind oder ein Jugendlicher unter achtzehn Jahren von seinen natürlichen Eltern oder einem Elternteil oder seinem Vormund entgeltlich oder unentgeltlich einer anderen Person übergeben werden, in der Absicht, das Kind oder den Jugendlichen oder seine Arbeitskraft auszunutzen.

Art. 2. Um den in Artikel 1 Abs. c erwähnten Einrichtungen und Praktiken ein Ende zu bereiten, verpflichten sich die Vertragsstaaten, dort, wo es angebracht erscheint, ein angemessenes Mindestalter zur Eheschließung festzusetzen, die Anwendung von Vorkehrungen, auf Grund deren die Zustimmung beider Ehepartner vor einer zuständigen zivilen oder religiösen Behörde frei zum Ausdruck gebracht werden kann, und die Eintragung der Eheschließungen zu fördern.

Teil II. Sklavenhandel

Art. 3. (1) Die Beförderung oder der Versuch der Beförderung von Sklaven aus einem Land in ein anderes, gleichgültig, mit welchen Beförderungsmitteln sie erfolgt, oder die Teilnahme daran soll ein Verbrechen nach den Gesetzen der Vertragsstaaten dieses Übereinkommens sein; Personen, die dieser Verbrechen überführt werden, sollen sehr schwer bestraft werden.

(2) a) Die Vertragsstaaten treffen alle wirksamen Maßnahmen, um Schiffe und Luftfahrzeuge, die ihre Flagge führen dürfen, an der Beförderung von Sklaven zu hindern und um Personen, die solcher Handlungen oder der Benutzung nationaler Flaggen für diesen Zweck schuldig werden, zu bestrafen.

b) Die Vertragsstaaten treffen alle wirksamen Maßnahmen, um sicherzustellen, daß ihre Häfen, Flughäfen und Küsten nicht zur Beförderung von Sklaven benutzt werden.

(3) Die Vertragsstaaten dieses Übereinkommens tauschen Informationen aus, um die praktische Koordinierung der von ihnen zur Bekämpfung des Sklavenhandels getroffenen Maßnahmen sicherzustellen, und unterrichten einander über jeden Fall von Sklavenhandel und jeden Versuch, dieses Verbrechen zu begehen, der zu ihrer Kenntnis gelangt.

Art. 4. Jeder Sklave, der an Bord eines Schiffes eines Vertragsstaates Zuflucht sucht, wird ipso facto frei.

Teil III. Sklaverei und sklavereiähnliche Einrichtungen und Praktiken

Art. 5. In einem Land, in dem die Abschaffung der Sklaverei oder der in Artikel 1 erwähnten Einrichtungen oder Praktiken oder der Verzicht darauf noch nicht in vollem Umfang erfolgt ist, soll das Verstümmeln, Brandmarken oder sonstige Kennzeichnen eines Sklaven oder einer Person in sklavereiähnlicher Rechtsstellung zur Bezeichnung dieser Rechtsstellung oder als Strafe oder aus einem anderen Grunde oder die Teilnahme daran ein Verbrechen nach den Gesetzen der Vertragsstaaten dieses Übereinkommens sein; Personen, die dieser Verbrechen überführt werden, werden bestraft.

Art. 6. (1) Die Versklavung einer Person oder die Anstiftung einer Person, sich oder eine von ihr abhängige Person in Sklaverei zu geben, oder der Versuch dazu oder die Teilnahme daran oder die Beteiligung an einer Verschwörung zur Durchführung solcher Handlungen soll ein Verbrechen nach den Gesetzen der Vertragsstaaten dieses Übereinkommens sein; Personen, die dieser Verbrechen überführt werden, werden bestraft.

(2) Vorbehaltlich des einleitenden Absatzes des Artikels 1 findet Absatz 1 des vorliegenden Artikels auch Anwendung auf die Anstiftung einer Person, sich oder eine von ihr abhängige Person in eine sklavereiähnliche Rechtsstellung zu geben, die auf einer der in Artikel 1 erwähnten Einrichtungen oder Praktiken beruht, auf jeden Versuch, solche Handlungen zu begehen, auf die Teilnahme daran und auf die Beteiligung an einer Verschwörung zur Durchführung solcher Handlungen.

Teil IV. Begriffsbestimmungen

Art. 7. Im Sinne dieses Übereinkommens bedeutet

a) „Sklaverei", wie in dem Übereinkommen betreffend die Sklaverei von 1926 bestimmt wird, die Rechtsstellung oder Lage einer Person, an der einzelne oder alle der mit dem Eigentumsrecht verbundenen Befugnisse ausgeübt werden, und „Sklave" eine Person in einer solchen Lage oder Rechtsstellung;

b) „eine Person in sklavereiähnlicher Rechtsstellung" eine Person in einer Lage oder Rechtsstellung, die auf einer der in Artikel 1 erwähnten Einrichtungen oder Praktiken beruht;

c) „Sklavenhandel" den Gesamtbereich aller Handlungen der Festnahme, des Erwerbs oder der Veräußerung einer Person in der Absicht, sie zum Sklaven zu machen; aller Handlungen zum Erwerb eines Sklaven in der Absicht, ihn zu verkaufen oder zu tauschen; aller Handlungen zur Veräußerung einer zum Verkauf oder Tausch erworbenen Person durch Verkauf oder Tausch und ganz allgemein jeder Handel mit Sklaven und jede Beförderung derselben, gleichgültig, mit welchen Beförderungsmitteln sie erfolgt.

Teil V. Zusammenarbeit zwischen den Vertragsstaaten und Übermittlung von Informationen

Art. 8. (1) Die Vertragsstaaten dieses Übereinkommens verpflichten sich, zur Durchführung der vorstehenden Bestimmungen miteinander und mit den Vereinten Nationen zusammenzuarbeiten.

(2) Die Vertragsstaaten verpflichten sich, dem Generalsekretär der Vereinten Nationen Abschriften aller Gesetze, Vorschriften und Verwaltungsanordnungen zu übermitteln, die sie zur Durchführung der Bestimmungen dieses Übereinkommens erlassen oder in Kraft gesetzt haben.

(3) Der Generalsekretär übermittelt die gemäß Absatz 2 erhaltenen Informationen den anderen Vertragsstaaten und dem Wirtschafts- und Sozialrat als Teil der Unterlagen für alle etwaigen Beratungen des Rates mit dem Zweck, weitere Empfehlungen zur Abschaffung der Sklaverei, des Sklavenhandels oder der Einrichtungen und Praktiken zu machen, die den Gegenstand dieses Übereinkommens bilden.

Teil VI. Schlußbestimmungen

Art. 9. Zu diesem Übereinkommen können keine Vorbehalte gemacht werden.

Art. 10. Alle Streitigkeiten zwischen Vertragsstaaten dieses Übereinkommens über seine Auslegung oder Anwendung, die nicht durch Verhandlungen beigelegt werden, sind auf Antrag einer der an dem Streit beteiligten Parteien dem Internationalen Gerichtshof zu unterbreiten, sofern die betroffenen Parteien kein anderes Streitregelungsverfahren vereinbaren.

236

Art. 11. (1) Dieses Übereinkommen liegt bis zum 1. Juli 1957 für jeden Mitgliedstaat der Vereinten Nationen oder einer Sonderorganisation zur Unterzeichnung auf. Es bedarf der Ratifizierung durch die Unterzeichnerstaaten; die Ratifikationsurkunden werden bei dem Generalsekretär der Vereinten Nationen hinterlegt, der alle Unterzeichnerstaaten und beitretenden Staaten davon in Kenntnis setzt.

(2) Nach dem 1. Juli 1957 liegt dieses Übereinkommen für jeden Mitgliedstaat der Vereinten Nationen oder einer Sonderorganisation oder für jeden anderen Staat zum Beitritt auf, der von der Vollversammlung der Vereinten Nationen aufgefordert wird, ihm beizutreten. Der Beitritt erfolgt durch Hinterlegung einer förmlichen Urkunde bei dem Generalsekretär der Vereinten Nationen, der alle Unterzeichnerstaaten und beitretenden Staaten davon in Kenntnis setzt.

Art. 12. (1) Dieses Übereinkommen findet Anwendung auf alle nicht unter Selbstregierung stehenden, alle treuhänderisch verwalteten, Kolonial- und sonstigen Gebiete außerhalb des Mutterlandes, für deren internationale Beziehungen ein Vertragsstaat verantwortlich ist; der betreffende Vertragsstaat erklärt vorbehaltlich des Absatzes 2 anläßlich der Unterzeichnung, der Ratifizierung oder des Beitritts, auf welches Gebiet oder welche Gebiete außerhalb des Mutterlandes das Übereinkommen ipso facto auf Grund dieser Unterzeichnung, dieser Ratifizierung oder dieses Beitritts Anwendung findet.

(2) In allen Fällen, in denen die vorherige Zustimmung eines Gebietes außerhalb des Mutterlandes nach den verfassungsrechtlichen Vorschriften oder Übungen des Vertragsstaates oder des Gebietes außerhalb des Mutterlandes erforderlich ist, ist der betreffende Vertragsstaat bestrebt, die benötigte Zustimmung des Gebietes außerhalb des Mutterlandes innerhalb eines Zeitabschnittes von zwölf Monaten nach der Unterzeichnung des Übereinkommens durch das Mutterland zu erwirken; liegt diese Zustimmung vor, so notifiziert sie der Vertragsstaat dem Generalsekretär. Dieses Übereinkommen findet auf jedes in dieser Notifizierung genannte Gebiet mit dem Tage ihres Eingangs bei dem Generalsekretär Anwendung.

(3) Nach Ablauf des in Absatz 2 erwähnten Zeitabschnitts von zwölf Monaten teilen die Vertragsstaaten dem Generalsekretär das Ergebnis der Konsultationen mit denjenigen Gebieten außerhalb des Mutterlandes mit, für deren internationale Beziehungen sie verantwortlich sind und die gegebenenfalls der Anwendung dieses Übereinkommens noch nicht zugestimmt haben.

Art. 13. (1) Dieses Übereinkommen tritt zu dem Zeitpunkt in Kraft, in dem zwei Staaten Vertragsparteien desselben geworden sind.

(2) In der Folge tritt es für jeden Staat und jedes Gebiet im Zeitpunkt der Hinterlegung der Ratifikations- oder Beitrittsurkunde dieses Staates oder der Notifizierung über die Anwendung auf dieses Gebiet in Kraft.

Art. 14. (1) Die Anwendung dieses Übereinkommens wird in aufeinanderfolgende Zeitabschnitte von jeweils drei Jahren aufgeteilt, deren erster mit dem Inkrafttreten des Übereinkommens gemäß Artikel 13 Abs. 1 beginnt.

(2) Jeder Vertragsstaat kann dieses Übereinkommen durch eine von ihm an den Generalsekretär spätestens sechs Monate vor Beendigung des laufenden

Zeitabschnitts von drei Jahren gerichtete Anzeige kündigen. Der Generalsekretär notifiziert allen anderen Vertragsstaaten jede derartige Anzeige sowie den Zeitpunkt ihres Eingangs.

(3) Die Kündigung wird nach Beendigung des laufenden Zeitabschnitts von drei Jahren wirksam.

(4) In Fällen, in denen dieses Übereinkommen gemäß Artikel 12 auf ein Gebiet außerhalb des Mutterlandes eines Vertragsstaates anwendbar geworden ist, kann dieser Vertragsstaat jederzeit danach mit Zustimmung des betreffenden Gebietes dem Generalsekretär der Vereinten Nationen anzeigen, daß das Übereinkommen für dieses Gebiet gesondert gekündigt wird. Die Kündigung wird ein Jahr nach dem Zeitpunkt des Eingangs dieser Benachrichtigung bei dem Generalsekretär wirksam, der allen anderen Vertragsstaaten diese Benachrichtigung sowie den Zeitpunkt ihres Eingangs notifiziert.

Art. 15. Dieses Übereinkommen, dessen chinesischer, englischer, französischer, russischer und spanischer Wortlaut gleichermaßen verbindlich ist, wird im Archiv des Sekretariats der Vereinten Nationen hinterlegt. Der Generalsekretär bereitet davon beglaubigte Abschriften zur Übermittlung an die Vertragsstaaten dieses Übereinkommens sowie an alle anderen Mitgliedstaaten der Vereinten Nationen und der Sonderorganisationen vor.

23. Übereinkommen über Zwangs- oder Pflichtarbeit[1]

(ILO-Übereinkommen 29)

Vom 28. Juni 1930

durch ILO-Übereinkommen 116 geänderte Fassung
(BGBl. 1956 II S. 641; 1963 II S. 1136)

(Übersetzung)

Die Allgemeine Konferenz der Internationalen Arbeitsorganisation,

die vom Verwaltungsrat des Internationalen Arbeitsamtes nach Genf einberufen wurde und am 10. Juni 1930 zu ihrer vierzehnten Tagung zusammengetreten ist,

hat beschlossen, verschiedene Anträge anzunehmen betreffend Zwangs- oder Pflichtarbeit, eine Frage, die zum ersten Gegenstand ihrer Tagesordnung gehört, und

dabei bestimmt, daß diese Anträge die Form eines internationalen Übereinkommens erhalten sollen.

Die Konferenz nimmt heute, am 28. Juni 1930, das folgende Übereinkommen an, das als Übereinkommen über Zwangsarbeit, 1930, bezeichnet wird, zwecks Ratifikation durch die Mitglieder der Internationalen Arbeitsorganisation nach den Bestimmungen der Verfassung der Internationalen Arbeitsorganisation:

Art. 1. (1) Jedes Mitglied der Internationalen Arbeitsorganisation, das dieses Übereinkommen ratifiziert, verpflichtet sich, den Gebrauch der Zwangs- oder Pflichtarbeit in allen ihren Formen möglichst bald zu beseitigen.

(2) Bis zur völligen Beseitigung darf Zwangs- oder Pflichtarbeit während einer Übergangszeit ausschließlich für öffentliche Zwecke und auch dann nur ausnahmsweise angewandt werden; dabei sind die in den nachstehenden Artikeln vorgesehenen Bedingungen und Sicherungen einzuhalten.

(3) Nach Ablauf von 5 Jahren, berechnet vom Inkrafttreten dieses Übereinkommens, und anläßlich des im nachstehenden Artikel 31 vorgesehenen Berichtes hat der Verwaltungsrat des Internationalen Arbeitsamtes zu prüfen, ob es möglich ist, die Zwangs- oder Pflichtarbeit in allen ihren Formen ohne weiteren Verzug zu beseitigen, und zu entscheiden, ob diese Frage auf die Tagesordnung der Konferenz gesetzt werden soll.

Art. 2. (1) Als „Zwangs- oder Pflichtarbeit" im Sinne dieses Übereinkommens gilt jede Art von Arbeit oder Dienstleistung, die von einer Person unter Androhung irgendeiner Strafe verlangt wird und für die sie sich nicht freiwillig zur Verfügung gestellt hat.

---

[1] Internationale Quelle: UNTS Bd. 39, S. 55; geändert durch Übereinkommen 116 der ILO vom 26.6.1961 (UNTS Bd. 423, S. 11).

(2) Als „Zwangs- oder Pflichtarbeit" im Sinne dieses Übereinkommens gelten jedoch nicht

a) jede Arbeit oder Dienstleistung auf Grund der Gesetze über die Militärdienstpflicht, soweit diese Arbeit oder Dienstleistung rein militärischen Zwecken dient;

b) jede Arbeit oder Dienstleistung, die zu den üblichen Bürgerpflichten der Bürger eines Landes mit voller Selbstregierung gehört;

c) jede Arbeit oder Dienstleistung, die von einer Person auf Grund einer gerichtlichen Verurteilung verlangt wird, jedoch unter der Bedingung, daß diese Arbeit oder Dienstleistung unter Überwachung und Aufsicht der öffentlichen Behörden ausgeführt wird und daß der Verurteilte nicht an Einzelpersonen oder private Gesellschaften und Vereinigungen verdingt oder ihnen sonst zur Verfügung gestellt wird;

d) jede Arbeit oder Dienstleistung in Fällen höherer Gewalt, nämlich im Falle von Krieg, oder wenn Unglücksfälle eingetreten sind oder drohen, wie Feuersbrunst, Überschwemmung, Hungersnot, Erdbeben, verheerende Menschen- und Viehseuchen, plötzliches Auftreten von wilden Tieren, Insekten- oder Pflanzenplagen, und überhaupt in allen Fällen, in denen das Leben oder die Wohlfahrt der Gesamtheit oder eines Teiles der Bevölkerung bedroht ist;

e) kleinere Gemeindearbeiten, die unmittelbar dem Wohle der Gemeinschaft dienen, durch ihre Mitglieder ausgeführt werden und daher zu den üblichen Bürgerpflichten der Mitglieder der Gemeinschaft gerechnet werden können, unter der Voraussetzung, daß die Bevölkerung oder ihre unmittelbaren Vertreter berechtigt sind, sich über die Notwendigkeit der Arbeiten zu äußern.

Art. 3. Als „zuständige Stelle" im Sinne dieses Übereinkommens gilt entweder eine Stelle des Mutterlandes oder die oberste Zentralstelle des betreffenden Gebietes.

Art. 4. (1) Die zuständige Stelle darf Zwangs- oder Pflichtarbeit zum Vorteile von Einzelpersonen oder privaten Gesellschaften und Vereinigungen weder auferlegen noch zulassen.

(2) Besteht derartige Zwangs- oder Pflichtarbeit zum Vorteile von Einzelpersonen oder privaten Gesellschaften und Vereinigungen zu dem Zeitpunkt, in dem die Ratifikation dieses Übereinkommens durch ein Mitglied vom Generaldirektor des Internationalen Arbeitsamtes eingetragen wird, so hat das Mitglied diese Zwangs- oder Pflichtarbeit mit dem Zeitpunkt völlig zu beseitigen, in dem dieses Übereinkommen für das Mitglied in Kraft tritt.

Art. 5. (1) Einzelpersonen oder privaten Gesellschaften und Vereinigungen erteilte Konzessionen dürfen nicht dahin führen, daß Zwangs- oder Pflichtarbeit in irgendeiner Form zur Gewinnung, Herstellung oder Sammlung von Erzeugnissen auferlegt wird, die diese Einzelpersonen oder privaten Gesellschaften und Vereinigungen verwenden oder mit denen sie Handel treiben.

(2) Bestehen Konzessionen mit Bestimmungen, wonach eine derartige Zwangs- oder Pflichtarbeit auferlegt werden kann, so sind diese Bestimmungen so bald als möglich aufzuheben, um dem Artikel 1 dieses Übereinkommens zu genügen.

Art. 6. Beamte der Verwaltung dürfen, auch wenn es ihre Aufgabe ist, die ihrer Verantwortung unterstellte Bevölkerung zur Annahme von Arbeit irgendeiner Form zu ermuntern, weder auf die Gesamtbevölkerung noch auf einzelne Personen einen Druck ausüben, um sie zur Arbeitsleistung für Einzelpersonen oder private Gesellschaften und Vereinigungen zu veranlassen.

Art. 7. (1) Häuptlinge, die keine Verwaltungsbefugnis ausüben, dürfen von Zwangs- oder Pflichtarbeit keinen Gebrauch machen.

(2) Häuptlinge, die Verwaltungsbefugnis ausüben, dürfen mit ausdrücklicher Ermächtigung der zuständigen Stelle Zwangs- oder Pflichtarbeit unter den Bedingungen des Artikels 10 dieses Übereinkommens in Anspruch nehmen.

(3) Häuptlinge, die als solche rechtmäßig anerkannt sind und nicht eine angemessene Entschädigung in anderer Form erhalten, dürfen persönliche Dienste empfangen, sofern diese ordnungsmäßig geregelt und die notwendigen Maßnahmen zur Vermeidung von Mißbräuchen ergriffen worden sind.

Art. 8. (1) Für jede Ermächtigung, Zwangs- oder Pflichtarbeit in Anspruch zu nehmen, ist die oberste Zivilbehörde des betreffenden Gebietes verantwortlich.

(2) Diese Behörde kann jedoch den örtlichen Oberbehörden die Befugnis übertragen, Zwangs- oder Pflichtarbeit in den Fällen aufzuerlegen, in denen die Arbeiter durch diese Arbeit nicht von ihrem üblichen Aufenthaltsort entfernt werden. Sie kann ferner den örtlichen Oberbehörden für Zeitabschnitte und unter Bedingungen, wie sie Artikel 23 dieses Übereinkommens vorsieht, die Ermächtigung erteilen, Zwangs- oder Pflichtarbeit aufzuerlegen, zu deren Ausführung die Arbeitnehmer sich von ihrem üblichen Aufenthaltsort entfernen müssen, wenn es sich darum handelt, Dienstreisen der Verwaltungsbeamten oder die Beförderung von Regierungsgut zu erleichtern.

Art. 9. Soweit Artikel 10 dieses Übereinkommens nichts anderes bestimmt, kann die Behörde, der das Recht zusteht, Zwangs- oder Pflichtarbeit aufzuerlegen, die Anwendung dieser Arbeitsform nur gestatten, wenn sie sich zuvor versichert hat, daß
a) die Arbeit oder Dienstleistung von wesentlicher, unmittelbarer Bedeutung für die Gemeinschaft ist, die sie ausführen soll;
b) die Arbeit oder Dienstleistung bereits notwendig ist oder diese Notwendigkeit unmittelbar bevorsteht;
c) es unmöglich gewesen ist, freiwillige Arbeitskräfte für die Arbeit oder Dienstleistung zu erhalten, obgleich die angebotenen Löhne und übrigen Arbeitsbedingungen denjenigen wenigstens gleichwertig waren, die in dem betreffenden Gebiete für Arbeiten oder Dienstleistungen gleicher Art üblich sind;
d) durch die Arbeit oder Dienstleistung die gegenwärtige Bevölkerung nicht übermäßig belastet wird, wobei die Zahl der verfügbaren Arbeitskräfte und ihre Eignung für die geforderte Arbeit zu berücksichtigen ist.

Art. 10. (1) Zwangs- oder Pflichtarbeit, die als Steuer gefordert, und solche, die für öffentliche Arbeiten von Häuptlingen in Ausübung von Verwaltungsbefugnissen beansprucht wird, ist mehr und mehr abzuschaffen.

(2) Unterdessen haben die beteiligten Behörden, wenn Zwangs- oder Pflichtarbeit als Steuer gefordert oder von Häuptlingen in Ausübung von Verwaltungsbefugnissen für öffentliche Arbeiten beansprucht wird, sich vorher zu überzeugen, daß

a) die Arbeit oder Dienstleistung von wesentlicher, unmittelbarer Bedeutung für die Gemeinschaft ist, die sie ausführen soll;

b) die Arbeit oder Dienstleistung bereits notwendig ist oder diese Notwendigkeit unmittelbar bevorsteht;

c) durch die Arbeit oder Dienstleistung die gegenwärtige Bevölkerung nicht übermäßig belastet wird, wobei die Zahl der verfügbaren Arbeitskräfte und ihre Eignung für die geforderte Arbeit zu berücksichtigen ist;

d) die Arbeit oder Dienstleistung die Arbeiter nicht nötigt, sich von ihrem üblichen Aufenthaltsort zu entfernen;

e) bei Durchführung der Arbeit oder Dienstleistung den Ansprüchen der Religion, des Gemeinschaftslebens und der Landwirtschaft Rechnung getragen wird.

Art. 11. (1) Nur erwachsene, arbeitsfähige Personen männlichen Geschlechtes, die offenbar nicht unter 18 und nicht über 45 Jahre alt sind, dürfen zu Zwangs- oder Pflichtarbeit herangezogen werden. Abgesehen von den in Artikel 10 dieses Übereinkommens bezeichneten Arten von Arbeiten sind dabei die folgenden Beschränkungen und Bedingungen zu berücksichtigen:

a) Wenn immer möglich, ist durch einen von der Verwaltung hierzu bestimmten Arzt vorher festzustellen, daß die betreffenden Personen nicht an ansteckenden Krankheiten leiden und zu der von ihnen verlangten Arbeit unter den Verhältnissen, unter denen diese Arbeit zu leisten ist, körperlich fähig sind;

b) Schullehrer und Schüler sowie das gesamte Verwaltungspersonal sind auszunehmen;

c) die Zahl von erwachsenen, arbeitsfähigen Männern, die notwendig ist, um das Familien- und Gemeinschaftsleben aufrechtzuerhalten, ist in jeder Gemeinschaft zu belassen;

d) auf das Ehe- und Familienband ist Rücksicht zu nehmen.

(2) Die Durchführungsvorschriften, die im Sinne des obigen Absatzes c) und auf Grund des Artikels 23 dieses Übereinkommens zu erlassen sind, haben den Anteil der ansässigen arbeitsfähigen männlichen Personen festzulegen, der jeweils zur Zwangs- oder Pflichtarbeit herangezogen werden darf. Dieser Anteil darf keinesfalls fünfundzwanzig vom Hundert überschreiten. Bei Festsetzung dieses Anteiles hat die zuständige Stelle die Dichte der Bevölkerung, ihre soziale und körperliche Entwicklungsstufe, die Jahreszeit und die Arbeiten zu berücksichtigen, welche die betreffenden Personen an ihrem Wohnsitz für sich zu verrichten haben; überhaupt ist den üblichen wirtschaftlichen und sozialen Lebensbedürfnissen der betreffenden Gemeinschaft Rechnung zu tragen.

Art. 12. (1) Die Höchstdauer, für die eine Person zu Zwangs- oder Pflichtarbeit aller Art herangezogen werden kann, darf sechzig Tage innerhalb von zwölf Monaten nicht überschreiten und zwar einschließlich der Zeit für den Weg zur Arbeitsstätte und zurück.

(2) Jeder zur Zwangs- oder Pflichtarbeit herangezogene Arbeiter soll ein Zeugnis erhalten, in dem die Dauer der von ihm geleisteten Zwangs- oder Pflichtarbeit angegeben ist.

Art. 13. (1) Die regelmäßige Arbeitszeit von Personen, die zur Zwangs- oder Pflichtarbeit herangezogen werden, muß die gleiche sein wie für freie Arbeit; Arbeitsstunden, die über die regelmäßige Arbeitszeit hinaus geleistet werden, sind zu den gleichen Sätzen zu vergüten, die für Mehrarbeit freier Arbeiter gelten.

(2) Ein wöchentlicher Ruhetag ist allen Personen zu gewähren, die irgendeiner Form von Zwangs- oder Pflichtarbeit unterworfen werden; dieser Ruhetag soll, soweit wie möglich, mit dem Tage zusammenfallen, der durch Überlieferung oder Brauch des Landes oder Gebietes als Ruhetag gilt.

Art. 14. (1) Abgesehen von der in Artikel 10 dieses Übereinkommens bezeichneten Arbeit ist Zwangs- oder Pflichtarbeit in allen ihren Formen in Geld zu vergüten und zwar zu Sätzen, die weder niedriger sind als die für gleichartige Arbeit in dem Gebiete der Arbeitsverrichtung, noch niedriger als die im Anwerbungsgebiet üblichen Sätze.

(2) Wird Arbeit von Häuptlingen in Ausübung von Verwaltungsbefugnissen auferlegt, so ist die Entlohnung möglichst bald den Bestimmungen des vorstehenden Absatzes anzupassen.

(3) Die Löhne sind unmittelbar dem einzelnen Arbeiter und nicht ihren Häuptlingen oder sonstigen Obrigkeiten auszuzahlen.

(4) Die Reisetage zum Arbeitsort und zurück sind für die Lohnzahlung als Arbeitstage zu rechnen.

(5) Die Bestimmungen dieses Artikels schließen nicht aus, daß Arbeitern die üblichen Nahrungsmengen in Anrechnung auf den Lohn verabfolgt werden; diese Nahrungsmengen müssen jedoch der Geldsumme, an deren Stelle sie treten, mindestens gleichwertig sein. Unzulässig sind dagegen Lohnabzüge für Steuern, besondere Nahrung, Kleidung und Unterkunft, die den Arbeitern gegeben werden, um es ihnen zu ermöglichen, die Arbeit unter Berücksichtigung der hierfür geltenden besonderen Verhältnisse fortzusetzen; das gleiche gilt für die Lieferung von Werkzeug.

Art. 15. (1) Alle gesetzlichen Bestimmungen über die Entschädigung von Unfällen oder Krankheiten, die aus Arbeit herrühren, und alle gesetzlichen Bestimmungen über die Entschädigung von Personen, deren Unterhalt von Arbeitern zu bestreiten war, die gestorben oder invalid geworden sind, finden in gleicher Weise wie auf freie Arbeiter auch auf Personen Anwendung, die zur Zwangs- oder Pflichtarbeit herangezogen werden, gleichviel ob jene gesetzlichen Bestimmungen in dem betreffenden Gebiete bereits in Kraft sind oder künftig in Kraft treten.

(2) In jedem Falle hat die Behörde, die einen Arbeiter zur Zwangs- oder Pflichtarbeit heranzieht, die Pflicht, seinen Unterhalt sicherzustellen, wenn ein Unfall oder eine Krankheit als Folge seiner Arbeitsleistung ihn ganz oder teilweise außerstand setzt, selbst für sich zu sorgen. Diese Behörde ist ferner verpflichtet, Maßnahmen zu treffen, um für den Fall, daß ein solcher Arbeiter infolge seiner Beschäftigung arbeitsunfähig wird oder stirbt, den Unterhalt der Personen sicherzustellen, den er tatsächlich bestritten hatte.

Art. 16. (1) Personen, von denen Zwangs- oder Pflichtarbeit verlangt wird, dürfen nicht in Gebiete gebracht werden, wo Ernährung und Klima von den ihnen gewohnten Verhältnissen so erheblich abweichen, daß daraus eine Gefährdung ihrer Gesundheit entsteht; ausgenommen bleiben Fälle ganz besonderer Notwendigkeit.

(2) Keinesfalls darf eine solche Überführung von Arbeitern zugelassen werden, wenn nicht alle Maßnahmen in bezug auf Hygiene und Unterbringung, die für ihre Eingewöhnung und den Schutz ihrer Gesundheit erforderlich sind, genau zur Anwendung gebracht werden können.

(3) Wenn eine solche Überführung unvermeidlich ist, sind Maßnahmen zur allmählichen Gewöhnung an die neuen Ernährungs- und klimatischen Verhältnisse auf Grund zuständigen ärztlichen Rates zu ergreifen.

(4) In Fällen, in denen von solchen Arbeitern eine ihnen ungewohnte regelmäßige Arbeitsleistung verlangt wird, sind Maßnahmen zu ergreifen, um sie daran zu gewöhnen. Dabei handelt es sich insbesondere um allmähliche Einübung, Regelung der Arbeitszeit, Festsetzung von Ruhepausen sowie um die etwa erforderliche Ergänzung und Verbesserung ihrer Ernährung.

Art. 17. Bevor die Anwendung von Zwangs- oder Pflichtarbeit für Bau- oder Instandhaltungsarbeiten zugelassen wird, welche die Arbeiter zum Verbleib an den Arbeitsstätten auf längere Zeit zwingt, hat die zuständige Stelle sich davon zu überzeugen,

1. daß alle notwendigen Maßnahmen ergriffen worden sind, um die Gesundheit der Arbeiter zu schützen und ihnen die erforderliche Arzthilfe zu gewährleisten und insbesondere, daß
   a) die Arbeiter vor Beginn ihrer Beschäftigung und in bestimmten Zeitabständen während der Dauer ihrer Dienstleistung ärztlich untersucht werden,
   b) Personal zur Gesundheitspflege in hinreichendem Maße vorhanden ist wie auch Apotheken, Krankenstuben, Hospitäler und Sachbedarf, die erforderlich sind, um allen Bedarfsfällen zu genügen, und
   c) die gesundheitlichen Verhältnisse der Arbeitsstätten, die Versorgung mit Trinkwasser, Lebensmitteln, Heizstoffen und Kochausrüstungen befriedigen und, wo es notwendig ist, Wohnung und Kleidung in ausreichendem Maße zur Verfügung gestellt werden;
2. daß geeignete Maßnahmen ergriffen worden sind, um den Unterhalt der Familien der Arbeiter zu gewährleisten, insbesondere durch Erleichterungen für eine gesicherte Übermittlung eines Teiles des Lohnes an die Familie auf Verlangen oder mit Zustimmung des Arbeiters;
3. daß die Reise der Arbeiter zum Arbeitsplatz und zurück auf Kosten und unter Verantwortung der Verwaltung erfolgt, welche die Reise dadurch erleichtern soll, daß sie weitestgehenden Gebrauch von allen verfügbaren Beförderungsmitteln macht;
4. daß im Falle von Krankheit oder Unfall, die zu Arbeitsunfähigkeit von einer gewissen Dauer führen, der Arbeiter auf Kosten der Verwaltung in seine Heimat zurückbefördert wird;
5. daß Arbeiter, die nach Beendigung der Zwangs- oder Pflichtarbeit als freie Arbeiter zu verbleiben wünschen, die Erlaubnis dazu erhalten, ohne vor Ablauf von zwei Jahren des Anspruches auf kostenlose Rückbeförderung in die Heimat verlustig zu gehen.

Art. 18. (1) Zwangs- oder Pflichtarbeit für die Beförderung von Personen oder Gütern, wie Träger- und Bootsdienst, ist sobald wie möglich abzuschaffen. Für die Zwischenzeit sollen Vorschriften der zuständigen Stellen unter anderem festlegen

a) die Verpflichtung, solche Arbeit nur zur Erleichterung der Dienstreisen von Verwaltungsbeamten, zur Beförderung von Regierungsgut und nur in Fällen von äußerster Dringlichkeit zur Beförderung anderer Personen als Beamter zu gebrauchen;

b) die Verpflichtung, für solche Beförderung nur Männer zu verwenden, deren körperliche Eignung vorher durch ärztliche Untersuchung, wo immer die Möglichkeit dazu besteht, festgestellt worden ist, wobei, falls eine solche Untersuchung nicht möglich sein sollte, derjenige, der Arbeiter dieser Art beschäftigt, sich unter seiner Verantwortung zu versichern hat, daß sie körperlich befähigt sind und nicht an einer ansteckenden Krankheit leiden;

c) die Höchstlasten, die diese Arbeiter tragen dürfen;

d) die Höchstentfernung von ihrem Wohnsitze, die ihnen auferlegt werden darf;

e) die Höchstzahl der Tage innerhalb eines Monats oder eines anderen Zeitraumes, für den sie verwendet werden dürfen, unter Einrechnung der Tage, die sie für die Heimkehr benötigen;

f) die Personen, die berechtigt sind, diese Art von Zwangs- oder Pflichtarbeit in Anspruch zu nehmen, und das für diese Beanspruchung zulässige Höchstausmaß.

(2) Bei Festsetzung der unter c), d) und e) des vorigen Absatzes bezeichneten Höchstgrenzen hat die zuständige Stelle auf alle wesentlichen Voraussetzungen Rücksicht zu nehmen einschließlich des körperlichen Entwicklungsstandes der Bevölkerung, aus der die Arbeiter entnommen werden, der Beschaffenheit des Gebietes, durch das ihr Weg führt, und der klimatischen Verhältnisse.

(3) Die zuständige Stelle hat ferner dafür zu sorgen, daß die regelmäßige Tagesleistung dieser Arbeiter nicht über eine Entfernung hinausgeht, die einer durchschnittlichen achtstündigen Arbeitsleistung entspricht, wobei neben der beförderten Last und der zurückgelegten Entfernung auch der Zustand des Weges, die Jahreszeit und alle anderen wesentlichen Voraussetzungen zu berücksichtigen sind, und daß, wenn zusätzliche Wegleistungen verlangt werden, für diese ein höheres als das regelmäßige Entgelt gezahlt wird.

Art. 19. (1) Die zuständige Stelle darf Zwangspflanzungen nur genehmigen, um Hungersnot oder Lebensmittelmangel vorzubeugen, und stets nur unter der Bedingung, daß die so gewonnenen Lebensmittel oder Erzeugnisse im Eigentum der Person oder Gemeinschaft bleiben, die sie erzeugt hat.

(2) Die Bestimmungen dieses Artikels dürfen nicht dazu führen, daß dort, wo die Erzeugung nach Gesetz oder Gewohnheit auf einem Gemeinschaftssystem beruht und die Erzeugnisse oder der Gewinn aus ihrem Verkauf das Eigentum der Gemeinschaft bleiben, die Verpflichtung der Mitglieder aufgehoben wird, die ihnen nach Gesetz oder Gewohnheit für die Gemeinschaft obliegende Arbeit auszuführen.

Art. 20. Gesetzliche Bestimmungen über Bestrafung einer ganzen Gemeinschaft für Vergehen, die von einzelnen ihrer Mitglieder begangen worden sind, dürfen Zwangs- oder Pflichtarbeit der Gemeinschaft als Strafe nicht vorsehen.

Art. 21. Im Bergbau darf Arbeit untertage als Zwangs- oder Pflichtarbeit nicht angewendet werden.

Art. 22. Die jährlichen Berichte über die Maßnahmen zur Durchführung dieses Übereinkommens, welche die ratifizierenden Mitglieder dem Internationalen Arbeitsamt nach Artikel 22 der Verfassung der Internationalen Arbeitsorganisation vorzulegen verpflichtet sind, müssen möglichst vollständige Angaben aus allen in Betracht kommenden Gebieten enthalten über das Maß, in dem dort Zwangs- oder Pflichtarbeit angewandt worden ist, die Zwecke, für die das geschehen ist, die Krankheits- und Sterbeziffern, die Arbeitszeit, die Art der Lohnzahlung, die Lohnsätze und alle sonst wesentlichen Angaben.

Art. 23. (1) Zur wirksamen Durchführung der Bestimmungen dieses Übereinkommens hat die zuständige Stelle vollständige und klare Vorschriften über die Anwendung von Zwangs- oder Pflichtarbeit zu erlassen.

(2) Diese Vorschriften müssen insbesondere Bestimmungen enthalten, die es jeder der Zwangs- oder Pflichtarbeit unterworfenen Person gestatten, alle Beschwerden über die ihr auferlegten Arbeitsbedingungen vor die Behörden zu bringen, und welche die Gewähr bieten, daß diese Beschwerden untersucht und auf ihre Stichhaltigkeit geprüft werden.

Art. 24. In allen Fällen sind geeignete Maßnahmen zur strengen Durchführung der Vorschriften über den Gebrauch der Zwangs- oder Pflichtarbeit zu ergreifen, sei es durch Ausdehnung der Befugnisse eines etwa bestehenden Aufsichtsdienstes für freie Arbeit auf die Beaufsichtigung der Zwangs- oder Pflichtarbeit, sei es in sonst geeigneter Weise. Auch sind Maßnahmen zu treffen, damit die bezeichneten Vorschriften zur Kenntnis der Personen gelangen, die der Zwangs- oder Pflichtarbeit unterworfen werden.

Art. 25. Die unberechtigte Auferlegung von Zwangs- oder Pflichtarbeit ist unter Strafe zu stellen. Die Mitglieder, die dieses Übereinkommen ratifizieren, verpflichten sich, dafür zu sorgen, daß die ergriffenen Strafmaßnahmen wirksam sind und streng vollzogen werden.

Art. 26. (1) Die Mitglieder der Internationalen Arbeitsorganisation, die dieses Übereinkommen ratifizieren, verpflichten sich, es auf die ihrer Souveränität, ihrer Jurisdiktion, ihrem Protektorat, ihrer Oberhoheit, ihrer Tutel oder ihrer Autorität unterworfenen Gebiete anzuwenden, soweit ihnen in bezug auf diese Gebiete das Recht zusteht, Verpflichtungen einzugehen, welche Angelegenheiten der inneren Verwaltung betreffen. Wollen Mitglieder indessen von den Bestimmungen des Artikels 35 der Verfassung der Internationalen Arbeitsorganisation Gebrauch machen, so haben sie ihrer Ratifikation eine Erklärung beizufügen, die bekanntgibt

1. die Gebiete, auf welche sie die Bestimmungen dieses Übereinkommens unverändert anzuwenden beabsichtigen;

2. die Gebiete, auf welche sie die Bestimmungen dieses Übereinkommens mit Abänderungen anzuwenden beabsichtigen, unter Angabe der Einzelheiten dieser Abänderungen;

3. die Gebiete, für welche sie sich die Entscheidung vorbehalten.

(2) Die bezeichnete Erklärung gilt als Bestandteil der Ratifikation und hat die Wirkungen einer solchen. Doch bleibt es den Mitgliedern überlassen, die Vorbehalte, die sie auf Grund der Bestimmungen der Ziffern 2 und 3 des vorangehenden Absatzes in der ursprünglichen Erklärung gemacht hatten, durch eine spätere Erklärung ganz oder teilweise zurückzuziehen.

Art. 27. Die förmlichen Ratifikationen dieses Übereinkommens sind nach den Bestimmungen der Verfassung der Internationalen Arbeitsorganisation dem Generaldirektor des Internationalen Arbeitsamtes zur Eintragung mitzuteilen.

Art. 28. (1) Dieses Übereinkommen bindet nur diejenigen Mitglieder der Internationalen Arbeitsorganisation, deren Ratifikation beim Internationalen Arbeitsamt eingetragen ist.

(2) Es tritt in Kraft zwölf Monate, nachdem die Ratifikationen zweier Mitglieder durch den Generaldirektor eingetragen worden sind.

(3) In der Folge tritt dieses Übereinkommen für jedes andere Mitglied zwölf Monate nach der Eintragung seiner Ratifikation in Kraft.

Art. 29. Sobald die Ratifikationen zweier Mitglieder der Internationalen Arbeitsorganisation beim Internationalen Arbeitsamt eingetragen worden sind, teilt der Generaldirektor des Internationalen Arbeitsamtes dies sämtlichen Mitgliedern der Internationalen Arbeitsorganisation mit. Auch gibt er ihnen Kenntnis von der Eintragung der Ratifikationen, die ihm später von den anderen Mitgliedern der Organisation mitgeteilt werden.

Art. 30. (1) Jedes Mitglied, das dieses Übereinkommen ratifiziert hat, kann es nach Ablauf von zehn Jahren, gerechnet von dem Tag, an dem es zum ersten Mal in Kraft getreten ist, durch Anzeige an den Generaldirektor des Internationalen Arbeitsamtes kündigen. Die Kündigung wird von diesem eingetragen. Ihre Wirkung tritt erst ein Jahr nach der Eintragung beim Internationalen Arbeitsamt ein.

(2) Jedes Mitglied, das dieses Übereinkommen ratifiziert hat und innerhalb eines Jahres nach Ablauf des im vorigen Absatz genannten Zeitraumes von zehn Jahren von dem in diesem Artikel vorgesehenen Kündigungsrecht keinen Gebrauch macht, bleibt für einen weiteren Zeitraum von fünf Jahren gebunden. In der Folge kann es dieses Übereinkommen jeweils nach Ablauf eines Zeitraumes von fünf Jahren nach Maßgabe dieses Artikels kündigen.

Art. 31. Der Verwaltungsrat des Internationalen Arbeitsamtes hat, sooft er es für nötig erachtet, der Allgemeinen Konferenz einen Bericht über die Durchführung dieses Übereinkommens zu erstatten und zu prüfen, ob die Frage seiner gänzlichen oder teilweisen Abänderung auf die Tagesordnung der Konferenz gesetzt werden soll.

Art. 32. (1) Nimmt die Allgemeine Konferenz ein neues Übereinkommen an, welches das vorliegende Übereinkommen ganz oder teilweise abändert, so schließt die Ratifikation des neugefaßten Übereinkommens durch ein Mitglied ohne weiteres die Kündigung des vorliegenden Übereinkommens in sich ohne Rücksicht auf die in Artikel 30 vorgesehene Frist, vorausgesetzt, daß das neugefaßte Übereinkommen in Kraft getreten ist.

(2) Vom Zeitpunkt des Inkrafttretens des neugefaßten Übereinkommens an kann das vorliegende Übereinkommen von den Mitgliedern nicht mehr ratifiziert werden.

(3) Indessen bleibt das vorliegende Übereinkommen nach Form und Inhalt in Kraft für die Mitglieder, die dieses, aber nicht das neugefaßte Übereinkommen ratifiziert haben.

Art. 33. Der französische und der englische Wortlaut dieses Übereinkommens sind in gleicher Weise maßgebend.

24. Übereinkommen über die Abschaffung der Zwangsarbeit[1)]

(ILO-Übereinkommen 105)

Vom 25. Juni 1957

(BGBl. 1959 II S. 442)

(Übersetzung)

DIE ALLGEMEINE KONFERENZ DER INTERNATIONALEN ARBEITSORGANISATION,

die vom Verwaltungsrat des Internationalen Arbeitsamtes nach Genf einberufen wurde und am 5. Juni 1957 zu ihrer vierzigsten Tagung zusammengetreten ist,

hat die Frage der Zwangsarbeit geprüft, die den vierten Gegenstand ihrer Tagesordnung bildet,

hat die Bestimmungen des Übereinkommens über Zwangsarbeit, 1930, zur Kenntnis genommen,

hat zur Kenntnis genommen, daß das Übereinkommen über die Sklaverei, 1926, bestimmt, daß zweckmäßige Maßnahmen ergriffen werden sollen, um zu verhüten, daß die Pflicht- oder Zwangsarbeit der Sklaverei ähnliche Zustände herbeiführt, und daß das Zusätzliche Übereinkommen über die Abschaffung der Sklaverei, des Sklavenhandels und sklavereiähnlicher Einrichtungen und Gepflogenheiten, 1956, die völlige Abschaffung der Schuldknechtschaft und der Leibeigenschaft vorsieht,

hat zur Kenntnis genommen, daß das Übereinkommen über den Lohnschutz, 1949, bestimmt, daß der Lohn in regelmäßigen Zeitabschnitten gezahlt werden muß, und Lohnzahlungsmethoden untersagt, die dem Arbeitnehmer in Wirklichkeit die Möglichkeit nehmen, sein Arbeitsverhältnis zu beenden,

hat beschlossen, verschiedene weitere Anträge anzunehmen, betreffend die Abschaffung gewisser Formen der Zwangs- oder Pflichtarbeit, durch die eine Verletzung der Menschenrechte gegeben ist, auf die in der Charta der Vereinten Nationen hingewiesen wird und die in der Allgemeinen Erklärung der Menschenrechte verkündet werden, und

dabei bestimmt, daß diese Anträge die Form eines internationalen Übereinkommens erhalten sollen.

Die Konferenz nimmt heute, am 25. Juni 1957, das folgende Übereinkommen an, das als Übereinkommen über die Abschaffung der Zwangsarbeit, 1957, bezeichnet wird.

Art. 1. Jedes Mitglied der Internationalen Arbeitsorganisation, das dieses Übereinkommen ratifiziert, verpflichtet sich, die Zwangs- oder Pflichtarbeit zu beseitigen und in keiner Form zu verwenden

---

[1)] Internationale Quelle: UNTS Bd. 320, S. 291.

a) als Mittel politischen Zwanges oder politischer Erziehung oder als Strafe gegenüber Personen, die gewisse politische Ansichten haben oder äußern oder die ihre ideologische Gegnerschaft gegen die bestehende politische, soziale oder wirtschaftliche Ordnung bekunden;
b) als Methode der Rekrutierung und Verwendung von Arbeitskräften für Zwecke der wirtschaftlichen Entwicklung;
c) als Maßnahme der Arbeitsdisziplin;
d) als Strafe für die Teilnahme an Streiks;
e) als Maßnahme rassischer, sozialer, nationaler oder religiöser Diskriminierung.

Art. 2. Jedes Mitglied der Internationalen Arbeitsorganisation, das dieses Übereinkommen ratifiziert, verpflichtet sich, wirksame Maßnahmen zur sofortigen und vollständigen Abschaffung der in Artikel 1 dieses Übereinkommens bezeichneten Zwangs- oder Pflichtarbeit zu ergreifen.

Art. 3. Die förmlichen Ratifikationen dieses Übereinkommens sind dem Generaldirektor des Internationalen Arbeitsamtes zur Eintragung mitzuteilen.

Art. 4. (1) Dieses Übereinkommen bindet nur diejenigen Mitglieder der Internationalen Arbeitsorganisation, deren Ratifikation durch den Generaldirektor eingetragen ist.

(2) Es tritt in Kraft zwölf Monate, nachdem die Ratifikationen zweier Mitglieder durch den Generaldirektor eingetragen worden sind.

(3) In der Folge tritt dieses Übereinkommen für jedes Mitglied zwölf Monate nach der Eintragung seiner Ratifikation in Kraft.

Art. 5. (1) Jedes Mitglied, das dieses Übereinkommen ratifiziert hat, kann es nach Ablauf von zehn Jahren, gerechnet von dem Tag, an dem es zum erstenmal in Kraft getreten ist, durch Anzeige an den Generaldirektor des Internationalen Arbeitsamtes kündigen. Die Kündigung wird von diesem eingetragen. Ihre Wirkung tritt erst ein Jahr nach der Eintragung ein.

(2) Jedes Mitglied, das dieses Übereinkommen ratifiziert hat und innerhalb eines Jahres nach Ablauf des im vorigen Absatz genannten Zeitraumes von zehn Jahren von dem in diesem Artikel vorgesehenen Kündigungsrecht keinen Gebrauch macht, bleibt für einen weiteren Zeitraum von zehn Jahren gebunden. In der Folge kann es dieses Übereinkommen jeweils nach Ablauf eines Zeitraums von zehn Jahren nach Maßgabe dieses Artikels kündigen.

Art. 6. (1) Der Generaldirektor des Internationalen Arbeitsamtes gibt allen Mitgliedern der Internationalen Arbeitsorganisation Kenntnis von der Eintragung aller Ratifikationen und Kündigungen, die ihm von den Mitgliedern der Organisation mitgeteilt werden.

(2) Der Generaldirektor wird die Mitglieder der Organisation, wenn er ihnen von der Eintragung der zweiten Ratifikation, die ihm mitgeteilt wird, Kenntnis gibt, auf den Zeitpunkt aufmerksam machen, in dem dieses Übereinkommen in Kraft tritt.

Art. 7. Der Generaldirektor des Internationalen Arbeitsamtes übermittelt dem Generalsekretär der Vereinten Nationen zwecks Eintragung nach Artikel 102 der Charta der Vereinten Nationen vollständige Auskünfte über alle von ihm nach Maßgabe der vorausgehenden Artikel eingetragenen Ratifikationen und Kündigungen.

Art. 8. Der Verwaltungsrat des Internationalen Arbeitsamtes hat, sooft er es für nötig erachtet, der Allgemeinen Konferenz einen Bericht über die Durchführung dieses Übereinkommens zu erstatten und zu prüfen, ob die Frage seiner gänzlichen oder teilweisen Abänderung auf die Tagesordnung der Konferenz gesetzt werden soll.

Art. 9. (1) Nimmt die Konferenz ein neues Übereinkommen an, welches das vorliegende Übereinkommen ganz oder teilweise abändert, und sieht das neue Übereinkommen nichts anderes vor, so gelten folgende Bestimmungen:

a) Die Ratifikation des neugefaßten Übereinkommens durch ein Mitglied schließt ohne weiteres die sofortige Kündigung des vorliegenden Übereinkommens in sich ohne Rücksicht auf Artikel 5, vorausgesetzt, daß das neugefaßte Übereinkommen in Kraft getreten ist.

b) Vom Zeitpunkt des Inkrafttretens des neugefaßten Übereinkommens an kann das vorliegende Übereinkommen von den Mitgliedern nicht mehr ratifiziert werden.

(2) Indessen bleibt das vorliegende Übereinkommen nach Form und Inhalt jedenfalls in Kraft für die Mitglieder, die dieses, aber nicht das neugefaßte Übereinkommen ratifiziert haben.

Art. 10. Der französische und der englische Wortlaut dieses Übereinkommens sind in gleicher Weise maßgebend.

25. Protokoll zum Übereinkommen über Zwangsarbeit[1] · [2]

(ILO-Protokoll 29)

Vom 11. Juni 2014

Schweizerisches BBl. 2016, S. 7039

(Auszug)

(Übersetzung)

Die Allgemeine Konferenz der Internationalen Arbeitsorganisation,

die vom Verwaltungsrat des Internationalen Arbeitsamtes nach Genf einberufen wurde und am 28. Mai 2014 zu ihrer einhundertdritten Tagung zusammengetreten ist;

erkennt an, dass das Verbot von Zwangs- oder Pflichtarbeit Bestandteil der Grundrechte ist und dass Zwangs- oder Pflichtarbeit die Menschenrechte und die Würde von Millionen von Frauen und Männern, Mädchen und Jungen verletzt, zum Fortbestehen von Armut beiträgt und der Verwirklichung von menschenwürdiger Arbeit für alle im Weg steht;

anerkennt, dass das Übereinkommen (Nr. 29) über Zwangsarbeit, 1930, nachstehend als „das Übereinkommen" bezeichnet, und das Übereinkommen (Nr. 105) über die Abschaffung der Zwangsarbeit, 1957, bei der Bekämpfung aller Formen von Zwangs- oder Pflichtarbeit eine entscheidende Rolle spielen, dass Lücken bei ihrer Umsetzung aber zusätzliche Massnahmen erfordern;

weist darauf hin, dass die Definition der Zwangs- oder Pflichtarbeit nach Artikel 2 des Übereinkommens sich auf Zwangs- oder Pflichtarbeit in allen ihren Formen und Ausprägungen erstreckt und ohne Unterschied für alle Menschen gilt;

unterstreicht die Dringlichkeit der Beseitigung von Zwangs- und Pflichtarbeit in allen ihren Formen und Ausprägungen;

verweist auf die Verpflichtung der Mitglieder, die das Übereinkommen ratifiziert haben, Zwangs- oder Pflichtarbeit unter Strafe zu stellen und dafür zu sorgen, dass die gesetzlichen Strafmassnahmen wirklich ausreichend sind und streng vollzogen werden;

stellt fest, dass die in dem Übereinkommen vorgesehene Übergangszeit abgelaufen ist und die Bestimmungen des Artikels 1 Absätze 2 und 3 und der Artikel 3–24 nicht mehr anwendbar sind;

anerkennt, dass die Umstände und Formen von Zwangs- oder Pflichtarbeit sich geändert haben und dass der Menschenhandel für die Zwecke von Zwangs- oder Pflichtarbeit, der mit sexueller Ausbeutung einhergehen kann, Gegenstand wachsender internationaler Sorge ist und dringende Massnahmen zu seiner effektiven Beseitigung erfordert;

---

[1] Internationale Quelle: Normlex Information System on International Labour Standards, Protocols, P29.
[2] Das Protokoll tritt für die Schweiz am 28.9.2018 in Kraft, die übrigen deutschsprachigen Staaten haben das Protokoll noch nicht ratifiziert.

stellt fest, dass eine zunehmende Zahl von Arbeitnehmern Zwangs- oder Pflichtarbeit in der Privatwirtschaft verrichtet, dass bestimmte Wirtschaftssektoren besonders anfällig sind und dass bestimmte Gruppen von Arbeitnehmern einem höheren Risiko ausgesetzt sind, zu Opfern von Zwangs- oder Pflichtarbeit zu werden, insbesondere Migranten;

stellt fest, dass die effektive und nachhaltige Beseitigung von Zwangs- oder Pflichtarbeit zur Sicherstellung eines fairen Wettbewerbs unter Arbeitgebern sowie zum Schutz der Arbeitnehmer beiträgt;

verweist auf die einschlägigen internationalen Arbeitsnormen, insbesondere ... *(hier nicht abgedruckt);*

verweist auf andere relevante internationale Instrumente, insbesondere ... *(hier nicht abgedruckt);*

hat beschlossen, verschiedene Anträge anzunehmen zum Schliessen von Lücken bei der Umsetzung des Übereinkommens, und bekräftigt, dass Präventions- und Schutzmassnahmen sowie Rechtsbehelfe, wie Entschädigung und Rehabilitation, erforderlich sind, um die effektive und nachhaltige Beseitigung von Zwangs- oder Pflichtarbeit gemäss dem vierten Punkt der Tagesordnung der Tagung zu erreichen, und

dabei bestimmt, dass diese Anträge die Form eines Protokolls zu dem Übereinkommen erhalten sollen.

Die Konferenz nimmt heute, am 11. Juni 2014, das folgende Protokoll an, das als Protokoll von 2014 zum Übereinkommen über Zwangsarbeit, 1930, bezeichnet wird.

Art. 1. (1) Bei der Umsetzung seiner Verpflichtungen aus dem Übereinkommen zur Beseitigung von Zwangs- oder Pflichtarbeit hat jedes Mitglied wirksame Massnahmen zu ergreifen, um ihre Anwendung zu verhindern und zu beseitigen, um den Opfern Schutz und Zugang zu geeigneten und wirksamen Rechtsbehelfen und Abhilfemassnahmen, wie zum Beispiel Entschädigung, zu gewährleisten und um die für Zwangs-oder Pflichtarbeit Verantwortlichen zu bestrafen.

(2) Jedes Mitglied hat in Absprache mit den Arbeitgeber- und Arbeitnehmerverbänden eine innerstaatliche Politik und einen innerstaatlichen Aktionsplan zur wirksamen und dauerhaften Beseitigung von Zwangs- oder Pflichtarbeit zu entwickeln, unter Einbeziehung systematischer Massnahmen der zuständigen Stellen und gegebenenfalls in Koordinierung mit den Arbeitgeber- und Arbeitnehmerverbänden sowie mit anderen in Betracht kommenden Gruppen.

(3) Die in dem Übereinkommen enthaltene Definition der Zwangs- oder Pflichtarbeit wird bekräftigt, und daher haben die in diesem Protokoll genannten Massnahmen ein gezieltes Vorgehen gegen den Menschenhandel für die Zwecke von Zwangs- oder Pflichtarbeit zu umfassen.

Art. 2. Die zur Verhütung von Zwangs- oder Pflichtarbeit zu treffenden Massnahmen haben zu umfassen:

a) die Aufklärung und Unterrichtung der Menschen, insbesondere derjenigen, die als besonders anfällig gelten, um zu verhindern, dass sie zu Opfern von Zwangs- oder Pflichtarbeit werden;

b) die Aufklärung und Unterrichtung der Arbeitgeber, um zu verhindern, dass sie in Zwangs- oder Pflichtarbeitspraktiken verwickelt werden;

c) Bemühungen, um sicherzustellen, dass:
 i) der Geltungsbereich und die Durchsetzung der für die Verhütung von Zwangs- oder Pflichtarbeit relevanten Gesetzgebung, gegebenenfalls einschliesslich des Arbeitsrechts, alle Arbeitnehmer und alle Wirtschaftssektoren mit einschliessen, und
 ii) die Arbeitsaufsichtsdienste und die sonstigen Dienste, die für die Durchführung dieser Gesetzgebung verantwortlich sind, gestärkt werden;
d) den Schutz von Personen, insbesondere Wanderarbeitnehmern, vor möglichen missbräuchlichen und betrügerischen Praktiken während des Anwerbungs- und Vermittlungsverfahrens;
e) die Unterstützung der Wahrnehmung der Sorgfaltspflicht sowohl des öffentlichen als auch des privaten Sektors, um den Risiken von Zwangs- oder Pflichtarbeit vorzubeugen und darauf zu reagieren;
f) die Bekämpfung der zugrunde liegenden Ursachen und Faktoren, die die Risiken von Zwangs- oder Pflichtarbeit erhöhen.

Art. 3. Jedes Mitglied hat wirksame Massnahmen zu ergreifen zur Ermittlung, zur Befreiung, zum Schutz, zur Erholung und zur Rehabilitation aller Opfer von Zwangs- oder Pflichtarbeit sowie zur Bereitstellung anderer Formen von Hilfe und Unterstützung.

Art. 4. (1) Jedes Mitglied hat sicherzustellen, dass alle Opfer von Zwangs- oder Pflichtarbeit, ungeachtet ihrer Anwesenheit oder ihres Rechtsstatus im Hoheitsgebiet, Zugang zu geeigneten und wirksamen Rechtsbehelfen und Abhilfemassnahmen, wie zum Beispiel Entschädigung, haben.

(2) Jedes Mitglied hat im Einklang mit den Grundsätzen seiner Rechtsordnung die Massnahmen zu treffen, die erforderlich sind, um sicherzustellen, dass die zuständigen Stellen die Befugnis haben, die Opfer von Zwangs- oder Pflichtarbeit wegen ihrer Beteiligung an unrechtmässigen Tätigkeiten, zu denen sie als unmittelbare Folge der ihnen auferlegten Zwangs- oder Pflichtarbeit gezwungen worden sind, nicht strafrechtlich zu verfolgen oder von einer Bestrafung abzusehen.

Art. 5. Die Mitglieder haben zusammenzuarbeiten, um die Verhütung und Beseitigung aller Formen von Zwangs- oder Pflichtarbeit sicherzustellen.

Art. 6. Die Massnahmen zur Anwendung der Bestimmungen dieses Protokolls und des Übereinkommens sind durch die innerstaatlichen Rechtsvorschriften oder durch die zuständige Stelle nach Absprache mit den in Betracht kommenden Arbeitgeber- und Arbeitnehmerverbänden festzulegen.

Art. 7. Die Übergangsbestimmungen von Artikel 1 Absätze 2 und 3 und der Artikel 3 bis 24 des Übereinkommens sind zu streichen.

Art. 8. (1) Ein Mitglied kann dieses Protokoll gleichzeitig mit der Ratifikation des Übereinkommens oder jederzeit danach durch Mitteilung seiner förmlichen Ratifikation dieses Protokolls an den Generaldirektor des Internationalen Arbeitsamtes zur Eintragung ratifizieren.

(2) Dieses Protokoll tritt zwölf Monate, nachdem die Ratifikationen zweier Mitglieder durch den Generaldirektor eingetragen worden sind, in Kraft. In

der Folge tritt dieses Protokoll für jedes Mitglied zwölf Monate nach der Eintragung seiner Ratifikation in Kraft, und das Übereinkommen bindet das betreffende Mitglied unter Einbeziehung der Artikel 1 bis 7 dieses Protokolls.

Art. 9. (1) Ein Mitglied, das dieses Protokoll ratifiziert hat, kann es, wann immer das Übereinkommen gemäss dessen Artikel 30 gekündigt werden kann, durch förmliche Mitteilung an den Generaldirektor des Internationalen Arbeitsamtes kündigen; die Kündigung wird von diesem eingetragen.

(2) Die Kündigung des Übereinkommens gemäss dessen Artikel 30 oder 32 hat ohne weiteres die Wirkung einer Kündigung dieses Protokolls.

(3) Jede Kündigung dieses Protokolls gemäss den Absätzen 1 oder 2 dieses Artikels wird erst ein Jahr nach der Eintragung wirksam.

Art. 10. (1) Der Generaldirektor des Internationalen Arbeitsamtes gibt allen Mitgliedern der Internationalen Arbeitsorganisation Kenntnis von der Eintragung aller Ratifikationen, Erklärungen und Kündigungen, die ihm von den Mitgliedern der Organisation mitgeteilt werden.

(2) Der Generaldirektor wird die Mitglieder der Organisation, wenn die Eintragung der zweiten Ratifikation erfolgt ist, auf den Zeitpunkt aufmerksam machen, zu dem dieses Protokoll in Kraft tritt.

Art. 11. Der Generaldirektor des Internationalen Arbeitsamtes übermittelt dem Generalsekretär der Vereinten Nationen zur Eintragung nach Artikel 102 der Charta der Vereinten Nationen vollständige Auskünfte über alle von ihm eingetragenen Ratifikationen, Erklärungen und Kündigungen.

Art. 12. Der französische und der englische Wortlaut dieses Protokolls sind in gleicher Weise verbindlich.

26. Übereinkommen gegen Folter und andere grausame, unmenschliche oder erniedrigende Behandlung oder Strafe[1)]

Vom 10. Dezember 1984

(BGBl. 1990 II S. 247)

(Übersetzung)

Die Vertragsstaaten dieses Übereinkommens –

in der Erwägung, daß nach den in der Charta der Vereinten Nationen verkündeten Grundsätzen die Anerkennung der Gleichheit und Unveräußerlichkeit der Rechte aller Mitglieder der menschlichen Gesellschaft die Grundlage von Freiheit, Gerechtigkeit und Frieden in der Welt bildet,

in der Erkenntnis, daß sich diese Rechte aus der dem Menschen innewohnenden Würde herleiten,

in der Erwägung, daß die Charta, insbesondere Artikel 55, die Staaten verpflichtet, die allgemeine Achtung und Verwirklichung der Menschenrechte und Grundfreiheiten zu fördern,

im Hinblick auf Artikel 5 der Allgemeinen Erklärung der Menschenrechte und Artikel 7 des Internationalen Paktes über bürgerliche und politische Rechte, die beide vorsehen, daß niemand der Folter oder grausamer, unmenschlicher oder erniedrigender Behandlung oder Strafe unterworfen werden darf,

sowie im Hinblick auf die von der Generalversammlung am 9. Dezember 1975 angenommene Erklärung über den Schutz aller Personen vor Folter und anderer grausamer, unmenschlicher oder erniedrigender Behandlung oder Strafe,

in dem Wunsch, dem Kampf gegen Folter und andere grausame, unmenschliche oder erniedrigende Behandlung oder Strafe in der ganzen Welt größere Wirksamkeit zu verleihen –

sind wie folgt übereingekommen:

Teil I

Art. 1 [Definition der Folter; gesetzlich zulässige Sanktionen] (1) Im Sinne dieses Übereinkommens bezeichnet der Ausdruck „Folter" jede Handlung, durch die einer Person vorsätzlich große körperliche oder seelische Schmerzen oder Leiden zugefügt werden, zum Beispiel um von ihr oder einem Dritten eine Aussage oder ein Geständnis zu erlangen, um sie für eine tatsächlich oder mutmaßlich von ihr oder einem Dritten begangene Tat zu bestrafen oder um sie oder einen Dritten einzuschüchtern oder zu nötigen, oder aus einem anderen, auf irgendeiner Art von Diskriminierung beruhenden

---

[1)] Internationale Quelle: UNTS Bd. 1465, S. 85; eine Resolution der Vertragsstaatenkonferenz vom 8.9.1992 zur Änderung der Art. 17 und 18 des Übereinkommens (CAT/SP/1992/L.1) ist noch nicht in Kraft getreten (Text der Änderung BGBl. 1996 II, S. 283).

Grund, wenn diese Schmerzen oder Leiden von einem Angehörigen des öffentlichen Dienstes oder einer anderen in amtlicher Eigenschaft handelnden Person, auf deren Veranlassung oder mit deren ausdrücklichem oder stillschweigendem Einverständnis verursacht werden. Der Ausdruck umfaßt nicht Schmerzen oder Leiden, die sich lediglich aus gesetzlich zulässigen Sanktionen ergeben, dazu gehören oder damit verbunden sind.

(2) Dieser Artikel läßt alle internationalen Übereinkünfte oder innerstaatlichen Rechtsvorschriften unberührt, die weitergehende Bestimmungen enthalten.

Art. 2 [Pflichten der Vertragsstaaten; keine Rechtfertigung durch Notstand oder Befehl][1] (1) Jeder Vertragsstaat trifft wirksame gesetzgeberische, verwaltungsmäßige, gerichtliche oder sonstige Maßnahmen, um Folterungen in allen seiner Hoheitsgewalt unterstehenden Gebieten zu verhindern.

(2) Außergewöhnliche Umstände gleich welcher Art, sei es Krieg oder Kriegsgefahr, innenpolitische Instabilität oder ein sonstiger öffentlicher Notstand, dürfen nicht als Rechtfertigung für Folter geltend gemacht werden.

(3) Eine von einem Vorgesetzten oder einem Träger öffentlicher Gewalt erteilte Weisung darf nicht als Rechtfertigung für Folter geltend gemacht werden.

Art. 3 [Verbot der Abschiebung bei drohender Folter][2] (1) Ein Vertragsstaat darf eine Person nicht in einen anderen Staat ausweisen, abschieben oder an diesen ausliefern, wenn stichhaltige Gründe für die Annahme bestehen, daß sie dort Gefahr liefe, gefoltert zu werden.

(2) Bei der Feststellung, ob solche Gründe vorliegen, berücksichtigen die zuständigen Behörden alle maßgeblichen Erwägungen einschließlich des Umstands, daß in dem betreffenden Staat eine ständige Praxis grober, offenkundiger oder massenhafter Verletzungen der Menschenrechte herrscht.

Art. 4 [Obligatorische Strafandrohung] (1) Jeder Vertragsstaat trägt dafür Sorge, daß nach seinem Strafrecht alle Folterhandlungen als Straftaten gelten. Das gleiche gilt für versuchte Folterungen und für von irgendeiner Person begangene Handlungen, die eine Mittäterschaft oder Teilnahme an einer Folterung darstellen.

(2) Jeder Vertragsstaat bedroht diese Straftaten mit angemessenen Strafen, welche die Schwere der Tat berücksichtigen.

Art. 5 [Obligatorische Gerichtsbarkeit – no safe haven] (1) Jeder Vertragsstaat trifft die notwendigen Maßnahmen, um seine Gerichtsbarkeit über die in Artikel 4 genannten Straftaten in folgenden Fällen zu begründen:
a) wenn die Straftaten in einem der Hoheitsgewalt des betreffenden Staates unterstehenden Gebiet oder an Bord eines in diesem Staat eingetragenen Schiffes oder Luftfahrzeugs begangen wird;
b) wenn der Verdächtige Angehöriger des betreffenden Staates ist;

---

[1] Siehe hierzu die Allgemeine Bemerkung Nr. 2 des Ausschusses gegen Folter vom November 2007 (CAT/C/GC/2).
[2] Siehe hierzu die Allgemeine Bemerkung Nr. 4 des Ausschusses gegen Folter vom 6.12.2017 (CAT/C/GC/4).

c) wenn das Opfer Angehöriger des betreffenden Staates ist, sofern dieser Staat es für angebracht hält.

(2) Ebenso trifft jeder Vertragsstaat die notwendigen Maßnahmen, um seine Gerichtsbarkeit über diese Straftaten für den Fall zu begründen, daß der Verdächtige sich in einem der Hoheitsgewalt des betreffenden Staates unterstehenden Gebiet befindet und er ihn nicht nach Artikel 8 an einen der in Absatz 1 des vorliegenden Artikels bezeichneten Staaten ausliefert.

(3) Dieses Übereinkommen schließt eine Strafgerichtsbarkeit, die nach innerstaatlichem Recht ausgeübt wird, nicht aus.

Art. 6 [Verhaftung Verdächtiger, Ermittlungen, Mitteilungen] (1) Hält ein Vertragsstaat, in dessen Hoheitsgebiet sich ein der Begehung einer in Artikel 4 genannten Straftat Verdächtiger befindet, es nach Prüfung der ihm vorliegenden Informationen in Anbetracht der Umstände für gerechtfertigt, so nimmt er ihn in Haft oder trifft andere rechtliche Maßnahmen, um seine Anwesenheit sicherzustellen. Die Haft und die anderen rechtlichen Maßnahmen müssen mit dem Recht dieses Staates übereinstimmen; sie dürfen nur so lange aufrechterhalten werden, wie es notwendig ist, um die Einleitung eines Straf- oder Auslieferungsverfahrens zu ermöglichen.

(2) Dieser Staat führt unverzüglich eine vorläufige Untersuchung zur Feststellung des Sachverhalts durch.

(3) Einer auf Grund des Absatzes 1 in Haft befindlichen Person wird jede Erleichterung gewährt, damit sie mit dem nächsten zuständigen Vertreter des Staates, dessen Staatsangehörigkeit sie besitzt, oder, wenn sie staatenlos ist, mit dem Vertreter des Staates, in dem sie sich gewöhnlich aufhält, unmittelbar verkehren kann.

(4) Hat ein Staat eine Person auf Grund dieses Artikels in Haft genommen, so zeigt er unverzüglich den in Artikel 5 Absatz 1 genannten Staaten die Tatsache, daß diese Person in Haft ist, sowie die Umstände an, welche die Haft rechtfertigen. Der Staat, der die vorläufige Untersuchung nach Absatz 2 durchführt, unterrichtet die genannten Staaten unverzüglich über das Ergebnis der Untersuchung und teilt ihnen mit, ob er seine Gerichtsbarkeit auszuüben beabsichtigt.

Art. 7 [Strafverfolgung und Verurteilung] (1) Der Vertragsstaat, der die Hoheitsgewalt über das Gebiet ausübt, in dem der einer in Artikel 4 genannten Straftat Verdächtige aufgefunden wird, unterbreitet den Fall, wenn er den Betreffenden nicht ausliefert, in den in Artikel 5 genannten Fällen seinen zuständigen Behörden zum Zweck der Strafverfolgung.

(2) Diese Behörden treffen ihre Entscheidung in der gleichen Weise wie im Fall einer gemeinrechtlichen Straftat schwerer Art nach dem Recht dieses Staates. In den in Artikel 5 Absatz 2 genannten Fällen dürfen für die Strafverfolgung und Verurteilung keine weniger strengen Maßnahmen bei der Beweisführung angelegt werden als in den in Artikel 5 Absatz 1 genannten Fällen.

(3) Jedem, gegen den ein Verfahren wegen einer der in Artikel 4 genannten Straftaten durchgeführt wird, ist während des gesamten Verfahrens eine gerechte Behandlung zu gewährleisten.

Art. 8 [Auslieferung] (1) Die in Artikel 4 genannten Straftaten gelten als in jeden zwischen Vertragsstaaten bestehenden Auslieferungsvertrag einbezogene, der Auslieferung unterliegende Straftaten. Die Vertragsstaaten verpflichten sich, diese Straftaten als der Auslieferung unterliegende Straftaten in jeden zwischen ihnen zu schließenden Auslieferungsvertrag aufzunehmen.

(2) Erhält ein Vertragsstaat, der die Auslieferung vom Bestehen eines Vertrags abhängig macht, ein Auslieferungsersuchen von einem anderen Vertragsstaat, mit dem er keinen Auslieferungsvertrag hat, so kann er dieses Übereinkommen als Rechtsgrundlage für die Auslieferung in bezug auf solche Straftaten ansehen. Die Auslieferung unterliegt im übrigen den im Recht des ersuchten Staates vorgesehenen Bedingungen.

(3) Vertragsstaaten, welche die Auslieferung nicht vom Bestehen eines Vertrags abhängig machen, erkennen unter sich solche Straftaten als der Auslieferung unterliegende Straftaten vorbehaltlich der im Recht des ersuchten Staates vorgesehenen Bedingungen an.

(4) Solche Straftaten werden für die Zwecke der Auslieferung zwischen Vertragsstaaten so behandelt, als seien sie nicht nur an dem Ort, an dem sie sich ereignet haben, sondern auch in den Hoheitsgebieten der Staaten begangen worden, die verpflichtet sind, ihre Gerichtsbarkeit nach Artikel 6 Absatz 1 zu begründen.

Art. 9 [Amtshilfe, Rechtshilfe] (1) Die Vertragsstaaten gewähren einander die weitestgehende Hilfe im Zusammenhang mit Strafverfahren, die in bezug auf eine der in Artikel 4 genannten Straftaten eingeleitet werden, einschließlich der Überlassung aller ihnen zur Verfügung stehenden und für das Verfahren erforderlichen Beweismittel.

(2) Die Vertragsstaaten kommen ihren Verpflichtungen aus Absatz 1 im Einklang mit allen möglicherweise zwischen ihnen bestehenden Verträgen über gegenseitige Rechtshilfe nach.

Art. 10 [Unterrichtung des Vollzugspersonals] (1) Jeder Vertragsstaat trägt dafür Sorge, daß die Erteilung von Unterricht und die Aufklärung über das Verbot der Folter als vollgültiger Bestandteil in die Ausbildung des mit dem Gesetzesvollzug betrauten zivilen und militärischen Personals, des medizinischen Personals, der Angehörigen des öffentlichen Dienstes und anderer Personen aufgenommen wird, die mit dem Gewahrsam, der Vernehmung oder der Behandlung einer Person befaßt werden können, die der Festnahme, der Haft, dem Strafvollzug oder irgendeiner anderen Form der Freiheitsentziehung unterworfen ist.

(2) Jeder Vertragsstaat nimmt dieses Verbot in die Vorschriften oder Anweisungen über die Pflichten und Aufgaben aller dieser Personen auf.

Art. 11 [Regelmäßige Prüfung der Vorkehrungen gegen Folter] Jeder Vertragsstaat unterzieht die für Vernehmungen geltenden Vorschriften, Anweisungen, Methoden und Praktiken sowie die Vorkehrungen für den Gewahrsam und die Behandlung von Personen, die der Festnahme, der Haft, dem Strafvollzug oder irgendeiner anderen Form der Freiheitsentziehung unterworfen sind, in allen seiner Hoheitsgewalt unterstehenden Gebieten einer regelmäßigen systematischen Überprüfung, um jeden Fall von Folter zu verhüten.

Art. 12 [Ermittlungsgebot] Jeder Vertragsstaat trägt dafür Sorge, daß seine zuständigen Behörden umgehend eine unparteiische Untersuchung durchführen, sobald ein hinreichender Grund für die Annahme besteht, daß in einem seiner Hoheitsgewalt unterstehenden Gebiet eine Folterhandlung begangen wurde.

Art. 13 [Ermöglichung von Anzeigen, Schutz der Betroffenen und Zeugen] Jeder Vertragsstaat trägt dafür Sorge, daß jeder, der behauptet, er sei in einem der Hoheitsgewalt des betreffenden Staates unterstehenden Gebiet gefoltert worden, das Recht auf Anrufung der zuständigen Behörden und auf umgehende unparteiische Prüfung seines Falles durch diese Behörden hat. Es sind Vorkehrungen zu treffen, um sicherzustellen, daß der Beschwerdeführer und die Zeugen vor jeder Mißhandlung oder Einschüchterung wegen ihrer Beschwerde oder ihrer Aussagen geschützt sind.

Art. 14 [Wiedergutmachung, Schadenersatz, Schmerzensgeld][1]
(1) Jeder Vertragsstaat stellt in seiner Rechtsordnung sicher, daß das Opfer einer Folterhandlung Wiedergutmachung erhält und ein einklagbares Recht auf gerechte und angemessene Entschädigung einschließlich der Mittel für eine möglichst vollständige Rehabilitation hat. Stirbt das Opfer infolge der Folterhandlung, so haben seine Hinterbliebenen Anspruch auf Entschädigung.

(2) Dieser Artikel berührt nicht einen nach innerstaatlichem Recht bestehenden Anspruch des Opfers oder anderer Personen auf Entschädigung.

Art. 15 [Verwertungsverbot] Jeder Vertragsstaat trägt dafür Sorge, daß Aussagen, die nachweislich durch Folter herbeigeführt worden sind, nicht als Beweis in einem Verfahren verwendet werden, es sei denn gegen eine der Folter angeklagte Person als Beweis dafür, daß die Aussage gemacht wurde.

Art. 16 [Grausame, unmenschliche oder erniedrigende Behandlung oder Strafe] (1) Jeder Vertragsstaat verpflichtet sich, in jedem seiner Hoheitsgewalt unterstehenden Gebiet andere Handlungen zu verhindern, die eine grausame, unmenschliche oder erniedrigende Behandlung oder Strafe darstellen, ohne der Folter im Sinne des Artikels 1 gleichzukommen, wenn diese Handlungen von einem Angehörigen des öffentlichen Dienstes oder einer anderen in amtlicher Eigenschaft handelnden Person, auf deren Veranlassung oder mit deren ausdrücklichem oder stillschweigendem Einverständnis begangen werden. Die in den Artikeln 10, 11, 12 und 13 aufgeführten Verpflichtungen bezüglich der Folter gelten auch entsprechend für andere Formen grausamer, unmenschlicher oder erniedrigender Behandlung oder Strafe.

(2) Dieses Übereinkommen berührt nicht die Bestimmungen anderer internationaler Übereinkünfte oder innerstaatlicher Rechtsvorschriften, die grausame, unmenschliche oder erniedrigende Behandlung oder Strafe verbieten oder die sich auf die Auslieferung oder Ausweisung beziehen.

---

[1] Siehe hierzu die Allgemeine Bemerkung Nr. 3 des Ausschusses gegen Folter vom November 2012 (CAT/C/GC/3).

Teil II

Art. 17 [Ausschuss gegen Folter] (1) Es wird ein Ausschuß gegen Folter (im folgenden als „Ausschuß" bezeichnet) errichtet, der die nachstehend festgelegten Aufgaben wahrnimmt. Der Ausschuß besteht aus zehn Sachverständigen von hohem sittlichen Ansehen und anerkannter Sachkenntnis auf dem Gebiet der Menschenrechte, die in ihrer persönlichen Eigenschaft tätig sind. Die Sachverständigen werden von den Vertragsstaaten gewählt, wobei eine ausgewogene geographische Verteilung und die Zweckmäßigkeit der Beteiligung von Personen mit juristischer Erfahrung zu berücksichtigen sind.

(2) Die Mitglieder des Ausschusses werden in geheimer Wahl aus einer Liste von Personen gewählt, die von den Vertragsstaaten vorgeschlagen worden sind. Jeder Vertragsstaat darf einen seiner Staatsangehörigen vorschlagen. Die Vertragsstaaten berücksichtigen dabei, daß es zweckmäßig ist, Personen vorzuschlagen, die auch Mitglieder des aufgrund des Internationalen Paktes über bürgerliche und politische Rechte eingesetzten Ausschusses für Menschenrechte sind und die bereit sind, dem Ausschuß gegen Folter anzugehören.

(3) Die Wahl der Ausschußmitglieder findet alle zwei Jahre in vom Generalsekretär der Vereinten Nationen einberufenen Versammlungen der Vertragsstaaten statt. In diesen Versammlungen, die beschlußfähig sind, wenn zwei Drittel der Vertragsstaaten vertreten sind, gelten diejenigen Kandidaten als in den Ausschuß gewählt, welche die höchste Stimmenzahl und die absolute Stimmenmehrheit der anwesenden und abstimmenden Vertreter der Vertragsstaaten auf sich vereinigen.

(4) Die erste Wahl findet spätestens sechs Monate nach Inkrafttreten dieses Übereinkommens statt. Spätestens vier Monate vor jeder Wahl fordert der Generalsekretär der Vereinten Nationen die Vertragsstaaten schriftlich auf, innerhalb von drei Monaten ihre Kandidaten vorzuschlagen. Der Generalsekretär fertigt eine alphabetische Liste aller auf diese Weise vorgeschlagenen Personen unter Angabe der Vertragsstaaten an, die sie vorgeschlagen haben, und übermittelt sie den Vertragsstaaten.

(5) Die Ausschußmitglieder werden für vier Jahre gewählt. Auf erneuten Vorschlag können sie wiedergewählt werden. Die Amtszeit von fünf der bei der ersten Wahl gewählten Mitglieder läuft jedoch nach zwei Jahren ab; unmittelbar nach der ersten Wahl werden die Namen dieser fünf Mitglieder vom Vorsitzenden der in Absatz 3 genannten Versammlung durch das Los bestimmt.

(6) Stirbt ein Ausschußmitglied, tritt es zurück oder kann es aus irgendeinem anderen Grund seine Aufgaben im Ausschuß nicht mehr wahrnehmen, so ernennt der Vertragsstaat, der es vorgeschlagen hat, vorbehaltlich der Zustimmung der Mehrheit der Vertragsstaaten einen anderen Sachverständigen seiner Staatsangehörigkeit, der dem Ausschuß während der restlichen Amtszeit angehört. Die Zustimmung gilt als erteilt, sofern sich nicht mindestens die Hälfte der Vertragsstaaten binnen sechs Wochen, nachdem sie vom Generalsekretär der Vereinten Nationen von der vorgeschlagenen Ernennung unterrichtet wurde, dagegen ausspricht.

(7) Die Vertragsstaaten kommen für die Ausgaben auf, die den Ausschußmitgliedern bei der Wahrnehmung von Aufgaben des Ausschusses entstehen.[1]

Art. 18 [Vorstand, Personal, Kosten] (1) Der Ausschuß wählt seinen Vorstand für zwei Jahre. Eine Wiederwahl der Mitglieder des Vorstands ist zulässig.

(2) Der Ausschuß gibt sich eine Geschäftsordnung[2], die unter anderem folgende Bestimmungen enthalten muß:
a) Der Ausschuß ist bei Anwesenheit von sechs Mitgliedern beschlußfähig;
b) der Ausschuß faßt seine Beschlüsse mit der Mehrheit der anwesenden Mitglieder.

(3) Der Generalsekretär der Vereinten Nationen stellt dem Ausschuß das Personal und die Einrichtungen zur Verfügung, die dieser zur wirksamen Durchführung der ihm nach diesem Übereinkommen obliegenden Aufgaben benötigt.

(4) Der Generalsekretär der Vereinten Nationen beruft die erste Sitzung des Ausschusses ein. Nach seiner ersten Sitzung tritt der Ausschuß zu den in seiner Geschäftsordnung vorgesehenen Zeiten zusammen.

(5) Die Vertragsstaaten kommen für die Ausgaben auf, die im Zusammenhang mit der Abhaltung von Versammlungen der Vertragsstaaten und Sitzungen des Ausschusses entstehen; dazu gehört auch die Erstattung aller Ausgaben, wie beispielsweise der Kosten für Personal und Einrichtungen, die den Vereinten Nationen nach Absatz 3 entstanden sind.[1]

Art. 19 [Berichtsverfahren] (1) Die Vertragsstaaten legen dem Ausschuß über den Generalsekretär der Vereinten Nationen innerhalb eines Jahres nach Inkrafttreten dieses Übereinkommens für den betreffenden Vertragsstaat Berichte über die Maßnahmen vor, die sie zur Erfüllung ihrer Verpflichtungen aus dem Übereinkommen getroffen haben. Danach legen die Vertragsstaaten alle vier Jahre ergänzende Berichte über alle weiteren Maßnahmen sowie alle sonstigen Berichte vor, die der Ausschuß anfordert.

(2) Der Generalsekretär der Vereinten Nationen leitet die Berichte allen Vertragsstaaten zu.

(3) Der Ausschuß prüft jeden Bericht; er kann ihn mit den ihm geeignet erscheinenden allgemeinen Bemerkungen versehen und leitet diese dem betreffenden Vertragsstaat zu. Dieser kann dem Ausschuß hierzu jede Stellungnahme übermitteln, die er abzugeben wünscht.

(4) Der Ausschuß kann nach eigenem Ermessen beschließen, seine Bemerkungen nach Absatz 3 zusammen mit den hierauf eingegangenen Stellungnahmen des betreffenden Vertragsstaats in seinen gemäß Artikel 24 erstellten Jahresbericht aufzunehmen. Auf Ersuchen des betreffenden Vertragsstaates kann der Ausschuß auch eine Abschrift des nach Absatz 1 vorgelegten Berichts beifügen.

---

[1] Nach einem noch nicht in Kraft getretenen Beschluss der Vertragsstaaten vom 8.9.1992 sollen Art. 17 Abs. 7 und Art. 18 Abs. 5 gestrichen werden; hinter Art. 18 Abs. 3 wird ein neuer Absatz 4 eingefügt: (4) Die Mitglieder des nach diesem Übereinkommen errichteten Ausschusses erhalten zu den von der Generalversammlung festzulegenden Bedingungen Bezüge aus den Mitteln der Vereinten Nationen (BGBl. 1996 II S. 284 f.).
[2] Auszugsweise abgedruckt unter Nr. **28a.**

Art. 20 [Vertrauliches Prüfungsverfahren] (1) Erhält der Ausschuß zuverlässige Informationen, die nach seiner Meinung wohlbegründete Hinweise darauf enthalten, daß im Hoheitsgebiet eines Vertragsstaats systematisch Folterungen stattfinden, so fordert der Ausschuß diesen Vertragsstaat auf, bei der Prüfung der Informationen mitzuwirken und zu diesem Zweck Stellungnahmen zu den Informationen abzugeben.

(2) Wenn es der Ausschuß unter Berücksichtigung der von dem betreffenden Vertragsstaat abgegebenen Stellungnahmen sowie aller sonstigen ihm zur Verfügung stehenden einschlägigen Informationen für gerechtfertigt hält, kann er eines oder mehrere seiner Mitglieder beauftragen, eine vertrauliche Untersuchung durchzuführen und ihm sofort zu berichten.

(3) Wird eine Untersuchung nach Absatz 2 durchgeführt, so bemüht sich der Ausschuß um die Mitwirkung des betreffenden Vertragsstaats. Im Einvernehmen mit diesem Vertragsstaat kann eine solche Untersuchung einen Besuch in dessen Hoheitsgebiet einschließen.

(4) Nachdem der Ausschuß die von seinem Mitglied oder seinen Mitgliedern nach Absatz 2 vorgelegten Untersuchungsergebnisse geprüft hat, übermittelt er sie zusammen mit allen angesichts der Situation geeignet erscheinenden Bemerkungen oder Vorschlägen dem betreffenden Vertragsstaat.

(5) Das gesamte in den Absätzen 1 bis 4 bezeichnete Verfahren des Ausschusses ist vertraulich; in jedem Stadium des Verfahrens wird die Mitwirkung des betreffenden Vertragsstaats angestrebt. Nachdem das mit einer Untersuchung gemäß Absatz 2 zusammenhängende Verfahren abgeschlossen ist, kann der Ausschuß nach Konsultation des betreffenden Vertragsstaats beschließen, eine Zusammenfassung der Ergebnisse des Verfahrens in seinen nach Artikel 24 erstellten Jahresbericht aufzunehmen.

Art. 21 [Staatenbeschwerden (fakultativ)] (1) Ein Vertragsstaat kann auf Grund dieses Artikels jederzeit erklären, daß er die Zuständigkeit des Ausschusses zur Entgegennahme und Prüfung von Mitteilungen anerkennt, in denen ein Vertragsstaat geltend macht, ein anderer Vertragsstaat komme seinen Verpflichtungen aus diesem Übereinkommen nicht nach.[1] Diese Mitteilungen können nur dann nach den in diesem Artikel festgelegten Verfahren entgegengenommen und geprüft werden, wenn sie von einem Vertragsstaat eingereicht werden, der für sich selbst die Zuständigkeit des Ausschusses durch eine Erklärung anerkannt hat. Der Ausschuß darf keine Mitteilung auf Grund dieses Artikels behandeln, die einen Vertragsstaat betrifft, der keine derartige Erklärung abgegeben hat. Auf Mitteilungen, die auf Grund dieses Artikels eingehen, ist folgendes Verfahren anzuwenden:
a) Ist ein Vertragsstaat der Auffassung, daß ein anderer Vertragsstaat die Bestimmungen dieses Übereinkommens nicht durchführt, so kann er den anderen Staat durch eine schriftliche Mitteilung darauf hinweisen. Innerhalb von drei Monaten nach Zugang der Mitteilung hat der Empfangsstaat dem Staat, der die Mitteilung übersandt hat, in bezug auf die Sache eine schriftliche Erklärung oder sonstige Stellungnahme zukommen zu lassen, die, soweit es möglich und angebracht ist, einen Hinweis auf die in der Sache

---

[1] Eine entsprechende Erklärung haben u. a. Deutschland, Liechtenstein, Österreich und die Schweiz abgegeben.

durchgeführten, anhängigen oder zur Verfügung stehenden innerstaatlichen Verfahren und Rechtsbehelfe enthalten soll;

b) wird die Sache nicht innerhalb von sechs Monaten nach Eingang der einleitenden Mitteilung bei dem Empfangsstaat zur Zufriedenheit der beiden beteiligten Vertragsstaaten geregelt, so hat jeder der beiden Staaten das Recht, die Sache dem Ausschuß zu unterbreiten, indem er diesem und dem anderen Staat eine entsprechende Mitteilung macht;

c) der Ausschuß befaßt sich mit einer ihm auf Grund dieses Artikels unterbreiteten Sache erst dann, wenn er sich Gewißheit verschafft hat, daß in der Sache alle innerstaatlichen Rechtsbehelfe in Übereinstimmung mit den allgemein anerkannten Grundsätzen des Völkerrechts eingelegt und erschöpft worden sind. Dies gilt nicht, wenn das Verfahren bei der Anwendung der Rechtsbehelfe unangemessen lange gedauert hat oder für die Person, die das Opfer einer Verletzung dieses Übereinkommens geworden ist, keine wirksame Abhilfe erwarten läßt;

d) der Ausschuß berät über Mitteilungen auf Grund dieses Artikels in nichtöffentlicher Sitzung;

e) sofern die Voraussetzungen des Buchstabens c erfüllt sind, stellt der Ausschuß den beteiligten Vertragsstaaten seine guten Dienste zur Verfügung, um eine gütliche Regelung der Sache auf der Grundlage der Einhaltung der in diesem Übereinkommen vorgesehenen Verpflichtungen herbeizuführen. Zu diesem Zweck kann der Ausschuß gegebenenfalls eine Ad-hoc-Vergleichskommission einsetzen;

f) der Ausschuß kann in jeder ihm auf Grund dieses Artikels unterbreiteten Sache die unter Buchstabe b genannten beteiligten Vertragsstaaten auffordern, alle erheblichen Angaben beizubringen;

g) die unter Buchstabe b genannten beteiligten Vertragsstaaten haben das Recht, sich vertreten zu lassen sowie mündlich und/oder schriftlich Stellung zu nehmen, wenn die Sache vom Ausschuß verhandelt wird;

h) der Ausschuß legt innerhalb von zwölf Monaten nach Eingang der unter Buchstabe b vorgesehenen Mitteilung einen Bericht vor:

i) Wenn eine Regelung im Sinne des Buchstabens e zustande gekommen ist, beschränkt der Ausschuß seinen Bericht auf eine kurze Darstellung des Sachverhalts und der erzielten Regelung;

ii) wenn eine Regelung im Sinne des Buchstabens e nicht zustandegekommen ist, beschränkt der Ausschuß seinen Bericht auf eine kurze Darstellung des Sachverhalts; die schriftlichen Stellungnahmen und das Protokoll über die mündlichen Stellungnahmen der beteiligten Vertragsstaaten sind dem Bericht beizufügen.

In jedem Fall wird der Bericht den beteiligten Vertragsstaaten übermittelt.

(2) Die Bestimmungen dieses Artikels treten in Kraft, wenn fünf Vertragsstaaten Erklärungen nach Absatz 1 abgegeben haben. Diese Erklärungen werden von den Vertragsstaaten beim Generalsekretär der Vereinten Nationen hinterlegt, der den anderen Vertragsstaaten Abschriften davon übermittelt. Eine Erklärung kann jederzeit durch eine an den Generalsekretär gerichtete Notifikation zurückgenommen werden. Eine solche Zurücknahme berührt nicht die Prüfung einer Sache, die Gegenstand einer auf Grund dieses Artikels bereits vorgenommenen Mitteilung ist; nach Eingang der Notifikation über die Zurücknahme der Erklärung beim Generalsekretär wird keine weitere Mitteilung eines Vertragsstaats auf Grund dieses Artikels entgegengenom-

men, es sei denn, daß der betroffene Vertragsstaat eine neue Erklärung abgegeben hat.

Art. 22 [Individualbeschwerde (fakultativ)] (1) Ein Vertragsstaat kann auf Grund dieses Artikels jederzeit erklären, daß er die Zuständigkeit des Ausschusses zur Entgegennahme und Prüfung von Mitteilungen einzelner Personen oder im Namen einzelner Personen anerkennt, die der Hoheitsgewalt des betreffenden Staates unterstehen und die geltend machen, Opfer einer Verletzung dieses Übereinkommens durch einen Vertragsstaat zu sein.[1] Der Ausschuß darf keine Mitteilung entgegennehmen, die einen Vertragsstaat betrifft, der keine derartige Erklärung abgegeben hat.

(2) Der Ausschuß erklärt jede nach diesem Artikel eingereichte Mitteilung für unzulässig, die anonym ist oder die er für einen Mißbrauch des Rechts auf Einreichung solcher Mitteilungen oder für unvereinbar mit den Bestimmungen dieses Übereinkommens hält.

(3) Vorbehaltlich des Absatzes 2 bringt der Ausschuß jede ihm nach diesem Artikel eingereichte Mitteilung dem Vertragsstaat zur Kenntnis, der eine Erklärung nach Absatz 1 abgegeben hat und dem vorgeworfen wird, eine Bestimmung dieses Übereinkommens verletzt zu haben. Der Empfangsstaat hat dem Ausschuß innerhalb von sechs Monaten schriftliche Erläuterungen oder Stellungnahmen zur Klärung der Sache zu übermitteln und die gegebenenfalls von ihm getroffenen Abhilfemaßnahmen mitzuteilen.

(4) Der Ausschuß prüft die ihm nach diesem Artikel zugegangenen Mitteilungen unter Berücksichtigung aller ihm von der Einzelperson oder in deren Namen und von dem betroffenen Vertragsstaat unterbreiteten Informationen.[2]

(5) Der Ausschuß prüft Mitteilungen einer Einzelperson auf Grund dieses Artikels erst dann, wenn er sich Gewißheit verschafft hat,
a) daß dieselbe Sache nicht bereits in einem anderen internationalen Untersuchungs- oder Streitregelungsverfahren geprüft wurde oder wird;
b) daß die Einzelperson alle zur Verfügung stehenden innerstaatlichen Rechtsbehelfe erschöpft hat; dies gilt nicht, wenn das Verfahren bei der Anwendung der Rechtsbehelfe unangemessen lange gedauert hat oder für die Person, die das Opfer einer Verletzung dieses Übereinkommens geworden ist, keine wirksame Abhilfe erwarten läßt.

(6) Der Ausschuß berät über Mitteilungen auf Grund dieses Artikels in nichtöffentlicher Sitzung.

(7) Der Ausschuß teilt seine Auffassungen dem betroffenen Vertragsstaat und der Einzelperson mit.

(8) Die Bestimmungen dieses Artikels treten in Kraft, wenn fünf Vertragsstaaten Erklärungen nach Absatz 1 abgegeben haben. Diese Erklärungen werden von den Vertragsstaaten beim Generalsekretär der Vereinten Nationen hinterlegt, der den anderen Vertragsstaaten Abschriften davon übermittelt.

---

[1] Eine entsprechende Erklärung haben u. a. Deutschland, Österreich, Liechtenstein und die Schweiz abgegeben. Mitteilungen sind zu richten an: (brieflich) Petitions and Inquiries Section, Office of the High Commissioner for Human Rights, United Nations Office at Geneva, CH-1211 Genève 10; (E-Mail) petitions@ohchr.org.
[2] Siehe hierzu die Allgemeine Bemerkung Nr. 4 des Ausschusses gegen Folter vom 6.12.2017 (CAT/C/(GC/4).

Eine Erklärung kann jederzeit durch eine an den Generalsekretär gerichtete Notifikation zurückgenommen werden. Eine solche Zurücknahme berührt nicht die Prüfung einer Sache, die Gegenstand einer auf Grund dieses Artikels bereits vorgenommenen Mitteilung ist; nach Eingang der Notifikation über die Zurücknahme der Erklärung beim Generalsekretär wird keine weitere von einer Einzelperson oder in deren Namen gemachte Mitteilung auf Grund dieses Artikels entgegengenommen, es sei denn, daß der betroffene Vertragsstaat eine neue Erklärung abgegeben hat.

Art. 23 [Vorrechte und Immunitäten] Die Mitglieder des Ausschusses und der Ad-hoc-Vergleichskommissionen, die nach Artikel 21 Absatz 1 Buchstabe e bestimmt werden können, haben Anspruch auf die Erleichterungen, Vorrechte und Immunitäten, die in den einschlägigen Abschnitten des Übereinkommens über die Vorrechte und Immunitäten der Vereinten Nationen für die im Auftrag der Vereinten Nationen tätigen Sachverständigen vorgesehen sind.

Art. 24 [Jahresbericht] Der Ausschuß legt den Vertragsstaaten und der Generalversammlung der Vereinten Nationen einen Jahresbericht über seine Tätigkeit auf Grund dieses Übereinkommens vor.

Teil III

Art. 25 [Unterzeichnung] (1) Dieses Übereinkommen liegt für alle Staaten zur Unterzeichnung auf.

(2) Dieses Übereinkommen bedarf der Ratifikation. Die Ratifikationsurkunden werden beim Generalsekretär der Vereinten Nationen hinterlegt.

Art. 26 [Beitritt] Dieses Übereinkommen steht allen Staaten zum Beitritt offen. Der Beitritt erfolgt durch Hinterlegung einer Beitrittsurkunde beim Generalsekretär der Vereinten Nationen.

Art. 27 [Inkrafttreten] (1) Dieses Übereinkommen tritt am dreißigsten Tag nach Hinterlegung der zwanzigsten Ratifikations- oder Beitrittsurkunde beim Generalsekretär der Vereinten Nationen in Kraft.

(2) Für jeden Staat, der nach Hinterlegung der zwanzigsten Ratifikations- oder Beitrittsurkunde dieses Übereinkommen ratifiziert oder ihm beitritt, tritt es am dreißigsten Tag nach Hinterlegung seiner eigenen Ratifikations- oder Beitrittsurkunde in Kraft.

Art. 28 [Ausschluss des vertraulichen Prüfverfahrens durch Vorbehalt] (1) Jeder Staat kann bei der Unterzeichnung oder der Ratifikation dieses Übereinkommens oder dem Beitritt zu diesem erklären, daß er die in Artikel 20 vorgesehene Zuständigkeit des Ausschusses nicht anerkennt.

(2) Jeder Vertragsstaat, der einen Vorbehalt nach Absatz 1 gemacht hat, kann diesen Vorbehalt jederzeit durch eine an den Generalsekretär der Vereinten Nationen gerichtete Notifikation zurücknehmen.

Art. 29 [Änderung] (1) Jeder Vertragsstaat kann eine Änderung dieses Übereinkommens vorschlagen und seinen Vorschlag beim Generalsekretär der Vereinten Nationen einreichen. Der Generalsekretär übermittelt sodann den Änderungsvorschlag den Vertragsstaaten mit der Aufforderung, ihm mitzuteilen, ob sie eine Konferenz der Vertragsstaaten zur Beratung und Abstimmung über den Vorschlag befürworten. Befürwortet innerhalb von vier Monaten nach dem Datum der Übermittlung wenigstens ein Drittel der Vertragsstaaten eine solche Konferenz, so beruft der Generalsekretär die Konferenz unter der Schirmherrschaft der Vereinten Nationen ein. Jede Änderung, die von der Mehrheit der auf der Konferenz anwesenden und abstimmenden Vertragsstaaten beschlossen wird, wird vom Generalsekretär allen Vertragsstaaten zur Annahme vorgelegt.

(2) Eine nach Absatz 1 beschlossene Änderung tritt in Kraft, wenn zwei Drittel der Vertragsstaaten dem Generalsekretär der Vereinten Nationen notifiziert haben, daß sie die Änderung nach Maßgabe der in ihrer Verfassung vorgesehenen Verfahren angenommen haben.

(3) Treten die Änderungen in Kraft, so sind sie für die Vertragsstaaten, die sie angenommen haben, verbindlich, während für die anderen Vertragsstaaten weiterhin die Bestimmungen dieses Übereinkommens und alle früher von ihnen angenommenen Änderungen gelten.

Art. 30 [Schiedsverfahren, Internationaler Gerichtshof] (1) Jede Streitigkeit zwischen zwei oder mehr Vertragsstaaten über die Auslegung oder Anwendung dieses Übereinkommens, die nicht durch Verhandlungen beigelegt werden kann, ist auf Verlangen eines dieser Staaten einem Schiedsverfahren zu unterwerfen. Können sich die Parteien binnen sechs Monaten nach dem Zeitpunkt, zu dem das Schiedsverfahren verlangt worden ist, über seine Ausgestaltung nicht einigen, so kann jede dieser Parteien die Streitigkeit dem Internationalen Gerichtshof unterbreiten, indem sie einen seinem Statut entsprechenden Antrag stellt.

(2) Jeder Staat kann bei der Unterzeichnung oder der Ratifikation dieses Übereinkommens oder dem Beitritt zu diesem erklären, daß er sich durch Absatz 1 nicht als gebunden betrachtet. Die anderen Vertragsstaaten sind gegenüber einem Vertragsstaat, der einen solchen Vorbehalt gemacht hat, durch Absatz 1 nicht gebunden.

(3) Ein Vertragsstaat, der einen Vorbehalt nach Absatz 2 gemacht hat, kann diesen Vorbehalt jederzeit durch eine an den Generalsekretär der Vereinten Nationen gerichtete Notifikation zurücknehmen.

Art. 31 [Kündigung] (1) Ein Vertragsstaat kann dieses Übereinkommen durch eine an den Generalsekretär der Vereinten Nationen gerichtete schriftliche Notifikation kündigen. Die Kündigung wird ein Jahr nach Eingang der Notifikation beim Generalsekretär wirksam.

(2) Eine solche Kündigung enthebt den Vertragsstaat nicht der Verpflichtungen, die er auf Grund dieses Übereinkommens in bezug auf vor dem Wirksamwerden der Kündigung begangene Handlungen oder Unterlassungen hat; die Kündigung berührt auch nicht die weitere Prüfung einer Sache, mit welcher der Ausschuß bereits vor dem Wirksamwerden der Kündigung befaßt war.

(3) Nach dem Tag, an dem die Kündigung eines Vertragsstaats wirksam wird, darf der Ausschuß nicht mit der Prüfung einer neuen diesen Staat betreffenden Sache beginnen.

Art. 32 [Information der Staaten] Der Generalsekretär der Vereinten Nationen unterrichtet alle Mitgliedstaaten der Vereinten Nationen und alle Staaten, die dieses Übereinkommen unterzeichnet haben oder ihm beigetreten sind,

a) von den Unterzeichnungen, Ratifikationen und Beitritten nach den Artikeln 25 und 26;

b) vom Zeitpunkt des Inkrafttretens dieses Übereinkommens nach Artikel 27 und vom Zeitpunkt des Inkrafttretens von Änderungen nach Artikel 29;

c) von den Kündigungen nach Artikel 31.

Art. 33 [Hinterlegung] (1) Dieses Übereinkommen, dessen arabischer, chinesischer, englischer, französischer, russischer und spanischer Wortlaut gleichermaßen verbindlich ist, wird beim Generalsekretär der Vereinten Nationen hinterlegt.

(2) Der Generalsekretär der Vereinten Nationen übermittelt allen Staaten beglaubigte Abschriften dieses Übereinkommens.

27. Fakultativprotokoll zum Übereinkommen gegen Folter und andere grausame, unmenschliche oder erniedrigende Behandlung oder Strafe[1)]

Vom 18. Dezember 2002

(BGBl. II 2008 S. 855)

(Übersetzung)

Präambel

Die Vertragsstaaten dieses Protokolls –

in Bekräftigung der Tatsache, dass Folter und andere grausame, unmenschliche oder erniedrigende Behandlung oder Strafe verboten sind und schwere Verletzungen der Menschenrechte darstellen,

in der Überzeugung, dass weitere Maßnahmen erforderlich sind, um die Ziele des Übereinkommens gegen Folter und andere grausame, unmenschliche oder erniedrigende Behandlung oder Strafe (im Folgenden als „Übereinkommen" bezeichnet) zu erreichen und den Schutz von Personen, denen die Freiheit entzogen ist, vor Folter und anderer grausamer, unmenschlicher oder erniedrigender Behandlung oder Strafe zu verstärken,

eingedenk dessen, dass jeder Vertragsstaat nach den Artikeln 2 und 16 des Übereinkommens verpflichtet ist, wirksame Maßnahmen zu treffen, um Folterungen und andere grausame, unmenschliche oder erniedrigende Behandlung oder Strafe in allen seiner Hoheitsgewalt unterstehenden Gebieten zu verhindern,

in der Erkenntnis, dass für die Durchführung dieser Artikel in erster Linie die Staaten verantwortlich sind, dass die Verstärkung des Schutzes von Personen, denen die Freiheit entzogen ist, und die volle Achtung ihrer Menschenrechte eine gemeinsame Verpflichtung aller sind und dass internationale Durchführungsorgane innerstaatliche Maßnahmen ergänzen und verstärken,

eingedenk dessen, dass für die wirksame Verhütung von Folter und anderer grausamer, unmenschlicher oder erniedrigender Behandlung oder Strafe Bildungsmaßnahmen und eine Kombination verschiedener gesetzgeberischer, verwaltungsrechtlicher, gerichtlicher und sonstiger Maßnahmen erforderlich sind,

ferner im Hinblick darauf, dass die Weltkonferenz über Menschenrechte mit Entschlossenheit erklärte, dass sich die Bemühungen zur vollständigen Beseitigung der Folter in erster Linie auf deren Verhütung konzentrieren sollen, und dazu aufrief, ein Fakultativprotokoll zum Übereinkommen zu beschließen, um ein auf die Verhütung von Folter ausgerichtetes System regelmäßiger Besuche von Orten der Freiheitsentziehung einzurichten,

in der Überzeugung, dass der Schutz von Personen, denen die Freiheit entzogen ist, vor Folter und anderer grausamer, unmenschlicher oder erniedrigender Behandlung oder Strafe durch nichtgerichtliche Maßnahmen vorbeu-

---

[1)] Internationale Quelle: UNTS Bd. 2375, S. 237.

gender Art, die auf regelmäßigen Besuchen von Orten der Freiheitsentziehung beruhen, verstärkt werden kann –
sind wie folgt übereingekommen:

Teil I. Allgemeine Grundsätze

Art. 1. Ziel dieses Protokolls ist es, ein System regelmäßiger Besuche einzurichten, die von unabhängigen internationalen und nationalen Stellen an Orten, an denen Personen die Freiheit entzogen ist, durchgeführt werden, um Folter und andere grausame, unmenschliche oder erniedrigende Behandlung oder Strafe zu verhindern.

Art. 2. (1) Zum Ausschuss gegen Folter wird ein Unterausschuss zur Verhütung von Folter und anderer grausamer, unmenschlicher oder erniedrigender Behandlung oder Strafe (im Folgenden als „Unterausschuss zur Verhütung von Folter" bezeichnet) errichtet, der die in diesem Protokoll festgelegten Aufgaben wahrnimmt.

(2) Der Unterausschuss zur Verhütung von Folter nimmt seine Aufgaben im Rahmen der Charta der Vereinten Nationen wahr und lässt sich von deren Zielen und Grundsätzen sowie den Normen der Vereinten Nationen für die Behandlung von Personen, denen die Freiheit entzogen ist, leiten.

(3) Der Unterausschuss zur Verhütung von Folter lässt sich ferner von den Grundsätzen der Vertraulichkeit, Unparteilichkeit, Nichtselektivität, Universalität und Objektivität leiten.

(4) Der Unterausschuss zur Verhütung von Folter und die Vertragsstaaten arbeiten bei der Durchführung dieses Protokolls zusammen.

Art. 3. Jeder Vertragsstaat errichtet, bestimmt oder unterhält auf innerstaatlicher Ebene eine oder mehrere Stellen, die zur Verhütung von Folter und anderer grausamer, unmenschlicher oder erniedrigender Behandlung oder Strafe Besuche durchführen (im Folgenden als „nationaler Mechanismus zur Verhütung von Folter" bezeichnet).

Art. 4. (1) Jeder Vertragsstaat gestattet Besuche nach diesem Protokoll durch die in den Artikeln 2 und 3 bezeichneten Mechanismen an allen seiner Hoheitsgewalt und Kontrolle unterstehenden Orten, an denen Personen entweder aufgrund einer Entscheidung einer Behörde oder auf deren Veranlassung oder mit deren ausdrücklichem oder stillschweigendem Einverständnis die Freiheit entzogen ist oder entzogen werden kann (im Folgenden als „Orte der Freiheitsentziehung" bezeichnet). Diese Besuche werden durchgeführt, um erforderlichenfalls den Schutz dieser Personen vor Folter und anderer grausamer, unmenschlicher oder erniedrigender Behandlung oder Strafe zu verstärken.

(2) Im Sinne dieses Protokolls bedeutet Freiheitsentziehung jede Form des Festhaltens oder der Haft oder die durch eine Justiz-, Verwaltungs- oder sonstige Behörde angeordnete Unterbringung einer Person in einer öffentlichen oder privaten Gewahrsamseinrichtung, die diese Person nicht nach Belieben verlassen darf.

Teil II. Unterausschuss zur Verhütung von Folter

Art. 5. (1) Der Unterausschuss zur Verhütung von Folter besteht aus zehn Mitgliedern. Nach der fünfzigsten Ratifikation dieses Protokolls oder dem fünfzigsten Beitritt zu ihm erhöht sich die Zahl der Mitglieder des Unterausschusses zur Verhütung von Folter auf fünfundzwanzig.

(2) Die Mitglieder des Unterausschusses zur Verhütung von Folter werden unter Persönlichkeiten von hohem sittlichen Ansehen ausgewählt, die nachweislich über berufliche Erfahrung auf dem Gebiet der Rechtspflege, insbesondere des Strafrechts, des Strafvollzugs oder der Polizeiverwaltung, oder auf den verschiedenen für die Behandlung von Personen, denen die Freiheit entzogen ist, einschlägigen Gebieten verfügen.

(3) Bei der Zusammensetzung des Unterausschusses zur Verhütung von Folter sind eine ausgewogene geographische Verteilung und die Vertretung der verschiedenen Kulturkreise und Rechtsordnungen der Vertragsstaaten gebührend zu berücksichtigen.

(4) Bei der Zusammensetzung ist ferner eine ausgewogene Vertretung der Geschlechter auf der Grundlage der Grundsätze der Gleichstellung und Nichtdiskriminierung zu berücksichtigen.

(5) Dem Unterausschuss zur Verhütung von Folter darf jeweils nur ein Angehöriger desselben Staates angehören.

(6) Die Mitglieder des Unterausschusses zur Verhütung von Folter sind in persönlicher Eigenschaft tätig; sie müssen unabhängig und unparteiisch sein und dem Unterausschuss zur Verhütung von Folter zur wirksamen Mitarbeit zur Verfügung stehen.

Art. 6. (1) Jeder Vertragsstaat darf nach Absatz 2 bis zu zwei Kandidaten vorschlagen, die über die Befähigungen verfügen und die Voraussetzungen erfüllen, die in Artikel 5 beschrieben sind; mit seinem Vorschlag übermittelt er genauere Angaben zu den Befähigungen der Kandidaten.

(2) a) Die Kandidaten müssen die Staatsangehörigkeit eines Vertragsstaats dieses Protokolls haben;

b) mindestens einer der beiden Kandidaten muss die Staatsangehörigkeit des vorschlagenden Vertragsstaats haben;

c) es dürfen nicht mehr als zwei Angehörige eines Vertragsstaats vorgeschlagen werden;

d) bevor ein Vertragsstaat einen Angehörigen eines anderen Vertragsstaats vorschlägt, hat er die Zustimmung des betreffenden Vertragsstaats einzuholen.

(3) Spätestens fünf Monate vor der Versammlung der Vertragsstaaten, bei der die Wahl stattfindet, fordert der Generalsekretär der Vereinten Nationen die Vertragsstaaten schriftlich auf, innerhalb von drei Monaten ihre Kandidaten vorzuschlagen. Der Generalsekretär übermittelt eine alphabetische Liste aller auf diese Weise vorgeschlagenen Personen unter Angabe der Vertragsstaaten, die sie vorgeschlagen haben.

Art. 7. (1) Die Mitglieder des Unterausschusses zur Verhütung von Folter werden auf folgende Weise gewählt:

a) In erster Linie wird darauf geachtet, dass die Voraussetzungen und Kriterien nach Artikel 5 dieses Protokolls erfüllt sind;

b) die erste Wahl findet spätestens sechs Monate nach Inkrafttreten dieses Protokolls statt;

c) die Vertragsstaaten wählen die Mitglieder des Unterausschusses zur Verhütung von Folter in geheimer Wahl;

d) die Wahl der Mitglieder des Unterausschusses zur Verhütung von Folter findet alle zwei Jahre in vom Generalsekretär der Vereinten Nationen einberufenen Versammlungen der Vertragsstaaten statt. In diesen Versammlungen, die beschlussfähig sind, wenn zwei Drittel der Vertragsstaaten vertreten sind, gelten diejenigen Kandidaten als in den Unterausschuss zur Verhütung von Folter gewählt, welche die höchste Stimmenzahl und die absolute Stimmenmehrheit der anwesenden und abstimmenden Vertreter der Vertragsstaaten auf sich vereinigen.

(2) Sind in dem Wahlverfahren zwei Angehörige eines Vertragsstaats in den Unterausschuss zur Verhütung von Folter gewählt worden, so wird der Kandidat mit der höheren Stimmenzahl Mitglied des Unterausschusses zur Verhütung von Folter. Haben zwei Angehörige eines Vertragsstaats dieselbe Stimmenzahl erhalten, so wird folgendes Verfahren angewendet:

a) Wurde nur einer der beiden von dem Vertragsstaat, dessen Staatsangehörige sie sind, als Kandidat vorgeschlagen, so wird er Mitglied des Unterausschusses zur Verhütung von Folter;

b) wurden beide Kandidaten von dem Vertragsstaat vorgeschlagen, dessen Staatsangehörige sie sind, so wird in geheimer Wahl gesondert darüber abgestimmt, welcher Staatsangehörige Mitglied wird;

c) wurde keiner der Kandidaten von dem Vertragsstaat vorgeschlagen, dessen Staatsangehörige sie sind, so wird in geheimer Wahl gesondert darüber abgestimmt, welcher Kandidat Mitglied wird.

Art. 8. Stirbt ein Mitglied des Unterausschusses zur Verhütung von Folter, tritt es zurück oder kann es aus irgendeinem anderen Grund seine Aufgaben nicht mehr wahrnehmen, so schlägt der Vertragsstaat, der das Mitglied vorgeschlagen hat, unter Berücksichtigung eines ausgewogenen Verhältnisses zwischen den verschiedenen Fachgebieten eine andere geeignete Person vor, die über die Befähigungen verfügt und die Voraussetzungen erfüllt, die in Artikel 5 bezeichnet sind, und die bis zur nächsten Versammlung der Vertragsstaaten dem Unterausschuss zur Verhütung von Folter vorbehaltlich der Zustimmung der Mehrheit der Vertragsstaaten angehört. Die Zustimmung gilt als erteilt, sofern sich nicht mindestens die Hälfte der Vertragsstaaten binnen sechs Wochen, nachdem sie vom Generalsekretär der Vereinten Nationen von der vorgeschlagenen Ernennung unterrichtet wurden, dagegen ausspricht.

Art. 9. Die Mitglieder des Unterausschusses zur Verhütung von Folter werden für vier Jahre gewählt. Auf erneuten Vorschlag können sie einmal wiedergewählt werden. Die Amtszeit der Hälfte der bei der ersten Wahl gewählten Mitglieder läuft nach zwei Jahren ab; unmittelbar nach der ersten Wahl werden die Namen dieser Mitglieder vom Vorsitzenden der in Artikel 7 Absatz 1 Buchstabe d genannten Versammlung durch das Los bestimmt.

Art. 10. (1) Der Unterausschuss zur Verhütung von Folter wählt seinen Vorstand für zwei Jahre. Eine Wiederwahl der Mitglieder des Vorstands ist zulässig.

(2) Der Unterausschuss zur Verhütung von Folter gibt sich eine Geschäftsordnung.[1] Diese Geschäftsordnung muss unter anderem folgende Bestimmungen enthalten:

a) Der Unterausschuss zur Verhütung von Folter ist bei Anwesenheit der Hälfte plus eines seiner Mitglieder beschlussfähig;

b) der Unterausschuss zur Verhütung von Folter fasst seine Beschlüsse mit der Mehrheit der anwesenden Mitglieder;

c) die Sitzungen des Unterausschusses zur Verhütung von Folter finden unter Ausschluss der Öffentlichkeit statt.

(3) Der Generalsekretär der Vereinten Nationen beruft die erste Sitzung des Unterausschusses zur Verhütung von Folter ein. Nach seiner ersten Sitzung tritt der Unterausschuss zur Verhütung von Folter zu den in seiner Geschäftsordnung vorgesehenen Zeiten zusammen. Der Unterausschuss zur Verhütung von Folter und der Ausschuss gegen Folter halten ihre Tagungen mindestens einmal im Jahr gleichzeitig ab.

Teil III. Mandat des Untersuchungsausschusses zur Verhütung von Folter

Art. 11. Der Unterausschuss zur Verhütung von Folter wird

a) die in Artikel 4 bezeichneten Orte besuchen und den Vertragsstaaten Empfehlungen hinsichtlich des Schutzes von Personen, denen die Freiheit entzogen ist, vor Folter und anderer grausamer, unmenschlicher oder erniedrigender Behandlung oder Strafe unterbreiten;

b) in Bezug auf die nationalen Mechanismen zur Verhütung von Folter

   i) die Vertragsstaaten erforderlichenfalls bei deren Einrichtung beraten und unterstützen;

   ii) unmittelbare und erforderlichenfalls vertrauliche Kontakte zu den nationalen Mechanismen zur Verhütung von Folter pflegen und ihnen Ausbildungshilfe und technische Hilfe zur Stärkung ihrer Leistungsfähigkeit anbieten;

   iii) sie bei der Beurteilung der Erfordernisse und der Mittel, die zur Verstärkung des Schutzes von Personen, denen die Freiheit entzogen ist, vor Folter und anderer grausamer, unmenschlicher oder erniedrigender Behandlung oder Strafe notwendig sind, beraten und unterstützen;

   iv) den Vertragsstaaten Empfehlungen und Beobachtungen mit dem Ziel der Stärkung der Leistungsfähigkeit und des Mandats der nationalen Mechanismen zur Verhütung von Folter und anderer grausamer, unmenschlicher oder erniedrigender Behandlung oder Strafe unterbreiten;

c) zur Verhütung von Folter im Allgemeinen mit den zuständigen Organen und Mechanismen der Vereinten Nationen sowie mit den internationalen, regionalen und nationalen Einrichtungen und Organisationen zusammenarbeiten, die auf die Verstärkung des Schutzes aller Personen vor Folter und anderer grausamer, unmenschlicher oder erniedrigender Behandlung oder Strafe hinwirken.

---

[1] Auszugsweise abgedruckt unter Nr. **28b**.

Art. 12. Um dem Unterausschuss zur Verhütung von Folter die Erfüllung seines in Artikel 11 festgelegten Mandats zu ermöglichen, verpflichten sich die Vertragsstaaten,

a) den Unterausschuss zur Verhütung von Folter in ihr Hoheitsgebiet einreisen zu lassen und ihm Zugang zu allen in Artikel 4 bezeichneten Orten der Freiheitsentziehung zu gewähren;

b) dem Unterausschuss zur Verhütung von Folter alle einschlägigen Informationen zur Verfügung zu stellen, die dieser möglicherweise anfordert, um die Erfordernisse und die Maßnahmen beurteilen zu können, die zur Verstärkung des Schutzes von Personen, denen die Freiheit entzogen ist, vor Folter und anderer grausamer, unmenschlicher oder erniedrigender Behandlung oder Strafe ergriffen werden sollen;

c) Kontakte zwischen dem Unterausschuss zur Verhütung von Folter und den nationalen Mechanismen zur Verhütung von Folter zu fördern und zu erleichtern;

d) die Empfehlungen des Unterausschusses zur Verhütung von Folter zu prüfen und mit ihm in einen Dialog über mögliche Maßnahmen zu ihrer Umsetzung einzutreten.

Art. 13. (1) Der Unterausschuss zur Verhütung von Folter erstellt, zunächst durch das Los, ein Programm regelmäßiger Besuche in den Vertragsstaaten, um sein in Artikel 11 festgelegtes Mandat zu erfüllen.

(2) Nach Beratungen teilt der Unterausschuss zur Verhütung von Folter den Vertragsstaaten sein Programm mit, damit diese unverzüglich die erforderlichen praktischen Vorkehrungen für die durchzuführenden Besuche treffen können.

(3) Die Besuche werden von mindestens zwei Mitgliedern des Unterausschusses zur Verhütung von Folter durchgeführt. Diese Mitglieder können sich erforderlichenfalls von Sachverständigen mit nachgewiesener beruflicher Erfahrung und Kenntnissen auf den von diesem Protokoll erfassten Gebieten begleiten lassen, die aus einer Liste von Sachverständigen ausgewählt werden, die auf der Grundlage von Vorschlägen der Vertragsstaaten, des Amtes des Hohen Kommissars der Vereinten Nationen für Menschenrechte und des Zentrums für internationale Verbrechensverhütung der Vereinten Nationen erstellt wird. Zur Erstellung dieser Liste schlagen die betreffenden Vertragsstaaten nicht mehr als fünf nationale Sachverständige vor. Der betreffende Vertragsstaat kann die Beteiligung eines bestimmten Sachverständigen an dem Besuch ablehnen, woraufhin der Unterausschuss zur Verhütung von Folter einen anderen Sachverständigen vorschlägt.

(4) Hält es der Unterausschuss zur Verhütung von Folter für angebracht, so kann er nach einem regelmäßigen Besuch einen kurzen Anschlussbesuch vorschlagen.

Art. 14. (1) Um dem Unterausschuss zur Verhütung von Folter die Erfüllung seines Mandats zu ermöglichen, verpflichten sich die Vertragsstaaten dieses Protokolls,

a) ihm unbeschränkten Zugang zu allen Informationen zu gewähren, welche die Anzahl der Personen, denen an Orten der Freiheitsentziehung im Sinne des Artikels 4 die Freiheit entzogen ist, sowie die Anzahl dieser Orte und ihre Lage betreffen;

b) ihm unbeschränkten Zugang zu allen Informationen zu gewähren, welche die Behandlung dieser Personen und die Bedingungen ihrer Freiheitsentziehung betreffen;

c) ihm vorbehaltlich des Absatzes 2 unbeschränkten Zugang zu allen Orten der Freiheitsentziehung und ihren Anlagen und Einrichtungen zu gewähren;

d) ihm die Möglichkeit zu geben, mit Personen, denen die Freiheit entzogen ist, entweder direkt oder, soweit dies erforderlich erscheint, über einen Dolmetscher sowie mit jeder anderen Person, von welcher der Unterausschuss zur Verhütung von Folter annimmt, dass sie sachdienliche Auskünfte geben kann, ohne Zeugen Gespräche zu führen;

e) ihm die Entscheidung darüber zu überlassen, welche Orte er besuchen und mit welchen Personen er Gespräche führen möchte.

(2) Einwände gegen einen Besuch an einem bestimmten Ort der Freiheitsentziehung können nur aus dringenden und zwingenden Gründen der nationalen Verteidigung oder der öffentlichen Sicherheit, wegen Naturkatastrophen oder schwerer Störungen der Ordnung an dem zu besuchenden Ort, die vorübergehend die Durchführung eines solchen Besuchs verhindern, erhoben werden. Das Vorliegen eines erklärten Notstands allein darf von einem Vertragsstaat nicht als Grund für einen Einwand gegen einen Besuch geltend gemacht werden.

Art. 15. Behörden oder Amtsträger dürfen keine Sanktionen gegen eine Person oder Organisation anordnen, anwenden, erlauben oder dulden, weil diese dem Unterausschuss zur Verhütung von Folter oder seinen Mitgliedern Auskünfte erteilt hat, unabhängig davon, ob diese Auskünfte richtig oder falsch waren; eine solche Person oder Organisation darf auch sonst in keiner Weise benachteiligt werden.

Art. 16. (1) Der Unterausschuss zur Verhütung von Folter teilt dem Vertragsstaat und gegebenenfalls dem nationalen Mechanismus zur Verhütung von Folter seine Empfehlungen und Beobachtungen vertraulich mit.

(2) Der Unterausschuss zur Verhütung von Folter veröffentlicht seinen Bericht zusammen mit einer etwaigen Stellungnahme des betreffenden Vertragsstaats, wenn dieser darum ersucht. Macht der Vertragsstaat einen Teil des Berichts öffentlich zugänglich, so kann der Unterausschuss zur Verhütung von Folter den Bericht ganz oder teilweise veröffentlichen. Personenbezogene Daten dürfen jedoch nicht ohne ausdrückliche Zustimmung der betroffenen Person veröffentlicht werden.

(3) Der Unterausschuss zur Verhütung von Folter legt dem Ausschuss gegen Folter einen öffentlichen Jahresbericht über seine Tätigkeit vor.

(4) Weigert sich ein Vertragsstaat, mit dem Unterausschuss zur Verhütung von Folter nach den Artikeln 12 und 14 zusammenzuarbeiten oder Maßnahmen zu treffen, um die Lage im Sinne der Empfehlungen des Unterausschusses zur Verhütung von Folter zu verbessern, so kann der Ausschuss gegen Folter auf Antrag des Unterausschusses zur Verhütung von Folter mit der Mehrheit seiner Mitglieder beschließen, eine öffentliche Erklärung in der Sache abzugeben oder den Bericht des Unterausschusses zur Verhütung von Folter zu veröffentlichen, nachdem der Vertragsstaat Gelegenheit hatte, sich zu äußern.

Teil IV. Nationale Mechanismen zur Verhütung von Folter

Art. 17. Jeder Vertragsstaat unterhält, bestimmt oder errichtet auf innerstaatlicher Ebene spätestens ein Jahr nach Inkrafttreten dieses Protokolls oder nach seiner Ratifikation oder dem Beitritt zu ihm einen oder mehrere unabhängige nationale Mechanismen zur Verhütung von Folter. Durch dezentralisierte Einheiten errichtete Mechanismen können als nationale Mechanismen zur Verhütung von Folter im Sinne dieses Protokolls bestimmt werden, wenn sie im Einklang mit dessen Bestimmungen stehen.

Art. 18. (1) Die Vertragsstaaten garantieren die funktionale Unabhängigkeit der nationalen Mechanismen zur Verhütung von Folter sowie die Unabhängigkeit deren Personals.

(2) Die Vertragsstaaten treffen die erforderlichen Maßnahmen, um sicherzustellen, dass die Sachverständigen der nationalen Mechanismen zur Verhütung von Folter über die erforderlichen Fähigkeiten und Fachkenntnisse verfügen. Sie bemühen sich um eine ausgewogene Vertretung der Geschlechter und um eine angemessene Vertretung der ethnischen Gruppen und der Minderheiten des Landes.

(3) Die Vertragsstaaten verpflichten sich, die erforderlichen Mittel für die Arbeit der nationalen Mechanismen zur Verhütung von Folter zur Verfügung zu stellen.

(4) Bei der Errichtung der nationalen Mechanismen zur Verhütung von Folter berücksichtigen die Vertragsstaaten die Grundsätze, welche die Stellung nationaler Einrichtungen zur Förderung und zum Schutz der Menschenrechte betreffen.

Art. 19. Den nationalen Mechanismen zur Verhütung von Folter wird zumindest die Befugnis erteilt,
a) regelmäßig die Behandlung von Personen, denen an Orten der Freiheitsentziehung im Sinne des Artikels 4 die Freiheit entzogen ist, mit dem Ziel zu prüfen, erforderlichenfalls den Schutz dieser Personen vor Folter und anderer grausamer, unmenschlicher oder erniedrigender Behandlung oder Strafe zu verstärken;
b) den zuständigen Behörden Empfehlungen mit dem Ziel zu unterbreiten, die Behandlung und die Bedingungen der Personen, denen die Freiheit entzogen ist, zu verbessern und Folter und andere grausame, unmenschliche oder erniedrigende Behandlung oder Strafe unter Berücksichtigung der einschlägigen Normen der Vereinten Nationen zu verhüten;
c) Vorschläge und Beobachtungen zu bestehenden oder im Entwurf befindlichen Rechtsvorschriften zu unterbreiten.

Art. 20. Um den nationalen Mechanismen zur Verhütung von Folter die Erfüllung ihres Mandats zu ermöglichen, verpflichten sich die Vertragsstaaten dieses Protokolls,
a) ihnen Zugang zu allen Informationen zu gewähren, welche die Anzahl der Personen, denen an Orten der Freiheitsentziehung im Sinne des Artikels 4 die Freiheit entzogen ist, sowie die Anzahl dieser Orte und ihre Lage betreffen;

b) ihnen Zugang zu allen Informationen zu gewähren, welche die Behandlung dieser Personen und die Bedingungen ihrer Freiheitsentziehung betreffen;

c) ihnen Zugang zu allen Orten der Freiheitsentziehung und ihren Anlagen und Einrichtungen zu gewähren;

d) ihnen die Möglichkeit zu geben, mit Personen, denen die Freiheit entzogen ist, entweder direkt oder, soweit dies erforderlich erscheint, über einen Dolmetscher sowie mit jeder anderen Person, von welcher der nationale Mechanismus zur Verhütung von Folter annimmt, dass sie sachdienliche Auskünfte geben kann, ohne Zeugen Gespräche zu führen;

e) ihnen die Entscheidung darüber zu überlassen, welche Orte sie besuchen und mit welchen Personen sie Gespräche führen möchten;

f) ihnen das Recht einzuräumen, in Kontakt mit dem Unterausschuss zur Verhütung von Folter zu stehen, ihm Informationen zu übermitteln und mit ihm zusammenzutreffen.

Art. 21. (1) Behörden oder Amtsträger dürfen keine Sanktionen gegen eine Person oder Organisation anordnen, anwenden, erlauben oder dulden, weil diese dem nationalen Mechanismus zur Verhütung von Folter Auskünfte erteilt hat, unabhängig davon, ob diese richtig oder falsch waren; eine solche Person oder Organisation darf auch sonst in keiner Weise benachteiligt werden.

(2) Vertrauliche Informationen, die vom nationalen Mechanismus zur Verhütung von Folter gesammelt werden, sind geschützt. Personenbezogene Daten dürfen nicht ohne ausdrückliche Zustimmung der betroffenen Person veröffentlicht werden.

Art. 22. Die zuständigen Behörden des betreffenden Vertragsstaats prüfen die Empfehlungen des nationalen Mechanismus zur Verhütung von Folter und treten mit ihm in einen Dialog über mögliche Maßnahmen zu ihrer Umsetzung ein.

Art. 23. Die Vertragsstaaten dieses Protokolls verpflichten sich, die Jahresberichte der nationalen Mechanismen zur Verhütung von Folter zu veröffentlichen und zu verbreiten.

Teil V. Erklärung

Art. 24. (1) Die Vertragsstaaten können bei der Ratifikation eine Erklärung abgeben, durch die sie die Erfüllung ihrer Verpflichtungen nach Teil III oder Teil IV dieses Protokolls aufschieben.

(2) Dieser Aufschub gilt höchstens für drei Jahre. Aufgrund hinreichender Ausführungen durch den Vertragsstaat und Konsultation des Unterausschusses zur Verhütung von Folter kann der Ausschuss gegen Folter diesen Zeitraum um weitere zwei Jahre verlängern.

Teil VI. Finanzielle Bestimmungen

Art. 25. (1) Die Kosten, die durch den Unterausschuss zur Verhütung von Folter bei der Durchführung dieses Protokolls entstehen, werden von den Vereinten Nationen getragen.

(2) Der Generalsekretär der Vereinten Nationen stellt das Personal und die Einrichtungen zur Verfügung, die der Unterausschuss zur Verhütung von Folter für die wirksame Erfüllung der von ihm nach diesem Protokoll wahrzunehmenden Aufgaben benötigt.

Art. 26. (1) In Übereinstimmung mit den einschlägigen Verfahren der Generalversammlung wird ein nach der Finanzordnung und den Finanzvorschriften der Vereinten Nationen zu verwaltender Sonderfonds eingerichtet, der dazu beitragen soll, die Umsetzung der Empfehlungen, die der Unterausschuss zur Verhütung von Folter nach einem Besuch in einem Vertragsstaat unterbreitet, sowie Bildungsprogramme der nationalen Mechanismen zur Verhütung von Folter zu finanzieren.

(2) Der Sonderfonds kann durch freiwillige Beiträge von Regierungen, zwischenstaatlichen sowie nichtstaatlichen Organisationen und anderen privaten oder öffentlichen Stellen finanziert werden.

Teil VII. Schlussbestimmungen

Art. 27. (1) Dieses Protokoll liegt für jeden Staat, der das Übereinkommen unterzeichnet hat, zur Unterzeichnung auf.

(2) Dieses Protokoll bedarf der Ratifikation, die von allen Staaten vorgenommen werden kann, die das Übereinkommen ratifiziert haben oder ihm beigetreten sind. Die Ratifikationsurkunden werden beim Generalsekretär der Vereinten Nationen hinterlegt.

(3) Dieses Protokoll steht jedem Staat, der das Übereinkommen ratifiziert hat oder ihm beigetreten ist, zum Beitritt offen.

(4) Der Beitritt erfolgt durch Hinterlegung einer Beitrittsurkunde beim Generalsekretär der Vereinten Nationen.

(5) Der Generalsekretär der Vereinten Nationen unterrichtet alle Staaten, die dieses Protokoll unterzeichnet haben oder ihm beigetreten sind, von der Hinterlegung jeder Ratifikations- oder Beitrittsurkunde.

Art. 28. (1) Dieses Protokoll tritt am dreißigsten Tag nach Hinterlegung der zwanzigsten Ratifikations- oder Beitrittsurkunde beim Generalsekretär der Vereinten Nationen in Kraft.

(2) Für jeden Staat, der nach Hinterlegung der zwanzigsten Ratifikations- oder Beitrittsurkunde beim Generalsekretär der Vereinten Nationen dieses Protokoll ratifiziert oder ihm beitritt, tritt es am dreißigsten Tag nach Hinterlegung seiner eigenen Ratifikations- oder Beitrittsurkunde in Kraft.

Art. 29. Dieses Protokoll gilt ohne Einschränkung oder Ausnahme für alle Teile eines Bundesstaats.

Art. 30. Vorbehalte zu diesem Protokoll sind nicht zulässig.

Art. 31. Dieses Protokoll lässt die Verpflichtungen von Vertragsstaaten aus regionalen Übereinkünften, durch die ein System von Besuchen an Orten der Freiheitsentziehung eingerichtet wird, unberührt. Der Unterausschuss zur Verhütung von Folter und die nach solchen regionalen Übereinkünften eingerichteten Stellen werden aufgefordert, sich zu konsultieren und zusammenzuarbeiten, um Doppelarbeit zu vermeiden und die Ziele dieses Protokolls wirksam zu fördern.

Art. 32. Dieses Protokoll lässt die Verpflichtungen der Vertragsstaaten der vier Genfer Abkommen vom 12. August 1949 und ihrer Zusatzprotokolle vom 8. Juni 1977 sowie die Möglichkeit jedes Vertragsstaats, dem Internationalen Komitee vom Roten Kreuz in Situationen, die nicht unter das humanitäre Völkerrecht fallen, den Besuch an Orten der Freiheitsentziehung zu erlauben, unberührt.

Vom Abdruck der Art. 33 (Kündigung) und 34 (Änderung) wird abgesehen. Sie entsprechen den Art. 31 bzw. 29 des Übereinkommens gegen Folter und andere grausame, unmenschliche oder erniedrigende Behandlung oder Strafe (Nr. 26).

Art. 35. Mitglieder des Unterausschusses zur Verhütung von Folter und der nationalen Mechanismen zur Verhütung von Folter genießen die zur unabhängigen Wahrnehmung ihrer Aufgaben erforderlichen Vorrechte und Immunitäten. Mitglieder des Unterausschusses zur Verhütung von Folter genießen die in Abschnitt 22 des Übereinkommens vom 13. Februar 1946 über die Vorrechte und Immunitäten der Vereinten Nationen festgelegten Vorrechte und Immunitäten vorbehaltlich des Abschnitts 23 dieses Übereinkommens.

Art. 36. Besuchen die Mitglieder des Unterausschusses zur Verhütung von Folter einen Vertragsstaat, so haben sie unbeschadet der Bestimmungen und Ziele dieses Protokolls sowie der Vorrechte und Immunitäten, die sie genießen,
a) die Gesetze und sonstigen Vorschriften des besuchten Staates zu achten;
b) jede Maßnahme oder Handlung zu unterlassen, die mit der Unparteilichkeit und dem internationalen Charakter ihrer Pflichten unvereinbar ist.

Art. 37. (1) Dieses Protokoll, dessen arabischer, chinesischer, englischer, französischer, russischer und spanischer Wortlaut gleichermaßen verbindlich ist, wird beim Generalsekretär der Vereinten Nationen hinterlegt.

(2) Der Generalsekretär der Vereinten Nationen übermittelt allen Staaten beglaubigte Abschriften dieses Protokolls.

28a. Verfahrensordnung des Ausschusses gegen Folter[1]·[2]

Fassung vom Mai 2013

(Auszug)

(Übersetzung)

Erster Teil: Allgemeine Bestimmungen

*Der Erste Teil stimmt mit den Abschnitten I. Tagungen (Art. 1 bis 5), II. Tagesordnung (Art. 6 bis 10), III. Ausschussmitglieder (Art. 11 bis 15), IV. Vorstand (Art. 16 bis 21), V. Sekretariat (Art. 22 bis 26), VI. Sprachen (Art. 27 bis 30), VII. Öffentliche und nichtöffentliche Sitzungen (Art. 31 und 32), VIII. Sitzungsprotokolle (Art. 33 und 34), IX. Verteilung von Berichten und anderen offiziellen Dokumenten des Ausschusses (Art. 35), X. Verfahren (Art. 36 bis 48), XI. Abstimmungen (Art. 49 bis 57), XII. Wahlen (Art. 58 bis 60), XIII. Nebenorgane (Art. 61) und XVI. Jahresbericht des Ausschusses (Art. 64) im Wesentlichen mit der Verfahrensordnung des Menschenrechtsausschusses (**Nr. 12**) überein, so dass hier auf den Abdruck verzichtet werden kann. Inhaltliche Abweichungen gibt es bei folgenden Regelungen (die Angaben der Artikel beziehen sich auf die Verfahrensordnung des Ausschusses gegen Folter):*

1. Die Tagungen werden in der Regel in Genf abgehalten (Art. 4); 2. die Benachrichtigung der Ausschussmitglieder über Sondertagungen muss drei Wochen im Voraus abgesandt werden (Art. 5); 3. die Tagesordnung für ordentliche Tagungen muss lediglich so früh wie möglich, die für außerordentliche Tagungen mit der Benachrichtigung übersandt werden (Art. 10); 4. der Ausschuss besteht nur aus 10 Mitgliedern (Art. 11); 5. es fehlt an einer Ausschlussregelung für Ausschussmitglieder, und das Besetzungsverfahren für verwaiste Sitze ist abweichend geregelt (Art. 13); 6. entsprechend den Addis Abeba Grundsätzen (A/67/222, Annex I), die auf alle Ausschüsse im Bereich des Menschenrechtsschutzes angewendet werden sollen, ist die Unabhängigkeit und Unparteilichkeit der Ausschussmitglieder eigens geregelt (Art. 15); 7. die Bereitstellung des Sekretariats durch den Generalsekretär ist abhängig von der Erfüllung der Kostenerstattungspflicht der Vertragsstaaten (Art. 22); 8. für die Veröffentlichung von Protokollen öffentlicher Sitzungen fehlt es an einer Ausnahmeklausel (Art. 34); 9. der Ausschuss ist mit sechs Mitgliedern beschlussfähig (Art. 36); 10. vor der Abstimmung ist ein Konsens unter den Mitgliedern des Ausschusses anzustreben (Art. 50); 11. der Jahresbericht umfasst auch die Tätigkeit des Unterausschusses zur Verhütung von Folter und wird neben der Generalversammlung auch den Vertragsstaaten übermittelt (Art. 64). Im Übrigen ist die Reihenfolge der Artikel mitunter umgestellt, in einigen Fällen sind sie auch anders gegliedert. Daraus ergeben sich zum Teil Abweichungen in der Nummerierung der einzelnen Artikel. Der Erste Teil der Verfahrensordnung ist zudem ergänzt um die Abschnitte XIV. Unterausschuss zur Verhütung von Folter (dazu

---

[1] Internationale Quelle: UN Doc. CAT/C/3/Rev. 6.
[2] Eigene Übersetzung auf der Grundlage der Übersetzung der Verfahrensordnung von 2002 durch den Deutschen Übersetzungsdienstes bei den Vereinten Nationen, New York.

*Nr. **28b**), in dessen Art. 62 mindestens eine gemeinsame Sitzung im Jahr mit dem Unterausschuss vorgesehen ist, und XV. Informationen und Dokumente, dessen Art. 63 die Nutzung von sonstigen Informationsquellen und Dokumenten regelt:*

XV. Informationen und Dokumente

Art. 63 Vorlage von Informationen, Dokumenten und schriftlichen Erklärungen. (1) Der Ausschuss kann das Sekretariat, die Sonderorganisationen, die zuständigen Organe der Vereinten Nationen, die Sonderverfahren des Menschenrechtsrats[1], Regierungsorganisationen, Nationale Menschenrechtsinstitutionen[2], Nichtregierungsorganisationen und andere einschlägige Organisationen der Zivilgesellschaft ersuchen, ihm je nach Bedarf Informationen, Dokumente und schriftliche Erklärungen vorzulegen, die sich auf die Tätigkeit des Ausschusses auf Grund des Übereinkommens beziehen.

(2) Der Ausschuss kann nach seinem Ermessen auch andere ihm unterbreitete Informationen, Dokumente und schriftliche Erklärungen entgegennehmen einschließlich solcher von Individuen und aus Quellen, die nicht in Absatz 1 aufgeführt sind.

(3) Der Ausschuss bestimmt nach seinem Ermessen, wie derartige Informationen, Dokumente und schriftliche Stellungnahmen den Mitgliedern des Ausschusses zur Verfügung gestellt werden, unter anderem indem während der Sitzungen Zeiten der mündlichen Präsentation solcher Informationen gewidmet werden.

(4) Informationen, Dokumente und schriftliche Erklärungen, die der Ausschuss bezüglich Artikel 19 des Übereinkommens erhält, werden durch geeignete Mittel und Kanäle veröffentlicht, unter anderem durch das Einstellen in die Webpräsentation des Ausschusses. Ausnahmsweise kann der Ausschuss jedoch nach seinem Ermessen ihm zugegangene Informationen, Dokumente und schriftliche Erklärungen vertraulich behandeln und beschließen, sie nicht zu veröffentlichen. Gegebenenfalls entscheidet der Ausschuss, wie von solchen Informationen Gebrauch gemacht wird.

Zweiter Teil: Bestimmungen im Zusammenhang mit den Aufgaben des Ausschusses

XVII. Berichte der Vertragsstaaten nach Artikel 19 des Übereinkommens

*Die Regelungen über das Staatenberichtsverfahren in Art. 65 bis 69 gleichen denen der Verfahrensordnung für den Menschenrechtsausschuss (Nr. **12, Art. 66 bis 71**) mit folgenden Abweichungen (die Angaben der Artikel beziehen sich auf die Verfahrensordnung des Ausschusses gegen Folter):*

1. der erste Bericht ist innerhalb eines Jahres nach Inkrafttreten des Übereinkommens für die jeweilige Vertragspartei abzugeben, die folgenden Berichte im Abstand von vier Jahren (Art. 65), 2. nach einem alternativen Verfahren kann der Staatenbericht durch

---

[1] Siehe dazu Kap. II der Res. 5/1 des Menschenrechtsrats (**Nr. 8**, Nr. 39–64).
[2] Dazu Res. 48/134 der UN-Generalversammlung vom 20.12.1993, A/RES/48/134.

die Beantwortung eines Fragebogens des Ausschusses ersetzt werden (Art. 66); 3. prüft der Ausschuss den Staatenbericht zum vorgesehenen Zeitpunkt, ohne dass der betreffende Staat einen Vertreter entsandt hat, beschließt der Ausschuss zunächst nur vorläufige Abschließende Bemerkungen, zu denen der Staat schriftlich Stellung nehmen kann; die endgültigen Abschließenden Bemerkungen werden in der nachfolgenden Sitzung beschlossen (Art. 68); 4. die Anforderung eines zusätzlichen Berichts wird mit einem Fragenkatalog verbunden und kann auf einzelne Informationen begrenzt werden; die Anforderung erfolgt auch, wenn überholte Informationen gegeben wurden (Art. 69).

Zusätzlich enthält der Abschnitt folgende Regelungen:

Art. 70 Prüfung des Berichts und Dialog mit den Staatenvertretern.

(1) Der Ausschuss kann je nach Zweckmäßigkeit Landesberichterstatter bestellen oder ein anderes Verfahren zur Erfüllung seiner Aufgaben nach Artikel 19 des Übereinkommens wählen.

(2) Bei der Prüfung eines Staatenberichts gestaltet der Ausschuss die Sitzung in einer ihm geeignet erscheinenden Weise so, dass ein interaktiver Dialog zwischen dem Ausschuss und den Staatenvertretern zustande kommt.

Art. 71 Abschließende Bemerkungen des Ausschusses. (1) Nach der Prüfung eines jeden Berichts kann der Ausschuss im Einklang mit Artikel 19 Absatz 3 des Übereinkommens den Bericht mit den ihm geeignet erscheinenden Allgemeinen Bemerkungen, Abschließenden Bemerkungen und Empfehlungen versehen und diese über den Generalsekretär dem betreffenden Vertragsstaat zuleiten, der dem Ausschuss hierzu jede Stellungnahme vorlegen kann, die er für angezeigt hält.

(2) Der Ausschuss kann insbesondere darauf hinweisen, ob es auf der Grundlage seiner Prüfung der von dem Vertragsstaat vorgelegten Berichte und Angaben den Anschein hat, dass der betreffende Staat einige seiner Verpflichtungen aus dem Übereinkommen nicht erfüllt hat oder dass er keine ausreichenden Informationen zur Verfügung gestellt hat, und ihn deshalb auffordern, dem Ausschuss bis zu einem bestimmten Zeitpunkt zusätzliche Nachtragsinformationen zur Verfügung zu stellen.

(3) Der Ausschuss kann nach eigenem Ermessen beschließen, seine Bemerkungen nach Absatz 1 zusammen mit etwaigen hierauf eingegangenen Stellungnahmen des betreffenden Vertragsstaats in seinen gemäß Artikel 24 des Übereinkommens erstellten Jahresbericht aufzunehmen. Auf Ersuchen des betreffenden Vertragsstaats kann der Ausschuss auch eine Abschrift des nach Artikel 19 Absatz 1 des Übereinkommens vorgelegten Berichts beifügen.

Art. 72 Kontrolle der Umsetzung und Berichterstatter. (1) Um die Umsetzung der Abschließenden Bemerkungen des Ausschusses einschließlich der nach Artikel 71 Absatz 2 von der Vertragspartei zur Verfügung zu stellenden Zusatzinformationen zu unterstützen, kann der Ausschuss wenigstens einen Berichterstatter benennen, der mit der Vertragspartei die Umsetzung bestimmter, vom Ausschuss in den Abschließenden Bemerkungen bezeichneter Empfehlungen überprüft.

(2) Der oder die Berichterstatter für die Nachprüfung bewerten die vom Vertragsstaat zur Verfügung gestellten Informationen in Abstimmung mit dem Landesberichterstatter und berichten dem Ausschuss auf jeder Tagung über ihre Aktivitäten. Der Ausschuss kann Richtlinien für die Auswertung erlassen.

Art. 73 Zwingende Nichtbeteiligung an und Abwesenheit eines Mitglieds bei der Prüfung eines Staatenberichts. (1) Ein Ausschussmitglied darf sich nicht an der Prüfung eines Staatenberichts durch den Ausschuss oder einen seiner Unterorgane beteiligen, wenn es die Staatsangehörigkeit des betreffenden Staates besitzt, in dessen Diensten steht oder ein anderer Interessenkonflikt vorliegt.

(2) Ein solches Mitglied darf weder während der nichtöffentlichen Konsultationen und Treffen des Ausschusses mit den Nationalen Menschenrechtsinstitutionen, Nichtregierungsorganisationen oder irgendeiner anderen in Artikel 63 genannten Stelle noch während der Beratung und Annahme der diesen Staat betreffenden Abschließenden Bemerkungen anwesend sein.

XVIII. Allgemeine Bemerkungen

*Art. 74 ist identisch mit Art. 56 Abs. 1 und 3 der Verfahrensordnung des Ausschusses gegen das Verschwindenlassen **(Nr. 20)**.*

XIX. Verfahren nach Artikel 20 des Übereinkommens

*Das Untersuchungsverfahren ist in den Art. 75 bis 90 ebenso geregelt wie in der Verfahrensordnung des Ausschusses für die Beseitigung der Diskriminierung der Frau **(Nr. 41,** Art. 76 bis 89) mit folgenden Abweichungen: 1. als Sachverständige kann die Besuchergruppe des Ausschusses lediglich solche auf den Gebieten der Medizin und des Strafvollzugs heranziehen (Art. 88); 2. Bestimmungen über die Verpflichtung des Staates, über die aufgrund des Untersuchungsergebnisses ergriffenen Maßnahmen zu berichten, und über die Durchsetzung des Schutzes von angehörten Personen fehlen.*

XX. Verfahren zur Prüfung der nach Artikel 21 des Übereinkommens eingegangenen Mitteilungen

Art. 91 Erklärungen der Vertragsstaaten. (1) Der Generalsekretär übermittelt den anderen Vertragsstaaten Abschriften der von den Vertragsstaaten bei ihm hinterlegten Erklärungen, in denen diese die Zuständigkeit des Ausschusses nach Artikel 21 des Übereinkommens anerkennen.

(2) Die Zurücknahme einer nach Artikel 21 des Übereinkommens abgegebenen Erklärung berührt nicht die Prüfung einer Sache, die Gegenstand einer auf Grund dieses Artikels bereits eingegangenen Mitteilung ist; nach Eingang der Notifikation über die Zurücknahme der Erklärung beim Generalsekretär wird keine weitere Mitteilung eines Vertragsstaats auf Grund dieses Artikels entgegengenommen, es sei denn, der betreffende Vertragsstaat hat eine neue Erklärung abgegeben.

*Das in Art. 92 bis 101 geregelte Verfahren gleicht dem Staatenbeschwerdeverfahren des Menschenrechtsausschusses **(Nr. 12,** Art. 74 bis 83), die Einsetzung einer Vergleichskommission steht jedoch allein im Ermessen des Ausschusses ohne weitere Vorbedingungen (Art. 98).*

XXI. Verfahren zur Prüfung der nach Artikel 22 des Übereinkommens eingegangenen Mitteilungen

A. Allgemeine Bestimmungen

Art. 102 Erklärungen der Vertragsstaaten. (1) Der Generalsekretär übermittelt den anderen Vertragsstaaten Abschriften der von den Vertragsstaaten bei ihm hinterlegten Erklärungen, in denen diese die Zuständigkeit des Ausschusses nach Artikel 22 des Übereinkommens anerkennen.

(2) Die Zurücknahme einer nach Artikel 22 des Übereinkommens abgegebenen Erklärung berührt nicht die Prüfung einer Sache, die Gegenstand einer auf Grund dieses Artikels bereits eingegangenen Beschwerde ist; nach Eingang der Notifikation über die Zurücknahme der Erklärung beim Generalsekretär wird keine weitere Beschwerde einer Einzelperson oder in deren Namen auf Grund dieses Artikels entgegengenommen, es sei denn, der betreffende Vertragsstaat hat eine neue Erklärung abgegeben.

Die Bestimmungen über die Einleitung des Individualbeschwerdeverfahrens, die Nichtbeteiligung einzelner Ausschussmitglieder, die (Nicht)Öffentlichkeit der Sitzungen und die Herausgabe von Pressemitteilungen in den Art. 103 bis 110 entsprechen den Regelungen in Art. 84 bis 91 und 102 der Verfahrensordnung des Menschenrechtsausschusses (Nr. 12); abweichend hiervon ist in Art. 104 jedoch die Benennung eines Berichterstatters für neue Beschwerden und dringliche Maßnahmen vorgesehen. Ebenfalls abweichend ist die Durchführung des Verfahrens geregelt:

B. Verfahren zur Prüfung der Zulässigkeit von Beschwerden

Art. 111 Vorgehensweise bei der Behandlung von Beschwerden.
(1) Der Ausschuss entscheidet mit einfacher Mehrheit so bald wie möglich gemäß den nachstehenden Artikeln über die Zulässigkeit einer Beschwerde nach Artikel 22 des Übereinkommens.

(2) Die nach Artikel 112 Absatz 1 eingesetzte Arbeitsgruppe kann ebenfalls eine Beschwerde mit Stimmenmehrheit für zulässig oder einstimmig für unzulässig erklären.

(3) Sofern der Ausschuss, die nach Artikel 112 Absatz 1 eingesetzte Arbeitsgruppe oder der oder die nach Artikel 112 Absatz 3 benannten Berichterstatter nichts anderes beschließen, prüfen sie die Beschwerden in der Reihenfolge, in der sie beim Sekretariat eingehen.

(4) Der Ausschuss kann beschließen, zwei oder mehrere Beschwerden zusammen zu prüfen, wenn er dies für angezeigt hält.

(5) Der Ausschuss kann beschließen, von mehreren Beschwerdeführern eingereichte Beschwerden getrennt zu prüfen, wenn er dies für angezeigt hält. Derart getrennte Beschwerden können jeweils mit einer eigenen Registrierungsnummer versehen werden.

Art. 112 Einsetzung einer Arbeitsgruppe und Benennung von Sonderberichterstattern für bestimmte Beschwerden. (1) Der Ausschuss kann nach Artikel 61 dieser Verfahrensordnung[1] eine Arbeitsgruppe einset-

---

[1] Diese hier nicht abgedruckte Bestimmung entspricht im Wesentlichen Art. 62 der Verfahrensordnung des Menschenrechtsausschusses (Nr. 12).

zen, die kurz vor seinen Tagungen oder zu jedem anderen vom Ausschuss im Benehmen mit dem Generalsekretär zu beschließenden geeigneten Zeitpunkt zusammentritt, um Entscheidungen über die Zulässigkeit oder Unzulässigkeit zu treffen und dem Ausschuss Empfehlungen hinsichtlich der Begründetheit von Beschwerden zu unterbreiten sowie den Ausschuss in jeder sonstigen von ihm beschlossenen Weise zu unterstützen.

(2) Die Arbeitsgruppe besteht aus mindestens drei und höchstens fünf Ausschussmitgliedern. Die Arbeitsgruppe wählt ihren eigenen Vorstand, arbeitet ihre eigenen Arbeitsmethoden aus und wendet auf ihre Sitzungen so weit wie möglich die Verfahrensordnung des Ausschusses an. Die Mitglieder der Arbeitsgruppe werden bei jeder zweiten Tagung vom Ausschuss gewählt.

(3) Die Arbeitsgruppe kann aus dem Kreis ihrer Mitglieder Berichterstatter für die Behandlung bestimmter Beschwerden benennen.

Art. 113 Voraussetzungen für die Zulässigkeit von Beschwerden.

Um zu einer Entscheidung über die Zulässigkeit einer Beschwerde zu gelangen, hat sich der Ausschuss, seine Arbeitsgruppe oder ein nach den Artikeln 104 oder 112 Absatz 3 benannter Berichterstatter zu vergewissern,

a) dass die betreffende Person geltend macht, Opfer einer Verletzung einer Bestimmung des Übereinkommens durch den betreffenden Vertragsstaat zu sein. Die Beschwerde sollte von der betreffenden Person selbst oder von ihren Familienangehörigen oder bestellten Vertretern eingereicht werden, von anderen im Namen des angeblichen Opfers nur, wenn es den Anschein hat, dass das Opfer nicht in der Lage ist, die Beschwerde selbst einzureichen, und dem Ausschuss die entsprechende Ermächtigung vorgelegt wird;

b) dass die Beschwerde keinen Missbrauch des Ausschussverfahrens darstellt oder offensichtlich unbegründet ist;

c) dass die Beschwerde nicht mit den Bestimmungen des Übereinkommens unvereinbar ist;

d) dass dieselbe Sache nicht bereits in einem anderen internationalen Untersuchungs- oder Streitregelungsverfahren geprüft wurde oder wird;

e) dass die betreffende Person alle ihr zur Verfügung stehenden innerstaatlichen Rechtsbehelfe erschöpft hat. Dies gilt jedoch nicht, wenn das Verfahren bei der Anwendung der Rechtsbehelfe unangemessen lange gedauert hat oder für die Person, die das Opfer einer Verletzung des Übereinkommens geworden ist, keine wirksame Abhilfe erwarten lässt;

f) dass die seit der Erschöpfung der innerstaatlichen Rechtsbehelfe verstrichene Zeit nicht so unangemessen lange ist, dass die Prüfung der Beschwerde durch den Ausschuss oder den Vertragsstaat über Gebühr erschwert wird.

Art. 114 Vorläufige Maßnahmen.

(1) Der Ausschuss, eine Arbeitsgruppe oder der oder die Berichterstatter für neue Beschwerden und vorläufige Maßnahmen können jederzeit nach Eingang einer Beschwerde dem betroffenen Vertragsstaat ein Gesuch zur sofortigen Prüfung übermitteln, in dem er aufgefordert wird, die vorläufigen Maßnahmen zu treffen, die der Ausschuss für erforderlich hält, um einen nicht wieder gutzumachenden Schaden für das oder der Opfer der behaupteten Verletzungen abzuwenden.

(2) Ein Ersuchen des Ausschusses, der Arbeitsgruppe oder des oder der Berichterstatter um vorläufige Maßnahmen nach diesem Artikel bedeutet nicht, dass eine Entscheidung über die Frage der Zulässigkeit oder der Begründetheit

der Beschwerde getroffen wurde. Der Vertragsstaat wird bei der Übermittlung des Ersuchens davon in Kenntnis gesetzt.

(3) Die Entscheidung über vorläufige Maßnahmen kann auf der Grundlage der Angaben des Beschwerdeschreibens getroffen werden. Auf Veranlassung des Vertragsstaats kann die Entscheidung unter Berücksichtigung von dessen rechtzeitig zugegangenen Informationen, aus denen hervorgeht, dass die Beschwerde nicht gerechtfertigt ist und dem Beschwerdeführer kein nicht wieder gutzumachender Schaden droht, sowie unter Berücksichtigung etwaiger Stellungnahmen des Beschwerdeführers hierzu überprüft werden.

(4) Ergeht seitens der Arbeitsgruppe oder des oder der Berichterstatter ein Ersuchen um vorläufige Maßnahmen nach diesem Artikel, so setzen die Arbeitsgruppe oder der oder die Berichterstatter die Ausschussmitglieder auf der nächsten ordentlichen Tagung des Ausschusses von der Art des Ersuchens und von der Beschwerde, auf die es sich bezieht, in Kenntnis.

(5) Der Generalsekretär führt ein Verzeichnis solcher Ersuchen um vorläufige Maßnahmen.

(6) Der Berichterstatter für neue Beschwerden und vorläufige Maßnahmen überwacht außerdem die Befolgung der Ersuchen des Ausschusses um vorläufige Maßnahmen.

(7) Der Vertragsstaat kann den Ausschuss davon in Kenntnis setzen, dass die Gründe für die vorläufigen Maßnahmen hinfällig geworden sind, oder Gründe dafür darlegen, warum das Ersuchen um vorläufige Maßnahmen zurückgezogen werden soll.

(8) Der Berichterstatter, der Ausschuss oder die Arbeitsgruppe kann das Ersuchen um vorläufige Maßnahmen zurückziehen.

Art. 115 Zusätzliche Auskünfte, Klärungen und Stellungnahmen.

(1) So bald wie möglich nach ihrer Registrierung ist die Beschwerde dem Vertragsstaat zu übermitteln mit der Aufforderung, binnen sechs Monaten eine schriftliche Antwort vorzulegen.

(2) Der betroffene Vertragsstaat hat in seiner schriftlichen Antwort Erklärungen oder Stellungnahmen vorzulegen, die sich sowohl auf die Zulässigkeit der Beschwerde als auch ihre Begründetheit sowie auf die Abhilfemaßnahmen beziehen, die von ihm in der Sache gegebenenfalls getroffen wurden, sofern nicht der Ausschuss, die Arbeitsgruppe oder der Berichterstatter für neue Beschwerden und vorläufige Maßnahmen auf Grund der außergewöhnlichen Natur des Falles entschieden hat, eine schriftliche Antwort anzufordern, die sich nur auf die Frage der Zulässigkeit bezieht.

(3) Ein Vertragsstaat, dem eine Aufforderung zu einer schriftlichen Antwort nach Absatz 1 sowohl zur Zulässigkeit als auch zur Begründetheit der Beschwerde zugegangen ist, kann binnen zwei Monaten den schriftlichen Antrag stellen, dass die Beschwerde als unzulässig zurückgewiesen wird, wobei die Gründe für die geltend gemachte Unzulässigkeit anzugeben sind. Der Ausschuss oder der Berichterstatter für neue Beschwerden und vorläufige Maßnahmen kann es akzeptieren oder ablehnen, die Frage der Zulässigkeit gesondert von der Frage der Begründetheit zu prüfen.

(4) Im Anschluss an eine gesonderte Entscheidung über die Zulässigkeit setzt der Ausschuss die Frist für die Vorlage von Angaben von Fall zu Fall fest.

(5) Der Ausschuss, die nach Artikel 112 eingesetzte Arbeitsgruppe oder ein nach Artikel 112 Absatz 3 benannter Berichterstatter kann den betroffenen Vertragsstaat oder den Beschwerdeführer über den Generalsekretär auffordern, zusätzliche schriftliche Auskünfte, Klärungen oder Stellungnahmen vorzulegen, die für die Frage der Zulässigkeit oder der Begründetheit erheblich sind.

(6) Der Ausschuss, die Arbeitsgruppe oder ein nach Artikel 112 Absatz 3 benannter Berichterstatter setzt eine Frist für die Vorlage der zusätzlichen Auskünfte oder Klärungen fest, um ungebührliche Verzögerungen zu vermeiden.

(7) Wird diese Frist von dem betroffenen Vertragsstaat oder dem Beschwerdeführer nicht eingehalten, so kann der Ausschuss oder die Arbeitsgruppe beschließen, die Zulässigkeit und/oder Begründetheit der Beschwerde im Lichte der zur Verfügung stehenden Informationen zu prüfen.

(8) Eine Beschwerde kann nur dann für zulässig erklärt werden, wenn dem betroffenen Vertragsstaat der Wortlaut der Beschwerde zugegangen ist und ihm Gelegenheit gegeben wurde, wie in Absatz 1 vorgesehen Informationen beizubringen oder Stellungnahmen abzugeben.

(9) Bestreitet der betroffene Vertragsstaat die Behauptung des Beschwerdeführers, dass alle zur Verfügung stehenden innerstaatlichen Rechtsbehelfe erschöpft wurden, so hat der Vertragsstaat Einzelheiten über die wirksamen Rechtsbehelfe anzugeben, die dem angeblichen Opfer unter den besonderen Umständen des Falles und im Einklang mit den Bestimmungen des Artikels 22 Absatz 5 Buchstabe b) des Übereinkommens zur Verfügung stehen.

(10) Innerhalb der von dem Ausschuss, der Arbeitsgruppe oder einem nach Artikel 112 Absatz 3 benannten Berichterstatter festgesetzten Frist kann dem Vertragsstaat oder dem Beschwerdeführer Gelegenheit gegeben werden, zu den von der anderen Partei auf Grund einer Aufforderung nach diesem Artikel eingegangenen Äußerungen Stellung zu nehmen. Geht innerhalb der festgesetzten Frist keine Stellungnahme ein, so darf dies in der Regel nicht die Prüfung der Zulässigkeit der Beschwerde verzögern.

Art. 116 Unzulässige Beschwerden. (1) Entscheidet der Ausschuss oder die Arbeitsgruppe, dass eine Beschwerde nach Artikel 22 des Übereinkommens unzulässig ist oder dass ihre Prüfung unterbrochen oder eingestellt wird, so übermittelt der Ausschuss seine Entscheidung so bald wie möglich über den Generalsekretär dem Beschwerdeführer und dem betroffenen Vertragsstaat.

(2) Hat der Ausschuss oder die Arbeitsgruppe eine Beschwerde nach Artikel 22 Absatz 5 des Übereinkommens für unzulässig erklärt, so kann diese Entscheidung zu einem späteren Zeitpunkt auf Antrag eines Ausschussmitglieds oder auf Grund eines von der betroffenen Einzelperson oder in ihrem Namen eingereichten schriftlichen Antrags vom Ausschuss überprüft werden. Der Antrag hat Beweise dahin gehend zu enthalten, dass die Gründe für die Unzulässigkeit nach Artikel 22 Absatz 5 des Übereinkommens nicht mehr bestehen.

C. Prüfung der Begründetheit von Beschwerden

Art. 117 Vorgehensweise bei der Behandlung von zulässigen Beschwerden; mündliche Anhörungen. (1) Hat der Ausschuss oder die Arbeitsgruppe vor Erhalt der Antwort des Vertragsstaats zur Begründetheit entschieden, dass eine Beschwerde nach Artikel 22 des Übereinkommens zulässig ist, so übermittelt der Ausschuss dem Vertragsstaat über den Generalsekretär den Wortlaut seiner Entscheidung zusammen mit allen von dem Beschwerdeführer eingegangenen Äußerungen, die dem Vertragsstaat nicht bereits nach Artikel 115 Absatz 1 dieser Verfahrensordnung übermittelt wurden. Der Ausschuss unterrichtet außerdem den Beschwerdeführer über den Generalsekretär von seiner Entscheidung.

(2) Der betroffene Vertragsstaat hat dem Ausschuss innerhalb der vom Ausschuss festgesetzten Frist schriftliche Erklärungen oder Stellungnahmen zur Klärung der zur Prüfung stehenden Sache zu übermitteln und die gegebenenfalls von ihm getroffenen Maßnahmen mitzuteilen. Der Ausschuss kann, wenn er es für erforderlich hält, angeben, welche Art von Informationen er von dem betroffenen Vertragsstaat zu erhalten wünscht.

(3) Alle von einem Vertragsstaat gemäß diesem Artikel vorgelegten Erklärungen oder Stellungnahmen werden über den Generalsekretär dem Beschwerdeführer zugeleitet, der innerhalb einer vom Ausschuss festgesetzten Frist weitere schriftliche Auskünfte oder Stellungnahmen vorlegen kann.

(4) Der Ausschuss kann den Beschwerdeführer oder seinen Vertreter und die Vertreter des betroffenen Vertragsstaats einladen, auf bestimmten nichtöffentlichen Sitzungen des Ausschusses zugegen zu sein, um weitere Klärungen zu geben oder Fragen zur Begründetheit der Beschwerde zu beantworten. Wird eine Partei eingeladen, so wird die andere Partei davon unterrichtet und eingeladen, teilzunehmen und entsprechende Stellungnahmen abzugeben. Das Nichterscheinen einer Partei berührt nicht die Prüfung der Sache.

(5) Der Ausschuss kann seine Entscheidung, dass eine Beschwerde zulässig ist, im Lichte der von dem Vertragsstaat gemäß diesem Artikel vorgelegten Erklärungen oder Stellungnahmen zurücknehmen. Bevor der Ausschuss jedoch die Zurücknahme seiner Entscheidung in Erwägung zieht, müssen diese Erklärungen oder Stellungnahmen dem Beschwerdeführer übermittelt werden, damit dieser innerhalb einer vom Ausschuss festgesetzten Frist weitere Auskünfte oder Stellungnahmen vorlegen kann.

Art. 118 Feststellungen des Ausschusses; Entscheidungen über die Begründetheit. (1) In den Fällen, in denen die Parteien Informationen sowohl zur Frage der Zulässigkeit als auch zur Frage der Begründetheit vorgelegt haben oder in denen bereits eine Entscheidung über die Zulässigkeit getroffen wurde und die Parteien Informationen zur Begründetheit vorgelegt haben, prüft der Ausschuss die Beschwerde unter Berücksichtigung aller ihm von dem Beschwerdeführer oder in dessen Namen sowie von dem betroffenen Vertragsstaat unterbreiteten Informationen und formuliert seine diesbezüglichen Feststellungen. Davor kann der Ausschuss die Beschwerde der Arbeitsgruppe oder einem nach Artikel 112 Absatz 3 für den Fall benannten Berichterstatter zuweisen, damit diese dem Ausschuss Empfehlungen unterbreiten.

(2) Der Ausschuss, die Arbeitsgruppe oder der Berichterstatter kann jederzeit während der Prüfung von Organen der Vereinten Nationen, den Sonder-

organisationen oder sonstigen Quellen alle Unterlagen anfordern, die bei der Prüfung der Beschwerde von Hilfe sein können.

(3) Der Ausschuss entscheidet über die Begründetheit der Beschwerde erst, nachdem er das Vorliegen aller in Artikel 22 des Übereinkommens genannten Zulässigkeitsgründe geprüft hat. Die Feststellungen des Ausschusses werden über den Generalsekretär dem Beschwerdeführer und dem betroffenen Vertragsstaat zugeleitet.

(4) Die Feststellungen des Ausschusses zur Begründetheit werden als „Entscheidungen" bezeichnet.

(5) Der betroffene Vertragsstaat wird im Allgemeinen gebeten, dem Ausschuss innerhalb einer bestimmten Frist mitzuteilen, welche Maßnahmen er im Einklang mit den Entscheidungen des Ausschusses ergriffen hat.

Art. 119 Persönliche Meinungen. Jedes Ausschussmitglied, das an einer Entscheidung mitgewirkt hat, kann verlangen, dass der Entscheidung des Ausschusses seine persönliche Meinung beigefügt wird.

Art. 120 Kontrollverfahren. (1) Der Ausschuss kann einen oder mehrere Berichterstatter zur Kontrolle der Umsetzung der nach Artikel 22 des Übereinkommens getroffenen Entscheidungen benennen, um festzustellen, welche Maßnahmen die Vertragsstaaten ergriffen haben, um den Feststellungen des Ausschusses Folge zu leisten.

(2) Die Berichterstatter können die Kontakte aufnehmen und die Maßnahmen ergreifen, die im Hinblick auf die ordnungsgemäße Wahrnehmung ihres Kontrollauftrags angemessen sind, und erstatten dem Ausschuss darüber Bericht. Sie können dem Ausschuss weitere Kontrollmaßnahmen empfehlen, die gegebenenfalls erforderlich sind.

(3) Die Berichterstatter erstatten dem Ausschuss über ihre Kontrolltätigkeiten regelmäßig Bericht.

(4) Bei der Wahrnehmung ihres Kontrollauftrags können die Berichterstatter mit Zustimmung des Ausschusses dem betroffenen Vertragsstaat die erforderlichen Besuche abstatten.

Art. 121 Zusammenfassungen im Jahresbericht des Ausschusses und Aufnahme des Wortlauts der endgültigen Entscheidungen. (1) Der Ausschuss kann beschließen, in seinen Jahresbericht eine Zusammenfassung der geprüften Beschwerden und, sofern er dies für zweckmäßig erachtet, eine Zusammenfassung der Erklärungen und Stellungnahmen der betroffenen Vertragsstaaten sowie seiner eigenen diesbezüglichen Bewertung aufzunehmen.

(2) Der Ausschuss nimmt in seinen Jahresbericht den Wortlaut seiner endgültigen Entscheidungen nach Artikel 22 Absatz 7 des Übereinkommens auf.

(3) Der Ausschuss nimmt in seinen Jahresbericht Informationen über die Kontrolltätigkeiten auf.

28b. Verfahrensordnung des Unterausschusses zur Verhütung von Folter und anderer grausamer, unmenschlicher oder erniedrigender Behandlung oder Bestrafung[1) · 2)]

Vom November 2012

(Auszug)

Vorbemerkung der Herausgeber: Diese Verfahrensordnung bezieht sich auf die Tätigkeit des Unterausschusses, der auf der Grundlage des Fakultativprotokolls zum Übereinkommen gegen Folter und andere grausame, unmenschliche oder erniedrigende Behandlung oder Strafe (Nr. 27) eingerichtet worden ist. Es handelt sich um einen eigenständigen Ausschuss; die Ordnung enthält deshalb auch institutionelle Regelungen; ein großer Teil der Regelungen über die Zusammensetzung und das Mandat des Unterausschusses, die Wahl seiner Mitglieder sowie die Zusammenarbeit mit den Mitgliedstaaten ist aber bereits im Fakultativprotokoll enthalten.

(Übersetzung)

Erster Teil: Allgemeine Bestimmungen

Der Erste Teil stimmt in den Abschnitten I. Tagungen (Art. 1 bis 5), II. Ausschussmitglieder (Art. 6 bis 9), III. Vorstand (Art. 10 bis 13), IV. Sekretariat (Art. 14 bis 16), V. Kommunikation (Art. 17 und 18); VI. Sprachen (Art. 19), VII. Vertraulichkeit (Art. 20), VIII. Dokumente des Unterausschusses (Art. 21 bis 24), IX. Verfahren (Art. 25 bis 28) im Wesentlichen mit der Verfahrensordnung des Menschenrechtsausschusses (Nr. 12) überein, so dass hier auf den Abdruck verzichtet werden kann. Inhaltliche Abweichungen gibt es bei folgenden Regelungen (die Angaben der Artikel beziehen sich auf die Verfahrensordnung des Unterausschusses zur Verhütung von Folter):

1. Die Tagungen werden in der Regel in Genf abgehalten (Art. 2); 2. die Benachrichtigung der Ausschussmitglieder über Tagungen muss spätestens zwei Monate im Voraus versandt werden (Art. 3); 3. die Tagesordnung ist spätestens zwei Wochen vor Beginn der Tagung zu übersenden (Art. 4); 4. der Ausschuss besteht aus 25 Mitgliedern, die nur einmal wiedergewählt werden können (Art. 6); 5. es fehlt an einer Ausschlussregelung für Ausschussmitglieder, und das Wiederbesetzungsverfahren für vorzeitig verwaiste Sitze ist abweichend geregelt (Art. 8); 6. die Ausschussmitglieder müssen entsprechend den Addis Abeba-Grundsätzen (A/67/222, Annex I) ihr Amt unabhängig und unparteiisch ausüben (Art. 26); 7. zwischen den Tagungen kann der Vorstand im Namen des Ausschusses in dringenden oder ihm übertragenen Angelegenheiten Entscheidungen treffen (Art. 11); 8. Arbeitssprachen sind lediglich Englisch, Französisch und Spanisch, Entscheidungen und Dokumente werden nur in diesen Sprachen herausgegeben (Art. 19); 9. Sitzungen sind in der Regel nichtöffentlich (Art. 20); 10. Protokolle und Dokumente

---

[1)] Internationale Quelle: UN Doc. CAT/OP/3.
[2)] Eigene Übersetzung des Herausgebers Prof. Dr. *Fastenrath.*

des Unterausschusses bleiben vertraulich (Art. 21 und 22); 11. der öffentliche Jahresbericht wird dem Ausschuss gegen Folter übermittelt (Art. 24); 12. das Quorum beträgt 14 Mitglieder (Art. 25), Entscheidungen sollen jedoch möglichst im Konsens getroffen werden (Art. 26), die Abstimmung kann auch über Email erfolgen (Art. 26). Im Übrigen ist die Reihenfolge der Artikel mitunter umgestellt und anders gegliedert. Daraus ergeben sich zum Teil Abweichungen in der Nummerierung der einzelnen Artikel.

Der Erste Teil der Verfahrensordnung ist zudem ergänzt um den Abschnitt X, wonach der Unterausschuss mit anderen einschlägigen Organen und Institutionen globaler oder regionaler Art Informationen und Dokumente austauscht (Art. 29); zudem kann er Personen anhören, die über Informationen im Tätigkeitsbereich des Unterausschusses verfügen (Art. 20). Diese Regelungen entsprechen inhaltlich Art. 63 der Verfahrensordnung des Ausschusses gegen Folter (Nr. 28a), ohne jedoch einzelne Organe oder Organisationen zu nennen.

Zweiter Teil: Bestimmungen betreffend die nationalen Mechanismen zur Verhütung von Folter

Art. 30 Beziehung zu nationalen Mechanismen zur Verhütung von Folter. (1) Soweit erforderlich berät und unterstützt der Unterausschuss zur Verhütung von Folter die Vertragsstaaten bei der Einrichtung von nationalen Mechanismen zur Verhütung von Folter. Er unterhält unmittelbare und erforderlichenfalls vertrauliche Kontakte mit ihnen, was das Recht einschließt, von ihnen in Einklang mit den Artikeln 11 und 20 Buchstabe f) des Fakultativprotokolls Informationen zu erhalten und mit ihnen zusammenzutreffen.

(2) Der Unterausschuss bietet den nationalen Mechanismen zur Verhütung von Folter Ausbildungshilfe und technische Hilfe zur Stärkung ihrer Leistungsfähigkeit an.

(3) Der Unterausschuss berät und unterstützt die nationalen Mechanismen zur Verhütung von Folter bei der Beurteilung der Erfordernisse und der Mittel, die zur Verstärkung des Schutzes von Personen, denen die Freiheit entzogen ist, vor Folter und anderer grausamer, unmenschlicher oder erniedrigender Behandlung oder Strafe notwendig sind.

(4) Der Unterausschuss unterbreitet den Vertragsstaaten Empfehlungen und Beobachtungen mit dem Ziel der Stärkung der Leistungsfähigkeit und des Mandats der nationalen Mechanismen zur Verhütung von Folter und anderer grausamer, unmenschlicher oder erniedrigender Behandlung oder Strafe gegenüber Personen, denen die Freiheit entzogen ist.

(5) Bei seinen Kontakten mit den nationalen Mechanismen zur Verhütung von Folter berücksichtigt der Unterausschuss in gebührender Weise die Grundsätze betreffend die Stellung nationaler Institutionen (Pariser Grundsätze)[1].

(6) Der Unterausschuss zur Verhütung von Folter hat eigene Grundsätze für die nationalen Mechanismen zur Verhütung von Folter beschlossen (CAT/OP/12/5).

Der Dritte Teil enthält mit Art. 31 eine Auslegungsregel und der Vierte Teil mit Art. 33 eine Änderungsbestimmung, die Art. 98 bzw. 99 der Verfahrensordnung des

---

[1] Anlage zu A/RES/48/134.

Ausschusses gegen Rassendiskriminierung **(Nr. 38)** *entsprechen, jedoch eine Frist von 24 Stunden zwischen der Unterbreitung eines Änderungsvorschlags und dem Beschluss darüber festlegt. Zudem können nach Art. 32 einzelne Bestimmungen der Verfahrensordnung vorübergehend ausgesetzt werden, während Art. 34 die Möglichkeit eröffnet, mit einer 24-stündigen Frist zwischen Vorschlag und Beschluss die Verfahrensordnung um Zusätze zu ergänzen.*

29. Mindestgrundsätze der Vereinten Nationen für die Behandlung der Gefangenen (Nelson–Mandela–Regeln)[1] · [2]

Vom 17. Dezember 2015

Resolution 70/175 der Generalversammlung der Vereinten Nationen

(Auszug)[3]

(Übersetzung)

Vorbemerkung 1. Mit den folgenden Regeln wird nicht beabsichtigt, im Einzelnen ein Mustersystem für Vollzugsanstalten zu beschreiben. Angestrebt wird lediglich, auf der Grundlage der heute allgemein anerkannten Auffassungen und der wesentlichen Elemente der am besten geeigneten Systeme der heutigen Zeit die allgemein als gut anerkannten Grundsätze und Verfahrensweisen für die Behandlung der Gefangenen und die Führung der Vollzugsanstalten darzulegen.

Vorbemerkung 2. (1) Bei der großen Verschiedenheit der rechtlichen, sozialen, wirtschaftlichen und geo–grafischen Verhältnisse in der Welt ist es augenscheinlich, dass nicht alle diese Regeln überall und jederzeit zur Anwendung gebracht werden können. Sie sollen jedoch als Anregung für ein stetes Bemühen zur Überwindung der praktischen Schwierigkeiten dienen, die sich ihrer Anwendung entgegenstellen, in dem Bewusstsein, dass sie in ihrer Gesamtheit die Mindestbedingungen darstellen, die von den Vereinten Nationen als geeignet angenommen worden sind.

(2) Andererseits befassen sich die Regeln mit einem Gebiet, auf dem die Auffassungen in ständiger Entwicklung begriffen sind. Sie sollen neue Versuche und Verfahrensweisen nicht ausschließen, sofern sich diese in Übereinstimmung mit den Prinzipien befinden und die Zwecke zu fördern suchen, die aus dem gesamten Wortlaut der Regeln hervorgehen. Es wird für eine zentrale Vollzugsverwaltung immer zu rechtfertigen sein, in einem solchen Geist Abweichungen von den Regeln zu genehmigen.

Vorbemerkung 3. (1) Teil I dieser Regeln befasst sich mit der allgemeinen Führung der Vollzugsanstalten und findet Anwendung auf alle Kategorien von Gefangenen, ob Straf- oder Zivilgefangene, Untersuchungsgefangene oder Verurteilte, einschließlich der Gefangenen, die Sicherungs- oder Besserungsmaßnahmen unterworfen sind, die durch einen Richter angeordnet wurden.

(2) Teil II enthält Regeln, die nur auf die besonderen Kategorien Anwendung finden, mit denen sich die verschiedenen Abschnitte befassen. Trotzdem

---

[1] Internationale Quelle: A/RES/70/175.
[2] Deutsche Übersetzung durch den Deutschen Übersetzungsdienst der Vereinten Nationen. Die in der deutschen Übersetzung verwendete männliche Form gilt für Personen beiderlei Geschlechts.
[3] Vollständiger Text abrufbar unter: http://www.un.org/depts/german/gv-70/band1/ar 70175.pdf.

haben die Regeln des Abschnitts A, betreffend die Strafgefangenen, in gleicher Weise Anwendung zu finden auf die Gefangenenkategorien der Abschnitte B, C und D, vorausgesetzt, dass sie nicht mit den für diese Kategorien geltenden Regeln in Widerspruch stehen und dass sie zu deren Vorteil sind.

Vorbemerkung 4. (1) Mit diesen Regeln wird nicht versucht, die Führung von Anstalten zu regeln, die besonders für Jugendliche eingerichtet worden sind, wie z. B. Jugendstrafanstalten oder Besserungsanstalten, doch würde Teil I im Allgemeinen in gleicher Weise auf solche Anstalten Anwendung finden.

(2) Die Kategorie der jungen Gefangenen soll wenigstens alle Jugendlichen einschließen, die unter die Zuständigkeit der Jugendgerichte fallen. In der Regel sollen solche Jugendliche nicht zu Freiheitsstrafen verurteilt werden.

I. Allgemein anzuwendende Regeln

Grundprinzipien

Regel 1. Alle Gefangenen sind mit der Achtung zu behandeln, die der Würde und dem Wert gebührt, die ihnen als Menschen innewohnen. Kein Gefangener darf der Folter und anderer grausamer, unmenschlicher oder erniedrigender Behandlung oder Strafe unterworfen werden, für die Umstände gleich welcher Art nicht als Rechtfertigung geltend gemacht werden dürfen, und alle Gefangenen sind davor zu schützen. Die Sicherheit der Gefangenen, des Personals, der Dienstleistungsanbieter und der Besucher ist jederzeit zu gewährleisten.

Regel 2. (1) Die nachstehenden Regeln sind unparteiisch anzuwenden. Rasse, Hautfarbe, Geschlecht, Sprache, Religion, politische oder sonstige Überzeugung, nationale oder soziale Herkunft, Vermögen, Geburt oder sonstiger Stand dürfen nicht zu diskriminierender Behandlung führen. Die religiösen Überzeugungen und sittlichen Anschauungen der Gefangenen sind zu achten.

(2) Zur praktischen Anwendung des Grundsatzes der Nichtdiskriminierung hat die Vollzugsverwaltung die individuellen Bedürfnisse der Gefangenen, namentlich diejenigen der schutzbedürftigsten Gefangenenkategorien, zu berücksichtigen. Maßnahmen zum Schutz und zur Förderung der Rechte der Gefangenen mit besonderen Bedürfnissen sind erforderlich und sind nicht als diskriminierend anzusehen.

Regel 3. Freiheitsstrafen und andere Maßnahmen, die zur Folge haben, dass Personen von der Außenwelt abgeschnitten werden, sind schon allein dadurch schmerzhaft, dass sie den Betroffenen durch den Entzug ihrer Freiheit das Recht auf Selbstbestimmung nehmen. Der Strafvollzug darf daher die mit dieser Lage zwangsläufig verbundenen Leiden nicht noch verstärken, es sei denn, eine gerechtfertigte Absonderung oder die Aufrechterhaltung der Disziplin erfordern dies.

Regel 4. (1) Das Ziel einer Freiheitsstrafe oder einer ähnlichen freiheitsentziehenden Maßnahme besteht in erster Linie darin, die Gesellschaft vor dem Verbrechen zu schützen und Rückfälligkeit zu vermindern. Diese Ziele können nur erreicht werden, wenn die Freiheitsstrafe dazu genutzt wird, so weit wie möglich die gesellschaftliche Wiedereingliederung des Betroffenen nach der Haftentlassung sicherzustellen, damit er ein gesetzestreues Leben führen und seinen Lebensunterhalt bestreiten kann.

(2) Zu diesem Zweck sollen die Vollzugsverwaltungen und anderen zuständigen Behörden Bildungs-, Berufsausbildungs- und Arbeitsmöglichkeiten sowie andere angemessene und verfügbare Formen der Hilfe, einschließlich abhelfender, sittlicher, seelsorgerischer, sozialer und gesundheitlicher und sportlicher Art, anbieten. Alle derartigen Programme, Aktivitäten und Dienste sollen entsprechend den Erfordernissen einer individuellen Behandlung der Gefangenen durchgeführt werden.

Regel 5. (1) Der Vollzug soll darauf ausgerichtet sein, die Unterschiede zwischen dem Leben in der Vollzugsanstalt und dem Leben in Freiheit, welche die Eigenverantwortung der Gefangenen oder die Achtung ihrer Menschenwürde beeinträchtigen können, auf ein Mindestmaß herabzusetzen.

(2) Die Vollzugsverwaltung nimmt alle vertretbaren Vorkehrungen und Anpassungen vor, um sicherzustellen, dass Gefangene mit körperlichen, psychischen oder anderen Behinderungen auf der Grundlage der Gleichberechtigung uneingeschränkt und wirksam am Anstaltsleben teilhaben können.

Verwaltung der Gefangenenakten

Regel 6. Überall, wo sich Personen in Haft befinden, hat ein standardisiertes System für die Verwaltung der Gefangenenakten vorhanden zu sein. Bei diesem System kann es sich um eine elektronische Datenbank für die Unterlagen oder um ein Registerbuch mit nummerierten und abgezeichneten Seiten handeln. Es müssen Verfahren vorhanden sein, die einen sicheren Prüfpfad gewährleisten und den Zugriff auf die in dem System enthaltenen Informationen oder deren Änderung durch Unbefugte verhindern.

Regel 7. Niemand darf ohne eine gültige Einweisungsverfügung in eine Vollzugsanstalt aufgenommen werden. Bei der Aufnahme jedes Gefangenen sind folgende Angaben in das System zur Verwaltung der Gefangenenakten einzutragen:
a) genaue Angaben, die unter Achtung der Geschlechtsidentität der Person die Feststellung ihrer unverwechselbaren Identität ermöglichen;
b) die Gründe der Einweisung und die zuständige Behörde sowie Datum, Uhrzeit und Ort der Festnahme;
c) Tag und Uhrzeit der Aufnahme und der Entlassung sowie einer etwaigen Verlegung oder Überstellung;
d) jede sichtbare Verletzung und Beschwerden über frühere Misshandlungen;
e) ein Verzeichnis der persönlichen Gegenstände;
f) die Namen der Familienangehörigen, einschließlich Kindern, soweit zutreffend, samt Angaben zum Alter der Kinder, zu ihrem Aufenthaltsort sowie zum Sorgerecht oder zur Vormundschaft;
g) detaillierte Angaben zu den nächsten Angehörigen des Gefangenen zum Zweck der Kontaktaufnahme im Notfall.

Regel 8. Soweit zutreffend sind im Verlauf der Freiheitsentziehung folgende Angaben in das System zur Verwaltung der Gefangenenakten einzutragen:

a) Angaben zum Gerichtsverfahren, einschließlich der Gerichtstermine und der rechtlichen Vertretung;
b) Erstbeurteilungs- und Klassifizierungsberichte;
c) Angaben zum Verhalten und zur Disziplin;
d) Anträge und Beschwerden, einschließlich Behauptungen betreffend Folter oder andere grausame, unmenschliche oder erniedrigende Behandlung oder Strafe, sofern sie nicht vertraulich sind;
e) Angaben über die Verhängung von Disziplinarstrafen;
f) Angaben zu den Umständen und Ursachen von Verletzungen oder Tod und, in letzterem Fall, zum Verbleib der sterblichen Überreste.

Regel 9. Alle in den Regeln 7 und 8 genannten Aufzeichnungen sind vertraulich zu behandeln und nur denjenigen verfügbar zu machen, deren berufliche Aufgaben den Zugang dazu erfordern. Allen Gefangenen ist Einsicht in die sie betreffenden Unterlagen zu gewähren, vorbehaltlich nach innerstaatlichem Recht zulässiger Schwärzungen, und sie haben Anspruch darauf, bei ihrer Freilassung eine amtliche Ausfertigung dieser Unterlagen zu erhalten.

Regel 10. Die Systeme zur Verwaltung der Gefangenenakten sind auch heranzuziehen, um verlässliche Daten zu Trends und Merkmalen der Gefangenenpopulation, einschließlich Belegungsraten, zu gewinnen und so eine Grundlage für faktengestützte Entscheidungen zu schaffen.

Trennung der Kategorien

Regel 11. Die verschiedenen Kategorien von Gefangenen sind in getrennten Anstalten oder Anstaltsabteilungen unterzubringen, unter Berücksichtigung ihres Geschlechts, ihres Alters, ihrer Vorstrafen, der rechtlichen Gründe ihrer Inhaftierung und der Erfordernisse ihrer Behandlung. Daher gilt:
a) Männer und Frauen sind so weit wie möglich in getrennten Anstalten unterzubringen; in einer Anstalt, die sowohl Männer als auch Frauen aufnimmt, müssen die gesamten für Frauen bestimmten Räumlichkeiten völlig getrennt sein;
b) Untersuchungsgefangene sind von verurteilten Gefangenen zu trennen;
c) in Schuldhaft befindliche Personen und andere Zivilgefangene sind von Strafgefangenen zu trennen;
d) junge Gefangene sind von Erwachsenen getrennt unterzubringen.

Unterbringung

Regel 12. (1) Erfolgt die nächtliche Unterbringung in Einzelzellen oder Einzelhafträumen, hat jeder Gefangene bei Nacht eine Zelle oder einen Raum allein zu belegen. Wenn es aus besonderen Gründen, wie z.B. zeitweiliger Überbelegung, für die zentrale Vollzugsverwaltung notwendig wird, Ausnahmen von dieser Regel zu machen, sollte vermieden werden, dass zwei Gefangene in einer Zelle oder einem Haftraum untergebracht sind.

(2) Werden Schlafsäle benutzt, so sind sie mit sorgfältig ausgewählten Gefangenen zu belegen, die geeignet sind, unter diesen Bedingungen miteinander zu leben. In der Nacht werden sie regelmäßig überwacht, wobei dem Charakter der Vollzugsanstalt Rechnung zu tragen ist.

Regel 13. Alle für Gefangene, insbesondere für deren nächtliche Unterbringung, vorgesehenen Räume haben allen Erfordernissen der Gesundheit zu entsprechen; dabei sind die klimatischen Verhältnisse und insbesondere die verfügbare Luftmenge, eine Mindestbodenfläche, Beleuchtung, Heizung und Belüftung zu berücksichtigen.

Regel 14. In allen Räumen, in denen Gefangene leben oder arbeiten,
a) müssen die Fenster groß genug sein, damit die Gefangenen bei Tageslicht lesen und arbeiten können, und so eingerichtet sein, dass Frischluft einströmen kann, gleichviel ob es eine künstliche Belüftung gibt oder nicht;
b) muss es genug künstliches Licht geben, damit die Gefangenen ohne Beeinträchtigung ihres Sehvermögens lesen und arbeiten können.

Regel 15. Die sanitären Einrichtungen müssen so beschaffen sein, dass Gefangene ihre Notdurft umgehend und in einer hygienischen und annehmbaren Weise verrichten können.

Regel 16. Es sind ausreichende Bade- und Duscheinrichtungen bereitzustellen, damit alle Gefangenen die Möglichkeit erhalten und angehalten werden können, bei einer dem Klima entsprechenden Temperatur zu baden oder zu duschen, und zwar so häufig, wie dies nach der Jahreszeit und der geografischen Lage zur allgemeinen Hygiene nötig ist, in gemäßigtem Klima aber wenigstens einmal in der Woche.

Regel 17. Alle Bereiche einer Vollzugsanstalt, die regelmäßig von Gefangenen benutzt werden, müssen jederzeit ordentlich instandgehalten werden und völlig sauber sein.

Persönliche Hygiene

Regel 18. (1) Von den Gefangenen ist persönliche Reinlichkeit zu fordern; zu diesem Zweck sind ihnen Wasser und die für die Gesundheit und Reinlichkeit erforderlichen Toilettenartikel zur Verfügung zu stellen.

(2) Damit die Gefangenen sich ein gutes Äußeres bewahren können, das mit ihrer Selbstachtung vereinbar ist, sind Möglichkeiten für eine ordentliche Haar- und Bartpflege vorzusehen; die Männer müssen sich regelmäßig rasieren können.

Kleidung und Bettzeug

Regel 19. (1) Gefangene, die nicht ihre eigene Kleidung tragen dürfen, sind mit Kleidung auszustatten, die dem Klima angepasst und der Gesundheit zuträglich ist. Diese Kleidung darf in keiner Weise herabsetzend oder erniedrigend sein.

(2) Alle Kleidungsstücke müssen sauber sein und in ordentlichem Zustand gehalten werden. Die Leibwäsche ist so oft zu wechseln und zu waschen, wie es die Wahrung der Hygiene erfordert.

(3) In Ausnahmefällen, wenn ein Gefangener zu einem genehmigten Zweck die Vollzugsanstalt verlässt, ist ihm zu gestatten, seine eigene oder eine andere unauffällige Kleidung zu tragen.

Regel 20. Wird Gefangenen gestattet, ihre eigene Kleidung zu tragen, ist bei ihrer Aufnahme in die Vollzugsanstalt dafür zu sorgen, dass diese Kleidung sauber und in gebrauchsfähigem Zustand ist.

Regel 21. Allen Gefangenen ist, in Übereinstimmung mit den örtlichen oder landesüblichen Gepflogenheiten, ein eigenes Bett mit ausreichendem, eigenem Bettzeug zur Verfügung zu stellen, das bei der Ausgabe sauber sein muss, in gutem Zustand zu halten und oft genug zu wechseln ist, um den Erfordernissen der Sauberkeit zu genügen.

Verpflegung

Regel 22. (1) Alle Gefangenen sind von der Vollzugsverwaltung zu den üblichen Zeiten mit vollwertiger, gesundheitsfördernder und kräftigender Verpflegung zu versorgen, die bekömmlich ist und angemessen zubereitet und ausgegeben wird.

(2) Allen Gefangenen muss Trinkwasser zur Verfügung stehen, wann immer sie es benötigen.

Bewegung und Sport

Regel 23. (1) Gefangenen, die nicht im Freien arbeiten, ist, wenn es die Witterung zulässt, täglich mindestens eine Stunde geeignete Bewegung im Freien zu gewähren.

(2) Jungen Gefangenen und anderen in geeignetem Alter und körperlicher Verfassung ist während der Bewegungszeit Gelegenheit zu Sport und Erholung zu geben. Zu diesem Zweck sollen Raum, Einrichtungen und Geräte zur Verfügung gestellt werden.

Gesundheitsdienste

Regel 24. (1) Die gesundheitliche Versorgung von Gefangenen ist Aufgabe des Staates. Gefangene sollen den gleichen Standard der Gesundheitsversorgung erhalten, der in der Gesellschaft verfügbar ist, und sollen kostenfrei und ohne Diskriminierung aufgrund ihrer Rechtsstellung Zugang zu den notwendigen Gesundheitsdiensten haben.

(2) Die Gesundheitsdienste sollen in enger Beziehung zum allgemeinen öffentlichen Gesundheitswesen stehen und so organisiert sein, dass die Kontinuität der Behandlung und Versorgung, einschließlich bei HIV, Tuberkulose und anderen Infektionskrankheiten sowie bei Drogenabhängigkeit, gewährleistet ist.

Regel 25. (1) In jeder Vollzugsanstalt muss ein Gesundheitsdienst zur Verfügung stehen, der die Aufgabe hat, die körperliche und psychische Gesundheit der Gefangenen zu evaluieren, zu fördern, zu schützen und zu verbessern, unter besonderer Berücksichtigung von Gefangenen mit speziellem Versorgungsbedarf oder mit gesundheitlichen Problemen, die ihre Resozialisierung beeinträchtigen.

(2) Der Gesundheitsdienst hat aus einem ausreichend besetzten interdisziplinären Team mit qualifiziertem Personal zu bestehen, das in voller ärztlicher Unabhängigkeit handelt und in dem eine ausreichende Anzahl von Fachkräf-

ten auf dem Gebiet der Psychologie und der Psychiatrie vertreten ist. Die Versorgung durch einen qualifizierten Zahnarzt ist allen Gefangenen zu gewährleisten.

Regel 26. (1) Der Gesundheitsdienst erstellt und führt eine genaue, aktuelle und vertrauliche individuelle Krankenakte für jeden Gefangenen, und alle Gefangenen sollen auf Antrag Einsicht in ihre Akten erhalten. Ein Gefangener kann einen Dritten dazu bestimmen, Einsicht in seine Krankenakte zu nehmen.

(2) Bei Verlegung eines Gefangenen wird die Krankenakte an den Gesundheitsdienst der aufnehmenden Anstalt übertragen; sie unterliegt der ärztlichen Schweigepflicht.

Regel 27. (1) In dringenden Fällen haben alle Vollzugsanstalten umgehenden Zugang zu medizinischer Betreuung sicherzustellen. Gefangene, die fachärztlicher oder chirurgischer Behandlung bedürfen, sind in spezialisierte Vollzugseinrichtungen oder öffentliche Krankenhäuser zu verlegen. Verfügt eine Vollzugsanstalt über eine eigene Krankenstation, so ist diese personell und materiell so auszustatten, dass die dorthin verlegten Gefangenen angemessen behandelt und ärztlich versorgt werden können.

(2) Medizinische Entscheidungen dürfen nur von den zuständigen Gesundheitsfachkräften getroffen und von nicht-medizinischen Vollzugsbediensteten weder aufgehoben noch außer Acht gelassen werden.

Regel 28. In Frauenvollzugsanstalten müssen besondere Einrichtungen für jede notwendige Betreuung und Behandlung vor und nach einer Geburt vorhanden sein. Soweit wie möglich sind Vorkehrungen zu treffen, dass Entbindungen in einem Krankenhaus außerhalb der Vollzugsanstalt stattfinden können. Wird ein Kind in einer Vollzugsanstalt geboren, darf dieser Umstand in der Geburtsurkunde nicht erwähnt werden.

Regel 29. (1) Die Entscheidung darüber, ob ein Kind mit seinem Elternteil in der Vollzugsanstalt bleiben kann, hat nach Maßgabe des Kindeswohls zu erfolgen. Wenn erlaubt wird, dass Kinder bei einem Elternteil in der Vollzugsanstalt bleiben, sind Vorkehrungen zu treffen für
a) mit Fachkräften ausgestattete interne oder externe Einrichtungen für die Kinderbetreuung, in denen Kinder untergebracht werden, wenn sie sich nicht in der Obhut ihres Elternteils befinden;
b) kinderspezifische gesundheitliche Dienstleistungen, einschließlich Untersuchungen bei der Aufnahme und kontinuierliche Überwachung ihrer Entwicklung durch Fachärzte.

(2) Mit einem Elternteil in einer Vollzugsanstalt untergebrachte Kinder dürfen niemals als Gefangene behandelt werden.

Regel 30. Ein Arzt oder eine sonstige anerkannte Gesundheitsfachkraft, gleichviel ob diese dem Arzt Bericht zu erstatten hat oder nicht, hat alle Gefangenen so bald wie möglich nach ihrer Aufnahme und später bei Bedarf zu untersuchen und mit ihnen zu sprechen. Besondere Aufmerksamkeit ist darauf zu richten,

a) den Versorgungsbedarf zu ermitteln und alle notwendigen Behandlungsmaßnahmen zu treffen;
b) festzustellen, ob Neuankömmlinge vor ihrer Aufnahme möglicherweise der Misshandlung ausgesetzt waren;
c) etwaige Anzeichen von psychologischem oder sonstigem Stress festzustellen, der durch den Freiheitsentzug bedingt ist, unter anderem Selbstmord- oder Selbstverletzungsgefahr und Entzugserscheinungen infolge des Gebrauchs von Drogen, Arzneimitteln oder Alkohol, und alle geeigneten, individuell abgestimmten Behandlungs- oder sonstigen Maßnahmen zu treffen;
d) bei Verdacht auf ansteckende Krankheiten bei Gefangenen dafür zu sorgen, dass sie während des Ansteckungszeitraums klinisch isoliert und angemessen behandelt werden;
e) die Tauglichkeit der Gefangenen für Arbeit, körperliche Betätigung oder Teilnahme an anderen Aktivitäten festzustellen.

Regel 31. Der Arzt oder, soweit zutreffend, andere anerkannte Gesundheitsfachkräfte haben täglichen Zugang zu allen Gefangenen, die krank sind oder über Probleme der körperlichen oder geistigen Gesundheit oder Verletzungen klagen, und zu denen, auf die ihre besondere Aufmerksamkeit gelenkt wird. Alle medizinischen Untersuchungen sind unter Wahrung voller Vertraulichkeit vorzunehmen.

Regel 32. (1) Das Verhältnis zwischen dem Arzt oder den anderen Gesundheitsfachkräften und dem Gefangenen unterliegt den gleichen ethischen und berufsständischen Normen, die für Patienten in der Gesellschaft gelten, insbesondere
a) der Pflicht, die körperliche und geistige Gesundheit der Gefangenen zu schützen und Krankheiten ausschließlich aus klinischen Gründen zu verhüten und zu behandeln;
b) der Wahrung des Selbstbestimmungsrechts der Gefangenen im Hinblick auf ihre eigene Gesundheit und der Einwilligung nach erfolgter Aufklärung im Verhältnis zwischen Arzt und Patient;
c) der Vertraulichkeit medizinischer Informationen, es sei denn, dass die Wahrung der Vertraulichkeit eine tatsächliche und unmittelbare Gefahr für den Patienten oder andere zur Folge hätte;
d) dem absoluten Verbot, aktiv oder passiv Handlungen vorzunehmen, die Folter oder eine andere grausame, unmenschliche oder erniedrigende Behandlung oder Strafe darstellen können, einschließlich medizinischer oder wissenschaftlicher Versuche, die der Gesundheit eines Gefangenen abträglich sein können, wie etwa die Entnahme von Zellen, Gewebe oder Organen von Gefangenen.

(2) Unbeschadet des Absatzes 1d) kann es einem Gefangenen gestattet werden, mit ihrer freien und nach erfolgter Aufklärung erteilten Einwilligung und im Einklang mit dem geltenden Recht an klinischen Versuchen und anderen Gesundheitsstudien teilzunehmen, die außerhalb der Vollzugsanstalt stattfinden, wenn zu erwarten ist, dass sich daraus ein unmittelbarer und erheblicher Nutzen für ihre Gesundheit ergibt, und einem Verwandten Zellen, Gewebe oder Organe zu spenden.

Regel 33. Der Arzt hat dem Leiter der Vollzugsanstalt zu berichten, wenn er der Meinung ist, dass die körperliche oder geistige Gesundheit eines Gefangenen durch die Fortsetzung der Haft oder durch irgendeinen Haftumstand beeinträchtigt worden ist oder beeinträchtigt werden wird.

Regel 34. Erkennt eine Gesundheitsfachkraft bei der Untersuchung eines Gefangenen bei der Aufnahme oder bei einer späteren medizinischen Betreuung eines Gefangenen Anzeichen von Folter oder anderer grausamer, unmenschlicher oder erniedrigender Behandlung oder Strafe, hat sie diese Fälle zu protokollieren und den zuständigen medizinischen, Verwaltungs- oder Justizbehörden zu melden. Angemessene Verfahrensgarantien sind einzuhalten, um den Gefangenen oder mit ihm verbundene Personen keinem vorhersehbaren Schädigungsrisiko auszusetzen.

Regel 35. (1) Der Arzt oder die zuständige Gesundheitsbehörde hat regelmäßige Prüfungen vorzunehmen und den Leiter der Vollzugsanstalt in folgender Hinsicht zu beraten:
a) Menge, Qualität, Zubereitung und Ausgabe der Verpflegung;
b) Hygiene und Sauberkeit der Anstalt und der Gefangenen;
c) sanitäre Einrichtungen, Temperatur, Beleuchtung und Belüftung der Vollzugsanstalt;
d) Eignung und Sauberkeit von Bekleidung und Bettzeug der Gefangenen;
e) Einhaltung der Vorschriften betreffend körperliche Ertüchtigung und Sport in Fällen, in denen kein ausgebildetes Personal für diese Betätigungen vorhanden ist.

(2) Der Leiter der Vollzugsanstalt hat die Ratschläge und Berichte nach Absatz 1 und nach Regel 33 zu berücksichtigen und unverzüglich Schritte zu unternehmen, um die Ratschläge und Empfehlungen in den Berichten in die Tat umzusetzen. Liegen die Ratschläge oder Empfehlungen außerhalb seiner Zuständigkeit oder stimmen sie nicht mit seiner Auffassung überein, so hat er seinen eigenen Bericht und die Ratschläge oder Empfehlungen des Arztes oder der zuständigen Gesundheitsbehörde unverzüglich einer übergeordneten Behörde vorzulegen.

Einschränkungen, Disziplin und Disziplinarstrafen

Regel 36. Disziplin und Ordnung sind aufrechtzuerhalten, jedoch nicht mit mehr Einschränkungen, als es für die sichere Unterbringung, den sicheren Betrieb der Vollzugsanstalt und ein geordnetes Gemeinschaftsleben erforderlich ist.

Regel 37. Folgendes unterliegt stets einer Regelung durch das Gesetz oder der Verwaltungsvorschrift der zuständigen Verwaltungsbehörde:
a) Verhalten, das einen Disziplinarverstoß darstellt;
b) Art und Dauer der zulässigen Disziplinarstrafen;
c) die für Disziplinarstrafen zuständige Behörde;
d) jede Form der unfreiwilligen Absonderung von der allgemeinen Gefangenenpopulation, wie beispielsweise Einzelhaft, Isolierung, Segregation, besondere Behandlungsabteilungen oder restriktive Unterbringung, gleichviel ob diese als Disziplinarstrafe oder zur Aufrechterhaltung von Ordnung und Sicherheit erfolgt, einschließlich des Erlasses von Richtlinien und Verfahren

für die Verwendung, Überprüfung, Verhängung und Aufhebung jedweder Form der unfreiwilligen Absonderung.

Regel 38. (1) Der Vollzugsverwaltung wird nahegelegt, nach Möglichkeit Konfliktverhütung, Vermittlung oder andere Mechanismen der Streitbeilegung einzusetzen, um Disziplinarverstöße zu verhindern oder Konflikte beizulegen.

(2) Bei Gefangenen, die abgesondert sind oder waren, trifft die Vollzugsverwaltung die notwendigen Maßnahmen, um die abträglichen Auswirkungen abzuschwächen, welche die Absonderung auf die Betroffenen und nach ihrer Haftentlassung auf ihre Gemeinschaft haben kann.

Regel 39. (1) Ein Gefangener darf nur in Übereinstimmung mit den Bestimmungen des Gesetzes oder der Verwaltungsvorschrift nach Regel 37 und den Grundsätzen der Fairness und des ordnungsgemäßen Verfahrens bestraft werden. Ein Gefangener darf nie zweimal für dieselbe Handlung oder denselben Verstoß bestraft werden.

(2) Die Vollzugsverwaltung gewährleistet die Verhältnismäßigkeit zwischen einer Disziplinarstrafe und dem Verstoß, dessentwegen sie festgesetzt wird, und führt ordnungsgemäße Aufzeichnungen über alle verhängten Disziplinarstrafen.

(3) Vor der Verhängung von Disziplinarstrafen prüft die Vollzugsverwaltung, ob und inwiefern eine psychische Erkrankung oder eine Entwicklungsbeeinträchtigung eines Gefangenen zu seinem Verhalten und der Begehung des Verstoßes oder der dem Disziplinarvorwurf zugrunde liegenden Handlung beigetragen haben. Die Vollzugsverwaltung darf keinen Gefangenen für ein Verhalten bestrafen, das unmittelbar seiner psychischen Erkrankung oder Behinderung zugeschrieben wird.

Regel 40. (1) Kein Gefangener darf im Betrieb der Vollzugsanstalt eine Stellung einnehmen, mit der eine Disziplinargewalt verbunden ist.

(2) Diese Regel darf jedoch nicht das ordnungsgemäße Funktionieren von Selbstverwaltungssystemen beeinträchtigen, in deren Rahmen bestimmte Tätigkeiten oder Verantwortlichkeiten auf sozialem, erzieherischem oder sportlichem Gebiet unter Aufsicht Gefangenen anvertraut werden, die für die Zwecke der Behandlung in Gruppen eingeteilt sind.

Regel 41. (1) Jeder mutmaßliche Disziplinarverstoß durch einen Gefangenen ist umgehend der zuständigen Behörde zu melden, die ihn ohne ungebührliche Verzögerung untersucht.

(2) Der Gefangene ist unverzüglich und in einer ihm verständlichen Sprache über die Art der gegen ihn erhobenen Beschuldigung zu unterrichten und hat ausreichend Zeit und angemessene Möglichkeiten zur Vorbereitung seiner Verteidigung zu erhalten.

(3) Dem Gefangenen ist zu gestatten, sich selbst zu verteidigen oder sich durch einen rechtlichen Beistand verteidigen zu lassen, wenn dies im Interesse der Rechtspflege erforderlich ist, insbesondere in Fällen schwerwiegender Disziplinarvorwürfe. Versteht oder spricht der Gefangene die bei der Disziplinarverhandlung verwendete Sprache nicht, so ist er durch einen sachkundigen Dolmetscher kostenfrei zu unterstützen.

(4) Dem Gefangenen ist Gelegenheit zu geben, gegen ihn verhängte Disziplinarstrafen gerichtlich nachprüfen zu lassen.

(5) Wird ein Disziplinarverstoß als Verbrechen strafrechtlich verfolgt, hat der Gefangene Anspruch auf alle bei strafrechtlichen Verfahren geltenden Verfahrensgarantien, einschließlich auf unbehinderten Zugang zu einem Rechtsberater.

Regel 42. Die in diesen Regeln behandelten allgemeinen Lebensbedingungen, auch soweit sie Licht, Belüftung, Temperatur, sanitäre Einrichtungen, Ernährung, Trinkwasser, Zugang zum Freien und zu körperlicher Betätigung, Körperpflege, Gesundheitsfürsorge und ausreichenden persönlichen Raum betreffen, gelten für alle Gefangenen ohne Ausnahme.

Regel 43. (1) Unter keinen Umständen dürfen Einschränkungen oder Disziplinarstrafen Folter oder anderer grausamer, unmenschlicher oder erniedrigender Behandlung oder Strafe gleichkommen. Verboten sind insbesondere folgende Praktiken:
a) unausgesetzte Einzelhaft;
b) Langzeit-Einzelhaft;
c) Unterbringung eines Gefangenen in einer dunklen oder ständig beleuchteten Zelle;
d) Körperstrafen oder die Schmälerung der Kost- oder Trinkwassermenge eines Gefangenen;
e) kollektive Bestrafung.

(2) Zwangsmittel dürfen niemals als Strafe für Disziplinarverstöße angewendet werden.

(3) Das Verbot des Kontakts zu Familienangehörigen darf nicht als Disziplinarstrafe oder restriktive Maßnahme angewandt werden. Der Kontakt zu Familienangehörigen darf nur für einen begrenzten Zeitraum und nur insoweit beschränkt werden, als es für die Wahrung von Sicherheit und Ordnung unbedingt erforderlich ist.

Regel 44. Im Sinne dieser Regeln bedeutet „Einzelhaft" die Absonderung eines Gefangenen für mindestens 22 Stunden pro Tag ohne wirklichen zwischenmenschlichen Kontakt. „Langzeit-Einzelhaft" bedeutet eine mehr als 15 aufeinanderfolgende Tage währende Einzelhaft.

Regel 45. (1) Einzelhaft ist nur in Ausnahmefällen als letztes Mittel anzuwenden, für so kurze Zeit wie möglich, vorbehaltlich einer unabhängigen Überprüfung und nur nach Genehmigung durch eine zuständige Behörde. Sie darf nicht aufgrund des Strafurteils gegen den Gefangenen verhängt werden.

(2) Die Verhängung von Einzelhaft soll bei Gefangenen mit psychischen oder körperlichen Behinderungen verboten sein, wenn ihr Zustand durch solche Maßnahmen verschlimmert würde. Das in anderen Standards und Normen der Vereinten Nationen auf dem Gebiet der Verbrechensverhütung und Strafrechtspflege genannte Verbot der Anwendung von Einzelhaft und ähnlichen Maßnahmen bei Frauen und Kindern gilt fort.

Regel 46. (1) Dem Gesundheitspersonal darf bei der Verhängung von Disziplinarstrafen oder anderen restriktiven Maßnahmen keine Rolle zukommen.

Es hat jedoch besonders auf die Gesundheit der einer Form der unfreiwilligen Absonderung unterzogenen Gefangenen zu achten, unter anderem durch tägliche Besuche dieser Gefangenen und die Bereitstellung umgehender medizinischer Hilfe und Behandlung auf Verlangen des Gefangenen oder eines Vollzugsbediensteten.

(2) Das Gesundheitspersonal hat dem Leiter der Vollzugsanstalt unverzüglich zu melden, wenn Disziplinarstrafen oder andere restriktive Maßnahmen die körperliche oder geistige Gesundheit eines solchen Strafen oder Maßnahmen unterworfenen Gefangenen beeinträchtigen, und dem Anstaltsleiter mitzuteilen, wenn es die Beendigung oder Abänderung dieser Strafen oder Maßnahmen aus Gründen der körperlichen oder geistigen Gesundheit für notwendig erachtet.

(3) Das Gesundheitspersonal ist befugt, die unfreiwillige Absonderung eines Gefangenen zu überprüfen und eine Abänderung zu empfehlen, um sicherzustellen, dass sich der Gesundheitszustand oder eine psychische oder körperliche Behinderung des Gefangenen durch die Absonderung nicht verschlechtert.

Zwangsmittel

Regel 47. (1) Die Verwendung von Ketten, Eisen oder sonstigen Zwangsmitteln, die naturgemäß erniedrigend oder schmerzhaft sind, ist verboten.

(2) Andere Zwangsmittel dürfen nur verwendet werden, wenn dies gesetzlich zulässig ist und unter den folgenden Umständen:
a) als Vorkehrung gegen Flucht während eines Transports, wobei sie entfernt werden müssen, wenn der Gefangene vor einer Gerichts oder Verwaltungsbehörde erscheint;
b) auf Anordnung des Leiters der Vollzugsanstalt, wenn andere Sicherungsmaßnahmen versagen, um einen Gefangenen von einer Verletzung seiner selbst oder anderer oder von einer Sachbeschädigung abzuhalten; in solchen Fällen hat der Leiter sofort den Arzt oder andere anerkannte Gesundheitsfachkräfte zu unterrichten und der vorgesetzten Verwaltungsbehörde Meldung zu machen.

Regel 48. (1) Ist die Anwendung von Zwangsmitteln nach Regel 47 Absatz 2 zulässig, so gelten die nachstehenden Grundsätze:
a) Zwangsmittel sind nur dann anzuwenden, wenn die mit uneingeschränkter Bewegungsfreiheit verbundenen Risiken nicht wirksam durch geringere Sicherungsmaßnahmen ausgeräumt werden können;
b) es ist das am wenigsten invasive Zwangsmittel zu wählen, das notwendig und vertretbarem Aufwand verfügbar ist, um die Bewegungsfreiheit des Gefangenen unter Zugrundelegung des Umfangs und der Art des bestehenden Risikos zu kontrollieren;
c) Zwangsmittel sind nur für den erforderlichen Zeitraum anzuwenden und so bald wie möglich zu entfernen, nachdem das mit uneingeschränkter Bewegungsfreiheit verbundene Risiko nicht mehr besteht.

(2) Zwangsmittel dürfen bei Frauen während der Wehen sowie während und unmittelbar nach der Entbindung nie angewandt werden.

Regel 49. Die Vollzugsverwaltung soll sich um Zugang zu Kontrolltechniken bemühen, die die Anwendung von Zwangsmitteln unnötig oder weniger invasiv machen würden, und eine Schulung in deren Anwendung bereitstellen.

Durchsuchungen von Gefangenen und Zellen

Regel 50. Die Gesetze und sonstigen Vorschriften über die Durchsuchung von Gefangenen und Zellen müssen mit den völkerrechtlichen Verpflichtungen im Einklang stehen und internationale Standards und Normen berücksichtigen, eingedenk der Notwendigkeit, die Sicherheit in der Vollzugsanstalt zu gewährleisten. Durchsuchungen sind auf eine Weise durchzuführen, die die angeborene Menschenwürde und Privatsphäre der durchsuchten Person achtet und den Grundsätzen der Verhältnismäßigkeit, der Rechtmäßigkeit und der Notwendigkeit genügt.

Regel 51. Durchsuchungen dürfen nicht dem Zweck dienen, einen Gefangenen zu schikanieren oder einzuschüchtern oder unnötig in seine Privatsphäre einzudringen. Zur Erfüllung ihrer Rechenschaftspflicht hat die Vollzugsverwaltung geeignete Aufzeichnungen über Durchsuchungen zu führen, insbesondere mit Entkleidung verbundene körperliche Durchsuchungen sowie Durchsuchungen von Zellen, sowie über die Gründe für die Durchsuchungen, die Identität derjenigen, die sie durchführten, und alle Ergebnisse der Durchsuchungen.

Regel 52. (1) Invasive Durchsuchungen, einschließlich mit Entkleidung verbundener körperlicher Durchsuchungen, sollen nur durchgeführt werden, wenn dies unbedingt notwendig ist. Der Vollzugsverwaltung ist nahezulegen, geeignete Alternativen zu invasiven Durchsuchungen zu entwickeln und anzuwenden. Invasive Durchsuchungen sind vertraulich und von geschulten Bediensteten durchgeführt werden, die dem gleichen Geschlecht angehören wie der Gefangene.

(2) Eine Inspektion von Körperhöhlen darf nur von anerkannten Gesundheitsfachkräften durchgeführt werden, die nicht gleichzeitig die Hauptverantwortung für die medizinische Versorgung des Gefangenen tragen, oder zumindest von Bediensteten, die von einer medizinischen Fachkraft in Bezug auf Hygiene-, Gesundheits- und Sicherheitsstandards angemessen geschult wurden.

Regel 53. Dokumente, die mit ihren Gerichtsverfahren in Zusammenhang stehen, sind den Gefangenen zugänglich zu machen oder dürfen in ihrem persönlichen Besitz verbleiben, ohne dass die Vollzugsverwaltung Zugang dazu hat.

Information und Beschwerden der Gefangenen

Regel 54. Bei der Aufnahme erhalten alle Gefangenen umgehend schriftliche Informationen über
a) das Strafvollzugsgesetz und die anwendbaren Vollzugsvorschriften;
b) ihre Rechte, einschließlich des vorgeschriebenen Wegs, Auskunft zu erhalten, den Zugang zu Rechtsberatung, so auch durch Programme für rechtli-

che Unterstützung, und die Verfahren zur Einreichung von Anträgen oder Beschwerden;

c) ihre Pflichten, einschließlich der anwendbaren Disziplinarstrafen; und

d) alle anderen Punkte, die notwendig sind, damit die Gefangenen sich an das Leben in der Vollzugsanstalt anpassen können.

Regel 55. (1) Die in Regel 54 genannten Informationen sind in den gängigsten Sprachen im Einklang mit den Bedürfnissen der Gefangenenpopulation verfügbar zu machen. Versteht ein Gefangener keine dieser Sprachen, soll ihm Unterstützung durch einen Dolmetscher gewährt werden.

(2) Ist ein Gefangener Analphabet, sind ihm die Informationen mündlich zu erteilen. Gefangenen mit sensorischen Behinderungen sollen die Informationen auf eine ihren Bedürfnissen entsprechende Weise vermittelt werden.

(3) Die Vollzugsverwaltung hat die Informationen in zusammengefasster Form an gut sichtbarer Stelle in den Gemeinschaftsräumen der Vollzugsanstalt anzubringen.

Regel 56. (1) Alle Gefangenen müssen täglich Gelegenheit erhalten, sich mit Anträgen oder Beschwerden an den Leiter der Vollzugsanstalt oder den mit seiner Vertretung beauftragten Vollzugsbediensteten zu wenden.

(2) Es muss die Möglichkeit geben, sich während der Überprüfung der Vollzugsanstalt durch den Kontrollbeauftragten mit Anträgen oder Beschwerden an diesen zu wenden. Gefangene müssen Gelegenheit erhalten, ohne Beisein des Leiters oder anderer Mitglieder des Personals mit dem Kontrollbeauftragten oder jedem anderen Kontrollbeamten frei und völlig vertraulich zu sprechen.

(3) Allen Gefangenen ist zu gestatten, ohne Zensur des Inhalts einen Antrag oder eine Beschwerde betreffend ihre Behandlung an die zentrale Vollzugsverwaltung und die Gerichts- oder sonstigen zuständigen Behörden zu richten, einschließlich derjenigen, die befugt sind, eine Nachprüfung vorzunehmen oder Abhilfemaßnahmen zu treffen.

(4) Die Rechte nach den Absätzen 1 bis 3 erstrecken sich auch auf die Rechtsberater der Gefangenen. Hat weder der Gefangene noch sein Rechtsberater die Möglichkeit, diese Rechte wahrzunehmen, können sie von einem Angehörigen des Gefangenen oder einer anderen mit dem Fall vertrauten Person wahrgenommen werden.

Regel 57. (1) Alle Anträge oder Beschwerden müssen umgehend behandelt und unverzüglich beantwortet werden. Wird ein Antrag abgelehnt oder eine Beschwerde zurückgewiesen oder entsteht eine ungebührliche Verzögerung, hat der Antragsteller/Beschwerdeführer das Recht, die Angelegenheit einem Gericht oder einer sonstigen Behörde vorzulegen.

(2) Durch entsprechende Garantien ist dafür Sorge zu tragen, dass Gefangene Anträge oder Beschwerden sicher und, falls der Beschwerdeführer dies verlangt, vertraulich einreichen können. Ein Gefangener oder eine andere in Regel 56 Absatz 4 genannte Person darf nicht wegen der Stellung eines Antrags oder der Einlegung einer Beschwerde der Gefahr der Vergeltung, der Einschüchterung oder sonstiger nachteiliger Folgen ausgesetzt sein.

(3) Behauptungen über Folter oder andere grausame, unmenschliche oder erniedrigende Behandlung oder Bestrafung von Gefangenen ist sofort nachzugehen und sind von einer unabhängigen nationalen Behörde im Einklang mit Regel 71 Absätze 1 und 2 umgehend und auf unparteiische Weise zu untersuchen.

Außenkontakte

Regel 58. (1) Den Gefangenen ist zu gestatten, unter der notwendigen Aufsicht in regelmäßigen Abständen mit ihrer Familie und ihren Freunden zu verkehren,

a) indem sie schriftlich korrespondieren und sich dabei, soweit vorhanden, der Telekommunikations-, elektronischer, digitaler und anderer Mittel bedienen und

b) indem sie Besuche empfangen.

(2) Sind eheliche Besuche gestattet, so ist dieses Recht diskriminierungsfrei anzuwenden und müssen weibliche Gefangene dieses Recht gleichberechtigt mit Männern ausüben können. Es müssen Verfahren vorhanden sein und Räumlichkeiten verfügbar gemacht werden, um unter gebührender Berücksichtigung von Sicherheit und Würde fairen und gleichen Zugang zu gewährleisten.

Regel 59. Gefangene sind nach Möglichkeit in Vollzugsanstalten in der Nähe ihres Wohn- oder Resozialisierungsorts unterzubringen.

Regel 60. (1) Der Zutritt von Besuchern zur Vollzugsanstalt ist davon abhängig, ob der Besucher einwilligt, sich durchsuchen zu lassen. Der Besucher kann seine Einwilligung jederzeit widerrufen, woraufhin die Vollzugsverwaltung ihm den Zutritt verweigern kann.

(2) Die Durchsuchungs- und Zutrittsverfahren für Besucher dürfen nicht erniedrigend sein und müssen mindestens den in den Regeln 50 bis 52 enthaltenen Grundsätzen entsprechen. Eine Inspektion von Körperhöhlen soll vermieden und an Kindern überhaupt nicht vorgenommen werden.

Regel 61. (1) Den Gefangenen sind ausreichende Gelegenheit, Zeit und Möglichkeiten zu geben, damit sie von einem Rechtsberater ihrer Wahl oder einem Anbieter rechtlicher Unterstützung aufgesucht werden, mit diesem verkehren und sich von ihm beraten lassen können, und zwar ohne Verzug, Abhören, Abfangen oder Zensur und in vollständiger Vertraulichkeit in jeder Rechtssache, im Einklang mit dem anwendbaren innerstaatlichen Recht. Die Beratungsgespräche können in Sicht-, aber nicht in Hörweite von Vollzugsbediensteten stattfinden.

(2) Gefangenen, die die lokale Sprache nicht sprechen, ermöglicht die Vollzugsverwaltung den Zugang zu den Diensten eines unabhängigen sachkundigen Dolmetschers.

(3) Gefangene sollen Zugang zu wirksamer rechtlicher Unterstützung haben.

Regel 62. (1) Gefangenen mit ausländischer Staatsangehörigkeit sind angemessene Möglichkeiten einzuräumen, mit der diplomatischen und konsularischen Vertretung ihres Staates in Verbindung zu treten.

(2) Gefangenen, die Staaten ohne diplomatische oder konsularische Vertretung in dem betreffenden Land angehören, sowie Flüchtlingen oder Staatenlosen ist in ähnlicher Weise Gelegenheit zu geben, mit der diplomatischen Vertretung des Staates, der mit der Wahrnehmung ihrer Interessen beauftragt ist, oder mit einer nationalen oder internationalen Stelle, deren Aufgabe es ist, solchen Personen Schutz zu gewähren, in Verbindung zu treten.

Regel 63. Die Gefangenen müssen sich regelmäßig durch das Lesen von Zeitungen, Zeitschriften oder besonderen Anstaltsveröffentlichungen, durch Rundfunkübertragungen, durch Vorträge oder ähnliche Mittel, die von der Verwaltung genehmigt oder geprüft sind, über die wichtigsten Tagesereignisse unterrichten können.

Bücher

Regel 64. Jede Vollzugsanstalt hat eine Bibliothek einzurichten, die allen Kategorien von Gefangenen zur Verfügung steht und über eine genügende Auswahl an Unterhaltungsliteratur und Sachbüchern verfügt; die Gefangenen sind zu ermutigen, davon ausgiebig Gebrauch zu machen.

Religion

Regel 65. (1) Wenn sich in der Vollzugsanstalt eine ausreichende Anzahl von Gefangenen derselben Religionsgemeinschaft befindet, ist ein anerkannter Vertreter dieser Religionsgemeinschaft zu bestellen oder zuzulassen. Wenn die Zahl der Gefangenen es rechtfertigt und die Umstände es gestatten, soll er hauptamtlich bestellt werden.

(2) Dem nach Absatz 1 bestellten oder zugelassenen anerkannten Vertreter ist zu gestatten, regelmäßig religiöse Zeremonien abzuhalten und zu geeigneten Zeiten seelsorgerische Einzelbesuche bei den Gefangenen seiner Religionsgemeinschaft zu machen.

(3) Der Zugang zu einem anerkannten Vertreter einer Religionsgemeinschaft darf keinem Gefangenen verweigert werden. Hat andererseits ein Gefangener Einwände gegen den Besuch eines solchen Vertreters, ist seine Haltung voll zu respektieren.

Regel 66. Soweit praktisch durchführbar, ist allen Gefangenen zu gestatten, den Bedürfnissen ihres religiösen Lebens durch Besuch religiöser Zeremonien in der Vollzugsanstalt und durch den Besitz religiöser Schriften und Lehrbücher ihrer jeweiligen Glaubensgemeinschaft zu entsprechen.

Aufbewahrung der persönlichen Gegenstände der Gefangenen

Regel 67. (1) Geld, Wertsachen, Kleidung und andere Gegenstände, die Gefangenen gehören und die sie nach der Anstaltsordnung nicht in Gewahrsam haben dürfen, sind allesamt bei ihrer Aufnahme in die Vollzugsanstalt in sichere Verwahrung zu nehmen. Ein Verzeichnis über diese Gegenstände ist von den Gefangenen zu unterzeichnen. Es ist dafür zu sorgen, dass diese Gegenstände in gutem Zustand bleiben.

(2) Bei der Entlassung von Gefangenen sind ihnen alle diese Gegenstände und das Geld zurückzugeben, sofern ihnen nicht genehmigt wurde, Geld

auszugeben oder Gegenstände aus der Vollzugsanstalt zu verschicken, oder es für notwendig gehalten wurde, aus Gründen der Hygiene ein Kleidungsstück zu vernichten. Gefangene haben eine Empfangsbescheinigung über die Gegenstände und das Geld, die ihnen ausgehändigt wurden, zu unterzeichnen.

(3) Geld oder Gegenstände, die für Gefangene von außerhalb entgegengenommen werden, sind nach denselben Vorschriften zu behandeln.

(4) Über die Verwendung der von Gefangenen eingebrachten Arzneimittel entscheidet der Arzt oder die sonstige anerkannte Gesundheitsfachkraft.

Benachrichtigungen

Regel 68. Alle Gefangenen haben das Recht und sind in die Lage zu versetzen, ihre Familienangehörigen oder eine andere von ihnen als Kontaktperson bestimmte Person über ihre Inhaftierung, ihre Verlegung in eine andere Anstalt oder eine schwere Erkrankung oder Verletzung zu unterrichten. Die Weitergabe der persönlichen Informationen von Gefangenen erfolgt nach Maßgabe des innerstaatlichen Rechts.

Regel 69. Verstirbt ein Gefangener, so unterrichtet der Leiter der Vollzugsanstalt sofort den nächsten Angehörigen oder den Notfallkontakt des Gefangenen. Der Leiter hat die von dem Gefangenen zum Erhalt seiner Gesundheitsinformationen bestimmten Personen von einer schweren Erkrankung, Verletzung oder Verlegung des Gefangenen in eine Gesundheitseinrichtung zu benachrichtigen. Der ausdrückliche Wunsch eines Gefangenen, seinen Ehepartner oder nächsten Angehörigen im Krankheits- oder Verletzungsfall nicht benachrichtigen zu lassen, ist zu achten.

Regel 70. Die Vollzugsverwaltung hat Gefangene sofort über den Tod oder eine ernste Erkrankung eines nahen Verwandten oder eines Lebenspartners zu unterrichten. Wenn die Umstände es gestatten, soll die Gefangenen erlaubt werden, einen lebensbedrohlich erkrankten nahen Verwandten oder Lebenspartner bewacht oder unbewacht zu besuchen oder an der Bestattung eines nahen Verwandten oder Lebenspartners teilzunehmen.

Untersuchungen

Regel 71. (1) Unbeschadet der Einleitung einer internen Untersuchung hat der Leiter der Vollzugsanstalt unverzüglich jeden Sterbefall, jedes Verschinden und jede schwere Verletzung eines Insassen einem Gericht oder einer anderen zuständigen Behörde zu melden, die von der Vollzugsverwaltung unabhängig ist und beauftragt ist, die Umstände und Ursachen solcher Fälle rasch, unparteiisch und wirksam zu untersuchen. Die Vollzugsverwaltung hat mit dieser Behörde uneingeschränkt zusammenzuarbeiten und für die Sicherung aller Beweismittel zu sorgen.

(2) Die Auflage in Absatz 1 gilt gleichermaßen, wenn es hinreichende Gründe zu der Annahme gibt, dass eine Folterhandlung oder eine andere grausame, unmenschliche oder erniedrigende Behandlung oder Bestrafung in der Vollzugsanstalt begangen wurde, ungeachtet dessen, ob eine formelle Beschwerde eingegangen ist oder nicht.

(3) Liegen hinreichende Gründe zu der Annahme vor, dass eine der in Absatz 2 genannten Handlungen begangen wurde, sind sofort Schritte zu unter-

nehmen, um sicherzustellen, dass alle möglicherweise Beteiligten weder an der Untersuchung mitwirken noch Kontakt mit den Zeugen, dem Opfer oder den Angehörigen des Opfers haben.

Regel 72. Die Vollzugsverwaltung hat die sterblichen Überreste eines verstorbenen Gefangenen mit Achtung und Würde zu behandeln. Die sterblichen Überreste eines verstorbenen Gefangenen sollen seinen nächsten Angehörigen so rasch wie im Rahmen des Zumutbaren möglich, spätestens jedoch nach Abschluss der Untersuchung, überlassen werden. Die Vollzugsverwaltung sorgt für eine kulturell angemessene Bestattung, wenn keine andere Partei dazu bereit oder in der Lage ist, und führt vollständige Aufzeichnungen darüber.

Verlegung von Gefangenen

Regel 73. (1) Werden Gefangene in eine Anstalt oder aus einer Anstalt verlegt, sind sie so wenig wie möglich den Blicken der Öffentlichkeit auszusetzen, und es sind geeignete Schutzvorkehrungen zu treffen, um sie vor jeder Beleidigung, Neugier und Zurschaustellung zu schützen.

(2) Der Transport von Gefangenen in Beförderungsmitteln mit unzureichender Lüftung oder Beleuchtung oder auf eine Weise, die sie unnötigen körperlichen Qualen aussetzen würde, ist verboten.

(3) Der Transport von Gefangenen geschieht auf Kosten der Vollzugsverwaltung und unter gleichen Bedingungen für alle.

Anstaltspersonal

Die Regeln 74 bis 79 betreffen die Qualifikation, Ausbildung und persönliche Eignung des Personals; vom Abdruck wird abgesehen.

Regel 80. (1) Der Leiter der Vollzugsanstalt, sein Stellvertreter und die Mehrheit der übrigen Vollzugsbediensteten müssen die Sprache der Mehrzahl der Gefangenen oder eine Sprache, die von der Mehrzahl verstanden wird, sprechen können.

(2) Wenn erforderlich, sind die Dienste eines sachkundigen Dolmetschers in Anspruch zu nehmen.

Regel 81. (1) In einer Vollzugsanstalt für Männer und Frauen hat die für die Frauen vorgesehene Abteilung der Anstalt unter der Leitung einer verantwortlichen Bediensteten zu stehen, die alle Schlüssel dieser Abteilung der Anstalt in ihrer Verwahrung hat.

(2) Ein männliches Mitglied des Personals darf die Frauenabteilung der Vollzugsanstalt nur in Begleitung einer weiblichen Bediensteten betreten.

(3) Weibliche Gefangene dürfen nur von weiblichem Personal betreut und überwacht werden. Dies schließt jedoch nicht aus, dass männliche Mitglieder des Personals, insbesondere Ärzte und Lehrer, in Vollzugsanstalten oder Anstaltsabteilungen, die Frauen vorbehalten sind, ihre beruflichen Pflichten wahrnehmen.

Regel 82. (1) Vollzugsbedienstete dürfen gegen Gefangene keine Gewalt anwenden, außer in Fällen der Notwehr, bei Fluchtversuchen oder bei aktivem oder passivem körperlichem Widerstand gegen eine auf Gesetz oder Verwaltungsvorschrift beruhende Anordnung. Vollzugsbedienstete, die Gewalt anwenden, müssen diese auf das unbedingt notwendige Maß beschränken und dem Leiter der Vollzugsanstalt den Vorfall sofort melden.

(2) Vollzugsbedienstete müssen eine besondere körperliche Ausbildung erhalten, um sie in die Lage zu versetzen, gewalttätige Gefangene in Schranken zu halten.

(3) Nur unter besonderen Umständen sollen die Vollzugsbediensteten, die bei der Wahrnehmung ihrer Dienstpflichten in unmittelbare Berührung mit Gefangenen kommen, bewaffnet sein. Ferner sollen die Vollzugsbediensteten unter keinen Umständen mit Waffen ausgerüstet werden, ohne zuvor im Waffengebrauch ausgebildet worden zu sein.

Interne und externe Kontrollen

Regel 83. (1) Es ist ein duales System für regelmäßige Kontrollen der Vollzugsanstalten und der Strafvollzugsdienste zu schaffen:
a) interne oder administrative Kontrollen, die von der zentralen Vollzugsverwaltung durchgeführt werden;
b) externe Kontrollen, die von einem von der Vollzugsverwaltung unabhängigen Organ durchgeführt werden, dem sachkundige internationale oder regionale Organe angehören können.

(2) In beiden Fällen besteht das Ziel der Kontrollen darin, sicherzustellen, dass die Vollzugsanstalten nach den bestehenden Gesetzen, Vorschriften, Richtlinien und Verfahren und mit Blick auf die Erreichung der Vollzugsziele geführt werden und dass die Rechte der Gefangenen geschützt werden.

Regel 84. (1) Die Kontrollbeauftragten sind befugt,
a) auf alle Informationen über die Zahl der Gefangenen und die Haftorte sowie auf alle Informationen, die für die Behandlung der Gefangenen von Belang sind, einschließlich ihrer Akten und Haftbedingungen, zuzugreifen;
b) frei zu entscheiden, welche Vollzugsanstalten sie besuchen, einschließlich unangekündigter Besuche auf eigene Initiative, und welche Gefangenen sie befragen;
c) während ihres Besuchs private und vollkommen vertrauliche Befragungen von Gefangenen und Vollzugsbediensteten durchzuführen;
d) der Vollzugsverwaltung und anderen zuständigen Behörden Empfehlungen zu geben.

(2) Externe Kontrollteams bestehen aus qualifizierten und erfahrenen Kontrollbeauftragten, die von einer zuständigen Behörde ernannt werden und zu denen auch Gesundheitsfachkräfte gehören. Auf eine ausgewogene Vertretung der Geschlechter ist gebührend zu achten.

Regel 85. (1) Nach jeder Kontrolle ist der zuständigen Behörde ein schriftlicher Bericht vorzulegen. Eine Veröffentlichung der Berichte über externe Kontrollen ist gebührend zu erwägen, wobei Personendaten der Gefangenen nur dann aufgenommen werden dürfen, wenn diese ihre ausdrückliche Zustimmung erteilt haben.

(2) Die Vollzugsverwaltung oder gegebenenfalls andere zuständige Behörden haben innerhalb einer vertretbaren Frist anzugeben, ob sie die aus der externen Kontrolle hervorgegangenen Empfehlungen umsetzen werden.

II. Für besondere Gefangenenkategorien anzuwendende Regeln

A. Strafgefangene

Die Art. 86 bis 95 enthalten Regelungen über die Organisation von Strafanstalten, die auf die Ziele der Strafgefangenschaft ausgerichtete Behandlung der Gefangenen, deren Klassifizierung und über Vergünstigungen; vom Abdruck wird abgesehen.

Arbeit

Regel 96. (1) Strafgefangenen ist vorbehaltlich ihrer von einem Arzt oder einer sonstigen anerkannten Gesundheitsfachkraft festgestellten körperlichen und geistigen Eignung Gelegenheit zu geben, zu arbeiten und/oder aktiv an ihrer Resozialisierung mitzuwirken.

(2) Es ist für ausreichende, sinnvolle Arbeit zu sorgen, um die Gefangenen für die Dauer eines normalen Arbeitstages zu beschäftigen.

Regel 97. (1) Gefangenenarbeit darf nicht so geartet sein, dass der Gefangene leidet.

(2) Gefangene dürfen nicht in Sklaverei oder Leibeigenschaft gehalten werden.

(3) Von Gefangenen darf nicht verlangt werden, zum persönlichen oder privaten Nutzen eines Vollzugsbediensteten zu arbeiten.

Regel 98. (1) Die Arbeit muss so weit wie möglich so beschaffen sein, dass sie die Fähigkeit der Gefangenen, nach der Entlassung ihren Unterhalt auf ehrliche Weise zu verdienen, aufrechterhält oder steigert.

(2) Für Gefangene, die daraus Nutzen ziehen können, insbesondere für junge Gefangene, ist eine Berufsausbildung in nützlichen Berufen anzubieten.

(3) Innerhalb der Grenzen der Auswahl eines geeigneten Berufs und der Erfordernisse der Anstaltsverwaltung und Disziplin müssen die Gefangenen die Art der Arbeit, die sie verrichten wollen, wählen können.

Regel 99. (1) Die Organisation und die Methoden der Arbeit in den Vollzugsanstalten müssen so weit wie möglich vergleichbarer Arbeit außerhalb der Anstalt entsprechen, damit die Gefangenen auf die Bedingungen des normalen Berufslebens vorbereitet werden.

(2) Die Interessen der Gefangenen und ihrer Berufsausbildung dürfen jedoch nicht dem Zweck der Erzielung eines finanziellen Gewinns aus den Arbeitsbetrieben in der Vollzugsanstalt untergeordnet werden.

Regel 100. (1) Arbeitsbetriebe und landwirtschaftliche Betriebe von Anstalten sollen vorzugsweise unmittelbar durch die Vollzugsverwaltung und nicht durch Privatunternehmen betrieben werden.

(2) Werden Gefangene in einer Tätigkeit beschäftigt, die nicht von der Vollzugsverwaltung kontrolliert wird, müssen sie stets unter der Aufsicht von Vollzugsbediensteten stehen. Sofern die Arbeit nicht für andere öffentliche Dienststellen geleistet wird, haben die Auftraggeber, für welche die Arbeit erbracht wird, der Vollzugsverwaltung die üblichen Löhne zu zahlen, wobei die Leistung der Gefangenen zu berücksichtigen ist.

Regel 101. (1) Die Vorkehrungen, die zum Schutz der Sicherheit und Gesundheit der Arbeitnehmer in Freiheit vorgeschrieben sind, müssen in gleicher Weise auch in Vollzugsanstalten eingehalten werden.

(2) Es sind Vorkehrungen zu treffen, dass Gefangene bei Arbeitsunfällen und Berufskrankheit entschädigt werden; dabei dürfen die Voraussetzungen nicht ungünstiger sein als diejenigen, die Arbeitnehmern in Freiheit nach dem Gesetz zustehen.

Regel 102. (1) Die tägliche und wöchentliche Höchstarbeitszeit der Gefangenen ist nach dem Gesetz oder einer Verwaltungsvorschrift festzusetzen; dabei sind die örtlichen Bestimmungen oder üblichen Regelungen für die Beschäftigung von Arbeitnehmern in Freiheit zu berücksichtigen.

(2) Die so festgesetzte Arbeitszeit muss einen Ruhetag in der Woche sowie genügend Zeit für Bildungs- und andere Aktivitäten enthalten, die als Teil der Behandlung und Resozialisierung der Gefangenen erforderlich sind.

Regel 103. (1) Die Gefangenenarbeit ist angemessen zu vergüten.

(2) Den Gefangenen ist zu gestatten, zumindest einen Teil ihres Verdienstes für zugelassene und zur eigenen Verwendung bestimmte Gegenstände auszugeben sowie einen Teil ihrer Familie zukommen zu lassen.

(3) Es soll auch vorgesehen werden, dass ein Teil dieses Verdienstes von der Vollzugsverwaltung als Rücklage behandelt wird, die Gefangenen bei ihrer Entlassung auszuhändigen ist.

Bildung und Erholung

Regel 104. (1) Es sind Vorkehrungen für die Weiterbildung aller Gefangenen zu treffen, die daraus Nutzen ziehen können, einschließlich eines Religionsunterrichts in den Ländern, in denen dies möglich ist. Der Unterricht für Analphabeten und junge Gefangene ist obligatorisch, und die Vollzugsverwaltung hat besonderes Augenmerk darauf zu richten.

(2) Soweit durchführbar, ist die Bildung für Gefangene in das Bildungssystem des Landes einzubinden, damit die Gefangenen nach der Entlassung ihre Bildung ohne Schwierigkeiten fortsetzen können.

Regel 105. Zur Förderung der geistigen und körperlichen Gesundheit der Gefangenen sind in allen Vollzugsanstalten Möglichkeiten zur Erholung und kulturellen Betätigung vorzusehen.

Soziale Beziehungen und Nachbetreuung

Regel 106. Besondere Beachtung ist der Aufrechterhaltung und Verbesserung von Beziehungen zwischen dem Gefangenen und seiner Familie beizumessen, die in beider Interesse liegen.

Regel 107. Von Beginn der Strafdauer an ist auf die Zukunft des Gefangenen nach der Entlassung Bedacht zu nehmen, und er ist zu ermutigen und dabei zu unterstützen, diejenigen Beziehungen zu Personen oder Einrichtungen außerhalb der Vollzugsanstalt aufrechtzuerhalten oder aufzunehmen, die seiner Resozialisierung und dem Wohl seiner Familie förderlich sind.

Regel 108. (1) Staatliche und andere Dienste und Einrichtungen, die entlassenen Gefangenen bei der Wiedereingliederung in die Gesellschaft helfen, müssen, soweit möglich und notwendig, sicherstellen, dass entlassene Gefangene die erforderlichen Dokumente und Ausweispapiere erhalten, dass sie eine entsprechende Wohnung und Arbeit haben, dass sie mit ausreichender, dem Klima und der Jahreszeit entsprechender Kleidung ausgestattet sind und über die notwendigen Mittel verfügen, um ihren Zielort zu erreichen und in der ersten Zeit nach ihrer Entlassung selbst ihren Unterhalt bestreiten zu können.

(2) Den zugelassenen Vertretern dieser Einrichtungen ist der notwendige Zugang zur Vollzugsanstalt und zu den Gefangenen zu gewähren; sie sind von Beginn der Strafe an zu Rate zu ziehen, wenn es um die Zukunft der Gefangenen geht.

(3) Die Tätigkeit dieser Einrichtungen sollte so weit wie möglich zentralisiert oder koordiniert werden, um ihre bestmögliche Nutzung sicherzustellen.

Die weiteren Bestimmungen beziehen sich auf B. Gefangene mit psychischen Behinderungen und/oder Erkrankungen; C. Festgenommene oder Untersuchungsgefangene; D. Zivilgefangene; E. Personen, die ohne Beschuldigung festgenommen oder in Haft gehalten werden.

30. Allgemeine Erklärung über das menschliche Genom und Menschenrechte[1] · [2] · [3]

Resolution 16 der 29. UNESCO-Generalkonferenz

Vom 11. November 1997

(Übersetzung)

Die Generalkonferenz –

unter Hinweis darauf, dass sich die Präambel der Satzung der UNESCO auf die „demokratischen Grundsätze der Würde, Gleichheit und gegenseitigen Achtung der Menschen" bezieht, die „Lehre eines unterschiedlichen Wertes von Menschen und Rassen" grundsätzlich ablehnt, ferner niederlegt, dass „die weite Verbreitung der Kultur und die Erziehung des Menschengeschlechts zur Gerechtigkeit, zur Freiheit und zum Frieden für die Würde des Menschen unerlässlich sind und eine heilige Verpflichtung darstellen, die alle Völker im Geiste gegenseitiger Hilfsbereitschaft und Anteilnahme erfüllen müssen", verkündet, dass „Friede auf der Grundlage der geistigen und moralischen Verbundenheit der Menschheit errichtet werden muss" und erklärt, dass die Organisation bestrebt ist, „durch die Zusammenarbeit der Völker der Erde" auf den Gebieten Erziehung, Wissenschaft und Kultur „den Weltfrieden und den allgemeinen Wohlstand der Menschheit zu fördern – Ziele, um derentwillen die Vereinten Nationen gegründet wurden und die in deren Charta verkündet sind",

unter nachdrücklichem Hinweis auf ihr Bekenntnis zu den allgemeinen Grundsätzen der Menschenrechte, die insbesondere in der Allgemeinen Erklärung der Menschenrechte vom 10. Dezember 1948 sowie in den beiden Internationalen Pakten der Vereinten Nationen vom 19. Dezember 1966 über wirtschaftliche, soziale und kulturelle Rechte und über bürgerliche und politische Rechte, der Konvention der Vereinten Nationen vom 9. Dezember 1948 über die Verhütung und Bestrafung des Völkermordes, dem Internationalen Übereinkommen der Vereinten Nationen vom 21. Dezember 1965 zur Beseitigung jeder Form von Rassendiskriminierung, der Erklärung der Vereinten Nationen vom 20. Dezember 1971 über die Rechte der geistig Zurückgebliebenen, der Erklärung der Vereinten Nationen vom 9. Dezember 1975 über die Rechte der Behinderten, dem Übereinkommen der Vereinten Nationen vom 18. Dezember 1979 zur Beseitigung jeder Form von Diskriminierung der Frau, der Erklärung der Vereinten Nationen vom 29. November 1985 über Grundprinzipien der rechtmäßigen Behandlung von Verbrechensopfern und Opfern von Machtmissbrauch, dem Übereinkommen der Vereinten Nationen vom 20. November 1989 über die Rechte des Kindes, den Rahmenbestim-

---

[1] Internationale Quelle: UNESCO Doc. 29 C/16.
[2] Die Deklaration wurde durch Res. 53/152 der UN-Generalversammlung vom 9.12.1998 befürwortet (A/RES/53/153).
[3] Deutsche Übersetzung durch die Deutsche UNESCO-Kommission, abrufbar unter http://www.unesco.de/c_bibliothek/dek_genom.htm.

mungen der Vereinten Nationen vom 20. Dezember 1993 für die Herstellung der Chancengleichheit für Behinderte, dem Übereinkommen vom 16. Dezember 1971 über das Verbot der Entwicklung, Herstellung und Lagerung bakteriologischer (biologischer) Waffen und von Toxinwaffen sowie über die Vernichtung solcher Waffen, dem Übereinkommen der UNESCO vom 14. Dezember 1960 gegen Diskriminierung im Unterrichtswesen, der Erklärung der UNESCO vom 4. November 1966 über die Grundsätze der internationalen kulturellen Zusammenarbeit, der Empfehlung der UNESCO vom 20. November 1974 zur Stellung der wissenschaftlichen Forscher, der Erklärung der UNESCO vom 27. November 1978 über Rasse und Rassenvorurteile, dem Übereinkommen Nr. 111 der Internationalen Arbeitsorganisation vom 25. Juni 1958 über die Diskriminierung in Beschäftigung und Beruf und dem Übereinkommen Nr. 169 der Internationalen Arbeitsorganisation vom 27. Juni 1989 über eingeborene und in Stämmen lebende Völker in unabhängigen Ländern bekräftigt werden,

eingedenk und unbeschadet der völkerrechtlichen Übereinkünfte, die in Fragen des geistigen Eigentums Einfluss auf die Anwendung der Genetik haben könnten, unter anderem der Berner Übereinkunft vom 9. September 1886 zum Schutz von Werken der Literatur und Kunst und des Welturheberrechtsabkommens der UNESCO vom 6. September 1952 in der zuletzt am 24. Juli 1971 in Paris geänderten Fassung, der Pariser Verbandsübereinkunft vom 20. März 1883 zum Schutz des gewerblichen Eigentums in der zuletzt am 14. Juli 1967 in Stockholm geänderten Fassung, des Budapester Vertrags der Weltorganisation für geistiges Eigentum vom 28. April 1977 über die internationale Anerkennung der Hinterlegung von Mikroorganismen für die Zwecke von Patentverfahren und des Übereinkommens über handelsbezogene Aspekte der Rechte des geistigen Eigentums (TRIPS), das dem am 1. Januar 1995 in Kraft getretenen Übereinkommen zur Errichtung der Welthandelsorganisation als Anlage beigefügt ist,

ferner eingedenk des Übereinkommens der Vereinten Nationen vom 5. Juni 1992 über die biologische Vielfalt und in diesem Zusammenhang unter Betonung der Tatsache, dass die Anerkennung der genetischen Vielfalt der Menschheit keine Auslegung sozialer oder politischer Art zur Folge haben darf, die die „allen Mitgliedern der menschlichen Gesellschaft innewohnende Würde und ihre gleichen und unveräußerlichen Rechte" im Einklang mit der Präambel der Allgemeinen Erklärung der Menschenrechte in Frage stellen könnte,

unter Hinweis auf die Resolutionen 22 C/13.1, 23 C/13.1, 24 C/13.1, 25 C/5.2 und 7.3, 27 C/5.15 und 28 C/0.12, 2.1 und 2.2, mit denen die UNESCO nachdrücklich aufgefordert wird, ethische Untersuchungen über die Folgen des wissenschaftlichen und technischen Fortschritts auf dem Gebiet der Biologie und der Genetik sowie die aus diesen Untersuchungen erwachsenden Maßnahmen im Rahmen der Achtung der Menschenrechte und Grundfreiheiten zu fördern und zu entwickeln,

in Anerkennung dessen, dass die Forschung am menschlichen Genom und die sich daraus ergebenden Anwendungsbereiche weitreichende Aussichten auf Fortschritte bei der Verbesserung der Gesundheit des einzelnen und der gesamten Menschheit eröffnen, jedoch unter gleichzeitiger Betonung dessen, dass diese Forschung die Menschenwürde, die Freiheit des Menschen und die Menschenrechte uneingeschränkt achten soll, sowie unter Betonung des Verbots jeder Form von Diskriminierung auf Grund genetischer Eigenschaften –

verkündet die folgenden Grundsätze und verabschiedet die vorliegende Erklärung.

A. Menschenwürde und menschliches Genom

Art. 1. Das menschliche Genom liegt der grundlegenden Einheit aller Mitglieder der menschlichen Gesellschaft sowie der Anerkennung der ihnen innewohnenden Würde und Vielfalt zugrunde. In einem symbolischen Sinne ist es das Erbe der Menschheit.

Art. 2. (1) Jeder Mensch hat das Recht auf Achtung seiner Würde und Rechte, unabhängig von seinen genetischen Eigenschaften.

(2) Diese Würde gebietet es, den Menschen nicht auf seine genetischen Eigenschaften zu reduzieren und seine Einzigartigkeit und Vielfalt zu achten.

Art. 3. Das menschliche Genom, das sich seiner Natur gemäß fortentwickelt, unterliegt Mutationen. Es birgt Möglichkeiten, die je nach der natürlichen und sozialen Umgebung des einzelnen, einschließlich seines Gesundheitszustands, seiner Lebensbedingungen, Ernährung und Erziehung auf unterschiedliche Weise zum Ausdruck kommen.

Art. 4. Das menschliche Genom in seinem natürlichen Zustand darf keinen finanziellen Gewinn eintragen.

B. Rechte der betroffenen Personen

Art. 5. (1) Forschung, Behandlung und Diagnose, die das Genom eines Menschen betreffen, dürfen nur nach vorheriger strenger Abwägung des damit verbundenen möglichen Risikos und Nutzens und im Einklang mit allen sonstigen Anforderungen innerstaatlichen Rechts durchgeführt werden.

(2) In allen Fällen muss die vorherige, aus freien Stücken nach fachgerechter Aufklärung erteilte Einwilligung der betroffenen Person eingeholt werden. Ist sie nicht in der Lage, ihre Einwilligung zu erteilen, so sind die Zustimmung oder Ermächtigung in der gesetzlich vorgeschriebenen Weise einzuholen, geleitet von dem Bestreben, zum Besten der Person zu handeln.

(3) Das Recht jedes einzelnen, darüber zu entscheiden, ob er von den Ergebnissen der genetischen Untersuchung und den sich daraus ergebenden Folgen unterrichtet werden will, soll geachtet werden.

(4) Im Fall der Forschung sind zusätzlich Protokolle zu vorheriger Prüfung vorzulegen, entsprechend den einschlägigen, die Forschung betreffenden nationalen und internationalen Normen und Richtlinien.

(5) Ist eine Person von Rechts wegen unfähig, ihre Einwilligung zu erteilen, so darf Forschung, die ihr Genom betrifft, nur betrieben werden, um der Person einen unmittelbaren gesundheitlichen Nutzen zu verschaffen, vorbehaltlich der gesetzlich vorgeschriebenen Ermächtigung und der gesetzlich vorgesehenen Schutzbestimmungen. Forschung, die keinen unmittelbaren gesundheitlichen Nutzen erwarten lässt, darf nur in Ausnahmefällen durchge-

führt werden und dies auch nur unter allergrößter Zurückhaltung, wobei die betroffene Person nur einem minimalen Risiko und einer minimalen Belastung ausgesetzt werden darf, und wenn damit anderen Personen der gleichen Altersstufe oder mit der gleichen genetischen Veranlagung ein gesundheitlicher Nutzen verschafft werden soll, entsprechend den gesetzlich vorgeschriebenen Bedingungen und unter der Voraussetzung, dass solche Forschung mit dem Schutz der Menschenrechte des einzelnen vereinbar ist.

Art. 6. Niemand darf einer Diskriminierung auf Grund genetischer Eigenschaften ausgesetzt werden, die darauf abzielt, Menschenrechte, Grundfreiheiten oder die Menschenwürde zu verletzen, oder dies zur Folge hat.

Art. 7. Genetische Daten, die einer bestimmten Person zugeordnet werden können und zu Forschungs- oder anderen Zwecken gespeichert oder verarbeitet werden, sind im Einklang mit den gesetzlich vorgeschriebenen Bestimmungen vertraulich zu behandeln.

Art. 8. Jeder Einzelne hat in Übereinstimmung mit internationalem und innerstaatlichem Recht einen Anspruch auf angemessene Wiedergutmachung für Schäden, die er als unmittelbare und zwangsläufige Folge eines Eingriffs erlitten hat, die sein oder ihr Genom betreffen.

Art. 9. Zum Schutz der Menschenrechte und Grundfreiheiten dürfen Einschränkungen der Grundsätze der Einwilligung und Vertraulichkeit nur durch Gesetz vorgeschrieben werden, und zwar aus zwingenden Gründen und im Rahmen des Völkerrechts und der internationalen Menschenrechtsnormen.

C. Forschung am menschlichen Genom

Art. 10. Forschung oder deren Anwendung betreffend das menschliche Genom, insbesondere in den Bereichen Biologie, Genetik und Medizin, soll nicht Vorrang vor der Achtung der Menschenrechte, Grundfreiheiten und Menschenwürde einzelner Personen oder gegebenenfalls von Personengruppen haben.

Art. 11. Praktiken, die der Menschenwürde widersprechen, wie reproduktives Klonen von Menschen, sind nicht erlaubt. Die Staaten und zuständigen internationalen Organisationen werden aufgefordert, gemeinsam daran zu arbeiten, derartige Praktiken zu benennen und auf nationaler oder internationaler Ebene die erforderlichen Maßnahmen zu ergreifen, um die Achtung der in dieser Erklärung niedergelegten Grundsätze sicherzustellen.

Art. 12. (1) Unter gebührender Achtung der Würde und der Menschenrechte jedes einzelnen muss der aus Fortschritten in der Biologie, Genetik und Medizin erwachsene, das menschliche Genom betreffende Nutzen allen zugänglich gemacht werden.

(2) Die Freiheit der Forschung, die für die Erweiterung des Wissens notwendig ist, ist Teil der Gedankenfreiheit. Die Anwendung der Forschung, auch ihre Anwendung in der Biologie, der Genetik und der Medizin, die das

menschliche Genom betrifft, ist darauf auszurichten, Leiden zu lindern und die Gesundheit des einzelnen und der gesamten Menschheit zu verbessern.

D. Bedingungen für die Ausübung wissenschaftlicher Tätigkeiten

Art. 13. Die mit der Tätigkeit von Forschern verbundenen Verpflichtungen, einschließlich größter Sorgfalt, Vorsicht, intellektueller Ehrlichkeit und Integrität bei der Durchführung der Forschungsarbeit sowie bei der Vorstellung und Nutzung der Erkenntnisse sollen im Rahmen der Forschung am menschlichen Genom auf Grund der ethischen und sozialen Auswirkungen besondere Beachtung finden. Öffentlichen und privaten politischen Entscheidungsträgern im Bereich der Wissenschaft kommt in dieser Hinsicht ebenfalls eine besondere Verantwortung zu.

Art. 14. Die Staaten sollen geeignete Maßnahmen zur Förderung der geistigen und materiellen Rahmenbedingungen, die die Freiheit der Forschung am Genom des Menschen begünstigen, und zur Berücksichtigung der ethischen, rechtlichen, sozialen und wirtschaftlichen Auswirkungen dieser Forschung, auf der Grundlage der in dieser Erklärung niedergelegten Grundsätze treffen.

Art. 15. Um die Achtung der Menschenrechte, Grundfreiheiten und der Menschenwürde zu gewährleisten und die Volksgesundheit zu schützen, sollen die Staaten geeignete Schritte zur Schaffung der Rahmenbedingungen für die freie Ausübung der Forschung am menschlichen Genom unter gebührender Berücksichtigung der in dieser Erklärung niedergelegten Grundsätze unternehmen. Sie sollen bestrebt sein sicherzustellen, dass Forschungsergebnisse nicht für nichtfriedliche Zwecke genutzt werden.

Art. 16. Die Staaten sollen die Bedeutung der gegebenenfalls auf verschiedenen Ebenen erfolgenden Förderung der Einrichtung von unabhängigen, fachübergreifenden und pluralistischen Ethikausschüsse anerkennen, welche die ethischen, rechtlichen und sozialen Fragen prüfen, die durch die Forschung am menschlichen Genom und ihre Anwendung aufgeworfen werden.

E. Solidarität und internationale Zusammenarbeit

Art. 17. Die Staaten sollen die Ausübung von Solidarität gegenüber einzelnen, Familien und Bevölkerungsgruppen, die besonders anfällig für Krankheiten oder Behinderungen genetischer Natur oder von diesen betroffen sind, achten und fördern. Sie sollen unter anderem Forschungsarbeiten fördern, die dem Erkennen, der Vorbeugung und der Behandlung genetisch bedingter und genetisch beeinflusster Krankheiten dienen, insbesondere sowohl seltener als auch endemischer Krankheiten, die große Teile der Weltbevölkerung betreffen.

Art. 18. Die Staaten sollen unter gebührender und angemessener Berücksichtigung der in dieser Erklärung niedergelegten Grundsätze alles in ihren

Kräften Stehende tun, um weiterhin die internationale Verbreitung wissenschaftlicher Erkenntnisse über das menschliche Genom, die menschliche Vielfalt und die Genforschung zu fördern und in diesem Sinne wissenschaftliche
und kulturelle Zusammenarbeit, insbesondere zwischen Industrie- und Entwicklungsländern zu fördern.

Art. 19. (1) Im Rahmen der internationalen Zusammenarbeit mit Entwicklungsländern sollen die Staaten bestrebt sein, Maßnahmen zu fördern, die
folgendes ermöglichen:
a) Risiko und Nutzen im Zusammenhang mit der Forschung am menschlichen Genom abzuwägen und Missbrauch zu verhindern;
b) die Fähigkeit von Entwicklungsländern, Forschung in der Humanbiologie
   und Genetik zu betreiben, unter Berücksichtigung ihrer spezifischen Probleme zu entwickeln und zu stärken;
c) Entwicklungsländer in die Lage zu versetzen, von den Errungenschaften
   der wissenschaftlichen und technologischen Forschung zu profitieren, damit
   deren Nutzung für den wirtschaftlichen und sozialen Fortschritt zugunsten
   aller erfolgen kann;
d) den freien Austausch von wissenschaftlichen Erkenntnissen und Informationen in den Bereichen Biologie, Genetik und Medizin zu fördern.

(2) Die zuständigen internationalen Organisationen sollen die von den Staaten für die vorstehenden Zwecke unternommenen Initiativen unterstützen
und fördern.

F. Förderung der in der Erklärung
niedergelegten Grundsätze

Art. 20. Die Staaten sollen geeignete Maßnahmen treffen, um die in der
Erklärung niedergelegten Grundsätze durch Erziehung und zweckdienliche
Mittel zu fördern, unter anderem durch die Durchführung von Forschung
und Ausbildung in interdisziplinären Bereichen und durch die Förderung von
Erziehung in der Bioethik auf allen Ebenen, insbesondere für die Verantwor-
tungsträger im Bereich der Wissenschaftspolitik.

Art. 21. Die Staaten sollen geeignete Maßnahmen ergreifen, um andere
Formen der Forschung, Ausbildung und Informationsverbreitung zu fördern,
die dazu beitragen, das Bewusstsein der Gesellschaft und aller ihrer Mitglieder
für ihre Verantwortung hinsichtlich der Grundfragen im Zusammenhang mit
der Verteidigung der Menschenwürde zu stärken, die durch die Forschung in
Biologie, Genetik und Medizin und durch ihre Anwendung aufgeworfen werden können. Sie sollen es sich ferner zur Aufgabe machen, eine offene, internationale Diskussion über dieses Thema zu erleichtern, wobei sie die freie
Äußerung unterschiedlicher soziokultureller, religiöser und philosophischer
Meinungen sicherstellen.

G. Umsetzung der Erklärung

Art. 22. Die Staaten sollen alle Anstrengungen unternehmen, um die in dieser Erklärung niedergelegten Grundsätze zu fördern, und sollen mit Hilfe aller geeigneten Maßnahmen ihre Umsetzung fördern.

Art. 23. Die Staaten sollen geeignete Maßnahmen ergreifen, um durch Erziehung, Ausbildung und Informationsverbreitung die Achtung der vorstehenden Grundsätze zu fördern und ihre Anerkennung und wirksame Anwendung zu unterstützen. Die Staaten sollen ferner zum Austausch sowie zur Einrichtung von Netzen zwischen unabhängigen Ethikausschüssen ermutigen, sobald diese gegründet sind, um eine uneingeschränkte Zusammenarbeit zu unterstützen.

Art. 24. Das Internationale Bioethik-Komitee der UNESCO soll zur Verbreitung der in dieser Erklärung niedergelegten Grundsätze und zur weiteren Untersuchung der Fragen beitragen, die durch deren Anwendung und die Weiterentwicklung der entsprechenden Techniken aufgeworfen werden. Es soll in geeigneter Weise Gespräche mit betroffenen Parteien, wie z.B. Gruppen von persönlich Betroffenen, organisieren. Es soll Empfehlungen entsprechend den satzungsgemäßen Verfahren der UNESCO an die Generalkonferenz abgeben und beratend hinsichtlich der Folgemaßnahmen zu dieser Erklärung tätig sein, insbesondere in Bezug auf das Aufzeigen von Verfahren, die der Menschenwürde widersprechen könnten, wie Eingriffe in die menschliche Keimbahn.

Art. 25. Aus dieser Erklärung darf kein Anspruch eines Staates, einer Gruppe oder einer Einzelperson abgeleitet werden, Tätigkeiten auszuüben oder Handlungen vorzunehmen, die den Menschenrechten und Grundfreiheiten, einschließlich der in dieser Erklärung niedergelegten Grundsätze, widersprechen.

31. Abkommen über die Rechtsstellung der Flüchtlinge[1]

(Genfer Flüchtlingskonvention)[2]

Vom 28. Juli 1951

(BGBl. 1953 II S. 560)

(Übersetzung)

Präambel

DIE HOHEN VERTRAGSCHLIESSENDEN TEILE

IN DER ERWÄGUNG, daß die Satzung der Vereinten Nationen und die am 10. Dezember 1948 von der Generalversammlung angenommene Allgemeine Erklärung der Menschenrechte den Grundsatz bestätigt haben, daß die Menschen ohne Unterschied die Menschenrechte und Grundfreiheiten genießen sollen,

IN DER ERWÄGUNG, daß die Organisation der Vereinten Nationen wiederholt die tiefe Verantwortung zum Ausdruck gebracht hat, die sie für die Flüchtlinge empfindet, und sich bemüht hat, diesen in möglichst großem Umfange die Ausübung der Menschenrechte und der Grundfreiheiten zu sichern,

IN DER ERWÄGUNG, daß es wünschenswert ist, frühere internationale Vereinbarungen über die Rechtsstellung der Flüchtlinge zu revidieren und zusammenzufassen und den Anwendungsbereich dieser Regelungen sowie den dadurch gewährleisteten Schutz durch eine neue Vereinbarung zu erweitern,

IN DER ERWÄGUNG, daß sich aus der Gewährung des Asylrechts nicht zumutbare schwere Belastungen für einzelne Länder ergeben können und daß eine befriedigende Lösung des Problems, dessen internationalen Umfang und Charakter die Organisation der Vereinten Nationen anerkannt hat, ohne internationale Zusammenarbeit unter diesen Umständen nicht erreicht werden kann,

IN DEM WUNSCHE, daß alle Staaten in Anerkennung des sozialen und humanitären Charakters des Flüchtlingsproblems alles in ihrer Macht Stehende tun, um zu vermeiden, daß dieses Problem zwischenstaatliche Spannungen verursacht,

IN ANERKENNTNIS dessen, daß dem Hohen Kommissar der Vereinten Nationen für Flüchtlinge die Aufgabe obliegt, die Durchführung der internationalen Abkommen zum Schutz der Flüchtlinge zu überwachen, und daß eine wirksame Koordinierung der zur Lösung dieses Problems getroffenen Maßnahmen von der Zusammenarbeit der Staaten mit dem Hohen Kommissar abhängen wird, –

HABEN FOLGENDES VEREINBART:

---

[1] Internationale Quelle: UNTS Bd. 189, S. 150.
[2] Die Bezeichnung in Klammern ist nicht amtlich.

Kapitel I. Allgemeine Bestimmungen

Art. 1 Definition des Begriffs „Flüchtling". A. Im Sinne dieses Abkommens findet der Ausdruck „Flüchtling" auf jede Person Anwendung:

1. Die in Anwendung der Vereinbarungen vom 12. Mai 1926 und 30. Juni 1928 oder in Anwendung der Abkommen vom 28. Oktober 1933 und 10. Februar 1938 und des Protokolls vom 14. September 1939 oder in Anwendung der Verfassung der Internationalen Flüchtlingsorganisation als Flüchtling gilt.

Die von der Internationalen Flüchtlingsorganisation während der Dauer ihrer Tätigkeit getroffenen Entscheidungen darüber, daß jemand nicht als Flüchtling im Sinne ihres Statuts anzusehen ist, stehen dem Umstand nicht entgegen, daß die Flüchtlingseigenschaft Personen zuerkannt wird, die die Voraussetzungen der Ziffer 2 dieses Artikels erfüllen.

2. Die infolge von Ereignissen, die vor dem 1. Januar 1951 eingetreten sind, und aus der begründeten Furcht vor Verfolgung wegen ihrer Rasse, Religion, Nationalität, Zugehörigkeit zu einer bestimmten sozialen Gruppe oder wegen ihrer politischen Überzeugung sich außerhalb des Landes befindet, dessen Staatsangehörigkeit sie besitzt, und den Schutz dieses Landes nicht in Anspruch nehmen kann oder wegen dieser Befürchtungen nicht in Anspruch nehmen will; oder die sich als staatenlose infolge solcher Ereignisse außerhalb des Landes befindet, in welchem sie ihren gewöhnlichen Aufenthalt hatte, und nicht dorthin zurückkehren kann oder wegen der erwähnten Befürchtungen nicht dorthin zurückkehren will.

Für den Fall, daß eine Person mehr als eine Staatsangehörigkeit hat, bezieht sich der Ausdruck „das Land, dessen Staatsangehörigkeit sie besitzt" auf jedes der Länder, dessen Staatsangehörigkeit diese Person hat. Als den Schutzes des Landes, dessen Staatsangehörigkeit sie hat, beraubt gilt nicht eine Person, die ohne einen stichhaltigen, auf eine begründete Befürchtung gestützten Grund den Schutz eines der Länder nicht in Anspruch genommen hat, deren Staatsangehörigkeit sie besitzt.

B. 1. Im Sinne dieses Abkommens können die im Artikel 1 Abschnitt A enthaltenen Worte „Ereignisse, die vor dem 1. Januar 1951 eingetreten sind" in dem Sinne verstanden werden, daß es sich entweder um

a) „Ereignisse, die vor dem 1. Januar 1951 in Europa eingetreten sind" oder

b) „Ereignisse, die vor dem 1. Januar 1951 in Europa oder anderswo eingetreten sind"

handelt. Jeder vertragschließende Staat wird zugleich mit der Unterzeichnung, der Ratifikation oder dem Beitritt eine Erklärung abgeben, welche Bedeutung er diesem Ausdruck vom Standpunkt der von ihm auf Grund dieses Abkommens übernommenen Verpflichtungen zu geben beabsichtigt.[1]

2. Jeder vertragschließende Staat, der die Formulierung zu a) angenommen hat, kann jederzeit durch eine an den Generalsekretär der Vereinten Nationen gerichtete Notifikation seine Verpflichtung durch Annahme der Formulierung b) erweitern.

---

[1] Eine Erklärung entsprechend b) haben u. a. abgegeben: Bundesrepublik Deutschland, Liechtenstein, Österreich, Schweiz.

C. Eine Person, auf die die Bestimmungen des Absatzes A zutreffen, fällt nicht mehr unter dieses Abkommen,

1. wenn sie sich freiwillig erneut dem Schutz des Landes, dessen Staatsangehörigkeit sie besitzt, unterstellt; oder

2. wenn sie nach dem Verlust ihrer Staatsangehörigkeit diese freiwillig wiedererlangt hat; oder

3. wenn sie eine neue Staatsangehörigkeit erworben hat und den Schutz des Landes, dessen Staatsangehörigkeit sie erworben hat, genießt; oder

4. wenn sie freiwillig in das Land, das sie aus Furcht vor Verfolgung verlassen hat oder außerhalb dessen sie sich befindet, zurückgekehrt ist und sich dort niedergelassen hat; oder

5. wenn sie nach Wegfall der Umstände, auf Grund deren sie als Flüchtling anerkannt worden ist, es nicht mehr ablehnen kann, den Schutz des Landes in Anspruch zu nehmen, dessen Staatsangehörigkeit sie besitzt.

Hierbei wird jedoch unterstellt, daß die Bestimmung dieser Ziffer auf keinen Flüchtling im Sinne der Ziffer 1 des Abschnittes A dieses Artikels Anwendung findet, der sich auf zwingende, auf früheren Verfolgungen beruhende Gründe berufen kann, um die Inanspruchnahme des Schutzes des Landes abzulehnen, dessen Staatsangehörigkeit er besitzt;

6. wenn es sich um eine Person handelt, die keine Staatsangehörigkeit besitzt, falls sie nach Wegfall der Umstände, auf Grund deren sie als Flüchtling anerkannt worden ist, in der Lage ist, in das Land zurückzukehren, in dem sie ihren gewöhnlichen Wohnsitz hat.

Dabei wird jedoch unterstellt, daß die Bestimmung dieser Ziffer auf keinen Flüchtling im Sinne der Ziffer 1 des Abschnittes A dieses Artikels Anwendung findet, der sich auf zwingende, auf früheren Verfolgungen beruhende Gründe berufen kann, um die Rückkehr in das Land abzulehnen, in dem er seinen gewöhnlichen Aufenthalt hatte.

D. Dieses Abkommen findet keine Anwendung auf Personen, die zur Zeit den Schutz oder Beistand einer Organisation oder einer Institution der Vereinten Nationen mit Ausnahme des Hohen Kommissars der Vereinten Nationen für Flüchtlinge genießen.

Ist dieser Schutz oder diese Unterstützung aus irgendeinem Grunde weggefallen, ohne daß das Schicksal dieser Personen endgültig gemäß den hierauf bezüglichen Entschließungen der Generalversammlung der Vereinten Nationen geregelt worden ist, so fallen diese Personen ipso facto unter die Bestimmungen dieses Abkommens.

E. Dieses Abkommen findet keine Anwendung auf eine Person, die von den zuständigen Behörden des Landes, in dem sie ihren Aufenthalt genommen hat, als eine Person anerkannt wird, welche die Rechte und Pflichten hat, die mit dem Besitz der Staatsangehörigkeit dieses Landes verknüpft sind.

F. Die Bestimmungen dieses Abkommens finden keine Anwendung auf Personen, in bezug auf die aus schwerwiegenden Gründen die Annahme gerechtfertigt ist,

a) daß sie ein Verbrechen gegen den Frieden, ein Kriegsverbrechen oder ein Verbrechen gegen die Menschlichkeit im Sinne der internationalen Vertragswerke begangen haben, die ausgearbeitet worden sind, um Bestimmungen bezüglich dieser Verbrechen zu treffen;

b) daß sie ein schweres nichtpolitisches Verbrechen außerhalb des Aufnahme-
landes begangen haben, bevor sie dort als Flüchtling aufgenommen wurden;
c) daß sie sich Handlungen zuschulden kommen ließen, die den Zielen und
Grundsätzen der Vereinten Nationen zuwiderlaufen.

Art. 2 Allgemeine Verpflichtungen. Jeder Flüchtling hat gegenüber dem
Land, in dem er sich befindet, Pflichten, zu denen insbesondere die Verpflichtung gehört, die Gesetze und sonstigen Rechtsvorschriften sowie die zur Aufrechterhaltung der öffentlichen Ordnung getroffenen Maßnahmen zu beachten.

Art. 3 Verbot unterschiedlicher Behandlung. Die vertragschließenden
Staaten werden die Bestimmungen dieses Abkommens auf Flüchtlinge ohne
unterschiedliche Behandlung aus Gründen der Rasse, der Religion oder des
Herkunftslandes anwenden.

Art. 4 Religion. Die vertragschließenden Staaten werden den in ihrem Gebiet befindlichen Flüchtlingen in bezug auf die Freiheit der Religionsausübung und die Freiheit des Religionsunterrichts ihrer Kinder eine mindestens
ebenso günstige Behandlung wie ihren eigenen Staatsangehörigen gewähren.

Art. 5 Unabhängig von diesem Abkommen gewährte Rechte. Rechte
und Vergünstigungen, die unabhängig von diesem Abkommen den Flüchtlingen gewährt werden, bleiben von den Bestimmungen dieses Abkommens
unberührt.

Art. 6 Der Ausdruck „unter den gleichen Umständen". Im Sinne dieses Abkommens ist der Ausdruck „unter den gleichen Umständen" dahingehend zu verstehen, daß die betreffende Person alle Bedingungen erfüllen muß
(einschließlich derjenigen, die sich auf die Dauer und die Bedingungen des
vorübergehenden oder des dauernden Aufenthalts beziehen), die sie erfüllen
müßte, wenn sie nicht Flüchtling wäre, um das in Betracht kommende Recht
in Anspruch zu nehmen, mit Ausnahme der Bedingungen, die ihrer Natur
nach ein Flüchtling nicht erfüllen kann.

Art. 7 Befreiung von der Gegenseitigkeit. (1) Vorbehaltlich der in diesem Abkommen vorgesehenen günstigeren Bestimmungen wird jeder vertragschließende Staat den Flüchtlingen die Behandlung gewähren, die er Ausländern im allgemeinen gewährt.

(2) Nach dreijährigem Aufenthalt werden alle Flüchtlinge in dem Gebiet
der vertragschließenden Staaten Befreiung von dem Erfordernis der gesetzlichen Gegenseitigkeit genießen.

(3) Jeder vertragschließende Staat wird den Flüchtlingen weiterhin die
Rechte und Vergünstigungen gewähren, auf die sie auch bei fehlender Gegenseitigkeit beim Inkrafttreten dieses Abkommens für diesen Staat bereits Anspruch hatten.

(4) Die vertragschließenden Staaten werden die Möglichkeit wohlwollend
in Erwägung ziehen, bei fehlender Gegenseitigkeit den Flüchtlingen Rechte
und Vergünstigungen außer denen, auf die sie nach Ziffer 2 und 3 Anspruch

haben, sowie Befreiung von dem Erfordernis der Gegenseitigkeit den Flüchtlingen zu gewähren, welche die Bedingungen von Ziffer 2 und 3 nicht erfüllen.

(5) Die Bestimmungen der Ziffern 2 und 3 finden nicht nur auf die in den Artikeln 13, 18, 19, 21 und 22 dieses Abkommens genannten Rechte und Vergünstigungen Anwendung, sondern auch auf die in diesem Abkommen nicht vorgesehenen Rechte und Vergünstigungen.

Art. 8 Befreiung von außergewöhnlichen Maßnahmen. Außergewöhnliche Maßnahmen, die gegen die Person, das Eigentum oder die Interessen der Staatsangehörigen eines bestimmten Staates ergriffen werden können, werden von den vertragschließenden Staaten auf einen Flüchtling, der formell ein Staatsangehöriger dieses Staates ist, allein wegen seiner Staatsangehörigkeit nicht angewendet. Die vertragschließenden Staaten, die nach dem bei ihnen geltenden Recht den in diesem Artikel aufgestellten allgemeinen Grundsatz nicht anwenden können, werden in geeigneten Fällen Befreiungen zugunsten solcher Flüchtlinge gewähren.

Art. 9 Vorläufige Maßnahmen. Keine der Bestimmungen dieses Abkommens hindert einen vertragschließenden Staat in Kriegszeiten oder bei Vorliegen sonstiger schwerwiegender und außergewöhnlicher Umstände daran, gegen eine bestimmte Person vorläufig die Maßnahmen zu ergreifen, die dieser Staat für seine Sicherheit für erforderlich hält, bis dieser vertragschließende Staat eine Entscheidung darüber getroffen hat, ob diese Person tatsächlich ein Flüchtling ist und die Aufrechterhaltung dieser Maßnahmen im vorliegenden Falle im Interesse der Sicherheit des Staates notwendig ist.

Art. 10 Fortdauer des Aufenthaltes. (1) Ist ein Flüchtling während des zweiten Weltkrieges zwangsverschickt und in das Gebiet eines der Vertragsstaaten verbracht worden und hält er sich dort auf, so wird die Dauer dieses Zwangsaufenthaltes als rechtmäßiger Aufenthalt in diesem Gebiet gelten.

(2) Ist ein Flüchtling während des zweiten Weltkrieges aus dem Gebiet eines Vertragsstaates zwangsverschickt worden und vor Inkrafttreten dieses Abkommens dorthin zurückgekehrt, um dort seinen dauernden Aufenthalt zu nehmen, so wird die Zeit vor und nach dieser Zwangsverschickung für alle Zwecke, für die ein ununterbrochener Aufenthalt erforderlich ist, als ein ununterbrochener Aufenthalt gelten.

Art. 11 Geflüchtete Seeleute. Bei Flüchtlingen, die ordnungsgemäß als Besatzungsangehörige eines Schiffes angeheuert sind, das die Flagge eines Vertragsstaates führt, wird dieser Staat die Möglichkeit wohlwollend in Erwägung ziehen, diesen Flüchtlingen die Genehmigung zur Niederlassung in seinem Gebiet zu erteilen und ihnen Reiseausweise auszustellen oder ihnen vorläufig den Aufenthalt in seinem Gebiete zu gestatten, insbesondere um ihre Niederlassung in einem anderen Lande zu erleichtern.

Kapitel II. Rechtsstellung

Art. 12 Personalstatut. (1) Das Personalstatut jedes Flüchtlings bestimmt sich nach dem Recht des Landes seines Wohnsitzes oder, in Ermangelung eines Wohnsitzes, nach dem Recht seines Aufenthaltslandes.

(2) Die von einem Flüchtling vorher erworbenen und sich aus seinem Personalstatut ergebenden Rechte, insbesondere die aus der Eheschließung, werden von jedem vertragschließenden Staat geachtet, gegebenenfalls vorbehaltlich der Formalitäten, die nach dem in diesem Staat geltenden Recht vorgesehen sind. Hierbei wird jedoch unterstellt, daß das betreffende Recht zu demjenigen gehört, das nach den Gesetzen dieses Staates anerkannt worden wäre, wenn die in Betracht kommende Person kein Flüchtling geworden wäre.

Art. 13 Bewegliches und unbewegliches Eigentum. Die vertragschließenden Staaten werden jedem Flüchtling hinsichtlich des Erwerbs von beweglichem und unbeweglichem Eigentum und sonstiger diesbezüglicher Rechte sowie hinsichtlich von Miet-, Pacht- und sonstigen Verträgen über bewegliches und unbewegliches Eigentum eine möglichst günstige und jedenfalls nicht weniger günstige Behandlung gewähren, als sie Ausländern im allgemeinen unter den gleichen Umständen gewährt wird.

Art. 14 Urheberrecht und gewerbliche Schutzrechte. Hinsichtlich des Schutzes von gewerblichen Rechten, insbesondere an Erfindungen, Mustern und Modellen, Warenzeichen und Handelsnamen, sowie des Schutzes von Rechten an Werken der Literatur, Kunst und Wissenschaft genießt jeder Flüchtling in dem Land, in dem er seinen gewöhnlichen Aufenthalt hat, den Schutz, der den Staatsangehörigen dieses Landes gewährt wird. Im Gebiete jedes anderen vertragschließenden Staates genießt er den Schutz, der in diesem Gebiet den Staatsangehörigen des Landes gewährt wird, in dem er seinen gewöhnlichen Aufenthalt hat.

Art. 15 Vereinigungsrecht. Die vertragschließenden Staaten werden den Flüchtlingen, die sich rechtmäßig in ihrem Gebiet aufhalten, hinsichtlich der Vereinigungen, die nicht politischen und nicht Erwerbszwecken dienen, und den Berufsverbänden die günstigste Behandlung wie den Staatsangehörigen eines fremden Landes unter den gleichen Umständen gewähren.

Art. 16 Zugang zu den Gerichten. (1) Jeder Flüchtling hat in dem Gebiet der vertragschließenden Staaten freien und ungehinderten Zugang zu den Gerichten.

(2) In dem vertragschließenden Staat, in dem ein Flüchtling seinen gewöhnlichen Aufenthalt hat, genießt er hinsichtlich des Zugangs zu den Gerichten einschließlich des Armenrechts und der Befreiung von der Sicherheitsleistung für Prozeßkosten dieselbe Behandlung wie ein eigener Staatsangehöriger.

(3) In den vertragschließenden Staaten, in denen ein Flüchtling nicht seinen gewöhnlichen Aufenthalt hat, genießt er hinsichtlich der in Ziffer 2 erwähnten Angelegenheit dieselbe Behandlung wie ein Staatsangehöriger des Landes, in dem er seinen gewöhnlichen Aufenthalt hat.

Kapitel III. Erwerbstätigkeit

Art. 17 Nichtselbständige Arbeit. (1) Die vertragschließenden Staaten werden hinsichtlich der Ausübung nichtselbständiger Arbeit jedem Flüchtling, der sich rechtmäßig in ihrem Gebiet aufhält, die günstigste Behandlung gewähren, die den Staatsangehörigen eines fremden Landes unter den gleichen Umständen gewährt wird.

(2) In keinem Falle werden die einschränkenden Maßnahmen, die für Ausländer oder für die Beschäftigung von Ausländern zum Schutze des eigenen Arbeitsmarktes bestehen, Anwendung auf Flüchtlinge finden, die beim Inkrafttreten dieses Abkommens durch den betreffenden Vertragsstaat bereits davon befreit waren oder eine der folgenden Bedingungen erfüllen:
a) wenn sie sich drei Jahre im Lande aufgehalten haben;
b) wenn sie mit einer Person, die die Staatsangehörigkeit des Aufenthaltslandes besitzt, die Ehe geschlossen haben. Ein Flüchtling kann sich nicht auf die Vergünstigung dieser Bestimmung berufen, wenn er seinen Ehegatten verlassen hat;
c) wenn sie ein oder mehrere Kinder haben, die die Staatsangehörigkeit des Aufenthaltslandes besitzen.

(3) Die vertragschließenden Staaten werden hinsichtlich der Ausübung nichtselbständiger Arbeit Maßnahmen wohlwollend in Erwägung ziehen, um alle Flüchtlinge, insbesondere diejenigen, die im Rahmen eines Programmes zur Anwerbung von Arbeitskräften oder eines Einwanderungsplanes in ihr Gebiet gekommen sind, den eigenen Staatsangehörigen rechtlich gleichzustellen.

Art. 18 Selbständige Tätigkeit. Die vertragschließenden Staaten werden den Flüchtlingen, die sich rechtmäßig in ihrem Gebiet befinden, hinsichtlich der Ausübung einer selbständigen Tätigkeit in Landwirtschaft, Industrie, Handwerk und Handel sowie der Errichtung von Handels- und industriellen Unternehmen eine möglichst günstige und jedenfalls nicht weniger günstige Behandlung gewähren, als sie Ausländern im allgemeinen unter den gleichen Umständen gewährt wird.

Art. 19 Freie Berufe. (1) Jeder vertragschließende Staat wird den Flüchtlingen, die sich rechtmäßig in seinem Gebiet aufhalten, Inhaber von durch die zuständigen Behörden dieses Staates anerkannten Diplomen sind und einen freien Beruf auszuüben wünschen, eine möglichst günstige und jedenfalls nicht weniger günstige Behandlung gewähren, als sie Ausländern im allgemeinen unter den gleichen Umständen gewährt wird.

(2) Die vertragschließenden Staaten werden alles in ihrer Macht Stehende tun, um im Einklang mit ihren Gesetzen und Verfassungen die Niederlassung solcher Flüchtlinge in den außerhalb des Mutterlandes gelegenen Gebieten sicherzustellen, für deren internationale Beziehungen sie verantwortlich sind.

Kapitel IV. Wohlfahrt

Art. 20 Rationierung. Falls ein Rationierungssystem besteht, dem die Bevölkerung insgesamt unterworfen ist und das die allgemeine Verteilung von Erzeugnissen regelt, an denen Mangel herrscht, werden Flüchtlinge wie Staatsangehörige behandelt.

Art. 21 Wohnungswesen. Hinsichtlich des Wohnungswesens werden die vertragschließenden Staaten insoweit, als diese Angelegenheit durch Gesetze oder sonstige Rechtsvorschriften geregelt ist oder der Überwachung öffentlicher Behörden unterliegt, den sich rechtmäßig in ihrem Gebiet aufhaltenden Flüchtlingen eine möglichst günstige und jedenfalls nicht weniger günstige Behandlung gewähren, als sie Ausländern im allgemeinen unter den gleichen Umständen gewährt wird.

Art. 22 Öffentliche Erziehung. (1) Die vertragschließenden Staaten werden den Flüchtlingen dieselbe Behandlung wie ihren Staatsangehörigen hinsichtlich des Unterrichts in Volksschulen gewähren.

(2) Für über die Volksschule hinausgehenden Unterricht, insbesondere die Zulassung zum Studium, die Anerkennung von ausländischen Studienzeugnissen, Diplomen und akademischen Titeln, den Erlaß von Gebühren und Abgaben und die Zuerkennung von Stipendien, werden die vertragschließenden Staaten eine möglichst günstige und in keinem Falle weniger günstige Behandlung gewähren als sie Ausländern im allgemeinen unter den gleichen Bedingungen gewährt wird.

Art. 23 Öffentliche Fürsorge. Die vertragschließenden Staaten werden den Flüchtlingen, die sich rechtmäßig in ihrem Staatsgebiet aufhalten, auf dem Gebiet der öffentlichen Fürsorge und sonstigen Hilfeleistungen die gleiche Behandlung wie ihren eigenen Staatsangehörigen gewähren.

Art. 24 Arbeitsrecht und soziale Sicherheit. (1) Die vertragschließenden Staaten werden den Flüchtlingen, die sich rechtmäßig in ihrem Gebiet aufhalten, dieselbe Behandlung gewähren wie ihren Staatsangehörigen, wenn es sich um folgende Angelegenheiten handelt:
a) Lohn einschließlich Familienbeihilfen, wenn diese einen Teil des Arbeitsentgelts bilden, Arbeitszeit, Überstunden, bezahlten Urlaub, Einschränkungen der Heimarbeit, Mindestalter für die Beschäftigung, Lehrzeit und Berufsausbildung, Arbeit von Frauen und Jugendlichen und Genuß der durch Tarifverträge gebotenen Vergünstigungen, soweit alle diese Fragen durch das geltende Recht geregelt sind oder in die Zuständigkeit der Verwaltungsbehörden fallen;
b) Soziale Sicherheit (gesetzliche Bestimmungen bezüglich der Arbeitsunfälle, der Berufskrankheiten, der Mutterschaft, der Krankheit, der Arbeitsunfähigkeit, des Alters und des Todes, der Arbeitslosigkeit, des Familienunterhalts sowie jedes anderen Wagnisses, das nach dem im betreffenden Land geltenden Recht durch ein System der sozialen Sicherheit gedeckt wird) vorbehaltlich
  (i) geeigneter Abmachungen über die Aufrechterhaltung der erworbenen Rechte und Anwartschaften,
  (ii) besonderer Bestimmungen, die nach dem im Aufenthaltsland geltenden Recht vorgeschrieben sind und die Leistungen oder Teilleistungen betreffen, die ausschließlich aus öffentlichen Mitteln bestritten werden, sowie Zuwendungen an Personen, die nicht die für die Gewährung einer normalen Rente geforderten Bedingungen der Beitragsleistung erfüllen.

(2) Das Recht auf Leistung, das durch den Tod eines Flüchtlings infolge eines Arbeitsunfalles oder einer Berufskrankheit entsteht, wird nicht dadurch berührt, daß sich der Berechtigte außerhalb des Gebietes des vertragschließenden Staates aufhält.

(3) Die vertragschließenden Staaten werden auf die Flüchtlinge die Vorteile der Abkommen erstrecken, die sie hinsichtlich der Aufrechterhaltung der erworbenen Rechte und Anwartschaften auf dem Gebiete der sozialen Sicherheit untereinander abgeschlossen haben oder abschließen werden, soweit die Flüchtlinge die Bedingungen erfüllen, die für Staatsangehörige der Unterzeichnerstaaten der in Betracht kommenden Abkommen vorgesehen sind.

(4) Die vertragschließenden Staaten werden wohlwollend die Möglichkeit prüfen, die Vorteile ähnlicher Abkommen, die zwischen diesen vertragschließenden Staaten und Nichtvertragsstaaten in Kraft sind oder sein werden, soweit wie möglich auf Flüchtlinge auszudehnen.

Kapitel V. Verwaltungsmaßnahmen

Art. 25 Verwaltungshilfe. (1) Würde die Ausübung eines Rechts durch einen Flüchtling normalerweise die Mitwirkung ausländischer Behörden erfordern, die er nicht in Anspruch nehmen kann, so werden die vertragschließenden Staaten, in deren Gebiet er sich aufhält, dafür sorgen, daß ihm diese Mitwirkung entweder durch ihre eigenen Behörden oder durch eine internationale Behörde zuteil wird.

(2) Die in Ziffer 1 bezeichneten Behörden werden Flüchtlingen diejenigen Urkunden und Bescheinigungen ausstellen oder unter ihrer Aufsicht ausstellen lassen, die Ausländern normalerweise von den Behörden ihres Landes oder durch deren Vermittlung ausgestellt werden.

(3) Die so ausgestellten Urkunden oder Bescheinigungen werden die amtlichen Schriftstücke ersetzen, die Ausländern von den Behörden ihres Landes oder durch deren Vermittlung ausgestellt werden; sie werden bis zum Beweis des Gegenteils als gültig angesehen.

(4) Vorbehaltlich der Ausnahmen, die zugunsten Bedürftiger zuzulassen wären, können für die in diesem Artikel erwähnten Amtshandlungen Gebühren verlangt werden; diese Gebühren sollen jedoch niedrig sein und müssen denen entsprechen, die von eigenen Staatsangehörigen für ähnliche Amtshandlungen erhoben werden.

(5) Die Bestimmungen dieses Artikels berühren nicht die Artikel 27 und 28.

Art. 26 Freizügigkeit. Jeder vertragschließende Staat wird den Flüchtlingen, die sich rechtmäßig in seinem Gebiet befinden, das Recht gewähren, dort ihren Aufenthalt zu wählen und sich frei zu bewegen, vorbehaltlich der Bestimmungen, die allgemein auf Ausländer unter den gleichen Umständen Anwendung finden.

Art. 27 Personalausweis. Die vertragschließenden Staaten werden jedem Flüchtling, der sich in ihrem Gebiet befindet und keinen gültigen Reiseausweis besitzt, einen Personalausweis ausstellen.

Art. 28 Reiseausweis. (1) Die vertragschließenden Staaten werden den Flüchtlingen, die sich rechtmäßig in ihrem Gebiet aufhalten, Reiseausweise ausstellen, die ihnen Reisen außerhalb dieses Gebietes gestatten, es sei denn, daß zwingende Gründe der öffentlichen Sicherheit oder Ordnung entgegenstehen; die Bestimmungen des Anhanges zu diesem Abkommen werden auf diese Ausweise Anwendung finden. Die vertragschließenden Staaten können einen solchen Reiseausweis jedem anderen Flüchtling ausstellen, der sich in ihrem Gebiet befindet; sie werden ihre Aufmerksamkeit besonders jenen Flüchtlingen zuwenden, die sich in ihrem Gebiet befinden und nicht in der Lage sind, einen Reiseausweis von dem Staat zu erhalten, in dem sie ihren rechtmäßigen Aufenthalt haben.

(2) Reiseausweise, die auf Grund früherer internationaler Abkommen von den Unterzeichnerstaaten ausgestellt worden sind, werden von den vertragschließenden Staaten anerkannt und so behandelt werden, als ob sie den Flüchtlingen auf Grund dieses Artikels ausgestellt worden wären.

Art. 29 Steuerliche Lasten. (1) Die vertragschließenden Staaten werden von den Flüchtlingen keine anderen oder höheren Gebühren, Abgaben oder Steuern, gleichviel unter welcher Bezeichnung, erheben, als unter ähnlichen Verhältnissen von ihren eigenen Staatsangehörigen jetzt oder künftig erhoben werden.

(2) Die Bestimmungen der vorstehenden Ziffer schließen nicht aus, die Gesetze und sonstigen Rechtsvorschriften über Gebühren für die Ausstellung von Verwaltungsurkunden einschließlich Personalausweisen an Ausländer auf Flüchtlinge anzuwenden.

Art. 30 Überführung von Vermögenswerten. (1) Jeder vertragschließende Staat wird in Übereinstimmung mit den Gesetzen und sonstigen Rechtsvorschriften des Landes den Flüchtlingen gestatten, die Vermögenswerte, die sie in sein Gebiet gebracht haben, in das Gebiet eines anderen Landes zu überführen, in dem sie zwecks Wiederansiedlung aufgenommen worden sind.

(2) Jeder vertragschließende Staat wird die Anträge von Flüchtlingen wohlwollend in Erwägung ziehen, die auf die Erlaubnis gerichtet sind, alle anderen Vermögenswerte, die zu ihrer Wiederansiedlung erforderlich sind, in ein anderes Land zu überführen, in dem sie zur Wiederansiedlung aufgenommen worden sind.

Art. 31 Flüchtlinge, die sich nicht rechtmäßig im Aufnahmeland aufhalten. (1) Die vertragschließenden Staaten werden wegen unrechtmäßiger Einreise oder Aufenthalts keine Strafen gegen Flüchtlinge verhängen, die unmittelbar aus einem Gebiet kommen, in dem ihr Leben oder ihre Freiheit im Sinne von Artikel 1 bedroht waren und die ohne Erlaubnis in das Gebiet der vertragschließenden Staaten einreisen oder sich dort aufhalten, vorausgesetzt, daß sie sich unverzüglich bei den Behörden melden und Gründe darlegen, die ihre unrechtmäßige Einreise oder ihren unrechtmäßigen Aufenthalt rechtfertigen.

(2) Die vertragschließenden Staaten werden den Flüchtlingen beim Wechsel des Aufenthaltsorts keine Beschränkungen auferlegen, außer denen, die notwendig sind; diese Beschränkungen werden jedoch nur solange Anwendung finden, bis die Rechtsstellung dieser Flüchtlinge im Aufnahmeland geregelt oder es ihnen gelungen ist, in einem anderen Land Aufnahme zu erhalten. Die vertragschließenden Staaten werden diesen Flüchtlingen eine angemessene

Frist sowie alle notwendigen Erleichterungen zur Aufnahme in einem anderen Land gewähren.

Art. 32 Ausweisung. (1) Die vertragschließenden Staaten werden einen Flüchtling, der sich rechtmäßig in ihrem Gebiet befindet, nur aus Gründen der öffentlichen Sicherheit oder Ordnung ausweisen.

(2) Die Ausweisung eines Flüchtlings darf nur in Ausführung einer Entscheidung erfolgen, die in einem durch gesetzliche Bestimmung geregelten Verfahren ergangen ist. Soweit nicht zwingende Gründe für die öffentliche Sicherheit entgegenstehen, soll dem Flüchtling gestattet werden, Beweise zu seiner Entlastung beizubringen, ein Rechtsmittel einzulegen und sich zu diesem Zweck vor einer zuständigen Behörde oder vor einer oder mehreren Personen, die von der zuständigen Behörde besonders bestimmt sind, vertreten zu lassen.

(3) Die vertragschließenden Staaten werden einem solchen Flüchtling eine angemessene Frist gewähren, um ihm die Möglichkeit zu geben, in einem anderen Lande um rechtmäßige Aufnahme nachzusuchen. Die vertragschließenden Staaten behalten sich vor, während dieser Frist diejenigen Maßnahmen anzuwenden, die sie zur Aufrechterhaltung der inneren Ordnung für zweckdienlich erachten.

Art. 33 Verbot der Ausweisung und Zurückweisung. (1) Keiner der vertragschließenden Staaten wird einen Flüchtling auf irgendeine Weise über die Grenzen von Gebieten ausweisen oder zurückweisen, in denen sein Leben oder seine Freiheit wegen seiner Rasse, Religion, Staatsangehörigkeit, seiner Zugehörigkeit zu einer bestimmten sozialen Gruppe oder wegen seiner politischen Überzeugung bedroht sein würde.

(2) Auf die Vergünstigung dieser Vorschrift kann sich jedoch ein Flüchtling nicht berufen, der aus schwerwiegenden Gründen als eine Gefahr für die Sicherheit des Landes anzusehen ist, in dem er sich befindet, oder der eine Gefahr für die Allgemeinheit dieses Staates bedeutet, weil er wegen eines Verbrechens oder eines besonders schweren Vergehens rechtskräftig verurteilt wurde.

Art. 34 Einbürgerung. Die vertragschließenden Staaten werden soweit wie möglich die Eingliederung und Einbürgerung der Flüchtlinge erleichtern. Sie werden insbesondere bestrebt sein, Einbürgerungsverfahren zu beschleunigen und die Kosten dieses Verfahrens soweit wie möglich herabzusetzen.

Kapitel VI. Durchführungs- und Übergangsbestimmungen

Art. 35 Zusammenarbeit der staatlichen Behörden mit den Vereinten Nationen. (1) Die vertragschließenden Staaten verpflichten sich zur Zusammenarbeit mit dem Amt des Hohen Kommissars der Vereinten Nationen für Flüchtlinge oder jeder ihm etwa nachfolgenden anderen Stelle der Vereinten Nationen bei der Ausübung seiner Befugnisse, insbesondere zur Erleichterung seiner Aufgabe, die Durchführung der Bestimmungen dieses Abkommens zu überwachen.

(2) Um es dem Amt des Hohen Kommissars oder jeder ihm etwa nachfolgenden anderen Stelle der Vereinten Nationen zu ermöglichen, den zuständi-

gen Organen der Vereinten Nationen Berichte vorzulegen, verpflichten sich die vertragschließenden Staaten, ihm in geeigneter Form die erbetenen Auskünfte und statistischen Angaben zu liefern über
a) die Lage der Flüchtlinge,
b) die Durchführung dieses Abkommens und
c) die Gesetze, Verordnungen und Verwaltungsvorschriften, die in bezug auf Flüchtlinge jetzt oder künftig in Kraft sind.

Art. 36 Auskünfte über innerstaatliche Rechtsvorschriften. Die vertragschließenden Staaten werden dem Generalsekretär der Vereinten Nationen den Wortlaut der Gesetze und sonstiger Rechtsvorschriften mitteilen, die sie etwa erlassen werden, um die Durchführung dieses Abkommens sicherzustellen.

Art. 37 Beziehung zu früher geschlossenen Abkommen. Unbeschadet der Bestimmungen seines Artikels 28 Ziffer 2 tritt dieses Abkommen im Verhältnis zwischen den vertragschließenden Staaten an die Stelle der Vereinbarungen vom 5. Juli 1922, 31. Mai 1924, 12. Mai 1926, 30. Juni 1928 und 30. Juli 1935 sowie der Abkommen vom 28. Oktober 1933, 10. Februar 1938, des Protokolls vom 14. September 1939 und der Vereinbarung vom 15. Oktober 1946.

Kapitel VII. Schlußbestimmungen

Art. 38 Regelung von Streitfällen. Jeder Streitfall zwischen den Parteien dieses Abkommens über dessen Auslegung oder Anwendung, der auf andere Weise nicht beigelegt werden kann, wird auf Antrag einer der an dem Streitfall beteiligten Parteien dem Internationalen Gerichtshof vorgelegt.

Art. 39 Unterzeichnung, Ratifikation und Beitritt. (1) Dieses Abkommen liegt in Genf am 28. Juli 1951 zur Unterzeichnung auf und wird nach diesem Zeitpunkt beim Generalsekretär der Vereinten Nationen hinterlegt. Es liegt vom 28. Juli bis 31. August 1951 im Europäischen Büro der Vereinten Nationen zur Unterzeichnung auf, sodann erneut vom 17. September 1951 bis 31. Dezember 1952 am Sitz der Organisation der Vereinten Nationen.

(2) Dieses Abkommen liegt zur Unterzeichnung durch alle Mitgliedstaaten der Organisation der Vereinten Nationen, durch jeden Nicht-Mitgliedstaat, der zur Konferenz der Bevollmächtigten über die Rechtsstellung der Flüchtlinge und Staatenlosen eingeladen war, sowie durch jeden anderen Staat auf, den die Vollversammlung zur Unterzeichnung einlädt. Das Abkommen ist zu ratifizieren; die Ratifikationsurkunden sind beim Generalsekretär der Vereinten Nationen zu hinterlegen.

(3) Die in Ziffer 2 dieses Artikels bezeichneten Staaten können diesem Abkommen vom 28. Juli 1951 an beitreten. Der Beitritt erfolgt durch Hinterlegung einer Beitrittsurkunde beim Generalsekretär der Vereinten Nationen.

Art. 40 Klausel zur Anwendung auf andere Gebiete. (1) Jeder Staat kann im Zeitpunkt der Unterzeichnung, der Ratifikation oder des Beitritts erklären, daß sich die Geltung dieses Abkommens auf alle oder mehrere oder eins der Gebiete erstreckt, die er in den internationalen Beziehungen vertritt. Eine solche Erklärung wird zu dem Zeitpunkt wirksam, an dem dieses Abkommen für den betreffenden Staat in Kraft tritt.

(2) Eine Ausdehnung des Geltungsbereichs zu einem späteren Zeitpunkt erfolgt durch eine an den Generalsekretär der Vereinten Nationen zu richtende Mitteilung und wird am neunzigsten Tage nach dem Zeitpunkt wirksam, zu dem der Generalsekretär der Vereinten Nationen die Mitteilung erhalten hat, oder zu dem Zeitpunkt, an dem dieses Abkommen für den betreffenden Staat in Kraft tritt, wenn dieser letztgenannte Zeitpunkt später liegt.

(3) Bei Gebieten, für die dieses Abkommen im Zeitpunkt der Unterzeichnung, Ratifikation oder des Beitritts nicht gilt, wird jeder beteiligte Staat die Möglichkeit prüfen, sobald wie möglich alle erforderlichen Maßnahmen zu ergreifen, um den Geltungsbereich dieses Abkommens auf diese Gebiete auszudehnen, gegebenenfalls unter dem Vorbehalt der Zustimmung der Regierungen dieser Gebiete, wenn eine solche aus verfassungsmäßigen Gründen erforderlich ist.

Art. 41 Klausel für Bundesstaaten. Im Falle eines Bundes- oder Nichteinheitsstaates werden nachstehende Bestimmungen Anwendung finden:
a) Soweit es sich um die Artikel dieses Abkommens handelt, für die der Bund die Gesetzgebung hat, werden die Verpflichtungen der Bundesregierungen dieselben sein wie diejenigen der Unterzeichnerstaaten, die keine Bundesstaaten sind.
b) Soweit es sich um die Artikel dieses Abkommens handelt, für die die einzelnen Länder, Provinzen oder Kantone, die auf Grund der Bundesverfassung zur Ergreifung gesetzgeberischer Maßnahmen nicht verpflichtet sind, die Gesetzgebung haben, wird die Bundesregierung sobald wie möglich diese Artikel den zuständigen Stellen der Länder, Provinzen oder Kantone befürwortend zur Kenntnis bringen.
c) Ein Bundesstaat als Unterzeichner dieses Abkommens wird auf das ihm durch den Generalsekretär der Vereinten Nationen übermittelte Ersuchen eines anderen vertragschließenden Staates hinsichtlich einzelner Bestimmungen des Abkommens eine Darstellung der geltenden Gesetzgebung und ihrer Anwendung innerhalb des Bundes und seiner Glieder übermitteln, aus der hervorgeht, inwieweit diese Bestimmungen durch Gesetzgebung oder sonstige Maßnahmen wirksam geworden sind.

Art. 42 Vorbehalte. (1) Im Zeitpunkt der Unterzeichnung, der Ratifikation oder des Beitritts kann jeder Staat zu den Artikeln des Abkommens, mit Ausnahme der Artikel 1, 3, 4, 16 (1), 33, 36 bis 46 einschließlich, Vorbehalte machen.

(2) Jeder vertragschließende Staat, der gemäß Ziffer 1 dieses Artikels einen Vorbehalt gemacht hat, kann ihn jederzeit durch eine diesbezügliche, an den Generalsekretär der Vereinten Nationen zu richtende Mitteilung zurücknehmen.

Art. 43 Inkrafttreten. (1) Dieses Abkommen tritt am neunzigsten Tage nach dem Zeitpunkt der Hinterlegung der sechsten Ratifikations- oder Beitrittsurkunde in Kraft.

(2) Für jeden der Staaten, die das Abkommen nach Hinterlegung der sechsten Ratifikations- oder Beitrittsurkunde ratifizieren oder ihm beitreten, tritt es am neunzigsten Tage nach dem Zeitpunkt der Hinterlegung der Ratifikations- oder Beitrittsurkunde dieses Staates in Kraft.

Art. 44 Kündigung. (1) Jeder vertragschließende Staat kann das Abkommen jederzeit durch eine an den Generalsekretär der Vereinten Nationen zu richtende Mitteilung kündigen.

(2) Die Kündigung wird für den betreffenden Staat ein Jahr nach dem Zeitpunkt wirksam, an dem sie beim Generalsekretär der Vereinten Nationen eingegangen ist.

(3) Jeder Staat, der eine Erklärung oder Mitteilung gemäß Artikel 40 gegeben hat, kann jederzeit später dem Generalsekretär der Vereinten Nationen mitteilen, daß das Abkommen auf in der Mitteilung bezeichnetes Gebiet nicht mehr Anwendung findet. Das Abkommen findet sodann ein Jahr nach dem Zeitpunkt, an dem diese Mitteilung beim Generalsekretär eingegangen ist, auf das in Betracht kommende Gebiet keine Anwendung mehr.

Art. 45 Revision. (1) Jeder vertragschließende Staat kann jederzeit mittels einer an den Generalsekretär der Vereinten Nationen zu richtenden Mitteilung die Revision dieses Abkommens beantragen.

(2) Die Vollversammlung der Vereinten Nationen empfiehlt die Maßnahmen, die gegebenenfalls in bezug auf diesen Antrag zu ergreifen sind.

Art. 46 Mitteilung des Generalsekretärs der Vereinten Nationen. Der Generalsekretär der Vereinten Nationen macht allen Mitgliedstaaten der Vereinten Nationen und den im Artikel 39 bezeichneten Nicht-Mitgliedstaaten Mitteilung über:
a) Erklärungen und Mitteilungen gemäß Artikel 1, Abschnitt B;
b) Unterzeichnungen, Ratifikationen und Beitrittserklärungen gemäß Artikel 39;
c) Erklärungen und Anzeigen gemäß Artikel 40;
d) gemäß Artikel 42 erklärte oder zurückgenommene Vorbehalte;
e) den Zeitpunkt, an dem dieses Abkommen gemäß Artikel 43 in Kraft tritt;
f) Kündigungen und Mitteilungen gemäß Artikel 44;
g) Revisionsanträge gemäß Artikel 45.

GESCHEHEN zu Genf, am achtundzwanzigsten Juli neunzehnhundertundeinundfünfzig, in einem einzigen Exemplar, dessen englischer und französischer Wortlaut in gleicher Weise maßgebend ist, das in den Archiven der Organisation der Vereinten Nationen hinterlegt wird, und von dem beglaubigte Ausfertigungen allen Mitgliedstaaten der Vereinten Nationen und den im Artikel 39 bezeichneten Nicht-Mitgliedstaaten übermittelt werden.

Anhang

§ 1. (1) Der im Artikel 28 dieses Abkommens vorgesehene Reiseausweis hat dem anliegenden Muster zu entsprechen.

(2) Der Ausweis ist in mindestens zwei Sprachen abzufassen, von denen eine englisch oder französisch ist.

§ 2. Vorbehaltlich der Bestimmungen des Ausstellungslandes können die Kinder auf dem Ausweis eines der Elternteile, oder unter besonderen Umständen, eines anderen erwachsenen Flüchtlings aufgeführt werden.

§ 3. Die für die Ausstellung des Ausweises zu erhebenden Gebühren dürfen den für die Ausstellung von nationalen Pässen geltenden Mindestsatz nicht überschreiten.

§ 4. Soweit es sich nicht um besondere oder Ausnahmefälle handelt, wird der Ausweis für die größtmögliche Anzahl von Ländern ausgestellt.

§ 5. Die Geltungsdauer des Ausweises beträgt je nach Wahl der ausstellenden Behörde ein oder zwei Jahre.

§ 6. (1) Zur Erneuerung oder Verlängerung der Geltungsdauer des Ausweises ist die ausstellende Behörde zuständig, solange der Inhaber sich rechtmäßig nicht in einem anderen Gebiet niedergelassen hat und rechtmäßig im Gebiet der genannten Behörde wohnhaft ist. Zur Ausstellung eines neuen Ausweises ist unter den gleichen Voraussetzungen die Behörde zuständig, die den früheren Ausweis ausgestellt hat.

(2) Diplomatische oder konsularische Vertreter, die zu diesem Zweck besonders ermächtigt sind, haben das Recht, die Geltungsdauer der von ihren Regierungen ausgestellten Reiseausweise für eine Zeitdauer, die sechs Monate nicht überschreiten darf, zu verlängern.

(3) Die vertragschließenden Staaten werden die Möglichkeit der Erneuerung oder Verlängerung der Geltungsdauer der Reiseausweise oder der Ausstellung neuer wohlwollend prüfen, wenn es sich um Flüchtlinge handelt, die sich nicht mehr rechtmäßig in ihrem Gebiet aufhalten und nicht in der Lage sind, von dem Lande, in dem sie rechtmäßig wohnhaft sind, einen Reiseausweis zu erhalten.

§ 7. Die vertragschließenden Staaten werden die Gültigkeit der im Einklang mit den Bestimmungen des Artikels 28 dieses Abkommens ausgestellten Ausweise anerkennen.

§ 8. Die zuständigen Behörden des Landes, in welches der Flüchtling sich zu begeben wünscht, werden, wenn sie zu seinem Aufenthalt bereit sind und ein Sichtvermerk erforderlich ist, einen Sichtvermerk auf seinem Ausweis anbringen.

§ 9. (1) Die vertragschließenden Staaten verpflichten sich, den Flüchtlingen, die den Sichtvermerk ihres endgültigen Bestimmungsgebietes erhalten haben, Durchreisesichtvermerke zu erteilen.

(2) Die Erteilung dieses Sichtvermerks darf aus Gründen verweigert werden, die jedem Ausländer gegenüber zur Verweigerung eines Sichtvermerks berechtigen würden.

§ 10. Die Gebühren für die Erteilung von Ausreise-, Einreise- oder Durchreisesichtvermerken dürfen den für ausländische Pässe geltenden Mindestsatz nicht überschreiten.

§ 11. Wechselt ein Flüchtling seinen Wohnort oder läßt er sich rechtmäßig im Gebiet eines anderen vertragschließenden Staates nieder, so geht gemäß Artikel 28 die Verantwortung für die Ausstellung eines neuen Ausweises auf die zuständige Behörde desjenigen Gebietes über, bei welcher der Flüchtling seinen Antrag zu stellen berechtigt ist.

§ 12. Die Behörde, die einen neuen Ausweis ausstellt, hat den alten Ausweis einzuziehen und an das Land zurückzusenden, das ihn ausgestellt hat, wenn in dem alten Ausweis ausdrücklich bestimmt ist, daß er an das Ausstellungsland zurückzusenden ist; im anderen Falle wird die Behörde, die den neuen Ausweis ausstellt, den alten einziehen und ihn vernichten.

§ 13. (1) Jeder der vertragschließenden Staaten verpflichtet sich, dem Inhaber eines Reiseausweises, der ihm vom Staat gemäß Artikel 28 dieses Abkommens ausgestellt wurde, die Rückkehr in sein Gebiet zu einem beliebigen Zeitpunkt während der Geltungsdauer des Ausweises zu gestatten.

(2) Vorbehaltlich der Bestimmungen der vorstehenden Ziffer kann ein vertragschließender Staat verlangen, daß sich der Inhaber dieses Ausweises allen Formalitäten unterwirft, die für aus- oder einreisende Personen jeweils vorgeschrieben sind.

(3) Die vertragschließenden Staaten behalten sich das Recht vor, in Ausnahmefällen oder in Fällen, in denen die Aufenthaltsgenehmigung des Flüchtlings für eine ausdrücklich bestimmte Zeitdauer gültig ist, zum Zeitpunkt der Ausstellung des Ausweises den Zeitabschnitt zu beschränken, während dessen der Flüchtling zurückkehren darf; diese Zeit darf jedoch nicht weniger als drei Monate betragen.

§ 14. Unter alleinigem Vorbehalt der Bestimmungen des Paragraphen 13 berühren die Bestimmungen des Anhangs in keiner Weise die Gesetze und Vorschriften, die in den Gebieten der vertragschließenden Staaten die Voraussetzungen für die Aufnahme, Durchreise, den Aufenthalt, die Niederlassung und Ausreise regeln.

§ 15. Die Ausstellung des Ausweises und die darin angebrachten Vermerke bestimmen und berühren nicht die Rechtsstellung des Inhabers, insbesondere nicht seine Staatsangehörigkeit.

§ 16. Die Ausstellung des Ausweises gibt dem Inhaber keinen Anspruch auf den Schutz der diplomatischen und konsularischen Vertreter des Ausstellungslandes und verleiht diesen Vertretern kein Schutzrecht.

32. Protokoll über die Rechtsstellung der Flüchtlinge[1]

Vom 31. Januar 1967
(BGBl. 1969 II S. 1294)

(Übersetzung)

DIE VERTRAGSSTAATEN DIESES PROTOKOLLS –

IN DER ERWÄGUNG, daß das am 28. Juli 1951 in Genf beschlossene Abkommen über die Rechtsstellung der Flüchtlinge (im folgenden als das Abkommen bezeichnet) nur auf Personen Anwendung findet, die infolge von vor dem 1. Januar 1951 eingetretenen Ereignissen Flüchtlinge geworden sind,

IN DER ERWÄGUNG, daß seit Annahme des Abkommens neue Kategorien von Flüchtlingen entstanden sind und daß die betreffenden Flüchtlinge daher möglicherweise nicht unter das Abkommen fallen,

IN DER ERWÄGUNG, daß es wünschenswert ist, allen Flüchtlingen im Sinne des Abkommens unabhängig von dem Stichtag des 1. Januar 1951 die gleiche Rechtsstellung zu gewähren –

SIND WIE FOLGT ÜBEREINGEKOMMEN:

Art. I Allgemeine Bestimmung. (1) Die Vertragsstaaten dieses Protokolls verpflichtet sich, die Artikel 2 bis 34 des Abkommens auf Flüchtlinge im Sinne der nachstehenden Begriffsbestimmung anzuwenden.

(2) Außer für die Anwendung des Absatzes 3 dieses Artikels bezeichnet der Ausdruck „Flüchtling" im Sinne dieses Protokolls jede unter die Begriffsbestimmung des Artikels 1 des Abkommens fallende Person, als seien die Worte „infolge von Ereignissen, die vor dem 1. Januar 1951 eingetreten sind, und ..." sowie die Worte „... infolge solcher Ereignisse" in Artikel I Abschnitt A Absatz 2 nicht enthalten.

(3) Dieses Protokoll wird von seinen Vertragsstaaten ohne jede geographische Begrenzung angewendet; jedoch finden die bereits nach Artikel 1 Abschnitt B Absatz 1 Buchstabe a) des Abkommens abgegebenen Erklärungen von Staaten, die schon Vertragsstaaten des Abkommens sind, auch auf Grund dieses Protokolls Anwendung, sofern nicht die Verpflichtungen des betreffenden Staates nach Artikel 1 Abschnitt B Absatz 2 des Abkommens erweitert worden sind.

Art. II Zusammenarbeit der staatlichen Behörden mit den Vereinten Nationen. (1) Die Vertragsstaaten dieses Protokolls verpflichten sich zur Zusammenarbeit mit dem Amt des Hohen Flüchtlingskommissars der Vereinten Nationen oder jeder ihm etwa nachfolgenden anderen Stelle der Vereinten Nationen bei der Ausübung ihrer Befugnisse, insbesondere zur Erleichterung ihrer Aufgabe, die Anwendung des Protokolls zu überwachen.

---

[1] Internationale Quelle: UNTS Bd. 606, S. 267.

(2) Um es dem Amt des Hohen Kommissars oder jeder ihm etwa nachfolgenden anderen Stelle der Vereinten Nationen zu ermöglichen, den zuständigen Organen der Vereinten Nationen Berichte vorzulegen, verpflichten sich die Vertragsstaaten dieses Protokolls, ihnen in geeigneter Form die erbetenen Auskünfte und statistischen Angaben zu liefern über

a) die Lage der Flüchtlinge,
b) die Durchführung dieses Protokolls,
c) die Gesetze, Verordnungen und Verwaltungsvorschriften, die in bezug auf Flüchtlinge jetzt in Kraft sind oder künftig in Kraft sein werden.

Art. III Auskünfte über innerstaatliche Rechtsvorschriften. Die Vertragsstaaten dieses Protokolls teilen dem Generalsekretär der Vereinten Nationen den Wortlaut der Gesetze und sonstigen Rechtsvorschriften mit, die sie gegebenenfalls erlassen werden, um die Anwendung dieses Protokolls sicherzustellen.

Art. IV Beilegung von Streitigkeiten. Jede Streitigkeit zwischen Vertragsstaaten dieses Protokolls über dessen Auslegung oder Anwendung, die nicht auf andere Weise beigelegt werden kann, wird auf Antrag einer der Streitparteien dem Internationalen Gerichtshof unterbreitet.

Art. V Beitritt. Dieses Protokoll liegt für alle Vertragsstaaten des Abkommens und für jeden anderen Mitgliedstaat der Vereinten Nationen oder einer ihrer Sonderorganisationen sowie für jeden Staat zum Beitritt auf, der von der Vollversammlung eingeladen wurde, dem Protokoll beizutreten. Der Beitritt erfolgt durch Hinterlegung einer Beitrittsurkunde beim Generalsekretär der Vereinten Nationen.

Art. VI Bundesstaatsklausel. Für Bundes- oder Nichteinheitsstaaten gelten folgende Bestimmungen:

a) soweit für bestimmte Artikel des Abkommens, die nach Artikel I Absatz 1 dieses Protokolls anzuwenden sind, der Bund die Gesetzgebungszuständigkeit besitzt, hat die Bundesregierung die gleichen Verpflichtungen wie die Vertragsstaaten, die nicht Bundesstaaten sind;
b) soweit für bestimmte Artikel des Abkommens, die nach Artikel I Absatz 1 dieses Protokolls anzuwenden sind, die einzelnen Länder, Provinzen oder Kantone, die Gesetzgebungszuständigkeit besitzen, ohne nach der Verfassungsordnung des Bundes zum Erlaß von Rechtsvorschriften verpflichtet zu sein, bringt die Bundesregierung diese Artikel den zuständigen Stellen der einzelnen Länder, Provinzen oder Kantone so bald wie möglich befürwortend zur Kenntnis;
c) richtet ein Vertragsstaat dieses Protokolls über den Generalsekretär der Vereinten Nationen eine Anfrage hinsichtlich des Rechts und der Praxis des Bundes und seiner Glieder in bezug auf einzelne Bestimmungen des Abkommens, die nach Artikel I Absatz 1 des Protokolls anzuwenden sind, an einen Bundesstaat, der Vertragsstaat des Protokolls ist, so legt dieser eine Darstellung vor, aus der ersichtlich ist, inwieweit diese Bestimmungen durch den Erlaß von Rechtsvorschriften oder durch sonstige Maßnahmen wirksam geworden sind.

Art. VII Vorbehalte und Erklärungen. (1) Im Zeitpunkt seines Beitritts kann jeder Staat zu Artikel IV dieses Protokolls und zur Anwendung jeder Bestimmung des Abkommens – mit Ausnahme der Artikel 1, 3, 4, 16 Absatz 1 und 33 – nach Artikel I des Protokolls Vorbehalte machen, jedoch unter der Voraussetzung, daß im Falle eines Vertragsstaats des Abkommens die nach dem vorliegenden Artikel gemachten Vorbehalte sich nicht auf Flüchtlinge erstrecken, für die das Abkommen gilt.

(2) Die von Vertragsstaaten des Abkommens nach dessen Artikel 42 gemachten Vorbehalte finden, sofern sie nicht zurückgezogen werden, hinsichtlich ihrer Verpflichtungen aus diesem Protokoll Anwendung.

(3) Jeder Staat, der einen Vorbehalt nach Absatz 1 dieses Artikels macht, kann ihn jederzeit durch eine an den Generalsekretär der Vereinten Nationen gerichtete diesbezügliche Mitteilung zurückziehen.

(4) Erklärungen, die ein diesem Protokoll beitretender Vertragsstaat des Abkommens nach dessen Artikel 40 Absätze 1 und 2 abgibt, gelten auch in bezug auf das Protokoll, sofern nicht der betreffende Vertragsstaat bei seinem Beitritt eine gegenteilige Notifikation an den Generalsekretär der Vereinten Nationen richtet. Artikel 40 Absätze 2 und 3 und Artikel 44 Absatz 3 des Abkommens gelten entsprechend für dieses Protokoll.

Art. VIII Inkrafttreten. (1) Dieses Protokoll tritt am Tage der Hinterlegung der sechsten Beitrittsurkunde in Kraft.

(2) Für jeden Staat, der dem Protokoll nach Hinterlegung der sechsten Beitrittsurkunde beitritt, tritt es an dem Tage in Kraft, an dem der betreffende Staat seine Beitrittsurkunde hinterlegt.

Art. IX Kündigung. (1) Jeder Vertragsstaat dieses Protokolls kann es jederzeit durch eine an den Generalsekretär der Vereinten Nationen gerichtete Notifikation kündigen.

(2) Die Kündigung wird für den betreffenden Vertragsstaat ein Jahr nach dem Tage wirksam, an dem sie dem Generalsekretär der Vereinten Nationen zugegangen ist.

Art. X Notifikationen durch den Generalsekretär der Vereinten Nationen. Der Generalsekretär der Vereinten Nationen notifiziert allen in Artikel V bezeichneten Staaten den Zeitpunkt des Inkrafttretens dieses Protokolls, des Beitritts sowie der Hinterlegung und Zurücknahme von Vorbehalten zu demselben, der Kündigung sowie der darauf bezüglichen Erklärungen und Notifikationen.

Art. XI Hinterlegung des Protokolls im Archiv des Sekretariats der Vereinten Nationen. Eine Ausfertigung dieses Protokolls, dessen chinesischer, englischer, französischer, russischer und spanischer Wortlaut gleichermaßen verbindlich ist, wird nach Unterzeichnung durch den Präsidenten der Vollversammlung und dem Generalsekretär der Vereinten Nationen im Archiv des Sekretariats der Vereinten Nationen hinterlegt. Der Generalsekretär übermittelt allen Mitgliedstaaten der Vereinten Nationen und den anderen in Artikel V bezeichneten Staaten beglaubigte Abschriften.

33. Satzung für das Amt des Hohen Kommissars für Flüchtlinge[1] · [2]

Resolution 428(V) der Generalversammlung der Vereinten Nationen

Vom 14. Dezember 1950

(Übersetzung)

Kapitel I. Allgemeine Bestimmungen

1. Der Hohe Kommissar soll im Auftrage der Generalversammlung die Aufgabe übernehmen, unter dem Patronat der Vereinten Nationen für den internationalen Schutz der Flüchtlinge zu sorgen, die unter die Bestimmungen der Satzung fallen, und durch Unterstützung von Regierungen und, mit Genehmigung der betreffenden Regierungen, von Privatorganisationen in ihren Bemühungen um freiwillige Heimführung solcher Flüchtlinge oder um ihre Einordnung in neue nationale Gemeinschaften Dauerlösungen für das Flüchtlingsproblem herbeizuführen.

In der Ausübung seiner Pflichten, insbesondere wenn sich Schwierigkeiten ergeben und zum Beispiel bei irgendwelchen Unstimmigkeiten, welche die internationale Rechtsstellung dieser Personen betreffen, soll der Hohe Kommissar die Ansichten des Beratenden Ausschusses einholen, falls ein solcher geschaffen wird.

2. Die Arbeit des Hohen Kommissars soll vollkommen unpolitischer Art sein; sie soll humanitärer und sozialer Art sein und sich in der Regel mit Flüchtlingsgruppen oder -kategorien befassen.

3. Der Hohe Kommissar soll nach den Richtlinien handeln, die ihm in den von der Generalversammlung oder dem Wirtschafts- und Sozialrat erlassenen Direktiven gegeben werden.

4. Der Wirtschafts- und Sozialrat kann unter Berücksichtigung der Ansichten des Hohen Kommissars zu dieser Frage einen Beratenden Ausschuß für Flüchtlingsfragen schaffen, der sich aus Vertretern von Mitgliedstaaten und Nicht-Mitgliedstaaten der Vereinten Nationen zusammensetzen soll, die vom Rat danach ausgewählt werden, wieweit sie Interesse und Bereitschaft bewiesen haben, sich für die Lösung des Flüchtlingsproblems einzusetzen.

5. Die Generalversammlung soll spätestens auf ihrer achten ordentlichen Tagung die Einrichtung des Amtes des Hohen Kommissars für Flüchtlinge überprüfen, um zu entscheiden, ob das Amt über den 31. Dezember 1953 hinaus beibehalten werden soll.

---

[1] Internationale Quelle: A/RES/428(V).
[2] Das Dokument ist der Folge 6/1951 der Zeitschrift EUROPA-ARCHIV entnommen.
(c) VERLAG FÜR INTERNATIONALE POLITIK GmbH, Bonn.

Kapitel II. Aufgaben des Hohen Kommissars

6. Die Zuständigkeit des Hohen Kommissars soll sich erstrecken

A. (i) auf alle Personen, die entsprechend den Abmachungen vom 12. Mai 1926 und 30. Juni 1928 oder den Konventionen vom 28. Oktober 1933 und 10. Februar 1938, dem Protokoll vom 14. September 1939 oder den Satzungen der Internationalen Flüchtlingsorganisation als Flüchtling angesehen wurden;

(ii) alle Personen, die infolge von Ereignissen, die sich vor dem 1. Januar 1951 zugetragen haben, und auf Grund berechtigter Furcht vor Verfolgung und aus Gründen der Rasse, Religion, Staatsangehörigkeit oder der politischen Überzeugung sich außerhalb des Landes ihrer Staatsangehörigkeit befinden und nicht in der Lage oder auf Grund dieser Furcht oder aus sonstigen nicht von persönlichen Zweckmäßigkeitserwägungen bestimmten Gründen nicht gewillt sind, sich dem Schutz jenes Landes zu unterstellen oder als Staatenlose sich außerhalb des Landes befinden, in welchem sie früher ihren ständigen Wohnsitz hatten, und nicht in der Lage oder auf Grund solcher Furcht oder aus sonstigen nicht von persönlichen Zweckmäßigkeitserwägungen bestimmten Gründen nicht gewillt sind, dorthin zurückzukehren.

Entscheidungen über das Recht auf Zuerkennung der Flüchtlingseigenschaft, die von der Internationalen Flüchtlingsorganisation im Verlauf ihrer Tätigkeit getroffen worden sind, sollen keinen Hinderungsgrund für die Zuerkennung der Flüchtlingseigenschaft an Personen darstellen, welche die in diesem Absatz niedergelegten Bedingungen erfüllen.

Für alle im vorhergehenden Abschnitt (a) definierten Personen soll die Zuständigkeit des Hohen Kommissars aufhören,

a) wenn sie sich freiwillig wieder unter den Schutz des Landes ihrer Staatsangehörigkeit gestellt haben; oder

b) wenn sie ihre verlorene Staatsangehörigkeit freiwillig wiedererworben haben; oder

c) wenn sie eine neue Staatsangehörigkeit erworben haben und den Schutz des betreffenden Landes genießen; oder

d) wenn sie sich freiwillig wieder in dem Land niedergelassen haben, das sie verlassen hatten oder dem sie aus Furcht vor Verfolgung ferngeblieben waren; oder

e) wenn sie bei Wegfall der Umstände, auf Grund deren ihnen die Rechtsstellung als Flüchtling zuerkannt worden war, keine außer von persönlichen Zweckmäßigkeitserwägungen bestimmten Gründe dafür vorbringen können, daß sie es auch weiterhin unterlassen, sich dem Schutz des Landes ihrer Staatsangehörigkeit zu unterstellen; wobei Gründe rein wirtschaftlicher Art nicht in Betracht kommen; oder

f) wenn sie als Staatenlose bei Wegfall der Umstände auf Grund deren ihnen die Rechtsstellung eines Flüchtlings zuerkannt worden war, in das Land zurückkehren können, in dem sie früher ihren ständigen Wohnsitz hatten, und daher außer persönlichen Zweckmäßigkeitserwägungen keine Gründe mehr dafür vorbringen können, daß sie eine Rückkehr in dieses Land weiterhin ablehnen.

B. auf alle anderen Personen, die sich außerhalb des Landes ihrer Staatsangehörigkeit oder, wenn es sich um Staatenlose handelt, außerhalb des Landes befinden, in dem sie früher ihren ständigen Wohnsitz hatten, weil sie aus Gründen der Rasse, Religion, Staatsangehörigkeit oder politischen Überzeugung berechtigte Furcht vor Verfolgung haben oder hatten und nicht in der Lage oder auf Grund dieser Furcht nicht gewillt sind, sich dem Schutz der Regierung dieses Landes ihrer Staatsangehörigkeit zu unterstellen oder, wenn es sich um Staatenlose handelt, in das Land ihres früheren ständigen Wohnsitzes zurückzukehren.

7. Mit der Einschränkung, daß sich die Zuständigkeit des Hohen Kommissars, wie sie im vorhergehenden Absatz 6 definiert wurde, nicht auf Personen erstreckt,

a) die die Staatsangehörigkeit mehrerer Länder besitzen, sofern nicht die Bestimmungen des vorhergehenden Absatzes für sie in bezug auf jedes der Länder zutreffen, deren Staatsangehörigkeit sie besitzen; oder

b) denen von den zuständigen Behörden des Landes, in dem sie ihren Wohnsitz genommen haben, die Rechte und Pflichten zuerkannt werden, die mit der betreffenden Staatsangehörigkeit verknüpft sind; oder

c) die weiterhin Schutz oder Unterstützung von anderen Organen oder Dienststellen der Vereinten Nationen erhalten; oder

d) die ernstlichen Grund zu der Annahme geben, daß sie ein Verbrechen nach den Bestimmungen der Auslieferungsverträge oder gemäß Artikel VI der Londoner Charta des Internationalen Militärgerichtshofs begangen haben oder unter die Bestimmungen des Artikels 14, Absatz 2 der Allgemeinen Erklärung der Menschenrechte fallen.

8. Der Hohe Kommissar soll den Schutz der Flüchtlinge, für den sein Amt zuständig ist, wahrnehmen,

a) indem er den Abschluß und die Ratifikation internationaler Konventionen zum Schutz der Flüchtlinge fördert, ihre Anwendung überwacht und Abänderungsvorschläge macht;

b) indem er durch Sonderabkommen mit Regierungen die Durchführung aller Maßnahmen fördert, die geeignet sind, die Lage der Flüchtlinge zu verbessern und die Anzahl derjenigen zu verringern, die schutzbedürftig sind;

c) indem er Regierungsmaßnahmen und private Bemühungen um die freiwillige Heimführung oder Einordnung in neue nationale Gemeinschaften unterstützt;

d) indem er sich dafür einsetzt, daß Flüchtlingen, auch den Kategorien, die am stärksten verelendet sind, der Zutritt zu einem Staatsgebiet gewährt wird;

e) indem er sich um Genehmigung zur Überweisung der Vermögenswerte von Flüchtlingen bemüht, besonders derjenigen, die sie zur Wiederansiedlung benötigen;

f) indem er sich von den Regierungen Auskünfte über Anzahl und Lebensbedingungen der Flüchtlinge beschafft, die sich in ihrem Staatsgebiet befinden, und sich über die Gesetze und Bestimmungen informieren läßt, denen sie unterstehen;

g) indem er mit den in Frage kommenden Regierungen und überstaatlichen Organisationen enge Verbindung aufrecht erhält;

h) indem er nach eigenem Ermessen Verbindung mit privaten Organisationen aufnimmt, die sich mit Flüchtlingsfragen befassen;

i) indem er den Privatorganisationen, die sich mit der Flüchtlingsfürsorge befassen, die Koordinierung ihrer Arbeit erleichtert.

9. Der Hohe Kommissar soll sich außerdem im Rahmen der ihm zur Verfügung gestellten Mittel auf Beschluß der Generalversammlung auf weiteren Gebieten einschließlich der Heimführung und Wiederansiedlung betätigen.

10. Der Hohe Kommissar soll alle öffentlichen oder privaten Mittel verwalten, die er zur Unterstützung von Flüchtlingen erhält, und soll sie an die privaten und gegebenenfalls an die öffentlichen Stellen verteilen, die nach seiner Ansicht am besten zur Verwaltung dieser Hilfsmittel geeignet sind.

Der Hohe Kommissar kann alle Angebote zurückweisen, die er nicht für angebracht hält oder nicht verwerten kann.

Der Hohe Kommissar soll ohne vorherige Genehmigung der Generalversammlung nicht an Regierungen um Bewilligung von Mitteln herantreten oder an die Allgemeinheit appellieren.

Der Hohe Kommissar soll in seinen Jahresbericht eine Erklärung über seine Tätigkeit auf diesem Gebiet miteinschließen.

11. Der Hohe Kommissar soll das Recht haben, seine Ansichten vor der Generalversammlung, dem Wirtschafts- und Sozialrat und den diesen nachgeordneten Dienststellen darzulegen.

Der Hohe Kommissar soll der Generalversammlung jährlich durch den Wirtschafts- und Sozialrat Bericht erstatten; sein Bericht soll auf der Tagesordnung der Generalversammlung als besonderer Punkt erscheinen.

12. Der Hohe Kommissar kann die verschiedenen Sonderbehörden zur Mitarbeit heranziehen.

Kapitel III. Organisation und Finanzen

13. Der Hohe Kommissar soll auf Vorschlag des Generalsekretärs von der Generalversammlung gewählt werden. Die Bedingungen für die Ernennung des Hohen Kommissars sollen vom Generalsekretär vorgeschlagen und von der Generalversammlung genehmigt werden. Der Hohe Kommissar soll für eine Amtszeit von drei Jahren gewählt werden, beginnend mit dem 1. Januar 1951.

14. Der Hohe Kommissar soll für dieselbe Amtszeit einen stellvertretenden Hohen Kommissar ernennen, der nicht dieselbe Staatsangehörigkeit haben darf.

15. a) Das Personal des Amtes des Hohen Kommissars soll im Rahmen der vorgesehenen Haushaltsbewilligungen vom Hohen Kommissar ernannt werden und ihm in der Ausübung seiner Dienstobliegenheiten verantwortlich sein.

b) Das Personal soll sich aus Personen zusammensetzen, die bereit sind, sich für die Ziele des Amtes des Hohen Kommissars ganz einzusetzen.

c) Ihre Anstellung soll gemäß den in der von der Generalversammlung angenommenen Personalordnung und den hierzu vom Generalsekretär erlassenen Ausführungsbestimmungen enthaltenen Bedingungen erfolgen.

d) Es können auch Bestimmungen getroffen werden, wonach Personal ohne Entschädigung angestellt werden kann.

16. Der Hohe Kommissar soll sich mit den Regierungen der Länder, in denen sich Flüchtlinge befinden, über die Notwendigkeit der Ernennung eines Vertreters bei ihnen beraten. Für jedes Land, das die Notwendigkeit eines

solchen Vertreters anerkennt, kann ein von der Regierung des betreffenden Landes genehmigter Vertreter ernannt werden. Unter den angeführten Bedingungen kann derselbe Vertreter mehrere Länder zugleich betreuen.

17. Der Hohe Kommissar und der Generalsekretär sollen geeignete Vorkehrungen zur Aufrechterhaltung der Verbindung und gegenseitigen Beratung über Angelegenheiten von gemeinsamen Interesse treffen.

18. Der Generalsekretär soll dem Hohen Kommissar innerhalb der Grenzen des Haushalts alle Hilfsmittel zur Verfügung stellen, die er benötigt.

19. Das Amt des Hohen Kommissars für Flüchtlinge soll seinen Sitz in Genf in der Schweiz haben.

20. Das Amt des Hohen Kommissars soll aus dem Haushalt der Vereinten Nationen finanziert werden. Sofern von der Generalversammlung in der Folge nicht anders entschieden wird, sollen nur Verwaltungsausgaben, die sich aus dem Dienstbetrieb des Amtes des Hohen Kommissars ergeben, vom Haushalt der Vereinten Nationen getragen werden, während alle anderen Ausgaben im Zusammenhang mit der Tätigkeit des Hohen Kommissars durch freiwillige Beiträge finanziert werden sollen.

21. Die Geschäftsführung des Amtes des Hohen Kommissars unterliegt den für die Finanzgebarung der Vereinten Nationen geltenden Bestimmungen und den hierzu vom Generalsekretär erlassenen Ausführungsvorschriften.

22. Die Abrechnung über die dem Hohen Kommissar zur Verfügung gestellten Fonds unterliegen der Nachprüfung durch den Rechnungshof der Vereinten Nationen, wobei der Rechnungshof zur Entgegennahme von Rechnungen, die bereits von den Empfänger-Organisationen geprüft wurden, ermächtigt ist.

Verwaltungsmäßige Abmachungen über die Aufbewahrung und Zuweisung solcher Fonds werden zwischen dem Hohen Kommissar und dem Generalsekretär gemäß den für die Finanzgebarung der Vereinten Nationen geltenden Bestimmungen und den hierzu vom Generalsekretär erlassenen Ausführungsvorschriften getroffen.

34. Übereinkommen über die Rechtsstellung der Staatenlosen[1]

Vom 28. September 1954

(BGBl. 1976 II S. 474)

(Übersetzung)

Präambel

DIE HOHEN VERTRAGSPARTEIEN –

IN DER ERWÄGUNG, daß die Charta der Vereinten Nationen und die am 10. Dezember 1948 von der Generalversammlung der Vereinten Nationen gebilligte Allgemeine Erklärung der Menschenrechte den Grundsatz bestätigt haben, daß die Menschen ohne Unterschied die Menschenrechte und Grundfreiheiten genießen sollen,

IN DER ERWÄGUNG, daß die Vereinten Nationen wiederholt die tiefe Verantwortung, die sie für die Staatenlosen empfinden, zum Ausdruck gebracht und sich bemüht haben, diesen die Ausübung der Menschenrechte und Grundfreiheiten in möglichst großem Umfang zu sichern,

IN DER ERWÄGUNG, daß nur diejenigen Staatenlosen, die gleichzeitig Flüchtlinge sind, durch das Abkommen vom 28. Juli 1951 über die Rechtsstellung der Flüchtlinge erfaßt werden und daß jenes Abkommen auf zahlreiche Staatenlose nicht anwendbar ist,

IN DER ERWÄGUNG, daß es wünschenswert ist, die Rechtsstellung der Staatenlosen durch ein internationales Übereinkommen zu regeln und zu verbessern –

HABEN folgendes VEREINBART:

Kapitel I. Allgemeine Bestimmungen

Art. 1 Definition des Begriffs „Staatenloser". (1) Im Sinne dieses Übereinkommens ist ein „Staatenloser" eine Person, die kein Staat auf Grund seines Rechtes als Staatsangehörigen ansieht.

(2) Dieses Übereinkommen findet keine Anwendung

i) auf Personen, denen gegenwärtig ein Organ oder eine Organisation der Vereinten Nationen mit Ausnahme des Hohen Flüchtlingskommissars der Vereinten Nationen Schutz oder Beistand gewährt, solange sie diesen Schutz oder Beistand genießen;

ii) auf Personen, denen die zuständigen Behörden des Landes, in dem sie ihren Aufenthalt genommen haben, die Rechte und Pflichten zuerkennen, die mit dem Besitz der Staatsangehörigkeit dieses Landes verknüpft sind;

---

[1] Internationale Quelle: UNTS Bd. 360, S. 117.

iii) auf Personen, bei denen aus schwerwiegenden Gründen die Annahme gerechtfertigt ist,

    a) daß sie ein Verbrechen gegen den Frieden, ein Kriegsverbrechen oder ein Verbrechen gegen die Menschlichkeit im Sinne der internationalen Übereinkünfte begangen haben, die abgefaßt wurden, um Bestimmungen hinsichtlich derartiger Verbrechen zu treffen;

    b) daß sie ein schweres nichtpolitisches Verbrechen außerhalb ihres Aufenthaltslands begangen haben, bevor sie dort Aufnahme fanden;

    c) daß sie sich Handlungen zuschulden kommen ließen, die den Zielen und Grundsätzen der Vereinten Nationen zuwiderlaufen.

Art. 2 Allgemeine Verpflichtungen. Jeder Staatenlose hat gegenüber dem Land, in dem er sich befindet, Pflichten, zu denen insbesondere die Verpflichtung gehört, die Gesetze und sonstigen Rechtsvorschriften sowie die zur Aufrechterhaltung der öffentlichen Ordnung getroffenen Maßnahmen zu beachten.

Art. 3 Verbot unterschiedlicher Behandlung. Die Vertragsstaaten wenden dieses Übereinkommen auf Staatenlose ohne Unterschied der Rasse, der Religion oder des Herkunftslands an.

Art. 4 Religion. Die Vertragsstaaten gewähren den Staatenlosen in ihrem Hoheitsgebiet in bezug auf die Freiheit der Religionsausübung und die Freiheit des Religionsunterrichts ihrer Kinder eine mindestens ebenso günstige Behandlung wie ihren Staatsangehörigen.

Art. 5 Unabhängig von diesem Übereinkommen gewährte Rechte. Rechte und Vergünstigungen, die ein Vertragsstaat den Staatenlosen unabhängig von diesem Übereinkommen gewährt, bleiben von dessen Bestimmungen unberührt.

Art. 6 Der Ausdruck „unter den gleichen Umständen". Im Sinne dieses Übereinkommens ist der Ausdruck „unter den gleichen Umständen" dahingehend zu verstehen, daß der Betreffende alle Erfordernisse erfüllen muß (einschließlich derjenigen, die sich auf die Dauer und die Bedingungen des vorübergehenden oder des dauernden Aufenthalts beziehen), die er, wenn er nicht Staatenloser wäre, erfüllen müßte, um in den Genuß des in Betracht kommenden Rechtes zu gelangen, mit Ausnahme von Erfordernissen, die ihrer Natur nach ein Staatenloser nicht erfüllen kann.

Art. 7 Befreiung von der Gegenseitigkeit. (1) Soweit dieses Übereinkommen keine günstigeren Bestimmungen enthält, gewährt jeder Vertragsstaat den Staatenlosen die gleiche Behandlung, die er Ausländern allgemein gewährt.

(2) Nach dreijährigem Aufenthalt sind alle Staatenlosen im Hoheitsgebiet der Vertragsstaaten von dem Erfordernis der gesetzlichen Gegenseitigkeit befreit.

(3) Jeder Vertragsstaat gewährt den Staatenlosen weiterhin die Rechte und Vergünstigungen, auf die sie auch bei fehlender Gegenseitigkeit im Zeitpunkt

des Inkrafttretens dieses Übereinkommens für den betreffenden Staat bereits Anspruch hatten.

(4) Die Vertragsstaaten werden wohlwollend die Möglichkeit prüfen, auch bei fehlender Gegenseitigkeit den Staatenlosen Rechte und Vergünstigungen zusätzlich zu denen zu gewähren, auf die sie nach den Absätzen 2 und 3 Anspruch haben, sowie die Befreiung von dem Erfordernis der Gegenseitigkeit auf solche Staatenlosen auszudehnen, welche die Voraussetzungen der Absätze 2 und 3 nicht erfüllen.

(5) Die Absätze 2 und 3 finden auf die in den Artikeln 13, 18, 19, 21 und 22 genannten Rechte und Vergünstigungen sowie auf die in diesem Übereinkommen nicht vorgesehenen Rechte und Vergünstigungen Anwendung.

Art. 8 Befreiung von außergewöhnlichen Maßnahmen. Außergewöhnliche Maßnahmen, die gegen die Person, das Eigentum oder die Interessen der Staatsangehörigen oder ehemaligen Staatsangehörigen eines fremden Staates ergriffen werden können, werden von den Vertragsstaaten nicht allein deshalb auf einen Staatenlosen angewendet, weil er früher die Staatsangehörigkeit des betreffenden fremden Staates besaß. Die Vertragsstaaten, deren Rechtsvorschriften der Anwendung des in diesem Artikel aufgestellten allgemeinen Grundsatzes entgegenstehen, werden in geeigneten Fällen Befreiungen zugunsten solcher Staatenlosen gewähren.

Art. 9 Vorläufige Maßnahmen. Dieses Übereinkommen hindert einen Vertragsstaat nicht daran, in Kriegszeiten oder unter sonstigen schwerwiegenden und außergewöhnlichen Umständen in bezug auf eine bestimmte Person vorläufig die Maßnahmen zu treffen, die er im Hinblick auf seine Sicherheit für unerläßlich hält, solange dieser Vertragsstaat noch nicht festgestellt hat, ob die betreffende Person tatsächlich staatenlos und die Aufrechterhaltung der in bezug auf sie getroffenen Maßnahmen im Interesse der Staatssicherheit erforderlich ist.

Art. 10 Fortdauer des Aufenthalts. (1) Ist ein Staatenloser während des Zweiten Weltkriegs zwangsverschleppt und in das Hoheitsgebiet eines Vertragsstaats verbracht worden und hat er dort seinen Aufenthalt, so gilt die Dauer seines Zwangsaufenthalts als rechtmäßiger Aufenthalt in diesem Hoheitsgebiet.

(2) Ist ein Staatenloser während des Zweiten Weltkriegs aus dem Hoheitsgebiet eines Vertragsstaats zwangsverschleppt worden und vor Inkrafttreten dieses Übereinkommens dorthin zurückgekehrt, um dort seinen Aufenthalt zu nehmen, so gilt die Zeit vor und nach seiner Zwangsverschleppung als ununterbrochener Aufenthalt für jeden Zweck, für den ein ununterbrochener Aufenthalt erforderlich ist.

Art. 11 Staatenlose Seeleute. Bei Staatenlosen, die ordnungsgemäß als Besatzungsmitglieder an Bord eines Schiffes Dienst tun, das die Flagge eines Vertragsstaats führt, wird dieser Staat wohlwollend die Möglichkeit prüfen, ihnen die Niederlassung in seinem Hoheitsgebiet zu gestatten und ihnen Reiseausweise auszustellen oder sie vorläufig in sein Hoheitsgebiet zuzulassen, insbesondere um ihre Niederlassung in einem anderen Land zu erleichtern.

Kapitel II. Rechtsstellung

Art. 12 Personalstatut. (1) Das Personalstatut eines Staatenlosen bestimmt sich nach den Gesetzen des Landes seines Wohnsitzes oder, wenn er keinen Wohnsitz hat, nach den Gesetzen seines Aufenthaltslands.

(2) Die von einem Staatenlosen früher erworbenen, sich aus seinem Personalstatut ergebenden Rechte, insbesondere die aus der Eheschließung, werden von jedem Vertragsstaat vorbehaltlich der nach seinen Gesetzen gegebenenfalls zu erfüllenden Förmlichkeiten geachtet; hierbei wird vorausgesetzt, daß es sich um ein Recht handelt, das nach den Gesetzen dieses Staates anerkannt worden wäre, wenn der Berechtigte nicht staatenlos geworden wäre.

Art. 13 Bewegliche und unbewegliche Sachen. Hinsichtlich des Erwerbs von Eigentum an beweglichen und unbeweglichen Sachen und sonstiger diesbezüglicher Rechte sowie hinsichtlich von Miet-, Pacht- und sonstigen Verträgen über bewegliche und unbewegliche Sachen gewähren die Vertragsstaaten jedem Staatenlosen eine möglichst günstige und jedenfalls nicht weniger günstige Behandlung, als Ausländern allgemein unter den gleichen Umständen gewährt wird.

Art. 14 Urheberrechte und gewerbliche Schutzrechte. Hinsichtlich des Schutzes von gewerblichen Rechten, insbesondere an Erfindungen, Mustern und Modellen, Warenzeichen und Handelsbezeichnungen, sowie des Schutzes von Rechten an Werken der Literatur, Kunst und Wissenschaft erhält jeder Staatenlose in dem Land, in dem er seinen gewöhnlichen Aufenthalt hat, den gleichen Schutz, der den Staatsangehörigen dieses Landes gewährt wird. Im Hoheitsgebiet jedes anderen Vertragsstaats erhält er den gleichen Schutz, der dort den Staatsangehörigen des Landes gewährt wird, in dem er seinen gewöhnlichen Aufenthalt hat.

Art. 15 Vereinigungsrecht. Die Vertragsstaaten gewähren den Staatenlosen, die sich rechtmäßig in ihrem Hoheitsgebiet aufhalten, hinsichtlich der Vereinigungen, die weder politische noch Erwerbszwecke verfolgen, und hinsichtlich der Berufsverbände eine möglichst günstige und jedenfalls nicht weniger günstige Behandlung, als Ausländern allgemein unter den gleichen Umständen gewährt wird.

Art. 16 Zugang zu den Gerichten. (1) Ein Staatenloser hat im Hoheitsgebiet aller Vertragsstaaten freien und ungehinderten Zugang zu den Gerichten.

(2) Ein Staatenloser erfährt in dem Vertragsstaat, in dem er seinen gewöhnlichen Aufenthalt hat, die gleiche Behandlung wie dessen Staatsangehörige hinsichtlich des Zugangs zu den Gerichten, einschließlich des Armenrechts und der Befreiung von der Sicherheitsleistung für Prozeßkosten.

(3) Ein Staatenloser erfährt in den Vertragsstaaten, in denen er nicht seinen gewöhnlichen Aufenthalt hat, hinsichtlich der in Absatz 2 genannten Angelegenheiten die gleiche Behandlung wie die Staatsangehörigen des Landes, in dem er seinen gewöhnlichen Aufenthalt hat.

Kapitel III. Erwerbstätigkeit

Art. 17 Unselbständige Erwerbstätigkeit. (1) Die Vertragsstaaten gewähren den Staatenlosen, die sich rechtmäßig in ihrem Hoheitsgebiet aufhalten, hinsichtlich der Ausübung einer unselbständigen Erwerbstätigkeit eine möglichst günstige und jedenfalls nicht weniger günstige Behandlung, als Ausländern allgemein unter den gleichen Umständen gewährt wird.

(2) Die Vertragsstaaten werden wohlwollend die Möglichkeit prüfen, die Rechte aller Staatenlosen in bezug auf die Ausübung einer unselbständigen Erwerbstätigkeit den Rechten ihrer Staatsangehörigen anzugleichen; dies gilt insbesondere für Staatenlose, die auf Grund eines Programms zur Anwerbung von Arbeitskräften oder eines Einwanderungsplans in ihr Hoheitsgebiet eingereist sind.

Art. 18 Selbständige Erwerbstätigkeit. Die Vertragsstaaten gewähren den Staatenlosen, die sich rechtmäßig in ihrem Hoheitsgebiet befinden, hinsichtlich der Ausübung einer selbständigen Erwerbstätigkeit in Landwirtschaft, Industrie, Handwerk und Handel sowie hinsichtlich der Errichtung von Handelsgesellschaften eine möglichst günstige und jedenfalls nicht weniger günstige Behandlung, als Ausländern allgemein unter den gleichen Umständen gewährt wird.

Art. 19 Freie Berufe. Jeder Vertragsstaat gewährt den staatenlosen Inhabern eines von seinen zuständigen Behörden anerkannten Diploms, die sich rechtmäßig in seinem Hoheitsgebiet aufhalten und einen freien Beruf auszuüben wünschen, eine möglichst günstige und jedenfalls nicht weniger günstige Behandlung, als Ausländern allgemein unter den gleichen Umständen gewährt wird.

Kapitel IV. Wohlfahrtswesen

Art. 20 Rationierung. Soweit ein Rationierungssystem besteht, das für die gesamte Bevölkerung gilt und die allgemeine Verteilung von Mangelwaren regelt, werden Staatenlose wie Staatsangehörige behandelt.

Art. 21 Wohnungswesen. Soweit das Wohnungswesen durch Gesetze oder sonstige Rechtsvorschriften geregelt ist oder der Überwachung durch öffentliche Stellen unterliegt, gewähren die Vertragsstaaten den Staatenlosen, die sich rechtmäßig in ihrem Hoheitsgebiet aufhalten, eine möglichst günstige und jedenfalls nicht weniger günstige Behandlung, als Ausländern allgemein unter den gleichen Umständen gewährt wird.

Art. 22 Öffentliches Erziehungswesen. (1) Die Vertragsstaaten gewähren den Staatenlosen in bezug auf den Grund- und Hauptschulunterricht die gleiche Behandlung wie ihren Staatsangehörigen.

(2) Die Vertragsstaaten gewähren den Staatenlosen hinsichtlich aller sonstigen Erziehungseinrichtungen eine möglichst günstige und jedenfalls nicht weniger günstige Behandlung, als Ausländern allgemein unter den gleichen

Umständen gewährt wird; dies gilt insbesondere für die Zulassung zum Studium, die Anerkennung ausländischer Schulzeugnisse, Diplome und akademischer Titel, den Erlaß von Gebühren und Abgaben und die Zuerkennung von Stipendien.

Art. 23 Öffentliche Fürsorge. Die Vertragsstaaten gewähren den Staatenlosen, die sich rechtmäßig in ihrem Hoheitsgebiet aufhalten, in bezug auf öffentliche Fürsorge und Unterstützung die gleiche Behandlung wie ihren Staatsangehörigen.

Art. 24 Arbeitsrecht und Soziale Sicherheit. (1) Die Vertragsstaaten gewähren den Staatenlosen, die sich rechtmäßig in ihrem Hoheitsgebiet aufhalten, in bezug auf folgende Angelegenheiten die gleiche Behandlung wie ihren Staatsangehörigen:

a) Arbeitsentgelt einschließlich Familienbeihilfen, wenn diese Bestandteil des Arbeitsentgelts sind, Arbeitszeit, Überstundenregelung, bezahlter Urlaub, Beschränkungen in der Heimarbeit, Mindestalter für die Beschäftigung, Lehrzeit und Berufsausbildung, Arbeit von Frauen und Jugendlichen sowie die Inanspruchnahme der auf Tarifverträgen beruhenden Vergünstigungen, soweit diese Angelegenheiten durch Rechtsvorschriften geregelt sind oder in die Zuständigkeit der Verwaltungsbehörden fallen;

b) Soziale Sicherheit (gesetzliche Bestimmungen über Arbeitsunfälle, Berufskrankheiten, Mutterschaft, Krankheit, Arbeitsunfähigkeit, Alter, Tod, Arbeitslosigkeit, Familienunterhalt sowie jedes andere nach den innerstaatlichen Rechtsvorschriften durch ein System der Sozialen Sicherheit gedeckte Wagnis), vorbehaltlich

    i) geeigneter Regelungen in bezug auf die Wahrung erworbener Rechte und Anwartschaften sowie

    ii) besonderer innerstaatlicher Rechtsvorschriften des Aufenthaltslands über Leistungen oder Leistungsteile, die ausschließlich aus öffentlichen Mitteln bestritten werden, sowie über Zuwendungen an Personen, welche die zur Erlangung einer normalen Rente festgesetzten Beitragsbedingungen nicht erfüllen.

(2) Ist der Tod eines Staatenlosen durch einen Arbeitsunfall oder eine Berufskrankheit verursacht, so wird das Recht auf Ersatz des Schadens nicht dadurch berührt, daß sich der Berechtigte außerhalb des Hoheitsgebiets des Vertragsstaats aufhält.

(3) Die Vertragsstaaten gewähren die Vorteile der Abkommen, die sie zur Wahrung erworbener Rechte und Anwartschaften auf dem Gebiet der Sozialen Sicherheit untereinander geschlossen haben oder schließen werden, auch den Staatenlosen, soweit diese die Voraussetzungen erfüllen, die für Angehörige der Unterzeichnerstaaten der betreffenden Abkommen gelten.

(4) Die Vertragsstaaten werden wohlwollend die Möglichkeit prüfen, die Vorteile ähnlicher Abkommen, die zwischen Vertragsstaaten und Nichtvertragsstaaten jetzt oder künftig in Kraft sind, soweit wie möglich auch den Staatenlosen zu gewähren.

Kapitel V. Verwaltungsmaßnahmen

Art. 25 Verwaltungshilfe. (1) Würde die Ausübung eines Rechtes durch einen Staatenlosen normalerweise die Unterstützung der Behörden eines anderen Landes erfordern, die er nicht in Anspruch nehmen kann, so trägt der Vertragsstaat, in dessen Hoheitsgebiet er sich aufhält, dafür Sorge, daß dessen eigene Behörden dem Staatenlosen diese Unterstützung gewähren.

(2) Die in Absatz 1 bezeichneten Behörden werden den Staatenlosen diejenigen Urkunden und Bescheinigungen ausstellen oder unter ihrer Aufsicht ausstellen lassen, die Ausländern normalerweise von den Behörden ihres eigenen Landes oder durch deren Vermittlung ausgestellt werden.

(3) Die so ausgestellten Urkunden oder Bescheinigungen ersetzen die amtlichen Schriftstücke, die Ausländern sonst von den Behörden ihres eigenen Landes oder durch deren Vermittlung ausgestellt werden; sie haben vorbehaltlich des Gegenbeweises volle Beweiskraft.

(4) Abgesehen von Ausnahmen, die gegebenenfalls zugunsten Bedürftiger zugelassen werden, können für die in diesem Artikel erwähnten Amtshandlungen Gebühren erhoben werden; sie müssen mäßig sein und denjenigen entsprechen, die von den eigenen Staatsangehörigen für ähnliche Amtshandlungen erhoben werden.

(5) Die Bestimmungen dieses Artikels lassen die Artikel 27 und 28 unberührt.

Art. 26 Freizügigkeit. Jeder Vertragsstaat gewährt den Staatenlosen, die sich rechtmäßig in seinem Hoheitsgebiet befinden, das Recht auf freie Wahl ihres Aufenthaltsorts und auf Freizügigkeit in diesem Hoheitsgebiet, vorbehaltlich der Bestimmungen, die auf Ausländer allgemein unter den gleichen Umständen Anwendung finden.

Art. 27 Personalausweise. Die Vertragsstaaten stellen jedem Staatenlosen, der sich in ihrem Hoheitsgebiet befindet und keinen gültigen Reiseausweis besitzt, einen Personalausweis aus.

Art. 28 Reiseausweise. Die Vertragsstaaten stellen den Staatenlosen, die sich rechtmäßig in ihrem Hoheitsgebiet aufhalten, Reiseausweise aus, die ihnen Reisen außerhalb dieses Hoheitsgebiets gestatten, es sei denn, daß zwingende Gründe der Staatssicherheit oder der öffentlichen Ordnung dem entgegenstehen; auf diese Ausweise findet der Anhang zu diesem Übereinkommen Anwendung. Die Vertragsstaaten können auch jedem anderen in ihrem Hoheitsgebiet befindlichen Staatenlosen einen solchen Reiseausweis ausstellen; sie werden insbesondere wohlwollend die Möglichkeit prüfen, solche Reiseausweise denjenigen in ihrem Hoheitsgebiet befindlichen Staatenlosen auszustellen, die von dem Land, in dem sie ihren rechtmäßigen Aufenthalt haben, keinen Reiseausweis erhalten können.

Art. 29 Steuerliche Lasten. (1) Die Vertragsstaaten erheben von den Staatenlosen keine anderen oder höheren Gebühren, Steuern oder sonstigen Abgaben gleich welcher Art oder Bezeichnung, als von ihren Staatsangehörigen unter entsprechenden Voraussetzungen jetzt oder künftig erhoben werden.

(2) Absatz 1 schließt nicht aus, daß die Gesetze und sonstigen Rechtsvorschriften über Gebühren für die Ausstellung von Verwaltungsurkunden einschließlich Personalausweisen an Ausländer auf Staatenlose angewandt werden.

Art. 30 Überführung von Vermögenswerten. (1) Jeder Vertragsstaat gestattet in Übereinstimmung mit seinen Gesetzen und sonstigen Rechtsvorschriften den Staatenlosen, die Vermögenswerte, die sie in sein Hoheitsgebiet gebracht haben, in ein anderes Land zu überführen, in das sie zur Wiederansiedlung zugelassen worden sind.

(2) Jeder Vertragsstaat wird wohlwollend die Anträge Staatenloser auf Erlaubnis zur Überführung von – wo immer befindlichen – Vermögenswerten prüfen, die sie zur Wiederansiedlung in einem anderen Land benötigen, in das sie zugelassen worden sind.

Art. 31 Ausweisung. (1) Die Vertragsstaaten weisen keinen Staatenlosen aus, der sich rechtmäßig in ihrem Hoheitsgebiet befindet, es sei denn aus Gründen der Staatssicherheit oder der öffentlichen Ordnung.

(2) Die Ausweisung eines Staatenlosen darf nur in Ausführung einer Entscheidung erfolgen, die in einem ordentlichen gesetzlichen Verfahren ergangen ist. Soweit nicht zwingende Gründe der Staatssicherheit dem entgegenstehen, ist dem Staatenlosen zu gestatten, Beweise zu seiner Entlastung beizubringen, Rechtsmittel einzulegen und sich zu diesem Zweck vor einer zuständigen Behörde oder vor einer oder mehreren Personen vertreten zu lassen, die von der zuständigen Behörde besonders bestimmt sind.

(3) Die Vertragsstaaten gewähren einem solchen Staatenlosen eine angemessene Frist, in der er in einem anderen Land um rechtmäßige Zulassung nachsuchen kann. Die Vertragsstaaten behalten sich vor, während dieser Frist die ihnen erforderlich erscheinenden Maßnahmen innerstaatlicher Art zu ergreifen.

Art. 32 Einbürgerung. Die Vertragsstaaten erleichtern soweit wie möglich die Eingliederung und Einbürgerung Staatenloser. Sie werden insbesondere bestrebt sein, das Einbürgerungsverfahren zu beschleunigen und dessen Kosten soweit wie möglich herabzusetzen.

Kapitel VI. Schlußbestimmungen

Art. 33 Auskünfte über innerstaatliche Rechtsvorschriften. Die Vertragsstaaten teilen dem Generalsekretär der Vereinten Nationen den Wortlaut der Gesetze und sonstigen Rechtsvorschriften mit, die sie zur Durchführung dieses Übereinkommens erlassen.

Art. 34 Beilegung von Streitigkeiten. Jede Streitigkeit zwischen Vertragsparteien dieses Übereinkommens über dessen Auslegung oder Anwendung, die auf andere Weise nicht beigelegt werden kann, wird auf Antrag einer Streitpartei dem Internationalen Gerichtshof vorgelegt.

Art. 35 Unterzeichnung, Ratifikation und Beitritt. (1) Dieses Übereinkommen liegt bis zum 31. Dezember 1955 am Sitz der Vereinten Nationen zur Unterzeichnung auf.

(2) Es liegt zur Unterzeichnung auf
a) für jedes Mitglied der Vereinten Nationen,
b) für jeden anderen Staat, der zur Teilnahme an der Konferenz der Vereinten Nationen über die Rechtsstellung der Staatenlosen eingeladen wurde, und
c) für jeden Staat, den die Generalversammlung der Vereinten Nationen einlädt, es zu unterzeichnen oder ihm beizutreten.

(3) Es bedarf der Ratifikation; die Ratifikationsurkunden werden beim Generalsekretär der Vereinten Nationen hinterlegt.

(4) Die in Absatz 2 bezeichneten Staaten können diesem Übereinkommen beitreten. Der Beitritt erfolgt durch Hinterlegung einer Beitrittsurkunde beim Generalsekretär der Vereinten Nationen.

Art. 36 Geltungsbereichsklausel. (1) Ein Staat kann bei der Unterzeichnung, der Ratifikation oder dem Beitritt erklären, daß sich dieses Übereinkommen auf alle oder auf einzelne Hoheitsgebiete erstrecken soll, für deren internationale Beziehungen er verantwortlich ist. Eine solche Erklärung wird wirksam, sobald das Übereinkommen für den betreffenden Staat in Kraft tritt.

(2) Jede spätere derartige Erstreckung erfolgt durch eine an den Generalsekretär der Vereinten Nationen zu richtende Notifikation; die Erstreckung wird mit dem neunzigsten Tag nach Eingang der Notifikation beim Generalsekretär der Vereinten Nationen oder mit dem Zeitpunkt wirksam, an dem dieses Übereinkommen für den betreffenden Staat in Kraft tritt, falls dieser Zeitpunkt der spätere ist.

(3) Hinsichtlich derjenigen Hoheitsgebiete, auf die dieses Übereinkommen bei der Unterzeichnung, der Ratifikation oder dem Beitritt nicht erstreckt worden ist, wird jeder in Betracht kommende Staat die erforderlichen Schritte in Erwägung ziehen, um dieses Übereinkommen so bald wie möglich auf diese Hoheitsgebiete zu erstrecken, vorbehaltlich der Zustimmung ihrer Regierungen, soweit eine solche aus verfassungsmäßigen Gründen erforderlich ist.

Art. 37 Bundesstaatklausel. Für Bundes- oder Nichteinheitsstaaten gelten folgende Bestimmungen:
a) Soweit für bestimmte Artikel dieses Übereinkommens der Bund die Gesetzgebungszuständigkeit besitzt, hat die Bundesregierung die gleichen Verpflichtungen wie die Vertragsparteien, die nicht Bundesstaaten sind;
b) soweit für bestimmte Artikel dieses Übereinkommens die Gliedstaaten, -provinzen oder -kantone die Gesetzgebungszuständigkeit besitzen, ohne nach der Verfassungsordnung des Bundes zum Erlaß von Rechtsvorschriften verpflichtet zu sein, bringt die Bundesregierung den zuständigen Stellen der Gliedstaaten, -provinzen oder -kantone diese Artikel so bald wie möglich befürwortend zur Kenntnis;
c) richtet ein Vertragsstaat dieses Übereinkommens über den Generalsekretär der Vereinten Nationen an einen Bundesstaat, der Vertragspartei ist, eine Anfrage über das Recht und die Praxis des Bundes und seiner Glieder in bezug auf einzelne Bestimmungen dieses Übereinkommens, so legt dieser

Bundesstaat eine Darstellung vor, aus der ersichtlich ist, inwieweit die betreffenden Bestimmungen durch den Erlaß von Rechtsvorschriften oder durch sonstige Maßnahmen wirksam geworden sind.

Art. 38 Vorbehalte. (1) Bei der Unterzeichnung, der Ratifikation oder dem Beitritt kann jeder Staat zu Artikeln des Übereinkommens, mit Ausnahme der Artikel 1, 3, 4, 16 Absatz 1 und 33 bis 42, Vorbehalte einlegen.

(2) Hat ein Vertragsstaat gemäß Absatz 1 einen Vorbehalt eingelegt, so kann er ihn jederzeit durch eine diesbezügliche an den Generalsekretär der Vereinten Nationen zu richtende Mitteilung zurücknehmen.

Art. 39 Inkrafttreten. (1) Dieses Übereinkommen tritt mit dem neunzigsten Tag nach Hinterlegung der sechsten Ratifikations- oder Beitrittsurkunde in Kraft.

(2) Für jeden Staat, der das Übereinkommen nach Hinterlegung der sechsten Ratifikations- oder Beitrittsurkunde ratifiziert oder ihm beitritt, tritt es am neunzigsten Tag nach Hinterlegung seiner eigenen Ratifikations- oder Beitrittsurkunde in Kraft.

Art. 40 Kündigung. (1) Ein Vertragsstaat kann dieses Übereinkommen jederzeit durch eine an den Generalsekretär der Vereinten Nationen zu richtende Notifikation kündigen.

(2) Die Kündigung wird für den betreffenden Vertragsstaat ein Jahr nach dem Tag wirksam, an dem sie beim Generalsekretär der Vereinten Nationen eingegangen ist.

(3) Jeder Staat, der eine Erklärung oder eine Notifikation gemäß Artikel 36 eingereicht hat, kann in der Folge dem Generalsekretär der Vereinten Nationen jederzeit durch eine Notifikation mitteilen, daß das Übereinkommen auf ein in der Notifikation bezeichnetes Hoheitsgebiet keine Anwendung mehr finden soll. Das Übereinkommen tritt sodann ein Jahr nach Eingang der Notifikation beim Generalsekretär für das betreffende Hoheitsgebiet außer Kraft.

Art. 41 Revision. (1) Jeder Vertragsstaat kann jederzeit durch eine an den Generalsekretär der Vereinten Nationen zu richtende Notifikation die Revision dieses Übereinkommens beantragen.

(2) Die Generalversammlung der Vereinten Nationen empfiehlt die Maßnahmen, die gegebenenfalls in bezug auf einen solchen Antrag zu ergreifen sind.

Art. 42 Notifikationen des Generalsekretärs der Vereinten Nationen. Der Generalsekretär der Vereinten Nationen notifiziert allen Mitgliedern der Vereinten Nationen und den in Artikel 35 bezeichneten Nichtmitgliedstaaten
a) die Unterzeichnungen, Ratifikationen und Beitritte nach Artikel 35;
b) die Erklärungen und Notifikationen nach Artikel 36;
c) die Einlegung und Zurücknahme von Vorbehalten nach Artikel 38;
d) den Tag, an dem das Übereinkommen nach Artikel 39 in Kraft tritt;
e) die Kündigungen und Notifikationen nach Artikel 40;
f) die Revisionsanträge nach Artikel 41.

GESCHEHEN zu New York am 28. September 1954 in einer Urschrift, deren englischer, französischer und spanischer Wortlaut gleichermaßen verbindlich ist; sie wird im Archiv der Vereinten Nationen hinterlegt; allen Mitgliedern der Vereinten Nationen und den in Artikel 35 bezeichneten Nichtmitgliedstaaten werden beglaubigte Abschriften übermittelt.

Anhang

§ 1. (1) Der in Artikel 28 dieses Übereinkommens genannte Reiseausweis hat die Feststellung zu enthalten, daß sein Inhaber Staatenloser im Sinne des Übereinkommens vom 28. September 1954 ist.

(2) Der Ausweis ist in mindestens zwei Sprachen abzufassen; eine davon muß das Englische oder das Französische sein.

(3) Die Vertragsstaaten werden prüfen, ob es wünschenswert ist, das beigefügte Muster eines Reiseausweises zu verwenden.

§ 2. Vorbehaltlich der in dem Ausstellungsland geltenden Vorschriften können Kinder in den Reiseausweis eines Elternteils oder – unter außergewöhnlichen Umständen – eines anderen Erwachsenen mit eingetragen werden.

§ 3. Die Gebühren für die Ausstellung des Ausweises dürfen den für Pässe von Staatsangehörigen geltenden Mindestsatz nicht überschreiten.

§ 4. Abgesehen von besonderen oder Ausnahmefällen hat der Ausweis für die größtmögliche Zahl von Ländern zu gelten.

§ 5. Der Ausweis hat mindestens drei Monate und höchstens zwei Jahre lang gültig zu sein.

§ 6. (1) Für die Erneuerung oder Verlängerung des Ausweises ist die ausstellende Behörde zuständig, solange der Inhaber sich nicht rechtmäßig in einem anderen Hoheitsgebiet niedergelassen hat und rechtmäßig im Hoheitsgebiet der genannten Behörde wohnhaft ist. Für die Ausstellung eines neuen Ausweises ist unter den gleichen Voraussetzungen die Behörde zuständig, die den früheren Ausweis ausgestellt hat.

(2) Diplomatische oder konsularische Dienststellen können ermächtigt werden, die Gültigkeitsdauer von Reiseausweisen, welche ihre Regierung ausgestellt hat, für eine Zeitspanne von höchstens sechs Monaten zu verlängern.

(3) Die Vertragsstaaten werden wohlwollend die Möglichkeit der Erneuerung oder Verlängerung von Reiseausweisen oder der Ausstellung neuer Ausweise für Staatenlose prüfen, die sich in ihrem Hoheitsgebiet nicht mehr rechtmäßig aufhalten und von dem Land ihres rechtmäßigen Aufenthalts keinen Reiseausweis erhalten können.

§ 7. Die Vertragsstaaten erkennen die Gültigkeit der nach Artikel 28 dieses Übereinkommens ausgestellten Ausweise an.

§ 8. Sind die zuständigen Behörden des Landes, in das sich der Staatenlose zu begeben wünscht, bereit, ihn zuzulassen, und ist hierfür ein Sichtvermerk erforderlich, so versehen sie den Ausweis, dessen Inhaber er ist, mit einem Sichtvermerk.

§ 9. (1) Die Vertragsstaaten verpflichten sich zur Erteilung von Durchreise-Sichtvermerken an Staatenlose, die Sichtvermerke für das Hoheitsgebiet eines Bestimmungslands erhalten haben.

(2) Die Erteilung eines solchen Sichtvermerks kann aus Gründen verweigert werden, die jedem Ausländer gegenüber die Verweigerung eines Sichtvermerks rechtfertigen würden.

§ 10. Die Gebühren für die Erteilung von Ausreise- oder Durchreise-Sichtvermerken dürfen den Mindestsatz für Sichtvermerke in ausländischen Pässen nicht überschreiten.

§ 11. Wechselt ein Staatenloser seinen Aufenthaltsort und läßt er sich rechtmäßig im Hoheitsgebiet eines anderen Vertragsstaats nieder, so ist für die Ausstellung eines neuen Ausweises nach Maßgabe des Artikels 28 die Behörde jenes Hoheitsgebiets zuständig, bei welcher der Staatenlose einen Antrag zu stellen berechtigt ist.

§ 12. Die Behörde, die einen neuen Ausweis ausstellt, zieht den alten ein und gibt ihn an das Land zurück, das ihn ausgestellt hat, wenn in dem alten Ausweis die Rückgabe an das Ausstellungsland vorgesehen ist; andernfalls zieht sie ihn ein und macht ihn ungültig.

§ 13. (1) Ein nach Artikel 28 dieses Übereinkommens ausgestellter Reiseausweis berechtigt seinen Inhaber, sofern darin nichts Gegenteiliges bestimmt ist, während der Gültigkeitsdauer des Ausweises jederzeit in das Hoheitsgebiet des ausstellenden Staates wieder einzureisen. Die Frist für die Wiedereinreise des Inhabers in das Land, das den Ausweis ausgestellt hat, muß mindestens drei Monate betragen, es sei denn, daß das Land, in das der Staatenlose zu reisen beabsichtigt, nicht darauf besteht, daß der Reiseausweis das Recht zur Wiedereinreise vorsieht.

(2) Vorbehaltlich des Absatzes 1 kann ein Vertragsstaat von dem Inhaber eines Ausweises verlangen, daß er alle Förmlichkeiten erfüllt, die für die Ausreise aus seinem Hoheitsgebiet und für die Wiedereinreise dorthin vorgeschrieben sind.

§ 14. Mit dem einzigen Vorbehalt des Paragraphen 13 läßt dieser Anhang die Gesetze und sonstigen Rechtsvorschriften unberührt, die in den Hoheitsgebieten der Vertragsstaaten die Zulassung, die Durchreise, den Aufenthalt, die Niederlassung und die Ausreise regeln.

§ 15. Weder die Ausstellung des Ausweises noch die darin vorgenommenen Eintragungen bestimmen oder berühren die Rechtsstellung des Inhabers, insbesondere in bezug auf seine Staatsangehörigkeit.

§ 16. Die Ausstellung des Ausweises gibt dem Inhaber keinen Anspruch auf den Schutz der diplomatischen oder konsularischen Dienststellen des Ausstellungslands und verleiht diesen nicht ohne weiteres ein Schutzrecht.

35. Übereinkommen zur Verminderung der Staatenlosigkeit[1)]

Vom 30. August 1961

(BGBl. 1977 II S. 598)

(Übersetzung)

DIE VERTRAGSSTAATEN –

GESTÜTZT auf die am 4. Dezember 1954 von der Generalversammlung der Vereinten Nationen angenommene Entschließung 896 (IX),

IN DER ERWÄGUNG, daß es wünschenswert ist, die Staatenlosigkeit durch eine völkerrechtliche Übereinkunft zu vermindern –

SIND wie folgt ÜBEREINGEKOMMEN:

Art. 1. (1) Jeder Vertragsstaat verleiht einer in seinem Hoheitsgebiet geborenen Person, die sonst staatenlos wäre, seine Staatsangehörigkeit. Die Staatsangehörigkeit wird verliehen
a) bei der Geburt kraft Gesetzes oder
b) auf Grund eines von dem Betreffenden oder in seinem Namen in der vom innerstaatlichen Recht vorgeschriebenen Weise bei der zuständigen Behörde gestellten Antrags. Vorbehaltlich des Absatzes 2 darf der Antrag nicht abgelehnt werden.
Ein Vertragsstaat, dessen Recht die Verleihung seiner Staatsangehörigkeit nach Buchstabe b vorsieht, kann seine Staatsangehörigkeit auch kraft Gesetzes in dem Alter und unter den Voraussetzungen verleihen, die das innerstaatliche Recht vorschreibt.

(2) Jeder Vertragsstaat kann die Verleihung seiner Staatsangehörigkeit nach Absatz 1 Buchstabe b von einer oder mehreren der folgenden Voraussetzungen abhängig machen:
a) Der Antrag muß innerhalb einer vom Vertragsstaat festgesetzten Frist gestellt werden, die spätestens mit dem vollendeten 18. Lebensjahr beginnt und frühestens mit dem vollendeten 21. Lebensjahr endet, wobei jedoch der Betreffende über mindestens ein Jahr verfügen muß, um den Antrag selbst zu stellen, ohne hierzu einer rechtlichen Genehmigung zu bedürfen;
b) der Betreffende muß während einer vom Vertragsstaat festgesetzten Zeitdauer, welche die fünf der Antragstellung unmittelbar vorangehenden Jahre und insgesamt zehn Jahre nicht übersteigen darf, seinen dauernden Aufenthalt im Hoheitsgebiet dieses Staates gehabt haben;
c) der Betreffende darf weder einer Straftat gegen die nationale Sicherheit für schuldig befunden noch wegen einer kriminellen Straftat zu einer Freiheitsstrafe von fünf Jahren oder mehr verurteilt worden sein;
d) der Betreffende ist immer staatenlos gewesen.

(3) Ungeachtet der Absätze 1 Buchstabe b und 2 erwirbt ein im Hoheitsgebiet eines Vertragsstaats geborenes eheliches Kind, dessen Mutter die Staatsan-

---

[1)] Internationale Quelle: UNTS Bd. 989, S. 175.

gehörigkeit dieses Staates besitzt, durch die Geburt diese Staatsangehörigkeit, wenn es sonst staatenlos wäre.

(4) Jeder Vertragsstaat verleiht einer Person, die sonst staatenlos wäre und die Staatsangehörigkeit des Vertragsstaats, in dessen Hoheitsgebiet sie geboren ist, nicht erwerben kann, weil sie die Altersgrenze für die Antragstellung überschritten hat oder die erforderlichen Aufenthaltsvoraussetzungen nicht erfüllt, seine Staatsangehörigkeit, wenn ein Elternteil zur Zeit der Geburt des Betreffenden die Staatsangehörigkeit des erstgenannten Vertragsstaats besaß. Haben die Eltern zum Zeitpunkt der Geburt des Betreffenden nicht die gleiche Staatsangehörigkeit besessen, so wird die Frage, ob das Kind der Staatsangehörigkeit des Vaters oder der Mutter folgt, nach dem innerstaatlichen Recht des Vertragsstaats beurteilt, dessen Staatsangehörigkeit angestrebt wird. Ist zum Erwerb der Staatsangehörigkeit ein Antrag erforderlich, so ist er von dem Antragsteller oder in seinem Namen in der vom innerstaatlichen Recht vorgeschriebenen Weise bei der zuständigen Behörde zu stellen. Vorbehaltlich des Absatzes 5 darf der Antrag nicht abgelehnt werden.

(5) Der Vertragsstaat kann die Verleihung seiner Staatsangehörigkeit nach Absatz 4 von einer oder mehreren der folgenden Voraussetzungen abhängig machen:
a) Der Antrag muß gestellt werden, bevor der Antragsteller ein vom Vertragsstaat festgesetztes Lebensalter erreicht hat, das nicht unter dem 23. Lebensjahr liegen darf;
b) der Betreffende muß während einer vom Vertragsstaat auf höchstens drei Jahre festgesetzten Zeitdauer unmittelbar vor der Antragstellung seinen dauernden Aufenthalt im Hoheitsgebiet dieses Staates gehabt haben;
c) der Betreffende ist immer staatenlos gewesen.

Art. 2. Bis zum Beweis des Gegenteils gilt ein im Hoheitsgebiet eines Vertragsstaats aufgefundenes Findelkind als in diesem Hoheitsgebiet geboren und von Eltern abstammend, welche die Staatsangehörigkeit dieses Staates besitzen.

Art. 3. Zur Festsetzung der Pflichten der Vertragsstaaten nach diesem Übereinkommen gilt die Geburt auf einem Schiff oder in einem Luftfahrzeug als im Hoheitsgebiet des Staates eingetreten, dessen Flagge das Schiff führt oder in dem das Luftfahrzeug registriert ist.

Art. 4. (1) Jeder Vertragsstaat verleiht einer nicht im Hoheitsgebiet eines Vertragsstaats geborenen Person, die sonst staatenlos wäre, seine Staatsangehörigkeit, wenn ein Elternteil zur Zeit der Geburt des Betreffenden die Staatsangehörigkeit dieses Staates besaß. Haben die Eltern zum Zeitpunkt der Geburt des Betreffenden nicht die gleiche Staatsangehörigkeit besessen, so wird die Frage, ob das Kind der Staatsangehörigkeit des Vaters oder der Mutter folgt, nach dem innerstaatlichen Recht des Vertragsstaats beurteilt, dessen Staatsangehörigkeit angestrebt wird. Die Staatsangehörigkeit nach diesem Absatz wird verliehen
a) bei der Geburt kraft Gesetzes oder
b) auf Grund eines von dem Betreffenden oder in seinem Namen in der vom innerstaatlichen Recht vorgeschriebenen Weise bei der zuständigen Behörde gestellten Antrags. Vorbehaltlich des Absatzes 2 darf der Antrag nicht abgelehnt werden.

(2) Jeder Vertragsstaat kann die Verleihung seiner Staatsangehörigkeit nach Absatz 1 von einer oder mehreren der folgenden Voraussetzungen abhängig machen:

a) Der Antrag muß gestellt werden, bevor der Antragsteller ein vom Vertragsstaat festgesetztes Lebensalter erreicht hat, das nicht unter dem 23. Lebensjahr liegen darf;

b) der Betreffende muß während einer vom Vertragsstaat auf höchstens drei Jahre festgesetzten Zeitdauer unmittelbar vor der Antragstellung seinen dauernden Aufenthalt im Hoheitsgebiet dieses Staates gehabt haben;

c) der Betreffende darf nicht einer Zuwiderhandlung gegen die nationale Sicherheit für schuldig befunden worden sein;

d) der Betreffende ist immer staatenlos gewesen.

Art. 5. (1) Hat nach dem Recht eines Vertragsstaats eine Änderung des Personenstands, wie Eheschließung, Auflösung der Ehe, Legitimation, Anerkennung oder Annahme als Kind, den Verlust der Staatsangehörigkeit zur Folge, so ist der Verlust vom Besitz oder Erwerb einer anderen Staatsangehörigkeit abhängig.

(2) Verliert nach dem Recht eines Vertragsstaats ein nichteheliches Kind auf Grund einer Anerkennung der Abstammung die Staatsangehörigkeit dieses Staates, so ist ihm Gelegenheit zu geben, sie durch schriftlichen Antrag bei der zuständigen Behörde wiederzuerwerben; die für den Antrag geltenden Erfordernisse dürfen nicht strenger sein als die in Artikel 1 Absatz 2 festgesetzten.

Art. 6. Erstreckt sich nach dem Recht eines Vertragsstaats der Verlust oder Entzug der Staatsangehörigkeit einer Person auf den Ehegatten oder die Kinder, so ist für diese der Verlust vom Besitz oder Erwerb einer anderen Staatsangehörigkeit abhängig.

Art. 7. (1) a) Läßt das Recht eines Vertragsstaats den Verzicht auf die Staatsangehörigkeit zu, so hat der Verzicht den Verlust der Staatsangehörigkeit nur dann zur Folge, wenn der Betreffende eine andere Staatsangehörigkeit besitzt oder erwirbt.

b) Buchstabe a ist nicht anzuwenden, wenn seine Anwendung mit den in den Artikeln 13 und 14 der am 10. Dezember 1948 von der Generalversammlung der Vereinten Nationen angenommenen Allgemeinen Erklärung der Menschenrechte enthaltenen Grundsätzen unvereinbar wäre.

(2) Ein Staatsangehöriger eines Vertragsstaats, der in einem ausländischen Staat die Einbürgerung anstrebt, verliert seine Staatsangehörigkeit nur dann, wenn er die ausländische Staatsangehörigkeit erwirbt oder die Zusicherung des ausländischen Staates für die Verleihung der Staatsangehörigkeit erhalten hat.

(3) Vorbehaltlich der Absätze 4 und 5 verliert ein Staatsangehöriger eines Vertragsstaats weder wegen Verlassens des Landes, Auslandsaufenthalts oder Verletzung einer Meldepflicht noch aus einem ähnlichen Grund seine Staatsangehörigkeit, wenn er dadurch staatenlos wird.

(4) Eine eingebürgerte Person kann auf Grund eines Auslandsaufenthalts nach einer im Recht des Vertragsstaats festgesetzten Dauer, die nicht weniger als sieben aufeinanderfolgende Jahre betragen darf, ihre Staatsangehörigkeit verlieren, wenn sie es unterläßt, der zuständigen Behörde ihre Absicht mitzuteilen, sich ihre Staatsangehörigkeit zu erhalten.

(5) Für Staatsangehörige eines Vertragsstaats, die außerhalb seines Hoheitsgebiets geboren sind, kann das Recht dieses Staates die Erhaltung der Staatsangehörigkeit über den Ablauf eines Jahres nach Erreichung der Volljährigkeit hinaus davon abhängig machen, daß sie sich zu diesem Zeitpunkt in seinem Hoheitsgebiet aufhalten oder bei der zuständigen Behörde registriert sind.

(6) Mit Ausnahme der in diesem Artikel vorgesehenen Fälle verliert niemand die Staatsangehörigkeit eines Vertragsstaats, wenn er dadurch staatlos würde, selbst wenn dieser Verlust durch keine andere Bestimmung dieses Übereinkommens ausdrücklich verboten ist.

Art. 8. (1) Ein Vertragsstaat darf keiner Person seine Staatsangehörigkeit entziehen, wenn sie dadurch staatlos wird.

(2) Ungeachtet des Absatzes 1 kann einer Person die Staatsangehörigkeit eines Vertragsstaats entzogen werden

a) in Fällen, in denen es nach Artikel 7 Absätze 4 und 5 zulässig ist, daß eine Person ihre Staatsangehörigkeit verliert;

b) wenn die Staatsangehörigkeit durch falsche Angaben oder betrügerische Handlungen erworben worden ist.

(3) Ungeachtet des Absatzes 1 kann sich jeder Vertragsstaat die Möglichkeit erhalten, einer Person die Staatsangehörigkeit zu entziehen, wenn er bei der Unterzeichnung, der Ratifikation oder dem Beitritt erklärt, daß er davon aus einem oder mehreren der folgenden Gründe, die sein innerstaatliches Recht zu diesem Zeitpunkt vorsieht, Gebrauch macht:

a) wenn die Person im Widerspruch zu ihrer Treuepflicht gegenüber dem Vertragsstaat

  i) unter Mißachtung eines ausdrücklichen Verbots des Vertragsstaats einem anderen Staat Dienste geleistet oder weiterhin geleistet hat oder von einem anderen Staat Vergütungen bezogen oder weiterhin bezogen hat oder

  ii) ein den Lebensinteressen des Staates in schwerwiegender Weise abträgliches Verhalten an den Tag gelegt hat;

b) wenn die Person einen Treueid oder eine förmliche Treuerklärung gegenüber einem anderen Staat abgegeben oder in eindeutiger Weise ihre Entschlossenheit bekundet hat, dem Vertragsstaat die Treue aufzukündigen.

(4) Jeder Vertragsstaat übt die ihm nach den Absätzen 2 und 3 eingeräumte Befugnis, einer Person seine Staatsangehörigkeit zu entziehen, nur in Übereinstimmung mit einer gesetzlichen Regelung aus, die dem Betreffenden das Recht auf umfassenden Rechtsschutz durch ein Gericht oder eine andere unabhängige Stelle gewährt.

Art. 9. Ein Vertragsstaat darf keiner Person oder Personengruppe aus rassischen, ethnischen, religiösen oder politischen Gründen ihre Staatsangehörigkeit entziehen.

Art. 10. (1) In alle zwischen Vertragsstaaten geschlossenen Verträge über Gebietsabtretung sind Bestimmungen aufzunehmen, die sicherstellen, daß infolge der Abtretung niemand staatlos wird. Jeder Vertragsstaat wird sich nach Kräften dafür einsetzen, daß auch in alle derartigen von ihm mit einem Staat, der nicht Vertragspartei dieses Übereinkommens ist, geschlossenen Verträge solche Bestimmungen aufgenommen werden.

(2) In Ermangelung solcher Bestimmungen verleiht ein Vertragsstaat, an den Hoheitsgebiet abgetreten wird oder der auf andere Weise Hoheitsgebiet erwirbt, seine Staatsangehörigkeit den Personen, die andernfalls infolge der Abtretung oder des Erwerbs staatlos würden.

Art. 11. Die Vertragsstaaten werden sich dafür einsetzen, daß so bald wie möglich nach Hinterlegung der sechsten Ratifikations- oder Beitrittsurkunde im Rahmen der Vereinten Nationen eine Stelle errichtet wird, an die sich Personen, die sich auf dieses Übereinkommen berufen, mit der Bitte um Prüfung ihres Anspruchs und um Unterstützung bei seiner Durchsetzung gegenüber der zuständigen Behörde wenden können.

Art. 12. (1) Hinsichtlich eines Vertragsstaats, der seine Staatsangehörigkeit nicht nach Artikel 1 Absatz 1 oder Artikel 4 bei der Geburt kraft Gesetzes verleiht, gilt Artikel 1 Absatz 1 bzw. Artikel 4 sowohl für Personen, die vor dem Inkrafttreten dieses Übereinkommens geboren sind, als auch für solche, die danach geboren werden.

(2) Artikel 1 Absatz 4 gilt sowohl für Personen, die vor dem Inkrafttreten dieses Übereinkommens geboren sind, als auch für solche, die danach geboren werden.

(3) Artikel 2 gilt nur für die nach Inkrafttreten dieses Übereinkommens für einen Vertragsstaat in dessen Hoheitsgebiet aufgefundenen Findelkinder.

Art. 13. Dieses Übereinkommen steht der Anwendung von für die Verminderung der Staatenlosigkeit günstigeren Bestimmungen nicht entgegen, die etwa im gegenwärtig oder künftig geltenden Recht eines Vertragsstaats oder in einem anderen gegenwärtig oder künftig geltenden Übereinkommen, Vertrag oder Abkommen zwischen zwei oder mehr Vertragsstaaten enthalten sind.

Art. 14. Jede Streitigkeit zwischen Vertragsstaaten über die Auslegung oder Anwendung dieses Übereinkommens, die auf andere Weise nicht beigelegt werden kann, wird auf Antrag einer Streitpartei dem Internationalen Gerichtshof vorgelegt.

Art. 15. (1) Dieses Übereinkommen gilt für alle Hoheitsgebiete ohne Selbstregierung, Treuhandgebiete, Kolonien und andere nicht zum Mutterland gehörenden Hoheitsgebiete, für deren internationale Beziehungen ein Vertragsstaat verantwortlich ist; vorbehaltlich des Absatzes 2 hat der betreffende Vertragsstaat bei der Unterzeichnung, der Ratifikation oder dem Beitritt einzelne oder alle nicht zum Mutterland gehörenden Hoheitsgebiete bekanntzugeben, auf die das Übereinkommen auf Grund der Unterzeichnung, der Ratifikation oder des Beitritts von Rechts wegen Anwendung findet.

(2) In allen Fällen, in denen ein nicht zum Mutterland gehörendes Hoheitsgebiet hinsichtlich der Staatsangehörigkeit nicht als Einheit mit dem Mutterland angesehen wird, sowie in allen Fällen, in denen nach dem Verfassungsrecht oder den Gepflogenheiten des Vertragsstaats der des nicht zum Mutterland gehörenden Hoheitsgebiets dessen vorherige Zustimmung erforderlich ist, um das Übereinkommen auf dieses Hoheitsgebiet anzuwenden, bemüht sich der Vertragsstaat, die erforderliche Zustimmung des nicht zum Mutterland gehörenden Hoheitsgebiets innerhalb einer Frist von zwölf Mona-

ten zu erwirken, nachdem er das Übereinkommen unterzeichnet hat; ist diese Zustimmung erwirkt worden, so notifiziert er sie dem Generalsekretär der Vereinten Nationen. Das Übereinkommen findet vom Tag des Eingangs der Notifikation beim Generalsekretär an auf das oder die darin aufgeführten Hoheitsgebiete Anwendung.

(3) Nach Ablauf der in Absatz 2 genannten Frist von zwölf Monaten unterrichten die betreffenden Vertragsstaaten den Generalsekretär von den Ergebnissen der Konsultationen mit denjenigen nicht zum Mutterland gehörenden Hoheitsgebieten, für deren internationale Beziehungen sie verantwortlich sind und deren Zustimmung zur Anwendung dieses Übereinkommens nicht erteilt worden ist.

Art. 16. (1) Dieses Übereinkommen liegt vom 30. August 1961 bis zum 31. Mai 1962 am Sitz der Vereinten Nationen zur Unterzeichnung auf.

(2) Dieses Übereinkommen liegt zur Unterzeichnung auf
a) für jeden Mitgliedstaat der Vereinten Nationen;
b) für jeden anderen Staat, der zur Teilnahme an der Konferenz der Vereinten Nationen über die Beseitigung oder Verminderung der Staatenlosigkeit in der Zukunft eingeladen wurde;
c) für jeden Staat, den die Generalversammlung der Vereinten Nationen einlädt, es zu unterzeichnen oder ihm beizutreten.

(3) Dieses Übereinkommen bedarf der Ratifikation; die Ratifikationsurkunden werden beim Generalsekretär der Vereinten Nationen hinterlegt.

(4) Die in Absatz 2 bezeichneten Staaten können diesem Übereinkommen beitreten. Der Beitritt erfolgt durch Hinterlegung einer Beitrittsurkunde beim Generalsekretär der Vereinten Nationen.

Art. 17. (1) Bei der Unterzeichnung, der Ratifikation oder dem Beitritt kann jeder Staat einen Vorbehalt zu Artikel 11, 14 oder 15 einlegen.

(2) Andere Vorbehalte zu diesem Übereinkommen sind nicht zulässig.

Art. 18. (1) Dieses Übereinkommen tritt zwei Jahre nach Hinterlegung der sechsten Ratifikations- oder Beitrittsurkunde in Kraft.

(2) Für jeden Staat, der dieses Übereinkommen nach Hinterlegung der sechsten Ratifikations- oder Beitrittsurkunde ratifiziert oder ihm beitritt, tritt es am neunzigsten Tag nach Hinterlegung seiner eigenen Ratifikations- oder Beitrittsurkunde oder am Tag des Inkrafttretens des Übereinkommens nach Absatz 1 in Kraft, je nachdem, welches der spätere Zeitpunkt ist.

Art. 19. (1) Jeder Vertragsstaat kann dieses Übereinkommen jederzeit durch eine an den Generalsekretär der Vereinten Nationen zu richtende schriftliche Notifikation kündigen. Die Kündigung wird für den betreffenden Vertragsstaat ein Jahr nach dem Tag wirksam, an dem sie beim Generalsekretär eingegangen ist.

(2) In Fällen, in denen dieses Übereinkommen nach Artikel 15 auf ein nicht zum Mutterland gehörendes Hoheitsgebiet eines Vertragsstaats anwendbar geworden ist, kann dieser Staat in der Folge mit Zustimmung des betreffenden Hoheitsgebiets dem Generalsekretär der Vereinten Nationen jederzeit notifizieren, daß das Übereinkommen für das betreffende Hoheitsgebiet gekündigt

wird. Die Kündigung wird ein Jahr nach Eingang der Notifikation beim Generalsekretär wirksam; dieser unterrichtet alle anderen Vertragsstaaten von der Notifikation und dem Zeitpunkt ihres Eingangs.

Art. 20. (1) Der Generalsekretär der Vereinten Nationen notifiziert allen Mitgliedstaaten der Vereinten Nationen und den in Artikel 16 bezeichneten Nichtmitgliedstaaten

a) die Unterzeichnungen, Ratifikationen und Beitritte nach Artikel 16;
b) die Vorbehalte nach Artikel 17;
c) den Tag, an dem dieses Übereinkommen nach Artikel 18 in Kraft tritt;
d) die Kündigungen nach Artikel 19.

(2) Spätestens nach Hinterlegung der sechsten Ratifikations- oder Beitrittsurkunde befaßt der Generalsekretär der Vereinten Nationen die Generalversammlung mit der Frage der in Artikel 11 vorgesehenen Errichtung der darin genannten Stelle.

Art. 21. Dieses Übereinkommen wird vom Generalsekretär der Vereinten Nationen am Tag seines Inkrafttretens registriert.

GESCHEHEN zu New York am 30. August 1961 in einer Urschrift, deren chinesischer, englischer, französischer, russischer und spanischer Wortlaut gleichermaßen verbindlich ist; sie wird im Archiv der Vereinten Nationen hinterlegt; der Generalsekretär der Vereinten Nationen übermittelt allen Mitgliedstaaten der Vereinten Nationen und den in Artikel 16 bezeichneten Nichtmitgliedstaaten beglaubigte Abschriften.

36. Erklärung über die Rechte von Personen, die nationalen oder ethnischen, religiösen und sprachlichen Minderheiten angehören[1] · [2]

Resolution 47/135 der Generalversammlung der Vereinten Nationen

Vom 18. Dezember 1992

(Übersetzung)

Die Generalversammlung,

erneut erklärend, daß eines der grundlegenden Ziele der Vereinten Nationen, das in der Charta verkündet wird, darin besteht, die Achtung vor den Menschenrechten und Grundfreiheiten für alle ohne Unterschied nach Rasse, Geschlecht, Sprache oder Religion, zu fördern und zu festigen,

in Bekräftigung des Glaubens an die grundlegenden Menschenrechte, an die Würde und den Wert der menschlichen Person, an die Gleichberechtigung von Mann und Frau sowie von großen und kleinen Nationen,

in dem Wunsche, die Verwirklichung der Grundsätze zu fördern, die in der Charta, der Allgemeinen Erklärung der Menschenrechte, der Konvention über die Verhütung und Bestrafung des Völkermordes, dem Internationalen Übereinkommen über die Beseitigung aller Formen rassischer Diskriminierung, dem Internationalen Pakt über bürgerliche und politische Rechte, dem Internationalen Pakt über wirtschaftliche, soziale und kulturelle Rechte, der Erklärung über die Beseitigung aller Formen von Intoleranz und Diskriminierung aufgrund der Religion oder der Überzeugung und der Konvention über die Rechte des Kindes sowie in anderen einschlägigen internationalen Rechtsakten, die auf weltweiter oder regionaler Ebene verabschiedet wurden, sowie in Abkommen zwischen einzelnen Mitgliedstaaten der Vereinten Nationen enthalten sind,

geleitet von den Bestimmungen des Artikels 27 des Internationalen Paktes über bürgerliche und politische Rechte betreffend die Rechte von Personen, die ethnischen, religiösen oder sprachlichen Minderheiten angehören,

in der Erwägung, daß die Förderung und der Schutz der Rechte von Personen, die nationalen oder ethnischen, religiösen und sprachlichen Minderheiten angehören, zur politischen und sozialen Stabilität der Staaten beitragen, in denen sie leben,

betonend, daß die ständige Förderung und Verwirklichung der Rechte von Personen, die nationalen oder ethnischen, religiösen und sprachlichen Minderheiten angehören, als ein integrierender Bestandteil der Entfaltung der Gesellschaft als Ganzes und innerhalb eines auf Rechtsstaatlichkeit beruhenden

---

[1] Internationale Quelle: A/RES/47/135, mit einem Kommentar der Arbeitsgruppe für Minderheiten des Unterausschusses zur Förderung und zum Schutz von Menschenrechten vom 4.4.2005 (E/CN.4/Sub.2/AC.5/2005/5).
[2] Deutsche Übersetzung aus: Vereinte Nationen, Resolutionen und Beschlüsse der 47. Tagung der Generalversammlung, Bd. I, S. 258.

demokratischen Rahmens, zur Stärkung der Freundschaft und der Zusammenarbeit zwischen den Völkern und Staaten beitragen würde,

in der Erwägung, daß den Vereinten Nationen eine wichtige Rolle beim Schutz von Minderheiten zukommt,

eingedenk der bisher innerhalb des Systems der Vereinten Nationen geleisteten Arbeit, insbesondere seitens der Menschenrechtskommission, der Unterkommission für die Verhütung von Diskriminierung und den Schutz von Minderheiten sowie der Organe, die gemäß den internationalen Menschenrechtspakten und anderen einschlägigen internationalen Menschenrechtsübereinkünften zur Förderung und zum Schutz der Rechte von Personen, die nationalen oder ethnischen, religiösen und sprachlichen Minderheiten angehören, geschaffen wurden,

unter Berücksichtigung der wichtigen Arbeit, die von den zwischenstaatlichen und nichtstaatlichen Organisationen im Hinblick auf den Schutz von Minderheiten und die Förderung und den Schutz der Rechte von Personen, die nationalen oder ethnischen, religiösen und sprachlichen Minderheiten angehören, geleistet wird,

in Anerkennung der Notwendigkeit, eine noch wirksamere Umsetzung der internationalen Rechtsakte auf dem Gebiet der Menschenrechte sicherzustellen, was die Rechte von Personen betrifft, die nationalen oder ethnischen, religiösen und sprachlichen Minderheiten angehören,

verkündet diese Erklärung über die Rechte von Personen, die nationalen oder ethnischen, religiösen und sprachlichen Minderheiten angehören:

Art. 1. (1) Die Staaten schützen die Existenz und die nationale oder ethnische, kulturelle, religiöse und sprachliche Identität der Minderheiten in ihrem Hoheitsgebiet und begünstigen die Schaffung von Bedingungen für die Förderung dieser Identität.

(2) Die Staaten treffen geeignete Gesetzgebungs- und sonstige Maßnahmen zur Erreichung dieser Ziele.

Art. 2. (1) Personen, die nationalen oder ethnischen, religiösen und sprachlichen Minderheiten angehören (im folgenden als „Angehörige von Minderheiten" bezeichnet), haben das Recht, ihr eigenes kulturelles Leben zu pflegen, ihre eigene Religion zu bekennen und auszuüben und sich ihrer eigenen Sprache zu bedienen, privat und in der Öffentlichkeit, frei und ohne Einmischung oder Diskriminierung jedweder Art.

(2) Angehörige von Minderheiten haben das Recht auf volle Teilnahme am kulturellen, religiösen, sozialen, wirtschaftlichen und öffentlichen Leben.

(3) Angehörige von Minderheiten haben das Recht auf wirksame Beteiligung an den auf nationaler und gegebenenfalls regionaler Ebene getroffenen Entscheidungen, welche die Minderheit betreffen, der sie angehören, oder die Regionen, in denen sie leben, in einer Art und Weise, die mit den Rechtsvorschriften ihres Landes nicht unvereinbar ist.

(4) Angehörige von Minderheiten haben das Recht, eigene Vereinigungen zu gründen und zu unterhalten.

(5) Angehörige von Minderheiten haben das Recht, ohne jegliche Diskriminierung freie und friedliche Kontakte mit anderen Mitgliedern ihrer Gruppe und mit Angehörigen anderer Minderheiten herzustellen und zu pflegen,

sowie Kontakte über die Grenzen hinweg mit Bürgern anderer Staaten, mit denen sie nationale oder ethnische, religiöse oder sprachliche Gemeinsamkeiten verbinden.

Art. 3. (1) Angehörige von Minderheiten können ihre Rechte, einschließlich der in dieser Erklärung niedergelegten Rechte, einzeln sowie in Gemeinschaft mit anderen Mitgliedern ihrer Gruppe ohne jegliche Diskriminierung ausüben.

(2) Angehörigen von Minderheiten darf aus der Ausübung oder Nichtausübung der in dieser Erklärung niedergelegten Rechte kein Nachteil erwachsen.

Art. 4. (1) Die Staaten ergreifen erforderlichenfalls Maßnahmen, um zu gewährleisten, daß Angehörige von Minderheiten alle ihre Menschenrechte und Grundfreiheiten ohne jegliche Diskriminierung und in voller Gleichheit vor dem Gesetz voll und wirksam ausüben können.

(2) Die Staaten ergreifen Maßnahmen zur Schaffung günstiger Bedingungen, die es Angehörigen von Minderheiten gestatten, ihre Wesensart zum Ausdruck zu bringen und ihre Kultur, Sprache, Religion, Traditionen und Gebräuche zu entwickeln, es sei denn, daß einzelne Praktiken gegen das innerstaatliche Recht verstoßen und im Widerspruch zu den internationalen Normen stehen.

(3) Die Staaten sollen geeignete Maßnahmen ergreifen, damit Angehörigen von Minderheiten, soweit möglich, angemessene Möglichkeiten geboten werden, ihre Muttersprache zu erlernen oder Unterricht in ihrer Muttersprache zu erhalten.

(4) Die Staaten sollen, soweit angezeigt, Maßnahmen im Bereich des Bildungswesens ergreifen, um die Kenntnis der Geschichte, der Traditionen, der Sprache und der Kultur der in ihrem Hoheitsgebiet lebenden Minderheiten zu fördern. Angehörigen von Minderheiten sollen angemessene Möglichkeiten geboten werden, Kenntnisse über die Gesellschaft als Ganzes zu erwerben.

(5) Die Staaten sollen geeignete Maßnahmen erwägen, damit Angehörige von Minderheiten voll am wirtschaftlichen Fortschritt und an der wirtschaftlichen Entwicklung in ihrem Lande teilhaben können.

Art. 5. (1) Bei der Planung und Durchführung innerstaatlicher Politiken und Programme sind die legitimen Interessen der Angehörigen von Minderheiten gebührend zu berücksichtigen.

(2) Bei der Planung und Durchführung zwischenstaatlicher Kooperations- und Hilfsprogramme sollen die legitimen Interessen der Angehörigen von Minderheiten gebührend berücksichtigt werden.

Art. 6. Die Staaten sollen in Fragen, die Angehörige von Minderheiten betreffen, zusammenarbeiten, unter anderem durch den Austausch von Informationen und Erfahrungen, um so das gegenseitige Verständnis und Vertrauen zu fördern.

Art. 7. Die Staaten sollen zusammenarbeiten, um die Achtung der in dieser Erklärung niedergelegten Rechte zu fördern.

Art. 8. (1) Diese Erklärung hindert die Staaten nicht an der Erfüllung ihrer internationalen Verpflichtungen in bezug auf Angehörige von Minderheiten. Insbesondere erfüllen die Staaten nach Treu und Glauben die Pflichten und Verpflichtungen, die sie aufgrund der internationalen Verträge und Übereinkommen, deren Vertragspartei sie sind, auf sich genommen haben beziehungsweise eingegangen sind.

(2) Die Ausübung der in dieser Erklärung niedergelegten Rechte beeinträchtigt nicht den Genuß der universell anerkannten Menschenrechte und Grundfreiheiten durch alle Menschen.

(3) Die Maßnahmen, welche die Staaten ergreifen, um den tatsächlichen Genuß der in dieser Erklärung niedergelegten Rechte zu gewährleisten, dürfen nicht von vornherein als im Widerspruch zu dem in der Allgemeinen Erklärung der Menschenrechte enthaltenen Gleichheitsgrundsatz stehend angesehen werden.

(4) Diese Erklärung ist nicht so auszulegen, als gestatte sie eine Tätigkeit, die im Widerspruch zu den Zielen und Grundsätzen der Vereinten Nationen steht, einschließlich der souveränen Gleichheit, der territorialen Unversehrtheit und der politischen Unabhängigkeit der Staaten.

Art. 9. Die Sonderorganisationen und anderen Organisationen des Systems der Vereinten Nationen tragen in ihrem jeweiligen Zuständigkeitsbereich zur vollen Verwirklichung der in dieser Erklärung niedergelegten Rechte und Grundsätze bei.

37. Internationales Übereinkommen zur Beseitigung jeder Form von Rassendiskriminierung[1] · [2]

Vom 7. März 1966

(BGBl. 1969 II S. 962)

(Übersetzung)

DIE VERTRAGSSTAATEN DIESES ÜBEREINKOMMENS –

EINGEDENK der Tatsache, daß die Charta der Vereinten Nationen auf dem Grundsatz der angeborenen Würde und Gleichheit aller Menschen beruht und daß alle Mitgliedstaaten gelobt haben, gemeinsam und einzeln mit der Organisation zusammenzuwirken, um eines der Ziele der Vereinten Nationen zu erreichen, das darin besteht, die allgemeine Achtung und Beachtung der Menschenrechte und Grundfreiheiten für alle ohne Unterschied der Rasse, des Geschlechts, der Sprache oder der Religion zu fördern und zu festigen;

EINGEDENK der in der Allgemeinen Erklärung der Menschenrechte enthaltenen feierlichen Feststellung, daß alle Menschen frei und an Würde und Rechten gleich geboren sind und daß jeder ohne irgendeinen Unterschied, insbesondere der Rasse, der Hautfarbe oder der nationalen Abstammung, Anspruch hat auf alle in der genannten Erklärung aufgeführten Rechte und Freiheiten;

IN DER ERWÄGUNG, daß alle Menschen vor dem Gesetz gleich sind und ein Recht auf gleichen Schutz des Gesetzes gegen jede Diskriminierung und jedes Aufreizen zur Diskriminierung haben;

IN DER ERWÄGUNG, daß die Vereinten Nationen den Kolonialismus und alle damit verbundenen Praktiken der Rassentrennung und der Diskriminierung verurteilt haben, gleichviel in welcher Form und wo sie vorkommen, und daß die Erklärung vom 14. Dezember 1960 [Entschließung 1514 (XV) der Generalversammlung] über die Gewährung der Unabhängigkeit an Kolonialgebiete und Kolonialvölker die Notwendigkeit einer raschen und bedingungslosen Beendigung derartiger Praktiken bejaht und feierlich verkündet hat;

EINGEDENK der Erklärung der Vereinten Nationen vom 20. November 1963 [Entschließung 1904 (XVIII) der Generalversammlung] über die Beseitigung jeder Form von Rassendiskriminierung – einer Erklärung, die feierlich bekräftigt, daß es notwendig ist, jede Form und jedes Anzeichen von Rassendiskriminierung überall in der Welt rasch zu beseitigen sowie Verständnis und Achtung zu wecken für die Würde der menschlichen Person;

IN DER ÜBERZEUGUNG, daß jede Lehre von einer auf Rassenunterschiede gegründeten Überlegenheit wissenschaftlich falsch, moralisch verwerflich sowie sozial ungerecht und gefährlich ist und daß eine Rassendiskriminierung, gleichviel ob in Theorie oder in Praxis, nirgends gerechtfertigt ist;

---

[1] Internationale Quelle: UNTS Bd. 660, S. 195.
[2] Eine noch nicht in Kraft getretene Resolution der Vertragsstaatenkonferenz vom 15.1.1992 sieht eine Änderung von Art. 8 dieses Übereinkommens vor (BGBl. 1996 II, S. 282).

IN ERNEUTER BEKRÄFTIGUNG der Tatsache, daß eine Diskriminierung zwischen Menschen auf Grund ihrer Rasse, ihrer Hautfarbe oder ihres Volkstums freundschaftlichen und friedlichen Beziehungen zwischen den Völkern im Wege steht und daß sie geeignet ist, den Frieden und die Sicherheit unter den Völkern wie das harmonische Zusammenleben der Menschen sogar innerhalb eines Staates zu stören;

IN DER ÜBERZEUGUNG, daß das Bestehen von Rassenschranken mit den Idealen jeder menschlichen Gesellschaft unvereinbar ist;

BEUNRUHIGT durch die in einigen Gebieten der Welt immer noch bestehende Rassendiskriminierung und durch die auf rassische Überlegenheit oder auf Rassenhaß gegründete Apartheids-, Segregations- oder sonstige Rassentrennungspolitik einiger Regierungen;

ENTSCHLOSSEN, alle erforderlichen Maßnahmen zur raschen Beseitigung aller Formen und Anzeichen von Rassendiskriminierung zu treffen sowie rassenkämpferische Doktrinen und Praktiken zu verhindern und zu bekämpfen, um das gegenseitige Verständnis zwischen den Rassen zu fördern und eine internationale Gemeinschaft zu schaffen, die frei ist von jeder Form der Rassentrennung und Rassendiskriminierung;

EINGEDENK des 1958 von der Internationalen Arbeitsorganisation angenommenen Übereinkommens über Diskriminierung in Beschäftigung und Beruf und des 1960 von der Organisation der Vereinten Nationen für Erziehung, Wissenschaft und Kultur angenommenen Übereinkommens gegen Diskriminierung im Unterrichtswesen;

IN DEM WUNSCH, die in der Erklärung der Vereinten Nationen über die Beseitigung jeder Form von Rassendiskriminierung niedergelegten Grundsätze zu verwirklichen und die möglichst rasche Annahme praktischer Maßregeln in diesem Sinne sicherzustellen –

SIND WIE FOLGT ÜBEREINGEKOMMEN:

Teil I

Art. 1 [Umfang und Grenzen des Anwendungsbereichs] (1) In diesem Übereinkommen bezeichnet der Ausdruck „Rassendiskriminierung" jede auf der Rasse, der Hautfarbe, der Abstammung[1], dem nationalen Ursprung oder dem Volkstum beruhende[2] Unterscheidung, Ausschließung, Beschränkung oder Bevorzugung, die zum Ziel oder zur Folge hat, daß dadurch ein gleichberechtigtes Anerkennen, Genießen oder Ausüben von Menschenrechten und Grundfreiheiten im politischen, wirtschaftlichen, sozialen, kulturellen oder jedem sonstigen Bereich des öffentlichen Lebens vereitelt oder beeinträchtigt wird.[3]

---

[1] Siehe hierzu die Allgemeine Empfehlung Nr. 29 des Ausschusses gegen Rassendiskriminierung vom 23.8.2002 (INT_CERD_GEC_7501_E).
[2] Zu diesem Begriff siehe die Allgemeine Empfehlung Nr. 14 des Ausschusses gegen Rassendiskriminierung vom 16.3.1993 (INT_CERD_GEC_7486_E).
[3] Zu geschlechtsbezogenen Aspekten der Rassendiskriminierung siehe die Allgemeine Empfehlung Nr. 25 des Ausschusses gegen Rassendiskriminierung vom 20.3.2000 (INT_CERD_GEC_7497_E), zur Diskriminierung indigener Völker die Allgemeine Empfehlung Nr. 23 vom 22.8.1997 (INT_CERD_GEC_7495_E), zur Diskriminierung von Personen afrikanischer Abstammung die Allgemeine Empfehlung Nr. 34 vom 3.10.2011 (CERD/C/GC/34).

(2) Dieses Übereinkommen findet keine Anwendung auf Unterscheidungen, Ausschließungen, Beschränkungen oder Bevorzugungen, die ein Vertragsstaat zwischen eigenen und fremden Staatsangehörigen vornimmt.[1]

(3) Dieses Übereinkommen ist nicht so auszulegen, als berühre es die Rechtsvorschriften der Vertragsstaaten über Staatsangehörigkeit, Staatsbürgerschaft oder Einbürgerung, sofern diese Vorschriften nicht Angehörige eines bestimmten Staates diskriminieren.

(4) Sondermaßnahmen, die einzig zu dem Zweck getroffen werden, eine angemessene Entwicklung bestimmter Rassengruppen, Volksgruppen oder Personen zu gewährleisten, die Schutz benötigen, soweit ein solcher erforderlich ist, damit sie die Menschenrechte und Grundfreiheiten gleichberechtigt genießen und ausüben können, gelten nicht als Rassendiskriminierung, sofern diese Maßnahmen nicht die Beibehaltung getrennter Rechte für verschiedene Rassengruppen zur Folge haben und sofern sie nicht fortgeführt werden, nachdem die Ziele, um derentwillen sie getroffen wurden, erreicht sind.[2]

Art. 2 [Allgemeine Verpflichtungen][3] (1) Die Vertragsstaaten verurteilen die Rassendiskriminierung und verpflichten sich, mit allen geeigneten Mitteln unverzüglich eine Politik der Beseitigung der Rassendiskriminierung in jeder Form und der Förderung des Verständnisses unter allen Rassen zu verfolgen; zu diesem Zweck

a) verpflichtet sich jeder Vertragsstaat, Handlungen oder Praktiken der Rassendiskriminierung gegenüber Personen, Personengruppen oder Einrichtungen zu unterlassen und dafür zu sorgen, daß alle staatlichen und örtlichen Behörden und öffentlichen Einrichtungen im Einklang mit dieser Verpflichtung handeln,[4]

b) verpflichtet sich jeder Vertragsstaat, eine Rassendiskriminierung durch Personen oder Organisationen weder zu fördern noch zu schützen noch zu unterstützen,

c) trifft jeder Vertragsstaat wirksame Maßnahmen, um das Vorgehen seiner staatlichen und örtlichen Behörden zu überprüfen und alle Gesetze und sonstigen Vorschriften zu ändern, aufzuheben oder für nichtig zu erklären, die die Rassendiskriminierung – oder dort, wo eine solche bereits besteht, ihre Fortsetzung – bewirken,

d) verbietet und beendigt jeder Vertragsstaat jede durch Personen, Gruppen oder Organisationen ausgeübte Rassendiskriminierung mit allen geeigneten Mitteln einschließlich der durch die Umstände erforderlichen Rechtsvorschriften,

e) verpflichtet sich jeder Vertragsstaat, wo immer es angebracht ist, alle eine Rassenintegrierung anstrebenden vielrassischen Organisationen und Bewegungen zu unterstützen, sonstige Mittel zur Beseitigung der Rassenschran-

---

[1] Siehe hierzu die Allgemeine Empfehlung Nr. 30 des Ausschusses gegen Rassendiskriminierung vom 19.8.2004 (INT_CERD_GEC_7502_E).
[2] Siehe hierzu die Allgemeine Empfehlung Nr. 32 des Ausschusses gegen Rassendiskriminierung vom 24.9.2009 (CERD/C/GC/32).
[3] Siehe hierzu die Allgemeine Empfehlung Nr. 27 des Ausschusses gegen Rassendiskriminierung vom 16.8.2000 (INT_CERD_GEC_7499_E).
[4] Siehe hierzu die Allgemeine Empfehlungen Nr. 13 des Ausschusses gegen Rassendiskriminierung vom 15.3.1993 (INT_CERD_GEC_7485_E) und Nr. 31 vom 20.8.2004 (INT_CERD_GEC_7503_E).

ken zu fördern und allem entgegenzuwirken, was zur Rassentrennung beiträgt.

(2) Die Vertragsstaaten treffen, wenn die Umstände es rechtfertigen, auf sozialem, wirtschaftlichem, kulturellem und sonstigem Gebiet besondere und konkrete Maßnahmen, um die angemessene Entwicklung und einen hinreichenden Schutz bestimmter Rassengruppen oder ihnen angehörender Einzelpersonen sicherzustellen, damit gewährleistet wird, daß sie in vollem Umfang und gleichberechtigt in den Genuß der Menschenrechte und Grundfreiheiten gelangen. Diese Maßnahmen dürfen in keinem Fall die Beibehaltung ungleicher oder getrennter Rechte für verschiedene Rassengruppen zur Folge haben, nachdem die Ziele, um derentwillen sie getroffen wurden, erreicht sind.[1]

Art. 3 [Apartheid] Die Vertragsstaaten verurteilen insbesondere die Segregation und die Apartheid und verpflichten sich, alle derartigen Praktiken in ihren Hoheitsgebieten zu verhindern, zu verbieten und auszumerzen.[2]

Art. 4 [Rassenideologie][3] Die Vertragsstaaten verurteilen jede Propaganda und alle Organisationen, die auf Ideen oder Theorien hinsichtlich der Überlegenheit einer Rasse oder einer Personengruppe bestimmter Hautfarbe oder Volkszugehörigkeit beruhen oder die irgendeine Form von Rassenhaß und Rassendiskriminierung zu rechtfertigen oder zu fördern suchen; sie verpflichten sich, unmittelbare und positive Maßnahmen zu treffen, um jedes Aufreizen zur Rassendiskriminierung[4] und alle rassisch diskriminierenden Handlungen auszumerzen; zu diesem Zweck übernehmen sie unter gebührender Berücksichtigung der in der Allgemeinen Erklärung der Menschenrechte niedergelegten Grundsätze und der ausdrücklich in Artikel 5 des vorliegenden Übereinkommens genannten Rechte unter anderem folgende Verpflichtungen:
a) jede Verbreitung von Ideen, die sich auf die Überlegenheit einer Rasse oder den Rassenhaß gründen, jedes Aufreizen zur Rassendiskriminierung und jede Gewalttätigkeit oder Aufreizung dazu gegen eine Rasse oder eine Personengruppe anderer Hautfarbe oder Volkszugehörigkeit sowie jede Unterstützung rassenkämpferischer Betätigung zu einer nach dem Gesetz strafbaren Handlung zu erklären,
b) alle Organisationen und alle organisierten oder sonstigen Propagandatätigkeiten, welche die Rassendiskriminierung fördern und dazu aufreizen, als gesetzwidrig zu erklären und zu verbieten und die Beteiligung an derartigen Organisationen oder Tätigkeiten als eine nach dem Gesetz strafbare Handlung anzuerkennen,
c) nicht zuzulassen, daß staatliche oder örtliche Behörden oder öffentliche Einrichtungen die Rassendiskriminierung fördern oder dazu aufreizen.

---

[1] Siehe hierzu die Allgemeine Empfehlung Nr. 32 des Ausschusses gegen Rassendiskriminierung vom 24.9.2009 (CERD/C/GC/32).
[2] Siehe hierzu die Allgemeine Empfehlung Nr. 19 des Ausschusses gegen Rassendiskriminierung vom 18.8.1995 (INT_CERD_GEC_7491_E).
[3] Siehe hierzu die Allgemeine Empfehlung Nr. 15 des Ausschusses gegen Rassendiskriminierung vom 17.3.1993 (INT_CERD_GEC_7484_E).
[4] Zu „hate speech" siehe Allgemeine Empfehlung Nr. 35 des Ausschusses gegen Rassendiskriminierung vom 26.9.2013 (CERD/C/GC/35).

Art. 5 [Spezielle Verpflichtungen] [1]) Im Einklang mit den in Artikel 2 niedergelegten grundsätzlichen Verpflichtungen werden die Vertragsstaaten die Rassendiskriminierung in jeder Form verbieten und beseitigen und das Recht jedes einzelnen, ohne Unterschied der Rasse, der Hautfarbe, des nationalen Ursprungs oder des Volkstums, auf Gleichheit vor dem Gesetz gewährleisten; dies gilt insbesondere für folgende Rechte:

a) das Recht auf Gleichbehandlung vor den Gerichten und allen sonstigen Organen der Rechtspflege,[2)]

b) das Recht auf Sicherheit der Person und auf staatlichen Schutz gegen Gewalttätigkeit oder Körperverletzung, gleichviel ob sie von Staatsbediensteten oder von irgendeiner Person, Gruppe oder Einrichtung verübt werden,

c) die politischen Rechte, insbesondere das aktive und passive Wahlrecht auf der Grundlage allgemeiner und gleicher Wahlen, das Recht auf Beteiligung an der Regierung und an der Führung der öffentlichen Angelegenheiten auf jeder Ebene sowie das Recht auf gleichberechtigten Zugang zum öffentlichen Dienst,

d) sonstige Bürgerrechte, insbesondere
    i) das Recht auf Bewegungsfreiheit und freie Wahl des Aufenthaltsortes innerhalb der Staatsgrenzen,
    ii) das Recht, jedes Land einschließlich des eigenen zu verlassen und in das eigene Land zurückzukehren,
    iii) das Recht auf die Staatsangehörigkeit,
    iv) das Recht auf Ehe und auf freie Wahl des Ehegatten,
    v) das Recht, allein oder in Verbindung mit anderen Vermögen als Eigentum zu besitzen,
    vi) das Recht zu erben,
    vii) das Recht auf Gedanken-, Gewissens- und Religionsfreiheit,
    viii) das Recht auf Meinungsfreiheit und freie Meinungsäußerung,
    ix) das Recht, sich friedlich zu versammeln und friedliche Vereinigungen zu bilden,

e) wirtschaftliche, soziale und kulturelle Rechte, insbesondere
    i) das Recht auf Arbeit, auf die freie Wahl des Arbeitsplatzes, auf gerechte und befriedigende Arbeitsbedingungen, auf Schutz gegen Arbeitslosigkeit, auf gleiches Entgelt für gleiche Arbeit, auf gerechte und befriedigende Entlohnung,
    ii) das Recht, Gewerkschaften zu bilden und ihnen beizutreten,
    iii) das Recht auf Wohnung,
    iv) das Recht auf öffentliche Gesundheitsfürsorge, ärztliche Betreuung, soziale Sicherheit und soziale Dienstleistungen,
    v) das Recht auf Erziehung und Ausbildung,
    vi) das Recht auf eine gleichberechtigte Teilnahme an kulturellen Tätigkeiten,

---

[1)] Siehe hierzu die Allgemeine Empfehlung Nr. 27 des Ausschusses gegen Rassendiskriminierung vom 16.8.2000 (INT_CERD_GEC_7499_E), speziell zu den Verpflichtungen gegenüber Flüchtlingen siehe die Allgemeine Empfehlung Nr. 22 vom 23.8.1996 (INT_CERD_GEC_7494_E).
[2)] Siehe hierzu die Allgemeine Empfehlung Nr. 31 des Ausschusses gegen Rassendiskriminierung vom 20.8.2004 (INT_CERD_GEC_7503_E).

f) das Recht auf Zugang zu jedem Ort oder Dienst, der für die Benutzung durch die Öffentlichkeit vorgesehen ist, wie Verkehrsmittel, Hotels, Gaststätten, Cafés, Theater und Parks.

Art. 6 [Rechtsschutzgarantie; Schadensersatzanspruch][1] Die Vertragsstaaten gewährleisten jeder Person in ihrem Hoheitsbereich einen wirksamen Schutz und wirksame Rechtsbehelfe durch die zuständigen nationalen Gerichte und sonstigen staatlichen Einrichtungen gegen alle rassisch diskriminierenden Handlungen, welche ihre Menschenrechte und Grundfreiheiten im Widerspruch zu diesem Übereinkommen verletzen, sowie das Recht, bei diesen Gerichten eine gerechte und angemessene Entschädigung oder Genugtuung für jeden infolge von Rassendiskriminierung erlittenen Schaden zu verlangen.

Art. 7 [Maßnahmen zur Überwindung von Vorurteilen][2] Die Vertragsstaaten verpflichten sich, unmittelbare und wirksame Maßnahmen, insbesondere auf dem Gebiet des Unterrichts, der Erziehung, Kultur und Information, zu treffen, um Vorurteile zu bekämpfen, die zu Rassendiskriminierung führen, zwischen den Völkern und Rassen- oder Volksgruppen Verständnis, Duldsamkeit und Freundschaft zu fördern sowie die Ziele und Grundsätze der Charta der Vereinten Nationen, der Allgemeinen Erklärung der Menschenrechte, der Erklärung der Vereinten Nationen über die Beseitigung jeder Form von Rassendiskriminierung und dieses Übereinkommens zu verbreiten.

Teil II

Art. 8 [Ausschuss gegen Rassendiskriminierung][3] (1) Es wird ein (im folgenden als „Ausschuß" bezeichneter) Ausschuß für die Beseitigung der Rassendiskriminierung errichtet; er besteht aus achtzehn in persönlicher Eigenschaft tätigen Sachverständigen von hohem sittlichen Rang und anerkannter Unparteilichkeit, die von den Vertragsstaaten unter ihren Staatsangehörigen ausgewählt werden; dabei ist auf eine gerechte geographische Verteilung und auf die Vertretung der verschiedenen Zivilisationsformen sowie der hauptsächlichen Rechtssysteme zu achten.

(2) Die Mitglieder des Ausschusses werden in geheimer Wahl aus einer Liste von Personen gewählt, die von den Vertragsstaaten benannt worden sind. Jeder Vertragsstaat kann einen seiner eigenen Staatsangehörigen benennen.

(3) Die erste Wahl findet sechs Monate nach Inkrafttreten dieses Übereinkommens statt. Spätestens drei Monate vor jeder Wahl fordert der General-

---

[1] Siehe hierzu die Allgemeine Empfehlungen Nr. 26 des Ausschusses gegen Rassendiskriminierung vom 24.3.2000 (INT_CERD_GEC_7498_E) und Nr. 31 vom 20.8.2004 (INT_CERD_GEC_7503_E).
[2] Siehe hierzu die Allgemeine Empfehlungen Nr. 13 des Ausschusses gegen Rassendiskriminierung vom 15.3.1993 (INT_CERD_GEC_7485_E).
[3] Nach einem noch nicht in Kraft getretenen Beschluss der Vertragsstaaten vom 15.1.1992 soll Art. 8 geändert und ergänzt werden (BGBl. 1996 II S. 283): „(Abs. 6) Der Generalsekretär der Vereinten Nationen stellt das erforderliche Personal und die erforderlichen Einrichtungen für die wirksame Wahrnehmung des Ausschusses im Rahmen des Übereinkommens bereit. (Abs. 7) Die Mitglieder des nach diesem Übereinkommen errichteten Ausschusses erhalten mit Genehmigung der Generalversammlung Bezüge aus Mitteln der Vereinten Nationen zu den von der Generalversammlung beschlossenen Bedingungen."

sekretär der Vereinten Nationen die Vertragsstaaten schriftlich auf, binnen zwei Monaten ihre Benennungen einzureichen. Er stellt sodann eine alphabetische Liste aller demgemäß benannten Personen unter Angabe der sie benennenden Vertragsstaaten auf und legt sie den Vertragsstaaten vor.

(4) Die Wahl der Ausschußmitglieder findet auf einer vom Generalsekretär am Sitz der Vereinten Nationen anberaumten Sitzung der Vertragsstaaten statt. Auf dieser Sitzung, die verhandlungs- und beschlußfähig ist, wenn zwei Drittel der Vertragsstaaten vertreten sind, gelten diejenigen Bewerber als in den Ausschuß gewählt, welche die höchste Stimmenzahl und die absolute Stimmenmehrheit der anwesenden und abstimmenden Vertreter der Vertragsstaaten auf sich vereinigen.

(5) a) Die Ausschußmitglieder werden für vier Jahre gewählt. Jedoch läuft die Amtszeit von neun der bei der ersten Wahl gewählten Mitglieder nach zwei Jahren ab; unmittelbar nach der ersten Wahl werden die Namen dieser neun Mitglieder vom Vorsitzenden des Ausschusses durch das Los bestimmt.

b) Zur Besetzung eines unerwartet verwaisten Sitzes ernennt der Vertragsstaat, dessen Sachverständiger aufgehört hat, Mitglied des Ausschusses zu sein, mit Zustimmung des Ausschusses einen anderen Sachverständigen unter seinen Staatsangehörigen.

(6) Die Vertragsstaaten kommen für die Ausgaben der Ausschußmitglieder auf, solange sie Ausschußaufgaben wahrnehmen.

Art. 9 [Berichtspflicht] (1) Die Vertragsstaaten verpflichten sich, dem Generalsekretär der Vereinten Nationen zur Beratung durch den Ausschuß einen Bericht über die zur Durchführung dieses Übereinkommens getroffenen Gesetzgebungs-, Gerichts-, Verwaltungs- und sonstigen Maßnahmen vorzulegen, und zwar a) binnen einem Jahr nach Inkrafttreten des Übereinkommens für den betreffenden Staat und b) danach alle zwei Jahre und sooft es der Ausschuß verlangt. Der Ausschuß kann von den Vertragsstaaten weitere Auskünfte verlangen.

(2) Der Ausschuß berichtet der Generalversammlung der Vereinten Nationen jährlich durch den Generalsekretär über seine Tätigkeit und kann auf Grund der Prüfung der von den Vertragsstaaten eingegangenen Berichte und Auskünfte Vorschläge machen und allgemeine Empfehlungen abgeben. Diese werden der Generalversammlung zusammen mit etwaigen Stellungnahmen der Vertragsstaaten zugeleitet.

Art. 10 [Geschäftsordnung] (1) Der Ausschuß gibt sich eine Geschäftsordnung.[1]

(2) Der Ausschuß wählt seinen Vorstand für zwei Jahre.

(3) Das Sekretariat des Ausschusses wird vom Generalsekretär der Vereinten Nationen gestellt.

(4) Die Sitzungen des Ausschusses finden in der Regel am Sitz der Vereinten Nationen statt.

Art. 11 [Staatenbeschwerde] (1) Führt ein Vertragsstaat nach Ansicht eines anderen Vertragsstaats die Bestimmungen dieses Übereinkommens nicht

---

[1] Auszugsweise abgedruckt unter Nr. **38.**

durch, so kann dieser die Sache dem Ausschuß zur Kenntnis bringen. Der Ausschuß leitet die Mitteilung an den betreffenden Vertragsstaat weiter. Binnen drei Monaten hat der Empfangsstaat dem Ausschuß eine schriftliche Erläuterung oder Erklärung zu der Sache und über die etwa von diesem Staat geschaffene Abhilfe zu übermitteln.

(2) Wird die Sache nicht binnen sechs Monaten nach Eingang der ersten Mitteilung bei dem Empfangsstaat entweder durch zweiseitige Verhandlungen oder durch ein anderes den Parteien zur Verfügung stehendes Verfahren zur Zufriedenheit beider Parteien beigelegt, so hat jeder der beiden Staaten das Recht, die Sache erneut an den Ausschuß zu verweisen, indem er diesem und dem anderen Staat eine entsprechende Notifizierung zugehen läßt.

(3) Im Einklang mit den allgemein anerkannten Grundsätzen des Völkerrechts befaßt sich der Ausschuß mit einer nach Absatz 2 an ihn verwiesenen Sache erst dann, wenn er sich Gewißheit verschafft hat, daß alle innerstaatlichen Rechtsbehelfe eingelegt und erschöpft worden sind. Dies gilt nicht, wenn das Verfahren über Gebühr in die Länge gezogen wird.

(4) Der Ausschuß kann in jeder an ihn verwiesenen Sache von den beteiligten Vertragsstaaten alle sonstigen sachdienlichen Angaben verlangen.

(5) Berät der Ausschuß über eine Sache auf Grund dieses Artikels, so können die beteiligten Vertragsstaaten einen Vertreter entsenden, der während der Beratung dieser Sache ohne Stimmrecht an den Verhandlungen des Ausschusses teilnimmt.

Art. 12 [Ad-hoc-Vergleichskommission] (1) a) Nachdem der Ausschuß alle von ihm für erforderlich erachteten Angaben erhalten und ausgewertet hat, ernennt der Vorsitzende eine (im folgenden als „Kommission" bezeichnete) ad-hoc-Vergleichskommission; sie besteht aus fünf Personen, die dem Ausschuß angehören können, aber nicht müssen. Die Mitglieder der Kommission werden mit einmütiger Zustimmung der Streitparteien ernannt; sie bietet den beteiligten Staaten ihre guten Dienste an, um auf der Grundlage der Achtung dieses Übereinkommens eine gütliche Beilegung herbeizuführen.

b) Können sich die an dem Streit beteiligten Staaten nicht binnen drei Monaten über die vollständige oder teilweise Zusammensetzung der Kommission einigen, so wählt der Ausschuß die von den am Streit beteiligten Staaten noch nicht einvernehmlich ernannten Kommissionsmitglieder aus seinen eigenen Reihen in geheimer Abstimmung mit Zweidrittelmehrheit seiner Mitglieder.

(2) Die Kommissionsmitglieder sind in persönlicher Eigenschaft tätig. Sie dürfen nicht Staatsangehörige der am Streit beteiligten Staaten oder eines Nichtvertragsstaats sein.

(3) Die Kommission wählt ihren Vorsitzenden und gibt sich eine Verfahrensordnung.

(4) Die Sitzungen der Kommission finden in der Regel am Sitz der Vereinten Nationen oder an einem anderen von der Kommission bestimmten geeigneten Ort statt.

(5) Das nach Artikel 10 Absatz 3 gestellte Sekretariat arbeitet auch für die Kommission, sobald ein Streit zwischen Vertragsstaaten die Kommission ins Leben ruft.

(6) Die an dem Streit beteiligten Staaten tragen zu gleichen Teilen alle Ausgaben der Kommissionsmitglieder nach Voranschlägen, die der Generalsekretär der Vereinten Nationen erstellt.

(7) Der Generalsekretär ist befugt, die Ausgaben der Kommissionsmitglieder erforderlichenfalls vor der Erstattung der Beträge durch die am Streit beteiligten Staaten nach Absatz 6 zu bezahlen.

(8) Die dem Ausschuß zugegangenen und von ihm ausgewerteten Angaben werden der Kommission zur Verfügung gestellt; diese kann die beteiligten Staaten auffordern, weitere sachdienliche Angaben beizubringen.

Art. 13 [Bericht der Vergleichskommission] (1) Sobald die Kommission die Sache eingehend beraten hat, verfaßt sie einen Bericht, den sie dem Vorsitzenden des Ausschusses vorlegt und der ihre Feststellung über alle auf den Streit zwischen den Parteien bezüglichen Sachfragen sowie die Empfehlungen enthält, die sie zwecks gütlicher Beilegung des Streits für angebracht hält.

(2) Der Ausschußvorsitzende leitet den Bericht der Kommission jedem am Streit beteiligten Staat zu. Diese Staaten teilen ihm binnen drei Monaten mit, ob sie die in dem Bericht der Kommission enthaltenen Empfehlungen annehmen.

(3) Nach Ablauf der in Absatz 2 gesetzten Frist übermittelt der Ausschußvorsitzende den anderen Vertragsstaaten den Bericht der Kommission und die Erklärungen der beteiligten Vertragsstaaten.

Art. 14 [Individualbeschwerden (fakultativ)] (1) Ein Vertragsstaat kann jederzeit erklären, daß er die Zuständigkeit des Ausschusses für die Entgegennahme und Erörterung von Mitteilungen einzelner seiner Hoheitsgewalt unterstehender Personen oder Personengruppen anerkennt, die vorgeben, Opfer einer Verletzung eines in diesem Übereinkommen vorgesehenen Rechts durch diesen Vertragsstaat zu sein.[1] Der Ausschuß nimmt keine Mitteilung entgegen, die einen Vertragsstaat betrifft, der keine derartige Erklärung abgegeben hat.

(2) Gibt ein Vertragsstaat eine Erklärung nach Absatz 1 ab, so kann er eine Stelle innerhalb seiner nationalen Rechtsordnung errichten oder bezeichnen, die zuständig ist für die Entgegennahme und Erörterung der Petitionen einzelner seiner Hoheitsgewalt unterstehender Personen oder Personengruppen, die vorgeben, Opfer einer Verletzung eines in diesem Übereinkommen vorgesehenen Rechts zu sein, und die alle sonstigen verfügbaren örtlichen Rechtsbehelfe erschöpft haben.

(3) Eine nach Absatz 1 abgegebene Erklärung und der Name einer nach Absatz 2 errichteten oder bezeichneten Stelle werden von dem betreffenden Vertragsstaat beim Generalsekretär der Vereinten Nationen hinterlegt; dieser übermittelt den anderen Vertragsstaaten Abschriften derselben. Eine Erklärung kann jederzeit durch Notifizierung an den Generalsekretär zurückgenommen werden; dies läßt jedoch die dem Ausschuß bereits vorliegenden Mitteilungen unberührt.

---

[1] Eine entsprechende Erklärung haben u. a. Deutschland, Liechtenstein, Österreich und die Schweiz abgegeben. Die Mitteilungen sind zu richten an, brieflich: Petitions and Inquiries Section, Office of the High Commissioner for Human Rights, United Nations Office at Geneva,CH-1211 Genève 10; Email: petitions@ohchr.org.

(4) Die nach Absatz 2 errichtete oder bezeichnete Stelle führt ein Petitionsregister; beglaubigte Abschriften des Registers werden alljährlich auf geeignetem Wege dem Generalsekretär zu den Akten gegeben; jedoch darf der Inhalt nicht öffentlich bekanntgemacht werden.

(5) Gelingt es dem Einsender der Petition nicht, von der nach Absatz 2 errichteten oder bezeichneten Stelle Genugtuung zu erlangen, so kann er die Sache binnen sechs Monaten dem Ausschuß mitteilen.

(6) a) Der Ausschuß bringt dem Vertragsstaat, der beschuldigt wird, eine Bestimmung dieses Übereinkommens zu verletzen, jede ihm zugegangene Mitteilung vertraulich zur Kenntnis, ohne jedoch die Identität der betreffenden Person oder Personengruppe preiszugeben, sofern diese dem nicht ausdrücklich zustimmt. Der Ausschuß nimmt keine anonymen Mitteilungen entgegen.

b) Binnen drei Monaten hat der Empfangsstaat dem Ausschuß eine schriftliche Erläuterung oder Erklärung zu der Sache und über die etwa von diesem Staat geschaffene Abhilfe zu übermitteln.

(7) a) Der Ausschuß berät über die Mitteilungen unter Berücksichtigung aller ihm von dem betreffenden Vertragsstaat und von dem Einsender der Petition zugegangenen Angaben. Der Ausschuß befaßt sich mit einer Mitteilung eines Einsenders nur dann, wenn er sich Gewißheit verschafft hat, daß dieser alle verfügbaren innerstaatlichen Rechtsbehelfe erschöpft hat. Dies gilt jedoch nicht, wenn das Verfahren über Gebühr in die Länge gezogen wird.

b) Der Ausschuß übermittelt seine etwaigen Vorschläge und Empfehlungen dem betreffenden Vertragsstaat und dem Einsender der Petition.

(8) Der Ausschuß nimmt in seinen Jahresbericht eine Kurzdarstellung der Mitteilungen und gegebenenfalls der Erläuterungen und Erklärungen der betroffenen Vertragsstaaten und seiner eigenen Vorschläge und Empfehlungen auf.

(9) Der Ausschuß ist nur dann befugt, die in diesem Artikel vorgesehenen Aufgaben wahrzunehmen, wenn sich mindestens zehn Vertragsstaaten durch Erklärungen nach Absatz 1 gebunden haben.

Art. 15 [Verhältnis zur GV-Res. 1514 (XV)] (1) Bis zur Verwirklichung der in der Entschließung 1514 (XV) der Generalversammlung vom 14. Dezember 1960 dargelegten Ziele der Erklärung über die Gewährung der Unabhängigkeit an Kolonialgebiete und Kolonialvölker wird das diesen Völkern in anderen internationalen Übereinkünften oder von den Vereinten Nationen und ihren Sonderorganisationen gewährte Petitionsrecht durch dieses Übereinkommen nicht eingeschränkt.

(2) a) Der nach Artikel 8 Absatz 1 errichtete Ausschuß erhält von den Stellen der Vereinten Nationen, die sich bei der Beratung von Petitionen der Einwohner von Treuhandgebieten, Hoheitsgebieten ohne Selbstregierung und allen sonstigen unter Entschließung 1514 (XV) der Generalversammlung fallenden Hoheitsgebieten mit den unmittelbar mit den Grundsätzen und Zielen dieses Übereinkommens zusammenhängenden Angelegenheiten befassen, Abschriften der Petitionen, die sich auf die in diesem Übereinkommen behandelten Fragen beziehen und diesen Stellen vorliegen, und richtet an sie Stellungnahmen und Empfehlungen zu diesen Petitionen.

b) Der Ausschuß erhält von den zuständigen Stellen der Vereinten Nationen Abschriften der Berichte über die unmittelbar mit den Grundsätzen und Zielen dieses Übereinkommens zusammenhängenden Gesetzgebungs-, Gerichts-, Verwaltungs- und sonstigen Maßnahmen, die in den unter Buchstabe a bezeichneten Hoheitsgebieten von der Verwaltungsmacht getroffen worden sind, und richtet Stellungnahmen und Empfehlungen an diese Stellen.

(3) Der Ausschuß nimmt in seinen Bericht an die Generalversammlung eine Kurzdarstellung der ihm von den Stellen der Vereinten Nationen zugeleiteten Petitionen und Berichte sowie seine eigenen diesbezüglichen Stellungnahmen und Empfehlungen auf.

(4) Der Ausschuß verlangt vom Generalsekretär der Vereinten Nationen alle mit den Zielen dieses Übereinkommens zusammenhängenden und dem Generalsekretär zugänglichen Angaben über die in Absatz 2 Buchstabe a bezeichneten Hoheitsgebiete.

Art. 16 [Unberührtheit anderer Streitbeilegungsmechanismen] Die Bestimmungen dieses Übereinkommens über die Beilegung von Streitigkeiten oder Beschwerden werden unbeschadet anderer in den Gründungsurkunden oder den Übereinkünften der Vereinten Nationen und ihrer Sonderorganisationen vorgesehener Verfahren zur Beilegung von Streitigkeiten oder Beschwerden auf dem Gebiet der Diskriminierung angewendet und hindern die Vertragsstaaten nicht daran, nach den zwischen ihnen in Kraft befindlichen allgemeinen oder besonderen internationalen Übereinkünften andere Verfahren zur Beilegung einer Streitigkeit in Anspruch zu nehmen.

Teil III

Art. 17 [„Wiener Klausel"; Hinterlegung] (1) Dieses Übereinkommen liegt für alle Mitgliedstaaten der Vereinten Nationen, für alle Mitglieder einer ihrer Sonderorganisationen, für alle Vertragsstaaten der Satzung des Internationalen Gerichtshofs und für jeden anderen Staat zur Unterzeichnung auf, den die Generalversammlung der Vereinten Nationen einlädt, Vertragspartei dieses Übereinkommens zu werden.

(2) Dieses Übereinkommen bedarf der Ratifizierung. Die Ratifikationsurkunden sind beim Generalsekretär der Vereinten Nationen zu hinterlegen.

Art. 18 [Beitritt] (1) Dieses Übereinkommen liegt für jeden in Artikel 17 Absatz 1 bezeichneten Staat zum Beitritt auf.

(2) Der Beitritt erfolgt durch Hinterlegung einer Beitrittsurkunde beim Generalsekretär der Vereinten Nationen.

Art. 19 [In-Kraft-Treten] (1) Dieses Übereinkommen tritt am dreißigsten Tag nach Hinterlegung der siebenundzwanzigsten Ratifikations- oder Beitrittsurkunde beim Generalsekretär der Vereinten Nationen in Kraft.

(2) Für jeden Staat, der nach Hinterlegung der siebenundzwanzigsten Ratifikations- oder Beitrittsurkunde dieses Übereinkommen ratifiziert oder ihm beitritt, tritt es am dreißigsten Tag nach Hinterlegung seiner eigenen Ratifikations- oder Beitrittsurkunde in Kraft.

Art. 20 [Vorbehalte] (1) Der Generalsekretär der Vereinten Nationen nimmt Vorbehalte, die ein Staat bei der Ratifikation oder beim Beitritt macht, entgegen und leitet sie allen Staaten zu, die Vertragsparteien dieses Übereinkommens sind oder werden können. Erhebt ein Staat Einspruch gegen den Vorbehalt, so notifiziert er dem Generalsekretär binnen neunzig Tagen nach dem Datum der genannten Mitteilung, daß er ihn nicht annimmt.

(2) Mit dem Ziel und Zweck dieses Übereinkommens unvereinbare Vorbehalte sind nicht zulässig; dasselbe gilt für Vorbehalte, welche die Wirkung hätten, die Arbeit einer auf Grund dieses Übereinkommens errichteten Stelle zu behindern. Ein Vorbehalt gilt als unvereinbar oder hinderlich, wenn mindestens zwei Drittel der Vertragsstaaten Einspruch dagegen erheben.

(3) Vorbehalte können jederzeit durch eine diesbezügliche Notifikation an den Generalsekretär zurückgenommen werden. Diese Notifikationen werden mit dem Tage ihres Eingangs wirksam.

Art. 21 [Kündigung] Ein Vertragsstaat kann dieses Übereinkommen durch eine schriftliche Notifikation an den Generalsekretär der Vereinten Nationen kündigen. Die Kündigung wird ein Jahr nach dem Datum des Eingangs der Notifikation beim Generalsekretär wirksam.

Art. 22 [Zuständigkeit des IGH] Entsteht zwischen zwei oder mehr Vertragsstaaten über die Auslegung oder Anwendung dieses Übereinkommens eine Streitigkeit, die nicht auf dem Verhandlungsweg oder nach den in diesem Übereinkommen ausdrücklich vorgesehenen Verfahren beigelegt werden kann, so wird sie auf Verlangen einer Streitpartei dem Internationalen Gerichtshof zur Entscheidung vorgelegt, sofern nicht die Streitparteien einer anderen Art der Beilegung zustimmen.

Art. 23 [Revision des Übereinkommens] (1) Ein Vertragsstaat kann jederzeit durch eine an den Generalsekretär der Vereinten Nationen gerichtete schriftliche Notifikation eine Revision dieses Übereinkommens beantragen.

(2) Die Generalversammlung der Vereinten Nationen beschließt über etwaige hinsichtlich eines derartigen Antrags zu unternehmende Schritte.

Art. 24 [Aufgaben des Depositars] Der Generalsekretär der Vereinten Nationen unterrichtet alle in Artikel 17 Absatz 1 bezeichneten Staaten von
a) den Unterzeichnungen, Ratifikationen und Beitritten nach den Artikeln 17 und 18,
b) dem Datum des Inkrafttretens dieses Übereinkommens nach Artikel 19,
c) den nach den Artikeln 14, 20 und 23 eingegangenen Mitteilungen und Erklärungen,
d) den Kündigungen nach Artikel 21.

Art. 25 [Verbindliche Wortlaute] (1) Dieses Übereinkommen, dessen chinesischer, englischer, französischer, russischer und spanischer Wortlaut gleichermaßen verbindlich ist, wird im Archiv der Vereinten Nationen hinterlegt.

(2) Der Generalsekretär der Vereinten Nationen übermittelt allen Staaten, die einer der in Artikel 17 Absatz 1 bezeichneten Kategorien angehören, beglaubigte Abschriften dieses Übereinkommens.

38. Verfahrensordnung des Ausschusses zur Beseitigung der Rassendiskriminierung[1] · [2]

Fassung vom März 1984

(Auszug)

(Übersetzung)

Erster Teil: Allgemeine Bestimmungen

*Der Erste Teil mit den Abschnitten I. Tagungen (Art. 1 bis 5), II. Tagesordnung (Art. 6 bis 10), III. Mitglieder des Ausschusses (Art. 11 bis 14), IV. Vorstand (Art. 15 bis 20), V. Sekretariat (Art. 21 bis 25), VI. Sprachen (Art. 26 bis 30), VII. Öffentliche und nichtöffentliche Sitzungen (Art. 31 und 32), VIII. Sitzungsprotokolle (Art. 33 und 34), IX. Verteilung von Berichten und anderen offiziellen Dokumenten des Ausschusses (Art. 35), X. Verfahren (Art. 36 bis 48), XI. Abstimmungen (Art. 49 bis 57), XII. Wahlen (Art. 58 bis 60), XIII. Nebenorgane (Art. 61) und XIV. Jahresbericht des Ausschusses (Art. 62) stimmt im Wesentlichen mit der Verfahrensordnung des Menschenrechtsausschusses (**Nr. 12**) überein, so dass hier auf den Abdruck verzichtet werden kann. Inhaltliche Abweichungen gibt es bei folgenden Regelungen (die Angaben der Artikel beziehen sich auf die Verfahrensordnung des Ausschusses zur Beseitigung der Rassendiskriminierung):*

1. Es besteht nicht die Möglichkeit, öfter als zweimal jährlich ordentliche Tagungen einzuberufen (Art. 1); 2. die Benachrichtigung der Ausschussmitglieder über den Beginn ordentlicher Tagungen muss lediglich 30 Tage im Voraus abgesandt werden (Art. 4); 3. die Tagesordnung kann ohne weiteres erweitert werden (Art. 9); 4. die vorläufige Tagesordnung ordentlicher Tagungen ist lediglich so früh wie möglich, die vorläufige Tagesordnung von Sondertagungen mit der Benachrichtigung der Ausschussmitglieder zu übermitteln (Art. 10); 5. es fehlt an einer Ausschlussregelung für Ausschussmitglieder, und das Besetzungsverfahren für verwaiste Sitze ist abweichend geregelt (Art. 13); 6. Arabisch ist weder Amts- noch Arbeitssprache (Art. 26); 7. für die Veröffentlichung von Protokollen öffentlicher Sitzungen fehlt es an einer Ausnahmeklausel (Art. 34); 8. die Vertragsstaaten können der Veröffentlichung ihrer Berichte widersprechen (Art. 35); 9. Stimmenthaltungen bleiben bei der Berechnung von Mehrheitsentscheidungen unberücksichtigt (Art. 50), 10. bei Wahlen, die nur eine einfache Mehrheit erfordern, entscheidet nach dem zweiten erfolglosen Wahlgang das Los (Art. 59); 11. der Jahresbericht wird der Generalversammlung über den Generalsekretär zugeleitet. Im Übrigen ist die Reihenfolge der Artikel mitunter umgestellt, in wenigen Fällen sind sie auch anders gegliedert. Daraus ergeben sich zum Teil Abweichungen in der Nummerierung der einzelnen Artikel.

---

[1] Internationale Quelle: CERD/C/35/Rev. 3.
[2] Übersetzung des Deutschen Übersetzungsdienstes bei den Vereinten Nationen, New York.

Zweiter Teil: Bestimmungen im Zusammenhang mit den Aufgaben des Ausschusses

XV. Berichte und Informationen der Vertragsstaaten nach Artikel 9 des Übereinkommens

Die Art. 63 bis 68 regeln die Prüfung der Staatenberichte im Wesentlichen entsprechend den Art. 66 bis 73 der Verfahrensordnung für den Menschenrechtsausschuss (Nr. 12); anstelle der Abschließenden Bemerkungen werden hier jedoch gemäß Art. 9 des Übereinkommens zur Beseitigung jeder Form der Rassendiskriminierung (Nr. 37) Vorschläge gemacht und allgemeine Empfehlungen gegeben, zu denen die betreffenden Staaten zudem Stellungnahmen abgeben können (Art. 67). In der Verfahrensordnung des Ausschusses gegen Rassendiskriminierung fehlen Entsprechungen für die in Art. 67 bzw. Art. 70 der Verfahrensordnung des Menschenrechtsausschusses geregelte Kooperation mit Sonderorganisationen sowie die Möglichkeit zur Prüfung der Menschenrechtslage trotz fehlendem Staatenbericht; die Tatsache der Nichtvorlage wird lediglich im Jahresbericht des Ausschusses vermerkt (Art. 66). Das Recht zur Abgabe Allgemeiner Bemerkungen zu den Bestimmungen des Übereinkommens wird in der Verfahrensordnung nicht erwähnt, obwohl der Ausschuss von dieser Möglichkeit in Gestalt allgemeiner Empfehlungen Gebrauch macht.

XVI. Mitteilungen der Vertragsstaaten nach Artikel 11 des Übereinkommens

Art. 69 Vorgehensweise bei der Behandlung von Mitteilungen der Vertragsstaaten. (1) Bringt ein Vertragsstaat dem Ausschuß eine Sache gemäß Artikel 11 Absatz 1 des Übereinkommens zur Kenntnis, so prüft der Ausschuß diese in nichtöffentlicher Sitzung und leitet sie sodann über den Generalsekretär an den betreffenden Vertragsstaat weiter. Bei der Prüfung der Mitteilungen befaßt sich der Ausschuß nicht mit der Sache selbst. Etwaige Maßnahmen, die der Ausschuß in diesem Stadium im Hinblick auf die Mitteilung ergreift, dürfen nicht als Ausdruck seiner Auffassungen in der Sache selbst ausgelegt werden.

(2) Außerhalb der Tagungen des Ausschusses bringt der Vorsitzende die Sache den Ausschußmitgliedern zur Kenntnis, indem er ihnen Abschriften der Mitteilung übermittelt und sie um Zustimmung ersucht, die Mitteilung nach Artikel 11 Absatz 1 des Übereinkommens im Namen des Ausschusses an den betreffenden Vertragsstaat weiterzuleiten. Der Vorsitzende setzt außerdem eine Frist von drei Wochen für ihre Antworten.

(3) Nach Eingang der Zustimmung der Mehrheit der Mitglieder, oder wenn innerhalb der festgesetzten Frist keine Antworten eingegangen sind, übermittelt der Vorsitzende die Mitteilung unverzüglich über den Generalsekretär dem betreffenden Vertragsstaat.

(4) Gehen Antworten ein, die die Auffassung der Mehrheit des Ausschusses darstellen, wird der Vorsitzende nach Maßgabe dieser Antworten tätig, wobei er die Dringlichkeit der Übermittlung der Mitteilung an den betreffenden Vertragsstaat im Namen des Ausschusses zu berücksichtigen hat.

(5) Der Ausschuß oder der in seinem Namen handelnde Vorsitzende erinnert den Empfangsstaat daran, daß die Frist für die Vorlage seiner schriftlichen Erläuterung oder Erklärung nach dem Übereinkommen drei Monate beträgt.

(6) Sobald die Erläuterung oder Erklärung des Empfangsstaates beim Ausschuß eingegangen ist, ist für die Weiterleitung dieser Erläuterung oder Erklärung an den Vertragsstaat, der die einleitende Mitteilung unterbreitet hat, das vorstehend festgelegte Verfahren zu befolgen.

Art. 70 Aufforderung zur Erteilung von Auskünften. Der Ausschuß kann die beteiligten Vertragsstaaten auffordern, für die Anwendung des Artikels 11 des Übereinkommens erhebliche Angaben beizubringen. Der Ausschuß kann sowohl die Art und Weise als auch die Frist für die Vorlage dieser Angaben festlegen.

Art. 71 Benachrichtigung der beteiligten Vertragsstaaten. Wird eine Sache dem Ausschuß nach Artikel 11 Absatz 2 des Übereinkommens zur Behandlung vorgelegt, so unterrichtet der Vorsitzende über den Generalsekretär die beteiligten Vertragsstaaten von der bevorstehenden Prüfung der Sache mindestens 30 Tage vor der ersten Sitzung des Ausschusses, im Falle einer ordentlichen Tagung, und mindestens 18 Tage vor der ersten Sitzung des Ausschusses, im Falle einer Sondertagung.

XVII. Einsetzung und Aufgaben der Ad-hoc-Vergleichskommission nach den Artikeln 12 und 13 des Übereinkommens

Art. 72 Konsultationen über die Zusammensetzung der Kommission. Nachdem der Ausschuß alle von ihm für erforderlich erachteten Angaben im Hinblick auf eine Streitigkeit nach Artikel 11 Absatz 2 des Übereinkommens erhalten und ausgewertet hat, benachrichtigt der Vorsitzende die an dem Streit beteiligten Staaten und führt mit ihnen Konsultationen über die Zusammensetzung der Ad-hoc-Vergleichskommission (im folgenden „Kommission") im Einklang mit Artikel 12 des Übereinkommens.

Art. 73 Ernennung der Kommissionsmitglieder. Sobald er die einmütige Zustimmung der an dem Streit beteiligten Staaten zu der Zusammensetzung der Kommission erhalten hat, ernennt der Vorsitzende die Kommissionsmitglieder und teilt den an dem Streit beteiligten Staaten die Zusammensetzung der Kommission mit.

Art. 74 Ernennung der Kommissionsmitglieder. (1) Können sich die an dem Streit beteiligten Staaten nicht binnen drei Monaten nach der in Artikel 72 vorgesehenen Benachrichtigung durch den Vorsitzenden über die vollständige oder teilweise Zusammensetzung der Kommission einigen, bringt der Vorsitzende dies dem Ausschuß zur Kenntnis, der auf seiner nächsten Tagung gemäß Artikel 12 Absatz 1 Buchstabe b) des Übereinkommens tätig wird.

(2) Nach Abschluß der Wahl teilt der Vorsitzende den an dem Streit beteiligten Staaten die Zusammensetzung der Kommission mit.

Art. 75 Feierliche Erklärung der Kommissionsmitglieder. Bei der Aufnahme seiner Amtstätigkeit hat jedes Kommissionsmitglied auf der ersten Sitzung der Kommission die folgende feierliche Erklärung abzugeben: „Ich erkläre feierlich, daß ich meine Pflichten und Befugnisse als Mitglied der Ad-hoc-Vergleichskommission ehrenhaft, getreulich, unparteiisch und gewissenhaft ausüben werde."

Art. 76 Besetzung freigewordener Sitze in der Kommission. Wird ein Sitz in der Kommission frei, so wird er vom Vorsitzenden des Ausschusses so bald wie möglich nach Maßgabe des in den Artikeln 72 bis 74 festgelegten Verfahrens besetzt. Nach Eingang eines Berichts der Kommission oder einer Benachrichtigung durch den Generalsekretär leitet der Vorsitzende die Besetzung des freigewordenen Sitzes ein.

Art. 77 Übermittlung von Informationen an die Kommissionsmitglieder. Der Vorsitzende des Ausschusses stellt die dem Ausschuß zugegangenen und von ihm ausgewerteten Informationen den Kommissionsmitgliedern über den Generalsekretär gleichzeitig mit der Benachrichtigung der Kommissionsmitglieder vom Zeitpunkt der ersten Sitzung der Kommission zur Verfügung.

Art. 78 Bericht der Kommission. (1) Der Ausschußvorsitzende leitet den in Artikel 13 des Übereinkommens genannten Bericht der Kommission so bald wie möglich nach dessen Eingang jedem an dem Streit beteiligten Staat sowie den Mitgliedern des Ausschusses zu.

(2) Die an dem Streit beteiligten Staaten teilen dem Ausschußvorsitzenden binnen drei Monaten nach Eingang des Berichts der Kommission mit, ob sie die in dem Bericht der Kommission enthaltenen Empfehlungen annehmen. Der Vorsitzende übermittelt die von den am Streit beteiligten Staaten eingegangenen Informationen den Ausschußmitgliedern.

(3) Nach Ablauf der in Absatz 2 gesetzten Frist übermittelt der Ausschußvorsitzende den Bericht der Kommission und etwaige Erklärungen der beteiligten Vertragsstaaten den anderen Vertragsstaaten des Übereinkommens.

Art. 79 Unterrichtung der Ausschußmitglieder. Der Ausschußvorsitzende unterrichtet die Mitglieder des Ausschusses ständig über seine Maßnahmen nach den Artikeln 73 bis 78.

XVIII. Verfahren zur Prüfung der Mitteilungen von Einzelpersonen oder Personengruppen nach Artikel 14 des Übereinkommens

A. Allgemeine Bestimmungen

Art. 80 Zuständigkeit des Ausschusses. (1) Der Ausschuß ist nur dann befugt, Mitteilungen entgegenzunehmen und zu prüfen und die in Artikel 14 des Übereinkommens vorgesehenen Aufgaben wahrzunehmen, wenn sich mindestens zehn Vertragsstaaten durch Erklärungen gebunden haben, in denen sie die Zuständigkeit des Ausschusses nach Artikel 14 Absatz 1 anerkennen.

(2) Der Generalsekretär übermittelt den anderen Vertragsstaaten Abschriften der von den Vertragsstaaten bei ihm hinterlegten Erklärungen, in denen diese die Zuständigkeit des Ausschusses anerkennen.

(3) Die Zurücknahme einer nach Artikel 14 des Übereinkommens abgegebenen Erklärung berührt nicht die Prüfung der dem Ausschuß bereits vorliegenden Mitteilungen.

(4) Der Generalsekretär gibt den anderen Vertragsstaaten gemäß Artikel 14 Absatz 3 des Übereinkommens den Namen, die Zusammensetzung und die Aufgaben jeder von einem Vertragsstaat errichteten oder bezeichneten nationalen Stelle bekannt.

Art. 81 Nationale Stellen. Der Generalsekretär unterrichtet den Ausschuß über den Namen, die Zusammensetzung und die Aufgaben jeder nach Artikel 14 Absatz 2 des Übereinkommens errichteten oder bezeichneten nationalen Stelle, die zuständig ist für die Entgegennahme und Erörterung der Petitionen von Einzelpersonen oder Personengruppen, die geltend machen, Opfer einer Verletzung eines in dem Übereinkommen niedergelegten Rechts zu sein.

Art. 82 Beglaubigte Abschriften der Petitionsregister. (1) Der Generalsekretär unterrichtet den Ausschuß über den Inhalt aller beglaubigten Abschriften der Petitionsregister, die bei ihm nach Artikel 14 Absatz 4 des Übereinkommens hinterlegt werden.

(2) Der Generalsekretär kann von den Vertragsstaaten Klärungen bezüglich der beglaubigten Abschriften der Petitionsregister erbitten, die von den für die Führung dieser Register verantwortlichen nationalen Stellen eingehen.

(3) Der Inhalt der dem Generalsekretär übermittelten beglaubigten Abschriften der Petitionsregister darf nicht öffentlich bekanntgemacht werden.

Die weiteren Bestimmungen über das Individualbeschwerdeverfahren stimmen in den Art. 82 bis 93 bezüglich der Einleitung des Verfahrens und der Zulässigkeit der Beschwerden im Wesentlichen mit den diesbezüglichen Bestimmungen in Art. 84 bis 98 der Verfahrensordnung des Menschenrechtsausschusses (Nr. 12) überein mit folgenden Abweichungen: 1. allein die Staatsangehörigkeit eines Ausschussmitglieds genügt nicht, um es als befangen von der Behandlung einer Beschwerde auszuschließen (Art. 89); 2. die Einsetzung von Berichterstattern ist nicht vorgesehen, die Arbeitsgruppen haben nur vorbereitende Aufgaben, keine Entscheidungsbefugnisse (Art. 87).

C. Prüfung der Begründetheit von Mitteilungen

Art. 94 Vorgehensweise bei der Behandlung von zulässigen Mitteilungen. (1) Hat der Ausschuß entschieden, daß eine Mitteilung nach Artikel 14 des Übereinkommens zulässig ist, so übermittelt er dem betroffenen Vertragsstaat über den Generalsekretär vertraulich den Wortlaut der Mitteilung und sonstige sachdienliche Informationen, ohne jedoch die Identität der betreffenden Person preiszugeben, sofern diese dazu nicht ausdrücklich ihre Zustimmung erteilt hat. Der Ausschuß unterrichtet außerdem den Beschwerdeführer über den Generalsekretär über seine Entscheidung.

(2) Der betroffene Vertragsstaat hat dem Ausschuß innerhalb von drei Monaten schriftliche Erklärungen oder Stellungnahmen zur Klärung der zur Prü-

fung stehenden Sache zu übermitteln und die gegebenenfalls von ihm getroffenen Abhilfemaßnahmen mitzuteilen. Der Ausschuß kann, wenn er es für
erforderlich hält, angeben, welche Art von Informationen er von dem betroffenen Vertragsstaat zu erhalten wünscht.

(3) Im Verlauf seiner Prüfung kann der Ausschuß den Vertragsstaat von seiner Auffassung unterrichten, daß aus Gründen der Dringlichkeit vorläufige
Maßnahmen wünschenswert sind, um möglichen nicht wiedergutzumachenden Schaden für die Person oder die Personen zu verhindern, die geltend machen, Opfer der behaupteten Verletzung zu sein. Der Ausschuß setzt dabei
den betroffenen Vertragsstaat davon in Kenntnis, daß seine Auffassungen zu
vorläufigen Maßnahmen seine endgültige Meinung in der Hauptsache der
Mitteilung oder seine etwaigen Vorschläge und Empfehlungen nicht vorwegnehmen.

(4) Alle von einem Vertragsstaat gemäß diesem Artikel vorgelegten Erklärungen oder Stellungnahmen werden über den Generalsekretär dem Beschwerdeführer zugeleitet, der innerhalb einer vom Ausschuß festgesetzten
Frist weitere schriftliche Auskünfte oder Stellungnahmen vorlegen kann.

(5) Der Ausschuß kann den Beschwerdeführer oder seinen Vertreter und
die Vertreter des betroffenen Vertragsstaates einladen, vor dem Ausschuß zu
erscheinen, um weitere Auskünfte zu geben oder Fragen zur Begründetheit
der Mitteilung zu beantworten.

(6) Der Ausschuß kann seine Entscheidung, daß eine Mitteilung zulässig ist,
im Lichte der von dem Vertragsstaat vorgelegten Erklärungen oder Stellungnahmen zurücknehmen. Bevor der Ausschuß jedoch die Zurücknahme seiner
Entscheidung in Erwägung zieht, müssen diese Erklärungen oder Stellungnahmen dem Beschwerdeführer übermittelt werden, damit dieser innerhalb
einer vom Ausschuß festgesetzten Frist weitere Auskünfte oder Stellungnahmen vorlegen kann.

Art. 95 Meinung des Ausschusses zu zulässigen Mitteilungen und Vorschläge und Empfehlungen des Ausschusses.

(1) Zulässige Mitteilungen werden vom Ausschuß im Lichte sämtlicher Angaben geprüft, die ihm
von dem Beschwerdeführer und von dem betroffenen Vertragsstaat zur Verfügung gestellt wurden. Der Ausschuß kann die Mitteilung an die Arbeitsgruppe
überweisen, damit sie ihm bei dieser Aufgabe behilflich ist.

(2) Der Ausschuß oder die von ihm zur Prüfung einer Mitteilung eingesetzte Arbeitsgruppe kann jederzeit während der Prüfung über den Generalsekretär von Organen der Vereinten Nationen oder von den Sonderorganisationen
alle Unterlagen anfordern, die bei der Erledigung der Sache von Hilfe sein
können.

(3) Nachdem der Ausschuß eine zulässige Mitteilung geprüft hat, arbeitet er
seine Meinung dazu aus. Die Meinung des Ausschusses wird zusammen mit
seinen etwaigen Vorschlägen und Empfehlungen über den Generalsekretär
dem Beschwerdeführer und dem betroffenen Vertragsstaat zugeleitet.

(4) Jedes Ausschußmitglied kann verlangen, daß der Meinung des Ausschusses eine Zusammenfassung seiner persönlichen Meinung beigefügt wird, wenn
diese dem Beschwerdeführer und dem betroffenen Vertragsstaat zugeleitet
wird.

(5) Der betroffene Vertragsstaat wird gebeten, dem Ausschuß zu gegebener Zeit mitzuteilen, welche Maßnahmen er im Einklang mit den Vorschlägen und Empfehlungen des Ausschusses ergreift.

Art. 96 Zusammenfassungen im Jahresbericht des Ausschusses. Der Ausschuß nimmt in seinen Jahresbericht eine Zusammenfassung der geprüften Mitteilungen und gegebenenfalls eine Zusammenfassung der Erklärungen und Stellungnahmen der betroffenen Vertragsstaaten sowie seiner eigenen Vorschläge und Empfehlungen auf.

Art. 97 Pressemitteilungen. Der Ausschuß kann über den Generalsekretär für die Medien und die allgemeine Öffentlichkeit auch Kommuniqués über die Tätigkeit des Ausschusses nach Artikel 14 des Übereinkommens herausgeben.

Dritter Teil: Auslegung und Änderungen

XIX. Auslegung und Änderungen

Art. 98 Kursiv gedruckte Überschriften. Bei der Auslegung dieser Verfahrensordnung bleiben die kursiv[1] gedruckten Überschriften, die nur als Hinweis gedacht sind, unberücksichtigt.

Art. 99 Änderungen. Diese Verfahrensordnung kann durch einen Beschluß des Ausschusses geändert werden.

Laut Beschluss 2(VI) des Ausschusses werden Vertretern der Internationalen Arbeitsorganisation und der Organisation für Erziehung, Wissenschaft und Kultur zu den Sitzungen eingeladen. Weiterhin werden mit diesen Organisationen Berichte und Dokumente ausgetauscht. Dies entspricht – begrenzt auf diese beiden Organisationen – der Regelung in Art. 66 und 68 der Verfahrensordnung des Ausschusses für wirtschaftliche, soziale und kulturelle Rechte (Nr. 15a).

---

[1] Die im Original kursiv geschriebenen Überschriften der einzelnen Artikel sind in dieser Ausgabe im Fettdruck wiedergegeben.

39. Übereinkommen zur Beseitigung jeder Form von Diskriminierung der Frau[1]

Vom 18. Dezember 1979

(BGBl. 1985 II S. 648)

(Übersetzung)

Die Vertragsstaaten dieses Übereinkommens –

im Hinblick darauf, daß die Charta der Vereinten Nationen den Glauben an die Grundrechte des Menschen, an Würde und Wert der menschlichen Persönlichkeit und an die Gleichberechtigung von Mann und Frau erneut bekräftigt;

im Hinblick darauf, daß die Allgemeine Erklärung der Menschenrechte den Grundsatz der Unzulässigkeit der Diskriminierung bekräftigt und feierlich feststellt, daß alle Menschen frei und an Würde und Rechten gleich geboren sind und daß jeder ohne irgendeinen Unterschied, einschließlich eines Unterschieds aufgrund des Geschlechts, Anspruch hat auf alle in der genannten Erklärung aufgeführten Rechte und Freiheiten;

im Hinblick darauf, daß die Vertragsstaaten der Internationalen Menschenrechtspakte verpflichtet sind, die Gleichberechtigung von Mann und Frau bei der Ausübung aller wirtschaftlichen, sozialen, kulturellen, bürgerlichen und politischen Rechte sicherzustellen;

in Anbetracht der unter der Schirmherrschaft der Vereinten Nationen und der Sonderorganisationen geschlossenen internationalen Übereinkommen zur Förderung der Gleichberechtigung von Mann und Frau;

im Hinblick ferner auf die Entschließungen, Erklärungen und Empfehlungen der Vereinten Nationen und der Sonderorganisationen zur Förderung der Gleichberechtigung von Mann und Frau;

jedoch besorgt darüber, daß die Frau trotz dieser verschiedenen Urkunden noch immer weitgehend diskriminiert wird;

unter Hinweis darauf, daß die Diskriminierung der Frau die Grundsätze der Gleichberechtigung und der Achtung der Menschenwürde verletzt, die Frauen daran hindert, unter den gleichen Voraussetzungen wie Männer am politischen, sozialen, wirtschaftlichen und kulturellen Leben ihres Landes teilzunehmen, das Wachstum des Wohlstands von Gesellschaft und Familie hemmt und der Frau die volle Entfaltung ihrer Fähigkeiten im Dienste ihres Landes und der Menschheit erschwert;

besorgt darüber, daß dort, wo Armut herrscht, Frauen beim Zugang zu Nahrungsmitteln, Gesundheitseinrichtungen, Bildung, Ausbildung und Beschäftigungsmöglichkeiten sowie bei der Befriedigung sonstiger Bedürfnisse am ehesten benachteiligt werden;

in der Überzeugung, daß die Errichtung der neuen Weltwirtschaftsordnung auf der Grundlage von Gleichheit und Gerechtigkeit wesentlich zur Förderung der Gleichberechtigung von Mann und Frau beitragen wird;

nachdrücklich darauf hinweisend, daß die Beseitigung der Apartheit, jeder Form von Rassismus, Rassendiskriminierung, Kolonialismus, Neokolonialis-

---

[1] Internationale Quelle: UNTS Bd. 1249, S. 13; eine Änderung des Art. 20 vom 22.12. 1995 (UN Doc. A/C.3/50/L.63) ist noch nicht in Kraft getreten.

mus, Aggression, ausländischer Besetzung und Fremdherrschaft sowie von Einmischung in die inneren Angelegenheiten der Staaten für die volle Ausübung der Rechte von Mann und Frau unerläßlich ist;

in Bekräftigung dessen, daß die Festigung des Weltfriedens und der internationalen Sicherheit, die internationale Entspannung, die Zusammenarbeit zwischen allen Staaten ungeachtet ihrer Gesellschafts- und Wirtschaftsordnung, die allgemeine und vollständige Abrüstung – insbesondere die nukleare Abrüstung unter strenger und wirksamer internationaler Kontrolle –, die Durchsetzung der Grundsätze der Gerechtigkeit, der Gleichberechtigung und des beiderseitigen Nutzens in den zwischenstaatlichen Beziehungen und die Verwirklichung des Rechts der unter Fremd- und Kolonialherrschaft sowie ausländischer Besetzung lebenden Völker auf Selbstbestimmung und Unabhängigkeit sowie die Achtung der nationalen Souveränität und der territorialen Unversehrtheit den sozialen Fortschritt und die soziale Entwicklung fördern und somit zur Verwirklichung der vollen Gleichberechtigung von Mann und Frau beitragen werden;

überzeugt, daß die größtmögliche und gleichberechtigte Mitwirkung der Frau in allen Bereichen Voraussetzung für die vollständige Entwicklung eines Landes, für das Wohlergehen der Welt und für die Sache des Friedens ist;

eingedenk des bisher noch nicht voll anerkannten bedeutenden Beitrags der Frau zum Wohlergehen der Familie und zur Entwicklung der Gesellschaft, der sozialen Bedeutung der Mutterschaft und der Rolle beider Elternteile in der Familie und bei der Kindererziehung sowie in dem Bewußtsein, daß die Rolle der Frau bei der Fortpflanzung kein Grund zur Diskriminierung sein darf und daß die Kindererziehung eine Aufgabe ist, die sich Mann und Frau sowie die Gesellschaft insgesamt teilen müssen;

in dem Bewußtsein, daß sich die traditionelle Rolle des Mannes und die Rolle der Frau in der Gesellschaft und in der Familie wandeln müssen, wenn die volle Gleichberechtigung von Mann und Frau erreicht werden soll;

entschlossen, die in der Erklärung über die Beseitigung der Diskriminierung der Frau niedergelegten Grundsätze zu verwirklichen und zu diesem Zweck die zur Beseitigung jeder Form und Erscheinungsweise einer solchen Diskriminierung erforderlichen Maßnahmen zu ergreifen –

sind wie folgt übereingekommen:

Teil I

Art. 1 [Begriff der Diskriminierung][1] In diesem Übereinkommen bezeichnet der Ausdruck „Diskriminierung der Frau" jede mit dem Geschlecht begründete Unterscheidung, Ausschließung oder Beschränkung, die zur Folge oder zum Ziel hat, daß die auf die Gleichberechtigung von Mann und Frau gegründete Anerkennung, Inanspruchnahme oder Ausübung der Menschenrechte und Grundfreiheiten durch die Frau – ungeachtet ihres Familienstands – im politischen, wirtschaftlichen, sozialen, kulturellen, staatsbürgerlichen oder jedem sonstigen Bereich beeinträchtigt oder vereitelt wird.

---

[1] Zu verletzenden Praktiken gegenüber Mädchen und Frauen (Genitalverstümmelung, Kinderehen, Polygamie, Ehrenmorde) als eine Form der Diskriminierung siehe die gemeinsame Allgemeine Empfehlung Nr. 31(2014) des Ausschusses gegen Frauendiskriminierung und des Ausschusses für die Rechte des Kindes (CEDAW/C/GC/31-CRC/C/GC/18).

Art. 2 [Allgemeine Verpflichtungen][1] Die Vertragsstaaten verurteilen jede Form von Diskriminierung der Frau; sie kommen überein, mit allen geeigneten Mitteln unverzüglich eine Politik zur Beseitigung der Diskriminierung der Frau zu verfolgen, und verpflichten sich zu diesem Zweck,

a) den Grundsatz der Gleichberechtigung von Mann und Frau in ihre Staatsverfassung oder in andere geeignete Rechtsvorschriften aufzunehmen, sofern sie dies noch nicht getan haben, und durch gesetzgeberische und sonstige Maßnahmen für die tatsächliche Verwirklichung dieses Grundsatzes zu sorgen;

b) durch geeignete gesetzgeberische und sonstige Maßnahmen, gegebenenfalls auch Sanktionen, jede Diskriminierung der Frau zu verbieten;

c) den gesetzlichen Schutz der Rechte der Frau auf der Grundlage der Gleichberechtigung mit dem Mann zu gewährleisten und die Frau durch die zuständigen nationalen Gerichte und sonstigen öffentlichen Einrichtungen wirksam vor jeder diskriminierenden Handlung zu schützen;

d) Handlungen oder Praktiken zu unterlassen, welche die Frau diskriminieren, und dafür zu sorgen, daß alle staatlichen Behörden und öffentlichen Einrichtungen im Einklang mit dieser Verpflichtung handeln;

e) alle geeigneten Maßnahmen zur Beseitigung der Diskriminierung der Frau durch Personen, Organisationen oder Unternehmen zu ergreifen;

f) alle geeigneten Maßnahmen einschließlich gesetzgeberischer Maßnahmen zur Änderung oder Aufhebung aller bestehenden Gesetze, Verordnungen, Gepflogenheiten und Praktiken zu treffen, die eine Diskriminierung der Frau darstellen;

g) alle innerstaatlichen strafrechtlichen Vorschriften aufzuheben, die eine Diskriminierung der Frau darstellen.

Art. 3 [Menschenrechte und Grundfreiheiten][2] Die Vertragsstaaten treffen auf allen Gebieten, insbesondere auf politischem, sozialem, wirtschaftlichem und kulturellem Gebiet, alle geeigneten Maßnahmen einschließlich gesetzgeberischer Maßnahmen zur Sicherung der vollen Entfaltung und Förderung der Frau, damit gewährleistet wird, daß sie die Menschenrechte und Grundfreiheiten gleichberechtigt mit dem Mann ausüben und genießen kann.

Art. 4 [Sondermaßnahmen][3] (1) Zeitweilige Sondermaßnahmen der Vertragsstaaten zur beschleunigten Herbeiführung der De-facto-Gleichberechti-

---

[1] Zu den staatlichen Verpflichtungen siehe die Allgemeine Empfehlung Nr. 28(2010) des Ausschusses gegen Frauendiskriminierung (CEDAW/C/GC/28), speziell zur Verhinderung von Gewalt gegen Frauen siehe die Allgemeinen Empfehlungen Nr. 19(1992)(abgedruckt in UN Doc. A/47/38) und Nr. 35(2017)(CEDAW/C/GC/35), zum Schutz von Arbeitsmigrantinnen die Allgemeine Empfehlung Nr. 26(2008) (CEDAW/C/2009/WP.1/R), im Zusammenhang mit bewaffneten Konflikten die Allgemeine Empfehlung Nr. 30(2013) (CEDAW/C/GC/30), zum Zugang zur Justiz die Allgemeine Empfehlung Nr. 33(2015) (CEDAW/C/GC/33), zur geschlechtsbezogenen Dimension der Verminderung des Katastrophenrisikos im Zusammenhang mit dem Klimawandel die Allgemeine Empfehlung Nr. 37(2018) (CEDAW/C/GC/37).
[2] Zur Gewährleistung der Rechte von Arbeitsmigrantinnen siehe die Allgemeine Empfehlung Nr. 26(2009) des Ausschusses gegen Frauendiskriminierung (CEDAW/C/2009/WP.1/R), zum Zugang zur Justiz die Allgemeine Empfehlung Nr. 33(2015) (CEDAW/C/GC/33).
[3] Siehe hierzu die Allgemeine Empfehlung Nr. 25(2004) des Ausschusses gegen Frauendiskriminierung, abgedruckt in UN Doc. A/59/38(Supp); speziell zu Maßnahmen für ältere Frauen siehe die Allgemeine Empfehlung Nr. 27(2010)(CEDAW/C/GC/27) und zu Maßnahmen für Flüchtlinge die Allgemeine Empfehlung Nr. 32(2014)(CEDAW/C/GC/32).

gung von Mann und Frau gelten nicht als Diskriminierung im Sinne dieses Übereinkommens, dürfen aber keinesfalls die Beibehaltung ungleicher oder gesonderter Maßstäbe zur Folge haben; diese Maßnahmen sind aufzuheben, sobald die Ziele der Chancengleichheit und Gleichbehandlung erreicht sind.

(2) Sondermaßnahmen der Vertragsstaaten – einschließlich der in diesem Übereinkommen genannten Maßnahmen – zum Schutz der Mutterschaft gelten nicht als Diskriminierung.

Art. 5 [Überwindung von Verhaltensmustern] Die Vertragsstaaten treffen alle geeigneten Maßnahmen,

a) um einen Wandel in den sozialen und kulturellen Verhaltensmustern von Mann und Frau zu bewirken, um so zur Beseitigung von Vorurteilen sowie von herkömmlichen und allen sonstigen auf der Vorstellung von der Unterlegenheit oder Überlegenheit des einen oder anderen Geschlechts oder der stereotypen Rollenverteilung von Mann und Frau beruhenden Praktiken zu gelangen;

b) um sicherzustellen, daß die Erziehung in der Familie zu einem richtigen Verständnis der Mutterschaft als einer sozialen Aufgabe und zur Anerkennung der gemeinsamen Verantwortung von Mann und Frau für die Erziehung und Entwicklung ihrer Kinder beiträgt, wobei davon ausgegangen wird, daß das Interesse der Kinder in allen Fällen vorrangig zu berücksichtigen ist.

Art. 6 [Frauenhandel, Prostitution] Die Vertragsstaaten treffen alle geeigneten Maßnahmen einschließlich gesetzgeberischer Maßnahmen zur Abschaffung jeder Form des Frauenhandels und der Ausbeutung der Prostitution von Frauen.

Teil II

Art. 7 [Politische Rechte] [1] Die Vertragsstaaten treffen alle geeigneten Maßnahmen zur Beseitigung der Diskriminierung der Frau im politischen und öffentlichen Leben ihres Landes und gewährleisten insbesondere allen Frauen in gleicher Weise wie den Männern

a) das Stimmrecht bei allen Wahlen und Volksabstimmungen sowie das passive Wahlrecht für alle öffentlich gewählten Gremien;

b) das Recht auf Mitwirkung an der Ausarbeitung der Regierungspolitik und deren Durchführung sowie auf Bekleidung öffentlicher Ämter und auf Wahrnehmung aller öffentlichen Aufgaben auf allen Ebenen staatlicher Tätigkeit;

c) das Recht auf Mitarbeit in nichtstaatlichen Organisationen und Vereinigungen, die sich mit dem öffentlichen und politischen Leben ihres Landes befassen.

Art. 8 [Internationale Repräsentation] [2] Die Vertragsstaaten treffen alle geeigneten Maßnahmen, um sicherzustellen, daß Frauen unter den gleichen

---

[1] Siehe hierzu die Allgemeine Empfehlung Nr. 23(1997) des Ausschusses gegen Frauendiskriminierung, abgedruckt in UN Doc. A/52/38.

[2] Siehe hierzu die Allgemeine Empfehlung Nr. 23(1997) des Ausschusses gegen Frauendiskriminierung, abgedruckt in UN Doc. A/52/38.

Bedingungen wie Männer und ohne Diskriminierung die Möglichkeit haben, ihre Regierung auf internationaler Ebene zu vertreten und an der Arbeit internationaler Organisationen mitzuwirken.

Art. 9 [Staatsangehörigkeit][1] (1) Die Vertragsstaaten gewähren Frauen die gleichen Rechte wie Männern hinsichtlich des Erwerbs, des Wechsels oder der Beibehaltung der Staatsangehörigkeit. Insbesondere stellen die Vertragsstaaten sicher, daß weder durch Eheschließung mit einem Ausländer noch durch Wechsel der Staatsangehörigkeit des Ehemanns im Laufe der Ehe ohne weiteres sich die Staatsangehörigkeit der Frau ändert, diese staatenlos wird oder ihr die Staatsangehörigkeit ihres Mannes aufgezwungen wird.

(2) Die Vertragsstaaten gewähren Frauen die gleichen Rechte wie Männern im Hinblick auf die Staatsangehörigkeit ihrer Kinder.

Teil III

Art. 10 [Bildungsbereich][2] Die Vertragsstaaten treffen alle geeigneten Maßnahmen zur Beseitigung der Diskriminierung der Frau, um ihr im Bildungsbereich die gleichen Rechte wie dem Mann zu gewährleisten und auf der Grundlage der Gleichberechtigung von Mann und Frau insbesondere folgendes sicherzustellen:
a) gleiche Bedingungen bei der Berufsberatung, bei der Zulassung zum Unterricht und beim Erwerb von Zeugnissen an Bildungseinrichtungen jeder Art sowohl in ländlichen als auch in städtischen Gebieten; diese Gleichberechtigung gilt im Hinblick auf Vorschulen, allgemeinbildende Schulen, Fachschulen, allgemeine und technische Bildungseinrichtungen im tertiären Bereich sowie für jede Art der Berufsausbildung;
b) Zulassung zu denselben Bildungsprogrammen und Prüfungen sowie Lehrkräften mit gleichwertigen Qualifikationen und zu Schulanlagen und Schulausstattungen derselben Qualität;
c) Beseitigung jeder stereotypen Auffassung in bezug auf die Rolle von Mann und Frau auf allen Bildungsebenen und in allen Unterrichtsformen durch Förderung der Koedukation und sonstiger Erziehungsformen, die zur Erreichung dieses Zieles beitragen, insbesondere auch durch Überarbeitung von Lehrbüchern und Lehrplänen und durch Anpassung der Lehrmethoden;
d) Chancengleichheit bei der Erlangung von Stipendien und sonstigen Ausbildungsbeihilfen;
e) gleiche Möglichkeiten des Zugangs zu Weiterbildungsprogrammen, darunter Programme für erwachsene Analphabeten und zur funktionellen Alphabetisierung, insbesondere zur möglichst baldigen Verringerung jeden Bildungsgefälles zwischen Mann und Frau;
f) Verringerung des Prozentsatzes von Frauen, die ihre Ausbildung abbrechen, sowie Veranstaltung von Programmen für Mädchen und Frauen, die vorzeitig von der Schule abgegangen sind;

---

[1] Zur Staatsangehörigkeit von Frauen bei Heirat und Scheidung siehe die Allgemeine Empfehlung Nr. 21(1994) des Ausschusses gegen Frauendiskriminierung, abgedruckt in UN Doc. A/49/38.
[2] Siehe hierzu die Allgemeine Empfehlung Nr. 36(2017) des Ausschusses gegen Frauendiskriminierung (CEDAW/C/GC/36).

g) gleiche Möglichkeiten zur aktiven Teilnahme an Sport und Leibesübungen;

h) Zugang zu spezifischen Bildungsinformationen, die zur Gesunderhaltung und zum Wohlergehen der Familie beitragen, einschließlich Aufklärung und Beratung in bezug auf die Familienplanung.

Art. 11 [Arbeitsleben][1] (1) Die Vertragsstaaten treffen alle geeigneten Maßnahmen zur Beseitigung der Diskriminierung der Frau im Berufsleben, um ihr auf der Grundlage der Gleichberechtigung von Mann und Frau gleiche Rechte zu gewährleisten, insbesondere

a) das Recht auf Arbeit als unveräußerliches Recht jedes Menschen;

b) das Recht auf dieselben Arbeitsmöglichkeiten einschließlich der Anwendung derselben Auswahlkriterien bei der Einstellung;

c) das Recht auf freie Berufswahl und freie Wahl des Arbeitsplatzes, das Recht auf beruflichen Aufstieg, Arbeitsplatzsicherheit und alle Leistungen und Arbeitsbedingungen sowie das Recht auf Berufsausbildung und Umschulung, einschließlich einer Lehre, der Berufsfortbildung und der ständigen Weiterbildung;

d) das Recht auf gleiches Entgelt, einschließlich sonstiger Leistungen, und auf Gleichbehandlung bei gleichwertiger Arbeit sowie Gleichbehandlung bei der Bewertung der Arbeitsqualität;[2]

e) das Recht auf soziale Sicherheit, insbesondere auf Leistungen bei Eintritt in den Ruhestand, bei Arbeitslosigkeit, Krankheit, Invalidität und im Alter oder bei sonstiger Arbeitsunfähigkeit sowie das Recht auf bezahlten Urlaub;

f) das Recht auf Schutz der Gesundheit und auf Sicherheit am Arbeitsplatz, einschließlich des Schutzes der Fortpflanzungsfähigkeit.

(2) Um eine Diskriminierung der Frau wegen Eheschließung oder Mutterschaft zu verhindern und ihr ein wirksames Recht auf Arbeit zu gewährleisten, treffen die Vertragsstaaten geeignete Maßnahmen

a) zum – mit der Androhung von Sanktionen verbundenen – Verbot der Entlassung wegen Schwangerschaft oder Mutterschaftsurlaubs sowie der Diskriminierung aufgrund des Familienstands bei Entlassungen;

b) zur Einführung des bezahlten oder mit vergleichbaren sozialen Vorteilen verbundenen Mutterschaftsurlaubs ohne Verlust des bisherigen Arbeitsplatzes, des Dienstalters oder sozialer Zulagen;

c) zur Förderung der Bereitstellung der erforderlichen unterstützenden Sozialdienste, die es Eltern ermöglichen, ihre Familienpflichten mit ihren beruflichen Aufgaben und mit der Teilnahme am öffentlichen Leben zu vereinbaren, insbesondere durch Förderung der Errichtung und des Ausbaus eines Netzes von Einrichtungen zur Kinderbetreuung;

d) zur Gewährung besonderen Schutzes für Frauen während der Schwangerschaft bei Beschäftigungsarten, die sich als schädlich für Schwangere erwiesen haben.

(3) Die Gesetze zum Schutz der Frau in den in diesem Artikel genannten Bereichen werden in regelmäßigen Abständen anhand der wissenschaftlichen

---

[1] Siehe bezüglich unbezahlter Arbeit in Familienunternehmen die Allgemeine Empfehlung Nr. 16(1991) des Ausschusses gegen Frauendiskriminierung, abgedruckt in UN Doc. A/46/38.
[2] Siehe hierzu die Allgemeine Empfehlung Nr. 13(1989) des Ausschusses gegen Frauendiskriminierung, abgedruckt in UN Doc. A/44/38.

und technischen Erkenntnisse überprüft und erforderlichenfalls geändert, aufgehoben oder erweitert.

Art. 12 [Gesundheitswesen, Familienplanung][1] (1) Die Vertragsstaaten treffen alle geeigneten Maßnahmen zur Beseitigung der Diskriminierung der Frau im Bereich des Gesundheitswesens, um der Frau gleichberechtigt mit dem Mann Zugang zu den Gesundheitsdiensten, einschließlich derjenigen im Zusammenhang mit der Familienplanung, zu gewährleisten.

(2) Unbeschadet des Absatzes 1 sorgen die Vertragsstaaten für angemessene und erforderlichenfalls unentgeltliche Betreuung der Frau während der Schwangerschaft sowie während und nach der Entbindung und für eine ausreichende Ernährung während der Schwangerschaft und der Stillzeit.

Art. 13 [Wirtschafts- und Sozialleben] Die Vertragsstaaten treffen alle geeigneten Maßnahmen zur Beseitigung der Diskriminierung der Frau in anderen Bereichen des wirtschaftlichen und sozialen Lebens, um der Frau nach dem Gleichheitsgrundsatz die gleichen Rechte wie dem Mann zu gewährleisten, insbesondere
a) das Recht auf Familienbeihilfen;
b) das Recht, Bankdarlehen, Hypotheken und andere Finanzkredite aufzunehmen;
c) das Recht auf Teilnahme an Freizeitbeschäftigungen, Sport und allen Aspekten des kulturellen Lebens.

Art. 14 [Frauen auf dem Lande][2] (1) Die Vertragsstaaten berücksichtigen die besonderen Probleme der Frauen auf dem Lande und die wichtige Rolle dieser Frauen für das wirtschaftliche Überleben ihrer Familien, einschließlich ihrer Arbeit in nichtmonetären Wirtschaftsbereichen und treffen alle geeigneten Maßnahmen, um dafür zu sorgen, daß die Bestimmungen dieses Übereinkommens auch auf Frauen in ländlichen Gebieten Anwendung finden.

(2) Die Vertragsstaaten treffen alle geeigneten Maßnahmen zur Beseitigung der Diskriminierung der Frau in ländlichen Gebieten, um dafür zu sorgen, daß sie gleichberechtigt mit dem Mann an der ländlichen Entwicklung und an den sich daraus ergebenden Vorteilen teilhaben kann, und gewährleisten ihr insbesondere das Recht auf
a) Mitwirkung – auf allen Ebenen – an der Aufstellung und Durchführung von Entwicklungsplänen;
b) Zugang zu angemessenen Gesundheitsdiensten, einschließlich Aufklärungs- und Beratungsdiensten und sonstigen Einrichtungen auf dem Gebiet der Familienplanung;
c) unmittelbare Leistungen aus Programmen der sozialen Sicherheit;
d) schulische und außerschulische Ausbildung und Bildung jeder Art, einschließlich funktioneller Alphabetisierung, sowie die Nutzung aller Gemeinschafts- und Volksbildungseinrichtungen, insbesondere zur Erweiterung ihres Fachwissens;

---

[1] Siehe hierzu die Allgemeine Empfehlung Nr. 24(1999) des Ausschusses gegen Frauendiskriminierung (abgedruckt in UN Doc. A/54/38/Rev.1), bezüglich AIDS siehe die Allgemeine Empfehlung Nr. 15(1990), abgedruckt in UN Doc. A/45/38.
[2] Siehe hierzu die Allgemeine Empfehlung Nr. 34(2016) des Ausschusses gegen Frauendiskriminierung (CEDAW/C/GC/34).

e) Organisierung von Selbsthilfegruppen und Genossenschaften zur Erlangung wirtschaftlicher Chancengleichheit durch selbständige oder unselbständige Arbeit;

f) Teilnahme an allen Gemeinschaftsbetätigungen;

g) Zugang zu landwirtschaftlichen Krediten und Darlehen, Vermarktungseinrichtungen und geeigneten Technologien sowie Gleichbehandlung im Rahmen von Boden- und Agrarreformen und ländlichen Umsiedlungsaktionen;

h) angemessene Lebensbedingungen, insbesondere im Hinblick auf Wohnung, sanitäre Einrichtungen, Elektrizitäts- und Wasserversorgung sowie Verkehrs- und Nachrichtenverbindungen.

Teil IV

Art. 15 [Gleichheit vor dem Gesetz][1] (1) Die Vertragsstaaten stellen die Frau dem Mann vor dem Gesetz gleich.

(2) Die Vertragsstaaten gewähren der Frau in zivilrechtlichen Fragen dieselbe Rechtsfähigkeit wie dem Mann und dieselben Möglichkeiten zur Ausübung dieser Rechtsfähigkeit. Insbesondere räumen sie der Frau gleiche Rechte in bezug auf den Abschluß von Verträgen und die Verwaltung von Vermögen ein und gewähren ihr Gleichbehandlung in allen Stadien gerichtlicher Verfahren.

(3) Die Vertragsstaaten kommen überein, daß alle Verträge und alle sonstigen Privaturkunden, deren Rechtswirkung auf die Einschränkung der Rechtsfähigkeit der Frau gerichtet ist, nichtig sind.

(4) Die Vertragsstaaten gewähren Männern und Frauen die gleichen Rechte hinsichtlich der Rechtsvorschriften über die Freizügigkeit und die freie Wahl ihres Aufenthaltsorts und ihres Wohnsitzes.

Art. 16 [Ehe- und Familienrecht][2] (1) Die Vertragsstaaten treffen alle geeigneten Maßnahmen zur Beseitigung der Diskriminierung der Frau in Ehe- und Familienfragen und gewährleisten auf der Grundlage der Gleichberechtigung von Mann und Frau insbesondere folgende Rechte:

a) gleiches Recht auf Eheschließung;

b) gleiches Recht auf freie Wahl des Ehegatten sowie auf Eheschließung nur mit freier und voller Zustimmung;

c) gleiche Rechte und Pflichten in der Ehe und bei deren Auflösung;

d) gleiche Rechte und Pflichten als Eltern, ungeachtet ihres Familienstands, in allen ihre Kinder betreffenden Fragen; in jedem Fall sind die Interessen der Kinder vorrangig zu berücksichtigen;

---

[1] Zur Gleichheit von Frauen bei Heirat, in der Ehe und bei Scheidung siehe die Allgemeine Empfehlung Nr. 21(1994) des Ausschusses gegen Frauendiskriminierung, abgedruckt in UN Doc. A/49/38.

[2] Zur Gleichheit von Frauen bei Heirat, in der Ehe und bei Scheidung einschließlich des Schutzes vor faktischer Ungleichheit siehe die Allgemeine Empfehlung Nr. 21(1994) des Ausschusses gegen Frauendiskriminierung, abgedruckt in UN Doc. A/49/38; zu den wirtschaftlichen Folgen von Heirat, Ehe und Scheidung siehe die Allgemeine Empfehlung Nr. 29(2013)(CEDAW/C/GC/29).

e) gleiches Recht auf freie und verantwortungsbewußte Entscheidung über Anzahl und Altersunterschied ihrer Kinder sowie auf Zugang zu den zur Ausübung dieser Rechte erforderlichen Informationen, Bildungseinrichtungen und Mitteln;

f) gleiche Rechte und Pflichten in Fragen der Vormundschaft, Pflegschaft, Personen- und Vermögenssorge, Adoption von Kindern oder ähnlichen Rechtseinrichtungen, soweit das innerstaatliche Recht derartige Rechtsinstitute kennt; in jedem Fall sind die Interessen der Kinder vorrangig zu berücksichtigen;

g) die gleichen persönlichen Rechte als Ehegatten, einschließlich des Rechts auf Wahl des Familiennamens, eines Berufs und einer Beschäftigung;

h) gleiche Rechte beider Ehegatten hinsichtlich des Eigentums an Vermögen und dessen Erwerb, Bewirtschaftung, Verwaltung und Nutzung sowie der Verfügung darüber, gleichviel ob unentgeltlich oder gegen Entgelt.

(2) Die Verlobung und Eheschließung eines Kindes haben keine Rechtswirksamkeit; es werden alle erforderlichen Maßnahmen einschließlich gesetzgeberischer Maßnahmen ergriffen, um ein Mindestalter für die Eheschließung festzulegen und die Eintragung der Eheschließung in ein amtliches Register zur Pflicht zu machen.

Teil V

Art. 17 [Ausschuss gegen Frauendiskriminierung] (1) Zur Prüfung der Fortschritte bei der Durchführung dieses Übereinkommens wird ein (im folgenden als „Ausschuß" bezeichneter) Ausschuß für die Beseitigung der Diskriminierung der Frau eingesetzt; er besteht zum Zeitpunkt des Inkrafttretens des Übereinkommens aus achtzehn, nach Ratifikation oder Beitritt des fünfunddreißigsten Vertragsstaats aus dreiundzwanzig Sachverständigen von hohem sittlichem Rang und großer Sachkenntnis auf dem von dem Übereinkommen erfaßten Gebiet. Die Sachverständigen werden von den Vertragsstaaten unter ihren Staatsangehörigen ausgewählt und sind in persönlicher Eigenschaft tätig; dabei ist auf eine gerechte geographische Verteilung und auf Vertretung der verschiedenen Zivilisationsformen sowie der wichtigsten Rechtssysteme zu achten.

(2) Die Mitglieder des Ausschusses werden in geheimer Wahl aus einer Liste von Personen gewählt, die von den Vertragsstaaten benannt worden sind. Jeder Vertragsstaat kann einen seiner eigenen Staatsangehörigen benennen.

(3) Die erste Wahl findet sechs Monate nach Inkrafttreten dieses Übereinkommens statt. Spätestens drei Monate vor jeder Wahl fordert der Generalsekretär der Vereinten Nationen die Vertragsstaaten schriftlich auf, binnen zwei Monaten ihre Benennungen einzureichen. Er stellt sodann eine alphabetische Liste aller demgemäß benannten Personen unter Angabe der sie benennenden Vertragsstaaten auf und legt sie den Vertragsstaaten vor.

(4) Die Wahl der Ausschußmitglieder findet auf einer vom Generalsekretär am Sitz der Vereinten Nationen anberaumten Sitzung der Vertragsstaaten statt. Auf dieser Sitzung, die beschlußfähig ist, wenn zwei Drittel der Vertragsstaaten vertreten sind, gelten diejenigen Bewerber als in den Ausschuß gewählt, welche die höchste Stimmenzahl und die absolute Stimmenmehrheit der anwesenden und abstimmenden Vertreter der Vertragsstaaten auf sich vereinigen.

(5) Die Ausschußmitglieder werden für vier Jahre gewählt. Jedoch läuft die Amtszeit von neun der bei der ersten Wahl gewählten Mitglieder nach zwei Jahren ab; unmittelbar nach der ersten Wahl werden die Namen dieser neun Mitglieder vom Vorsitzenden des Ausschusses durch das Los bestimmt.

(6) Die Wahl der fünf zusätzlichen Ausschußmitglieder findet gemäß den Absätzen 2, 3 und 4 nach Ratifikation oder Beitritt des fünfunddreißigsten Vertragsstaats statt. Die Amtszeit zweier der bei dieser Gelegenheit gewählten zusätzlichen Mitglieder läuft nach zwei Jahren ab; die Namen dieser beiden Mitglieder werden vom Ausschußvorsitzenden durch das Los bestimmt.

(7) Zur Besetzung eines unerwartet verwaisten Sitzes ernennt der Vertragsstaat, dessen Sachverständiger aufgehört hat, Mitglied des Ausschusses zu sein, mit Zustimmung des Ausschusses einen anderen Sachverständigen unter seinen Staatsangehörigen.

(8) Die Ausschußmitglieder erhalten mit Zustimmung der Generalversammlung Bezüge aus Mitteln der Vereinten Nationen; die näheren Einzelheiten werden von der Generalversammlung unter Berücksichtigung der Bedeutung der Aufgaben des Ausschusses festgesetzt.

(9) Der Generalsekretär der Vereinten Nationen stellt dem Ausschuß das Personal und die Einrichtungen zur Verfügung, deren dieser zur wirksamen Wahrnehmung seiner Aufgaben nach diesem Übereinkommen bedarf.

Art. 18 [Berichte der Vertragsstaaten] (1) Die Vertragsstaaten verpflichten sich, dem Generalsekretär der Vereinten Nationen zur Beratung durch den Ausschuß einen Bericht über die zur Durchführung dieses Übereinkommens getroffenen Gesetzgebungs-, Gerichts-, Verwaltungs- und sonstigen Maßnahmen und die diesbezüglichen Fortschritte vorzulegen, und zwar
a) innerhalb eines Jahres nach Inkrafttreten des Übereinkommens für den betreffenden Staat und
b) danach mindestens alle vier Jahre und so oft es der Ausschuß verlangt.

(2) In den Berichten kann auf Faktoren und Schwierigkeiten hingewiesen werden, die das Ausmaß der Erfüllung der in diesem Übereinkommen vorgesehenen Verpflichtungen beeinflussen.

Art. 19 [Geschäftsordnung] (1) Der Ausschuß gibt sich eine Geschäftsordnung.[1]

(2) Der Ausschuß wählt seinen Vorstand für zwei Jahre.

Art. 20 [Berichtsprüfung] (1) Der Ausschuß tritt in der Regel jährlich für höchstens zwei Wochen zur Prüfung der nach Artikel 18 vorgelegten Berichte zusammen.[2]

(2) Die Sitzungen des Ausschusses finden in der Regel am Sitz der Vereinten Nationen oder an einem anderen vom Ausschuß bestimmten geeigneten Ort statt.

---

[1] Auszugsweise abgedruckt unter Nr. **41**.
[2] Nach einem noch nicht in Kraft getretenen Beschluss der Vertragsstaatenkonferenz 1995 soll Art. 20 Abs. 1 lauten: Der Ausschuss tritt in der Regel jährlich zur Prüfung der nach Artikel 18 vorgelegten Berichte zusammen. Die Dauer der Sitzungen des Ausschusses wird auf einer Sitzung der Vertragsstaaten dieses Übereinkommens vorbehaltlich der Zustimmung der Generalversammlung festgelegt. (BGBl. 2001 II S. 1235).

Art. 21 [Ausschussbericht] (1) Der Ausschuß berichtet der Generalversammlung der Vereinten Nationen jährlich durch den Wirtschafts- und Sozialrat über seine Tätigkeit und kann aufgrund der Prüfung der von den Vertragsstaaten eingegangenen Berichte und Auskünfte Vorschläge machen und allgemeine Empfehlungen abgeben. Diese werden zusammen mit etwaigen Stellungnahmen der Vertragsstaaten in den Ausschußbericht aufgenommen.

(2) Der Generalsekretär übermittelt die Ausschußberichte der Kommission für die Rechtsstellung der Frau zur Kenntnisnahme.

Art. 22 [Rolle der Sonderorganisationen] Die Sonderorganisationen haben das Recht, bei Beratung der Durchführung derjenigen Bestimmungen dieses Übereinkommens vertreten zu sein, die in ihren Tätigkeitsbereich fallen. Der Ausschuß kann die Sonderorganisationen bitten, Berichte über die Durchführung des Übereinkommens auf Gebieten vorzulegen, die in ihren Tätigkeitsbereich fallen.

Teil VI

Art. 23 [Höhere nationale Schutzstandards] Dieses Übereinkommen läßt zur Herbeiführung der Gleichberechtigung von Mann und Frau besser geeignete Bestimmungen unberührt, die enthalten sind
a) in den Rechtsvorschriften eines Vertragsstaats oder
b) in sonstigen für diesen Staat geltenden internationalen Übereinkommen, Verträgen oder Abkommen.

Art. 24 [Pflichten der Vertragsstaaten] Die Vertragsstaaten verpflichten sich, alle Maßnahmen zu treffen, die auf nationaler Ebene zur vollen Verwirklichung der in diesem Übereinkommen anerkannten Rechte erforderlich sind.

Art. 25 [Unterzeichnung, Ratifikation] (1) Dieses Übereinkommen liegt für alle Staaten zur Unterzeichnung auf.

(2) Der Generalsekretär der Vereinten Nationen wird zum Verwahrer dieses Übereinkommens bestimmt.

(3) Dieses Übereinkommen bedarf der Ratifikation. Die Ratifikationsurkunden werden beim Generalsekretär der Vereinten Nationen hinterlegt.

(4) Dieses Übereinkommen liegt für alle Staaten zum Beitritt auf. Der Beitritt erfolgt durch Hinterlegung einer Beitrittsurkunde beim Generalsekretär der Vereinten Nationen.

Art. 26 [Antrag auf Revision] (1) Ein Vertragsstaat kann jederzeit durch eine an den Generalsekretär der Vereinten Nationen gerichtete schriftliche Notifikation eine Revision dieses Übereinkommens beantragen.

(2) Die Generalversammlung der Vereinten Nationen beschließt über etwaige hinsichtlich eines derartigen Antrags zu unternehmende Schritte.

Art. 27 [Inkrafttreten, Beitritt] (1) Dieses Übereinkommen tritt am dreißigsten Tag nach Hinterlegung der zwanzigsten Ratifikations- oder Beitrittsurkunde beim Generalsekretär der Vereinten Nationen in Kraft.

(2) Für jeden Staat, der nach Hinterlegung der zwanzigsten Ratifikations- oder Beitrittsurkunde dieses Übereinkommen ratifiziert oder ihm beitritt, tritt es am dreißigsten Tag nach Hinterlegung seiner Ratifikations- oder Beitrittsurkunde in Kraft.

Art. 28 [Vorbehalte] (1) Der Generalsekretär der Vereinten Nationen nimmt den Wortlaut von Vorbehalten, die ein Staat bei der Ratifikation oder beim Beitritt anbringt, entgegen und leitet ihn allen Staaten zu.

(2) Mit Ziel und Zweck dieses Übereinkommens unvereinbare Vorbehalte sind nicht zulässig.

(3) Vorbehalte können jederzeit durch eine diesbezügliche Notifikation an den Generalsekretär der Vereinten Nationen zurückgenommen werden, der sodann alle Staaten davon in Kenntnis setzt. Die Notifikation wird mit dem Tag ihres Eingangs wirksam.

Art. 29 [Schiedsverfahren] (1) Entsteht zwischen zwei oder mehr Vertragsstaaten über die Auslegung oder Anwendung dieses Übereinkommens eine Streitigkeit, die nicht auf dem Verhandlungsweg beigelegt werden kann, so wird sie auf Verlangen einer Partei zum Gegenstand eines Schiedsverfahrens gemacht. Können sich die Parteien innerhalb von sechs Monaten vom Zeitpunkt des Antrags auf ein Schiedsverfahren über dessen Ausgestaltung nicht einigen, so kann eine Partei die Streitigkeit dem Internationalen Gerichtshof vorlegen, indem sie einen Antrag im Einklang mit dessen Statut stellt.

(2) Jeder Vertragsstaat kann zum Zeitpunkt der Unterzeichnung oder Ratifikation des Übereinkommens oder seines Beitritts dazu erklären, daß er sich durch Absatz 1 nicht als gebunden ansieht. Die anderen Vertragsstaaten sind gegenüber einem Vertragsstaat, der einen derartigen Vorbehalt angebracht hat, durch Absatz 1 nicht gebunden.

(3) Ein Vertragsstaat, der einen Vorbehalt nach Absatz 2 angebracht hat, kann diesen jederzeit durch eine an den Generalsekretär der Vereinten Nationen gerichtete Notifikation zurücknehmen.

Art. 30 [Verbindliche Wortlaute] Dieses Übereinkommen, dessen arabischer, chinesischer, englischer, französischer, russischer und spanischer Wortlaut gleichermaßen verbindlich ist, wird beim Generalsekretär der Vereinten Nationen hinterlegt.

40. Fakultativprotokoll
zum Übereinkommen zur Beseitigung
jeder Form von Diskriminierung der Frau[1]

Vom 6. Oktober 1999

(BGBl. 2001 II S. 1238)

(Übersetzung)

Die Vertragsstaaten dieses Protokolls –
im Hinblick darauf, dass die Charta der Vereinten Nationen den Glauben an die Grundrechte des Menschen, an Würde und Wert der menschlichen Persönlichkeit und an die Gleichberechtigung von Mann und Frau erneut bekräftigt,
ferner im Hinblick darauf, dass die Allgemeine Erklärung der Menschenrechte feierlich feststellt, dass alle Menschen frei und an Würde und Rechten gleich geboren sind und dass jeder ohne irgendeinen Unterschied, einschließlich eines Unterschieds auf Grund des Geschlechts, Anspruch hat auf alle in der genannten Erklärung aufgeführten Rechte und Freiheiten,
unter Hinweis darauf, dass die Internationalen Menschenrechtspakte und andere internationale Menschenrechtsübereinkünfte die Diskriminierung auf Grund des Geschlechts verbieten,
ferner unter Hinweis auf das Übereinkommen zur Beseitigung jeder Form von Diskriminierung der Frau („Übereinkommen"), in dem die Vertragsstaaten jede Form von Diskriminierung der Frau verurteilen und übereinkommen, mit allen geeigneten Mitteln unverzüglich eine Politik zur Beseitigung der Diskriminierung der Frau zu verfolgen,
in erneuter Bekräftigung ihrer Entschlossenheit, die volle Gleichberechtigung der Frau bei der Ausübung aller Menschenrechte und Grundfreiheiten zu gewährleisten und wirksame Maßnahmen zu treffen, um Verletzungen dieser Rechte und Freiheiten zu verhindern –
sind wie folgt übereingekommen:

Art. 1. Jeder Vertragsstaat dieses Protokolls („Vertragsstaat") erkennt die Zuständigkeit des Ausschusses für die Beseitigung der Diskriminierung der Frau („Ausschuss") für die Entgegennahme und Prüfung von nach Artikel 2 eingereichten Mitteilungen an.

Art. 2. Mitteilungen können von oder im Namen von der Hoheitsgewalt eines Vertragsstaats unterstehenden Einzelpersonen oder Personengruppen eingereicht werden, die behaupten, Opfer einer Verletzung eines im Übereinkommen niedergelegten Rechts durch diesen Vertragsstaat zu sein.[2] Wird eine Mitteilung im Namen von Einzelpersonen oder Personengruppen einge-

---

[1] Internationale Quelle: UNTS Bd. 2131, S. 83.
[2] Die Mitteilungen sind zu richten an: (brieflich) Petitions and Inquiries Section, Office of the High Commissioner for Human Rights, United Nations Office at Geneva, CH-1211 Genève 10; (E-Mail) petitions@ohchr.org.

reicht, so hat dies mit ihrer Zustimmung zu geschehen, es sei denn, der Verfasser kann rechtfertigen, ohne eine solche Zustimmung in ihrem Namen zu handeln.

Art. 3. Mitteilungen sind schriftlich abzufassen und dürfen nicht anonym sein. Der Ausschuss nimmt keine Mitteilung entgegen, die einen Vertragsstaat des Übereinkommens betrifft, der nicht Vertragspartei dieses Protokolls ist.

Art. 4. (1) Der Ausschuss prüft eine Mitteilung nur, wenn er sich vergewissert hat, dass alle zur Verfügung stehenden innerstaatlichen Rechtsbehelfe erschöpft worden sind, sofern nicht das Verfahren bei der Anwendung solcher Rechtsbehelfe unangemessen lange dauert oder keine wirksame Abhilfe erwarten lässt.

(2) Der Ausschuss erklärt eine Mitteilung für unzulässig, wenn
a) dieselbe Sache bereits vom Ausschuss untersucht worden ist oder in einem anderen internationalen Untersuchungs- oder Streitregelungsverfahren geprüft worden ist oder geprüft wird;
b) sie unvereinbar mit den Bestimmungen des Übereinkommens ist;
c) sie offensichtlich unbegründet ist oder nicht hinreichend begründet wird;
d) sie einen Missbrauch des Rechts auf Einreichung einer Mitteilung darstellt;
e) sich die der Mitteilung zu Grunde liegenden Tatsachen vor dem Inkrafttreten des Protokolls für den betreffenden Vertragsstaat ereignet haben, sofern sie nicht auch nach diesem Zeitpunkt weiterbestehen.

Art. 5. (1) Der Ausschuss kann jederzeit nach Eingang einer Mitteilung und bevor eine Entscheidung in der Sache selbst getroffen worden ist dem betreffenden Vertragsstaat ein Gesuch zur sofortigen Prüfung übermitteln, in dem er aufgefordert wird, die vorläufigen Maßnahmen zu treffen, die gegebenenfalls erforderlich sind, um einen möglichen, nicht wieder gut zu machenden Schaden für das oder die Opfer der behaupteten Verletzung abzuwenden.

(2) Übt der Ausschuss sein Ermessen nach Absatz 1 aus, so bedeutet das keine Entscheidung über die Zulässigkeit der Mitteilung oder in der Sache selbst.

Art. 6. (1) Sofern nicht der Ausschuss eine Mitteilung für unzulässig erachtet, ohne sich dabei an den betreffenden Vertragsstaat zu wenden, und sofern die Person oder Personen in die Offenlegung ihrer Identität gegenüber diesem Vertragsstaat einwilligen, bringt der Ausschuss jede ihm nach diesem Protokoll zugegangene Mitteilung dem Vertragsstaat vertraulich zur Kenntnis.

(2) Der betreffende Vertragsstaat übermittelt dem Ausschuss innerhalb von sechs Monaten schriftliche Erklärungen oder Darlegungen zur Klärung der Sache und der gegebenenfalls von ihm getroffenen Abhilfemaßnahmen.

Art. 7. (1) Der Ausschuss prüft die ihm nach diesem Protokoll zugegangenen Mitteilungen unter Berücksichtigung aller ihm von oder im Namen von Einzelpersonen oder Personengruppen und von dem betreffenden Vertragsstaat unterbreiteten Angaben, wobei diese Angaben den betreffenden Parteien zuzuleiten sind.

(2) Der Ausschuss berät über Mitteilungen auf Grund dieses Protokolls in nicht öffentlicher Sitzung.

(3) Nach Prüfung einer Mitteilung übermittelt der Ausschuss den betreffenden Parteien seine Auffassungen zusammen mit etwaigen Empfehlungen.

(4) Der Vertragsstaat zieht die Auffassungen des Ausschusses zusammen mit etwaigen Empfehlungen gebührend in Erwägung und unterbreitet dem Ausschuss innerhalb von sechs Monaten eine schriftliche Antwort, einschließlich Angaben über alle unter Berücksichtigung der Auffassungen und Empfehlungen des Ausschusses getroffenen Maßnahmen.

(5) Der Ausschuss kann den Vertragsstaat auffordern, weitere Angaben über alle Maßnahmen, die der Vertragsstaat als Reaktion auf die Auffassungen und etwaigen Empfehlungen des Ausschusses getroffen hat, vorzulegen, einschließlich, soweit dies vom Ausschuss als geeignet erachtet wird, in den folgenden Berichten des Vertragsstaats nach Artikel 18 des Übereinkommens.

Art. 8. (1) Erhält der Ausschuss zuverlässige Angaben, die auf schwerwiegende oder systematische Verletzungen der im Übereinkommen niedergelegten Rechte durch einen Vertragsstaat hinweisen, so fordert der Ausschuss diesen Vertragsstaat auf, bei der Prüfung dieser Angaben mitzuwirken und zu diesen Angaben Stellung zu nehmen.

(2) Der Ausschuss kann unter Berücksichtigung der von dem betreffenden Vertragsstaat abgegebenen Stellungnahmen sowie aller sonstigen ihm zur Verfügung stehenden zuverlässigen Angaben eines oder mehrere seiner Mitglieder beauftragen, eine Untersuchung durchzuführen und ihm sofort zu berichten. Sofern geboten, kann die Untersuchung mit Zustimmung des Vertragsstaats einen Besuch in seinem Hoheitsgebiet einschließen.

(3) Nachdem der Ausschuss die Ergebnisse einer solchen Untersuchung geprüft hat, übermittelt er sie zusammen mit etwaigen Bemerkungen und Empfehlungen dem betreffenden Vertragsstaat.

(4) Der Vertragsstaat unterbreitet innerhalb von sechs Monaten nach Eingang der vom Ausschuss übermittelten Ergebnisse, Bemerkungen und Empfehlungen dem Ausschuss seine Stellungnahmen.

(5) Eine solche Untersuchung ist vertraulich durchzuführen; die Mitwirkung des Vertragsstaats ist auf allen Verfahrensstufen anzustreben.

Art. 9. (1) Der Ausschuss kann den betreffenden Vertragsstaat auffordern, in seinen Bericht nach Artikel 18 des Übereinkommens Einzelheiten über Maßnahmen aufzunehmen, die als Reaktion auf eine nach Artikel 8 dieses Protokolls durchgeführte Untersuchung getroffen wurden.

(2) Sofern erforderlich, kann der Ausschuss nach Ablauf des in Artikel 8 Absatz 4 genannten Zeitraums von sechs Monaten den betreffenden Vertragsstaat auffordern, ihn über die als Reaktion auf eine solche Untersuchung getroffenen Maßnahmen zu unterrichten.

Art. 10. (1) Jeder Vertragsstaat kann zum Zeitpunkt der Unterzeichnung oder Ratifikation dieses Protokolls oder seines Beitritts dazu erklären, dass er die in den Artikeln 8 und 9 vorgesehene Zuständigkeit des Ausschusses nicht anerkennt.

(2) Jeder Vertragsstaat, der eine Erklärung nach Absatz 1 abgegeben hat, kann diese Erklärung jederzeit durch eine an den Generalsekretär gerichtete Notifikation zurücknehmen.

Art. 11. Ein Vertragsstaat trifft alle geeigneten Maßnahmen, um sicherzustellen, dass seiner Hoheitsgewalt unterstehende Personen nicht deshalb einer Misshandlung oder Einschüchterung ausgesetzt werden, weil sie sich auf Grund dieses Protokolls an den Ausschuss gewandt haben.

Art. 12. Der Ausschuss nimmt in seinen Jahresbericht nach Artikel 21 des Übereinkommens eine Zusammenfassung seiner Tätigkeit nach diesem Protokoll auf.

Art. 13. Jeder Vertragsstaat verpflichtet sich, das Übereinkommen und dieses Protokoll weithin bekannt zu machen und zu verbreiten und den Zugang zu Angaben über die Auffassungen und Empfehlungen des Ausschusses, insbesondere in diesen Vertragsstaat betreffenden Sachen, zu erleichtern.

Art. 14. Der Ausschuss gibt sich eine Geschäftsordnung, die bei der Erfüllung der ihm durch dieses Protokoll übertragenen Aufgaben zu beachten ist.

Art. 15. (1) Dieses Protokoll liegt für jeden Staat, der das Übereinkommen unterzeichnet oder ratifiziert hat oder ihm beigetreten ist, zur Unterzeichnung auf.

(2) Dieses Protokoll bedarf der Ratifikation, die von allen Staaten vorgenommen werden kann, die das Übereinkommen ratifiziert haben oder ihm beigetreten sind. Die Ratifikationsurkunden werden beim Generalsekretär der Vereinten Nationen hinterlegt.

(3) Dieses Protokoll steht jedem Staat, der das Übereinkommen ratifiziert hat oder ihm beigetreten ist, zum Beitritt offen.

(4) Der Beitritt erfolgt durch Hinterlegung einer Beitrittsurkunde beim Generalsekretär der Vereinten Nationen.

Art. 16. (1) Dieses Protokoll tritt drei Monate nach Hinterlegung der zehnten Ratifikations- oder Beitrittsurkunde beim Generalsekretär der Vereinten Nationen in Kraft.

(2) Für jeden Staat, der dieses Protokoll nach seinem Inkrafttreten ratifiziert oder ihm nach seinem Inkrafttreten beitritt, tritt es drei Monate nach Hinterlegung seiner Ratifikations- oder Beitrittsurkunde in Kraft.

Art. 17. Vorbehalte zu diesem Protokoll sind nicht zulässig.

Art. 18. (1) Jeder Vertragsstaat kann eine Änderung dieses Protokolls vorschlagen und ihren Wortlaut beim Generalsekretär der Vereinten Nationen einreichen. Der Generalsekretär übermittelt sodann alle Änderungsvorschläge den Vertragsstaaten mit der Aufforderung, ihm mitzuteilen, ob sie eine Konferenz der Vertragsstaaten zur Beratung und Abstimmung über die Vorschläge befürworten. Befürwortet wenigstens ein Drittel der Vertragsstaaten eine solche Konferenz, so beruft der Generalsekretär die Konferenz unter der Schirmherrschaft der Vereinten Nationen ein. Jede Änderung, die von der Mehrheit der auf der Konferenz anwesenden und abstimmenden Vertragsstaaten angenommen wird, ist der Generalversammlung der Vereinten Nationen zur Billigung vorzulegen.

(2) Die Änderungen treten in Kraft, wenn sie von der Generalversammlung der Vereinten Nationen gebilligt und von einer Zweidrittelmehrheit der Vertragsstaaten dieses Protokolls nach Maßgabe ihrer verfassungsrechtlichen Verfahren angenommen worden sind.

(3) Treten die Änderungen in Kraft, so sind sie für die Vertragsstaaten, die sie angenommen haben, verbindlich, während für die anderen Vertragsstaaten weiterhin dieses Protokoll und alle früher von ihnen angenommenen Änderungen gelten.

Art. 19. (1) Jeder Vertragsstaat kann dieses Protokoll jederzeit durch schriftliche Notifikation an den Generalsekretär der Vereinten Nationen kündigen. Die Kündigung wird sechs Monate nach Eingang der Notifikation beim Generalsekretär wirksam.

(2) Die Kündigung berührt nicht die weitere Anwendung dieses Protokolls auf Mitteilungen nach Artikel 2 oder Untersuchungen nach Artikel 8, die vor dem Wirksamwerden der Kündigung eingegangen oder begonnen worden sind.

Art. 20. Der Generalsekretär der Vereinten Nationen unterrichtet alle Staaten von

a) den Unterzeichnungen, Ratifikationen und Beitritten nach diesem Protokoll;

b) dem Zeitpunkt des Inkrafttretens dieses Protokolls und der Änderungen nach Artikel 18;

c) Kündigungen nach Artikel 19.

Art. 21. (1) Dieses Protokoll, dessen arabischer, chinesischer, englischer, französischer, russischer und spanischer Wortlaut gleichermaßen verbindlich ist, wird im Archiv der Vereinten Nationen hinterlegt.

(2) Der Generalsekretär der Vereinten Nationen übermittelt allen in Artikel 25 des Übereinkommens bezeichneten Staaten beglaubigte Abschriften dieses Protokolls.

41. Verfahrensordnung des Ausschusses für die Beseitigung der Diskriminierung der Frau[1] · [2]

Fassung vom August 2007

(Auszug)

(Übersetzung)

Erster Teil: Allgemeine Bestimmungen

Der Erste Teil mit den Abschnitten I. Tagungen (Art. 1 bis 6), II. Tagesordnung (Art. 7 bis 10), III. Mitglieder des Ausschusses (Art. 11 bis 15), IV. Vorstand (Art. 16 bis 20), V. Sekretariat (Art. 21 bis 23), VI. Sprachen (Art. 24 bis 26), VII. Sitzungsprotokolle (Art. 27), VIII. Führung der Geschäfte (Art. 28 bis 30), IX. Abstimmung (Art. 31 bis 40), X. Nebenorgane (Art. 41), XI. Jahresbericht des Ausschusses (Art. 42), XII. Verteilung von Berichten und anderen offiziellen Dokumenten (Art. 43) ist an die Verfahrensordnung des Menschenrechtsausschusses (Nr. 12) angelehnt, so dass hier auf den Abdruck verzichtet wurde. Wesentliche inhaltliche Abweichungen gibt es bei folgenden Regelungen (die Angaben der Artikel beziehen sich auf die Verfahrensordnung des Ausschusses für die Beseitigung der Diskriminierung der Frau):

1. Die Anzahl der ordentlichen Tagungen wird von den Vertragsstaaten festgelegt (Art. 2); 2. vor jeder ordentlichen Tagung soll eine Arbeitsgruppe aus höchstens fünf Ausschussmitgliedern einberufen werden (Art. 4); 3. die Tagungen sollen am Hauptsitz der Vereinten Nationen stattfinden (Art. 5); 4. jede Sitzung soll gewöhnlich mindestens sechs Wochen im Voraus angekündigt werden (Art. 6); 5. die Amtszeit der Ausschussmitglieder beträgt vier Jahre (Art. 12); 6. das Besetzungsverfahren für verwaiste Sitze ist abweichend geregelt (Art. 13, 14); 7. bei der Wahl des Vorstandes soll eine angemessene geografische Repräsentation gewährleistet sein (Art. 16); 8. Eine Regelung über Arbeitssprachen fehlt; 9. Sitzungen, auf denen abschließende Bemerkungen zu Berichten der Vertragsstaaten erörtert werden, sowie Sitzungen der vorbereitenden Arbeitsgruppen sind grundsätzlich nicht öffentlich (Art. 28)_ 10. der Ausschuss soll sich bei Entscheidungen zunächst um Einstimmigkeit bemühen (Art. 31); 11. das Wahlverfahren ist abweichend geregelt (Art. 40); 8. der Jahresbericht soll die abschließenden Bemerkungen zu den Staatenberichten und Informationen bezüglich des Mandats nach dem Fakultativprotokoll enthalten (Art. 42). Im Übrigen ist die Reihenfolge der Artikel mitunter umgestellt, in wenigen Fällen sind sie auch anders gegliedert. Daraus ergeben sich Abweichungen in der Nummerierung der einzelnen Artikel.

Der Abschnitt XIII. Teilnahme von Sonderorganisationen und Organen der Vereinten Nationen und von internationalen Regierungs- und Nichtregierungsorganisationen (Art. 44 bis 47) entspricht inhaltlich, aber mit einigen Umstellungen dem Art. 63 der Verfahrensordnung für den Ausschuss gegen Folter (Nr. 28a), es können jedoch auch

---

[1] Internationale Quelle: UN Doc. A/56/38 (SUPP), geändert durch UN Doc. A/62/38, S. 347; Zusammenfassung in UN Doc. HRI/GEN/3/Rev.3, Kap. IV.
[2] Deutsche Übersetzung vom deutschen Übersetzungsdienst bei den Vereinten Nationen, New York.

Nichtregierungsorganisationen ohne Konsultativstatus beim Wirtschafts- und Sozialrat einbezogen werden.

Zweiter Teil: Bestimmungen
im Zusammenhang mit den Aufgaben des Ausschusses

XIV. Berichte der Vertragsstaaten
nach Artikel 18 des Übereinkommens

Die Art. 48 bis 54 regeln die Prüfung der Staatenberichte im Wesentlichen entsprechend den Art. 66 bis 73 der Verfahrensordnung für den Menschenrechtsausschuss (Nr. 12). In der Verfahrensordnung des Ausschusses für die Beseitigung der Diskriminierung der Frau fehlen jedoch Entsprechungen für die in Art. 67 bzw. Art. 70 der Verfahrensordnung des Menschenrechtsausschusses geregelte Kooperation mit Sonderorganisationen sowie die Möglichkeit zur Prüfung der Menschenrechtslage trotz fehlendem Staatenbericht; die Tatsache der Nichtvorlage wird lediglich im Jahresbericht des Ausschusses vermerkt (Art. 49). Die Allgemeinen Bemerkungen zu den Bestimmungen des Übereinkommens werden in der Verfahrensordnung entsprechend Art. 21 des Übereinkommens Allgemeine Empfehlungen genannt (Art. 52).

XV. Allgemeine Aussprache

Art. 55 entspricht Art. 55 Abs. 1 der Verfahrensordnung des Ausschusses gegen das Verschwindenlassen (Nr. 20).

Dritter Teil: Verfahrensordnung betreffend
das Fakultativprotokoll zu dem Übereinkommen über
die Beseitigung jeder Form von Diskriminierung der Frau

XVI. Verfahren zur Prüfung der nach
dem Fakultativprotokoll eingegangenen Mitteilungen

Das in den Art. 56 bis 75 geregelte Individualbeschwerdeverfahren entspricht im Wesentlichen den Art. 84 bis 104 der Verfahrensordnung des Menschenrechtsausschusses (Nr. 12), die Bestimmungen über die Nachkontrolle der Umsetzung von Auffassungen und Empfehlungen des Ausschusses sowie über die Vertraulichkeit des Verfahrens sind jedoch an die Art. 18 und 19 der Verfahrensordnung des Ausschusses für wirtschaftliche, soziale und kulturelle Rechte nach dem Fakultativprotokoll (Nr. 15b) angelehnt.

XVII. Verfahren nach dem Untersuchungsverfahren
des Fakultativprotokolls

Art. 76 Anwendbarkeit. Die Artikel 77 bis 90 dieser Verfahrensordnung gelten nicht für einen Vertragsstaat, der nach Artikel 10 Absatz 1 des Fakultativprotokolls zum Zeitpunkt der Ratifikation des Protokolls oder des Beitritts zu diesem erklärt hat, dass er die in dessen Artikel 8 vorgesehene Zuständigkeit des Ausschusses nicht anerkennt, es sei denn, dieser Vertragsstaat hat seinen Vorbehalt später nach Artikel 10 Absatz 2 des Fakultativprotokolls zurückgenommen.

Art. 77 Übermittlung von Informationen an den Ausschuss. Gemäß dieser Verfahrensordnung lenkt der Generalsekretär die Aufmerksamkeit des Ausschusses auf Informationen, die zur Prüfung durch den Ausschuss nach Artikel 8 Absatz 1 des Fakultativprotokolls vorgelegt wurden oder bei denen es den Anschein hat, dass sie zu diesem Zweck vorgelegt wurden.

Art. 78 Register der Informationen. Der Generalsekretär führt ein ständiges Register der dem Ausschuss nach Artikel 77 zur Kenntnis gebrachten Informationen und stellt diese jedem Ausschussmitglied auf Antrag zur Verfügung.

Art. 79 Zusammenfassung der Informationen. Der Generalsekretär erstellt nach Bedarf eine kurze Zusammenfassung der nach Artikel 77 vorgelegten Informationen und übermittelt sie den Ausschussmitgliedern.

Art. 80 Vertraulichkeit. (1) Abgesehen von der Verpflichtung des Ausschusses nach Artikel 12 des Fakultativprotokolls sind alle Dokumente und Verfahren des Ausschusses im Zusammenhang mit der Durchführung der Untersuchung nach Artikel 8 des Fakultativprotokolls vertraulich.

(2) Bevor der Ausschuss eine Zusammenfassung seiner Tätigkeiten nach Artikel 8 oder 9 des Fakultativprotokolls in den nach Artikel 21 des Übereinkommens und Artikel 12 des Fakultativprotokolls zu erstellenden Jahresbericht aufnimmt, kann er den betreffenden Vertragsstaat in Bezug auf diese Zusammenfassung konsultieren.

Art. 81 Sitzungen im Zusammenhang mit dem Verfahren nach Artikel 8. Sitzungen des Ausschusses, bei denen nach Artikel 8 des Fakultativprotokolls durchgeführte Untersuchungen behandelt werden, sind nicht öffentlich.

Art. 82 Vorläufige Prüfung von Informationen durch den Ausschuss. (1) Der Ausschuss kann über den Generalsekretär die Zuverlässigkeit der Informationen und/oder der Quellen der Informationen überprüfen, die ihm nach Artikel 8 des Fakultativprotokolls zur Kenntnis gebracht wurden, und kann zusätzliche sachdienliche Informationen zur Bestätigung des Sachverhalts einholen.

(2) Der Ausschuss hat sich zu vergewissern, ob die eingegangenen Informationen zuverlässige Angaben enthalten, die auf schwere oder systematische Verletzungen der im Übereinkommen niedergelegten Rechte durch den betreffenden Vertragsstaat hinweisen.

(3) Der Ausschuss kann eine Arbeitsgruppe ersuchen, ihn bei der Wahrnehmung seiner Aufgaben nach diesem Artikel zu unterstützen.

Art. 83 Prüfung der Informationen. (1) Hat sich der Ausschuss davon überzeugt, dass die eingegangenen Informationen zuverlässig sind und auf schwere oder systematische Verletzungen der im Übereinkommen niedergelegten Rechte durch den betreffenden Vertragsstaat hinweisen, so fordert der Ausschuss den Vertragsstaat über den Generalsekretär auf, innerhalb der festgesetzten Fristen zu diesen Informationen Stellung zu nehmen.

(2) Der Ausschuss berücksichtigt die von dem betreffenden Vertragsstaat abgegebenen Stellungnahmen sowie alle sonstigen einschlägigen Informationen.

(3) Der Ausschuss kann beschließen, zusätzliche Auskünfte einzuholen
a) von Vertretern des betreffenden Vertragsstaats;
b) von staatlichen Organisationen[1];
c) von nichtstaatlichen Organisationen;
d) von Einzelpersonen.

(4) Der Ausschuss entscheidet über die Form und die Art und Weise, in der diese zusätzlichen Auskünfte einzuholen sind.

(5) Der Ausschuss kann über den Generalsekretär alle einschlägigen Unterlagen des Systems der Vereinten Nationen anfordern.

Art. 84 Durchführung einer Untersuchung. (1) Der Ausschuss kann unter Berücksichtigung der von dem betreffenden Vertragsstaat abgegebenen Stellungnahmen sowie aller sonstigen zuverlässigen Angaben eines oder mehrere seiner Mitglieder beauftragen, eine Untersuchung durchzuführen und innerhalb einer festgesetzten Frist Bericht zu erstatten.

(2) Die Untersuchung erfolgt vertraulich und wird im Einklang mit den vom Ausschuss festlegten Modalitäten durchgeführt.

(3) Die vom Ausschuss mit der Durchführung der Untersuchung beauftragten Mitglieder legen unter Berücksichtigung des Übereinkommens, des Fakultativprotokolls und dieser Verfahrensordnung ihre eigenen Arbeitsmethoden fest.

(4) Während die Untersuchung stattfindet, kann der Ausschuss die Prüfung jedes von dem betreffenden Vertragsstaat gemäß Artikel 18 des Übereinkommens vorgelegten Berichts zurückstellen.

Art. 85 Mitwirkung des betreffenden Vertragsstaats. (1) Der Ausschuss bemüht sich in allen Stadien der Untersuchung um die Mitwirkung des betreffenden Vertragsstaats.

(2) Der Ausschuss kann den betreffenden Vertragsstaat ersuchen, einen Vertreter zu ernennen, der mit dem oder den vom Ausschuss beauftragten Mitgliedern zusammentrifft.

(3) Der Ausschuss kann den betreffenden Vertragsstaat ersuchen, dem oder den vom Ausschuss beauftragten Mitgliedern alle Informationen zur Verfügung zu stellen, die nach ihrer Auffassung oder nach Auffassung des Vertragsstaats mit der Untersuchung zusammenhängen.

Art. 86 Besuche. (1) Sofern der Ausschuss dies für gerechtfertigt hält, kann die Untersuchung einen Besuch im Hoheitsgebiet des betreffenden Vertragsstaats einschließen.

---

[1] Gemeint sind internationale Regierungsorganisationen (governmental organizations).

(2) Beschließt der Ausschuss, dass im Rahmen seiner Untersuchung der betreffende Vertragsstaat besucht werden soll, so ersucht er den Vertragsstaat über den Generalsekretär um seine Zustimmung zu dem Besuch.

(3) Der Ausschuss gibt dem betreffenden Vertragsstaat seine Wünsche in Bezug auf den Zeitpunkt des Besuchs und die Erleichterungen bekannt, die erforderlich sind, damit die vom Ausschuss mit der Durchführung der Untersuchung beauftragten Mitglieder ihre Aufgabe wahrnehmen können.

Art. 87 Anhörungen. (1) Mit Zustimmung des betreffenden Vertragsstaats können die beauftragten Ausschussmitglieder bei ihren Besuchen Anhörungen abhalten, um für die Untersuchung erhebliche Tatsachen oder Fragen zu klären.

(2) Die Bedingungen und Garantien für die nach Absatz 1 abgehaltenen Anhörungen werden von den beauftragten Ausschussmitgliedern, die den Vertragsstaat im Zusammenhang mit einer Untersuchung besuchen, sowie von dem betreffenden Vertragsstaat festgelegt.

(3) Jede Person, die vor den beauftragten Ausschussmitgliedern erscheint, um als Zeuge auszusagen, gibt eine feierliche Erklärung betreffend die Wahrheitstreue ihrer Zeugenaussage und die Vertraulichkeit des Verfahrens ab.

(4) Der Ausschuss unterrichtet den Vertragsstaat, dass er alle geeigneten Maßnahmen treffen wird, um sicherzustellen, dass seiner Hoheitsgewalt unterstehende Personen nicht deshalb einer Misshandlung oder Einschüchterung ausgesetzt werden, weil sie an Anhörungen im Zusammenhang mit einer Untersuchung teilgenommen haben oder mit den mit der Untersuchung beauftragten Ausschussmitgliedern zusammengetroffen sind.

Art. 88 Hilfe während einer Untersuchung. (1) Zusätzlich zu dem Personal und den Einrichtungen, die der Generalsekretär im Zusammenhang mit einer Untersuchung, einschließlich während eines Besuchs des betreffenden Vertragsstaats, zur Verfügung stellt, können die beauftragten Ausschussmitglieder, soweit der Ausschuss dies für erforderlich hält, über den Generalsekretär Dolmetscher und/oder Personen mit besonderen Fachkenntnissen auf den von dem Übereinkommen erfassten Gebieten bitten, in allen Stadien der Untersuchung behilflich zu sein.

(2) Sind die Dolmetscher oder anderen Personen mit besonderen Fachkenntnissen nicht durch einen Treueeid an die Vereinten Nationen gebunden, so haben sie feierlich zu erklären, dass sie ihre Pflichten ehrlich, getreulich und unparteiisch wahrnehmen und die Vertraulichkeit des Verfahrens achten werden.

Art. 89 Übermittlung von Untersuchungsergebnissen, Bemerkungen oder Vorschlägen. (1) Nachdem der Ausschuss die von seinen beauftragten Mitgliedern nach Artikel 84 vorgelegten Untersuchungsergebnisse geprüft hat, übermittelt er sie über den Generalsekretär zusammen mit etwaigen Bemerkungen und Empfehlungen dem betreffenden Vertragsstaat.

(2) Der betreffende Vertragsstaat unterbreitet innerhalb von sechs Monaten nach Eingang der Untersuchungsergebnisse, Bemerkungen und Empfehlungen dem Ausschuss über den Generalsekretär seine Stellungnahmen.

Art. 90 Folgemaßnahmen seitens des Vertragsstaats. (1) Der Ausschuss kann über den Generalsekretär einen Vertragsstaat, der Gegenstand einer Untersuchung war, auffordern, in seinen Bericht nach Artikel 18 des Übereinkommens Einzelheiten über Maßnahmen aufzunehmen, die als Reaktion auf die Untersuchungsergebnisse, Bemerkungen und Empfehlungen des Ausschusses getroffen wurden.

(2) Der Ausschuss kann nach Ablauf des in Artikel 89 Absatz 2 genannten Zeitraums von sechs Monaten den betreffenden Vertragsstaat über den Generalsekretär auffordern, ihn über die als Reaktion auf eine Untersuchung getroffenen Maßnahmen zu unterrichten.

Art. 91 Verpflichtungen nach Artikel 11 des Fakultativprotokolls.
(1) Der Ausschuss bringt den betreffenden Vertragsstaaten ihre Verpflichtung nach Artikel 11 des Fakultativprotokolls zur Kenntnis, geeignete Maßnahmen zu treffen, um sicherzustellen, dass ihrer Hoheitsgewalt unterstehende Personen nicht deshalb einer Misshandlung oder Einschüchterung ausgesetzt werden, weil sie sich auf Grund dieses Protokolls an den Ausschuss gewandt haben.

(2) Erhält der Ausschuss zuverlässige Angaben, dass ein Vertragsstaat gegen seine Verpflichtungen nach Artikel 11 verstoßen hat, kann er den betreffenden Vertragsstaat auffordern, schriftliche Erklärungen oder Darlegungen zur Klärung der Sache zu übermitteln und die Maßnahmen zu beschreiben, die er ergreift, um die Erfüllung seiner Verpflichtungen nach Artikel 11 sicherzustellen.

Vierter Teil: Auslegungsregeln

XVIII. Auslegung und Änderungen

Art. 92 Überschriften. Bei der Auslegung dieser Verfahrensordnung bleiben die Überschriften, die nur als Hinweis gedacht sind, unberücksichtigt.

Art. 93 Änderungen. Diese Verfahrensordnung kann durch einen mit einer Zweidrittelmehrheit der anwesenden und abstimmenden Mitglieder gefassten Beschluss des Ausschusses mindestens vierundzwanzig Stunden nach der Verteilung des Änderungsvorschlags geändert werden, sofern die Änderung nicht mit den Bestimmungen des Übereinkommens unvereinbar ist.

Art. 94 Vorübergehende Aufhebung. Jeder dieser Artikel kann durch einen mit einer Zweidrittelmehrheit der anwesenden und abstimmenden Mitglieder gefassten Beschluss des Ausschusses vorübergehend aufgehoben werden, sofern die Aufhebung nicht mit den Bestimmungen des Übereinkommens unvereinbar ist und sich auf die Umstände der besonderen Situation beschränkt, die die Aufhebung notwendig gemacht hat.

42. Übereinkommen über die Rechte des Kindes[1]

Vom 20. November 1989

(BGBl. 1992 II S. 122, 2017 II S. 1554)

(Übersetzung)

Präambel

Die Vertragsstaaten dieses Übereinkommens –

in der Erwägung, daß nach den in der Charta der Vereinten Nationen verkündeten Grundsätzen die Anerkennung der allen Mitgliedern der menschlichen Gesellschaft innewohnenden Würde und der Gleichheit und Unveräußerlichkeit ihrer Rechte die Grundlage von Freiheit, Gerechtigkeit und Frieden in der Welt bildet,

eingedenk dessen, daß die Völker der Vereinten Nationen in der Charta ihren Glauben an die Grundrechte und an Würde und Wert des Menschen bekräftigt und beschlossen haben, den sozialen Fortschritt und bessere Lebensbedingungen in größerer Freiheit zu fördern,

in der Erkenntnis, daß die Vereinten Nationen in der Allgemeinen Erklärung der Menschenrechte und in den Internationalen Menschenrechtspakten verkündet haben und übereingekommen sind, daß jeder Mensch Anspruch hat auf alle darin verkündeten Rechte und Freiheiten ohne Unterscheidung, etwa nach der Rasse, der Hautfarbe, dem Geschlecht, der Sprache, der Religion, der politischen oder sonstigen Anschauung, der nationalen oder sozialen Herkunft, dem Vermögen, der Geburt oder dem sonstigen Status,

unter Hinweis darauf, daß die Vereinten Nationen in der Allgemeinen Erklärung der Menschenrechte verkündet haben, daß Kinder Anspruch auf besondere Fürsorge und Unterstützung haben,

überzeugt, daß der Familie als Grundeinheit der Gesellschaft und natürlicher Umgebung für das Wachsen und Gedeihen aller ihrer Mitglieder, insbesondere der Kinder, der erforderliche Schutz und Beistand gewährt werden sollte, damit sie ihre Aufgaben innerhalb der Gemeinschaft voll erfüllen kann,

in der Erkenntnis, daß das Kind zur vollen und harmonischen Entfaltung seiner Persönlichkeit in einer Familie und umgeben von Glück, Liebe und Verständnis aufwachsen sollte,

in der Erwägung, daß das Kind umfassend auf ein individuelles Leben in der Gesellschaft vorbereitet und im Geist der in der Charta der Vereinten Nationen verkündeten Ideale und insbesondere im Geist des Friedens, der Würde, der Toleranz, der Freiheit, der Gleichheit und der Solidarität erzogen werden sollte,

eingedenk dessen, daß die Notwendigkeit, dem Kind besonderen Schutz zu gewähren, in der Genfer Erklärung von 1924 über die Rechte des Kindes und in der von der Generalversammlung am 20. November 1959 angenommenen Erklärung der Rechte des Kindes ausgesprochen und in der Allgemeinen Er-

---

[1] Internationale Quelle: UNTS Bd. 1577, S. 3; Art. 43 Abs. 2 geändert durch Beschluss der Vertragsstaatenkonferenz vom 12.12.1995 (UNTS Bd. 2100, S. 210).

klärung der Menschenrechte, im Internationalen Pakt über bürgerliche und politische Rechte (insbesondere in den Artikeln 23 und 24), im Internationalen Pakt über wirtschaftliche, soziale und kulturelle Rechte (insbesondere in Artikel 10) sowie in den Satzungen und den in Betracht kommenden Dokumenten der Sonderorganisationen und anderer internationaler Organisationen, die sich mit dem Wohl des Kindes befassen, anerkannt worden ist,

eingedenk dessen, daß, wie in der Erklärung der Rechte des Kindes ausgeführt ist, „das Kind wegen seiner mangelnden körperlichen und geistigen Reife besonderen Schutzes und besonderer Fürsorge, insbesondere eines angemessenen rechtlichen Schutzes vor und nach der Geburt, bedarf",

unter Hinweis auf die Bestimmungen der Erklärung über die sozialen und rechtlichen Grundsätze für den Schutz und das Wohl von Kindern unter besonderer Berücksichtigung der Aufnahme in eine Pflegefamilie und der Adoption auf nationaler und internationaler Ebene, der Regeln der Vereinten Nationen über die Mindestnormen für die Jugendgerichtsbarkeit (Beijing-Regeln) und der Erklärung über den Schutz von Frauen und Kindern im Ausnahmezustand und bei bewaffneten Konflikten,

in der Erkenntnis, daß es in allen Ländern der Welt Kinder gibt, die in außerordentlich schwierigen Verhältnissen leben, und daß diese Kinder der besonderen Berücksichtigung bedürfen,

unter gebührender Beachtung der Bedeutung der Traditionen und kulturellen Werte jedes Volkes für den Schutz und die harmonische Entwicklung des Kindes,

in Anerkennung der Bedeutung der internationalen Zusammenarbeit für die Verbesserung der Lebensbedingungen der Kinder in allen Ländern, insbesondere den Entwicklungsländern –

haben folgendes vereinbart:

Teil I [Schutz und Rechte des Kindes]

Art. 1 [Begriffsbestimmung] Im Sinne dieses Übereinkommens ist ein Kind jeder Mensch, der das achtzehnte Lebensjahr noch nicht vollendet hat, soweit die Volljährigkeit nach dem auf das Kind anzuwendenden Recht nicht früher eintritt.

Art. 2 [Diskriminierungsverbot; Schutzpflicht][1] (1) Die Vertragsstaaten achten die in diesem Übereinkommen festgelegten Rechte und gewährleisten sie jedem ihrer Hoheitsgewalt unterstehenden Kind ohne jede Diskriminierung unabhängig von der Rasse, der Hautfarbe, dem Geschlecht, der Sprache, der Religion, der politischen oder sonstigen Anschauung, der nationalen, ethnischen oder sozialen Herkunft, des Vermögens, einer Behinderung, der

---

[1] Zu den Staatenverpflichtungen bezüglich des Arbeitslebens siehe die Allgemeine Bemerkung Nr. 16(2013) des Kinderrechtsausschusses (CRC/C/GC/16), zu Straßenkindern die Allgemeine Bemerkung Nr. 21(2017) (CRC/C/GC/21), im Zusammenhang mit Migration die gemeinsamen Allgemeinen Bemerkungen Nr. 22(2017) und 23(2017) des Kinderrechtsausschusses und des Ausschusses zum Schutz der Rechte der Wanderarbeitnehmer (CMW/C/GC/3-CRC/C/GC/22 bzw. CMW/C/GC/4-CRC/C/GC/23), zu unbegleiteten Kindern im Ausland die Allgemeine Bemerkung Nr. 6(2005) (CRC/C/GC/2005/6), bezüglich von Kindern mit Behinderung die Allgemeine Bemerkung Nr. 9(2006) (CRC/C/GC/9).

Geburt oder des sonstigen Status des Kindes, seiner Eltern oder seines Vormunds.

(2) Die Vertragsstaaten treffen alle geeigneten Maßnahmen, um sicherzustellen, daß das Kind vor allen Formen der Diskriminierung oder Bestrafung wegen des Status, der Tätigkeiten, der Meinungsäußerungen oder der Weltanschauung seiner Eltern, seines Vormunds oder seiner Familienangehörigen geschützt wird.

Art. 3 [Garantie des Kindeswohls][1] (1) Bei allen Maßnahmen, die Kinder betreffen, gleichviel ob sie von öffentlichen oder privaten Einrichtungen der sozialen Fürsorge, Gerichten, Verwaltungsbehörden oder Gesetzgebungsorganen getroffen werden, ist das Wohl des Kindes ein Gesichtspunkt, der vorrangig zu berücksichtigen ist.[2]

(2) Die Vertragsstaaten verpflichten sich, dem Kind unter Berücksichtigung der Rechte und Pflichten seiner Eltern, seines Vormunds oder anderer für das Kind gesetzlich verantwortlicher Personen den Schutz und die Fürsorge zu gewährleisten, die zu seinem Wohlergehen notwendig sind; zu diesem Zweck treffen sie alle geeigneten Gesetzgebungs- und Verwaltungsmaßnahmen.

(3) Die Vertragsstaaten stellen sicher, daß die für die Fürsorge für das Kind oder dessen Schutz verantwortlichen Institutionen, Dienste und Einrichtungen den von den zuständigen Behörden festgelegten Normen entsprechen, insbesondere im Bereich der Sicherheit und der Gesundheit sowie hinsichtlich der Zahl und der fachlichen Eignung des Personals und des Bestehens einer ausreichenden Aufsicht.

Art. 4 [Rechtliche Umsetzung][3] Die Vertragsstaaten treffen alle geeigneten Gesetzgebungs-, Verwaltungs- und sonstigen Maßnahmen[4] zur Verwirklichung der in diesem Übereinkommen anerkannten Rechte. Hinsichtlich der wirtschaftlichen, sozialen und kulturellen Rechte treffen die Vertragsstaaten derartige Maßnahmen unter Ausschöpfung ihrer verfügbaren Mittel und erforderlichenfalls im Rahmen der internationalen Zusammenarbeit.

Art. 5 [Eltern- und Familienrechte] Die Vertragsstaaten achten die Aufgaben, Rechte und Pflichten der Eltern oder gegebenenfalls, soweit nach

---

[1] Speziell für die Zeit der frühen Kindheit siehe die Allgemeine Bemerkung Nr. 7(2006) des Kinderrechtsausschusses (CRC/C/GC/7/Rev.1), zum Jugendalter die Allgemeine Bemerkung Nr. 20(2016)(CRC/C/GC/20), zum Arbeitsleben die Allgemeine Bemerkung Nr. 16(2013) (CRC/C/GC/16), im Zusammenhang mit Migration die gemeinsamen Allgemeinen Bemerkungen Nr. 22(2017) und 23(2017) des Kinderrechtsausschusses und des Ausschusses zum Schutz der Rechte der Wanderarbeitnehmer (CMW/C/GC/3-CRC/C/GC/22 bzw. CMW/C/GC/4-CRC/C/GC/23), zu unbegleiteten Kindern im Ausland die Allgemeine Bemerkung Nr. 6(2005) des Kinderrechtsausschusses (CRC/C/GC/2005/6), zu Straßenkindern die Allgemeine Bemerkung Nr. 21(2017) (CRC/C/GC/21), zu weiblicher Genitalverstümmelung, Kinderehen und Polygamie die gemeinsame Allgemeine Bemerkung Nr. 18(2014) des Kinderrechtsausschusses und Nr. 31 des Ausschusses gegen Frauendiskriminierung (CEDAW/C/GC/31-CRC/C/GC/18).
[2] Zum Begriff der vorrangigen Berücksichtigung des Kindeswohls siehe die Allgemeine Bemerkung Nr. 14(2013) des Kinderrechtsausschusses (CRC/C/GC/14).
[3] Siehe hierzu die Allgemeine Bemerkung Nr. 5(2003) des Kinderrechtsausschusses (CRC/C/GC/2003/5).
[4] Zur Einrichtung nationaler Menschenrechtsinstitutionen siehe die Allgemeine Bemerkung Nr. 2(2002) des Kinderrechtsausschusses (CRC/GC/2002/2), zur Bereitstellung von Haushaltsmitteln die Allgemeine Bemerkung Nr. 19(2016) (CRC/C/GC/19).

Ortsbrauch vorgesehen, der Mitglieder der weiteren Familie oder der Gemeinschaft, des Vormunds oder anderer für das Kind gesetzlich verantwortlicher Personen, das Kind bei der Ausübung der in diesem Übereinkommen anerkannten Rechte in einer seiner Entwicklung entsprechenden Weise angemessen zu leiten und zu führen.

Art. 6 [Recht auf Leben] (1) Die Vertragsstaaten erkennen an, daß jedes Kind ein angeborenes Recht auf Leben hat.

(2) Die Vertragsstaaten gewährleisten in größtmöglichem Umfang das Überleben und die Entwicklung des Kindes.[1]

Art. 7 [Registrierung; Name; Staatsangehörigkeit][2] (1) Das Kind ist unverzüglich nach seiner Geburt in ein Register einzutragen und hat das Recht auf einen Namen von Geburt an, das Recht, eine Staatsangehörigkeit zu erwerben, und soweit möglich das Recht, seine Eltern zu kennen und von ihnen betreut zu werden.

(2) Die Vertragsstaaten stellen die Verwirklichung dieser Rechte im Einklang mit ihrem innerstaatlichen Recht und mit ihren Verpflichtungen aufgrund der einschlägigen internationalen Übereinkünfte in diesem Bereich sicher, insbesondere für den Fall, daß das Kind sonst staatenlos wäre.

Art. 8 [Staatliche Fürsorgepflicht][3] (1) Die Vertragsstaaten verpflichten sich, das Recht des Kindes zu achten, seine Identität, einschließlich seiner Staatsangehörigkeit, seines Namens und seiner gesetzlich anerkannten Familienbeziehungen, ohne rechtswidrige Eingriffe zu behalten.

(2) Werden einem Kind widerrechtlich einige oder alle Bestandteile seiner Identität genommen, so gewähren die Vertragsstaaten ihm angemessenen Beistand und Schutz mit dem Ziel, seine Identität so schnell wie möglich wiederherzustellen.

Art. 9 [Trennung von den Eltern] (1) Die Vertragsstaaten stellen sicher, daß ein Kind nicht gegen den Willen seiner Eltern von diesen getrennt wird, es sei denn, daß die zuständigen Behörden in einer gerichtlich nachprüfbaren Entscheidung nach den anzuwendenden Rechtsvorschriften und Verfahren bestimmen, daß diese Trennung zum Wohl des Kindes notwendig ist. Eine

---

[1] Speziell zur Entwicklung Jugendlicher siehe die Allgemeine Bemerkung Nr. 4(2003) des Kinderrechtsausschusses (CRC/GC/2003/4), für die Zeit der frühen Kindheit die Allgemeine Bemerkung Nr. 7(2006) (CRC/C/GC/7/Rev.1), zu unbegleiteten Kindern die Allgemeine Bemerkung Nr. 6(2005) (CRC/GC/2005/6), bezüglich des Arbeitslebens die Allgemeine Bemerkung Nr. 16(2013) (CRC/C/GC/16), zu Straßenkindern die Allgemeine Bemerkung Nr. 21(2017) (CRC/C/GC/21), zu weiblicher Genitalverstümmelung, Kinderehen und Polygamie die gemeinsame Allgemeine Bemerkung Nr. 18(2014) des Kinderrechtsausschusses und Nr. 31 des Ausschusses gegen Frauendiskriminierung (CEDAW/C/GC/31-CRC/C/GC/18).

[2] Siehe im Zusammenhang mit Migration die gemeinsamen Allgemeinen Bemerkungen Nr. 22(2017) und 23(2017) des Kinderrechtsausschusses und des Ausschusses zum Schutz der Rechte der Wanderarbeitnehmer (CMW/C/GC/3-CRC/C/GC/22 bzw. CMW/C/GC/4-CRC/C/GC/23).

[3] Siehe im Zusammenhang mit Migration die gemeinsamen Allgemeinen Bemerkungen Nr. 22(2017) und 23(2017) des Kinderrechtsausschusses und des Ausschusses zum Schutz der Rechte der Wanderarbeitnehmer (CMW/C/GC/3-CRC/C/GC/22 bzw. CMW/C/GC/4-CRC/C/GC/23).

solche Entscheidung kann im Einzelfall notwendig werden, wie etwa wenn das Kind durch die Eltern mißhandelt oder vernachlässigt wird oder wenn bei getrennt lebenden Eltern eine Entscheidung über den Aufenthaltsort des Kindes zu treffen ist.

(2) In Verfahren nach Absatz 1 ist allen Beteiligten Gelegenheit zu geben, am Verfahren teilzunehmen und ihre Meinung zu äußern.

(3) Die Vertragsstaaten achten das Recht des Kindes, das von einem oder beiden Elternteilen getrennt ist, regelmäßige persönliche Beziehungen und unmittelbare Kontakte zu beiden Elternteilen zu pflegen, soweit dies nicht dem Wohl des Kindes widerspricht.

(4) Ist die Trennung Folge einer von einem Vertragsstaat eingeleiteten Maßnahme, wie etwa einer Freiheitsentziehung, Freiheitsstrafe, Landesverweisung oder Abschiebung oder des Todes eines oder beider Elternteile oder des Kindes (auch eines Todes, der aus irgendeinem Grund eintritt, während der Betreffende sich in staatlichem Gewahrsam befindet), so erteilt der Vertragsstaat auf Antrag den Eltern, dem Kind oder gegebenenfalls einem anderen Familienangehörigen die wesentlichen Auskünfte über den Verbleib des oder der abwesenden Familienangehörigen, sofern dies nicht dem Wohl des Kindes abträglich wäre. Die Vertragsstaaten stellen ferner sicher, daß allein die Stellung eines solchen Antrags keine nachteiligen Folgen für den oder die Betroffenen hat.

Art. 10 [Familienzusammenführung] (1) Entsprechend der Verpflichtung der Vertragsstaaten nach Artikel 9 Absatz 1 werden von einem Kind oder seinen Eltern zwecks Familienzusammenführung gestellte Anträge auf Einreise in einen Vertragsstaat oder Ausreise aus einem Vertragsstaat von den Vertragsstaaten wohlwollend, human und beschleunigt bearbeitet. Die Vertragsstaaten stellen ferner sicher, daß die Stellung eines solchen Antrags keine nachteiligen Folgen für die Antragsteller und deren Familienangehörige hat.

(2) Ein Kind, dessen Eltern ihren Aufenthalt in verschiedenen Staaten haben, hat das Recht, regelmäßige persönliche Beziehungen und unmittelbare Kontakte zu beiden Elternteilen zu pflegen, soweit nicht außergewöhnliche Umstände vorliegen. Zu diesem Zweck achten die Vertragsstaaten entsprechend ihrer Verpflichtung nach Artikel 9 Absatz 1 das Recht des Kindes und seiner Eltern, aus jedem Land einschließlich ihres eigenen auszureisen und in ihr eigenes Land einzureisen. Das Recht auf Ausreise aus einem Land unterliegt nur den gesetzlich vorgesehenen Beschränkungen, die zum Schutz der nationalen Sicherheit, der öffentlichen Ordnung (ordre public), der Volksgesundheit, der öffentlichen Sittlichkeit oder der Rechte und Freiheiten anderer notwendig und mit den anderen in diesem Übereinkommen anerkannten Rechten vereinbar sind.

Art. 11 [Internationale Kindesentführung] (1) Die Vertragsstaaten treffen Maßnahmen, um das rechtswidrige Verbringen von Kindern ins Ausland und ihre rechtswidrige Nichtrückgabe zu bekämpfen.

(2) Zu diesem Zweck fördern die Vertragsstaaten den Abschluß zwei- oder mehrseitiger Übereinkünfte oder den Beitritt zu bestehenden Übereinkünften.

Art. 12 [Mitspracherecht; rechtliches Gehör] [1] (1) Die Vertragsstaaten sichern dem Kind, das fähig ist, sich eine eigene Meinung zu bilden, das Recht zu, diese Meinung in allen das Kind berührenden Angelegenheiten frei zu äußern, und berücksichtigen die Meinung des Kindes angemessen und entsprechend seinem Alter und seiner Reife.

(2) Zu diesem Zweck wird dem Kind insbesondere Gelegenheit gegeben, in allen das Kind berührenden Gerichts- oder Verwaltungsverfahren entweder unmittelbar oder durch einen Vertreter oder eine geeignete Stelle im Einklang mit den innerstaatlichen Verfahrensvorschriften gehört zu werden.

Art. 13 [Meinungs-, Informationsfreiheit] (1) Das Kind hat das Recht auf freie Meinungsäußerung; dieses Recht schließt die Freiheit ein, ungeachtet der Staatsgrenzen Informationen und Gedankengut jeder Art in Wort, Schrift oder Druck, durch Kunstwerke oder andere vom Kind gewählte Mittel sich zu beschaffen, zu empfangen und weiterzugeben.

(2) Die Ausübung dieses Rechts kann bestimmten, gesetzlich vorgesehenen Einschränkungen unterworfen werden, die erforderlich sind
a) für die Achtung der Rechte oder des Rufes anderer oder
b) für den Schutz der nationalen Sicherheit, der öffentlichen Ordnung (ordre public), der Volksgesundheit oder der öffentlichen Sittlichkeit.

Art. 14 [Gewissens-, Religionsfreiheit] (1) Die Vertragsstaaten achten das Recht des Kindes auf Gedanken-, Gewissens- und Religionsfreiheit.

(2) Die Vertragsstaaten achten die Rechte und Pflichten der Eltern und ge-gebenenfalls des Vormunds, das Kind bei der Ausübung dieses Rechts in einer seiner Entwicklung entsprechenden Weise zu leiten.

(3) Die Freiheit, seine Religion oder Weltanschauung zu bekunden, darf nur den gesetzlich vorgesehenen Einschränkungen unterworfen werden, die zum Schutz der öffentlichen Sicherheit, Ordnung, Gesundheit oder Sittlich-keit oder der Grundrechte und -freiheiten anderer erforderlich sind.

Art. 15 [Vereinigungs-, Versammlungsfreiheit] (1) Die Vertragsstaaten erkennen das Recht des Kindes an, sich frei mit anderen zusammenzuschlie-ßen und sich friedlich zu versammeln.

(2) Die Ausübung dieses Rechts darf keinen anderen als den gesetzlich vor-gesehenen Einschränkungen unterworfen werden, die in einer demokratischen Gesellschaft im Interesse der nationalen oder der öffentlichen Sicherheit, der öffentlichen Ordnung (ordre public), zum Schutz der Volksgesundheit oder der öffentlichen Sittlichkeit oder zum Schutz der Rechte und Freiheiten ande-rer notwendig sind.

Art. 16 [Schutz der Privatsphäre] (1) Kein Kind darf willkürlichen oder rechtswidrigen Eingriffen in sein Privatleben, seine Familie, seine Wohnung oder seinen Schriftverkehr oder rechtswidrigen Beeinträchtigungen seiner Ehre und seines Rufes ausgesetzt werden.

---

[1] Siehe hierzu die Allgemeine Bemerkung Nr. 12(2009) des Kinderrechtsausschusses (CRC/C/GC/12).

(2) Das Kind hat Anspruch auf rechtlichen Schutz gegen solche Eingriffe oder Beeinträchtigungen.

Art. 17 [Auftrag der Medien] Die Vertragsstaaten erkennen die wichtige Rolle der Massenmedien an und stellen sicher, daß das Kind Zugang hat zu Informationen und Material aus einer Vielfalt nationaler und internationaler Quellen, insbesondere derjenigen, welche die Förderung seines sozialen, seelischen und sittlichen Wohlergehens sowie seiner körperlichen und geistigen Gesundheit zum Ziel haben. Zu diesem Zweck werden die Vertragsstaaten

a) die Massenmedien ermutigen, Informationen und Material zu verbreiten, die für das Kind von sozialem und kulturellem Nutzen sind und dem Geist des Artikels 29 entsprechen;

b) die internationale Zusammenarbeit bei der Herstellung, beim Austausch und bei der Verbreitung dieser Informationen und dieses Materials aus einer Vielfalt nationaler und internationaler kultureller Quellen fördern;

c) die Herstellung und Verbreitung von Kinderbüchern fördern;

d) die Massenmedien ermutigen, den sprachlichen Bedürfnissen eines Kindes, das einer Minderheit angehört oder Ureinwohner ist, besonders Rechnung zu tragen;

e) die Erarbeitung geeigneter Richtlinien zum Schutz des Kindes vor Informationen und Material, die sein Wohlergehen beeinträchtigen, fördern, wobei die Artikel 13 und 18 zu berücksichtigen sind.

Art. 18 [Erziehung durch die Eltern] (1) Die Vertragsstaaten bemühen sich nach besten Kräften, die Anerkennung des Grundsatzes sicherzustellen, daß beide Elternteile gemeinsam für die Erziehung und Entwicklung des Kindes verantwortlich sind. Für die Erziehung und Entwicklung des Kindes sind in erster Linie die Eltern oder gegebenenfalls der Vormund verantwortlich. Dabei ist das Wohl des Kindes ihr Grundanliegen.

(2) Zur Gewährleistung und Förderung der in diesem Übereinkommen festgelegten Rechte unterstützen die Vertragsstaaten die Eltern und den Vormund in angemessener Weise bei der Erfüllung ihrer Aufgabe, das Kind zu erziehen, und sorgen für den Ausbau von Institutionen, Einrichtungen und Diensten für die Betreuung von Kindern.

(3) Die Vertragsstaaten treffen alle geeigneten Maßnahmen, um sicherzustellen, daß Kinder berufstätiger Eltern das Recht haben, die für sie in Betracht kommenden Kinderbetreuungsdienste und -einrichtungen zu nutzen.

Art. 19 [Schutz vor Gewalt][1] (1) Die Vertragsstaaten treffen alle geeigneten Gesetzgebungs-, Verwaltungs-, Sozial- und Bildungsmaßnahmen, um das Kind vor jeder Form körperlicher oder geistiger Gewaltanwendung, Schadenszufügung oder Mißhandlung, vor Verwahrlosung oder Vernachlässigung, vor schlechter Behandlung oder Ausbeutung einschließlich des sexuellen Mißbrauchs zu schützen, solange es sich in der Obhut der Eltern oder eines

---

[1] Siehe hierzu die Allgemeinen Bemerkungen Nr. 8(2006) und 13(2011) des Kinderrechtsausschusses (CRC/C/GC/8 bzw. CRC/C/GC/13), bezüglich Ehrenmorden siehe die die gemeinsame Allgemeine Bemerkung Nr. 18(2014) des Kinderrechtsausschusses und Nr. 31 des Ausschusses gegen Frauendiskriminierung (CEDAW/C/GC/31-CRC/C/GC/ 18).

Elternteils, eines Vormunds oder anderen gesetzlichen Vertreters oder einer anderen Person befindet, die das Kind betreut.

(2) Diese Schutzmaßnahmen sollen je nach den Gegebenheiten wirksame Verfahren zur Aufstellung von Sozialprogrammen enthalten, die dem Kind und denen, die es betreuen, die erforderliche Unterstützung gewähren und andere Formen der Vorbeugung vorsehen sowie Maßnahmen zur Aufdeckung, Meldung, Weiterverweisung, Untersuchung, Behandlung und Nachbetreuung in den in Absatz 1 beschriebenen Fällen schlechter Behandlung von Kindern und gegebenenfalls für das Einschreiten der Gerichte.

Art. 20 [Betreuung außerhalb der Familie] (1) Ein Kind, das vorübergehend oder dauernd aus seiner familiären Umgebung herausgelöst wird oder dem der Verbleib in dieser Umgebung im eigenen Interesse nicht gestattet werden kann, hat Anspruch auf den besonderen Schutz und Beistand des Staates.

(2) Die Vertragsstaaten stellen nach Maßgabe ihres innerstaatlichen Rechts andere Formen der Betreuung eines solchen Kindes sicher.

(3) Als andere Form der Betreuung kommt unter anderem die Aufnahme in eine Pflegefamilie, die Kafala nach islamischem Recht, die Adoption oder, falls erforderlich, die Unterbringung in einer geeigneten Kinderbetreuungseinrichtung in Betracht. Bei der Wahl zwischen diesen Lösungen sind die erwünschte Kontinuität in der Erziehung des Kindes sowie die ethnische, religiöse, kulturelle und sprachliche Herkunft des Kindes gebührend zu berücksichtigen.

Art. 21 [Adoption] Die Vertragsstaaten, die das System der Adoption anerkennen oder zulassen, gewährleisten, daß dem Wohl des Kindes bei der Adoption die höchste Bedeutung zugemessen wird; die Vertragsstaaten
a) stellen sicher, daß die Adoption eines Kindes nur durch die zuständigen Behörden bewilligt wird, die nach den anzuwendenden Rechtsvorschriften und Verfahren und auf der Grundlage aller verläßlichen einschlägigen Informationen entscheiden, daß die Adoption angesichts des Status des Kindes in bezug auf Eltern, Verwandte und einen Vormund zulässig ist und daß, soweit dies erforderlich ist, die betroffenen Personen in Kenntnis der Sachlage und auf der Grundlage einer gegebenenfalls erforderlichen Beratung der Adoption zugestimmt haben;
b) erkennen an, daß die internationale Adoption als andere Form der Betreuung angesehen werden kann, wenn das Kind nicht in seinem Heimatland in einer Pflege- oder Adoptionsfamilie untergebracht oder wenn es dort nicht in geeigneter Weise betreut werden kann;
c) stellen sicher, daß das Kind im Fall einer internationalen Adoption in den Genuß der für nationale Adoptionen geltenden Schutzvorschriften und Normen kommt;
d) treffen alle geeigneten Maßnahmen, um sicherzustellen, daß bei internationaler Adoption für die Beteiligten keine unstatthaften Vermögensvorteile entstehen;
e) fördern die Ziele dieses Artikels gegebenenfalls durch den Abschluß zwei- oder mehrseitiger Übereinkünfte und bemühen sich in diesem Rahmen sicherzustellen, daß die Unterbringung des Kindes in einem anderen Land durch die zuständigen Behörden oder Stellen durchgeführt wird.

Art. 22 [Kinder als Flüchtlinge][1] (1) Die Vertragsstaaten treffen geeignete Maßnahmen, um sicherzustellen, daß ein Kind, das die Rechtsstellung eines Flüchtlings begehrt oder nach Maßgabe der anzuwendenden Regeln und Verfahren des Völkerrechts oder des innerstaatlichen Rechts als Flüchtling angesehen wird, angemessenen Schutz und humanitäre Hilfe bei der Wahrnehmung der Rechte erhält, die in diesem Übereinkommen oder in anderen internationalen Übereinkünften über Menschenrechte oder über humanitäre Fragen, denen die genannten Staaten als Vertragsparteien angehören, festgelegt sind, und zwar unabhängig davon, ob es sich in Begleitung seiner Eltern oder einer anderen Person befindet oder nicht.

(2) Zu diesem Zweck wirken die Vertragsstaaten in der ihnen angemessen erscheinenden Weise bei allen Bemühungen mit, welche die Vereinten Nationen und andere zuständige zwischenstaatliche oder nichtstaatliche Organisationen, die mit den Vereinten Nationen zusammenarbeiten, unternehmen, um ein solches Kind zu schützen, um ihm zu helfen und um die Eltern oder andere Familienangehörige eines Flüchtlingskinds ausfindig zu machen mit dem Ziel, die für eine Familienzusammenführung notwendigen Informationen zu erlangen. Können die Eltern oder andere Familienangehörige nicht ausfindig gemacht werden, so ist dem Kind im Einklang mit den in diesem Übereinkommen enthaltenen Grundsätzen derselbe Schutz zu gewähren wie jedem anderen Kind, das aus irgendeinem Grund dauernd oder vorübergehend aus seiner familiären Umgebung herausgelöst ist.

Art. 23 [Fürsorge für behinderte Kinder][2] (1) Die Vertragsstaaten erkennen an, daß ein geistig oder körperlich behindertes Kind ein erfülltes und menschenwürdiges Leben unter Bedingungen führen soll, welche die Würde des Kindes wahren, seine Selbständigkeit fördern und seine aktive Teilnahme am Leben der Gemeinschaft erleichtern.

(2) Die Vertragsstaaten erkennen das Recht des behinderten Kindes auf besondere Betreuung an und treten dafür ein und stellen sicher, daß dem behinderten Kind und den für seine Betreuung Verantwortlichen im Rahmen der verfügbaren Mittel auf Antrag die Unterstützung zuteil wird, die dem Zustand des Kindes sowie den Lebensumständen der Eltern oder anderer Personen, die das Kind betreuen, angemessen ist.

(3) In Anerkennung der besonderen Bedürfnisse eines behinderten Kindes ist die nach Absatz 2 gewährte Unterstützung soweit irgend möglich und unter Berücksichtigung der finanziellen Mittel der Eltern oder anderer Personen, die das Kind betreuen, unentgeltlich zu leisten und so zu gestalten, daß sichergestellt ist, daß Erziehung, Ausbildung, Gesundheitsdienste, Rehabilitationsdienste, Vorbereitung auf das Berufsleben und Erholungsmöglichkeiten dem behinderten Kind tatsächlich in einer Weise zugänglich sind, die der möglichst vollständigen sozialen Integration und individuellen Entfaltung des Kindes einschließlich seiner kulturellen und geistigen Entwicklung förderlich ist.

(4) Die Vertragsstaaten fördern im Geist der internationalen Zusammenarbeit den Austausch sachdienlicher Informationen im Bereich der Gesundheits-

---

[1] Speziell zu unbegleiteten Kindern im Ausland siehe die Allgemeine Bemerkung Nr. 6 (2005) des Kinderrechtsausschusses (CRC/C/GC/2005/6).
[2] Siehe hierzu die Allgemeine Bemerkung Nr. 9(2006) des Kinderrechtsausschusses (CRC/C/GC/9).

vorsorge und der medizinischen, psychologischen und funktionellen Behandlung behinderter Kinder einschließlich der Verbreitung von Informationen über Methoden der Rehabilitation, der Erziehung und der Berufsausbildung und des Zugangs zu solchen Informationen, um es den Vertragsstaaten zu ermöglichen, in diesen Bereichen ihre Fähigkeiten und ihr Fachwissen zu verbessern und weitere Erfahrungen zu sammeln. Dabei sind die Bedürfnisse der Entwicklungsländer besonders zu berücksichtigen.

Art. 24 [Gesundheitsschutz] (1) Die Vertragsstaaten erkennen das Recht des Kindes auf das erreichbare Höchstmaß[1] an Gesundheit an sowie auf Inanspruchnahme von Einrichtungen zur Behandlung von Krankheiten und zur Wiederherstellung der Gesundheit.[2] Die Vertragsstaaten bemühen sich sicherzustellen, daß keinem Kind das Recht auf Zugang zu derartigen Gesundheitsdiensten vorenthalten wird.

(2) Die Vertragsstaaten bemühen sich, die volle Verwirklichung dieses Rechts sicherzustellen, und treffen insbesondere geeignete Maßnahmen, um
a) die Säuglings- und Kindersterblichkeit zu verringern;
b) sicherzustellen, daß alle Kinder die notwendige ärztliche Hilfe und Gesundheitsfürsorge erhalten, wobei besonderer Nachdruck auf den Ausbau der gesundheitlichen Grundversorgung gelegt wird;
c) Krankheiten sowie Unter- und Fehlernährung auch im Rahmen der gesundheitlichen Grundversorgung zu bekämpfen, unter anderem durch den Einsatz leicht zugänglicher Technik und durch die Bereitstellung ausreichender vollwertiger Nahrungsmittel und sauberen Trinkwassers, wobei die Gefahren und Risiken der Umweltverschmutzung zu berücksichtigen sind;
d) eine angemessene Gesundheitsfürsorge für Mütter vor und nach der Entbindung sicherzustellen;
e) sicherzustellen, daß allen Teilen der Gesellschaft, insbesondere Eltern und Kindern, Grundkenntnisse über die Gesundheit und Ernährung des Kindes, die Vorteile des Stillens, die Hygiene und die Sauberhaltung der Umwelt sowie die Unfallverhütung vermittelt werden, daß sie Zugang zu der entsprechenden Schulung haben und daß sie bei der Anwendung dieser Grundkenntnisse Unterstützung erhalten;
f) die Gesundheitsvorsorge, die Elternberatung sowie die Aufklärung und die Dienste auf dem Gebiet der Familienplanung auszubauen.

(3) Die Vertragsstaaten treffen alle wirksamen und geeigneten Maßnahmen, um überlieferte Bräuche, die für die Gesundheit der Kinder schädlich sind, abzuschaffen.[3]

(4) Die Vertragsstaaten verpflichten sich, die internationale Zusammenarbeit zu unterstützen und zu fördern, um fortschreitend die volle Verwirklichung des in diesem Artikel anerkannten Rechts zu erreichen. Dabei sind die Bedürfnisse der Entwicklungsländer besonders zu berücksichtigen.

---

[1] Siehe hierzu die Allgemeine Bemerkung Nr. 15(2013) des Kinderrechtsausschusses (CRC/C/GC/15).
[2] Speziell zu Jugendlichen siehe die Allgemeine Bemerkung Nr. 4(2003) des Kinderrechtsausschusses (CRC/C/GC/2003/4), zu an HIV/AIDS erkrankten Kindern siehe die Allgemeine Bemerkung Nr. 3(2003) (CRC/GC/2003/3).
[3] Bezüglich der weiblichen Genitalverstümmelung siehe die gemeinsame Allgemeine Bemerkung Nr. 18(2014) des Kinderrechtsausschusses und Nr. 31 des Ausschusses gegen Frauendiskriminierung (CEDAW/C/GC/31-CRC/C/GC/18).

Art. 25 [Unterbringungsmaßnahmen] Die Vertragsstaaten erkennen an, daß ein Kind, das von den zuständigen Behörden wegen einer körperlichen oder geistigen Erkrankung zur Betreuung, zum Schutz der Gesundheit oder zur Behandlung untergebracht worden ist, das Recht hat auf eine regelmäßige Überprüfung der dem Kind gewährten Behandlung sowie aller anderen Umstände, die für seine Unterbringung von Belang sind.

Art. 26 [Soziale Sicherheit] (1) Die Vertragsstaaten erkennen das Recht jedes Kindes auf Leistungen der sozialen Sicherheit einschließlich der Sozialversicherung an und treffen die erforderlichen Maßnahmen, um die volle Verwirklichung dieses Rechts in Übereinstimmung mit dem innerstaatlichen Recht sicherzustellen.

(2) Die Leistungen sollen gegebenenfalls unter Berücksichtigung der wirtschaftlichen Verhältnisse und der sonstigen Umstände des Kindes und der Unterhaltspflichtigen sowie anderer für die Beantragung von Leistungen durch das Kind oder im Namen des Kindes maßgeblicher Gesichtspunkte gewährt werden.

Art. 27 [Entwicklung des Kindes] (1) Die Vertragsstaaten erkennen das Recht jedes Kindes auf einen seiner körperlichen, geistigen, seelischen, sittlichen und sozialen Entwicklung angemessenen Lebensstandard an.

(2) Es ist in erster Linie Aufgabe der Eltern oder anderer für das Kind verantwortlicher Personen, im Rahmen ihrer Fähigkeiten und finanziellen Möglichkeiten die für die Entwicklung des Kindes notwendigen Lebensbedingungen sicherzustellen.

(3) Die Vertragsstaaten treffen gemäß ihren innerstaatlichen Verhältnissen und im Rahmen ihrer Mittel geeignete Maßnahmen, um den Eltern und anderen für das Kind verantwortlichen Personen bei der Verwirklichung dieses Rechts zu helfen, und sehen bei Bedürftigkeit materielle Hilfs- und Unterstützungsprogramme insbesondere im Hinblick auf Ernährung, Bekleidung und Wohnung vor.

(4) Die Vertragsstaaten treffen alle geeigneten Maßnahmen, um die Geltendmachung von Unterhaltsansprüchen des Kindes gegenüber den Eltern oder anderen finanziell für das Kind verantwortlichen Personen sowohl innerhalb des Vertragsstaats als auch im Ausland sicherzustellen. Insbesondere fördern die Vertragsstaaten, wenn die für das Kind finanziell verantwortliche Person in einem anderen Staat lebt als das Kind, den Beitritt zu internationalen Übereinkünften oder den Abschluß solcher Übereinkünfte sowie andere geeignete Regelungen.

Art. 28 [Recht auf Bildung] (1) Die Vertragsstaaten erkennen das Recht des Kindes auf Bildung an; um die Verwirklichung dieses Rechts auf der Grundlage der Chancengleichheit fortschreitend zu erreichen, werden sie insbesondere
a) den Besuch der Grundschule für alle zur Pflicht und unentgeltlich machen;
b) die Entwicklung verschiedener Formen der weiterführenden Schulen allgemeinbildender und berufsbildender Art fördern, sie allen Kindern verfügbar und zugänglich machen und geeignete Maßnahmen wie die Einführung der Unentgeltlichkeit und die Bereitstellung finanzieller Unterstützung bei Bedürftigkeit treffen;

c) allen entsprechend ihren Fähigkeiten den Zugang zu den Hochschulen mit allen geeigneten Mitteln ermöglichen;
d) Bildungs- und Berufsberatung allen Kindern verfügbar und zugänglich machen;
e) Maßnahmen treffen, die den regelmäßigen Schulbesuch fördern und den Anteil derjenigen, welche die Schule vorzeitig verlassen, verringern.

(2) Die Vertragsstaaten treffen alle geeigneten Maßnahmen, um sicherzustellen, daß die Disziplin in der Schule in einer Weise gewahrt wird, die der Menschenwürde des Kindes entspricht und im Einklang mit diesem Übereinkommen steht.[1]

(3) Die Vertragsstaaten fördern die internationale Zusammenarbeit im Bildungswesen, insbesondere um zur Beseitigung von Unwissenheit und Analphabetentum in der Welt beizutragen und den Zugang zu wissenschaftlichen und technischen Kenntnissen und modernen Unterrichtsmethoden zu erleichtern. Dabei sind die Bedürfnisse der Entwicklungsländer besonders zu berücksichtigen.

Art. 29 [Bildungsziele][2] (1) Die Vertragsstaaten stimmen darin überein, daß die Bildung des Kindes darauf gerichtet sein muß,
a) die Persönlichkeit, die Begabung und die geistigen und körperlichen Fähigkeiten des Kindes voll zur Entfaltung zu bringen;
b) dem Kind Achtung vor den Menschenrechten und Grundfreiheiten und den in der Charta der Vereinten Nationen verankerten Grundsätzen zu vermitteln;
c) dem Kind Achtung vor seinen Eltern, seiner kulturellen Identität, seiner Sprache und seinen kulturellen Werten, den nationalen Werten des Landes, in dem es lebt, und gegebenenfalls des Landes, aus dem es stammt, sowie vor anderen Kulturen als der eigenen zu vermitteln;
d) das Kind auf ein verantwortungsbewußtes Leben in einer freien Gesellschaft im Geist der Verständigung, des Friedens, der Toleranz, der Gleichberechtigung der Geschlechter und der Freundschaft zwischen allen Völkern und ethnischen, nationalen und religiösen Gruppen sowie zu Ureinwohnern vorzubereiten;
e) dem Kind Achtung vor der natürlichen Umwelt zu vermitteln.

(2) Dieser Artikel und Artikel 28 dürfen nicht so ausgelegt werden, daß sie die Freiheit natürlicher oder juristischer Personen beeinträchtigen, Bildungseinrichtungen zu gründen und zu führen, sofern die in Absatz 1 festgelegten Grundsätze beachtet werden und die in solchen Einrichtungen vermittelte Bildung den von dem Staat gegebenenfalls festgelegten Mindestnormen entspricht.

Art. 30 [Kulturelle Identität] In Staaten, in denen es ethnische, religiöse oder sprachliche Minderheiten oder Ureinwohner gibt, darf einem Kind, das einer solchen Minderheit angehört oder Ureinwohner[3] ist, nicht das Recht

---

[1] Siehe hierzu die Allgemeine Bemerkung Nr. 8(2006) des Kinderrechtsausschusses (CRC/C/GC/8).
[2] Siehe hierzu die Allgemeine Bemerkung Nr. 1(2001) des Kinderrechtsausschusses (CRC/GC/2001/1).
[3] Siehe die Allgemeine Bemerkung Nr. 11(2009) des Kinderrechtsausschusses (CRC/C/GC/11).

vorenthalten werden, in Gemeinschaft mit anderen Angehörigen seiner Gruppe seine eigene Kultur zu pflegen, sich zu seiner eigenen Religion zu bekennen und sie auszuüben oder seine eigene Sprache zu verwenden.

Art. 31 [Erholung und Freizeit][1] (1) Die Vertragsstaaten erkennen das Recht des Kindes auf Ruhe und Freizeit an, auf Spiel und altersgemäße aktive Erholung sowie auf freie Teilnahme am kulturellen und künstlerischen Leben.

(2) Die Vertragsstaaten achten und fördern das Recht des Kindes auf volle Beteiligung am kulturellen und künstlerischen Leben und fördern die Bereitstellung geeigneter und gleicher Möglichkeiten für die kulturelle und künstlerische Betätigung sowie für aktive Erholung und Freizeitbeschäftigung.

Art. 32 [Arbeitsschutz][2] (1) Die Vertragsstaaten erkennen das Recht des Kindes an, vor wirtschaftlicher Ausbeutung geschützt und nicht zu einer Arbeit herangezogen zu werden, die Gefahren mit sich bringen, die Erziehung des Kindes behindern oder der Gesundheit des Kindes oder seine körperliche, geistige, seelische, sittliche oder soziale Entwicklung schädigen könnte.

(2) Die Vertragsstaaten treffen Gesetzgebungs-, Verwaltungs-, Sozial- und Bildungsmaßnahmen, um die Durchführung dieses Artikels sicherzustellen. Zu diesem Zweck und unter Berücksichtigung der einschlägigen Bestimmungen anderer internationaler Übereinkünfte werden die Vertragsstaaten insbesondere

a) ein oder mehrere Mindestalter für die Zulassung zur Arbeit festlegen;
b) eine angemessene Regelung der Arbeitszeit und der Arbeitsbedingungen vorsehen;
c) angemessene Strafen oder andere Sanktionen zur wirksamen Durchsetzung dieses Artikels vorsehen.

Art. 33 [Schutz vor Drogen] Die Vertragsstaaten treffen alle geeigneten Maßnahmen einschließlich Gesetzgebungs-, Verwaltungs-, Sozial- und Bildungsmaßnahmen, um Kinder vor dem unerlaubten Gebrauch von Suchtstoffen und psychotropen Stoffen im Sinne der diesbezüglichen internationalen Übereinkünfte zu schützen und den Einsatz von Kindern bei der unerlaubten Herstellung dieser Stoffe und beim unerlaubten Verkehr mit diesen Stoffen zu verhindern.

Art. 34 [Schutz vor sexuellem Missbrauch] Die Vertragsstaaten verpflichten sich, das Kind vor allen Formen sexueller Ausbeutung und sexuellen Mißbrauchs zu schützen. Zu diesem Zweck treffen die Vertragsstaaten insbesondere alle geeigneten innerstaatlichen, zweiseitigen und mehrseitigen Maßnahmen, um zu verhindern, daß Kinder

a) zur Beteiligung an rechtswidrigen sexuellen Handlungen verleitet oder gezwungen werden;
b) für die Prostitution oder andere rechtswidrige sexuelle Praktiken ausgebeutet werden;
c) für pornographische Darbietungen und Darstellungen ausgebeutet werden.

---

[1] Siehe hierzu die Allgemeine Bemerkung Nr. 17(2013) des Kinderrechtsausschusses (CRC/C/GC/17).
[2] Siehe hierzu die Allgemeine Bemerkung Nr. 16(2013) des Kinderrechtsausschusses (CRC/C/GC/16).

Art. 35 [Maßnahmen gegen Kinderhandel] Die Vertragsstaaten treffen alle geeigneten innerstaatlichen, zweiseitigen und mehrseitigen Maßnahmen, um die Entführung und den Verkauf von Kindern sowie den Handel mit Kindern zu irgendeinem Zweck und in irgendeiner Form zu verhindern.

Art. 36 [Schutz vor Ausbeutung] Die Vertragsstaaten schützen das Kind vor allen sonstigen Formen der Ausbeutung, die das Wohl des Kindes in irgendeiner Weise beeinträchtigen.

Art. 37 [Schutz vor Folter; Garantien bei Freiheitsentzug][1] Die Vertragsstaaten stellen sicher,

a) daß kein Kind der Folter oder einer anderen grausamen, unmenschlichen oder erniedrigenden Behandlung oder Strafe unterworfen wird. Für Straftaten, die von Personen vor Vollendung des achtzehnten Lebensjahrs begangen worden sind, darf weder die Todesstrafe noch lebenslange Freiheitsstrafe ohne die Möglichkeit vorzeitiger Entlassung verhängt werden;

b) daß keinem Kind die Freiheit rechtswidrig oder willkürlich entzogen wird. Festnahme, Freiheitsentziehung oder Freiheitsstrafe darf bei einem Kind im Einklang mit dem Gesetz nur als letztes Mittel und für die kürzeste angemessene Zeit angewendet werden;

c) daß jedes Kind, dem die Freiheit entzogen ist, menschlich und mit Achtung vor der dem Menschen innewohnenden Würde und unter Berücksichtigung der Bedürfnisse von Personen seines Alters behandelt wird. Insbesondere ist jedes Kind, dem die Freiheit entzogen ist, von Erwachsenen zu trennen, sofern nicht ein anderes Vorgehen als dem Wohl des Kindes dienlich erachtet wird; jedes Kind hat das Recht, mit seiner Familie durch Briefwechsel und Besuche in Verbindung zu bleiben, sofern nicht außergewöhnliche Umstände vorliegen;

d) daß jedes Kind, dem die Freiheit entzogen ist, das Recht auf umgehenden Zugang zu einem rechtskundigen oder anderen geeigneten Beistand und das Recht hat, die Rechtmäßigkeit der Freiheitsentziehung bei einem Gericht oder einer anderen zuständigen, unabhängigen und unparteiischen Behörde anzufechten, sowie das Recht auf alsbaldige Entscheidung in einem solchen Verfahren.

Art. 38 [Kriegsvölkerrecht; Militärdienst] (1) Die Vertragsstaaten verpflichten sich, die für sie verbindlichen Regeln des in bewaffneten Konflikten anwendbaren humanitären Völkerrechts, die für das Kind Bedeutung haben, zu beachten und für deren Beachtung zu sorgen.

(2) Die Vertragsstaaten treffen alle durchführbaren Maßnahmen, um sicherzustellen, daß Personen, die das fünfzehnte Lebensjahr noch nicht vollendet haben, nicht unmittelbar an Feindseligkeiten teilnehmen.

(3) Die Vertragsstaaten nehmen davon Abstand, Personen, die das fünfzehnte Lebensjahr noch nicht vollendet haben, zu ihren Streitkräften einzuziehen. Werden Personen zu den Streitkräften eingezogen, die zwar das fünfzehnte, nicht aber das achtzehnte Lebensjahr vollendet haben, so bemühen sich die Vertragsstaaten, vorrangig die jeweils ältesten einzuziehen.

---

[1] Siehe hierzu die Allgemeinen Bemerkungen Nr. 8(2006) (CRC/C/GC/8) und Nr. 10 (2007) (CRC/C/GC/10) des Kinderrechtsausschusses.

(4) Im Einklang mit ihren Verpflichtungen nach dem humanitären Völkerrecht, die Zivilbevölkerung in bewaffneten Konflikten zu schützen, treffen die Vertragsstaaten alle durchführbaren Maßnahmen, um sicherzustellen, daß von einem bewaffneten Konflikt betroffene Kinder geschützt und betreut werden.

Art. 39 [Rehabilitation] Die Vertragsstaaten treffen alle geeigneten Maßnahmen, um die physische und psychische Genesung und die soziale Wiedereingliederung eines Kindes zu fördern, das Opfer irgendeiner Form von Vernachlässigung, Ausbeutung oder Mißhandlung, der Folter oder einer anderen Form grausamer, unmenschlicher oder erniedrigender Behandlung oder Strafe oder aber bewaffneter Konflikte geworden ist. Die Genesung und Wiedereingliederung müssen in einer Umgebung stattfinden, die der Gesundheit, der Selbstachtung und der Würde des Kindes förderlich ist.

Art. 40 [Kinder im Strafrecht und im Strafverfahren] (1) Die Vertragsstaaten erkennen das Recht jedes Kindes an, das der Verletzung der Strafgesetze verdächtigt, beschuldigt oder überführt wird, in einer Weise behandelt zu werden, die das Gefühl des Kindes für die eigene Würde und den eigenen Wert fördert, seine Achtung vor den Menschenrechten und Grundfreiheiten anderer stärkt und das Alter des Kindes sowie die Notwendigkeit berücksichtigt, seine soziale Wiedereingliederung sowie die Übernahme einer konstruktiven Rolle in der Gesellschaft durch das Kind zu fördern.

(2) Zu diesem Zweck stellen die Vertragsstaaten unter Berücksichtigung der einschlägigen Bestimmungen internationaler Übereinkünfte insbesondere sicher,

a) daß kein Kind wegen Handlungen oder Unterlassungen, die zur Zeit ihrer Begehung nach innerstaatlichem Recht oder Völkerrecht nicht verboten waren, der Verletzung der Strafgesetze verdächtigt, beschuldigt oder überführt wird;

b) daß jedes Kind, das einer Verletzung der Strafgesetze verdächtigt oder beschuldigt wird, Anspruch auf folgende Mindestgarantien hat:

   i) bis zum gesetzlichen Nachweis der Schuld als unschuldig zu gelten,

   ii) unverzüglich und unmittelbar über die gegen das Kind erhobenen Beschuldigungen unterrichtet zu werden, gegebenenfalls durch seine Eltern oder seinen Vormund, und einen rechtskundigen oder anderen geeigneten Beistand zur Vorbereitung und Wahrnehmung seiner Verteidigung zu erhalten,

   iii) seine Sache unverzüglich durch eine zuständige Behörde oder ein zuständiges Gericht, die unabhängig und unparteiisch sind, in einem fairen Verfahren entsprechend dem Gesetz entscheiden zu lassen, und zwar in Anwesenheit eines rechtskundigen oder anderen geeigneten Beistands sowie – sofern dies nicht insbesondere in Anbetracht des Alters oder der Lage des Kindes als seinem Wohl widersprechend angesehen wird – in Anwesenheit seiner Eltern oder seines Vormunds,

   iv) nicht gezwungen zu werden, als Zeuge auszusagen oder sich schuldig zu bekennen, sowie die Belastungszeugen zu befragen oder befragen zu lassen und das Erscheinen und die Vernehmung der Entlastungszeugen unter gleichen Bedingungen zu erwirken,

   v) wenn es einer Verletzung der Strafgesetze überführt ist, diese Entscheidung und alle als Folge davon verhängten Maßnahmen durch eine zuständige übergeordnete Behörde oder ein zuständiges höheres Gericht, die unabhängig und unparteiisch sind, entsprechend dem Gesetz nachprüfen zu lassen,

vi) die unentgeltliche Hinzuziehung eines Dolmetschers zu verlangen, wenn das Kind die Verhandlungssprache nicht versteht oder spricht,

vii) sein Privatleben in allen Verfahrensabschnitten voll geachtet zu sehen.

(3) Die Vertragsstaaten bemühen sich, den Erlaß von Gesetzen sowie die Schaffung von Verfahren, Behörden und Einrichtungen zu fördern, die besonders für Kinder, die einer Verletzung der Strafgesetze verdächtigt, beschuldigt oder überführt werden, gelten oder zuständig sind; insbesondere

a) legen sie ein Mindestalter fest, das ein Kind erreicht haben muß, um als strafmündig angesehen zu werden,

b) treffen sie, soweit dies angemessen und wünschenswert ist, Maßnahmen, um den Fall ohne ein gerichtliches Verfahren zu regeln, wobei jedoch die Menschenrechte und die Rechtsgarantien uneingeschränkt beachtet werden müssen.

(4) Um sicherzustellen, daß Kinder in einer Weise behandelt werden, die ihrem Wohl dienlich ist und ihren Umständen sowie der Straftat entspricht, muß eine Vielzahl von Vorkehrungen zur Verfügung stehen, wie Anordnungen über Betreuung, Anleitung und Aufsicht, wie Beratung, Entlassung auf Bewährung, Aufnahme in eine Pflegefamilie, Bildungs- und Berufsbildungsprogramme und andere Alternativen zur Heimerziehung.

Art. 41 [Andere Schutzvorschriften] Dieses Übereinkommen läßt zur Verwirklichung der Rechte des Kindes besser geeignete Bestimmungen unberührt, die enthalten sind

a) im Recht eines Vertragsstaats oder

b) in dem für diesen Staat geltenden Völkerrecht.

Teil II [Durchführungsbestimmungen]

Art. 42 [Publikationspflicht][1] Die Vertragsstaaten verpflichten sich, die Grundsätze und Bestimmungen dieses Übereinkommens durch geeignete und wirksame Maßnahmen bei Erwachsenen und auch bei Kindern allgemein bekannt zu machen.

Art. 43 [Ausschuss für die Rechte des Kindes] (1) Zur Prüfung der Fortschritte, welche die Vertragsstaaten bei der Erfüllung der in diesem Übereinkommen eingegangenen Verpflichtungen gemacht haben, wird ein Ausschuß für die Rechte des Kindes eingesetzt, der die nachstehend festgelegten Aufgaben wahrnimmt.

(2) Der Ausschuß besteht aus achtzehn Sachverständigen von hohem sittlichen Ansehen und anerkannter Sachkenntnis auf dem von diesem Übereinkommen erfaßten Gebiet. Die Mitglieder des Ausschusses werden von den Vertragsstaaten unter ihren Staatsangehörigen ausgewählt und sind in persönlicher Eigenschaft tätig, wobei auf eine gerechte geographische Verteilung

---

[1] Siehe hierzu die Allgemeine Bemerkung Nr. 5(2003) des Kinderrechtsausschusses (CRC/C/GC/2003/5).

zu achten ist sowie die hauptsächlichen Rechtssysteme zu berücksichtigen sind.[1]

(3) Die Mitglieder des Ausschusses werden in geheimer Wahl aus einer Liste von Personen gewählt, die von den Vertragsstaaten vorgeschlagen worden sind. Jeder Vertragsstaat kann einen seiner eigenen Staatsangehörigen vorschlagen.

(4) Die Wahl des Ausschusses findet zum erstenmal spätestens sechs Monate nach Inkrafttreten dieses Übereinkommens und danach alle zwei Jahre statt. Spätestens vier Monate vor jeder Wahl fordert der Generalsekretär der Vereinten Nationen die Vertragsstaaten schriftlich auf, ihre Vorschläge innerhalb von zwei Monaten einzureichen. Der Generalsekretär fertigt sodann eine alphabetische Liste aller auf diese Weise vorgeschlagenen Personen an unter Angabe der Vertragsstaaten, die sie vorgeschlagen haben, und übermittelt sie den Vertragsstaaten.

(5) Die Wahlen finden auf vom Generalsekretär am Sitz der Vereinten Nationen einberufenen Tagungen der Vertragsstaaten statt. Auf diesen Tagungen, die beschlußfähig sind, wenn zwei Drittel der Vertragsstaaten vertreten sind, gelten die Kandidaten als in den Ausschuß gewählt, welche die höchste Stimmenzahl und die absolute Stimmenmehrheit der anwesenden und abstimmenden Vertreter der Vertragsstaaten auf sich vereinigen.

(6) Die Ausschußmitglieder werden für vier Jahre gewählt. Auf erneuten Vorschlag können sie wiedergewählt werden. Die Amtszeit von fünf der bei der ersten Wahl gewählten Mitglieder läuft nach zwei Jahren ab; unmittelbar nach der ersten Wahl werden die Namen dieser fünf Mitglieder vom Vorsitzenden der Tagung durch das Los bestimmt.

(7) Wenn ein Ausschußmitglied stirbt oder zurücktritt oder erklärt, daß es aus anderen Gründen die Aufgaben des Ausschusses nicht mehr wahrnehmen kann, ernennt der Vertragsstaat, der das Mitglied vorgeschlagen hat, für die verbleibende Amtszeit mit Zustimmung des Ausschusses einen anderen unter seinen Staatsangehörigen ausgewählten Sachverständigen.

(8) Der Ausschuß gibt sich eine Geschäftsordnung.[2]

(9) Der Ausschuß wählt seinen Vorstand für zwei Jahre.

(10) Die Tagungen des Ausschusses finden in der Regel am Sitz der Vereinten Nationen oder an einem anderen vom Ausschuß bestimmten geeigneten Ort statt. Der Ausschuß tritt in der Regel einmal jährlich zusammen. Die Dauer der Ausschußtagungen wird auf einer Tagung der Vertragsstaaten mit Zustimmung der Generalversammlung festgelegt und wenn nötig geändert.

(11) Der Generalsekretär der Vereinten Nationen stellt dem Ausschuß das Personal und die Einrichtungen zur Verfügung, die diese zur wirksamen Wahrnehmung seiner Aufgaben nach diesem Übereinkommen benötigt.

(12) Die Mitglieder des nach diesem Übereinkommen eingesetzten Ausschusses erhalten mit Zustimmung der Generalversammlung Bezüge aus Mitteln der Vereinten Nationen zu den von der Generalversammlung zu beschließenden Bedingungen.

---

[1] In der Fassung des Änderungsbeschlusses vom 12.12.1995 (UN Doc. CRC/SP/1995/L. 1/Rev. 1); in Kraft getreten am 18.11.2002.
[2] Auszugsweise abgedruckt unter Nr. **46a.**

Art. 44 [Berichte der Vertragsstaaten] (1) Die Vertragsstaaten verpflichten sich, dem Ausschuß über den Generalsekretär der Vereinten Nationen Berichte über die Maßnahmen, die sie zur Verwirklichung der in diesem Übereinkommen anerkannten Rechte getroffen haben, und über die dabei erzielten Fortschritte vorzulegen, und zwar
a) innerhalb von zwei Jahren nach Inkrafttreten des Übereinkommens für den betreffenden Vertragsstaat,
b) danach alle fünf Jahre.

(2) In den nach diesem Artikel erstatteten Berichten ist auf etwa bestehende Umstände und Schwierigkeiten hinzuweisen, welche die Vertragsstaaten daran hindern, die in diesem Übereinkommen vorgesehenen Verpflichtungen voll zu erfüllen. Die Berichte müssen auch ausreichende Angaben enthalten, die dem Ausschuß ein umfassendes Bild von der Durchführung des Übereinkommens in dem betreffenden Land vermitteln.

(3) Ein Vertragsstaat, der dem Ausschuß einen ersten umfassenden Bericht vorgelegt hat, braucht in seinen nach Absatz 1 Buchstabe b vorgelegten späteren Berichten die früher mitgeteilten grundlegenden Angaben nicht zu wiederholen.

(4) Der Ausschuß kann die Vertragsstaaten um weitere Angaben über die Durchführung des Übereinkommens ersuchen.

(5) Der Ausschuß legt der Generalversammlung über den Wirtschafts- und Sozialrat alle zwei Jahre einen Tätigkeitsbericht vor.

(6) Die Vertragsstaaten sorgen für eine weite Verbreitung ihrer Berichte im eigenen Land.[1]

Art. 45 [Durchführung des Übereinkommens] Um die wirksame Durchführung dieses Übereinkommens und die internationale Zusammenarbeit auf dem von dem Übereinkommen erfaßten Gebiet zu fördern,
a) haben die Sonderorganisationen, das Kinderhilfswerk der Vereinten Nationen und andere Organe der Vereinten Nationen das Recht, bei der Erörterung der Durchführung derjenigen Bestimmungen des Übereinkommens vertreten zu sein, die in ihren Aufgabenbereich fallen. Der Ausschuß kann, wenn er dies für angebracht hält, die Sonderorganisationen, das Kinderhilfswerk der Vereinten Nationen und andere zuständige Stellen einladen, sachkundige Stellungnahmen zur Durchführung des Übereinkommens auf Gebieten abzugeben, die in ihren jeweiligen Aufgabenbereich fallen. Der Ausschuß kann die Sonderorganisationen, das Kinderhilfswerk der Vereinten Nationen und andere Organe der Vereinten Nationen einladen, ihm Berichte über die Durchführung des Übereinkommens auf Gebieten vorzulegen, die in ihren Tätigkeitsbereich fallen;
b) übermittelt der Ausschuß, wenn er dies für angebracht hält, den Sonderorganisationen, dem Kinderhilfswerk der Vereinten Nationen und anderen zuständigen Stellen Berichte der Vertragsstaaten, die ein Ersuchen um fachliche Beratung oder Unterstützung oder einen Hinweis enthalten, daß ein diesbezügliches Bedürfnis besteht; etwaige Bemerkungen und Vorschläge des Ausschusses zu diesen Ersuchen oder Hinweisen werden beigefügt;

---

[1] Siehe hierzu die Allgemeine Bemerkung Nr. 5(2003) des Kinderrechtsausschusses (CRC/C/GC/2003/5).

c) kann der Ausschuß der Generalversammlung empfehlen, den Generalsekretär zu ersuchen, für den Ausschuß Untersuchungen über Fragen im Zusammenhang mit den Rechten des Kindes durchzuführen;

d) kann der Ausschuß aufgrund der Angaben, die er nach den Artikeln 44 und 45 erhalten hat, Vorschläge und allgemeine Empfehlungen unterbreiten. Diese Vorschläge und allgemeinen Empfehlungen werden den betroffenen Vertragsstaaten übermittelt und der Generalversammlung zusammen mit etwaigen Bemerkungen der Vertragsstaaten vorgelegt.

Teil III [Schlussbestimmungen]

Art. 46 [Unterzeichnung] Dieses Übereinkommen liegt für alle Staaten zur Unterzeichnung auf.

Art. 47 [Ratifikation] Dieses Übereinkommen bedarf der Ratifikation. Die Ratifikationsurkunden werden beim Generalsekretär der Vereinten Nationen hinterlegt.

Art. 48 [Beitritt] Dieses Übereinkommen steht allen Staaten zum Beitritt offen. Die Beitrittsurkunden werden beim Generalsekretär der Vereinten Nationen hinterlegt.

Art. 49 [Inkrafttreten] (1) Dieses Übereinkommen tritt am dreißigsten Tag nach Hinterlegung der zwanzigsten Ratifikations- oder Beitrittsurkunde beim Generalsekretär der Vereinten Nationen in Kraft.

(2) Für jeden Staat, der nach Hinterlegung der zwanzigsten Ratifikations- oder Beitrittsurkunde dieses Übereinkommen ratifiziert oder ihm beitritt, tritt es am dreißigsten Tag nach Hinterlegung seiner eigenen Ratifikations- oder Beitrittsurkunde in Kraft.

Art. 50 [Änderung des Übereinkommens] (1) Jeder Vertragsstaat kann eine Änderung vorschlagen und sie beim Generalsekretär der Vereinten Nationen einreichen. Der Generalsekretär übermittelt sodann den Änderungsvorschlag den Vertragsstaaten mit der Aufforderung, ihm mitzuteilen, ob sie eine Konferenz der Vertragsstaaten zur Beratung und Abstimmung über den Vorschlag befürworten. Befürwortet innerhalb von vier Monaten nach dem Datum der Übermittlung wenigstens ein Drittel der Vertragsstaaten eine solche Konferenz, so beruft der Generalsekretär die Konferenz unter der Schirmherrschaft der Vereinten Nationen ein. Jede Änderung, die von der Mehrheit der auf der Konferenz anwesenden und abstimmenden Vertragsstaaten angenommen wird, wird der Generalversammlung zur Billigung vorgelegt.

(2) Eine nach Absatz 1 angenommene Änderung tritt in Kraft, wenn sie von der Generalversammlung der Vereinten Nationen gebilligt und von einer Zweidrittelmehrheit der Vertragsstaaten angenommen worden ist.

(3) Tritt eine Änderung in Kraft, so ist sie für die Vertragsstaaten, die sie angenommen haben, verbindlich, während für die anderen Vertragsstaaten weiterhin die Bestimmungen dieses Übereinkommens und alle früher von ihnen angenommenen Änderungen gelten.

Art. 51 [Vorbehalte] (1) Der Generalsekretär der Vereinten Nationen nimmt den Wortlaut von Vorbehalten, die ein Staat bei der Ratifikation oder beim Beitritt anbringt, entgegen und leitet ihn allen Staaten zu.

(2) Vorbehalte, die mit Ziel und Zweck dieses Übereinkommens unvereinbar sind, sind nicht zulässig.

(3) Vorbehalte können jederzeit durch eine an den Generalsekretär der Vereinten Nationen gerichtete diesbezügliche Notifikation zurückgenommen werden; dieser setzt alle Staaten davon in Kenntnis. Die Notifikation wird mit dem Tag ihres Eingangs beim Generalsekretär wirksam.

Art. 52 [Kündigung] Ein Vertragsstaat kann dieses Übereinkommen durch eine an den Generalsekretär der Vereinten Nationen gerichtete schriftliche Notifikation kündigen. Die Kündigung wird ein Jahr nach Eingang der Notifikation beim Generalsekretär wirksam.

Art. 53 [Verwahrung] Der Generalsekretär der Vereinten Nationen wird zum Verwahrer dieses Übereinkommens bestimmt.

Art. 54 [Verbindlicher Wortlaut] Die Urschrift dieses Übereinkommens, dessen arabischer, chinesischer, englischer, französischer, russischer und spanischer Wortlaut gleichermaßen verbindlich ist, wird beim Generalsekretär der Vereinten Nationen hinterlegt.

43. Fakultativprotokoll zum Übereinkommen über die Rechte des Kindes betreffend die Beteiligung von Kindern an bewaffneten Konflikten[1]

Vom 25. Mai 2000

(BGBl. 2004 II S. 1355)

(Übersetzung)

Die Vertragsstaaten dieses Protokolls –

ermutigt durch die überwältigende Unterstützung für das Übereinkommen über die Rechte des Kindes, in der die allgemeine Entschlossenheit zum Ausdruck kommt, auf die Förderung und den Schutz der Rechte des Kindes hinzuwirken,

erneut bekräftigend, dass die Rechte des Kindes eines besonderen Schutzes bedürfen, und dazu aufrufend, die Situation der Kinder ohne jeden Unterschied stetig zu verbessern und ihre Entwicklung und Erziehung in Frieden und Sicherheit zu ermöglichen,

beunruhigt über die schädlichen und weitreichenden Auswirkungen bewaffneter Konflikte auf Kinder und über die langfristigen Folgen, die diese auf die Erhaltung des Friedens sowie auf die dauerhafte Sicherheit und Entwicklung haben,

unter Verurteilung der Tatsache, dass Kinder in bewaffneten Konflikten zu Zielen werden und völkerrechtlich geschützte Objekte, darunter Örtlichkeiten, an denen sich gewöhnlich eine bedeutende Zahl von Kindern aufhält, wie Schulen und Krankenhäuser, direkt angegriffen werden,

unter Hinweis auf die Annahme des Statuts des Internationalen Strafgerichtshofs, insbesondere auf die Einstufung der Zwangsverpflichtung oder Eingliederung von Kindern unter 15 Jahren oder ihrer Verwendung zur aktiven Teilnahme an Feindseligkeiten sowohl in internationalen als auch in nicht internationalen bewaffneten Konflikten als Kriegsverbrechen,

daher in der Erwägung, dass zur wirksameren Durchsetzung der im Übereinkommen über die Rechte des Kindes anerkannten Rechte die Notwendigkeit besteht, den Schutz von Kindern vor einer Beteiligung an bewaffneten Konflikten zu verbessern,

unter Hinweis darauf, dass in Artikel 1 des Übereinkommens über die Rechte des Kindes festgelegt ist, dass im Sinne des Übereinkommens ein Kind jeder Mensch ist, der das 18. Lebensjahr noch nicht vollendet hat, soweit die Volljährigkeit nach dem auf das Kind anzuwendenden Recht nicht früher eintritt,

in der Überzeugung, dass ein Fakultativprotokoll zum Übereinkommen, mit dem die Altersgrenze für eine mögliche Einziehung von Personen zu den Streitkräften und ihre Teilnahme an Feindseligkeiten angehoben wird, wirksam zur Umsetzung des Grundsatzes beitragen wird, dass bei allen Maßnahmen, die Kinder betreffen, das Wohl des Kindes ein vorrangig zu berücksichtigender Gesichtspunkt ist,

---

[1] Internationale Quelle: UNTS Bd. 2173, S. 222.

unter Hinweis darauf, dass die 26. Internationale Konferenz des Roten Kreuzes und des Roten Halbmonds im Dezember 1995 unter anderem die Empfehlung abgegeben hat, dass die an einem Konflikt beteiligten Parteien alle durchführbaren Maßnahmen treffen, um sicherzustellen, dass Kinder unter 18 Jahren nicht an Feindseligkeiten teilnehmen,

erfreut darüber, dass im Juni 1999 das Übereinkommen Nr. 182 der Internationalen Arbeitsorganisation über das Verbot und unverzügliche Maßnahmen zur Beseitigung der schlimmsten Formen der Kinderarbeit einstimmig angenommen wurde, das unter anderem die zwangsweise und die im Rahmen der Wehrpflicht erfolgende Einziehung von Kindern zum Einsatz in bewaffneten Konflikten verbietet,

mit größter Beunruhigung verurteilend, dass bewaffnete Gruppen, die sich von den Streitkräften eines Staates unterscheiden, Kinder einziehen, ausbilden und innerhalb der nationalen Grenzen sowie grenzüberschreitend in Feindseligkeiten einsetzen, und im Bewusstsein der Verantwortung derjeniger, die Kinder in diesem Sinne einziehen, ausbilden und einsetzen,

unter Hinweis darauf, dass jede an einem bewaffneten Konflikt beteiligte Partei verpflichtet ist, die Bestimmungen des humanitären Völkerrechts einzuhalten,

unter Hinweis darauf, dass dieses Protokoll die in der Charta der Vereinten Nationen verankerten Ziele und Grundsätze, einschließlich des Artikels 51, sowie die einschlägigen Normen des humanitären Rechts unberührt lässt,

in dem Bewusstsein, dass Frieden und Sicherheit auf der Grundlage der uneingeschränkten Achtung der in der Charta der Vereinten Nationen enthaltenen Ziele und Grundsätze sowie der Einhaltung der anwendbaren Übereinkünfte auf dem Gebiet der Menschenrechte unabdingbar für den umfassenden Schutz von Kindern sind, insbesondere in bewaffneten Konflikten oder während fremder Besetzung,

in Anerkennung der besonderen Bedürfnisse jener Kinder, die auf Grund ihrer wirtschaftlichen oder sozialen Stellung oder ihres Geschlechts besonders gefährdet sind, im Widerspruch zu diesem Protokoll eingezogen oder in Feindseligkeiten eingesetzt zu werden,

eingedenk der Notwendigkeit, die wirtschaftlichen, sozialen und politischen Ursachen zu berücksichtigen, die der Beteiligung von Kindern an bewaffneten Konflikten zugrunde liegen,

überzeugt von der Notwendigkeit, die internationale Zusammenarbeit bei der Durchführung dieses Protokolls sowie die physische und psychosoziale Rehabilitation und die soziale Wiedereingliederung von Kindern, die Opfer bewaffneter Konflikte geworden sind, zu verstärken,

dazu anregend, dass die Gemeinschaft, insbesondere Kinder und kindliche Opfer, an der Verbreitung von Informations- und Aufklärungsprogrammen betreffend die Durchführung des Protokolls mitwirken –

haben Folgendes vereinbart:

Art. 1. Die Vertragsstaaten treffen alle durchführbaren Maßnahmen um sicherzustellen, dass Angehörige ihrer Streitkräfte, die das 18. Lebensjahr noch nicht vollendet haben, nicht unmittelbar an Feindseligkeiten teilnehmen.

Art. 2. Die Vertragsstaaten stellen sicher, dass Personen, die das 18. Lebensjahr noch nicht vollendet haben, nicht obligatorisch zu ihren Streitkräften eingezogen werden.

Art. 3. (1) Die Vertragsstaaten heben das in Artikel 38 Absatz 3 des Übereinkommens über die Rechte des Kindes festgelegte Mindestalter für die Einziehung von Freiwilligen zu ihren nationalen Streitkräften in Lebensjahren an; sie berücksichtigen dabei die in jenem Artikel enthaltenen Grundsätze und anerkennen, dass nach dem Übereinkommen Personen unter 18 Jahren Anspruch auf besonderen Schutz haben.

(2) Jeder Vertragsstaat hinterlegt bei der Ratifikation dieses Protokolls oder dem Beitritt dazu eine verbindliche Erklärung, in der das Mindestalter festgelegt ist, ab dem er die Einziehung von Freiwilligen zu seinen nationalen Streitkräften gestattet, sowie eine Beschreibung der von ihm getroffenen Schutzmaßnahmen, mit denen er sicherstellt, dass eine solche Einziehung nicht gewaltsam oder zwangsweise erfolgt.

(3) Vertragsstaaten, welche die Einziehung von Freiwilligen unter 18 Jahren zu ihren nationalen Streitkräften gestatten, treffen Schutzmaßnahmen, durch die mindestens gewährleistet wird, dass
a) die Einziehung tatsächlich freiwillig erfolgt;
b) die Einziehung mit der in Kenntnis der Sachlage abgegebenen Zustimmung der Eltern oder des Vormunds der Person erfolgt;
c) die Person über die mit dem Militärdienst verbundenen Pflichten umfassend aufgeklärt wird;
d) die Person vor Aufnahme in den staatlichen Militärdienst einen verlässlichen Altersnachweis erbringt.

(4) Jeder Vertragsstaat kann seine Erklärung jederzeit verschärfen, indem er eine entsprechende Notifikation an den Generalsekretär der Vereinten Nationen richtet, der alle Vertragsstaaten davon in Kenntnis setzt. Die Notifikation wird mit dem Tag ihres Eingangs beim Generalsekretär wirksam.

(5) Die in Absatz 1 vorgesehene Verpflichtung zur Anhebung des Mindestalters gilt nicht für Schulen im Sinne der Artikel 28 und 29 des Übereinkommens über die Rechte des Kindes, die von den Streitkräften der Vertragsstaaten betrieben werden oder ihrer Aufsicht unterstehen.

Art. 4. (1) Bewaffnete Gruppen, die sich von den Streitkräften eines Staates unterscheiden, sollen unter keinen Umständen Personen unter 18 Jahren einziehen oder in Feindseligkeiten einsetzen.

(2) Die Vertragsstaaten treffen alle durchführbaren Maßnahmen, um eine solche Einziehung und einen solchen Einsatz zu verhindern, einschließlich der notwendigen rechtlichen Maßnahmen für ein Verbot und eine strafrechtliche Ahndung eines solchen Vorgehens.

(3) Die Anwendung dieses Artikels berührt nicht die Rechtsstellung einer an einem bewaffneten Konflikt beteiligten Partei.

Art. 5. Dieses Protokoll ist nicht so auszulegen, als schlösse es Bestimmungen im Recht eines Vertragsstaats oder in internationalen Übereinkünften und im humanitären Völkerrecht aus, die zur Verwirklichung der Rechte des Kindes besser geeignet sind.

Art. 6. (1) Jeder Vertragsstaat trifft alle erforderlichen rechtlichen, verwaltungsbezogenen und sonstigen Maßnahmen, um die wirksame Durchführung und Durchsetzung der Bestimmungen dieses Protokolls innerhalb seines Hoheitsbereichs sicherzustellen.

(2) Die Vertragsstaaten verpflichten sich, die Grundsätze und Bestimmungen dieses Protokolls durch geeignete Maßnahmen bei Erwachsenen und auch bei Kindern allgemein bekannt zu machen und zu fördern.

(3) Die Vertragsstaaten treffen alle durchführbaren Maßnahmen um sicherzustellen, dass ihrer Hoheitsgewalt unterstehende Personen, die im Widerspruch zu diesem Protokoll eingezogen oder in Feindseligkeiten eingesetzt worden sind, demobilisiert oder auf andere Weise aus dem Militärdienst entlassen werden. Die Vertragsstaaten gewähren diesen Personen erforderlichenfalls jede geeignete Unterstützung zu ihrer physischen und psychischen Genesung und ihrer sozialen Wiedereingliederung.

Art. 7. (1) Die Vertragsstaaten arbeiten bei der Durchführung dieses Protokolls zusammen, so bei der Verhütung von Verstößen gegen das Protokoll sowie bei der Rehabilitation und sozialen Wiedereingliederung von Personen, die Opfer von Verstößen gegen das Protokoll geworden sind, einschließlich technischer Zusammenarbeit und finanzieller Unterstützung. Diese Unterstützung und Zusammenarbeit erfolgt in Absprache zwischen den betreffenden Vertragsstaaten und den zuständigen internationalen Organisationen.

(2) Vertragsstaaten, die hierzu in der Lage sind, leisten diese Unterstützung im Rahmen bestehender mehrseitiger, zweiseitiger oder sonstiger Programme oder, unter anderem, durch einen in Übereinstimmung mit den Regeln der Generalversammlung eingerichteten freiwilligen Fonds.

Art. 8. (1) Jeder Vertragsstaat legt dem Ausschuss für die Rechte des Kindes innerhalb von zwei Jahren nach dem Inkrafttreten des Protokolls für den betreffenden Vertragsstaat einen Bericht mit umfassenden Angaben über die Maßnahmen vor, die er zur Durchführung der Bestimmungen des Protokolls, einschließlich derjenigen betreffend Teilnahme und Einziehung, ergriffen hat.

(2) Nach Abgabe des umfassenden Berichts nimmt jeder Vertragsstaat in die Berichte, die er dem Ausschuss für die Rechte des Kindes nach Artikel 44 des Übereinkommens vorlegt, alle weiteren Angaben in Bezug auf die Durchführung des Protokolls auf. Die anderen Vertragsstaaten des Protokolls legen alle fünf Jahre einen Bericht vor.

(3) Der Ausschuss für die Rechte des Kindes kann die Vertragsstaaten um weitere Angaben über die Durchführung des Protokolls ersuchen.

Art. 9. (1) Dieses Protokoll liegt für alle Staaten, die Vertragsparteien des Übereinkommens sind oder es unterzeichnet haben, zur Unterzeichnung auf.

(2) Dieses Protokoll bedarf der Ratifikation und steht allen Staaten zum Beitritt offen. Die Ratifikations- oder Beitrittsurkunden werden beim Generalsekretär der Vereinten Nationen hinterlegt.

(3) Der Generalsekretär unterrichtet in seiner Eigenschaft als Verwahrer des Übereinkommens und des Protokolls alle Vertragsstaaten des Übereinkommens sowie alle Staaten, die das Übereinkommen unterzeichnet haben, über jede gemäß Artikel 3 hinterlegte Erklärungsurkunde.

Art. 10. (1) Dieses Protokoll tritt drei Monate nach Hinterlegung der zehnten Ratifikations- oder Beitrittsurkunde in Kraft.

(2) Für jeden Staat, der dieses Protokoll nach seinem Inkrafttreten ratifiziert oder ihm beitritt, tritt es einen Monat nach Hinterlegung seiner eigenen Ratifikations- oder Beitrittsurkunde in Kraft.

Art. 11. (1) Jeder Vertragsstaat kann dieses Protokoll jederzeit durch eine an den Generalsekretär der Vereinten Nationen gerichtete schriftliche Notifikation kündigen; der Generalsekretär unterrichtet sodann die übrigen Vertragsstaaten des Übereinkommens und alle Staaten, die das Übereinkommen unterzeichnet haben. Die Kündigung wird ein Jahr nach Eingang der Notifikation beim Generalsekretär wirksam. Ist jedoch bei Ablauf dieses Jahres der kündigende Vertragsstaat in einen bewaffneten Konflikt verwickelt, so wird die Kündigung erst nach Ende des bewaffneten Konflikts wirksam.

(2) Die Kündigung enthebt den Vertragsstaat in Bezug auf Handlungen, die sich vor dem Wirksamwerden der Kündigung ereignet haben, nicht seiner Verpflichtungen aus diesem Protokoll. Die Kündigung berührt auch nicht die weitere Prüfung einer Angelegenheit, mit welcher der Ausschuss bereits vor dem Wirksamwerden der Kündigung befasst war.

Art. 12. (1) Jeder Vertragsstaat kann eine Änderung vorschlagen und sie beim Generalsekretär der Vereinten Nationen einreichen. Der Generalsekretär übermittelt sodann den Änderungsvorschlag den Vertragsstaaten mit der Aufforderung, ihm mitzuteilen, ob sie eine Konferenz der Vertragsstaaten zur Beratung und Abstimmung über den Vorschlag befürworten. Befürwortet innerhalb von vier Monaten nach dem Datum der Übermittlung wenigstens ein Drittel der Vertragsstaaten eine solche Konferenz, so beruft der Generalsekretär die Konferenz unter der Schirmherrschaft der Vereinten Nationen ein. Jede Änderung, die von der Mehrheit der auf der Konferenz anwesenden und abstimmenden Vertragsstaaten angenommen wird, wird der Generalversammlung zur Billigung vorgelegt.

(2) Eine nach Absatz 1 angenommene Änderung tritt in Kraft, wenn sie von der Generalversammlung gebilligt und von einer Zweidrittelmehrheit der Vertragsstaaten angenommen worden ist.

(3) Tritt eine Änderung in Kraft, so ist sie für die Vertragsstaaten, die sie angenommen haben, verbindlich, während für die anderen Vertragsstaaten weiterhin die Bestimmungen dieses Protokolls und alle früher von ihnen angenommenen Änderungen gelten.

Art. 13. (1) Dieses Protokoll, dessen arabischer, chinesischer, englischer, französischer, russischer und spanischer Wortlaut gleichermaßen verbindlich ist, wird im Archiv der Vereinten Nationen hinterlegt.

(2) Der Generalsekretär der Vereinten Nationen übermittelt allen Vertragsstaaten des Übereinkommens sowie allen Staaten, die das Übereinkommen unterzeichnet haben, beglaubigte Abschriften dieses Protokolls.

44. Fakultativprotokoll zum Übereinkommen über die Rechte des Kindes betreffend den Verkauf von Kindern, die Kinderprostitution und die Kinderpornographie[1]

Vom 25. Mai 2000

(BGBl. 2008 II S. 1222)

(Auszug)

(Übersetzung)

Die Vertragsstaaten dieses Protokolls –

in der Erwägung, dass es zur weiteren Verwirklichung der Ziele des Übereinkommens über die Rechte des Kindes und zur weiteren Durchführung seiner Bestimmungen, insbesondere der Artikel 1, 11, 21, 32, 33, 34, 35 und 36, angebracht wäre, die Maßnahmen zu erweitern, welche die Vertragsstaaten ergreifen sollen, um den Schutz des Kindes vor Verkauf von Kindern, Kinderprostitution und Kinderpornographie zu gewährleisten,

ferner in der Erwägung, dass das Übereinkommen über die Rechte des Kindes das Recht des Kindes anerkennt, vor wirtschaftlicher Ausbeutung geschützt und nicht zu einer Arbeit herangezogen zu werden, die Gefahren mit sich bringt, die Erziehung des Kindes behindert oder die Gesundheit des Kindes oder seine körperliche, geistige, seelische, sittliche oder soziale Entwicklung schädigen könnte,

ernsthaft darüber besorgt, dass der internationale Kinderhandel zum Zweck des Verkaufs von Kindern, der Kinderprostitution und der Kinderpornographie beträchtliche Ausmaße angenommen hat und im Zunehmen begriffen ist,

zutiefst besorgt über die weit verbreitete und andauernde Praxis des Sextourismus, der Kinder besonders gefährdet, weil er den Verkauf von Kindern, die Kinderprostitution und die Kinderpornographie unmittelbar fördert,

in der Erkenntnis, dass eine Reihe besonders gefährdeter Gruppen, namentlich Mädchen, in höherem Maße dem Risiko der sexuellen Ausbeutung ausgesetzt sind

und dass Mädchen einen unverhältnismäßig hohen Anteil der Opfer sexueller Ausbeutung ausmachen,

besorgt über die zunehmende Verfügbarkeit von Kinderpornographie über das Internet und andere neue Technologien und unter Hinweis auf die 1999 in Wien abgehaltene Internationale Konferenz zur Bekämpfung der Kinderpornographie im Internet und insbesondere auf die Schlussfolgerung der Konferenz, in der sie fordert, die Herstellung, den Vertrieb, die Ausfuhr, die Übermittlung, die Einfuhr und den vorsätzlichen Besitz von Kinderpornographie sowie die Werbung dafür weltweit unter Strafe zu stellen, und unter Hinweis auf die Bedeutung einer engeren Zusammenarbeit und Partnerschaft zwischen den Regierungen und der Internetindustrie,

---

[1] Internationale Quelle: UNTS Bd. 2171, S. 227.

in der Überzeugung, dass die Beseitigung des Verkaufs von Kindern, der Kinderprostitution und der Kinderpornographie durch einen ganzheitlichen Ansatz erleichtert werden wird, der die begünstigenden Umstände wie Unterentwicklung, Armut, wirtschaftliche Ungleichheiten, ungerechte sozioökonomische Strukturen, gestörte Familienverhältnisse, fehlende Bildung, Landflucht, Diskriminierung aufgrund des Geschlechts, verantwortungsloses Sexualverhalten Erwachsener, schädliche traditionelle Praktiken, bewaffnete Konflikte und Kinderhandel einbezieht,

sowie in der Überzeugung, dass Anstrengungen zur Sensibilisierung der Öffentlichkeit unternommen werden müssen, um die Nachfrage, die zum Verkauf von Kindern, zur Kinderprostitution und zur Kinderpornographie führt, zu verringern, und ferner in der Überzeugung, dass es wichtig ist, die weltweite Partnerschaft zwischen allen Handelnden zu fördern und die Rechtsdurchsetzung auf nationaler Ebene zu verbessern,

unter Hinweis auf die internationalen Übereinkünfte betreffend den Schutz von Kindern, einschließlich des Haager Übereinkommens über den Schutz von Kindern und die Zusammenarbeit auf dem Gebiet der internationalen Adoption, des Haager Übereinkommens über die zivilrechtlichen Aspekte internationaler Kindesentführung, des Haager Übereinkommens über die Zuständigkeit, das anzuwendende Recht, die Anerkennung, Vollstreckung und Zusammenarbeit auf dem Gebiet der elterlichen Verantwortung und der Maßnahmen zum Schutz von Kindern sowie des Übereinkommens Nr. 182 der Internationalen Arbeitsorganisation über das Verbot und unverzügliche Maßnahmen zur Beseitigung der schlimmsten Formen der Kinderarbeit,

ermutigt durch die überwältigende Unterstützung für das Übereinkommen über die Rechte des Kindes, in der die allgemeine Entschlossenheit zum Ausdruck kommt, auf die Förderung und den Schutz der Rechte des Kindes hinzuwirken,

in der Erkenntnis, wie wichtig es ist, die Bestimmungen des Aktionsprogramms zur Verhütung von Kinderhandel, Kinderprostitution und Kinderpornographie sowie der Erklärung und des Aktionsplans des vom 27. bis 31. August 1996 in Stockholm abgehaltenen Weltkongresses gegen die gewerbsmäßige sexuelle Ausbeutung von Kindern sowie anderer einschlägiger Beschlüsse und Empfehlungen zuständiger internationaler Organe durchzuführen,

unter gebührender Beachtung der Bedeutung der Traditionen und kulturellen Werte jedes Volkes für den Schutz und die harmonische Entwicklung des Kindes –

haben Folgendes vereinbart:

Art. 1. Die Vertragsstaaten verbieten den Verkauf von Kindern, die Kinderprostitution und die Kinderpornographie nach Maßgabe dieses Protokolls.

Art. 2. Im Sinne dieses Protokolls bedeutet

a) „Verkauf von Kindern" jede Handlung oder jedes Geschäft, mit denen ein Kind gegen Bezahlung oder für eine andere Gegenleistung von einer Person oder Personengruppe an eine andere übergeben wird;

b) „Kinderprostitution" die Benutzung eines Kindes bei sexuellen Handlungen gegen Bezahlung oder gegen andere Art der Gegenleistung;

c) „Kinderpornographie" jede Darstellung eines Kindes, gleichviel durch welches Mittel, bei wirklichen oder simulierten eindeutigen sexuellen

Handlungen oder jede Darstellung der Geschlechtsteile eines Kindes zu vorwiegend sexuellen Zwecken.

Art. 3. (1) Jeder Vertragsstaat stellt sicher, dass mindestens die folgenden Handlungen und Tätigkeiten in vollem Umfang von seinem Strafrecht erfasst werden, gleichviel ob diese Straftaten im Inland oder grenzüberschreitend von einem Einzelnen oder auf organisierte Weise begangen werden:

a) in Bezug auf den Verkauf von Kindern im Sinne des Artikels 2:
   i) das Anbieten, Übergeben oder Annehmen eines Kindes, gleichviel durch welches Mittel, zum Zwecke
   a. der sexuellen Ausbeutung des Kindes;
   b. der Übertragung von Organen des Kindes zur Erzielung von Gewinn;
   c. der Heranziehung des Kindes zur Zwangsarbeit;
   ii) als Vermittler, das unstatthafte Herbeiführen der Zustimmung zur Adoption eines Kindes unter Verstoß gegen die anwendbaren internationalen Übereinkünfte betreffend die Adoption;
b) das Anbieten, Beschaffen, Vermitteln oder Bereitstellen eines Kindes zur Kinderprostitution im Sinne des Artikels 2;
c) das Herstellen, Vertreiben, Verbreiten, Einführen, Ausführen, Anbieten, Verkaufen oder Besitzen von Kinderpornographie im Sinne des Artikels 2 zu den genannten Zwecken.

(2) Vorbehaltlich der innerstaatlichen Rechtsvorschriften eines Vertragsstaats gilt dies auch für den Versuch, eine dieser Handlungen zu begehen, sowie für die Mittäterschaft oder Teilnahme an einer dieser Handlungen.

(3) Jeder Vertragsstaat bedroht diese Straftaten mit angemessenen Strafen, die der Schwere der Taten Rechnung tragen.

(4) Vorbehaltlich seiner innerstaatlichen Rechtsvorschriften trifft jeder Vertragsstaat gegebenenfalls Maßnahmen, um die Verantwortlichkeit juristischer Personen für die Straftaten nach Absatz 1 zu begründen. Vorbehaltlich der Rechtsgrundsätze des Vertragsstaats kann diese Verantwortlichkeit juristischer Personen straf-, zivil- oder verwaltungsrechtlicher Natur sein.

(5) Die Vertragsstaaten treffen alle geeigneten rechtlichen Maßnahmen und Verwaltungsmaßnahmen, um sicherzustellen, dass alle an der Adoption eines Kindes beteiligten Personen im Einklang mit den anwendbaren internationalen Übereinkünften handeln.

Art. 4. (1) Jeder Vertragsstaat trifft die notwendigen Maßnahmen, um seine Gerichtsbarkeit über die in Artikel 3 Absatz 1 bezeichneten Straftaten zu begründen, wenn die Straftaten in seinem Hoheitsgebiet oder an Bord eines in diesem Staat eingetragenen Schiffes oder Luftfahrzeugs begangen worden sind.

(2) Jeder Vertragsstaat kann die notwendigen Maßnahmen treffen, um seine Gerichtsbarkeit über die in Artikel 3 Absatz 1 bezeichneten Straftaten in den folgenden Fällen zu begründen:
a) wenn der Verdächtige ein Angehöriger dieses Staates ist oder seinen gewöhnlichen Aufenthalt in seinem Hoheitsgebiet dieses Staates hat;
b) wenn das Opfer ein Angehöriger dieses Staates ist.

(3) Jeder Vertragsstaat trifft ferner die notwendigen Maßnahmen, um seine Gerichtsbarkeit über die genannten Straftaten zu begründen, wenn der Verdächtige sich in seinem Hoheitsgebiet befindet und er ihn nicht an einen an-

deren Vertragsstaat ausliefert, weil die Straftat von einem seiner Staatsangehörigen begangen worden ist.

(4) Dieses Protokoll schließt die Ausübung einer Strafgerichtsbarkeit nach innerstaatlichem Recht nicht aus.

Art. 5. (1) Die in Artikel 3 Absatz 1 bezeichneten Straftaten gelten als in jeden zwischen den Vertragsstaaten bestehenden Auslieferungsvertrag einbezogene auslieferungsfähige Straftaten und werden als auslieferungsfähige Straftaten in jeden später zwischen ihnen geschlossenen Auslieferungsvertrag im Einklang mit den in diesen Verträgen niedergelegten Bedingungen aufgenommen.

(2) Erhält ein Vertragsstaat, der die Auslieferung vom Bestehen eines Vertrags abhängig macht, ein Auslieferungsersuchen von einem anderen Vertragsstaat, mit dem er keinen Auslieferungsvertrag hat, so kann er dieses Protokoll als Rechtsgrundlage für die Auslieferung in Bezug auf diese Straftaten ansehen. Die Auslieferung unterliegt den im Recht des ersuchten Staates vorgesehenen Bedingungen.

(3) Vertragsstaaten, welche die Auslieferung nicht vom Bestehen eines Vertrags abhängig machen, erkennen unter sich diese Straftaten als auslieferungsfähige Straftaten an, vorbehaltlich der im Recht des ersuchten Staates vorgesehenen Bedingungen.

(4) Diese Straftaten werden für die Zwecke der Auslieferung zwischen Vertragsstaaten so behandelt, als seien sie nicht nur an dem Ort, an dem sie sich ereignet haben, sondern auch in den Hoheitsgebieten der Staaten begangen worden, die in Übereinstimmung mit Artikel 4 ihre Gerichtsbarkeit zu begründen haben.

(5) Wird in Bezug auf eine in Artikel 3 Absatz 1 beschriebene Straftat ein Auslieferungsersuchen gestellt und liefert der ersuchte Vertragsstaat den Täter wegen seiner Staatsangehörigkeit nicht aus oder will ihn deswegen nicht ausliefern, so trifft dieser Staat geeignete Maßnahmen, um den Fall seinen zuständigen Behörden zum Zweck der Strafverfolgung zu unterbreiten.

Art. 6. (1) Die Vertragsstaaten gewähren einander größtmögliche Hilfe im Zusammenhang mit Ermittlungen oder mit Straf- oder Auslieferungsverfahren, welche die in Artikel 3 Absatz 1 genannten Straftaten zum Gegenstand haben, einschließlich der Hilfe bei der Beschaffung der ihnen zur Verfügung stehenden und für das Verfahren notwendigen Beweismittel.

(2) Die Vertragsstaaten erfüllen ihre Verpflichtungen nach Absatz 1 im Einklang mit den gegebenenfalls zwischen ihnen bestehenden Verträgen oder sonstigen Vereinbarungen über Rechtshilfe. Bestehen solche Verträge oder Vereinbarungen nicht, so leisten die Vertragsstaaten einander Hilfe nach ihrem innerstaatlichen Recht.

Art. 7. Vorbehaltlich ihrer innerstaatlichen Rechtsvorschriften werden die Vertragsstaaten
a) Maßnahmen treffen, um gegebenenfalls die Beschlagnahme und Einziehung in Bezug auf Folgendes vorzusehen:

i) Gegenstände, wie Material, Vermögenswerte und andere Tatwerkzeuge, die verwendet wurden, um Straftaten nach diesem Protokoll zu begehen oder ihre Begehung zu erleichtern;[1)]

ii) Erträge aus solchen Straftaten;

b) Ersuchen eines anderen Vertragsstaats um Beschlagnahme oder Einziehung der unter Buchstabe a bezeichneten Sachen oder Erträge nachkommen;

c) Maßnahmen zur vorübergehenden oder endgültigen Schließung der Räumlichkeiten treffen, die zur Begehung solcher Straftaten benutzt wurden.

Art. 8. (1) Die Vertragsstaaten treffen geeignete Maßnahmen, um die Rechte und das Wohl von Kindern, die Opfer von nach diesem Protokoll verbotenen Praktiken wurden, in allen Abschnitten des Strafverfahrens zu schützen, indem sie insbesondere

a) die Verletzlichkeit kindlicher Opfer anerkennen und die Verfahren so anpassen, dass ihren besonderen Bedürfnissen, namentlich in ihrer Eigenschaft als Zeugen, Rechnung getragen wird;

b) kindliche Opfer über ihre Rechte und ihre Rolle, über Umfang, zeitlichen Ablauf und Stand des Verfahrens sowie über die in ihrem Fall getroffene Entscheidung unterrichten;

c) zulassen, dass die Ansichten, Bedürfnisse und Sorgen kindlicher Opfer in Verfahren, die ihre persönlichen Interessen berühren, in Übereinstimmung mit den Verfahrensvorschriften des innerstaatlichen Rechts vorgetragen und geprüft werden;

d) kindlichen Opfern während des gesamten Gerichtsverfahrens geeignete Hilfsdienste zur Verfügung stellen;

e) die Privatsphäre und die Identität kindlicher Opfer erforderlichenfalls schützen und in Übereinstimmung mit dem innerstaatlichen Recht Maßnahmen treffen, um die Verbreitung von Informationen zu verhindern, die zur Identifikation kindlicher Opfer führen könnten;

f) gegebenenfalls dafür Sorge tragen, dass kindliche Opfer und ihre Familien sowie Belastungszeugen vor Einschüchterung und Vergeltung sicher sind;

g) unnötige Verzögerungen bei der Entscheidung von Fällen und der Durchführung von Beschlüssen oder Entscheidungen vermeiden, mit denen kindlichen Opfern eine Entschädigung gewährt wird.

(2) Die Vertragsstaaten stellen sicher, dass Ungewissheit in Bezug auf das tatsächliche Alter des Opfers die Einleitung strafrechtlicher Ermittlungen, einschließlich Ermittlungen zur Feststellung des Alters des Opfers, nicht verhindert.

(3) Die Vertragsstaaten stellen sicher, dass in Strafverfahren mit Beteiligung von Kindern, die Opfer der in diesem Protokoll genannten Straftaten geworden sind, das Wohl des Kindes ein vorrangig zu berücksichtigender Gesichtspunkt ist.

(4) Die Vertragsstaaten treffen Maßnahmen, um eine geeignete, insbesondere juristische und psychologische Ausbildung der Personen sicherzustellen, die mit Opfern von nach diesem Protokoll verbotenen Straftaten arbeiten.

[1)] Für die Schweiz gilt folgende Übersetzung: „i) Güter, wie Dokumente, Vermögenswerte und andere Hilfsmittel, die verwendet wurden, um Straftaten nach diesem Protokoll zu begehen oder ihre Begehung zu erleichtern."

(5) Die Vertragsstaaten treffen gegebenenfalls Maßnahmen, um die Sicherheit und Unversehrtheit der Personen und/oder Organisationen zu gewährleisten, die an der Verhütung solcher Straftaten und/oder am Schutz und an der Rehabilitation ihrer Opfer beteiligt sind.

(6) Dieser Artikel ist nicht so auszulegen, als beeinträchtige er das Recht des Beschuldigten auf ein faires und unparteiisches Verfahren oder als sei er mit diesem Recht unvereinbar.

Art. 9. (1) Die Vertragsstaaten werden Gesetze, Verwaltungsmaßnahmen sowie sozialpolitische Leitlinien und Programme zur Verhütung der in diesem Protokoll bezeichneten Straftaten beschließen oder verstärken, durchführen und bekannt machen. Besondere Beachtung ist dem Schutz von Kindern zu schenken, die durch diese Praktiken besonders gefährdet sind.

(2) Die Vertragsstaaten fördern durch Informationstätigkeit mit allen geeigneten Mitteln sowie durch Aufklärung und Schulung das Bewusstsein der breiten Öffentlichkeit, einschließlich der Kinder, in Bezug auf vorbeugende Maßnahmen und schädliche Folgen der in diesem Protokoll bezeichneten Straftaten. Bei der Erfüllung ihrer Verpflichtungen nach diesem Artikel fördern die Vertragsstaaten die Mitwirkung der Gemeinschaft und insbesondere der Kinder und kindlichen Opfer an solchen Informations-, Aufklärungs- und Schulungsprogrammen, einschließlich auf internationaler Ebene.

(3) Die Vertragsstaaten treffen alle durchführbaren Maßnahmen, um jede geeignete Hilfe für die Opfer solcher Straftaten sicherzustellen, einschließlich ihrer vollständigen sozialen Wiedereingliederung und ihrer vollständigen körperlichen und psychischen Genesung.

(4) Die Vertragsstaaten stellen sicher, dass alle kindlichen Opfer der in diesem Protokoll bezeichneten Straftaten Zugang zu Verfahren haben, die ihnen ermöglichen, ohne Diskriminierung von den gesetzlich Verantwortlichen Schadensersatz zu verlangen.

(5) Die Vertragsstaaten treffen geeignete Maßnahmen, um die Herstellung und Verbreitung von Material, mit dem für die in diesem Protokoll bezeichneten Straftaten geworben wird, wirksam zu verbieten.

Art. 10. (1) Die Vertragsstaaten unternehmen alle notwendigen Schritte zur Stärkung der internationalen Zusammenarbeit, indem sie mehrseitige, regionale und zweiseitige Vereinbarungen schließen, um den Verkauf von Kindern, die Kinderprostitution, die Kinderpornographie und den Kindersextourismus zu verhüten und die für diese Handlungen Verantwortlichen aufzuspüren, gegen sie zu ermitteln, sie strafrechtlich zu verfolgen und zu bestrafen. Die Vertragsstaaten fördern ferner die internationale Zusammenarbeit und Koordinierung zwischen ihren Behörden, den nationalen und internationalen nichtstaatlichen Organisationen sowie den internationalen Organisationen.

(2) Die Vertragsstaaten fördern die internationale Zusammenarbeit zur Unterstützung kindlicher Opfer bei ihrer körperlichen und psychischen Genesung sowie ihrer sozialen Wiedereingliederung und Rückführung in die Heimat.

(3) Die Vertragsstaaten fördern die Stärkung der internationalen Zusammenarbeit, um die tieferen Ursachen, wie Armut und Unterentwicklung, zu

beseitigen, die zu der Gefährdung von Kindern durch den Verkauf von Kindern, die Kinderprostitution und den Kindersextourismus beitragen.

(4) Die Vertragsstaaten, die dazu in der Lage sind, stellen im Rahmen bestehender mehrseitiger, regionaler, zweiseitiger oder anderer Programme finanzielle, technische oder andere Hilfe zur Verfügung.

Art. 11. Dieses Protokoll lässt zur Verwirklichung der Rechte des Kindes besser geeignete Bestimmungen unberührt, die enthalten sind
a) im Recht eines Vertragsstaats oder
b) in dem für diesen Staat geltenden Völkerrecht.

Vom Abdruck der Art. 12 bis 17 wird abgesehen, sie entsprechen den Art. 8 bis 13 des Fakultativprotokolls betreffend die Beteiligung von Kindern an bewaffneten Konflikten (Nr. 43).

45. Fakultativprotokoll zum Übereinkommen über die Rechte des Kindes betreffend ein Mitteilungsverfahren[1]

Vom 19. Dezember 2011

(BGBl. 2012 II S. 1547)

(Übersetzung)

Die Vertragsstaaten dieses Protokolls –

in der Erwägung, dass nach den in der Charta der Vereinten Nationen verkündeten Grundsätzen die Anerkennung der allen Mitgliedernder menschlichen Gesellschaft innewohnenden Würde und der Gleichheit und Unveräußerlichkeit ihrer Rechte die Grundlage von Freiheit, Gerechtigkeit und Frieden in der Welt bildet,

davon Kenntnis nehmend, dass die Vertragsstaaten des Übereinkommens über die Rechte des Kindes (im Folgenden als „Übereinkommen" bezeichnet) die darin festgelegten Rechte für jedes ihrer Hoheitsgewalt unterstehende Kind ohne jede Diskriminierung unabhängig von der Rasse, der Hautfarbe, dem Geschlecht, der Sprache, der Religion, der politischen oder sonstigen Anschauung, der nationalen, ethnischen oder sozialen Herkunft, des Vermögens, einer Behinderung, der Geburt oder dem sonstigen Status des Kindes, seiner Eltern oder seines Vormunds anerkennen,

bekräftigend, dass alle Menschenrechte und Grundfreiheiten allgemein gültig und unteilbar sind, einander bedingen und miteinander verknüpft sind,

außerdem in Bekräftigung des Status des Kindes als Träger von Rechten und als Mensch mit Würde und sich entwickelnden Fähigkeiten,

in der Erkenntnis, dass die besondere und abhängige Situation von Kindern ihnen beim Einlegen von Rechtsbehelfen wegen einer Verletzung ihrer Rechte erhebliche Schwierigkeiten bereiten kann,

in der Erwägung, dass dieses Protokoll die nationalen und regionalen Mechanismen verstärken und ergänzen wird, die es Kindern ermöglichen, Beschwerden wegen einer Verletzung ihrer Rechte einzulegen,

in der Erkenntnis, dass das Wohl des Kindes beim Einlegen von Rechtsbehelfen wegen einer Verletzung der Rechte des Kindes ein vorrangig zu berücksichtigen der Gesichtspunkt sein sollte und dass dabei auf allen Ebenen der Notwendigkeit kindgerechter Verfahren Rechnung getragen werden sollte,

die Vertragsstaaten dazu ermutigend, geeignete nationale Mechanismen einzurichten, um einem Kind, dessen Rechte verletzt wurden, den Zugang zu wirksamen Rechtsbehelfen auf innerstaatlicher Ebene zu ermöglichen,

unter Hinweis auf die wichtige Rolle, die die nationalen Menschenrechtsinstitutionen und andere mit der Förderung und dem Schutz der Rechte des Kindes betraute zuständige Fachinstitutionen in dieser Hinsicht spielen können,

---

[1] Internationale Quelle: UN Doc A/RES/66/138, Annex.

in der Erwägung, dass es zur Verstärkung und Ergänzung dieser nationalen Mechanismen und zur weiteren Verbesserung der Durchführung des Übereinkommens und gegebenenfalls der dazugehörigen Fakultativprotokolle betreffend den Verkauf von Kindern, die Kinderprostitution und die Kinderpornographie sowie betreffend die Beteiligung von Kindern an bewaffneten Konflikten angebracht wäre, dem Ausschuss für die Rechte des Kindes (im Folgenden als „Ausschuss" bezeichnet) die Wahrnehmung der in diesem Protokoll vorgesehenen Aufgaben zu ermöglichen –

haben Folgendes vereinbart:

Teil I. Allgemeine Bestimmungen

Art. 1 Zuständigkeit des Ausschusses für die Rechte des Kindes.
(1) Ein Vertragsstaat dieses Protokolls erkennt die in diesem Protokoll vorgesehene Zuständigkeit des Ausschusses an.

(2) Der Ausschuss übt seine Zuständigkeit gegenüber einem Vertragsstaat dieses Protokolls nicht in Angelegenheiten aus, die die Verletzung von Rechten aus einer Übereinkunft betreffen, der dieser Staat nicht als Vertragspartei angehört.

(3) Der Ausschuss nimmt keine Mitteilung entgegen, die einen Staat betrifft, der nicht Vertragspartei dieses Protokolls ist.

Art. 2 Allgemeine Grundsätze für die Wahrnehmung der Aufgaben des Ausschusses. Bei der Erfüllung der ihm durch dieses Protokoll übertragenen Aufgaben lässt sich der Ausschuss vom Grundsatz des Wohls des Kindes leiten. Er trägt außerdem den Rechten sowie der Meinung des Kindes Rechnung, wobei die Meinung des Kindes angemessen und entsprechend dem Alter und der Reife des Kindes zu berücksichtigen ist.

Art. 3 Verfahrensordnung. (1) Der Ausschuss gibt sich eine Verfahrensordnung, die bei der Erfüllung der ihm durch dieses Protokoll übertragenen Aufgaben zu beachten ist. Dabei berücksichtigt er insbesondere Artikel 2, um zu gewährleisten, dass die Verfahren kindgerecht sind.[1]

(2) Der Ausschuss nimmt in seine Verfahrensordnung Schutzbestimmungen auf, um einer Manipulation des Kindes durch diejenigen, die in seinem Namen handeln, vorzubeugen; er kann die Prüfung jeder Mitteilung ablehnen, die seiner Auffassung nach nicht dem Wohl des Kindes entspricht.

Art. 4 Schutzmaßnahmen. (1) Ein Vertragsstaat trifft alle geeigneten Maßnahmen, um sicherzustellen, dass seiner Hoheitsgewalt unterstehende Einzelpersonen nicht infolge einer Mitteilung an oder einer Zusammenarbeit mit dem Ausschuss einer Menschenrechtsverletzung, Misshandlung oder Einschüchterung ausgesetzt werden.

(2) Die Identität einer betroffenen Einzelperson oder Personengruppe darf ohne deren ausdrückliche Zustimmung nicht öffentlich bekannt gemacht werden.

---

[1] Abgedruckt unter Nr. **46b.**

Teil II. Mitteilungsverfahren

Art. 5 Mitteilungen von Einzelpersonen. 1 (1) Mitteilungen können von oder im Namen einer der Hoheitsgewalt eines Vertragsstaats unterstehenden Einzelperson oder Personengruppe eingereicht werden, die behauptet, Opfer einer Verletzung eines Rechts aus einer der nachstehenden Übereinkünfte, denen der Staat als Vertragspartei angehört, durch diesen Vertragsstaat zu sein:
a) dem Übereinkommen;
b) dem Fakultativprotokoll zum Übereinkommen betreffend den Verkauf von Kindern, die Kinderprostitution und die Kinderpornographie;
c) dem Fakultativprotokoll zum Übereinkommen betreffend die Beteiligung von Kindern an bewaffneten Konflikten.

(2) Wird eine Mitteilung im Namen einer Einzelperson oder Personengruppe eingereicht, so hat dies mit ihrer Zustimmung zu geschehen, es sei denn, der Verfasser kann rechtfertigen, ohne eine solche Zustimmung in ihrem Namen zu handeln.

Art. 6 Vorläufige Maßnahmen. (1) Der Ausschuss kann jederzeit nach Eingang einer Mitteilung und bevor eine Entscheidung in der Sache selbst getroffen worden ist, dem betreffenden Vertragsstaat ein Gesuch zur sofortigen Prüfung übermitteln, indem er aufgefordert wird, die vorläufigen Maßnahmen zu treffen, die unter außergewöhnlichen Umständen gegebenenfalls erforderlich sind, um einen möglichen nicht wiedergutzumachenden Schaden für das oder die Opfer der behaupteten Verletzung abzuwenden.

(2) Übt der Ausschuss sein Ermessen nach Absatz 1 aus, so bedeutet das keine Entscheidung über die Zulässigkeit der Mitteilung oder in der Sache selbst.

Art. 7 Zulässigkeit. Der Ausschuss erklärt eine Mitteilung für unzulässig,
a) wenn sie anonym ist;
b) wenn sie nicht schriftlich eingereicht wird;
c) wenn sie einen Missbrauch des Rechts auf Einreichung solcher Mitteilungen darstellt oder mit den Bestimmungen des Übereinkommens und/oder der dazugehörigen Fakultativprotokolle unvereinbar ist;
d) wenn dieselbe Sache bereits vom Ausschuss untersucht worden ist oder in einem anderen internationalen Untersuchungs- oder Streitregelungsverfahren geprüft worden ist oder geprüft wird;
e) wenn nicht alle zur Verfügung stehenden innerstaatlichen Rechtsbehelfe erschöpft worden sind. Dies gilt nicht, wenn das Verfahren bei der Anwendung solcher Rechtsbehelfe unangemessen lange dauert oder keine wirksame Abhilfe erwarten lässt;
f) wenn die Mitteilung offensichtlich unbegründet ist oder nicht hinreichend begründet wird;
g) wenn der der Mitteilung zugrunde liegenden Tatsachen vor dem Inkrafttreten dieses Protokolls für den betreffenden Vertragsstaat eingetreten sind, es sei denn, dass sie auch nach diesem Zeitpunkt weiter bestehen;

---

1) Die Mitteilungen sind zu richten an: (brieflich) Petitions and Inquiries Section, Office of the High Commissioner for Human Rights, United Nations Office at Geneva, CH-1211 Genève 10; (E-Mail) petitions@ohchr.org.

h) wenn die Mitteilung nicht innerhalb eines Jahres nach der Erschöpfung der innerstaatlichen Rechtsbehelfe eingereicht wird, außer in Fällen, in denen der Verfasser nachweisen kann, dass eine Einreichung innerhalb dieser Frist nicht möglich war.

Art. 8 Übermittlung der Mitteilung. (1) Sofern nicht der Ausschuss eine Mitteilung für unzulässig erachtet, ohne sich dabei an den betreffenden Vertragsstaat zu wenden, bringt er jede ihm nach diesem Protokoll zugegangene Mitteilung dem betreffenden Vertragsstaat sobald wie möglich vertraulich zur Kenntnis.

(2) Der Vertragsstaat übermittelt dem Ausschuss schriftliche Erklärungen oder Darlegungen zur Klärung der Sache und der gegebenenfalls von ihm getroffenen Abhilfemaßnahmen. Der Vertragsstaat übermittelt seine Antwort sobald wie möglich innerhalb von sechs Monaten.

Art. 9 Gütliche Einigung. (1) Der Ausschuss stellt den beteiligten Parteien seine guten Dienste zur Verfügung, um in der Sache eine gütliche Einigung auf der Grundlage der Achtung der in dem Übereinkommen und/oder den dazugehörigen Fakultativprotokollen niedergelegten Verpflichtungen herbeizuführen.

(2) Mit Zustandekommen einer gütlichen Einigung unter der Ägide des Ausschusses wird die Prüfung der Mitteilung nach diesem Protokoll eingestellt.

Art. 10 Prüfung der Mitteilungen. (1) Der Ausschuss prüft die ihm nach diesem Protokoll zugegangenen Mitteilungen so schnell wie möglich unter Berücksichtigung aller ihm unterbreiteten Unterlagen, wobei diese Unterlagen den betreffenden Parteien zuzuleiten sind.

(2) Der Ausschuss berät über die ihm nach diesem Protokoll zugegangenen Mitteilungen in nicht öffentlicher Sitzung.

(3) Hat der Ausschuss um vorläufige Maßnahmen ersucht, führt er die Prüfung der Mitteilung beschleunigt durch.

(4) Bei der Prüfung von Mitteilungen, in denen Verletzungen wirtschaftlicher, sozialer oder kultureller Rechte behauptet werden, prüft der Ausschuss die Angemessenheit der von dem Vertragsstaat im Einklang mit Artikel 4 des Übereinkommens getroffenen Maßnahmen. Dabei berücksichtigt der Ausschuss, dass der Vertragsstaat zur Verwirklichung der in dem Übereinkommen niedergelegten wirtschaftlichen, sozialen und kulturellen Rechte eine Reihe möglicher Maßnahmen treffen kann.

(5) Nachdem der Ausschuss eine Mitteilung geprüft hat, übermittelt er den betreffenden Parteien umgehend seine Auffassungen zusammen mit etwaigen Empfehlungen.

Art. 11 Folgemaßnahmen. (1) Der Vertragsstaat zieht die Auffassungen des Ausschusses zusammen mit etwaigen Empfehlungen gebührend in Erwägung und unterbreitet dem Ausschuss eine schriftliche Antwort, einschließlich Angaben über alle unter Berücksichtigung der Auffassungen und Empfehlungen des Ausschusses getroffenen und ins Auge gefassten Maßnahmen. Der Vertragsstaat übermittelt seine Antwort so bald wie möglich innerhalb von sechs Monaten.

(2) Der Ausschuss kann den Vertragsstaat auffordern, weitere Angaben über alle Maßnahmen vorzulegen, die der Vertragsstaat als Reaktion auf die Auffassungen oder Empfehlungen des Ausschusses getroffen hat, oder gegebenenfalls über die Anwendung einer Vereinbarung zur gütlichen Einigung; soweit es vom Ausschuss als geeignet erachtet wird, schließt dies auch Angaben in den späteren Berichten des Vertragsstaats nach Artikel 44 des Übereinkommens, nach Artikel 12 des Fakultativprotokolls zum Übereinkommen betreffend den Verkauf von Kindern, die Kinderprostitution und die Kinderpornographie oder nach Artikel 8 des Fakultativprotokolls zum Übereinkommen betreffend die Beteiligung von Kindern an bewaffneten Konflikten ein.

Art. 12 Zwischenstaatliche Mitteilungen. (1) Ein Vertragsstaat dieses Protokolls kann jederzeit erklären, dass er die Zuständigkeit des Ausschusses für die Entgegennahme und Prüfung von Mitteilungen anerkennt, in denen ein Vertragsstaat geltend macht, ein anderer Vertragsstaat komme seinen Verpflichtungen aus einer der folgenden Übereinkünfte, deren Vertragspartei er ist, nicht nach:
a) dem Übereinkommen;
b) dem Fakultativprotokoll zum Übereinkommen betreffend den Verkauf von Kindern, die Kinderprostitution und die Kinderpornographie;
c) dem Fakultativprotokoll zum Übereinkommen betreffend die Beteiligung von Kindern an bewaffneten Konflikten.

(2) Der Ausschuss darf keine Mitteilungen entgegennehmen, die einen Vertragsstaat betreffen oder von einem Vertragsstaat ausgehen, der keine derartige Erklärung abgegeben hat.

(3) Der Ausschuss stellt den beteiligten Vertragsstaaten seine guten Dienste zur Verfügung, um in der Sache eine gütliche Regelung auf der Grundlage der Achtung der in dem Übereinkommen und den dazugehörigen Fakultativprotokollen niedergelegten Verpflichtungen herbeizuführen.

(4) Eine Erklärung nach Absatz 1 wird von den Vertragsstaaten beim Generalsekretär der Vereinten Nationen hinterlegt; dieser übermittelt den anderen Vertragsstaaten Abschriften davon. Eine Erklärung kann jederzeit durch eine an den Generalsekretär gerichtete Notifikation zurückgenommen werden. Eine solche Rücknahme berührt nicht die Prüfung einer Sache, die Gegenstand einer nach diesem Artikel bereits übermittelten Mitteilung ist; nach Eingang der Notifikation über die Rücknahme der Erklärung beim Generalsekretär wird keine weitere Mitteilung eines Vertragsstaats entgegengenommen, es sei denn, dass der betroffene Vertragsstaat eine neue Erklärung abgegeben hat.

Teil III. Untersuchungsverfahren

Art. 13 Untersuchungsverfahren im Falle schwerwiegender oder systematischer Verletzungen. (1) Erhält der Ausschuss glaubhafte Angaben, die auf schwerwiegende oder systematische Verletzungen der in dem Übereinkommen oder den dazugehörigen Fakultativprotokollen betreffend den Verkauf von Kindern, die Kinderprostitution und die Kinderpornographie oder

betreffend die Beteiligung von Kindern an bewaffneten Konflikten niedergelegten Rechte durch einen Vertragsstaat hinweisen, so fordert der Ausschuss
den Vertragsstaat auf, bei der Prüfung dieser Angaben mitzuwirken und zu
diesem Zweck umgehend zu den Angaben Stellung zu nehmen.

(2) Der Ausschuss kann unter Berücksichtigung der von dem betreffenden
Vertragsstaat abgegebenen Stellungnahmen sowie aller sonstigen ihm zur Verfügung stehenden glaubhaften Angaben eines oder mehrere seiner Mitglieder
beauftragen, eine Untersuchung durchzuführen und ihm sofort zu berichten.
Sofern geboten, kann die Untersuchung mit Zustimmung des Vertragsstaats
einen Besuch in seinem Hoheitsgebiet einschließen.

(3) Eine solche Untersuchung ist vertraulich durchzuführen; die Mitwirkung des Vertragsstaats ist auf allen Verfahrensstufen anzustreben.

(4) Nachdem der Ausschuss die Ergebnisse einer solchen Untersuchung geprüft hat, übermittelt er sie zusammen mit etwaigen Bemerkungen und Empfehlungen umgehend dem betreffenden Vertragsstaat.

(5) Der Vertragsstaat unterbreitet so bald wie möglich innerhalb von sechs
Monaten nach Eingang der vom Ausschuss übermittelten Ergebnisse, Bemerkungen und Empfehlungen dem Ausschuss seine Stellungnahmen.

(6) Nachdem das Verfahren hinsichtlich einer Untersuchung gemäß Absatz 2 abgeschlossen ist, kann der Ausschuss nach Konsultation des betreffenden Vertragsstaats beschließen, eine Zusammenfassung der Ergebnisse des Verfahrens in seinen in Artikel 16 vorgesehenen Bericht aufzunehmen.

(7) Jeder Vertragsstaat kann zum Zeitpunkt der Unterzeichnung oder Ratifikation dieses Protokolls oder seines Beitritts dazu erklären, dass er die in diesem Artikel vorgesehene Zuständigkeit des Ausschusses bezüglich der Rechte,
die in einigen oder allen der in Absatz 1 genannten Übereinkünfte niedergelegt sind, nicht anerkennt.

(8) Jeder Vertragsstaat, der eine Erklärung nach Absatz 7 abgegeben hat,
kann diese Erklärung jederzeit durch eine an den Generalsekretär der Vereinten Nationen gerichtete Notifikation zurücknehmen.

Art. 14 Folgemaßnahmen nach dem Untersuchungsverfahren.

(1) Sofern erforderlich, kann der Ausschuss nach Ablauf des in Artikel 13
Absatz 5 genannten Zeitraums von sechs Monaten den betreffenden Vertragsstaat auffordern, ihn über die Maßnahmen zu unterrichten, die als Reaktion
auf eine nach Artikel 13 durchgeführte Untersuchung getroffen oder ins Auge
gefasst wurden.

(2) Der Ausschuss kann den Vertragsstaat auffordern, weitere Angaben über
alle Maßnahmen vorzulegen, die der Vertragsstaat als Reaktion auf eine nach
Artikel 13 durchgeführte Untersuchung getroffen hat; soweit es vom Ausschuss als geeignet erachtet wird, schließt dies auch Angaben in den späteren
Berichten des Vertragsstaats nach Artikel 44 des Übereinkommens, nach Artikel 12 des Fakultativprotokolls zum Übereinkommen betreffend den Verkauf
von Kindern, die Kinderprostitution und die Kinderpornographie oder nach
Artikel 8 des Fakultativprotokolls zum Übereinkommen betreffend die Beteiligung von Kindern an bewaffneten Konflikten ein.

Teil IV. Schlussbestimmungen

Art. 15 Internationale Unterstützung und Zusammenarbeit. (1) Der Ausschuss kann mit Zustimmung des betreffenden Vertragsstaats den Sonderorganisationen, Fonds und Programmen der Vereinten Nationen und anderen zuständigen Stellen seine Auffassungen oder Empfehlungen zu Mitteilungen und Untersuchungen, die einen Bedarf an fachlicher Beratung oder Unterstützung erkennen lassen, übermitteln und etwaige Stellungnahmen und Vorschläge des Vertragsstaats zu den Auffassungen oder Empfehlungen beifügen.

(2) Der Ausschuss kann diesen Stellen außerdem mit Zustimmung des betreffenden Vertragsstaats alles aus den nach diesem Protokoll geprüften Mitteilungen zur Kenntnis bringen, was ihnen helfen kann, in ihrem jeweiligen Zuständigkeitsbereich über die Zweckmäßigkeit internationaler Maßnahmen zu entscheiden, die den Vertragsstaaten dabei behilflich sein können, Fortschritte bei der Verwirklichung der in dem Übereinkommen und/oder den dazugehörigen Fakultativprotokollen anerkannten Rechte zu erzielen.

Art. 16 Bericht an die Generalversammlung. Der Ausschuss nimmt in seinen nach Artikel 44 Absatz 5 des Übereinkommens alle zwei Jahre der Generalversammlung vorzulegenden Bericht eine Zusammenfassung seiner Tätigkeit nach diesem Protokoll auf.

Art. 17 Verbreitung des Fakultativprotokolls und Informationen über das Fakultativprotokoll. Jeder Vertragsstaat verpflichtet sich, dieses Protokoll weithin bekannt zu machen und zu verbreiten und Erwachsenen wie auch Kindern, einschließlich solcher mit Behinderungen, durch geeignete und wirksame Mittel und in barrierefreien Formaten den Zugang zu Informationen über die Auffassungen und Empfehlungen des Ausschusses zu erleichtern, insbesondere in Sachen, die den Vertragsstaat betreffen.

Art. 18 Unterzeichnung, Ratifikation und Beitritt. (1) Dieses Protokoll liegt für jeden Staat, der das Übereinkommen oder eines der ersten beiden dazugehörigen Fakultativprotokolle unterzeichnet oder ratifiziert hat oder ihm beigetreten ist, zur Unterzeichnung auf.

(2) Dieses Protokoll bedarf der Ratifikation, die von allen Staaten vorgenommen werden kann, die das Übereinkommen oder eines der ersten beiden dazugehörigen Fakultativprotokolle ratifiziert haben oder ihm beigetreten sind. Die Ratifikationsurkunden werden beim Generalsekretär der Vereinten Nationen hinterlegt.

(3) Dieses Protokoll steht jedem Staat, der das Übereinkommen oder eines der ersten beiden dazugehörigen Fakultativprotokolle ratifiziert hat oder ihm eigetreten ist, zum Beitritt offen.

(4) Der Beitritt erfolgt durch Hinterlegung einer Beitrittsurkunde beim Generalsekretär der Vereinten Nationen.

Art. 19 Inkrafttreten. (1) Dieses Protokoll tritt drei Monate nach Hinterlegung der zehnten Ratifikations- oder Beitrittsurkunde in Kraft.

(2) Für jeden Staat, der dieses Protokoll nach Hinterlegung der zehnten Ratifikations- oder Beitrittsurkunde ratifiziert oder ihm beitritt, tritt es drei Monate nach Hinterlegung seiner eigenen Ratifikations- oder Beitrittsurkunde in Kraft.

Art. 20 Nach dem Inkrafttreten begangene Verletzungen. (1) Der Ausschuss ist nur zuständig für Verletzungen eines in dem Übereinkommen und/oder den ersten beiden dazugehörigen Fakultativprotokollen niedergelegten Rechts durch den Vertragsstaat, die nach dem Inkrafttreten dieses Protokolls begangen werden.

(2) Wird ein Staat nach Inkrafttreten dieses Protokolls dessen Vertragspartei, so betreffen seine Verpflichtungen gegenüber dem Ausschuss nur Verletzungen eines in dem Übereinkommen und/oder den ersten beiden dazugehörigen Fakultativprotokollen niedergelegten Rechts, die nach Inkrafttreten dieses Protokolls für den betreffenden Staat begangen wurden.

Art. 21 Änderungen. (1) Jeder Vertragsstaat kann eine Änderung dieses Protokolls vorschlagen und beim Generalsekretär der Vereinten Nationen einreichen. Der Generalsekretär übermittelt jeden Änderungsvorschlag den Vertragsstaaten mit der Aufforderung, ihm zu notifizieren, ob sie die Einberufung eines Treffens der Vertragsstaaten zur Beratung und Entscheidung über den Vorschlag befürworten. Befürwortet innerhalb von vier Monaten nach dem Datum der Übermittlung wenigstens ein Drittel der Vertragsstaaten ein solches Treffen, so beruft der Generalsekretär das Treffen unter der Schirmherrschaft der Vereinten Nationen ein. Jede Änderung, die von einer Mehrheit von zwei Dritteln der anwesenden und abstimmenden Vertragsstaaten beschlossen wird, wird vom Generalsekretär der Generalversammlung zur Genehmigung und danach allen Vertragsstaaten zur Annahme vorgelegt.

(2) Eine nach Absatz 1 beschlossene und genehmigte Änderung tritt am dreißigsten Tag nach dem Zeitpunkt in Kraft, zu dem die Anzahl der hinterlegten Annahmeurkunden zwei Drittel der Anzahl der Vertragsstaaten zum Zeitpunkt der Beschlussfassung über die Änderung erreicht. Danach tritt die Änderung für jeden Vertragsstaat am dreißigsten Tag nach Hinterlegung seiner eigenen Annahmeurkunde in Kraft. Eine Änderung ist nur für die Vertragsstaaten, die sie angenommen haben, verbindlich.

Art. 22 Kündigung. (1) Jeder Vertragsstaat kann dieses Protokoll jederzeit durch eine an den Generalsekretär der Vereinten Nationen gerichtete schriftliche Notifikation kündigen. Die Kündigung wird ein Jahr nach Eingang der Notifikation beim Generalsekretär wirksam.

(2) Die Kündigung berührt nicht die weitere Anwendung dieses Protokolls auf Mitteilungen nach Artikel 5 oder 12 oder Untersuchungen nach Artikel 13, die vor dem Wirksamwerden der Kündigung eingegangen oder begonnen worden sind.

Art. 23 Verwahrer und Unterrichtung durch den Generalsekretär.
(1) Der Generalsekretär der Vereinten Nationen ist Verwahrer dieses Protokolls.

(2) Der Generalsekretär unterrichtet alle Staaten von

a) den Unterzeichnungen, Ratifikationen und Beitritten nach diesem Protokoll;
b) dem Zeitpunkt des Inkrafttretens dieses Protokolls und seiner Änderungen nach Artikel 21;
c) Kündigungen nach Artikel 22.

Art. 24 Sprachen. (1)Dieses Protokoll, dessen arabischer, chinesischer, englischer, französischer, russischer und spanischer Wortlaut gleichermaßen verbindlich ist, wird im Archiv der Vereinten Nationen hinterlegt.

(2) Der Generalsekretär der Vereinten Nationen übermittelt allen Staaten beglaubigte Abschriften dieses Protokolls.

46a. Vorläufige Verfahrensordnung des Ausschusses über die Rechte des Kindes[1) · 2)]

Fassung vom Januar 2015

(Auszug)

Vorbemerkung der Herausgeber: Diese Verfahrensordnung betrifft allein das Staatenberichtsverfahren nach Art. 44 des Übereinkommens über die Rechte des Kindes **(Nr. 42).** *Die Verfahren nach dem dritten Fakultativprotokoll zu diesem Übereinkommen* **(Nr. 45)** *sind in einer eigenen Verfahrensordnung geregelt* **(Nr. 46b).**

(Übersetzung)

Erster Teil: Allgemeine Bestimmungen

Der Erste Teil mit den Abschnitten I. Tagungen (Art. 1 bis 5), II. Tagesordnung (Art. 6 bis 10), III. Mitglieder des Ausschusses (Art. 11 bis 15), IV. Vorstand (Art. 16 bis 28), V. Sekretariat (Art. 29 bis 33), VI. Sprachen (Art. 34 bis 38), VII. Öffentliche und nichtöffentliche Sitzungen (Art. 39 bis 41), VIII. Sitzungsprotokolle (Art. 42 und 43), IX. Verteilung von Berichten und anderen offiziellen Dokumenten des Ausschusses (Art. 44), X. Verfahren (Art. 45 bis 57), XI. Abstimmungen (Art. 58 bis 66), XII. Nebenorgane (Art. 67) und XIII. Berichte des Ausschusses (Art. 68 und 69) stimmt im Wesentlichen mit der Verfahrensordnung des Menschenrechtsausschusses **(Nr. 12)** *überein, so dass hier auf den Abdruck verzichtet werden kann. Inhaltliche Abweichungen gibt es bei folgenden Regelungen (die Angaben der Artikel beziehen sich auf die Verfahrensordnung des Ausschusses über die Rechte des Kindes):*

1. Es sollen normalerweise nur zwei ordentliche Tagungen jährlich einberufen werden (Art. 2); 2. das Büro der Vereinten Nationen in Genf wird nicht ausdrücklich als Tagungsort genannt (Art. 4); 3. die Benachrichtigung über Sondertagungen muss drei Wochen im Voraus versandt werden (Art. 5); 4. die Ausschussmitglieder müssen gemäß den Addis Abeba-Grundsätzen (A/67/222, Annex I) ihr Amt unabhängig und unparteiisch ausführen (Art. 11a); 5. das Besetzungsverfahren für verwaiste Sitze ist abweichend geregelt (Art. 14); 6. bei der Auswahl der Vorstandsmitglieder soll auf die geografische Verteilung geachtet werden, der Vorsitzende soll möglichst nach Regionen wechseln (Art. 17); 7. der Vorsitzende sollte nicht, die übrigen Vorstandsmitglieder nur einmal in ihrer Position wiedergewählt werden (Art. 23); 8. Arbeitssprachen sind nur Englisch, Französisch und Spanisch (Art. 34); 9. der Ausschuss kann andere Organe der Vereinten Nationen und andere Organisationen zu den Sitzungen einladen (Art. 41); 10. die Sitzungen öffentlichen Sitzungen werden in der Regel aufgezeichnet und online gestellt (Art. 42); 11. die Veröffentlichung von offiziellen Dokumenten ist besonders geregelt (Art. 44); 12. die nochmalige Beratung von Vorschlägen kann nur

---

[1)] Internationale Quelle: UN Doc. CRC/C/4/Rev. 4.
[2)] Übersetzung des Deutschen Übersetzungsdienstes bei den Vereinten Nationen, New York, März 2004; die späteren Änderungen betreffen nicht die hier im Wortlaut wiedergegebenen Bestimmungen.

durchgeführt werden, wenn eine Zweidrittelmehrheit der anwesenden Ausschussmitglieder dafür stimmt (Art. 57); 13. der Bericht an die Generalversammlung wird nur alle zwei Jahre der Generalversammlung übermittelt (Art. 68). Eine Besonderheit des Ausschusses ist die Möglichkeit, in zwei Kammern parallel zu tagen (Art. 27). Zum Teil ist die Reihenfolge der Artikel umgestellt, in wenigen Fällen sind sie auch anders gegliedert. Daraus ergeben sich Abweichungen in der Nummerierung der einzelnen Artikel.

Zweiter Teil: Aufgaben des Ausschusses

XIV. Berichte und Informationen nach den Artikeln 44 und 45 des Übereinkommens

Die Art. 70 bis 73 regeln die Prüfung der Staatenberichte im Wesentlichen entsprechend den Art. 66 bis 69 sowie 71 Abs. 1 und 2 der Verfahrensordnung für den Menschenrechtsausschuss (Nr. 12). Eine Befassung des Ausschusses mit der Menschenrechtslage in einem Land ohne Vorlage des Staatenberichts ist jedoch nicht vorgesehen, die Säumnis bei der Vorlage des Berichts durch den Vertragsstaat wird lediglich im Jahresbericht des Ausschusses vermerkt (Art. 71). Die Verfahrensordnung sieht eine enge Zusammenarbeit mit UNICEF vor und betont die Schutz- und Erfüllungsdimension der Kinderrechte:

Art. 74 Anforderung anderer Berichte oder sachkundiger Stellungnahmen. (1) Der Ausschuss kann die Sonderorganisationen, das Kinderhilfswerk der Vereinten Nationen und andere Organe der Vereinten Nationen gemäß Artikel 45 Buchstabe a des Übereinkommens einladen, ihm Berichte über die Durchführung des Übereinkommens auf Gebieten vorzulegen, die in ihren Tätigkeitsbereich fallen.

(2) Der Ausschuss kann, wenn er dies für angebracht hält, die Sonderorganisationen, das Kinderhilfswerk der Vereinten Nationen und andere zuständige Stellen einladen, nach Artikel 45 Buchstabe a des Übereinkommens sachkundige Stellungnahmen zur Durchführung des Übereinkommens auf Gebieten abzugeben, die in ihren jeweiligen Aufgabenbereich fallen.

(3) Der Ausschuss kann gegebenenfalls die Frist angeben, innerhalb der diese Berichte oder sachkundige Stellungnahmen dem Ausschuss vorzulegen sind.

Art. 75 Vorschläge und allgemeine Empfehlungen zum Bericht eines Vertragsstaats. (1) Nach der Prüfung eines jeden Berichts eines Vertragsstaats zusammen mit etwaigen nach Artikel 44 und Artikel 45 Buchstabe a des Übereinkommens eingegangenen Berichten, Auskünften oder sachkundigen Stellungnahmen kann der Ausschuss die ihm geeignet erscheinenden Vorschläge und allgemeinen Empfehlungen betreffend die Durchführung des Übereinkommens durch den berichterstattenden Staat abgeben.

(2) Der Ausschuss übermittelt dem betreffenden Vertragsstaat über den Generalsekretär die von ihm beschlossenen Vorschläge und allgemeinen Empfehlungen zur Stellungnahme. Soweit erforderlich, kann der Ausschuss eine Frist festsetzen, innerhalb der die Stellungnahmen der Vertragsstaaten eingehen müssen.

(3) Der Ausschuss nimmt in seine Berichte an die Generalversammlung Vorschläge und allgemeine Empfehlungen zusammen mit allen gegebenenfalls von den Vertragsstaaten eingegangenen Stellungnahmen auf.

Art. 76 Andere allgemeine Empfehlungen. (1) Der Ausschuss kann auf der Grundlage der nach den Artikeln 44 und 45 des Übereinkommens eingegangenen Informationen andere allgemeine Empfehlungen abgeben.

(2) Der Ausschuss nimmt diese anderen allgemeinen Empfehlungen zusammen mit allen gegebenenfalls von den Vertragsstaaten eingegangenen Stellungnahmen in seine Berichte an die Generalversammlung auf.

Art. 77 Allgemeine Bemerkungen zu dem Übereinkommen. (1) Der Ausschuss kann auf der Grundlage der Artikel und Bestimmungen des Übereinkommens allgemeine Bemerkungen ausarbeiten, mit dem Ziel, die weitere Durchführung des Übereinkommens zu fördern und den Vertragsstaaten bei der Erfüllung ihrer Berichtspflichten behilflich zu sein.

(2) Der Ausschuss nimmt diese allgemeinen Bemerkungen in seine Berichte an die Generalversammlung auf.

Art. 78 Übermittlung von Berichten der Vertragsstaaten, die ein Ersuchen um fachliche Beratung oder Unterstützung oder einen Hinweis enthalten, dass ein diesbezügliches Bedürfnis besteht. (1) Der Ausschuss übermittelt, wenn er dies für angebracht hält, den Sonderorganisationen, dem Kinderhilfswerk der Vereinten Nationen und anderen zuständigen Stellen Berichte und Informationen der Vertragsstaaten, die ein Ersuchen um fachliche Beratung oder Unterstützung oder einen Hinweis enthalten, dass ein diesbezügliches Bedürfnis besteht.

(2) Die Berichte und Informationen der Vertragsstaaten nach Absatz 1 werden zusammen mit etwaigen Bemerkungen und Vorschlägen des Ausschusses zu diesen Ersuchen oder Hinweisen übermittelt.

XV. Allgemeine Aussprache

Art. 79 Allgemeine Aussprache. Um das Verständnis für den Inhalt und die Auswirkungen des Übereinkommens zu vertiefen, kann der Ausschuss eine oder mehrere Sitzungen seiner ordentlichen Tagungen einer allgemeinen Aussprache über einen bestimmten Artikel des Übereinkommens oder ein damit zusammenhängendes Thema widmen.

XVI. Anforderung von Untersuchungen

Art. 80 Untersuchungen. (1) Wie in Artikel 45 Buchstabe c vorgesehen, kann der Ausschuss der Generalversammlung empfehlen, den Generalsekretär zu ersuchen, für den Ausschuss Untersuchungen über Fragen im Zusammenhang mit den Rechten des Kindes durchzuführen.

(2) Der Ausschuss kann auch andere Stellen darum bitten, Untersuchungen zu Themen vorzulegen, die für den Ausschuss von Interesse sind.

Dritter Teil: Auslegung und Änderungen

Die Art. 81 (Auslegung) und 82 (Änderungen der Verfahrensordnung) entsprechen Art. 98 und 99 der Verfahrensordnung des Ausschusses gegen Rassendiskriminierung (Nr. 38).

46b. Verfahrensordnung gemäß dem Fakultativprotokoll betreffend ein Mitteilungsverfahren zum Übereinkommen über die Rechte des Kindes[1] · [2]

Vom Februar 2013

(Auszug)

Vorbemerkung der Herausgeber: Diese Verfahrensordnung ergänzt die Tätigkeit des Ausschusses für die Rechte des Kindes um weitere, durch das dritte Fakultativprotokoll (Nr. 45) eröffnete Verfahrensarten: Individualbeschwerde, Untersuchung, Staatenbeschwerde. Sie beschränkt sich allerdings nicht auf Regelungen für diese Verfahren, sondern enthält anlässlich der erweiterten Aufgaben auch einige institutionelle Bestimmungen für den Ausschuss, die diejenigen in der grundlegenden, unter Nr. 45a abgedruckten Verfahrensordnung ergänzen.

(Übersetzung)

Erster Teil: Allgemeine Bestimmungen

Art. 1 Allgemeine Grundsätze. (1) Bei der Erfüllung der ihm durch das Fakultativprotokoll zum Übereinkommen über die Rechte des Kindes betreffend ein Mitteilungsverfahren übertragenen Aufgaben lässt sich der Ausschuss vom Grundsatz des Kindeswohls leiten. Er trägt außerdem den Rechten und der Meinung des Kindes Rechnung, wobei die Meinung des Kindes angemessen entsprechend seinem Alter und seiner Reife zu berücksichtigen ist.

(2) Dabei ergreift der Ausschuss alle erforderlichen Maßnahmen, dass das Kind oder die Kinder nicht ungebührlichem Druck oder Beeinflussung durch Personen ausgesetzt sind, die in ihrem Namen handeln.

Art. 2 Beschleunigungsgrundsatz. In allen Verfahren nach dem Protokoll und in jedem Verfahrensstadium werden die Mitteilungen zügig und ohne unnötige Verzögerung vom Ausschuss bearbeitet. Der Ausschuss regt auch die Parteien dazu an, unnötige Verzögerungen zu vermeiden.

Art. 3 Vertraulichkeit. Die Identität einer betroffenen Person oder Personengruppe darf ohne deren ausdrückliche Zustimmung in keinem Verfahren nach dem Protokoll öffentlich bekannt gemacht werden.

Art. 4 Schutzmaßnahmen. Erhält der Ausschuss glaubwürdige Informationen darüber, dass ein Vertragsstaat seinen Verpflichtungen aus Artikel 4 Absatz 1 des Protokolls nicht nachkommt, alle geeigneten Maßnahmen zu ergreifen, um sicherzustellen, dass die seiner Hoheitsgewalt unterstehenden Personen nicht infolge einer Mitteilung an oder einer Zusammenarbeit mit dem Ausschuss

---

[1] Internationale Quelle: UN Doc. CRC/C/62/3.
[2] Eigene Übersetzung.

einer Menschenrechtsverletzung, einer Misshandlung oder Einschüchterung ausgesetzt sind, kann er den Vertragsstaat auffordern, umgehend alle geeigneten Maßnahmen zur Beendigung des gemeldeten Verstoßes zu beschließen und zu ergreifen sowie dem Ausschuss darüber schriftliche Erläuterungen und Klarstellungen vorzulegen. Die Befolgung dieser Aufforderung wird überwacht. Der Ausschuss kann diesbezüglich auch eine öffentliche Stellungnahme herausgeben und geeignet erscheinende Maßnahmen ergreifen.

Die nachfolgenden Art. 5 bis 10 regeln die Arbeitsweise des Ausschusses, insbesondere die Führung von Registern, die Bildung von Arbeitsgruppen und die Benennung von Berichterstattern, Dringlichkeitsmaßnahmen, den Ausschluss oder den Rückzug eines Ausschussmitglieds von einzelnen Verfahren entsprechend den anderen Verfahrensordnungen; Art. 11 betrifft die Bereitstellung der notwendigen finanziellen Mittel durch den Generalsekretär.

Zweiter Teil: Verfahren zur Prüfung von gemäß dem Fakultativprotokoll eingegangenen Individualbeschwerden

Art. 12 Beschwerdeführer. Als Beschwerdeführer werden in dieser Verfahrensordnung die Person oder die Personen bezeichnet, die die Individualbeschwerde einreichen ohne Rücksicht darauf, ob sie angebliche Opfer sind oder nicht. Die Vertretung des angeblichen Opfers durch eine andere Person schließt eine direkte Korrespondenz des Opfers mit dem Ausschuss nicht aus.

Art. 13 Einreichung einer Mitteilung. (1) Mitteilungen können von einer der Hoheitsgewalt eines Vertragsstaats unterstehenden Einzelperson oder Personengruppe eingereicht werden, die behauptet, Opfer einer Verletzung von Bestimmungen des Übereinkommen und/oder eines der substantiellen Fakultativprotokolle durch diesen Staat zu sein, unabhängig davon, ob ihre Geschäftsfähigkeit von dem Vertragsstaat, gegen den sich die Beschwerde richtet, anerkannt ist.

(2) Mitteilungen können auch von den Vertretern des angeblichen Opfers oder mit dessen ausdrücklicher Zustimmung durch andere in seinem Namen handelnde Personen eingereicht werden. Bestehen Bedenken, dass die Vertretung trotz der Zustimmung des Opfers durch ungebührlichen Druck oder Beeinflussung herbeigeführt worden ist, kann der Ausschuss den Generalsekretär beauftragen, um zusätzliche Informationen und Dokumente nachzusuchen einschließlich solcher, die in Einklang mit Artikel 23 Absatz 1 dieser Verfahrensordnung von dritter Seite stammen, die zeigen, dass die Einreichung einer Mitteilung im Namen eines Opfers nicht durch ungebührlichen Druck oder Beeinflussung herbeigeführt worden ist und dem Kindeswohl dient. Jedes derartige Ersuchen bleibt vertraulich und impliziert in keiner Weise, dass solche Dritte zu Verfahrensbeteiligten werden.

(3) Ungeachtet Absatz 2 können Mitteilungen ohne ausdrückliche Zustimmung des angeblichen Opfers in dessen Namen eingereicht werden, sofern dies gerechtfertigt ist und der Ausschuss dies für im Kindeswohl liegend erachtet. Das angebliche Opfer, in dessen Namen eine Mitteilung vorgelegt wird, soll möglichst über die Mitteilung informiert werden, wobei die Meinung des

Kindes angemessen entsprechend seinem Alter und seiner Reife zu berücksichtigen ist.

Art. 14 Informationsgrundsatz. (1) Der Ausschuss stellt dem Beschwerdeführer durch den Generalsekretär unverzüglich hinreichende Informationen über die Terminplanung und den Fortschritt des Verfahrens wie auch gegebenenfalls über die Entscheidung in seinem Fall zur Verfügung. Die Information wird in einer geeigneten und für Erwachsene wie Kinder verständlichen Weise aufbereitet und soweit wie möglich dem Alter und der Reife des Beschwerdeführers angepasst.

(2) Jedes Ersuchen des Ausschusses um weitere Klarstellungen und Informationen während des Verfahrens erfolgt in einer geeigneten und für Erwachsene wie Kinder unter Berücksichtigung ihres Alters und ihrer Reife möglichst verständlichen Weise, auch wenn das Kind durch einen Erwachsenen vertreten wird.

Das weitere Verfahren ist in den Art. 15 bis 29 weitgehend so geregelt wie das Individualbeschwerdeverfahren nach dem Protokoll zum Internationalen Pakt über wirtschaftliche, soziale und kulturelle Rechte (Nr. 15b, Art. 1 bis 20) mit folgenden Abweichungen: 1. der Ausschuss kann den Beschwerdeführer und das Opfer unmittelbar oder über Video bzw. in einer Telefonkonferenz anhören (Art. 19); 2. eine Mitteilung, die von einer anderen Person als dem Opfer eingereicht wurde, kann als unzulässig angesehen werden, wenn sie nicht dem Kindeswohl entspricht (Art. 20); 3. alle abschließenden Entscheidungen des Ausschusses über die Zulässigkeit bzw. Unzulässigkeit, über eine gütliche Einigung und über die Begründetheit der Mitteilung sind in einer kindgerechten Sprache unter Berücksichtigung des Alters und der Reife abzufassen (Art. 27).

Dritter Teil: Ablauf des Untersuchungsverfahrens nach dem Fakultativprotokoll

Das Verfahren ist in den Art. 30 bis 42 im Wesentlichen so geregelt wie das Untersuchungsverfahren in der Verfahrensordnung des Ausschusses für die Beseitigung der Diskriminierung der Frau (Nr. 41, Art. 76 bis 91). Art. 39 enthält jedoch eine Bestimmung über besondere Maßnahmen bei der Anhörung von Kindern. Zu beachten ist, dass sich das Untersuchungsverfahren nicht nur auf das Übereinkommen über die Rechte des Kindes (Nr. 42) bezieht, sondern auch auf die Fakultativprotokolle zu Kindersoldaten (Nr. 43) und Kinderhandel, -prostitution und -pornografie (Nr. 44) (Art. Art. 35 und 36).

Vierter Teil: Ablauf des Staatenbeschwerdeverfahrens nach dem Fakultativprotokoll

Das in Art. 43 bis 49 geregelte Verfahren gleicht dem entsprechenden Verfahren des Menschenrechtsausschusses (Nr. 12, Art. 74 bis 83) mit folgenden Abweichungen: 1. die Anforderungen an die Beschwerdeschrift sind anders geregelt (Art. 43); 2. die Zulässigkeit einer Beschwerde hängt nur von der Unterwerfung der beteiligten Staaten unter Art. 12 des Fakultativprotokolls ab; 3. es fehlen Bestimmungen über ein Ver-

zeichnis der Mitteilungen, Berichte über nichtöffentliche Sitzungen und die Durchführung des Verfahrens; 4. der Ausschuss kann ohne weitere Voraussetzungen nach eigenem Ermessen eine Vergleichskommission einsetzen; 5. der Abschlussbericht über die einzelnen Verfahren ist fakultativ und ist in seinem Inhalt unterschiedlich, je nachdem ob eine gütliche Einigung erzielt wurde oder nicht (Art. 49).

47. Übereinkommen über das Verbot und unverzügliche Maßnahmen zur Beseitigung der schlimmsten Formen der Kinderarbeit[1]

(ILO-Übereinkommen 182)

Vom 17.6.1999

(BGBl. 2001 II S. 1291)

(Übersetzung)

Die Allgemeine Konferenz der Internationalen Arbeitsorganisation,

die vom Verwaltungsrat des Internationalen Arbeitsamtes nach Genf einberufen wurde und am 1. Juni 1999 zu ihrer siebenundachtzigsten Tagung zusammengetreten ist,

verweist auf die Notwendigkeit, neue Urkunden zum Verbot und zur Beseitigung der schlimmsten Formen der Kinderarbeit als vorrangiges Ziel nationaler und internationaler Maßnahmen, einschließlich der internationalen Zusammenarbeit und Unterstützung, anzunehmen, um das Übereinkommen und die Empfehlung über das Mindestalter für die Zulassung zur Beschäftigung, 1973, zu ergänzen, die weiterhin grundlegende Urkunden über die Kinderarbeit sind,

stellt fest, dass die wirksame Beseitigung der schlimmsten Formen der Kinderarbeit unverzügliche und umfassende Maßnahmen erfordert, wobei die Bedeutung der unentgeltlichen Grundbildung und die Notwendigkeit zu berücksichtigen sind, die betreffenden Kinder aus jeder Arbeit dieser Art herauszuholen und ihre Rehabilitation und soziale Eingliederung unter gleichzeitigem Eingehen auf die Bedürfnisse ihrer Familien vorzusehen,

verweist auf die von der Internationalen Arbeitskonferenz auf ihrer 83. Tagung im Jahr 1996 angenommene Entschließung über die Abschaffung der Kinderarbeit,

erkennt an, dass Kinderarbeit zu einem großen Teil durch Armut verursacht wird und dass die langfristige Lösung in nachhaltigem Wirtschaftswachstum liegt, das zu sozialem Fortschritt, insbesondere zur Linderung von Armut und zu universeller Bildung, führt,

verweist auf die von der Generalversammlung der Vereinten Nationen am 20. November 1989 verabschiedete Konvention über die Rechte des Kindes,

verweist auf die von der Internationalen Arbeitskonferenz auf ihrer 86. Tagung im Jahr 1998 angenommene Erklärung der IAO über grundlegende Prinzipien und Rechte bei der Arbeit und ihre Folgemaßnahmen,

weist darauf hin, dass einige der schlimmsten Formen der Kinderarbeit Gegenstand anderer internationaler Instrumente sind, insbesondere des Übereinkommens über Zwangsarbeit, 1930, und des Zusatzübereinkommens der Vereinten Nationen über die Abschaffung der Sklaverei, des Sklavenhandels und sklavereiähnlicher Einrichtungen und Praktiken, 1956,

---

[1] Internationale Quelle: UNTS Bd. 2133, S. 161.

hat beschlossen, verschiedene Anträge anzunehmen betreffend Kinderarbeit, eine Frage, die den vierten Gegenstand ihrer Tagesordnung bildet, und

dabei bestimmt, dass diese Anträge die Form eines internationalen Übereinkommens erhalten sollen.

Die Konferenz nimmt heute, am 17. Juni 1999, das folgende Übereinkommen an, das als Übereinkommen über die schlimmsten Formen der Kinderarbeit, 1999, bezeichnet wird.

Art. 1. Jedes Mitglied, das dieses Übereinkommen ratifiziert, hat unverzügliche und wirksame Maßnahmen zu treffen, um sicherzustellen, dass die schlimmsten Formen der Kinderarbeit vordringlich verboten und beseitigt werden.

Art. 2. Im Sinne dieses Übereinkommens gilt der Ausdruck „Kind" für alle Personen unter 18 Jahren.

Art. 3. Im Sinne dieses Übereinkommens umfasst der Ausdruck „die schlimmsten Formen der Kinderarbeit":

a) alle Formen der Sklaverei oder alle sklavereiähnlichen Praktiken, wie den Verkauf von Kindern und den Kinderhandel, Schuldknechtschaft und Leibeigenschaft sowie Zwangs- oder Pflichtarbeit, einschließlich der Zwangs- oder Pflichtrekrutierung von Kindern für den Einsatz in bewaffneten Konflikten;

b) das Heranziehen, Vermitteln oder Anbieten eines Kindes zur Prostitution, zur Herstellung von Pornographie oder zu pornographischen Darbietungen;

c) das Heranziehen, Vermitteln oder Anbieten eines Kindes zu unerlaubten Tätigkeiten, insbesondere zur Gewinnung von und zum Handel mit Drogen, wie diese in den einschlägigen internationalen Übereinkünften definiert sind;

d) Arbeit, die ihrer Natur nach oder auf Grund der Umstände, unter denen sie verrichtet wird, voraussichtlich für die Gesundheit, die Sicherheit oder die Sittlichkeit von Kindern schädlich ist.

Art. 4. (1) Die unter Artikel 3 Buchstabe d erwähnten Arten von Arbeit sind durch die innerstaatliche Gesetzgebung oder durch die zuständige Stelle nach Beratung mit den in Betracht kommenden Verbänden der Arbeitgeber und der Arbeitnehmer zu bestimmen, wobei die einschlägigen internationalen Normen zu berücksichtigen sind, insbesondere die Absätze 3 und 4 der Empfehlung betreffend die schlimmsten Formen der Kinderarbeit, 1999.

(2) Die zuständige Stelle hat nach Beratung mit den in Betracht kommenden Verbänden der Arbeitgeber und der Arbeitnehmer zu ermitteln, wo die so bestimmten Arten von Arbeit vorkommen.

(3) Das Verzeichnis der gemäß Absatz 1 dieses Artikels bestimmten Arten von Arbeit ist von der zuständigen Stelle in Beratung mit den in Betracht kommenden Verbänden der Arbeitgeber und der Arbeitnehmer regelmäßig zu überprüfen und erforderlichenfalls zu revidieren.

Art. 5. Jedes Mitglied hat nach Beratung mit den Arbeitgeber- und Arbeitnehmerverbänden geeignete Mechanismen zur Überwachung der Durchführung der Bestimmungen zur Umsetzung dieses Übereinkommens einzurichten oder zu bezeichnen.

Art. 6. (1) Jedes Mitglied hat Aktionsprogramme zur vorrangigen Beseitigung der schlimmsten Formen der Kinderarbeit zu planen und durchzuführen.

(2) Solche Aktionsprogramme sind in Beratung mit den einschlägigen staatlichen Einrichtungen sowie den Arbeitgeber- und Arbeitnehmerverbänden zu planen und durchzuführen, wobei gegebenenfalls die Auffassungen anderer in Betracht kommender Gruppen zu berücksichtigen sind.

Art. 7. (1) Jedes Mitglied hat alle erforderlichen Maßnahmen zu treffen, um die wirksame Durchführung und Durchsetzung der Bestimmungen zur Umsetzung dieses Übereinkommens sicherzustellen, einschließlich der Festsetzung und Anwendung von strafrechtlichen Maßnahmen oder gegebenenfalls anderen Zwangsmaßnahmen.

(2) Jedes Mitglied hat unter Berücksichtigung der Bedeutung der Schulbildung für die Beseitigung der Kinderarbeit wirksame Maßnahmen innerhalb einer bestimmten Frist zu treffen, um:
a) den Einsatz von Kindern bei den schlimmsten Formen der Kinderarbeit zu verhindern;
b) die erforderliche und geeignete unmittelbare Unterstützung für das Herausholen von Kindern aus den schlimmsten Formen der Kinderarbeit und für ihre Rehabilitation und soziale Eingliederung zu gewähren;
c) allen aus den schlimmsten Formen der Kinderarbeit herausgeholten Kindern den Zugang zur unentgeltlichen Grundbildung und, wann immer möglich und zweckmäßig, zur Berufsbildung zu gewährleisten;
d) besonders gefährdete Kinder zu ermitteln und zu erreichen; und
e) der besonderen Lage von Mädchen Rechnung zu tragen.

(3) Jedes Mitglied hat die zuständige Stelle zu bezeichnen, die für die Durchführung der Bestimmungen zur Umsetzung dieses Übereinkommens verantwortlich ist.

Art. 8. Die Mitglieder haben geeignete Schritte zu unternehmen, um sich gegenseitig bei der Durchführung der Bestimmungen dieses Übereinkommens zu helfen, und zwar durch verstärkte internationale Zusammenarbeit und/ oder Hilfeleistung, einschließlich der Unterstützung für die soziale und wirtschaftliche Entwicklung, für Programme zur Beseitigung von Armut und für universelle Bildung.

Art. 9. Die förmlichen Ratifikationen dieses Übereinkommens sind dem Generaldirektor des Internationalen Arbeitsamtes zur Eintragung mitzuteilen.

Art. 10. (1) Dieses Übereinkommen bindet nur diejenigen Mitglieder der Internationalen Arbeitsorganisation, deren Ratifikation durch den Generaldirektor des Internationalen Arbeitsamtes eingetragen ist.

(2) Es tritt, zwölf Monate nachdem die Ratifikationen zweier Mitglieder durch den Generaldirektor eingetragen worden sind, in Kraft.

(3) In der Folge tritt dieses Übereinkommen für jedes Mitglied zwölf Monate nach der Eintragung seiner Ratifikation in Kraft.

Art. 11. (1) Jedes Mitglied, das dieses Übereinkommen ratifiziert hat, kann es nach Ablauf von zehn Jahren seit seinem erstmaligen Inkrafttreten durch förmliche Mitteilung an den Generaldirektor des Internationalen Arbeitsamtes kündigen. Die Kündigung wird von diesem eingetragen. Sie wird erst ein Jahr nach der Eintragung wirksam.

(2) Jedes Mitglied, das dieses Übereinkommen ratifiziert hat und binnen eines Jahres nach Ablauf der in Absatz 1 genannten zehn Jahre von dem in diesem Artikel vorgesehenen Kündigungsrecht keinen Gebrauch macht, bleibt für weitere zehn Jahre gebunden. In der Folge kann es dieses Übereinkommen jeweils nach Ablauf von zehn Jahren nach Maßgabe dieses Artikels kündigen.

Art. 12. (1) Der Generaldirektor des Internationalen Arbeitsamtes gibt allen Mitgliedern der Internationalen Arbeitsorganisation Kenntnis von der Eintragung aller Ratifikationen und Kündigungen, die ihm von den Mitgliedern der Organisation mitgeteilt werden.

(2) Der Generaldirektor wird die Mitglieder der Organisation, wenn er ihnen von der Eintragung der zweiten Ratifikation, die ihm mitgeteilt wird, Kenntnis gibt, auf den Zeitpunkt aufmerksam machen, zu dem dieses Übereinkommen in Kraft tritt.

Art. 13. Der Generaldirektor des Internationalen Arbeitsamtes übermittelt dem Generalsekretär der Vereinten Nationen zur Eintragung nach Artikel 102 der Charta der Vereinten Nationen vollständige Auskünfte über alle von ihm nach Maßgabe der vorausgehenden Artikel eingetragenen Ratifikationen und Kündigungen.

Art. 14. Der Verwaltungsrat des Internationalen Arbeitsamtes erstattet der Allgemeinen Konferenz, wann immer er es für nötig erachtet, einen Bericht über die Durchführung dieses Übereinkommens und prüft, ob die Frage seiner gänzlichen oder teilweisen Neufassung auf die Tagesordnung der Konferenz gesetzt werden soll.

Art. 15. (1) Nimmt die Konferenz ein neues Übereinkommen an, welches das vorliegende Übereinkommen ganz oder teilweise neu fasst, und sieht das neue Übereinkommen nichts anderes vor, so gilt folgendes:
a) Die Ratifikation des neugefassten Übereinkommens durch ein Mitglied hat ungeachtet des Artikels 11 ohne weiteres die Wirkung einer sofortigen Kündigung des vorliegenden Übereinkommens, sofern das neugefasste Übereinkommen in Kraft getreten ist.
b) Vom Zeitpunkt des Inkrafttretens des neugefassten Übereinkommens an kann das vorliegende Übereinkommen von den Mitgliedern nicht mehr ratifiziert werden.

(2) In jedem Fall bleibt das vorliegende Übereinkommen nach Form und Inhalt für diejenigen Mitglieder in Kraft, die dieses, nicht jedoch das neugefasste Übereinkommen ratifiziert haben.

Art. 16. Der französische und der englische Wortlaut dieses Übereinkommens sind in gleicher Weise verbindlich.

48. Übereinkommen über die Rechte von Menschen mit Behinderungen[1]

Vom 13. Dezember 2006

(BGBl. 2008 II S. 1420)

(Übersetzung)

Präambel

Die Vertragsstaaten dieses Übereinkommens –

a) unter Hinweis auf die in der Charta der Vereinten Nationen verkündeten Grundsätze, denen zufolge die Anerkennung der Würde und des Wertes, die allen Mitgliedern der menschlichen Gesellschaft innewohnen, sowie ihrer gleichen und unveräußerlichen Rechte die Grundlage von Freiheit, Gerechtigkeit und Frieden in der Welt bildet,

b) in der Erkenntnis, dass die Vereinten Nationen in der Allgemeinen Erklärung der Menschenrechte und in den Internationalen Menschenrechtspakten verkündet haben und übereingekommen sind, dass jeder Mensch ohne Unterschied Anspruch auf alle darin aufgeführten Rechte und Freiheiten hat,

c) bekräftigend, dass alle Menschenrechte und Grundfreiheiten allgemein gültig und unteilbar sind, einander bedingen und miteinander verknüpft sind und dass Menschen mit Behinderungen der volle Genuss dieser Rechte und Freiheiten ohne Diskriminierung garantiert werden muss,

d) unter Hinweis auf den Internationalen Pakt über wirtschaftliche, soziale und kulturelle Rechte, den Internationalen Pakt über bürgerliche und politische Rechte, das Internationale Übereinkommen zur Beseitigung jeder Form von Rassendiskriminierung, das Übereinkommen zur Beseitigung jeder Form von Diskriminierung der Frau, das Übereinkommen gegen Folter und andere grausame, unmenschliche oder erniedrigende Behandlung oder Strafe, das Übereinkommen über die Rechte des Kindes und das Internationale Übereinkommen zum Schutz der Rechte aller Wanderarbeitnehmer und ihrer Familienangehörigen,

e) in der Erkenntnis, dass das Verständnis von Behinderung sich ständig weiterentwickelt und dass Behinderung aus der Wechselwirkung zwischen Menschen mit Beeinträchtigungen und einstellungs- und umweltbedingten Barrieren entsteht, die sie an der vollen, wirksamen und gleichberechtigten Teilhabe an der Gesellschaft hindern,

f) in der Erkenntnis, dass die in dem Weltaktionsprogramm für Behinderte und den Rahmenbestimmungen für die Herstellung der Chancengleichheit für Behinderte enthaltenen Grundsätze und Leitlinien einen wichtigen Einfluss auf die Förderung, Ausarbeitung und Bewertung von politischen Konzepten, Plänen, Programmen und Maßnahmen auf einzelstaatlicher, regionaler und internationaler Ebene zur Verbesserung der Chancengleichheit für Menschen mit Behinderungen haben,

---

[1] Internationale Quelle: UNTS Bd. 2515, S. 3.

g) nachdrücklich darauf hinweisend, wie wichtig es ist, die Behinderungsthematik zu einem festen Bestandteil der einschlägigen Strategien der nachhaltigen Entwicklung zu machen,

h) ebenso in der Erkenntnis, dass jede Diskriminierung aufgrund von Behinderung eine Verletzung der Würde und des Wertes darstellt, die jedem Menschen innewohnen,

i) ferner in der Erkenntnis der Vielfalt der Menschen mit Behinderungen,

j) in Anerkennung der Notwendigkeit, die Menschenrechte aller Menschen mit Behinderungen, einschließlich derjenigen, die intensivere Unterstützung benötigen, zu fördern und zu schützen,

k) besorgt darüber, dass sich Menschen mit Behinderungen trotz dieser verschiedenen Dokumente und Verpflichtungen in allen Teilen der Welt nach wie vor Hindernissen für ihre Teilhabe als gleichberechtigte Mitglieder der Gesellschaft sowie Verletzungen ihrer Menschenrechte gegenübersehen,

l) in Anerkennung der Bedeutung der internationalen Zusammenarbeit für die Verbesserung der Lebensbedingungen der Menschen mit Behinderungen in allen Ländern, insbesondere den Entwicklungsländern,

m) in Anerkennung des wertvollen Beitrags, den Menschen mit Behinderungen zum allgemeinen Wohl und zur Vielfalt ihrer Gemeinschaften leisten und leisten können, und in der Erkenntnis, dass die Förderung des vollen Genusses der Menschenrechte und Grundfreiheiten durch Menschen mit Behinderungen sowie ihrer uneingeschränkten Teilhabe ihr Zugehörigkeitsgefühl verstärken und zu erheblichen Fortschritten in der menschlichen, sozialen und wirtschaftlichen Entwicklung der Gesellschaft und bei der Beseitigung der Armut führen wird,

n) in der Erkenntnis, wie wichtig die individuelle Autonomie und Unabhängigkeit für Menschen mit Behinderungen ist, einschließlich der Freiheit, eigene Entscheidungen zu treffen,

o) in der Erwägung, dass Menschen mit Behinderungen die Möglichkeit haben sollen, aktiv an Entscheidungsprozessen über politische Konzepte und über Programme mitzuwirken, insbesondere wenn diese sie unmittelbar betreffen,

p) besorgt über die schwierigen Bedingungen, denen sich Menschen mit Behinderungen gegenübersehen, die mehrfachen oder verschärften Formen der Diskriminierung aufgrund der Rasse, der Hautfarbe, des Geschlechts, der Sprache, der Religion, der politischen oder sonstigen Anschauung, der nationalen, ethnischen, indigenen oder sozialen Herkunft, des Vermögens, der Geburt, des Alters oder des sonstigen Status ausgesetzt sind,

q) in der Erkenntnis, dass Frauen und Mädchen mit Behinderungen sowohl innerhalb als auch außerhalb ihres häuslichen Umfelds oft in stärkerem Maße durch Gewalt, Verletzung oder Missbrauch, Nichtbeachtung oder Vernachlässigung, Misshandlung oder Ausbeutung gefährdet sind,

r) in der Erkenntnis, dass Kinder mit Behinderungen gleichberechtigt mit anderen Kindern alle Menschenrechte und Grundfreiheiten in vollem Umfang genießen sollen, und unter Hinweis auf die zu diesem Zweck von den Vertragsstaaten des Übereinkommens über die Rechte des Kindes eingegangenen Verpflichtungen,

s) nachdrücklich darauf hinweisend, dass es notwendig ist, bei allen Anstrengungen zur Förderung des vollen Genusses der Menschenrechte und Grundfreiheiten durch Menschen mit Behinderungen die Geschlechterperspektive einzubeziehen,

t) unter besonderem Hinweis darauf, dass die Mehrzahl der Menschen mit Behinderungen in einem Zustand der Armut lebt, und diesbezüglich in der Erkenntnis, dass die nachteiligen Auswirkungen der Armut auf Menschen mit Behinderungen dringend angegangen werden müssen,

u) in dem Bewusstsein, dass Frieden und Sicherheit auf der Grundlage der uneingeschränkten Achtung der in der Charta der Vereinten Nationen enthaltenen Ziele und Grundsätze sowie der Einhaltung der anwendbaren Übereinkünfte auf dem Gebiet der Menschenrechte unabdingbar sind für den umfassenden Schutz von Menschen mit Behinderungen, insbesondere in bewaffneten Konflikten oder während ausländischer Besetzung,

v) in der Erkenntnis, wie wichtig es ist, dass Menschen mit Behinderungen vollen Zugang zur physischen, sozialen, wirtschaftlichen und kulturellen Umwelt, zu Gesundheit und Bildung sowie zu Information und Kommunikation haben, damit sie alle Menschenrechte und Grundfreiheiten voll genießen können,

w) im Hinblick darauf, dass der Einzelne gegenüber seinen Mitmenschen und der Gemeinschaft, der er angehört, Pflichten hat und gehalten ist, für die Förderung und Achtung der in der Internationalen Menschenrechtscharta anerkannten Rechte einzutreten,

x) in der Überzeugung, dass die Familie die natürliche Kernzelle der Gesellschaft ist und Anspruch auf Schutz durch Gesellschaft und Staat hat und dass Menschen mit Behinderungen und ihre Familienangehörigen den erforderlichen Schutz und die notwendige Unterstützung erhalten sollen, um es den Familien zu ermöglichen, zum vollen und gleichberechtigten Genuss der Rechte der Menschen mit Behinderungen beizutragen,

y) in der Überzeugung, dass ein umfassendes und in sich geschlossenes internationales Übereinkommen zur Förderung und zum Schutz der Rechte und der Würde von Menschen mit Behinderungen sowohl in den Entwicklungsländern als auch in den entwickelten Ländern einen maßgeblichen Beitrag zur Beseitigung der tiefgreifenden sozialen Benachteiligung von Menschen mit Behinderungen leisten und ihre Teilhabe am bürgerlichen, politischen, wirtschaftlichen, sozialen und kulturellen Leben auf der Grundlage der Chancengleichheit fördern wird –

haben Folgendes vereinbart:

Art. 1 Zweck. Zweck dieses Übereinkommens ist es, den vollen und gleichberechtigten Genuss aller Menschenrechte und Grundfreiheiten durch alle Menschen mit Behinderungen zu fördern, zu schützen und zu gewährleisten und die Achtung der ihnen innewohnenden Würde zu fördern.

Zu den Menschen mit Behinderungen zählen Menschen, die langfristige körperliche, seelische, geistige oder Sinnesbeeinträchtigungen haben, welche sie in Wechselwirkung mit verschiedenen Barrieren an der vollen, wirksamen und gleichberechtigten Teilhabe an der Gesellschaft hindern können.

Art. 2 Begriffsbestimmungen. Im Sinne dieses Übereinkommens schließt „Kommunikation" Sprachen, Textdarstellung, Brailleschrift, taktile Kommunikation, Großdruck, leicht zugängliches Multimedia sowie schriftliche, auditive, in einfache Sprache übersetzte, durch Vorleser zugänglich gemachte sowie ergänzende und alternative Formen, Mittel und Formate der Kommunikation, einschließlich leicht zugänglicher Informations- und Kommunikationstechnologie, ein;

schließt „Sprache" gesprochene Sprachen sowie Gebärdensprachen und andere nicht gesprochene Sprachen ein;

bedeutet „Diskriminierung aufgrund von Behinderung" jede Unterscheidung, Ausschließung oder Beschränkung aufgrund von Behinderung, die zum Ziel oder zur Folge hat, dass das auf die Gleichberechtigung mit anderen gegründete Anerkennen, Genießen oder Ausüben aller Menschenrechte und Grundfreiheiten im politischen, wirtschaftlichen, sozialen, kulturellen, bürgerlichen oder jedem anderen Bereich beeinträchtigt oder vereitelt wird. Sie umfasst alle Formen der Diskriminierung, einschließlich der Versagung angemessener Vorkehrungen;

bedeutet „angemessene Vorkehrungen" notwendige und geeignete Änderungen und Anpassungen, die keine unverhältnismäßige oder unbillige Belastung darstellen und die, wenn sie in einem bestimmten Fall erforderlich sind, vorgenommen werden, um zu gewährleisten, dass Menschen mit Behinderungen gleichberechtigt mit anderen alle Menschenrechte und Grundfreiheiten genießen oder ausüben können;

bedeutet „universelles Design" ein Design von Produkten, Umfeldern, Programmen und Dienstleistungen in der Weise, dass sie von allen Menschen möglichst weitgehend ohne eine Anpassung oder ein spezielles Design genutzt werden können. „Universelles Design" schließt Hilfsmittel für bestimmte Gruppen von Menschen mit Behinderungen, soweit sie benötigt werden, nicht aus.

Art. 3 Allgemeine Grundsätze. Die Grundsätze dieses Übereinkommens sind:
a) die Achtung der dem Menschen innewohnenden Würde, seiner individuellen Autonomie, einschließlich der Freiheit, eigene Entscheidungen zu treffen, sowie seiner Unabhängigkeit;
b) die Nichtdiskriminierung;
c) die volle und wirksame Teilhabe an der Gesellschaft und Einbeziehung in die Gesellschaft;
d) die Achtung vor der Unterschiedlichkeit von Menschen mit Behinderungen und die Akzeptanz dieser Menschen als Teil der menschlichen Vielfalt und der Menschheit;
e) die Chancengleichheit;
f) die Zugänglichkeit;
g) die Gleichberechtigung von Mann und Frau;
h) die Achtung vor den sich entwickelnden Fähigkeiten von Kindern mit Behinderungen und die Achtung ihres Rechts auf Wahrung ihrer Identität.

Art. 4 Allgemeine Verpflichtungen. (1) Die Vertragsstaaten verpflichten sich, die volle Verwirklichung aller Menschenrechte und Grundfreiheiten für alle Menschen mit Behinderungen ohne jede Diskriminierung aufgrund von Behinderung zu gewährleisten und zu fördern. Zu diesem Zweck verpflichten sich die Vertragsstaaten,
a) alle geeigneten Gesetzgebungs-, Verwaltungs- und sonstigen Maßnahmen zur Umsetzung der in diesem Übereinkommen anerkannten Rechte zu treffen;
b) alle geeigneten Maßnahmen einschließlich gesetzgeberischer Maßnahmen zur Änderung oder Aufhebung bestehender Gesetze, Verordnungen, Ge-

pflogenheiten und Praktiken zu treffen, die eine Diskriminierung von Menschen mit Behinderungen darstellen;

c) den Schutz und die Förderung der Menschenrechte von Menschen mit Behinderungen in allen politischen Konzepten und allen Programmen zu berücksichtigen;

d) Handlungen oder Praktiken, die mit diesem Übereinkommen unvereinbar sind, zu unterlassen und dafür zu sorgen, dass die staatlichen Behörden und öffentlichen Einrichtungen im Einklang mit diesem Übereinkommen handeln;

e) alle geeigneten Maßnahmen zur Beseitigung der Diskriminierung aufgrund von Behinderung durch Personen, Organisationen oder private Unternehmen zu ergreifen;

f) Forschung und Entwicklung für Güter, Dienstleistungen, Geräte und Einrichtungen in universellem Design, wie in Artikel 2 definiert, die den besonderen Bedürfnissen von Menschen mit Behinderungen mit möglichst geringem Anpassungs- und Kostenaufwand gerecht werden, zu betreiben oder zu fördern, ihre Verfügbarkeit und Nutzung zu fördern und sich bei der Entwicklung von Normen und Richtlinien für universelles Design einzusetzen;

g) Forschung und Entwicklung für neue Technologien, die für Menschen mit Behinderungen geeignet sind, einschließlich Informations- und Kommunikationstechnologien, Mobilitätshilfen, Geräten und unterstützenden Technologien, zu betreiben oder zu fördern sowie ihre Verfügbarkeit und Nutzung zu fördern und dabei Technologien zu erschwinglichen Kosten den Vorrang zu geben;

h) für Menschen mit Behinderungen zugängliche Informationen über Mobilitätshilfen, Geräte und unterstützende Technologien, einschließlich neuer Technologien, sowie andere Formen von Hilfe, Unterstützungsdiensten und Einrichtungen zur Verfügung zu stellen;

i) die Schulung von Fachkräften und anderem mit Menschen mit Behinderungen arbeitendem Personal auf dem Gebiet der in diesem Übereinkommen anerkannten Rechte zu fördern, damit die aufgrund dieser Rechte garantierten Hilfen und Dienste besser geleistet werden können.

(2) Hinsichtlich der wirtschaftlichen, sozialen und kulturellen Rechte verpflichtet sich jeder Vertragsstaat, unter Ausschöpfung seiner verfügbaren Mittel und erforderlichenfalls im Rahmen der internationalen Zusammenarbeit Maßnahmen zu treffen, um nach und nach die volle Verwirklichung dieser Rechte zu erreichen, unbeschadet derjenigen Verpflichtungen aus diesem Übereinkommen, die nach dem Völkerrecht sofort anwendbar sind.

(3) Bei der Ausarbeitung und Umsetzung von Rechtsvorschriften und politischen Konzepten zur Durchführung dieses Übereinkommens und bei anderen Entscheidungsprozessen in Fragen, die Menschen mit Behinderungen betreffen, führen die Vertragsstaaten mit den Menschen mit Behinderungen, einschließlich Kindern mit Behinderungen, über die sie vertretenden Organisationen enge Konsultationen und beziehen sie aktiv ein.

(4) Dieses Übereinkommen lässt zur Verwirklichung der Rechte von Menschen mit Behinderungen besser geeignete Bestimmungen, die im Recht eines Vertragsstaats oder in dem für diesen Staat geltenden Völkerrecht enthalten sind, unberührt. Die in einem Vertragsstaat durch Gesetze, Übereinkommen, Verordnungen oder durch Gewohnheitsrecht anerkannten oder bestehenden Men-

schenrechte und Grundfreiheiten dürfen nicht unter dem Vorwand beschränkt oder außer Kraft gesetzt werden, dass dieses Übereinkommen derartige Rechte oder Freiheiten nicht oder nur in einem geringeren Ausmaß anerkenne.

(5) Die Bestimmungen dieses Übereinkommens gelten ohne Einschränkung oder Ausnahme für alle Teile eines Bundesstaats.

Art. 5 Gleichberechtigung und Nichtdiskriminierung. [1] (1) Die Vertragsstaaten anerkennen, dass alle Menschen vor dem Gesetz gleich sind, vom Gesetz gleich zu behandeln sind und ohne Diskriminierung Anspruch auf gleichen Schutz durch das Gesetz und gleiche Vorteile durch das Gesetz haben.

(2) Die Vertragsstaaten verbieten jede Diskriminierung aufgrund von Behinderung und garantieren Menschen mit Behinderungen gleichen und wirksamen rechtlichen Schutz vor Diskriminierung, gleichviel aus welchen Gründen.

(3) Zur Förderung der Gleichberechtigung und zur Beseitigung von Diskriminierung unternehmen die Vertragsstaaten alle geeigneten Schritte, um die Bereitstellung angemessener Vorkehrungen zu gewährleisten.

(4) Besondere Maßnahmen, die zur Beschleunigung oder Herbeiführung der tatsächlichen Gleichberechtigung von Menschen mit Behinderungen erforderlich sind, gelten nicht als Diskriminierung im Sinne dieses Übereinkommens.

Art. 6 Frauen mit Behinderungen. [2] (1) Die Vertragsstaaten anerkennen, dass Frauen und Mädchen mit Behinderungen mehrfacher Diskriminierung ausgesetzt sind, und ergreifen in dieser Hinsicht Maßnahmen, um zu gewährleisten, dass sie alle Menschenrechte und Grundfreiheiten voll und gleichberechtigt genießen können.

(2) Die Vertragsstaaten treffen alle geeigneten Maßnahmen zur Sicherung der vollen Entfaltung, der Förderung und der Stärkung der Autonomie der Frauen, um zu garantieren, dass sie die in diesem Übereinkommen genannten Menschenrechte und Grundfreiheiten ausüben und genießen können.

Art. 7 Kinder mit Behinderungen. (1) Die Vertragsstaaten treffen alle erforderlichen Maßnahmen, um zu gewährleisten, dass Kinder mit Behinderungen gleichberechtigt mit anderen Kindern alle Menschenrechte und Grundfreiheiten genießen können.

(2) Bei allen Maßnahmen, die Kinder mit Behinderungen betreffen, ist das Wohl des Kindes ein Gesichtspunkt, der vorrangig zu berücksichtigen ist.

(3) Die Vertragsstaaten gewährleisten, dass Kinder mit Behinderungen das Recht haben, ihre Meinung in allen sie berührenden Angelegenheiten gleichberechtigt mit anderen Kindern frei zu äußern, wobei ihre Meinung angemessen und entsprechend ihrem Alter und ihrer Reife berücksichtigt wird, und behinderungsgerechte sowie altersgemäße Hilfe zu erhalten, damit sie dieses Recht verwirklichen können.

---

[1] Siehe hierzu die Allgemeine Bemerkung Nr. 6(2018) des Ausschusses für die Rechte von Menschen mit Behinderungen vom 9.3.2018 (CRPD/C/GC/6).
[2] Siehe hierzu die Allgemeine Bemerkung Nr. 3(2016) des Ausschusses für die Rechte von Menschen mit Behinderungen vom 26.8.2016 (CRPD/C/GC/3).

Art. 8 Bewusstseinsbildung. (1) Die Vertragsstaaten verpflichten sich, sofortige, wirksame und geeignete Maßnahmen zu ergreifen, um

a) in der gesamten Gesellschaft, einschließlich auf der Ebene der Familien, das Bewusstsein für Menschen mit Behinderungen zu schärfen und die Achtung ihrer Rechte und ihrer Würde zu fördern;

b) Klischees, Vorurteile und schädliche Praktiken gegenüber Menschen mit Behinderungen, einschließlich aufgrund des Geschlechts oder des Alters, in allen Lebensbereichen zu bekämpfen;

c) das Bewusstsein für die Fähigkeiten und den Beitrag von Menschen mit Behinderungen zu fördern.

(2) Zu den diesbezüglichen Maßnahmen gehören

a) die Einleitung und dauerhafte Durchführung wirksamer Kampagnen zur Bewusstseinsbildung in der Öffentlichkeit mit dem Ziel,

   i) die Aufgeschlossenheit gegenüber den Rechten von Menschen mit Behinderungen zu erhöhen,

   ii) eine positive Wahrnehmung von Menschen mit Behinderungen und ein größeres gesellschaftliches Bewusstsein ihnen gegenüber zu fördern,

   iii) die Anerkennung der Fertigkeiten, Verdienste und Fähigkeiten von Menschen mit Behinderungen und ihres Beitrags zur Arbeitswelt und zum Arbeitsmarkt zu fördern;

b) die Förderung einer respektvollen Einstellung gegenüber den Rechten von Menschen mit Behinderungen auf allen Ebenen des Bildungssystems, auch bei allen Kindern von früher Kindheit an;

c) die Aufforderung an alle Medienorgane, Menschen mit Behinderungen in einer dem Zweck dieses Übereinkommens entsprechenden Weise darzustellen;

d) die Förderung von Schulungsprogrammen zur Schärfung des Bewusstseins für Menschen mit Behinderungen und für deren Rechte.

Art. 9 Zugänglichkeit.[1] (1) Um Menschen mit Behinderungen eine unabhängige Lebensführung und die volle Teilhabe in allen Lebensbereichen zu ermöglichen, treffen die Vertragsstaaten geeignete Maßnahmen mit dem Ziel, für Menschen mit Behinderungen den gleichberechtigten Zugang zur physischen Umwelt, zu Transportmitteln, Information und Kommunikation, einschließlich Informations- und Kommunikationstechnologien und -systemen, sowie zu anderen Einrichtungen und Diensten, die der Öffentlichkeit in städtischen und ländlichen Gebieten offenstehen oder für sie bereitgestellt werden, zu gewährleisten. Diese Maßnahmen, welche die Feststellung und Beseitigung von Zugangshindernissen und -barrieren einschließen, gelten unter anderem für

a) Gebäude, Straßen, Transportmittel sowie andere Einrichtungen in Gebäuden und im Freien, einschließlich Schulen, Wohnhäusern, medizinischer Einrichtungen und Arbeitsstätten;

b) Informations-, Kommunikations- und andere Dienste, einschließlich elektronischer Dienste und Notdienste.

(2) Die Vertragsstaaten treffen außerdem geeignete Maßnahmen,

a) um Mindeststandards und Leitlinien für die Zugänglichkeit von Einrichtungen und Diensten, die der Öffentlichkeit offenstehen oder für sie be-

---

[1] Siehe hierzu die Allgemeine Bemerkung Nr. 2(2014) des Ausschusses für die Rechte von Menschen mit Behinderungen vom 11.4.2014 (CRPD/C/GC/2).

reitgestellt werden, auszuarbeiten und zu erlassen und ihre Anwendung zu überwachen;

b) um sicherzustellen, dass private Rechtsträger, die Einrichtungen und Dienste, die der Öffentlichkeit offenstehen oder für sie bereitgestellt werden, anbieten, alle Aspekte der Zugänglichkeit für Menschen mit Behinderungen berücksichtigen;

c) um betroffenen Kreisen Schulungen zu Fragen der Zugänglichkeit für Menschen mit Behinderungen anzubieten;

d) um in Gebäuden und anderen Einrichtungen, die der Öffentlichkeit offenstehen, Beschilderungen in Brailleschrift und in leicht lesbarer und verständlicher Form anzubringen;

e) um menschliche und tierische Hilfe sowie Mittelspersonen, unter anderem Personen zum Führen und Vorlesen sowie professionelle Gebärdensprachdolmetscher und -dolmetscherinnen, zur Verfügung zu stellen mit dem Ziel, den Zugang zu Gebäuden und anderen Einrichtungen, die der Öffentlichkeit offenstehen, zu erleichtern;

f) um andere geeignete Formen der Hilfe und Unterstützung für Menschen mit Behinderungen zu fördern, damit ihr Zugang zu Informationen gewährleistet wird;

g) um den Zugang von Menschen mit Behinderungen zu den neuen Informations- und Kommunikationstechnologien und -systemen, einschließlich des Internets, zu fördern;

h) um die Gestaltung, die Entwicklung, die Herstellung und den Vertrieb zugänglicher Informations- und Kommunikationstechnologien und -systeme in einem frühen Stadium zu fördern, sodass deren Zugänglichkeit mit möglichst geringem Kostenaufwand erreicht wird.

Art. 10 Recht auf Leben. Die Vertragsstaaten bekräftigen, dass jeder Mensch ein angeborenes Recht auf Leben hat, und treffen alle erforderlichen Maßnahmen, um den wirksamen und gleichberechtigten Genuss dieses Rechts durch Menschen mit Behinderungen zu gewährleisten.

Art. 11 Gefahrensituationen und humanitäre Notlagen. Die Vertragsstaaten ergreifen im Einklang mit ihren Verpflichtungen nach dem Völkerrecht, einschließlich des humanitären Völkerrechts und der internationalen Menschenrechtsnormen, alle erforderlichen Maßnahmen, um in Gefahrensituationen, einschließlich bewaffneter Konflikte, humanitärer Notlagen und Naturkatastrophen, den Schutz und die Sicherheit von Menschen mit Behinderungen zu gewährleisten.

Art. 12 Gleiche Anerkennung vor dem Recht.[1] (1) Die Vertragsstaaten bekräftigen, dass Menschen mit Behinderungen das Recht haben, überall als Rechtssubjekt anerkannt zu werden.

(2) Die Vertragsstaaten anerkennen, dass Menschen mit Behinderungen in allen Lebensbereichen gleichberechtigt mit anderen Rechts- und Handlungsfähigkeit genießen.

---

[1] Siehe hierzu die Allgemeine Bemerkung Nr. 1(2014) des Ausschusses für die Rechte von Menschen mit Behinderungen vom 11.4.2014 (CRPD/C/GC/1).

(3) Die Vertragsstaaten treffen geeignete Maßnahmen, um Menschen mit Behinderungen Zugang zu der Unterstützung zu verschaffen, die sie bei der Ausübung ihrer Rechts- und Handlungsfähigkeit gegebenenfalls benötigen.

(4) Die Vertragsstaaten stellen sicher, dass zu allen die Ausübung der Rechts- und Handlungsfähigkeit betreffenden Maßnahmen im Einklang mit den internationalen Menschenrechtsnormen geeignete und wirksame Sicherungen vorgesehen werden, um Missbräuche zu verhindern. Diese Sicherungen müssen gewährleisten, dass bei den Maßnahmen betreffend die Ausübung der Rechts- und Handlungsfähigkeit die Rechte, der Wille und die Präferenzen der betreffenden Person geachtet werden, es nicht zu Interessenkonflikten und missbräuchlicher Einflussnahme kommt, dass die Maßnahmen verhältnismäßig und auf die Umstände der Person zugeschnitten sind, dass sie von möglichst kurzer Dauer sind und dass sie einer regelmäßigen Überprüfung durch eine zuständige, unabhängige und unparteiische Behörde oder gerichtliche Stelle unterliegen. Die Sicherungen müssen im Hinblick auf das Ausmaß, in dem diese Maßnahmen die Rechte und Interessen der Person berühren, verhältnismäßig sein.

(5) Vorbehaltlich dieses Artikels treffen die Vertragsstaaten alle geeigneten und wirksamen Maßnahmen, um zu gewährleisten, dass Menschen mit Behinderungen das gleiche Recht wie andere haben, Eigentum zu besitzen oder zu erben, ihre finanziellen Angelegenheiten selbst zu regeln und gleichen Zugang zu Bankdarlehen, Hypotheken und anderen Finanzkrediten zu haben, und gewährleisten, dass Menschen mit Behinderungen nicht willkürlich ihr Eigentum entzogen wird.

Art. 13 Zugang zur Justiz. (1) Die Vertragsstaaten gewährleisten Menschen mit Behinderungen gleichberechtigt mit anderen wirksamen Zugang zur Justiz, unter anderem durch verfahrensbezogene und altersgemäße Vorkehrungen, um ihre wirksame unmittelbare und mittelbare Teilnahme, einschließlich als Zeugen und Zeuginnen, an allen Gerichtsverfahren, auch in der Ermittlungsphase und in anderen Vorverfahrensphasen, zu erleichtern.

(2) Um zur Gewährleistung des wirksamen Zugangs von Menschen mit Behinderungen zur Justiz beizutragen, fördern die Vertragsstaaten geeignete Schulungen für die im Justizwesen tätigen Personen, einschließlich des Personals von Polizei und Strafvollzug.

Art. 14 Freiheit und Sicherheit der Person. (1) Die Vertragsstaaten gewährleisten,
a) dass Menschen mit Behinderungen gleichberechtigt mit anderen das Recht auf persönliche Freiheit und Sicherheit genießen;
b) dass Menschen mit Behinderungen gleichberechtigt mit anderen die Freiheit nicht rechtswidrig oder willkürlich entzogen wird, dass jede Freiheitsentziehung im Einklang mit dem Gesetz erfolgt und dass das Vorliegen einer Behinderung in keinem Fall eine Freiheitsentziehung rechtfertigt.

(2) Die Vertragsstaaten gewährleisten, dass Menschen mit Behinderungen, denen aufgrund eines Verfahrens ihre Freiheit entzogen wird, gleichberechtigten Anspruch auf die in den internationalen Menschenrechtsnormen vorgesehenen Garantien haben und im Einklang mit den Zielen und Grundsätzen dieses Übereinkommens behandelt werden, einschließlich durch die Bereitstellung angemessener Vorkehrungen.

Art. 15 Freiheit von Folter oder grausamer, unmenschlicher oder erniedrigender Behandlung oder Strafe. (1) Niemand darf der Folter oder grausamer, unmenschlicher oder erniedrigender Behandlung oder Strafe unterworfen werden. Insbesondere darf niemand ohne seine freiwillige Zustimmung medizinischen oder wissenschaftlichen Versuchen unterworfen werden.

(2) Die Vertragsstaaten treffen alle wirksamen gesetzgeberischen, verwaltungsmäßigen, gerichtlichen oder sonstigen Maßnahmen, um auf der Grundlage der Gleichberechtigung zu verhindern, dass Menschen mit Behinderungen der Folter oder grausamer, unmenschlicher oder erniedrigender Behandlung oder Strafe unterworfen werden.

Art. 16 Freiheit von Ausbeutung, Gewalt und Missbrauch. (1) Die Vertragsstaaten treffen alle geeigneten Gesetzgebungs-, Verwaltungs-, Sozial-, Bildungs- und sonstigen Maßnahmen, um Menschen mit Behinderungen sowohl innerhalb als auch außerhalb der Wohnung vor jeder Form von Ausbeutung, Gewalt und Missbrauch, einschließlich ihrer geschlechtsspezifischen Aspekte, zu schützen.

(2) Die Vertragsstaaten treffen außerdem alle geeigneten Maßnahmen, um jede Form von Ausbeutung, Gewalt und Missbrauch zu verhindern, indem sie unter anderem geeignete Formen von das Geschlecht und das Alter berücksichtigender Hilfe und Unterstützung für Menschen mit Behinderungen und ihre Familien und Betreuungspersonen gewährleisten, einschließlich durch die Bereitstellung von Informationen und Aufklärung darüber, wie Fälle von Ausbeutung, Gewalt und Missbrauch verhindert, erkannt und angezeigt werden können. Die Vertragsstaaten sorgen dafür, dass Schutzdienste das Alter, das Geschlecht und die Behinderung der betroffenen Personen berücksichtigen.

(3) Zur Verhinderung jeder Form von Ausbeutung, Gewalt und Missbrauch stellen die Vertragsstaaten sicher, dass alle Einrichtungen und Programme, die für Menschen mit Behinderungen bestimmt sind, wirksam von unabhängigen Behörden überwacht werden.

(4) Die Vertragsstaaten treffen alle geeigneten Maßnahmen, um die körperliche, kognitive und psychische Genesung, die Rehabilitation und die soziale Wiedereingliederung von Menschen mit Behinderungen, die Opfer irgendeiner Form von Ausbeutung, Gewalt oder Missbrauch werden, zu fördern, auch durch die Bereitstellung von Schutzeinrichtungen. Genesung und Wiedereingliederung müssen in einer Umgebung stattfinden, die der Gesundheit, dem Wohlergehen, der Selbstachtung, der Würde und der Autonomie des Menschen förderlich ist und geschlechts- und altersspezifischen Bedürfnissen Rechnung trägt.

(5) Die Vertragsstaaten schaffen wirksame Rechtsvorschriften und politische Konzepte, einschließlich solcher, die auf Frauen und Kinder ausgerichtet sind, um sicherzustellen, dass Fälle von Ausbeutung, Gewalt und Missbrauch gegenüber Menschen mit Behinderungen erkannt, untersucht und gegebenenfalls strafrechtlich verfolgt werden.

Art. 17 Schutz der Unversehrtheit der Person. Jeder Mensch mit Behinderungen hat gleichberechtigt mit anderen das Recht auf Achtung seiner körperlichen und seelischen Unversehrtheit.

Art. 18 Freizügigkeit und Staatsangehörigkeit. (1) Die Vertragsstaaten anerkennen das gleiche Recht von Menschen mit Behinderungen auf Freizügigkeit, auf freie Wahl ihres Aufenthaltsorts und auf eine Staatsangehörigkeit, indem sie unter anderem gewährleisten, dass

a) Menschen mit Behinderungen das Recht haben, eine Staatsangehörigkeit zu erwerben und ihre Staatsangehörigkeit zu wechseln, und dass ihnen diese nicht willkürlich oder aufgrund von Behinderung entzogen wird;

b) Menschen mit Behinderungen nicht aufgrund von Behinderung die Möglichkeit versagt wird, Dokumente zum Nachweis ihrer Staatsangehörigkeit oder andere Identitätsdokumente zu erhalten, zu besitzen und zu verwenden oder einschlägige Verfahren wie Einwanderungsverfahren in Anspruch zu nehmen, die gegebenenfalls erforderlich sind, um die Ausübung des Rechts auf Freizügigkeit zu erleichtern;

c) Menschen mit Behinderungen die Freiheit haben, jedes Land einschließlich ihres eigenen zu verlassen;

d) Menschen mit Behinderungen nicht willkürlich oder aufgrund von Behinderung das Recht entzogen wird, in ihr eigenes Land einzureisen.

(2) Kinder mit Behinderungen sind unverzüglich nach ihrer Geburt in ein Register einzutragen und haben das Recht auf einen Namen von Geburt an, das Recht, eine Staatsangehörigkeit zu erwerben, und soweit möglich das Recht, ihre Eltern zu kennen und von ihnen betreut zu werden.

Art. 19 Unabhängige Lebensführung und Einbeziehung in die Gemeinschaft.[1] Die Vertragsstaaten dieses Übereinkommens anerkennen das gleiche Recht aller Menschen mit Behinderungen, mit gleichen Wahlmöglichkeiten wie andere Menschen in der Gemeinschaft zu leben, und treffen wirksame und geeignete Maßnahmen, um Menschen mit Behinderungen den vollen Genuss dieses Rechts und ihre volle Einbeziehung in die Gemeinschaft und Teilhabe an der Gemeinschaft zu erleichtern, indem sie unter anderem gewährleisten, dass

a) Menschen mit Behinderungen gleichberechtigt die Möglichkeit haben, ihren Aufenthaltsort zu wählen und zu entscheiden, wo und mit wem sie leben, und nicht verpflichtet sind, in besonderen Wohnformen zu leben;

b) Menschen mit Behinderungen Zugang zu einer Reihe von gemeindenahen Unterstützungsdiensten zu Hause und in Einrichtungen sowie zu sonstigen gemeindenahen Unterstützungsdiensten haben, einschließlich der persönlichen Assistenz, die zur Unterstützung des Lebens in der Gemeinschaft und der Einbeziehung in die Gemeinschaft sowie zur Verhinderung von Isolation und Absonderung von der Gemeinschaft notwendig ist;

c) gemeindenahe Dienstleistungen und Einrichtungen für die Allgemeinheit Menschen mit Behinderungen auf der Grundlage der Gleichberechtigung zur Verfügung stehen und ihren Bedürfnissen Rechnung tragen.

Art. 20 Persönliche Mobilität. Die Vertragsstaaten treffen wirksame Maßnahmen, um für Menschen mit Behinderungen persönliche Mobilität mit größtmöglicher Unabhängigkeit sicherzustellen, indem sie unter anderem

---

[1] Siehe hierzu die Allgemeine Bemerkung Nr. 5(2017) des Ausschusses für die Rechte von Menschen mit Behinderungen vom 31.8.2017 (CRPD/C/GC/5).

a) die persönliche Mobilität von Menschen mit Behinderungen in der Art und Weise und zum Zeitpunkt ihrer Wahl und zu erschwinglichen Kosten erleichtern;
b) den Zugang von Menschen mit Behinderungen zu hochwertigen Mobilitätshilfen, Geräten, unterstützenden Technologien und menschlicher und tierischer Hilfe sowie Mittelspersonen erleichtern, auch durch deren Bereitstellung zu erschwinglichen Kosten;
c) Menschen mit Behinderungen und Fachkräften, die mit Menschen mit Behinderungen arbeiten, Schulungen in Mobilitätsfertigkeiten anbieten;
d) Hersteller von Mobilitätshilfen, Geräten und unterstützenden Technologien ermutigen, alle Aspekte der Mobilität für Menschen mit Behinderungen zu berücksichtigen.

Art. 21 Recht der freien Meinungsäußerung, Meinungsfreiheit und Zugang zu Informationen. Die Vertragsstaaten treffen alle geeigneten Maßnahmen, um zu gewährleisten, dass Menschen mit Behinderungen das Recht auf freie Meinungsäußerung und Meinungsfreiheit, einschließlich der Freiheit, Informationen und Gedankengut sich zu beschaffen, zu empfangen und weiterzugeben, gleichberechtigt mit anderen und durch alle von ihnen gewählten Formen der Kommunikation im Sinne des Artikels 2 ausüben können, unter anderem indem sie
a) Menschen mit Behinderungen für die Allgemeinheit bestimmte Informationen rechtzeitig und ohne zusätzliche Kosten in zugänglichen Formaten und Technologien, die für unterschiedliche Arten der Behinderung geeignet sind, zur Verfügung stellen;
b) im Umgang mit Behörden die Verwendung von Gebärdensprachen, Brailleschrift, ergänzenden und alternativen Kommunikationsformen und allen sonstigen selbst gewählten zugänglichen Mitteln, Formen und Formaten der Kommunikation durch Menschen mit Behinderungen akzeptieren und erleichtern;
c) private Rechtsträger, die, einschließlich durch das Internet, Dienste für die Allgemeinheit anbieten, dringend dazu auffordern, Informationen und Dienstleistungen in Formaten zur Verfügung zu stellen, die für Menschen mit Behinderungen zugänglich und nutzbar sind;
d) die Massenmedien, einschließlich der Anbieter von Informationen über das Internet, dazu auffordern, ihre Dienstleistungen für Menschen mit Behinderungen zugänglich zu gestalten;
e) die Verwendung von Gebärdensprachen anerkennen und fördern.

Art. 22 Achtung der Privatsphäre. (1) Menschen mit Behinderungen dürfen unabhängig von ihrem Aufenthaltsort oder der Wohnform, in der sie leben, keinen willkürlichen oder rechtswidrigen Eingriffen in ihr Privatleben, ihre Familie, ihre Wohnung oder ihren Schriftverkehr oder andere Arten der Kommunikation oder rechtswidrigen Beeinträchtigungen ihrer Ehre oder ihres Rufes ausgesetzt werden. Menschen mit Behinderungen haben Anspruch auf rechtlichen Schutz gegen solche Eingriffe oder Beeinträchtigungen.

(2) Die Vertragsstaaten schützen auf der Grundlage der Gleichberechtigung mit anderen die Vertraulichkeit von Informationen über die Person, die Gesundheit und die Rehabilitation von Menschen mit Behinderungen.

Art. 23 Achtung der Wohnung und der Familie. (1) Die Vertragsstaaten treffen wirksame und geeignete Maßnahmen zur Beseitigung der Diskriminierung von Menschen mit Behinderungen auf der Grundlage der Gleichberechtigung mit anderen in allen Fragen, die Ehe, Familie, Elternschaft und Partnerschaften betreffen, um zu gewährleisten, dass

a) das Recht aller Menschen mit Behinderungen im heiratsfähigen Alter, auf der Grundlage des freien und vollen Einverständnisses der künftigen Ehegatten eine Ehe zu schließen und eine Familie zu gründen, anerkannt wird;

b) das Recht von Menschen mit Behinderungen auf freie und verantwortungsbewusste Entscheidung über die Anzahl ihrer Kinder und die Geburtenabstände sowie auf Zugang zu altersgemäßer Information sowie Aufklärung über Fortpflanzung und Familienplanung anerkannt wird und ihnen die notwendigen Mittel zur Ausübung dieser Rechte zur Verfügung gestellt werden;

c) Menschen mit Behinderungen, einschließlich Kindern, gleichberechtigt mit anderen ihre Fruchtbarkeit behalten.

(2) Die Vertragsstaaten gewährleisten die Rechte und Pflichten von Menschen mit Behinderungen in Fragen der Vormundschaft, Pflegschaft, Personen- und Vermögenssorge, Adoption von Kindern oder ähnlichen Rechtsinstituten, soweit das innerstaatliche Recht solche kennt; in allen Fällen ist das Wohl des Kindes ausschlaggebend. Die Vertragsstaaten unterstützen Menschen mit Behinderungen in angemessener Weise bei der Wahrnehmung ihrer elterlichen Verantwortung.

(3) Die Vertragsstaaten gewährleisten, dass Kinder mit Behinderungen gleiche Rechte in Bezug auf das Familienleben haben. Zur Verwirklichung dieser Rechte und mit dem Ziel, das Verbergen, das Aussetzen, die Vernachlässigung und die Absonderung von Kindern mit Behinderungen zu verhindern, verpflichten sich die Vertragsstaaten, Kindern mit Behinderungen und ihren Familien frühzeitig umfassende Informationen, Dienste und Unterstützung zur Verfügung zu stellen.

(4) Die Vertragsstaaten gewährleisten, dass ein Kind nicht gegen den Willen seiner Eltern von diesen getrennt wird, es sei denn, dass die zuständigen Behörden in einer gerichtlich nachprüfbaren Entscheidung nach den anzuwendenden Rechtsvorschriften und Verfahren bestimmen, dass diese Trennung zum Wohl des Kindes notwendig ist. In keinem Fall darf das Kind aufgrund einer Behinderung entweder des Kindes oder eines oder beider Elternteile von den Eltern getrennt werden.

(5) Die Vertragsstaaten verpflichten sich, in Fällen, in denen die nächsten Familienangehörigen nicht in der Lage sind, für ein Kind mit Behinderungen zu sorgen, alle Anstrengungen zu unternehmen, um andere Formen der Betreuung innerhalb der weiteren Familie und, falls dies nicht möglich ist, innerhalb der Gemeinschaft in einem familienähnlichen Umfeld zu gewährleisten.

Art. 24 Bildung.[1] (1) Die Vertragsstaaten anerkennen das Recht von Menschen mit Behinderungen auf Bildung. Um dieses Recht ohne Diskriminierung und auf der Grundlage der Chancengleichheit zu verwirklichen, gewähr-

---

[1] Zur Inklusion im Bildungssystem siehe die Allgemeine Bemerkung Nr. 4(2017) des Ausschusses für die Rechte von Menschen mit Behinderungen vom 31.8.2017 (CRPD/C/GC/4).

leisten die Vertragsstaaten ein integratives Bildungssystem auf allen Ebenen und lebenslanges Lernen mit dem Ziel,

a) die menschlichen Möglichkeiten sowie das Bewusstsein der Würde und das Selbstwertgefühl des Menschen voll zur Entfaltung zu bringen und die Achtung vor den Menschenrechten, den Grundfreiheiten und der menschlichen Vielfalt zu stärken;

b) Menschen mit Behinderungen ihre Persönlichkeit, ihre Begabungen und ihre Kreativität sowie ihre geistigen und körperlichen Fähigkeiten voll zur Entfaltung bringen zu lassen;

c) Menschen mit Behinderungen zur wirklichen Teilhabe an einer freien Gesellschaft zu befähigen.

(2) Bei der Verwirklichung dieses Rechts stellen die Vertragsstaaten sicher, dass

a) Menschen mit Behinderungen nicht aufgrund von Behinderung vom allgemeinen Bildungssystem ausgeschlossen werden und dass Kinder mit Behinderungen nicht aufgrund von Behinderung vom unentgeltlichen und obligatorischen Grundschulunterricht oder vom Besuch weiterführender Schulen ausgeschlossen werden;

b) Menschen mit Behinderungen gleichberechtigt mit anderen in der Gemeinschaft, in der sie leben, Zugang zu einem integrativen, hochwertigen und unentgeltlichen Unterricht an Grundschulen und weiterführenden Schulen haben;

c) angemessene Vorkehrungen für die Bedürfnisse des Einzelnen getroffen werden;

d) Menschen mit Behinderungen innerhalb des allgemeinen Bildungssystems die notwendige Unterstützung geleistet wird, um ihre erfolgreiche Bildung zu erleichtern;

e) in Übereinstimmung mit dem Ziel der vollständigen Integration wirksame individuell angepasste Unterstützungsmaßnahmen in einem Umfeld, das die bestmögliche schulische und soziale Entwicklung gestattet, angeboten werden.

(3) Die Vertragsstaaten ermöglichen Menschen mit Behinderungen, lebenspraktische Fertigkeiten und soziale Kompetenzen zu erwerben, um ihre volle und gleichberechtigte Teilhabe an der Bildung und als Mitglieder der Gemeinschaft zu erleichtern. Zu diesem Zweck ergreifen die Vertragsstaaten geeignete Maßnahmen; unter anderem

a) erleichtern sie das Erlernen von Brailleschrift, alternativer Schrift, ergänzenden und alternativen Formen, Mitteln und Formaten der Kommunikation, den Erwerb von Orientierungs- und Mobilitätsfertigkeiten sowie die Unterstützung durch andere Menschen mit Behinderungen und das Mentoring;

b) erleichtern sie das Erlernen der Gebärdensprache und die Förderung der sprachlichen Identität der Gehörlosen;

c) stellen sie sicher, dass blinden, gehörlosen oder taubblinden Menschen, insbesondere Kindern, Bildung in den Sprachen und Kommunikationsformen und mit den Kommunikationsmitteln, die für den Einzelnen am besten geeignet sind, sowie in einem Umfeld vermittelt wird, das die bestmögliche schulische und soziale Entwicklung gestattet.

(4) Um zur Verwirklichung dieses Rechts beizutragen, treffen die Vertragsstaaten geeignete Maßnahmen zur Einstellung von Lehrkräften, einschließlich

solcher mit Behinderungen, die in Gebärdensprache oder Brailleschrift ausgebildet sind, und zur Schulung von Fachkräften sowie Mitarbeitern und Mitarbeiterinnen auf allen Ebenen des Bildungswesens. Diese Schulung schließt die Schärfung des Bewusstseins für Behinderungen und die Verwendung geeigneter ergänzender und alternativer Formen, Mittel und Formate der Kommunikation sowie pädagogische Verfahren und Materialien zur Unterstützung von Menschen mit Behinderungen ein.

(5) Die Vertragsstaaten stellen sicher, dass Menschen mit Behinderungen ohne Diskriminierung und gleichberechtigt mit anderen Zugang zu allgemeiner Hochschulbildung, Berufsausbildung, Erwachsenenbildung und lebenslangem Lernen haben. Zu diesem Zweck stellen die Vertragsstaaten sicher, dass für Menschen mit Behinderungen angemessene Vorkehrungen getroffen werden.

Art. 25 Gesundheit. Die Vertragsstaaten anerkennen das Recht von Menschen mit Behinderungen auf das erreichbare Höchstmaß an Gesundheit ohne Diskriminierung aufgrund von Behinderung. Die Vertragsstaaten treffen alle geeigneten Maßnahmen, um zu gewährleisten, dass Menschen mit Behinderungen Zugang zu geschlechtsspezifischen Gesundheitsdiensten, einschließlich gesundheitlicher Rehabilitation, haben. Insbesondere

a) stellen die Vertragsparteien Menschen mit Behinderungen eine unentgeltliche oder erschwingliche Gesundheitsversorgung in derselben Bandbreite, von derselben Qualität und auf demselben Standard zur Verfügung wie anderen Menschen, einschließlich sexual- und fortpflanzungsmedizinischer Gesundheitsleistungen und der Gesamtbevölkerung zur Verfügung stehender Programme des öffentlichen Gesundheitswesens;

b) bieten die Vertragsstaaten die Gesundheitsleistungen an, die von Menschen mit Behinderungen speziell wegen ihrer Behinderungen benötigt werden, soweit angebracht, einschließlich Früherkennung und Frühintervention, sowie Leistungen, durch die, auch bei Kindern und älteren Menschen, weitere Behinderungen möglichst gering gehalten oder vermieden werden sollen;

c) bieten die Vertragsstaaten diese Gesundheitsleistungen so gemeindenah wie möglich an, auch in ländlichen Gebieten;

d) erlegen die Vertragsstaaten den Angehörigen der Gesundheitsberufe die Verpflichtung auf, Menschen mit Behinderungen eine Versorgung von gleicher Qualität wie anderen Menschen angedeihen zu lassen, namentlich auf der Grundlage der freien Einwilligung nach vorheriger Aufklärung, indem sie unter anderem durch Schulungen und den Erlass ethischer Normen für die staatliche und private Gesundheitsversorgung das Bewusstsein für die Menschenrechte, die Würde, die Autonomie und die Bedürfnisse von Menschen mit Behinderungen schärfen;

e) verbieten die Vertragsstaaten die Diskriminierung von Menschen mit Behinderungen in der Krankenversicherung und in der Lebensversicherung, soweit eine solche Versicherung nach innerstaatlichem Recht zulässig ist; solche Versicherungen sind zu fairen und angemessenen Bedingungen anzubieten;

f) verhindern die Vertragsstaaten die diskriminierende Vorenthaltung von Gesundheitsversorgung oder -leistungen oder von Nahrungsmitteln und Flüssigkeiten aufgrund von Behinderung.

Art. 26 Habilitation und Rehabilitation. (1) Die Vertragsstaaten treffen wirksame und geeignete Maßnahmen, einschließlich durch die Unterstützung durch andere Menschen mit Behinderungen, um Menschen mit Behinderungen in die Lage zu versetzen, ein Höchstmaß an Unabhängigkeit, umfassende körperliche, geistige, soziale und berufliche Fähigkeiten sowie die volle Einbeziehung in alle Aspekte des Lebens und die volle Teilhabe an allen Aspekten des Lebens zu erreichen und zu bewahren. Zu diesem Zweck organisieren, stärken und erweitern die Vertragsstaaten umfassende Habilitations- und Rehabilitationsdienste und -programme, insbesondere auf dem Gebiet der Gesundheit, der Beschäftigung, der Bildung und der Sozialdienste, und zwar so, dass diese Leistungen und Programme

a) im frühestmöglichen Stadium einsetzen und auf einer multidisziplinären Bewertung der individuellen Bedürfnisse und Stärken beruhen;

b) die Einbeziehung in die Gemeinschaft und die Gesellschaft in allen ihren Aspekten sowie die Teilhabe daran unterstützen, freiwillig sind und Menschen mit Behinderungen so gemeindenah wie möglich zur Verfügung stehen, auch in ländlichen Gebieten.

(2) Die Vertragsstaaten fördern die Entwicklung der Aus- und Fortbildung für Fachkräfte und Mitarbeiter und Mitarbeiterinnen in Habilitations- und Rehabilitationsdiensten.

(3) Die Vertragsstaaten fördern die Verfügbarkeit, die Kenntnis und die Verwendung unterstützender Geräte und Technologien, die für Menschen mit Behinderungen bestimmt sind, für die Zwecke der Habilitation und Rehabilitation.

Art. 27 Arbeit und Beschäftigung. (1) Die Vertragsstaaten anerkennen das gleiche Recht von Menschen mit Behinderungen auf Arbeit; dies beinhaltet das Recht auf die Möglichkeit, den Lebensunterhalt durch Arbeit zu verdienen, die in einem offenen, integrativen und für Menschen mit Behinderungen zugänglichen Arbeitsmarkt und Arbeitsumfeld frei gewählt oder angenommen wird. Die Vertragsstaaten sichern und fördern die Verwirklichung des Rechts auf Arbeit, einschließlich für Menschen, die während der Beschäftigung eine Behinderung erwerben, durch geeignete Schritte, einschließlich des Erlasses von Rechtsvorschriften, um unter anderem

a) Diskriminierung aufgrund von Behinderung in allen Angelegenheiten im Zusammenhang mit einer Beschäftigung gleich welcher Art, einschließlich der Auswahl-, Einstellungs- und Beschäftigungsbedingungen, der Weiterbeschäftigung, des beruflichen Aufstiegs sowie sicherer und gesunder Arbeitsbedingungen, zu verbieten;

b) das gleiche Recht von Menschen mit Behinderungen auf gerechte und günstige Arbeitsbedingungen, einschließlich Chancengleichheit und gleichen Entgelts für gleichwertige Arbeit, auf sichere und gesunde Arbeitsbedingungen, einschließlich Schutz vor Belästigungen, und auf Abhilfe bei Missständen zu schützen;

c) zu gewährleisten, dass Menschen mit Behinderungen ihre Arbeitnehmer- und Gewerkschaftsrechte gleichberechtigt mit anderen ausüben können;

d) Menschen mit Behinderungen wirksamen Zugang zu allgemeinen fachlichen und beruflichen Beratungsprogrammen, Stellenvermittlung sowie Berufsausbildung und Weiterbildung zu ermöglichen;

e) für Menschen mit Behinderungen Beschäftigungsmöglichkeiten und beruflichen Aufstieg auf dem Arbeitsmarkt sowie die Unterstützung bei der Arbeitssuche, beim Erhalt und der Beibehaltung eines Arbeitsplatzes und beim beruflichen Wiedereinstieg zu fördern;

f) Möglichkeiten für Selbständigkeit, Unternehmertum, die Bildung von Genossenschaften und die Gründung eines eigenen Geschäfts zu fördern;

g) Menschen mit Behinderungen im öffentlichen Sektor zu beschäftigen;

h) die Beschäftigung von Menschen mit Behinderungen im privaten Sektor durch geeignete Strategien und Maßnahmen zu fördern, wozu auch Programme für positive Maßnahmen, Anreize und andere Maßnahmen gehören können;

i) sicherzustellen, dass am Arbeitsplatz angemessene Vorkehrungen für Menschen mit Behinderungen getroffen werden;

j) das Sammeln von Arbeitserfahrung auf dem allgemeinen Arbeitsmarkt durch Menschen mit Behinderungen zu fördern;

k) Programme für die berufliche Rehabilitation, den Erhalt des Arbeitsplatzes und den beruflichen Wiedereinstieg von Menschen mit Behinderungen zu fördern.

(2) Die Vertragsstaaten stellen sicher, dass Menschen mit Behinderungen nicht in Sklaverei oder Leibeigenschaft gehalten werden und dass sie gleichberechtigt mit anderen vor Zwangs- oder Pflichtarbeit geschützt werden.

Art. 28 Angemessener Lebensstandard und sozialer Schutz. (1) Die Vertragsstaaten anerkennen das Recht von Menschen mit Behinderungen auf einen angemessenen Lebensstandard für sich selbst und ihre Familien, einschließlich angemessener Ernährung, Bekleidung und Wohnung, sowie auf eine stetige Verbesserung der Lebensbedingungen und unternehmen geeignete Schritte zum Schutz und zur Förderung der Verwirklichung dieses Rechts ohne Diskriminierung aufgrund von Behinderung.

(2) Die Vertragsstaaten anerkennen das Recht von Menschen mit Behinderungen auf sozialen Schutz und den Genuss dieses Rechts ohne Diskriminierung aufgrund von Behinderung und unternehmen geeignete Schritte zum Schutz und zur Förderung der Verwirklichung dieses Rechts, einschließlich Maßnahmen, um

a) Menschen mit Behinderungen gleichberechtigten Zugang zur Versorgung mit sauberem Wasser und den Zugang zu geeigneten und erschwinglichen Dienstleistungen, Geräten und anderen Hilfen für Bedürfnisse im Zusammenhang mit ihrer Behinderung zu sichern;

b) Menschen mit Behinderungen, insbesondere Frauen und Mädchen sowie älteren Menschen mit Behinderungen, den Zugang zu Programmen für sozialen Schutz und Programmen zur Armutsbekämpfung zu sichern;

c) in Armut lebenden Menschen mit Behinderungen und ihren Familien den Zugang zu staatlicher Hilfe bei behinderungsbedingten Aufwendungen, einschließlich ausreichender Schulung, Beratung, finanzieller Unterstützung sowie Kurzzeitbetreuung, zu sichern;

d) Menschen mit Behinderungen den Zugang zu Programmen des sozialen Wohnungsbaus zu sichern;

e) Menschen mit Behinderungen gleichberechtigten Zugang zu Leistungen und Programmen der Altersversorgung zu sichern.

Art. 29 Teilhabe am politischen und öffentlichen Leben. Die Vertragsstaaten garantieren Menschen mit Behinderungen die politischen Rechte sowie die Möglichkeit, diese gleichberechtigt mit anderen zu genießen, und verpflichten sich,

a) sicherzustellen, dass Menschen mit Behinderungen gleichberechtigt mit anderen wirksam und umfassend am politischen und öffentlichen Leben teilhaben können, sei es unmittelbar oder durch frei gewählte Vertreter oder Vertreterinnen, was auch das Recht und die Möglichkeit einschließt, zu wählen und gewählt zu werden; unter anderem

   i) stellen sie sicher, dass die Wahlverfahren, -einrichtungen und -materialien geeignet, zugänglich und leicht zu verstehen und zu handhaben sind;

   ii) schützen sie das Recht von Menschen mit Behinderungen, bei Wahlen und Volksabstimmungen in geheimer Abstimmung ohne Einschüchterung ihre Stimme abzugeben, bei Wahlen zu kandidieren, ein Amt wirksam innezuhaben und alle öffentlichen Aufgaben auf allen Ebenen staatlicher Tätigkeit wahrzunehmen, indem sie gegebenenfalls die Nutzung unterstützender und neuer Technologien erleichtern;

   iii) garantieren sie die freie Willensäußerung von Menschen mit Behinderungen als Wähler und Wählerinnen und erlauben zu diesem Zweck im Bedarfsfall auf Wunsch, dass sie sich bei der Stimmabgabe durch eine Person ihrer Wahl unterstützen lassen;

b) aktiv ein Umfeld zu fördern, in dem Menschen mit Behinderungen ohne Diskriminierung und gleichberechtigt mit anderen wirksam und umfassend an der Gestaltung der öffentlichen Angelegenheiten mitwirken können, und ihre Mitwirkung an den öffentlichen Angelegenheiten zu begünstigen, unter anderem

   i) die Mitarbeit in nichtstaatlichen Organisationen und Vereinigungen, die sich mit dem öffentlichen und politischen Leben ihres Landes befassen, und an den Tätigkeiten und der Verwaltung politischer Parteien;

   ii) die Bildung von Organisationen von Menschen mit Behinderungen, die sie auf internationaler, nationaler, regionaler und lokaler Ebene vertreten, und den Beitritt zu solchen Organisationen.

Art. 30 Teilhabe am kulturellen Leben sowie an Erholung, Freizeit und Sport. (1) Die Vertragsstaaten anerkennen das Recht von Menschen mit Behinderungen, gleichberechtigt mit anderen am kulturellen Leben teilzunehmen, und treffen alle geeigneten Maßnahmen, um sicherzustellen, dass Menschen mit Behinderungen

a) Zugang zu kulturellem Material in zugänglichen Formaten haben;

b) Zugang zu Fernsehprogrammen, Filmen, Theatervorstellungen und anderen kulturellen Aktivitäten in zugänglichen Formaten haben;

c) Zugang zu Orten kultureller Darbietungen oder Dienstleistungen, wie Theatern, Museen, Kinos, Bibliotheken und Tourismusdiensten, sowie, so weit wie möglich, zu Denkmälern und Stätten von nationaler kultureller Bedeutung haben.

(2) Die Vertragsstaaten treffen geeignete Maßnahmen, um Menschen mit Behinderungen die Möglichkeit zu geben, ihr kreatives, künstlerisches und intellektuelles Potenzial zu entfalten und zu nutzen, nicht nur für sich selbst, sondern auch zur Bereicherung der Gesellschaft.

(3) Die Vertragsstaaten unternehmen alle geeigneten Schritte im Einklang mit dem Völkerrecht, um sicherzustellen, dass Gesetze zum Schutz von Rechten des geistigen Eigentums keine ungerechtfertigte oder diskriminierende Barriere für den Zugang von Menschen mit Behinderungen zu kulturellem Material darstellen.

(4) Menschen mit Behinderungen haben gleichberechtigt mit anderen Anspruch auf Anerkennung und Unterstützung ihrer spezifischen kulturellen und sprachlichen Identität, einschließlich der Gebärdensprachen und der Gehörlosenkultur.

(5) Mit dem Ziel, Menschen mit Behinderungen die gleichberechtigte Teilnahme an Erholungs-, Freizeit- und Sportaktivitäten zu ermöglichen, treffen die Vertragsstaaten geeignete Maßnahmen,

a) um Menschen mit Behinderungen zu ermutigen, so umfassend wie möglich an breitensportlichen Aktivitäten auf allen Ebenen teilzunehmen, und ihre Teilnahme zu fördern;

b) um sicherzustellen, dass Menschen mit Behinderungen die Möglichkeit haben, behinderungsspezifische Sport- und Erholungsaktivitäten zu organisieren, zu entwickeln und an solchen teilzunehmen, und zu diesem Zweck die Bereitstellung eines geeigneten Angebots an Anleitung, Training und Ressourcen auf der Grundlage der Gleichberechtigung mit anderen zu fördern;

c) um sicherzustellen, dass Menschen mit Behinderungen Zugang zu Sport-, Erholungs- und Tourismusstätten haben;

d) um sicherzustellen, dass Kinder mit Behinderungen gleichberechtigt mit anderen Kindern an Spiel-, Erholungs-, Freizeit- und Sportaktivitäten teilnehmen können, einschließlich im schulischen Bereich;

e) um sicherzustellen, dass Menschen mit Behinderungen Zugang zu Dienstleistungen der Organisatoren von Erholungs-, Tourismus-, Freizeit- und Sportaktivitäten haben.

Art. 31 Statistik und Datensammlung. (1) Die Vertragsstaaten verpflichten sich zur Sammlung geeigneter Informationen, einschließlich statistischer Angaben und Forschungsdaten, die ihnen ermöglichen, politische Konzepte zur Durchführung dieses Übereinkommens auszuarbeiten und umzusetzen. Das Verfahren zur Sammlung und Aufbewahrung dieser Informationen muss

a) mit den gesetzlichen Schutzvorschriften, einschließlich der Rechtsvorschriften über den Datenschutz, zur Sicherung der Vertraulichkeit und der Achtung der Privatsphäre von Menschen mit Behinderungen im Einklang stehen;

b) mit den international anerkannten Normen zum Schutz der Menschenrechte und Grundfreiheiten und den ethischen Grundsätzen für die Sammlung und Nutzung statistischer Daten im Einklang stehen.

(2) Die im Einklang mit diesem Artikel gesammelten Informationen werden, soweit angebracht, aufgeschlüsselt und dazu verwendet, die Umsetzung der Verpflichtungen aus diesem Übereinkommen durch die Vertragsstaaten zu beurteilen und die Hindernisse, denen sich Menschen mit Behinderungen bei der Ausübung ihrer Rechte gegenübersehen, zu ermitteln und anzugehen.

(3) Die Vertragsstaaten übernehmen die Verantwortung für die Verbreitung dieser Statistiken und sorgen dafür, dass sie für Menschen mit Behinderungen und andere zugänglich sind.

Art. 32 Internationale Zusammenarbeit. (1) Die Vertragsstaaten anerkennen die Bedeutung der internationalen Zusammenarbeit und deren Förderung zur Unterstützung der einzelstaatlichen Anstrengungen für die Verwirklichung des Zwecks und der Ziele dieses Übereinkommens und treffen diesbezüglich geeignete und wirksame Maßnahmen, zwischenstaatlich sowie, soweit angebracht, in Partnerschaft mit den einschlägigen internationalen und regionalen Organisationen und der Zivilgesellschaft, insbesondere Organisationen von Menschen mit Behinderungen. Unter anderem können sie Maßnahmen ergreifen, um

a) sicherzustellen, dass die internationale Zusammenarbeit, einschließlich internationaler Entwicklungsprogramme, Menschen mit Behinderungen einbezieht und für sie zugänglich ist;

b) den Aufbau von Kapazitäten zu erleichtern und zu unterstützen, unter anderem durch den Austausch und die Weitergabe von Informationen, Erfahrungen, Ausbildungsprogrammen und vorbildlichen Praktiken;

c) die Forschungszusammenarbeit und den Zugang zu wissenschaftlichen und technischen Kenntnissen zu erleichtern;

d) soweit angebracht, technische und wirtschaftliche Hilfe zu leisten, unter anderem durch Erleichterung des Zugangs zu zugänglichen und unterstützenden Technologien und ihres Austauschs sowie durch Weitergabe von Technologien.

(2) Dieser Artikel berührt nicht die Pflicht jedes Vertragsstaats, seine Verpflichtungen aus diesem Übereinkommen zu erfüllen.

Art. 33 Innerstaatliche Durchführung und Überwachung. (1) Die Vertragsstaaten bestimmen nach Maßgabe ihrer staatlichen Organisation eine oder mehrere staatliche Anlaufstellen für Angelegenheiten im Zusammenhang mit der Durchführung dieses Übereinkommens und prüfen sorgfältig die Schaffung oder Bestimmung eines staatlichen Koordinierungsmechanismus, der die Durchführung der entsprechenden Maßnahmen in verschiedenen Bereichen und auf verschiedenen Ebenen erleichtern soll.

(2) Die Vertragsstaaten unterhalten, stärken, bestimmen oder schaffen nach Maßgabe ihres Rechts- und Verwaltungssystems auf einzelstaatlicher Ebene für die Förderung, den Schutz und die Überwachung der Durchführung dieses Übereinkommens eine Struktur, die, je nachdem, was angebracht ist, einen oder mehrere unabhängige Mechanismen einschließt. Bei der Bestimmung oder Schaffung eines solchen Mechanismus berücksichtigen die Vertragsstaaten die Grundsätze betreffend die Rechtsstellung und die Arbeitsweise der einzelstaatlichen Institutionen zum Schutz und zur Förderung der Menschenrechte.

(3) Die Zivilgesellschaft, insbesondere Menschen mit Behinderungen und die sie vertretenden Organisationen, wird in den Überwachungsprozess einbezogen und nimmt in vollem Umfang daran teil.

Art. 34 Ausschuss für die Rechte von Menschen mit Behinderungen.
(1) Es wird ein Ausschuss für die Rechte von Menschen mit Behinderungen (im Folgenden als „Ausschuss" bezeichnet) eingesetzt, der die nachstehend festgelegten Aufgaben wahrnimmt.

(2) Der Ausschuss besteht zum Zeitpunkt des Inkrafttretens dieses Übereinkommens aus zwölf Sachverständigen. Nach sechzig weiteren Ratifikationen

oder Beitritten zu dem Übereinkommen erhöht sich die Zahl der Ausschussmitglieder um sechs auf die Höchstzahl von achtzehn.

(3) Die Ausschussmitglieder sind in persönlicher Eigenschaft tätig und müssen Persönlichkeiten von hohem sittlichen Ansehen und anerkannter Sachkenntnis und Erfahrung auf dem von diesem Übereinkommen erfassten Gebiet sein. Die Vertragsstaaten sind aufgefordert, bei der Benennung ihrer Kandidaten oder Kandidatinnen Artikel 4 Absatz 3 gebührend zu berücksichtigen.

(4) Die Ausschussmitglieder werden von den Vertragsstaaten gewählt, wobei auf eine gerechte geografische Verteilung, die Vertretung der verschiedenen Kulturkreise und der hauptsächlichen Rechtssysteme, die ausgewogene Vertretung der Geschlechter und die Beteiligung von Sachverständigen mit Behinderungen zu achten ist.

(5) Die Ausschussmitglieder werden auf Sitzungen der Konferenz der Vertragsstaaten in geheimer Wahl aus einer Liste von Personen gewählt, die von den Vertragsstaaten aus dem Kreis ihrer Staatsangehörigen benannt worden sind. Auf diesen Sitzungen, die beschlussfähig sind, wenn zwei Drittel der Vertragsstaaten vertreten sind, gelten diejenigen Kandidaten oder Kandidatinnen als in den Ausschuss gewählt, welche die höchste Stimmenzahl und die absolute Stimmenmehrheit der anwesenden und abstimmenden Vertreter beziehungsweise Vertreterinnen der Vertragsstaaten auf sich vereinigen.

(6) Die erste Wahl findet spätestens sechs Monate nach Inkrafttreten dieses Übereinkommens statt. Spätestens vier Monate vor jeder Wahl fordert der Generalsekretär der Vereinten Nationen die Vertragsstaaten schriftlich auf, innerhalb von zwei Monaten ihre Benennungen einzureichen. Der Generalsekretär fertigt sodann eine alphabetische Liste aller auf diese Weise benannten Personen an, unter Angabe der Vertragsstaaten, die sie benannt haben, und übermittelt sie den Vertragsstaaten.

(7) Die Ausschussmitglieder werden für vier Jahre gewählt. Ihre einmalige Wiederwahl ist zulässig. Die Amtszeit von sechs der bei der ersten Wahl gewählten Mitglieder läuft jedoch nach zwei Jahren ab; unmittelbar nach der ersten Wahl werden die Namen dieser sechs Mitglieder von dem oder der Vorsitzenden der in Absatz 5 genannten Sitzung durch das Los bestimmt.

(8) Die Wahl der sechs zusätzlichen Ausschussmitglieder findet bei den ordentlichen Wahlen im Einklang mit den einschlägigen Bestimmungen dieses Artikels statt.

(9) Wenn ein Ausschussmitglied stirbt oder zurücktritt oder erklärt, dass es aus anderen Gründen seine Aufgaben nicht mehr wahrnehmen kann, ernennt der Vertragsstaat, der das Mitglied benannt hat, für die verbleibende Amtszeit eine andere sachverständige Person, die über die Befähigungen verfügt und die Voraussetzungen erfüllt, die in den einschlägigen Bestimmungen dieses Artikels beschrieben sind.

(10) Der Ausschuss gibt sich eine Geschäftsordnung.[1]

(11) Der Generalsekretär der Vereinten Nationen stellt dem Ausschuss das Personal und die Einrichtungen zur Verfügung, die dieser zur wirksamen Wahrnehmung seiner Aufgaben nach diesem Übereinkommen benötigt, und beruft seine erste Sitzung ein.

---

[1] Siehe Nr. **50.**

(12) Die Mitglieder des nach diesem Übereinkommen eingesetzten Ausschusses erhalten mit Zustimmung der Generalversammlung der Vereinten Nationen Bezüge aus Mitteln der Vereinten Nationen zu den von der Generalversammlung unter Berücksichtigung der Bedeutung der Aufgaben des Ausschusses zu beschließenden Bedingungen.

(13) Die Ausschussmitglieder haben Anspruch auf die Erleichterungen, Vorrechte und Immunitäten der Sachverständigen im Auftrag der Vereinten Nationen, die in den einschlägigen Abschnitten des Übereinkommens über die Vorrechte und Immunitäten der Vereinten Nationen vorgesehen sind.

Art. 35 Berichte der Vertragsstaaten. (1) Jeder Vertragsstaat legt dem Ausschuss über den Generalsekretär der Vereinten Nationen innerhalb von zwei Jahren nach Inkrafttreten dieses Übereinkommens für den betreffenden Vertragsstaat einen umfassenden Bericht über die Maßnahmen, die er zur Erfüllung seiner Verpflichtungen aus dem Übereinkommen getroffen hat, und über die dabei erzielten Fortschritte vor.

(2) Danach legen die Vertragsstaaten mindestens alle vier Jahre und darüber hinaus jeweils auf Anforderung des Ausschusses Folgeberichte vor.

(3) Der Ausschuss beschließt gegebenenfalls Leitlinien für den Inhalt der Berichte.

(4) Ein Vertragsstaat, der dem Ausschuss einen ersten umfassenden Bericht vorgelegt hat, braucht in seinen Folgeberichten die früher mitgeteilten Angaben nicht zu wiederholen. Die Vertragsstaaten sind gebeten, ihre Berichte an den Ausschuss in einem offenen und transparenten Verfahren zu erstellen und dabei Artikel 4 Absatz 3 gebührend zu berücksichtigen.

(5) In den Berichten kann auf Faktoren und Schwierigkeiten hingewiesen werden, die das Ausmaß der Erfüllung der Verpflichtungen aus diesem Übereinkommen beeinflussen.

Art. 36 Prüfung der Berichte. (1) Der Ausschuss prüft jeden Bericht; er kann ihn mit den ihm geeignet erscheinenden Vorschlägen und allgemeinen Empfehlungen versehen und leitet diese dem betreffenden Vertragsstaat zu. Dieser kann dem Ausschuss hierauf jede Information übermitteln, die er zu geben wünscht. Der Ausschuss kann die Vertragsstaaten um weitere Angaben über die Durchführung dieses Übereinkommens ersuchen.

(2) Liegt ein Vertragsstaat mit der Vorlage eines Berichts in erheblichem Rückstand, so kann der Ausschuss dem betreffenden Vertragsstaat notifizieren, dass die Durchführung dieses Übereinkommens im betreffenden Vertragsstaat auf der Grundlage der dem Ausschuss zur Verfügung stehenden zuverlässigen Informationen geprüft werden muss, falls der Bericht nicht innerhalb von drei Monaten nach dieser Notifikation vorgelegt wird. Der Ausschuss fordert den betreffenden Vertragsstaat auf, bei dieser Prüfung mitzuwirken. Falls der Vertragsstaat daraufhin den Bericht vorlegt, findet Absatz 1 Anwendung.

(3) Der Generalsekretär der Vereinten Nationen stellt die Berichte allen Vertragsstaaten zur Verfügung.

(4) Die Vertragsstaaten sorgen für eine weite Verbreitung ihrer Berichte im eigenen Land und erleichtern den Zugang zu den Vorschlägen und allgemeinen Empfehlungen zu diesen Berichten.

(5) Der Ausschuss übermittelt, wenn er dies für angebracht hält, den Sonderorganisationen, Fonds und Programmen der Vereinten Nationen und anderen zuständigen Stellen Berichte der Vertragsstaaten, damit ein darin enthaltenes Ersuchen um fachliche Beratung oder Unterstützung oder ein darin enthaltener Hinweis, dass ein diesbezügliches Bedürfnis besteht, aufgegriffen werden kann; etwaige Bemerkungen und Empfehlungen des Ausschusses zu diesen Ersuchen oder Hinweisen werden beigefügt.

Art. 37 Zusammenarbeit zwischen den Vertragsstaaten und dem Ausschuss. (1) Jeder Vertragsstaat arbeitet mit dem Ausschuss zusammen und ist seinen Mitgliedern bei der Erfüllung ihres Mandats behilflich.

(2) In seinen Beziehungen zu den Vertragsstaaten prüft der Ausschuss gebührend Möglichkeiten zur Stärkung der einzelstaatlichen Fähigkeiten zur Durchführung dieses Übereinkommens, einschließlich durch internationale Zusammenarbeit.

Art. 38 Beziehungen des Ausschusses zu anderen Organen. Um die wirksame Durchführung dieses Übereinkommens und die internationale Zusammenarbeit auf dem von dem Übereinkommen erfassten Gebiet zu fördern,

a) haben die Sonderorganisationen und andere Organe der Vereinten Nationen das Recht, bei der Erörterung der Durchführung derjenigen Bestimmungen des Übereinkommens, die in ihren Aufgabenbereich fallen, vertreten zu sein. Der Ausschuss kann, wenn er dies für angebracht hält, Sonderorganisationen und andere zuständige Stellen einladen, sachkundige Stellungnahmen zur Durchführung des Übereinkommens auf Gebieten abzugeben, die in ihren jeweiligen Aufgabenbereich fallen. Der Ausschuss kann Sonderorganisationen und andere Organe der Vereinten Nationen einladen, ihm Berichte über die Durchführung des Übereinkommens auf den Gebieten vorzulegen, die in ihren Tätigkeitsbereich fallen;

b) konsultiert der Ausschuss bei der Wahrnehmung seines Mandats, soweit angebracht, andere einschlägige Organe, die durch internationale Menschenrechtsverträge geschaffen wurden, mit dem Ziel, die Kohärenz ihrer jeweiligen Berichterstattungsleitlinien, Vorschläge und allgemeinen Empfehlungen zu gewährleisten sowie Doppelungen und Überschneidungen bei der Durchführung ihrer Aufgaben zu vermeiden.

Art. 39 Bericht des Ausschusses. Der Ausschuss berichtet der Generalversammlung und dem Wirtschafts- und Sozialrat alle zwei Jahre über seine Tätigkeit und kann aufgrund der Prüfung der von den Vertragsstaaten eingegangenen Berichte und Auskünfte Vorschläge machen und allgemeine Empfehlungen abgeben. Diese werden zusammen mit etwaigen Stellungnahmen der Vertragsstaaten in den Ausschussbericht aufgenommen.

Art. 40 Konferenz der Vertragsstaaten. (1) Die Vertragsstaaten treten regelmäßig in einer Konferenz der Vertragsstaaten zusammen, um jede Angelegenheit im Zusammenhang mit der Durchführung dieses Übereinkommens zu behandeln.

(2) Die Konferenz der Vertragsstaaten wird vom Generalsekretär der Vereinten Nationen spätestens sechs Monate nach Inkrafttreten dieses Übereinkom-

mens einberufen. Die folgenden Treffen werden vom Generalsekretär alle zwei Jahre oder auf Beschluss der Konferenz der Vertragsstaaten einberufen.

Art. 41 Verwahrer. Der Generalsekretär der Vereinten Nationen ist Verwahrer dieses Übereinkommens.

Art. 42 Unterzeichnung. Dieses Übereinkommen liegt für alle Staaten und für Organisationen der regionalen Integration ab dem 30. März 2007 am Sitz der Vereinten Nationen in New York zur Unterzeichnung auf.

Art. 43 Zustimmung, gebunden zu sein. Dieses Übereinkommen bedarf der Ratifikation durch die Unterzeichnerstaaten und der förmlichen Bestätigung durch die unterzeichnenden Organisationen der regionalen Integration. Es steht allen Staaten oder Organisationen der regionalen Integration, die das Übereinkommen nicht unterzeichnet haben, zum Beitritt offen.

Art. 44 Organisationen der regionalen Integration. (1) Der Ausdruck „Organisation der regionalen Integration" bezeichnet eine von souveränen Staaten einer bestimmten Region gebildete Organisation, der ihre Mitgliedstaaten die Zuständigkeit für von diesem Übereinkommen erfasste Angelegenheiten übertragen haben. In ihren Urkunden der förmlichen Bestätigung oder Beitrittsurkunden erklären diese Organisationen den Umfang ihrer Zuständigkeiten in Bezug auf die durch dieses Übereinkommen erfassten Angelegenheiten. Danach teilen sie dem Verwahrer jede erhebliche Änderung des Umfangs ihrer Zuständigkeiten mit.

(2) Bezugnahmen auf „Vertragsstaaten" in diesem Übereinkommen finden auf solche Organisationen im Rahmen ihrer Zuständigkeit Anwendung.

(3) Für die Zwecke des Artikels 45 Absatz 1 und des Artikels 47 Absätze 2 und 3 wird eine von einer Organisation der regionalen Integration hinterlegte Urkunde nicht mitgezählt.

(4) Organisationen der regionalen Integration können in Angelegenheiten ihrer Zuständigkeit ihr Stimmrecht in der Konferenz der Vertragsstaaten mit der Anzahl von Stimmen ausüben, die der Anzahl ihrer Mitgliedstaaten entspricht, die Vertragsparteien dieses Übereinkommens sind. Diese Organisationen üben ihr Stimmrecht nicht aus, wenn einer ihrer Mitgliedstaaten sein Stimmrecht ausübt, und umgekehrt.

Art. 45 Inkrafttreten. (1) Dieses Übereinkommen tritt am dreißigsten Tag nach Hinterlegung der zwanzigsten Ratifikations- oder Beitrittsurkunde in Kraft.

(2) Für jeden Staat und jede Organisation der regionalen Integration, der beziehungsweise die dieses Übereinkommen nach Hinterlegung der zwanzigsten entsprechenden Urkunde ratifiziert, förmlich bestätigt oder ihm beitritt, tritt das Übereinkommen am dreißigsten Tag nach Hinterlegung der eigenen Urkunde in Kraft.

Art. 46 Vorbehalte. (1) Vorbehalte, die mit Ziel und Zweck dieses Übereinkommens unvereinbar sind, sind nicht zulässig.

(2) Vorbehalte können jederzeit zurückgenommen werden.

Art. 47 Änderungen. (1) Jeder Vertragsstaat kann eine Änderung dieses Übereinkommens vorschlagen und beim Generalsekretär der Vereinten Nationen einreichen. Der Generalsekretär übermittelt jeden Änderungsvorschlag den Vertragsstaaten mit der Aufforderung, ihm zu notifizieren, ob sie eine Konferenz der Vertragsstaaten zur Beratung und Entscheidung über den Vorschlag befürworten. Befürwortet innerhalb von vier Monaten nach dem Datum der Übermittlung wenigstens ein Drittel der Vertragsstaaten eine solche Konferenz, so beruft der Generalsekretär die Konferenz unter der Schirmherrschaft der Vereinten Nationen ein. Jede Änderung, die von einer Mehrheit von zwei Dritteln der anwesenden und abstimmenden Vertragsstaaten beschlossen wird, wird vom Generalsekretär der Generalversammlung der Vereinten Nationen zur Genehmigung und danach allen Vertragsstaaten zur Annahme vorgelegt.

(2) Eine nach Absatz 1 beschlossene und genehmigte Änderung tritt am dreißigsten Tag nach dem Zeitpunkt in Kraft, zu dem die Anzahl der hinterlegten Annahmeurkunden zwei Drittel der Anzahl der Vertragsstaaten zum Zeitpunkt der Beschlussfassung über die Änderung erreicht. Danach tritt die Änderung für jeden Vertragsstaat am dreißigsten Tag nach Hinterlegung seiner eigenen Annahmeurkunde in Kraft. Eine Änderung ist nur für die Vertragsstaaten, die sie angenommen haben, verbindlich.

(3) Wenn die Konferenz der Vertragsstaaten dies im Konsens beschließt, tritt eine nach Absatz 1 beschlossene und genehmigte Änderung, die ausschließlich die Artikel 34, 38, 39 und 40 betrifft, für alle Vertragsstaaten am dreißigsten Tag nach dem Zeitpunkt in Kraft, zu dem die Anzahl der hinterlegten Annahmeurkunden zwei Drittel der Anzahl der Vertragsstaaten zum Zeitpunkt der Beschlussfassung über die Änderung erreicht.

Art. 48 Kündigung. Ein Vertragsstaat kann dieses Übereinkommen durch eine an den Generalsekretär der Vereinten Nationen gerichtete schriftliche Notifikation kündigen. Die Kündigung wird ein Jahr nach Eingang der Notifikation beim Generalsekretär wirksam.

Art. 49 Zugängliches Format. Der Wortlaut dieses Übereinkommens wird in zugänglichen Formaten zur Verfügung gestellt.

Art. 50 Verbindliche Wortlaute. Der arabische, der chinesische, der englische, der französische, der russische und der spanische Wortlaut dieses Übereinkommens sind gleichermaßen verbindlich.

49. Fakultativprotokoll zum Übereinkommen über die Rechte von Menschen mit Behinderungen[1]

Vom 13. Dezember 2006

(BGBl. 2008 II S. 1453)

(Auszug)

(Übersetzung)

Die Vertragsstaaten dieses Protokolls haben Folgendes vereinbart:

Art. 1 [Individualbeschwerde] (1) Jeder Vertragsstaat dieses Protokolls („Vertragsstaat") anerkennt die Zuständigkeit des Ausschusses für die Rechte von Menschen mit Behinderungen („Ausschuss") für die Entgegennahme und Prüfung von Mitteilungen, die von oder im Namen von seiner Hoheitsgewalt unterstehenden Einzelpersonen oder Personengruppen eingereicht werden, die behaupten, Opfer einer Verletzung des Übereinkommens durch den betreffenden Vertragsstaat zu sein.[2]

(2) Der Ausschuss nimmt keine Mitteilung entgegen, die einen Vertragsstaat des Übereinkommens betrifft, der nicht Vertragspartei dieses Protokolls ist.

Art. 2 [Unzulässigkeit von Mitteilungen] Der Ausschuss erklärt eine Mitteilung für unzulässig,
a) wenn sie anonym ist;
b) wenn sie einen Missbrauch des Rechts auf Einreichung solcher Mitteilungen darstellt oder mit den Bestimmungen des Übereinkommens unvereinbar ist;
c) wenn dieselbe Sache bereits vom Ausschuss untersucht worden ist oder in einem anderen internationalen Untersuchungs- oder Streitregelungsverfahren geprüft worden ist oder geprüft wird;
d) wenn nicht alle zur Verfügung stehenden innerstaatlichen Rechtsbehelfe erschöpft worden sind. Dies gilt nicht, wenn das Verfahren bei der Anwendung solcher Rechtsbehelfe unangemessen lange dauert oder keine wirksame Abhilfe erwarten lässt;
e) wenn sie offensichtlich unbegründet ist oder nicht hinreichend begründet wird oder
f) wenn die der Mitteilung zugrunde liegenden Tatsachen vor dem Inkrafttreten dieses Protokolls für den betreffenden Vertragsstaat eingetreten sind, es sei denn, dass sie auch nach diesem Zeitpunkt weiterbestehen.

Art. 3 [Stellungnahme] Vorbehaltlich des Artikels 2 bringt der Ausschuss jede ihm zugegangene Mitteilung dem Vertragsstaat vertraulich zur Kenntnis. Der betreffende Vertragsstaat übermittelt dem Ausschuss innerhalb von sechs

---

[1] Internationale Quelle: UNTS Bd. 2518, S. 283.
[2] Die Mitteilungen sind zu richten an: (brieflich) Petitions and Inquiries Section, Office of the High Commissioner for Human Rights, United Nations Office at Geneva, CH-1211 Genève 10; (E-Mail) petitions@ohchr.org.

Monaten schriftliche Erklärungen oder Darlegungen zur Klärung der Sache und der gegebenenfalls von ihm getroffenen Abhilfemaßnahmen.

Art. 4 [Sofortige Prüfung] (1) Der Ausschuss kann jederzeit nach Eingang einer Mitteilung und bevor eine Entscheidung in der Sache selbst getroffen worden ist, dem betreffenden Vertragsstaat ein Gesuch zur sofortigen Prüfung übermitteln, in dem er aufgefordert wird, die vorläufigen Maßnahmen zu treffen, die gegebenenfalls erforderlich sind, um einen möglichen nicht wiedergutzumachenden Schaden für das oder die Opfer der behaupteten Verletzung abzuwenden.

(2) Übt der Ausschuss sein Ermessen nach Absatz 1 aus, so bedeutet das keine Entscheidung über die Zulässigkeit der Mitteilung oder in der Sache selbst.

Art. 5 [Verfahrensgang] Der Ausschuss berät über Mitteilungen aufgrund dieses Protokolls in nichtöffentlicher Sitzung. Nach Prüfung einer Mitteilung übermittelt der Ausschuss dem betreffenden Vertragsstaat und dem Beschwerdeführer gegebenenfalls seine Vorschläge und Empfehlungen.

Art. 6 [Systematische Verletzungen] (1) Erhält der Ausschuss zuverlässige Angaben, die auf schwerwiegende oder systematische Verletzungen der in dem Übereinkommen niedergelegten Rechte durch einen Vertragsstaat hinweisen, so fordert der Ausschuss diesen Vertragsstaat auf, bei der Prüfung der Angaben mitzuwirken und zu diesen Angaben Stellung zu nehmen.

(2) Der Ausschuss kann unter Berücksichtigung der von dem betreffenden Vertragsstaat abgegebenen Stellungnahmen sowie aller sonstigen ihm zur Verfügung stehenden zuverlässigen Angaben eines oder mehrere seiner Mitglieder beauftragen, eine Untersuchung durchzuführen und ihm sofort zu berichten. Sofern geboten, kann die Untersuchung mit Zustimmung des Vertragsstaats einen Besuch in seinem Hoheitsgebiet einschließen.

(3) Nachdem der Ausschuss die Ergebnisse einer solchen Untersuchung geprüft hat, übermittelt er sie zusammen mit etwaigen Bemerkungen und Empfehlungen dem betreffenden Vertragsstaat.

(4) Der Vertragsstaat unterbreitet innerhalb von sechs Monaten nach Eingang der vom Ausschuss übermittelten Ergebnisse, Bemerkungen und Empfehlungen dem Ausschuss seine Stellungnahmen.

(5) Eine solche Untersuchung ist vertraulich durchzuführen; die Mitwirkung des Vertragsstaats ist auf allen Verfahrensstufen anzustreben.

Art. 7 [Follow-up] (1) Der Ausschuss kann den betreffenden Vertragsstaat auffordern, in seinen Bericht nach Artikel 35 des Übereinkommens Einzelheiten über Maßnahmen aufzunehmen, die als Reaktion auf eine nach Artikel 6 dieses Protokolls durchgeführte Untersuchung getroffen wurden.

(2) Sofern erforderlich, kann der Ausschuss nach Ablauf des in Artikel 6 Absatz 4 genannten Zeitraums von sechs Monaten den betreffenden Vertragsstaat auffordern, ihn über die als Reaktion auf eine solche Untersuchung getroffenen Maßnahmen zu unterrichten.

Art. 8 [Opt out-Erklärung] Jeder Vertragsstaat kann zum Zeitpunkt der Unterzeichnung oder Ratifikation dieses Protokolls oder seines Beitritts dazu erklären, dass er die in den Artikeln 6 und 7 vorgesehene Zuständigkeit des Ausschusses nicht anerkennt.

Vom Abdruck der Art. 9 bis 18 wird abgesehen; sie entsprechen den Art. 41 bis 50 des Übereinkommens über die Rechte von Menschen mit Behinderungen (Nr. 48) mit der Maßgabe, dass dieses Protokoll nur von den Staaten unterzeichnet und ratifiziert werden kann, die auch das Übereinkommen ratifiziert haben oder ihm beigetreten sind.

50. Verfahrensordnung des Ausschusses über die Rechte von Menschen mit Behinderungen[1)]

Fassung vom September 2016

(Information)

Erster Teil: Allgemeine Vorschriften

Der Erste Teil mit den Abschnitten I. Tagungen (Art. 1 bis 7), II. Tagesordnung (Art. 8 bis 11), III. Ausschussmitglieder (Art. 12 bis 14), IV. Vorstand (Art. 15 bis 20), V. Sekretariat (Art. 21 bis 23), VI. Kommunikation und Sprachen (Art. 24 bis 28), VII. Öffentliche und nichtöffentliche Sitzungen (Art. 29 und 30), VIII. Verteilung der Protokolle und anderen Dokumente des Ausschusses (Art. 31), IX. Verfahren (Art. 32 und 33), X. Abstimmungen (Art. 34 bis 37) und XI. Berichte des Ausschusses (Art. 38 und 38a) stimmt inhaltlich im Wesentlichen mit der Verfahrensordnung des Menschenrechtsausschusses **(Nr. 12)** *überein, so dass hier auf den Abdruck verzichtet werden kann. Inhaltliche Abweichungen gibt es bei folgenden Regelungen (die Angaben der Artikel beziehen sich auf die Verfahrensordnung des Ausschusses für die Rechte von Menschen mit Behinderung):*

1. Die Sitzungen sind nach den Grundsätzen der Inklusion und Barrierefreiheit gemäß Art. 3 des Übereinkommens durchzuführen (Art. 1, 7, 11, 23–27, 30 und 31); 2. mindestens zwei ordentlichen Tagungen im Jahr sind vorgesehen (Art. 2); 3. Die Tagungen werden in der Regel in Genf abgehalten (Art. 3); 4. die Tagungen werden von einer Arbeitsgruppe mit höchstens fünf Ausschussmitgliedern vorbereitet (Art. 5); 5. die Ausschussmitglieder können nur einmal wiedergewählt werden (Art. 12); 6. Die Besetzung verwaister Sitze ist abweichend geregelt (Art. 13); 7. Eine Regelung zur Abberufung amtsunfähiger Ausschussmitglieder fehlt; 8. das Wahlverfahren für den Vorstand ist abweichend geregelt (Art. 16); 9. bei der Kommunikation mit dem und innerhalb des Ausschusses sind die verschiedenen Formen der Behinderung zu berücksichtigen (Art. 24 und 25); 10. zwischen offiziellen und Arbeitssprachen wird nicht unterschieden (Art. 26); 11. der Ausschuss strebt Entscheidungen im Konsens an (Art. 34); 12. neben dem Jahresbericht gibt es auch noch Tagungsberichte (Art. 38a). Ergänzend ist in Art. 30 die Beteiligung Externer an den Beratungen des Ausschusses entsprechend dem Art. 63 der Verfahrensordnung des Ausschusses gegen Folter **(Nr. 28a)** *geregelt.*

Zweiter Teil: Aufgaben des Ausschusses

XII. Berichte und Informationen nach Art. 35 und 36 des Übereinkommens

Das Staatenberichtsverfahren ist in den Art. 39 bis 54 im Wesentlichen wie in den Art. 66 bis 73 der Verfahrensordnung des Menschenrechtsausschusses geregelt **(Nr. 12).**

[1)] Internationale Quelle: UN Doc. CRPD/C/1/Rev. 1.

Der Ausschuss kann jedoch die in den Berichten zu behandelnden Punkte begrenzen (Art. 48a), wahlweise kann der Bericht durch die Beantwortung eines Fragebogens des Ausschusses ersetzt werden (Art. 48b). Die Berichte werden Sonderorganisationen der Vereinten Nationen, Fonds und Programmen und sonstigen Stellen einschließlich Nichtregierungsorganisationen zur Verfügung gestellt, damit diese erforderlichenfalls dem Staat Hilfe und Unterstützung anbieten können (Art. 45). Die Beteiligung von Organen der Vereinten Nationen, den Sonderorganisationen, sonstigen Regierungsorganisationen, nationalen Menschenrechtsinstitutionen, Nichtregierungsorganisationen und den anderen menschenrechtlichen Ausschüssen ist in einem eigenen Abschnitt XIII. mit den Art. 49 bis 54 geregelt (entspricht Art. 63 der Verfahrensordnung des Ausschusses gegen Folter, Nr. 28a).

XIV. Verfahren zur Prüfung von gemäß dem Fakultativprotokoll eingegangenen Mitteilungen

Das in Art. 55 bis 77 geregelte Individualbeschwerdeverfahren entspricht weitgehend demjenigen des Ausschusses für wirtschaftliche, soziale und kulturelle Rechte nach dem Fakultativprotokoll (Nr. 15b, Art. 1 bis 20); eine wesentliche Abweichung besteht in den Anforderungen an die Beschwerdeschrift, die nicht notwendig schriftlich erfolgen muss − wobei insoweit auch Blindenschrift in Frage kommt −, sondern auch mündliche und andere Kommunikationsformen (Art. 55 i. V. m. 24) nutzen kann.

XV. Ablauf des Untersuchungsverfahrens nach dem Fakultativprotokoll

Das in den Art. 78 bis 90 geregelte Verfahren gleicht dem entsprechenden Verfahren des Ausschusses für die Beseitigung der Diskriminierung der Frau (Nr. 41, Art. 76 bis 91); es fehlt lediglich eine Bestimmung zur Durchsetzung des Schutzes von angehörten Personen vor Misshandlung und Einschüchterung.

Dritter Teil: Auslegung und Änderungen

Die Regelungen in den Art. 92 bis 95 entsprechen den Art. 98 und 99 der Verfahrensordnung des Ausschusses gegen Rassendiskriminierung (Nr. 38), wobei jedoch die Änderung der Verfahrensordnung eines mit Zweidrittelmehrheit gefassten Beschlusses bedarf, der frühestens 24 Stunden nach Einbringung eines entsprechenden Vorschlags ergehen darf. Als zusätzliche Interpretationsregel ist die Berücksichtigung der Praxis anderer Menschenrechtsausschüsse genannt (Art. 93); zudem macht Art. 96 die Addis Abeba Regeln über die Unabhängigkeit und Unparteilichkeit der Ausschussmitglieder zum Bestandteil der Verfahrensordnung, weiterhin in Art. 97 einen gesonderten Beschluss des Ausschusses über seine Arbeitsweise.

II. Menschenrechtsschutz in Europa

Europarat

51. Konvention zum Schutze der Menschenrechte und Grundfreiheiten[1] · [2]

Vom 4. November 1950

in der Fassung des Protokolls Nr. 14 vom 13. Mai 2004[3]

(Neubekanntmachung BGBl. 2010 II, S. 1199)

(Übersetzung)

Die Unterzeichnerregierungen, Mitglieder des Europarats –

in Anbetracht der Allgemeinen Erklärung der Menschenrechte, die am 10. Dezember 1948 von der Generalversammlung der Vereinten Nationen verkündet worden ist;

in der Erwägung, dass diese Erklärung bezweckt, die universelle und wirksame Anerkennung und Einhaltung der in ihr aufgeführten Rechte zu gewährleisten;

in der Erwägung, dass es das Ziel des Europarats ist, eine engere Verbindung zwischen seinen Mitgliedern herzustellen, und dass eines der Mittel zur Erreichung dieses Zieles die Wahrung und Fortentwicklung der Menschenrechte und Grundfreiheiten ist;

in Bekräftigung ihres tiefen Glaubens an diese Grundfreiheiten, welche die Grundlage von Gerechtigkeit und Frieden in der Welt bilden und die am besten durch eine wahrhaft demokratische politische Ordnung sowie durch ein gemeinsames Verständnis und eine gemeinsame Achtung der diesen Grundfreiheiten zugrunde liegenden Menschenrechte gesichert werden;

entschlossen, als Regierungen europäischer Staaten, die vom gleichen Geist beseelt sind und ein gemeinsames Erbe an politischen Überlieferungen, Idealen, Achtung der Freiheit und Rechtsstaatlichkeit besitzen, die ersten Schritte auf dem Weg zu einer kollektiven Garantie bestimmter in der Allgemeinen Erklärung aufgeführter Rechte zu unternehmen –

[1] Die Konvention gilt – zum Teil unter Vorbehalten oder nach Hinterlegung von Erklärungen – für Albanien, Andorra, Armenien, Aserbaidschan, Belgien, Bosnien-Herzegowina, Bulgarien, Dänemark, Deutschland, Estland, Finnland, Frankreich, Georgien, Griechenland, Irland, Island, Italien, Kroatien, Lettland, Liechtenstein, Litauen, Luxemburg, Malta, Mazedonien (ehemalige jugoslawische Republik), Moldau, Monaco, Montenegro, Niederlande, Norwegen, Österreich, Polen, Portugal, Rumänien, Russland, San Marino, Schweden, Schweiz, Serbien, Slowakische Republik, Slowenien, Spanien, Tschechische Republik, Türkei, Ukraine, Ungarn, Vereinigtes Königreich, Zypern.
[2] Internationale Quelle: UNTS Bd. 213. S. 221.
[3] Das Protokoll Nr. 15 vom 24.6.2013 (BGBl. 2014 II, S. 1035) zur Änderung der Konvention ist noch nicht in Kraft getreten; es fehlen noch die Ratifikationen durch Bosnien-Herzegowina, Griechenland, Italien und Spanien; die Änderungen sind jedoch im Text bereits vermerkt.

in Bekräftigung dessen, dass es nach dem Grundsatz der Subsidiarität in erster Linie Aufgabe der Hohen Vertragsparteien ist, die Achtung der in dieser Konvention und den Protokollen dazu bestimmten Rechte und Freiheiten zu gewährleisten, und dass sie dabei über einen Ermessensspielraum verfügen, welcher der Kontrolle des durch diese Konvention errichteten Europäischen Gerichtshofs für Menschenrechte untersteht[1] –

haben Folgendes vereinbart:

Art. 1 Verpflichtung zur Achtung der Menschenrechte. Die Hohen Vertragsparteien sichern allen ihrer Hoheitsgewalt unterstehenden Personen die in Abschnitt I bestimmten Rechte und Freiheiten zu.

Abschnitt I. Rechte und Freiheiten

Art. 2 Recht auf Leben. (1) Das Recht jedes Menschen auf Leben wird gesetzlich geschützt. Niemand darf absichtlich getötet werden, außer durch Vollstreckung eines Todesurteils, das ein Gericht wegen eines Verbrechens verhängt hat, für das die Todesstrafe gesetzlich vorgesehen ist.

(2) Eine Tötung wird nicht als Verletzung dieses Artikels betrachtet, wenn sie durch eine Gewaltanwendung verursacht wird, die unbedingt erforderlich ist, um
a) jemanden gegen rechtswidrige Gewalt zu verteidigen;
b) jemanden rechtmäßig festzunehmen oder jemanden, dem die Freiheit rechtmäßig entzogen ist, an der Flucht zu hindern;
c) einen Aufruhr oder Aufstand rechtmäßig niederzuschlagen.

Art. 3 Verbot der Folter. Niemand darf der Folter oder unmenschlicher oder erniedrigender Strafe oder Behandlung unterworfen werden.

Art. 4 Verbot der Sklaverei und der Zwangsarbeit. (1) Niemand darf in Sklaverei oder Leibeigenschaft gehalten werden.

(2) Niemand darf gezwungen werden, Zwangs- oder Pflichtarbeit zu verrichten.

(3) Nicht als Zwangs- oder Pflichtarbeit im Sinne dieses Artikels gilt
a) eine Arbeit, die üblicherweise von einer Person verlangt wird, der unter den Voraussetzungen des Artikels 5 die Freiheit entzogen oder die bedingt entlassen worden ist;
b) eine Dienstleistung militärischer Art oder eine Dienstleistung, die an die Stelle des im Rahmen der Wehrpflicht zu leistenden Dienstes tritt, in Ländern, wo die Dienstverweigerung aus Gewissensgründen anerkannt ist;
c) eine Dienstleistung, die verlangt wird, wenn Notstände oder Katastrophen das Leben oder das Wohl der Gemeinschaft bedrohen;
d) eine Arbeit oder Dienstleistung, die zu den üblichen Bürgerpflichten gehört.

Art. 5 Recht auf Freiheit und Sicherheit. (1) Jede Person hat das Recht auf Freiheit und Sicherheit. Die Freiheit darf nur in den folgenden Fällen und nur auf die gesetzlich vorgeschriebene Weise entzogen werden:

---

[1] Absatz eingefügt durch das noch nicht in Kraft getretene Protokoll Nr. 15.

a) rechtmäßige Freiheitsentziehung[1] nach Verurteilung durch ein zuständiges Gericht;
b) rechtmäßige Festnahme oder Freiheitsentziehung[1] wegen Nichtbefolgung einer rechtmäßigen gerichtlichen Anordnung oder zur Erzwingung der Erfüllung einer gesetzlichen Verpflichtung;
c) rechtmäßige Festnahme oder Freiheitsentziehung[1] zur Vorführung vor die zuständige Gerichtsbehörde, wenn hinreichender Verdacht besteht, dass die betreffende Person eine Straftat begangen hat, oder wenn begründeter Anlass zu der Annahme besteht, dass es notwendig ist, sie an der Begehung einer Straftat oder an der Flucht nach Begehung einer solchen zu hindern;
d) rechtmäßige Freiheitsentziehung[1] bei Minderjährigen zum Zweck überwachter Erziehung oder zur Vorführung vor die zuständige Behörde;
e) rechtmäßige Freiheitsentziehung[1] mit dem Ziel, eine Verbreitung ansteckender Krankheiten zu verhindern, sowie bei psychisch Kranken, Alkohol- oder Rauschgiftsüchtigen und Landstreichern;
f) rechtmäßige Festnahme oder Freiheitsentziehung[1] zur Verhinderung der unerlaubten Einreise sowie bei Personen, gegen die ein Ausweisungs- oder Auslieferungsverfahren im Gange ist.

(2) Jeder festgenommenen Person muss innerhalb möglichst kurzer Frist in einer ihr verständlichen Sprache mitgeteilt werden, welches die Gründe für ihre Festnahme sind und welche Beschuldigungen gegen sie erhoben werden.

(3) Jede Person, die nach Absatz 1 Buchstabe c von Festnahme oder Freiheitsentziehung[2] betroffen ist, muss unverzüglich einem Richter oder einer anderen gesetzlich zur Wahrnehmung richterlicher Aufgaben ermächtigten Person vorgeführt werden; sie hat Anspruch auf ein Urteil innerhalb angemessener Frist oder auf Entlassung während des Verfahrens. Die Entlassung kann von der Leistung einer Sicherheit für das Erscheinen vor Gericht abhängig gemacht werden.

(4) Jede Person, die festgenommen oder der die Freiheit entzogen ist, hat das Recht zu beantragen, dass ein Gericht innerhalb kurzer Frist über die Rechtmäßigkeit der Freiheitsentziehung[3] entscheidet und ihre Entlassung anordnet, wenn die Freiheitsentziehung[4] nicht rechtmäßig ist.

(5) Jede Person, die unter Verletzung dieses Artikels von Festnahme oder Freiheitsentziehung[3] betroffen ist, hat Anspruch auf Schadensersatz.

Art. 6 Recht auf ein faires Verfahren. (1) Jede Person hat ein Recht darauf, dass über Streitigkeiten in Bezug auf ihre zivilrechtlichen Ansprüche und Verpflichtungen oder über eine gegen sie erhobene strafrechtliche Anklage von einem unabhängigen und unparteiischen, auf Gesetz beruhenden Gericht in einem fairen Verfahren, öffentlich und innerhalb angemessener Frist verhandelt wird. Das Urteil muss öffentlich verkündet werden; Presse und Öffentlichkeit können jedoch während des ganzen oder eines Teiles des Verfahrens ausgeschlossen werden, wenn dies im Interesse der Moral, der öffentlichen Ordnung oder der nationalen Sicherheit in einer demokratischen Gesellschaft liegt, wenn die Interessen von Jugendlichen oder der Schutz des

---

[1] Österreich, Schweiz: rechtmäßiger Freiheitsentzug.
[2] Österreich, Schweiz: Freiheitsentzug.
[3] Österreich, Schweiz: des Freiheitsentzuges.
[4] Österreich, Schweiz: der Freiheitsentzug.

Privatlebens der Prozessparteien es verlangen oder – soweit das Gericht es für unbedingt erforderlich hält – wenn unter besonderen Umständen eine öffentliche Verhandlung die Interessen der Rechtspflege beeinträchtigen würde.

(2) Jede Person, die einer Straftat angeklagt ist, gilt bis zum gesetzlichen Beweis ihrer Schuld als unschuldig.

(3) Jede angeklagte Person hat mindestens folgende Rechte:

a) innerhalb möglichst kurzer Frist in einer ihr verständlichen Sprache in allen Einzelheiten über Art und Grund der gegen sie erhobenen Beschuldigung unterrichtet zu werden;

b) ausreichende Zeit und Gelegenheit zur Vorbereitung ihrer Verteidigung zu haben;

c) sich selbst zu verteidigen, sich durch einen Verteidiger ihrer Wahl verteidigen zu lassen oder, falls ihr die Mittel zur Bezahlung fehlen, unentgeltlich den Beistand eines Verteidigers zu erhalten, wenn dies im Interesse der Rechtspflege erforderlich ist;

d) Fragen an Belastungszeugen zu stellen oder stellen zu lassen und die Ladung und Vernehmung von Entlastungszeugen unter denselben Bedingungen zu erwirken, wie sie für Belastungszeugen gelten;

e) unentgeltliche Unterstützung durch einen Dolmetscher zu erhalten, wenn sie die Verhandlungssprache des Gerichts nicht versteht oder spricht.

Art. 7 Keine Strafe ohne Gesetz. (1) Niemand darf wegen einer Handlung oder Unterlassung verurteilt werden, die zur Zeit ihrer Begehung nach innerstaatlichem oder internationalem Recht nicht strafbar war. Es darf auch keine schwerere als die zur Zeit der Begehung angedrohte Strafe verhängt werden.

(2)[1] Dieser Artikel schließt nicht aus, dass jemand wegen einer Handlung oder Unterlassung verurteilt oder bestraft wird, die zur Zeit ihrer Begehung nach den von den zivilisierten Völkern anerkannten allgemeinen Rechtsgrundsätzen strafbar war.

Art. 8 Recht auf Achtung des Privat- und Familienlebens. (1) Jede Person hat das Recht auf Achtung ihres Privat- und Familienlebens, ihrer Wohnung und ihrer Korrespondenz.

(2) Eine Behörde darf in die Ausübung dieses Rechts nur eingreifen, soweit der Eingriff gesetzlich vorgesehen und in einer demokratischen Gesellschaft notwendig ist für die nationale oder öffentliche Sicherheit, für das wirtschaftliche Wohl des Landes, zur Aufrechterhaltung der Ordnung, zur Verhütung von Straftaten, zum Schutz der Gesundheit oder der Moral oder zum Schutz der Rechte und Freiheiten anderer.

Art. 9 Gedanken-, Gewissens- und Religionsfreiheit. (1) Jede Person hat das Recht auf Gedanken-, Gewissens- und Religionsfreiheit; dieses Recht umfasst die Freiheit, seine Religion oder Weltanschauung zu wechseln, und

---

[1] Die Bundesrepublik Deutschland hat den bei ihrer Ratifizierung erklärten Vorbehalt (BGBl. 1954 II S. 14) durch Notifikation vom 5.10.2001 (BGBl. 2003 II S. 1580) mit Wirkung vom selben Tag zurückgenommen.

die Freiheit, seine Religion oder Weltanschauung einzeln oder gemeinsam mit anderen öffentlich oder privat durch Gottesdienst, Unterricht oder Praktizieren von Bräuchen und Riten zu bekennen.

(2) Die Freiheit, seine Religion oder Weltanschauung zu bekennen, darf nur Einschränkungen unterworfen werden, die gesetzlich vorgesehen und in einer demokratischen Gesellschaft notwendig sind für die öffentliche Sicherheit, zum Schutz der öffentlichen Ordnung, Gesundheit oder Moral oder zum Schutz der Rechte und Freiheiten anderer.

Art. 10 Freiheit der Meinungsäußerung. (1) Jede Person hat das Recht auf freie Meinungsäußerung. Dieses Recht schließt die Meinungsfreiheit und die Freiheit ein, Informationen und Ideen ohne behördliche Eingriffe und ohne Rücksicht auf Staatsgrenzen zu empfangen und weiterzugeben. Dieser Artikel hindert die Staaten nicht, für Hörfunk-[1], Fernseh- oder Kinounternehmen eine Genehmigung vorzuschreiben.

(2) Die Ausübung dieser Freiheiten ist mit Pflichten und Verantwortung verbunden; sie kann daher Formvorschriften, Bedingungen, Einschränkungen oder Strafdrohungen unterworfen werden, die gesetzlich vorgesehen und in einer demokratischen Gesellschaft notwendig sind für die nationale Sicherheit, die territoriale Unversehrtheit oder die öffentliche Sicherheit, zur Aufrechterhaltung der Ordnung oder zur Verhütung von Straftaten, zum Schutz der Gesundheit oder der Moral, zum Schutz des guten Rufes oder der Rechte anderer, zur Verhinderung der Verbreitung vertraulicher Informationen oder zur Wahrung der Autorität und der Unparteilichkeit der Rechtsprechung.

Art. 11 Versammlungs- und Vereinigungsfreiheit. (1) Jede Person hat das Recht, sich frei und friedlich mit anderen zu versammeln und sich frei mit anderen zusammenzuschließen; dazu gehört auch das Recht, zum Schutz seiner Interessen Gewerkschaften zu gründen und Gewerkschaften beizutreten.

(2) Die Ausübung dieser Rechte darf nur Einschränkungen unterworfen werden, die gesetzlich vorgesehen und in einer demokratischen Gesellschaft notwendig sind für die nationale oder öffentliche Sicherheit, zur Aufrechterhaltung der Ordnung oder zur Verhütung von Straftaten, zum Schutz der Gesundheit oder der Moral oder zum Schutz der Rechte und Freiheiten anderer. Dieser Artikel steht rechtmäßigen Einschränkungen der Ausübung dieser Rechte für Angehörige der Streitkräfte, der Polizei oder der Staatsverwaltung nicht entgegen.

Art. 12 Recht auf Eheschließung. Männer und Frauen im heiratsfähigen Alter haben das Recht, nach den innerstaatlichen Gesetzen, welche die Ausübung dieses Rechts regeln, eine Ehe einzugehen und eine Familie zu gründen.

Art. 13 Recht auf wirksame Beschwerde. Jede Person, die in ihren in dieser Konvention anerkannten Rechten oder Freiheiten verletzt worden ist, hat das Recht, bei einer innerstaatlichen Instanz eine wirksame Beschwerde zu erheben, auch wenn die Verletzung von Personen begangen worden ist, die in amtlicher Eigenschaft gehandelt haben.

---

[1] Schweiz, Liechtenstein: Radio-.

Art. 14 Diskriminierungsverbot. Der Genuss der in dieser Konvention anerkannten Rechte und Freiheiten ist ohne Diskriminierung insbesondere wegen des Geschlechts, der Rasse, der Hautfarbe, der Sprache, der Religion, der politischen oder sonstigen Anschauung, der nationalen oder sozialen Herkunft, der Zugehörigkeit zu einer nationalen Minderheit, des Vermögens, der Geburt oder eines sonstigen Status zu gewährleisten.

Art. 15 Abweichen im Notstandsfall. (1) Wird das Leben der Nation durch Krieg oder einen anderen öffentlichen Notstand bedroht, so kann jede Hohe Vertragspartei Maßnahmen treffen, die von den in dieser Konvention vorgesehenen Verpflichtungen abweichen, jedoch nur, soweit es die Lage unbedingt erfordert und wenn die Maßnahmen nicht im Widerspruch zu den sonstigen völkerrechtlichen Verpflichtungen der Vertragspartei stehen.

(2) Aufgrund des Absatzes 1 darf von Artikel 2 nur bei Todesfällen infolge rechtmäßiger Kriegshandlungen und von Artikel 3, Artikel 4 Absatz 1 und Artikel 7[1] in keinem Fall abgewichen werden.

(3) Jede Hohe Vertragspartei, die dieses Recht auf Abweichung ausübt, unterrichtet den Generalsekretär des Europarats umfassend über die getroffenen Maßnahmen und deren Gründe. Sie unterrichtet den Generalsekretär des Europarats auch über den Zeitpunkt, zu dem diese Maßnahmen außer Kraft getreten sind und die Konvention wieder volle Anwendung findet.

Art. 16 Beschränkungen der politischen Tätigkeit ausländischer Personen. Die Artikel 10, 11 und 14 sind nicht so auszulegen, als untersagten sie den Hohen Vertragsparteien, die politische Tätigkeit ausländischer Personen zu beschränken.

Art. 17 Verbot des Missbrauchs der Rechte. Diese Konvention ist nicht so auszulegen, als begründe sie für einen Staat, eine Gruppe oder eine Person das Recht, eine Tätigkeit auszuüben oder eine Handlung vorzunehmen, die darauf abzielt, die in der Konvention festgelegten Rechte und Freiheiten abzuschaffen oder sie stärker einzuschränken, als es in der Konvention vorgesehen ist.

Art. 18 Begrenzung der Rechtseinschränkungen. Die nach dieser Konvention zulässigen Einschränkungen der genannten Rechte und Freiheiten dürfen nur zu den vorgesehenen Zwecken erfolgen.

Abschnitt II. Europäischer Gerichtshof für Menschenrechte

Art. 19 Errichtung des Gerichtshofs. Um die Einhaltung der Verpflichtungen sicherzustellen, welche die Hohen Vertragsparteien in dieser Konvention und den Protokollen dazu übernommen haben, wird ein Europäischer Gerichtshof für Menschenrechte, im Folgenden als „Gerichtshof" bezeichnet, errichtet. Er nimmt seine Aufgaben als ständiger Gerichtshof wahr.

Art. 20 Zahl der Richter. Die Zahl der Richter des Gerichtshofs entspricht derjenigen der Hohen Vertragsparteien.

---

[1] Schweiz: von den Artikeln 3, 4 (Absatz 1) und 7.

Art. 21 Voraussetzungen für das Amt. (1) Die Richter müssen hohes sittliches Ansehen genießen und entweder die für die Ausübung hoher richterlicher Ämter erforderlichen Voraussetzungen erfüllen oder Rechtsgelehrte von anerkanntem Ruf sein.

(2) Die Kandidaten dürfen zu dem Zeitpunkt, zu dem die Liste von drei Kandidaten nach Artikel 22 bei der Parlamentarischen Versammlung eingehen soll, das 65. Lebensjahr nicht vollendet haben.[1]

(2) *(3)* Die Richter gehören dem Gerichtshof in ihrer persönlichen Eigenschaft an.

(3) *(4)* Während ihrer Amtszeit dürfen die Richter keine Tätigkeit ausüben, die mit ihrer Unabhängigkeit, ihrer Unparteilichkeit oder mit den Erfordernissen der Vollzeitbeschäftigung in diesem Amt unvereinbar ist; alle Fragen, die sich aus der Anwendung dieses Absatzes ergeben, werden vom Gerichtshof entschieden.

Art. 22 Wahl der Richter. Die Richter werden von der Parlamentarischen Versammlung für jede Hohe Vertragspartei mit der Mehrheit der abgegebenen Stimmen aus einer Liste von drei Kandidaten gewählt, die von der Hohen Vertragspartei vorgeschlagen werden.

Art. 23 Amtszeit und Entlassung. (1) Die Richter werden für neun Jahre gewählt. Ihre Wiederwahl ist nicht zulässig.

(2) Die Amtszeit der Richter endet mit Vollendung des 70. Lebensjahrs.[2]

(3) *(2)* Die Richter bleiben bis zum Amtsantritt ihrer Nachfolger im Amt. Sie bleiben jedoch in den Rechtssachen tätig, mit denen sie bereits befasst sind.

(4) *(3)* Ein Richter kann nur entlassen werden, wenn die anderen Richter mit Zweidrittelmehrheit entscheiden, dass er die erforderlichen Voraussetzungen nicht mehr erfüllt.

Art. 24 Kanzlei und Berichterstatter. (1) Der Gerichtshof hat eine Kanzlei, deren Aufgaben und Organisation in der Verfahrensordnung des Gerichtshofs festgelegt werden.

(2) Wenn der Gerichtshof in Einzelrichterbesetzung tagt, wird er von Berichterstattern unterstützt, die ihre Aufgaben unter der Aufsicht des Präsidenten des Gerichtshofs ausüben. Sie gehören der Kanzlei des Gerichtshofs an.

Art. 25 Plenum des Gerichtshofs. Das Plenum des Gerichtshofs
a) wählt seinen Präsidenten und einen oder zwei Vizepräsidenten für drei Jahre; ihre Wiederwahl ist zulässig,
b) bildet Kammern für einen bestimmten Zeitraum,
c) wählt die Präsidenten der Kammern des Gerichtshofs; ihre Wiederwahl ist zulässig,
d) beschließt die Verfahrensordnung des Gerichtshofs und
e) wählt den Kanzler und einen oder mehrere stellvertretende Kanzler.
f) stellt Anträge nach Artikel 26 Absatz 2.

---

[1] Absatz eingefügt durch das noch nicht in Kraft getretene Protokoll Nr. 15.
[2] Absatz 2 wird durch das noch nicht in Kraft getretene Protokoll Nr. 15 aufgehoben.

Art. 26 Einzelrichterbesetzung, Ausschüsse, Kammern und Große Kammer. (1) Zur Prüfung der Rechtssachen, die bei ihm anhängig gemacht werden, tagt der Gerichtshof in Ausschüssen mit drei Richtern, in Kammern mit sieben Richtern und in einer Großen Kammer mit 17 Richtern. Die Kammern des Gerichtshofs bilden die Ausschüsse für einen bestimmten Zeitraum.

(2) Auf Antrag des Plenums des Gerichtshofs kann die Anzahl Richter je Kammer für einen bestimmten Zeitraum durch einstimmigen Beschluss des Ministerkomitees auf fünf herabgesetzt werden.

(3) Ein Richter, der als Einzelrichter tagt, prüft keine Beschwerde gegen die Hohe Vertragspartei, für die er gewählt worden ist.

(4) Der Kammer und der Großen Kammer gehört von Amts wegen der für eine als Partei beteiligte Hohe Vertragspartei gewählte Richter an. Wenn ein solcher nicht vorhanden ist oder er an den Sitzungen nicht teilnehmen kann, nimmt eine Person in der Eigenschaft eines Richters an den Sitzungen teil, die der Präsident des Gerichtshofs aus einer Liste auswählt, welche ihm die betreffende Vertragspartei vorab unterbreitet hat.

(5) Der Großen Kammer gehören ferner der Präsident des Gerichtshofs, die Vizepräsidenten, die Präsidenten der Kammern und andere nach der Verfahrensordnung des Gerichtshofs ausgewählte Richter an. Wird eine Rechtssache nach Artikel 43 an die Große Kammer verwiesen, so dürfen Richter der Kammer, die das Urteil gefällt hat, der Großen Kammer nicht angehören; das gilt nicht für den Präsidenten der Kammer und den Richter, welcher in der Kammer für den als Partei beteiligten Staat mitgewirkt hat.

Art. 27 Befugnisse des Einzelrichters. (1) Ein Einzelrichter kann eine nach Artikel 34 erhobene Beschwerde für unzulässig erklären oder im Register streichen, wenn eine solche Entscheidung ohne weitere Prüfung getroffen werden kann.

(2) Die Entscheidung ist endgültig.

(3) Erklärt der Einzelrichter eine Beschwerde nicht für unzulässig und streicht er sie auch nicht im Register des Gerichtshofs, so übermittelt er sie zur weiteren Prüfung an einen Ausschuss oder eine Kammer.

Art. 28 Befugnisse der Ausschüsse. (1) Ein Ausschuss, der mit einer nach Artikel 34 erhobenen Beschwerde befasst wird, kann diese durch einstimmigen Beschluss
a) für unzulässig erklären oder im Register streichen, wenn eine Entscheidung ohne weitere Prüfung getroffen werden kann; oder
b) für zulässig erklären und zugleich ein Urteil über die Begründetheit fällen, sofern der Rechtssache zugrunde liegende Frage der Auslegung oder Anwendung dieser Konvention oder der Protokolle dazu Gegenstand einer gefestigten Rechtsprechung des Gerichtshofs ist.

(2) Die Entscheidungen und Urteile nach Absatz 1 sind endgültig.

(3) Ist der für die als Partei beteiligte Hohe Vertragspartei gewählte Richter nicht Mitglied des Ausschusses, so kann er von Letzterem jederzeit während des Verfahrens eingeladen werden, den Sitz eines Mitglieds im Ausschuss einzunehmen; der Ausschuss hat dabei alle erheblichen Umstände einschließlich

der Frage, ob diese Vertragspartei der Anwendung des Verfahrens nach Absatz 1 Buchstabe b entgegengetreten ist, zu berücksichtigen.

Art. 29 Entscheidungen der Kammern über die Zulässigkeit und Begründetheit. (1) Ergeht weder eine Entscheidung nach Artikel 27 oder 28 noch ein Urteil nach Artikel 28, so entscheidet eine Kammer über die Zulässigkeit und Begründetheit der nach Artikel 34 erhobenen Beschwerden. Die Entscheidung über die Zulässigkeit kann gesondert ergehen.

(2) Eine Kammer entscheidet über die Zulässigkeit und Begründetheit der nach Artikel 33 erhobenen Staatenbeschwerden. Die Entscheidung über die Zulässigkeit ergeht gesondert, sofern der Gerichtshof in Ausnahmefällen nicht anders entscheidet.

Art. 30 Abgabe der Rechtssache an die Große Kammer. Wirft eine bei einer Kammer anhängige Rechtssache eine schwerwiegende Frage der Auslegung dieser Konvention oder der Protokolle dazu auf oder kann die Entscheidung einer ihr vorliegenden Frage zu einer Abweichung von einem früheren Urteil des Gerichtshofs führen, so kann die Kammer diese Sache jederzeit, bevor sie ihr Urteil gefällt hat, an die Große Kammer abgeben, sofern nicht eine Partei widerspricht.[1]

Art. 31 Befugnisse der Großen Kammer. Die Große Kammer
a) entscheidet über nach Artikel 33 oder Artikel 34 erhobene Beschwerden, wenn eine Kammer die Rechtssache nach Artikel 30 an sie abgegeben hat oder wenn die Sache nach Artikel 43 an sie verwiesen worden ist,
b) entscheidet über Fragen, mit denen der Gerichtshof durch das Ministerkomitee nach Artikel 46 Absatz 4 befasst wird, und
c) behandelt Anträge nach Artikel 47 auf Erstattung von Gutachten.

Art. 32 Zuständigkeit des Gerichtshofs. (1) Die Zuständigkeit des Gerichtshofs umfasst alle die Auslegung und Anwendung dieser Konvention und der Protokolle dazu betreffenden Angelegenheiten, mit denen er nach den Artikeln 33, 34, 46 und 47 befasst wird.

(2) Besteht Streit über die Zuständigkeit des Gerichtshofs, so entscheidet der Gerichtshof.

Art. 33 Staatenbeschwerden. Jede Hohe Vertragspartei kann den Gerichtshof wegen jeder behaupteten Verletzung dieser Konvention und der Protokolle dazu durch eine andere Hohe Vertragspartei anrufen.

Art. 34 Individualbeschwerden. Der Gerichtshof kann von jeder natürlichen Person, nichtstaatlichen Organisation oder Personengruppe, die behauptet, durch eine der Hohen Vertragsparteien in einem der in dieser Konvention oder den Protokollen dazu anerkannten Rechte verletzt zu sein, mit einer Beschwerde befasst werden. Die Hohen Vertragsparteien verpflichten sich, die wirksame Ausübung dieses Rechts nicht zu behindern.

---

[1] Der letzte Halbsatz „sofern nicht eine Partei widerspricht" wird durch das noch nicht in Kraft getretene Protokoll Nr. 15 gestrichen.

Art. 35 Zulässigkeitsvoraussetzungen. (1) Der Gerichtshof kann sich mit einer Angelegenheit erst nach Erschöpfung aller innerstaatlichen Rechtsbehelfe[1] in Übereinstimmung mit den allgemein anerkannten Grundsätzen des Völkerrechts und nur innerhalb einer Frist von sechs[2] Monaten nach der endgültigen innerstaatlichen Entscheidung befassen.

(2) Der Gerichtshof befasst sich nicht mit einer nach Artikel 34 erhobenen Individualbeschwerde, die

a) anonym ist oder

b) im Wesentlichen mit einer schon vorher vom Gerichtshof geprüften Beschwerde übereinstimmt oder schon einer anderen internationalen Untersuchungs- oder Vergleichsinstanz unterbreitet worden ist und keine neuen Tatsachen enthält.

(3) Der Gerichtshof erklärt eine nach Artikel 34 erhobene Individualbeschwerde für unzulässig,

a) wenn er sie für unvereinbar mit dieser Konvention oder den Protokollen dazu, für offensichtlich unbegründet oder für missbräuchlich hält oder

b) wenn er der Ansicht ist, dass dem Beschwerdeführer kein erheblicher Nachteil entstanden ist, es sei denn, die Achtung der Menschenrechte, wie sie in dieser Konvention und in den Protokollen dazu anerkannt sind, erfordert eine Prüfung der Begründetheit der Beschwerde, und vorausgesetzt, es wird aus diesem Grund nicht eine Rechtssache zurückgewiesen, die noch von keinem innerstaatlichen Gericht gebührend geprüft worden ist.[3]

(4) Der Gerichtshof weist eine Beschwerde zurück, die er nach diesem Artikel für unzulässig hält. Er kann dies in jedem Stadium des Verfahrens tun.

Art. 36 Beteiligung Dritter. (1) In allen bei einer Kammer oder der Großen Kammer anhängigen Rechtssachen ist die Hohe Vertragspartei, deren Staatsangehörigkeit der Beschwerdeführer besitzt, berechtigt, schriftliche Stellungnahmen abzugeben und an den mündlichen Verhandlungen teilzunehmen.

(2) Im Interesse der Rechtspflege kann der Präsident des Gerichtshofs jeder Hohen Vertragspartei, die in dem Verfahren nicht Partei ist, oder jeder betroffenen Person, die nicht Beschwerdeführer ist, Gelegenheit geben, schriftlich Stellung zu nehmen oder an den mündlichen Verhandlungen teilzunehmen.

(3) In allen bei einer Kammer oder der Großen Kammer anhängigen Rechtssachen kann der Kommissar für Menschenrechte des Europarats schriftliche Stellungnahmen abgeben und an den mündlichen Verhandlungen teilnehmen.

Art. 37 Streichung von Beschwerden. (1) Der Gerichtshof kann jederzeit während des Verfahrens entscheiden, eine Beschwerde in seinem Register zu streichen, wenn die Umstände Grund zur Annahme geben, dass

---

[1] Österreich: Rechtsmittel.

[2] Die Frist wird durch das noch nicht in Kraft getretene Protokoll Nr. 15 auf vier Monate verkürzt.

[3] Der Satzteil ab „und vorausgesetzt" wird durch das noch nicht in Kraft getretene Protokoll Nr. 15 gestrichen.

a) der Beschwerdeführer seine Beschwerde nicht weiterzuverfolgen beabsichtigt,

b) die Streitigkeit einer Lösung zugeführt worden ist oder

c) eine weitere Prüfung der Beschwerde aus anderen vom Gerichtshof festgestellten Gründen nicht gerechtfertigt ist.

Der Gerichtshof setzt jedoch die Prüfung der Beschwerde fort, wenn die Achtung der Menschenrechte, wie sie in dieser Konvention und den Protokollen dazu anerkannt sind, dies erfordert.

(2) Der Gerichtshof kann die Wiedereintragung einer Beschwerde in sein Register anordnen, wenn er dies den Umständen nach für gerechtfertigt hält.

Art. 38 Prüfung der Rechtssache. Der Gerichtshof prüft die Rechtssache mit den Vertretern der Parteien und nimmt, falls erforderlich, Ermittlungen vor; die betreffenden Hohen Vertragsparteien haben alle zur wirksamen Durchführung der Ermittlungen erforderlichen Erleichterungen zu gewähren.

Art. 39 Gütliche Einigung. (1) Der Gerichtshof kann sich jederzeit während des Verfahrens zur Verfügung der Parteien halten mit dem Ziel, eine gütliche Einigung auf der Grundlage der Achtung der Menschenrechte, wie sie in dieser Konvention und den Protokollen dazu anerkannt sind, zu erreichen.

(2) Das Verfahren nach Absatz 1 ist vertraulich.

(3) Im Fall einer gütlichen Einigung streicht der Gerichtshof durch eine Entscheidung, die sich auf eine kurze Angabe des Sachverhalts und der erzielten Lösung beschränkt, die Rechtssache in seinem Register.

(4) Diese Entscheidung ist dem Ministerkomitee zuzuleiten; dieses überwacht die Durchführung der gütlichen Einigung, wie sie in der Entscheidung festgehalten wird.

Art. 40 Öffentliche Verhandlung und Akteneinsicht. (1) Die Verhandlung ist öffentlich, soweit nicht der Gerichtshof aufgrund besonderer Umstände anders entscheidet.

(2) Die beim Kanzler verwahrten Schriftstücke sind der Öffentlichkeit zugänglich, soweit nicht der Präsident des Gerichtshofs anders entscheidet.

Art. 41 Gerechte Entschädigung. Stellt der Gerichtshof fest, dass diese Konvention oder die Protokolle dazu verletzt worden sind, und gestattet das innerstaatliche Recht der Hohen Vertragspartei nur eine unvollkommene Wiedergutmachung für die Folgen dieser Verletzung, so spricht der Gerichtshof der verletzten Partei eine gerechte Entschädigung zu, wenn dies notwendig ist.

Art. 42 Urteile der Kammern. Urteile der Kammern werden nach Maßgabe des Artikels 44 Absatz 2 endgültig.

Art. 43 Verweisung an die Große Kammer. (1) Innerhalb von drei Monaten nach dem Datum des Urteils der Kammer kann jede Partei in Ausnahmefällen die Verweisung der Rechtssache an die Große Kammer beantragen.

(2) Ein Ausschuss von fünf Richtern der Großen Kammer nimmt den Antrag an, wenn die Rechtssache eine schwerwiegende Frage der Auslegung oder Anwendung dieser Konvention oder der Protokolle dazu oder eine schwerwiegende Frage von allgemeiner Bedeutung aufwirft.

(3) Nimmt der Ausschuss den Antrag an, so entscheidet die Große Kammer die Sache durch Urteil.

Art. 44 Endgültige Urteile. (1) Das Urteil der Großen Kammer ist endgültig.

(2) Das Urteil einer Kammer wird endgültig,
a) wenn die Parteien erklären, dass sie die Verweisung der Rechtssache an die Große Kammer nicht beantragen werden,
b) drei Monate nach dem Datum des Urteils, wenn nicht die Verweisung der Rechtssache an die Große Kammer beantragt worden ist, oder
c) wenn der Ausschuss der Großen Kammer den Antrag auf Verweisung nach Artikel 43 abgelehnt hat.

(3) Das endgültige Urteil wird veröffentlicht.

Art. 45 Begründung der Urteile und Entscheidungen. (1) Urteile sowie Entscheidungen, mit denen Beschwerden für zulässig oder für unzulässig erklärt werden, werden begründet.

(2) Bringt ein Urteil ganz oder teilweise nicht die übereinstimmende Meinung der Richter zum Ausdruck, so ist jeder Richter berechtigt, seine abweichende Meinung darzulegen.

Art. 46 Verbindlichkeit und Durchführung[1] der Urteile. (1) Die Hohen Vertragsparteien verpflichten sich, in allen Rechtssachen, in denen sie Partei sind, das endgültige Urteil des Gerichtshofs zu befolgen.

(2) Das endgültige Urteil des Gerichtshofs ist dem Ministerkomitee zuzuleiten; dieses überwacht seine Durchführung.[2]

(3) Wird die Überwachung der Durchführung[3] eines endgültigen Urteils nach Auffassung des Ministerkomitees durch eine Frage betreffend die Auslegung dieses Urteils behindert, so kann das Ministerkomitee den Gerichtshof anrufen, damit er über diese Auslegungsfrage entscheidet. Der Beschluss des Ministerkomitees, den Gerichtshof anzurufen, bedarf der Zweidrittelmehrheit der Stimmen der zur Teilnahme an den Sitzungen des Komitees berechtigten Mitglieder.

(4) Weigert sich eine Hohe Vertragspartei nach Auffassung des Ministerkomitees, in einer Rechtssache, in der sie Partei ist, ein endgültiges Urteil des Gerichtshofs zu befolgen, so kann das Ministerkomitee, nachdem es die betreffende Partei gemahnt hat, durch einen mit Zweidrittelmehrheit der Stimmen der zur Teilnahme an den Sitzungen des Komitees berechtigten Mitglieder gefassten Beschluss den Gerichtshof mit der Frage befassen, ob diese Partei ihrer Verpflichtung nach Absatz 1 nachgekommen ist.

---

[1] Schweiz: Vollzug.
[2] Schweiz: seinen Vollzug.
[3] Schweiz: des Vollzugs.

(5) Stellt der Gerichtshof eine Verletzung des Absatzes 1 fest, so weist er die Rechtssache zur Prüfung der zu treffenden Maßnahmen an das Ministerkomitee zurück. Stellt der Gerichtshof fest, dass keine Verletzung des Absatzes 1 vorliegt, so weist er die Rechtssache an das Ministerkomitee zurück; dieses beschließt die Einstellung seiner Prüfung.

Art. 47 Gutachten. (1) Der Gerichtshof kann auf Antrag des Ministerkomitees Gutachten über Rechtsfragen erstatten, welche die Auslegung dieser Konvention und der Protokolle dazu betreffen.

(2) Diese Gutachten dürfen keine Fragen zum Gegenstand haben, die sich auf den Inhalt oder das Ausmaß der in Abschnitt I dieser Konvention und in den Protokollen dazu anerkannten Rechte und Freiheiten beziehen, noch andere Fragen, über die der Gerichtshof oder das Ministerkomitee aufgrund eines nach dieser Konvention eingeleiteten Verfahrens zu entscheiden haben könnte.

(3) Der Beschluss des Ministerkomitees, ein Gutachten beim Gerichtshof zu beantragen, bedarf der Mehrheit der Stimmen der zur Teilnahme an den Sitzungen des Komitees berechtigten Mitglieder.

Art. 48 Gutachterliche Zuständigkeit des Gerichtshofs. Der Gerichtshof entscheidet, ob ein vom Ministerkomitee gestellter Antrag auf Erstattung eines Gutachtens in seine Zuständigkeit nach Artikel 47 fällt.

Art. 49 Begründung der Gutachten. (1) Die Gutachten des Gerichtshofs werden begründet.

(2) Bringt das Gutachten ganz oder teilweise nicht die übereinstimmende Meinung der Richter zum Ausdruck, so ist jeder Richter berechtigt, seine abweichende Meinung darzulegen.

(3) Die Gutachten des Gerichtshofs werden dem Ministerkomitee übermittelt.

Art. 50 Kosten des Gerichtshofs. Die Kosten des Gerichtshofs werden vom Europarat getragen.

Art. 51 Vorrechte[1] und Immunitäten der Richter. Die Richter genießen bei der Ausübung ihres Amtes die Vorrechte[1] und Immunitäten, die in Artikel 40 der Satzung des Europarats und den aufgrund jenes Artikels geschlossenen Übereinkünften vorgesehen sind.

Abschnitt III. Verschiedene Bestimmungen

Art. 52 Anfragen des Generalsekretärs. Auf Anfrage des Generalsekretärs des Europarats erläutert jede Hohe Vertragspartei, auf welche Weise die wirksame Anwendung aller Bestimmungen dieser Konvention in ihrem innerstaatlichen Recht gewährleistet wird.

---

[1] Österreich, Schweiz, Liechtenstein: Privilegien.

Art. 53 Wahrung anerkannter Menschenrechte. Diese Konvention ist nicht so auszulegen, als beschränke oder beeinträchtige sie Menschenrechte und Grundfreiheiten, die in den Gesetzen einer Hohen Vertragspartei oder in einer anderen Übereinkunft, deren Vertragspartei sie ist, anerkannt werden.

Art. 54 Befugnisse des Ministerkomitees. Diese Konvention berührt nicht die dem Ministerkomitee durch die Satzung des Europarats übertragenen Befugnisse.

Art. 55 Ausschluss anderer Verfahren zur Streitbeilegung. Die Hohen Vertragsparteien kommen überein, dass sie sich vorbehaltlich besonderer Vereinbarung nicht auf die zwischen ihnen geltenden Verträge, sonstigen Übereinkünfte oder Erklärungen berufen werden, um eine Streitigkeit über die Auslegung oder Anwendung dieser Konvention einem anderen als den in der Konvention vorgesehenen Beschwerdeverfahren zur Beilegung zu unterstellen.

Art. 56 Räumlicher Geltungsbereich. (1) Jeder Staat kann bei der Ratifikation oder jederzeit danach durch eine an den Generalsekretär des Europarats gerichtete Notifikation erklären, dass diese Konvention vorbehaltlich des Absatzes 4 auf alle oder einzelne Hoheitsgebiete Anwendung findet, für deren internationale Beziehungen er verantwortlich ist.

(2) Die Konvention findet auf jedes in der Erklärung bezeichnete Hoheitsgebiet ab dem dreißigsten Tag nach Eingang der Notifikation beim Generalsekretär des Europarats Anwendung.

(3) In den genannten Hoheitsgebieten wird diese Konvention unter Berücksichtigung der örtlichen Notwendigkeiten angewendet.

(4) Jeder Staat, der eine Erklärung nach Absatz 1 abgegeben hat, kann jederzeit danach für eines oder mehrere der in der Erklärung bezeichneten Hoheitsgebiete erklären, dass er die Zuständigkeit des Gerichtshofs für die Entgegennahme von Beschwerden von natürlichen Personen, nichtstaatlichen Organisationen oder Personengruppen nach Artikel 34 anerkennt.

Art. 57 Vorbehalte. (1) Jeder Staat kann bei der Unterzeichnung dieser Konvention oder bei der Hinterlegung seiner Ratifikationsurkunde einen Vorbehalt zu einzelnen Bestimmungen der Konvention anbringen, soweit ein zu dieser Zeit in seinem Hoheitsgebiet geltendes Gesetz mit der betreffenden Bestimmung nicht übereinstimmt. Vorbehalte allgemeiner Art sind nach diesem Artikel nicht zulässig.

(2) Jeder nach diesem Artikel angebrachte Vorbehalt muss mit einer kurzen Darstellung des betreffenden Gesetzes verbunden sein.

Art. 58 Kündigung. (1) Eine Hohe Vertragspartei kann diese Konvention frühestens fünf Jahre nach dem Tag, an dem sie Vertragspartei geworden ist, unter Einhaltung einer Kündigungsfrist von sechs Monaten durch eine an den Generalsekretär des Europarats gerichtete Notifikation kündigen; dieser unterrichtet die anderen Hohen Vertragsparteien.

(2) Die Kündigung befreit die Hohe Vertragspartei nicht von ihren Verpflichtungen aus dieser Konvention in Bezug auf Handlungen, die sie vor dem Wirksamwerden der Kündigung vorgenommen hat und die möglicherweise eine Verletzung dieser Verpflichtungen darstellen.

(3) Mit derselben Maßgabe scheidet eine Hohe Vertragspartei, deren Mitgliedschaft im Europarat endet, als Vertragspartei dieser Konvention aus.

(4) Die Konvention kann in Bezug auf jedes Hoheitsgebiet, auf das sie durch eine Erklärung nach Artikel 56 anwendbar geworden ist, nach den Absätzen 1 bis 3 gekündigt werden.

Art. 59 Unterzeichnung und Ratifikation. (1) Diese Konvention liegt für die Mitglieder des Europarats zur Unterzeichnung auf. Sie bedarf der Ratifikation. Die Ratifikationsurkunden werden beim Generalsekretär des Europarats hinterlegt.

(2) Die Europäische Union kann dieser Konvention beitreten.

(3) Diese Konvention tritt nach Hinterlegung von zehn Ratifikationsurkunden in Kraft.

(4) Für jeden Unterzeichner, der die Konvention später ratifiziert, tritt sie mit der Hinterlegung seiner Ratifikationsurkunde in Kraft.

(5) Der Generalsekretär des Europarats notifiziert allen Mitgliedern des Europarats das Inkrafttreten der Konvention, die Namen der Hohen Vertragsparteien, die sie ratifiziert haben, und jede spätere Hinterlegung einer Ratifikationsurkunde.

Geschehen zu Rom am 4. November 1950 in englischer und französischer Sprache, wobei jeder Wortlaut gleichermaßen verbindlich[1] ist, in einer Urschrift, die im Archiv des Europarats hinterlegt wird. Der Generalsekretär übermittelt allen Unterzeichnern beglaubigte Abschriften.

---

[1] Österreich: authentisch.

52. Zusatzprotokoll zur Konvention zum Schutz der Menschenrechte und Grundfreiheiten[1] · [2]

Vom 20. März 1952

in der Fassung des Protokolls Nr. 11

(Neubekanntmachung BGBl. 2010 II, S. 1218)

(Übersetzung)

Die Unterzeichnerregierungen, Mitglieder des Europarats –

entschlossen, Maßnahmen zur kollektiven Gewährleistung gewisser Rechte und Freiheiten zu treffen, die in Abschnitt I der am 4. November 1950 in Rom unterzeichneten Konvention zum Schutz der Menschenrechte und Grundfreiheiten (im Folgenden als „Konvention" bezeichnet) noch nicht enthalten sind –

haben Folgendes vereinbart:

Art. 1 Schutz des Eigentums. Jede natürliche oder juristische Person hat das Recht auf Achtung ihres Eigentums. Niemandem darf sein Eigentum entzogen werden, es sei denn, dass das öffentliche Interesse es verlangt, und nur unter den durch Gesetz und durch die allgemeinen Grundsätze des Völkerrechts vorgesehenen Bedingungen.

Absatz 1 beeinträchtigt jedoch nicht das Recht des Staates, diejenigen Gesetze anzuwenden, die er für die Regelung der Benutzung des Eigentums im Einklang mit dem Allgemeininteresse oder zur Sicherung der Zahlung der Steuern oder sonstigen Abgaben oder von Geldstrafen für erforderlich hält.

Art. 2 Recht auf Bildung. Niemandem darf das Recht auf Bildung verwehrt werden. Der Staat hat bei Ausübung der von ihm auf dem Gebiet der Erziehung und des Unterrichts übernommenen Aufgaben das Recht der Eltern zu achten, die Erziehung und den Unterricht entsprechend ihren eigenen religiösen und weltanschaulichen Überzeugungen sicherzustellen.

Art. 3 Recht auf freie Wahlen. Die Hohen Vertragsparteien verpflichten sich, in angemessenen Zeitabständen freie und geheime Wahlen unter Bedingungen abzuhalten, welche die freie Äußerung der Meinung des Volkes bei der Wahl der gesetzgebenden Körperschaften gewährleisten.

Art. 4 Räumlicher Geltungsbereich. Jede Hohe Vertragspartei kann im Zeitpunkt der Unterzeichnung oder Ratifikation dieses Protokolls oder zu jedem späteren Zeitpunkt an den Generalsekretär des Europarats eine Erklärung darüber richten, in welchem Umfang sie sich zur Anwendung dieses

---

[1] Internationale Quelle: European Treaty Series No. 9.

[2] Das Zusatzprotokoll gilt für alle Staaten, für die auch die Konvention **(Nr. 51)** in Kraft ist, außer: Monaco, Schweiz.

Protokolls auf die in der Erklärung angegebenen Hoheitsgebiete verpflichtet, für deren internationale Beziehungen sie verantwortlich ist.

Jede Hohe Vertragspartei, die eine Erklärung nach Absatz 1 abgegeben hat, kann jederzeit eine weitere Erklärung abgeben, die den Inhalt einer früheren Erklärung ändert oder die Anwendung der Bestimmungen dieses Protokolls auf irgendein Hoheitsgebiet beendet.

Eine nach diesem Artikel abgegebene Erklärung gilt als eine Erklärung im Sinne des Artikels 56 Absatz 1 der Konvention.

Art. 5 Verhältnis zur Konvention. Die Hohen Vertragsparteien betrachten die Artikel 1, 2, 3 und 4 dieses Protokolls als Zusatzartikel zur Konvention; alle Bestimmungen der Konvention sind dementsprechend anzuwenden.

Art. 6 Unterzeichnung und Ratifikation. Dieses Protokoll liegt für die Mitglieder des Europarats, die Unterzeichner der Konvention sind, zur Unterzeichnung auf; es wird gleichzeitig mit der Konvention oder zu einem späteren Zeitpunkt ratifiziert. Es tritt nach Hinterlegung von zehn Ratifikationsurkunden in Kraft. Für jeden Unterzeichner, der das Protokoll später ratifiziert, tritt es mit der Hinterlegung seiner Ratifikationsurkunde in Kraft.

Die Ratifikationsurkunden werden beim Generalsekretär des Europarats hinterlegt, der allen Mitgliedern die Namen derjenigen Staaten, die das Protokoll ratifiziert haben, notifiziert.

Geschehen zu Paris am 20. März 1952 in englischer und französischer Sprache, wobei jeder Wortlaut gleichermaßen verbindlich ist, in einer Urschrift, die im Archiv des Europarats hinterlegt wird. Der Generalsekretär übermittelt allen Unterzeichnerregierungen beglaubigte Abschriften.

53. Protokoll Nr. 4 zur Konvention zum Schutz der Menschenrechte und Grundfreiheiten, durch das gewisse Rechte und Freiheiten gewährleistet werden, die nicht bereits in der Konvention oder im ersten Zusatzprotokoll enthalten sind[1) · 2)]

Vom 16. September 1963

in der Fassung des Protokolls Nr. 11

(Neubekanntmachung BGBl. 2010 II, S. 1220)

(Übersetzung)

Die Unterzeichnerregierungen, Mitglieder des Europarats –

entschlossen, Maßnahmen zur kollektiven Gewährleistung gewisser Rechte und Freiheiten zu treffen, die in Abschnitt I der am 4. November 1950 in Rom unterzeichneten Konvention zum Schutz der Menschenrechte und Grundfreiheiten (im Folgenden als „Konvention" bezeichnet) und in den Artikeln 1 bis 3 des am 20. März 1952 in Paris unterzeichneten ersten Zusatzprotokolls zur Konvention noch nicht enthalten sind –

haben Folgendes vereinbart:

Art. 1 Verbot der Freiheitsentziehung wegen Schulden. Niemandem darf die Freiheit allein deshalb entzogen werden, weil er nicht in der Lage ist, eine vertragliche Verpflichtung zu erfüllen.

Art. 2 Freizügigkeit. (1) Jede Person, die sich rechtmäßig im Hoheitsgebiet eines Staates aufhält, hat das Recht, sich dort frei zu bewegen und ihren Wohnsitz frei zu wählen.

(2) Jeder Person steht es frei, jedes Land, einschließlich des eigenen, zu verlassen.

(3) Die Ausübung dieser Rechte darf nur Einschränkungen unterworfen werden, die gesetzlich vorgesehen und in einer demokratischen Gesellschaft notwendig sind für die nationale oder öffentliche Sicherheit, zur Aufrechterhaltung der öffentlichen Ordnung, zur Verhütung von Straftaten, zum Schutz der Gesundheit oder der Moral oder zum Schutz der Rechte und Freiheiten anderer.

(4) Die in Absatz 1 anerkannten Rechte können ferner für bestimmte Gebiete Einschränkungen unterworfen werden, die gesetzlich vorgesehen und in einer demokratischen Gesellschaft durch das öffentliche Interesse gerechtfertigt sind.

[1)] Internationale Quelle: European Treaty Series No. 46.
[2)] Das Protokoll Nr. 4 gilt für alle Staaten, für die die Konvention **(Nr. 51)** in Kraft ist, außer: Griechenland, Schweiz, Türkei, Vereinigtes Königreich.

Art. 3 Verbot der Ausweisung eigener Staatsangehöriger. (1) Niemand darf durch eine Einzel- oder Kollektivmaßnahme aus dem Hoheitsgebiet des Staates ausgewiesen werden, dessen Angehöriger er ist.

(2) Niemandem darf das Recht entzogen werden, in das Hoheitsgebiet des Staates einzureisen, dessen Angehöriger er ist.

Art. 4 Verbot der Kollektivausweisung ausländischer Personen. Kollektivausweisungen ausländischer Personen sind nicht zulässig.

*Art. 5 bis 7 regeln den räumlichen Geltungsbereich, das Verhältnis des Protokolls zur Konvention sowie die Unterzeichnung und Ratifikation entsprechend dem Zusatzprotokoll zur EMRK (**Nr. 52**). Vom Abdruck wird abgesehen.*

54. Protokoll Nr. 6 zur Konvention zum Schutz der Menschenrechte und Grundfreiheiten über die Abschaffung der Todesstrafe[1) · 2)]

Vom 28. April 1983

in der Fassung des Protokolls Nr. 11

(Neubekanntmachung BGBl. 2010 II, S. 1223)

(Übersetzung)

Die Mitgliedstaaten des Europarats, die dieses Protokoll zu der am 4. November 1950 in Rom unterzeichneten Konvention zum Schutz der Menschenrechte und Grundfreiheiten (im Folgenden als „Konvention" bezeichnet) unterzeichnen –

in der Erwägung, dass die in verschiedenen Mitgliedstaaten des Europarats ein getretene Entwicklung eine allgemeine Tendenz zugunsten der Abschaffung der Todesstrafe zum Ausdruck bringt –

haben Folgendes vereinbart:

Art. 1 Abschaffung der Todesstrafe. Die Todesstrafe ist abgeschafft. Niemand darf zu dieser Strafe verurteilt oder hingerichtet werden.

Art. 2 Todesstrafe in Kriegszeiten. Ein Staat kann in seinem Recht die Todesstrafe für Taten vorsehen, die in Kriegszeiten oder bei unmittelbarer Kriegsgefahr begangen werden; diese Strafe darf nur in den Fällen, die im Recht vorgesehen sind, und in Übereinstimmung mit dessen Bestimmungen angewendet werden. Der Staat übermittelt dem Generalsekretär des Europarats die einschlägigen Rechtsvorschriften.

Art. 3 Verbot des Abweichens. Von diesem Protokoll darf nicht nach Artikel 15 der Konvention abgewichen werden.

Art. 4 Verbot von Vorbehalten. Vorbehalte nach Artikel 57 der Konvention zu Bestimmungen dieses Protokolls sind nicht zulässig.

Art. 5 bis 9 regeln den räumlichen Geltungsbereich, das Verhältnis des Protokolls zur Konvention, die Unterzeichnung und Ratifikation entsprechend dem Zusatzprotokoll zur EMRK (Nr. 52), zusätzlich werden das Inkrafttreten und die üblichen Aufgaben des Verwahrers geregelt. Vom Abdruck wird abgesehen.

[1)] Internationale Quelle: European Treaty Series No. 114.
[2)] Das Protokoll Nr. 6 gilt mit Ausnahme von Russland für alle Staaten, für die die Konvention **(Nr. 51)** in Kraft ist.

55. Protokoll Nr. 7 zur Konvention zum Schutze der Menschenrechte und Grundfreiheiten[1] · [2]

Vom 22. November 1984

in der Fassung des Protokolls Nr. 11

(Amtliche Sammlung des Schweizer Bundesrechts, AS 1988, 1598; AS 1998, 2993)

(Übersetzung)

Die Mitgliedstaaten des Europarats, die dieses Protokoll unterzeichnen –

entschlossen, weitere Maßnahmen zur kollektiven Gewährleistung gewisser Rechte und Freiheiten durch die am 4. November 1950 in Rom unterzeichnete Konvention zum Schutz der Menschenrechte und Grundfreiheiten (im folgenden als „Konvention" bezeichnet) zu treffen –

haben folgendes vereinbart:

Art. 1 Verfahrensrechtliche Schutzvorschriften in bezug auf die Ausweisung ausländischer Personen. (1) Eine ausländische Person, die sich rechtmäßig im Hoheitsgebiet eines Staates aufhält, darf aus diesem nur aufgrund einer rechtmäßig ergangenen Entscheidung ausgewiesen werden; ihr muß gestattet werden,

a) Gründe vorzubringen, die gegen ihre Ausweisung sprechen,

b) ihren Fall prüfen zu lassen und

c) sich zu diesem Zweck vor der zuständigen Behörde oder einer oder mehreren von dieser Behörde bestimmten Personen vertreten zu lassen.

(2) Eine ausländische Person kann ausgewiesen werden, bevor sie ihre Rechte nach Absatz 1 Buchstaben a, b und c ausgeübt hat, wenn eine solche Ausweisung im Interesse der öffentlichen Ordnung erforderlich ist oder aus Gründen der nationalen Sicherheit erfolgt.

Art. 2 Rechtsmittel in Strafsachen. (1) Wer von einem Gericht wegen einer Straftat verurteilt worden ist, hat das Recht, das Urteil von einem übergeordneten Gericht nachprüfen zu lassen. Die Ausübung dieses Rechts und die Gründe, aus denen es ausgeübt werden kann, richten sich nach dem Gesetz.

(2) Ausnahmen von diesem Recht sind für Straftaten geringfügiger Art, wie sie durch Gesetz näher bestimmt sind, oder in Fällen möglich, in denen das Verfahren gegen eine Person in erster Instanz vor dem obersten Gericht stattgefunden hat oder in denen eine Person nach einem gegen ihren Freispruch eingelegten Rechtsmittel verurteilt ist.

Art. 3 Recht auf Entschädigung bei Fehlurteilen. Ist eine Person wegen einer Straftat rechtskräftig verurteilt oder ist das Urteil später aufgehoben oder

---

[1]) Internationale Quelle: European Treaty Series No. 117.
[2]) Das Protokoll Nr. 7 gilt für alle Staaten, für die die Konvention (**Nr. 51**) in Kraft ist, außer: Deutschland, Niederlande, Vereinigtes Königreich.

die Person begnadigt worden, weil eine neue oder eine neu bekannt gewordenen Tatsache schlüssig beweist, daß ein Fehlurteil vorlag, so muß sie, wenn sie aufgrund eines solchen Urteils eine Strafe verbüßt hat, entsprechend dem Gesetz oder der Übung des betreffenden Staates entschädigt werden, sofern nicht nachgewiesen wird, daß das nicht rechtzeitige Bekanntwerden der betreffenden Tatsache ganz oder teilweise ihr zuzuschreiben ist.

Art. 4 Recht, wegen derselben Sache nicht zweimal vor Gericht gestellt oder bestraft zu werden. (1) Niemand darf wegen einer Straftat, wegen der er bereits nach dem Gesetz und dem Strafverfahrensrecht eines Staates rechtskräftig verurteilt oder freigesprochen worden ist, in einem Strafverfahren desselben Staates erneut verfolgt oder bestraft werden.

(2) Absatz 1 schließt die Wiederaufnahme des Verfahrens nach dem Gesetz und dem Strafverfahrensrecht des betreffenden Staates nicht aus, falls neue oder neu bekannt gewordene Tatsachen vorliegen oder das vorausgegangene Verfahren schwere, den Ausgang des Verfahrens berührende Mängel aufweist.

(3) Von diesem Artikel darf nicht nach Artikel 15 der Konvention abgewichen werden.

Art. 5 Gleichberechtigung der Ehegatten. Hinsichtlich der Eheschließung, während der Ehe und bei Auflösung der Ehe haben Ehegatten untereinander und in ihren Beziehungen zu ihren Kindern gleiche Rechte und Pflichten privatrechtlicher Art. Dieser Artikel verwehrt es den Staaten nicht, die im Interesse der Kinder notwendigen Maßnahmen zu treffen.

*Art. 6 bis 10 behandeln den räumlichen Geltungsbereich, das Verhältnis zur Konvention, die Unterzeichnung und Ratifikation entsprechend dem Zusatzprotokoll zur EMRK (**Nr. 52**), zusätzlich werden das Inkrafttreten und die Aufgaben des Verwahrers geregelt. Vom Abdruck wird abgesehen.*

56. Protokoll Nr. 12 zur Konvention zum Schutz der Menschenrechte und Grundfreiheiten[1] · [2] · [3]

Vom 4. November 2000

(Übersetzung)

Die Mitgliedstaaten des Europarats, die dieses Protokoll unterzeichnen –
eingedenk des grundlegenden Prinzips, nach dem alle Menschen vor dem
Gesetz gleich sind und Anspruch auf gleichen Schutz durch das Gesetz haben,
entschlossen, weitere Maßnahmen zu treffen, um die Gleichberechtigung
aller Menschen durch die kollektive Durchsetzung eines allgemeinen Diskri-
minierungsverbots durch die am 4. November 1950 in Rom unterzeichnete
Konvention zum Schutz der Menschenrechte und Grundfreiheiten (im Folgenden als „Konvention" bezeichnet) zu fördern,
in Bekräftigung der Tatsache, dass der Grundsatz der Nichtdiskriminierung
die Vertragsstaaten nicht daran hindert, Maßnahmen zur Förderung der vollständigen und wirksamen Gleichberechtigung zu treffen, sofern es eine sachliche und angemessene Rechtfertigung für diese Maßnahmen gibt –
haben Folgendes vereinbart:

Art. 1 Allgemeines Diskriminierungsverbot. (1) Der Genuss eines jeden
gesetzlich niedergelegten Rechtes ist ohne Diskriminierung insbesondere wegen des Geschlechts, der Rasse, der Hautfarbe, der Sprache, der Religion, der
politischen oder sonstigen Anschauung, der nationalen oder sozialen Herkunft, der Zugehörigkeit zu einer nationalen Minderheit, des Vermögens, der
Geburt oder eines sonstigen Status zu gewährleisten.

(2) Niemand darf von einer Behörde diskriminiert werden, insbesondere
nicht aus einem der in Absatz 1 genannten Gründe.

*Art. 2 bis 6 behandeln den räumlichen Geltungsbereich, das Verhältnis zur Konven-
tion, die Unterzeichnung und Ratifikation entsprechend dem Zusatzprotokoll zur
EMRK* **(Nr. 52)**, *zusätzlich werden das Inkrafttreten und die Aufgaben des Verwahrers geregelt. Vom Abdruck wurde abgesehen.*

---

[1] Internationale Quelle: European Treaty Series Nr. 177.
[2] Das Protokoll gilt für Albanien, Andorra, Armenien, Bosnien und Herzegowina, Finnland, Georgien, Kroatien, Luxemburg, Malta, Mazedonien (frühere Jugoslawische Republik),
Montenegro, Niederlande, Portugal, Rumänien, San Marino, Serbien, Slowenien, Spanien,
Ukraine und Zypern.
[3] Zwischen Deutschland, Österreich und der Schweiz abgestimmte Übersetzung.

57. Protokoll Nr. 13 zur Konvention zum Schutz der Menschenrechte und Grundfreiheiten über die vollständige Abschaffung der Todesstrafe[1] · [2]

Vom 3. Mai 2002

(Neubekanntmachung BGBl. 2010 II S. 1226)

(Übersetzung)

Die Mitgliedstaaten des Europarats, die dieses Protokoll unterzeichnen,
in der Überzeugung, dass in einer demokratischen Gesellschaft das Recht jedes Menschen auf Leben einen Grundwert darstellt und die Abschaffung der Todesstrafe für den Schutz dieses Rechts und für die volle Anerkennung der allen Menschen innewohnenden Würde von wesentlicher Bedeutung ist;
in dem Wunsch, den Schutz des Rechts auf Leben, der durch die am 4. November 1950 in Rom unterzeichnete Konvention zum Schutz der Menschenrechte und Grundfreiheiten (im Folgenden als „Konvention" bezeichnet) gewährleistet wird, zu stärken;
in Anbetracht dessen, dass das Protokoll Nr. 6 zur Konvention über die Abschaffung der Todesstrafe, das am 28. April 1983 in Straßburg unterzeichnet wurde, die Todesstrafe nicht für Taten ausschließt, die in Kriegszeiten oder bei unmittelbarer Kriegsgefahr begangen werden; entschlossen, den letzten Schritt zu tun, um die Todesstrafe vollständig abzuschaffen,
haben Folgendes vereinbart:

Art. 1 Abschaffung der Todesstrafe. Die Todesstrafe ist abgeschafft. Niemand darf zu dieser Strafe verurteilt oder hingerichtet werden.

Art. 2 Verbot des Abweichens. Von diesem Protokoll darf nicht nach Artikel 15 der Konvention abgewichen werden.

Art. 3 Verbot von Vorbehalten. Vorbehalte nach Artikel 57 der Konvention zu diesem Protokoll sind nicht zulässig.

*Art. 4 bis 8 regeln den räumlichen Geltungsbereich, das Verhältnis des Protokolls zur Konvention, die Unterzeichnung und Ratifikation entsprechend dem Zusatzprotokoll zur EMRK **(Nr. 52)**, zusätzlich werden das Inkrafttreten und die üblichen Aufgaben des Verwahrers geregelt. Vom Abdruck wird abgesehen.*

---

[1] Internationale Quelle: European Treaty Series Nr. 187.
[2] Das Protokoll gilt für alle Staaten, für die die Konvention **(Nr. 51)** in Kraft ist, außer: Armenien, Aserbaidschan, Russland.

58. Protokoll Nr. 16 zur Konvention zum Schutz der Menschenrechte und Grundfreiheiten[1] · [2]

Vom 2. Oktober 2013

(Auszug)

The member States of the Council of Europe and other High Contracting Parties to the Convention for the Protection of Human Rights and Fundamental Freedoms, signed at Rome on 4 November 1950 (hereinafter referred to as "the Convention"), signatories hereto,

Having regard to the provisions of the Convention and, in particular, Article 19 establishing the European Court of Human Rights (hereinafter referred to as "the Court");

Considering that the extension of the Court's competence to give advisory opinions will further enhance the interaction between the Court and national authorities and thereby reinforce implementation of the Convention, in accordance with the principle of subsidiarity;

Having regard to Opinion No. 285 (2013) adopted by the Parliamentary Assembly of the Council of Europe on 28 June 2013,

Have agreed as follows:

Art. 1. (1) Highest courts and tribunals of a High Contracting Party, as specified in accordance with Article 10, may request the Court to give advisory opinions on questions of principle relating to the interpretation or application of the rights and freedoms defined in the Convention or the protocols thereto.

(2) The requesting court or tribunal may seek an advisory opinion only in the context of a case pending before it.

(3) The requesting court or tribunal shall give reasons for its request and shall provide the relevant legal and factual background of the pending case.

Art. 2. (1) A panel of five judges of the Grand Chamber shall decide whether to accept the request for an advisory opinion, having regard to Article 1. The panel shall give reasons for any refusal to accept the request.

(2) If the panel accepts the request, the Grand Chamber shall deliver the advisory opinion.

(3) The panel and the Grand Chamber, as referred to in the preceding paragraphs, shall include ex officio the judge elected in respect of the High Contracting Party to which the requesting court or tribunal pertains. If there is none or if that judge is unable to sit, a person chosen by the President of the Court from a list submitted in advance by that Party shall sit in the capacity of judge.

---

[1] Internationale Quelle: Council of Europe Treaty Series Nr. 214.
[2] Das Protokoll tritt am 1.8.2018 für Albanien, Armenien, Estland, Finnland, Frankreich, Georgien, Litauen, San Marino, Slowenien und die Ukraine in Kraft.

Art. 3. The Council of Europe Commissioner for Human Rights and the High Contracting Party to which the requesting court or tribunal pertains shall have the right to submit written comments and take part in any hearing. The President of the Court may, in the interest of the proper administration of justice, invite any other High Contracting Party or person also to submit written comments or take part in any hearing.

Art. 4. (1) Reasons shall be given for advisory opinions.

(2) If the advisory opinion does not represent, in whole or in part, the unanimous opinion of the judges, any judge shall be entitled to deliver a separate opinion.

(3) Advisory opinions shall be communicated to the requesting court or tribunal and to the High Contracting Party to which that court or tribunal pertains.

(4) Advisory opinions shall be published.

Art. 5. Advisory opinions shall not be binding.

Art. 10. Each High Contracting Party to the Convention shall, at the time of signature or when depositing its instrument of ratification, acceptance or approval, by means of a declaration addressed to the Secretary General of the Council of Europe, indicate the courts or tribunals that it designates for the purposes of Article 1, paragraph 1, of this Protocol. This declaration may be modified at any later date and in the same manner.

Art. 6 bis 9 regeln das Verhältnis des Protokolls zur Konvention, Unterzeichnung und Ratifikation, Inkrafttreten und den Ausschluss von Vorbehalten. Art. 11 regelt die Aufgaben des Verwahrers. Nach der Schlussformel sind der englische und französische Text authentisch. Vom Abdruck wurde abgesehen.

59. Verfahrensordnung des Europäischen Gerichtshofs für Menschenrechte[1] · [2]

Vom 4. November 1998

(in der Fassung vom 16. April 2018)

(Übersetzung)

Der Europäische Gerichtshof für Menschenrechte

– gestützt auf die Konvention zum Schutz der Menschrechte und Grundfreiheiten und deren Protokolle –

erlässt die folgende Verfahrensordnung:

Art. 1 Begriffsbestimmungen. Für die Zwecke dieser Verfahrensordnung bezeichnet, wenn sich aus dem Zusammenhang nichts anderes ergibt,

a) „Konvention" die Konvention zum Schutz der Menschenrechte und Grundfreiheiten und deren Protokolle;

b) „Plenum" den Europäischen Gerichtshof für Menschenrechte in Plenarsitzung;

c) „Große Kammer" die Große Kammer mit siebzehn Richtern, die nach Artikel 26 Absatz 1 der Konvention gebildet wird;

d) „Sektion" eine Kammer, die vom Plenum nach Artikel 25 Buchstabe b der Konvention für einen bestimmten Zeitraum gebildet wird, und „Sektionspräsident" den Richter, der vom Plenum nach Artikel 25 Buchstabe c der Konvention zum Präsidenten dieser Sektion gewählt wird;

e) „Kammer" eine Kammer mit sieben Richtern, die nach Artikel 26 Absatz 1 der Konvention gebildet wird, und „Kammerpräsident" den Richter, der in einer solchen „Kammer" den Vorsitz führt;

f) „Komitee" einen Ausschuss mit drei Richtern, der nach Artikel 26 Absatz 1 der Konvention gebildet wird, und „Komiteepräsident" den Richter, der in einem solchen „Komitee" den Vorsitz führt;

g) „Einzelrichterbesetzung" einen Einzelrichter, der nach Artikel 26 Absatz 1 der Konvention tagt;

h) „Gerichtshof" gleichermaßen das Plenum, die Große Kammer, eine Sektion, eine Kammer, ein Komitee, einen Einzelrichter oder den in Artikel 43 Absatz 2 der Konvention erwähnten Ausschuss von fünf Richtern;

i) „Richter ad hoc" jede Person, die nach Artikel 26 Absatz 4 der Konvention und nach Artikel 29 dieser Verfahrensordnung als Mitglied der Großen Kammer oder einer Kammer benannt wird;

j) „Richter" die Richter, die von der Parlamentarischen Versammlung des Europarats gewählt werden, und die Richter ad hoc;

---

[1] Internationale Quelle: https://www.echr.coe.int/Documents/Rules_Court_ENG.pdf.

[2] Nichtamtliche Übersetzung des Bundesministeriums der Justiz und für Verbraucherschutz auf dem Stand der Verfahrensordnung vom 14.11.2016 (die Änderungsnachweise sind hier nicht wiedergegeben); die nachfolgende Änderung betrifft Art. 29 Abs. 1 und ist dort in eigener Übersetzung der Herausgeber berücksichtigt.

k) „Bericht erstattender Richter" einen Richter, der mit den in den Artikeln 48 und 49 vorgesehenen Aufgaben betraut ist;

l) „nicht richterlicher Berichterstatter" einen Angehörigen der Kanzlei, der beauftragt ist, die Einzelrichter nach Artikel 24 Absatz 2 der Konvention zu unterstützen;

m) „Delegierter" einen Richter, den die Kammer als Mitglied einer Delegation benennt, und „Delegationsleiter" den Delegierten, den die Kammer zum Leiter ihrer Delegation benennt;

n) „Delegation" ein Organ, das sich zusammensetzt aus Delegierten, Angehörigen der Kanzlei und jeder anderen Person, welche die Kammer zur Unterstützung der Delegation benennt;

o) „Kanzler" je nach Zusammenhang den Kanzler des Gerichtshofs oder den Kanzler einer Sektion;

p) „Partei" und „Parteien"
   – die beschwerdeführenden oder die beschwerdegegnerischen Vertragsparteien;
   – den Beschwerdeführer (natürliche Person, nichtstaatliche Organisation oder Personengruppe), der den Gerichtshof nach Artikel 34 der Konvention anruft;

q) „Drittbeteiligter" jede Vertragspartei, jede betroffene Person oder den Menschenrechtskommissar des Europarats, der beziehungsweise die nach Artikel 36 Absätze 1, 2 und 3 der Konvention von dem Recht Gebrauch macht, schriftlich Stellung zu nehmen und an einer mündlichen Verhandlung teilzunehmen, oder dem beziehungsweise der dazu Gelegenheit gegeben wird;

r) „mündliche Verhandlung" und „mündliche Verhandlungen" die mündlichen Verfahren, welche die Zulässigkeit und/oder die Begründetheit einer Beschwerde zum Gegenstand haben oder in Zusammenhang mit einem Antrag auf Wiederaufnahme des Verfahrens oder auf Erstattung eines Gutachtens, einem Antrag einer Partei oder des Ministerkomitees auf Auslegung eines Urteils oder einer Frage in Bezug auf die mögliche Nichterfüllung einer Verpflichtung, mit welcher der Gerichtshof nach Artikel 46 Absatz 4 der Konvention befasst werden kann, durchgeführt werden;

s) „Ministerkomitee" das Ministerkomitee des Europarats;

t) „früherer Gerichtshof" und „Kommission" den Europäischen Gerichtshof und die Europäische Kommission für Menschenrechte nach dem früheren Artikel 19 der Konvention.

Titel I: Organisation und Arbeitsweise des Gerichtshofs

Kapitel I: Die Richter

Art. 2 Berechnung der Amtszeit. (1) Ist der Sitz im Zeitpunkt der Wahl des Richters frei, oder findet die Wahl weniger als drei Monate vor dem Tag statt, an dem der Sitz frei wird, so beginnt die Amtszeit mit der Aufnahme der Tätigkeit, spätestens aber drei Monate nach der Wahl.

(2) Findet die Wahl des Richters mehr als drei Monate vor dem Tag statt, an dem der Sitz frei wird, so beginnt die Amtszeit an dem Tag, an dem der Sitz frei wird.

(3) Ein gewählter Richter bleibt nach Artikel 23 Absatz 3 der Konvention im Amt, bis sein Nachfolger den Eid geleistet oder die Erklärung abgegeben hat, die in Artikel 3 dieser Verfahrensordnung vorgesehen sind.

Art. 3 Eid oder feierliche Erklärung. (1) Jeder gewählte Richter hat vor Aufnahme seiner Tätigkeit in der ersten Sitzung des Plenums, an der er nach seiner Wahl teilnimmt, oder nötigenfalls vor dem Präsidenten des Gerichtshofs folgenden Eid zu leisten oder folgende feierliche Erklärung abzugeben:

„Ich schwöre," – oder „Ich erkläre feierlich," – „dass ich mein Amt als Richter ehrenhaft, unabhängig und unparteiisch ausüben und das Beratungsgeheimnis wahren werde."

(2) Hierüber wird ein Protokoll aufgenommen.

Art. 4 Unvereinbarkeit. (1) Nach Artikel 21 Absatz 3 der Konvention dürfen die Richter während ihrer Amtszeit keine politische, administrative oder berufliche Tätigkeit ausüben, die mit ihrer Unabhängigkeit und Unparteilichkeit oder mit den Erfordernissen der Vollzeitbeschäftigung in diesem Amt unvereinbar ist. Jeder Richter hat dem Präsidenten des Gerichtshofs jede Nebentätigkeit anzuzeigen. Bei Meinungsverschiedenheit zwischen dem Präsidenten und dem betroffenen Richter entscheidet das Plenum alle sich stellenden Fragen.

(2) Ein ehemaliger Richter darf, gleichviel in welcher Eigenschaft, eine Partei oder einen Drittbeteiligten in einem Verfahren vor dem Gerichtshof über eine Beschwerde, die vor seinem Ausscheiden aus dem Amt erhoben wurde, nicht vertreten. In Bezug auf danach erhobene Beschwerden darf ein ehemaliger Richter, gleichviel in welcher Eigenschaft, eine Partei oder einen Drittbeteiligten in einem Verfahren vor dem Gerichtshof nicht vor Ablauf von zwei Jahren nach seinem Ausscheiden aus dem Amt vertreten.

Art. 5 Rangordnung. (1) Die gewählten Richter folgen im Rang dem Präsidenten und den Vizepräsidenten des Gerichtshofs sowie den Sektionspräsidenten; untereinander bestimmt sich ihr Rang nach dem Tag der Aufnahme ihrer Tätigkeit nach Artikel 2 Absätze 1 und 2.

(2) Der Rang der Vizepräsidenten des Gerichtshofs, die am selben Tag in dieses Amt gewählt werden, richtet sich nach der Dauer ihrer Amtsausübung als Richter. Bei gleicher Dauer bestimmt sich ihr Rang nach dem Lebensalter. Die gleiche Regelung gilt für die Sektionspräsidenten.

(3) Der Rang der am selben Tag gewählten Richter richtet sich nach ihrem Lebensalter.

(4) Die Richter ad hoc folgen im Rang den gewählten Richtern; untereinander bestimmt sich ihr Rang nach dem Lebensalter.

Art. 6 Rücktritt. Die Rücktrittserklärung eines Richters wird an den Präsidenten des Gerichtshofs gerichtet, der sie an den Generalsekretär des Europarats weiterleitet. Vorbehaltlich des Artikels 24 Absatz 4 am Ende und des Artikels 26 Absatz 3 wird durch den Rücktritt der Sitz des Richters frei.

Art. 7 Amtsenthebung. Ein Richter kann seines Amtes nur enthoben werden, wenn die anderen Richter im Plenum mit der Mehrheit von zwei Dritteln der im Amt befindlichen gewählten Richter beschließen, dass er die erforderlichen Voraussetzungen nicht mehr erfüllt. Der betroffene Richter ist zuvor vom Plenum anzuhören. Jeder Richter kann das Amtsenthebungsverfahren in Gang setzen.

Kapitel II: Präsidialämter des Gerichtshofs und Rolle des Präsidiums

Art. 8 Wahl des Präsidenten und der Vizepräsidenten des Gerichtshofs sowie der Präsidenten und Vizepräsidenten der Sektionen. (1) Das Plenum wählt seinen Präsidenten und seine beiden Vizepräsidenten für eine Amtszeit von drei Jahren und die Sektionspräsidenten für eine Amtszeit von zwei Jahren, wobei sich diese Amtszeiten nicht über ihre Amtszeiten als Richter hinaus erstrecken können.

(2) Ebenso wählt jede Sektion einen Vizepräsidenten für eine Amtszeit von drei Jahren, die sich jedoch nicht über seine Amtszeit als Richter hinaus erstrecken kann.

(3) Ein nach Absatz 1 oder 2 gewählter Richter kann in ein gleichrangiges Amt nur einmal wiedergewählt werden.

(4) Die Präsidenten und die Vizepräsidenten führen ihre Geschäfte bis zur Wahl ihrer Nachfolger weiter.

(5) Die in Absatz 1 vorgesehenen Wahlen finden in geheimer Abstimmung statt. Stimmberechtigt sind nur die anwesenden gewählten Richter. Erreicht kein Bewerber die absolute Mehrheit der abgegebenen Stimmen, so finden ein oder mehrere weitere Wahlgänge statt, bis ein Kandidat die absolute Mehrheit erreicht hat. Nach jedem Wahlgang scheiden alle Bewerber aus, die weniger als fünf Stimmen erhalten haben; haben mehr als zwei Bewerber mindestens fünf Stimmen erhalten, scheidet derjenige, der die wenigsten Stimmen erhalten hat, ebenfalls aus. Trifft dies auf mehrere Bewerber zu, so scheidet nur der nach Artikel 5 rangjüngste Bewerber aus. Bei Stimmengleichheit zwischen zwei Bewerbern im letzten Wahlgang wird dem nach Artikel 5 rangälteren Richter der Vorzug gegeben.

(6) Die Vorschriften in Absatz 5 sind auf die in Absatz 2 vorgesehenen Wahlen anzuwenden. Ist jedoch mehr als ein Wahlgang erforderlich, damit einer der Kandidaten die absolute Mehrheit erreicht, scheidet nach jedem Wahlgang nur der Kandidat aus, der die wenigsten Stimmen erhalten hat.

Art. 9 Aufgaben des Präsidenten des Gerichtshofs. (1) Der Präsident leitet Arbeit und Verwaltung des Gerichtshofs. Er vertritt den Gerichtshof und nimmt insbesondere dessen Beziehungen zu den Dienststellen des Europarats wahr.

(2) Er hat den Vorsitz in den Sitzungen des Plenums, der Großen Kammer und des Ausschusses von fünf Richtern.

(3) An der Prüfung der Rechtssachen, die von den Kammern behandelt werden, nimmt der Präsident nicht teil, es sei denn, er ist der für die betroffene Vertragspartei gewählte Richter.

Art. 9a Rolle des Präsidiums. (1) a) Der Gerichtshof hat ein Präsidium, bestehend aus dem Präsidenten und den Vizepräsidenten des Gerichtshofs sowie den Sektionspräsidenten. Ist ein Vizepräsident oder ein Sektionspräsident verhindert, an einer Sitzung des Präsidiums teilzunehmen, so wird er durch den Vizepräsidenten der Sektion vertreten, andernfalls durch das Mitglied der Sektion, das ihm in der Rangordnung nach Artikel 5 unmittelbar folgt.

b) Das Präsidium kann jedes andere Mitglied des Gerichtshofs oder jede andere Person, deren Anwesenheit es für erforderlich hält, zu seinen Sitzungen laden.

(2) Das Präsidium wird vom Kanzler und von den Stellvertretenden Kanzlern unterstützt.

(3) Aufgabe des Präsidiums ist die Unterstützung des Präsidenten bei der Erfüllung seiner Aufgabe, Arbeit und Verwaltung des Gerichtshofs zu leiten. Zu diesem Zweck kann der Präsident das Präsidium mit jeder Verwaltungs- oder außergerichtlichen Angelegenheit befassen, die in seinen Zuständigkeitsbereich fällt.

(4) Das Präsidium erleichtert ferner die Abstimmung zwischen den Sektionen des Gerichtshofs.

(5) Der Präsident kann das Präsidium konsultieren, bevor er nach Artikel 32 Verfahrensanordnungen praktischer Natur erlässt oder die nach Artikel 17 Absatz 4 vom Kanzler vorbereitete allgemeine Weisung genehmigt.

(6) Das Präsidium kann dem Plenum zu jeder Frage Bericht erstatten. Es kann dem Plenum ferner Vorschläge unterbreiten.

(7) Über jede Sitzung des Präsidiums wird ein Protokoll in den beiden Amtssprachen des Gerichtshofs aufgenommen und an die Richter verteilt. Der Sekretär des Präsidiums wird vom Kanzler im Einvernehmen mit dem Präsidenten bestimmt.

Art. 10 Aufgaben der Vizepräsidenten des Gerichtshofs. Die Vizepräsidenten des Gerichtshofs unterstützen den Präsidenten des Gerichtshofs. Sie vertreten ihn, wenn er verhindert oder das Amt des Präsidenten nicht besetzt ist oder wenn er darum ersucht. Die Vizepräsidenten sind auch als Sektionspräsidenten tätig.

Art. 11 Vertretung des Präsidenten und der Vizepräsidenten des Gerichtshofs. Sind der Präsident und die Vizepräsidenten des Gerichtshofs gleichzeitig verhindert oder sind ihre Ämter gleichzeitig nicht besetzt, so werden die Amtspflichten des Präsidenten von einem der Sektionspräsidenten oder, falls keiner von ihnen verfügbar ist, von einem anderen gewählten Richter entsprechend der in Artikel 5 festgelegten Rangordnung wahrgenommen.

Art. 12 Präsidenten der Sektionen und Kammern. Die Sektionspräsidenten haben den Vorsitz in den Sitzungen der Sektion und der Kammern, deren Mitglieder sie sind, und leiten die Arbeit der Sektion. Die Vizepräsidenten der Sektionen vertreten sie im Verhinderungsfall oder wenn das Amt des Sektionspräsidenten nicht besetzt ist oder auf dessen Ersuchen hin. Andernfalls vertreten die Richter der Sektion und der Kammern den Sektionspräsidenten entsprechend der in Artikel 5 festgelegten Rangordnung.

Art. 13 Ausschluss vom Vorsitz. Die Richter des Gerichtshofs sind vom Vorsitz in Rechtssachen ausgeschlossen, in denen eine Vertragspartei, deren Staatsangehörige sie sind oder für die sie gewählt wurden, Partei ist, oder an denen sie als nach Artikel 29 Absatz 1 Buchstabe a oder Artikel 30 Absatz 1 benannte Richter mitwirken.

Art. 14 Ausgewogene Vertretung der Geschlechter. Bei den nach diesem und dem folgenden Kapitel vorzunehmenden Benennungen verfolgt der Gerichtshof eine Politik, die auf eine ausgewogene Vertretung der Geschlechter gerichtet ist.

Kapitel III: Die Kanzlei

Art. 15 Wahl des Kanzlers. (1) Das Plenum wählt den Kanzler des Gerichtshofs. Die Bewerber müssen hohes sittliches Ansehen genießen und über die juristischen, administrativen und sprachlichen Kenntnisse sowie die Erfahrung verfügen, die zur Ausübung dieser Tätigkeit erforderlich sind.

(2) Der Kanzler wird für eine Amtszeit von fünf Jahren gewählt und kann wiedergewählt werden. Er kann seines Amtes nur enthoben werden, wenn die Richter in Plenarsitzung mit der Mehrheit von zwei Dritteln der im Amt befindlichen gewählten Richter beschließen, dass er die erforderlichen Voraussetzungen nicht mehr erfüllt. Er ist zuvor vom Plenum anzuhören. Jeder Richter kann das Amtsenthebungsverfahren in Gang setzen.

(3) Die in diesem Artikel vorgesehenen Wahlen finden in geheimer Abstimmung statt; stimmberechtigt sind nur die anwesenden gewählten Richter. Erreicht kein Bewerber die absolute Mehrheit der abgegebenen Stimmen, so finden ein oder mehrere weitere Wahlgänge statt, bis ein Bewerber die absolute Mehrheit erreicht hat. Nach jedem Wahlgang scheiden alle Bewerber aus, die weniger als fünf Stimmen erhalten haben; haben mehr als zwei Bewerber mindestens fünf Stimmen erhalten, scheidet derjenige, der die wenigsten Stimmen erhalten hat, ebenfalls aus. Bei Stimmengleichheit im Zuge eines zusätzlichen Wahlgangs wird, sofern vorhanden, der weiblichen Person der Vorzug gegeben, sonst der älteren.

(4) Vor Aufnahme seiner Tätigkeit hat der Kanzler vor dem Plenum oder nötigenfalls vor dem Präsidenten des Gerichtshofs folgenden Eid zu leisten oder folgende feierliche Erklärung abzugeben:
„Ich schwöre," – oder „Ich erkläre feierlich," – „dass ich meine Aufgaben als Kanzler des Europäischen Gerichtshofs für Menschenrechte mit größter Pflichttreue, Verschwiegenheit und Gewissenhaftigkeit erfüllen werde."
Hierüber wird ein Protokoll aufgenommen.

Art. 16 Wahl der Stellvertretenden Kanzler. (1) Das Plenum wählt außerdem einen oder mehrere Stellvertretende Kanzler unter den Voraussetzungen, nach dem Verfahren und für die Amtszeit, die in Artikel 15 vorgeschrieben sind. Das für die Amtsenthebung des Kanzlers vorgesehene Verfahren findet auch für die Amtsenthebung der Stellvertretenden Kanzler Anwendung. Der Gerichtshof hört in beiden Fällen zuvor den Kanzler an.

(2) Vor Aufnahme ihrer Tätigkeit haben die Stellvertretenden Kanzler vor dem Plenum oder nötigenfalls vor dem Präsidenten des Gerichtshofs entsprechend den für den Kanzler geltenden Vorschriften einen Eid zu leisten oder eine feierliche Erklärung abzugeben. Hierüber wird ein Protokoll aufgenommen.

Art. 17 Aufgaben des Kanzlers. (1) Der Kanzler unterstützt den Gerichtshof bei der Erfüllung seiner Aufgaben; er trägt die Verantwortung für Organisation und Tätigkeit der Kanzlei, wobei er dem Präsidenten des Gerichtshofs untersteht.

(2) Der Kanzler bewahrt das Archiv des Gerichtshofs; die beim Gerichtshof aus- und eingehende Korrespondenz und die Zustellungen betreffend die beim Gerichtshof anhängigen oder anhängig zu machenden Rechtssachen werden über ihn geleitet.

(3) Soweit es mit der ihm durch sein Amt auferlegten Schweigepflicht vereinbar ist, erteilt der Kanzler Auskunft auf Anfragen über die Tätigkeit des Gerichtshofs, insbesondere gegenüber der Presse.

(4) Die Arbeit der Kanzlei wird durch eine vom Kanzler vorbereitete und vom Präsidenten des Gerichtshofs genehmigte allgemeine Weisung geregelt.

Art. 18 Organisation der Kanzlei. (1) Die Kanzlei besteht aus ebenso vielen Sektionskanzleien wie der Gerichtshof Sektionen bildet, sowie aus den Stellen, die erforderlich sind, um die vom Gerichtshof benötigten rechtlichen und administrativen Dienstleistungen zu erbringen.

(2) Der Sektionskanzler unterstützt die Sektion bei der Erfüllung ihrer Aufgaben; dabei kann ihm ein Stellvertretender Sektionskanzler zur Seite stehen.

(3) Die Kanzleibediensteten werden vom Kanzler unter der Aufsicht des Präsidenten des Gerichtshofs eingestellt. Die Ernennung des Kanzlers und des Stellvertretenden Kanzlers erfolgt nach den Artikeln 15 und 16.

Art. 18a Nichtrichterliche Berichterstatter. (1) Wenn der Gerichtshof in Einzelrichterbesetzung tagt, wird er von nicht richterlichen Berichterstattern unterstützt, die ihre Aufgaben unter der Aufsicht des Präsidenten des Gerichtshofs ausüben. Sie gehören der Kanzlei des Gerichtshofs an.

(2) Die nichtrichterlichen Berichterstatter werden vom Präsidenten des Gerichtshofs auf Vorschlag des Kanzlers bestimmt. Die Sektionskanzler und Stellvertretenden Sektionskanzler nach Artikel 18 Absatz 2 dieser Verfahrensordnung sind von Amts wegen als nichtrichterliche Berichterstatter tätig.

Art. 18b Rechtsgelehrter. Um die Qualität und Einheitlichkeit seiner Rechtsprechung zu gewährleisten, wird der Gerichtshof von einem Rechtsgelehrten unterstützt. Er gehört der Kanzlei an. Der Rechtsgelehrte erteilt Gutachten und Auskünfte, insbesondere für die Spruchkörper und Mitglieder des Gerichtshofs.

Kapitel IV: Die Arbeitsweise des Gerichtshofs

Art. 19 Sitz des Gerichtshofs. (1) Der Gerichtshof hat seinen Sitz in Straßburg, dem Sitz des Europarats. Der Gerichtshof kann jedoch, wenn er es für zweckmäßig hält, seine Tätigkeit an einem anderen Ort im Hoheitsgebiet der Mitgliedstaaten des Europarats ausüben.

(2) Der Gerichtshof kann in jedem Stadium der Prüfung einer Beschwerde beschließen, dass es notwendig ist, selbst oder durch eines oder mehrere seiner Mitglieder an einem anderen Ort eine Untersuchung vorzunehmen oder jede andere Aufgabe zu erledigen.

Art. 20 Sitzungen des Plenums. (1) Der Präsident beruft den Gerichtshof zu einer Plenarsitzung ein, sobald es die dem Gerichtshof nach der Konvention und dieser Verfahrensordnung obliegenden Aufgaben erfordern. Der Präsident beruft eine Plenarsitzung ein, wenn mindestens ein Drittel der Mitglieder des Gerichtshofs es verlangt, jedenfalls aber einmal im Jahr zur Erörterung von Verwaltungsfragen.

(2) Für die Beschlussfähigkeit des Plenums ist die Anwesenheit von mindestens zwei Dritteln der im Amt befindlichen gewählten Richter erforderlich.

(3) Wird die für die Beschlussfähigkeit erforderliche Zahl nicht erreicht, so vertagt der Präsident die Sitzung.

Art. 21 Andere Sitzungen des Gerichtshofs. (1) Die Große Kammer, die Kammern und die Komitees tagen ständig. Der Gerichtshof legt jedoch jedes Jahr auf Vorschlag seines Präsidenten Sitzungsperioden fest.

(2) In dringenden Fällen kann der Präsident die Große Kammer und die Kammern auch außerhalb dieser Sitzungsperioden einberufen.

Art. 22 Beratungen. (1) Der Gerichtshof berät in nichtöffentlicher Sitzung. Seine Beratungen bleiben geheim.

(2) Nur die Richter nehmen an den Beratungen teil. Der Kanzler oder die als sein Vertreter bestimmte Person sowie diejenigen weiteren Kanzleibediensteten und Dolmetscher, deren Hilfe für erforderlich erachtet wird, sind bei den Beratungen anwesend. Die Zulassung anderer Personen bedarf einer besonderen Entscheidung des Gerichtshofs.

(3) Vor jeder Abstimmung über eine Frage, die dem Gerichtshof vorgelegt wird, fordert der Präsident die Richter auf, ihre Meinung zu äußern.

Art. 23 Abstimmungen. (1) Die Entscheidungen des Gerichtshofs werden von den anwesenden Richtern mit Stimmenmehrheit getroffen. Bei Stimmengleichheit wird erneut abgestimmt, und liegt weiterhin Stimmengleichheit vor, so gibt die Stimme des Präsidenten den Ausschlag. Dieser Absatz gilt, soweit diese Verfahrensordnung nichts anderes bestimmt.

(2) Die Entscheidungen und Urteile der Großen Kammer und der Kammern werden von den jeweils tagenden Richtern mit Stimmenmehrheit angenommen. Bei den Schlussabstimmungen über Zulässigkeit und Begründetheit einer Beschwerde sind Enthaltungen nicht zulässig.

(3) In der Regel erfolgen die Abstimmungen durch Handzeichen. Der Präsident kann eine namentliche Abstimmung durchführen, und zwar in umgekehrter Reihenfolge der Rangordnung.

(4) Jede Frage, über die abzustimmen ist, wird genau formuliert.

Art. 23a Entscheidung durch stillschweigende Zustimmung. Hat der Gerichtshof außerhalb einer angesetzten Sitzung über eine Verfahrensfrage oder eine andere Frage zu entscheiden, so kann der Präsident anordnen, dass den Richtern die Entscheidung im Entwurf zuzuleiten und für ihre Stellungnahme eine Frist zu setzen ist. Erheben die Richter keine Einwände, so gilt der Vorschlag nach Ablauf der Frist als angenommen.

Kapitel V: Zusammensetzung des Gerichtshofs

Art. 24 Zusammensetzung der Großen Kammer. (1) Die Große Kammer besteht aus siebzehn Richtern und mindestens drei Ersatzrichtern.

(2) a) Der Großen Kammer gehören der Präsident und die Vizepräsidenten des Gerichtshofs sowie die Sektionspräsidenten an. Ist ein Vizepräsident des Gerichtshofs oder ein Sektionspräsident an der Teilnahme an einer Sitzung der Großen Kammer verhindert, so wird er durch den Vizepräsidenten der betreffenden Sektion vertreten.

b) Der für die betroffene Vertragspartei gewählte Richter oder gegebenenfalls der nach Artikel 29 oder Artikel 30 benannte Richter gehört der Großen Kammer nach Artikel 26 Absätze 4 und 5 der Konvention von Amts wegen an.

c) In Rechtssachen, die nach Artikel 30 der Konvention an die Große Kammer abgegeben werden, gehören der Großen Kammer auch die Mitglieder der Kammer an, welche die Sache abgegeben hat.

d) In Rechtssachen, die nach Artikel 43 der Konvention an die Große Kammer verwiesen werden, gehört der Großen Kammer kein Richter an, welcher der Kammer angehörte, die das Urteil in der verwiesenen Rechtssache gefällt hat, mit Ausnahme des Präsidenten jener Kammer und des Richters, der ihr für den betroffenen Vertragsstaat angehörte, ebenso wenig ein Richter, welcher der Kammer oder den Kammern angehörte, die über die Zulässigkeit der Beschwerde entschieden haben.

e) Die Richter und Ersatzrichter, welche die Große Kammer jeweils in einer ihr vorgelegten Rechtssache vervollständigen sollen, werden aus dem Kreis der verbleibenden Richter vom Präsidenten des Gerichtshofs im Beisein des Kanzlers durch das Los bestimmt. Die Einzelheiten des Losverfahrens werden unter gebührender Berücksichtigung der Notwendigkeit einer geographisch ausgewogenen Zusammensetzung, die den unterschiedlichen Rechtssystemen der Vertragsparteien Rechnung trägt, vom Plenum festgelegt.

f) Bei der Prüfung eines Antrags auf Erstattung eines Gutachtens nach Artikel 47 der Konvention wird die Große Kammer nach Absatz 2 Buchstaben a und e gebildet.

g) Bei der Prüfung eines Antrags nach Artikel 46 Absatz 4 der Konvention gehören der Großen Kammer neben den in Absatz 2 Buchstaben a und b erwähnten Richtern die Mitglieder der Kammer oder des Komitees an, welches das Urteil in der betreffenden Rechtssache gefällt hat. Wurde das Urteil von einer Großen Kammer gefällt, so wird die Große Kammer so wie die ursprüngliche Große Kammer gebildet. In allen Rechtssachen, auch in denjenigen, in denen die ursprüngliche Große Kammer nicht erneut gebildet werden kann, werden die Richter und Ersatzrichter, welche die Große Kammer vervollständigen sollen, nach Absatz 2 Buchstabe e bestimmt.

(3) Sind Richter verhindert, so werden sie durch Ersatzrichter vertreten, die in der Reihenfolge nach Absatz 2 Buchstabe e bestimmt werden.

(4) Die so bestimmten Richter und Ersatzrichter bleiben für die Prüfung der Rechtssache Mitglieder der Großen Kammer, bis das Verfahren abgeschlossen ist. Sie setzen ihre Tätigkeit in einer Rechtssache auch nach Ablauf ihrer Amtszeit fort, wenn sie an der Prüfung der Begründetheit teilgenommen haben. Diese Bestimmungen gelten auch für das Verfahren zur Erstattung von Gutachten.

(5) a) Der Ausschuss von fünf Richtern der Großen Kammer, der einen nach Artikel 43 der Konvention vorgelegten Antrag zu prüfen hat, besteht aus
– dem Präsidenten des Gerichtshofs; ist der Präsident des Gerichtshofs verhindert, so wird er durch den rangälteren Vizepräsidenten des Gerichtshofs vertreten;
– zwei Sektionspräsidenten, die im Rotationsverfahren bestimmt werden; ist ein so bestimmter Sektionspräsident verhindert, so wird er durch den Vizepräsidenten der Sektion vertreten;
– zwei Richtern, die im Rotationsverfahren aus dem Kreis der Richter bestimmt werden, die von den verbleibenden Sektionen zur Mitwirkung im Ausschuss für sechs Monate gewählt wurden;
– mindestens zwei Ersatzrichtern, die im Rotationsverfahren aus dem Kreis der Richter bestimmt werden, die von den Sektionen zur Mitwirkung im Ausschuss für sechs Monate gewählt wurden.

b) Prüft der Ausschuss einen Antrag auf Verweisung, so gehört ihm kein Richter an, der an der Prüfung der Zulässigkeit oder der Begründetheit der betreffenden Rechtssache teilgenommen hat.

c) Ein Richter, der für eine von einem Antrag auf Verweisung betroffene Vertragspartei gewählt wurde oder Staatsangehöriger einer solchen ist, kann nicht Mitglied des Ausschusses sein, wenn der Ausschuss diesen Antrag prüft. Ein gewählter Richter, der nach Artikel 29 oder 30 benannt worden ist, ist von der Prüfung eines solchen Antrags ebenfalls ausgeschlossen.

d) Ist ein Mitglied des Ausschusses aus einem unter Buchstabe b oder c genannten Grund verhindert, so wird es durch einen Ersatzrichter vertreten, der im Rotationsverfahren aus dem Kreis der Richter bestimmt wird, die von den Sektionen zur Mitwirkung im Ausschuss für sechs Monate gewählt wurden.

Art. 25 Bildung der Sektionen. (1) Die in Artikel 25 Buchstabe b der Konvention vorgesehenen Kammern (in dieser Verfahrensordnung als „Sektionen" bezeichnet) werden auf Vorschlag des Präsidenten vom Plenum gebildet, und zwar für drei Jahre, von der Wahl der in Artikel 8 dieser Verfahrensordnung genannten Inhaber der Präsidialämter an gerechnet. Es werden mindestens vier Sektionen gebildet.

(2) Jeder Richter ist Mitglied einer Sektion. Die Zusammensetzung der Sektionen soll sowohl in geographischer Hinsicht als auch in Bezug auf die Vertretung der Geschlechter ausgewogen sein und den unterschiedlichen Rechtssystemen der Vertragsparteien Rechnung tragen.

(3) Scheidet ein Richter vor Ablauf des Zeitabschnitts, für den die Sektion gebildet wurde, aus dem Gerichtshof aus, so wird er durch seinen Nachfolger beim Gerichtshof als Mitglied der Sektion ersetzt.

(4) Wenn es die Umstände erfordern, kann der Präsident des Gerichtshofs ausnahmsweise die Zusammensetzung der Sektionen ändern.

(5) Auf Vorschlag des Präsidenten kann das Plenum eine zusätzliche Sektion bilden.

Art. 26 Bildung der Kammern. (1) Die Kammern mit sieben Richtern, die in Artikel 26 Absatz 1 der Konvention für die Prüfung der beim Gerichtshof anhängig gemachten Rechtssachen vorgesehen sind, werden wie folgt aus den Sektionen gebildet.

a) Der Kammer gehören vorbehaltlich des Absatzes 2 sowie des Artikels 28 Absatz 4, letzter Satz, für jede Rechtssache der Sektionspräsident und der für eine betroffene Vertragspartei gewählte Richter an. Ist der Letztere nicht Mitglied der Sektion, der die Beschwerde nach Artikel 51 oder 52 dieser Verfahrensordnung zugeteilt wurde, so gehört er der Kammer nach Artikel 26 Absatz 4 der Konvention von Amts wegen an. Ist dieser Richter verhindert oder befangen, so findet Artikel 29 dieser Verfahrensordnung Anwendung.

b) Die anderen Mitglieder der Kammer werden vom Sektionspräsidenten im Rotationsverfahren aus dem Kreis der Mitglieder der Sektion bestimmt.

c) Die Mitglieder der Sektion, die nicht auf diese Weise bestimmt wurden, sind in der betreffenden Rechtssache Ersatzrichter.

(2) Der für eine betroffene Vertragspartei gewählte Richter oder gegebenenfalls der nach Artikel 29 oder 30 benannte gewählte Richter oder Richter ad hoc kann vom Kammerpräsidenten von der Teilnahme an Sitzungen, die der Vorbereitung oder Verfahrensfragen gewidmet sind, befreit werden. Für die Zwecke solcher Sitzungen nimmt der erste Ersatzrichter teil.

(3) Auch nach Ende ihrer Amtszeit bleiben die Richter in den Rechtssachen tätig, in denen sie an der Prüfung der Begründetheit teilgenommen haben.

Art. **27** Komitees.

(1) Nach Artikel 26 Absatz 1 der Konvention werden Komitees aus drei derselben Sektion angehörenden Richtern gebildet. Die Zahl der Komitees wird vom Präsidenten des Gerichtshofs nach Anhörung der Sektionspräsidenten bestimmt.

(2) Die Komitees werden im Rotationsverfahren aus dem Kreis der Mitglieder jeder Sektion mit Ausnahme ihres Präsidenten für zwölf Monate gebildet.

(3) Sektionsmitglieder einschließlich des Sektionspräsidenten, die nicht Mitglieder eines Komitees sind, können, sofern dies angezeigt ist, zum Komiteemitglied berufen werden. Sie können auch berufen werden, verhinderte Mitglieder zu ersetzen.

(4) Komiteepräsident ist das innerhalb der Sektion jeweils rangälteste Mitglied.

Art. **27a** Einzelrichterbesetzung.

(1) Nach Artikel 26 Absatz 1 der Konvention wird eine Einzelrichterbesetzung eingeführt. Nach Anhörung des Präsidiums bestimmt der Präsident des Gerichtshofs die Zahl der zu ernennenden Einzelrichter und nimmt die Ernennungen vor. Der Präsident erstellt vorab die Liste der Vertragsparteien, für die jeder Richter während seiner Amtszeit als Einzelrichter Beschwerden prüft.

(2) Als Einzelrichter tagen ebenfalls

a) die Sektionspräsidenten, wenn sie ihre Zuständigkeiten nach Artikel 54 Absätze 2 Buchstabe b und 3 dieser Verfahrensordnung ausüben;

b) die Vizepräsidenten der Sektionen, die für die Entscheidung über die Anträge auf vorläufige Maßnahmen nach Artikel 39 Absatz 4 dieser Verfahrensordnung bestimmt werden.

(3) Einzelrichter werden für eine Amtszeit von zwölf Monaten ernannt. Sie nehmen weiterhin ihre anderen Aufgaben innerhalb der Sektionen wahr, denen sie nach Artikel 25 Absatz 2 angehören.

531

(4) Nach Artikel 24 Absatz 2 der Konvention wird jeder Einzelrichter bei seinen Entscheidungen von einem nicht richterlichen Berichterstatter unterstützt.

Art. 28 Verhinderung, Ablehnung, Freistellung. (1) Jeder Richter, der verhindert ist, an Sitzungen teilzunehmen, zu denen er einberufen wurde, hat dies umgehend dem Kammerpräsidenten mitzuteilen.

(2) Ein Richter darf an der Prüfung einer Rechtssache nicht teilnehmen,

a) wenn er an der Rechtssache ein persönliches Interesse hat, zum Beispiel wegen einer ehelichen, elterlichen oder sonstigen engen verwandtschaftlichen, persönlichen oder beruflichen Beziehung oder eines Unterordnungsverhältnisses zu einer der Parteien;

b) wenn er an der Rechtssache vorher mitgewirkt hat, sei es als Prozessbevollmächtigter, Rechtsbeistand oder Berater einer Partei oder einer an der Sache interessierten Person, sei es als Mitglied eines anderen Gerichts oder einer Untersuchungskommission auf nationaler oder internationaler Ebene oder in anderer Eigenschaft;

c) wenn er als Richter ad hoc oder als ehemaliger gewählter Richter, der nach Artikel 26 Absatz 3 weiter tätig ist, eine politische oder administrative Tätigkeit oder eine mit seiner Unabhängigkeit und Unparteilichkeit unvereinbare berufliche Tätigkeit aufnimmt;

d) wenn er über die Medien, schriftlich, durch öffentliches Handeln oder in anderer Weise in der Öffentlichkeit Ansichten geäußert hat, die objektiv geeignet sind, seine Unparteilichkeit zu beeinträchtigen;

e) wenn aus einem anderen Grund berechtigte Zweifel an seiner Unabhängigkeit oder Unparteilichkeit bestehen.

(3) Ist ein Richter aus einem der genannten Gründe befangen, so teilt er dies dem Kammerpräsidenten mit; dieser stellt ihn von der Teilnahme an der Rechtssache frei.

(4) Hat der betroffene Richter oder der Kammerpräsident Zweifel, ob einer der in Absatz 2 genannten Ablehnungsgründe vorliegt, so entscheidet die Kammer. Nach Anhörung des betroffenen Richters berät die Kammer und stimmt ab; dabei ist der betroffene Richter nicht anwesend. Für die Zwecke der Beratungen und der Abstimmung der Kammer über diese Frage wird er durch den ersten Ersatzrichter der Kammer vertreten. Dasselbe gilt, wenn der Richter der Kammer für eine betroffene Vertragspartei nach den Artikeln 29 und 30 angehört.

(5) Die Absätze 1 bis 4 gelten auch für das Tätigwerden eines Richters als Einzelrichter oder die Mitwirkung eines Richters in einem Komitee; in diesen Fällen ist die nach Absatz 1 oder 3 vorgeschriebene Mitteilung an den Sektionspräsidenten zu richten.

Art. 29 Richter ad hoc. (1) a) Wenn der für eine betroffene Vertragspartei gewählte Richter verhindert, befangen oder freigestellt ist oder es einen solchen Richter nicht gibt, benennt der Präsident des Gerichtshofs einen zur Teilnahme an der Prüfung der Rechtssache nach Artikel 28 geeigneten Richter ad hoc aus einer von der Vertragspartei vorab unterbreiteten Liste mit den Namen von drei bis fünf Personen, welche die Vertragspartei als Personen bestimmt hat, die als Richter ad hoc für eine verlängerbare Amtszeit von zwei Jahren in Frage kommen und die Voraussetzungen nach Buchstabe c erfüllen.

Die Liste muss Personen beiderlei Geschlechts umfassen und es sind ihr biographische Angaben zu den Personen beizufügen, deren Namen in der Liste erscheinen. Die Personen, deren Namen in der Liste erscheinen, dürfen, gleichviel in welcher Eigenschaft, eine Partei oder einen Drittbeteiligten in einem Verfahren vor dem Gerichtshof nicht vertreten.

b) Das Verfahren nach Absatz 1 Buchstabe a findet auch Anwendung, wenn die benannte Person verhindert oder befangen ist.

c) Richter ad hoc muss die in Artikel 21 Absatz 1 der Konvention vorgeschriebenen Voraussetzungen erfüllen und in der Lage sein, den in Absatz 5 vorgesehenen Erfordernissen in Bezug auf Verfügbarkeit und Anwesenheit zu entsprechen. Ein Richter ad hoc darf während seiner Amtszeit, gleichviel in welcher Eigenschaft, eine Partei oder einen Drittbeteiligten in einem Verfahren vor dem Gerichtshof nicht vertreten.

(2) Der Präsident des Gerichtshofs benennt einen anderen gewählten Richter, der als Richter ad hoc an dem Verfahren mitwirkt, wenn

a) die betroffene Vertragspartei in dem Zeitpunkt, in dem die Beschwerde nach Artikel 54 Absatz 2 Buchstabe b zur Kenntnis gebracht wird, dem Kanzler die in Absatz 1 Buchstabe a bezeichnete Liste nicht unterbreitet hat, oder

b) der Präsident des Gerichtshofs der Ansicht ist, dass weniger als drei der in der Liste aufgeführten Personen die Voraussetzungen nach Absatz 1 Buchstabe c erfüllen.

(3) Der Präsident des Gerichtshofs kann beschließen, einen Richter ad hoc nach Absatz 1 Buchstabe a oder Absatz 2 erst dann zu benennen, wenn der Vertragspartei die Beschwerde nach Artikel 54 Absatz 2 Buchstabe b zur Kenntnis gebracht wird. Bis zur Entscheidung des Präsidenten des Gerichtshofs nimmt der erste Ersatzrichter an den Sitzungen teil.

(4) Zu Beginn der ersten Sitzung in der betreffenden Rechtssache nach seiner Benennung leistet der Richter ad hoc den Eid oder gibt die feierliche Erklärung ab, die in Artikel 3 vorgesehen sind. Hierüber wird ein Protokoll aufgenommen.

(5) Richter ad hoc müssen sich zur Verfügung des Gerichtshofs halten und vorbehaltlich des Artikels 26 Absatz 2 an den Sitzungen der Kammer teilnehmen.

Art. 30 Interessengemeinschaft. (1) Haben zwei oder mehr beschwerdeführende oder beschwerdegegnerische Vertragsparteien ein gemeinsames Interesse, so kann der Kammerpräsident sie auffordern, sich untereinander über die Benennung nur eines der für sie gewählten Richter als Richter der Interessengemeinschaft zu verständigen; dieser wird von Amts wegen zum Kammermitglied berufen. Kommt eine Einigung nicht zustande, so bestimmt der Präsident den Richter der Interessengemeinschaft aus der Zahl der von diesen Parteien vorgeschlagenen Richter durch das Los.

(2) Der Kammerpräsident kann beschließen, die betroffenen Vertragsparteien zu einer Benennung nach Absatz 1 erst dann aufzufordern, wenn die Beschwerde den beschwerdegegnerischen Vertragsparteien nach Artikel 54 Absatz 2 zur Kenntnis gebracht worden ist.

(3) Besteht Streit über das Vorliegen einer Interessengemeinschaft oder über eine damit zusammenhängende Frage, so entscheidet die Kammer, nötigenfalls nach Einholung schriftlicher Stellungnahmen der betroffenen Vertragsparteien.

Titel II: Das Verfahren

Kapitel I: Allgemeine Vorschriften

Art. 31 Möglichkeit von Abweichungen im Einzelfall. Der Gerichtshof kann im Einzelfall bei der Prüfung einer Rechtssache von den Vorschriften dieses Titels abweichen; wenn es angezeigt ist, hört er zuvor die Parteien an.

Art. 32 Verfahrensanordnungen.[1] Der Präsident des Gerichtshofs kann Verfahrensanordnungen praktischer Natur erlassen, insbesondere hinsichtlich des Erscheinens zu mündlichen Verhandlungen und der Einreichung von Schriftsätzen oder sonstigen Unterlagen.

Art. 33 Öffentlichkeit der Unterlagen. (1) Alle bei der Kanzlei von den Parteien oder Drittbeteiligten im Zusammenhang mit einer Beschwerde eingereichten Unterlagen mit Ausnahme derjenigen, die im Rahmen von Verhandlungen über eine gütliche Einigung nach Artikel 62 vorgelegt werden, sind der Öffentlichkeit nach den vom Kanzler bestimmten Regelungen zugänglich, soweit nicht der Kammerpräsident aus den in Absatz 2 genannten Gründen anders entscheidet, sei es von Amts wegen, sei es auf Antrag einer Partei oder einer anderen betroffenen Person.

(2) Der Zugang der Öffentlichkeit zu Unterlagen oder Teilen davon kann eingeschränkt werden, wenn dies im Interesse der Moral, der öffentlichen Ordnung oder der nationalen Sicherheit in einer demokratischen Gesellschaft liegt, wenn die Interessen von Jugendlichen oder der Schutz des Privatlebens der Parteien oder betroffener Personen es verlangen oder – soweit der Kammerpräsident es für unbedingt erforderlich hält – wenn unter besonderen Umständen die Öffentlichkeit von Unterlagen die Interessen der Rechtspflege beeinträchtigen würde.

(3) Anträge auf Vertraulichkeit nach Absatz 1 sind zu begründen; dabei ist anzugeben, ob sämtliche Unterlagen oder nur ein Teil davon der Öffentlichkeit nicht zugänglich sein sollen.

(4) Entscheidungen und Urteile einer Kammer sind der Öffentlichkeit zugänglich. Entscheidungen und Urteile eines Komitees, einschließlich der unter die Einschränkung zu Artikel 53 Absatz 5 fallenden Entscheidungen, sind der Öffentlichkeit zugänglich. Der Gerichtshof macht der Öffentlichkeit in regelmäßigen Abständen allgemeine Informationen über Entscheidungen zugänglich, die in Einzelrichterbesetzungen nach Artikel 52a Absatz 1 und von den Komitees nach Artikel 53 Absatz 5 getroffen wurden.

Art. 34 Gebrauch der Sprachen. (1) Die Amtssprachen des Gerichtshofs sind Englisch und Französisch.

(2) Wird eine Beschwerde nach Artikel 34 der Konvention erhoben, so erfolgen, solange diese Beschwerde noch keiner Vertragspartei nach dieser Ver-

---

[1] Entsprechende „Practice Directions" u. a. zur Einleitung von Individualbeschwerden, zu Schriftsätzen und vorläufigen Maßnahmen hat der Gerichtshof der Verfahrensordnung angefügt (hier nicht abgedruckt und nur zum Teil in deutscher Sprache verfügbar, abrufbar unter: https://www.echr.coe.int/Pages/home.aspx?p=basictexts/rules&c=#n1347877334990_pointer).

fahrensordnung zur Kenntnis gebracht worden ist, die Kommunikation mit dem Beschwerdeführer oder seinem Vertreter sowie die mündlichen und schriftlichen Stellungnahmen des Beschwerdeführers oder seines Vertreters, soweit nicht in einer der Amtssprachen des Gerichtshofs, in einer der Amtssprachen der Vertragsparteien. Wird nach Maßgabe dieser Verfahrensordnung eine Vertragspartei über eine Beschwerde informiert oder eine Beschwerde ihr zur Kenntnis gebracht, so sind ihr die Beschwerde und alle beigefügten Unterlagen in der Sprache zu übermitteln, in der sie vom Beschwerdeführer bei der Kanzlei eingereicht wurden.

(3) a) Die Kommunikation mit dem Beschwerdeführer oder seinem Vertreter sowie die mündlichen und schriftlichen Stellungnahmen des Beschwerdeführers oder seines Vertreters in Bezug auf eine mündliche Verhandlung oder nachdem einer Vertragspartei die Beschwerde zur Kenntnis gebracht worden ist, erfolgen in einer der Amtssprachen des Gerichtshofs, wenn nicht der Kammerpräsident den weiteren Gebrauch der Amtssprache einer Vertragspartei erlaubt.

b) Wird diese Erlaubnis erteilt, so trifft der Kanzler die notwendigen Vorkehrungen dafür, dass die mündlichen und schriftlichen Stellungnahmen des Beschwerdeführers ganz oder teilweise ins Englische oder Französische gedolmetscht beziehungsweise übersetzt werden, soweit dies nach Auffassung des Kammerpräsidenten im Interesse einer ordnungsgemäßen Durchführung des Verfahrens ist.

c) Ausnahmsweise kann der Kammerpräsident die Erteilung der Erlaubnis davon abhängig machen, dass der Beschwerdeführer die dadurch entstehenden Kosten ganz oder teilweise trägt.

d) Wenn der Kammerpräsident nichts anderes bestimmt, gilt eine Entscheidung nach diesem Absatz auch für alle späteren Verfahrensabschnitte, einschließlich derer, die durch Anträge auf Verweisung der Rechtssache an die Große Kammer oder durch Anträge auf Auslegung des Urteils oder Wiederaufnahme des Verfahrens nach Artikel 73, 79 beziehungsweise 80 ausgelöst werden.

(4) a) Die Kommunikation mit einer Vertragspartei, die in der Rechtssache Partei ist, sowie die mündlichen und schriftlichen Stellungnahmen einer solchen Vertragspartei erfolgen in einer der Amtssprachen des Gerichtshofs. Der Kammerpräsident kann der betreffenden Vertragspartei den Gebrauch einer ihrer Amtssprachen für mündliche und schriftliche Stellungnahmen erlauben.

b) Wird diese Erlaubnis erteilt, so hat die ersuchende Vertragspartei

i) innerhalb einer vom Kammerpräsidenten zu bestimmenden Frist eine Übersetzung ihrer schriftlichen Stellungnahmen in einer der Amtssprachen des Gerichtshofs einzureichen. Reicht diese Vertragspartei innerhalb dieser Frist die Übersetzung nicht ein, so kann der Kanzler auf Kosten der ersuchenden Vertragspartei die notwendigen Vorkehrungen für diese Übersetzung treffen;

ii) die Kosten für das Dolmetschen ihrer mündlichen Stellungnahmen ins Englische oder Französische zu tragen. Der Kanzler ist dafür verantwortlich, die notwendigen Vorkehrungen für das Dolmetschen zu treffen.

c) Der Kammerpräsident kann anordnen, dass eine Vertragspartei, die in der Rechtssache Partei ist, innerhalb einer bestimmten Frist eine englische oder französische Übersetzung oder Zusammenfassung aller oder bestimmter Anlagen zu ihren schriftlichen Stellungnahmen oder anderer einschlägiger Unterlagen oder von Auszügen daraus vorzulegen hat.

d) In Bezug auf die Beteiligung Dritter nach Artikel 44 und den Gebrauch einer Sprache, die nicht eine der Amtssprachen ist, durch Drittbeteiligte sind die Buchstaben a bis c entsprechend anzuwenden.

(5) Der Kammerpräsident kann die beschwerdegegnerische Vertragspartei auffordern, eine Übersetzung ihrer schriftlichen Stellungnahmen in einer ihrer Amtssprachen vorzulegen, um dem Beschwerdeführer das Verständnis dieser Stellungnahmen zu erleichtern.

(6) Zeugen, Sachverständige und andere Personen, die vor dem Gerichtshof auftreten, können sich ihrer eigenen Sprache bedienen, wenn sie keine der beiden Amtssprachen hinreichend beherrschen. In diesem Fall trifft der Kanzler die notwendigen Vorkehrungen für die mündliche und schriftliche Übersetzung.

Art. 35 Vertretung der Vertragsparteien. Die Vertragsparteien werden durch Prozessbevollmächtigte vertreten, die zu ihrer Unterstützung Rechtsbeistände oder Berater hinzuziehen können.

Art. 36 Vertretung der Beschwerdeführer. (1) Die in Artikel 34 der Konvention genannten natürlichen Personen, nichtstaatlichen Organisationen und Personengruppen können eine Beschwerde zunächst selbst oder durch einen Vertreter einreichen.

(2) Sobald der beschwerdegegnerischen Vertragspartei die Beschwerde nach Artikel 54 Absatz 2 Buchstabe b zugestellt ist, muss der Beschwerdeführer nach Absatz 4 vertreten sein, wenn der Kammerpräsident nichts anderes bestimmt.

(3) Auf diese Weise muss der Beschwerdeführer in jeder von der Kammer beschlossenen mündlichen Verhandlung vertreten sein, wenn der Kammerpräsident ihm nicht ausnahmsweise erlaubt, seine Interessen selbst zu vertreten, falls erforderlich mit Unterstützung eines Rechtsbeistands oder einer anderen zugelassenen Person.

(4) a) Der nach den Absätzen 2 und 3 im Namen des Beschwerdeführers handelnde Vertreter muss ein in einer Vertragspartei zugelassener Rechtsbeistand mit Wohnsitz im Hoheitsgebiet einer Vertragspartei sein oder aber eine andere Person, die der Kammerpräsident zulässt.

b) Unter außergewöhnlichen Umständen kann der Kammerpräsident, wenn er der Meinung ist, dass die Umstände oder das Verhalten des Rechtsbeistands oder der anderen Person, die nach Buchstabe a bestellt wurden, es rechtfertigen, zu jedem Zeitpunkt des Verfahrens bestimmen, dass der Rechtsbeistand oder diese Person den Beschwerdeführer nicht mehr vertreten oder unterstützen darf und dieser einen anderen Vertreter suchen muss.

(5) a) Der Rechtsbeistand oder der andere zugelassene Vertreter des Beschwerdeführers oder der Beschwerdeführer selbst, der darum ersucht, seine Interessen selbst vertreten zu dürfen, muss, auch wenn ihm eine Erlaubnis nach Buchstabe b erteilt wird, eine der Amtssprachen des Gerichtshofs hinreichend verstehen.

b) Verfügt der Betreffende nicht über hinreichende Kenntnisse, um sich in einer der Amtssprachen des Gerichtshofs auszudrücken, so kann ihm der

Kammerpräsident nach Artikel 34 Absatz 3 den Gebrauch einer der Amtssprachen der Vertragsstaaten erlauben.

Art. 37 Mitteilungen, Zustellungen, Ladungen. (1) Mitteilungen und Zustellungen an die Prozessbevollmächtigten oder die Rechtsbeistände der Parteien gelten als an die Parteien gerichtet.

(2) Hält der Gerichtshof für eine Mitteilung, Zustellung oder Ladung, die an eine andere Person als die Prozessbevollmächtigten oder Rechtsbeistände der Parteien gerichtet ist, die Mitwirkung der Regierung des Staates für erforderlich, in dessen Hoheitsgebiet die Mitteilung, Zustellung oder Ladung Wirkung entfalten soll, so wendet sich der Präsident des Gerichtshofs unmittelbar an diese Regierung, um die notwendige Unterstützung zu erhalten.

Art. 38 Schriftsätze. (1) Schriftliche Stellungnahmen und andere Unterlagen können nur innerhalb der Frist eingereicht werden, die je nach Fall vom Kammerpräsidenten oder vom Bericht erstattenden Richter nach Maßgabe dieser Verfahrensordnung hierfür bestimmt wird. Schriftliche Stellungnahmen und andere Unterlagen, die nach Ablauf dieser Frist oder unter Missachtung einer nach Artikel 32 ergangenen Verfahrensanordnung eingereicht werden, finden keinen Eingang in die Verfahrensakten, wenn der Kammerpräsident nichts anderes bestimmt.

(2) Für die Berechnung der in Absatz 1 genannten Frist ist das belegte Datum der Absendung des Schriftstücks oder, falls ein solches Datum fehlt, das Datum des Eingangs bei der Kanzlei maßgebend.

Art. 38a Prüfung von Verfahrensfragen. Von der Kammer zu entscheidende Verfahrensfragen werden gleichzeitig mit der Prüfung der Rechtssache beraten, wenn der Kammerpräsident nichts anderes bestimmt.

Art. 39 Vorläufige Maßnahmen. (1) Die Kammer oder gegebenenfalls der Sektionspräsident oder ein nach Absatz 4 bestimmter Dienst habender Richter kann auf Antrag einer Partei oder jeder anderen betroffenen Person sowie von Amts wegen gegenüber den Parteien vorläufige Maßnahmen bezeichnen, die im Interesse der Parteien oder eines ordnungsgemäßen Verfahrensablaufs ergriffen werden sollten.

(2) Soweit dies angebracht erscheint, kann das Ministerkomitee umgehend über die in einer bestimmten Rechtssache ergriffene Maßnahme informiert werden.

(3) Die Kammer oder gegebenenfalls der Sektionspräsident oder ein nach Absatz 4 bestimmter Dienst habender Richter kann von den Parteien Informationen zu Fragen der Durchführung der bezeichneten vorläufigen Maßnahmen anfordern.

(4) Der Präsident des Gerichtshofs kann Vizepräsidenten der Sektionen als Dienst habende Richter für die Entscheidung über Anträge auf vorläufige Maßnahmen bestimmen.

Art. 40 Dringliche Mitteilung über eine Beschwerde. In dringenden Fällen kann der Kanzler vorbehaltlich anderer verfahrensrechtlicher Maßnahmen mit Erlaubnis des Kammerpräsidenten eine betroffene Vertragspartei durch jedes verfügbare Mittel über die Erhebung einer Beschwerde informieren und ihr zusammenfassende Angaben über deren Gegenstand machen.

Art. 41 Reihenfolge bei der Behandlung der Beschwerden. Bei der Bestimmung der Reihenfolge, in der die Beschwerden zu behandeln sind, berücksichtigt der Gerichtshof anhand von ihm festgelegter Kriterien die Bedeutung und Dringlichkeit der aufgeworfenen Fragen. Die Kammer oder ihr Präsident kann jedoch von diesen Kriterien abweichen und eine bestimmte Beschwerde vorrangig behandeln.

Art. 42 Verbindung und gleichzeitige Prüfung von Beschwerden.
(1) Die Kammer kann auf Antrag der Parteien oder von Amts wegen die Verbindung mehrerer Beschwerden anordnen.

(2) Der Kammerpräsident kann unbeschadet der Entscheidung der Kammer über die Verbindung der Beschwerden nach Anhörung der Parteien die gleichzeitige Prüfung von Beschwerden anordnen, die derselben Kammer zugeteilt werden.

Art. 43 Streichung und Wiedereintragung im Register. (1) Der Gerichtshof kann jederzeit während des Verfahrens entscheiden, eine Beschwerde nach Artikel 37 der Konvention in seinem Register zu streichen.

(2) Teilt eine beschwerdeführende Vertragspartei dem Kanzler ihre Absicht mit, ihre Beschwerde nicht weiterzuverfolgen, so kann die Kammer diese Beschwerde nach Artikel 37 der Konvention im Register streichen, wenn die andere betroffene Vertragspartei oder andere betroffene Vertragsparteien mit der Nichtweiterverfolgung einverstanden sind.

(3) Im Fall einer gütlichen Einigung nach Artikel 39 der Konvention wird die Beschwerde durch eine Entscheidung im Register des Gerichtshofs gestrichen. Diese Entscheidung ist nach Artikel 39 Absatz 4 der Konvention dem Ministerkomitee zuzuleiten; dieses überwacht die Umsetzung der gütlichen Einigung, wie sie in der Entscheidung festgehalten wird. In den anderen Fällen nach Artikel 37 der Konvention wird die Beschwerde, wenn sie für zulässig erklärt wurde, durch ein Urteil und, wenn sie für unzulässig erklärt wurde, durch eine Entscheidung im Register gestrichen. Wurde die Beschwerde durch ein Urteil im Register gestrichen, so übermittelt der Kammerpräsident dieses Urteil, sobald es endgültig ist, dem Ministerkomitee, damit dieses nach Artikel 46 Absatz 2 der Konvention die Erfüllung von Verpflichtungen überwachen kann, die gegebenenfalls zur Bedingung für die Nichtweiterverfolgung der Beschwerde oder die Beilegung der Streitigkeit gemacht worden sind.

(4) Wird eine Beschwerde nach Artikel 37 der Konvention im Register gestrichen, so befindet der Gerichtshof über die Kostenfrage. Ergeht die Kostenentscheidung im Rahmen einer Entscheidung, mit der eine nicht für zulässig erklärte Beschwerde im Register gestrichen wird, so übermittelt der Kammerpräsident die Entscheidung dem Ministerkomitee.

(5) Wurde eine Beschwerde nach Artikel 37 der Konvention im Register gestrichen, so kann der Gerichtshof ihre Wiedereintragung in das Register beschließen, wenn er dies wegen außergewöhnlicher Umstände für gerechtfertigt hält

Art. 44 Beteiligung Dritter. (1) a) Wird eine nach Artikel 33 oder 34 der Konvention erhobene Beschwerde der beschwerdegegnerischen Vertragspartei nach Artikel 51 Absatz 1 oder Artikel 54 Absatz 2 Buchstabe b zur Kenntnis gebracht, so übermittelt der Kanzler gleichzeitig eine Kopie der Beschwerde jeder anderen Vertragspartei, deren Staatsangehörigkeit ein Beschwerdeführer besitzt. Ebenso unterrichtet er diese Vertragsparteien über eine Entscheidung, in dieser Rechtssache eine mündliche Verhandlung durchzuführen.

b) Möchte eine Vertragspartei von ihrem Recht auf schriftliche Stellungnahme oder auf Teilnahme an mündlichen Verhandlungen nach Artikel 36 Absatz 1 der Konvention Gebrauch machen, so hat sie dies dem Kanzler spätestens zwölf Wochen nach der Übermittlung oder Unterrichtung nach Buchstabe a schriftlich anzuzeigen. Der Kammerpräsident kann ausnahmsweise eine andere Frist bestimmen.

(2) Möchte der Menschenrechtskommissar des Europarats von seinem Recht nach Artikel 36 Absatz 3 der Konvention Gebrauch machen, schriftliche Stellungnahmen abzugeben oder an einer mündlichen Verhandlung teilzunehmen, so hat er dies dem Kanzler spätestens zwölf Wochen nach Übermittlung der Beschwerde an die beschwerdegegnerische Vertragspartei oder nach Unterrichtung der beschwerdegegnerischen Vertragspartei über die Entscheidung, eine mündliche Verhandlung durchzuführen, schriftlich anzuzeigen. Der Kammerpräsident kann ausnahmsweise eine andere Frist bestimmen. Ist der Kommissar für Menschenrechte verhindert, selbst an dem Verfahren vor Gerichtshof teilzunehmen, so benennt er die Person oder Personen aus seinem Büro, die er als Vertreter benannt hat. Die Unterstützung durch einen Rechtsbeistand ist zulässig.

(3) a) Ist eine Beschwerde der beschwerdegegnerischen Vertragspartei nach Artikel 51 Absatz 1 oder Artikel 54 Absatz 2 Buchstabe b zur Kenntnis gebracht worden, so kann der Kammerpräsident im Interesse der Rechtspflege, wie in Artikel 36 Absatz 2 der Konvention vorgesehen, jede Vertragspartei, die in dem Verfahren nicht Partei ist, oder jede betroffene Person, die nicht Beschwerdeführer ist, auffordern oder ermächtigen, schriftlich Stellung zu nehmen oder, falls außergewöhnliche Umstände vorliegen, an der mündlichen Verhandlung teilzunehmen.

b) Anträge auf eine solche Ermächtigung müssen mit einer gebührenden Begründung versehen und spätestens zwölf Wochen, nachdem die Beschwerde der beschwerdegegnerischen Vertragspartei zur Kenntnis gebracht worden ist, schriftlich nach Artikel 34 Absatz 4 in einer der Amtssprachen eingereicht werden. Der Kammerpräsident kann ausnahmsweise eine andere Frist bestimmen.

(4) a) In Rechtssachen, die von der Großen Kammer zu prüfen sind, beginnen die in den Absätzen 1 bis 3 bestimmten Fristen mit der Zustellung der Entscheidung der Kammer, die Rechtssache nach Artikel 72 Absatz 1 an die Große Kammer abzugeben, oder der Entscheidung des Ausschusses der Großen Kammer nach Artikel 73 Absatz 2, den Antrag einer Partei auf Verweisung der Rechtssache an die Große Kammer anzunehmen, an die Parteien.

b) Die in diesem Artikel bestimmten Fristen können vom Kammerpräsidenten ausnahmsweise verlängert werden, wenn hinreichende Gründe angeführt werden.

(5) Die Aufforderung oder Ermächtigung nach Absatz 3 Buchstabe a ist auch hinsichtlich der Beachtung von Fristen an die vom Kammerpräsidenten

festgelegten Bedingungen geknüpft. Werden diese Bedingungen nicht eingehalten, so kann der Präsident beschließen, die Stellungnahmen nicht in die Verfahrensakten aufzunehmen oder die Teilnahme an der mündlichen Verhandlung zu beschränken, soweit er dies für angebracht hält.

(6) Schriftliche Stellungnahmen nach diesem Artikel müssen nach Artikel 34 Absatz 4 in einer der Amtssprachen abgefasst sein. Der Kanzler übermittelt die Stellungnahmen den Parteien; diese können unter Einhaltung der vom Kammerpräsidenten bestimmten Bedingungen, einschließlich der Fristen, schriftlich oder gegebenenfalls in der mündlichen Verhandlung darauf erwidern.

Art. 44a Pflicht zur Zusammenarbeit mit dem Gerichtshof. Die Parteien sind verpflichtet, bei der Durchführung des Verfahrens mit dem Gerichtshof in vollem Umfang zusammenzuarbeiten und insbesondere alle Maßnahmen, soweit sie in ihrer Macht stehen, zu treffen, die der Gerichtshof für eine geordnete Rechtspflege für erforderlich hält. Diese Verpflichtung gilt erforderlichenfalls auch für eine Vertragspartei, die in dem Verfahren nicht Partei ist.

Art. 44b Nichtbefolgung einer Anordnung des Gerichtshofs. Befolgt eine Partei eine Anordnung des Gerichtshofs in Bezug auf die Durchführung des Verfahrens nicht, so kann der Kammerpräsident alle Maßnahmen treffen, die er für angebracht hält.

Art. 44c Fehlende Mitwirkung. (1) Bringt eine Partei vom Gerichtshof erbetene Beweise oder Informationen nicht bei oder gibt sie sachdienliche Informationen nicht von sich aus weiter oder lässt sie es in anderer Weise an einer Mitwirkung in dem Verfahren fehlen, so kann der Gerichtshof daraus die ihm angebracht erscheinenden Schlüsse ziehen.

(2) Unterlässt oder verweigert eine beschwerdegegnerische Vertragspartei in dem Verfahren die Mitwirkung, so ist dies für sich genommen kein Grund für die Kammer, die Prüfung der Beschwerde einzustellen.

Art. 44d Unangemessene Stellungnahmen einer Partei. Gibt der Vertreter einer Partei missbräuchliche, leichtfertige, schikanöse, irreführende oder weitschweifige Stellungnahmen ab, so kann der Kammerpräsident unbeschadet des Artikels 35 Absatz 3 der Konvention diesen Vertreter von dem Verfahren ausschließen, die Annahme der Stellungnahmen ganz oder teilweise verweigern oder eine andere ihm angebracht erscheinende Anordnung treffen.

Art. 44e Nichtweiterverfolgung einer Beschwerde. Beabsichtigt eine beschwerdeführende Vertragspartei oder ein Individualbeschwerdeführer nicht, die Beschwerde weiterzuverfolgen, so kann die Kammer im Einklang mit Artikel 37 Absatz 1 Buchstabe a der Konvention die Beschwerde nach Artikel 43 dieser Verfahrensordnung im Register streichen.

Kapitel II: Die Einleitung des Verfahrens

Art. 45 Unterschriften. (1) Beschwerden nach Artikel 33 oder 34 der Konvention müssen schriftlich eingereicht und vom Beschwerdeführer oder seinem Vertreter unterzeichnet werden.

(2) Wird eine Beschwerde von einer nichtstaatlichen Organisation oder einer Personengruppe eingereicht, so ist sie von den zur Vertretung dieser Organisation oder Gruppe berechtigten Personen zu unterzeichnen. Die zuständige Kammer oder das zuständige Komitee entscheidet über Fragen zur Berechtigung der Unterzeichner.

(3) Wird ein Beschwerdeführer nach Artikel 36 vertreten, so ist von seinem Vertreter oder seinen Vertretern eine schriftliche Vollmacht vorzulegen.

Art. 46 Inhalt einer Staatenbeschwerde. Jede Vertragspartei, die dem Gerichtshof eine Rechtssache nach Artikel 33 der Konvention vorlegen will, reicht bei der Kanzlei eine Beschwerde ein, die folgende Angaben enthält:
a) den Namen der Vertragspartei, gegen die sich die Beschwerde richtet;
b) eine Darstellung des Sachverhalts;
c) eine Darstellung der behaupteten Verletzungen der Konvention mit Begründung;
d) eine Darstellung betreffend die Erfüllung der Zulässigkeitskriterien nach Artikel 35 Absatz 1 der Konvention (Erschöpfung der innerstaatlichen Rechtsbehelfe und Einhaltung der Sechsmonatsfrist);
e) den Gegenstand der Beschwerde sowie gegebenenfalls allgemeine Angaben zu Ansprüchen auf eine gerechte Entschädigung nach Artikel 41 der Konvention zugunsten der angeblich verletzten Partei oder Parteien;
f) den Namen und die Adresse der zu(m) Prozessbevollmächtigten bestimmten Person oder Personen;
beizufügen sind
g) Kopien aller einschlägigen Unterlagen, insbesondere der gerichtlichen oder sonstigen Entscheidungen, die sich auf den Gegenstand der Beschwerde beziehen.

Art. 47 Inhalt einer Individualbeschwerde. (1) Beschwerden nach Artikel 34 der Konvention sind unter Verwendung des von der Kanzlei zur Verfügung gestellten Formulars einzureichen, wenn der Gerichtshof nichts anderes bestimmt. Das Formular hat alle in den einschlägigen Abschnitten des Formulars verlangten Auskünfte mit folgenden Angaben zu enthalten:
a) den Namen, das Geburtsdatum, die Staatsangehörigkeit und die Adresse des Beschwerdeführers und, sofern es sich beim Beschwerdeführer um eine juristische Person handelt, den vollständigen Namen, das Datum der Errichtung oder der Eintragung im Register, die amtliche Registernummer (sofern vorhanden) und ihre offizielle Adresse;
b) gegebenenfalls den Namen, die Adresse, die Telefon- und Telefaxnummern und die E-Mail-Adresse seines Vertreters;
c) sofern der Beschwerdeführer vertreten wird, die mit Datum versehene eigenhändige Unterschrift des Beschwerdeführers auf dem die Vollmacht betreffenden Abschnitt des Beschwerdeformulars; die eigenhändige Unterschrift des Vertreters, mit der dieser sein Einverständnis, im Namen des Beschwerdeführers zu handeln, anzeigt, muss ebenfalls in dem die Vollmacht betreffenden Abschnitt des Beschwerdeformulars enthalten sein;
d) den Namen der Vertragspartei oder der Vertragsparteien, gegen die sich die Beschwerde richtet;
e) eine präzise und verständliche Darstellung des Sachverhalts;
f) eine präzise und verständliche Darstellung der behaupteten Verletzung(en) der Konvention mit Begründung und

g) eine präzise und verständliche Darstellung, in der die Erfüllung der Zulässigkeitskriterien nach Artikel 35 Absatz 1 der Konvention durch den Beschwerdeführer bestätigt wird.

(2) a) Alle in Absatz 1 Buchstaben e bis g bezeichneten Informationen sind in dem einschlägigen Abschnitt des Beschwerdeformulars derart ausreichend aufzuführen, dass der Gerichtshof die Art und den Gegenstand der Beschwerde bestimmen kann, ohne Einsicht in andere Unterlagen zu nehmen.

b) Der Beschwerdeführer kann diese Informationen jedoch ergänzen, indem er dem Beschwerdeformular ein Schriftstück beifügt und zusätzliche Angaben zum Sachverhalt und zu den geltend gemachten Verletzungen der Konvention mit Begründung macht. Dieses Schriftstück darf höchstens 20 Seiten umfassen.

(3) 1. Das Beschwerdeformular ist von dem Beschwerdeführer oder seinem Vertreter zu unterschreiben; beizufügen sind:
a) Kopien von Unterlagen in Bezug auf die gerügten gerichtlichen oder sonstigen Entscheidungen oder Maßnahmen;
b) Kopien von Unterlagen und Entscheidungen, die belegen, dass der Beschwerdeführer die innerstaatlichen Rechtsbehelfe erschöpft und die in Artikel 35 Absatz 1 der Konvention vorgeschriebene Frist beachtet hat;
c) bei Bedarf Kopien von Unterlagen in Bezug auf andere internationale Untersuchungs- oder Schlichtungsverfahren;
d) sofern es sich beim Beschwerdeführer um eine juristische Person nach Artikel 47 Absatz 1 Buchstabe a handelt, ein Schriftstück oder mehrere Schriftstücke, aus dem beziehungsweise denen hervorgeht, dass die natürliche Person, die die Beschwerde eingereicht hat, zur Vertretung des Beschwerdeführers befugt oder bevollmächtigt ist.

(3) 2. Die zur Unterstützung der Beschwerde eingereichten Unterlagen müssen in chronologischer Reihenfolge mit fortlaufenden Nummern in einer Liste aufgeführt und eindeutig zu identifizieren sein.

(4) Ein Beschwerdeführer, der nicht wünscht, dass seine Identität offengelegt wird, hat dies mitzuteilen und die Gründe darzulegen, die eine Abweichung von der gewöhnlichen Regel rechtfertigen, nach der das Verfahren vor dem Gerichtshof öffentlich ist. Der Gerichtshof kann dem Beschwerdeführer erlauben, anonym zu bleiben, oder von Amts wegen Anonymität gewähren.

(5) 1. Die Nichteinhaltung der Verpflichtungen nach den Absätzen 1 und 3 kann dazu führen, dass die Beschwerde vom Gerichtshof nicht geprüft wird, es sei denn
a) der Beschwerdeführer hat eine angemessene Erklärung für die Nichteinhaltung vorgetragen;
b) die Beschwerde betrifft einen Antrag, eine vorläufige Maßnahme zu ergreifen;
c) der Gerichtshof entscheidet von Amts wegen oder auf Antrag eines Beschwerdeführers anders.

(5) 2. Der Gerichtshof kann einen Beschwerdeführer jederzeit ersuchen, innerhalb einer bestimmten Frist zweckdienliche Informationen oder Unterlagen in einer für angemessen erachteten Form und Weise beizubringen.

(6) a) Für die Zwecke des Artikels 35 Absatz 1 der Konvention ist als Datum der Beschwerdeerhebung in der Regel das Datum anzusehen, zu dem ein Beschwerdeformular beim Gerichtshof eingereicht worden ist, das den Erfor-

dernissen nach diesem Artikel entspricht. Als Absendetag gilt das Datum des Poststempels.

b) Der Gerichtshof kann jedoch entscheiden, dass ein anderes Datum gilt, wenn er dies für gerechtfertigt hält.

(7) Der Beschwerdeführer hat den Gerichtshof über jede Änderung seiner Adresse und jeden für die Prüfung seiner Beschwerde erheblichen Umstand zu informieren.

Kapitel III: Berichterstattende Richter

Art. 48 Staatenbeschwerden. (1) Bei einer Anrufung des Gerichtshofs nach Artikel 33 der Konvention bestimmt die zur Prüfung der Beschwerde gebildete Kammer nach Eingang der schriftlichen Stellungnahmen der betroffenen Vertragsparteien eines oder mehrere ihrer Mitglieder als berichterstattende Richter und beauftragt diese, einen Bericht über die Zulässigkeit vorzulegen.

(2) Der oder die berichterstattende(n) Richter legt beziehungsweise legen der Kammer die Berichte, Textentwürfe und anderen Unterlagen vor, die der Kammer und ihrem Präsidenten bei der Erfüllung ihrer Aufgaben nützlich sein können.

Art. 49 Individualbeschwerden. (1) Wird schon aus dem vom Beschwerdeführer vorgelegten Material hinreichend deutlich, dass die Beschwerde unzulässig ist oder im Register gestrichen werden sollte, so wird die Beschwerde in Einzelrichterbesetzung geprüft, sofern nicht ein besonderer Grund dagegen spricht.

(2) Wird der Gerichtshof nach Artikel 34 der Konvention mit einer Beschwerde befasst und erscheint ihre Prüfung durch eine Kammer oder ein Komitee, das die ihm nach Artikel 53 Absatz 2 übertragenen Aufgaben wahrnimmt, gerechtfertigt, so bestimmt der Präsident der Sektion, der die Beschwerde zugewiesen wird, einen Richter, der die Beschwerde als berichterstattender Richter prüfen soll.

(3) Im Rahmen seiner Prüfung
a) kann der berichterstattende Richter die Parteien ersuchen, innerhalb einer bestimmten Frist Auskünfte bezüglich des Sachverhalts zu erteilen und Unterlagen oder anderes Material vorzulegen, soweit er dies für zweckdienlich hält;
b) entscheidet der berichterstattende Richter, ob die Beschwerde in Einzelrichterbesetzung, von einem Komitee oder von einer Kammer geprüft wird, wobei der Sektionspräsident die Prüfung durch eine Kammer oder ein Komitee anordnen kann;
c) legt der berichterstattende Richter die Berichte, Textentwürfe und anderen Unterlagen vor, die der Kammer, dem Komitee oder dem betreffenden Präsidenten bei der Erfüllung ihrer Aufgaben nützlich sein können.

Art. 50 Verfahren vor der Großen Kammer. Wird eine Rechtssache nach Artikel 30 oder 43 der Konvention an die Große Kammer verwiesen, so bestimmt der Präsident der Großen Kammer eines, bei einer Staatenbeschwerde eines oder mehrere ihrer Mitglieder als berichterstattende Richter.

Kapitel IV: Das Verfahren bei der Prüfung der Zulässigkeit

Staatenbeschwerden

Art. 51 Zuweisung von Beschwerden und anschließendes Verfahren.
(1) Wird eine Beschwerde nach Artikel 33 der Konvention erhoben, so bringt sie der Präsident des Gerichtshofs umgehend der beschwerdegegnerischen Vertragspartei zur Kenntnis und weist sie einer der Sektionen zu.

(2) Die für die beschwerdeführende und die beschwerdegegnerische Vertragspartei gewählten Richter gehören der für die Prüfung der Rechtssache gebildeten Kammer nach Artikel 26 Absatz 1 Buchstabe a von Amts wegen an. Wird die Beschwerde von mehreren Vertragsparteien erhoben oder werden von mehreren Vertragsparteien erhobene Beschwerden gleichen Gegenstands nach Artikel 42 verbunden, so findet Artikel 30 Anwendung.

(3) Sobald die Rechtssache einer Sektion zugewiesen ist, bildet der Sektionspräsident nach Artikel 26 Absatz 1 die Kammer und fordert die beschwerdegegnerische Vertragspartei auf, ihre Stellungnahme zur Zulässigkeit der Beschwerde schriftlich vorzulegen. Der Kanzler übermittelt den Schriftsatz der beschwerdeführenden Vertragspartei; diese kann darauf schriftlich erwidern.

(4) Vor der Entscheidung über die Zulässigkeit der Beschwerde kann die Kammer oder ihr Präsident beschließen, die Parteien zur Abgabe weiterer schriftlicher Stellungnahmen aufzufordern.

(5) Eine mündliche Verhandlung über die Zulässigkeit findet statt, wenn eine oder mehrere der betroffenen Vertragsparteien dies beantragen oder wenn die Kammer es von Amts wegen beschließt.

(6) Der Kammerpräsident hört die Parteien an, bevor er das schriftliche und gegebenenfalls das mündliche Verfahren bestimmt.

Individualbeschwerden

Art. 52 Zuweisung einer Beschwerde an eine Sektion. (1) Der Präsident des Gerichtshofs weist jede nach Artikel 34 der Konvention erhobene Beschwerde einer Sektion zu; er achtet dabei auf eine gerechte Verteilung der Arbeitslast auf die Sektionen.

(2) Der Präsident der betroffenen Sektion bildet nach Artikel 26 Absatz 1 dieser Verfahrensordnung die in Artikel 26 Absatz 1 der Konvention vorgesehene Kammer mit sieben Richtern.

(3) Bis die Kammer nach Absatz 2 gebildet ist, werden die Befugnisse, die diese Verfahrensordnung dem Kammerpräsidenten überträgt, vom Sektionspräsidenten ausgeübt.

Art. 52a Verfahren vor einem Einzelrichter. (1) Nach Artikel 27 der Konvention kann ein Einzelrichter eine nach Artikel 34 erhobene Beschwerde für unzulässig erklären oder im Register streichen, wenn eine solche Entscheidung ohne weitere Prüfung getroffen werden kann. Die Entscheidung ist endgültig. Sie wird dem Beschwerdeführer brieflich zur Kenntnis gebracht.

(2) Nach Artikel 26 Absatz 3 der Konvention darf ein Einzelrichter keine Beschwerde gegen die Vertragspartei, für die er gewählt worden ist, prüfen.

(3) Trifft der Einzelrichter keine Entscheidung nach Absatz 1, so übermittelt er die Beschwerde zur weiteren Prüfung an ein Komitee oder eine Kammer.

Art. 53 Verfahren vor einem Komitee. (1) Nach Artikel 28 Absatz 1 Buchstabe a der Konvention kann das Komitee durch einstimmigen Beschluss in jedem Stadium des Verfahrens eine Beschwerde für unzulässig erklären oder im Register streichen, wenn eine solche Entscheidung ohne weitere Prüfung getroffen werden kann.

(2) Ist das Komitee in Anbetracht der nach Artikel 54 Absatz 2 Buchstabe b eingegangenen Stellungnahmen der Parteien überzeugt, dass die Rechtssache nach dem Verfahren des Artikels 28 Absatz 1 Buchstabe b der Konvention zu prüfen ist, so fällt es durch einstimmigen Beschluss ein Urteil, das seine Entscheidung über die Zulässigkeit sowie gegebenenfalls über eine gerechte Entschädigung umfasst.

(3) Ist der für die betroffene Vertragspartei gewählte Richter nicht Mitglied des Komitees, so kann er von Letzterem in jedem Stadium des Verfahrens vor dem Komitee durch einstimmigen Beschluss eingeladen werden, den Sitz eines Mitglieds im Komitee einzunehmen; das Komitee hat dabei alle erheblichen Umstände einschließlich der Frage, ob diese Vertragspartei der Anwendung des Verfahrens nach Artikel 28 Absatz 1 Buchstabe b der Konvention entgegengetreten ist, zu berücksichtigen.

(4) Entscheidungen und Urteile nach Artikel 28 Absatz 1 der Konvention sind endgültig.

(5) Dem Beschwerdeführer und den betroffenen Vertragsparteien, soweit sie zuvor nach dieser Verfahrensordnung an der Beschwerde beteiligt wurden, wird die Entscheidung des Komitees nach Artikel 28 Absatz 1 Buchstabe a der Konvention brieflich zur Kenntnis gebracht, sofern das Komitee nicht anders entscheidet.

(6) Trifft das Komitee keine Entscheidung oder erlässt es kein Urteil, so übermittelt es die Beschwerde der Kammer, die nach Artikel 52 Absatz 2 zur Prüfung der Rechtssache gebildet wurde.

(7) Die Artikel 42 Absatz 1 und 79 bis 81 finden auf Verfahren vor einem Komitee entsprechend Anwendung.

Art. 54 Verfahren vor einer Kammer. (1) Die Kammer kann die Beschwerde sofort für unzulässig erklären oder im Register streichen. Die Entscheidung der Kammer kann die Beschwerde insgesamt oder teilweise betreffen.

(2) Andernfalls kann die Kammer oder der Sektionspräsident
a) die Parteien ersuchen, Auskünfte bezüglich des Sachverhalts zu erteilen und Unterlagen oder anderes Material vorzulegen, welche die Kammer oder ihr Präsident für zweckdienlich hält;
b) der beschwerdegegnerischen Vertragspartei die Beschwerde oder einen Teil der Beschwerde zur Kenntnis bringen und diese auffordern, schriftlich Stellung zu nehmen, und nach Eingang der Stellungnahme den Beschwerdeführer auffordern, darauf zu erwidern;
c) die Parteien auffordern, weitere schriftliche Stellungnahmen abzugeben.

(3) Der Sektionspräsident kann bei der Ausübung seiner Zuständigkeiten nach Absatz 2 Buchstabe b als Einzelrichter einen Teil der Beschwerde sofort

für unzulässig erklären oder im Register streichen. Die Entscheidung ist endgültig. Sie wird dem Beschwerdeführer brieflich zur Kenntnis gebracht.

(4) Die Absätze 2 und 3 gelten auch für die Vizepräsidenten der Sektionen, die nach Artikel 39 Absatz 4 dieser Verfahrensordnung als Dienst habende Richter für die Entscheidung über die Anträge auf vorläufige Maßnahmen bestimmt werden.

(5) Bevor die Kammer über die Zulässigkeit entscheidet, kann sie auf Antrag einer Partei oder von Amts wegen beschließen, eine mündliche Verhandlung durchzuführen, wenn sie der Auffassung ist, dass dies zur Erfüllung ihrer Aufgaben nach der Konvention erforderlich ist. In diesem Fall werden die Parteien auch aufgefordert, sich zur Begründetheit der Beschwerde zu äußern, wenn die Kammer nicht ausnahmsweise etwas anderes bestimmt.

Art. 54a Gemeinsame Prüfung der Zulässigkeit und Begründetheit.
(1) Wenn die Kammer der beschwerdegegnerischen Vertragspartei die Beschwerde nach Artikel 54 Absatz 2 Buchstabe b zur Kenntnis bringt, kann sie auch beschließen, die Zulässigkeit und die Begründetheit nach Artikel 29 Absatz 1 der Konvention gleichzeitig zu prüfen. Die Parteien werden aufgefordert, sich in ihren Stellungnahmen auch zur Frage einer gerechten Entschädigung zu äußern und gegebenenfalls Vorschläge für eine gütliche Einigung zu unterbreiten. Die Voraussetzungen nach den Artikeln 60 und 62 gelten entsprechend. Der Gerichtshof kann jedoch nötigenfalls jederzeit beschließen, über die Zulässigkeit gesondert zu entscheiden.

(2) Erzielen die Parteien keine gütliche Einigung und auch keine andere Lösung und ist die Kammer in Anbetracht der Stellungnahmen der Parteien überzeugt, dass die Rechtssache zulässig und für eine Entscheidung über die Begründetheit reif ist, so fällt sie sofort ein Urteil, das die Entscheidung der Kammer über die Zulässigkeit umfasst, es sei denn, sie beschließt, über die Zulässigkeit gesondert zu entscheiden.

Staatenbeschwerden und Individualbeschwerden

Art. 55 Einreden der Unzulässigkeit. Einreden der Unzulässigkeit müssen, soweit ihre Natur und die Umstände es zulassen, von der beschwerdegegnerischen Vertragspartei in ihren nach Artikel 51 oder 54 abgegebenen schriftlichen oder mündlichen Stellungnahmen zur Zulässigkeit der Beschwerde vorgebracht werden.

Art. 56 Entscheidung der Kammer. (1) In der Entscheidung der Kammer ist anzugeben, ob sie einstimmig oder durch Mehrheitsbeschluss getroffen wurde; sie ist gleichzeitig oder später zu begründen.

(2) Der Kanzler teilt die Entscheidung der Kammer dem Beschwerdeführer mit. Sie wird auch der oder den betroffenen Vertragspartei(en) und jedem Drittbeteiligten, auch dem Menschenrechtskommissar des Europarats, mitgeteilt, soweit diesen zuvor die Beschwerde nach dieser Verfahrensordnung zur Kenntnis gebracht wurde. Im Fall einer gütlichen Einigung wird die Entscheidung, eine Beschwerde im Register zu streichen, nach Artikel 43 Absatz 3 dem Ministerkomitee zugeleitet.

Art. 57 Sprache der Entscheidung. (1) Der Gerichtshof erlässt seine Kammerentscheidungen in englischer oder französischer Sprache, wenn er nicht beschließt, eine Entscheidung in beiden Amtssprachen zu erlassen.

(2) Die in Artikel 78 vorgesehene Veröffentlichung der Entscheidungen in der amtlichen Sammlung des Gerichtshofs erfolgt in beiden Amtssprachen des Gerichtshofs.

Kapitel V: Das Verfahren nach Zulassung der Beschwerde

Art. 58 Staatenbeschwerden. (1) Sobald die Kammer eine nach Artikel 33 der Konvention erhobene Beschwerde zugelassen hat, bestimmt der Kammerpräsident nach Anhörung der betroffenen Vertragsparteien die Fristen für die Einreichung der schriftlichen Stellungnahmen zur Begründetheit und für die Vorlage zusätzlicher Beweismittel. Der Präsident kann jedoch mit Einverständnis der betroffenen Vertragsparteien auf die Durchführung eines schriftlichen Verfahrens verzichten.

(2) Eine mündliche Verhandlung über die Begründetheit findet statt, wenn eine oder mehrere der betroffenen Vertragsparteien dies beantragen oder wenn die Kammer es von Amts wegen beschließt. Der Kammerpräsident bestimmt das Verfahren.

Art. 59 Individualbeschwerden. (1) Sobald eine nach Artikel 34 der Konvention erhobene Beschwerde für zulässig erklärt ist, kann die Kammer oder ihr Präsident die Parteien auffordern, weitere Beweismittel oder schriftliche Stellungnahmen vorzulegen.

(2) Soweit nicht anders entschieden, wird jeder Partei für ihre Stellungnahme dieselbe Frist eingeräumt.

(3) Die Kammer kann auf Antrag einer Partei oder von Amts wegen beschließen, eine mündliche Verhandlung über die Begründetheit durchzuführen, wenn sie der Auffassung ist, dass dies zur Erfüllung ihrer Aufgaben nach der Konvention erforderlich ist.

(4) Der Kammerpräsident bestimmt gegebenenfalls das schriftliche und das mündliche Verfahren.

Art. 60 Ansprüche auf gerechte Entschädigung. (1) Ein Beschwerdeführer, der will, dass ihm der Gerichtshof nach Artikel 41 der Konvention eine gerechte Entschädigung zuspricht, falls er eine Verletzung seiner Rechte aus der Konvention feststellt, muss einen entsprechenden Anspruch ausdrücklich geltend machen.

(2) Soweit der Kammerpräsident nicht etwas anderes anordnet, muss der Beschwerdeführer innerhalb der Frist, die für seine Stellungnahme zur Begründetheit bestimmt wurde, alle Ansprüche unter Beifügung einschlägiger Belege beziffert und nach Rubriken geordnet geltend machen.

(3) Erfüllt der Beschwerdeführer die in den Absätzen 1 und 2 genannten Anforderungen nicht, so kann die Kammer die Ansprüche ganz oder teilweise zurückweisen.

(4) Die Ansprüche des Beschwerdeführers werden der beschwerdegegnerischen Vertragspartei zur Stellungnahme übermittelt.

Art. 61 Piloturteil-Verfahren. (1) Der Gerichtshof kann beschließen, ein Piloturteil-Verfahren durchzuführen, und ein Piloturteil fällen, wenn sich aus dem Sachverhalt, der einer vor dem Gerichtshof erhobenen Beschwerde zugrunde liegt, ergibt, dass in der betroffenen Vertragspartei ein strukturelles oder systembedingtes Problem oder ein vergleichbarer sonstiger Missstand besteht, das beziehungsweise der zu entsprechenden weiteren Beschwerden Anlass gegeben hat oder zu geben geeignet ist.

(2) a) Bevor der Gerichtshof beschließt, ein Piloturteil-Verfahren durchzuführen, fordert er die Parteien auf, zu der Frage Stellung zu nehmen, ob der zu prüfenden Beschwerde ein solches Problem oder ein solcher Missstand in der betroffenen Vertragspartei zugrunde liegt und ob die Beschwerde sich für dieses Verfahren eignet.

b) Der Gerichtshof kann die Durchführung eines Piloturteil-Verfahrens von Amts wegen oder auf Antrag einer Partei oder beider Parteien beschließen.

c) Beschwerden, bei denen die Durchführung eines Piloturteil-Verfahrens beschlossen wurde, werden nach Artikel 41 vorrangig behandelt.

(3) Der Gerichtshof bezeichnet in seinem Piloturteil die Art des von ihm festgestellten strukturellen oder systembedingten Problems oder sonstigen Missstands sowie die Art der Abhilfemaßnahmen, welche die betroffene Vertragspartei aufgrund des Urteilstenors auf innerstaatlicher Ebene zu treffen hat.

(4) Der Gerichtshof kann im Tenor seines Piloturteils für die Ergreifung der in Absatz 3 erwähnten Maßnahmen eine bestimmte Frist setzen, wobei er der Art der geforderten Maßnahmen und der Geschwindigkeit, mit der dem festgestellten Problem auf innerstaatlicher Ebene abgeholfen werden kann, Rechnung trägt.

(5) Wenn der Gerichtshof ein Piloturteil fällt, kann er die Frage der gerechten Entschädigung ganz oder teilweise offenhalten, bis die beschwerdegegnerische Vertragspartei die in dem Piloturteil bezeichneten individuellen und allgemeinen Maßnahmen getroffen hat.

(6) a) Der Gerichtshof kann die Prüfung aller vergleichbaren Beschwerden gegebenenfalls zurückstellen, bis die im Tenor des Piloturteils bezeichneten Abhilfemaßnahmen getroffen worden sind.

b) Die betroffenen Beschwerdeführer werden in geeigneter Form von der Zurückstellung unterrichtet. Sie werden gegebenenfalls von jeder neuen Entwicklung unterrichtet, die ihre Rechtssache betrifft.

c) Der Gerichtshof kann eine zurückgestellte Beschwerde jederzeit prüfen, wenn dies im Interesse einer geordneten Rechtspflege geboten ist.

(7) Erzielen die Parteien einer Pilot-Rechtssache eine gütliche Einigung, so muss diese eine Erklärung der beschwerdegegnerischen Vertragspartei über die Durchführung der im Piloturteil bezeichneten allgemeinen Maßnahmen und der Abhilfemaßnahmen, die den anderen tatsächlichen oder möglichen Beschwerdeführern zu gewähren sind, umfassen.

(8) Befolgt die betroffene Vertragspartei nicht den Tenor des Piloturteils, so nimmt der Gerichtshof, wenn er nicht anders entscheidet, die Prüfung der nach Absatz 6 zurückgestellten Beschwerden wieder auf.

(9) Das Ministerkomitee, die Parlamentarische Versammlung des Europarats, der Generalsekretär des Europarats und der Menschenrechtskommissar des Europarats werden jedes Mal unterrichtet, wenn ein Piloturteil oder ein ande-

res Urteil ergeht, in dem der Gerichtshof auf das Bestehen eines strukturellen oder systembedingten Problems in einer Vertragspartei hinweist.

(10) Über den Beschluss, eine Beschwerde im Wege des Piloturteil-Verfahrens zu behandeln, den Erlass und die Umsetzung eines Piloturteils sowie den Abschluss des Verfahrens wird auf der Website des Gerichtshofs informiert.

Art. 62 Gütliche Einigung. (1) Sobald eine Beschwerde für zulässig erklärt ist, nimmt der Kanzler nach den Weisungen der Kammer oder ihres Präsidenten nach Artikel 39 Absatz 1 der Konvention Kontakt mit den Parteien auf, um eine gütliche Einigung zu erzielen. Die Kammer trifft alle geeigneten Maßnahmen, um eine solche Einigung zu erleichtern.

(2) Die im Hinblick auf eine gütliche Einigung geführten Verhandlungen sind nach Artikel 39 Absatz 2 der Konvention vertraulich und erfolgen unbeschadet der Stellungnahmen der Parteien im streitigen Verfahren. Im Rahmen dieser Verhandlungen geäußerte schriftliche oder mündliche Mitteilungen, Angebote oder Eingeständnisse dürfen im streitigen Verfahren nicht erwähnt oder geltend gemacht werden.

(3) Erfährt die Kammer durch den Kanzler, dass die Parteien eine gütliche Einigung erreicht haben, so streicht sie die Rechtssache nach Artikel 43 Absatz 3 im Register, nachdem sie sich vergewissert hat, dass diese Einigung auf der Grundlage der Achtung der Menschenrechte getroffen wurde, wie sie in der Konvention und ihren Protokollen anerkannt sind.

(4) Die Absätze 2 und 3 sind auf das Verfahren nach Artikel 54A entsprechend anzuwenden

Art. 62a Einseitige Erklärung. (1) a) Lehnt ein Beschwerdeführer die nach Artikel 62 vorgeschlagene Regelung für eine gütliche Einigung ab, so kann die betroffene Vertragspartei beim Gerichtshof beantragen, die Beschwerde nach Artikel 37 Absatz 1 der Konvention im Register zu streichen.

b) Einem solchen Antrag ist eine Erklärung beizufügen, in der klar anerkannt wird, dass im Fall des Beschwerdeführers eine Konventionsverletzung vorliegt, und in der gleichzeitig zugesichert wird, dass angemessene Wiedergutmachung geleistet und gegebenenfalls notwendige Abhilfemaßnahmen getroffen werden.

c) Eine Erklärung nach Buchstabe b muss in einem öffentlichen und kontradiktorischen Verfahren abgegeben werden, das gesondert von dem Verfahren über eine gütliche Einigung und unter Wahrung der Vertraulichkeit nach Artikel 39 Absatz 2 der Konvention sowie Artikel 62 Absatz 2 der Verfahrensordnung durchgeführt wird.

(2) Wenn außergewöhnliche Umstände dies rechtfertigen, kann ein Antrag nebst Erklärung beim Gerichtshof auch eingereicht werden, ohne dass zuvor versucht wurde, eine gütliche Einigung zu erzielen.

(3) Ist der Gerichtshof überzeugt, dass die Erklärung eine hinreichende Grundlage für die Feststellung bietet, dass die Achtung der Menschenrechte, wie sie in der Konvention und den Protokollen dazu definiert sind, keine weitere Prüfung der Beschwerde durch den Gerichtshof erfordert, so kann er die Beschwerde ganz oder teilweise im Register streichen, auch wenn der Beschwerdeführer die weitere Prüfung der Beschwerde wünscht.

(4) Dieser Artikel ist auf das Verfahren nach Artikel 54a entsprechend anzuwenden.

Kapitel VI: Die mündliche Verhandlung

Art. 63 Öffentlichkeit der mündlichen Verhandlung. (1) Die mündliche Verhandlung ist öffentlich, soweit nicht die Kammer nach Absatz 2 aufgrund besonderer Umstände anders entscheidet, sei es von Amts wegen, sei es auf Antrag einer Partei oder einer anderen betroffenen Person.

(2) Presse und Öffentlichkeit können während der ganzen oder eines Teiles einer mündlichen Verhandlung ausgeschlossen werden, wenn dies im Interesse der Moral, der öffentlichen Ordnung oder der nationalen Sicherheit in einer demokratischen Gesellschaft liegt, wenn die Interessen von Jugendlichen oder der Schutz des Privatlebens der Prozessparteien es verlangen oder – soweit die Kammer es für unbedingt erforderlich hält – wenn unter besonderen Umständen eine öffentliche Verhandlung die Interessen der Rechtspflege beeinträchtigen würde.

(3) Anträge auf Ausschluss der Öffentlichkeit nach Absatz 1 sind zu begründen; dabei ist anzugeben, ob dies für die mündliche Verhandlung insgesamt oder teilweise gelten soll.

Art. 64 Leitung der mündlichen Verhandlung. (1) Der Kammerpräsident organisiert und leitet die mündliche Verhandlung und bestimmt die Reihenfolge, in der den vor der Kammer auftretenden Personen das Wort erteilt wird.

(2) Jeder Richter kann jeder vor der Kammer auftretenden Person Fragen stellen.

Art. 65 Nichterscheinen. Erscheint eine Partei oder eine andere Person, die erscheinen sollte, nicht oder weigert sie sich zu erscheinen, so kann die Kammer die mündliche Verhandlung gleichwohl durchführen, wenn ihr dies mit einer geordneten Rechtspflege vereinbar erscheint.

Art. 66 bis 69 *(aufgehoben)*

Art. 70 Verhandlungsprotokoll. (1) Wenn der Kammerpräsident dies anordnet, wird über die mündliche Verhandlung unter der verantwortlichen Leitung des Kanzlers ein Protokoll angefertigt. Das Protokoll enthält
a) die Zusammensetzung der Kammer;
b) die Liste der erschienenen Personen;
c) den Wortlaut der abgegebenen Stellungnahmen, gestellten Fragen und erhaltenen Antworten;
d) den Wortlaut aller während der Verhandlung verkündeten Entscheidungen.

(2) Ist das Protokoll insgesamt oder teilweise nicht in einer der Amtssprachen abgefasst, so sorgt der Kanzler für die Übersetzung in eine der Amtssprachen.

(3) Die Vertreter der Parteien erhalten eine Kopie des Protokolls, um dieses berichtigen zu können, wobei sie Sinn und Tragweite des in der Verhandlung Gesagten nicht ändern dürfen; die Berichtigung wird vom Kanzler oder Kam-

merpräsidenten überprüft. Der Kanzler bestimmt auf Anweisung des Kammerpräsidenten die Frist für die Berichtigung.

(4) Nach dieser Berichtigung wird das Protokoll vom Kammerpräsidenten und vom Kanzler unterzeichnet und ist dann für seinen Inhalt beweiskräftig.

Kapitel VII: Das Verfahren vor der Großen Kammer

Art. 71 Anwendbarkeit der Verfahrensvorschriften. (1) Auf das Verfahren vor der Großen Kammer finden die für die Kammern geltenden Vorschriften entsprechend Anwendung.

(2) Die Befugnisse, die einer Kammer nach den Artikeln 54 Absatz 5 und 59 Absatz 3 in Bezug auf die Durchführung einer mündlichen Verhandlung übertragen sind, können in Verfahren vor der Großen Kammer auch vom Präsidenten der Großen Kammer ausgeübt werden.

Art. 72 Abgabe der Rechtssache an die Große Kammer. (1) Wirft eine bei einer Kammer anhängige Rechtssache eine schwerwiegende Frage der Auslegung der Konvention oder ihrer Protokolle auf, so kann die Kammer diese Sache an die Große Kammer abgeben, wenn nicht eine Partei nach Absatz 4 widerspricht.

(2) Kann die Entscheidung einer Frage, die in einer bei der Kammer anhängigen Rechtssache aufgeworfen wird, zu einer Abweichung von der Rechtsprechung des Gerichtshofs führen, muss die Kammer die Sache an die Große Kammer abgeben, wenn nicht eine Partei nach Absatz 4 widerspricht.

(3) Die Entscheidung, die Sache abzugeben, braucht nicht begründet zu werden.

(4) Der Kanzler teilt den Parteien die Absicht der Kammer mit, die Rechtssache abzugeben. Die Parteien haben danach einen Monat Zeit, um der Kanzlei schriftlich ihren gebührend begründeten Einspruch zu unterbreiten. Ein Einspruch, der diese Voraussetzungen nicht erfüllt, wird von der Kammer als unwirksam angesehen.

Art. 73 Verweisung an die Große Kammer auf Antrag einer Partei.
(1) Nach Artikel 43 der Konvention kann jede Partei in Ausnahmefällen innerhalb von drei Monaten nach dem Datum der Verkündung des Urteils einer Kammer bei der Kanzlei schriftlich einen Antrag auf Verweisung der Rechtssache an die Große Kammer stellen. Sie hat dabei die schwerwiegende Frage der Auslegung oder Anwendung der Konvention oder ihrer Protokolle oder die schwerwiegende Frage von allgemeiner Bedeutung darzulegen, die ihrer Meinung nach eine Prüfung durch die Große Kammer rechtfertigt.

(2) Ein nach Artikel 24 Absatz 5 gebildeter Ausschuss von fünf Richtern der Großen Kammer prüft den Antrag ausschließlich auf der Grundlage der Akten. Er nimmt den Antrag nur an, wenn er der Auffassung ist, der Fall werfe eine solche Frage auf. Die Entscheidung, den Antrag abzulehnen, braucht nicht begründet zu werden.

(3) Nimmt der Ausschuss den Antrag an, so entscheidet die Große Kammer durch Urteil.

Kapitel VIII: Die Urteile

Art. 74 Inhalt des Urteils. (1) Urteile nach den Artikeln 28, 42 und 44 der Konvention enthalten

a) die Namen des Präsidenten und der anderen Richter, aus denen sich die Kammer zusammensetzt, sowie den Namen des Kanzlers oder des Stellvertretenden Kanzlers;

b) den Tag, an dem es gefällt, und den Tag, an dem es verkündet wird;

c) die Bezeichnung der Parteien;

d) die Namen der Prozessbevollmächtigten, Rechtsbeistände und Berater der Parteien;

e) die Darstellung des Prozessverlaufs;

f) den Sachverhalt;

g) eine Zusammenfassung des Vorbringens der Parteien;

h) die Entscheidungsgründe;

i) den Urteilstenor;

j) gegebenenfalls die Kostenentscheidung;

k) die Zahl der Richter, welche die Mehrheit gebildet haben;

l) gegebenenfalls die Angabe, welche Sprachfassung maßgebend ist.

(2) Jeder Richter, der an der Prüfung der Rechtssache durch eine Kammer oder die Große Kammer mitgewirkt hat, ist berechtigt, dem Urteil entweder eine Darlegung seiner zustimmenden oder abweichenden persönlichen Meinung oder die bloße Feststellung seines abweichenden Votums beizufügen.

Art. 75 Entscheidung über eine gerechte Entschädigung. (1) Stellt die Kammer oder das Komitee eine Verletzung der Konvention oder ihrer Protokolle fest, so entscheidet die Kammer oder das Komitee im selben Urteil über die Anwendung des Artikels 41 der Konvention, wenn ein entsprechender Anspruch nach Artikel 60 ausdrücklich geltend gemacht wurde und die Frage spruchreif ist; andernfalls behält sich die Kammer oder das Komitee die Beurteilung der Frage ganz oder teilweise vor und bestimmt das weitere Verfahren.

(2) Bei der Entscheidung über die Anwendung des Artikels 41 der Konvention tagt die Kammer oder das Komitee möglichst in der gleichen Besetzung wie bei der Prüfung der Begründetheit. Ist dies nicht möglich, so ergänzt oder bildet der Sektionspräsident die Kammer oder das Komitee durch das Los.

(3) Spricht die Kammer oder das Komitee eine gerechte Entschädigung nach Artikel 41 der Konvention zu, so kann sie oder das Komitee beschließen, dass die zugesprochenen Beträge zu verzinsen sind, wenn die Zahlung nicht innerhalb der Frist erfolgt, die sie oder es setzt.

(4) Wird der Gerichtshof davon unterrichtet, dass zwischen der in ihren Rechten verletzten Partei und der verantwortlichen Vertragspartei eine Einigung erzielt worden ist, so prüft er, ob die Einigung billig ist, und streicht bejahendenfalls die Rechtssache nach Artikel 43 Absatz 3 im Register.

Art. 76 Sprache des Urteils. (1) Der Gerichtshof erlässt seine Urteile in englischer oder französischer Sprache, wenn er nicht beschließt, ein Urteil in beiden Amtssprachen zu erlassen.

(2) Die in Artikel 78 vorgesehene Veröffentlichung der Urteile in der amtlichen Sammlung des Gerichtshofs erfolgt in beiden Amtssprachen des Gerichtshofs.

Art. 77 Unterzeichnung, Verkündung und Zustellung des Urteils.
(1) Das Urteil wird vom Kammer- oder Komiteepräsidenten und vom Kanzler unterzeichnet.

(2) Das Urteil einer Kammer kann vom Kammerpräsidenten oder einem von ihm beauftragten anderen Richter in öffentlicher Sitzung verkündet werden. Den Prozessbevollmächtigten und Vertretern der Parteien wird der Termin der Verkündung rechtzeitig mitgeteilt. Wenn das Urteil nicht in öffentlicher Sitzung verkündet wird und im Fall der Urteile der Komitees gilt die Übermittlung nach Absatz 3 als Verkündung.

(3) Das Urteil wird dem Ministerkomitee zugeleitet. Der Kanzler übermittelt den Parteien, dem Generalsekretär des Europarats, den Drittbeteiligten, auch dem Menschenrechtskommissar des Europarats, und allen anderen unmittelbar betroffenen Personen eine Kopie. Das ordnungsgemäß unterzeichnete und gesiegelte Original wird im Archiv des Gerichtshofs verwahrt.

Art. 78 Veröffentlichung der Urteile und anderer Schriftstücke. Nach Artikel 44 Absatz 3 der Konvention werden die endgültigen Urteile des Gerichtshofs unter der Verantwortung des Kanzlers in geeigneter Form veröffentlicht. Der Kanzler ist außerdem für die Herausgabe der amtlichen Sammlung zuständig, die ausgewählte Urteile und Entscheidungen sowie sonstige Schriftstücke enthält, deren Veröffentlichung der Präsident des Gerichtshofs für zweckmäßig hält.

Art. 79 Antrag auf Auslegung des Urteils. (1) Jede Partei kann die Auslegung eines Urteils innerhalb eines Jahres nach der Verkündung beantragen.

(2) Der Antrag ist bei der Kanzlei einzureichen. Der Teil des Urteilstenors, dessen Auslegung begehrt wird, ist darin genau anzugeben.

(3) Die ursprüngliche Kammer kann selbständig beschließen, den Antrag abzuweisen, wenn kein Grund eine Prüfung rechtfertigt. Ist es nicht möglich, die ursprüngliche Kammer zusammenzusetzen, so bildet oder ergänzt der Präsident des Gerichtshofs die Kammer durch das Los.

(4) Weist die Kammer den Antrag nicht ab, so übermittelt ihn der Kanzler den anderen betroffenen Parteien und gibt ihnen Gelegenheit, innerhalb der vom Kammerpräsidenten bestimmten Frist schriftlich Stellung zu nehmen. Der Kammerpräsident bestimmt auch den Termin der mündlichen Verhandlung, wenn die Kammer beschließt, eine solche durchzuführen. Die Kammer entscheidet durch Urteil.

Art. 80 Antrag auf Wiederaufnahme des Verfahrens. (1) Wird eine Tatsache bekannt, die geeignet gewesen wäre, einen maßgeblichen Einfluss auf den Ausgang einer bereits entschiedenen Rechtssache auszuüben, so kann eine Partei, wenn diese Tatsache zum Zeitpunkt des Urteils dem Gerichtshof unbekannt war und der Partei nach menschlichem Ermessen nicht bekannt sein konnte, innerhalb von sechs Monaten, nachdem sie von der Tatsache Kenntnis erhalten hat, beim Gerichtshof die Wiederaufnahme des Verfahrens beantragen.

(2) Der Antrag muss das Urteil bezeichnen, auf das sich der Wiederaufnahmeantrag bezieht, und die Angaben enthalten, aus denen sich ergibt, dass die Voraussetzungen nach Absatz 1 erfüllt sind. Dem Antrag ist eine Kopie aller

zur Begründung dienenden Unterlagen beizufügen. Der Antrag und die Unterlagen sind bei der Kanzlei einzureichen.

(3) Die ursprüngliche Kammer kann selbständig beschließen, den Antrag abzuweisen, wenn kein Grund eine Prüfung rechtfertigt. Ist es nicht möglich, die ursprüngliche Kammer zusammenzusetzen, so bildet oder ergänzt der Präsident des Gerichtshofs die Kammer durch das Los.

(4) Weist die Kammer den Antrag nicht ab, so übermittelt ihn der Kanzler den anderen betroffenen Parteien und gibt ihnen Gelegenheit, innerhalb der vom Kammerpräsidenten bestimmten Frist schriftlich Stellung zu nehmen. Der Kammerpräsident bestimmt auch den Termin der mündlichen Verhandlung, wenn die Kammer beschließt, eine solche durchzuführen. Die Kammer entscheidet durch Urteil.

Art. 81 Berichtigung von Fehlern in Entscheidungen und Urteilen.
Unbeschadet der Bestimmungen über die Wiederaufnahme des Verfahrens und die Wiedereintragung von Beschwerden im Register kann der Gerichtshof Schreib- oder Rechenfehler sowie offensichtliche Unrichtigkeiten von Amts wegen oder wenn eine Partei dies innerhalb eines Monats nach Verkündung der Entscheidung oder des Urteils beantragt, korrigieren.

Kapitel IX: Gutachten

Art. 82. Im Verfahren zur Erstattung von Gutachten wendet der Gerichtshof neben den Artikeln 47, 48 und 49 der Konvention die folgenden Bestimmungen an. Er wendet ferner die übrigen Bestimmungen dieser Verfahrensordnung an, soweit er dies für angebracht hält.

Art. 83. Der Antrag auf Erstattung eines Gutachtens ist beim Kanzler einzureichen. Er muss die Frage, zu der das Gutachten des Gerichtshofs angefordert wird, vollständig und genau bezeichnen; ferner sind anzugeben
a) der Tag, an dem das Ministerkomitee den Beschluss nach Artikel 47 Absatz 3 der Konvention gefasst hat;
b) Name und Adresse der Personen, die vom Ministerkomitee benannt worden sind, um dem Gerichtshof alle benötigten Erläuterungen zu geben.
Dem Antrag sind alle Unterlagen beizufügen, die zur Klärung der Frage dienen können.

Art. 84. (1) Nach Eingang des Antrags übermittelt der Kanzler allen Mitgliedern des Gerichtshofs eine Kopie des Antrags sowie der beigefügten Unterlagen.

(2) Er teilt den Vertragsparteien mit, dass sie zu dem Antrag schriftlich Stellung nehmen können.

Art. 85. (1) Der Präsident des Gerichtshofs bestimmt die Fristen für die Einreichung der schriftlichen Stellungnahmen oder sonstigen Unterlagen.

(2) Die schriftlichen Stellungnahmen oder sonstigen Unterlagen sind beim Kanzler einzureichen. Der Kanzler übermittelt allen Mitgliedern des Gerichtshofs, dem Ministerkomitee und jeder Vertragspartei eine Kopie.

Art. 86. Nach Abschluss des schriftlichen Verfahrens entscheidet der Präsident des Gerichtshofs, ob den Vertragsparteien, die schriftlich Stellung genommen haben, Gelegenheit gegeben werden soll, ihre Stellungnahmen in einer zu diesem Zweck anberaumten mündlichen Verhandlung zu erläutern.

Art. 87. (1) Für die Behandlung des Antrags auf Erstattung eines Gutachtens wird eine Große Kammer gebildet.

(2) Ist die Große Kammer der Auffassung, dass der Antrag nicht in ihre Zuständigkeit nach Artikel 47 der Konvention fällt, so stellt sie dies in einer begründeten Entscheidung fest.

Art. 88. (1) Begründete Entscheidungen und Gutachten werden von der Großen Kammer mit Stimmenmehrheit beschlossen. Die Zahl der Richter, welche die Mehrheit gebildet haben, ist darin anzugeben.

(2) Jeder Richter kann, wenn er dies wünscht, der begründeten Entscheidung oder dem Gutachten des Gerichtshofs entweder eine Darlegung seiner zustimmenden oder abweichenden persönlichen Meinung oder die bloße Feststellung seines abweichenden Votums beifügen.

Art. 89. Die begründete Entscheidung oder das Gutachten kann in öffentlicher Sitzung vom Präsidenten der Großen Kammer oder von einem von ihm beauftragten anderen Richter in einer der beiden Amtssprachen verlesen werden, nachdem das Ministerkomitee und alle Vertragsparteien benachrichtigt worden sind. Andernfalls gilt die Übermittlung nach Artikel 90 als Verkündung des Gutachtens oder der begründeten Entscheidung.

Art. 90. Das Gutachten oder die begründete Entscheidung wird vom Präsidenten der Großen Kammer und vom Kanzler unterzeichnet. Das ordnungsgemäß unterzeichnete und gesiegelte Original wird im Archiv des Gerichtshofs verwahrt. Der Kanzler übermittelt dem Ministerkomitee, den Vertragsparteien und dem Generalsekretär des Europarats eine beglaubigte Kopie.

Kapitel X: Die Verfahren nach Artikel 46
Absätze 3, 4 und 5 der Konvention

Unterkapitel I: Das Verfahren nach Artikel 46
Absatz 3 der Konvention

Art. 91. Anträge auf Auslegung nach Artikel 46 Absatz 3 der Konvention sind beim Kanzler einzureichen. Der Antrag muss die Art und den Ursprung der Auslegungsfrage, welche die Umsetzung des im Antrag genannten Urteils behindert hat, vollständig und genau bezeichnen; beizufügen sind
a) gegebenenfalls Angaben zum Verfahren vor dem Ministerkomitee betreffend die Umsetzung des Urteils;
b) eine Kopie des in Artikel 46 Absatz 3 der Konvention genannten Beschlusses;
c) Name und Adresse der Personen, die vom Ministerkomitee benannt worden sind, um dem Gerichtshof alle angeforderten Erläuterungen zu geben.

Art. 92. (1) Der Antrag wird von der Großen Kammer, der Kammer oder dem Komitee, welche beziehungsweise welches das betreffende Urteil gefällt hat, geprüft.

(2) Ist es nicht möglich, die ursprüngliche Große Kammer oder Kammer oder das ursprüngliche Komitee zusammenzusetzen, so bildet oder ergänzt der Präsident des Gerichtshofs die Große Kammer, die Kammer oder das Komitee durch das Los.

Art. 93. Die Entscheidung des Gerichtshofs über die Auslegungsfrage, mit der das Ministerkomitee ihn befasst hat, ist endgültig. Die Richter dürfen eine persönliche Meinung hierzu nicht abgeben. Kopien der Entscheidung werden dem Ministerkomitee und den betroffenen Parteien sowie jedem Drittbeteiligten, auch dem Menschenrechtskommissar des Europarats, zugeleitet.

Unterkapitel II: Das Verfahren nach Artikel 46 Absätze 4 und 5 der Konvention

Art. 94. Wird der Gerichtshof mit der Frage befasst, ob eine Vertragspartei ihrer Verpflichtung nach Artikel 46 Absatz 1 der Konvention nachgekommen ist, so wendet er außer den Artikeln 31 Buchstabe b und 46 Absätze 4 und 5 der Konvention die folgenden Bestimmungen an. Er wendet ferner die übrigen Bestimmungen dieser Verfahrensordnung an, soweit er dies für angebracht hält.

Art. 95. Anträge nach Artikel 46 Absatz 4 der Konvention sind zu begründen und beim Kanzler einzureichen. Beizufügen sind
a) das betreffende Urteil;
b) Angaben zum Verfahren vor dem Ministerkomitee betreffend die Umsetzung des Urteils, gegebenenfalls einschließlich schriftlicher Stellungnahmen der betroffenen Parteien und Mitteilungen in diesem Verfahren;
c) Kopien der Mahnung, die der oder den beschwerdegegnerischen Vertragspartei(en) zugegangen ist, und des in Artikel 46 Absatz 4 der Konvention genannten Beschlusses;
d) Name und Adresse der Personen, die vom Ministerkomitee benannt worden sind, um dem Gerichtshof alle angeforderten Erläuterungen zu geben;
e) Kopien aller anderen Unterlagen, die zur Klärung der Frage dienen können.

Art. 96. Für die Prüfung der dem Gerichtshof vorgelegten Frage wird eine Große Kammer nach Artikel 24 Absatz 2 Buchstabe g gebildet.

Art. 97. Der Präsident der Großen Kammer teilt dem Ministerkomitee und den betroffenen Parteien mit, dass sie zu der vorgelegten Frage schriftlich Stellung nehmen können.

Art. 98. (1) Der Präsident der Großen Kammer bestimmt die Fristen für die Einreichung der schriftlichen Stellungnahmen oder sonstigen Unterlagen.

(2) Die Große Kammer kann beschließen, eine mündliche Verhandlung durchzuführen.

Art. 99. Die Große Kammer entscheidet durch Urteil. Kopien des Urteils werden dem Ministerkomitee und den betroffenen Parteien sowie jedem Drittbeteiligten, auch dem Menschenrechtskommissar des Europarats, zugeleitet.

Kapitel XI: Prozesskostenhilfe

Art. 100. (1) Der Kammerpräsident kann einem Beschwerdeführer, der eine Beschwerde nach Artikel 34 der Konvention erhoben hat, auf dessen Antrag oder von Amts wegen für die Verfolgung seiner Sache Prozesskostenhilfe bewilligen, nachdem die beschwerdegegnerische Vertragspartei nach Artikel 54 Absatz 2 Buchstabe b dieser Verfahrensordnung zur Zulässigkeit der Beschwerde Stellung genommen hat oder die Frist hierfür abgelaufen ist.

(2) Wird einem Beschwerdeführer für die Verfolgung seiner Sache vor der Kammer Prozesskostenhilfe bewilligt, so gilt die Bewilligung vorbehaltlich des Artikels 105 im Verfahren vor der Großen Kammer weiter.

Art. 101. Prozesskostenhilfe kann nur bewilligt werden, wenn der Kammerpräsident feststellt,
a) dass die Bewilligung dieser Hilfe für die ordnungsgemäße Prüfung der Rechtssache vor der Kammer notwendig ist;
b) dass der Beschwerdeführer nicht über ausreichende finanzielle Mittel verfügt, um die an-fallenden Kosten ganz oder teilweise zu begleichen.

Art. 102. (1) Um festzustellen, ob der Beschwerdeführer über ausreichende finanzielle Mittel verfügt, um die anfallenden Kosten ganz oder teilweise zu begleichen, wird er aufgefordert, ein Erklärungsformular auszufüllen, aus dem sein Einkommen, sein Kapitalvermögen und seine finanziellen Verpflichtungen gegenüber Unterhaltsberechtigten sowie alle sonstigen finanziellen Verpflichtungen hervorgehen. Diese Erklärung muss von der oder den zuständigen innerstaatlichen Behörde(n) bestätigt sein.

(2) Der Kammerpräsident kann die betroffene Vertragspartei auffordern, schriftlich Stellung zu nehmen.

(3) Nach Eingang der in Absatz 1 genannten Unterlagen entscheidet der Kammerpräsident, ob Prozesskostenhilfe bewilligt oder abgelehnt wird. Der Kanzler informiert die betroffenen Parteien.

Art. 103. (1) Honorare dürfen nur einem Rechtsbeistand oder einer anderen nach Artikel 36 Absatz 4 bestellten Person gezahlt werden. Gegebenenfalls können auch mehreren Vertretern Honorare gezahlt werden.

(2) Die Prozesskostenhilfe kann außer den Honoraren auch die Fahrt- und Aufenthaltskosten sowie andere notwendige Auslagen umfassen, die dem Beschwerdeführer oder der zu seinem Vertreter bestellten Person entstehen.

Art. 104. Nach Bewilligung der Prozesskostenhilfe bestimmt der Kanzler
a) die Höhe der Honorare entsprechend den geltenden Tarifen;
b) den Betrag der zu zahlenden Kosten.

Art. 105. Der Kammerpräsident kann die Bewilligung der Prozesskostenhilfe jederzeit rückgängig machen oder ändern, wenn er feststellt, dass die Voraussetzungen nach Artikel 101 nicht mehr erfüllt sind.

Titel III: Übergangsbestimmungen

Art. 106 Verhältnis zwischen Gerichtshof und Kommission. (1) In Rechtssachen, die dem Gerichtshof nach Artikel 5 Absätze 4 und 5 des Protokolls Nr. 11 zur Konvention vorgelegt werden, kann der Gerichtshof die Kommission bitten, eines oder mehrere ihrer Mitglieder für die Teilnahme an der Prüfung der Rechtssache vor dem Gerichtshof zu entsenden.

(2) In Rechtssachen nach Absatz 1 berücksichtigt der Gerichtshof den von der Kommission nach dem früheren Artikel 31 der Konvention angenommenen Bericht.

(3) Wenn der Kammerpräsident nichts anderes bestimmt, sorgt der Kanzler so bald wie möglich nach der Anrufung des Gerichtshofs für die Veröffentlichung des Berichts.

(4) Im Übrigen bleibt in Rechtssachen, die dem Gerichtshof nach Artikel 5 Absätze 2 bis 5 des Protokolls Nr. 11 vorliegen, die Verfahrensakte der Kommission, einschließlich aller Schriftsätze und Stellungnahmen, vertraulich, wenn der Kammerpräsident nichts anderes bestimmt.

(5) In Rechtssachen, in denen die Kommission Beweise erhoben hat, aber nicht in der Lage war, einen Bericht nach dem früheren Artikel 31 der Konvention anzunehmen, berücksichtigt der Gerichtshof die Protokolle und Unterlagen sowie die Meinungen, welche die Kommissionsbeauftragten im Anschluss an die Beweiserhebung geäußert haben.

Art. 107 Verfahren vor einer Kammer und der Großen Kammer.
(1) Wird eine Rechtssache dem Gerichtshof nach Artikel 5 Absatz 4 des Protokolls Nr. 11 zur Konvention vorgelegt, so entscheidet ein nach Artikel 24 Absatz 5 dieser Verfahrensordnung gebildeter Ausschuss der Großen Kammer, ob der Fall von einer Kammer oder von der Großen Kammer geprüft wird; der Ausschuss entscheidet ausschließlich auf der Grundlage der Akten.

(2) Wird die Rechtssache von einer Kammer entschieden, so ist ihr Urteil nach Artikel 5 Absatz 4 des Protokolls Nr. 11 endgültig, und Artikel 73 dieser Verfahrensordnung findet keine Anwendung.

(3) Rechtssachen, die dem Gerichtshof nach Artikel 5 Absatz 5 des Protokolls Nr. 11 übertragen sind, werden der Großen Kammer vom Präsidenten des Gerichtshofs vorgelegt.

(4) Bei jeder Rechtssache, die der Großen Kammer nach Artikel 5 Absatz 5 des Protokolls Nr. 11 vorliegt, wird die Große Kammer durch Richter einer der in Artikel 24 Absatz 31 dieser Verfahrensordnung bezeichneten Gruppen ergänzt, die im Rotationsverfahren bestimmt werden; beide Gruppen werden abwechselnd herangezogen.

Art. 108 Bewilligung der Prozesskostenhilfe. Ist einem Beschwerdeführer in Rechtssachen, die dem Gerichtshof nach Artikel 5 Absätze 2 bis 5 des Protokolls Nr. 11 zur Konvention vorliegen, im Verfahren vor der Kommission oder dem früheren Gerichtshof Prozesskostenhilfe bewilligt worden, so gilt die Bewilligung im Verfahren vor dem Gerichtshof weiter; Artikel 96 dieser Verfahrensordnung bleibt vorbehalten.

Art. 109 Antrag auf Wiederaufnahme des Verfahrens. (1) Anträge einer Partei auf Wiederaufnahme eines Verfahrens des früheren Gerichtshofs werden vom Präsidenten des Gerichtshofs je nach Fall nach Artikel 51 oder 52 einer Sektion zugewiesen.

(2) Ungeachtet des Artikels 80 Absatz 3 bildet der Präsident der betroffenen Sektion für die Behandlung des Antrags eine neue Kammer.

(3) Dieser Kammer gehören von Amts wegen folgende Mitglieder an:
a) der Sektionspräsident;
   sowie, unabhängig davon, ob sie der betroffenen Sektion angehören,
b) der für die betroffene Vertragspartei gewählte Richter oder, wenn dieser verhindert ist, ein Richter, der nach Artikel 29 benannt wird;
c) die Mitglieder des Gerichtshofs, die der ursprünglichen Kammer des früheren Gerichtshofs, die das Urteil gefällt hat, angehört haben.

(4) a) Die anderen Mitglieder der Kammer werden vom Sektionspräsidenten aus dem Kreis der Mitglieder der Sektion durch das Los bestimmt.

b) Die Mitglieder der Sektion, die nicht auf diese Weise bestimmt wurden, sind in der betreffenden Rechtssache Ersatzrichter.

Titel IV: Schlussbestimmungen

Art. 110 Aussetzung der Anwendung von Bestimmungen. Die Anwendung von Bestimmungen, welche die interne Arbeitsweise des Gerichtshofs betreffen, kann auf Vorschlag eines Richters sofort ausgesetzt werden, vorausgesetzt, dass die betroffene Kammer den Vorschlag einstimmig annimmt. Die Aussetzung ist nur für den konkreten Fall wirksam, für den sie vorgeschlagen wurde.

Art. 111 Änderung von Bestimmungen. (1) Änderungen von Bestimmungen dieser Verfahrensordnung können von der Mehrheit der in Plenarsitzung tagenden Richter auf vorherigen Vorschlag hin angenommen werden. Der schriftliche Änderungsvorschlag muss dem Kanzler spätestens einen Monat vor der Sitzung zugehen, in der er geprüft werden soll. Erhält der Kanzler einen solchen Vorschlag, so setzt er so bald wie möglich alle Mitglieder des Gerichtshofs davon in Kenntnis.

(2) Der Kanzler teilt den Vertragsparteien alle Vorschläge des Gerichtshofs hinsichtlich der Änderung von Bestimmungen mit, die unmittelbar die Durchführung von Verfahren vor dem Gerichtshof betreffen, und gibt ihnen Gelegenheit, schriftlich zu diesen Vorschlägen Stellung zu nehmen. Der Kanzler gibt auch Organisationen, die Erfahrung mit der Vertretung von Beschwerdeführern vor dem Gerichtshof haben, und maßgeblichen Rechtsanwaltskammern Gelegenheit zur schriftlichen Stellungnahme.

Art. 112 – Inkrafttreten der Verfahrensordnung. Diese Verfahrensordnung tritt am 1. November 1998 in Kraft.

60. Regeln des Ministerkomitees für die Überwachung der Durchführung von Urteilen und von Bestimmungen gütlicher Einigungen[1] · [2]

in der Fassung vom 18. Januar 2017

(Übersetzung)

I. Allgemeine Bestimmungen

Regel 1. (1) Die Ausübung der Befugnisse des Ministerkomitees nach Artikel 46 Absätze 2 bis 5 und Artikel 39 Absatz 4 der Europäischen Menschenrechtskonvention richtet sich nach diesen Regeln.

(2) Soweit diese Regeln nichts anderes bestimmen, gelten für die Ausübung dieser Befugnisse die allgemeinen Verfahrensregeln für Sitzungen des Ministerkomitees und des Komitees der Ministerbeauftragten.

Regel 2. (1) Die Überwachung der Durchführung von Urteilen und Bestimmungen gütlicher Einigungen durch das Ministerkomitee erfolgt grundsätzlich auf besonderen Sitzungen zu Menschenrechten, deren Tagesordnung veröffentlicht wird.

(2) Hat der Vertreter der Hohen Vertragspartei, die Verfahrensbeteiligte der zu prüfenden Rechtssache ist, den Vorsitz im Ministerkomitee inne, gibt dieser Vertreter während der Erörterung dieser Rechtssache den Vorsitz ab.

Regel 3. Sobald ein Urteil oder eine Entscheidung dem Ministerkomitee gemäß Artikel 46 Absatz 2 oder Artikel 39 Absatz 4 der Konvention übermittelt wird, wird der Fall unverzüglich auf die Tagesordnung des Komitees gesetzt.

Regel 4. (1) Das Ministerkomitee befasst sich vorrangig mit der Überwachung der Durchführung solcher Urteile, in denen der Gerichtshof ein systemimmanentes Problem gemäß der Resolution (2004) 3 des Ministerkomitees über Urteile, die ein grundlegendes systemimmanentes Problem offenbaren, festgestellt hat.

(2) Der Vorrang für Rechtssachen nach Absatz 1 darf nicht zu Lasten des Vorrangs gehen, der anderen bedeutenden Rechtssachen gebührt, insbesondere solchen Rechtssachen, in denen ein festgestellter Rechtsverstoß zu schwerwiegenden Folgen für den Verletzten geführt hat.

Regel 5. Das Ministerkomitee verabschiedet einen jährlichen Bericht über seine Tätigkeit auf der Grundlage von Artikel 46 Absätze 2 bis 5 und Artikel 39 Absatz 4 der Konvention, der veröffentlicht und dem Gerichtshof sowie

---

[1] Internationale Quelle: Council of Europe, CM/Del/Dec(2006)964/4.4-app4consolidated.
[2] Eigene Übersetzung des Herausgebers Prof. Dr. *Fastenrath*.

560

dem Generalsekretär, der Parlamentarischen Versammlung und dem Menschenrechtskommissar des Europarats übermittelt wird.

II. Überwachung der Durchführung von Urteilen

Regel 6 Unterrichtung des Ministerkomitees über die Durchführung des Urteils. (1) Wenn der Gerichtshof in einem dem Ministerkomitee gemäß Artikel 46 Absatz 2 der Konvention zugeleiteten Urteil eine Verletzung der Konvention oder von deren Protokollen feststellt und/oder dem Verletzten eine gerechte Entschädigung gemäß Artikel 41 der Konvention zubilligt, fordert das Komitee die betreffende Hohe Vertragspartei auf, es eingedenk der Verpflichtung aus Artikel 46 Absatz 1 der Konvention, das Urteil zu befolgen, über die getroffenen oder beabsichtigten Maßnahmen zu unterrichten.

(2) Bei der Überwachung der Durchführung des Urteils durch die betreffende Hohe Vertragspartei gemäß Artikel 46 Absatz 2 der Konvention prüft das Ministerkomitee:

a) ob die vom Gerichtshof zugebilligte gerechte Entschädigung, gegebenenfalls einschließlich der Verzugszinsen, gezahlt worden ist; und

b) falls erforderlich und unter Berücksichtigung des Ermessens der betreffenden Hohen Vertragspartei bei der Wahl der Mittel, die notwendig sind, um dem Urteil zu entsprechen, ob:

    i. individuelle Maßnahmen[1] ergriffen worden sind, um zu gewährleisten, dass die Rechtsverletzung beendet ist und dass der Verletzte soweit als möglich in dieselbe Position versetzt wird, die er vor der Verletzung der Konvention innehatte;

    ii. allgemeine Maßnahmen[2] beschlossen worden sind, durch die weitere Rechtsverstöße der gleichen Art verhindert oder andauernde Rechtsverletzungen beendet werden.

Regel 7 Prüfungszeiträume. (1) Bis die betreffende Hohe Vertragspartei die Zahlung der vom Gerichtshof zugebilligten Entschädigung oder mögliche individuelle Maßnahmen mitgeteilt hat, bleibt die Rechtssache auf der Tagesordnung jeder Sitzung des Ministerkomitees zu Menschenrechten, sofern das Komitee nicht anders entscheidet.

(2) Unterrichtet die betreffende Hohe Vertragspartei das Ministerkomitee, dass sie sich noch nicht in der Lage sieht, dem Komitee mitzuteilen, dass die notwendigen allgemeinen Maßnahmen ergriffen worden sind, um die Umsetzung des Urteils zu gewährleisten, wird die Rechtssache erneut auf die Tagesordnung eines Treffens des Ministerkomitees im Laufe der nächsten sechs Mo-

---

[1] **Offizielle Fußnote:** Zum Beispiel die Streichung einer ungerechtfertigten Kriminalstrafe aus dem Strafregister, die Gewährung einer Aufenthaltserlaubnis oder die Wiederaufnahme des angefochtenen, innerstaatlichen Verfahrens (zu letzterem Punkt siehe die Empfehlung (2000) 2 des Ministerkomitees an die Mitgliedstaaten betreffend die Überprüfung oder Wiederaufnahme bestimmter Fälle auf nationaler Ebene nach Urteilen des Europäischen Gerichtshofs für Menschenrechte, angenommen am 19.1.2000 auf der 694. Sitzung der Ministerbeauftragten).

[2] **Offizielle Fußnote:** Zum Beispiel Rechtsänderungen, Änderung der Rechtsprechung oder der Verwaltungspraxis oder die Veröffentlichung des Urteils des Gerichtshofs in der Landessprache und dessen Verbreitung bei den betreffenden Behörden.

nate gesetzt, sofern das Komitee nicht anders entscheidet; dasselbe gilt, wenn diese oder jede weitere Frist endet.

Regel 8 Zugang zu Informationen. (1) Die Vertraulichkeit der Verhandlungen des Ministerkomitees gemäß Artikel 21 der Satzung des Europarats bleibt durch die Bestimmungen dieser Regel unberührt.

(2) Folgende Informationen werden der Öffentlichkeit zugänglich gemacht, sofern das Komitee zum Schutz berechtigter öffentlicher oder privater Interessen nicht anders entscheidet:
a) Mitteilungen und damit zusammenhängende Dokumente, die eine Hohe Vertragspartei dem Ministerkomitee gemäß Artikel 46 Absatz 2 der Konvention zuleitet;
b) Mitteilungen und damit zusammenhängende Dokumente, die der Verletzte, Nichtregierungsorganisationen oder nationale Einrichtungen zur Förderung und zum Schutz der Menschenrechte dem Ministerkomitee gemäß diesen Regeln zuleiten.

(3) Bei der Entscheidung nach Absatz 2 berücksichtigt das Komitee unter anderem:
a) begründete Begehren nach Vertraulichkeit, die von der Hohen Vertragspartei, dem Verletzten, Nichtregierungsorganisationen oder nationalen Einrichtungen zur Förderung und zum Schutz der Menschenrechte zugleich mit der Mitteilung gestellt werden;
b) begründete Begehren nach Vertraulichkeit, die von einer anderen, von der Mitteilung betroffenen Hohen Vertragspartei unverzüglich, spätestens aber zum Zeitpunkt der ersten Befassung des Komitees mit der betreffenden Mitteilung, gestellt werden;
c) das Interesse der verletzten oder einer dritten Partei, anonym zu bleiben.

(4) Nach jeder Sitzung des Ministerkomitees wird die mit Anmerkungen versehene Tagesordnung, die dem Komitee anlässlich der Überwachung der Durchführung vorgelegen hat, zusammen mit den getroffenen Entscheidungen veröffentlicht, sofern das Komitee nicht anders entscheidet. Soweit wie möglich werden auch andere öffentlich zugängliche Dokumente veröffentlicht, die dem Komitee vorgelegt worden sind, sofern das Komitee nicht anders entscheidet.

(5) Wenn dem Verletzten gemäß Artikel 47 Absatz 3 der Verfahrensordnung des Gerichtshofs Anonymität zugesichert worden ist, wird diese in jedem Fall während des Verfahrens der Durchführung des Urteils gewahrt, sofern der Betroffene nicht ausdrücklich auf seine Anonymität verzichtet.

Regel 9 Mitteilungen an das Ministerkomitee. (1) Das Ministerkomitee prüft jede Mitteilung des Verletzten bezüglich der Zahlung der gerechten Entschädigung oder der ergriffenen individuellen Maßnahmen.

(2) Das Ministerkomitee ist befugt, Mitteilungen von Nichtregierungsorganisationen und nationalen Einrichtungen zur Förderung und zum Schutz der Menschenrechte im Hinblick auf die Durchführung von Urteilen gemäß Artikel 46 Absatz 2 der Konvention zu prüfen.

(3) Das Ministerkomitee ist ebenfalls befugt, Mitteilungen im Hinblick auf Angelegenheiten im Zusammenhang mit der Durchführung von Urteilen gemäß Artikel 46 Absatz 2 der Konvention zu prüfen, die im Rahmen ihrer

Zuständigkeiten von internationalen Regierungsorganisationen oder ihren Gremien und Einrichtungen abgegeben werden, deren Aufgaben und Tätigkeiten den Schutz und die Förderung von Menschenrechten umfassen, wie sie in der Allgemeinen Erklärung der Menschenrechte definiert sind.

(4) Das Ministerkomitee ist weiterhin befugt, Mitteilungen im Hinblick auf die Durchführung von Urteilen gemäß Artikel 46 Absatz 2 der Konvention zu prüfen, die von Einrichtungen oder Gremien eingereicht werden, denen es von Rechts wegen oder auf Einladung des Gerichtshofs gestattet ist, sich am Verfahren vor dem Gerichtshof zu beteiligen, und zwar in allen Fällen (so bezüglich des Kommissars des Europarats für Menschenrechte) oder in jenen, für die die Einrichtungen oder Gremien vom Gerichtshof zugelassen worden sind (so bezüglich aller anderen Einrichtungen und Gremien).

(5) Das Sekretariat bringt dem Ministerkomitee jede nach Absatz 1 eingegangene Mitteilung auf zweckdienliche Weise zur Kenntnis.

(6) Das Sekretariat bringt jede gemäß den Absätzen 2, 3 und 4 eingegangene Mitteilung dem betroffenen Staat zur Kenntnis. Antwortet dieser binnen fünf Arbeitstagen, werden sowohl die Mitteilung als auch die Antwort dem Ministerkomitee übermittelt und veröffentlicht. Geht eine Antwort nicht binnen dieser Frist ein, wird die Mitteilung dem Ministerkomitee übermittelt, aber nicht veröffentlicht. Sie wird zehn Arbeitstage nach der Benachrichtigung des Staates veröffentlicht zusammen mit dessen etwaiger Antwort binnen dieses Zeitraums. Die Antwort des Staates, die nach zehn Arbeitstagen eingeht, wird im Ministerkomitee in Umlauf gegeben und nach Eingang getrennt veröffentlicht.

Regel 10 Anrufung des Gerichtshofs zur Auslegung eines Urteils.

(1) Wird nach Auffassung des Ministerkomitees die Überwachung der Durchführung eines endgültigen Urteils durch eine Frage betreffend die Auslegung dieses Urteils behindert, so kann das Ministerkomitee gemäß Artikel 46 Absatz 3 der Konvention den Gerichtshof anrufen, damit er über die Auslegungsfrage entscheidet. Der Beschluss, den Gerichtshof anzurufen, bedarf der Zweidrittelmehrheit der Stimmen der zur Teilnahme an den Sitzungen des Komitees berechtigten Mitglieder.

(2) Der Beschluss, den Gerichtshof anzurufen, kann jederzeit während der Überwachung der Durchführung des Urteils durch das Ministerkomitee gefasst werden.

(3) Der Beschluss, den Gerichtshof anzurufen, ergeht als Zwischenentscheid. Er ist zu begründen und muss die unterschiedlichen Auffassungen innerhalb des Ministerkomitees über die Auslegung des Urteils, insbesondere die Auffassung der betroffenen Hohen Vertragspartei, wiedergeben.

(4) Soweit erforderlich, wird das Ministerkomitee vor Gericht durch seinen Vorsitzenden vertreten, sofern das Komitee keine andere Entscheidung über die Vertretung trifft. Der Beschluss wird mit einer Zweidrittelmehrheit der abgegebenen Stimmen und einer Mehrheit der zur Teilnahme an den Sitzungen des Komitees berechtigten Mitglieder gefasst.

Regel 11 Verfahren bei Nichtbefolgung eines Urteils. (1) Weigert sich

nach Auffassung des Ministerkomitees eine Hohe Vertragspartei in einer Rechtssache, in der sie Partei ist, ein endgültiges Urteil des Gerichtshofs zu befolgen, kann das Ministerkomitee gemäß Artikel 46 Absatz 4 der Konvention, nachdem es die betreffende Partei gemahnt hat, durch einen mit Zweidrittelmehrheit der Stimmen der zur Teilnahme an den Sitzungen des Komitees berechtigten Mitglieder gefassten Beschluss den Gerichtshof mit der Frage befassen, ob diese Partei ihrer Verpflichtung nachgekommen ist.

(2) Vertragsverletzungsverfahren sollen nur ausnahmsweise durchgeführt werden. Sie dürfen nicht eingeleitet werden, bevor das Komitee die betreffende Hohe Vertragspartei formell über seine Absicht unterrichtet hat, ein derartiges Verfahren durchzuführen. Diese formelle Mitteilung muss mindestens sechs Monate vor der Einleitung des Verfahrens erfolgen, sofern das Komitee nicht anderweitig entscheidet; sie ergeht als Zwischenentscheidung. Der Beschluss bedarf der Zweidrittelmehrheit der Stimmen der zur Teilnahme an den Sitzungen des Komitees berechtigten Mitglieder.

(3) Der Beschluss, den Gerichtshof mit der Sache zu befassen, ergeht als Zwischenentscheidung. Er ist zu begründen und muss die Auffassung der betroffenen Hohen Vertragspartei kurz wiedergeben.

(4) Das Ministerkomitee wird vor Gericht durch seinen Vorsitzenden vertreten, sofern das Komitee nicht eine andere Art der Vertretung beschließt. Dieser Beschluss wird mit einer Zweidrittelmehrheit der abgegebenen Stimmen und einer Mehrheit der zur Teilnahme an den Sitzungen des Komitees berechtigten Mitglieder gefasst.

III. Überwachung der Durchführung von Bestimmungen gütlicher Einigungen

Regel 12 Unterrichtung des Ministerkomitees über die Durchführung der Bestimmungen einer gütlichen Einigung. (1) Wird dem Ministerkomitee eine Entscheidung über eine gütliche Einigung gemäß Artikel 39 Absatz 4 der Konvention zugeleitet, fordert das Komitee die betreffende Hohe Vertragspartei auf, es über die Durchführung der Bestimmungen der gütlichen Einigung zu unterrichten.

(2) Das Ministerkomitee prüft, ob die Bestimmungen der gütlichen Einigung gemäß der Entscheidung des Gerichtshofs durchgeführt worden sind.

Regel 13 Prüfungszeiträume. Bis die betreffende Hohe Vertragspartei die Durchführung der Bestimmungen der gütlichen Einigung gemäß der Entscheidung des Gerichtshofs mitgeteilt hat, wird die Rechtssache auf die Tagesordnung einer jeden Sitzung des Ministerkomitees zu Menschenrechten gesetzt oder, soweit angemessen,[1] auf die Tagesordnung einer Sitzung des Ministerkomitees innerhalb von sechs Monaten, sofern das Komitee nicht anderweitig entscheidet.

Regel 14 Zugang zu Informationen. (1) Die Vertraulichkeit der Verhandlungen des Ministerkomitees gemäß Artikel 21 der Satzung des Europarats bleibt durch die Bestimmungen dieser Regel unberührt.

---

[1] **Offizielle Fußnote:** Insbesondere wenn die Bestimmungen der gütlichen Einigung Verpflichtungen umfassen, die aus der Natur der Sache nicht binnen kurzer Zeit erfüllt werden können wie etwa die Verabschiedung neuer Gesetze.

(2) Folgende Informationen werden der Öffentlichkeit zugänglich gemacht, sofern das Komitee zum Schutz berechtigter öffentlicher oder privater Interessen nicht anders entscheidet:

a) Mitteilungen und damit zusammenhängende Dokumente, die eine Hohe Vertragspartei dem Ministerkomitee gemäß Artikel 39 Absatz 4 der Konvention zuleitet;

b) Mitteilungen und damit zusammenhängende Dokumente, die der Beschwerdeführer, Nichtregierungsorganisationen oder nationale Einrichtungen zur Förderung und zum Schutz der Menschenrechte dem Ministerkomitee gemäß diesen Regeln zuleiten.

(3) Bei der Entscheidung nach Absatz 2 berücksichtigt das Komitee unter anderem:

a) begründete Begehren nach Vertraulichkeit, die von der Hohen Vertragspartei, dem Beschwerdeführer, Nichtregierungsorganisationen oder nationalen Einrichtungen zur Förderung und zum Schutz der Menschenrechte zugleich mit der Mitteilung gestellt werden;

b) begründete Begehren nach Vertraulichkeit, die von einer anderen, von der Mitteilung betroffenen Hohen Vertragspartei unverzüglich, spätestens aber zum Zeitpunkt der ersten Befassung des Komitees mit der betreffenden Mitteilung, gestellt werden;

c) das Interesse des Beschwerdeführers oder einer dritten Partei, anonym zu bleiben.

(4) Nach jeder Sitzung des Ministerkomitees wird die mit Anmerkungen versehene Tagesordnung, die dem Komitee anlässlich der Überwachung der Durchführung vorgelegen hat, zusammen mit den getroffenen Entscheidungen veröffentlicht, sofern das Komitee nicht anders entscheidet. Soweit wie möglich werden auch andere öffentlich zugängliche Dokumente veröffentlicht, die dem Komitee vorgelegt worden sind, sofern das Komitee nicht anders entscheidet.

(5) Wenn dem Beschwerdeführer gemäß Artikel 47 Absatz 3 der Verfahrensordnung des Gerichtshofs Anonymität zugesichert worden ist, wird diese in jedem Fall während des Verfahrens der Durchführung der Bestimmungen der gütlichen Einigung gewahrt, sofern der Beschwerdeführer nicht ausdrücklich auf seine Anonymität verzichtet.

Regel 15 Mitteilungen an das Ministerkomitee. (1) Das Ministerkomitee prüft jede Mitteilung des Beschwerdeführers hinsichtlich der Durchführung der Bestimmungen der gütlichen Einigung.

(2) Das Ministerkomitee ist befugt, Mitteilungen von Nichtregierungsorganisationen und nationalen Einrichtungen zur Förderung und zum Schutz der Menschenrechte im Hinblick auf die Durchführung der Bestimmungen der gütlichen Einigung zu prüfen.

(3) Das Sekretariat bringt dem Ministerkomitee jede nach Absatz 1 eingegangene Mitteilung auf zweckdienliche Weise zur Kenntnis. Dasselbe gilt für eingegangene Mitteilungen, die unter Absatz 2 fallen; sie werden zusammen mit etwaigen Bemerkungen der/den betreffenden Delegation(en) übermittelt, sofern die Bemerkungen dem Sekretariat fünf Werktage nach Eingang einer solchen Mitteilung zugehen.

IV. Entscheidungen

Regel 16 Zwischenentscheidungen. Während der Überwachung der Durchführung eines Urteils oder der Bestimmungen einer gütlichen Einigung kann das Ministerkomitee Zwischenentscheidungen treffen, insbesondere um über den Stand der Durchführung zu unterrichten oder, soweit angemessen, seine Besorgnis auszudrücken und/oder Vorschläge hinsichtlich der Durchführung zu unterbreiten.

Regel 17 Abschließende Entscheidung. Wenn das Ministerkomitee feststellt, dass die betreffende Hohe Vertragspartei alle notwendigen Maßnahmen zur Befolgung des Urteils ergriffen hat oder dass die Bestimmungen einer gütlichen Einigung durchgeführt worden sind, fasst es einen Beschluss, dass seine Aufgaben gemäß Artikel 46 Absatz 2 beziehungsweise Artikel 39 Absatz 4 der Konvention erfüllt sind.

61. Europäische Sozialcharta[1] · [2] · [3] · [4]

Vom 18. Oktober 1961

(BGBl. 1964 II S. 1262)

(Übersetzung)

DIE UNTERZEICHNERREGIERUNGEN, Mitglieder des Europarats,

IN DER ERWÄGUNG, daß es das Ziel des Europarats ist, eine engere Verbindung zwischen seinen Mitgliedern herzustellen, um die Ideale und Grundsätze, die ihr gemeinsames Erbe sind, zu wahren und zu verwirklichen und ihren wirtschaftlichen und sozialen Fortschritt zu fördern, insbesondere durch die Erhaltung und Weiterentwicklung der Menschenrechte und Grundfreiheiten,

IN DER ERWÄGUNG, daß die Mitgliedstaaten des Europarats in der am 4. November 1950 zu Rom unterzeichneten Europäischen Konvention zum Schutz der Menschenrechte und Grundfreiheiten und in dem am 20. März 1952 zu Paris unterzeichneten Zusatzprotokoll übereingekommen sind, ihren Völkern die darin angeführten bürgerlichen und politischen Rechte und Freiheiten zu sichern,

IN DER ERWÄGUNG, daß die Ausübung sozialer Rechte sichergestellt sein muß, und zwar ohne Diskriminierung aus Gründen der Rasse, der Hautfarbe, des Geschlechts, der Religion, der politischen Meinung, der nationalen Abstammung oder der sozialen Herkunft,

IN DEM ENTSCHLUSS, gemeinsam alle Anstrengungen zu unternehmen, um durch geeignete Einrichtungen und Maßnahmen den Lebensstandard ihrer Bevölkerung in Stadt und Land zu verbessern und ihr soziales Wohl zu fördern,

SIND WIE FOLGT ÜBEREINGEKOMMEN:

---

[1] Internationale Quelle: ETS 35; UNTS Bd 529, S. 89.

[2] Die Charta gilt nach Maßgabe ihres Artikels 20 für Belgien, Dänemark, Deutschland, Finnland, Frankreich, Griechenland, Irland, Island, Italien, Kroatien, Lettland, Luxemburg, Malta, Mazedonien, Niederlande, Norwegen, Österreich, Polen, Portugal, Schweden, Slowakei, Spanien, Tschechische Republik, Türkei, Ungarn, Vereinigtes Königreich von Großbritannien und Nordirland, Zypern.

[3] Durch Beschlüsse des Komitees der Ministerbeauftragten vom 17.3.1994 und 7.5.2001 ist Art. 25 geändert worden (BGBl. 2001 II, S. 497, 970); das noch nicht in Kraft befindliche Protokoll vom 21.10.1991 zur Änderung der Europäischen Sozialcharta (ETS 142), durch das das Überprüfungsverfahren gestärkt werden soll, ist nicht berücksichtigt, das Zusatzprotokoll vom 5.5.1988 ist unter **Nr. 62** abgedruckt; ein weiteres Zusatzprotokoll vom 9.11.1995 (ETS 158), mit dem eine Kollektivbeschwerde eingeführt wird, ist am 1.7.1998 in Kraft getreten, nicht jedoch für Deutschland, Liechtenstein, Österreich und die Schweiz.

[4] Die revidierte Fassung der Europäischen Sozialcharta vom 5.3.1996 (ETS 163) ist seit 1.7.1999 in Kraft, nicht jedoch für Deutschland, Liechtenstein und die Schweiz.

Teil I

Die Vertragsparteien sind gewillt, mit allen zweckdienlichen Mitteln staatlicher und zwischenstaatlicher Art eine Politik zu verfolgen, die darauf abzielt, geeignete Voraussetzungen zu schaffen, damit die tatsächliche Ausübung der folgenden Rechte und Grundsätze gewährleistet ist:

1. Jedermann muß die Möglichkeit haben, seinen Lebensunterhalt durch eine frei übernommene Tätigkeit zu verdienen.
2. Alle Arbeitnehmer haben das Recht auf gerechte Arbeitsbedingungen.
3. Alle Arbeitnehmer haben das Recht auf sichere und gesunde Arbeitsbedingungen.
4. Alle Arbeitnehmer haben das Recht auf ein gerechtes Arbeitsentgelt, das ihnen und ihren Familien einen angemessenen Lebensstandard sichert.
5. Alle Arbeitnehmer und Arbeitgeber haben das Recht auf Freiheit zur Vereinigung in nationalen und internationalen Organisationen zum Schutz ihrer wirtschaftlichen und sozialen Interessen.
6. Alle Arbeitnehmer und Arbeitgeber haben das Recht auf Kollektivverhandlungen.
7. Kinder und Jugendliche haben das Recht auf besonderen Schutz gegen körperliche und sittliche Gefahren, denen sie ausgesetzt sind.
8. Arbeitnehmerinnen haben im Falle der Mutterschaft und in anderen geeigneten Fällen das Recht auf besonderen Schutz bei der Arbeit.
9. Jedermann hat das Recht auf geeignete Möglichkeiten der Berufsberatung, die ihm helfen soll, einen Beruf zu wählen, der seiner persönlichen Eignung und seinen Interessen entspricht.
10. Jedermann hat das Recht auf geeignete Möglichkeiten der Berufsausbildung.
11. Jedermann hat das Recht, alle Maßnahmen in Anspruch zu nehmen, die es ihm ermöglichen, sich des besten Gesundheitszustandes zu erfreuen, den er erreichen kann.
12. Alle Arbeitnehmer und ihre Angehörigen haben das Recht auf Soziale Sicherheit.
13. Jedermann hat das Recht auf Fürsorge, wenn er keine ausreichenden Mittel hat.
14. Jedermann hat das Recht, soziale Dienste in Anspruch zu nehmen.
15. Jeder Behinderte hat das Recht auf berufliche Ausbildung sowie auf berufliche und soziale Eingliederung oder Wiedereingliederung ohne Rücksicht auf Ursprung und Art seiner Behinderung.
16. Die Familie als Grundeinheit der Gesellschaft hat das Recht auf angemessenen sozialen, gesetzlichen und wirtschaftlichen Schutz, der ihre volle Entfaltung zu sichern vermag.
17. Mütter und Kinder haben, unabhängig vom Bestehen einer Ehe und von familienrechtlichen Beziehungen, das Recht auf angemessenen sozialen und wirtschaftlichen Schutz.

18. Die Staatsangehörigen einer Vertragspartei haben das Recht, im Hoheitsgebiet jeder anderen Vertragspartei gleichberechtigt mit deren Staatsangehörigen jede Erwerbstätigkeit aufzunehmen, vorbehaltlich von Einschränkungen, die auf triftigen wirtschaftlichen oder sozialen Gründen beruhen.

19. Wanderarbeitnehmer, die Staatsangehörige einer Vertragspartei sind, und ihre Familien haben das Recht auf Schutz und Beistand im Hoheitsgebiet jeder anderen Vertragspartei.

Teil II

Die Vertragsparteien erachten sich durch die in den folgenden Artikeln und Absätzen festgelegten Verpflichtungen nach Maßgabe des Teils III gebunden.

Art. 1 Das Recht auf Arbeit. Um die wirksame Ausübung des Rechtes auf Arbeit zu gewährleisten, verpflichten sich die Vertragsparteien,

1. zwecks Verwirklichung der Vollbeschäftigung die Erreichung und Aufrechterhaltung eines möglichst hohen und stabilen Beschäftigungsstandes zu einer ihrer wichtigsten Zielsetzungen und Aufgaben zu machen;

2. das Recht des Arbeitnehmers wirksam zu schützen, seinen Lebensunterhalt durch eine frei übernommene Tätigkeit zu verdienen;

3. unentgeltliche Arbeitsvermittlungsdienste für alle Arbeitnehmer einzurichten oder aufrecht zu erhalten;

4. eine geeignete Berufsberatung, Berufsausbildung und berufliche Wiedereingliederung sicherzustellen oder zu fördern.

Art. 2 Das Recht auf gerechte Arbeitsbedingungen. Um die wirksame Ausübung des Rechtes auf gerechte Arbeitsbedingungen zu gewährleisten, verpflichten sich die Vertragsparteien,

1. für eine angemessene tägliche und wöchentliche Arbeitszeit zu sorgen und die Arbeitswoche fortschreitend zu verkürzen, soweit die Produktivitätssteigerung und andere mitwirkende Faktoren dies gestatten;

2. bezahlte öffentliche Feiertage vorzusehen;

3. die Gewährung eines bezahlten Jahresurlaubs von mindestens zwei Wochen sicherzustellen;

4. für die Gewährung zusätzlicher bezahlter Urlaubstage oder einer verkürzten Arbeitszeit für Arbeitnehmer zu sorgen, die mit bestimmten gefährlichen oder gesundheitsschädlichen Arbeiten beschäftigt sind;

5. eine wöchentliche Ruhezeit sicherzustellen, die, soweit möglich, mit dem Tag zusammenfällt, der in dem betreffenden Land oder Bezirk durch Herkommen oder Brauch als Ruhetag anerkannt ist.

Art. 3 Das Recht auf sichere und gesunde Arbeitsbedingungen. Um die wirksame Ausübung des Rechtes auf sichere und gesunde Arbeitsbedingungen zu gewährleisten, verpflichten sich die Vertragsparteien,

1. Sicherheits- und Gesundheitsvorschriften zu erlassen;

2. für Kontrollmaßnahmen zur Einhaltung dieser Vorschriften zu sorgen;

3. die Arbeitgeber- und Arbeitnehmerorganisationen in geeigneten Fällen bei Maßnahmen zu Rate zu ziehen, die auf eine Verbesserung der Sicherheit und der Gesundheit bei der Arbeit gerichtet sind.

Art. 4 Das Recht auf ein gerechtes Arbeitsentgelt. Um die wirksame Ausübung des Rechtes auf ein gerechtes Arbeitsentgelt zu gewährleisten, verpflichten sich die Vertragsparteien,

1. das Recht der Arbeitnehmer auf ein Arbeitsentgelt anzuerkennen, welches ausreicht, um ihnen und ihren Familien einen angemessenen Lebensstandard zu sichern;

2. das Recht der Arbeitnehmer auf Zahlung erhöhter Lohnsätze für Überstundenarbeit anzuerkennen, vorbehaltlich von Ausnahmen in bestimmten Fällen;

3. das Recht männlicher und weiblicher Arbeitnehmer auf gleiches Entgelt für gleichwertige Arbeit anzuerkennen;

4. das Recht aller Arbeitnehmer auf eine angemessene Kündigungsfrist im Falle der Beendigung des Arbeitsverhältnisses anzuerkennen;

5. Lohnabzüge nur unter den Bedingungen und in den Grenzen zuzulassen, die in innerstaatlichen Rechtsvorschriften vorgesehen oder durch Gesamtarbeitsvertrag oder Schiedsspruch bestimmt sind.

Die Ausübung dieser Rechte ist durch frei geschlossene Gesamtarbeitsverträge, durch gesetzliche Verfahren der Lohnfestsetzung oder auf jede andere, den Landesverhältnissen entsprechende Weise zu gewährleisten.

Art. 5 Das Vereinigungsrecht. Um die Freiheit der Arbeitnehmer und Arbeitgeber zu gewährleisten oder zu fördern, örtliche, nationale oder internationale Organisationen zum Schutze ihrer wirtschaftlichen und sozialen Interessen zu bilden und diesen Organisationen beizutreten, verpflichten sich die Vertragsparteien, diese Freiheit weder durch das innerstaatliche Recht noch durch dessen Anwendung zu beeinträchtigen. Inwieweit die in diesem Artikel vorgesehenen Garantien auf die Polizei Anwendung finden, bestimmt sich nach innerstaatlichem Recht. Das Prinzip und gegebenenfalls der Umfang der Anwendung dieser Garantien auf die Mitglieder der Streitkräfte bestimmen sich gleichfalls nach innerstaatlichem Recht.

Art. 6 Das Recht auf Kollektivverhandlungen. Um die wirksame Ausübung des Rechtes auf Kollektivverhandlungen zu gewährleisten, verpflichten sich die Vertragsparteien,

1. gemeinsame Beratungen zwischen Arbeitnehmern und Arbeitgebern zu fördern;

2. Verfahren für freiwillige Verhandlungen zwischen Arbeitgebern oder Arbeitgeberorganisationen einerseits und Arbeitnehmerorganisationen andererseits zu fördern, soweit dies notwendig und zweckmäßig ist, mit dem Ziele, die Beschäftigungsbedingungen durch Gesamtarbeitsverträge zu regeln;

3. die Einrichtung und die Benutzung geeigneter Vermittlungs- und freiwilliger Schlichtungsverfahren zur Beilegung von Arbeitsstreitigkeiten zu fördern;

und anerkennen

4. das Recht der Arbeitnehmer und der Arbeitgeber auf kollektive Maßnahmen einschließlich des Streikrechts im Falle von Interessenkonflikten, vorbehaltlich etwaiger Verpflichtungen aus geltenden Gesamtarbeitsverträgen.

Art. 7 Das Recht der Kinder und Jugendlichen auf Schutz. Um die wirksame Ausübung des Rechtes der Kinder und Jugendlichen auf Schutz zu gewährleisten, verpflichten sich die Vertragsparteien,

1. das Mindestalter für die Zulassung zu einer Beschäftigung auf 15 Jahre festzusetzen, vorbehaltlich von Ausnahmen für Kinder, die mit bestimmten leichten Arbeiten beschäftigt werden, welche weder ihre Gesundheit noch ihre Moral noch ihre Erziehung gefährden;

2. ein höheres Mindestalter für die Zulassung zur Beschäftigung in bestimmten Berufen festzusetzen, die als gefährlich oder gesundheitsschädlich gelten;

3. die Beschäftigung Schulpflichtiger mit Arbeiten zu verbieten, die verhindern würden, daß sie aus ihrer Schulausbildung den vollen Nutzen ziehen;

4. die Arbeitszeit von Jugendlichen unter 16 Jahren entsprechend den Erfordernissen ihrer Entwicklung und insbesondere ihrer Berufsausbildung zu begrenzen;

5. das Recht der jugendlichen Arbeitnehmer und Lehrlinge auf ein gerechtes Arbeitsentgelt oder eine angemessene Beihilfe anzuerkennen;

6. vorzusehen, daß die Zeit, die Jugendliche während der normalen Arbeitszeit mit Zustimmung des Arbeitgebers für die Berufsausbildung verwenden, als Teil der täglichen Arbeitszeit gilt;

7. für Arbeitnehmer unter 18 Jahren die Dauer des bezahlten Jahresurlaubs auf mindestens drei Wochen festzusetzen;

8. für Personen unter 18 Jahren Nachtarbeit zu verbieten, mit Ausnahme bestimmter, im innerstaatlichen Recht festgelegter Arbeiten;

9. vorzusehen, daß Arbeitnehmer unter 18 Jahren, die in bestimmten, in dem innerstaatlichen Recht festgelegten Beschäftigungen tätig sind, einer regelmäßigen ärztlichen Überwachung unterliegen;

10. einen besonderen Schutz gegen die körperlichen und sittlichen Gefahren sicherzustellen, denen Kinder und Jugendliche ausgesetzt sind, insbesondere gegen Gefahren, die sich unmittelbar oder mittelbar aus ihrer Arbeit ergeben.

Art. 8 Das Recht der Arbeitnehmerinnen auf Schutz. Um die wirksame Ausübung des Rechtes der Arbeitnehmerinnen auf Schutz zu gewährleisten, verpflichten sich die Vertragsparteien,

1. sicherzustellen, daß Frauen vor und nach der Niederkunft eine Arbeitsbefreiung von insgesamt mindestens 12 Wochen erhalten, und zwar entweder in Form eines bezahlten Urlaubs oder durch angemessene Leistungen der Sozialen Sicherheit oder aus sonstigen öffentlichen Mitteln;

2. es als ungesetzlich zu betrachten, daß ein Arbeitgeber einer Frau während ihrer Abwesenheit infolge Mutterschaftsurlaubs oder so kündigt, daß die Kündigungsfrist während einer solchen Abwesenheit abläuft;

3. sicherzustellen, daß Mütter, die ihre Kinder stillen, für diesen Zweck Anspruch auf ausreichende Arbeitsunterbrechungen haben;

4. a) die Nachtarbeit von Arbeitnehmerinnen in gewerblichen Betrieben zu
   regeln;
   b) jede Beschäftigung von Arbeitnehmerinnen mit Untertagearbeiten in
   Bergwerken und gegebenenfalls mit allen sonstigen Arbeiten zu untersa-
   gen, die infolge ihrer gefährlichen, gesundheitsschädlichen oder be-
   schwerlichen Art für sie ungeeignet sind.

Art. 9 Das Recht auf Berufsberatung. Um die wirksame Ausübung des
Rechtes auf Berufsberatung zu gewährleisten, verpflichten sich die Vertragsparteien, einen Dienst einzurichten oder zu fördern – soweit dies notwendig
ist –, der allen Personen einschließlich der Behinderten hilft, die Probleme der
Berufswahl oder des beruflichen Aufstiegs zu lösen, und zwar unter Berücksichtigung ihrer persönlichen Eigenschaften und deren Beziehung zu den Beschäftigungsmöglichkeiten; diese Hilfe soll sowohl Jugendlichen einschließlich
Kindern schulpflichtigen Alters als auch Erwachsenen unentgeltlich zur Verfügung stehen.

Art. 10 Das Recht auf berufliche Ausbildung. Um die wirksame Ausübung des Rechtes auf berufliche Ausbildung zu gewährleisten, verpflichten
sich die Vertragsparteien,

1. die fachliche und berufliche Ausbildung aller Personen, einschließlich der
   Behinderten, soweit es notwendig ist, zu gewährleisten oder zu fördern,
   und zwar in Beratung mit Arbeitgeber- und Arbeitnehmerorganisationen,
   sowie Möglichkeiten für den Zugang zu Technischen Hochschulen und
   Universitäten nach alleiniger Maßgabe der persönlichen Eignung zu schaffen;
2. ein System der Lehrlingsausbildung und andere Systeme der Ausbildung für
   junge Menschen beiderlei Geschlechts in ihren verschiedenen Berufstätig-
   keiten sicherzustellen oder zu fördern;
3. soweit notwendig, folgendes sicherzustellen oder zu fördern:
   a) geeignete und leicht zugängliche Ausbildungsmöglichkeiten für erwachsene Arbeitnehmer,
   b) besondere Möglichkeiten für die berufliche Umschulung erwachsener
   Arbeitnehmer, die durch den technischen Fortschritt oder neue Entwicklungen auf dem Arbeitsmarkt erforderlich wird;
4. zur vollen Ausnutzung der geschaffenen Möglichkeiten durch geeignete
   Maßnahmen anzuregen, zum Beispiel dadurch, daß
   a) alle Gebühren und Kosten herabgesetzt oder abgeschafft werden;
   b) in geeigneten Fällen finanzielle Hilfe gewährt wird;
   c) die Zeiten, die der Arbeitnehmer während der Beschäftigung auf Verlangen seines Arbeitgebers für den Besuch von Fortbildungslehrgängen
   verwendet, auf die normale Arbeitszeit angerechnet werden;
   d) durch geeignete Überwachung die Wirksamkeit des Systems der Lehrlingsausbildung und jedes anderen Ausbildungssystems für jugendliche
   Arbeitnehmer sowie ganz allgemein deren ausreichender Schutz gewährleistet wird, und zwar in Beratung mit Arbeitgeber- und Arbeitnehmerorganisationen.

Art. 11 Das Recht auf Schutz der Gesundheit. Um die wirksame Ausübung des Rechtes auf Schutz der Gesundheit zu gewährleisten, verpflichten

sich die Vertragsparteien, entweder unmittelbar oder in Zusammenarbeit mit öffentlichen oder privaten Organisationen geeignete Maßnahmen zu ergreifen, die u. a. darauf abzielen,

1. soweit wie möglich die Ursachen von Gesundheitsschäden zu beseitigen;

2. Beratungs- und Schulungsmöglichkeiten zu schaffen zur Verbesserung der Gesundheit und zur Entwicklung des persönlichen Verantwortungsbewußtseins in Fragen der Gesundheit;

3. soweit wie möglich epidemischen, endemischen und anderen Krankheiten vorzubeugen.

Art. 12 Das Recht auf Soziale Sicherheit. Um die wirksame Ausübung des Rechtes auf Soziale Sicherheit zu gewährleisten, verpflichten sich die Vertragsparteien,

1. ein System der Sozialen Sicherheit einzuführen oder beizubehalten;

2. das System der Sozialen Sicherheit auf einem befriedigenden Stand zu halten, der zumindest dem entspricht, der für die Ratifikation des Übereinkommens (Nr. 102) der Internationalen Arbeitsorganisation über die Mindestnormen der Sozialen Sicherheit erforderlich ist;

3. sich zu bemühen, das System der Sozialen Sicherheit fortschreitend auf einen höheren Stand zu bringen;

4. durch den Abschluß geeigneter zwei- und mehrseitiger Übereinkünfte oder durch andere Mittel und nach Maßgabe der in diesen Übereinkünften niedergelegten Bedingungen Maßnahmen zu ergreifen, die folgendes gewährleisten:

   a) die Gleichbehandlung der Staatsangehörigen anderer Vertragsparteien mit ihren eigenen Staatsangehörigen hinsichtlich der Ansprüche aus der Sozialen Sicherheit einschließlich der Wahrung der nach den Rechtsvorschriften der Sozialen Sicherheit erwachsenen Leistungsansprüche, gleichviel wo die geschützten Personen innerhalb der Hoheitsgebiete der Vertragsparteien ihren Aufenthalt nehmen;

   b) die Gewährung, die Erhaltung und das Wiederaufleben von Ansprüchen aus der Sozialen Sicherheit, beispielsweise durch die Zusammenrechnung von Versicherungs- und Beschäftigungszeiten, die nach den Rechtsvorschriften jeder der Vertragsparteien zurückgelegt wurden.

Art. 13 Das Recht auf Fürsorge. Um die wirksame Ausübung des Rechtes auf Fürsorge zu gewährleisten, verpflichten sich die Vertragsparteien,

1. sicherzustellen, daß jedem, der nicht über ausreichende Mittel verfügt und sich diese auch nicht selbst oder von anderen, insbesondere durch Leistungen aus einem System der Sozialen Sicherheit verschaffen kann, ausreichende Unterstützung gewährt wird und im Falle der Erkrankung die Betreuung, die seine Lage erfordert;

2. sicherzustellen, daß Personen, die diese Fürsorge in Anspruch nehmen, nicht aus diesem Grunde in ihren politischen oder sozialen Rechten beeinträchtigt werden;

3. dafür zu sorgen, daß jedermann durch zweckentsprechende öffentliche oder private Einrichtungen die zur Verhütung, Behebung oder Milderung einer

persönlichen oder familiären Notlage erforderliche Beratung und persönliche Hilfe erhalten kann;

4. die in den Absätzen 1, 2 und 3 genannten Bestimmungen auf die rechtmäßig in ihrem Hoheitsgebiet befindlichen Staatsangehörigen der anderen Vertragsparteien anzuwenden, und zwar auf der Grundlage der Gleichbehandlung und in Übereinstimmung mit den Verpflichtungen, die sie in dem am 11. Dezember 1953 zu Paris unterzeichneten Europäischen Fürsorgeabkommen übernommen haben.

Art. 14 Das Recht auf Inanspruchnahme sozialer Dienste. Um die wirksame Ausübung des Rechtes auf Inanspruchnahme sozialer Dienste zu gewährleisten, verpflichten sich die Vertragsparteien,

1. Dienste zu fördern oder zu schaffen, die unter Anwendung der Methoden der Sozialarbeit zum Wohlbefinden und zur Entfaltung des Einzelnen und der Gruppen innerhalb der Gemeinschaft beitragen, sowie zu ihrer Anpassung an die soziale Umgebung;

2. bei der Bildung und Durchführung dieser Dienste Einzelpersonen und freie oder andere Organisationen zur Beteiligung anzuregen.

Art. 15 Das Recht der körperlich, geistig oder seelisch Behinderten auf berufliche Ausbildung sowie auf berufliche und soziale Eingliederung oder Wiedereingliederung. Um die wirksame Ausübung des Rechtes der körperlich, geistig oder seelisch Behinderten auf berufliche Ausbildung sowie auf berufliche und soziale Eingliederung oder Wiedereingliederung zu gewährleisten, verpflichten sich die Vertragsparteien,

1. geeignete Maßnahmen zu treffen für die Bereitstellung von Ausbildungsmöglichkeiten, erforderlichenfalls unter Einschluß von öffentlichen oder privaten Sondereinrichtungen;

2. geeignete Maßnahmen zu treffen für die Vermittlung Behinderter auf Arbeitsplätze, namentlich durch besondere Arbeitsvermittlungsdienste, durch Ermöglichung wettbewerbsgeschützter Beschäftigung und durch Maßnahmen, die den Arbeitgebern einen Anreiz zur Einstellung von Behinderten bieten.

Art. 16 Das Recht der Familie auf sozialen, gesetzlichen und wirtschaftlichen Schutz. Um die erforderlichen Voraussetzungen für die Entfaltung der Familie als einer Grundeinheit der Gesellschaft zu schaffen, verpflichten sich die Vertragsparteien, den wirtschaftlichen, gesetzlichen und sozialen Schutz des Familienlebens zu fördern, insbesondere durch Sozial- und Familienleistungen, steuerliche Maßnahmen, Förderung des Baues familiengerechter Wohnungen, Hilfen für junge Eheleute und andere geeignete Mittel jeglicher Art.

Art. 17 Das Recht der Mütter und der Kinder auf sozialen und wirtschaftlichen Schutz. Um die wirksame Ausübung des Rechtes der Mütter und der Kinder auf sozialen und wirtschaftlichen Schutz zu gewährleisten, werden die Vertragsparteien alle hierzu geeigneten und notwendigen Maßnahmen treffen, einschließlich der Schaffung und Unterhaltung geeigneter Einrichtungen und Dienste.

Art. 18 Das Recht auf Ausübung einer Erwerbstätigkeit im Hoheitsgebiet der anderen Vertragsparteien. Um die wirksame Ausübung des Rechtes auf Ausübung einer Erwerbstätigkeit im Hoheitsgebiet jeder anderen Vertragspartei zu gewährleisten, verpflichten sich die Vertragsparteien,

1. bestehende Vorschriften großzügig anzuwenden;
2. bestehende Formvorschriften zu vereinfachen und Verwaltungsgebühren und andere von ausländischen Arbeitnehmern oder ihren Arbeitgebern zu entrichtende Abgaben herabzusetzen oder abzuschaffen;
3. die Vorschriften über die Beschäftigung ausländischer Arbeitnehmer einzeln oder gemeinschaftlich zu liberalisieren;

und anerkennen

4. das Recht ihrer Staatsangehörigen, das Land zu verlassen, um im Hoheitsgebiet anderer Vertragsparteien eine Erwerbstätigkeit auszuüben.

Art. 19 Das Recht der Wanderarbeitnehmer und ihrer Familien auf Schutz und Beistand. Um die wirksame Ausübung des Rechtes der Wanderarbeitnehmer und ihrer Familien auf Schutz und Beistand im Hoheitsgebiet jeder anderen Vertragspartei zu gewährleisten, verpflichten sich die Vertragsparteien,

1. geeignete Stellen zu unterhalten oder sich zu vergewissern, daß solche Stellen bestehen, die diese Arbeitnehmer unentgeltlich betreuen, insbesondere durch Erteilung genauer Auskünfte sowie im Rahmen des innerstaatlichen Rechts geeignete Maßnahmen gegen irreführende Werbung zur Auswanderung und Einwanderung zu treffen;
2. in den Grenzen ihrer Zuständigkeit geeignete Maßnahmen zur Erleichterung der Abreise, der Reise und der Aufnahme dieser Arbeitnehmer und ihrer Familien zu treffen und ihnen in den Grenzen ihrer Zuständigkeit während der Reise notwendige Gesundheitsdienste, ärztliche Betreuung und gute hygienische Bedingungen zu verschaffen;
3. soweit erforderlich, die Zusammenarbeit zwischen den öffentlichen und privaten sozialen Diensten der Auswanderungs- und der Einwanderungsländer zu fördern;
4. sicherzustellen, daß diese Arbeitnehmer, soweit sie sich rechtmäßig in ihrem Hoheitsgebiet befinden, nicht weniger günstig behandelt werden als ihre eigenen Staatsangehörigen in bezug auf die folgenden Gegenstände, soweit diese durch Rechtsvorschriften geregelt oder der Überwachung durch die Verwaltungsbehörden unterstellt sind:
   a) das Arbeitsentgelt und andere Beschäftigungs- und Arbeitsbedingungen;
   b) den Beitritt zu gewerkschaftlichen Organisationen und den Genuß der durch Gesamtarbeitsverträge gebotenen Vorteile;
   c) die Unterkunft;
5. sicherzustellen, daß diese Arbeitnehmer, soweit sie sich rechtmäßig in ihrem Hoheitsgebiet befinden, nicht weniger günstig behandelt werden als ihre eigenen Staatsangehörigen in bezug auf die Steuern, Abgaben und Beiträge, die für den Arbeitnehmer auf Grund der Beschäftigung zu zahlen sind;
6. soweit möglich, die Zusammenführung eines zur Niederlassung im Hoheitsgebiet berechtigten Wanderarbeitnehmers mit seiner Familie zu erleichtern;

7. sicherzustellen, daß diese Arbeitnehmer, soweit sie sich rechtmäßig in ihrem Hoheitsgebiet befinden, nicht weniger günstig behandelt werden als ihre eigenen Staatsangehörigen in bezug auf die Möglichkeit, hinsichtlich der in diesem Artikel behandelten Angelegenheiten den Rechtsweg zu beschreiten;

8. sicherzustellen, daß diese Arbeitnehmer, soweit sie in ihrem Hoheitsgebiet ihren rechtmäßigen gewöhnlichen Aufenthalt haben, nur ausgewiesen werden können, wenn sie die Sicherheit des Staates gefährden oder gegen die öffentliche Sicherheit und Ordnung oder die Sittlichkeit verstoßen;

9. innerhalb der gesetzlichen Grenzen die Überweisung der Teile des Verdienstes und der Ersparnisse zuzulassen, die diese Arbeitnehmer zu überweisen wünschen;

10. den in diesem Artikel vorgesehenen Schutz und Beistand auf die aus- oder einwandernden selbständig Erwerbstätigen zu erstrecken, soweit solche Maßnahmen auf diesen Personenkreis anwendbar sind.

Teil III

Art. 20 Verpflichtungen. (1) Jede der Vertragsparteien verpflichtet sich,

a) Teil I dieser Charta als eine Erklärung der Ziele anzusehen, die sie entsprechend dem einleitenden Absatz jenes Teils mit allen geeigneten Mitteln verfolgen wird;

b) mindestens fünf der folgenden sieben Artikel des Teils II dieser Charta als für sich bindend anzusehen: Artikel 1, 5, 6, 12, 13, 16 und 19;[1]

c) zusätzlich zu den nach Maßgabe des Buchstabens b ausgewählten Artikeln so viele Artikel oder numerierte Absätze des Teils II der Charta auszuwählen und als für sich bindend anzusehen, daß die Gesamtzahl der Artikel oder numerierten Absätze, durch die sie gebunden ist, mindestens 10 Artikel oder 45 numerierte Absätze beträgt.[2]

(2) Die nach Maßgabe des Absatzes 1 Buchstaben b und c ausgewählten Artikel oder Absätze sind dem Generalsekretär des Europarats gleichzeitig mit der Hinterlegung der Ratifikations- oder Genehmigungsurkunde durch die betreffende Vertragspartei zu notifizieren.

(3) Jede Vertragspartei kann zu einem späteren Zeitpunkt durch eine an den Generalsekretär zu richtende Notifikation erklären, daß sie in Teil II der Charta einen anderen Artikel oder numerierten Absatz als für sich bindend ansieht, den sie bisher noch nicht nach Absatz 1 dieses Artikels angenommen hatte. Diese später übernommenen Verpflichtungen gelten als Bestandteil der Ratifikation oder Genehmigung und haben vom dreißigsten Tag nach dem Zeitpunkt der Notifikation an die gleiche Wirkung.

---

[1] Als bindend haben anerkannt die **Deutschland** die Art. 1, 5, 6, 12, 13, 16, 19 (Bek. v. 9.8.1965, BGBl. II S. 1122) und **Österreich** die Art. 1, 5, 12, 13, 16 (Bek. v. 8.6.1970, BGBl. II S. 696).

[2] Als bindend haben anerkannt die **Deutschland** die Art. 1, 2, 3, 4 (ohne Abs. 4), 7 (ohne Abs. 1), 8 (ohne Abs. 2 und 4), 9, 10 (ohne Abs. 4), 11, 14, 15, 17, 18 (Bek. v. 9.8.1965, BGBl. II S. 1122) und **Österreich** die Art. 2 (ohne Abs. 1), 3, 4 (ohne Abs. 4), 6 (ohne Abs. 4), 7 (ohne Abs. 1 und 6) 8, 9, 10, 11, 14, 15, 17, 18 (ohne Abs. 3), 19 Abs. 1, 2, 3, 5, 6 und 9 (Bek. v. 8.6.1970, BGBl. II S. 696).

(4) Der Generalsekretär bringt allen Unterzeichnerregierungen und dem Generaldirektor des Internationalen Arbeitsamtes jede Notifikation zur Kenntnis, die er auf Grund dieses Teils der Charta erhält.

(5) Jede Vertragspartei hat ein den innerstaatlichen Verhältnissen entsprechendes System der Arbeitsaufsicht zu unterhalten.

Teil IV

Art. 21 Berichte zu den angenommenen Bestimmungen. Die Vertragsparteien übersenden dem Generalsekretär des Europarats alle zwei Jahre in einer von dem Ministerkomitee festzulegenden Form einen Bericht über die Anwendung der von ihnen angenommenen Bestimmungen des Teils II der Charta.

Art. 22 Berichte zu den nicht angenommenen Bestimmungen. Die Vertragsparteien übersenden dem Generalsekretär des Europarats in angemessenen, vom Ministerkomitee zu bestimmenden Zeitabständen Berichte zu den Bestimmungen des Teils II der Charta, die sie weder im Zeitpunkt ihrer Ratifikation oder Genehmigung noch durch spätere Notifikation angenommen haben. Das Ministerkomitee beschließt von Zeit zu Zeit, zu welchen Bestimmungen solche Berichte anzufordern und in welcher Form sie vorzulegen sind.

Art. 23 Zustellung von Abschriften. (1) Jede Vertragspartei übermittelt Abschriften ihrer in den Artikeln 21 und 22 bezeichneten Berichte an diejenigen nationalen Organisationen, die Mitglieder der internationalen Arbeitgeber- und Arbeitnehmerorganisationen sind, welche nach Artikel 27 Abs. 2 eingeladen werden sollen, sich auf den Tagungen des Unterausschusses des Regierungssozialausschusses vertreten zu lassen.

(2) Die Vertragsparteien leiten auf Wunsch der nationalen Organisationen deren Stellungnahmen zu den genannten Berichten dem Generalsekretär zu.

Art. 24 Prüfung der Berichte. Die dem Generalsekretär nach den Artikeln 21 und 22 übersandten Berichte werden von einem Sachverständigenausschuß geprüft, dem auch alle dem Generalsekretär nach Artikel 23 Abs. 2 zugeleiteten Stellungnahmen vorzulegen sind.

Art. 25 Der Sachverständigenausschuß. (1) Der Sachverständigenausschuß besteht aus höchstens fünfzehn Mitgliedern[1], die das Ministerkomitee aus einer Liste unabhängiger, von den Vertragsparteien vorgeschlagener Sachverständiger von höchster Integrität und anerkannter Sachkenntnis in internationalen sozialen Fragen ernennt.

(2) Die Mitglieder des Ausschusses werden auf sechs Jahre ernannt. Sie können wiederernannt werden. Für zwei der zuerst ernannten Mitglieder endet jedoch die Amtszeit nach Ablauf von vier Jahren.

---

[1] Die Zahl der Mitglieder des Sachverständigenausschusses (Europäischer Ausschuss für soziale Rechte) ist durch Beschlüsse des Komitees der Ministerbeauftragten vom 17.3.1994 und 7.5.2001 zunächst auf neun, dann auf 15 erhöht worden (BGBl. 2001 II S. 497, 970). Verfahrensordnung des Ausschusses in der Fassung vom 26.1.2018 abrufbar unter: http://rm. coe.int/rules-of-the-european-committee-of-social-rights-rev-2-bil/1680788a3d.

(3) Die Mitglieder, deren Amtszeit nach der Anfangsperiode von vier Jahren abläuft, werden von dem Ministerkomitee sofort nach der ersten Ernennung durch das Los bestimmt.

(4) Ein Mitglied des Sachverständigenausschusses, das an Stelle eines Mitgliedes ernannt wird, dessen Amtszeit noch nicht abgelaufen ist, bleibt bis zum Ende der Amtszeit seines Vorgängers im Amt.

Art. 26 Beteiligung der internationalen Arbeitsorganisation. Die Internationale Arbeitsorganisation ist einzuladen, einen Vertreter namhaft zu machen, der in beratender Eigenschaft an den Verhandlungen des Sachverständigenausschusses teilnimmt.

Art. 27 Unterausschuß des Regierungssozialausschusses. (1) Die Berichte der Vertragsparteien und die Beratungsergebnisse des Sachverständigenausschusses werden einem Unterausschuß des Regierungssozialausschusses des Europarats zur Prüfung vorgelegt.

(2) Dieser Unterausschuß besteht aus je einem Vertreter jeder Vertragspartei. Er lädt höchstens zwei internationale Arbeitgeberorganisationen und höchstens zwei internationale Arbeitnehmerorganisationen, die er bestimmt, ein, sich auf seinen Tagungen durch Beobachter in beratender Eigenschaft vertreten zu lassen. Er kann außerdem in Fragen, wie etwa des Wohlfahrtswesens und des wirtschaftlichen und sozialen Schutzes der Familie, den Rat von höchstens zwei Vertretern internationaler nichtstaatlicher Organisationen in Anspruch nehmen, die beratenden Status beim Europarat haben und auf diesen Gebieten besonders sachkundig sind.

(3) Der Unterausschuß legt dem Ministerkomitee einen Bericht mit seinen Beratungsergebnissen vor und fügt diesem den Bericht des Sachverständigenausschusses bei.

Art. 28 Die Beratende Versammlung. Der Generalsekretär des Europarats übermittelt der Beratenden Versammlung die Beratungsergebnisse des Sachverständigenausschusses. Die Beratende Versammlung teilt dem Ministerkomitee ihre Stellungnahme hierzu mit.

Art. 29 Das Ministerkomitee. Das Ministerkomitee kann mit Zweidrittelmehrheit der zur Teilnahme an seinen Sitzungen berechtigten Mitglieder auf Grund des Berichts des Unterausschusses und nach Anhörung der Beratenden Versammlung an jede Vertragspartei alle notwendigen Empfehlungen richten.

Teil V

Art. 30 Notstandsklausel. (1) In Kriegszeiten oder bei einem anderen öffentlichen Notstand, der das Leben der Nation bedroht, kann jede Vertragspartei Maßnahmen treffen, die von ihren Verpflichtungen aus dieser Charta abweichen, soweit es auf Grund der Lage unbedingt erforderlich ist, vorausgesetzt, daß diese Maßnahmen nicht zu ihren anderen völkerrechtlichen Verpflichtungen im Widerspruch stehen.

(2) Jede Vertragspartei, die von diesem Recht der Abweichung Gebrauch gemacht hat, hält den Generalsekretär des Europarats innerhalb einer angemessenen Frist vollständig auf dem laufenden über die getroffenen Maßnahmen und die Gründe hierfür. Sie unterrichtet den Generalsekretär auch von dem Zeitpunkt, zu dem diese Maßnahmen aufgehoben wurden und die von ihr angenommenen Bestimmungen der Charta wieder in vollem Umfang angewandt werden.

(3) Der Generalsekretär setzt die anderen Vertragsparteien und den Generaldirektor des Internationalen Arbeitsamtes von allen nach Absatz 2 bei ihm eingegangenen Mitteilungen in Kenntnis.

Art. 31 Einschränkungen. (1) Die in Teil I niedergelegten Rechte und Grundsätze dürfen nach ihrer Verwirklichung ebenso wie ihre in Teil II vorgesehene wirksame Ausübung anderen als den in diesen Teilen vorgesehenen Einschränkungen oder Begrenzungen nur unterliegen, wenn diese gesetzlich vorgeschrieben und in einer demokratischen Gesellschaft zum Schutze der Rechte und Freiheiten anderer oder zum Schutze der öffentlichen Sicherheit und Ordnung, der Sicherheit des Staates, der Volksgesundheit und der Sittlichkeit notwendig sind.

(2) Von den nach dieser Charta zulässigen Einschränkungen der darin niedergelegten Rechte und Verpflichtungen darf für keinen anderen als den vorgesehenen Zweck Gebrauch gemacht werden.

Art. 32 Verhältnis zwischen der Charta und dem innerstaatlichen Recht sowie internationalen Übereinkünften. Die Bestimmungen dieser Charta lassen geltende oder künftig in Kraft tretende Bestimmungen des innerstaatlichen Rechtes und zwei- oder mehrseitiger Übereinkünfte unberührt, die den geschützten Personen eine günstigere Behandlung einräumen.

Art. 33 Erfüllung durch Gesamtarbeitsverträge. (1) In Mitgliedstaaten, in denen die Bestimmungen des Teils II Artikel 2 Absätze 1 bis 5, Artikel 7 Absätze 4, 6 und 7 und Artikel 10 Absätze 1 bis 4 Angelegenheiten sind, die üblicherweise durch Gesamtarbeitsverträge zwischen Arbeitgebern oder Arbeitgeberorganisationen und Arbeitnehmerorganisationen geregelt oder üblicherweise auf anderem Wege als dem der Gesetzgebung durchgeführt werden, können die Verpflichtungen aus diesen Absätzen übernommen werden und als erfüllt gelten, wenn diese Bestimmungen auf Grund derartiger Gesamtarbeitsverträge oder auf andere Weise auf die überwiegende Mehrheit der betreffenden Arbeitnehmer Anwendung finden.

(2) In Mitgliedstaaten, in denen diese Bestimmungen üblicherweise Gegenstand der Gesetzgebung sind, können die entsprechenden Verpflichtungen gleichfalls übernommen werden und als erfüllt gelten, wenn diese Bestimmungen auf Grund der Gesetze auf die überwiegende Mehrheit der betreffenden Arbeitnehmer Anwendung finden.

Art. 34 Räumlicher Geltungsbereich. (1) Diese Charta gilt für das Mutterland jeder Vertragspartei. Jede Unterzeichnerregierung kann bei der Unterzeichnung oder der Hinterlegung ihrer Ratifikations- oder Genehmigungsurkunde in einer an den Generalsekretär des Europarats gerichteten Erklärung das Hoheitsgebiet bezeichnen, das in diesem Sinne als Mutterland gilt.

(2) Jede Vertragspartei kann bei der Ratifikation oder Genehmigung dieser Charta oder zu einem späteren Zeitpunkt durch eine an den Generalsekretär des Europarats gerichtete Notifikation erklären, daß die Charta ganz oder teilweise auf jedes nicht zum Mutterland gehörende in der Erklärung bezeichnete Hoheitsgebiet anzuwenden ist, dessen internationale Beziehungen sie wahrnimmt oder für das sie international verantwortlich ist. In dieser Erklärung hat sie die Artikel oder Absätze des Teils II der Charta anzugeben, die sie für die in der Erklärung bezeichneten Hoheitsgebiete als bindend anerkennt.

(3) Die Charta findet in jedem in der vorgenannten Erklärung bezeichneten Hoheitsgebiet vom dreißigsten Tage an Anwendung, nachdem die Erklärung dem Generalsekretär notifiziert worden ist.

(4) Jede Vertragspartei kann zu einem späteren Zeitpunkt durch eine an den Generalsekretär des Europarats gerichtete Notifikation erklären, daß sie für ein Hoheitsgebiet, auf welches die Charta nach Absatz 2 Anwendung findet, bestimmte Artikel oder numerierte Absätze als bindend annimmt, die sie für dieses Hoheitsgebiet noch nicht angenommen hatte. Derartige später eingegangene Verpflichtungen gelten als Bestandteil der ursprünglichen Erklärung für das betreffende Hoheitsgebiet und haben vom dreißigsten Tage nach dem Zeitpunkt der Notifizierung an die gleiche Wirkung.

(5) Der Generalsekretär unterrichtet die anderen Unterzeichnerregierungen und den Generaldirektor des Internationalen Arbeitsamtes von jeder Notifikation, die ihm auf Grund dieses Artikels übermittelt wird.

Art. 35 Unterzeichnung, Ratifizierung und Inkrafttreten. (1) Diese Charta liegt für die Mitgliedstaaten des Europarats zur Unterzeichnung auf. Sie bedarf der Ratifikation oder Genehmigung. Die Ratifikations- oder Genehmigungsurkunden sind bei dem Generalsekretär des Europarats zu hinterlegen.

(2) Diese Charta tritt am dreißigsten Tage nach Hinterlegung der fünften Ratifikations- oder Genehmigungsurkunde in Kraft.

(3) Für jeden Unterzeichner, der diese Charta in der Folge ratifiziert, tritt sie am dreißigsten Tag nach Hinterlegung seiner Ratifikations- oder Genehmigungsurkunde in Kraft.

(4) Der Generalsekretär notifiziert allen Mitgliedern des Europarats und dem Generaldirektor des Internationalen Arbeitsamtes das Inkrafttreten der Charta, den Namen der Vertragsparteien, die sie ratifiziert oder genehmigt haben, sowie jede folgende Hinterlegung einer Ratifikations- oder Genehmigungsurkunde.

Art. 36 Änderungen. Jedes Mitglied des Europarats kann in einer an den Generalsekretär des Europarats gerichteten Mitteilung Änderungen dieser Charta vorschlagen. Der Generalsekretär übermittelt den anderen Mitgliedern des Europarats alle Änderungsvorschläge, die dann vom Ministerkomitee geprüft und der Beratenden Versammlung zur Stellungnahme vorgelegt werden. Jede vom Ministerkomitee gebilligte Änderung tritt am dreißigsten Tage nach dem Zeitpunkt in Kraft, in dem alle Vertragsparteien den Generalsekretär von ihrer Annahme der Änderung unterrichtet haben. Der Generalsekretär notifiziert allen Mitgliedern des Europarats und dem Generaldirektor des Internationalen Arbeitsamtes das Inkrafttreten dieser Änderungen.

Art. 37 Kündigung. (1) Eine Vertragspartei kann diese Charta erst nach Ablauf von fünf Jahren, nachdem die Charta für sie in Kraft getreten ist, oder in der Folge jeweils nach Ablauf von zwei Jahren kündigen; in jedem Falle ist die Kündigung sechs Monate vorher dem Generalsekretär des Europarats zu notifizieren; dieser unterrichtet die anderen Vertragsparteien und den Generaldirektor des Internationalen Arbeitsamtes. Die Kündigung berührt nicht die Gültigkeit der Charta für die anderen Vertragsparteien, solange ihre Zahl nicht unter fünf absinkt.

(2) Eine Vertragspartei kann nach Maßgabe des Absatzes 1 jeden von ihr angenommenen Artikel oder Absatz von Teil II der Charta kündigen, vorausgesetzt, daß die Zahl der für sie verbindlichen Artikel oder Absätze niemals unter zehn Artikel oder 45 Absätze absinkt und daß diese Anzahl von Artikeln oder Absätzen weiterhin die Artikel einschließt, welche die Vertragsparteien aus den in Artikel 20 Abs. 1 Buchstabe b bezeichneten ausgewählt hat.

(3) Eine Vertragspartei kann diese Charta oder jeden Artikel oder Absatz des Teils II der Charta unter den in Absatz 1 dieses Artikels niedergelegten Voraussetzungen für jedes Hoheitsgebiet kündigen, in dem die Charta auf Grund einer Erklärung nach Artikel 34 Abs. 2 Anwendung findet.

Art. 38 Anhang. Der Anhang dieser Charta ist Bestandteil derselben.

GESCHEHEN zu Turin am 18. Oktober 1961 in englischer und französischer Sprache, wobei jeder Wortlaut gleichermaßen verbindlich ist, in einer Urschrift, die im Archiv des Europarats hinterlegt wird. Der Generalsekretär übermittelt jedem Unterzeichner beglaubigte Abschriften.

Anhang zur Sozialcharta

Persönlicher Geltungsbereich der Sozialcharta

(1) Vorbehaltlich des Artikels 12 Abs. 4 und des Artikels 13 Abs. 4 schließt der durch die Artikel 1 bis 17 erfaßte Personenkreis Ausländer nur insoweit ein, als sie Staatsangehörige anderer Vertragsparteien sind und ihren rechtmäßigen gewöhnlichen Aufenthalt im Hoheitsgebiet der betreffenden Vertragspartei haben oder dort ordnungsgemäß beschäftigt sind, mit der Maßgabe, daß die genannten Artikel im Sinne der Artikel 18 und 19 auszulegen sind.

Diese Auslegung hindert eine Vertragspartei nicht, auch anderen Personen entsprechende Rechte zu gewähren.

(2) Jede Vertragspartei wird Flüchtlingen im Sinne des am 28. Juli 1951 zu Genf unterzeichneten Abkommens über die Rechtsstellung der Flüchtlinge, die sich rechtmäßig in ihrem Hoheitsgebiet gewöhnlich aufhalten, eine Behandlung gewähren, die so günstig wie möglich, in keinem Fall aber weniger günstig ist, als in Verpflichtungen der Vertragspartei aus dem oben erwähnten Abkommen oder aus anderen gültigen internationalen Übereinkünften vorgesehen ist, die auf solche Flüchtlinge anwendbar sind.

Teil I, Absatz 18 – und Teil II, Artikel 18 Abs. 1

Es besteht Einverständnis darüber, daß diese Bestimmungen weder die Einreise in die Hoheitsgebiete der Vertragsparteien betreffen noch die Bestimmungen des am 13. Dezember 1955 zu Paris unterzeichneten Europäischen Niederlassungsabkommens berühren.

Teil II, Artikel 1 Abs. 2

Diese Bestimmung ist nicht so auszulegen, als würden durch sie Schutzklauseln oder Schutzmaßnahmen einer Gewerkschaft verboten oder erlaubt.

Artikel 4 Abs. 4

Diese Vorschrift ist dahin zu verstehen, daß sie eine fristlose Entlassung im Falle einer schweren Verfehlung nicht verbietet.

Artikel 4 Abs. 5

Es besteht Einverständnis darüber, daß eine Vertragspartei die in diesem Absatz geforderte Verpflichtung eingehen kann, wenn durch Gesetz, Gesamtarbeitsverträge oder Schiedssprüche Lohnabzüge für die überwiegende Mehrheit der Arbeitnehmer verboten sind und Ausnahmen nur für diejenigen Personen gelten, die in diesen Gesetzen, Verträgen und Schiedssprüchen nicht erfaßt sind.

Artikel 6 Abs. 4

Es besteht Einverständnis darüber, daß jede Vertragspartei für sich die Ausübung des Streikrechts durch Gesetz regeln kann, vorausgesetzt, daß jede weitere Einschränkung dieses Rechts auf Grund des Artikels 31 gerechtfertigt werden kann.

Artikel 7 Abs. 8

Es besteht Einverständnis darüber, daß eine Vertragspartei die in diesem Absatz vorgesehene Verpflichtung eingehen kann, wenn sie dem Geist dieser Verpflichtung dadurch nachkommt, daß die überwiegende Mehrheit der Personen unter 18 Jahren kraft Gesetzes nicht zur Nachtarbeit herangezogen werden darf.

Artikel 12 Abs. 4

Die Worte „und nach Maßgabe der in diesen Übereinkünften niedergelegten Bedingungen" in der Einleitung zu diesem Absatz sollen unter anderem bedeuten, daß eine Vertragspartei hinsichtlich von Leistungen, die unabhängig von Versicherungsbeiträgen gewährt werden, die Zurücklegung einer vorgeschriebenen Aufenthaltsdauer vor der Gewährung derartiger Leistungen an Staatsangehörige anderer Vertragsparteien verlangen kann.

Artikel 13 Abs. 4

Regierungen, die nicht Vertragsparteien des Europäischen Fürsorgeabkommens sind, können die Sozialcharta hinsichtlich dieses Absatzes ratifizieren, sofern sie den Staatsangehörigen der anderen Vertragsparteien eine Behandlung gewähren, die mit dem genannten Abkommen im Einklang steht.

Artikel 19 Abs. 6

Für die Anwendung dieser Bestimmung ist der Ausdruck „Wanderarbeitnehmer mit seiner Familie" dahin auszulegen, daß er zumindest seine Ehefrau und seine Kinder unter 21 Jahren, für die er unterhaltspflichtig ist, umfaßt.

Teil III

Es besteht Einverständnis darüber, daß die Charta rechtliche Verpflichtungen internationalen Charakters enthält, deren Durchführung ausschließlich der in ihrem Teil IV vorgesehenen Überwachung unterliegt.

Artikel 20 Abs. 1

Es besteht Einverständnis darüber, daß als „numerierte Absätze" auch Artikel anzusehen sind, die aus einem einzigen Absatz bestehen.

Teil V, Artikel 30

Der Ausdruck „in Kriegszeiten oder bei einem anderen öffentlichen Notstand" ist dahin zu verstehen, daß er auch den Zustand einer drohenden Kriegsgefahr umfaßt.

62. Zusatzprotokoll zur Europäischen Sozialcharta[1] [2] [3]

Vom 5. Mai 1988

(Übersetzung)

Die Mitgliedstaaten des Europarats, die dieses Protokoll unterzeichnen –
entschlossen, neue Maßnahmen zu treffen, die geeignet sind, den Schutz
der durch die am 18. Oktober 1961 in Turin zur Unterzeichnung aufgelegten
europäischen Sozialcharta (im folgenden als „Charta" bezeichnet) garantierten
sozialen und wirtschaftlichen Rechte auszudehnen –
sind wie folgt übereingekommen:

Teil I

Die Vertragsparteien sind gewillt, mit allen zweckdienlichen Mitteln staatlicher und zwischenstaatlicher Art eine Politik zu verfolgen, die darauf abzielt,
geeignete Voraussetzungen zu schaffen, damit die tatsächliche Ausübung der
folgenden Rechte und Grundsätze gewährleistet ist:

1. Alle Arbeitnehmer haben das Recht auf Chancengleichheit und Gleichbehandlung in Beschäftigung und Beruf ohne Diskriminierung aufgrund des
Geschlechts.

2. Die Arbeitnehmer haben das Recht auf Unterrichtung und Anhörung im
Unternehmen.

3. Die Arbeitnehmer haben das Recht auf Beteiligung an der Festlegung und
Verbesserung der Arbeitsbedingungen und der Arbeitsumwelt im Unternehmen.

4. Alle älteren Menschen haben das Recht auf sozialen Schutz.

Teil II

Die Vertragsparteien verpflichten sich, die in den folgenden Artikeln festgelegten Verpflichtungen nach Maßgabe des Teils III als für sich bindend anzusehen.

Art. 1 Recht auf Chancengleichheit und Gleichbehandlung in Be-
schäftigung und Beruf ohne Diskriminierung aufgrund des Ge-

---

[1] Internationale Quelle: European Treaty Series No. 128.

[2] Deutsche Übersetzung aus: Europarat, Die europäische Sozialcharta und ihr Zusatzprotokoll, Straßburg 1988, S. 38.

[3] Das Zusatzprotokoll ist am 4.9.1992 in Kraft getreten; derzeit gilt es für Belgien, Dänemark, Finnland, Griechenland, Italien, Kroatien, Niederlande, Norwegen, Schweden, Slowakei, Spanien, Tschechien, Ungarn.

schlechts. (1) Um die wirksame Ausübung des Rechtes auf Chancengleichheit und Gleichbehandlung in Beschäftigung und Beruf ohne Diskriminierung aufgrund des Geschlechts zu gewährleisten, verpflichten sich die Vertragsparteien, dieses Recht anzuerkennen und geeignete Maßnahmen zu ergreifen, um dessen Anwendung in den folgenden Bereichen zu gewährleisten und zu fördern:
- Zugang zur Beschäftigung, Kündigungsschutz und berufliche Wiedereingliederung,
- Berufsberatung und berufliche Ausbildung, Umschulung und berufliche Rehabilitation,
- Beschäftigungs- und Arbeitsbedingungen, einschließlich des Entgelts,
- beruflicher Werdegang, einschließlich des beruflichen Aufstiegs.

(2) Bestimmungen über den Schutz der Frau, insbesondere hinsichtlich der Schwangerschaft, der Niederkunft und der Zeit nach der Niederkunft gelten nicht als Diskriminierung im Sinne des Absatzes 1.

(3) Absatz 1 steht der Annahme besonderer Maßnahmen zur Beseitigung von De-facto-Ungleichheiten nicht entgegen.

(4) Vom Geltungsbereich dieses Artikels oder einiger seiner Bestimmungen können berufliche Tätigkeiten ausgenommen werden, die aufgrund ihrer Art oder der Bedingungen ihrer Ausübung nur Personen eines bestimmten Geschlechts übertragen werden können.

Art. 2 Recht auf Unterrichtung und Anhörung. (1) Um die wirksame Ausübung des Rechtes der Arbeitnehmer auf Unterrichtung und Anhörung im Unternehmen zu gewährleisten, verpflichten sich die Vertragsparteien, im Einklang mit den innerstaatlichen Rechtsvorschriften und Gepflogenheiten Maßnahmen zu ergreifen oder zu fördern, die den Arbeitnehmern oder ihren Vertretern die Möglichkeit geben,
a) regelmäßig oder zu gegebener Zeit umfassend über die wirtschaftliche und finanzielle Lage des sie beschäftigenden Unternehmens unterrichtet zu werden, mit der Maßgabe, daß die Erteilung bestimmter Auskünfte, die für das Unternehmen nachteilig sein könnte, verweigert oder nur unter der Voraussetzung der Vertraulichkeit zugelassen werden kann, und
b) rechtzeitig zu beabsichtigten Entscheidungen gehört zu werden, welche die Interessen der Arbeitnehmer erheblich berühren können, insbesondere zu Entscheidungen, die wichtige Auswirkungen auf die Beschäftigungslage im Unternehmen haben könnten.

(2) Die Vertragsparteien können vom Geltungsbereich des Absatzes 1 die Unternehmen ausnehmen, deren Beschäftigtenzahl eine durch innerstaatliche Rechtsvorschriften oder Gepflogenheiten festgelegte bestimmte Zahl nicht überschreitet.

Art. 3 Recht auf Beteiligung an der Festlegung und Verbesserung der Arbeitsbedingungen und der Arbeitsumwelt. (1) Um die wirksame Ausübung des Rechtes der Arbeitnehmer auf Beteiligung an der Festlegung und Verbesserung der Arbeitsbedingungen und der Arbeitsumwelt im Unternehmen zu gewährleisten, verpflichten sich die Vertragsparteien, im Einklang mit den innerstaatlichen Rechtsvorschriften und Gepflogenheiten Maßnahmen zu ergreifen oder zu fördern, die es den Arbeitnehmern oder ihren Vertretern ermöglichen, einen Beitrag zu leisten

a) zur Festlegung und Verbesserung der Arbeitsbedingungen, der Arbeitsorganisation und der Arbeitsumwelt,
b) zum Schutz der Gesundheit und der Sicherheit im Unternehmen,
c) zur Schaffung sozialer und sozio-kultureller Dienste und Einrichtungen des Unternehmens,
d) zur Überwachung der Einhaltung der einschlägigen Vorschriften.

(2) Die Vertragsparteien können vom Geltungsbereich des Absatzes 1 die Unternehmen ausnehmen, deren Beschäftigtenzahl eine durch innerstaatliche Rechtsvorschriften oder Gepflogenheiten festgelegte bestimmte Zahl nicht überschreitet.

Art. 4 Recht älterer Menschen auf sozialen Schutz. Um die wirksame Ausübung des Rechtes älterer Menschen auf sozialen Schutz zu gewährleisten, verpflichten sich die Vertragsparteien, unmittelbar oder in Zusammenarbeit mit öffentlichen oder privaten Organisationen geeignete Maßnahmen zu ergreifen oder zu fördern, die insbesondere

1. älteren Menschen die Möglichkeit geben sollen, so lange wie möglich vollwertige Mitglieder der Gesellschaft zu bleiben, und zwar durch
    a) ausreichende Mittel, die es ihnen ermöglichen, ein menschenwürdiges Leben zu führen und aktiv am öffentlichen, sozialen und kulturellen Leben teilzunehmen;
    b) die Bereitstellung von Informationen über Dienste und Einrichtungen für ältere Menschen und über ihre Möglichkeiten, diese in Anspruch zu nehmen;
2. älteren Menschen die Möglichkeit geben, ihre Lebensweise frei zu wählen und in ihrer gewohnten Umgebung, solange sie dies wollen und können, ein eigenständiges Leben zu führen, und zwar durch
    a) die Bereitstellung von auf ihre Bedürfnisse und ihren Gesundheitszustand zugeschnittenen Wohnraum oder von angemessenen Hilfen zur entsprechenden Ausstattung des Wohnraums;
    b) die gesundheitliche Betreuung und die Dienste, die aufgrund ihres Zustands erforderlich sind;
3. älteren Menschen, die in Anstalten leben, angemessene Unterstützung unter Achtung ihres Privatlebens sowie die Beteiligung an der Festlegung der Lebensbedingungen in der Anstalt gewährleisten.

Teil III

Art. 5 Verpflichtungen. (1) Jede der Vertragsparteien verpflichtet sich,
a) Teil 1 dieses Protokolls als eine Erklärung der Ziele anzusehen, die sie entsprechend dem einleitenden Absatz jenes Teils mit allen geeigneten Mitteln verfolgen wird;
b) einen oder mehrere Artikel des Teils II dieses Protokolls als für sich bindend anzusehen.

(2) Der oder die nach Maßgabe des Absatzes 1 Buchstabe b ausgewählten Artikel sind dem Generalsekretär des Europarats gleichzeitig mit der Hinterlegung der Ratifikations-, Annahme- oder Genehmigungsurkunde durch den betreffenden Vertragsstaat zu notifizieren.

(3) Jede Vertragspartei kann zu einem späteren Zeitpunkt durch eine an den Generalsekretär zu richtende Notifikation erklären, daß sie in Teil II dieses Protokolls einen anderen Artikel als für sich bindend ansieht, den sie bisher noch nicht nach Absatz 1 dieses Artikels angenommen hatte. Diese später übernommenen Verpflichtungen gelten als Bestandteil der Ratifikation, Annahme oder Genehmigung und haben vom dreißigsten Tag nach dem Zeitpunkt der Notifikation an die gleiche Wirkung.

Teil IV

Art. 6 Überwachung der Erfüllung der eingegangenen Verpflichtungen. Die Vertragsparteien legen Berichte über die Anwendung der von ihnen angenommenen Bestimmungen des Teils II dieses Protokolls im Rahmen der nach Artikel 21 der Charta vorgelegten Berichte vor.

Teil V

Art. 7 Erfüllung der eingegangenen Verpflichtungen. (1) Die einschlägigen Bestimmungen des Teils II Artikel 1 bis 4 dieses Protokolls können durchgeführt werden
a) durch Gesetz oder sonstige Vorschriften;
b) durch Vereinbarungen zwischen Arbeitgebern oder Arbeitgeberorganisationen und Arbeitnehmerorganisationen;
c) durch eine Kombination der beiden Verfahren oder
d) durch andere geeignete Mittel.

(2) Die Verpflichtungen aus Teil II Artikel 2 und 3 dieses Protokolls gelten als erfüllt, wenn diese Bestimmungen nach Absatz 1 dieses Artikels auf die überwiegende Mehrheit der betreffenden Arbeitnehmer Anwendung finden.

Art. 8 Verhältnis zwischen der Charta und diesem Protokoll. (1) Die Bestimmungen dieses Protokolls lassen die Bestimmungen der Charta unberührt.

(2) Die Artikel 22 bis 32 und 36 der Charta gelten sinngemäß für dieses Protokoll.

Art. 9 Räumlicher Geltungsbereich. (1) Dieses Protokoll gilt für das Mutterland jeder Vertragspartei. Jeder Staat kann bei der Unterzeichnung oder der Hinterlegung seiner Ratifikations-, Annahme- oder Genehmigungsurkunde in einer an den Generalsekretär des Europarats gerichteten Erklärung das Hoheitsgebiet bezeichnen, das in diesem Sinne als Mutterland gilt.

(2) Jeder Vertragsstaat kann bei der Ratifikation, Annahme oder Genehmigung dieses Protokolls oder zu einem späteren Zeitpunkt durch eine an den Generalsekretär des Europarats gerichtete Notifikation erklären, daß das Protokoll ganz oder teilweise auf jedes nicht zum Mutterland gehörende in der Erklärung bezeichnete Hoheitsgebiet anzuwenden ist, dessen internationale Beziehungen er wahrnimmt oder für das er international verantwortlich ist. In dieser Erklärung hat er den oder die Artikel des Teils II dieses Protokolls an-

zugeben, die er für die in der Erklärung bezeichneten Hoheitsgebiete als bindend anerkennt.

(3) Dieses Protokoll findet in jedem in der vorgenannten Erklärung bezeichneten Hoheitsgebiet vom dreißigsten Tag an Anwendung, nachdem die Erklärung dem Generalsekretär notifiziert worden ist.

(4) Jede Vertragspartei kann zu einem späteren Zeitpunkt durch eine an den Generalsekretär des Europarats gerichtete Notifikation erklären, daß sie für ein Hoheitsgebiet, auf welches dieses Protokoll nach Absatz 2 Anwendung findet, bestimmte Artikel als bindend annimmt, die sie für dieses Hoheitsgebiet noch nicht angenommen hatte. Diese später eingegangenen Verpflichtungen gelten als Bestandteil der ursprünglichen Erklärung für das betreffende Hoheitsgebiet und haben vom dreißigsten Tag nach dem Zeitpunkt, zu dem die Erklärung dem Generalsekretär notifiziert worden ist, die gleiche Wirkung.

Art. 10 Unterzeichnung, Ratifikation, Annahme, Genehmigung und Inkrafttreten. (1) Dieses Protokoll liegt für die Mitgliedstaaten des Europarats, die Unterzeichner der Charta sind, zur Unterzeichnung auf. Es bedarf der Ratifikation, Annahme oder Genehmigung. Ein Mitgliedstaat des Europarats kann dieses Protokoll nur ratifizieren, annehmen oder genehmigen, wenn er gleichzeitig oder vorher die Charta ratifiziert hat. Die Ratifikations-, Annahme- oder Genehmigungsurkunden werden beim Generalsekretär des Europarats hinterlegt.

(2) Dieses Protokoll tritt am dreißigsten Tag nach Hinterlegung der dritten Ratifikations-, Annahme- oder Genehmigungsurkunde in Kraft.

(3) Für jeden Unterzeichner, der dieses Protokoll in der Folge ratifiziert, tritt es am dreißigsten Tag nach Hinterlegung seiner Ratifikations-, Annahme- oder Genehmigungsurkunde in Kraft.

Art. 11 Kündigung. (1) Eine Vertragspartei kann dieses Protokoll erst nach Ablauf von fünf Jahren, nachdem das Protokoll für sie in Kraft getreten ist, oder in der Folge jeweils nach Ablauf von zwei Jahren kündigen; in jedem Fall ist die Kündigung sechs Monate vorher dem Generalsekretär des Europarats zu notifizieren. Die Kündigung berührt nicht die Gültigkeit des Protokolls für die anderen Vertragsparteien, solange ihre Zahl nicht unter drei absinkt.

(2) Eine Vertragspartei kann nach Maßgabe des Absatzes 1 jeden von ihr angenommenen Artikel des Teils II dieses Protokolls kündigen, vorausgesetzt, daß die Zahl der für sie verbindlichen Artikel niemals unter eins absinkt.

(3) Eine Vertragspartei kann dieses Protokoll oder jeden Artikel des Teils II des Protokolls unter den in Absatz 1 dieses Artikels niedergelegten Voraussetzungen für jedes Hoheitsgebiet kündigen, in dem das Protokoll aufgrund einer Erklärung nach Artikel 9 Absätze 2 und 4 Anwendung findet.

(4) Die Kündigung der Charta nach Maßgabe des Artikels 37 Absatz 1 durch eine durch die Charta und dieses Protokoll gebundene Vertragspartei gilt auch als Kündigung des Protokolls.

Art. 12 Notifikationen. Der Generalsekretär des Europarats notifiziert den Mitgliedstaaten des Rates und dem Generaldirektor des Internationalen Arbeitsamts
a) jede Unterzeichnung;

b) jede Hinterlegung einer Ratifikations-, Annahme- oder Genehmigungsurkunde;
c) jeden Zeitpunkt des Inkrafttretens dieses Protokolls nach den Artikeln 9 und 10;
d) jede andere Handlung, Notifikation oder Mitteilung im Zusammenhang mit diesem Protokoll.

Art. 13 Anhang. Der Anhang dieses Protokolls ist Bestandteil desselben. Zu Urkund dessen haben die hierzu gehörig befugten Unterzeichneten dieses Protokoll unterschrieben.

Geschehen zu Straßburg am 5. Mai 1988 in englischer und französischer Sprache, wobei jeder Wortlaut gleichermaßen verbindlich ist, in einer Urschrift, die im Archiv des Europarats hinterlegt wird. Der Generalsekretär des Europarats übermittelt allen Mitgliedstaaten des Europarats beglaubigte Abschriften.

Anhang zum Protokoll

Persönlicher Geltungsbereich des Protokolls

(1) Der durch die Artikel 1 bis 4 erfaßte Personenkreis schließt Ausländer nur insoweit ein, als sie Staatsangehörige anderer Vertragsparteien sind und ihren rechtmäßigen gewöhnlichen Aufenthalt im Hoheitsgebiet der betreffenden Vertragspartei haben oder dort ordnungsgemäß beschäftigt sind, mit der Maßgabe, daß die genannten Artikel im Sinne der Artikel 18 und 19 der Charta auszulegen sind.
Diese Auslegung hindert eine Vertragspartei nicht, auch anderen Personen entsprechende Rechte zu gewähren.

(2) Jede Vertragspartei wird Flüchtlingen im Sinne des am 28. Juli 1951 in Genf unterzeichneten Abkommens über die Rechtsstellung der Flüchtlinge und des Protokolls vom 31. Januar 1967 über die Rechtsstellung der Flüchtlinge, die sich rechtmäßig in ihrem Hoheitsgebiet gewöhnlich aufhalten, eine Behandlung gewähren, die so günstig wie möglich, in keinem Fall aber weniger günstig ist, als in Verpflichtungen der Vertragspartei aus den oben erwähnten Übereinkünften oder aus anderen gültigen internationalen Übereinkünften vorgesehen, die auf solche Flüchtlinge anwendbar sind.

(3) Jede Vertragspartei wird Staatenlosen im Sinne des am 28. September 1954 in New York beschlossenen Übereinkommens über die Rechtsstellung der Staatenlosen, die sich rechtmäßig in ihrem Hoheitsgebiet gewöhnlich aufhalten, eine Behandlung gewähren die so günstig wie möglich, in keinem Fall aber weniger günstig ist, als in Verpflichtungen der Vertragspartei aus der oben erwähnten Übereinkunft oder aus anderen gültigen internationalen Übereinkünften vorgesehen, die auf solche Staatenlose anwendbar sind.

Artikel 1

Es besteht Einverständnis darüber, daß Fragen der sozialen Sicherheit sowie Bestimmungen über Leistungen bei Arbeitslosigkeit, bei Alter und an Hinterbliebene vom Geltungsbereich dieses Artikels ausgenommen werden können.

Artikel 1 Absatz 4

Diese Bestimmung ist nicht so auszulegen, als seien die Vertragsparteien verpflichtet, in Gesetzen oder sonstigen Vorschriften eine Liste der beruflichen Tätigkeiten festzulegen, die aufgrund ihrer Art oder der Bedingungen ihrer Ausübung nur Personen eines bestimmten Geschlechts vorgehalten werden können.

Artikel 2 und 3

(1) Für die Zwecke der Anwendung dieser Artikel bezeichnet der Ausdruck „Arbeitnehmervertreter" Personen, die aufgrund der innerstaatlichen Rechtsvorschriften oder Gepflogenheiten als solche anerkannt sind.

(2) Der Ausdruck „innerstaatliche Rechtsvorschriften und Gepflogenheiten" umfaßt je nach Lage des Falles neben den Gesetzen und sonstigen Vorschriften auch Gesamtarbeitsverträge sowie andere Vereinbarungen zwischen Arbeitgebern und Arbeitnehmervertretern, übliche Bräuche und einschlägige Gerichtsentscheidungen.

(3) Für die Zwecke der Anwendung dieser Artikel wird der Ausdruck „Unternehmen" so ausgelegt, daß er eine Gesamtheit von materiellen und immateriellen Bestandteilen mit oder ohne Rechtspersönlichkeit darstellt, die zur Herstellung von Waren oder Erbringung von Dienstleistungen gebildet wird, auf Gewinn gerichtet ist und mit Entscheidungsbefugnis hinsichtlich ihres Marktverhaltens ausgestattet ist.

(4) Es besteht Einverständnis darüber, daß Religionsgemeinschaften und ihre Einrichtungen von der Anwendung dieser Artikel ausgenommen werden können, auch wenn diese Einrichtungen Unternehmen im Sinne des Absatzes 3 sind. Betriebe mit einer von der Rechtsordnung des betreffenden Staates geschützten geistig-ideellen Zielrichtung (Tendenzbetriebe) können von der Anwendung dieser Artikel in dem Umfang ausgenommen werden, wie dies zum Schutz der Tendenz des Unternehmens erforderlich ist.

(5) Es besteht Einverständnis darüber, daß, wenn in einem Staat die in den Artikeln 2 und 3 niedergelegten Rechte in den verschiedenen Betriebsstätten eines Unternehmens ausgeübt werden, die Verpflichtungen aus diesen Bestimmungen als von der betreffenden Vertragspartei erfüllt anzusehen sind.

Artikel 3

Diese Bestimmung läßt sowohl die Befugnisse und Verpflichtungen der Staaten hinsichtlich der Annahme von Vorschriften über den Arbeits- und Gesundheitsschutz am Arbeitsplatz als auch die Befugnisse und Zuständigkeiten der mit der Überwachung der Einhaltung dieser Vorschriften beauftragten Stellen unberührt.

Diese Ausdrücke „soziale und sozio-kulturelle Dienste und Einrichtungen" beziehen sich auf Dienste und Einrichtungen sozialer und/oder kultureller Art, die bestimmte Unternehmen für die Arbeitnehmer bereitstellen, wie soziale Betreuung, Sportplätze, Stillräume, Büchereien, Kinderferienlager usw.

Artikel 4 Absatz 1

Für die Zwecke der Anwendung dieses Absatzes stellt der Ausdruck „so lange wie möglich" auf die körperlichen, seelischen und geistigen Fähigkeiten des älteren Menschen ab.

Artikel 7

Es besteht Einverständnis darüber, daß Arbeitnehmer, die nach Artikel 2 Absatz 2 und Artikel 3 Absatz 2 ausgenommen sind, bei der Festlegung der Zahl der betreffenden Arbeitnehmer nicht berücksichtigt werden.

63. Europäisches Übereinkommen zur Verhütung von Folter und unmenschlicher oder erniedrigender Behandlung oder Strafe[1]

Vom 26. November 1987

in der Fassung der Protokolle Nr. 1 und 2 vom 4.11.1993

(BGBl. 1989 II S. 946, 1996 II S. 1115, 1118)

(Übersetzung)

Die Mitgliedstaaten des Europarats, die dieses Übereinkommen unterzeichnen –

in Anbetracht der Bestimmungen der Konvention zum Schutze der Menschenrechte und Grundfreiheiten,

eingedenk dessen, daß nach Artikel 3 der genannten Konvention niemand der Folter oder unmenschlicher oder erniedrigender Behandlung oder Strafe unterworfen werden darf,

unter Hinweis darauf, daß Personen, die sich durch eine Verletzung des Artikels 3 beschwert fühlen, die in jener Konvention vorgesehenen Verfahren in Anspruch nehmen können,

überzeugt, daß der Schutz von Personen, denen die Freiheit entzogen ist, vor Folter und unmenschlicher oder erniedrigender Behandlung oder Strafe durch nichtgerichtliche Maßnahmen vorbeugender Art, die auf Besuchen beruhen, verstärkt werden könnte –

sind wie folgt übereingekommen:

Kapitel I

Art. 1 [Einsetzung eines Ausschusses] Es wird ein Europäischer Ausschuß zur Verhütung von Folter und unmenschlicher oder erniedrigender Behandlung oder Strafe (im folgenden als „Ausschuß" bezeichnet) errichtet. Der Ausschuß prüft durch Besuche die Behandlung von Personen, denen die Freiheit entzogen ist, um erforderlichenfalls den Schutz dieser Personen vor Folter und unmenschlicher oder erniedrigender Behandlung oder Strafe zu verstärken.

Art. 2 [Besuchsrecht] Jede Vertragspartei läßt Besuche nach diesem Übereinkommen an allen ihrer Hoheitsgewalt unterstehenden Orten zu, an denen Personen durch eine öffentliche Behörde die Freiheit entzogen ist.

Art. 3 [Zusammenarbeit] Bei der Anwendung dieses Übereinkommens arbeiten der Ausschuß und die zuständigen innerstaatlichen Behörden der betreffenden Vertragspartei zusammen.

---

[1] Internationale Quelle: ETS 126.

Kapitel II

Art. 4 [Mitglieder des Ausschusses] (1) Die Zahl der Mitglieder des Ausschusses entspricht derjenigen der Vertragsparteien.

(2) Die Mitglieder des Ausschusses werden unter Persönlichkeiten von hohem sittlichem Ansehen ausgewählt, die für ihre Sachkenntnis auf dem Gebiet der Menschenrechte bekannt sind oder in den von diesem Übereinkommen erfaßten Bereichen über berufliche Erfahrung verfügen.

(3) Dem Ausschuß darf jeweils nur ein Angehöriger desselben Staates angehören.

(4) Die Mitglieder sind in persönlicher Eigenschaft tätig; sie müssen unabhängig und unparteiisch sein und dem Ausschuß zur wirksamen Mitarbeit zur Verfügung stehen.

Art. 5 [Wahl der Mitglieder] (1) Die Mitglieder des Ausschusses werden vom Ministerkomitee des Europarats mit absoluter Stimmenmehrheit nach einem vom Büro der Beratenden Versammlung des Europarats aufgestellten Namensverzeichnis gewählt; die nationale Delegation jeder Vertragspartei in der Beratenden Versammlung schlägt drei Kandidaten vor, darunter mindestens zwei eigene Staatsangehörige.

Soll für einen Nichtmitgliedstaat des Europarats ein Mitglied in den Ausschuss gewählt werden, so lädt das Büro der Beratenden Versammlung das Parlament dieses Staates ein, drei Kandidaten vorzuschlagen, darunter mindestens zwei eigene Staatsangehörige. Das Ministerkomitee nimmt die Wahl nach Konsultation der betreffenden Vertragspartei vor.

(2) Nach demselben Verfahren werden freigewordene Sitze neu besetzt.

(3) Die Mitglieder des Ausschusses werden für die Dauer von vier Jahren gewählt. Sie können zweimal wiedergewählt werden. Die Amtszeit von drei der bei der ersten Wahl gewählten Mitglieder läuft jedoch nach zwei Jahren ab. Die Mitglieder, deren Amtszeit nach Ablauf der ersten Amtsperiode von zwei Jahren endet, werden vom Generalsekretär des Europarats unmittelbar nach der ersten Wahl durch das Los bestimmt.

(4) Um soweit wie möglich sicherzustellen, dass die Hälfte der Mitglieder des Ausschusses alle zwei Jahre neu gewählt wird, kann das Ministerkomitee vor jeder späteren Wahl beschließen, dass die Amtszeit eines oder mehrerer der zu wählenden Mitglieder nicht vier Jahre betragen soll, wobei sie jedoch weder länger als sechs noch kürzer als zwei Jahre sein darf.

(5) Handelt es sich um mehrere Amtszeiten und wendet das Ministerkomitee Absatz 4 an, so wird die Zuteilung der Amtszeiten vom Generalsekretär des Europarats unmittelbar nach der Wahl durch das Los bestimmt.

Art. 6 [Ausschluß der Öffentlichkeit; Beschlußfähigkeit; Geschäftsordnung; Sekretariat] (1) Die Sitzungen des Ausschusses finden unter Ausschluß der Öffentlichkeit statt. Der Ausschuß ist bei Anwesenheit der Mehrheit seiner Mitglieder beschlußfähig. Vorbehaltlich des Artikels 10 Absatz 2 faßt der Ausschuß seine Beschlüsse mit der Mehrheit der anwesenden Mitglieder.

(2) Der Ausschuß gibt sich eine Geschäftsordnung.[1)]

(3) Das Sekretariat des Ausschusses wird vom Generalsekretär des Europarats gestellt.

Kapitel III

Art. 7 [Besuche] (1) Der Ausschuß organisiert Besuche der in Artikel 2 bezeichneten Orte. Neben regelmäßigen Besuchen kann der Ausschuß alle weiteren Besuche organisieren, die ihm nach den Umständen erforderlich erscheinen.

(2) Die Besuche werden in der Regel von mindestens zwei Mitgliedern des Ausschusses durchgeführt. Der Ausschuß kann sich, sofern er dies für notwendig hält, von Sachverständigen und Dolmetschern unterstützen lassen.

Art. 8 [Zugangs- und Auskunftsrecht] (1) Der Ausschuß notifiziert der Regierung der betreffenden Vertragspartei seine Absicht, einen Besuch durchzuführen. Nach einer solchen Notifikation kann der Ausschuß die in Artikel 2 bezeichneten Orte jederzeit besuchen.

(2) Eine Vertragspartei hat dem Ausschuß zur Erfüllung seiner Aufgabe folgende Erleichterungen zu gewähren:
a) Zugang zu ihrem Hoheitsgebiet und das Recht, sich dort uneingeschränkt zu bewegen;
b) alle Auskünfte über die Orte, an denen sich Personen befinden, denen die Freiheit entzogen ist;
c) unbeschränkten Zugang zu allen Orten, an denen sich Personen befinden, denen die Freiheit entzogen ist, einschließlich des Rechts, sich innerhalb dieser Orte ungehindert zu bewegen;
d) alle sonstigen der Vertragspartei zur Verfügung stehenden Auskünfte, die der Ausschuß zur Erfüllung seiner Aufgabe benötigt. Bei der Beschaffung solcher Auskünfte beachtet der Ausschuß die innerstaatlichen Rechtsvorschriften einschließlich des Standesrechts.

(3) Der Ausschuß kann sich mit Personen, denen die Freiheit entzogen ist, ohne Zeugen unterhalten.

(4) Der Ausschuß kann sich mit jeder Person, von der er annimmt, daß sie ihm sachdienliche Auskünfte geben kann, ungehindert in Verbindung setzen.

(5) Erforderlichenfalls kann der Ausschuß den zuständigen Behörden der betreffenden Vertragspartei seine Beobachtungen sogleich mitteilen.

Art. 9 [Einwendungen gegen Besuche] (1) Unter außergewöhnlichen Umständen können die zuständigen Behörden der betreffenden Vertragspartei gegenüber dem Ausschuß Einwände gegen einen Besuch zu dem vom Ausschuß vorgeschlagenen Zeitpunkt oder an dem von ihm vorgeschlagenen Ort geltend machen. Solche Einwände können nur aus Gründen der nationalen Verteidigung oder der öffentlichen Sicherheit oder wegen schwerer Störungen der Ordnung an Orten, an denen Personen die Freiheit entzogen ist, wegen des Gesundheitszustands einer Person oder einer dringenden Vernehmung in

---

[1)] Siehe Verfahrensordnung **(Nr. 64).**

einer laufenden Ermittlung im Zusammenhang mit einer schweren Straftat erhoben werden.

(2) Werden solche Einwände erhoben, so nehmen der Ausschuß und die Vertragspartei sofort Konsultationen auf, um die Lage zu klären und zu einer Einigung über Regelungen zu gelangen, die es dem Ausschuß ermöglichen, seine Aufgaben so schnell wie möglich zu erfüllen. Diese Regelungen können die Verlegung einer Person, die der Ausschuß zu besuchen beabsichtigt, an einen anderen Ort einschließen. Solange der Besuch nicht stattgefunden hat, erteilt die Vertragspartei dem Ausschuß Auskünfte über jede betroffene Person.

Art. 10 [Bericht; Empfehlungen] (1) Nach jedem Besuch verfaßt der Ausschuß einen Bericht über die bei dem Besuch festgestellten Tatsachen unter Berücksichtigung von Äußerungen der betreffenden Vertragspartei. Er übermittelt ihr seinen Bericht, der die von ihm für erforderlich gehaltenen Empfehlungen enthält. Der Ausschuß kann Konsultationen mit der Vertragspartei führen, um erforderlichenfalls Verbesserungen des Schutzes von Personen vorzuschlagen, denen die Freiheit entzogen ist.

(2) Verweigert die Vertragspartei die Zusammenarbeit oder lehnt sie es ab, die Lage im Sinne der Empfehlungen des Ausschusses zu verbessern, so kann der Ausschuß, nachdem die Vertragspartei Gelegenheit hatte sich zu äußern, mit Zweidrittelmehrheit seiner Mitglieder beschließen, dazu eine öffentliche Erklärung abzugeben.

Art. 11 [Vertraulichkeit] (1) Die Informationen, die der Ausschuß bei einem Besuch erhält, sein Bericht und seine Konsultationen mit der betreffenden Vertragspartei sind vertraulich.

(2) Der Ausschuß veröffentlicht seinen Bericht zusammen mit einer etwaigen Stellungnahme der betreffenden Vertragspartei, wenn diese darum ersucht.

(3) Personenbezogene Daten dürfen jedoch nicht ohne ausdrückliche Zustimmung des Betroffenen veröffentlicht werden.

Art. 12 [Jahresbericht] Unter Beachtung der in Artikel 11 enthaltenen Bestimmungen über die Vertraulichkeit legt der Ausschuss dem Ministerkomitee alljährlich einen allgemeinen Bericht über seine Tätigkeit vor, welcher der Beratenden Versammlung und jedem Nichtmitgliedstaat des Europarats, der Vertragspartei des Übereinkommens ist, zugeleitet und veröffentlicht wird.

Art. 13 [Verschwiegenheitspflicht der Ausschußmitglieder] Die Mitglieder des Ausschusses, die Sachverständigen und die anderen Personen, die den Ausschuß unterstützen, haben während und nach ihrer Tätigkeit die Vertraulichkeit der ihnen bei der Erfüllung ihrer Aufgaben bekannt gewordenen Tatsachen oder Angaben zu wahren.

Art. 14 [Sachverständige] (1) Die Namen der Personen, die den Ausschuß unterstützen, werden in der Notifikation nach Artikel 8 Absatz 1 angegeben.

(2) Die Sachverständigen handeln nach den Weisungen und unter der Verantwortung des Ausschusses. Sie müssen besondere Kenntnisse und Erfahrun-

gen in den von dem Übereinkommen erfaßten Bereichen besitzen und unterliegen in derselben Weise wie die Mitglieder des Ausschusses der Pflicht zur Unabhängigkeit, Unparteilichkeit und Verfügbarkeit.

(3) Eine Vertragspartei kann ausnahmsweise erklären, daß einem Sachverständigen oder einer anderen Person, die den Ausschuß unterstützt, die Teilnahme an dem Besuch eines ihrer Hoheitsgewalt unterstehenden Ortes nicht gestattet wird.

Kapitel IV

Art. 15 [Staatliche Verbindungsstelle] Jede Vertragspartei teilt dem Ausschuß Namen und Anschrift der Behörde, die für die Entgegennahme von Notifikationen an ihre Regierung zuständig ist, sowie etwa von ihr bestimmter Verbindungsbeamter mit.

Art. 16 [Vorrechte und Immunitäten] Der Ausschuß, seine Mitglieder und die in Artikel 7 Absatz 2 bezeichneten Sachverständigen genießen die in der Anlage zu diesem Übereinkommen bezeichneten Vorrechte und Immunitäten.

Art. 17 [Unberührtheitsklausel; Auslegung; Verhältnis zum Internationalen Komitee vom Roten Kreuz] (1) Dieses Übereinkommen läßt die Bestimmungen des innerstaatlichen Rechts oder internationaler Übereinkünfte unberührt, die Personen, denen die Freiheit entzogen ist, weitergehenden Schutz gewähren.

(2) Keine Bestimmung dieses Übereinkommens ist so auszulegen, daß sie die Befugnisse der Organe der Europäischen Menschenrechtskonvention oder die von den Vertragsparteien nach jener Konvention eingegangenen Verpflichtungen einschränkt oder aufhebt.

(3) Der Ausschuß besucht keine Orte, die von Vertretern oder Delegierten von Schutzmächten oder des Internationalen Komitees vom Roten Kreuz aufgrund der Genfer Abkommen vom 12. August 1949 und der Zusatzprotokolle vom 8. Juni 1977 tatsächlich und regelmäßig besucht werden.

Kapitel V

Art. 18 [Unterzeichnung; Ratifikation] Dieses Übereinkommen liegt für die Mitgliedstaaten des Europarats zur Unterzeichnung auf. Es bedarf der Ratifikation, Annahme oder Genehmigung. Die Ratifikations-, Annahme- oder Genehmigungsurkunden werden beim Generalsekretär des Europarats hinterlegt.

(2) Das Ministerkomitee des Europarats kann jeden Nichtmitgliedstaat des Europarats einladen, dem Übereinkommen beizutreten.

Art. 19 [Inkrafttreten] (1) Dieses Übereinkommen tritt am ersten Tag des Monats in Kraft, der auf einen Zeitabschnitt von drei Monaten nach dem Tag folgt, an dem sieben Mitgliedstaaten des Europarats nach Artikel 18 ihre Zustimmung ausgedrückt haben, durch das Übereinkommen gebunden zu sein.

(2) Für jeden Staat, der später seine Zustimmung ausdrückt, durch das Übereinkommen gebunden zu sein, tritt es am ersten Tag des Monats in Kraft, der auf einen Zeitabschnitt von drei Monaten nach Hinterlegung der Ratifikations-, Annahme-, Genehmigungs- oder Beitrittsurkunde folgt.

Art. 20 [Geltungsbereich] (1) Jeder Staat kann bei der Unterzeichnung oder bei der Hinterlegung seiner Ratifikations-, Annahme-, Genehmigungs- oder Beitrittsurkunde einzelne oder mehrere Hoheitsgebiete bezeichnen, auf die dieses Übereinkommen Anwendung findet.

(2) Jeder Staat kann jederzeit danach durch eine an den Generalsekretär des Europarats gerichtete Erklärung die Anwendung dieses Übereinkommens auf jedes weitere in der Erklärung bezeichnete Hoheitsgebiet erstrecken. Das Übereinkommen tritt für dieses Hoheitsgebiet am ersten Tag des Monats in Kraft, der auf einen Zeitabschnitt von drei Monaten nach Eingang der Erklärung beim Generalsekretär folgt.

(3) Jede nach den Absätzen 1 und 2 abgegebene Erklärung kann in bezug auf jedes darin bezeichnete Hoheitsgebiet durch eine an den Generalsekretär gerichtete Notifikation zurückgenommen werden. Die Rücknahme wird am ersten Tag des Monats wirksam, der auf einen Zeitabschnitt von drei Monaten nach Eingang der Notifikation beim Generalsekretär folgt.

Art. 21 [Vorbehalte] Vorbehalte zu diesem Übereinkommen sind nicht zulässig.

Art. 22 [Kündigung] (1) Jede Vertragspartei kann dieses Übereinkommen jederzeit durch eine an den Generalsekretär des Europarats gerichtete Notifikation kündigen.

(2) Die Kündigung wird am ersten Tag des Monats wirksam, der auf einen Zeitabschnitt von zwölf Monaten nach Eingang der Notifikation beim Generalsekretär folgt.

Art. 23 [Notifikationen] Der Generalsekretär des Europarats notifiziert den Mitgliedstaaten und jedem Nichtmitgliedstaat des Europarats, der Vertragspartei des Übereinkommens ist,
a) jede Unterzeichnung;
b) jede Hinterlegung einer Ratifikations-, Annahme-, Genehmigungs- oder Beitrittsurkunde;
c) jeden Zeitpunkt des Inkrafttretens dieses Übereinkommens nach den Artikeln 19 und 20;
d) jede andere Handlung, Notifikation oder Mitteilung im Zusammenhang mit diesem Übereinkommen mit Ausnahme der nach den Artikeln 8 und 10 getroffenen Maßnahmen.

Geschehen zu Straßburg am 26. November 1987 in englischer und französischer Sprache, wobei jeder Wortlaut gleichermaßen verbindlich ist, in einer Urschrift, die im Archiv des Europarats hinterlegt wird. Der Generalsekretär des Europarats übermittelt allen Mitgliedstaaten des Europarats beglaubigte Abschriften.

Anlage
Vorrechte und Immunitäten (Art. 16)

(1) Im Sinne dieser Anlage bezieht sich der Ausdruck „Mitglieder des Ausschusses" auch auf die in Artikel 7 Absatz 2 bezeichneten Sachverständigen.

(2) Die Mitglieder des Ausschusses genießen bei der Wahrnehmung ihrer Aufgaben und auf Reisen, die sie in Wahrnehmung ihrer Aufgaben unternehmen, folgende Vorrechte und Immunitäten:

a) Immunität von Festnahme oder Haft und von der Beschlagnahme ihres persönlichen Gepäcks sowie Immunität von jeder Gerichtsbarkeit hinsichtlich ihrer in amtlicher Eigenschaft vorgenommenen Handlungen einschließlich ihrer mündlichen und schriftlichen Äußerungen;

b) Befreiung von allen Beschränkungen ihrer Bewegungsfreiheit bei der Ausreise aus dem Staat, in dem sie ihren gewöhnlichen Aufenthalt haben, und bei der Wiedereinreise sowie bei der Einreise in den Staat, in dem sie ihre Aufgaben wahrnehmen, und bei der Ausreise sowie von der Ausländermeldepflicht in den Ländern, die sie in Wahrnehmung ihrer Aufgaben besuchen oder durchreisen.

(3) Im Verlauf der in Wahrnehmung ihrer Aufgaben unternommenen Reisen erhalten die Mitglieder des Ausschusses für die Zollabfertigung und Devisenkontrolle

a) von ihrer eigenen Regierung dieselben Erleichterungen wie leitende Beamte, die sich zu befristetem dienstlichem Auftrag ins Ausland begeben,

b) von den Regierungen der anderen Vertragsparteien dieselben Erleichterungen wie Vertreter ausländischer Regierungen mit befristetem dienstlichem Auftrag.

(4) Die Papiere und Schriftstücke des Ausschusses sind, soweit sie sich auf seine Tätigkeit beziehen, unverletzlich.

Der amtliche Schriftverkehr und die sonstigen amtlichen Mitteilungen des Ausschusses dürfen nicht zurückgehalten werden und unterliegen nicht der Zensur.

(5) Um den Mitgliedern des Ausschusses volle Redefreiheit und volle Unabhängigkeit bei der Wahrnehmung ihrer Aufgaben zu sichern, wird ihnen Immunität von der Gerichtsbarkeit hinsichtlich der von ihnen in Wahrnehmung ihrer Aufgaben vorgenommenen Handlungen einschließlich ihrer mündlichen und schriftlichen Äußerungen auch nach Beendigung ihrer Tätigkeit gewährt.

(6) Die Vorrechte und Immunitäten werden den Mitgliedern des Ausschusses nicht zu ihrem persönlichen Vorteil gewährt, sondern um ihnen zu ermöglichen, ihre Aufgaben in voller Unabhängigkeit wahrzunehmen. Allein der Ausschuß ist befugt, die Immunität seiner Mitglieder aufzuheben; er hat nicht nur das Recht, sondern auch die Pflicht, die Immunität eines seiner Mitglieder in allen Fällen aufzuheben, in denen nach seiner Auffassung die Immunität verhindern würde, daß der Gerechtigkeit Genüge geschieht und in denen sie ohne Beeinträchtigung des Zweckes, für den sie gewährt wird, aufgehoben werden kann.

64. Verfahrensordnung des Europäischen Ausschusses zur Verhütung von Folter und unmenschlicher oder erniedrigender Behandlung oder Strafe[1]

In der Fassung vom 7. März 2008

(Auszug)

Titel I der Verfahrensordnung befasst sich mit der Organisation des Ausschusses, insbesondere der Amtszeit, der Rangordnung und der feierlichen Erklärung der Mitglieder (Art. 1 bis 4), den Funktionsträgern, d. h. dem Vorsitzenden und seinen beiden Stellvertretern einschließlich der Vertretungsregeln (Art. 5 bis 8), dem Vorstand und dem Sekretariat (Art. 9 und 10). Titel II regelt die Arbeitsweise des Ausschusses: den Sitz in Straßburg (Art. 11) und die Arbeitssprachen Englisch und Französisch (Art. 12), die Einberufung von Sitzungen (Art. 13), die Tagesordnung (Art. 14) und die Nichtöffentlichkeit der Sitzungen (Art. 16), weiterhin das Abstimmungsverfahren (Art. 18 bis 22), die Erstellung von Sitzungsberichten (Art. 23 und 24) und die Einrichtung von Arbeitsgruppen (Art. 25). Schließlich ist im Titel II noch die Behandlung von Mitteilungen an den Ausschuss geregelt. Diese Bestimmung wie auch die nachfolgenden Titel III bis VII sind vollständig im Wortlaut abgedruckt.

Chapter VI: Communications containing information submitted for the Committee's consideration

Rule 26. (1) The Executive Secretary shall bring to the Committee's attention communications received containing information submitted for the Committee's consideration,[2] unless the information in question relates to matters which manifestly fall outside its field of competence.

(2) Such communications received by individual members of the Committee shall be forwarded to the Secretariat.

(3) The Executive Secretary shall keep on file all communications received.

(4) The Executive Secretary shall send an acknowledgement of receipt to the authors of such communications, unless this would appear inappropriate in a particular case.

TITLE III:
PROCEDURE CONCERNING VISITS

Chapter I: Basic rules

Rule 27 The principle of visits. Pursuant to Articles 1 and 7 of the Convention, the Committee shall organise visits to places referred to in Article 2

---

[1] Quelle: Council of Europe, Doc. CPT/Inf/C(2008)1.

[2] Entsprechende Mitteilungen sind zu richten an: Secrétaire-Général du Conseil de l'Europe, c/o Comité européen pour la prévention de la torture et des peines ou traitements inhumains ou dégradants, F 67 006 Strasbourg.

of the Convention to examine the treatment of persons deprived of their liberty, with a view to strengthening, if necessary, the protection of such persons from torture and from inhuman or degrading treatment or punishment.

Rule 28 Requests for information or explanations. (1) Before deciding on a particular visit, the Committee or, if appropriate, the Bureau may request information or explanations as regards the general situation in the State concerned, as regards a given place, or as regards an isolated case concerning which it has received reports.

(2) Following receipt of such information or explanations, details of remedial action taken by the national authorities may be requested.

Rule 29 Periodic visits. (1) The Committee shall carry out visits of a periodic nature.

(2) Before the end of each calendar year, the Committee shall establish a provisional programme of periodic visits for the following calendar year. In drawing up this programme the Committee shall ensure, as far as possible, that the different States Parties to the Convention are visited on a equitable basis, regard being had to the number of relevant places in each State Party.

(3) The Committee may subsequently decide to modify the abovementioned programme in the light of circumstances.

(4) The Committee shall make public the names of the countries in which periodic visits are envisaged in a given year, after having informed the authorities of each of the States concerned of the likelihood of a visit.

Rule 30 Ad hoc visits. (1) In addition to periodic visits, the Committee may carry out such ad hoc visits as appear to it to be required in the circumstances.

(2) When the Committee is not in session, the Bureau may, in case of urgency, decide on the Committee's behalf on the carrying out of an ad hoc visit. The President shall report to the Committee at its next meeting on any action which has been taken under this paragraph.

Rule 31 Follow-up visits. The Committee may carry out one or more follow-up visits to any place already visited in the context of a periodic or ad hoc visit.

Rule 32 Responsibility for carrying out visits. (1) As a general rule, visits shall be carried out by at least two of the Committee's members. In the case of an ad hoc visit of an urgent nature, it may exceptionally be carried out by a single member.

(2) The members of the Committee with responsibility for carrying out a visit shall act in the name of the Committee.

Rule 33 Notification of visits. (1) The Committee or, if the Committee is not in session at the relevant time, its President shall notify the Government of the Party concerned of the intention to carry out a visit. The notification shall be sent to the authority referred to in Article 15 of the Convention.

(2) The notification shall contain the names of the Committee members responsible for carrying out the visit and of all persons assisting the visiting delegation.

(3) The notification shall indicate the places which the delegation intends to visit. However, this shall not prevent the visiting delegation from deciding to visit also places not indicated in the notification.

(4) The notification of a visit in pursuance of paragraphs 1 to 3 may be given in stages.

Rule 34 Register of visits. The Executive Secretary shall maintain a record of all visits carried out by the Committee.

Chapter II: Visiting delegations

Rule 35 Choice of members. (1) The members of the Committee to carry out a visit shall be chosen by the Committee in the light of a proposal from the Bureau or, in case of urgency when the Committee is not in session, by the Bureau. Due regard shall be had to the nature of the visit in question, and in particular to the type of place or places to be visited, when the composition of the delegation is determined.

(2) The member of the Committee elected in respect of the State to be visited shall not be chosen as a member of the visiting delegation.

(3) The members of the delegation shall appoint one of their number as Head of the delegation. The Bureau may make a suggestion as regards the person to act as Head of the delegation.

Rule 36 Assistants. (1) The Committee or, in the case of an ad hoc visit under Rule 30, paragraph 2, the Bureau may decide that a visiting delegation shall be assisted by one or more experts or interpreters.

(2) A visiting delegation shall not be assisted by an expert who is a national of the State to be visited.

(3) As a rule, at least one member of the Secretariat of the Committee shall accompany each visiting delegation.

(4) All persons assisting a visiting delegation shall act on the instructions and under the authority of the Head of the delegation.

Rule 37 Procedure for visits. (1) Visiting delegations shall carry out visits in accordance with any general or specific instructions or guidelines issued by the Committee or, as the case may be, the Bureau.

(2) A visiting delegation may immediately communicate observations to the authorities of the Party concerned.

(3) The observations referred to in paragraph 2 may subsequently be communicated in writing to the Party concerned. They shall be confidential. They may, however, be made public under the same conditions as apply to the report on the visit.

TITLE IV:
POST-VISIT PROCEDURE

Chapter I: Reports and recommendations

Rule 38 Preparation of the Committee's report. (1) After each visit the visiting delegation shall, as soon as possible, submit a draft report to the Committee, setting out the facts found during the visit and containing any recommendations, comments and requests for information which the delegation considers should be addressed to the Party concerned.

(2) In the light of the visiting delegation's draft report, the Committee shall proceed to draw up a report for transmission to the Party concerned. This report shall contain any recommendations which the Committee considers necessary with a view to strengthening the protection of persons deprived of their liberty.

(3) When drawing up its report, the Committee shall take account of any observations which the Party concerned might submit to it following a visit. Further, the Committee may on its own initiative seek observations or additional information from the Party.

(4) The Committee's report will be drawn up by an "expedited drafting procedure" whenever the visiting delegation's draft report is transmitted in English and French, at least two weeks in advance of the meeting, to all members who have taken up their duties in terms of Rule 2 or given the statement referred to in Rule 43, paragraph 3. The visiting delegation will indicate in advance any paragraphs of its draft report which it wishes to have discussed by the Committee; other members will be invited to indicate, by not later than the time when the meeting is scheduled to start, any paragraphs of the draft report which they wish to have discussed by the Committee; all other paragraphs will be taken as approved without debate when the Committee draws up its report.

(5) After its adoption, the report on a visit shall be transmitted to the Party concerned by the President.

Rule 39 Confidential nature of the report. (1) The report transmitted to a Party following a visit is confidential. However, the Committee shall publish its report, together with any comments of the Party concerned, whenever requested to do so by that Party.

(2) If the Party itself makes the report public, but does not do so in its entirety, the Committee may decide to publish the whole report.

(3) Similarly, the Committee may decide to publish the whole report if the Party concerned makes a public statement summarising the report or commenting upon its contents.

(4) Publication of the report by the Committee under paragraphs 1 to 3 of this Rule shall be subject to the provisions of Rule 42, paragraph 2.

(5) The provisions of this Rule shall apply mutatis mutandis to other confidential communications to a Party from the Committee.

Rule 40 Subsequent consultations. (1) After transmission of the Committee's report, the Committee and the Party may hold consultations concerning in particular the implementation of any recommendations set out in the report.

(2) At every Committee meeting, the Executive Secretary shall bring to its attention communications sent to States in reaction to responses to visit reports.

Chapter II: Public statements

Rule 41. (1) If a Party fails to co-operate with the Committee or refuses to improve the situation in the light of the Committee's recommendations, the Committee may decide, by a majority of two-thirds of its members, to make a public statement on the matter.

(2) Before a decision to make such a statement is taken, the Party concerned shall be given an opportunity to make known its views.

(3) Subject to the provisions of Rule 42, paragraph 2, the Committee shall be released from the obligation of confidentiality set out under Title V when making a public statement.

TITLE V:
CONFIDENTIALITY

Rule 42 The principle of confidentiality. (1) Subject to Rules 39 and 41, information gathered by the Committee in relation to a visit, its report on that visit, and its consultations with the Party concerned shall be and shall remain confidential. The same shall apply to all Committee meeting reports.

(2) No personal data shall be published without the express consent of the person concerned.

Rule 43 The obligation to maintain confidentiality. (1) Members of the Committee, experts and other persons assisting the Committee are required, during and after their terms of office, to maintain the confidentiality of the facts or information of which they have become aware during the discharge of their functions.

(2) A provision to the above effect shall be inserted in the contracts of experts and interpreters recruited to assist the Committee.

(3) Newly-elected members who have not yet taken up their duties in accordance with the provisions of Rule 2 shall be required to state in writing that they will respect the obligation to maintain confidentiality.

Rule 44 Violation of confidentiality by a Committee member. If there are serious grounds for believing that a Committee member has violated the obligation of confidentiality, the Committee may, after the member concerned has had an opportunity to state his/her views, decide by a majority of two-thirds of its members to inform the Committee of Ministers of the matter.

Rule 45 Violation of confidentiality by a member of the Secretariat, an interpreter or an expert. (1) If there are serious grounds for believing that a member of the Committee's Secretariat or an interpreter has violated the obligation of confidentiality, the Committee may, after the person concerned has had an opportunity to state his/her views, decide by a majority of its members to inform the Secretary General of the Council of Europe of the matter and request that appropriate measures be taken.

(2) If there are serious grounds for believing that an expert has violated the obligation of confidentiality, the Committee shall, after the person concerned has had an opportunity to state his/her views, decide by a majority of its members on the measures to be taken.

TITLE VI:
ANNUAL GENERAL REPORT OF THE COMMITTEE

Rule 46. (1) Subject to the obligation of confidentiality set out under Title V, the Committee shall every year submit to the Committee of Ministers a general report on its activities, which shall be transmitted to the Parliamentary Assembly and to any non-member State of the Council of Europe which is a party to the Convention, and made public.

(2) The report shall contain inter alia information on the organisation and internal workings of the Committee and on its activities proper, with particular mention of the States visited.

(3) The Executive Secretary shall submit a draft report to the Committee in good time.

TITLE VII:
AMENDMENTS AND SUSPENSION

Rule 47 Amendment of the Rules. These Rules of Procedure may be amended by decision taken by a majority of the members of the Committee, subject to the provisions of the Convention.

Rule 48 Suspension of a Rule. Upon the proposal of a Committee member, the application of a Rule may be suspended by decision taken by a majority of the members of the Committee, subject to the provisions of the Convention. The suspension of a rule shall be limited in its operation to the particular purpose for which such suspension has been sought.

65. Übereinkommen zum Schutz der Menschenrechte und der Menschenwürde im Hinblick auf die Anwendung von Biologie und Medizin (Übereinkommen über Menschenrechte und Biomedizin)[1] · [2]

Vom 4. April 1997

(Schweizer BBl. 2002, S. 340)

(Übersetzung)

Präambel

Die Mitgliedstaaten des Europarats, die anderen Staaten und die Europäische Gemeinschaft, die dieses Übereinkommen unterzeichnen,

eingedenk der von der Generalversammlung der Vereinten Nationen am 10. Dezember 1948 verkündeten Allgemeinen Erklärung der Menschenrechte,

eingedenk der Konvention vom 4. November 1950 zum Schutze der Menschenrechte und Grundfreiheiten,

eingedenk der Europäischen Sozialcharta vom 18. Oktober 1961,

eingedenk des Internationalen Paktes über bürgerliche und politische Rechte vom 16. Dezember 1966 und des Internationalen Paktes über wirtschaftliche, soziale und kulturelle Rechte vom 16. Dezember 1966,

eingedenk des Übereinkommens vom 28. Januar 1981₆ zum Schutz des Menschen bei der automatischen Verarbeitung personenbezogener Daten,

eingedenk auch des Übereinkommens vom 20. November 1989₇ über die Rechte des Kindes,

in der Erwägung, dass es das Ziel des Europarats ist, eine engere Verbindung zwischen seinen Mitgliedern herbeizuführen, und dass eines der Mittel zur Erreichung dieses Zieles darin besteht, die Menschenrechte und Grundfreiheiten zu wahren und fortzuentwickeln,

im Bewusstsein der raschen Entwicklung von Biologie und Medizin,

überzeugt von der Notwendigkeit, menschliches Leben in seiner Individualität und als Teil der Menschheit zu achten, und in der Erkenntnis, dass es wichtig ist, seine Würde zu gewährleisten,

im Bewusstsein, dass der Missbrauch von Biologie und Medizin zu Handlungen führen kann, welche die Menschenwürde gefährden,

bekräftigend, dass die Fortschritte in Biologie und Medizin zum Wohl der heutigen und der künftigen Generationen zu nutzen sind,

betonend, dass internationale Zusammenarbeit notwendig ist, damit die gesamte Menschheit aus Biologie und Medizin Nutzen ziehen kann,

in Anerkennung der Bedeutung, die der Förderung einer öffentlichen Diskussion über Fragen im Zusammenhang mit der Anwendung von Biologie und Medizin und über die darauf zu gebenden Antworten zukommt,

---

[1] Internationale Quelle: European Treaty Series Nr. 164.
[2] Das Übereinkommen ist für die Schweiz seit dem 1.11.2008 in Kraft, nicht jedoch für Deutschland, Liechtenstein und Österreich.

von dem Wunsch geleitet, alle Mitglieder der Gesellschaft an ihre Rechte und ihre Verantwortung zu erinnern,

unter Berücksichtigung der Arbeiten der Parlamentarischen Versammlung auf diesem Gebiet, einschliesslich der Empfehlung 1160 (1991) über die Ausarbeitung eines Übereinkommens über Bioethik,

entschlossen, im Hinblick auf die Anwendung von Biologie und Medizin die notwendigen Massnahmen zu ergreifen, um den Schutz der Menschenwürde sowie der Grundrechte und Grundfreiheiten des Menschen zu gewährleisten,

sind wie folgt übereingekommen:

Kapitel I: Allgemeine Bestimmungen

Art. 1 Gegenstand und Ziel. Die Vertragsparteien dieses Übereinkommens schützen die Würde und die Identität menschlichen Lebens und gewährleisten jedem Menschen ohne Diskriminierung die Wahrung seiner Integrität sowie seiner sonstigen Grundrechte und Grundfreiheiten im Hinblick auf die Anwendung von Biologie und Medizin. Jede Vertragspartei ergreift in ihrem internen Recht die notwendigen Massnahmen, um diesem Übereinkommen Wirksamkeit zu verleihen.

Art. 2 Vorrang des menschlichen Lebens. Das Interesse und das Wohl des menschlichen Lebens haben Vorrang gegenüber dem blossen Interesse der Gesellschaft oder der Wissenschaft.

Art. 3 Gleicher Zugang zur Gesundheitsversorgung. Die Vertragsparteien ergreifen unter Berücksichtigung der Gesundheitsbedürfnisse und der verfügbaren Mittel geeignete Massnahmen, um in ihrem Zuständigkeitsbereich gleichen Zugang zu einer Gesundheitsversorgung von angemessener Qualität zu schaffen.

Art. 4 Berufspflichten und Verhaltensregeln. Jede Intervention im Gesundheitsbereich, einschliesslich Forschung, muss nach den einschlägigen Rechtsvorschriften, Berufspflichten und Verhaltensregeln erfolgen.

Kapitel II: Einwilligung

Art. 5 Allgemeine Regel. Eine Intervention im Gesundheitsbereich darf erst erfolgen, nachdem die betroffene Person über sie aufgeklärt worden ist und frei eingewilligt hat. Die betroffene Person ist zuvor angemessen über Zweck und Art der Intervention sowie über deren Folgen und Risiken aufzuklären. Die betroffene Person kann ihre Einwilligung jederzeit frei widerrufen.

Art. 6 Schutz einwilligungsunfähiger Personen. (1) Bei einer einwilligungsunfähigen Person darf eine Intervention nur zu ihrem unmittelbaren Nutzen erfolgen; die Artikel 17 und 20 bleiben vorbehalten.

(2) Ist eine minderjährige Person von Rechts wegen nicht fähig, in eine Intervention einzuwilligen, so darf diese nur mit Einwilligung ihres gesetzlichen

Vertreters oder einer von der Rechtsordnung dafür vorgesehenen Behörde, Person oder Stelle erfolgen. Der Meinung der minderjährigen Person kommt mit zunehmendem Alter und zunehmender Reife immer mehr entscheidendes Gewicht zu.

(3) Ist eine volljährige Person auf Grund einer geistigen Behinderung, einer Krankheit oder aus ähnlichen Gründen von Rechts wegen nicht fähig, in eine Intervention einzuwilligen, so darf diese nur mit Einwilligung ihres gesetzlichen Vertreters oder einer von der Rechtsordnung dafür vorgesehenen Behörde, Person oder Stelle erfolgen. Die betroffene Person ist so weit wie möglich in das Einwilligungsverfahren einzubeziehen.

(4) Der Vertreter, die Behörde, die Person oder die Stelle nach den Absätzen 2 und 3 ist in der in Artikel 5 vorgesehenen Weise aufzuklären.

(5) Die Einwilligung nach den Absätzen 2 und 3 kann im Interesse der betroffenen Person jederzeit widerrufen werden.

Art. 7 Schutz von Personen mit psychischer Störung. Bei einer Person, die an einer schweren psychischen Störung leidet, darf eine Intervention zur Behandlung der psychischen Störung nur dann ohne ihre Einwilligung erfolgen, wenn ihr ohne die Behandlung ein ernster gesundheitlicher Schaden droht und die Rechtsordnung Schutz gewährleistet, der auch Aufsichts-, Kontroll- und Rechtsmittelverfahren umfasst.

Art. 8 Notfallsituation. Kann die Einwilligung wegen einer Notfallsituation nicht eingeholt werden, so darf jede Intervention, die im Interesse der Gesundheit der betroffenen Person medizinisch unerlässlich ist, umgehend erfolgen.

Art. 9 Zu einem früheren Zeitpunkt geäusserte Wünsche. Kann ein Patient im Zeitpunkt der medizinischen Intervention seinen Willen nicht äussern, so sind die Wünsche zu berücksichtigen, die er früher im Hinblick auf eine solche Intervention geäussert hat.

Kapitel III: Privatsphäre und Recht auf Auskunft

Art. 10 Privatsphäre und Recht auf Auskunft. (1) Jede Person hat das Recht auf Wahrung der Privatsphäre in Bezug auf Angaben über ihre Gesundheit.

(2) Jede Person hat das Recht auf Auskunft in Bezug auf alle über ihre Gesundheit gesammelten Angaben. Will eine Person jedoch keine Kenntnis erhalten, so ist dieser Wunsch zu respektieren.

(3) Die Rechtsordnung kann vorsehen, dass in Ausnahmefällen die Rechte nach Absatz 2 im Interesse des Patienten eingeschränkt werden können.

Kapitel IV: Menschliches Genom

Art. 11 Nichtdiskriminierung. Jede Form von Diskriminierung einer Person wegen ihres genetischen Erbes ist verboten.

Art. 12 Prädiktive genetische Untersuchungen. Untersuchungen, die es ermöglichen, genetisch bedingte Krankheiten vorherzusagen oder bei einer Person entweder das Vorhandensein eines für eine Krankheit verantwortlichen Gens festzustellen oder eine genetische Prädisposition oder Anfälligkeit für eine Krankheit zu erkennen, dürfen nur für medizinische Zwecke oder für medizinische wissenschaftliche Forschung und nur unter der Voraussetzung einer angemessenen genetischen Beratung vorgenommen werden.

Art. 13 Interventionen in das menschliche Genom. Eine Intervention, die auf die Veränderung des menschlichen Genoms gerichtet ist, darf nur zu präventiven, diagnostischen oder therapeutischen Zwecken und nur dann vorgenommen werden, wenn sie nicht darauf abzielt, eine Veränderung des Genoms von Nachkommen herbeizuführen.

Art. 14 Verbot der Geschlechtswahl. Die Verfahren der medizinisch unterstützten Fortpflanzung dürfen nicht dazu verwendet werden, das Geschlecht des künftigen Kindes zu wählen, es sei denn, um eine schwere, geschlechtsgebundene erbliche Krankheit zu vermeiden.

Kapitel V: Wissenschaftliche Forschung

Art. 15 Allgemeine Regel. Vorbehaltlich dieses Übereinkommens und der sonstigen Rechtsvorschriften zum Schutz menschlichen Lebens ist wissenschaftliche Forschung im Bereich von Biologie und Medizin frei.

Art. 16 Schutz von Personen bei Forschungsvorhaben. Forschung an einer Person ist nur zulässig, wenn die folgenden Voraussetzungen erfüllt sind:
  i) Es gibt keine Alternative von vergleichbarer Wirksamkeit zur Forschung am Menschen;
  ii) die möglichen Risiken für die Person stehen nicht im Missverhältnis zum möglichen Nutzen der Forschung;
  iii) die zuständige Stelle hat das Forschungsvorhaben gebilligt, nachdem eine unabhängige Prüfung seinen wissenschaftlichen Wert einschliesslich der Wichtigkeit des Forschungsziels bestätigt hat und eine interdisziplinäre Prüfung ergeben hat, dass es ethisch vertretbar ist;
  iv) die Personen, die sich für ein Forschungsvorhaben zur Verfügung stellen, sind über ihre Rechte und die von der Rechtsordnung zu ihrem Schutz vorgesehenen Sicherheitsmassnahmen unterrichtet worden; und
  v) die nach Artikel 5 notwendige Einwilligung ist ausdrücklich und eigens für diesen Fall erteilt und urkundlich festgehalten worden. Diese Einwilligung kann jederzeit frei widerrufen werden.

Art. 17 Schutz einwilligungsunfähiger Personen bei Forschungsvorhaben. (1) Forschung an einer Person, die nicht fähig ist, die Einwilligung nach Artikel 5 zu erteilen, ist nur zulässig, wenn die folgenden Voraussetzungen erfüllt sind:
  i) Die Voraussetzungen nach Artikel 16 Ziffern i–iv sind erfüllt;
  ii) die erwarteten Forschungsergebnisse sind für die Gesundheit der betroffenen Person von tatsächlichem und unmittelbarem Nutzen;

iii) Forschung von vergleichbarer Wirksamkeit ist an einwilligungsfähigen Personen nicht möglich;
iv) die nach Artikel 6 notwendige Einwilligung ist eigens für diesen Fall und schriftlich erteilt worden; und
v) die betroffene Person lehnt nicht ab.

(2) In Ausnahmefällen und nach Massgabe der durch die Rechtsordnung vorgesehenen Schutzbestimmungen darf Forschung, deren erwartete Ergebnisse für die Gesundheit der betroffenen Person nicht von unmittelbarem Nutzen sind, zugelassen werden, wenn ausser den Voraussetzungen nach Absatz 1 Ziffern i, iii, iv und v zusätzlich die folgenden Voraussetzungen erfüllt sind:
   i) Die Forschung hat zum Ziel, durch eine wesentliche Erweiterung des wissenschaftlichen Verständnisses des Zustands, der Krankheit oder der Störung der Person letztlich zu Ergebnissen beizutragen, die der betroffenen Person selbst oder anderen Personen nützen können, welche derselben Altersgruppe angehören oder an derselben Krankheit oder Störung leiden oder sich in demselben Zustand befinden; und
   ii) die Forschung bringt für die betroffene Person nur ein minimales Risiko und eine minimale Belastung mit sich.

Art. 18 Forschung an Embryonen *in vitro*. (1) Die Rechtsordnung hat einen angemessenen Schutz des Embryos zu gewährleisten, sofern sie Forschung an Embryonen *in vitro* zulässt.

(2) Die Erzeugung menschlicher Embryonen zu Forschungszwecken ist verboten.

Kapitel VI: Entnahme von Organen und Gewebe von lebenden Spendern zu Transplantationszwecken

Art. 19 Allgemeine Regel. (1) Einer lebenden Person darf ein Organ oder Gewebe zu Transplantationszwecken nur zum therapeutischen Nutzen des Empfängers und nur dann entnommen werden, wenn weder ein geeignetes Organ oder Gewebe einer verstorbenen Person verfügbar ist noch eine alternative therapeutische Methode von vergleichbarer Wirksamkeit besteht.

(2) Die nach Artikel 5 notwendige Einwilligung muss ausdrücklich und eigens für diesen Fall entweder in schriftlicher Form oder vor einer amtlichen Stelle erteilt worden sein.

Art. 20 Schutz einwilligungsunfähiger Personen. (1) Einer Person, die nicht fähig ist, die Einwilligung nach Artikel 5 zu erteilen, dürfen weder Organe noch Gewebe entnommen werden.

(2) In Ausnahmefällen und nach Massgabe der durch die Rechtsordnung vorgesehenen Schutzbestimmungen darf die Entnahme regenerierbaren Gewebes bei einer einwilligungsunfähigen Person zugelassen werden, wenn die folgenden Voraussetzungen erfüllt sind:
   i) Ein geeigneter einwilligungsfähiger Spender steht nicht zur Verfügung;
   ii) der Empfänger ist ein Bruder oder eine Schwester des Spenders;
   iii) die Spende muss geeignet sein, das Leben des Empfängers zu retten;

iv) die Einwilligung nach Artikel 6 Absätze 2 und 3 ist eigens für diesen Fall und schriftlich in Übereinstimmung mit der Rechtsordnung und mit Billigung der zuständigen Stelle erteilt worden; und

v) der in Frage kommende Spender lehnt nicht ab.

Kapitel VII: Verbot finanziellen Gewinns; Verwendung eines Teils des menschlichen Körpers

Art. 21 Verbot finanziellen Gewinns. Der menschliche Körper und Teile davon dürfen als solche nicht zur Erzielung eines finanziellen Gewinns verwendet werden.

Art. 22 Verwendung eines dem menschlichen Körper entnommenen Teils. Wird bei einer Intervention ein Teil des menschlichen Körpers entnommen, so darf er nur zu dem Zweck aufbewahrt und verwendet werden, zu dem er entnommen worden ist; jede andere Verwendung setzt angemessene Informations- und Einwilligungsverfahren voraus.

Kapitel VIII: Verletzung von Bestimmungen des Übereinkommens

Art. 23 Verletzung von Rechten oder Grundsätzen. Die Vertragsparteien gewährleisten einen geeigneten gerichtlichen Rechtsschutz, der darauf abzielt, eine widerrechtliche Verletzung der in diesem Übereinkommen verankerten Rechte und Grundsätze innerhalb kurzer Frist zu verhindern oder zu beenden.

Art. 24 Schadenersatz. Hat eine Person durch eine Intervention in ungerechtfertigter Weise Schaden erlitten, so hat sie Anspruch auf angemessenen Schadenersatz nach Massgabe der durch die Rechtsordnung vorgesehenen Voraussetzungen und Modalitäten.

Art. 25 Sanktionen. Die Vertragsparteien sehen angemessene Sanktionen für Verletzungen von Bestimmungen dieses Übereinkommens vor.

Kapitel IX: Verhältnis dieses Übereinkommens zu anderen Bestimmungen

Art. 26 Einschränkungen der Ausübung der Rechte. (1) Die Ausübung der in diesem Übereinkommen vorgesehenen Rechte und Schutzbestimmungen darf nur insoweit eingeschränkt werden, als diese Einschränkung durch die Rechtsordnung vorgesehen ist und eine Massnahme darstellt, die in einer demokratischen Gesellschaft für die öffentliche Sicherheit, zur Verhinderung von strafbaren Handlungen, zum Schutz der öffentlichen Gesundheit oder zum Schutz der Rechte und Freiheiten anderer notwendig ist.

(2) Die nach Absatz 1 möglichen Einschränkungen dürfen sich nicht auf die Artikel 11, 13, 14, 16, 17, 19, 20 und 21 beziehen.

Art. 27 Weiterreichender Schutz. Dieses Übereinkommen darf nicht so ausgelegt werden, als beschränke oder beeinträchtige es die Möglichkeit einer Vertragspartei, im Hinblick auf die Anwendung von Biologie und Medizin einen über dieses Übereinkommen hinausgehenden Schutz zu gewähren.

Kapitel X: Öffentliche Diskussion

Art. 28 Öffentliche Diskussion. Die Vertragsparteien dieses Übereinkommens sorgen dafür, dass die durch die Entwicklungen in Biologie und Medizin aufgeworfenen Grundsatzfragen, insbesondere in Bezug auf ihre medizinischen, sozialen, wirtschaftlichen, ethischen und rechtlichen Auswirkungen, öffentlich diskutiert werden und zu ihren möglichen Anwendungen angemessene Konsultationen stattfinden.

Kapitel XI: Auslegung des Übereinkommens und Folgemassnahmen

Art. 29 Auslegung des Übereinkommens. Der Europäische Gerichtshof für Menschenrechte kann, ohne unmittelbare Bezugnahme auf ein bestimmtes, bei einem Gericht anhängiges Verfahren, Gutachten über Rechtsfragen betreffend die Auslegung dieses Übereinkommens erstatten, und zwar auf Antrag:
– der Regierung einer Vertragspartei nach Unterrichtung der anderen Vertragsparteien;
– des nach Artikel 32 vorgesehenen und auf die Vertreter der Vertragsparteien beschränkten Ausschusses, wenn der Antrag mit Zweidrittelmehrheit der abgegebenen Stimmen beschlossen worden ist.

Art. 30 Berichte über die Anwendung des Übereinkommens. Nach Aufforderung durch den Generalsekretär des Europarats legt jede Vertragspartei dar, in welcher Weise ihr internes Recht die wirksame Anwendung der Bestimmungen dieses Übereinkommens gewährleistet.

Kapitel XII: Protokolle

Art. 31 Protokolle. Zur Weiterentwicklung der Grundsätze dieses Übereinkommens in einzelnen Bereichen können Protokolle nach Artikel 32 ausgearbeitet werden. Die Protokolle liegen für die Unterzeichner dieses Übereinkommens zur Unterzeichnung auf. Sie bedürfen der Ratifikation, Annahme oder Genehmigung. Ein Unterzeichner kann die Protokolle ohne vorherige oder gleichzeitige Ratifikation, Annahme oder Genehmigung des Übereinkommens nicht ratifizieren, annehmen oder genehmigen.

Kapitel XIII: Änderungen des Übereinkommens

Art. 32 Änderungen des Übereinkommens. (1) Die Aufgaben, die dieser Artikel und Artikel 29 dem «Ausschuss» übertragen, werden vom Lenkungsausschuss für Bioethik (CDBI) oder von einem anderen vom Ministerkomitee hierzu bestimmten Ausschuss wahrgenommen.

(2) Nimmt der Ausschuss Aufgaben nach diesem Übereinkommen wahr, so kann, vorbehaltlich des Artikels 29, jeder Mitgliedstaat des Europarats sowie jede Vertragspartei dieses Übereinkommens, die nicht Mitglied des Europarats ist, im Ausschuss vertreten sein und über eine Stimme verfügen.

(3) Jeder in Artikel 33 bezeichnete oder nach Artikel 34 zum Beitritt zu diesem Übereinkommen eingeladene Staat, der nicht Vertragspartei des Übereinkommens ist, kann einen Beobachter in den Ausschuss entsenden. Ist die Europäische Gemeinschaft nicht Vertragspartei, so kann sie einen Beobachter in den Ausschuss entsenden.

(4) Damit wissenschaftlichen Entwicklungen Rechnung getragen werden kann, überprüft der Ausschuss dieses Übereinkommen spätestens fünf Jahre nach seinem Inkrafttreten und danach in den von ihm bestimmten Abständen.

(5) Jeder Vorschlag zur Änderung dieses Übereinkommens und jeder Vorschlag für ein Protokoll oder zur Änderung eines Protokolls, der von einer Vertragspartei, dem Ausschuss oder dem Ministerkomitee vorgelegt wird, ist dem Generalsekretär des Europarats zu übermitteln; dieser leitet ihn an die Mitgliedstaaten des Europarats, die Europäische Gemeinschaft, jeden Unterzeichner, jede Vertragspartei, jeden nach Artikel 33 zur Unterzeichnung eingeladenen Staat und jeden nach Artikel 34 zum Beitritt eingeladenen Staat weiter.

(6) Der Ausschuss prüft den Vorschlag frühestens zwei Monate nach dem Zeitpunkt, zu dem der Generalsekretär ihn nach Absatz 5 weitergeleitet hat. Der Ausschuss unterbreitet den mit Zweidrittelmehrheit der abgegebenen Stimmen angenommenen Text dem Ministerkomitee zur Genehmigung. Nach seiner Genehmigung wird dieser Text den Vertragsparteien dieses Übereinkommens zur Ratifikation, Annahme oder Genehmigung zugeleitet.

(7) Jede Änderung tritt für die Vertragsparteien, die sie angenommen haben, am ersten Tag des Monats in Kraft, der auf einen Zeitabschnitt von einem Monat nach dem Tag folgt, an dem fünf Vertragsparteien, darunter mindestens vier Mitgliedstaaten des Europarats, dem Generalsekretär ihre Annahme der Änderung mitgeteilt haben. Für jede Vertragspartei, welche die Änderung später annimmt, tritt sie am ersten Tag des Monats in Kraft, der auf einen Zeitabschnitt von einem Monat nach dem Tag folgt, an dem die betreffende Vertragspartei dem Generalsekretär ihre Annahme der Änderung mitgeteilt hat.

Kapitel XIV: Schlussbestimmungen

Art. 33 Unterzeichnung, Ratifikation und Inkrafttreten. (1) Dieses Übereinkommen liegt für die Mitgliedstaaten des Europarats, für die Nichtmitgliedstaaten, die an seiner Ausarbeitung beteiligt waren, und für die ·Europäische Gemeinschaft zur Unterzeichnung auf.

(2) Dieses Übereinkommen bedarf der Ratifikation, Annahme oder Genehmigung. Die Ratifikations-, Annahme- oder Genehmigungsurkunden werden beim Generalsekretär des Europarats hinterlegt.

(3) Dieses Übereinkommen tritt am ersten Tag des Monats in Kraft, der auf einen Zeitabschnitt von drei Monaten nach dem Tag folgt, an dem fünf Staaten, darunter mindestens vier Mitgliedstaaten des Europarats, nach Absatz 2 ihre Zustimmung ausgedrückt haben, durch das Übereinkommen gebunden zu sein.

(4) Für jeden Unterzeichner, der später seine Zustimmung ausdrückt, durch dieses Übereinkommen gebunden zu sein, tritt es am ersten Tag des Monats in Kraft, der auf einen Zeitabschnitt von drei Monaten nach Hinterlegung seiner Ratifikations-, Annahme- oder Genehmigungsurkunde folgt.

Art. 34 Nichtmitgliedstaaten. (1) Nach Inkrafttreten dieses Übereinkommens kann das Ministerkomitee des Europarats nach Konsultation mit den Vertragsparteien durch einen Beschluss, der mit der in Artikel 20 Buchstabe d der Satzung des Europarats8 vorgesehenen Mehrheit und mit einhelliger Zustimmung der Vertreter der Vertragsparteien, die Anspruch auf einen Sitz im Ministerkomitee haben, gefasst worden ist, jeden Nichtmitgliedstaat des Europarats einladen, dem Übereinkommen beizutreten.

(2) Für jeden beitretenden Staat tritt dieses Übereinkommen am ersten Tag des Monats in Kraft, der auf einen Zeitabschnitt von drei Monaten nach Hinterlegung der Beitrittsurkunde beim Generalsekretär des Europarats folgt.

Art. 35 Hoheitsgebiete. (1) Jeder Unterzeichner kann bei der Unterzeichnung oder bei der Hinterlegung seiner Ratifikations-, Annahme- oder Genehmigungsurkunde ein Hoheitsgebiet oder mehrere Hoheitsgebiete bezeichnen, auf die dieses Übereinkommen Anwendung findet. Jeder andere Staat kann bei der Hinterlegung seiner Beitrittsurkunde dieselbe Erklärung abgeben.

(2) Jede Vertragspartei kann jederzeit danach durch eine an den Generalsekretär des Europarats gerichtete Erklärung die Anwendung dieses Übereinkommens auf jedes weitere in der Erklärung bezeichnete Hoheitsgebiet erstrecken, für dessen internationale Beziehungen sie verantwortlich ist oder für das sie befugt ist, Verpflichtungen einzugehen. Das Übereinkommen tritt für dieses Hoheitsgebiet am ersten Tag des Monats in Kraft, der auf einen Zeitabschnitt von drei Monaten nach Eingang der Erklärung beim Generalsekretär folgt.

(3) Jede nach den Absätzen 1 und 2 abgegebene Erklärung kann in Bezug auf jedes darin bezeichnete Hoheitsgebiet durch eine an den Generalsekretär gerichtete Notifikation zurückgenommen werden. Die Rücknahme wird am ersten Tag des Monats wirksam, der auf einen Zeitabschnitt von drei Monaten nach Eingang der Notifikation beim Generalsekretär folgt.

Art. 36 Vorbehalte. (1) Jeder Staat und die Europäische Gemeinschaft können bei der Unterzeichnung dieses Übereinkommens oder bei der Hinterlegung der Ratifikationsurkunde bezüglich bestimmter Vorschriften des Übereinkommens einen Vorbehalt machen, soweit das zu dieser Zeit in ihrem Gebiet geltende Recht nicht mit der betreffenden Vorschrift übereinstimmt. Vorbehalte allgemeiner Art sind nach diesem Artikel nicht zulässig.

(2) Jeder nach diesem Artikel gemachte Vorbehalt muss mit einer kurzen Darstellung des betreffenden Rechts verbunden sein.

(3) Jede Vertragspartei, welche die Anwendung dieses Übereinkommens auf ein in der in Artikel 35 Absatz 2 aufgeführten Erklärung erwähntes Hoheitsgebiet erstreckt, kann in Bezug auf das betreffende Hoheitsgebiet einen Vorbehalt nach den Absätzen 1 und 2 machen.

(4) Jede Vertragspartei, die einen Vorbehalt nach diesem Artikel gemacht hat, kann ihn durch eine an den Generalsekretär des Europarats gerichtete Erklärung zurücknehmen. Die Rücknahme wird am ersten Tag des Monats wirksam, der auf einen Zeitabschnitt von einem Monat nach dem Eingang beim Generalsekretär folgt.

Art. 37 Kündigung. (1) Jede Vertragspartei kann dieses Übereinkommen jederzeit durch eine an den Generalsekretär des Europarats gerichtete Notifikation kündigen.

(2) Die Kündigung wird am ersten Tag des Monats wirksam, der auf einen Zeitabschnitt von drei Monaten nach Eingang der Notifikation beim Generalsekretär folgt.

Art. 38 Notifikationen. Der Generalsekretär des Europarats notifiziert den Mitgliedstaaten des Rates, der Europäischen Gemeinschaft, jedem Unterzeichner, jeder Vertragspartei und jedem anderen Staat, der zum Beitritt zu diesem Übereinkommen eingeladen worden ist,

a) jede Unterzeichnung;
b) jede Hinterlegung einer Ratifikations-, Annahme-, Genehmigungs- oder Beitrittsurkunde;
c) jeden Zeitpunkt des Inkrafttretens dieses Übereinkommens nach Artikel 33 oder 34;
d) jede Änderung und jedes Protokoll, die nach Artikel 32 angenommen worden sind, sowie das Datum des Inkrafttretens der Änderung oder des Protokolls;
e) jede nach Artikel 35 abgegebene Erklärung;
f) jeden Vorbehalt und jede Rücknahme des Vorbehalts nach Artikel 36;
g) jede andere Handlung, Notifikation oder Mitteilung im Zusammenhang mit diesem Übereinkommen.

Geschehen zu Oviedo (Asturien) am 4. April 1997 in englischer und französischer Sprache, wobei jeder Wortlaut gleichermassen verbindlich ist, in einer Urschrift, die im Archiv des Europarats hinterlegt wird. Der Generalsekretär des Europarats übermittelt allen Mitgliedstaaten des Europarats, der Europäischen Gemeinschaft, den Nichtmitgliedstaaten, die an der Ausarbeitung dieses Übereinkommens beteiligt waren, und allen zum Beitritt zu diesem Übereinkommen eingeladenen Staaten beglaubigte Abschriften.

66. Zusatzprotokoll über das Verbot des Klonens menschlicher Lebewesen[1] · [2]

Vom 12. Januar 1998

(Schweizer BBl. 2002, S. 352)

(Übersetzung)

Die Mitgliedstaaten des Europarats, die anderen Staaten und die Europäische Gemeinschaft, die dieses Zusatzprotokoll zu dem Übereinkommen zum Schutz der Menschenrechte und der Menschenwürde im Hinblick auf die Anwendung von Biologie und Medizin unterzeichnet haben,

in Anbetracht wissenschaftlicher Entwicklungen auf dem Gebiet des Klonens von Säugetieren, insbesondere durch Embryoteilung und Kerntransfer,

eingedenk des Fortschritts, den manche Klonierungstechniken an sich für den wissenschaftlichen Kenntnisstand und seine medizinischen Anwendungen bringen können,

in der Erwägung, dass das Klonen von menschlichen Lebewesen technisch möglich werden kann,

in der Erkenntnis, dass eine Embryoteilung auf natürliche Weise zustande kommen und manchmal zur Geburt genetisch identischer Zwillinge führen kann,

in der Erwägung, dass jedoch die Instrumentalisierung menschlicher Lebewesen durch die bewusste Erzeugung genetisch identischer menschlicher Lebewesen gegen die Menschenwürde verstösst und somit einen Missbrauch von Biologie und Medizin darstellt,

in Anbetracht der ernsten Schwierigkeiten medizinischer, psychologischer und sozialer Art, die eine solche bewusste biomedizinische Praxis für alle Beteiligten mit sich bringen könnte,

in Anbetracht des zwecks des Übereinkommens über Menschenrechte und Biomedizin, insbesondere des Grundsatzes in Artikel 1, der den Schutz der Würde und der Identität aller menschlichen Lebewesen zum Ziel hat,

sind wie folgt übereingekommen:

Art. 1. (1) Verboten ist jede Intervention, die darauf gerichtet ist, ein menschliches Lebewesen zu erzeugen, das mit einem anderen lebenden oder toten menschlichen Lebewesen genetisch identisch ist.

(2) Im Sinne dieses Artikels bedeutet der Ausdruck «menschliches Lebewesen, das mit einem anderen menschlichen Lebewesen ‹genetisch identisch› ist» ein menschliches Lebewesen, das mit einem anderen menschlichen Lebewesen dasselbe Kerngenom gemeinsam hat.

Art. 2. Von den Bestimmungen dieses Protokolls darf nicht nach Artikel 26 Absatz 1 des Übereinkommens abgewichen werden.

---

[1] Internationale Quelle: European Treaty Series Nr. 168.
[2] Das Zusatzprotokoll zum Übereinkommen über Menschenrechte und Biomedizin vom 4.4.1997 ist für die Schweiz seit dem 1.11.2008 in Kraft, nicht jedoch für Deutschland, Österreich und Liechtenstein.

Art. 3. Die Vertragsparteien betrachten die Artikel 1 und 2 dieses Protokolls als Zusatzartikel zu dem Übereinkommen; alle Bestimmungen des Übereinkommens sind entsprechend anzuwenden.

Art. 4 bis 8 regeln Unterzeichnung, Ratifikation und Beitritt zum Zusatzprotokoll, dessen Inkrafttreten und Kündigung sowie die Aufgaben des Generalsekretärs des Europarats als Depositar. Vom Abdruck wird abgesehen. Verbindliche authentische Vertragstexte sind laut der Schlussformel die in englischer und französischer Sprache.

67. Zusatzprotokoll betreffend Gentests für gesundheitliche Belange[1] · [2]

Vom 27. November 2008

Preamble

The member States of the Council of Europe, the other States and the European Community, signatories to this Additional Protocol to the Convention for the Protection of Human Rights and Dignity of the Human Being with regard to the Application of Biology and Medicine (hereinafter referred to as „the Convention on Human Rights and Biomedicine", ETS No. 164),

Considering that the aim of the Council of Europe is the achievement of greater unity between its members and that one of the methods by which this aim is pursued is the maintenance and further realisation of human rights and fundamental freedoms;

Considering that the aim of the Convention on Human Rights and Biomedicine, as defined in Article 1, is to protect the dignity and identity of all human beings and guarantee everyone, without discrimination, respect for their integrity and other rights and fundamental freedoms with regard to the application of biology and medicine;

Bearing in mind the Convention for the Protection of Individuals with regard to Automatic Processing of Personal Data (ETS No. 108) of 28 January 1981;

Bearing in mind the work carried out by other intergovernmental organisations, in particular the Universal Declaration on the Human Genome and Human Rights, endorsed by the General Assembly of the United Nations on 9 December 1998;

Recalling that the human genome is shared by all human beings, thereby forming a mutual bond between them while slight variations contribute to the individuality of each human being;

Stressing the particular bond that exists between members of the same family;

Considering that progress in medical science can contribute to saving lives and improving their quality;

Acknowledging the benefit of genetics, in particular genetic testing, in the field of health;

Considering that genetic services in the field of health form an integral part of the health services offered to the population and recalling the importance of taking appropriate measures, taking into account health needs and available resources, with a view to providing equitable access to genetic services of appropriate quality;

Aware also of the concerns that exist regarding possible improper use of genetic testing, in particular of the information generated thereby;

---

[1] Internationale Quelle: Council of Europe Treaty Series Nr. 203.
[2] Das Protokoll ist am 1.7.2018 für Montenegro, Norwegen, Portugal, Moldawien und Slowenien in Kraft getreten.

Reaffirming the fundamental principle of respect for human dignity and the prohibition of all forms of discrimination, in particular those based on genetic characteristics;

Taking into account national and international professional standards in the field of genetic services and the previous work of the Committee of Ministers and the Parliamentary Assembly of the Council of Europe in this field;

Resolving to take such measures as are necessary to safeguard human dignity and the fundamental rights and freedoms of the individual with regard to genetic testing for health purposes,

Have agreed as follows:

Chapter I – Object and scope

Art. 1 Object and purpose. Parties to this Protocol shall protect the dignity and identity of all human beings and guarantee everyone, without discrimination, respect for their integrity and other rights and fundamental freedoms with regard to the tests to which this Protocol applies in accordance with Article 2.

Art. 2 Scope. (1) This Protocol applies to tests, which are carried out for health purposes, involving analysis of biological samples of human origin and aiming specifically to identify the genetic characteristics of a person which are inherited or acquired during early prenatal development (hereinafter referred to as "genetic tests").

(2) This Protocol does not apply:
a) to genetic tests carried out on the human embryo or foetus;
b) to genetic tests carried out for research purposes.

(3) For the purposes of paragraph 1:
a) „analysis" refers to:
   i) chromosomal analysis,
   ii) DNA or RNA analysis,
   iii) analysis of any other element enabling information to be obtained which is
   equivalent to that obtained with the methods referred to in sub-paragraphs a. i. and a. ii.;
b) „biological samples" refers to:
   i) biological materials removed for the purpose of the test concerned,
   ii) biological materials previously removed for another purpose.

Chapter II – General provisions

Art. 3 Primacy of the human being. The interests and welfare of the human being concerned by genetic tests covered by this Protocol shall prevail over the sole interest of society or science.

Art. 4 Non-discrimination and non-stigmatisation. (1) Any form of discrimination against a person, either as an individual or as a member of a group on grounds of his or her genetic heritage is prohibited.

(2) Appropriate measures shall be taken in order to prevent stigmatisation of persons or groups in relation to genetic characteristics.

Chapter III – Genetic services

Art. 5 Quality of genetic services. Parties shall take the necessary measures to ensure that genetic services are of appropriate quality. In particular, they shall see to it that:
a) genetic tests meet generally accepted criteria of scientific validity and clinical validity;
b) a quality assurance programme is implemented in each laboratory and that laboratories are subject to regular monitoring;
c) persons providing genetic services have appropriate qualifications to enable them to perform their role in accordance with professional obligations and standards.

Art. 6 Clinical utility. Clinical utility of a genetic test shall be an essential criterion for deciding to offer this test to a person or a group of persons.

Art. 7 Individualised supervision. (1) A genetic test for health purposes may only be performed under individualised medical supervision.

(2) Exceptions to the general rule referred to in paragraph 1 may be allowed by a Party, subject to appropriate measures being provided, taking into account the way the test will be carried out, to give effect to the other provisions of this Protocol.

However, such an exception may not be made with regard to genetic tests with important implications for the health of the persons concerned or members of their family or with important implications concerning procreation choices.

Chapter IV – Information, genetic counselling and consent

Art. 8 Information and genetic counselling. (1) When a genetic test is envisaged, the person concerned shall be provided with prior appropriate information in particular on the purpose and the nature of the test, as well as the implications of its results.

(2) For predictive genetic tests as referred to in Article 12 of the Convention on Human Rights and Biomedicine, appropriate genetic counselling shall also be available for the person concerned.

The tests concerned are:
– tests predictive of a monogenic disease,
– tests serving to detect a genetic predisposition or genetic susceptibility to a disease,
– tests serving to identify the subject as a healthy carrier of a gene responsible for a disease.

The form and extent of this genetic counselling shall be defined according to the implications of the results of the test and their significance for the person or the members of his or her family, including possible implications concerning procreation choices.

Genetic counselling shall be given in a non-directive manner.

Art. 9 Consent. (1) A genetic test may only be carried out after the person concerned has given free and informed consent to it.

Consent to tests referred to in Article 8, paragraph 2, shall be documented.

(2) The person concerned may freely withdraw consent at any time.

Chapter V – Persons not able to consent

Art. 10 Protection of persons not able to consent. Subject to Article 13 of this Protocol, a genetic test on a person who does not have the capacity to consent may only be carried out for his or her direct benefit.

Where, according to law, a minor does not have the capacity to consent, a genetic test on this person shall be deferred until attainment of such capacity unless that delay would be detrimental to his or her health or well-being.

Art. 11 Information prior to authorisation, genetic counselling and support. (1) When a genetic test is envisaged in respect of a person not able to consent, the person, authority or body whose authorisation is required shall be provided with prior appropriate information in particular with regard to the purpose and the nature of the test, as well as the implications of its results.

Appropriate prior information shall also be provided to the person not able to consent in respect of whom the test is envisaged, to the extent of his or her capacity to understand.

A qualified person shall be available to answer possible questions by the person, authority or body whose authorisation is required, and, if appropriate, the person in respect of whom the test is envisaged.

(2) The provisions of Article 8, paragraph 2, shall apply in the case of persons not able to consent to the extent of their capacity to understand.

Where relevant, appropriate support shall be available for the person whose authorisation is required.

Art. 12 Authorisation. (1) Where, according to law, a minor does not have the capacity to consent to a genetic test, that test may only be carried out with the authorisation of his or her representative or an authority or a person or body provided for by law.

The opinion of the minor shall be taken into consideration as an increasingly determining factor in proportion to his or her age and degree of maturity.

(2) Where, according to law, an adult does not have the capacity to consent to a genetic test because of a mental disability, a disease or for similar reasons, that test may only be carried out with the authorisation of his or her representative or an authority or a person or body provided for by law.

Wishes relating to a genetic test expressed previously by an adult at a time where he or she had capacity to consent shall be taken into account.

The individual concerned shall, to the extent of his or her capacity to understand, take part in the authorisation procedure.

(3) Authorisation to tests referred to in Article 8, paragraph 2, shall be documented.

(4) The authorisation referred to in paragraphs 1 and 2 above may be withdrawn at any time in the best interests of the person concerned.

Chapter VI – Tests for the benefit of family members

Art. 13 Tests on persons not able to consent. Exceptionally, and by derogation from the provisions of Article 6, paragraph 1, of the Convention on Human Rights and Biomedicine and of Article 10 of this Protocol, the law may allow a genetic test to be carried out, for the benefit of family members, on a person who does not have the capacity to consent, if the following conditions are met:

a) the purpose of the test is to allow the family member(s) concerned to obtain a preventive, diagnostic or therapeutic benefit that has been independently evaluated as important for their health, or to allow them to make an informed choice with respect to procreation;

b) the benefit envisaged cannot be obtained without carrying out this test;

c) the risk and burden of the intervention are minimal for the person who is undergoing the test;

d) the expected benefit has been independently evaluated as substantially outweighing the risk for private life that may arise from the collection, processing or communication of the results of the test;

e) the authorisation of the representative of the person not able to consent, or an authority or a person or body provided for by law has been given;

f) the person not able to consent shall, in proportion to his or her capacity to understand and degree of maturity, take part in the authorisation procedure. The test shall not be carried out if this person objects to it.

Art. 14 Tests on biological materials when it is not possible to contact the person concerned. When it is not possible, with reasonable efforts, to contact a person for a genetic test for the benefit of his or her family member(s) on his or her biological material previously removed for another purpose, the law may allow the test to be carried out in accordance with the principle of proportionality, where the expected benefit cannot be otherwise obtained and where the test cannot be deferred.

Provisions shall be made, in accordance with Article 22 of the Convention on Human Rights and Biomedicine, for the case where the person concerned has expressly opposed such test.

Art. 15 Tests on deceased persons. A genetic test for the benefit of other family members may be carried out on biological samples:

– removed from the body of a deceased person, or

– removed, when he or she was alive, from a person now deceased,

only if the consent or authorisation required by law has been obtained.

Chapter VII – Private life and right to information

Art. 16 Respect for private life and right to information. (1) Everyone has the right to respect for his or her private life, in particular to protection of his or her personal data derived from a genetic test.

(2) Everyone undergoing a genetic test is entitled to know any information collected about his or her health derived from this test.

The conclusions drawn from the test shall be accessible to the person concerned in a comprehensible form.

(3) The wish of a person not to be informed shall be respected.

(4) In exceptional cases, restrictions may be placed by law on the exercise of the rights contained in paragraphs 2 and 3 above in the interests of the person concerned.

Art. 17 Biological samples. Biological samples referred to in Article 2 shall only be used and stored in such conditions as to ensure their security and the confidentiality of the information which can be obtained therefrom.

Art. 18 Information relevant to family members. Where the results of a genetic test undertaken on a person can be relevant to the health of other family members, the person tested shall be informed.

Chapter VIII – Genetic screening programmes for health purposes

Art. 19 Genetic screening programmes for health purposes. A health screening programme involving the use of genetic tests may only be implemented if it has been approved by the competent body. This approval may only be given after independent evaluation of its ethical acceptability and fulfilment of the following specific conditions:

a) the programme is recognised for its health relevance for the whole population or section of population concerned;

b) the scientific validity and effectiveness of the programme have been established;

c) appropriate preventive or treatment measures in respect of the disease or disorder which is the subject of the screening, are available to the persons concerned;

d) appropriate measures are provided to ensure equitable access to the programme;

e) the programme provides measures to adequately inform the population or section of population concerned of the existence, purposes and means of accessing the screening programme as well as the voluntary nature of participation in it.

Chapter IX – Public information

Art. 20 Public information. Parties shall take appropriate measures to facilitate access for the public to objective generalinformation on genetic tests, including their nature and the potential implications of their results.

Chapter X – Relation between this Protocol and other provisions and re-examination of the Protocol

Art. 21 Relation between this Protocol and the Convention. As between the Parties, the provisions of Articles 1 to 20 of this Protocol shall be regarded as additional articles to the Convention on Human Rights and Biomedicine, and all the provisions of the Convention shall apply accordingly.

Art. 22 Wider protection. None of the provisions of this Protocol shall be interpreted as limiting or otherwise affecting the possibility for a Party to grant persons concerned by genetic testing for health purposes a wider measure of protection than is stipulated in this Protocol.

Art. 23 Re-examination of the Protocol. In order to monitor scientific developments, the present Protocol shall be examined within the Committee referred to in Article 32 of the Convention on Human Rights and Biomedicine no later than five years from the entry into force of this Protocol and thereafter at such intervals as the Committee may determine.

Das Kapitel XI mit den Schlussbestimmungen enthält in den Art. 24 bis 28 Regelungen über die Unterzeichnung und die Ratifikation, das Inkrafttreten und den Beitritt zu diesem Protokoll, dessen Kündigung und die Aufgaben des Generalsekretärs des Europarats als Depositar. Vom Abdruck wird abgesehen. Verbindliche authentische Vertragstexte sind laut der Schlussformel die in englischer und französischer Sprache.

68. Rahmenübereinkommen zum Schutz nationaler Minderheiten[1] · [2] · [3]

Vom 1. Februar 1995

(BGBl. 1997 II S. 1408)

(Übersetzung)

Die Mitgliedstaaten des Europarats und die anderen Staaten, die dieses Rahmenübereinkommen unterzeichnen –

in der Erwägung, daß es das Ziel des Europarats ist, eine engere Verbindung zwischen seinen Mitgliedern herbeizuführen, um die Ideale und Grundsätze, die ihr gemeinsames Erbe bilden, zu wahren und zu fördern;

in der Erwägung, daß eines der Mittel zur Erreichung dieses Zieles in der Wahrung und in der Entwicklung der Menschenrechte und Grundfreiheiten besteht;

in dem Wunsch, die Wiener Erklärung der Staats- und Regierungschefs der Mitgliedstaaten des Europarats vom 9. Oktober 1993 in die Tat umzusetzen;

entschlossen, in ihrem jeweiligen Hoheitsgebiet das Bestehen nationaler Minderheiten zu schützen;

in der Erwägung, daß die geschichtlichen Umwälzungen in Europa gezeigt haben, daß der Schutz nationaler Minderheiten für Stabilität, demokratische Sicherheit und Frieden auf diesem Kontinent wesentlich ist;

---

[1] Internationale Quelle: European Treaty Series No. 157.
[2] Das Übereinkommen ist am 1.2.1998 in Kraft getreten.
[3] Erklärung der Bundesrepublik Deutschland (11.5.1995) „Das Rahmenübereinkommen enthält keine Definition des Begriffs der nationalen Minderheiten. Es ist deshalb Sache der einzelnen Vertragsstaaten zu bestimmen, auf welche Gruppen es nach der Ratifizierung Anwendung findet. Nationale Minderheiten in der Bundesrepublik Deutschland sind die Dänen deutscher Staatsangehörigkeit und die Angehörigen des sorbischen Volkes mit deutscher Staatsangehörigkeit. Das Rahmenübereinkommen wird auch auf die Angehörigen der traditionell in Deutschland heimischen Volksgruppen der Friesen deutscher Staatsangehörigkeit und der Sinti und Roma deutscher Staatsangehörigkeit angewendet."
Erklärung Österreichs (31.3.1998) „Die Republik Österreich erklärt, dass sie für sich den Begriff „nationale Minderheiten" im Sinne des Rahmenübereinkommens zum Schutz nationaler Minderheiten so versteht, dass er jene Gruppen verzeichnet, die in den Anwendungsbereich des Volksgruppengesetzes (Bundesgesetzblatt Nr. 396/1976) fallen und die in Teilen des Hoheitsgebiets der Republik Österreich leben sowie traditionell dort beheimatet sind und deren Angehörige österreichische Staatsbürger sind, deren Muttersprache nicht Deutsch ist und die ihre eigene ethnische Kultur haben."
Erklärung der Schweiz (21.10.1998) „Die Schweiz erklärt, dass in der Schweiz nationale Minderheiten im Sinne des Rahmenübereinkommens die Gruppen von Personen sind, die dem Rest der Bevölkerung des Landes oder eines Kantons zahlenmäßig unterlegen sind, die schweizerische Staatsangehörigkeit besitzen, seit langem bestehende, feste und dauerhafte Bindungen zur Schweiz pflegen und von dem Willen beseelt sind, zusammen das zu bewahren, was ihre gemeinsame Identität ausmacht, insbesondere ihre Kultur, ihre Traditionen, ihre Religion oder ihre Sprache. Die Schweiz erklärt, dass die Bestimmungen des Rahmenübereinkommens, die den Gebrauch der Sprache im Verhältnis zwischen Einzelpersonen und Verwaltungsbehörden regeln, unbeschadet der von der Eidgenossenschaft und den Kantonen bei der Festlegung der Amtssprachen angewandten Grundsätze gelten."

in der Erwägung, daß eine pluralistische und wahrhaft demokratische Gesellschaft nicht nur die ethnische, kulturelle, sprachliche und religiöse Identität aller Angehörigen einer nationalen Minderheit achten, sondern auch geeignete Bedingungen schaffen sollte, die es ihnen ermöglichen, diese Identität zum Ausdruck zu bringen, zu bewahren und zu entwickeln;

in der Erwägung, daß es notwendig ist, ein Klima der Toleranz und des Dialogs zu schaffen, damit sich die kulturelle Vielfalt für jede Gesellschaft als Quelle und Faktor nicht der Teilung, sondern der Bereicherung erweisen kann;

in der Erwägung, daß die Entwicklung eines toleranten und blühenden Europas nicht allein von der Zusammenarbeit zwischen den Staaten abhängt, sondern auch der grenzüberschreitenden Zusammenarbeit zwischen lokalen und regionalen Gebietskörperschaften unter Achtung der Verfassung und der territorialen Unversehrtheit eines jeden Staates bedarf;

im Hinblick auf die Konvention zum Schutze der Menschenrechte und Grundfreiheiten und der Protokolle dazu;

im Hinblick auf die den Schutz nationaler Minderheiten betreffenden Verpflichtungen, die in Übereinkommen und Erklärungen der Vereinten Nationen und in den Dokumenten der Konferenz über Sicherheit und Zusammenarbeit in Europa, insbesondere dem Kopenhagener Dokument vom 29. Juni 1990, enthalten sind;

entschlossen, die zu achtenden Grundsätze und die sich aus ihnen ergebenden Verpflichtungen festzulegen, um in den Mitgliedstaaten und in den anderen Staaten, die Vertragsparteien dieser Übereinkunft werden, den wirksamen Schutz nationaler Minderheiten sowie die Rechte und Freiheiten der Angehörigen dieser Minderheiten unter Achtung der Rechtsstaatlichkeit, der territorialen Unversehrtheit und der nationalen Souveränität der Staaten zu gewährleisten;

gewillt, die in diesem Rahmenübereinkommen niedergelegten Grundsätze mittels innerstaatlicher Rechtsvorschriften und geeigneter Regierungspolitik zu verwirklichen –

sind wie folgt übereingekommen:

Abschnitt I

Art. 1. Der Schutz nationaler Minderheiten und der Rechte und Freiheiten von Angehörigen dieser Minderheiten ist Bestandteil des internationalen Schutzes der Menschenrechte und stellt als solcher einen Bereich internationaler Zusammenarbeit dar.

Art. 2. Dieses Rahmenübereinkommen ist nach Treu und Glauben, im Geist der Verständigung und Toleranz und in Übereinstimmung mit den Grundsätzen guter Nachbarschaft, freundschaftlicher Beziehungen und der Zusammenarbeit zwischen den Staaten anzuwenden.

Art. 3. (1) Jede Person, die einer nationalen Minderheit angehört, hat das Recht, frei zu entscheiden, ob sie als solche behandelt werden möchte oder nicht; aus dieser Entscheidung oder der Ausübung der mit dieser Entscheidung verbundenen Rechte dürfen ihr keine Nachteile erwachsen.

(2) Angehörige nationaler Minderheiten können die Rechte und Freiheiten, die sich aus den in diesem Rahmenübereinkommen niedergelegten Grundsätzen ergeben, einzeln sowie in Gemeinschaft mit anderen ausüben und genießen.

Abschnitt II

Art. 4. (1) Die Vertragsparteien verpflichten sich, jeder Person, die einer nationalen Minderheit angehört, das Recht auf Gleichheit vor dem Gesetz und auf gleichen Schutz durch das Gesetz zu gewährleisten. In dieser Hinsicht ist jede Diskriminierung aus Gründen der Zugehörigkeit zu einer nationalen Minderheit verboten.

(2) Die Vertragsparteien verpflichten sich, erforderlichenfalls angemessene Maßnahmen zu ergreifen, um in allen Bereichen des wirtschaftlichen, sozialen, politischen und kulturellen Lebens die vollständige und tatsächliche Gleichheit zwischen den Angehörigen einer nationalen Minderheit und den Angehörigen der Mehrheit zu fördern. In dieser Hinsicht berücksichtigen sie in gebührender Weise die besonderen Bedingungen der Angehörigen nationaler Minderheiten.

(3) Die in Übereinstimmung mit Absatz 2 ergriffenen Maßnahmen werden nicht als Diskriminierung angesehen.

Art. 5. (1) Die Vertragsparteien verpflichten sich, die Bedingungen zu fördern, die es Angehörigen nationaler Minderheiten ermöglichen, ihre Kultur zu pflegen und weiterzuentwickeln und die wesentlichen Bestandteile ihrer Identität, nämlich ihre Religion, ihre Sprache, ihre Traditionen und ihr kulturelles Erbe, zu bewahren.

(2) Unbeschadet der Maßnahmen, die im Rahmen ihrer allgemeinen Integrationspolitik getroffen werden, sehen die Vertragsparteien von Zielsetzungen oder Praktiken ab, die auf die Assimilierung von Angehörigen nationaler Minderheiten gegen deren Willen gerichtet sind, und schützen diese Personen vor jeder auf eine solche Assimilierung gerichteten Maßnahme.

Art. 6. (1) Die Vertragsparteien fördern den Geist der Toleranz und des interkulturellen Dialogs und treffen wirksame Maßnahmen zur Förderung der gegenseitigen Achtung und des gegenseitigen Verständnisses sowie der Zusammenarbeit zwischen allen in ihrem Hoheitsgebiet lebenden Menschen unabhängig von deren ethnischer, kultureller, sprachlicher oder religiöser Identität, und zwar insbesondere in den Bereichen Bildung, Kultur und Medien.

(2) Die Vertragsparteien verpflichten sich, geeignete Maßnahmen zu treffen, um Menschen zu schützen, die wegen ihrer ethnischen, kulturellen, sprachlichen oder religiösen Identität diskriminierenden, feindseligen oder gewalttätigen Handlungen oder der Androhung solcher Handlungen ausgesetzt sein können.

Art. 7. Die Vertragsparteien stellen sicher, daß das Recht aller Angehörigen einer nationalen Minderheit, sich friedlich zu versammeln und sich frei zusammenzuschließen, sowie ihr Anspruch auf freie Meinungsäußerung und auf Gedanken-, Gewissens- und Religionsfreiheit geachtet werden.

Art. 8. Die Vertragsparteien verpflichten sich anzuerkennen, daß jede Person, die einer nationalen Minderheit angehört, das Recht hat, ihre Religion oder Weltanschauung zu bekunden sowie religiöse Einrichtungen, Organisationen und Vereinigungen zu gründen.

Art. 9. (1) Die Vertragsparteien verpflichten sich anzuerkennen, daß das Recht jeder Person, die einer nationalen Minderheit angehört, auf freie Meinungsäußerung, die Freiheit der Meinung und die Freiheit zum Empfang und zur Mitteilung von Nachrichten oder Ideen in der Minderheitensprache ohne Eingriffe öffentlicher Stellen und ohne Rücksicht auf Landesgrenzen einschließt. Die Vertragsparteien stellen im Rahmen ihrer Rechtsordnung sicher, daß Angehörige einer nationalen Minderheit in bezug auf ihren Zugang zu den Medien nicht diskriminiert werden.

(2) Absatz 1 schließt nicht aus, daß die Vertragsparteien Hörfunk-, Fernseh- oder Lichtspielunternehmen einem Genehmigungsverfahren ohne Diskriminierung und auf der Grundlage objektiver Kriterien unterwerfen.

(3) Die Vertragsparteien hindern Angehörige nationaler Minderheiten nicht daran, Printmedien zu schaffen und zu nutzen. Innerhalb des gesetzlichen Rahmens für Hörfunk und Fernsehen stellen sie soweit wie möglich und unter Berücksichtigung des Absatzes 1 sicher, daß Angehörigen nationaler Minderheiten die Möglichkeit gewährt wird, eigene Medien zu schaffen und zu nutzen.

(4) Die Vertragsparteien ergreifen im Rahmen ihrer Rechtsordnung angemessene Maßnahmen, um Angehörigen nationaler Minderheiten den Zugang zu den Medien zu erleichtern sowie Toleranz zu fördern und kulturellen Pluralismus zu ermöglichen.

Art. 10. (1) Die Vertragsparteien verpflichten sich anzuerkennen, daß jede Person, die einer nationalen Minderheit angehört, das Recht hat, ihre Minderheitensprache privat und in der Öffentlichkeit mündlich und schriftlich frei und ungehindert zu gebrauchen.

(2) In Gebieten, die von Angehörigen nationaler Minderheiten traditionell oder in beträchtlicher Zahl bewohnt werden, bemühen sich die Vertragsparteien, sofern die Angehörigen dieser Minderheiten dies verlangen und dieses Anliegen einem tatsächlichen Bedarf entspricht, soweit wie möglich die Voraussetzungen dafür sicherzustellen, daß im Verkehr zwischen den Angehörigen dieser Minderheiten und den Verwaltungsbehörden die Minderheitensprache gebraucht werden kann.

(3) Die Vertragsparteien verpflichten sich, das Recht jeder Person, die einer nationalen Minderheit angehört, zu gewährleisten, in möglichst kurzer Frist[1] in einer ihr verständlichen Sprache über die Gründe ihrer Festnahme und über die Art und den Grund der gegen sie erhobenen Beschuldigung in Kenntnis gesetzt zu werden sowie sich in dieser Sprache, erforderlichenfalls unter unentgeltlicher Beiziehung eines Dolmetschers, zu verteidigen.

Art. 11. (1) Die Vertragsparteien verpflichten sich anzuerkennen, daß jede Person, die einer nationalen Minderheit angehört, das Recht hat, ihren Fami-

---

[1] Für Deutschland: unverzüglich.

liennamen (Vaternamen) und ihre Vornamen in der Minderheitensprache zu führen, sowie das Recht auf amtliche Anerkennung dieser Namen, wie dies nach der Rechtsordnung der jeweiligen Vertragspartei vorgesehen ist.

(2) Die Vertragsparteien verpflichten sich anzuerkennen, daß jede Person, die einer nationalen Minderheit angehört, das Recht hat, für die Öffentlichkeit sichtbar Schilder, Aufschriften und Inschriften sowie andere Mitteilungen privater Art in ihrer Minderheitensprache anzubringen.

(3) In Gebieten, die traditionell von einer beträchtlichen Zahl von Angehörigen einer nationalen Minderheit bewohnt werden, bemühen sich die Vertragsparteien im Rahmen ihrer Rechtsordnung, einschließlich eventueller Übereinkünfte mit anderen Staaten, und unter Berücksichtigung ihrer besonderen Gegebenheiten, traditionelle Ortsnamen, Straßennamen und andere für die Öffentlichkeit bestimmte topographische Hinweise auch in der Minderheitensprache anzubringen, wenn dafür ausreichende Nachfrage besteht.

Art. 12. (1) Die Vertragsparteien treffen erforderlichenfalls Maßnahmen auf dem Gebiet der Bildung und der Forschung, um die Kenntnis der Kultur, Geschichte, Sprache und Religion ihrer nationalen Minderheiten wie auch der Mehrheit zu fördern.

(2) In diesem Zusammenhang stellen die Vertragsparteien unter anderem angemessene Möglichkeiten für die Lehrerausbildung und den Zugang zu Lehrbüchern bereit und erleichtern Kontakte unter Schülern und Lehrern aus unterschiedlichen Bevölkerungsgruppen.

(3) Die Vertragsparteien verpflichten sich, die Chancengleichheit von Angehörigen nationaler Minderheiten beim Zugang zu allen Bildungsstufen zu fördern.

Art. 13. (1) Im Rahmen ihres jeweiligen Bildungssystems erkennen die Vertragsparteien an, daß Angehörige einer nationalen Minderheit das Recht haben, eigene private Bildungs- und Ausbildungseinrichtungen zu gründen und zu betreiben.

(2) Die Ausübung dieses Rechts bringt für die Vertragsparteien keine finanziellen Verpflichtungen mit sich.

Art. 14. (1) Die Vertragsparteien verpflichten sich anzuerkennen, daß jede Person, die einer nationalen Minderheit angehört, das Recht hat, ihre Minderheitensprache zu erlernen.

(2) In Gebieten, die von Angehörigen nationaler Minderheiten traditionell oder in beträchtlicher Zahl bewohnt werden, bemühen sich die Vertragsparteien, wenn ausreichende Nachfrage besteht, soweit wie möglich und im Rahmen ihres Bildungssystems sicherzustellen, daß Angehörige dieser Minderheiten angemessene Möglichkeiten haben, die Minderheitensprache zu erlernen oder in dieser Sprache unterrichtet zu werden.

(3) Absatz 2 wird angewendet, ohne daß dadurch das Erlernen der Amtssprache[1] oder der Unterricht in dieser Sprache berührt wird.

---

[1] Für Österreich: Staatssprache.

Art. 15. Die Vertragsparteien schaffen die notwendigen Voraussetzungen für die wirksame Teilnahme von Angehörigen nationaler Minderheiten am kulturellen, sozialen und wirtschaftlichen Leben und an öffentlichen Angelegenheiten, insbesondere denjenigen, die sie betreffen.

Art. 16. Die Vertragsparteien sehen von Maßnahmen ab, die das Bevölkerungsverhältnis in von Angehörigen nationaler Minderheiten bewohnten Gebieten verändern und darauf gerichtet sind, die Rechte und Freiheiten einzuschränken, die sich aus den in diesem Rahmenübereinkommen niedergelegten Grundsätzen ergeben.

Art. 17. (1) Die Vertragsparteien verpflichten sich, nicht in das Recht von Angehörigen nationaler Minderheiten einzugreifen, ungehindert und friedlich Kontakte über Grenzen hinweg zu Personen herzustellen und zu pflegen, die sich rechtmäßig in anderen Staaten aufhalten, insbesondere zu Personen mit derselben ethnischen, kulturellen, sprachlichen oder religiösen Identität oder mit demselben kulturellen Erbe.

(2) Die Vertragsparteien verpflichten sich, nicht in das Recht von Angehörigen nationaler Minderheiten auf Teilnahme an der Tätigkeit nichtstaatlicher Organisationen sowohl auf nationaler als auch auf internationaler Ebene einzugreifen.

Art. 18. (1) Die Vertragsparteien bemühen sich, erforderlichenfalls zwei- und mehrseitige Übereinkünfte mit anderen Staaten, insbesondere Nachbarstaaten, zu schließen, um den Schutz von Angehörigen der betroffenen nationalen Minderheiten sicherzustellen.

(2) Gegebenenfalls treffen die Vertragsparteien Maßnahmen zur Förderung der grenzüberschreitenden Zusammenarbeit.

Art. 19. Die Vertragsparteien verpflichten sich, die in diesem Rahmenübereinkommen niedergelegten Grundsätze zu achten und zu verwirklichen und dabei Beschränkungen, Einschränkungen oder Abweichungen, soweit solche erforderlich sind, nur insoweit vorzunehmen, als sie in völkerrechtlichen Übereinkünften, insbesondere der Konvention zum Schutze der Menschenrechte und Grundfreiheiten und den Protokollen dazu, vorgesehen und für die sich aus den genannten Grundsätzen ergebenden Rechte und Freiheiten von Belang sind.

Abschnitt III

Art. 20. Bei der Ausübung der Rechte und Freiheiten, die sich aus den in diesem Rahmenübereinkommen niedergelegten Grundsätzen ergeben, haben Angehörige einer nationalen Minderheit die innerstaatlichen Rechtsvorschriften und die Rechte anderer, insbesondere diejenigen von Angehörigen der Mehrheit oder anderer nationaler Minderheiten, zu achten.

Art. 21. Die Bestimmungen dieses Rahmenübereinkommens sind nicht so auszulegen, als gewährten sie das Recht, irgendeine Tätigkeit auszuüben oder irgendeine Handlung vorzunehmen, die den wesentlichen Grundsätzen des

Völkerrechts, insbesondere der souveränen Gleichheit, der territorialen Unversehrtheit und der politischen Unabhängigkeit der Staaten, zuwiderläuft.

Art. 22. Die Bestimmungen dieses Rahmenübereinkommens sind nicht als Beschränkung oder Minderung der Menschenrechte und Grundfreiheiten auszulegen, die nach den Gesetzen einer Vertragspartei oder nach einer anderen Übereinkunft, deren Vertragspartei sie ist, gewährleistet sind.

Art. 23. Die Rechte und Freiheiten, die sich aus den in diesem Rahmenübereinkommen niedergelegten Grundsätzen ergeben, sind, soweit sie Gegenstand einer entsprechenden Bestimmung in der Konvention zum Schutze der Menschenrechte und Grundfreiheiten oder den Protokollen dazu sind, in Übereinstimmung mit diesen zu verstehen.

Abschnitt IV

Art. 24. (1) Das Ministerkomitee des Europarats überwacht die Durchführung dieses Rahmenübereinkommens durch die Vertragsparteien.

(2) Vertragsparteien, die nicht Mitglieder des Europarats sind, nehmen am Durchführungsmechanismus in einer noch zu bestimmenden Art und Weise teil.

Art. 25. (1) Innerhalb eines Jahres nach Inkrafttreten dieses Rahmenübereinkommens für eine Vertragspartei übermittelt diese dem Generalsekretär des Europarats vollständige Informationen über die Gesetzgebungsmaßnahmen und andere Maßnahmen, die sie zur Verwirklichung der in diesem Rahmenübereinkommen niedergelegten Grundsätze getroffen hat.

(2) Danach übermittelt jede Vertragspartei dem Generalsekretär regelmäßig und sooft das Ministerkomitee dies verlangt jede weitere Information, die für die Durchführung dieses Rahmenübereinkommens von Belang ist.

(3) Der Generalsekretär leitet die nach diesem Artikel übermittelten Informationen an das Ministerkomitee weiter.

Art. 26. (1) Bei der Beurteilung der Angemessenheit der Maßnahmen, die von den Vertragsparteien zur Verwirklichung der in diesem Rahmenübereinkommen niedergelegten Grundsätze getroffen wurden, wird das Ministerkomitee von einem beratenden Ausschuß unterstützt, dessen Mitglieder anerkanntes Fachwissen auf dem Gebiet des Schutzes nationaler Minderheiten besitzen.

(2) Die Zusammensetzung dieses beratenden Ausschusses und sein Verfahren werden vom Ministerkomitee innerhalb eines Jahres nach Inkrafttreten dieses Rahmenübereinkommens festgelegt.

Abschnitt V

Art. 27. Dieses Rahmenübereinkommen liegt für die Mitgliedstaaten des Europarats zur Unterzeichnung auf. Bis zum Tag des Inkrafttretens liegt das

Übereinkommen auch für jeden anderen vom Ministerkomitee dazu eingeladenen Staat zur Unterzeichnung auf. Es bedarf der Ratifikation, Annahme oder Genehmigung. Die Ratifikations-, Annahme- oder Genehmigungsurkunden werden beim Generalsekretär des Europarats hinterlegt.

Art. 28. (1) Dieses Rahmenübereinkommen tritt am ersten Tag des Monats in Kraft, der auf einen Zeitabschnitt von drei Monaten nach dem Tag folgt, an dem zwölf Mitgliedstaaten des Europarats nach Artikel 27 ihre Zustimmung ausgedrückt haben, durch das Übereinkommen gebunden zu sein.

(2) Für jeden Mitgliedstaat, der später seine Zustimmung ausdrückt, durch das Rahmenübereinkommen gebunden zu sein, tritt es am ersten Tag des Monats in Kraft, der auf einen Zeitabschnitt von drei Monaten nach Hinterlegung der Ratifikations-, Annahme- oder Genehmigungsurkunde folgt.

Art. 29. (1) Nach Inkrafttreten dieses Rahmenübereinkommens und nach Konsultation der Vertragsstaaten kann das Ministerkomitee des Europarats durch einen mit der in Artikel 20 Buchstabe d der Satzung des Europarats vorgesehenen Mehrheit gefaßten Beschluß jeden Nichtmitgliedstaat des Europarats, der nach Artikel 27 eingeladen wurde, zu unterzeichnen, dies aber noch nicht getan hat, und jeden anderen Nichtmitgliedstaat einladen, dem Übereinkommen beizutreten.

(2) Für jeden beitretenden Staat tritt das Rahmenübereinkommen am ersten Tag des Monats in Kraft, der auf einen Zeitabschnitt von drei Monaten nach Hinterlegung der Beitrittsurkunde beim Generalsekretär des Europarats folgt.

Art. 30. (1) Jeder Staat kann bei der Unterzeichnung oder bei der Hinterlegung seiner Ratifikations-, Annahme-, Genehmigungs- oder Beitrittsurkunde einzelne oder mehrere Hoheitsgebiete, deren internationale Beziehungen er wahrnimmt, bezeichnen, auf die dieses Rahmenübereinkommen Anwendung findet.

(2) Jeder Staat kann jederzeit danach durch eine an den Generalsekretär des Europarats gerichtete Erklärung die Anwendung dieses Rahmenübereinkommens auf jedes weitere in der Erklärung bezeichnete Hoheitsgebiet erstrecken. Das Rahmenübereinkommen tritt für dieses Hoheitsgebiet am ersten Tag des Monats in Kraft, der auf einen Zeitabschnitt von drei Monaten nach Eingang der Erklärung beim Generalsekretär folgt.

(3) Jede nach den Absätzen 1 und 2 abgegebene Erklärung kann in bezug auf jedes darin bezeichnete Hoheitsgebiet durch eine an den Generalsekretär gerichtete Notifikation zurückgenommen werden. Die Rücknahme wird am ersten Tag des Monats wirksam, der auf einen Zeitabschnitt von drei Monaten nach Eingang der Notifikation beim Generalsekretär folgt.

Art. 31. (1) Jede Vertragspartei kann dieses Rahmenübereinkommen jederzeit durch eine an den Generalsekretär des Europarats gerichtete Notifikation kündigen.

(2) Die Kündigung wird am ersten Tag des Monats wirksam, der auf einen Zeitabschnitt von sechs Monaten nach Eingang der Notifikation beim Generalsekretär folgt.

Art. 32. Der Generalsekretär des Europarats notifiziert den Mitgliedstaaten des Rates, anderen Unterzeichnerstaaten und jedem Staat, der diesem Rahmenübereinkommen beigetreten ist,

a) jede Unterzeichnung;

b) jede Hinterlegung einer Ratifikations-, Annahme-, Genehmigungs- oder Beitrittsurkunde;

c) jeden Zeitpunkt des Inkrafttretens dieses Rahmenübereinkommens nach den Artikeln 28, 29 und 30;

d) jede andere Handlung, Notifikation oder Mitteilung im Zusammenhang mit diesem Rahmenübereinkommen.

GESCHEHEN zu Straßburg am 1. Februar 1995 in englischer und französischer Sprache, wobei jeder Wortlaut gleichermaßen verbindlich ist, in einer Urschrift die im Archiv des Europarats hinterlegt wird. Der Generalsekretär des Europarats übermittelt allen Mitgliedstaaten des Europarats und allen zur Unterzeichnung dieses Rahmenübereinkommens oder zum Beitritt dazu eingeladenen Staaten beglaubigte Abschriften.

Europäische Union

69. Charta der Grundrechte der Europäischen Union[1]·[2]

Vom 7.12.2000, in der Fassung vom 12.12.2007

(ABl. 2007 C 303, S. 1)

Präambel

Die Völker Europas sind entschlossen, auf der Grundlage gemeinsamer Werte eine friedliche Zukunft zu teilen, indem sie sich zu einer immer engeren Union verbinden.

In dem Bewusstsein ihres geistig-religiösen und sittlichen Erbes gründet sich die Union auf die unteilbaren und universellen Werte der Würde des Menschen, der Freiheit, der Gleichheit und der Solidarität. Sie beruht auf den Grundsätzen der Demokratie und der Rechtsstaatlichkeit. Sie stellt den Menschen in den Mittelpunkt ihres Handelns, indem sie die Unionsbürgerschaft und einen Raum der Freiheit, der Sicherheit und des Rechts begründet.

Die Union trägt zur Erhaltung und zur Entwicklung dieser gemeinsamen Werte unter Achtung der Vielfalt der Kulturen und Traditionen der Völker Europas sowie der nationalen Identität der Mitgliedstaaten und der Organisation ihrer staatlichen Gewalt auf nationaler, regionaler und lokaler Ebene bei. Sie ist bestrebt, eine ausgewogene und nachhaltige Entwicklung zu fördern und stellt den freien Personen-, Dienstleistungs-, Waren- und Kapitalverkehr sowie die Niederlassungsfreiheit sicher.

Zu diesem Zweck ist es notwendig, angesichts der Weiterentwicklung der Gesellschaft, des sozialen Fortschritts und der wissenschaftlichen und technologischen Entwicklungen den Schutz der Grundrechte zu stärken, indem sie in einer Charta sichtbarer gemacht werden.

Diese Charta bekräftigt unter Achtung der Zuständigkeiten und Aufgaben der Union und des Subsidiaritätsprinzips die Rechte, die sich vor allem aus

---

[1] Gemeinsame Proklamation der Charta durch den Europäischen Rat, das Europäische Parlament und die Europäische Kommission auf dem Ratstreffen in Nizza vom 7.–10.12.2000, in der Fassung der Proklamation von Straßburg vom 12.12.2007.

[2] Der Vertrag über die Europäische Union verweist in seinem Art. 6 auf die Grundrechtscharta:

(1) Die Union erkennt die Rechte, Freiheiten und Grundsätze an, die in der Charta der Grundrechte der Europäischen Union vom 7. Dezember 2000 in der am 12. Dezember 2007 in Straßburg angepassten Fassung niedergelegt sind; die Charta der Grundrechte und die Verträge sind rechtlich gleichrangig.

Durch die Bestimmungen der Charta werden die in den Verträgen festgelegten Zuständigkeiten der Union in keiner Weise erweitert.

Die in der Charta niedergelegten Rechte, Freiheiten und Grundsätze werden gemäß den allgemeinen Bestimmungen des Titels VII der Charta, der ihre Auslegung und Anwendung regelt, und unter gebührender Berücksichtigung der in der Charta angeführten Erläuterungen, in denen die Quellen dieser Bestimmungen angegeben sind, ausgelegt.

(2) Die Union tritt der Europäischen Konvention zum Schutz der Menschenrechte und Grundfreiheiten bei. Dieser Beitritt ändert nicht die in den Verträgen festgelegten Zuständigkeiten der Union.

(3) Die Grundrechte, wie sie in der Europäischen Konvention zum Schutz der Menschenrechte und Grundfreiheiten gewährleistet sind und wie sie sich aus den gemeinsamen Verfassungsüberlieferungen der Mitgliedstaaten ergeben, sind als allgemeine Grundsätze Teil des Unionsrechts.

den gemeinsamen Verfassungstraditionen und den gemeinsamen internationalen Verpflichtungen der Mitgliedstaaten, aus der Europäischen Konvention zum Schutz der Menschenrechte und Grundfreiheiten, aus den von der Union und dem Europarat beschlossenen Sozialchartas sowie aus der Rechtsprechung des Gerichtshofs der Europäischen Union und des Europäischen Gerichtshofs für Menschenrechte ergeben. In diesem Zusammenhang erfolgt die Auslegung der Charta durch die Gerichte der Union und der Mitgliedstaaten unter gebührender Berücksichtigung der Erläuterungen, die unter der Leitung des Präsidiums des Konvents zur Ausarbeitung der Charta formuliert und unter der Verantwortung des Präsidiums des Europäischen Konvents aktualisiert wurden.

Die Ausübung dieser Rechte ist mit Verantwortung und mit Pflichten sowohl gegenüber den Mitmenschen als auch gegenüber der menschlichen Gemeinschaft und den künftigen Generationen verbunden.

Daher erkennt die Union die nachstehend aufgeführten Rechte, Freiheiten und Grundsätze an.

Titel I. Würde des Menschen

Art. 1 Würde des Menschen. Die Würde des Menschen ist unantastbar. Sie ist zu achten und zu schützen.

Art. 2 Recht auf Leben. (1) Jeder Mensch hat das Recht auf Leben.

(2) Niemand darf zur Todesstrafe verurteilt oder hingerichtet werden.

Art. 3 Recht auf Unversehrtheit. (1) Jeder Mensch hat das Recht auf körperliche und geistige Unversehrtheit.

(2) Im Rahmen der Medizin und der Biologie muss insbesondere Folgendes beachtet werden:
a) die freie Einwilligung des Betroffenen nach vorheriger Aufklärung entsprechend den gesetzlich festgelegten Einzelheiten,
b) das Verbot eugenischer Praktiken, insbesondere derjenigen, welche die Selektion von Menschen zum Ziel haben,
c) das Verbot, den menschlichen Körper und Teile davon als solche zur Erzielung von Gewinnen zu nutzen,
d) das Verbot des reproduktiven Klonens von Menschen.

Art. 4 Verbot der Folter und unmenschlicher oder erniedrigender Strafe oder Behandlung. Niemand darf der Folter oder unmenschlicher oder erniedrigender Strafe oder Behandlung unterworfen werden.

Art. 5 Verbot der Sklaverei und der Zwangsarbeit. (1) Niemand darf in Sklaverei oder Leibeigenschaft gehalten werden.

(2) Niemand darf gezwungen werden, Zwangs- oder Pflichtarbeit zu verrichten.

(3) Menschenhandel ist verboten.

Titel II. Freiheiten

Art. 6 Recht auf Freiheit und Sicherheit. Jeder Mensch hat das Recht auf Freiheit und Sicherheit.

Art. 7 Achtung des Privat- und Familienlebens. Jede Person hat das Recht auf Achtung ihres Privat- und Familienlebens, ihrer Wohnung sowie ihrer Kommunikation.

Art. 8 Schutz personenbezogener Daten. (1) Jede Person hat das Recht auf Schutz der sie betreffenden personenbezogenen Daten.

(2) Diese Daten dürfen nur nach Treu und Glauben für festgelegte Zwecke und mit Einwilligung der betroffenen Person oder auf einer sonstigen gesetzlich geregelten legitimen Grundlage verarbeitet werden. Jede Person hat das Recht, Auskunft über die sie betreffenden erhobenen Daten zu erhalten und die Berichtigung der Daten zu erwirken.

(3) Die Einhaltung dieser Vorschriften wird von einer unabhängigen Stelle überwacht.

Art. 9 Recht, eine Ehe einzugehen und eine Familie zu gründen. Das Recht, eine Ehe einzugehen, und das Recht, eine Familie zu gründen, werden nach den einzelstaatlichen Gesetzen gewährleistet, welche die Ausübung dieser Rechte regeln.

Art. 10 Gedanken-, Gewissens- und Religionsfreiheit. (1) Jede Person hat das Recht auf Gedanken-, Gewissens- und Religionsfreiheit. Dieses Recht umfasst die Freiheit, die Religion oder Weltanschauung zu wechseln, und die Freiheit, seine Religion oder Weltanschauung einzeln oder gemeinsam mit anderen öffentlich oder privat durch Gottesdienst, Unterricht, Bräuche und Riten zu bekennen.

(2) Das Recht auf Wehrdienstverweigerung aus Gewissensgründen wird nach den einzelstaatlichen Gesetzen anerkannt, welche die Ausübung dieses Rechts regeln.

Art. 11 Freiheit der Meinungsäußerung und Informationsfreiheit. (1) Jede Person hat das Recht auf freie Meinungsäußerung. Dieses Recht schließt die Meinungsfreiheit und die Freiheit ein, Informationen und Ideen ohne behördliche Eingriffe und ohne Rücksicht auf Staatsgrenzen zu empfangen und weiterzugeben.

(2) Die Freiheit der Medien und ihre Pluralität werden geachtet.

Art. 12 Versammlungs- und Vereinigungsfreiheit. (1) Jede Person hat das Recht, sich insbesondere im politischen, gewerkschaftlichen und zivilgesellschaftlichen Bereich auf allen Ebenen frei und friedlich mit anderen zu versammeln und frei mit anderen zusammenzuschließen, was das Recht jeder Person umfasst, zum Schutz ihrer Interessen Gewerkschaften zu gründen und Gewerkschaften beizutreten.

(2) Politische Parteien auf der Ebene der Union tragen dazu bei, den politischen Willen der Unionsbürgerinnen und Unionsbürger zum Ausdruck zu bringen.

Art. 13 Freiheit der Kunst und der Wissenschaft. Kunst und Forschung sind frei. Die akademische Freiheit wird geachtet.

Art. 14 Recht auf Bildung. (1) Jede Person hat das Recht auf Bildung sowie auf Zugang zur beruflichen Ausbildung und Weiterbildung.

(2) Dieses Recht umfasst die Möglichkeit, unentgeltlich am Pflichtschulunterricht teilzunehmen.

(3) Die Freiheit zur Gründung von Lehranstalten unter Achtung der demokratischen Grundsätze sowie das Recht der Eltern, die Erziehung und den Unterricht ihrer Kinder entsprechend ihren eigenen religiösen, weltanschaulichen und erzieherischen Überzeugungen sicherzustellen, werden nach den einzelstaatlichen Gesetzen geachtet, welche ihre Ausübung regeln.

Art. 15 Berufsfreiheit und Recht zu arbeiten. (1) Jede Person hat das Recht, zu arbeiten und einen frei gewählten oder angenommenen Beruf auszuüben.

(2) Alle Unionsbürgerinnen und Unionsbürger haben die Freiheit, in jedem Mitgliedstaat Arbeit zu suchen, zu arbeiten, sich niederzulassen oder Dienstleistungen zu erbringen.

(3) Die Staatsangehörigen dritter Länder, die im Hoheitsgebiet der Mitgliedstaaten arbeiten dürfen, haben Anspruch auf Arbeitsbedingungen, die denen der Unionsbürgerinnen und Unionsbürger entsprechen.

Art. 16 Unternehmerische Freiheit. Die unternehmerische Freiheit wird nach dem Unionsrecht und den einzelstaatlichen Rechtsvorschriften und Gepflogenheiten anerkannt.

Art. 17 Eigentumsrecht. (1) Jede Person hat das Recht, ihr rechtmäßig erworbenes Eigentum zu besitzen, zu nutzen, darüber zu verfügen und es zu vererben. Niemandem darf sein Eigentum entzogen werden, es sei denn aus Gründen des öffentlichen Interesses in den Fällen und unter den Bedingungen, die in einem Gesetz vorgesehen sind, sowie gegen eine rechtzeitige angemessene Entschädigung für den Verlust des Eigentums. Die Nutzung des Eigentums kann gesetzlich geregelt werden, soweit dies für das Wohl der Allgemeinheit erforderlich ist.

(2) Geistiges Eigentum wird geschützt.

Art. 18 Asylrecht. Das Recht auf Asyl wird nach Maßgabe des Genfer Abkommens vom 28. Juli 1951 und des Protokolls vom 31. Januar 1967 über die Rechtsstellung der Flüchtlinge sowie nach Maßgabe des Vertrags über die Europäische Union und des Vertrags über die Arbeitsweise der Europäischen Union (im Folgenden „die Verträge") gewährleistet.

Art. 19 Schutz bei Abschiebung, Ausweisung und Auslieferung. (1) Kollektivausweisungen sind nicht zulässig.

(2) Niemand darf in einen Staat abgeschoben oder ausgewiesen oder an einen Staat ausgeliefert werden, in dem für sie oder ihn das ernsthafte Risiko der Todesstrafe, der Folter oder einer anderen unmenschlichen oder erniedrigenden Strafe oder Behandlung besteht.

Titel III. Gleichheit

Art. 20 Gleichheit vor dem Gesetz. Alle Personen sind vor dem Gesetz gleich.

Art. 21 Nichtdiskriminierung. (1) Diskriminierungen insbesondere wegen des Geschlechts, der Rasse, der Hautfarbe, der ethnischen oder sozialen Herkunft, der genetischen Merkmale, der Sprache, der Religion oder der Weltanschauung, der politischen oder sonstigen Anschauung, der Zugehörigkeit zu einer nationalen Minderheit, des Vermögens, der Geburt, einer Behinderung, des Alters oder der sexuellen Ausrichtung sind verboten.

(2) Unbeschadet besonderer Bestimmungen der Verträge ist in ihrem Anwendungsbereich jede Diskriminierung aus Gründen der Staatsangehörigkeit verboten.

Art. 22 Vielfalt der Kulturen, Religionen und Sprachen. Die Union achtet die Vielfalt der Kulturen, Religionen und Sprachen.

Art. 23 Gleichheit von Frauen und Männern. Die Gleichheit von Frauen und Männern ist in allen Bereichen, einschließlich der Beschäftigung, der Arbeit und des Arbeitsentgelts, sicherzustellen.

Der Grundsatz der Gleichheit steht der Beibehaltung oder der Einführung spezifischer Vergünstigungen für das unterrepräsentierte Geschlecht nicht entgegen.

Art. 24 Rechte des Kindes. (1) Kinder haben Anspruch auf den Schutz und die Fürsorge, die für ihr Wohlergehen notwendig sind. Sie können ihre Meinung frei äußern. Ihre Meinung wird in den Angelegenheiten, die sie betreffen, in einer ihrem Alter und ihrem Reifegrad entsprechenden Weise berücksichtigt.

(2) Bei allen Kinder betreffenden Maßnahmen öffentlicher Stellen oder privater Einrichtungen muss das Wohl des Kindes eine vorrangige Erwägung sein.

(3) Jedes Kind hat Anspruch auf regelmäßige persönliche Beziehungen und direkte Kontakte zu beiden Elternteilen, es sei denn, dies steht seinem Wohl entgegen.

Art. 25 Rechte älterer Menschen. Die Union anerkennt und achtet das Recht älterer Menschen auf ein würdiges und unabhängiges Leben und auf Teilnahme am sozialen und kulturellen Leben.

Art. 26 Integration von Menschen mit Behinderung. Die Union anerkennt und achtet den Anspruch von Menschen mit Behinderung auf Maßnahmen zur Gewährleistung ihrer Eigenständigkeit, ihrer sozialen und beruflichen Eingliederung und ihrer Teilnahme am Leben der Gemeinschaft.

Titel IV. Solidarität

Art. 27 Recht auf Unterrichtung und Anhörung der Arbeitnehmerinnen und Arbeitnehmer im Unternehmen. Für die Arbeitnehmerinnen und Arbeitnehmer oder ihre Vertreter muss auf den geeigneten Ebenen eine rechtzeitige Unterrichtung und Anhörung in den Fällen und unter den Voraussetzungen gewährleistet sein, die nach dem Unionsrecht und den einzelstaatlichen Rechtsvorschriften und Gepflogenheiten vorgesehen sind.

Art. 28 Recht auf Kollektivverhandlungen und Kollektivmaßnahmen. Die Arbeitnehmerinnen und Arbeitnehmer sowie die Arbeitgeberinnen und Arbeitgeber oder ihre jeweiligen Organisationen haben nach dem Unionsrecht und den einzelstaatlichen Rechtsvorschriften und Gepflogenheiten das Recht, Tarifverträge auf den geeigneten Ebenen auszuhandeln und zu schließen sowie bei Interessenkonflikten kollektive Maßnahmen zur Verteidigung ihrer Interessen, einschließlich Streiks, zu ergreifen.

Art. 29 Recht auf Zugang zu einem Arbeitsvermittlungsdienst. Jeder Mensch hat das Recht auf Zugang zu einem unentgeltlichen Arbeitsvermittlungsdienst.

Art. 30 Schutz bei ungerechtfertigter Entlassung. Jede Arbeitnehmerin und jeder Arbeitnehmer hat nach dem Unionsrecht und den einzelstaatlichen Rechtsvorschriften und Gepflogenheiten Anspruch auf Schutz vor ungerechtfertigter Entlassung.

Art. 31 Gerechte und angemessene Arbeitsbedingungen. (1) Jede Arbeitnehmerin und jeder Arbeitnehmer hat das Recht auf gesunde, sichere und würdige Arbeitsbedingungen.

(2) Jede Arbeitnehmerin und jeder Arbeitnehmer hat das Recht auf eine Begrenzung der Höchstarbeitszeit, auf tägliche und wöchentliche Ruhezeiten sowie auf bezahlten Jahresurlaub.

Art. 32 Verbot der Kinderarbeit und Schutz der Jugendlichen am Arbeitsplatz. Kinderarbeit ist verboten. Unbeschadet günstigerer Vorschriften für Jugendliche und abgesehen von begrenzten Ausnahmen darf das Mindestalter für den Eintritt in das Arbeitsleben das Alter, in dem die Schulpflicht endet, nicht unterschreiten.

Zur Arbeit zugelassene Jugendliche müssen ihrem Alter angepasste Arbeitsbedingungen erhalten und vor wirtschaftlicher Ausbeutung und vor jeder Arbeit geschützt werden, die ihre Sicherheit, ihre Gesundheit, ihre körperliche, geistige, sittliche oder soziale Entwicklung beeinträchtigen oder ihre Erziehung gefährden könnte.

Art. 33 Familien- und Berufsleben. (1) Der rechtliche, wirtschaftliche und soziale Schutz der Familie wird gewährleistet.

(2) Um Familien- und Berufsleben miteinander in Einklang bringen zu können, hat jeder Mensch das Recht auf Schutz vor Entlassung aus einem mit der Mutterschaft zusammenhängenden Grund sowie den Anspruch auf einen bezahlten Mutterschaftsurlaub und auf einen Elternurlaub nach der Geburt oder Adoption eines Kindes.

Art. 34 Soziale Sicherheit und soziale Unterstützung. (1) Die Union anerkennt und achtet das Recht auf Zugang zu den Leistungen der sozialen Sicherheit und zu den sozialen Diensten, die in Fällen wie Mutterschaft, Krankheit, Arbeitsunfall, Pflegebedürftigkeit oder im Alter sowie bei Verlust des Arbeitsplatzes Schutz gewährleisten, nach Maßgabe des Unionsrechts und der einzelstaatlichen Rechtsvorschriften und Gepflogenheiten.

(2) Jeder Mensch, der in der Union seinen rechtmäßigen Wohnsitz hat und seinen Aufenthalt rechtmäßig wechselt, hat Anspruch auf die Leistungen der sozialen Sicherheit und die sozialen Vergünstigungen nach dem Unionsrecht und den einzelstaatlichen Rechtsvorschriften und Gepflogenheiten.

(3) Um die soziale Ausgrenzung und die Armut zu bekämpfen, anerkennt und achtet die Union das Recht auf eine soziale Unterstützung und eine Unterstützung für die Wohnung, die allen, die nicht über ausreichende Mittel verfügen, ein menschenwürdiges Dasein sicherstellen sollen, nach Maßgabe des Unionsrechts und der einzelstaatlichen Rechtsvorschriften und Gepflogenheiten.

Art. 35 Gesundheitsschutz. Jeder Mensch hat das Recht auf Zugang zur Gesundheitsvorsorge und auf ärztliche Versorgung nach Maßgabe der einzelstaatlichen Rechtsvorschriften und Gepflogenheiten. Bei der Festlegung und Durchführung der Politik und Maßnahmen der Union in allen Bereichen wird ein hohes Gesundheitsschutzniveau sichergestellt.

Art. 36 Zugang zu Dienstleistungen von allgemeinem wirtschaftlichen Interesse. Die Union anerkennt und achtet den Zugang zu Dienstleistungen von allgemeinem wirtschaftlichen Interesse, wie er durch die einzelstaatlichen Rechtsvorschriften und Gepflogenheiten im Einklang mit den Verträgen geregelt ist, um den sozialen und territorialen Zusammenhalt der Union zu fördern.

Art. 37 Umweltschutz. Ein hohes Umweltschutzniveau und die Verbesserung der Umweltqualität müssen in die Politik der Union einbezogen und nach dem Grundsatz der nachhaltigen Entwicklung sichergestellt werden.

Art. 38 Verbraucherschutz. Die Politik der Union stellt ein hohes Verbraucherschutzniveau sicher.

Titel V. Bürgerrechte

Art. 39 Aktives und passives Wahlrecht bei den Wahlen zum Europäischen Parlament. (1) Die Unionsbürgerinnen und Unionsbürger besitzen in dem Mitgliedstaat, in dem sie ihren Wohnsitz haben, das aktive und passive

Wahlrecht bei den Wahlen zum Europäischen Parlament unter denselben Bedingungen wie die Angehörigen des betreffenden Mitgliedstaats.

(2) Die Mitglieder des Europäischen Parlaments werden in allgemeiner, unmittelbarer, freier und geheimer Wahl gewählt.

Art. 40 Aktives und passives Wahlrecht bei den Kommunalwahlen. Die Unionsbürgerinnen und Unionsbürger besitzen in dem Mitgliedstaat, in dem sie ihren Wohnsitz haben, das aktive und passive Wahlrecht bei Kommunalwahlen unter denselben Bedingungen wie die Angehörigen des betreffenden Mitgliedstaats.

Art. 41 Recht auf eine gute Verwaltung. (1) Jede Person hat ein Recht darauf, dass ihre Angelegenheiten von den Organen, Einrichtungen und sonstigen Stellen der Union unparteiisch, gerecht und innerhalb einer angemessenen Frist behandelt werden.

(2) Dieses Recht umfasst insbesondere
a) das Recht jeder Person, gehört zu werden, bevor ihr gegenüber eine für sie nachteilige individuelle Maßnahme getroffen wird,
b) das Recht jeder Person auf Zugang zu den sie betreffenden Akten unter Wahrung des berechtigten Interesses der Vertraulichkeit sowie des Berufs- und Geschäftsgeheimnisses,
c) die Verpflichtung der Verwaltung, ihre Entscheidungen zu begründen.

(3) Jede Person hat Anspruch darauf, dass die Union den durch ihre Organe oder Bediensteten in Ausübung ihrer Amtstätigkeit verursachten Schaden nach den allgemeinen Rechtsgrundsätzen ersetzt, die den Rechtsordnungen der Mitgliedstaaten gemeinsam sind.

(4) Jede Person kann sich in einer der Sprachen der Verträge an die Organe der Union wenden und muss eine Antwort in derselben Sprache erhalten.

Art. 42 Recht auf Zugang zu Dokumenten. Die Unionsbürgerinnen und Unionsbürger sowie jede natürliche oder juristische Person mit Wohnsitz oder satzungsmäßigem Sitz in einem Mitgliedstaat haben das Recht auf Zugang zu den Dokumenten der Organe, Einrichtungen und sonstigen Stellen der Union, unabhängig von der Form der für diese Dokumente verwendeten Träger.

Art. 43 Der Europäische Bürgerbeauftragte. Die Unionsbürgerinnen und Unionsbürger sowie jede natürliche oder juristische Person mit Wohnsitz oder satzungsmäßigem Sitz in einem Mitgliedstaat haben das Recht, den Europäischen Bürgerbeauftragten im Falle von Missständen bei der Tätigkeit der Organe, Einrichtungen und sonstigen Stellen der Union, mit Ausnahme des Gerichtshofs der Europäischen Union in Ausübung seiner Rechtsprechungsbefugnisse, zu befassen.

Art. 44 Petitionsrecht. Die Unionsbürgerinnen und Unionsbürger sowie jede natürliche oder juristische Person mit Wohnsitz oder satzungsmäßigem Sitz in einem Mitgliedstaat haben das Recht, eine Petition an das Europäische Parlament zu richten.

Art. 45 Freizügigkeit und Aufenthaltsfreiheit. (1) Die Unionsbürgerinnen und Unionsbürger haben das Recht, sich im Hoheitsgebiet der Mitgliedstaaten frei zu bewegen und aufzuhalten.

(2) Staatsangehörigen von Drittländern, die sich rechtmäßig im Hoheitsgebiet eines Mitgliedstaats aufhalten, kann nach Maßgabe der Verträge Freizügigkeit und Aufenthaltsfreiheit gewährt werden.

Art. 46 Diplomatischer und konsularischer Schutz. Die Unionsbürgerinnen und Unionsbürger genießen im Hoheitsgebiet eines Drittlands, in dem der Mitgliedstaat, dessen Staatsangehörigkeit sie besitzen, nicht vertreten ist, den Schutz durch die diplomatischen und konsularischen Behörden eines jeden Mitgliedstaats unter denselben Bedingungen wie Staatsangehörige dieses Staates.

Titel VI. Justizielle Rechte

Art. 47 Recht auf einen wirksamen Rechtsbehelf und ein unparteiisches Gericht. Jede Person, deren durch das Recht der Union garantierte Rechte oder Freiheiten verletzt worden sind, hat das Recht, nach Maßgabe der in diesem Artikel vorgesehenen Bedingungen bei einem Gericht einen wirksamen Rechtsbehelf einzulegen.

Jede Person hat ein Recht darauf, dass ihre Sache von einem unabhängigen, unparteiischen und zuvor durch Gesetz errichteten Gericht in einem fairen Verfahren, öffentlich und innerhalb angemessener Frist verhandelt wird. Jede Person kann sich beraten, verteidigen und vertreten lassen.

Personen, die nicht über ausreichende Mittel verfügen, wird Prozesskostenhilfe bewilligt, soweit diese Hilfe erforderlich ist, um den Zugang zu den Gerichten wirksam zu gewährleisten.

Art. 48 Unschuldsvermutung und Verteidigungsrechte. (1) Jeder Angeklagte gilt bis zum rechtsförmlich erbrachten Beweis seiner Schuld als unschuldig.

(2) Jedem Angeklagten wird die Achtung der Verteidigungsrechte gewährleistet.

Art. 49 Grundsätze der Gesetzmäßigkeit und der Verhältnismäßigkeit im Zusammenhang mit Straftaten und Strafen. (1) Niemand darf wegen einer Handlung oder Unterlassung verurteilt werden, die zur Zeit ihrer Begehung nach innerstaatlichem oder internationalem Recht nicht strafbar war. Es darf auch keine schwerere Strafe als die zur Zeit der Begehung angedrohte Strafe verhängt werden. Wird nach Begehung einer Straftat durch Gesetz eine mildere Strafe eingeführt, so ist diese zu verhängen.

(2) Dieser Artikel schließt nicht aus, dass eine Person wegen einer Handlung oder Unterlassung verurteilt oder bestraft wird, die zur Zeit ihrer Begehung nach den allgemeinen, von der Gesamtheit der Nationen anerkannten Grundsätzen strafbar war.

(3) Das Strafmaß darf zur Straftat nicht unverhältnismäßig sein.

Art. 50 Recht, wegen derselben Straftat nicht zweimal strafrechtlich verfolgt oder bestraft zu werden. Niemand darf wegen einer Straftat, derentwegen er bereits in der Union nach dem Gesetz rechtskräftig verurteilt oder freigesprochen worden ist, in einem Strafverfahren erneut verfolgt oder bestraft werden.

Titel VII. Allgemeine Bestimmungen über die Auslegung und Anwendung der Charta

Art. 51 Anwendungsbereich. (1) Diese Charta gilt für die Organe, Einrichtungen und sonstigen Stellen der Union unter Wahrung des Subsidiaritätsprinzips und für die Mitgliedstaaten ausschließlich bei der Durchführung des Rechts der Union. Dementsprechend achten sie die Rechte, halten sie sich an die Grundsätze und fördern sie deren Anwendung entsprechend ihren jeweiligen Zuständigkeiten und unter Achtung der Grenzen der Zuständigkeiten, die der Union in den Verträgen übertragen werden.

(2) Diese Charta dehnt den Geltungsbereich des Unionsrechts nicht über die Zuständigkeiten der Union hinaus aus und begründet weder neue Zuständigkeiten noch neue Aufgaben für die Union, noch ändert sie die in den Verträgen festgelegten Zuständigkeiten und Aufgaben.

Art. 52 Tragweite und Auslegung der Rechte und Grundsätze.
(1) Jede Einschränkung der Ausübung der in dieser Charta anerkannten Rechte und Freiheiten muss gesetzlich vorgesehen sein und den Wesensgehalt dieser Rechte und Freiheiten achten. Unter Wahrung des Grundsatzes der Verhältnismäßigkeit dürfen Einschränkungen nur vorgenommen werden, wenn sie erforderlich sind und den von der Union anerkannten Gemeinwohl dienenden Zielsetzungen oder den Erfordernissen des Schutzes der Rechte und Freiheiten anderer tatsächlich entsprechen.

(2) Die Ausübung der durch diese Charta anerkannten Rechte, die in den Verträgen geregelt sind, erfolgt im Rahmen der in den Verträgen festgelegten Bedingungen und Grenzen.

(3) Soweit diese Charta Rechte enthält, die den durch die Europäische Konvention zum Schutz der Menschenrechte und Grundfreiheiten garantierten Rechten entsprechen, haben sie die gleiche Bedeutung und Tragweite, wie sie ihnen in der genannten Konvention verliehen wird. Diese Bestimmung steht dem nicht entgegen, dass das Recht der Union einen weiter gehenden Schutz gewährt.

(4) Soweit in dieser Charta Grundrechte anerkannt werden, wie sie sich aus den gemeinsamen Verfassungsüberlieferungen der Mitgliedstaaten ergeben, werden sie im Einklang mit diesen Überlieferungen ausgelegt.

(5) Die Bestimmungen dieser Charta, in denen Grundsätze festgelegt sind, können durch Akte der Gesetzgebung und der Ausführung der Organe, Einrichtungen und sonstigen Stellen der Union sowie durch Akte der Mitgliedstaaten zur Durchführung des Rechts der Union in Ausübung ihrer jeweiligen Zuständigkeiten umgesetzt werden. Sie können vor Gericht nur bei der Auslegung dieser Akte und bei Entscheidungen über deren Rechtmäßigkeit herangezogen werden.

(6) Den einzelstaatlichen Rechtsvorschriften und Gepflogenheiten ist, wie es in dieser Charta bestimmt ist, in vollem Umfang Rechnung zu tragen.

(7) Die Erläuterungen, die als Anleitung für die Auslegung dieser Charta verfasst wurden, sind von den Gerichten der Union und der Mitgliedstaaten gebührend zu berücksichtigen.

Art. 53 Schutzniveau. Keine Bestimmung dieser Charta ist als eine Einschränkung oder Verletzung der Menschenrechte und Grundfreiheiten auszulegen, die in dem jeweiligen Anwendungsbereich durch das Recht der Union und das Völkerrecht sowie durch die internationalen Übereinkünfte, bei denen die Union oder alle Mitgliedstaaten Vertragsparteien sind, darunter insbesondere die Europäische Konvention zum Schutz der Menschenrechte und Grundfreiheiten, sowie durch die Verfassungen der Mitgliedstaaten anerkannt werden.

Art. 54 Verbot des Missbrauchs der Rechte. Keine Bestimmung dieser Charta ist so auszulegen, als begründe sie das Recht, eine Tätigkeit auszuüben oder eine Handlung vorzunehmen, die darauf abzielt, die in der Charta anerkannten Rechte und Freiheiten abzuschaffen oder sie stärker einzuschränken, als dies in der Charta vorgesehen ist.

Der vorstehende Wortlaut übernimmt mit Anpassungen die am 7. Dezember 2000 proklamierte Charta und ersetzt sie ab dem Zeitpunkt des Inkrafttretens des Vertrags von Lissabon.[1]

Geschehen zu Straßburg am zwölften Dezember zweitausendsieben.

Erläuterungen zur Charta der Grundrechte

(vom Abdruck wird aus Umfangsgründen abgesehen)

---

[1] 1.12.2009.

III. Menschenrechtsschutz in Amerika

70. Satzung der Organisation Amerikanischer Staaten[1]·[2]

Vom 30. April 1948

mit den Änderungen der Protokolle von Buenos Aires, Cartagena de Indias, Washington und Managua[3]

(Auszug)

(Übersetzung)

Im Namen ihrer Völker;

in der Überzeugung, daß es die historische Mission Amerikas ist, für den Menschen ein Land der Freiheit zu sein und ihm eine für die Entwicklung seiner Persönlichkeit und die Verwirklichung seiner gerechtfertigten Ziele günstige Stätte zu bieten;

im Bewußtsein, daß diese Mission bereits zahlreiche Abkommen beseelt hat, deren wesentlicher Wert darin besteht, daß die amerikanischen Völker ihrem Wunsche Ausdruck geben, in Frieden zusammenzuleben und durch ihr gegenseitiges Verständnis und ihre gegenseitige Achtung vor der Souveränität eines jeden für die größere Wohlfahrt aller in Unabhängigkeit, Gleichheit und Gesetzlichkeit Sorge zu tragen;

in der Überzeugung, daß die repräsentative Demokratie eine unabdingbare Voraussetzung für Stabilität, Frieden und Entwicklung der Region ist;

im Vertrauen darauf, daß die wahre Bedeutung amerikanischer Solidarität und guter Nachbarschaft nur in der Konsolidierung eines Systems individueller Freiheit und sozialer Gerechtigkeit auf der Grundlage der Achtung vor den wesentlichen Menschenrechten innerhalb des Rahmens demokratischer Einrichtungen auf diesem Kontinent liegen kann;

davon durchdrungen, daß ihre Wohlfahrt und ihr Beitrag zum Fortschritt und zur Zivilisation der Welt ein erhöhtes Maß enger kontinentaler Zusammenarbeit erfordern;

entschlossen, an dem hochherzigen Unternehmen, das die Menschheit der Organisation der Vereinten Nationen – deren Grundsätze und Ziele sie feierlichst bestätigen – anvertraut hat, weiter mitzuarbeiten;

in der Überzeugung, daß eine rechtliche Organisation eine notwendige Bedingung für die Sicherheit und eines auf moralischer Ordnung und auf Gerechtigkeit beruhenden Friedens darstellt; und

---

[1] Internationale Quelle: Inter-American Treaties A-41 (UNTS Bd. 119, S. 3), B-31 (UNTS Bd. 721, S. 324), A-50, A-56, A-58; konsolidierte Fassung in der OAS-Webpräsenz verfügbar.
[2] Eigene Übersetzung basierend auf der Übersetzung in Folge 1/1968 der Zeitschrift EUROPA-ARCHIV © VERLAG FÜR INTERNATIONALE POLITIK GmbH, Bonn.
[3] Die Änderungsprotokolle sind in Kraft, gelten aber noch nicht für alle Staaten der Organisation Amerikanischer Staaten.

in Übereinstimmung mit der IX. Resolution der Interamerikanischen Konferenz von Mexiko über Probleme des Krieges und des Friedens,

haben sich die auf der Neunten Internationalen Konferenz der Amerikanischen Staaten vertretenen Staaten auf folgende Satzung geeinigt:

Kapitel II: Grundsätze

Art. 3. Die amerikanischen Staaten bestätigen die folgenden Grundsätze:
  a) Das Völkerrecht ist die Grundlage für das Verhalten der Staaten in ihren gegenseitigen Beziehungen.
  b) Die internationale Ordnung beruht ganz wesentlich auf der Achtung vor der Persönlichkeit, Souveränität und Unabhängigkeit der Staaten sowie der getreuen Erfüllung der Verpflichtungen, die sich aus Verträgen und anderen Quellen des Völkerrechts ergeben.
  c) Die Beziehungen zwischen den Staaten sollen auf Treu und Glauben beruhen.
  d) Die Solidarität der amerikanischen Staaten und die hohen Ziele, die sie erstreben, setzen eine politische Organisation dieser Staaten auf der Grundlage des wirksamen Funktionierens einer repräsentativen Demokratie voraus.
  e) Jeder Staat hat das Recht, ohne Einmischung von außen sein politisches, wirtschaftliches und soziales System zu wählen und sich in der für ihn geeignetsten Weise zu organisieren; und jeder Staat hat die Pflicht, sich der Einmischung in Angelegenheiten anderer Staaten zu enthalten. Unter dieser Voraussetzung haben alle amerikanischen Staaten die Pflicht, unabhängig von der Art ihres politischen, wirtschaftlichen und sozialen Systems umfassend untereinander zusammenzuarbeiten.
  f) Die Beseitigung extremer Armut ist wesentlicher Bestandteil der Förderung und Festigung der repräsentativen Demokratie und liegt in der Verantwortung eines jeden einzelnen wie aller amerikanischer Staaten gemeinsam.
  g) Die amerikanischen Staaten verurteilen den Angriffskrieg; der Sieg gibt keine Rechte.
  h) Eine Angriffshandlung gegen einen amerikanischen Staat stellt eine Angriffshandlung gegen alle anderen amerikanischen Staaten dar.
  i) Streitigkeiten internationalen Charakters, die zwischen zwei oder mehreren amerikanischen Staaten entstehen, sollen durch friedliche Mittel beigelegt werden.
  j) Soziale Gerechtigkeit und soziale Sicherheit sind die Grundpfeiler eines dauernden Friedens.
  k) Wirtschaftliche Zusammenarbeit ist für das Gemeinwohl und das Gedeihen der Völker des Kontinents unentbehrlich.
  l) Die amerikanischen Staaten proklamieren die Grundrechte des Individuums ohne Unterschied der Rasse, der Staatsangehörigkeit, des Glaubens oder des Geschlechts.
  m) Die geistige Einheit des Kontinents beruht auf der Achtung vor den kulturellen Werten der amerikanischen Länder und erfordert deren enge Zusammenarbeit für die hohen Ziele der Zivilisation.
  n) Die Erziehung der Völker soll auf Gerechtigkeit, Freiheit und Frieden gerichtet sein.

Kapitel IV: Grundrechte und Grundpflichten der Staaten

Art. 17. Jeder Staat hat das Recht auf freie und natürliche Entwicklung seines kulturellen, politischen und wirtschaftlichen Lebens. Er soll dabei die Rechte des Individuums und die Grundlagen allgemeiner Moral achten.

Kapitel VII: Integrale Entwicklung

Art. 30. Erfüllt von den Prinzipien der interamerikanischen Solidarität und Zusammenarbeit, verpflichten sich die Mitgliedstaaten, als Grundbedingung für Frieden und Sicherheit durch gemeinsame Anstrengungen in ihren Beziehungen eine internationale, sozial gerechte Ordnung und integrale Entwicklung für ihre Völker sicherzustellen. Die integrale Entwicklung umfaßt die Bereiche von Wirtschaft, Sozialwesen, Ausbildung, Kultur, Wissenschaft und Technologie und dient der Verwirklichung der Ziele, die sich jeder Staat setzt.

Art. 33. Die Entwicklung liegt in der vorrangigen Verantwortung eines jeden Landes und sollte sich in einem integralen und dauerhaften Prozeß vollziehen, um eine gerechtere wirtschaftliche und soziale Ordnung zu schaffen, die die Erfüllung des Menschen ermöglicht und zu ihr beiträgt.

Art. 34. Die Mitgliedstaaten kommen überein, daß zu den grundlegenden Zielen der integralen Entwicklung die Chancengleichheit, die Beseitigung extremer Armut, die gerechte Verteilung von Vermögen und Einkommen sowie die volle Mitwirkung ihrer Völker an den Entscheidungen, die ihre Entwicklung betreffen, zählen. Um sie zu erreichen, kommen die Staaten ebenfalls überein, sich mit den größten Anstrengungen der Verwirklichung folgender grundlegender Ziele zu verschreiben:

a) beträchtlicher und stetiger Zuwachs des Pro-Kopf-Sozialprodukts;
b) gerechte Verteilung des Volkseinkommens;
c) angemessene und gerechte Steuersysteme;
d) Modernisierung des Landlebens und Reform, die zu einer gerechten und wirkungsvollen Verteilung des Landbesitzes, zu erhöhter landwirtschaftlicher Produktivität, zu erweiterter Nutzung noch nicht entwickelten Landes und zur Diversifizierung der Produktion führen, sowie eine Verbesserung der Verarbeitungs- und Verkaufssysteme für landwirtschaftliche Produkte und die Stärkung und Erweiterung der Einrichtungen zur Erreichung der Ziele;
e) beschleunigte und diversifizierte Industrialisierung, insbesondere in bezug auf Investitionsgüter und Halbfabrikate;
f) eine mit stetigem wirtschaftlichem Wachstum und der Erreichung sozialer Gerechtigkeit zu vereinbarende Stabilität der inländischen Preisniveaus;
g) gerechte Löhne, Arbeitsmöglichkeiten und annehmbare Arbeitsbedingungen für alle;
h) schnelle Ausmerzung des Analphabetentums und Erweiterung der Bildungsmöglichkeiten für alle;
i) Schutz des menschlichen Potentials durch die Erweiterung und Anwendung der modernen medizinischen Wissenschaft;

j) richtige Ernährung, vor allem durch die Beschleunigung der nationalen Anstrengungen zur Erhöhung der Produktion und Bereitstellung von Nahrungsmitteln;

k) angemessene Wohnmöglichkeiten für alle Teile der Bevölkerung;

l) Lebensverhältnisse in den Städten, die Voraussetzungen für ein gesundes, produktives und ausgefülltes Leben bieten;

m) Förderung privater Initiative und privater Investitionen in Übereinstimmung mit der Politik im öffentlichen Sektor und

n) Steigerung und Auffächerung der Ausfuhr.

Art. 36. Transnationale Unternehmen und ausländische Privatinvestitionen unterliegen der Gesetzgebung des Aufnahmestaates, der Rechtsprechung von dessen jeweils zuständigen Gerichten sowie den von diesem abgeschlossenen, internationalen Verträgen und Abkommen und sollen sich in die Entwicklungspolitik des Gastlandes einfügen.

Art. 45. In der Überzeugung, daß die Menschheit die volle Verwirklichung ihrer Ziele nur innerhalb einer gerechten sozialen Ordnung in Verbindung mit wirtschaftlicher Entwicklung und einem wahren Frieden erreichen kann, kommen die Mitgliedstaaten überein, jegliche Anstrengungen zur Anwendung folgender Grundsätze und Verfahren zu unternehmen:

a) Alle Menschen ohne Unterschied der Rasse, des Geschlechts, der Staatsangehörigkeit, des Glaubens oder der sozialen Stellung haben ein Recht auf materiellen Wohlstand und geistige Entwicklung in Freiheit, Würde, Gleichberechtigung und wirtschaftlicher Sicherheit.

b) Arbeit ist ein Recht und eine soziale Pflicht; sie verleiht demjenigen, der sie ausübt, Würde, und sie soll unter Bedingungen ausgeübt werden – einschließlich eines Systems gerechter Vergütung –, die dem Menschen Leben, Gesundheit und einen anständigen Lebensstandard sichern, und zwar sowohl während der Jahre der Arbeit als auch im Alter und im Falle der Arbeitsunfähigkeit.

c) Arbeitgeber und Arbeitnehmer, sowohl auf dem Lande als auch in den Städten, haben das Recht, sich zur Verteidigung und Förderung ihrer Interessen frei zu vereinigen, einschließlich des Rechts kollektiver Verhandlung und des Streikrechts der Arbeitnehmer, der Anerkennung der juristischen Persönlichkeit von Verbänden und dem Schutz ihrer Freiheit und Unabhängigkeit, alles in Übereinstimmung mit den einschlägigen Gesetzen.

d) Es sind gerechte und wirksame Systeme und Methoden der Konsultation und Zusammenarbeit zwischen den verschiedenen Bereichen der Produktion unter Berücksichtigung des Schutzes der Interessen der ganzen Gesellschaft zu unterhalten.

e) Die öffentlichen Verwaltungen, der öffentliche Sektor des Bank- und Kreditwesens, die öffentlichen Unternehmungen, das Verteilungs- und Verkaufswesen sind – in Harmonie mit dem Privatsektor – so zu führen, daß den Anforderungen und Interessen der Gemeinschaft entsprochen wird.

f) Die am Rande der Gesellschaft lebenden Bevölkerungsteile sowohl in städtischen als auch in ländlichen Gebieten sollen in zunehmendem Maße in das wirtschaftliche, soziale, staatsbürgerliche, kulturelle und politische Leben der Nation einbezogen und an ihm beteiligt werden, um somit die volle Integration der nationalen Gemeinschaft, die Beschleunigung des

Prozesses der sozialen Mobilität und die Konsolidierung des demokratischen Systems zu erreichen. Alle Bemühungen um die Hebung des allgemeinen Niveaus und um die Zusammenarbeit, die die Entwicklung und den Fortschritt der Gemeinschaft zum Ziel haben, sollen gefördert werden.

g) Bedeutung der Beiträge, die von Organisationen wie den Gewerkschaften und Konsumvereinen und den kulturellen, berufsständischen, geschäftlichen, nachbarschaftlichen und im Gemeinderahmen wirkenden Vereinigungen zum Leben der Gesellschaft und zum Entwicklungsprozeß geleistet werden, ist anzuerkennen.

h) Ein leistungsfähiges Sozialversicherungssystem soll entwickelt werden.

i) Ein gebührender Rechtsbeistand für alle Personen ist vorzusehen, damit sie sich ihrer Rechte versichern können.

Art. 46. Die Mitgliedstaaten erkennen an, daß es zur Förderung des Prozesses der regionalen lateinamerikanischen Integration notwendig ist, die soziale Gesetzgebung der Entwicklungsländer, vor allem auf dem Gebiet des Arbeits- und Sozialrechts, zu harmonisieren, damit alle Arbeitnehmer gleich geschützt sind, und sie kommen überein, zur Erreichung dieses Ziels die größtmöglichen Anstrengungen zu unternehmen.

Art. 47. Die Mitgliedstaaten werden in ihren Entwicklungsplänen der Erziehung, Wissenschaft, Technologie und Kultur höchste Priorität einräumen und sie darauf ausrichten, das allgemeine Niveau des einzelnen zu verbessern und als Fundament für die Demokratie, die soziale Gerechtigkeit und den Fortschritt zu dienen.

Art. 48. Die Mitgliedstaaten werden zusammenarbeiten, um dem Bildungsbedarf nachzukommen, die wissenschaftliche Forschung zu fördern und für ihre integrale Entwicklung den technologischen Fortschritt anzuregen. Sie werden sich jeder für sich und gemeinsam verpflichtet fühlen, das kulturelle Erbe der amerikanischen Völker zu wahren und zu pflegen.

Art. 49. Die Mitgliedstaaten werden im Einklang mit ihren verfassungsmäßigen Verfahren die größten Anstrengungen unternehmen, um die wirksame Ausübung des Rechts auf Erziehung nach folgenden Grundsätzen zu gewährleisten:

a) Volksschulerziehung, obligatorisch für alle Kinder im Schulalter, soll auch allen anderen, denen sie nützen kann, angeboten werden. Wenn sie vom Staate erstellt wird, soll sie kostenfrei sein.

b) Die höhere Erziehung soll im Sinne einer Verbesserung der sozialen Verhältnisse progressiv auf einen möglichst großen Teil der Bevölkerung ausgedehnt werden. Sie soll so mannigfaltig sein, daß sie den Entwicklungsbedürfnissen der einzelnen Länder entgegenkommt, ohne daß deswegen die Bereitstellung einer allgemeinbildenden Erziehung beeinträchtigt wird.

c) Die Hochschulbildung soll allen zugänglich sein, vorausgesetzt, daß zur Erhaltung des hohen Niveaus die entsprechenden Vorschriften oder akademischen Normen eingehalten werden.

Art. 50. Die Mitgliedstaaten werden der Ausmerzung des Analphabetentums besondere Aufmerksamkeit widmen; sie werden die Systeme der Erwachsenenbildung und der Berufsausbildung verstärken und sicherstellen, daß die

Früchte der Kultur der ganzen Bevölkerung zugänglich sind. Sie werden den Gebrauch aller Informationsmittel zur Erreichung dieser Ziele fördern.

Art. 51. Die Mitgliedstaaten werden Wissenschaft und Technologie durch entsprechende Aktivitäten in Ausbildung, Forschung und Technologie sowie durch Informations- und Verbreitungsprogramme entwickeln. Sie werden Aktivitäten auf dem Gebiet der Technologie anregen, um sie den Erfordernissen ihrer integralen Entwicklung anzupassen. Sie werden ihre Zusammenarbeit auf diesem Gebiet wirksam organisieren und in Einklang mit ihren nationalen Zielen, Gesetzen und völkerrechtlichen Verträgen den Wissenstransfer wesentlich erweitern.

Kapitel VIII: Die Organe

Art. 53. Die Organisation der Amerikanischen Staaten sucht ihre Ziele zu verwirklichen vermittels:
a) der Generalversammlung;
b) der Konsultativen Versammlung der Außenminister;
c) der Räte;
d) des Interamerikanischen Rechtsausschusses;
e) der Interamerikanischen Menschenrechtskommission;
f) des Generalsekretariats;
g) der Sonderkonferenzen und
h) der Sonderorganisationen.
Zusätzlich zu den in der Satzung bestimmten Organisationen und in Übereinstimmung mit ihr dürfen weitere für notwendig befundene untergeordnete Organe, Behörden und andere Einheiten eingerichtet werden.

Kapitel XV: Die interamerikanische Menschenrechtskommission

Art. 106. Eine Interamerikanische Menschenrechtskommission soll eingerichtet werden, deren Hauptaufgabe die Förderung der Beachtung und des Schutzes der Menschenrechte ist; die Kommission soll als Konsultativorgan der Organisation in diesen Fragen wirken.
Eine interamerikanische Konvention über die Menschenrechte soll die Struktur, den Wirkungsbereich und die Verfahrensweise dieser Kommission sowie der anderen Organe, die für diese Fragen verantwortlich sind, bestimmen.

Kapitel XXI: Übergangsbestimmungen

Art. 145. Bis die in Kapitel XV erwähnte Interamerikanische Konvention über die Menschenrechte in Kraft tritt, soll die gegenwärtige Interamerikanische Menschenrechtskommission über die Beachtung der Menschenrechte wachen.

71. Amerikanische Menschenrechtskonvention (Pact of San José)[1] · [2] · [3]

Vom 22. November 1969

(Übersetzung)

Präambel

Unter erneuter Bekräftigung ihrer Absicht, in dieser Hemisphäre ein System persönlicher Freiheit und sozialer Gerechtigkeit im Rahmen demokratischer Institutionen zu festigen, das sich auf den Respekt für die wesentlichen Rechte des Menschen gründet;

in Anerkennung dessen, daß die wesentlichen Rechte des Menschen nicht seiner Zugehörigkeit zu einem bestimmten Staat entspringen, sondern sich auf Merkmale der menschlichen Persönlichkeit gründen, und daß sie deshalb internationalen Schutz in Form einer Konvention verdienen, die den Schutz verstärkt oder ergänzt, den die Rechtsordnungen der amerikanischen Staaten bereitstellen;

in der Erwägung, daß diese Grundsätze niedergelegt sind in der Charta der Organisation Amerikanischer Staaten, in der Amerikanischen Erklärung der Rechte und Pflichten des Menschen und in der Allgemeinen Erklärung der Menschenrechte, und daß sie bestätigt und verfeinert wurden in anderen internationalen Dokumenten, sowohl weltweiten als auch regionalen;

wiederholend, daß – im Einklang mit der Allgemeinen Erklärung der Menschenrechte – das Ideal freier Menschen, die Freiheit von Furcht und Not genießen, nur erreichbar ist durch die Schaffung von Bedingungen, unter denen jeder seine wirtschaftlichen, sozialen und kulturellen Rechte ebenso wie seine bürgerlichen und politischen Rechte genießen kann und

in der Erwägung, daß die Dritte Inter-Amerikanische Sonderkonferenz (Buenos Aires, 1967) die Aufnahme von höheren Anforderungen in bezug auf wirtschaftliche, soziale und bildungsmäßige Rechte in die Charta der Organisation selbst befürwortet hat und beschlossen hat, eine Inter-Amerikanische Konvention über Menschenrechte solle die Struktur, die Zuständigkeiten und das Verfahren der für diese Fragen verantwortlichen Organe festlegen,

vereinbaren die amerikanischen Staaten, Unterzeichner der vorliegenden Konvention, folgendes:

---

[1] Internationale Quelle: UNTS Bd. 1144, S. 123.

[2] Deutsche Übersetzung aus: Europäische Grundrechte-Zeitschrift 1980, S. 435 (abgedruckt mit freundlicher Genehmigung des Verlages).

[3] Die Amerikanische Menschenrechtskonvention ist inzwischen um ein Zusatzprotokoll auf dem Gebiet der wirtschaftlichen, sozialen und kulturellen Rechte (Protokoll von San Salvador vom 17.11.1988, Inter-American treaties A-52) und ein Protokoll über die Abschaffung der Todesstrafe vom 6.8.1990 (Inter-American treaties A-53) ergänzt worden.

Teil I. Verpflichtungen der Staaten und geschützte Rechte

Kapitel I. Allgemeine Verpflichtungen

Art. 1 Verpflichtung zur Achtung der Rechte. (1) Die Mitgliedstaaten dieser Konvention verpflichten sich, die hierin anerkannten Rechte und Freiheiten zu wahren und allen ihrer Herrschaftsgewalt unterstehenden Personen die freie und volle Ausübung dieser Rechte und Freiheiten zu sichern, ohne Unterschied von Rasse, Hautfarbe, Geschlecht, Sprache, Religion, politischen oder sonstigen Anschauungen, nationaler oder sozialer Herkunft, wirtschaftlichem Status, Geburt oder irgendeiner anderen sozialen Bedingung.

(2) Person im Sinne dieser Konvention ist jedes menschliche Wesen.

Art. 2 Auswirkungen auf das innerstaatliche Recht. Wo die Ausübung irgendeines der Rechte oder irgendeiner der Freiheiten, auf die sich Artikel 1 bezieht, noch nicht durch gesetzliche oder andere Vorkehrungen gesichert ist, verpflichten sich die Mitgliedstaaten, in Übereinstimmung mit den in ihren Verfassungen vorgesehenen Verfahren und mit den Vorschriften dieser Konvention die zur Verwirklichung dieser Rechte oder Freiheiten erforderlichen Maßnahmen zu treffen.

Kapitel II. Bürgerliche und politische Rechte

Art. 3 Recht auf Anerkennung der Rechtsfähigkeit. Jede Person hat das Recht auf Anerkennung als Person vor dem Gesetz.

Art. 4 Recht auf Leben. (1) Jedermann hat das Recht auf Achtung seines Lebens. Dieses Recht wird gesetzlich geschützt und gilt im allgemeinen vom Augenblick der Empfängnis an. Niemand darf willkürlich getötet werden.

(2) In Ländern, die die Todesstrafe nicht abgeschafft haben, darf sie nur für die schwersten Verbrechen und nur nach einem endgültigen Urteil verhängt werden, das von einem zuständigen Gericht und in Übereinstimmung mit einem eine solche Bestrafung androhenden und vor Begehung des Verbrechens verabschiedeten Gesetz gefällt wurde. Die Anwendung dieser Strafe darf nicht auf Verbrechen ausgedehnt werden, auf die sie gegenwärtig nicht anwendbar ist.

(3) Die Todesstrafe darf in Staaten, die sie abgeschafft haben, nicht wieder eingeführt werden.

(4) In keinem Fall darf die Todesstrafe für politische Straftaten oder damit zusammenhängende gemeine Verbrechen verhängt werden.

(5) Die Todesstrafe darf nicht gegen Personen verhängt werden, die zur Zeit der Begehung des Verbrechens unter 18 oder über 70 Jahre alt waren; auch darf sie nicht bei Schwangeren angewandt werden.

(6) Jede zum Tode verurteilte Person hat das Recht, Straferlaß, Begnadigung oder Strafmilderung zu beantragen; diese dürfen in allen Fällen gewährt werden. Die Todesstrafe darf nicht vollstreckt werden, während solch ein Antrag bei der zuständigen Behörde zur Entscheidung anhängig ist.

Art. 5 Recht auf menschenwürdige Behandlung. (1) Jede Person hat das Recht auf Achtung ihrer körperlichen, geistigen und moralischen Unverletzlichkeit.

(2) Niemand darf der Folter oder grausamer, unmenschlicher oder erniedrigender Strafe oder Behandlung unterworfen werden. Alle Personen, denen ihre Freiheit entzogen wurde, sind mit Achtung vor der angeborenen Würde der menschlichen Person zu behandeln.

(3) Die Bestrafung darf auf keine andere Person als den Straftäter ausgedehnt werden.

(4) Angeklagte müssen, außer unter besonderen Umständen, von Verurteilten getrennt bleiben und unterliegen einer gesonderten Behandlung, die ihrer Eigenschaft als Nichtverurteilte angemessen ist.

(5) Einem Strafverfahren unterworfene Minderjährige sind von Erwachsenen zu trennen und so schnell wie möglich vor besondere Gerichte zu bringen, so daß sie entsprechend ihrer Eigenschaft als Minderjährige behandelt werden können.

(6) Freiheitsentziehende Strafen haben die Besserung und soziale Wiedereingliederung des Gefangenen als ein wesentliches Ziel.

Art. 6 Freiheit von Sklaverei. (1) Niemand darf in Sklaverei oder Leibeigenschaft gehalten werden, die in allen ihren Formen verboten sind, ebenso wie der Sklavenhandel und der Mädchenhandel.

(2) Niemand darf gezwungen werden, Zwangs- oder Pflichtarbeit zu verrichten. Diese Vorschrift darf nicht in der Weise ausgelegt werden, daß sie in den Ländern, in denen die für bestimmte Verbrechen angedrohte Strafe Freiheitsentzug mit Zwangsarbeit ist, die Vollstreckung eines solchen von einem zuständigen Gericht gefällten Urteils verbietet. Zwangsarbeit darf sich nicht nachteilig auf die Würde oder die körperliche oder geistige Leistungsfähigkeit des Gefangenen auswirken.

(3) Als Zwangs- oder Pflichtarbeit im Sinne dieses Artikels gelten nicht:
a) Arbeiten oder Dienstleistungen, die normalerweise von einer Person verlangt werden, die in Vollstreckung eines Urteils oder einer förmlichen Entscheidung, von der zuständigen Stelle erlassen, gefangen gehalten wird. Solche Arbeit oder Dienstleistung muß unter der Aufsicht und Kontrolle öffentlicher Behörden ausgeführt werden, und keine Person, die solche Arbeiten oder Dienstleistungen verrichtet, darf irgendeiner privaten Einzelperson, Gesellschaft oder juristischen Person zur Verfügung gestellt werden;
b) militärische Dienstpflicht und – in Ländern, in denen Verweigerung aus Gewissengründen als berechtigt anerkannt ist – öffentliche Dienstpflicht, soweit sie das Gesetz an Stelle einer militärischen Dienstpflicht vorsieht;
c) Dienstleistungen in Zeiten von Gefahren oder Katastrophen, die den Bestand oder das Wohl der Gemeinschaft bedrohen; oder
d) Arbeiten oder Dienstleistungen, die zu den normalen Bürgerpflichten gehören.

Art. 7 Recht auf persönliche Freiheit. (1) Jede Person hat ein Recht auf Freiheit und Sicherheit.

(2) Die Freiheit darf einem Menschen nur aus den Gründen und unter den Bedingungen entzogen werden, die vorher in der Verfassung des betreffenden

Mitgliedstaates oder einem gemäß der Verfassung erlassenen Gesetz vorgesehen waren.

(3) Niemand darf willkürlich festgenommen oder gefangen gehalten werden.

(4) Jede in Haft gehaltene Person muß über die Gründe ihrer Festnahme unterrichtet werden, und die gegen sie erhobene Beschuldigung oder Beschuldigungen müssen ihr unverzüglich mitgeteilt werden.

(5) Jede in Haft gehaltene Person muß unverzüglich einem Richter oder einem anderen gesetzlich zur Ausübung richterlicher Funktionen ermächtigten Beamten vorgeführt werden und hat Anspruch auf Aburteilung innerhalb einer angemessenen Frist oder auf Haftentlassung unbeschadet der Fortführung des Verfahrens. Die Freilassung kann von der Leistung einer Sicherheit für das Erscheinen vor Gericht abhängig gemacht werden.

(6) Jeder, der seiner Freiheit beraubt ist, hat das Recht, ein zuständiges Gericht anzurufen, damit das Gericht unverzüglich über die Rechtmäßigkeit seiner Festnahme oder Haft entscheidet und seine Freilassung anordnet, falls die Festnahme oder Haft widerrechtlich ist. In Mitgliedstaaten, deren Gesetze vorsehen, daß jeder, der sich von einer Freiheitsentziehung bedroht fühlt, das Recht hat, ein zuständiges Gericht anzurufen, damit es über die Rechtmäßigkeit solcher Bedrohung entscheidet, darf dieses Rechtsmittel nicht eingeschränkt oder abgeschafft werden. Der Betroffene oder eine andere Person in seinem Namen hat das Recht, diese Rechtsmittel einzulegen.

(7) Niemand darf wegen Schulden in Haft genommen werden. Dieser Grundsatz beschränkt nicht die Anordnungen, die eine zuständige richterliche Stelle wegen Nichterfüllung von Unterhaltsverpflichtungen trifft.

Art. 8 Recht auf ein faires Verfahren. (1) Jede Person hat das Recht, bei der Erhärtung einer gegen sie gerichteten strafrechtlichen Anklage oder bei der Überprüfung ihrer Rechte und Verpflichtungen zivil-, arbeits-, steuerrechtlicher oder irgend anderer Natur, unter fairen Garantien und innerhalb angemessener Zeit durch ein zuständiges, unabhängiges und unparteiisches, vorher durch Gesetz geschaffenes Gericht angehört zu werden.

(2) Jede wegen einer strafbaren Handlung angeklagte Person hat das Recht darauf, daß ihre Unschuld vermutet wird, solange ihre Schuld nicht auf gesetzmäßige Weise nachgewiesen wurde. Während des Verfahrens hat jede Person in voller Gleichheit das Recht auf folgende Mindestgarantien:

a) das Recht des Angeklagten auf unentgeltliche Beiziehung eines Übersetzers oder Dolmetschers, wenn er die Verhandlungssprache des Gerichts nicht versteht oder sich nicht darin ausdrücken kann;

b) vorherige detaillierte Mitteilung an den Angeklagten über die gegen ihn erhobenen Vorwürfe;

c) ausreichende Zeit und Mittel zur Vorbereitung seiner Verteidigung;

d) das Recht des Angeklagten, sich selbst zu verteidigen oder den Beistand eines Verteidigers seiner Wahl zu erhalten und frei und ungestört mit seinem Verteidiger zu verkehren;

e) das unveräußerliche Recht auf den Beistand eines vom Staat gestellten, je nach den Vorschriften des innerstaatlichen Rechts bezahlten oder nicht bezahlten Verteidigers, falls der Angeklagte sich nicht selbst verteidigt oder einen eigenen Verteidiger innerhalb der vom Gesetz vorgesehenen Frist beauftragt;

f) das Recht der Verteidigung, Fragen an die vor Gericht anwesenden Zeugen zu stellen, und Sachverständige oder andere Personen, die die Tatsachen erhellen könnten, als Zeugen vorladen zu lassen;

g) das Recht, nicht als Zeuge gegen sich selbst auftreten oder sich schuldig bekennen zu müssen; und

h) das Recht, gegen das Urteil bei einem höheren Gericht Berufung einzulegen.

(3) Ein Schuldbekenntnis des Angeklagten ist nur wirksam, wenn es ohne Zwang irgendeiner Art abgegeben wird.

(4) Ein Angeklagter, der durch ein unanfechtbares Urteil freigesprochen wurde, darf in derselben Sache nicht erneut einem Verfahren unterzogen werden.

(5) Strafverfahren sind öffentlich, soweit nicht Ausnahmen zum Schutz justizieller Interessen erforderlich sind.

Art. 9 Verbot rückwirkender Strafgesetze. Niemand darf wegen irgendeiner Handlung oder Unterlassung verurteilt werden, die zur Zeit ihrer Begehung nach dem anzuwendenden Recht nicht strafbar war. Eine höhere als die im Zeitpunkt der Begehung der strafbaren Handlung angedrohte Strafe darf nicht verhängt werden. Falls nach Begehung der Straftat das Gesetz die Verhängung einer leichteren Strafe vorsieht, muß der schuldigen Person dies zugutekommen.

Art. 10 Recht auf Entschädigung. Jede Person hat Anspruch auf gesetzmäßige Entschädigung, falls sie durch eine abschließende Entscheidung, die ein Fehlurteil darstellt, verurteilt wurde.

Art. 11 Recht auf Achtung der Privatsphäre. (1) Jeder hat das Recht auf Achtung seiner Ehre und Anerkennung seiner Würde.

(2) Niemand darf das Objekt willkürlicher oder mißbräuchlicher Eingriffe in sein Privatleben, seine Familie, seine Wohnung oder seinen Briefverkehr oder widerrechtlicher Angriffe auf seine Ehre oder seinen Ruf sein.

(3) Jeder hat Anspruch auf gesetzlichen Schutz gegen solche Eingriffe und Angriffe.

Art. 12 Gewissens- und Religionsfreiheit. (1) Jeder hat das Recht auf Gewissens- und Religionsfreiheit. Dies schließt die Freiheit ein, seine Religion oder Weltanschauung beizubehalten oder zu wechseln und seine Religion oder Weltanschauung entweder einzeln oder zusammen mit anderen öffentlich oder privat zu bekennen und zu verbreiten.

(2) Niemand darf Behinderungen unterworfen werden, die die Freiheit, seine Religion oder Weltanschauung beizubehalten oder zu wechseln, beeinträchtigen könnten.

(3) Die Freiheit, seine Religion oder Weltanschauung auszuüben, darf nur solchen gesetzlich vorgesehenen Beschränkungen unterworfen werden, die notwendig sind, um die öffentliche Sicherheit, Ordnung, Gesundheit oder Moral oder die Rechte oder Freiheiten anderer zu schützen.

(4) Eltern oder Vormünder haben das Recht, für eine religiöse und moralische Erziehung ihrer Kinder oder Mündel zu sorgen, die mit ihren jeweiligen eigenen Überzeugungen übereinstimmt.

Art. 13 Gedankenfreiheit und Freiheit der Meinungsäußerung.
(1) Jeder hat das Recht auf Gedankenfreiheit und Freiheit der Meinungsäußerung. Dieses Recht schließt die Freiheit ein, Nachrichten und Ideen jeder Art ohne Rücksicht auf Landesgrenzen zu ermitteln, zu empfangen oder mitzuteilen, sei es mündlich, schriftlich, gedruckt, als Kunstwerk oder durch irgendein anderes Mittel eigener Wahl.

(2) Die Ausübung des im vorangegangenen Absatz niedergelegten Rechts darf keiner Vorzensur unterworfen werden; sie unterliegt aber einer nachträglichen Haftung, die durch Gesetz ausdrücklich festzulegen ist, soweit dies erforderlich ist

a) zur Sicherung der Achtung der Rechte oder des guten Rufes anderer oder
b) zum Schutz der nationalen Sicherheit, der öffentlichen Ordnung oder Gesundheit oder der Moral.

(3) Das Recht der freien Meinungsäußerung darf nicht durch indirekte Verfahren oder Mittel eingeschränkt werden wie z. B. den Mißbrauch staatlicher oder privater Kontrolle über die Nachrichtenpresse, die Rundfunkfrequenzen oder die Vorrichtungen, die für die Verbreitung von Nachrichten gebraucht werden, oder durch andere Mittel, die darauf abzielen, die Vermittlung und Verbreitung von Ideen und Meinungen zu verhindern.

(4) Unbeschadet der Vorschriften des Absatzes 2 können öffentliche Unterhaltungsveranstaltungen durch Gesetz der Vorzensur unterworfen werden zu dem alleinigen Zweck, den Zugang zu ihnen im Hinblick auf den moralischen Schutz der Kinder und Jugendlichen zu regeln.

(5) Jede Kriegspropaganda oder Befürwortung nationalen, rassistischen oder religiösen Hasses, die eine Anstiftung zu gesetzwidriger Gewalt oder anderen ähnlichen gesetzwidrigen Handlungen gegen irgendeine Person oder Gruppe von Personen aus irgendwelchen Gründen einschließlich solchen der Rasse, Hautfarbe, Religion, Sprache oder nationalen Herkunft beinhalten, sind gesetzlich unter Strafe zu stellen.

Art. 14 Recht auf Erwiderung. (1) Jeder, der durch eine unrichtige oder beleidigende Behauptung oder Meinungsäußerung verletzt ist, die allgemein in der Öffentlichkeit durch ein gesetzlich geregeltes Kommunikationsmittel verbreitet wurde, hat unter den gesetzlich vorgesehenen Bedingungen das Recht auf eine Erwiderung oder Berichtigung unter Benutzung desselben Kommunikationsweges.

(2) Die Berichtigung oder Erwiderung darf in keinem Fall andere gesetzliche Haftungsgründe verdrängen, die erfüllt sein mögen.

(3) Zum wirksamen Schutz von Ehre und Ruf muß jeder Verleger und jede Zeitungs-, Film-, Radio- und Fernsehgesellschaft eine verantwortliche Person haben, die nicht durch Immunitäten oder besondere Privilegien geschützt ist.

Art. 15 Versammlungsrecht. Das Recht, sich friedlich und ohne Waffen zu versammeln, wird anerkannt. Die Ausübung dieses Rechts darf keinen anderen Einschränkungen unterworfen werden als den vom Gesetz vorgesehenen, die in einer demokratischen Gesellschaft im Interesse der äußeren und inneren Sicherheit oder der öffentlichen Ordnung oder Gesundheit, der Moral oder der Rechte oder Freiheiten anderer notwendig sind.

Art. 16 Vereinigungsfreiheit. (1) Jeder hat das Recht, sich mit anderen frei zu ideologischen, religiösen, politischen, wirtschaftlichen, arbeitsbezogenen, sozialen, kulturellen, sportlichen oder anderen Zwecken zusammenzuschließen.

(2) Die Ausübung dieses Rechts darf nur solchen gesetzlich vorgesehenen Einschränkungen unterworfen werden, die in einer demokratischen Gesellschaft im Interesse der äußeren und inneren Sicherheit oder der öffentlichen Ordnung oder Gesundheit, der Moral, oder der Rechte und Freiheiten anderer notwendig sind.

(3) Die Vorschriften dieses Artikels stehen der Auferlegung gesetzlicher Beschränkungen einschließlich sogar des Entzugs der Ausübung des Vereinigungsrechts für Mitglieder der Streitkräfte und der Polizei nicht entgegen.

Art. 17 Rechte der Familie. (1) Die Familie ist die natürliche und wesentliche Grundeinheit der Gesellschaft und hat ein Recht auf Schutz durch die Gesellschaft und den Staat.

(2) Das Recht der Männer und Frauen im Heiratsalter, eine Ehe einzugehen und eine Familie zu gründen, ist anzuerkennen, wenn sie die von innerstaatlichen Gesetzen geforderten Bedingungen erfüllen, soweit diese Bedingungen nicht den Grundsatz der Nichtdiskriminierung verletzen, wie er in dieser Konvention aufgestellt ist.

(3) Eine Ehe darf ohne die freie und volle Zustimmung der künftigen Ehegatten nicht geschlossen werden.

(4) Die Mitgliedstaaten unternehmen die zweckmäßigen Schritte zur Sicherung der Gleichheit der Rechte und der angemessenen Ausgewogenheit der Verantwortung der Ehegatten bezüglich der Ehe, während der Ehe und für den Fall ihrer Auflösung. Für den Fall der Auflösung müssen Vorkehrungen zum notwendigen Schutz der Kinder, allein nach Maßgabe ihres eigenen besten Interesses, getroffen werden.

(5) Das Gesetz muß ehelichen und nichtehelichen Kindern gleiche Rechte zuerkennen.

Art. 18 Namensrecht. Jede Person hat Anspruch auf einen Vornamen und auf die Nachnamen seiner Eltern oder den Nachnamen eines Elternteils. Das Gesetz regelt die Art und Weise, in der dieses Recht für alle gesichert wird, notfalls durch den Gebrauch von angenommenen Namen.

Art. 19 Rechte des Kindes. Jedes minderjährige Kind hat Anspruch auf die wegen seiner Minderjährigkeit erforderlichen Schutzmaßnahmen seitens der Familie, der Gesellschaft und des Staates.

Art. 20 Recht auf Staatsangehörigkeit. (1) Jede Person hat Anspruch auf eine Staatsangehörigkeit.

(2) Jede Person hat Anspruch auf die Staatsangehörigkeit des Staates, auf dessen Territorium sie geboren wurde, falls sie keinen Anspruch auf irgendeine andere Staatsangehörigkeit hat.

(3) Niemandem darf seine Staatsangehörigkeit oder das Recht, diese zu wechseln, willkürlich entzogen werden.

Art. 21 Eigentumsrecht. (1) Jeder hat das Recht, sein Eigentum zu gebrauchen und zu genießen. Das Gesetz kann den Gebrauch und Genuß den Interessen der Gesellschaft unterordnen.

(2) Niemandem darf sein Eigentum entzogen werden, außer gegen Zahlung einer gerechten Entschädigung, aus Gründen des öffentlichen Wohls oder sozialen Interesses und in den vom Gesetz geregelten Fällen und Verfahren.

(3) Wucher und jede andere Form der Ausbeutung des Menschen durch den Menschen ist gesetzlich verboten.

Art. 22 Freizügigkeit. (1) Jede Person, die sich rechtmäßig im Hoheitsgebiet eines Staates aufhält, hat gemäß den gesetzlichen Bestimmungen das Recht, sich dort frei zu bewegen und ihren Wohnsitz zu nehmen.

(2) Jede Person hat das Recht, jedes Land frei zu verlassen, einschließlich ihres eigenen.

(3) Die Ausübung der vorgenannten Rechte darf nur durch ein Gesetz eingeschränkt werden, soweit es in einer demokratischen Gesellschaft notwendig ist zur Verhütung von Straftaten oder zum Schutz der äußeren und inneren Sicherheit, der öffentlichen Ordnung, der öffentlichen Moral, der Gesundheit aller oder der Rechte und Freiheiten anderer.

(4) Die Ausübung der in Absatz 1 anerkannten Rechte darf durch Gesetz auch in bestimmten Gebieten aus Gründen des öffentlichen Interesses beschränkt werden.

(5) Niemand darf aus dem Hoheitsgebiet des Staates, dessen Staatsangehöriger er ist, ausgewiesen oder des Rechts beraubt werden, es zu betreten.

(6) Ein Ausländer, der sich rechtmäßig im Hoheitsgebiet eines Mitgliedstaates dieser Konvention aufhält, darf nur aufgrund einer gemäß dem Gesetz ergangenen Entscheidung ausgewiesen werden.

(7) Im Fall der Verfolgung wegen politischer Straftaten oder damit zusammenhängender gemeiner Verbrechen hat jede Person das Recht, in einem fremden Hoheitsgebiet entsprechend der Gesetzgebung des Staates und gemäß internationaler Abkommen um Asyl nachzusuchen und es gewährt zu bekommen.

(8) In keinem Fall darf ein Ausländer in ein Land – unabhängig davon, ob es sein Herkunftsland ist oder nicht – abgeschoben oder zurückgeschickt werden, wenn in diesem Land sein Recht auf Leben oder persönliche Freiheit in Gefahr ist, wegen seiner Rasse, Staatsangehörigkeit, Religion, sozialen Stellung oder politischen Meinungen verletzt zu werden.

(9) Kollektivausweisungen von Ausländern sind nicht zulässig.

Art. 23 Staatsbürgerliche Grundrechte. (1) Jeder Staatsbürger muß die folgenden Rechte und Möglichkeiten haben:
a) an der Gestaltung der öffentlichen Angelegenheiten unmittelbar oder durch frei gewählte Vertreter teilzunehmen;
b) bei echten, wiederkehrenden, allgemeinen, gleichen und geheimen Wahlen, bei denen die freie Äußerung des Wählerwillens gewährleistet ist, zu wählen und gewählt zu werden;
c) unter allgemeinen Gesichtspunkten der Gleichheit Zugang zum öffentlichen Dienst seines Landes zu haben.

(2) Die Ausübung der Rechte und Möglichkeiten nach Absatz 1 darf nur von solchen gesetzlich geregelten Voraussetzungen abhängig gemacht werden, die Alter, Staatsangehörigkeit, Wohnsitz, Sprache, Bildung, Innehabung der bürgerlichen Ehrenrechte, Zurechnungsfähigkeit oder eine Verurteilung durch ein zuständiges Gericht in Strafsachen betreffen.

Art. 24 Gleichheit vor dem Gesetz. Alle Menschen sind vor dem Gesetz gleich. Sie haben daher ohne Diskriminierung Anspruch auf gleichen Schutz durch das Gesetz.

Art. 25 Gerichtlicher Rechtsschutz. (1) Jedermann hat das Recht, sich im Fall einer Verletzung seiner durch die Verfassung oder die Gesetze des betreffenden Staates oder durch diese Konvention anerkannten Grundrechte mit einer einfachen und sofortigen Beschwerde oder einem anderen effektiven Rechtsmittel an ein zuständiges Gericht oder gerichtsähnliches Organ zu wenden, auch wenn die Verletzung durch eine Person begangen wurde, die in Ausübung eines öffentlichen Amtes handelte.

(2) Die Vertragsstaaten verpflichten sich:

a) dafür Sorge zu tragen, daß jeder, der ein solches Rechtsmittel einlegt, sein Recht durch die nach den Rechtsvorschriften des Staates zuständige Stelle feststellen lassen kann;

b) den gerichtlichen Rechtsschutz auszubauen; und

c) dafür Sorge zu tragen, daß die zuständigen Stellen Beschwerden, denen stattgegeben wurde, Geltung verschaffen.

Kapitel III. Ökonomische, soziale und kulturelle Rechte

Art. 26 Förderung der Entwicklung. Die Vertragsstaaten verpflichten sich, sowohl intern als auch im Wege internationaler Zusammenarbeit Maßnahmen insbesondere ökonomischer und technischer Art zu ergreifen, die darauf gerichtet sind, durch gesetzliche oder andere geeignete Mittel schrittweise die volle Realisierung der Rechte zu erreichen, welche in den ökonomischen, sozialen, bildungsmäßigen, wissenschaftlichen und kulturellen Standards der Charta der Organisation Amerikanischer Staaten in der Fassung des Protokolls von Buenos Aires inbegriffen sind.

Kapitel IV. Außerkraftsetzung von Rechten, Auslegung und Anwendung

Art. 27 Außerkraftsetzung von Rechten. (1) Im Fall eines Krieges, einer öffentlichen Gefahr oder eines anderen Notstandes, der die Unabhängigkeit oder Sicherheit eines Vertragsstaates bedroht, kann dieser Maßnahmen ergreifen, die seine Verpflichtungen nach dieser Konvention außer Kraft setzen, soweit und solange die Lage es unbedingt erfordert und vorausgesetzt, daß diese Maßnahmen seinen sonstigen völkerrechtlichen Verpflichtungen nicht zuwiderlaufen und keine Diskriminierung aufgrund von Rasse, Hautfarbe, Geschlecht, Sprache, Religion oder sozialer Herkunft enthalten.

(2) Die folgenden Artikel dürfen auch aufgrund der vorstehenden Bestimmung nicht außer Kraft gesetzt werden: Artikel 3 (Recht auf Anerkennung der Rechtsfähigkeit), Artikel 4 (Recht auf Leben), Artikel 5 (Recht auf men-

schenwürdige Behandlung), Artikel 6 (Freiheit von Sklaverei), Artikel 9 (Verbot rückwirkender Strafgesetze), Artikel 12 (Gewissens- und Religionsfreiheit), Artikel 17 (Rechte der Familie), Artikel 18 (Namensrecht), Artikel 19 (Rechte des Kindes), Artikel 20 (Recht auf Staatsangehörigkeit) und Artikel 23 (Staatsbürgerliche Grundrechte). Dasselbe gilt für die zum Schutz dieser Rechte wesentlichen Rechtsschutzgarantien.

(3) Jeder Vertragsstaat, der von dem Recht, Verpflichtungen außer Kraft zu setzen, Gebrauch macht, hat den übrigen Vertragsstaaten unverzüglich durch den Generalsekretär der Organisation Amerikanischer Staaten mitzuteilen, welche Bestimmungen er außer Kraft gesetzt hat, welches die Gründe für die Außerkraftsetzung waren und auf welchen Zeitpunkt die Beendigung der Außerkraftsetzung festgesetzt worden ist.

Art. 28 Bundesstaatsklausel. (1) Ist ein Vertragsstaat als Bundesstaat organisiert, so führen Bundesorgane dieses Vertragsstaates alle diejenigen Bestimmungen der Konvention durch, für deren Gegenstand der Bund die Gesetzgebungs- und Rechtsprechungszuständigkeit besitzt.

(2) Hinsichtlich der Bestimmungen, für deren Gegenstand die einzelnen Glieder des Bundesstaates zuständig sind, werden auf Bundesebene unverzüglich sachdienliche, mit der Verfassung und den Gesetzen vereinbare Maßnahmen getroffen, damit die zuständigen Organe der Gliedstaaten die geeigneten Regelungen zur Erfüllung dieser Konvention einführen.

(3) Wenn zwei oder mehr Vertragsstaaten die Bildung eines Bundesstaates oder eine andere Art des Zusammenschlusses beschließen, tragen sie Sorge dafür, daß der entsprechende Vertrag die Bestimmungen enthält, die erforderlich sind, um die Standards dieser Konvention in dem neu organisierten Staat beizubehalten und wirksam zu machen.

Art. 29 Auslegungsregeln. Keine Bestimmung dieser Konvention darf dahin ausgelegt werden, daß sie:
a) einem Staat, einer Gruppe oder einer Person gestattet, den Genuß oder die Ausübung der in dieser Konvention anerkannten Rechte und Freiheiten zu unterdrücken oder sie stärker als darin vorgesehen zu beschränken;
b) den Genuß oder die Ausübung von Rechten oder Freiheiten einschränkt, die durch die Gesetze eines Vertragsstaates oder durch eine andere Konvention, der ein Vertragsstaat beigetreten ist, anerkannt sind;
c) andere Rechte oder Garantien ausschließt, die der menschlichen Persönlichkeit innewohnen oder sich aus der Regierungsform der repräsentativen Demokratie ergeben; oder
d) Wirkungen der Amerikanischen Erklärung der Rechte und Pflichten des Menschen oder anderer internationaler Urkunden derselben Art ausschließen oder beschränken.

Art. 30 Umfang der Einschränkbarkeit. Die Einschränkungen, denen nach dieser Konvention die darin anerkannten Rechte und Freiheiten oder ihrer Ausübung unterworfen werden können, dürfen nur nach Maßgabe von aus Gründen des Allgemeinwohls erlassenen Gesetzen und nur in Übereinstimmung mit dem Zweck der Einschränkung angewendet werden.

Art. 31 Anerkennung anderer Rechte. Andere Rechte und Freiheiten, die in Übereinstimmung mit den in Artikeln 76 und 77 vorgesehenen Verfahren anerkannt worden sind, können in das Schutzsystem dieser Konvention einbezogen werden.

Kapitel V. Persönliche Verantwortlichkeiten

Art. 32 Verhältnis von Pflichten und Rechten. (1) Jede Person hat Verpflichtungen gegenüber ihrer Familie, ihrem Gemeinwesen und der Menschheit.

(2) Die Rechte jedes Einzelnen werden begrenzt durch die Rechte anderer, durch die Sicherheit aller und durch die berechtigten Anforderungen des Allgemeinwohls in einer demokratischen Gesellschaft.

Teil II. Schutz der Rechte und Freiheiten

Kapitel VI. Zuständige Organe

Art. 33. Die folgenden Organe sind zuständig in Angelegenheiten, die die Erfüllung der Verpflichtungen der Vertragsstaaten nach dieser Konvention betreffen:

a) die Inter-Amerikanische Kommission für Menschenrechte, im folgenden „Kommission" genannt; und

b) der Inter-Amerikanische Gerichtshof für Menschenrechte, im folgenden „Gerichtshof" genannt.

Kapitel VII. Die Inter-Amerikanische Kommission für Menschenrechte

Abschnitt 1. Organisation

Art. 34. Die Inter-Amerikanische Kommission für Menschenrechte besteht aus sieben Mitgliedern, die Persönlichkeiten von hohem sittlichen Ansehen und anerkannter Sachkenntnis auf dem Gebiet der Menschenrechte sein müssen.

Art. 35. Die Kommission vertritt alle Mitgliedstaaten der Organisation Amerikanischer Staaten.

Art. 36. (1) Die Mitglieder der Kommission werden in individueller Eigenschaft durch die Generalversammlung der Organisation aus einer Liste von Kandidaten gewählt, die von den Regierungen der Mitgliedstaaten vorgeschlagen worden sind.

(2) Jede dieser Regierungen kann bis zu drei Kandidaten vorschlagen, die die Staatsangehörigkeit des vorschlagenden Staates oder die eines anderen Mitgliedstaates der Organisation Amerikanischer Staaten besitzen können. Wenn ein Staat drei Kandidaten vorschlägt, muß mindestens einer der Kandidaten Staatsangehöriger eines anderen als des vorschlagenden Staates sein.

Art. 37. (1) Die Mitglieder der Kommission werden für eine Amtszeit von vier Jahren gewählt und können nur einmal wiedergewählt werden. Jedoch läuft die Amtszeit von drei der bei der ersten Wahl gewählten Mitglieder nach Ablauf von zwei Jahren ab. Unmittelbar nach der ersten Wahl stellt die Generalversammlung die Namen dieser drei Mitglieder durch Los fest.

(2) Der Kommission darf jeweils nur ein Angehöriger eines einzelnen Staates angehören.

Art. 38. Wird ein Sitz in der Kommission aus anderen Gründen als wegen des normalen Ablaufs der Amtszeit frei, so wird er durch den Ständigen Rat der Organisation gemäß den Vorschriften der Satzung der Kommission neu besetzt.

Art. 39. Die Kommission bereitet ihre Satzung vor, die sie der Generalversammlung zur Zustimmung unterbreitet. Die näheren Vorschriften gibt die Kommission sich selbst.

Art. 40. Sekretariatsdienste für die Kommission werden durch die geeignete Abteilung des Generalsekretariats der Organisation gestellt. Diese Abteilung wird mit den Mitteln ausgestattet, die erforderlich sind, um die ihr von der Kommission zugewiesenen Arbeiten auszuführen.

Abschnitt 2. Aufgaben

Art. 41. Hauptaufgabe der Kommission ist es, die Achtung und Verteidigung der Menschenrechte zu fördern. In Erfüllung ihres Auftrags hat sie die folgenden Aufgaben und Befugnisse:

a) das Bewußtsein für die Menschenrechte unter den Völkern Amerikas weiterzuentwickeln;

b) den Regierungen der Mitgliedstaaten, wenn sie dies für ratsam hält, Empfehlungen über fortschreitende Maßnahmen zugunsten der Menschenrechte im Rahmen der jeweiligen Verfassung und Gesetze und für geeignete Maßnahmen zur Förderung der Beachtung dieser Rechte zu unterbreiten;

c) Berichte oder Untersuchungen anzufertigen, soweit sie das in Erfüllung ihrer Pflichten für ratsam hält;

d) die Regierungen der Mitgliedstaaten aufzufordern, ihr Informationen über Maßnahmen zu verschaffen, die diese in Angelegenheiten der Menschenrechte getroffen haben;

e) auf Anfragen der Mitgliedstaaten in Angelegenheiten, die die Menschenrechte betreffen, durch das Generalsekretariat der Organisation der Amerikanischen Staaten zu antworten und im Rahmen ihrer Möglichkeiten dem Ersuchen solcher Staaten um Beratung zu entsprechen;

f) aufgrund von Eingaben und anderen Mitteilungen im Rahmen ihrer Befugnisse nach Maßgabe der Artikel 44 bis 51 dieser Konvention tätig zu werden; und

g) der Generalversammlung der Organisation der Amerikanischen Staaten jährlich einen Bericht zu unterbreiten.

Art. 42. Die Vertragsstaaten übermitteln der Kommission ein Exemplar aller Berichte und Untersuchungen, die sie jährlich den Exekutivausschüssen des Inter-Amerikanischen Wirtschafts- und Sozialrates und des Inter-Amerikanischen Rates für Erziehung, Wissenschaft und Kultur auf deren jeweiligen Gebieten vorlegen, so daß die Kommission über die Förderung der Rechte wachen kann, die in den wirtschaftlichen, sozialen, bildungsmäßigen, wissenschaftlichen und kulturellen Standards der Charta der Organisation der Amerikanischen Staaten in der Fassung des Protokolls von Buenos Aires inbegriffen sind.

Art. 43. Die Vertragsstaaten verpflichten sich, der Kommission über die Art und Weise, in der ihr innerstaatliches Recht die wirksame Anwendung jeglicher Bestimmungen dieser Konvention sichert, die erbetenen Informationen zu verschaffen.

Abschnitt 3. Zuständigkeit

Art. 44. Jede Person oder Personengruppe und jede in einem oder mehreren Mitgliedstaaten der Organisation rechtlich anerkannte nichtstaatliche Einheit kann bei der Kommission Eingaben einbringen, die Anzeigen oder Beschwerden über eine Verletzung dieser Konvention durch einen Vertragsstaat enthalten.

Art. 45. (1) Jeder Vertragsstaat kann bei Hinterlegung der Urkunde über die Ratifikation oder den Beitritt zu dieser Konvention oder zu jedem späteren Zeitpunkt erklären, daß er die Zuständigkeit der Kommission anerkennt, Mitteilungen entgegenzunehmen und zu prüfen, in denen ein Vertragsstaat die Verletzung eines der in dieser Konvention niedergelegten Menschenrechte durch einen anderen Vertragsstaat behauptet.

(2) Aufgrund dieses Artikels eingehende Mitteilungen dürfen nur zugelassen und geprüft werden, wenn sie durch einen Vertragsstaat eingereicht sind, der eine Erklärung abgegeben hat, in der er die vorgenannte Zuständigkeit der Kommission anerkennt. Die Kommission nimmt keine Mitteilung als zulässig entgegen, die sich gegen einen Staat richtet, der eine solche Erklärung nicht abgegeben hat.

(3) Eine Erklärung über die Anerkennung der Zuständigkeit kann mit Wirkung für unbestimmte Zeit, für einen bestimmten Zeitraum oder für einen bestimmten Fall abgegeben werden.

(4) Die Erklärungen werden beim Generalsekretariat der Organisation der Amerikanischen Staaten hinterlegt, das den Mitgliedstaaten der Organisation Abschriften davon übermittelt.

Art. 46. (1) Die Zulässigkeit einer nach Artikel 44 oder Artikel 45 eingereichten Eingabe oder Mitteilung setzt voraus,
a) daß der innerstaatliche Rechtsweg in Übereinstimmung mit den allgemein anerkannten Grundsätzen des Völkerrechts erschöpft worden ist;
b) daß die Eingabe oder Mitteilung innerhalb eines Zeitraums von sechs Monaten seit dem Tag, an dem der eine Verletzung ihrer Rechte behauptenden Partei von der abschließenden Entscheidung Mitteilung gemacht wurde, eingereicht wird;
c) daß der Gegenstand der Eingabe oder Mitteilung nicht in einem anderen internationalen Verfahren zur Beilegung anhängig ist; und

d) daß im Fall des Artikel 44 die Eingabeschrift Namen, Staatsangehörigkeit, Beruf, Wohnsitz und Unterschrift der Person oder Personen oder des rechtlichen Vertreters der Einheit enthält, die die Eingabe machen.

(2) Die Bestimmungen des Absatz 1a) und Absatz 1b) dieses Artikels sind nicht anzuwenden, wenn

a) das innerstaatliche Recht des betreffenden Staates ein rechtsstaatliches Verfahren zum Schutz des Rechts oder der Rechte, deren Verletzung behauptet wird, nicht zur Verfügung stellt;

b) der Partei, die eine Verletzung ihrer Rechte behauptet, der Zugang zu innerstaatlichen Rechtsmitteln verweigert wurde oder die Partei daran gehindert wurde, den Rechtsweg zu erschöpfen; oder

c) die abschließende Entscheidung über ein solches Rechtsmittel in unberechtigter Weise verzögert worden ist.

Art. 47. Die Kommission weist nach Artikel 44 oder nach Artikel 45 eingereichte Eingaben oder Mitteilungen als unzulässig zurück, wenn

a) eine der in Artikel 46 aufgeführten Voraussetzungen nicht erfüllt ist;

b) in der Eingabe oder Mitteilung keine Tatsachen angeführt sind, die eine Verletzung der in dieser Konvention garantierten Rechte als möglich erscheinen lassen;

c) die Angaben des Antragstellers oder des Staates erkennen lassen, daß die Eingabe oder Mitteilung offensichtlich grundlos oder offenbar abwegig ist; oder

d) die Eingabe oder Mitteilung mit einer zuvor bereits einmal durch die Kommission oder durch eine andere internationale Organisation untersuchten im wesentlichen identisch ist.

Abschnitt 4. Verfahren

Art. 48. (1) Erhält die Kommission eine Eingabe oder Mitteilung, in der die Verletzung eines durch diese Konvention geschützten Rechts behauptet wird, so verfährt sie wie folgt:

a) Hält sie die Eingabe oder Mitteilung für zulässig, so ersucht sie die Regierung des Staates, der für die behauptete Verletzung verantwortlich gemacht wird, um Information und stellt dieser Regierung eine Abschrift der einschlägigen Teile der Eingabe oder Mitteilung zur Verfügung. Die Information muß innerhalb einer angemessenen Frist vorgelegt werden, die die Kommission nach den Umständen des jeweiligen Falles festsetzt.

b) Nachdem die Information eingegangen ist oder die gesetzte Frist abgelaufen ist, ohne daß die Information gegeben wurde, stellt die Kommission fest, ob die Gründe für die Eingabe oder Mitteilung noch fortbestehen. Ist dies nicht der Fall, erklärt die Kommission den Fall für abgeschlossen.

c) Die Kommission kann die Eingabe oder Mitteilung auch auf der Basis nachträglich erhaltener Informationen oder Beweismittel für unzulässig oder ordnungswidrig erklären.

d) Wird der Fall nicht für abgeschlossen erklärt, so prüft die Kommission, nachdem sie die Parteien informiert hat, die in der Eingabe oder Mitteilung vorgetragene Angelegenheit, um die Tatsachen festzustellen. Falls dieses erforderlich und ratsam ist, führt die Kommission eine Untersuchung durch; sie ersucht um die für eine wirksame Durchführung erforderlichen Hilfsmittel, und die betreffenden Staaten stellen diese zur Verfügung.

e) Die Kommission kann von den betreffenden Staaten einschlägige Informationen anfordern. Wenn dies beantragt wird, hört sie mündliche Stellungnahmen der betreffenden Parteien an oder nimmt schriftliche Stellungnahmen von diesen entgegen.

f) Die Kommission stellt sich den betreffenden Parteien zur Verfügung, um auf der Grundlage der Achtung vor den in dieser Konvention anerkannten Menschenrechten eine gütliche Beilegung der Angelegenheit zu erreichen.

(2) In schwerwiegenden und dringenden Fällen genügt jedoch eine Eingabe oder Mitteilung, die alle formalen Zulässigkeitsvoraussetzungen erfüllt, damit die Kommission mit vorheriger Zustimmung des Staates, in dessen Gebiet eine Verletzung begangen worden sein soll, eine Untersuchung durchführt.

Art. 49. Wenn eine gütliche Beilegung gemäß Artikel 48 Abs. 1 f) erreicht worden ist, fertigt die Kommission einen Bericht an, der dem Antragsteller und den Vertragsstaaten dieser Konvention zugestellt und sodann dem Generalsekretär der Organisation Amerikanischer Staaten zur Publikation übermittelt wird. Dieser Bericht enthält eine kurze Darlegung der Fakten und der gefundenen Lösung. Wenn eine Partei des Falles darum ersucht, wird ihr eine möglichst vollständige Information zur Verfügung gestellt.

Art. 50. (1) Wenn eine Beilegung nicht erreicht wird, fertigt die Kommission innerhalb der in ihrer Satzung vorgesehenen Frist einen Bericht an, in dem sie die Tatsachen und die Ergebnisse, zu denen sie gelangt ist, darlegt. Gibt der Bericht im Ganzen oder in Teilen nicht die einhellige Auffassung aller Mitglieder der Kommission wieder, so ist jedes Mitglied berechtigt, dem Bericht eine abweichende Meinung beizufügen. Die gemäß Artikel 48 Abs. 1 e) abgegebenen schriftlichen und mündlichen Stellungnahmen der Parteien werden dem Bericht ebenfalls beigefügt.

(2) Der Bericht wird den betreffenden Staaten übermittelt; diese sind nicht berechtigt, ihn zu veröffentlichen.

(3) Bei der Übermittlung des Berichts kann die Kommission ihr geeignet erscheinende Vorschläge machen und Empfehlungen abgeben.

Art. 51. (1) Wird innerhalb eines Zeitraums von drei Monaten, vom Zeitpunkt der Übermittlung des Berichts der Kommission an die betreffenden Staaten gerechnet, die Angelegenheit nicht entweder beigelegt oder durch die Kommission oder den betreffenden Staat dem Gerichtshof vorgelegt und dessen Zuständigkeit anerkannt, so kann die Kommission mit den Stimmen der absoluten Mehrheit ihrer Mitglieder ihre Auffassung und ihre Ergebnisse in der ihr unterbreiteten Angelegenheit darlegen.

(2) Wo dies angezeigt erscheint, gibt die Kommission sachdienliche Empfehlungen ab und bestimmt eine Frist, innerhalb derer der Staat die ihm obliegenden Maßnahmen zu treffen hat, um in der untersuchten Angelegenheit Abhilfe zu schaffen.

(3) Nach Ablauf der bestimmten Frist entscheidet die Kommission mit den Stimmen der absoluten Mehrheit ihrer Mitglieder, ob der Staat angemessene Maßnahmen getroffen hat und ob der Kommissionsbericht veröffentlicht wird.

Kapitel VIII. Inter-Amerikanischer Gerichtshof für Menschenrechte

Abschnitt 1. Organisation

Art. 52. (1) Der Gerichtshof besteht aus sieben Richtern, die Staatsangehörige der Mitgliedstaaten der Organisation sein müssen und in ihrer persönlichen Eigenschaft ausgewählt werden aus den Juristen von höchster moralischer Autorität und anerkannter Sachkenntnis auf dem Gebiet der Menschenrechte, die nach dem Recht des Staates, dem sie angehören, oder des Staates, der sie als Kandidaten vorschlägt, die Voraussetzungen für die Ausübung der höchsten richterlichen Ämter erfüllen.

(2) Dem Gerichtshof darf jeweils nur ein Angehöriger eines einzelnen Staates angehören.

Art. 53. (1) Die Richter des Gerichtshofs werden in geheimer Abstimmung mit den Stimmen der absoluten Mehrheit der Vertragsstaaten der Konvention in der Generalversammlung der Organisation aus einer Liste von durch diese Staaten vorgeschlagenen Kandidaten gewählt.

(2) Jeder Vertragsstaat kann bis zu drei Kandidaten vorschlagen, die Angehörige des vorschlagenden Staates oder eines anderen Mitgliedstaats der Organisation der Amerikanischen Staaten sein können. Werden drei Kandidaten vorgeschlagen, so muß mindestens einer der Kandidaten Angehöriger eines anderen als des vorschlagenden Staates sein.

Art. 54. (1) Die Richter des Gerichtshofes werden für eine Amtszeit von sechs Jahren gewählt und können nur einmal wiedergewählt werden. Die Amtszeit von drei der bei der ersten Wahl gewählten Richter endet nach drei Jahren. Unmittelbar nach der Wahl werden die Namen dieser drei Richter in der Generalversammlung durch Los bestimmt.

(2) Ein Mitglied des Gerichtshofs, das zum Ersatz eines anderen Mitglieds gewählt wird, dessen Amtszeit noch nicht abgelaufen war, bleibt bis zum Ablauf der Amtszeit seines Vorgängers im Amt.

(3) Die Richter bleiben bis zum Ablauf ihrer Amtszeit im Amt. Sie bleiben jedoch tätig in Fällen, in denen sie bereits zu verhandeln begonnen haben und die noch anhängig sind; eine Ablösung durch die neu gewählten Richter findet insoweit nicht statt.

Art. 55. (1) Ist ein Richter Angehöriger eines der Staaten, die in einem dem Gerichtshof unterbreiteten Fall Partei sind, so bleibt er zur Mitwirkung in diesem Fall befugt.

(2) Ist einer der zur Mitwirkung in einem Fall berufenen Richter Angehöriger eines der Staaten, die in dem Fall Partei sind, so kann jeder andere in dem Fall als Partei beteiligte Staat eine Person nach eigener Wahl benennen, die dem Gerichtshof als ad-hoc-Richter beitritt.

(3) Ist keiner der in einem Fall zur Mitwirkung berufenen Richter Angehöriger eines der in dem Fall als Partei beteiligten Staaten, so kann jeder dieser Staaten einen ad-hoc-Richter benennen.

(4) Ein ad-hoc-Richter muß die in Artikel 52 genannten Voraussetzungen erfüllen.

(5) Haben mehrere Vertragsstaaten der Konvention an einem Fall dasselbe Interesse, so werden sie im Hinblick auf die obigen Bestimmungen als eine einzige Partei angesehen. In Zweifelsfällen entscheidet der Gerichtshof.

Art. 56. Der Gerichtshof ist für die Führung seiner Geschäfte mit fünf Richtern beschlußfähig.

Art. 57. Die Kommission tritt in allen Fällen vor dem Gerichtshof auf.

Art. 58. (1) Der Gerichtshof hat seinen Sitz an einem durch die Vertragsstaaten der Konvention in der Generalversammlung der Organisation zu bestimmenden Ort; er kann jedoch mit vorheriger Zustimmung des betreffenden Staates im Gebiet jedes Mitgliedstaates der Organisation der Amerikanischen Staaten zusammentreten, wenn eine Mehrheit des Gerichts es für wünschenswert hält.

Der Sitz des Gerichtshofs kann durch die Vertragsstaaten der Konvention in der Generalversammlung mit Zweidrittelmehrheit geändert werden.

(2) Der Gerichtshof bestellt einen Sekretär.

(3) Der Sekretär führt sein Büro am Ort des Sitzes des Gerichtshofs und wohnt den Sitzungen bei, die der Gerichtshof an anderen Orten abhält.

Art. 59. Der Gerichtshof richtet ein Sekretariat ein, das unter der Leitung des Sekretärs des Gerichtshofs gemäß den administrativen Regeln des Generalsekretariats der Organisation arbeitet, soweit dies nicht unvereinbar ist mit der Unabhängigkeit des Gerichtshofs. Das Personal des Sekretariats des Gerichtshofs wird durch den Generalsekretär der Organisation unter Rücksprache mit dem Sekretär des Gerichtshofs benannt.

Art. 60. Der Gerichtshof stellt eine eigene Satzung auf, die er der Generalversammlung zur Zustimmung unterbreitet. Er beschließt über seine Verfahrensregeln.

Abschnitt 2. Zuständigkeit und Aufgaben

Art. 61. (1) Nur die Vertragsstaaten und die Kommission haben das Recht, einen Fall dem Gerichtshof vorzulegen.

(2) Der Gerichtshof verhandelt über einen Fall nur, wenn die in Artikel 48 bis 50 geregelten Verfahren durchgeführt worden sind.

Art. 62. (1) Jeder Vertragsstaat kann bei Hinterlegung seiner Urkunde über die Ratifikation oder den Beitritt zu dieser Konvention oder zu jedem späteren Zeitpunkt erklären, daß er die Gerichtsbarkeit des Gerichtshofs in allen die Auslegung oder Anwendung dieser Konvention betreffenden Angelegenheiten als ipso facto, ohne daß es besonderer Vereinbarungen bedürfte, bindend anerkennt.

(2) Eine solche Erklärung kann unbedingt, unter der Bedingung der Gegenseitigkeit, für einen bestimmten Zeitraum oder für bestimmte Fälle abgegeben werden. Sie wird dem Generalsekretär der Organisation vorgelegt, der

Abschriften davon den anderen Mitgliedstaaten der Organisation und dem Sekretär des Gerichtshofs übermittelt.

(3) Die Gerichtsbarkeit des Gerichtshofs erstreckt sich auf alle die Auslegung und Anwendung der Bestimmungen dieser Konvention betreffenden Fälle, die ihm unterbreitet werden, vorausgesetzt, daß die an dem Fall als Parteien beteiligten Staaten diese Gerichtsbarkeit, sei es durch besondere Erklärung nach den vorausgegangenen Absätzen, sei es durch besondere Vereinbarung, anerkennen oder anerkannt haben.

Art. 63. (1) Kommt der Gerichtshof zu dem Ergebnis, daß eine Verletzung von durch diese Konvention geschützten Rechten oder Freiheiten stattgefunden hat, so ordnet der Gerichtshof an, daß dem verletzten Beteiligten der ungestörte Genuß des verletzten Rechts garantiert wird. Er ordnet geeignetenfalls auch an, daß die Folgen der Maßnahme oder Situation, die die Rechtsverletzung beinhaltete, beseitigt werden und daß dem verletzten Beteiligten eine angemessene Entschädigung gezahlt wird.

(2) In äußerst schwerwiegenden und dringenden Fällen und wenn dies nötig ist, um zu vermeiden, daß Menschen nicht wiedergutzumachenden Schaden erleiden, ordnet der Gerichtshof in Angelegenheiten, die bei ihm anhängig sind, die ihm richtig erscheinenden Maßnahmen an. In Fällen, die dem Gerichtshof noch nicht vorgelegt worden sind, kann dieser auf Ersuchen der Kommission handeln.

Art. 64. (1) Die Mitgliedstaaten der Organisation können den Gerichtshof um Rat über die Auslegung dieser Konvention oder anderer den Schutz der Menschenrechte in den amerikanischen Staaten betreffender Verträge ersuchen. Im Rahmen ihrer Zuständigkeit können die in Kapitel X der Charta der Organisation Amerikanischer Staaten in der Fassung des Protokolls von Buenos Aires aufgeführten Organe in gleicher Weise den Gerichtshof um Rat ersuchen.

(2) Der Gerichtshof kann auf Ersuchen eines Mitgliedstaates der Organisation diesem Gutachten über die Vereinbarkeit von Bestimmungen seines innerstaatlichen Rechts mit den vorgenannten internationalen Übereinkommen abgeben.

Art. 65. Zu jeder ordentlichen Sitzung der Generalversammlung der Organisation Amerikanischer Staaten legt der Gerichtshof der Generalversammlung einen Bericht über seine Arbeit während des vorausgegangenen Jahres zur Beratung vor. Er führt insbesondere die Fälle auf, in denen ein Staat seinem Urteilsspruch nicht nachgekommen ist, und gibt dazu geeignete Empfehlungen ab.

Abschnitt 3. Verfahren

Art. 66. (1) Die Urteile des Gerichtshofs werden mit einer Begründung versehen.

(2) Gibt das Urteil im Ganzen oder in Teilen nicht die übereinstimmende Auffassung der Richter wieder, so ist jeder Richter berechtigt, seine abweichende oder gesonderte Meinung dem Urteil beizufügen.

Art. 67. Das Urteil des Gerichtshofs ist endgültig und unanfechtbar. Bei Meinungsverschiedenheiten über die Bedeutung oder Reichweite des Urteils legt der Gerichtshof es auf Antrag jeder der Parteien aus, wenn der Antrag innerhalb von neunzig Tagen nach der Bekanntgabe des Urteils gestellt wird.

Art. 68. (1) Die Vertragsstaaten der Konvention verpflichten sich, das Urteil des Gerichtshofs in jedem Fall, an dem sie als Parteien beteiligt sind, zu befolgen.

(2) Der Teil eines Urteils, der Schadensersatzleistungen festsetzt, kann in dem betreffenden Land in dem für die Vollstreckung von Urteilen gegen den Staat nach innerstaatlichem Recht vorgesehenen Verfahren vollstreckt werden.

Art. 69. Das Urteil des Gerichtshofs wird den an dem Fall beteiligten Parteien bekanntgegeben und den Vertragsstaaten der Konvention übermittelt.

Kapitel IX. Gemeinsame Vorschriften

Art. 70. (1) Die Richter des Gerichtshofs und die Mitglieder der Kommission genießen vom Zeitpunkt ihrer Wahl an und während ihrer gesamten Amtszeit die für diplomatische Vertreter nach internationalem Recht geltende Immunität. In der Ausübung ihres Amtes genießen sie außerdem die zur Erfüllung ihrer Pflichten erforderlichen diplomatischen Vorrechte.

(2) Zu keinem Zeitpunkt dürfen die Richter des Gerichtshofs oder die Mitglieder der Kommission für Entscheidungen oder Stellungnahmen, die sie in Ausübung ihres Amtes abgegeben haben, zur Verantwortung gezogen werden.

Art. 71. Die Stellung eines Richters des Gerichtshofs oder Mitglieds der Kommission ist unvereinbar mit jeder anderen Tätigkeit, die, nach näherer Bestimmung der jeweiligen Satzung, die Unabhängigkeit oder Unparteilichkeit des Richters oder Kommissionsmitglieds beeinträchtigen könnte.

Art. 72. Die Richter des Gerichtshofs und die Mitglieder der Kommission erhalten Vergütungen und Reisemittel in der Weise und unter den Bedingungen, die unter angemessener Berücksichtigung der Bedeutung und der Unabhängigkeit ihrer Ämter in ihren Satzungen bestimmt sind. Diese Vergütungen und Reisemittel werden im Haushalt der Organisation Amerikanischer Staaten festgesetzt, der auch die Ausgaben des Gerichtshofs und seines Sekretariats ausweist. Zu diesem Zweck stellt der Gerichtshof einen eigenen Haushaltsplan auf und legt ihn durch das Generalsekretariat der Generalversammlung zur Zustimmung vor. Das Generalsekretariat darf keine Änderungen daran vornehmen.

Art. 73. Die Generalversammlung kann, jeweils ausschließlich auf Antrag der Kommission oder des Gerichtshofs, Sanktionen gegen Mitglieder der Kommission oder Richter des Gerichtshofs festsetzen, wenn dafür hinreichende Gründe nach den Bestimmungen der jeweiligen Satzung vorliegen. Für eine Entscheidung im Fall eines Mitglieds der Kommission sind die Stimmen einer Mehrheit von zwei Dritteln der Mitgliedstaaten der Organisation erforderlich; im Fall eines Richters des Gerichtshofs sind außerdem die Stimmen der Mehrheit der Vertragsstaaten der Konvention erforderlich.

Teil III. Allgemeine Vorschriften und Übergangsregelungen

Kapitel X. Unterzeichnung, Ratifizierung, Vorbehalte, Änderungen, Zusatzprotokolle und Kündigung

Art. 74. (1) Diese Konvention steht allen Mitgliedstaaten der Organisation Amerikanischer Staaten zur Unterzeichnung und Ratifizierung oder zum Beitritt offen.

(2) Die Ratifizierung oder der Beitritt zu dieser Konvention erfolgt durch Hinterlegung einer Ratifikations- oder Beitrittsurkunde beim Generalsekretariat der Organisation der Amerikanischen Staaten. Die Konvention tritt in Kraft, sobald elf Staaten ihre Ratifikations- oder Beitrittsurkunde hinterlegt haben. Für jeden Staat, der danach ratifiziert oder beitritt, tritt die Konvention im Zeitpunkt der Hinterlegung seiner Ratifikations- oder Beitrittsurkunde in Kraft.

(3) Der Generalsekretär unterrichtet alle Mitgliedstaaten der Organisation vom Inkrafttreten der Konvention.

Art. 75. Vorbehalte zu dieser Konvention können nur nach Maßgabe der Bestimmungen der am 23. Mai 1969 unterzeichneten Wiener Vertragsrechtskonvention gemacht werden.

Art. 76. (1) Vorschläge für Änderungen dieser Konvention können durch jeden Vertragsstaat direkt und durch die Kommission oder den Gerichtshof über den Generalsekretär der Generalversammlung unterbreitet werden, damit diese die ihr geeignet erscheinenden Maßnahmen trifft.

(2) Änderungen treten für die Staaten, die sie ratifiziert haben, zu dem Zeitpunkt in Kraft, in dem zwei Drittel der Vertragsstaaten dieser Konvention ihre jeweiligen Ratifikationsurkunden hinterlegt haben. Für die übrigen Vertragsstaaten treten Änderungen zu dem Zeitpunkt in Kraft, in dem sie ihre jeweilige Ratifikationsurkunde hinterlegt haben.

Art. 77. (1) Gemäß Artikel 31 können jeder Vertragsstaat und die Kommission vorgeschlagene Zusatzprotokolle zu dieser Konvention mit dem Ziel, schrittweise weitere Rechte und Freiheiten in deren Schutzsystem einzubeziehen, zur Erwägung durch die Vertragsstaaten in der Generalversammlung vorlegen.

(2) Jedes Zusatzprotokoll bestimmt die Art und Weise seines Inkrafttretens und ist nur unter seinen Vertragsstaaten anwendbar.

Art. 78. (1) Die Vertragsstaaten können diese Konvention nach Ablauf eines Zeitraums von fünf Jahren, gerechnet vom Zeitpunkt ihres Inkrafttretens, durch eine ein Jahr im voraus abgegebene Mitteilung kündigen. Die Mitteilung der Kündigung ist an den Generalsekretär der Organisation zu richten, der den anderen Vertragsstaaten davon Mitteilung macht.

(2) Eine solche Kündigung hat nicht die Wirkung, daß der betreffende Staat von den in dieser Konvention enthaltenen Verpflichtungen hinsichtlich sol-

cher Handlungen entbunden wird, die eine Verletzung dieser Verpflichtungen darstellen können und durch diesen Staat vor dem Zeitpunkt der Wirksamkeit der Kündigung vorgenommen worden sind.

Kapitel XI. Übergangsbestimmungen

Abschnitt 1. Inter-Amerikanische Kommission für Menschenrechte

Art. 79. Bei Inkrafttreten dieser Konvention ersucht der Generalsekretär schriftlich jeden Mitgliedstaat der Organisation, innerhalb von neunzig Tagen seine Kandidaten für die Mitgliedschaft in der Inter-Amerikanischen Kommission für Menschenrechte vorzuschlagen. Der Generalsekretär fertigt eine Liste der vorgeschlagenen Kandidaten in alphabetischer Ordnung an und übermittelt sie den Mitgliedstaaten der Organisation mindestens dreißig Tage vor der nächsten Sitzung der Generalversammlung.

Art. 80. Die Mitglieder der Kommission werden in geheimer Wahl durch die Generalversammlung aus der in Artikel 79 erwähnten Kandidatenliste gewählt. Die Kandidaten, die die höchste Anzahl von Stimmen und eine absolute Mehrheit der Stimmen der Vertreter der Mitgliedstaaten erreichen, werden für gewählt erklärt. Sollten mehrere Wahlgänge erforderlich sein, um alle Mitglieder der Kommission zu wählen, so werden die Kandidaten, die die geringste Stimmenzahl erreichen, in durch die Generalversammlung zu bestimmender Weise nacheinander ausgeschieden.

Abschnitt 2. Inter-Amerikanischer Gerichtshof für Menschenrechte

Art. 81. Beim Inkrafttreten dieser Konvention ersucht der Generalsekretär schriftlich jeden Vertragsstaat, innerhalb von neunzig Tagen seine Kandidaten für die Mitgliedschaft im Inter-Amerikanischen Gerichtshof für Menschenrechte vorzuschlagen. Der Generalsekretär fertigt eine Liste der vorgeschlagenen Kandidaten in alphabetischer Ordnung an und übermittelt sie den Vertragsstaaten mindestens 30 Tage vor der nächsten Sitzung der Generalversammlung.

Art. 82. Die Richter des Gerichtshofs werden aus der in Artikel 81 erwähnten Kandidatenliste in geheimer Abstimmung durch die Vertragsstaaten der Konvention in der Generalversammlung gewählt. Die Kandidaten, die die höchste Anzahl der Stimmen und eine absolute Mehrheit der Stimmen der Vertreter der Vertragsstaaten erreichen, werden für gewählt erklärt. Sollten mehrere Wahlgänge erforderlich sein, um alle Richter des Gerichtshofs zu wählen, so werden die Kandidaten, die die geringste Stimmenzahl erreichen, in durch die Vertragsstaaten zu bestimmender Weise nacheinander ausgeschieden.

72. Afrikanische (Banjul-) Charta der Menschenrechte und Rechte der Völker[1) · 2) · 3)]

Vom 27. Juni 1981

(Übersetzung)

Präambel

Die Afrikanischen Staaten, Mitgliedstaaten der Organisation für Afrikanische Einheit, Vertragsstaaten dieser Konvention, genannt „Afrikanische Charta der Menschenrechte und Rechte der Völker",

eingedenk des Beschlusses 115 (XVI) der Versammlung der Staats- und Regierungschefs auf ihrer Sechzehnten Ordentlichen Sitzung vom 17. bis 20. Juli 1979 in Monrovia (Liberia) über die Ausarbeitung eines „Entwurfs für eine Afrikanische Charta der Menschenrechte und Rechte der Völker, der unter anderem auch Organe für die Förderung und den Schutz der Menschenrechte und Rechte der Völker vorsieht";

in Anbetracht der Charta der Organisation für Afrikanische Einheit, der zufolge „Freiheit, Gleichheit, Gerechtigkeit und Würde wesentliche Ziele bei der Erfüllung der legitimen Anliegen der afrikanischen Völker" sind;

unter erneuter Bekräftigung des in Artikel 2 der genannten Charta abgegebenen feierlichen Versprechens, alle Formen von Kolonialismus aus Afrika zu entfernen, die Zusammenarbeit und Bemühungen zur Verbesserung der Lebensbedingungen der afrikanischen Völker zu koordinieren und zu intensivieren, die internationale Zusammenarbeit zu fördern und dabei die Charta der Vereinten Nationen und die Allgemeine Erklärung der Menschenrechte gebührend zu berücksichtigen;

unter Berücksichtigung der Kraft ihrer historischen Traditionen und der Werte der afrikanischen Zivilisation, die ihr Nachdenken über das Konzept der Menschenrechte und Rechte der Völker leiten und prägen müssen;

in der Erkenntnis, daß einerseits die grundlegenden Menschenrechte in der Eigenart der menschlichen Person begründet sind, was ihren nationalen und internationalen Schutz rechtfertigt, und daß andererseits die Wirklichkeit und die Achtung der Rechte der Völker notwendigerweise die Menschenrechte garantieren müssen;

[1)] Internationale Quelle : UNTS Bd. 1520, S. 217.

[2)] Deutsche Übersetzung von Sabine Thomsen, Heidelberg.

[3)] Die Charta wird auch als Banjul Charta bezeichnet. Sie wurde durch ein Protokoll zur Errichtung eines Afrikanischen Gerichtshofs für Menschenrechte vom 10.6.1998 (https://au. int/en/treaties/protocol-african-charter-human-and-peoples-rights-establishment-african-court-human-and) (mit noch nicht in Kraft befindlichen Änderungsprotokollen vom 1.7.2008 und 27.6.2014 zur Vereinigung des Afrikanischen Gerichtshofs und des Gerichtshofs für Menschenrechte sowie organisatorischen Änderungen) sowie ein Protokoll über die Rechte der Frauen in Afrika vom 11.7.2003 (https://au.int/en/treaties/protocol-african-charter-human-and-peoples-rights-rights-women-africa) ergänzt; ein Protokoll über die Rechte älterer Menschen vom 31.1.2016 ist noch nicht in Kraft.

in der Erwägung, daß die Ausübung von Rechten und Freiheiten auch die Erfüllung von Pflichten für jeden Einzelnen mit sich bringt;

in der Überzeugung, daß es fortan wesentlich darauf ankommt, daß das Recht auf Entwicklung besonders beachtet wird und daß die bürgerlichen und politischen Rechte nicht von den wirtschaftlichen, sozialen und kulturellen Rechten getrennt werden können, weder in ihrer Konzeption noch in ihrer Universalität, und daß die Befriedigung der wirtschaftlichen, sozialen und kulturellen Rechte eine Garantie für die Ausübung der bürgerlichen und politischen Rechte ist;

im Bewußtsein ihrer Verpflichtung, die völlige Befreiung Afrikas zu erreichen, dessen Völker noch immer für ihre Würde und wahre Unabhängigkeit kämpfen und sich verpflichtend, Kolonialismus, Neo-Kolonialismus, Apartheid, Zionismus und ausländische Militärbasen mit aggressiver Ausrichtung sowie alle Formen von Diskriminierung zu beseitigen, insbesondere wegen der Rasse, der ethnischen Gruppe, der Hautfarbe, des Geschlechts, der Sprache, der Religion oder der politischen Anschauung;

unter erneuter Bekräftigung ihrer Verbundenheit mit den Prinzipien der Rechte und Freiheiten der Menschen und Völker, die in den von der Organisation für Afrikanische Einheit, der Bewegung der Blockfreien und der Vereinten Nationen angenommenen Deklarationen, Konventionen und anderen Instrumenten enthalten sind;

in der festen Überzeugung, zur Förderung und zum Schutz der Rechte und Freiheiten der Menschen und Völker verpflichtet zu sein im Hinblick auf die Bedeutung, die diesen Rechten und Freiheiten traditionell in Afrika zukommt,

sind wie folgt übereingekommen:

Teil I: Rechte und Pflichten

Kapitel I: Menschenrechte und Rechte der Völker

Art. 1 [Schutzgarantie der Vertragsstaaten] Die Mitgliedstaaten der Organisation für Afrikanische Einheit, Vertragsstaaten dieser Charta, erkennen die in dieser Charta niedergelegten Rechte, Pflichten und Freiheiten an und verpflichten sich, gesetzgeberische und sonstige Maßnahmen zu ihrer Verwirklichung zu treffen.

Art. 2 [Verbot der Diskriminierung] Jedes Individuum hat ein Recht auf Ausübung der in dieser Charta anerkannten und gewährleisteten Rechte und Freiheiten ohne jeden Unterschied namentlich nach Rasse, Volkszugehörigkeit, Hautfarbe, Geschlecht, Sprache, Religion, politischer oder sonstiger Anschauung, nationaler oder sozialer Herkunft, Vermögen, Geburt oder sonstigen Umständen.

Art. 3 [Gleichheit vor dem Gesetz] (1) Alle Menschen sind vor dem Gesetz gleich.

(2) Alle Menschen haben ein Recht auf gleichen Schutz durch das Gesetz.

Art. 4 [Recht auf körperliche Unversehrtheit][1] Die menschliche Person ist unverletzlich. Jedes menschliche Wesen hat ein Recht auf Achtung seines Lebens und seiner körperlichen und geistigen Unversehrtheit. Niemand darf willkürlich dieses Rechts beraubt werden.

Art. 5 [Schutz der Menschenwürde, Verbot der Folter][2] Jedes Individuum hat ein Recht auf Achtung seiner Menschenwürde und auf Anerkennung seiner Rechtspersönlichkeit. Alle Formen der Ausbeutung und Erniedrigung des Menschen, insbesondere Sklaverei, Sklavenhandel, Folter, grausame, unmenschliche oder erniedrigende Bestrafung oder Behandlung sind verboten.

Art. 6 [Recht auf Freiheit und Sicherheit] Jedes Individuum hat ein Recht auf Freiheit und Sicherheit seiner Person. Die Freiheit darf einem Menschen nur entzogen werden aus Gründen und unter Bedingungen, die vorher gesetzlich festgelegt worden sind. Insbesondere darf niemand willkürlich festgenommen oder in Haft gehalten werden.

Art. 7 [Rechtliches Gehör, Rechte des Angeklagten, nulla poena sine lege] (1) Jedes Individuum hat Anspruch auf rechtliches Gehör. Dieses Recht umfaßt:
a) das Recht, die zuständigen innerstaatlichen Organe bei Handlungen anrufen zu können, die seine Grundrechte verletzen, die nach den geltenden Konventionen, Gesetzen, Verordnungen oder Gewohnheitsrecht anerkannt und gewährleistet sind;
b) das Recht, als unschuldig betrachtet zu werden, bis die Schuld von dem zuständigen Gericht nachgewiesen worden ist;
c) das Recht auf Verteidigung, einschließlich des Rechts, von einem Rechtsbeistand eigener Wahl verteidigt zu werden;
d) das Recht darauf, daß innerhalb einer angemessenen Zeit durch ein unparteiisches Gericht ein Urteil gefällt wird.

(2) Niemand darf wegen einer Handlung oder Unterlassung verurteilt werden, die zur Zeit ihrer Begehung keine gesetzlich festgelegte strafbare Handlung darstellte. Eine Strafe, die zum Zeitpunkt der Tat nicht vorgesehen war, darf nicht verhängt werden. Die Strafe ist persönlich und darf nur gegen den Täter verhängt werden.

Art. 8 [Gewissens- und Religionsfreiheit] Die Freiheit des Gewissens, des religiösen Bekenntnisses und der Religionsausübung werden gewährleistet. Niemand darf in der Ausübung dieser Freiheiten beschränkt werden, es sei denn aus Gründen der öffentlichen Sicherheit und Ordnung.

Art. 9 [Informations- und Meinungsfreiheit] (1) Jedes Individuum hat ein Recht auf Information.

---

[1] Siehe dazu die Allgemeine Bemerkung Nr. 3 der Afrikanischen Kommission für Menschenrechte und Rechte der Völker vom 12.12.2015 (http://www.achpr.org/instruments/general-comments-right-to-life/).
[2] Siehe dazu die Allgemeine Bemerkung Nr. 4 der Afrikanischen Kommission für Menschenrechte und Rechte der Völker vom 11.5.2017 (http://www.achpr.org/instruments/general-comment-right-to-redress/).

(2) Jedes Individuum hat das Recht, im Rahmen der gesetzlichen Bestimmungen seine Meinung zu äußern und zu verbreiten.

Art. 10 [Vereinigungsfreiheit] (1) Jedes Individuum hat das Recht, sich unter Beachtung der gesetzlichen Bestimmungen frei mit anderen in Vereinigungen zusammenzuschließen.

(2) Vorbehaltlich der in Artikel 29 festgelegten Verpflichtung zur Solidarität darf niemand gezwungen werden, sich einer Vereinigung anzuschließen.

Art. 11 [Versammlungsfreiheit] Jedes Individuum hat das Recht, sich frei mit anderen zu versammeln. Die Ausübung dieses Rechts darf nur gesetzlich festgelegten Beschränkungen unterworfen werden, die insbesondere im Interesse der nationalen Sicherheit und der Sicherheit des Einzelnen, der Gesundheit, der Sittlichkeit oder der Rechte und Freiheiten anderer notwendig sind.

Art. 12 [Freizügigkeit, Asylrecht, Schutz vor Ausweisung] (1) Jedes Individuum hat das Recht auf Freizügigkeit und freie Wahl seines Wohnsitzes innerhalb eines Staates, sofern es die Gesetze einhält.

(2) Jedes Individuum hat das Recht, jedes Land, einschließlich seines eigenen, zu verlassen sowie in sein Land zurückzukehren. Dieses Recht darf nur gesetzlich festgelegten Beschränkungen unterworfen werden, die zum Schutz der nationalen Sicherheit, der öffentlichen Sicherheit und Ordnung, der Volksgesundheit oder der allgemeinen Sittlichkeit notwendig sind.

(3) Jedes Individuum hat das Recht, bei Verfolgung in anderen Ländern um Asyl zu ersuchen und es gewährt zu bekommen, in Übereinstimmung mit den Gesetzen dieser Länder und den internationalen Konventionen.

(4) Ein Ausländer, der sich rechtmäßig im Hoheitsgebiet eines Vertragsstaates dieser Charta aufhält, darf nur aufgrund einer rechtmäßigen Entscheidung ausgewiesen werden.

(5) Die Kollektivausweisung von Ausländern ist verboten. Mit Kollektivausweisung ist die gegen nationale, rassische, ethnische oder religiöse Gruppen gerichtete Ausweisung gemeint.

Art. 13 [Staatsbürgerliche Rechte] (1) Jeder Staatsbürger hat das Recht, sich frei an der Leitung öffentlicher Angelegenheiten seines Staates zu beteiligen, entweder unmittelbar oder durch Vertreter, die unter Beachtung der gesetzlichen Vorschriften frei gewählt worden sind.

(2) Jeder Staatsbürger hat unter gleichen Bedingungen das Recht auf Zulassung zu den öffentlichen Ämtern seines Landes.

(3) Jedes Individuum hat ein Recht auf Nutzung der öffentlichen Einrichtungen und Dienstleistungen bei strikter Gleichheit aller vor dem Gesetz.

Art. 14 [Eigentum] Das Recht auf Eigentum wird gewährleistet. Ein Eingriff ist nur im öffentlichen Interesse oder im Interesse des Gemeinwohls und in Übereinstimmung mit den einschlägigen Gesetzen zulässig.

Art. 15 [Arbeitsbedingungen, gleicher Lohn] Jedes Individuum hat das Recht, unter gerechten und befriedigenden Bedingungen zu arbeiten, und ein Recht auf gleichen Lohn für gleiche Arbeit.

Art. 16 [Gesundheit] (1) Jedes Individuum hat das Recht auf ein Höchstmaß an körperlicher und seelischer Gesundheit.

(2) Die Vertragsstaaten dieser Charta verpflichten sich, die notwendigen Maßnahmen zu ergreifen, um die Gesundheit der Bevölkerung ihres Landes zu schützen und die medizinische Versorgung im Krankheitsfall sicherzustellen.

Art. 17 [Recht auf Bildung, kulturelles Leben] (1) Jedes Individuum hat ein Recht auf Bildung.

(2) Jedes Individuum darf frei am kulturellen Leben seiner Gemeinschaft teilnehmen.

(3) Es gehört zu den Pflichten des Staates, die Sittlichkeit und die in der Gemeinschaft anerkannten traditionellen Werte zu fördern und zu schützen.

Art. 18 [Familie, Rechte der Frauen, Kinder, Alten und Behinderten] (1) Die Familie ist die natürliche Einheit und Basis der Gesellschaft. Der Staat muß sie schützen und für ihre körperliche und seelische Gesundheit sorgen.

(2) Der Staat ist verpflichtet, die Familie als Bewahrerin der Sittlichkeit und der in der Gemeinschaft anerkannten traditionellen Werte zu unterstützen.

(3) Der Staat muß sicherstellen, daß jede Diskriminierung der Frauen beseitigt wird und die Rechte der Frau und des Kindes geschützt werden, wie sie in internationalen Deklarationen und Konventionen festgelegt sind.

(4) Alte und Behinderte haben gleichermaßen ein Recht auf besondere Schutzmaßnahmen gemäß ihren körperlichen und seelischen Bedürfnissen.

Art. 19 [Gleichheit der Völker] Alle Völker sind gleich; sie besitzen die gleiche Würde, und sie haben die gleichen Rechte. Die Herrschaft eines Volkes über ein anderes kann durch nichts gerechtfertigt werden.

Art. 20 [Selbstbestimmungsrecht der Völker] (1) Alle Völker haben ein Existenzrecht. Sie haben das unbestreitbare und unveräußerliche Recht auf Selbstbestimmung. Sie bestimmen frei ihren politischen Status und entscheiden frei über ihre wirtschaftliche und soziale Entwicklung.

(2) Die unter Kolonialherrschaft oder in Unterdrückung lebenden Völker haben das Recht, sich von den Fesseln der Fremdherrschaft unter Anwendung aller von der internationalen Gemeinschaft anerkannten Mittel zu befreien.

(3) Alle Völker haben ein Recht darauf, in ihrem Befreiungskampf gegen Fremdherrschaft von den Vertragsstaaten dieser Charta unterstützt zu werden, sei es politisch, wirtschaftlich oder kulturell.

Art. 21 [Souveränität über natürliche Reichtümer] (1) Alle Völker haben freie Verfügung über ihre Reichtümer und Bodenschätze. Dieses Recht üben sie ausschließlich im Interesse ihrer Bevölkerung aus. In keinem Fall darf ein Volk dieses Rechts beraubt werden.

(2) Im Fall der gewaltsamen Wegnahme hat das betroffene Volk ein Recht auf rechtmäßige Wiedererlangung seines Eigentums sowie auf eine angemessene Entschädigung.

(3) Die freie Verfügung über die Reichtümer und Bodenschätze erfolgt unbeschadet der Verpflichtung zur Förderung der internationalen wirtschaftlichen Zusammenarbeit auf der Grundlage gegenseitiger Achtung, des gerechten Ausgleichs und der Prinzipien des Völkerrechts.

(4) Die Vertragsstaaten dieser Charta üben das Recht auf freie Verfügung über ihre Reichtümer und Bodenschätze einzeln und gemeinsam im Hinblick auf die Stärkung der afrikanischen Einheit und Solidarität aus.

(5) Die Vertragsstaaten dieser Charta verpflichten sich, alle Formen ausländischer wirtschaftlicher Ausbeutung, insbesondere durch internationale Monopole, zu beseitigen, damit ihre Völker vollen Nutzen aus ihren nationalen Ressourcen ziehen können.

Art. 22 [Recht der Völker auf eigene Entwicklung] (1) Alle Völker haben ein Recht auf ihre wirtschaftliche, soziale und kulturelle Entwicklung unter gebührender Berücksichtigung[1]) ihrer Freiheit und Identität sowie ein Recht auf gleichmäßige Beteiligung an dem gemeinsamen Erbe der Menschheit.

(2) Die Staaten sind, einzeln oder gemeinsam, verpflichtet, die Ausübung des Rechts auf Entwicklung sicherzustellen.

Art. 23 [Friedliche Beziehungen zwischen den Staaten] (1) Alle Völker haben im nationalen wie im internationalen Bereich ein Recht auf Frieden und Sicherheit. Die Prinzipien der Solidarität und freundschaftlichen Beziehungen, die implizit in der Charta der Vereinten Nationen bestätigt und erneut von der Organisation für Afrikanische Einheit bekräftigt wurden, bestimmen die Beziehungen zwischen den Staaten.

(2) Um den Frieden, die Solidarität und die freundschaftlichen Beziehungen zu stärken, stellen die Vertragsstaaten dieser Charta folgendes sicher:
a) Wer Asylrecht gemäß Artikel 12 dieser Charta genießt, darf sich nicht an subversiven Aktivitäten gegen sein Heimatland oder irgendeinen anderen Vertragsstaat dieser Charta beteiligen.
b) Ihr Hoheitsgebiet darf nicht als Ausgangsbasis für subversive oder terroristische Aktivitäten gegen das Volk eines anderen Vertragsstaates dieser Charta benutzt werden.

Art. 24 [Recht der Völker auf zufriedenstellende Umwelt] Alle Völker haben das Recht auf eine Umwelt, die insgesamt zufriedenstellend und ihrer Entwicklung günstig ist.

Art. 25 [Förderung des Menschenrechtsgedankens] Die Vertragsstaaten dieser Charta sind verpflichtet, durch Unterricht, Ausbildung und öffentliche Bekanntmachung die Achtung der in dieser Charta enthaltenen Rechte und Freiheiten zu fördern und sicherzustellen sowie Maßnahmen zu ergreifen, damit diese Freiheiten und Rechte sowie die ihnen korrespondierenden Verpflichtungen und Pflichten verstanden werden.

Art. 26 [Unabhängigkeit der Gerichte] Die Vertragsstaaten dieser Charta sind verpflichtet, die Unabhängigkeit der Gerichte zu gewährleisten und die

---

[1]) frz.: respect strict; engl.: due regard.

Errichtung und Verbesserung geeigneter nationaler Einrichtungen zu erlauben, denen die Förderung und der Schutz der in dieser Charta gewährleisteten Rechte und Freiheiten anvertraut ist.

Kapitel II: Pflichten

Art. 27 [Pflichten gegenüber der Gemeinschaft] (1) Jedes Individuum hat Pflichten gegenüber seiner Familie und der Gesellschaft, gegenüber dem Staat und anderen gesetzlich anerkannten Gemeinschaften sowie gegenüber der internationalen Gemeinschaft.

(2) Jedes Individuum übt seine Rechte und Freiheiten unter Berücksichtigung der Rechte anderer, der kollektiven Sicherheit, der Sittlichkeit und des Gemeinwohls aus.

Art. 28 [Achtung der Mitmenschen] Jedes Individuum ist verpflichtet, seine Mitmenschen ohne Diskriminierung zu respektieren und zu achten und mit ihnen Beziehungen zu unterhalten, die auf die Förderung, den Schutz und die Verstärkung der gegenseitigen Achtung und Toleranz gerichtet sind.

Art. 29 [Pflichten gegenüber Familie, Staat und Gesellschaft] Jedes Individuum hat darüber hinaus die Pflicht:

1. die harmonische Entwicklung der Familie zu bewahren und für den Zusammenhalt und die Achtung der Familie zu wirken; seine Eltern jederzeit zu achten und für ihren Unterhalt zu sorgen, wenn sie bedürftig sind;

2. seiner nationalen Gemeinschaft dadurch zu dienen, daß es seine körperlichen und geistigen Kräfte in ihren Dienst stellt;

3. die Sicherheit des Landes, dessen Staatsangehörigkeit es besitzt oder in dem es sich aufhält, nicht zu gefährden;

4. die soziale und nationale Solidarität zu bewahren und zu stärken, insbesondere, wenn letztere bedroht ist;

5. die nationale Unabhängigkeit und die territoriale Integrität seines Landes zu bewahren und zu stärken und im Rahmen der Gesetze einen Beitrag zur Verteidigung des Landes zu leisten;

6. unter vollem Einsatz seiner Fähigkeiten und Möglichkeiten zu arbeiten und die im Interesse der Gesellschaft gesetzlich auferlegten Steuern und Abgaben zu entrichten;

7. in seinem Verhältnis zu anderen Mitgliedern der Gesellschaft positive afrikanische kulturelle Werte im Geiste der Toleranz, des Dialogs und der Verständigung zu bewahren und zu stärken sowie generell zur Förderung des sittlichen Wohlbefindens der Gesellschaft beizutragen;

8. jederzeit und auf allen Ebenen sein Bestes zur Förderung und Erlangung der afrikanischen Einheit zu tun.

Teil II: Maßnahmen zum Schutz der Menschenrechte und Rechte der Völker

Kapitel I: Einrichtung und Organisation der Afrikanischen Kommission für Menschenrechte und Rechte der Völker

Art. 30 [Einrichtung der Kommission] Eine Afrikanische Kommission für Menschenrechte und Rechte der Völker, im folgenden „Kommission" genannt, wird innerhalb der Organisation für Afrikanische Einheit eingerichtet, um die Menschenrechte und Rechte der Völker zu fördern und ihren Schutz in Afrika zu gewährleisten.

Art. 31 [Zahl und Qualifikation der Mitglieder] (1) Die Kommission besteht aus elf Mitgliedern. Sie werden unter den afrikanischen Persönlichkeiten von höchstem Ansehen ausgewählt, die bekannt sind für ihre hohe Sittlichkeit, Integrität, Unparteilichkeit und Sachkenntnis auf dem Gebiet der Menschenrechte und Rechte der Völker; auf die Beteiligung von Personen mit juristischer Erfahrung ist besonders zu achten.

(2) Die Mitglieder gehören der Kommission nur als Einzelperson an.

Art. 32 [Staatsangehörigkeit der Mitglieder] Der Kommission darf jeweils nur ein Angehöriger desselben Staates angehören.

Art. 33 [Wahl der Mitglieder] Die Mitglieder der Kommission werden von der Versammlung der Staats- und Regierungschefs in geheimer Wahl nach einer von den Vertragsstaaten dieser Charta zu diesem Zweck erstellten Liste von Personen gewählt.

Art. 34 [Kandidatenvorschläge] Jeder Vertragsstaat dieser Charta darf bis zu zwei Kandidaten vorschlagen. Die Kandidaten müssen Staatsangehörige eines der Vertragsstaaten dieser Charta sein. Benennt ein Staat zwei Kandidaten, darf einer der beiden nicht Staatsangehöriger dieses Staates sein.

Art. 35 [Liste der Kandidaten] (1) Spätestens vier Monate vor den Wahlen fordert der Generalsekretär der Organisation für Afrikanische Einheit die Vertragsstaaten dieser Charta auf, Kandidaten vorzuschlagen.

(2) Der Generalsekretär der Organisation für Afrikanische Einheit fertigt eine alphabetische Liste aller auf diese Weise vorgeschlagenen Personen an und übermittelt sie den Staats- und Regierungschefs spätestens einen Monat vor den Wahlen.

Art. 36 [Amtszeit] Die Mitglieder der Kommission werden für eine Amtszeit von sechs Jahren gewählt; eine Wiederwahl ist möglich. Jedoch endet die Amtszeit von vier bei der ersten Wahl gewählten Mitgliedern bereits nach zwei Jahren und die Amtszeit von drei weiteren Mitgliedern nach vier Jahren.

Art. 37 [Losentscheid wegen verkürzter Amtszeit bei der ersten Wahl] Unmittelbar nach der ersten Wahl werden die Namen der in Artikel 36 genannten Mitglieder vom Vorsitzenden der Versammlung der Staats- und Regierungschefs der Organisation für Afrikanische Einheit durch Losentscheid bestimmt.

Art. 38 [Feierliche Erklärung] Nach der Wahl geben die Kommissionsmitglieder eine feierliche Erklärung ab, daß sie ihr Amt unparteiisch und gewissenhaft ausführen werden.

Art. 39 [Ausscheiden aus der Kommission, Nachwahl] (1) Der Vorsitzende der Kommission teilt den Tod oder Rücktritt eines Kommissionsmitgliedes unverzüglich dem Generalsekretär der Organisation für Afrikanische Einheit mit, der den Sitz vom Tage des Todes oder vom Wirksamwerden des Rücktritts an für vakant erklärt.

(2) Nimmt ein Kommissionsmitglied nach einhelliger Ansicht der anderen Kommissionsmitglieder seine Aufgaben aus einem anderen Grund als wegen vorübergehender Abwesenheit nicht mehr wahr, so teilt der Vorsitzende der Kommission dies dem Generalsekretär der Organisation für Afrikanische Einheit mit, der dann diesen Sitz für vakant erklärt.

(3) In allen diesen Fällen ersetzt die Versammlung der Staats- und Regierungschefs das Kommissionsmitglied, dessen Sitz freigeworden ist, für die verbleibende Amtszeit, sofern diese nicht weniger als sechs Monate beträgt.

Art. 40 [Ende der Amtszeit] Jedes Kommissionsmitglied bleibt bis zum Dienstantritt seines Nachfolgers im Amt.

Art. 41 [Sekretariat] Der Generalsekretär der Organisation für Afrikanische Einheit ernennt den Sekretär der Kommission. Er stellt außerdem das Personal und die Dienstleistungen zur Verfügung, die für die wirksame Wahrnehmung der Aufgaben der Kommission erforderlich sind. Die Organisation für Afrikanische Einheit trägt die Kosten für Personal und Dienstleistungen.

Art. 42 [Vorstand, Verfahrensordnung] (1) Die Kommission wählt ihren Vorsitzenden und dessen Stellvertreter für eine Amtszeit von zwei Jahren. Ihre Wiederwahl ist zulässig.

(2) Die Kommission gibt sich eine Verfahrensordnung.[1]

(3) Die Kommission ist bei Anwesenheit von sieben Mitgliedern beschlußfähig.

(4) Bei Stimmengleichheit gibt die Stimme des Vorsitzenden den Ausschlag.

(5) Der Generalsekretär der Organisation für Afrikanische Einheit darf an den Sitzungen der Kommission teilnehmen; er beteiligt sich weder an den Beratungen noch an den Abstimmungen. Der Vorsitzende kann ihn jedoch um eine mündliche Stellungnahme bitten.

Art. 43 [Immunität der Mitglieder] Bei der Wahrnehmung ihrer Aufgaben genießen die Mitglieder der Kommission diplomatische Vorrechte und

---

[1] Verfahrensordnung vom Mai 2010 (http://www.achpr.org/instruments/rules-of-procedure-2010/).

Immunitäten nach der Konvention der Organisation für Afrikanische Einheit über Vorrechte und Immunitäten.

Art. 44 [Bezüge und Auslagen] Die Mittel für Bezüge und Auslagen der Kommissionsmitglieder werden im ordentlichen Haushalt der Organisation für Afrikanische Einheit bereitgestellt.

Kapitel II: Auftrag der Kommission

Art. 45 [Aufgaben der Kommission] Die Aufgaben der Kommission sind:

1. Die Menschenrechte und Rechte der Völker zu fördern und insbesondere
   a) Dokumente zu sammeln, zu afrikanischen Problemen im Bereich der Menschenrechte und Rechte der Völker Untersuchungen und Studien durchzuführen, Seminare, Symposien und Konferenzen zu organisieren, Informationen zu verbreiten, nationale und lokale Institutionen zu unterstützen, die sich mit den Menschenrechten und Rechten der Völker befassen, und gegebenenfalls für Regierungen Stellungnahmen oder Empfehlungen abzugeben;
   b) Grundsätze und Regeln zur Lösung rechtlicher Probleme auf dem Gebiet der Menschenrechte und Rechte der Völker und der Grundfreiheiten auszuarbeiten und zu formulieren, die die afrikanischen Regierungen bei ihrer Gesetzgebungstätigkeit zugrunde legen können;
   c) mit anderen afrikanischen und internationalen Einrichtungen zusammenzuarbeiten, die sich mit der Förderung und dem Schutz der Menschenrechte und Rechte der Völker befassen;
2. den Schutz der Menschenrechte und Rechte der Völker nach den in dieser Charta festgelegten Bedingungen sicherzustellen;
3. die Bestimmungen dieser Charta auf Ersuchen eines Vertragsstaates, einer Institution der Organisation für Afrikanische Einheit oder einer von der Organisation für Afrikanische Einheit anerkannten Organisation auszulegen;
4. alle anderen Aufgaben wahrzunehmen, die ihr durch die Versammlung der Staats- und Regierungschefs übertragen werden.

Kapitel III: Das Verfahren vor der Kommission

Art. 46 [Untersuchungsmethoden] Die Kommission darf sich aller geeigneten Untersuchungsmethoden bedienen; sie kann den Generalsekretär der Organisation für Afrikanische Einheit sowie jede andere Person anhören, die zur weiteren Aufklärung beitragen kann.

Staatenmitteilungen

Art. 47 [Mitteilungen von Vertragsstaaten] Wenn einer der Vertragsstaaten dieser Charta begründeten Anlaß zu der Annahme hat, daß ein anderer Vertragsstaat die Bestimmungen der Charta verletzt hat, kann er durch schriftliche Mitteilung jenen Staat auf diese Angelegenheit aufmerksam machen. Diese Mitteilung wird auch dem Generalsekretär der Organisation für Afrikanische Einheit und dem Vorsitzenden der Kommission übermittelt. Innerhalb eines Zeitraums von drei Monaten nach Erhalt der Mitteilung gibt der betroffene Staat dem Staat, der die Mitteilung übersandt hat, eine schriftliche Erklärung oder eine Stellungnahme zur Aufklärung der Angelegenheit. Diese sollte, soweit möglich, Angaben über angewandte oder anwendbare Gesetze und Verfahrensregeln sowie über bereits ergriffene oder aber zur Verfügung stehende Rechtsbehelfe enthalten.

Art. 48 [Mitteilung an Kommission] Ist nach Ablauf von drei Monaten, nachdem der Empfängerstaat die ursprüngliche Mitteilung erhalten hat, die Angelegenheit noch nicht durch zweiseitige Verhandlungen oder mit anderen friedlichen Mitteln zur Zufriedenheit der beiden Staaten erledigt worden, so hat jeder der beiden Staaten das Recht, die Angelegenheit der Kommission über ihren Vorsitzenden zu unterbreiten und den anderen beteiligten Staat sowie den Generalsekretär der Organisation für Afrikanische Einheit davon zu benachrichtigen.

Art. 49 [Unmittelbare Anrufung der Kommission] Wenn ein Vertragsstaat dieser Charta meint, ein anderer Vertragsstaat habe Bestimmungen der Charta verletzt, kann er ungeachtet des Artikel 47 die Kommission unmittelbar anrufen, indem er dem Vorsitzenden, dem Generalsekretär der Organisation für Afrikanische Einheit und dem betroffenen Staat eine entsprechende Mitteilung zukommen läßt.

Art. 50 [Erschöpfung des innerstaatlichen Rechtswegs] Die Kommission darf sich mit einer ihr übertragenen Angelegenheit nur befassen, nachdem sie sich vergewissert hat, daß der innerstaatliche Rechtsweg, sofern vorhanden, ausgeschöpft ist, es sei denn, es ist für die Kommission offensichtlich, daß die entsprechenden Verfahren unangemessen lange dauern.

Art. 51 [Mitwirkung der betroffenen Staaten] (1) Die Kommission kann von den betroffenen Staaten verlangen, daß sie ihr alle relevanten Informationen geben.

(2) Bei der Untersuchung einer Angelegenheit können sich die betroffenen Staaten vor der Kommission vertreten lassen und schriftliche oder mündliche Stellungnahmen abgeben.

Art. 52 [Bericht über die Ergebnisse der Untersuchung] Nachdem sie von den betroffenen Staaten und aus anderen Quellen alle für notwendig erachteten Informationen erhalten und mit allen geeigneten Mitteln versucht hat, zu einer gütlichen Einigung auf der Basis der Achtung der Menschenrechte und Rechte der Völker zu kommen, verfaßt die Kommission innerhalb eines angemessenen Zeitraums nach der Mitteilung gemäß Artikel 48 einen Bericht, der den Sachverhalt und die von der Kommission gezogenen Schlußfolgerungen festhält. Dieser Bericht wird den betroffenen Staaten übersandt und der Versammlung der Staats- und Regierungschefs übermittelt.

Art. 53 [Empfehlungen] Bei der Übermittlung des Berichts kann die Kommission gegenüber der Versammlung der Staats- und Regierungschefs ihr nützlich erscheinende Empfehlungen abgeben.

Art. 54 [Jahresbericht] Die Kommission legt zu jeder ordentlichen Sitzung der Versammlung der Staats- und Regierungschefs einen Tätigkeitsbericht vor.

Andere Mitteilungen

Art. 55 [Entscheidungen über Befassung mit anderen Mitteilungen]
(1) Vor jeder Sitzung stellt der Sekretär der Kommission die Mitteilungen zusammen, die nicht Staatenmitteilungen von Vertragsstaaten dieser Charta sind und übermittelt sie den Kommissionsmitgliedern, die vorschlagen, mit welchen Mitteilungen sich die Kommission befassen soll.

(2) Die Kommission befaßt sich mit einer Mitteilung, wenn die Mehrheit (ihrer Mitglieder)[1] dafür stimmt.

Art. 56 [Zulässigkeit] Mit Mitteilungen, die die Menschenrechte und Rechte der Völker betreffen und die sie gemäß Artikel 55 erhalten hat, befaßt sich die Kommission nur, wenn sie:

1. den Verfasser angeben, selbst wenn dieser darum bittet, anonym zu bleiben;
2. mit der Charta der Organisation für Afrikanische Einheit oder dieser Charta vereinbar sind;
3. nicht in einer verunglimpfenden oder beleidigenden Sprache gegenüber dem betroffenen Staat und seinen Einrichtungen oder gegenüber der Organisation für Afrikanische Einheit geschrieben sind;
4. nicht ausschließlich auf Nachrichten beruhen, die von den Massenmedien verbreitet worden sind;
5. nach Erschöpfung des innerstaatlichen Rechtsweges, sofern vorhanden, erfolgen, es sei denn, es ist offensichtlich, daß das entsprechende Verfahren unangemessen lange dauert;
6. innerhalb einer vernünftigen Frist nach Erschöpfung des innerstaatlichen Rechtswegs beziehungsweise dem von der Kommission für den Beginn der Anrufungsfrist festgesetzten Zeitpunkt erfolgen;
7. sich nicht mit Fällen befassen, die von den betroffenen Staaten bereits in Übereinstimmung mit den Prinzipien der Charta der Vereinten Nationen oder der Charta der Organisation für Afrikanische Einheit oder mit den Bestimmungen dieser Charta beigelegt worden sind.

Art. 57 [Übermittlung der Mitteilung an betroffenen Staat] Vor der Prüfung der Begründetheit einer Mitteilung muß diese dem betroffenen Staat durch den Vorsitzenden der Kommission zur Kenntnis gebracht werden.

Art. 58 [Verfahren in begründeten Fällen] (1) Gewinnt die Kommission bei der Beratung den Eindruck, daß sich eine oder mehrere Mitteilungen offensichtlich auf besondere Fälle beziehen, die auf eine Häufung von massiven oder schwerwiegenden Verletzungen der Menschenrechte und Rechte der Völker hindeuten, so macht die Kommission die Versammlung der Staats- und Regierungschefs hierauf aufmerksam.

(2) Die Versammlung der Staats- und Regierungschefs kann daraufhin die Kommission um eine eingehende Untersuchung dieser Fälle und um einen ausführlichen Bericht bitten, der auch die Untersuchungsergebnisse und Empfehlungen enthält.

---

[1] frz.: majorité absolue; engl.: simple majority.

(3) Hat die Kommission ordnungsgemäß einen Dringlichkeitsfall festgestellt, so unterbreitet sie diesen dem Vorsitzenden der Versammlung der Staats- und Regierungschefs, der dann eine eingehende Untersuchung verlangen kann.

Art. 59 [Vertraulichkeit, Veröffentlichung von Berichten] (1) Alle nach den Bestimmungen diese Kapitels ergriffenen Maßnahmen sind solange vertraulich, bis die Versammlung der Staats- und Regierungschefs etwas anderes bestimmt.

(2) Gleichwohl wird der Bericht vom Vorsitzenden der Kommission auf Beschluß der Versammlung der Staats- und Regierungschefs veröffentlicht.

(3) Der Tätigkeitsbericht der Kommission wird von ihrem Vorsitzenden veröffentlicht, nachdem er von der Versammlung der Staats- und Regierungschefs geprüft worden ist.

Kapitel IV: Anwendbare Grundsätze

Art. 60 [Rechtsgrundlagen] Die Kommission läßt sich vom internationalen Recht auf dem Gebiet der Menschenrechte und Rechte der Völker leiten, insbesondere von den Bestimmungen der verschiedenen afrikanischen Instrumente betreffend die Menschenrechte und Rechte der Völker, ferner von den Bestimmungen der Charta der Vereinten Nationen, der Charta der Organisation für Afrikanische Einheit, der Allgemeinen Erklärung der Menschenrechte und anderen, von den Vereinten Nationen und von afrikanischen Staaten angenommenen Instrumenten auf dem Gebiet der Menschenrechte und Rechte der Völker sowie von den Bestimmungen der verschiedenen Instrumente der Sonderorganisationen der Vereinten Nationen, bei denen die Vertragsstaaten dieser Charta Mitglieder sind.

Art. 61 [Weitere Rechtsgrundlagen] Ferner berücksichtigt die Kommission bei der Festlegung der Rechtsgrundsätze hilfsweise andere allgemeine oder besondere internationale Übereinkommen, die Regeln enthalten, die ausdrücklich von Mitgliedstaaten der Organisation für Afrikanische Einheit anerkannt worden sind, ferner die afrikanische Praxis in Übereinstimmung mit den internationalen Normen für die Menschenrechte und Rechte der Völker, das Gewohnheitsrecht, allgemeine Rechtsgrundsätze, die von afrikanischen Staaten anerkannt sind, sowie Rechtsprechung und Lehre.

Art. 62 [Staatenberichte] Jeder Vertragsstaat verpflichtet sich, alle zwei Jahre, beginnend vom Tage des Inkrafttretens dieser Charta, einen Bericht über die gesetzgeberischen und sonstigen Maßnahmen vorzulegen, die er zur Verwirklichung der von dieser Charta anerkannten und garantierten Rechte und Freiheiten getroffen hat.

Art. 63 [Unterzeichnung, Ratifikation, Inkrafttreten] (1) Diese Charta steht den Mitgliedstaaten der Organisation für Afrikanische Einheit zur Unterzeichnung, Ratifikation oder zum Beitritt offen.

(2) Die Ratifikations- und Beitrittsurkunden werden beim Generalsekretär der Organisation für Afrikanische Einheit hinterlegt.

(3) Die vorliegende Charta tritt drei Monate nach dem Zeitpunkt in Kraft, an dem der Generalsekretär die Ratifikations- oder Beitrittsurkunden der

Mehrheit der Mitgliedstaaten der Organisation für Afrikanische Einheit erhalten hat.

Teil III: Allgemeine Bestimmungen

Art. 64 [Einberufung der Kommission] (1) Nach Inkrafttreten dieser Charta werden die Mitglieder der Kommission nach den einschlägigen Artikeln dieser Charta gewählt.

(2) Der Generalsekretär der Organisation für Afrikanische Einheit beruft das erste Treffen der Kommission am Sitz der Organisation innerhalb von drei Monaten nach ihrer Konstituierung ein. Danach beruft der Vorsitzende die Kommission nach Bedarf, jedoch mindestens einmal im Jahr ein.

Art. 65 [Inkrafttreten der Charta für später beitretende Staaten] Für einen Staat, der die Charta ratifiziert oder ihr beitritt, nachdem sie in Kraft getreten ist, tritt die Charta drei Monate nach der Hinterlegung der Ratifizierungs- oder Beitrittsurkunde in Kraft.

Art. 66 [Zusatzprotokolle] Besondere Protokolle oder Vereinbarungen können, falls erforderlich, die Bestimmungen dieser Charta ergänzen.

Art. 67 [Mitteilung der Ratifikation] Der Generalsekretär der Organisation für Afrikanische Einheit informiert die Mitgliedstaaten der Organisation über jede Hinterlegung einer Ratifikations- oder Beitrittsurkunde.

Art. 68 [Änderung der Charta] Die Charta kann geändert werden, wenn ein Vertragsstaat beim Generalsekretär der Organisation für Afrikanische Einheit einen schriftlichen Änderungsantrag einreicht. Die Versammlung der Staats- und Regierungschefs kann sich mit einem Änderungsvorschlag erst befassen, wenn alle Vertragsstaaten ordnungsgemäß darüber informiert worden sind und die Kommission auf Antrag des vorschlagenden Staates ihre Stellungnahme abgegeben hat. Die Änderung muß von der Mehrheit der Vertragsstaaten angenommen werden. Sie tritt für jeden Staat, der sie in Übereinstimmung mit dem von seiner Verfassung vorgesehenen Verfahren angenommen hat, drei Monate nach der Notifizierung der Annahme an den Generalsekretär der Organisation für Afrikanische Einheit in Kraft.

V. Menschenrechtsschutz in der Arabischen Liga

73. Arab Charter on Human Rights[1] · [2]

Vom 23. Mai 2004

(Übersetzung)

Based on the faith of the Arab nation in the dignity of the human person whom God has exalted ever since the beginning of creation and in the fact that the Arab homeland is the cradle of religions and civilizations whose lofty human values affirm the human right to a decent life based on freedom, justice and equality,

In furtherance of the eternal principles of fraternity, equality and tolerance among human beings consecrated by the noble Islamic religion and the other divinely-revealed religions,

Being proud of the humanitarian values and principles that the Arab nation has established throughout its long history, which have played a major role in spreading knowledge between East and West, so making the region a point of reference for the whole world and a destination for seekers of knowledge and wisdom,

Believing in the unity of the Arab nation, which struggles for its freedom and defends the right of nations to self-determination, to the preservation of their wealth and to development; believing in the sovereignty of the law and its contribution to the protection of universal and interrelated human rights and convinced that the human person's enjoyment of freedom, justice and equality of opportunity is a fundamental measure of the value of any society,

Rejecting all forms of racism and Zionism, which constitute a violation of human rights and a threat to international peace and security, recognizing the close link that exists between human rights and international peace and security, reaffirming the principles of the Charter of the United Nations, the Universal Declaration of Human Rights and the provisions of the International Covenant on Civil and Political Rights and the International Covenant on Economic, Social and Cultural Rights, and having regard to the Cairo Declaration on Human Rights in Islam,

The States parties to the Charter have agreed as follows:

Art. 1 [Ziele der Charta] The present Charter seeks, within the context of the national identity of the Arab States and their sense of belonging to a common civilization, to achieve the following aims:

1. To place human rights at the centre of the key national concerns of Arab States, making them lofty and fundamental ideals that shape the will of the

---

[1] Angenommen auf dem 26. Gipfeltreffen der Arabischen Liga vom 22.–23. 5. 2004 in Tunis.

[2] Englische Übersetzung aus dem Arabischen durch das UN-Hochkommissariat für Menschenrechte (nicht mehr abrufbar). Eine andere englischsprachige Version ist verfügbar unter: http://hrlibrary.umn.edu/instree/arabcharter2.html

individual in Arab States and enable him to improve his life in accordance with noble human values.

2. To teach the human person in the Arab States pride in his identity, loyalty to his country, attachment to his land, history and common interests and to instil in him a culture of human brotherhood, tolerance and openness towards others, in accordance with universal principles and values and with those proclaimed in international human rights instruments.

3. To prepare the new generations in Arab States for a free and responsible life in a civil society that is characterized by solidarity, founded on a balance between awareness of rights and respect for obligations, and governed by the values of equality, tolerance and moderation.

4. To entrench the principle that all human rights are universal, indivisible, interdependent and interrelated.

Art. 2 [Recht auf Selbstbestimmung] (1) All peoples have the right of self-determination and to control over their natural wealth and resources, and the right to freely choose their political system and to freely pursue their economic, social and cultural development.

(2) All peoples have the right to national sovereignty and territorial integrity.

(3) All forms of racism, Zionism and foreign occupation and domination constitute an impediment to human dignity and a major barrier to the exercise of the fundamental rights of peoples; all such practices must be condemned and efforts must be deployed for their elimination.

(4) All peoples have the right to resist foreign occupation.

Art. 3 [Diskriminierungsverbot] (1) Each State party to the present Charter undertakes to ensure to all individuals subject to its jurisdiction the right to enjoy the rights and freedoms set forth herein, without distinction on grounds of race, colour, sex, language, religious belief, opinion, thought, national or social origin, wealth, birth or physical or mental disability.

(2) The States parties to the present Charter shall take the requisite measures to guarantee effective equality in the enjoyment of all the rights and freedoms enshrined in the present Charter in order to ensure protection against all forms of discrimination based on any of the grounds mentioned in the preceding paragraph.

(3) Men and women are equal in respect of human dignity, rights and obligations within the framework of the positive discrimination established in favour of women by the Islamic Shariah, other divine laws and by applicable laws and legal instruments. Accordingly, each State party pledges to take all the requisite measures to guarantee equal opportunities and effective equality between men and women in the enjoyment of all the rights set out in this Charter.

Art. 4 [Abweichen im Notstandsfall] (1) In exceptional situations of emergency which threaten the life of the nation and the existence of which is officially proclaimed, the States parties to the present Charter may take measures derogating from their obligations under the present Charter, to the extent strictly required by the exigencies of the situation, provided that such measures are not inconsistent with their other obligations under international law and do not involve discrimination solely on the grounds of race, colour, sex, language, religion or social origin.

(2) In exceptional situations of emergency, no derogation shall be made from the following articles: article 5, article 8, article 9, article 10, article 13, article 14, paragraph 6, article 15, article 18, article 19, article 20, article 22, article 27, article 28, article 29 and article 30. In addition, the judicial guarantees required for the protection of the aforementioned rights may not be suspended.

(3) Any State party to the present Charter availing itself of the right of derogation shall immediately inform the other States parties, through the intermediary of the Secretary-General of the League of Arab States, of the provisions from which it has derogated and of the reasons by which it was actuated. A further communication shall be made, through the same intermediary, on the date on which it terminates such derogation.

Art. 5 [Recht auf Leben] (1) Every human being has the inherent right to life.

(2) This right shall be protected by law. No one shall be arbitrarily deprived of his life.

Art. 6 [Todesstrafe] Sentence of death may be imposed only for the most serious crimes in accordance with the laws in force at the time of commission of the crime and pursuant to a final judgment rendered by a competent court. Anyone sentenced to death shall have the right to seek pardon or commutation of the sentence.

Art. 7 [KeineTodesstrafe für Minderjährige und Schwangere] (1) Sentence of death shall not be imposed on persons under 18 years of age, unless otherwise stipulated in the laws in force at the time of the commission of the crime.

(2) The death penalty shall not be inflicted on a pregnant woman prior to her delivery or on a nursing mother within two years from the date of her delivery; in all cases, the best interests of the infant shall be the primary consideration.

Art. 8 [Folterverbot] (1) No one shall be subjected to physical or psychological torture or to cruel, degrading, humiliating or inhuman treatment.

(2) Each State party shall protect every individual subject to its jurisdiction from such practices and shall take effective measures to prevent them. The commission of, or participation in, such acts shall be regarded as crimes that are punishable by law and not subject to any statute of limitations. Each State party shall guarantee in its legal system redress for any victim of torture and the right to rehabilitation and compensation.

Art. 9 [Verbot medizinischer Versuche ohne Zustimmung; Verbot des Handels mit menschlichen Organen] No one shall be subjected to medical or scientific experimentation or to the use of his organs without his free consent and full awareness of the consequences and provided that ethical, humanitarian and professional rules are followed and medical procedures are observed to ensure his personal safety pursuant to the relevant domestic laws in force in each State party. Trafficking in human organs is prohibited in all circumstances.

Art. 10 [Verbot von Sklaverei, Zwangsarbeit und Menschenhandel]

(1) All forms of slavery and trafficking in human beings are prohibited and are punishable by law. No one shall be held in slavery and servitude under any circumstances.

(2) Forced labour, trafficking in human beings for the purposes of prostitution or sexual exploitation, the exploitation of the prostitution of others or any other form of exploitation or the exploitation of children in armed conflict are prohibited.

Art. 11 [Gleichheit vor dem Gesetz] All persons are equal before the law and have the right to enjoy its protection without discrimination.

Art. 12 [Gleichheit vor Gericht; Unabhängigkeit der Justiz; Rechtsschutz] All persons are equal before the courts and tribunals. The States parties shall guarantee the independence of the judiciary and protect magistrates against any interference, pressure or threats. They shall also guarantee every person subject to their jurisdiction the right to seek a legal remedy before courts of all levels.

Art. 13 [Recht auf ein faires Gerichtsverfahren] (1) Everyone has the right to a fair trial that affords adequate guarantees before a competent, independent and impartial court that has been constituted by law to hear any criminal charge against him or to decide on his rights or his obligations. Each State party shall guarantee to those without the requisite financial resources legal aid to enable them to defend their rights.

(2) Trials shall be public, except in exceptional cases that may be warranted by the interests of justice in a society that respects human freedoms and rights.

Art. 14 [Recht auf Freiheit und Sicherheit der Person] (1) Everyone has the right to liberty and security of person. No one shall be subjected to arbitrary arrest, search or detention without a legal warrant.

(2) No one shall be deprived of his liberty except on such grounds and in such circumstances as are determined by law and in accordance with such procedure as is established thereby.

(3) Anyone who is arrested shall be informed, at the time of arrest, in a language that he understands, of the reasons for his arrest and shall be promptly informed of any charges against him. He shall be entitled to contact his family members.

(4) Anyone who is deprived of his liberty by arrest or detention shall have the right to request a medical examination and must be informed of that right.

(5) Anyone arrested or detained on a criminal charge shall be brought promptly before a judge or other officer authorized by law to exercise judicial power and shall be entitled to trial within a reasonable time or to release. His

release may be subject to guarantees to appear for trial. Pre-trial detention shall in no case be the general rule.

(6) Anyone who is deprived of his liberty by arrest or detention shall be entitled to petition a competent court in order that it may decide without delay on the lawfulness of his arrest or detention and order his release if the arrest or detention is unlawful.

(7) Anyone who has been the victim of arbitrary or unlawful arrest or detention shall be entitled to compensation.

Art. 15 [Keine Strafe ohne Gesetz] No crime and no penalty can be established without a prior provision of the law. In all circumstances, the law most favourable to the defendant shall be applied.

Art. 16 [Unschuldsvermutung; Verfahrensgarantien] Everyone charged with a criminal offence shall be presumed innocent until proved guilty by a final judgment rendered according to law and, in the course of the investigation and trial, he shall enjoy the following minimum guarantees:

1. The right to be informed promptly, in detail and in a language which he understands, of the charges against him.
2. The right to have adequate time and facilities for the preparation of his defence and to be allowed to communicate with his family.
3. The right to be tried in his presence before an ordinary court and to defend himself in person or through a lawyer of his own choosing with whom he can communicate freely and confidentially.
4. The right to the free assistance of a lawyer who will defend him if he cannot defend himself or if the interests of justice so require, and the right to the free assistance of an interpreter if he cannot understand or does not speak the language used in court.
5. The right to examine or have his lawyer examine the prosecution witnesses and to on defence according to the conditions applied to the prosecution witnesses.
6. The right not to be compelled to testify against himself or to confess guilt.
7. The right, if convicted of the crime, to file an appeal in accordance with the law before a higher tribunal.
8. The right to respect for his security of person and his privacy in all circumstances.

Art. 17 [Justizieller Umgang mit Kindern und Jugendlichen] Each State party shall ensure in particular to any child at risk or any delinquent charged with an offence the right to a special legal system for minors in all stages of investigation, trial and enforcement of sentence, as well as to special treatment that takes account of his age, protects his dignity, facilitates his rehabilitation and reintegration and enables him to play a constructive role in society.

Art. 18 [Verbot der Inhaftierung bei Nichterfüllung zivilrechtlicher Verbindlichkeiten] No one who is shown by a court to be unable to pay a debt arising from a contractual obligation shall be imprisoned.

Art. 19 [Verbot der Doppelbestrafung; Entschädigung] (1) No one may be tried twice for the same offence. Anyone against whom such proceedings are brought shall have the right to challenge their legality and to demand his release.

(2) Anyone whose innocence is established by a final judgment shall be entitled to compensation for the damage suffered.

Art. 20 [Haftbedingungen und Resozialisation] (1) All persons deprived of their liberty shall be treated with humanity and with respect for the inherent dignity of the human person.

(2) Persons in pre-trial detention shall be separated from convicted persons and shall be treated in a manner consistent with their status as unconvicted persons.

(3) The aim of the penitentiary system shall be to reform prisoners and effect their social rehabilitation.

Art. 21 [Achtung des Privat- und Familienlebens] (1) No one shall be subjected to arbitrary or unlawful interference with regard to his privacy, family, home or correspondence, nor to unlawful attacks on his honour or his reputation.

(2) Everyone has the right to the protection of the law against such interference or attacks.

Art. 22 [Recht auf Anerkennung der Person] Everyone shall have the right to recognition as a person before the law.

Art. 23 [Rechtssschutz] Each State party to the present Charter undertakes to ensure that any person whose rights or freedoms as herein recognized are violated shall have an effective remedy, notwithstanding that the violation has been committed by persons acting in an official capacity.

Art. 24 [Staatsbürgerliche Rechte; Vereinigungs- und Versammlungsfreiheit] Every citizen has the right:

1. To freely pursue a political activity.
2. To take part in the conduct of public affairs, directly or through freely chosen representatives.
3. To stand for election or choose his representatives in free and impartial elections, in conditions of equality among all citizens that guarantee the free expression of his will.
4. To the opportunity to gain access, on an equal footing with others, to public office in his country in accordance with the principle of equality of opportunity.
5. To freely form and join associations with others.
6. To freedom of association and peaceful assembly.
7. No restrictions may be placed on the exercise of these rights other than those which are prescribed by law and which are necessary in a democratic society in the interests of national security or public safety, public health or morals or the protection of the rights and freedoms of others.

Art. 25 [Minderheitenschutz] Persons belonging to minorities shall not be denied the right to enjoy their own culture, to use their own language and to practise their own religion. The exercise of these rights shall be governed by law.

Art. 26 [Freizügigkeit; Schutz von Ausländern vor Ausweisung; Verbot der Kollektivausweisung] (1) Everyone lawfully within the territory of a State party shall, within that territory, have the right to freedom of movement and to freely choose his residence in any part of that territory in conformity with the laws in force.

(2) No State party may expel a person who does not hold its nationality but is lawfully in its territory, other than in pursuance of a decision reached in accordance with law and after that person has been allowed to submit a petition to the competent authority, unless compelling reasons of national security preclude it. Collective expulsion is prohibited under all circumstances.

Art. 27 [Aus- und Einreisefreiheit] (1) No one may be arbitrarily or unlawfully prevented from leaving any country, including his own, nor prohibited from residing, or compelled to reside, in any part of that country.

(2) No one may be exiled from his country or prohibited from returning thereto.

Art. 28 [Asylrecht] Everyone has the right to seek political asylum in another country in order to escape persecution. This right may not be invoked by persons facing prosecution for an offence under ordinary law. Political refugees may not be extradited.

Art. 29 [Recht auf eine Staatsangehörigkeit] (1) Everyone has the right to nationality. No one shall be arbitrarily or unlawfully deprived of his nationality.

(2) States parties shall take such measures as they deem appropriate, in accordance with their domestic laws on nationality, to allow a child to acquire the mother's nationality, having due regard, in all cases, to the best interests of the child.

(3) Non one shall be denied the right to acquire another nationality, having due regard for the domestic legal procedures in his country.

Art. 30 [Gedankens-, Gewissens-, und Religionsfreiheit] (1) Everyone has the right to freedom of thought, conscience and religion and no restrictions may be imposed on the exercise of such freedoms except as provided for by law.

(2) The freedom to manifest one's religion or beliefs or to perform religious observances, either alone or in community with others, shall be subject only to such limitations as are prescribed by law and are necessary in a tolerant society that respects human rights and freedoms for the protection of public safety, public order, public health or morals or the fundamental rights and freedoms of others.

(3) Parents or guardians have the freedom to provide for the religious and moral education of their children.

Art. 31 [Recht auf Eigentum] Everyone has a guaranteed right to own private property, and shall not under any circumstances be arbitrarily or unlawfully divested of all or any part of his property.

Art. 32 [Informations- und Meinungsfreiheit] (1) The present Charter guarantees the right to information and to freedom of opinion and expression, as well as the right to seek, receive and impart information and ideas through any medium, regardless of geographical boundaries.

(2) Such rights and freedoms shall be exercised in conformity with the fundamental values of society and shall be subject only to such limitations as are required to ensure respect for the rights or reputation of others or the protection of national security, public order and public health or morals.

Art. 33 [Recht auf selbstbestimmte Heirat von Mann und Frau; Schutz der Familie und Kinder] (1) The family is the natural and fundamental group unit of society; it is based on marriage between a man and a woman. Men and women of marrying age have the right to marry and to found a family according to the rules and conditions of marriage. No marriage can take place without the full and free consent of both parties. The laws in force regulate the rights and duties of the man and woman as to marriage, during marriage and at its dissolution.

(2) The State and society shall ensure the protection of the family, the strengthening of family ties, the protection of its members and the prohibition of all forms of violence or abuse in the relations among its members, and particularly against women and children. They shall also ensure the necessary protection and care for mothers, children, older persons and persons with special needs and shall provide adolescents and young persons with the best opportunities for physical and mental development.

(3) The States parties shall take all necessary legislative, administrative and judicial measures to guarantee the protection, survival, development and well-being of the child in an atmosphere of freedom and dignity and shall ensure, in all cases, that the child's best interests are the basic criterion for all measures taken in his regard, whether the child is at risk of delinquency or is a juvenile offender.

(4) The States parties shall take all the necessary measures to guarantee, particularly to young persons, the right to pursue a sporting activity.

Art. 34 [Recht auf Arbeit; gerechte Arbeitsbedingungen; Verbot der Kinderarbeit] (1) The right to work is a natural right of every citizen. The State shall endeavour to provide, to the extent possible, a job for the largest number of those willing to work, while ensuring production, the freedom to choose one's work and equality of opportunity without discrimination of any kind on grounds of race, colour, sex, religion, language, political opinion, membership in a union, national origin, social origin, disability or any other situation.

(2) Every worker has the right to the enjoyment of just and favourable conditions of work which ensure appropriate remuneration to meet his essential needs and those of his family and regulate working hours, rest and holidays with pay, as well as the rules for the preservation of occupational health and

safety and the protection of women, children and disabled persons in the place of work.

(3) The States parties recognize the right of the child to be protected from economic exploitation and from being forced to perform any work that is likely to be hazardous or to interfere with the child's education or to be harmful to the child's health or physical, mental, spiritual, moral or social development. To this end, and having regard to the relevant provisions of other international instruments, States parties shall in particular:
(a) Define a minimum age for admission to employment;
(b) Establish appropriate regulation of working hours and conditions;
(c) Establish appropriate penalties or other sanctions to ensure the effective endorsement of these provisions.

(4) There shall be no discrimination between men and women in their enjoyment of the right to effectively benefit from training, employment and job protection and the right to receive equal remuneration for equal work.

(5) Each State party shall ensure to workers who migrate to its territory the requisite protection in accordance with the laws in force.

Art. 35 [Gewerkschaftsfreiheit; Streikrecht] (1) Every individual has the right to freely form trade unions or to join trade unions and to freely pursue trade union activity for the protection of his interests.

(2) No restrictions shall be placed on the exercise of these rights and freedoms except such as are prescribed by the laws in force and that are necessary for the maintenance of national security, public safety or order or for the protection of public health or morals or the rights and freedoms of others.

(3) Every State party to the present Charter guarantees the right to strike within the limits laid down by the laws in force.

Art. 36 [Recht auf sozialen Schutz] The States parties shall ensure the right of every citizen to social security, including social insurance.

Art. 37 [Recht auf Entwicklung] The right to development is a fundamental human right and all States are required to establish the development policies and to take the measures needed to guarantee this right. They have a duty to give effect to the values of solidarity and cooperation among them and at the international level with a view to eradicating poverty and achieving economic, social, cultural and political development. By virtue of this right, every citizen has the right to participate in the realization of development and to enjoy the benefits and fruits thereof.

Art. 38 [Recht auf einen angemessenen Lebensstandard] Every person has the right to an adequate standard of living for himself and his family, which ensures their well-being and a decent life, including food, clothing, housing, services and the right to a healthy environment. The States parties shall take the necessary measures commensurate with their resources to guarantee these rights.

Art. 39 [Recht auf Gesundheit und Zugang zu Gesundheitseinrichtungen] (1) The States parties recognize the right of every member of society to the enjoyment of the highest attainable standard of physical and mental health and the right of the citizen to free basic health-care services and to have access to medical facilities without discrimination of any kind.

(2) The measures taken by States parties shall include the following:

(a) Development of basic health-care services and the guaranteeing of free and easy access to the centres that provide these services, regardless of geographical location or economic status.

(b) Efforts to control disease by means of prevention and cure in order to reduce the morality rate.

(c) Promotion of health awareness and health education.

(d) Suppression of traditional practices which are harmful to the health of the individual.

(e) Provision of the basic nutrition and safe drinking water for all.

(f) Combating environmental pollution and providing proper sanitation systems;

(g) Combating drugs, psychotropic substances, smoking and substances that are damaging to health.

Art. 40 [Schutz von Menschen mit Behinderung] (1) The States parties undertake to ensure to persons with mental or physical disabilities a decent life that guarantees their dignity, and to enhance their self-reliance and facilitate their active participation in society.

(2) The States parties shall provide social services free of charge for all persons with disabilities, shall provide the material support needed by those persons, their families or the families caring for them, and shall also do whatever is needed to avoid placing those persons in institutions. They shall in all cases take account of the best interests of the disabled person.

(3) The States parties shall take all necessary measures to curtail the incidence of disabilities by all possible means, including preventive health programmes, awareness raising and education.

(4) The States parties shall provide full educational services suited to persons with disabilities, taking into account the importance of integrating these persons in the educational system and the importance of vocational training and apprenticeship and the creation of suitable job opportunities in the public or private sectors.

(5) The States parties shall provide all health services appropriate for persons with disabilities, including the rehabilitation of these persons with a view to integrating them into society.

(6) The States parties shall enable persons with disabilities to make use of all public and private services.

Art. 41 [Recht auf Bildung] (1) The eradication of illiteracy is a binding obligation upon the State and everyone has the right to education.

(2) The States parties shall guarantee their citizens free education at least throughout the primary and basic levels. All forms and levels of primary education shall be compulsory and accessible to all without discrimination of any kind.

(3) The States parties shall take appropriate measures in all domains to ensure partnership between men and women with a view to achieving national development goals.

(4) The States parties shall guarantee to provide education directed to the full development of the human person and to strengthening respect for human rights and fundamental freedoms.

(5) The States parties shall endeavour to incorporate the principles of human rights and fundamental freedoms into formal and informal education curricula and educational and training programmes.

(6) The States parties shall guarantee the establishment of the mechanisms necessary to provide ongoing education for every citizen and shall develop national plans for adult education.

Art. 42 [Recht auf Teilhabe am kulturellen Leben; Wissenschaftsfreiheit] (1) Every person has the right to take part in cultural life and to enjoy the benefits of scientific progress and its application.

(2) The States parties undertake to respect the freedom of scientific research and creative activity and to ensure the protection of moral and material interests resulting form scientific, literary and artistic production.

(3) The state parties shall work together and enhance cooperation among them at all levels, with the full participation of intellectuals and inventors and their organizations, in order to develop and implement recreational, cultural, artistic and scientific programmes.

Art. 43 [Wahrung anerkannter Menschenrechte] Nothing in this Charter may be construed or interpreted as impairing the rights and freedoms protected by the domestic laws of the States parties or those set force in the international and regional human rights instruments which the States parties have adopted or ratified, including the rights of women, the rights of the child and the rights of persons belonging to minorities.

Art. 44 [Wirksame Umsetzung der Charta] The States parties undertake to adopt, in conformity with their constitutional procedures and with the provisions of the present Charter, whatever legislative or non-legislative measures that may be necessary to give effect to the rights set forth herein.

Art. 45 [Arabischer Ausschuss für Menschenrechte] (1) Pursuant to this Charter, an „Arab Human Rights Committee", hereinafter referred to as „the Committee" shall be established. This Committee shall consist of seven members who shall be elected by secret ballot by the States parties to this Charter.

(2) The Committee shall consist of nationals of the States parties to the present Charter, who must be highly experienced and competent in the Committee's field of work. The members of the Committee shall serve in their personal capacity and shall be fully independent and impartial.

(3) The Committee shall include among its members not more than one national of a State party; such member may be re-elected only once. Due regard shall be given to the rotation principle.

(4) The members of the Committee shall be elected for a four-year term, although the mandate of three of the members elected during the first election shall be for two years and shall be renewed by lot.

(5) Six months prior to the date of the election, the Secretary-General of the League of Arab States shall invite the States parties to submit their nomi-

nations within the following three months. He shall transmit the list of candidates to the States parties two months prior to the date the election. The candidates who obtain the largest number of votes cast shall be elected to membership of the Committee. If, because two or more candidates have an equal number of votes, the number of candidates with the largest number of votes exceeds the number required, a second ballot will be held between the persons with equal numbers of votes. If the votes are again equal, the member or members shall be selected by lottery. The first election for membership of the Committee shall be held at least six months after the Charter enters into force.

(6) The Secretary-General shall invite the States parties to a meeting at the headquarters the League of Arab States in order to elect the member of the Committee. The presence of the majority of the States parties shall constitute a quorum. If there is no quorum, the Secretary-General shall call another meeting at which at least two thirds of the States parties must be present. If there is still no quorum, the Secretary-General shall call a third meeting, which will be held regardless of the number of States parties present.

(7) The Secretary-General shall convene the first meeting of the Committee, during the course of which the Committee shall elect its Chairman from among its members, for a two-year term which may be renewed only once and for an identical period. The Committee shall establish its own rules of procedure and methods of work and shall determine how often it shall meet. The Committee shall hold its meetings at the headquarters of the League of Arab States. It may also meet in any other State party to the present Charter at that party's invitation.

Art. 46 [Ausscheiden aus dem Ausschuss; Wiederbesetzung frei gewordener Sitze] (1) The Secretary-General shall declare a seat vacant after being notified by the Chairman of a member's:
(a) Death;
(b) Resignation; or
(c) If, in the unanimous opinion of the other members, a member of the Committee has ceased to perform his functions without offering an acceptable justification or for any reason other than a temporary absence.

(2) If a member's seat is declared vacant pursuant to the provisions of paragraph 1 and the term of office of the member to be replaced does not expire within six months from the date on which the vacancy was declared, the Secretary-General of the League of Arab States shall refer the matter to the States parties to the present Charter, which may, within two months, submit nominations, pursuant to article 45, in order to fill the vacant seat.

(3) The Secretary-General of the League of Arab States shall draw up an alphabetical list of all the duly nominated candidates, which he shall transmit to the States parties to the present Charter. The elections to fill the vacant seat shall be held in accordance with the relevant provisions.

(4) Any member of the Committee elected to fill a seat declared vacant in accordance with the provisions of paragraph 1 shall remain a member of the Committee until the expiry of the remainder of the term of the member whose seat was declared vacant pursuant to the provisions of that paragraph.

(5) The Secretary-General of the League of Arab States shall make provision within the budget of the League of Arab States for all the necessary financial

and human resources and facilities that the Committee needs to discharge its functions effectively. The Committee's experts shall be afforded the same treatment with respect to remuneration and reimbursement of expenses as experts of the secretariat of the League of Arab States.

Art. 47 [Immunität der Mitglieder des Ausschusses] The States parties undertake to ensure that members of the Committee shall enjoy the immunities necessary for their protection against any form of harassment or moral or material pressure or prosecution on account of the positions they take or statements they make while carrying out their functions as members of the Committee.

Art. 48 [Staatenberichte] (1) The States parties undertake to submit reports to the Secretary-General of the League of Arab States on the measures they have taken to give effect to the rights and freedoms recognized in this Charter and on the progress made towards the enjoyment thereof. The Secretary-General shall transmit these reports to the Committee for its consideration.

(2) Each State party shall submit an initial report to the Committee within one year from the date on which the Charter enters into force and a periodic report every three years thereafter. The Committee may request the States parties to supply it with additional information relating to the implementation of the Charter.

(3) The Committee shall consider the reports submitted by the States parties under paragraph 2 of this article in the presence of the representative of the State party whose report is being considered.

(4) The Committee shall discuss the report, comment thereon and make the necessary recommendations in accordance with the aims of the Charter.

(5) The Committee shall submit an annual report containing its comments and recommendations to the Council of the League, through the intermediary of the Secretary-General.

(6) The Committee's reports, concluding observations and recommendations shall be public documents which the Committee shall disseminate widely.

Art. 49 [Unterzeichnung, Ratifikation, Inkrafttreten und Notifikationen] (1) The Secretary-General of the League of Arab States shall submit the present Charter, once it has been approved by the Council of the League, to the States members for signature, ratification or accession.

(2) The present Charter shall enter into effect two months from the date on which the seventh instrument of ratification is deposited with the secretariat of the League of Arab States.

(3) After its entry into force, the present Charter shall become effective for each State two months after the State in question has deposited its instrument of ratification or accession with the secretariat.

(4) The Secretary-General shall notify the States members of the deposit of each instrument of ratification or accession.

Art. 50 [Änderungen der Charta] Any State party may submit written proposals, through the Secretary-General, for the amendment of the present Charter. After these amendments have been circulated among the States members, the Secretary-General shall invite the States parties to consider the proposed amendments before submitting them to the Council of the League for adoption.

Art. 51 [Inkrafttreten von Änderungen] The amendments shall take effect, with regard to the States parties that have approved them, once they have been approved by two thirds of the States parties.

Art. 52 [Protokolle] Any State party may propose additional optional protocols to the present Charter and they shall be adopted in accordance with the procedures used for the adoption of amendments to the Charter.

Art. 53 [Vorbehalte] (1) Any State party, when signing this Charter, depositing the instruments of ratification or acceding hereto, may make a reservation to any article of the Charter, provided that such reservation does not conflict with the aims and fundamental purposes of the Charter.

(2) Any State party that has made a reservation pursuant to paragraph 1 of this article may withdraw it at any time by addressing a notification to the Secretary-General of the League of Arab States.

(3) The Secretary-General shall notify the States parties of reservations and of requests for their withdrawal.

Sachverzeichnis

Die fetten Zahlen kennzeichnen die Nummern der Verträge, Beschlüsse usw. in dieser Ausgabe, die mageren Zahlen die jeweiligen Artikel oder sonstige Untergliederung innerhalb eines Textes

Sachverzeichnis

Sachverzeichnis

Sachverzeichnis

Rund ums Recht
Ein- und Überblicke

Einstieg

BGB · Bürgerliches Gesetzbuch
Textausgabe `Toptitel`
82. Aufl. 2018. 860 S. `Neu`
€ 5,90. dtv 5001
Neu im August 2018
Mit EinführungsG, Allgemeines GleichbehandlungsG, ProdukthaftungsG, UnterlassungsklagenG, WohnungseigentumsG, BeurkundungsG, ErbbaurechtsG, Rom I bis III und VOen (EG).

Däubler
BGB kompakt
Allgemeiner Teil · Schuldrecht · Sachenrecht.
Rechtsberater
3. Aufl. 2008. 1304 S.
€ 28,90. dtv 5693
Kompakt und leicht verständlich stellt der Band die besonders wichtigen ersten drei Bücher des BGB anschaulich und oft anhand von alltäglichen Beispielen dar. Der Ratgeber schildert rechtliche Verhältnisse, die jeden betreffen. Wiederholungsfragen und kleine Fälle runden jedes Kapitel ab.

Loos
Recht: verstanden!
So funktioniert unser Rechtssystem. Juristische Grundlagen einfach erklärt.
Beck im dtv
2. Aufl. 2015. 186 S.
€ 12,90. dtv 50764
Auch als ebook erhältlich.
Warum gibt es Recht? Wer macht die Gesetze? Warum bekommt der, der Recht hat, nicht immer Recht. Mit vielen Beispielen.

Rittershofer
Lexikon Politik, Staat, Gesellschaft
3600 aktuelle Begriffe von Abberufung bis Zwölfmeilenzone.
Beck im dtv
1. Aufl. 2007. 869 S.
€ 19,50. dtv 50894
Was sind die Aufgaben von Bundestag und Bundesrat, EU, UNO und NATO, welches die Unterschiede zwischen Gewaltenteilung und Föderalismus? Auf diese und viele weitere Fragen zu den Begriffen der nationalen und internationalen Politik gibt dieses Lexikon aktuell, klar und verlässlich Auskunft.

RVG · Rechtsanwaltsvergütungsgesetz

Textausgabe `Toptitel`
12. Aufl. 2018. 308 S.
€ 11,90. dtv 5762
Rechtsanwaltsvergütungsgesetz, Gerichtskostengesetz, Justizvergütungs- und -entschädigungsgesetz.

Haft
Aus der Waagschale der Justitia

Eine Reise durch 4000 Jahre Rechtsgeschichte.
Beck im dtv
4. Aufl. 2009. 335 S.
€ 18,90. dtv 5690
Vom Prozess Jesu bis zu den Mauerschützenprozessen, vom Codex Hammurapi bis zum Einigungsvertrag, von Platon bis zu Max Weber.

RDG · Rechtsdienstleistungsgesetz

Textausgabe
1. Aufl. 2008. 157 S.
€ 7,90. dtv 5773
Rechtsdienstleistungsgesetz mit Einführungsgesetz, Rechtsverordnung zum Rechtsdienstleistungsgesetz sowie Auszüge aus Verfahrensordnungen.

Europa

EuR · Europa-Recht

Textausgabe `Toptitel`
27. Aufl. 2017. 767 S.
€ 12,90. dtv 5014
Vertrag über die Europäische Union und Vertrag über die Arbeitsweise der Europäischen Union in der Fassung des Vertrages von Lissabon, Charta der Grundrechte mit Erläuterungen, Rechtsstellung des Unionsbürgers, Integrationsverantwortungsgesetz, Verfahrensordnungen von EuGH und EuG, Satzung des Europarates, Menschenrechtskonvention, Europäisches Zivilverfahrensrecht, Währungsunion.

Schrötter
Kleines Europa-Lexikon

Geschichte · Politik · Recht.
Beck im dtv `Toptitel`
2. Aufl. 2016. 623 S.
€ 24,90. dtv 50782
Auch als ebook erhältlich.
Über 200 praxisnahe Stichworte von der Agrarpolitik bis hin zur Zypernfrage. Die rechtlichen und politischen Hintergründe des modernen Europa werden in diesem Lexikon klar und verständlich dargestellt.

Europäisches Beihilferecht
Textausgabe
1. Aufl. 2017. 407 S.
€ 15,90. dtv 5784

Art. 38-44 und 106-109 AEUV,
Allgemeine Gruppenfreistel-
lungsverordnung (AGVO), Ver-
fahrensverordnung mit DVO,
DAWI-Beschluss, DAWI-De-
Minimis-VO, Transparenzricht-
linien-Gesetz, ÖPNV/SPNV-
Verordnung Nr. 1370/2007,
Referenzzinsatz-Mitteilung,
Unionsrahmen für FuEuI-Bei-
hilfen, Bekanntmachung zum
Beihilfenbegriff, Rettungs- u.
Umstrukturierungs-LL.

Völkerrechtliche Verträge
Vereinte Nationen, Zwischen-
staatliche Beziehungen,
Menschenrechte, See-, Luft- und
WeltraumR, UmweltR, Streit-
beilegung, KriegsverhütungsR,
KriegsR, Int. Strafgerichtsbarkeit.
Textausgabe Toptitel
14. Aufl. 2016. 882 S.
€ 18,90. dtv 5031

Menschenrechte –
Ihr internationaler Schutz
Textausgabe
7. Aufl. 2018. 759 S. Neu
€ 28,90. dtv 5531

Neu im September 2018
Menschenrechtspakte, Europäische Menschenrechts-
konvention, EU-Grundrechtecharta, Antifolterkonvention,
Biomedizin/Genomforschung,
Internationale Strafgerichte,
Diskriminierungsschutz, Verfahrensordnungen u.v.a.

WTO · Welthandels-
organisation
Textausgabe
5. Aufl. 2013. 405 S.
€ 23,90. dtv 5752

WTO-Übereinkommen, Aus-
züge aus dem Allgemeinen
Zoll- und Handelsabkommen
(GATT) in den Fassungen von
1947 und 1994,
Landwirtschafts-
übereinkommen, Übereinkom-
men über gesundheitspolizei-
liche Maßnahmen (SPS),
Übereinkommen über techni-
sche Handelshemmnisse (TBT),
Subventionsübereinkommen,
Antidumping-Übereinkommen,
Dienstleistungsabkommen
(GATS), Übereinkommen über
geistiges Eigentum (TRIPS),
Streitbeilegungsvereinbarung
(DSU).

Von der Jugend bis ins Alter
Recht in allen Lebenslagen

Jugend und Recht

JugR · Jugendrecht
SGB VIII – Kinder- und Jugend-
hilfe, AdoptionsvermittlungsG,
UnterhaltsvorschussG, Jugend-
schutzG.
Textausgabe `Toptitel`
39. Aufl. 2018. 600 S.
€ 9,90. dtv 5008
AdoptionsvermittlungsG, BAföG,
Bayerisches StrafvollzugsG (Aus-
zug), BerufsbildungsG (Auszug),
Bürgerliches Gesetzbuch mit
EGBGB (Auszug), Bundes-
ImmissionsschutzG (Auszug),
FamFG (Auszug), Jugendar-
beitsschutzG, Jugendfreiwilli-
gendiensteG, JugendgerichtsG,
Jugendmedienschutz-Staatsver-
trag, JugendschutzG, Jugend-
strafvollzugsG NRW, Gesetz zur
Kooperation und Information
im Kinderschutz (KKG), SGB I:
Allgemeiner Teil (Auszug), SGB
II: Grundsicherung für Arbeit-
suchende (Auszug), SGB III:
Arbeitsförderung (Auszug), SGB
VIII: Kinder- und Jugendhilfe,
SGB XII: Sozialhilfe (Auszug),
Strafgesetzbuch (Auszug), Unter-
haltsvorschussG

Schule und Hochschule

*Brehm/Zimmerling/
Brehm-Kaiser/Zimmerling*
**Erfolgreich zum
Wunschstudienplatz**
Bewerbung · hochschulstart.de ·
NC · Auswahlverfahren und -tests ·
Rechtsschutz · Studienplatzklage.
Rechtsberater
2. Aufl. 2015. 300 S.
€ 16,90. dtv 50765
Macht mit Tipps und Hin-
weisen den Weg zum Wunsch-
studium frei.

BAföG · Bildungsförderung
Textausgabe
32. Aufl. 2016. 400 S.
€ 15,90. dtv 5033
BundesausbildungsförderungsG mit DVO und Ausbil-
dungsförderungsgesetzen der
Länder, BerufsbildungsG,
StipendienprogrammG und
Meister-BAföG. Mit BAföG-
Änderungen zum 1. August
2016 (25. BAföGÄndG) und
den Änderungen des Meister-
BAföGs.

Theisen
ABC des wissenschaftlichen Arbeitens
Erfolgreich in Schule, Studium und Beruf.
Beck im dtv
1. Aufl. 2006. 263 S.
€ 9,50. dtv 50897

Gramm/Wolff
Jura – erfolgreich studieren
Für Schüler und Studenten.
Rechtsberater `Toptitel`
7. Aufl. 2015. 277 S.
€ 14,90. dtv 50770
Auch als ebook erhältlich.
Das Buch liefert detaillierte Informationen und Tipps zum Jurastudium. Ein Eignungstest für junge Juristen am Ende des Bandes bietet eine wichtige Entscheidungshilfe.

Ehe, Familie und Partnerschaft

FamR · Familienrecht
Zu Ehe, Scheidung, Unterhalt, Versorgungsausgleich, Lebenspartnerschaft und internationalem Recht.
Textausgabe `Toptitel`
18. Aufl. 2017. 950 S.
€ 14,90. dtv 5577
Die 18. Auflage der Textausgabe ist mit Stand 1. Juli 2017 umfassend aktualisiert und bietet ein ausführliches Sachverzeichnis für den schnellen, gezielten Zugriff sowie eine aktualisierte Einführung von Universitätsprofessorin Dr. Dagmar Coester-Waltjen.

von Münch/Backhaus
Ehe- und Familienrecht von A–Z
Über 500 Stichwörter zur aktuellen Rechtslage.
Rechtsberater
16. Aufl. 2010. 510 S.
€ 19,90. dtv 5042
Auch als ebook erhältlich.
Annahme als Kind, Betreuung, Ehe, elterliche Sorge, Güterstand, Kindschaftssachen, Nichtehelichkeit, Scheidung, Unterhalt, Zugewinn, Lebenspartnerschaft.

Klein
Eheverträge
Sicherheit für die Zukunft.
Rechtsberater `Toptitel`
5. Aufl. 2015. 260 S.
€ 15,90. dtv 50793
Auch als ebook erhältlich.
Kompakter Ratgeber für die Regelungen in Ihrem Ehevertrag – vor Schließung der Ehe, während der Ehe und im Fall von Trennung und Scheidung.

Dahmen-Lösche
Ehevertrag – Vorteil oder Falle?
So finden Sie Ihre perfekte Regelung.
Rechtsberater `Toptitel`
3. Aufl. 2017. 164 S.
€ 13,90. dtv 51216
Auch als ebook erhältlich.
Welche Klauseln vorteilhaft sind und wo die Fallen liegen erläutert ausführlich und mit zahlreichen Mustern und Beispielen versehen dieses Buch.

Peyerl
Ehevertrag und Scheidungsvereinbarung in Frage und Antwort
Güterstand, Unterhalt, Versorgungsausgleich und Zugewinn richtig regeln.
Rechtsberater
1. Aufl. 2011. 127 S.
€ 8,90. dtv 50681
Auch als ebook erhältlich.

Langenfeld
Ehevertrag und Scheidungsvereinbarung
Vertragsmuster mit Erläuterungen.
Rechtsberater
12. Aufl. 2012. 139 S.
€ 11,90. dtv 5226
Ausführliche Erläuterung der Grundlagen und typischen Konstellationen für vorsorgende Eheverträge und Scheidungsvereinbarungen.

Lütkehaus/Matthäus
Guter Umgang für Eltern und Kinder
Ein Ratgeber bei Trennung und Scheidung
2018. 249 S. **Neu**
€ 18,90. dtv 51227
Neu im September
Auch als ebook erhältlich.
Behandelt den Umgang von Kindern getrennt lebender Eltern mit dem abwesenden Elternteil sowie den Umgang der oft im Streit liegenden Eltern miteinander zum Wohl der Kinder.
Mit Beispielsfällen aus der langjährigen Praxis der Autoren.

Schwab/Görtz-Leible
Meine Rechte bei Trennung und Scheidung
Unterhalt · Ehewohnung · Sorge · Zugewinn- und Versorgungsausgleich.
Rechtsberater **Toptitel**
9. Aufl. 2017. 326 S.
€ 15,90. dtv 51208
Auch als ebook erhältlich.
Ratgeber zu allen Rechtsfragen bei Trennung und Scheidung.

Grziwotz/Kappler/Kappler
Trennung und Scheidung richtig gestalten
Getrenntleben, Scheidung, Lebenspartnerschaftsaufhebung, Vermögensauseinandersetzung und Unterhalt.
Rechtsberater **Toptitel**
9. Aufl. 2018. 301 S.
€ 14,90. dtv 51229
Auch als ebook erhältlich.
Informiert über die gesetzlichen Regelungen und zeigt Vereinbarungsmöglichkeiten.

Dahmen-Lösche
Scheidungsberater für Frauen
Ihre Rechte und Ansprüche bei
Trennung und Scheidung.
Rechtsberater   `Toptitel`
3. Aufl. 2016. 166 S.
€ 11,90. dtv 50753
Auch als ebook erhältlich.
Dieses Buch berät umfassend
mit vielen Beispielen, Mustern
und Checklisten.

Schlickum
**Scheidungsberater
für Männer**
Meine Rechte und Ansprüche
bei Trennung und Scheidung.
Rechtsberater   `Toptitel`
4. Aufl. 2018. 194 S.
€ 14,90. dtv 51220
Auch als ebook erhältlich.
Der umfassende Rechtsberater
für Ehemänner und Väter, die
sich nicht aus ihrer Verantwortung drängen lassen wollen.

Peyerl
**Vermögensteilung
bei Scheidung**
So sichern Sie Ihre Ansprüche.
Rechtsberater
3. Aufl. 2016. 132 S.
€ 11,90. dtv 50786
Auch als ebook erhältlich.
Der bewährte Rechtsberater
beantwortet die wichtigen
rechtlichen und praktischen
Fragen rund um die Aufteilung
des Vermögens bei Trennung
und Scheidung. Mit zahl-
reichen Tipps und Beispielen.

Strecker
Versöhnliche Scheidung
Trennung, Scheidung und deren
Folgen einvernehmlich regeln.
Rechtsberater
5. Aufl. 2014. 349 S.
€ 16,90. dtv 50759
Auch als ebook erhältlich.
Bietet Hilfe bei der Suche nach
einvernehmlichen Lösungen
während Trennung und Scheidung. Berücksichtigt sind auch
psychologische Aspekte.

Heiß/Heiß
Die Höhe des Unterhalts von A–Z
Mehr als 400 Stichwörter zum aktuellen Unterhaltsrecht.
Rechtsberater   Toptitel
12. Aufl. 2018. 536 S.
€ 21,90. dtv 51217
Auch als ebook erhältlich.
Dieser Rechtsberater bietet als umfassendes Lexikon Antwort auf alle Unterhaltsfragen.

Lindemann-Hinz
Elternunterhalt
Das müssen Kinder für ihre Eltern zahlen.
Rechtsberater
3. Aufl. 2016. 181 S.
€ 13,90. dtv 50780
Alles Wichtige zum Unterhalt für Eltern: Ansprüche, Höhe, Vermögen, Überleitung, Verfahren u.v.m.

Schulte/Heider
Eltern und Kinder
Elterliche Sorge · Umgang · Unterhalt.
Rechtsberater
3. Aufl. 2011. 255 S.
€ 15,90. dtv 5648
Rechte und Pflichten gegenüber Partnern und Kindern sowie alles zu Jugendamt, Familiengericht, Unterhaltsvorschuss und Sozialhilfe, Namensrecht sowie Erbrecht.

Wernitznig
Meine Rechte und Pflichten als Vater
Vaterschaft, Sorgerecht, Umgang, Namensrecht, Unterhaltsfragen, erbrechtliche und steuerrechtliche Fragen.
Rechtsberater
2. Aufl. 2014. 148 S.
€ 11,90. dtv 50756
Auch als ebook erhältlich.
Das Werk behandelt das Thema leicht und verständlich und erklärt es anhand von vielen Beispielen.

Behinderung

SGB IX ·
Rehabilitation und Teilhabe behinderter Menschen
Textausgabe
9. Aufl. 2018. 954 S.
€ 18,90. dtv 5755
SGB IX mit allen Schwerbehindertenverordnungen, Behindertengleichstellungsgesetz, Leitfaden zur Selbsthilfeförderung, Schwerbehinderten-Ausgleichsabgabeverordnung, Werkstättenverordnung, Versorgungsmedizinverordnung, Handlungsempfehlung 'Persönliches Budget', Kinderhilfebehandlung- und Chroniker- Richtlinie, Bundesversorgungsgesetz und weiteren wichtigen Vorschriften.

Greß
**Recht und Förderung für
mein behindertes Kind**
Elternratgeber für alle Lebensphasen – Sozialleistungen,
Betreuung und Behindertentestament.
Rechtsberater
3. Aufl. 2018. Rd. 330 S. Neu
ca. € 18,90. dtv 51232
Neu im Oktober 2018
Auch als ebook erhältlich.
Dieser Rechtsberater informiert über Sozialleistungen
und Rechte, die Eltern mit behinderten Kindern zustehen.

Majerski-Pahlen/Pahlen
**Mein Recht als
Schwerbehinderter**
Erwerbstätigkeit · Sozialleistungen
· Steuern · Nachteilsausgleiche.
Rechtsberater
8. Aufl. 2010. 293 S.
€ 12,90. dtv 5252
Alles Wissenswerte für Betrof-
fene, Angehörige und Betreu-
er. Mit den Neuerungen durch
Hartz IV.

Betreuung und Alter

BtR · Betreuungsrecht
BetreuungsG, Betreuungs-
behördenG, Vormünder- und
BetreuervergütungsG.
Textausgabe Toptitel
14. Aufl. 2018. 170 S.
€ 6,90. dtv 5570

Jürgen Greß
**Recht und Förderung für
mein behindertes
Kind**
Elternratgeber für alle Lebensphasen –
Sozialleistungen, Betreuung und
Behindertentestament

Beck-Rechtsberater im dtv

BtR
Betreuungsrecht
BetreuungsbehördenG
Vormünder- und Betreuer-
vergütungsG
und Auszüge aus
Bürgerliches Gesetzbuch
RPflG, FamFG, GNotKG

14. Auflage
2018

Beck-Texte im dtv

Helmut Dankelmann
**Mehr Geld
für Rentner**
So erhalten Sie alle Leistungen,
die Ihnen zustehen

Beck-Rechtsberater im dtv

Walter Zimmermann
**Betreuungsrecht
von A–Z**
Rund 470 Stichwörter zum
aktuellen Recht

Beck-Rechtsberater im dtv

Zimmermann
Ratgeber Betreuungsrecht
Hilfe für Betreute und Betreuer.
Rechtsberater
10. Aufl. 2014. 317 S.
€ 18,90. dtv 50743
Auch als ebook erhältlich.
Der Ratgeber informiert um-
fassend und in verständlicher
Sprache über alle Rechte und
Pflichten der Beteiligten bei
einer Betreuung. Alles Wis-
senswerte zur »Patientenverfü-
gung« wird dargestellt.

Dankelmann
Mehr Geld für Rentner
So erhalten Sie alle Leistungen,
die Ihnen zustehen.
Rechtsberater
1. Aufl. 2014. 239 S.
€ 11,90. dtv 50722
Auch als ebook erhältlich.
Der neue Band ist eine wert-
volle Orientierungshilfe für
Rentner, um alle Leistungen und
Ansprüche durchzusetzen – ob
Grundsicherung, Arbeitslosen-,
Kranken-, Pflege-, Unfall- und
Rentenversicherung oder
Riester- und Rürup-Verträge.

Zimmermann
Betreuungsrecht von A–Z
Rund 470 Stichwörter zum
aktuellen Recht.
Rechtsberater
5. Aufl. 2014. 389 S.
€ 19,90. dtv 50757
Auch als ebook erhältlich.
Der Ratgeber informiert lexika-
lisch umfassend und leicht
verständlich über alle wesentlichen Fragen der Betreuung.

Winkler
Betreuung in Frage und Antwort
Alle wichtigen rechtlichen Aspekte für Betreute und Betreuer
Rechtsberater `Toptitel`
2. Aufl. 2017. 250 S.
€ 15,90. dtv 51203
Auch als ebook erhältlich.
Mit zahlreichen Beispielen und Checklisten.

Kempchen
Der neue Wohn- und Betreuungsvertrag
Was Betroffene und Angehörige beim Vertragsabschluss beachten sollten.
Rechtsberater
1. Aufl. 2013. 258 S.
€ 14,90. dtv 50724
Auch als ebook erhältlich.
Kompakt und verständlich erläutert das Werk alles Wichtige zum Wohn- und Betreuungsvertrag. Praktische Tipps, Hinweise, Vertragsmuster und praktische Beispiele runden die Darstellung ab.

Kempchen/Krahmer
Mein Recht bei Pflegebedürftigkeit
Leitfaden zu Leistungen der Pflegeversicherung.
Rechtsberater `Toptitel`
4. Aufl. 2018. 296 S.
€ 18,90. dtv 50775
Auch als ebook erhältlich.
Behandelt das Thema leicht verständlich und erklärt es anhand von vielen Beispielen.

Lenz/Roglmeier
Vorsorgeregelungen
Patientenverfügung, Vorsorgevollmacht, Betreuungsverfügung.
Rechtsberater
1. Aufl. 2010. 167 S.
€ 13,90. dtv 50708

Putz/Steldinger
Patientenrechte am Ende des Lebens
Vorsorgevollmacht · Patientenverfügung · Selbstbestimmtes Sterben.
Rechtsberater `Toptitel`
6. Aufl. 2016. 347 S.
€ 16,90. dtv 50796
Auch als ebook erhältlich.
Beantwortet die wichtigen Fragen rund um das »Selbstbestimmte Sterben«. Für Betroffene, Angehörige, Betreuer, Ärzte, Pflegepersonal, Anwälte, Rechtspfleger und Richter.

Erben und Vererben

ErbR · Erbrecht
Bürgerliches Gesetzbuch, Europäische ErbrechtsVO, Zivilprozessordnung, Familienverfahrensgesetz, Beurkundungsgesetz, Höfeordnung, Erbschaftsteuer- und Schenkungsteuergesetz, Einkommensteuergesetz, Bewertungsgesetz, Sozialrecht und aktuelle Sterbetafeln.
Textausgabe `Toptitel`
4. Aufl. 2017. 676 S.
€ 23,90. dtv 5779

Übert/Hochmuth/Kaspar
Guter Rat zu Testament und Erbfall
Was Erblasser und Erben wissen und beachten sollten.
Rechtsberater `Toptitel`
7. Aufl. 2017. 428 S.
€ 17,90. dtv 51207
Auch als ebook erhältlich.
Ratgeber zu allen Rechtsfragen rund um Testament und Erbfall. Eine umfassende und allgemein verständliche Darstellung des Erbrechts und der steuerrechtlichen Fragen. Mit vielen Beispielen, Tipps und Mustern.

Klinger
Erbrecht in Frage und Antwort
Vorsorge zu Lebzeiten, Erbfall, Testament, Erbvertrag, Vollmachten, Steuern, Kosten.
Rechtsberater `Toptitel`
6. Aufl. 2017. 386 S.
€ 17,90. dtv 51206
Auch als ebook erhältlich.
Der Ratgeber erklärt leicht verständlich alle Fragen zu Testament, Erbvertrag, Widerruf und Anfechtung letztwilliger Verfügungen. Das neue Erbschaftsteuerrecht wird überall berücksichtigt. Zahlreiche Tipps zur Formulierung machen die Umsetzung einfach.

Winkler
Erbrecht von A–Z
Über 240 Stichwörter zum aktuellen Recht.
Rechtsberater
14. Aufl. 2015. 379 S.
€ 19,90. dtv 50783
Übersichtlich, klar und verständlich erfahren Sie alles zu Testament und Erbvertrag, Erbfolge und Pflichtteilsrecht, Erbenhaftung, Erbengemeinschaft, Erbschein und Erbschaftsteuer. Mit zahlreichen Formulierungsbeispielen.

Ritter
Ratgeber Erbrecht
Erben und vererben.
Rechtsberater `Toptitel`
3. Aufl. 2017. 207 S.
€ 15,90. dtv 50795
Auch als ebook erhältlich.
Ein umfassender Überblick über das deutsche Erbrecht. Von der richtigen Vorsorge zu Lebzeiten (wie z.B. Testament, Erbvertrag, Schenkung) bis hin zu den Besonderheiten bei Ehepaaren (mit oder ohne Kinder), Alleinstehenden, Lebensgemeinschaften oder Geschiedenen.

Horn
Ratgeber für Erben
Recht bekommen bei der
Abwicklung des Erbes, in der
Erbengemeinschaft und beim
Pflichtteil.
Rechtsberater `Toptitel`
3. Aufl. 2017. 278 S.
€ 16,90. dtv 50787
Auch als ebook erhältlich.
Rechte und Pflichten des
Erben: Sicherung des Nach-
lasses, Haftungsvermeidung,
Erbengemeinschaft, Aus-
einandersetzung u.v.m.

Zimmermann
**Rechtsfragen
bei einem Todesfall**
Erbrecht · Testament · Steuern ·
Versorgung · Bestattung.
Rechtsberater
7. Aufl. 2015. 278 S.
€ 15,90. dtv 50779
Auch als ebook erhältlich.
Klärt eine Fülle von Rechts-
fragen umfassend und praxis-
bezogen.

Klinger/Schulte
**Immobilien schenken und
vererben**
Ein Ratgeber für Eigentümer und
ihre Erben.
Rechtsberater `Toptitel`
4. Aufl. 2016. 265 S.
€ 15,90. dtv 50798
Auch als ebook erhältlich.
Mit praxiserprobten Muster-
formulierungen für Übergabe-
verträge und Testamente.

Klinger/Roth
Testamentsvollstreckung
Richtig anordnen, durchführen
und kontrollieren.
Rechtsberater `Toptitel`
3. Aufl. 2018. 223 S. `Neu`
€ 15,90. dtv 51224
Neu im Juli 2018
Auch als ebook erhältlich.
Ermöglicht dem Erblasser,
seinen letzten Willen richtig
umzusetzen, und dem Erben,
sich in der Testamentsvollstreckung zurechtzufinden.

Modernes Leben

So vielfältig sind Ihre Rechte

StVR · Straßenverkehrsrecht
Textausgabe `Toptitel`
56. Aufl. 2018. 833 S.
€ 14,90. dtv 5015
StraßenverkehrsG, Straßen-
verkehrs-Ordnung, Straßen-
verkehrs-Zulassungs-Ordnung,
FahrzeugzulassungsVO, Fahr-
erlaubnis-VO, Pflichtversiche-
rungsG, Verkehrszeichen und
Bußgeldkatalog-VO.

Lenhart/Leichthammer
Straßenverkehrsrecht
Strafe – Punkte – Fahrverbot –
MPU.
Rechtsberater
1. Aufl. 2012. 244 S.
€ 17,90. dtv 50723
Auch als ebook erhältlich
Dieser Ratgeber gibt allen Ver-
kehrsteilnehmern Antworten auf
die praxisrelevanten verkehrs-
rechtlichen Fragen.

Pallme
**Bußgeld, Geldstrafe,
Strafbefehl & Co**
Schnelle Hilfe für Betroffene.
Rechtsberater
1. Aufl. 2011. 204 S.
€ 12,90. dtv 50706
Auch als ebook erhältlich.
Dieser Ratgeber zu Bußgeld,
Geldstrafe, Strafbefehl & Co.
informiert schnell und kompakt,
wie man sich als Betroffener
verhalten soll. Viele Beispiele,
Tipps, Hinweise und Muster-
formulierungen helfen, die
rechtlichen Grundlagen zu
verstehen.

Meine Führerscheinprüfung

Prüfungsrichtlinie mit allen Prüfungsfragen nebst richtigen Antworten für die Fahrerlaubnisprüfung (Klassen A, A1, A2, AM, B) und die Prüfung zum Führen von Mofas.

Beck im dtv `Toptitel` `Neu`
35. Aufl. 2018. 494 S.
€ 12,90. dtv 51234
Neu im September 2018

Mit allen Änderungen der Prüfungsfragen ab 1.10.2018. Alle Videofragen sind online abrufbar.
Integriert sind über 100 Videofragen, die online abrufbar sind.

Krumm
Führerschein weg – was nun?
Strafverfahren, Bußgeldverfahren, Entzug der Fahrerlaubnis, Fahrverbot, Wiedererteilung.
Rechtsberater
2. Aufl. 2010. 261 S.
€ 16,90. dtv 50698
Auch als ebook erhältlich.

Kompetente »Erste Hilfe« und schnelle Information bei Fragen zum Führerscheinentzug. Alle Informationen zu Strafverfahren, Bußgeldverfahren, Punktesystem.

Informationsrecht und Datenschutz

CompR · IT- und Computerrecht

Elektronischer Geschäftsverkehr, Zivilrecht, Strafrecht, Urheberrecht und gewerblicher Rechtsschutz, Datenschutz und Arbeitsschutz, IT-Beschaffung.
Textausgabe `Toptitel`
13. Aufl. 2018. 1007 S.
€ 18,90. dtv 5562

Mit einem ausführlichen Überblick zur Entwicklung des Computerrechts.

TeleMediaR · Telekommunikations- und Multimediarecht

Telemediengesetz, eIDAS-VO, Rundfunkstaatsvertrag, Jugendmedienschutz-Staatsvertrag, Netzwerkdurchsetzungsgesetz u.a.m.
Textausgabe `Toptitel`
11. Aufl. 2017. 970 S.
€ 24,90. dtv 5598

DatSchR · Datenschutzrecht

Datenschutz-Grundverordnung, Datenschutzrichtlinie für Strafjustiz, Bundesdatenschutzgesetz Fluggastdatengesetz, Telemediengesetz, Telekommunikationsgesetz (Auszug).
Textausgabe `Toptitel` `Neu`
10. Aufl. 2018. 841 S.
€ 20,90. dtv 5772
Neu im Juli 2018